第五届中国出版政府奖（图书奖）

中国民法典释评

ZHONGGUO MINFADIAN SHIPING

物权编

（第二版）

上卷

崔建远 著

中国人民大学出版社

·北京·

作者简介

  崔建远，男，1956 年生，现任中国人民大学民商事法律科学研究中心学术委员会主任，清华大学法学院教授，清华大学文科资深教授，教育部"长江学者"特聘教授，第二届全国十大杰出中青年法学家，清华大学法学院"凯原学者"，清华大学法学院民事法研究中心主任，享受国务院政府特殊津贴。兼任中国法学会民法学研究会副会长，最高人民法院执行特邀咨询专家，最高人民检察院咨询专家，北京市物权法学研究会会长。

  教学和研究领域是民法，包括民法总则、物权法、合同法、不当得利法、无因管理法和侵权责任法（侵权行为法）。

  代表性著作有：《合同责任研究》（吉林大学出版社 1992 年版）、《准物权研究》（法律出版社 2003 年第一版、2012 年第二版）、《土地上的权利群研究》（法律出版社 2004 年版）、《论争中的渔业权》（北京大学出版社 2006 年版）、《合同法总论（上卷）》（第二版）（中国人民大学出版社 2011 年版）、《物权法》（第四版）（中国人民大学出版社 2017 年版）、《物权：规范与学说——以中国物权法的解释论为中心》（上、下）（清华大学出版社 2011 年版）、《合同法》（北京大学出版社 2012 年第一版、2013 年第二版、2016 年第三版）、《债权：借鉴与发展》（中国人民大学出版社 2012 年第一版、2014 年第二版）、《合同法总论（中卷）》（中国人民大学出版社 2012 年版）、《债法总论》（法律出版社 2013 年版）、《民法总则：具体与抽象》（中国人民大学出版社 2017 年版）、《合同解释论——规范、学说与案例的交互思考》（中国人民大学出版社 2020 年版）、《中国民事典型案例评释》（中国人民大学出版社 2020 年版），以及《土地上的权利群论纲》（载《中国法学》1998 年第 2 期）、《"四荒"拍卖与土地使用权》（载《法学研究》1995 年第 6 期）、《无权处分辨》（载《法学研究》2003 年第 1 期）等学术论文 253 篇。

民法典的时代意义

民法典是新中国成立以来第一部以"法典"命名的法律，也是第一部直接以"民"命名的法典。以"法典"命名，表明凡是纳入民法典的规则，都具有基础性、典范性的特点；以"民"命名，说明民法典把人民愿望置于首位，充分反映人民的利益诉求。民法典的立法宗旨和目的就是充分反映人民群众的意愿，保障私权，维护广大人民群众的利益。

习近平总书记指出，"民法典在中国特色社会主义法律体系中具有重要地位，是一部固根本、稳预期、利长远的基础性法律"。如何理解习近平总书记所说的"基础性法律"？我认为可以从两个方面理解：一是在整个社会主义法律体系中，民法典是一部基础性法律。所谓"典"，就是典范、典籍的意思，在整个社会主义法律体系中，民法典是宪法之下的基础性法律。法律分为公法与私法两部分，它们分别确认公权与私权。现代法治的核心是规范公权、保障私权。一般认为，保障私权是由民法典等民事法律实现的，而规范公权是由公法承担的，但实际上，民法典通过确认和保护私权，也起到了规范公权的作用，其他法律、行政法规以及单行法等，都应当与民法典保持一致。同时，行政执法、司法也都要以民法典为基本遵循。二是在民事领域，民法典是基础性法律，换言之，民法典是私法的基本法。民事关系纷繁复杂，它不仅依靠民法典调整，还需要大量的民事单行法，而在所有调整民事主体财产和人身关系的法律中，民法典居于基础性地位，民法典也被称为私法基本法。

（一）推进民事立法的体系化

我国民法典的颁布有力地促进了民事立法的体系化。一方面，迄今为止，我国已经颁布了多部民商事法律，在民法典之外，还存在大量的单行法，如公司法、保险法、破产法等。民法典的颁布，使各个民商事单行法在民法典的统帅下，构成一个完整的、系统化的整体。民法典和民事单行法之间的关系，就像树根、主干与枝叶之间的关系，民法典是树根和主干，而民事单行法是枝叶，民事单行法必须以民法典为基础和根据。民法典的颁布有效沟通了民法典和单行法，这有利于消除民法典与单行法之间的冲突和矛盾。另一方面，就内部体系而言，民法典按照"总—分"结构，形成由总则、物权、合同等构成的完整体系，各分编也在一定的价值和原则指引下形成了由概念、规则、制度构成的、具有内在一致性的整体，实现了形式的一致性、内容的完备性以及逻辑自足性。民法典共分七编，即总则编、物权编、合同编、人格权编、婚姻家庭编、继承编、侵权责任编，它们都以对民事权利的确认和保护而形成一个体系化的整体。总则是对民事权利的一般规则作出的规定，各分编则是分别对物权、合同债权、人格权、婚姻家庭中的权利、继承权以及对各项权利的侵权责任制度所组成的规则体系。

民法典有助于制度的科学化，为良法善治奠定基础。在我国，由于长期没有民法典，许多调整民事关系的重要规则不能通过民事法律的方式表现出来，从而留下了法律调整的空白。这些法律空白一般是通过国务院各部委的规章及地方政府颁布的地方性规章予以填补的，而一些规章难免出现不当限制公民私权，或者变相扩张行政权的问题。民法典颁布后，其作为上位法，可以有效指导行政法规等制度，避免民法规范与行政法规、地方法规等的矛盾冲突，防止政出多门，保障交易主体的稳定预期，维持市场经济的正常运行。

（二）有效提升国家治理体系和治理能力的现代化

国家治理体系和治理能力现代化的主要特征是实现法治，即全面依法治国。如前述，现代法治的核心在于规范公权、保障私权。一方面，民法典构建了完备的民事权利体系，确立了完善的民事权利保护规则，鼓励个人积极维护自身权利，这不仅保障了私权，也有利于规范公权。民法典的各项规则也明确了各级政府依法行政的边界，就是说，国家机关要把民法典作为行政决策、行政管理、行政监督的重要标尺，不得违背法律法规随意作出减损自然人、法人和非法人组织合法权益或增加其义务的决定，这必将有力推动政府治理能力。另一方面，作为市民社会的一般私法以及百科全书，民法典通过合理的架构为民事活动提供各种基本准则，为交易活动确立基本的规则依据，为各种民事纠纷的预防和解决提供基本的遵循。民法典进一步强化私法自治，充分鼓励交易，维护交易安全。合同编从合同的订立到履行都强调了增进合同自由和私法自治这一宗旨，将有力调动市场主体从事交易的积极性。此外，民法典还有效地处理了个人与个人、个人与社会、个人与国家的关系，在对个人的保护中，同时强调对公共利益的维护，以实现个人和社会之间关系的平衡，这必将推动社会共建共治共享，促进社会和谐有序。

（三）完善社会主义市场经济法律体系

社会主义市场经济本质上是法治经济。各项民法制度根植于市场经济的土壤，其也反作用于市场经济，是市场经济有序发展的重要制度保障。我国《民法典》总则编所规定的诚实信用、公平原则等，确立了市场主体活动的基本原则，为诚信经济的建立提供了法律保障；总则编中的民事主体就涵盖了市场主体，民事法律行为制度、代理制度为市场主体从事交易活动提供了极大的便利；民法典的物权制度、合同制度是市场经济最基本的规则，是支撑市场经济最重要的两根法律支柱；民法典的担保制度也为融通资金、繁荣经济、保障债权提供了有力的制度保障。编纂民法典不仅完善了市场经济基本的法律制度，而且有利于营造良好的营商环境，并充分调动民事主体的积极性和创造性，维护市场交易秩序和交易安全。①

（四）为实现人民群众美好幸福生活提供保障

民法典的要义是为民立法，以民为本。"人民的福祉是最高的法律"。编纂民法典，就是顺应保障人民群众合法权益的需求，形成更加完备、更加切实的民事权利体系，完善权利保护和救济规则，形成较为有效的权利保护机制，使人民群众有更多、更直接、更实在的获得感、幸福感和安全感。我国《民法典》充分保障人民群众美好幸福生活，主要表现在以下几方面。

一是通过人格权编充分保障个人人格尊严。进入新时代，我国已经成为世界第二大经济体，人民物质生活条件得到了极大改善，不久即将全面建成小康社会。在基本温饱得到解决之后，人民群众就会有更高水平的精神生活追求，并希望过上更有尊严、更体面的生活。正因如此，"保护人格权、维护人格尊严，是我国法治建设的重要任务"②，例如，针对发送垃圾短信、垃圾邮件侵扰个人私人生活安宁的行为，《民法典》人格权编专门在隐私权部分规定了此种侵害隐私

---

① 王晨. 关于《中华人民共和国民法典（草案）》的说明：二〇二〇年五月二十二日在第十三届全国人民代表大会第三次会议上. 人民日报，2020－05－23（6）.

② 民法典分编草案首次提请审议：分编草案共六编总计千余条. 人民日报，2018－08－28（6）.

权的行为类型，并第一次规定了私人生活安宁权，明确将个人私人生活安宁规定在隐私权之中，禁止非法进入、拍摄、窥视他人的住宅、宾馆房间等私密空间，禁止非法拍摄、窥视、窃听、公开他人的私密活动，禁止非法拍摄、窥视他人身体的私密部位，这有利于保障社会生活的安定有序（第1033条）。

二是民法典通过各项制度安排充分保障人民群众的物质生活需求。例如，《民法典》物权编新增的居住权制度，对于解决"住有所居"问题、保障个人的居住利益具有重要意义。再如，《民法典》合同编典型合同完善了租赁合同的规则，完善了优先购买权规则，新增优先承租权规则（第734条），这对于稳定租赁关系、规范租赁市场秩序、保障承租人的居住利益具有重要意义。又如，合同编典型合同部分还完善了运输合同的规则，这对于保障个人出行安全、维护运输秩序具有重要意义。

三是民法典通过各项民事责任制度充分保障人民的合法权益。民法典通过各项规则，守护老百姓"舌尖上的安全""车轮上的安全""头顶上的安全"等财产和人身安全。例如，《民法典》侵权责任编在产品责任部分规定了惩罚性赔偿规则，这必将有力遏制生产、销售不合格食品的行为，有利于保证人们"舌尖上"的安全（第1207条）；侵权责任编还重点完善高楼抛物致人损害的责任，这有利于充分保障人们"头顶上的安全"（第1254条）。

（五）有利于实现依法行政、公正司法

民法典具有基础性和典范性的特点，是公民权利保护的宣言书，是民事主体的行为准则、依法行政的基本依循，也是法院裁判民事案件的基本遵循。民法典对于依法行政、公正司法的作用还表现在：一是资讯集中，方便找法。实践中之所以出现"同案不同判、同法不同解"现象，重要的原因就在于，法官选择法条和裁判依据存在差别。而法典化的一个重要优势在于"资讯集中"，正所谓"法典在手，找法不愁"，执法者、法官只要有一部民法典在手，并通过领悟其规则和精神，就可以找到民事裁判的主要依据。二是统一裁判依据。民法典是基础性法律，是行政执法者、法官适用法律的基本遵循，因此，处理民事纠纷，首先要从民法典中找法。在我国，长期以来，有些新法颁布以后，因为没有废止旧法，且没有指明新法修改了哪些旧有的规定，这就产生了新法与旧法同时适用的现象，造成了规则的不统一。民法典的颁布将从根本上改变这一现象。民法典的颁行可以保障法官裁判依据的统一性，正是因为法律适用具有一致性，法官的自由裁量权将在规范的约束下进行，这就可以保障法官平等地、统一地对不同案件作出判决，保障"类似情况类似处理"，从而实现判决结果的可预测性，实现法的安定性。三是提升执法和司法人员的能力。民法典是法律工作者今后研究、处理涉及民事纠纷的基本依据，也是执法、司法的基本平台，民事纠纷的解决都应当在该平台中研讨。在民事领域考验我们的执法能力，很大程度上就是衡量我们准确把握、理解和运用民法典的能力。民法典颁布后，如果执法和司法人员都能够真正学懂、弄通民法典的规则，就可以基本把握处理和裁判民事纠纷的基本规则，并能够按照体系化的思维方式处理民事纠纷。

自 序

这部释评书系我附和中国人民大学出版社法律分社之意而立项的作品。

我本无编写本释评书的打算，原因复杂。首先，《合同法》、《合同法总论》（上卷、中卷）、《物权法》、《物权：规范与学说——以中国物权法的解释论为中心》（上册、下册）、《债权：借鉴与发展》、《合同解释论——规范、学说与案例的交互思考》、《中国民事典型案例评释》等拙作的撰写经历，使我切身体会到：待包括全国人大常委会法工委释义《中华人民共和国民法典》在内的研究民法典的著述问世，自己学习、揣摩之后，再构思、动笔解读和阐释民法典的作品，可以梳理既有的研究成果，吸取他人著述中的精华，避免乃至减少重复性的工作，少走弯路，着力薄弱环节的探讨，提高自己阐释的可信度，效果会更佳。可是，依出版社的要求，一俟《中华人民共和国民法典》通过，即刻定稿《中国民法典释评·物权编》，不合上述经验，反倒突显自己的短板——尽管我应全国人大常委会法工委及民法室之邀，多次参与《中华人民共和国民法典（室内稿）》《中华人民共和国民法典（草案）》的研讨，终归非逐句逐条地草拟和打磨法律条文之人，对某些法律条款以及措辞难解其深意，而编写释评书恰恰需要逐字逐句地解读。

其次，《中华人民共和国民法典》颁行后，既有的合同法、物权法领域的作品均须修订，加上多家刊物约稿，我所负文债沉重，无力再揽新活儿。

再次，青少年时代的艰苦生活，磨炼了我，也启迪了我，渐育有这样的人生哲学：勤于学习和工作，积极上进，不虚度光阴，但不预设固定的结果；取得成绩，获得奖励，固然高兴！无此荣耀，也不怨天尤人，继续努力。执此理念，不愿"一窝蜂"地争先恐后，匆忙汇编释义书，免得被人批评为"攒书"，赚取稿费。

世上之事，相当一些都未沿轨迹运行。中国人民大学出版社法律分社社长郭虹数次登门交流，苦口婆心，力劝我编写《中国民法典释评·物权编》，我一再婉谢，郭虹分社长就不断地以宽容条件为代价要我承诺：允许我不检索、附加有关物权纠纷的判决，由我自定释评书的质量和字数标准，可以延后交稿日期，可谓仁至义尽。精诚所至，金石为开。作为一名理性人，也作为与中国人民大学出版社长期合作且关系融洽的作者，我不得不应承下来。

起初是被动和无奈，但一经构思、动笔，便不愿敷衍了事，而是诚信待人，认真做事。可谓江山易改，禀性难移。况且，我也清楚出版社的真意是书的质量应为上乘，不问水准纯属虚假的意思表示。事情的转机出现在释评《中华人民共和国民法典》第206条和第207条，厘清市场主体的法律地位、发展权和法律平等保护物权三者间的关系阶段。随着检索、阅读文献的进展，学思相伴，越来越觉得不得人云亦云，应该发表自认为适当的意见。耗时近月，终成万言，释评这两条才暂告一个段落。实际上，此后也时有对之完善之语。自此，情绪高涨，信心大增，倾我所思，马不停蹄地前行，每日必到明理楼，风雨不误，雷打不动，连大年初一都在明理楼工作。

回头审视本释评书，值得提及的至少有如下几处：（1）吸纳他人著述之长，当然予以注释、说明；补其之短，扬己之长。只要有把握，就尽力阐发自己的理解。（2）我以往的作品可能是受编写体例限制，或许因一俊遮百丑，要么遗漏了某些法律条文，要么对某些法律规定轻描淡写。本释评书则不然，客观上要求逐条解读中国民法典物权编，不容回避。如此，我第一次做到了全面阐释物权法。如果说，给本科生讲授物权法，教师仅仅精于某些制度及学说，不懂另外一些制度及理论，肯定不合格，必须熟悉整个物权法及理论，至少明白教科书上的内容，由此逼得教师融会贯通物权法及学说，那么，编写本释评书也迫使我了解了物权法的角角落落。呈现给读者的，是对中国民法典物权编的完整解读。（3）出乎我自己的预料，在若干制度及理论方面，或是新增了观点，或是完善了，或是突破了，或是深化了，或是矫正了我既有的看法。例如，关于市场主体的法律地位·发展权·法律平等保护物权间的相互关系，关于股权的善意取得，关于记名登记不动产物权的法律效力，关于抵押权和质权并存于同一个动产上时的效力顺序，关于流押条款和流质条款的效力，关于超级优先权，均属新增的观点。关于指示交付与动产物权变动的关系，尤其是指示交付的完成要件和时间点，完善了我原来的阐释。关于恢复原状请求权是否同时为损害赔偿请求权和物权请求权，为突破了我过去的看法。关于不动产物权登记的公信力制度的适用范围的见解，属于深化了我以往的意见。关于无权处分夫妻共有不动产的法律效力，本释评书矫正了《物权法》教科书、《物权：规范与学说——以中国物权法的解释论为中心》（上册、下册）中的观点。（4）我之所以答应释评中国民法典物权编，该书之所以能于数月后定稿，一个重要原因是我对物权法及理论有二十余年的积累，本释评书的主干部分是以往的研究成果被装入该书之中而成的。这表明平素积累的必要性，所谓机会留给有准备之人也。行政管理岗位能获任命如此，就业求职成功如此，研究课题能够立项如此，撰写论文和著作也是如此。（5）说来话长，我在考上大学之前，担任过小学、中学的民办教师，教过两年的高中语文。这个经历使我在较长的期间认为自己在语法、逻辑和修辞方面不错。高考时作文特意设置老师教给学生修辞知识的课堂场景，其实是在显示自己的修辞知识。没想到，先后有三位老师郑重其事地指出我在语文方面的缺点。第一位批评我在语文方面问题的，是我的导师陈国柱教授。陈老师对我说："你的文章使用复句太多，句子过长，这会使读者在阅读时喘不过气来。"担任民法教师后，时任《吉林大学社会科学学报》法学编辑的周维春先生也批评我的文字表达让人不太好理解。再后来，时任《法学研究》副主编的梁慧星教授在回复我请教《不当得利研究》一文的得失的信中指出："你的优点是发现人所未见的问题，缺点是语言文字佶屈聱牙，艰涩难懂。"三位老师的批评，引起我高度重视，在其后的写作时我有意识地增加短句，尽力表达得通俗易懂。耳朵里听见了表扬之声。这两三年来，还偶用形象化的语言、比喻句，自以为贴切、易懂、生动（不过，这受到审稿专家的批评——太口语化）。同样未料到，中国人民大学出版社的法律编辑们更正我的遣词造句、词语搭配、标点符号，矫正误写的法律条文数目，指出某某法规、规章已被废止，这不止一处两处，而是占有相当的比例。其中大部分的处理都是正确的，可取的；也有一些校订不为我所认可，甚至遭我反对。尽管我对某些处理心存意见，强烈抗议，但一想到责任编辑们纠正了我那么多的错误（包括汉语拼音输入时同音不同义之字、只有状语却无主语、词语搭配不当，等等），避免了、至少是减少了作品瑕疵，呈现给读者的是相对完美的著述，感谢之情、感激之意便占据上风，把对责任编辑的意见排除一空。一部有瑕疵的著述好比一个蓬头垢面的演员，责任编辑消除瑕疵就如同化妆师为演员净面洁衣、梳妆打扮，为其梳理起优美的发型，待该演员登台时光鲜靓丽，赢得满堂彩。所以，我一直由衷地感谢中国人民大学出版社的责任编辑们！没有他们负责任的编辑工作，就没有如此质量的作品！

如果说本释评书确有积极价值，那么，除了感谢《中华人民共和国民法典》的制定和颁行外，还必须感谢清华大学法学院副教授龙俊博士和中国人民大学出版社法律分社社长郭虹女士！龙俊博士被借调到全国人大常委会法工委民法室，一直在第一线参与草拟和研讨《中华人民共和国民法典（室内稿）》《中华人民共和国民法典（草案）》。他了解每个条款的文义、规范意旨和设计背景。他向我介绍了《中华人民共和国民法典》第 368 条、第 369 条（居住权），第 388 条中段所谓"担保合同包括抵押合同、质押合同和其他具有担保功能的合同"，第 416 条和第 441 条但书等条款的设计考量。这保证了对这些条款解读的准确性。郭虹分社长不但策划并约我签署《物权法》、《合同法总论》（上卷、中卷、下卷）、《合同解释论——规范、学说与案例的交互思考》、《债权：借鉴与发展》、《中国民事典型案例评释》，而且反复说服我参与释评中国民法典的浩大工程之中，方有本释评书的立项和出版，且我自己对之较为满意。好像是听到过陈兴良教授这样的感触：有些书纯粹是编辑设计的而自己从未想过的，有些书是编辑催促出来的。没有编辑，就不会撰写它们，或难以及时出版。此言非虚！我也有同感，就此也得致谢郭虹分社长！

崔建远

2020 年 7 月 15 日

自序于清华大学明理楼

缩略语

《宪法》——《中华人民共和国宪法》（2018 年修正）

《民法典》——《中华人民共和国民法典》

《民法通则》——《中华人民共和国民法通则》（2021 年 1 月 1 日废止）

《民法总则》——《中华人民共和国民法总则》（2021 年 1 月 1 日废止）

《物权法》——《中华人民共和国物权法》（2021 年 1 月 1 日废止）

《土地管理法》——《中华人民共和国土地管理法》（2019 年修正）

《农村土地承包法》——《中华人民共和国农村土地承包法》（2018 年修正）

《城市房地产管理法》——《中华人民共和国城市房地产管理法》（2019 年修正）

《合同法》——《中华人民共和国合同法》（2021 年 1 月 1 日废止）

《农业法》——《中华人民共和国农业法》（2012 年修正）

《海商法》——《中华人民共和国海商法》

《海域使用管理法》——《中华人民共和国海域使用管理法》

《领海及毗连区法》——《中华人民共和国领海及毗连区法》

《民族区域自治法》——《中华人民共和国民族区域自治法》（2001 年修正）

《草原法》——《中华人民共和国草原法》（2013 年修正）

《森林法》——《中华人民共和国森林法》（2009 年修正）

《矿产资源法》——《中华人民共和国矿产资源法》（2009 年修正）

《煤炭法》——《中华人民共和国煤炭法》（2016 年修正）

《渔业法》——《中华人民共和国渔业法》（2013 年修正）

《野生动物保护法》——《中华人民共和国野生动物保护法》（2018 年修正）

《铁路法》——《中华人民共和国铁路法》（2015 年修正）

《军事设施保护法》——《中华人民共和国军事设施保护法》（2014 年修正）

《国防法》——《中华人民共和国国防法》（2009 年修正）

《公司法》——《中华人民共和国公司法》（2018 年修正）

《企业国有资产法》——《中华人民共和国企业国有资产法》

《全民所有制工业企业法》——《中华人民共和国全民所有制工业企业法》（2009 年修正）

《乡镇企业法》——《中华人民共和国乡镇企业法》

《合伙企业法》——《中华人民共和国合伙企业法》（2006 年修正）

《个人独资企业法》——《中华人民共和国个人独资企业法》

《乡村集体所有制企业条例》——《中华人民共和国乡村集体所有制企业条例》（2011 年修正）

《商业银行法》——《中华人民共和国商业银行法》（2015 年修正）

《文物保护法》——《中华人民共和国文物保护法》（2017 年修正）

《水土保持法》——《中华人民共和国水土保持法》（2010 年修正）

《海岛保护法》——《中华人民共和国海岛保护法》

《建筑法》——《中华人民共和国建筑法》

《婚姻法》——《中华人民共和国婚姻法》（2001 年修正，2021 年 1 月 1 日废止）

《妇女权益保障法》——《中华人民共和国妇女权益保障法》（2018 年修正）

《归侨侨眷权益保护法》——《中华人民共和国归侨侨眷权益保护法》（2009 年修正）

《台湾同胞投资保护法》——《中华人民共和国台湾同胞投资保护法》（2019 年修正）

《工会法》——《中华人民共和国工会法》（2009 年修正）

《教育法》——《中华人民共和国教育法》（2015 年修正）

《高等教育法》——《中华人民共和国高等教育法》（2018 年修正）

《公益事业捐赠法》——《中华人民共和国公益事业捐赠法》

《担保法》——《中华人民共和国担保法》（2021 年 1 月 1 日废止）

《民用航空法》——《中华人民共和国民用航空法》（2018 年修正）

《环境保护法》——《中华人民共和国环境保护法》（2014 年修正）

《海洋环境保护法》——《中华人民共和国海洋环境保护法》（2017 年修正）

《大气污染防治法》——《中华人民共和国大气污染防治法》（2018 年修正）

《水污染防治法》——《中华人民共和国水污染防治法》（2017 年修正）

《环境噪声污染防治法》——《中华人民共和国环境噪声污染防治法》（2018 年修正）

《保密法》——《中华人民共和国保守国家秘密法》

《民事诉讼法》——《中华人民共和国民事诉讼法》（2017 年修正）

《仲裁法》——《中华人民共和国仲裁法》（2017 年修正）

《村民委员会组织法》——《中华人民共和国村民委员会组织法》（2018 年修正）

《刑法》——《中华人民共和国刑法》

《监狱法》——《中华人民共和国监狱法》（2012 年修正）

《海关法》——《中华人民共和国海关法》（2017 年修正）

《邮政法》——《中华人民共和国邮政法》（2015 年修正）

《清洁生产促进法》——《中华人民共和国清洁生产促进法》（2012 年修正）

《土地管理法实施条例》——《中华人民共和国土地管理法实施条例》（2014 年修订）

《城镇国有土地使用权出让和转让暂行条例》——《中华人民共和国城镇国有土地使用权出让和转让暂行条例》（2020 年修正）

《无线电管理条例》——《中华人民共和国无线电管理条例》（2016 年修订）

《城镇集体所有制企业条例》——《中华人民共和国城镇集体所有制企业条例》（2016 年修订）

《河道管理条例》——《中华人民共和国河道管理条例》（2018 年修订）

《关于民法通则的意见》——《最高人民法院关于贯彻执行〈中华人民共和国民法通则〉若干问题的意见（试行）》（2021 年 1 月 1 日废止）

《关于审理房地产管理法施行前房地产开发经营案件若干问题的解答》——《最高人民法院关于审理房地产管理法施行前房地产开发经营案件若干问题的解答》

法释〔2001〕30 号——《最高人民法院关于适用〈中华人民共和国婚姻法〉若干问题的解释（一）》（2021 年 1 月 1 日废止）

法释〔2002〕16 号——《最高人民法院关于建设工程价款优先受偿权问题的批复》（2021 年 1 月 1 日废止）

《涉及国有土地使用权合同司法解释》——《最高人民法院关于审理涉及国有土地使用权合同纠纷案件适用法律问题的解释》（2020 年修正）

《涉及农村土地承包司法解释》——《最高人民法院关于审理涉及农村土地承包纠纷案件适用法律问题的解释》（2020 年修正）

法释〔2009〕5 号——《最高人民法院关于适用〈中华人民共和国合同法〉若干问题的解释（二）》（2020 年废止）

《建筑物区分所有权司法解释》——《最高人民法院关于审理建筑物区分所有权纠纷案件具体应用法律若干问题的解释》（2020 年修正）

《城镇房屋租赁合同司法解释》——《最高人民法院关于审理城镇房屋租赁

合同纠纷案件具体应用法律若干问题的解释》（2020年修正）

《买卖合同司法解释》——《最高人民法院关于审理买卖合同纠纷案件适用法律问题的解释》（2020年修正）

《公司法司法解释（三）》——《最高人民法院关于适用〈中华人民共和国公司法〉若干问题的规定（三）》（2020年修正）

《民间借贷司法解释》——《最高人民法院关于审理民间借贷案件适用法律若干问题的规定》（2020年修正）

法释〔2018〕2号——《最高人民法院关于审理涉及夫妻债务纠纷案件适用法律有关问题的解释》（2021年1月1日废止）

法〔2019〕254号——最高人民法院《全国法院民商事审判工作会议纪要》

《执行规定》——《最高人民法院关于执行工作若干问题的规定（试行）》

《民法典时间效力司法解释》——《最高人民法院关于适用〈中华人民共和国民法典〉时间效力的若干规定》；

《婚姻家庭编司法解释（一）》——《最高人民法院关于适用〈中华人民共和国民法典〉婚姻家庭编的解释（一）》；

《继承编司法解释（一）》——《最高人民法院关于适用〈中华人民共和国民法典〉继承编的解释（一）》；

《物权编司法解释（一）》——《最高人民法院关于适用〈中华人民共和国民法典〉物权编的解释（一）》；

《建设工程施工合同司法解释》——《最高人民法院关于审理建设工程施工合同纠纷案件适用法律问题的解释（一）》；

《担保制度司法解释》——《最高人民法院关于适用〈中华人民共和国民法典〉有关担保制度的解释》；

《外商投资企业司法解释（一）》——《最高人民法院关于审理外商投资企业纠纷案件若干问题的规定（一）》；

《独立保函司法解释》——《最高人民法院关于审理独立保函纠纷案件若干问题的规定》；

《票据司法解释》——《最高人民法院关于审理票据纠纷案件若干问题的规定》；

《存单司法解释》——《最高人民法院关于审理存单纠纷案件的若干规定》；

《民事诉讼法司法解释》——《最高人民法院关于适用〈中华人民共和国民事诉讼法〉的解释》（2020年修正）。

目　录

第二编　物权

第一分编　通则

第二编　物权

第一分编　通则

　　《民法典》"第二编　物权"，即"物权编"，共辖"第一分编　通则"、"第二分编　所有权"、"第三分编　用益物权"、"第四分编　担保物权"和"第五分编　占有"。其中，"第一分编　通则"下设"第一章　一般规定"、"第二章　物权的设立、变更、转让和消灭"和"第三章　物权的保护"共三章。

　　"第一分编　通则"系关于物权编总则的规范总汇，界定物权编的调整对象，重申《宪法》固定的中国特色社会主义经济制度和社会主义市场经济原则，确立各种所有制形式的市场主体的发展权，确立平等保护国家、集体和私人的物权的原则，宣示物权变动应予公示，概要不动产物权变动的公示方法为登记、登记机构及其职责，以及动产物权变动的公示方法为交付（占有），奉行物权的公示原则和公信原则及其适用领域，区分不动产物权变动与其原因行为，明确不动产登记簿的记载与不动产权属证书之间的关系，查询不动产登记资料的主体及其权利与义务，设置若干重要的登记类型及其法律效果，规范登记错误及登记机构的赔偿责任，明确动产交付的类型和法律效能，创设非基于法律行为的物权变动规则，依次规定物权确认请求权、物权请求权以及物权的债法保护方式。

　　在《民法典》的框架内，对应总则编、合同编、人格权编等名称时，物权编的称谓十分确切。但这不妨碍把调整物的归属和利用的法律规范的总和依然叫作物权法，或曰物权制度。《物权法》单独立法时这顺理成章，变《物权法》为物权编后这也毫无问题。这确有其例，《德国民法典》下辖不当得利制度，可不少学者经常称呼其为不当得利法。

　　本分编的重要内容之一是明确物权编/物权法/物权制度的基本原则，如社会政治原则（第 206 条）、平等保护原则（第 207 条）、公示原则（第 208、209 条等）、公信原则（第 216 条第 1 款）等。同时应当注意，服从潘德克顿模式的要求，位于《民法典》"第一编　总则"中的物权法定原则/主义（第116条）也是并且当仁不让地是物权编/物权法/物权制度的基本原则，还特别重要。虽然《民法典》未设具体条文来表达物权优先于债权、一物一权主义，但统观整部《民法典》，应当说它们确是物权编/物权法/物权制度的基本原则，当然，均有例外，且须依发展的眼光来认识之。

本分编第205条关于物权编/物权法/物权制度的基本原则调整范围的规定，逻辑的结论是，《民法典》"第二编　物权"中的条文基本上为物权规范，其他编中关于物的归属或利用的规范也是物权规范，《民法典》之外的单行法有关物的归属或利用的规范同样属于物权规范。例如，《土地管理法》第9条规定的"城市市区的土地属于国家所有。农村和城市郊区的土地，除由法律规定属于国家所有的以外，属于农民集体所有；宅基地和自留地、自留山，属于农民集体所有"，第63条规定的"土地利用总体规划、城乡规划确定为工业、商业等经营性用途，并经依法登记的集体经营性建设用地，土地所有权人可以通过出让、出租等方式交由单位或者个人使用，并应当签订书面合同，载明土地界址、面积、动工期限、使用期限、土地用途、规划条件和双方其他权利义务"（第1款）；"通过出让等方式取得的集体经营性建设用地使用权可以转让、互换、出资、赠与或者抵押，但法律、行政法规另有规定或者土地所有权人、土地使用权人签订的书面合同另有约定的除外"（第3款）；"集体经营性建设用地的出租，集体建设用地使用权的出让及其最高年限、转让、互换、出资、赠与、抵押等，参照同类用途的国有建设用地执行"（第4款前段）。

第一章

一般规定

　　本章承继了《物权法》"第一章　基本原则"的主要内容，但因《民法典》"第一编　总则"已经明示了立法依据（第1条），且涵盖"第二编　物权"，所以，"第二编　物权"无须赘言立法依据，于是删除了《物权法》第1条关于"为了维护国家基本经济制度，维护社会主义市场经济秩序，明确物的归属，发挥物的效用，保护权利人的物权，根据宪法，制定本法"的规定；因《民法典》"第一编　总则"已经界定了物权（第114条），规定了不动产（土地及其附着物、矿产资源、水资源、海域）、动产（不动产以外的有体物）和权利可以依法作为物权的客体（第115条），奉行物权法定主义（第116条），包括物权的取得和行使在内的民事活动不得违法（第8条），其他法律对包括物权关系在内的民事关系有特别规定的，依照其规定（第11条），所以，本章不再重复这些内容，未再抄袭《物权法》"第一章　基本原则"中的这些规则。

　　遵从《民法典》体系的要求，本章变《物权法》"基本原则"中关于物权法调整对象的规定为物权编调整对象的表述。

　　《民法典》"第二编　物权"重申《宪法》固定的中国特色的社会主义经济制度和社会主义市场经济原则，保障在社会主义市场经济中一切市场主体的平等法律地位和发展权利，确立平等保护国家、集体和私人的物权的原则，宣示物权变动应予公示。这些内容与《物权法》"第一章　基本原则"中的相一致。

　　所谓物权，按照《民法典》的规定，是指物权人依法对特定的物享有直接支配和排他的权利，包括所有权、用益物权和担保物权（第114条第2款）。其中的所有权，包括国家所有权（第246条以下）、集体所有权（第260条以下）和私人所有权（第266条以下）。其中的用益物权，不但包括土地承包经营权（第330条以下）及土地经营权（第339条以下）、建设用地使用权（第344条以下）、宅基地使用权（第362条以下）、居住权（第366条以下）和地役权（第372条以下），而且含有海域使用权（第328条）、探矿权、采矿权、取水权、养殖权、捕捞权（第329条）。其中的担保物权，包括抵押权（第394条以下）、质权（第425条以下）和留置权（第447条以下）。此外，还承认了所有权保留、让与担保权等非典型担保权（第388条第1款中段、第642条、第761条等）。《担保制度司法解释》对非典型担保权进一步细化（第63条至第70条）。

上述所有权、土地承包经营权、土地经营权、建设用地使用权、宅基地使用权、居住权、地役权、不动产抵押权、动产抵押权、动产质权、留置权等，都是以特定的物为客体的物权，具有优先效力甚至追及效力等，其设立无须行政许可，因此被称为典型物权。而探矿权、采矿权、取水权、养殖权、捕捞权等，与典型物权相比具有许多特殊性，如大多在设立上须经行政许可或特许，有些在客体方面具有不特定性，有的在追及效力方面具有特殊性，等等，且由特别法予以特殊调整。在德国、日本和中国台湾地区，民法典不规定它们，民法理论称之为准物权，而不径称为物权。

至于权利抵押权、权利质权，虽有学说认为它们属于准物权，但它们只在其客体是权利这点上具有特殊性，其他各方面都与典型物权相同，以至于许多人都把它们作为物权，忽略其准物权的属性。本释评书亦然。

在这种背景下，我们描述物权，要么沿袭德国民法的传统表达，同时指出准物权作为例外；要么推翻传统学说，重新抽象、概括物权的特征及效力。采取后一种思路，难免工程浩大，短期内难以完成。有鉴于此，笔者仍然选择经济的路径，将所论物权基本上限于典型物权，若论述到准物权，则会特别说明。

法国法规定了一组优先权，日本民法称之为先取特权。中国法也承认了若干种优先权。[①] 有些优先权的效力及于债务人的全部财产，这也与所有权、用益物权等物权的效力仅仅及于特定物的属性不同。应当说，某些优先权在属性上模糊了物权和债权之间的界限。如果对优先权和典型物权作统一说明，一是困难较大，颇费笔墨，二是意义如何，值得怀疑。正因如此，本释评书所论物权，除非特别说明，不包括优先权的类型。

---

① 例如，《民法典》第807条规定的承包方对发包方享有的工程款债权属于优先权；《企业破产法》第113条规定的职工对破产企业享有的工资债权，医疗、伤残补助、抚恤费用的债权，优先于普通破产债权。

［引申］

在广阔的视野下，物权的概念具有三个层次的意义。第一个层次，在民法内部，就物权自身而言，强调物权是物权人支配物的现象，表现为人与物的关系。上文所述的物权属于该层次的物权。揭示该层次物权的含义，能使我们易于识别出物权和债权的不同，归纳出物权的特征，找到发现物权内容的路径。第二个层次，从物权人对抗非物权人的角度看，物权是物权人与义务人之间的关系。其积极意义在于，设计及划分出物权的效力。第三个层次，在法理学、政治学等领域，强调物权意味着人与人之间的关系，从而为诸如物权具有阶级性等结论服务。

物权，尤其是同债权相比，具有如下法律性质。

（一）物权是主体可直接支配标的物的权利

物权的本质在于，法律将特定物归属于某权利主体[①]，由其直接支配，享受其利益，并排除他人对此支配领域的侵害或干预。所谓直接支配，是指物权人可以按照自己的意思享受物的利益，无须他人的介入。例如，汽车的所有权人可依自己的意思驾驶、出租或设立抵押权，不需要他人的同意。与此不同，债权的实现则往往需要债务人的积极行为予以协助。

［评论］

人对于特定物所享有的权利，若被称为物权，需要具备人直接支配该物的事实。不过，这种事实关系是否上升为物权关系取决于立法政策。法律对于诸如借用、租赁等人直接支配特定物的事实并未按照物权关系设计，而是将借用人的使用权、承租人的租赁权规定为债权。其深层原因在于债权能够满足承租人、使用人的需要，为防止出租人出卖住房等可能损害承租人的生存权，特设买卖不破租赁的原则也已足够；若为物权，则意味着借用人、承租人获取了超出甚至远远地超出了所付代价的利益，会阻碍出借人、出租人处分标的物，尤其在借用人、承租人利用借用权、租赁权融资的情况下，极有可能使出借人、出租人遭受重大的不利。

法律将物归属于某人支配，在于使其享受物的利益。物的利益可分为使用价值和交换价值。所有权的效力所及，系物的全部利益，包括占有、使用、收益和

---

① 目前德国民法的通说把物权作为归属权，或称物的财产归属权，并将之分为两种，归属权（即物直接归属权利人）与绝对的归属权（即对抗任何人的效力）。Scwab/Prutting, Sachenrecht, 28. Aufl., München: Beck, 1999, Rdhr. 14; M. Wolf, Sachenrecht, München, 1999, Rdhr. 1. 转引自蔡明诚：《论物权的概念与类型》，载《财产法学篇》（一），台北，学林文化事业有限公司 2002 年版，第 105 页。

处分。所有权人不需要依赖他人的行为就能享受这些利益。用益物权的效力所及，系物的使用价值。用益物权人可以不经他人的同意就可以使用物并获得收益。严格地说，处分是对物的所有权的处分，而不是对这个物的处分①，用益物权人显然无权处分标的物，仅仅可以处分用益物权自身，因而，用益物权所具有的被抵押、转让的效力，不是处分标的物（所有权）的表现，即用益物权无处分标的物（所有权）的效力。担保物权的效力所及，系物的交换价值，在债务人不履行其债务时，债权人可依法将担保物变价，就该价金满足其债权。②

（二）物权原则上是排他性的权利

同一标的物上存在着某一物权时，便不允许互不两立的物权与其并存。同一不动产上若有两个以上的抵押权存在，则其顺位不同。而债权却可以在同一个标的物上成立数个。③

［提示］

法律也例外地承认了无排他性的物权，此类物权和债权几乎相同。④ 基于河岸权原则而设立的取水权，相互间没有排他性。入渔同一渔场的捕捞权，相互间亦无排他性。

由于物权的排他性对第三人的影响很大，出于保护善意第三人的需要，物权的存在乃至变动必须具有众人知晓的外部表征，即公示。《民法典》规定，动产物权的公示方法为占有，动产物权变动的公示方法为交付，不动产物权及其变动的公示方法为登记（第224条）。由于债权主要反映着相对人之间的关系，一般无必要公示，大多也无法公示。已经公示的物权具有对世性。未公示的物权，如船舶、航空器和机动车辆等物权的设立、变更、转让和消灭，未经登记，不得对抗善意第三人（《民法典》第225条）。

［探讨］

未经登记的物权虽然不得对抗善意第三人，但仍然不同于债权，兹举例说明如下：（1）在甲将A物的所有权移转给乙，但乙对A物的所有权尚未公示的情况下，甲又将A物出卖于知情的丙，丙不能取得A物的所有权。不过，在甲虽

---

① ［德］冯·图尔：《德国民法总论》，第1卷，第18章注释第26和第2卷第1部分，第54章注释第36。转引自［德］卡尔·拉伦茨：《德国民法通论》（上册），王晓晔、邵建东、程建英、徐国建、谢怀栻译，谢怀栻校，北京，法律出版社2003年版，第403页。

② 王泽鉴：《民法物权·通则·所有权》（总第1册），台北，三民书局有限公司2003年8月增补版，第38～39页。

③④ ［日］我妻荣：《日本物权法》，有泉亨修订，李宜芬校订，台北，五南图书出版公司1999年版，第9～10、10页。

将 A 物出卖给乙，但尚未移转所有权的情况下，甲又将 A 物出卖于知情的丙，则丙可以取得 A 物的所有权，尽管丙为恶意，乙也无权抗辩。当然，在日本民法上，善意取得要求占有标的物之人没有过失。① 其原因就在于，前者场合，甲系出卖他人之物，丙是否取得 A 物的所有权必须按照善意取得规则予以确定；后者场合，甲系出卖自己之物，属于有权处分，丙取得 A 物的所有权与否，由甲和丙之间的买卖合同的效力和履行状况决定，不适用善意取得规则。（2）在甲将 A 物的所有权移转给乙的情况下，尽管尚未公示，在甲进入破产程序时，A 物不属于破产财产。与此不同，如果 A 物只是甲所享有债权的标的物，则 A 物属于破产财产。再如，土地承包经营权、宅基地使用权、地役权不需要公示，如果因此把它们当成债权，在设立人破产或因其他原因而消灭的情况下，就会出现极为不公正的后果。因为，设立这些权利的主体破产，也就是债务人破产，于此场合，债权只能按比例获得清偿，甚至得不到清偿，最后归于消灭。设定这些权利的主体因其他原因而消灭，也就是债务人消灭，债权要随之消灭，于是，土地承包经营权、宅基地使用权、地役权等便化为乌有。可是，土地承包经营权、宅基地使用权、地役权若作为他物权，一经设立就具有独立性，只要其母权（如土地所有权）没有绝对消灭，只要这些他物权的存续期间没有届满，即使设立人破产或因其他原因而消灭，它们也照样存在。（3）甲对于乙占有的 A 车享有请求转移占有和所有权的债权，丙作为乙的债权人，申请人民法院强制执行 A 车，甲对抗丙的强制执行，可否？通说认为，甲若对 A 车享有物权，则可以对抗丙的执行申请，但仅仅享有债权则对抗不了丙的执行申请。可见，物权和债权在执行程序中所处的地位不同。② （4）乙若对 A 物享有所有权，在第三人不法侵害该物的情况下，乙可以请求该第三人承担侵权责任；若仅仅享有债权，因中国现行法尚未承认债权为侵权行为的标的，所以，乙无权请求该第三人承担侵权责任。

（三）物权的客体具有特定性

基于物权直接支配其标的物的需要，物权的客体必须是特定的（《民法典》第 115 条），通常表现为特定物。对于仅仅确定种类和数量的物，债权虽然可以成立于其上，物权却不能。

权利抵押权、权利质权以权利为客体，这是由担保物权系价值权、不注重对

---

① ［日］田山辉明：《物权法》（增订本），陆庆胜译，齐乃宽、李康民审校，北京，法律出版社 2001 年版，第 105~106 页。

② 《最高人民法院关于人民法院民事执行中查封、扣押、冻结财产的规定》第 17 条、《最高人民法院关于人民法院办理执行异议和复议案件若干问题的规定》第 28 条规定，在具备若干条件的情况下债权人有权对抗强制执行。

标的物的物理形态的支配的性质所决定的，况且这没有破坏客体特定性的要求，只是标的物的形态是权利而非有体物。

取水权固然以不特定的水资源为客体，但它系一种准物权，不属于典型物权，所以，这不影响上述针对典型物权所抽象出来的性质。[①]

（四）物权人是特定的，义务人不特定

因债权以请求权为主要内容，属于相对权，故其当事人各方均为特定之人。因物权为直接支配权，不需要他人以积极行为予以协助，属于对世权，故物权人系特定之人，义务人则为不特定的人。

上述物权依一定的标准划分，形成以下分类。

（一）所有权与定限物权

1. 区分标准

以对标的物的支配范围为划分标准，物权可分为所有权和定限物权。

2. 界定

所有权，是指所有人依法对于标的物为全面支配的物权。所谓全面支配，是指支配标的物的使用价值和交换价值。所有权因此而被称为完全物权。不过，由于实务中所有权时常被定限物权所限制，所有权社会化强调对利用权的保护，利用权已经逐渐独立为永久的一面支配权，在这些情况下，所有权的弹力性难以恢复，所谓全面支配权，有些名实不符。[②]

定限物权，又称为限制物权或他物权，则仅为特定目的，对标的物为一定支配的物权。[③] 所谓定限，一是指它的效力仅仅及于标的物的部分价值，二是指它系分享所有权中的部分权能而形成的物权，反过来对所有权呈现出限制。此类物权，除如所有人抵押权等特殊情况以外，通常都成立在他人的财产上，于是也叫作他物权。宅基地使用权、质权等属于此类。

3. 分类的法律意义

区分所有权和定限物权的法律意义在于：（1）权利行使的范围不同。所有权对标的物为全面的支配，定限物权仅支配标的物的特定范围。（2）所有权是定限物权产生的母权，系定限物权产生的根据或根据之一。（3）定限物权天生地具有

---

① 详细论述，见崔建远：《准物权研究》，北京，法律出版社 2003 年版，第 26 页；崔建远：《土地上的权利群研究》，北京，法律出版社 2004 年版，第 32～34 页。

② 谢在全：《民法物权论》（上册），台北，三民书局有限公司 2003 年 7 月修订 2 版，第 73 页。

③ 定限物权一语，系日本学者松冈义正所创，最早源出于罗马法 jus in re aliena。转引自谢在全：《民法物权论》（上册），台北，三民书局有限公司 2003 年 7 月修订 2 版，第 76 页；陈华彬：《物权法原理》，北京，国家行政学院出版社 1998 年版，第 78 页。

限制所有权的作用，其效力优先于所有权的效力。

（二）用益物权与担保物权

1. 区分标准

定限物权，以其所支配的内容为标准，可分为用益物权和担保物权。

2. 界定

所谓用益物权，是指以支配标的物的使用价值为内容的物权，或者说是权利人对他人所有的物依法享有占有、使用和收益的物权（《物权法》第117条）。土地承包经营权、建设用地使用权、宅基地使用权、地役权、养殖权、捕捞权等属于此类。所谓担保物权，则系以支配标的物的交换价值为内容的物权。抵押权、质权、留置权，为其典型。

3. 分类的法律意义

区分用益物权和担保物权的法律意义在于：（1）在用益物权的情况下，权利人可以按照标的物的性质使用标的物，并取得收益。在担保物权的情况下，物权人原则上不得使用标的物，仅就标的物的折价或变价使其债权优先获得清偿。（2）除地役权、捕捞权、（许多）取水权等用益物权以外，一个标的物上存在了一个用益物权，即不得再于其上设立其他的用益物权。与此不同，同一个标的物上可以并存数个担保物权。（3）同一个标的物上可以并存担保物权和用益物权。

（三）动产物权、不动产物权与权利物权

1. 区分标准

以标的物的种类为划分标准，物权可有动产物权、不动产物权和权利物权的分类。

2. 界定

所谓动产物权，是指以动产为标的物的物权。动产所有权、动产质权、动产抵押权和留置权属于此类。所谓不动产物权，是指以不动产为标的物的物权。不动产所有权、土地承包经营权、土地经营权、建设用地使用权、宅基地使用权、居住权、地役权等为其代表。所谓权利物权，是指以权利为标的物的物权，如权利抵押权、权利质权。

3. 分类的法律意义

按照《民法典》的规定，区分动产物权、不动产物权和权利物权的法律意义在于：（1）物权变动的要件不同。动产物权基于法律行为的变动，多数以交付为生效要件（第208条后段、第224条等）；不动产物权基于法律行为的变动以登记为生效要件（第208条前段、第209条第1款、第214条等）；权利抵押权以登记为生效要件（第402条）；权利质权比较复杂，股权质权、基金份额质权、知识产权质权等以登记为生效要件（第443条第1款、第444条第1款），以汇票、支票、本票、债券、存款单、提单、仓单等为标的物的质权则以交付权利凭证甚至背书为生效要件；没有权利凭证的，以办理出质登记为生效要件（第441条后段）。《担保制度司法解释》第58条规定，以汇票出质，当事人以背书记载"质押"字样并在汇票上签章，汇票已经交付质权人的，人民法院应当认定质权自汇票交付质权人时设立。按《票据法》第35条第2款、第80条的规定，以汇票、本票出质的，均应背书质押。（2）权利的公示方式有所不同。不动产物权以登记为公示方式，除以船舶、航空航天器、机动车辆为标的物的动产物权（《民法典》第225条）外，动产物权以占有或交付为公示方式（《民法典》第208条后段等）。以船舶、航空航天器、机动车辆为标的物的动产物权，其变动以交付为生效要件（《民法典》第224条），表明占有或交付为公示方式；同时，登记为对抗善意第三人的要件（《民法典》第225条），这意味着登记也是公示方式。权利物权及其变动的公示方式，有的是登记，有的是交付权利凭证，有的是背书。

（四）登记物权与不登记物权

1. 区分标准

以物权的变动是否须经登记为标准，存在登记物权和不登记物权的分类。

2. 界定

物权的变动无须登记即生效力的物权，叫作不登记物权。反之，则为登记物权。按照《民法典》的规定，登记物权的变动必须以登记为生效要件（第209条等）。不动产物权一般属于此类。

应当注意，按照《民法典》的规定，法定抵押权无须登记。因人民法院、仲裁委员会的法律文件或人民政府的征收决定等导致的不动产物权变动，自法律文书或人民政府的征收决定等生效时发生效力（第229条），因继承取得不动产物权的，自继承开始时发生效力（第230条），因合法建造、拆除房屋等事实行为设立或消灭不动产物权的，自事实行为成就时发生效力（第231条）。但是，处分这些不动产物权时，依照法律规定需要办理登记的，未经登记，不发生物权变动的效力（第232条）。

3. 分类的法律意义

这种分类的法律意义在于，登记在两种物权的变动中所起的作用不同。

（五）意定物权与法定物权

1. 区分标准

以物权的发生是否基于当事人的意思为标准，存在着意定物权和法定物权的分类。

2. 界定

在物权法定主义的架构下，意定物权，是指基于当事人的意思而成立的物权。除法定抵押权、留置权以外，民法上规定的物权都可以基于当事人的意思而发生。在法定物权的情况下，物权，不问当事人的意思如何，径由法律规定而发生。

3. 分类的法律意义

这种分类的法律意义在于，物权成立的要件和适用的法律不同。

（六）有期限物权与无期限物权

1. 区分标准

以物权的存续有无期限限制为标准，存在着有期限物权和无期限物权的分类。

2. 界定

有存续期限的物权，叫作有期限物权。存续期限无限制，且能永久存续的物权，称为无期限物权。定限物权大多为有期限物权，所有权为无期限物权。但是，在中国法上，一方面，存在于以出让方式取得的建设用地之上的房屋所有权，则是"有期限物权"；另一方面，宅基地使用权虽为定限物权，却是无期限物权；行政划拨的建设用地使用权没有明确的终期，只要法定终止事由未出现，就持续存在。

3. 分类的法律意义

这种分类的法律意义在于，有期限物权的存续期限届满时，即当然归于消灭；而无期限物权则除抛弃、标的物灭失或其他原因外，永存不灭。

（七）主物权与从物权

1. 区分标准
以物权是否具有独立性为标准，存在着主物权和从物权的分类。

2. 界定

主物权，是指可以独立存在，无须从属于其他权利的物权。从物权，是指不具有独立性，必须从属于其他权利的物权。属于前者的，如所有权、建设用地使用权、宅基地使用权等。属于后者的，如担保物权、地役权。

3. 分类的法律意义

这种分类的法律意义在于，主物权可以独立存在，而从物权的命运原则上随从主权利的命运。

（八）既得权与期待权

1. 区分标准

以物权是否已经取得为标准，存在着既得权和期待权的分类。

2. 界定

既得权，在物权法领域，是指权利主体已经取得了并且能够实现的物权。所有权、建设用地使用权等均属此类。期待权包括物权性的期待权和债权性的期待权。前者是指取得物权的某些要件已经实现，而剩下的条件若实现即可取得物权的期待状态。就其消极方面而言，取得物权的过程尚未完成，所期待的物权尚未取得；自其积极方面来说，物权的取得已经进入完成的过程，当事人已经有所期待。其中所谓"某些要件已经实现"，是指权利主体已经确定，取得物权的部分要件已经具备，所期待的特定利益的内容或范围亦已确定。所说的"期待状态"，是指权利主体的法律地位，且含有特定的利益，在机能上独立，受法律保护。[①]属于此类情况的，例如，在所有权保留买卖关系中，买受人的地位；建设用地使用权出让场合，受让人已经提出过户登记申请但尚未登入不动产登记簿时所处的地位；在房屋买卖关系中，买受人已经提出过户登记申请但尚未登入不动产登记簿时所处的地位。

3. 分类的法律意义

这种分类的法律意义在于，有助于人们认识并区分物权的生成过程，丰富物权的类型和体系及其理论，使立法者对每个阶段的法律状态配备相应的法律制度，运用不同的法律保护方法。

（九）完全物权与不完全物权

1. 区分标准

以物权的效力是否完全为标准，存在着完全物权和不完全物权的分类。

2. 界定

完全物权，是指法律效力齐备的物权。不完全物权，是指欠缺某些法律效力的物权。对此，可以建筑物的所有权为例加以说明。合法新建的建筑物，一经封顶，建设用地使用权人即取得其所有权。不过，在办理首次登记之前，该所有权欠缺处分的效力。只有办理完首次登记手续，该所有权才具有全部效力。登记之前的建筑物所有权属于不完全物权，登记完毕的建筑物所有权则为完全物权。

3. 分类的法律意义

这种分类不同于既得权与期待权的分类，因为期待权不是物权，只是物权的期待，而完全物权和不完全物权都是物权。

这种分类的法律意义在于，物权的效力不同，物权人能够实现的利益有别，

---

① ［德］鲍尔/施蒂尔纳：《德国物权法》（上册），张双根译，北京，法律出版社 2004 年版，第 46～47 页；申卫星：《期待权基本理论研究》，北京，中国人民大学出版社 2006 年版，第 12～42 页。

法律对物权转让设置的限定条件也有差异。例如，因人民法院的判决书、仲裁机构的裁决书而取得的不动产物权，因继承而取得的不动产物权，因合法建造房屋而取得的所有权，在物权人尚未将此类不动产登记在自己名下时，均属不完全物权。物权人若将此类不动产出卖、赠与或互易，不发生物权移转的效力，只有先行把此类物权登记在自己名下，再协助受让人办理过户登记手续，才会发生不动产物权变动的效果（《民法典》第232条）。

（十）本权与占有

1. 区分标准

以有无物权的实质内容为标准，存在着本权和占有。

2. 界定

占有，是对标的物有一定支配力的一种事实。对占有而言，所有权、定限物权，甚至租赁权，都是本权。

3. 分类的法律意义

这种分类的法律意义在于，确定有无本权的存在，以确定其保护方法。

（十一）其他分类

需要指出，有学说还把物权区分为民法上的物权和特别法上的物权，民法物权和特许物权，典型物权和准物权，私法物权和公法物权等。

第二百零五条

本编调整因物的归属和利用产生的民事关系。

本条主旨

本条是关于物权编调整对象的规定。

相关条文

本条系变通《物权法》第2条第1款关于"因物的归属和利用而产生的民事关系，适用本法"的规定而来。

与之相关的规定，如《物权编司法解释（一）》第1条规定："因不动产物权的归属，以及作为不动产物权登记基础的买卖、赠与、抵押等产生争议，当事人提起民事诉讼的，应当依法受理。当事人已经在行政诉讼中申请一并解决上述民事争议，且人民法院一并审理的除外。"

理解与适用

本条所谓"物的归属"，望文生义，就是物归属于谁。出于物权法的目的及功能，以及物权法与其他法律部门的分工，"物的归属"层面的"物"，限于有体物，如一个苹果、一台电脑、一宗土地、一栋大楼，均属此类。如此，所谓"物的归属"，描述的是有体物归属于谁的关系，或曰有体物这个所有物与其主人之间的关系，所有物归属于所有权人之间的关系。

在民法上，物分为有体物和无体物。所谓无体物，如股票、债券、仓单、提单、债权、建设用地使用权、土地经营权、著作权、专利权、商标权等。无体物也有"归属"的问题，特别是人们的日常用语中有 A 专利属于张三，B 股权归李四所有，等等。不过，用确切的法律用语来表达其法律意思，所谓 A 专利属于张三，是指 A 专利由张三享有专利权，而不是张三享有 A 专利的所有权；B 股权归李四所有，是指 B 股权的股权人为李四，而不是李四享有 B 股权的所有权。抽象地说，有体物的归属，由所有权关系来表达；至于无体物的"归属"，不用所有权关系来描述，而是形成相应法律上的相应关系，如张三是 A 专利的专利权人，李四是 B 股权的股权人，王五是 C 著作的著作权人，等等。如果采用类比的方法，不用所有权来表述 B 股权、A 专利权、C 著作权，而是径直称作股权、专利权、著作权，不但股权、专利权、著作权等概念能够起到有体物所有权概念那样的作用，而且还发挥着所有权不具备的功能。这样设计、分工所有权与知识产权、股权等民事权利，最大的优点是法律适用具有层次性，效果理想。例如，遇到 A 专利的问题，首先适用专利法，其次是知识产权法的总则，最后是民法的相应规定。不得颠倒适用法律的顺序，以免酿成不当后果。

所谓"物的利用"，可有两个视角的观察和描述，一个视角是物的所有权人利用该物，另一个视角是他物权人利用其物。

按照前一个视角，所有权人按照该物的性能和用途使用该物，属之，这是狭义的利用，系物权关系中的使用权能；所有权人把该物消耗掉，也属于《民法典》第 205 条所谓的利用，这是广义的利用，系物权关系中的（事实上的）处分权能；所有权人以该物设立抵押权或质权，还同样属于《民法典》第 205 条所谓的利用，也是广义的利用，系物权关系中的（法律上的）处分权能；甚至于所有权人把其物抛弃，同样属于《民法典》第 205 条所谓的利用，也是广义的利用。

依据后一个视角，即他物权人利用物的视角。此处之"物"，有体物固然属之，就是有关的权利等无体物也在其列。例如，A 宗地的所有权人（国家）授权甲国有土地资源管理局，将 A 宗地上的 B 国有建设用地使用权出让给乙。这是前一个视角下的利用。乙利用 B 国有建设用地使用权建造 C 大楼，这是后一个视角下的利用，是他物权人在利用物。不仅如此，乙把 B 国有建设用地使用权抵押给丙银行，或是同意丁就 B 国有建设用地享有地役权等，也都是在利用"物"，甚至于乙抛弃 B 国有建设用地使用权，还是在利用该"物"，只不过，于此场合的利用之"物"，不再是有体物，而是无体物。

总而言之，某特定物归属于某特定的所有权人，且必定是某特定的有体物归属于某特定的所有权人，属于《民法典》第 205 条所谓"物的归属"，由物权编调整；所有权人利用其物，包括自己使用、处分甚至抛弃，也包括以其物创设他物权，属于《民法典》第 205 条所谓"物的利用"，也由物权编调整；他物权人使用他物权的标的物，属于《民法典》第 205 条所谓"物的利用"，由物权编调整；他物权人以其他物权设立地役权、抵押权或质权甚至抛弃他物权，同样属于《民法典》第 205 条所谓"物的利用"，还由物权编调整。

第二百零六条

国家坚持和完善公有制为主体、多种所有制经济共同发展，按劳分配为主体、多种分配方式并存，社会主义市场经济体制等社会主义基本经济制度。

国家巩固和发展公有制经济，鼓励、支持和引导非公有制经济的发展。

国家实行社会主义市场经济，保障一切市场主体的平等法律地位和发展权利。

本条主旨

本条是关于中国特色社会主义的基本经济制度和社会主义市场经济中市场主体的法律地位平等及发展权的规定。

相关条文

《宪法》第 6 条　中华人民共和国的社会主义经济制度的基础是生产资料的社会主义公有制，即全民所有制和劳动群众集体所有制。社会主义公有制消灭人剥削人的制度，实行各尽所能、按劳分配的原则。

国家在社会主义初级阶段，坚持公有制为主体、多种所有制经济共同发展的基本经济制度，坚持按劳分配为主体、多种分配方式并存的分配制度。

第 7 条　国有经济，即社会主义全民所有制经济，是国民经济中的主导力量。国家保障国有经济的巩固和发展。

第8条 农村集体经济组织实行家庭承包经营为基础、统分结合的双层经营体制。农村中的生产、供销、信用、消费等各种形式的合作经济，是社会主义劳动群众集体所有制经济。参加农村集体经济组织的劳动者，有权在法律规定的范围内经营自留地、自留山、家庭副业和饲养自留畜。

城镇中的手工业、工业、建筑业、运输业、商业、服务业等行业的各种形式的合作经济，都是社会主义劳动群众集体所有制经济。

国家保护城乡集体经济组织的合法的权利和利益，鼓励、指导和帮助集体经济的发展。

第11条 在法律规定范围内的个体经济、私营经济等非公有制经济，是社会主义市场经济的重要组成部分。

国家保护个体经济、私营经济等非公有制经济的合法的权利和利益。国家鼓励、支持和引导非公有制经济的发展，并对非公有制经济依法实行监督和管理。

第15条 国家实行社会主义市场经济。

国家加强经济立法，完善宏观调控。

国家依法禁止任何组织或者个人扰乱社会经济秩序。

《物权法》第3条 国家在社会主义初级阶段，坚持公有制为主体、多种所有制经济共同发展的基本经济制度。

国家巩固和发展公有制经济，鼓励、支持和引导非公有制经济的发展。

国家实行社会主义市场经济，保障一切市场主体的平等法律地位和发展权利。

《土地管理法》第13条 农民集体所有和国家所有依法由农民集体使用的耕地、林地、草地，以及其他依法用于农业的土地，采取农村集体经济组织内部的家庭承包方式承包，不宜采取家庭承包方式的荒山、荒沟、荒丘、荒滩等，可以采取招标、拍卖、公开协商等方式承包，从事种植业、林业、畜牧业、渔业生产。家庭承包的耕地的承包期为三十年，草地的承包期为三十年至五十年，林地的承包期为三十年至七十年；耕地承包期届满后再延长三十年，草地、林地承包期届满后依法相应延长。国家所有依法用于农业的土地可以由单位或者个人承包经营，从事种植业、林业、畜牧业、渔业生产。

发包方和承包方应当依法订立承包合同，约定双方的权利和义务。承包经营土地的单位和个人，有保护和按照承包合同约定的用途合理利用土地的义务。

《农村土地承包法》第3条 国家实行农村土地承包经营制度。

农村土地承包采取农村集体经济组织内部的家庭承包方式，不宜采取家庭承包方式的荒山、荒沟、荒丘、荒滩等农村土地，可以采取招标、拍卖、公开协商等方式承包。

第 5 条第 1 款 农村集体经济组织成员有权依法承包由本集体经济组织发包的农村土地。

第 9 条 承包方承包土地后，享有土地承包经营权，可以自己经营，也可以保留土地承包权，流转其承包地的土地经营权，由他人经营。

第 10 条 国家保护承包方依法、自愿、有偿流转土地经营权，保护土地经营权人的合法权益，任何组织和个人不得侵犯。

第 13 条 农民集体所有的土地依法属于村农民集体所有的，由村集体经济组织或者村民委员会发包；已经分别属于村内两个以上农村集体经济组织的农民集体所有的，由村内各该农村集体经济组织或者村民小组发包。村集体经济组织或者村民委员会发包的，不得改变村内各集体经济组织农民集体所有的土地的所有权。

国家所有依法由农民集体使用的农村土地，由使用该土地的农村集体经济组织、村民委员会或者村民小组发包。

第 14 条 发包方享有下列权利：

（一）发包本集体所有的或者国家所有依法由本集体使用的农村土地；

（二）监督承包方依照承包合同约定的用途合理利用和保护土地；

（三）制止承包方损害承包地和农业资源的行为；

（四）法律、行政法规规定的其他权利。

第 16 条 家庭承包的承包方是本集体经济组织的农户。

农户内家庭成员依法平等享有承包土地的各项权益。

第 17 条 承包方享有下列权利：

（一）依法享有承包地使用、收益的权利，有权自主组织生产经营和处置产品；

（二）依法互换、转让土地承包经营权；

（三）依法流转土地经营权；

（四）承包地被依法征收、征用、占用的，有权依法获得相应的补偿；

（五）法律、行政法规规定的其他权利。

《农业法》第 5 条 国家坚持和完善公有制为主体、多种所有制经济共同发展的基本经济制度，振兴农村经济。

国家长期稳定农村以家庭承包经营为基础、统分结合的双层经营体制，发展社会化服务体系，壮大集体经济实力，引导农民走共同富裕的道路。

国家在农村坚持和完善以按劳分配为主体、多种分配方式并存的分配制度。

《民族区域自治法》第26条 民族自治地方的自治机关在坚持社会主义原则的前提下，根据法律规定和本地方经济发展的特点，合理调整生产关系和经济结构，努力发展社会主义市场经济。

民族自治地方的自治机关坚持公有制为主体、多种所有制经济共同发展的基本经济制度，鼓励发展非公有制经济。

《外商投资法》第17条 外商投资企业可以依法通过公开发行股票、公司债券等证券和其他方式进行融资。

第21条 外国投资者在中国境内的出资、利润、资本收益、资产处置所得、知识产权许可使用费、依法获得的补偿或者赔偿、清算所得等，可以依法以人民币或者外汇自由汇入、汇出。

第22条第2款 国家鼓励在外商投资过程中基于自愿原则和商业规则开展技术合作。技术合作的条件由投资各方遵循公平原则平等协商确定。行政机关及其工作人员不得利用行政手段强制转让技术。

《台湾同胞投资保护法》第5条 台湾同胞投资者投资的财产、工业产权、投资收益和其他合法权益，可以依法转让和继承。

第6条 台湾同胞投资者可以用可自由兑换货币、机器设备或者其他实物、工业产权、非专利技术等作为投资。

台湾同胞投资者可以用投资获得的收益进行再投资。

理解与适用

一、中国特色社会主义的基本经济制度决定《宪法》及《民法典》设计中国特色的物权制度

马克思主义的基本原理之一是，经济基础决定上层建筑。《民法典》及其物权制度作为中国社会的上层建筑的重要组成部分，当然由中国的经济基础决定，反映其本质要求。

中国是社会主义国家，处于社会主义初级阶段，实行以公有制为主体、多种所有制经济共同发展的基本经济制度。2013年颁布的《中共中央关于全面深化改革若干重大问题的决定》再次强调："公有制为主体、多种所有制经济共同发展的基本经济制度，是中国特色社会主义制度的重要支柱，也是社会主义市场经济体制的根基。公有制经济和非公有制经济都是社会主义市场经济的重要组成部分，都是中国经济社会发展的重要基础。必须毫不动摇巩固和发展公有制经济，坚持公有制主体地位，发挥国有经济主导作用，不断增强国有经济活力、控制

力、影响力。必须毫不动摇鼓励、支持、引导非公有制经济发展，激发非公有制经济活力和创造力。"《中国共产党第十九届中央委员会第四次全体会议公报》继续强调："坚持公有制为主体、多种所有制经济共同发展和按劳分配为主体、多种分配方式并存，把社会主义制度和市场经济有机结合起来，不断解放和发展社会生产力的显著优势。"

中国特色社会主义的公有制包括全民所有制和劳动群众集体所有制。这两种公有制形式，没有高下之分，无贵贱之别，对它们须平等保护。就此，《中共中央关于全面深化改革若干重大问题的决定》明确："在符合规划和用途管制前提下，允许农村集体经营性建设用地出让、租赁、入股，实行与国有土地同等入市、同权同价。缩小征地范围，规范征地程序，完善对被征地农民合理、规范、多元保障机制。扩大国有土地有偿使用范围，减少非公益性用地划拨。建立兼顾国家、集体、个人的土地增值收益分配机制，合理提高个人收益。完善土地租赁、转让、抵押二级市场。"

强调中国特色社会主义公有制，不意味着否定或歧视非公有制经济。《中共中央关于全面深化改革若干重大问题的决定》宣明平等保护原则："公有制经济财产权不可侵犯，非公有制经济财产权同样不可侵犯。""国家保护各种所有制经济产权和合法利益，保证各种所有制经济依法平等使用生产要素、公开公平公正参与市场竞争、同等受到法律保护，依法监管各种所有制经济。""非公有制经济在支撑增长、促进创新、扩大就业、增加税收等方面具有重要作用。坚持权利平等、机会平等、规则平等，废除对非公有制经济各种形式的不合理规定，消除各种隐性壁垒，制定非公有制企业进入特许经营领域具体办法。"

对于上述政策，2016 年出台的《中共中央 国务院关于完善产权保护制度依法保护产权的意见》重申："健全以公平为核心原则的产权保护制度，毫不动摇巩固和发展公有制经济，毫不动摇鼓励、支持、引导非公有制经济发展，公有制经济财产权不可侵犯，非公有制经济财产权同样不可侵犯。""坚持权利平等、机会平等、规则平等，废除对非公有制经济各种形式的不合理规定，消除各种隐性壁垒，保证各种所有制经济依法平等使用生产要素、公开公平公正参与市场竞争、同等受到法律保护、共同履行社会责任。"

《中共中央 国务院关于完善产权保护制度依法保护产权的意见》还特别明确："加快推进民法典编纂工作，完善物权、合同、知识产权相关法律制度，清理有违公平的法律法规条款，将平等保护作为规范财产关系的基本原则。健全以企业组织形式和出资人承担责任方式为主的市场主体法律制度，统筹研究清理、废止按照所有制不同类型制定的市场主体法律和行政法规，开展部门规章和规范性文件专项清理，平等保护各类市场主体。加大对非公有财产的刑法保护力度。"

上述中国特色的社会主义基本经济制度，既要固定化，又要动态化，才会迸发出活力，产生出人们所需要的物质财富甚至精神财富。其动态化的法律表现，首先由《宪法》予以固定（第 6 条以下），在其内部就完成了从所有制到所有权的转换，确立了国家所有权、集体所有权和私人所有权以及相关的物权制度。

诚然，《宪法》的赋权毕竟抽象，旨在指明方向，确定领域，设置边界，并不，也不必要和可能包揽一切，具体化到技术细节。这是因为，《宪法》上的各种所有权虽为财产的保护提供了纲领性规定和制度性保障，但财产效用的最大发挥需要将宪法上的所有权转化为民法上的所有权，将宪法规范转化为民法规范。法律调整财产的最终目的在于确保物权人对财产持续有效地利用。这也是由现代法的立法技术决定的：不由宪法一部法调整社会生活的全部，而是实行"大权独揽，小权分散"的法制体例，刑事的关系由刑法管辖，民事的关系由民商法调整，等等。内化于宪法规范之中的法律价值需要付诸具体部门法践行。民法规范的作用在于规范所有权的具体行使，促进财产效用的最大发挥。如此，有关所有权的可操作性的规范便交由《民法典》"第二编　物权"负责。

这首先体现在中国特色的社会主义基本经济制度成为《民法典》设计物权制度的灵魂和基本原则，其精神实质贯穿、体现在整个物权制度的始终，表现为物权制度的社会政治原则，市场主体的法律地位平等，保障其（平等的）发展权，以及对国家、集体、私人以及其他类型的主体所享有物权的平等保护原则。《物权法》如此（第 1 条、第 3 条、第 4 条、第 45 条以下），《民法典》亦然（第 206条、第 207 条、第 246 条以下）。其次，彰显国家所有权（《民法典》第 246 条以下）、集体所有权（《民法典》第 260 条以下）更凸显其制度特色。再次，拾得遗失物、拾得漂流物、发现埋藏物或隐藏物的规则已经向国家倾斜（《民法典》第314 条以下），最后，国有建设用地使用权与集体建设用地使用权同权同价（《民法典》第 361 条）。

二、市场主体的法律地位平等并受法律保障

（一）法律出处

《宪法》规定："国家实行社会主义市场经济"（第 15 条第 1 款）。市场经济天然地使其主体在同一起跑线上赛跑，遵循机会平等，规则相同，等价交换，公平竞争，抽象地说，就是各个市场主体的法律地位平等。为反映和满足这种内在要求，《物权法》第 3 条第 3 款规定："国家实行社会主义市场经济，保障一切市场主体的平等法律地位和发展权利。"《民法典》对此一字不差地予以承继（第

206 条第 3 款）。

（二）法律地位平等的终极根源

社会主义市场经济在基础部分是市场经济，在所有制和上层建筑方面采取社会主义的，它是商品经济的高级发展阶段的形态。它不遏制、不排斥商品经济平等、等价交换、有效率的本性和效能，相反，是充分利用和任其发挥；但商品经济依其自身规律运行带来的负面结果由社会主义机制来遏制、矫正，使其尽可能地朝向公平正义。

"一切商品，对于它的所有者，皆为非使用价值（Nicht-Gebrauchswert），但对于非所有者（Nicht-Besitzer），则为使用价值。所以，任何一种商品，都有换一下手的必要。但这样换一下手，便是交换（Austausch），使商品以价值的资格互相对待，并实现为价值的，也就是交换。"① "他和货币所有者相遇在市场上，必须彼此以平等的商品所有者的资格，发生关系，不过一个当作买者，一个当作卖者。所以，他们在法律上必须是互相平等的人格。"② "平等！因为他们彼此皆以商品所有者资格发生关系，以等价物交换等价物。"③ "商品是天生的平等主义者。"④

商品经济在社会主义市场经济条件下，各种所有制经济形成的市场主体都是在统一的市场上运作并发生相互关系的，都要遵守统一的市场"游戏规则"，只有地位平等、权利平等，才有公平竞争，才能形成良好的市场秩序。若不如此，就违背了市场经济原则，反过来又会损害社会主义基本经济制度。⑤

（三）法律地位平等的意义

民事权利能力，罗马法叫作人格（persona）⑥，《拿破仑法典》亦然，用于某个人或某团体是民法上的"人"或曰民事主体的场合。凡不具有民事权利能力者均非民法上的"人"，不是民事主体。与此不同，法律地位一词可在若干场合使用，例如，农村集体经济组织的法律地位，自然人的法律地位，法人的法律地位，建筑公司的分公司的法律地位，清华大学法学院的法律地位，业主派驻工地代表的法律地位，等等。前三种场合的法律地位与民事权利能力可作相同意义的理解，后三种场合的法律地位则不具有民事权利能力的意义。之所以如此，一个

①②③④ 马克思：《资本论》（第 1 卷），郭大力、王亚南译，上海，上海三联书店 2009 年版，第 40、101、108、39 页。

⑤ 全国人民代表大会法律委员会在 2006 年 10 月 27 日十届全国人民代表大会常务委员会第二十四次会议上《关于〈中华人民共和国物权法（草案）〉修改情况的说明》，载全国人民代表大会常务委员会法制工作委员会民法室编著：《物权法立法背景与观点全集》，北京，法律出版社 2007 年版，第 57 页。

⑥ 周枏：《罗马法提要》，北京，北京大学出版社 2008 年版，第 16 页。

重要的原因是，法律地位，望文生义，就是一个被界定对象在法律上的位置，相对确切地说，是法律认可或赋权一个被界定对象的地位。在法律的世界里，任何一个被界定的对象均有其位置，如张三是户主，李四是教师，王五是货摊主。不但之于客体的主体是这样，就连客体也有其法律上的位置，如流通物、主物、抵押物等。从中不难看出，法律地位未必与民法认可或确立的"人"直接关联。但民事权利能力则不然，只在民法认可或确立的"人"这个层面上使用，凡是拥有民事权利能力者才是民事主体。至于建筑公司的分公司、大学的法学院、户主、教师等虽然在不同的法律部门中有其法律地位，但不具有民事权利能力，不是民法上的"人"；更遑论流通物、主物、抵押物之类虽有法律地位，但绝对不可享有民事权利能力，不是民事主体了。

《民法典》第 206 条第 3 款所谓法律地位，一方面限于社会主义市场经济中的地位，虽属民事权利能力的范畴，但其外延窄于自然人的民事权利能力的外延，生命、健康、肖像、继承等能力均不在其内；另一方面，由市场主体的本性决定，市场主体的法律地位和发展权利，虽然离不开物权，但肯定不会局限于此，市场主体的名称、字号、商誉、信息、商标甚至专利的权益和相应的义务，都是商家不可或缺的；市场运行更离不开债权。就此说来，《民法典》第 206 条第 3 款所谓法律地位，其含义远远超过市场主体享有物权和负担相应义务的范围。

转换视角，结论有所不同。《民法典》第 206 条第 3 款处于物权规范群之中，立法者的本意重在宣示市场主体享有物权和负担相应义务的法律地位[①]，即资格，或曰民事权利能力。从物权制度与人格权制度、知识产权制度、债权制度等有关法律制度的分工看，也可得出该项结论。只不过《民法典》第 206 条第 3 款是"超载"表达而已，从立法技术的角度看，《民法典》"第一编　总则"第 4 条已经规定"民事主体在民事活动中的法律地位一律平等"，它覆盖物权关系的领域，《民法典》再设第 206 条第 3 款，明显重复，似无必要。不过，若采取历史的观点，须大力纠正中央高度集权的计划经济体制下的不平等，以及个别地区在个别期间不区分情形地一律把民营企业排除于采矿的领域，则该条款也有"警钟长鸣"之用。此其一。观察这两个条款的文义，挖掘其规范意旨，可以说《民法典》第 4 条重在认可在中国境内从事民事活动者均为民法上的"人"，即民事主体，且其法律地位一律平等；而第 206 条第 3 款是在第 4 条确立的前提下，保障作为民事主体的市场主体已有的平等法律地位，换言之，第 206 条第 3 款为第 4

---

① 参考胡康生主编：《中华人民共和国物权法释义》，北京，法律出版社 2007 年版，第 28 页。

条"保驾护航",成为它的"战略纵深"。就此说来,两个条款各有侧重,功用有别。此其二。当然,无论怎么说,《民法典》第 206 条第 3 款着重保障市场主体享有物权和负担相应义务的平等法律地位。有鉴于此,下文主要在这种意义上发表意见。

《民法典》第 206 条第 3 款所谓法律地位,是在非常抽象的意义上使用的,不关注一房、一地能否取得或保有。所谓抽象意义上的法律地位,是指国家、集体和私人等任何市场主体均有享有物权的资格,也就是民事权利能力。至于长江、黄河不得由你、我、他取得所有权,只可归属于国家,那首先是《宪法》把此种发展权赋予谁的问题,《民法典》予以贯彻、落实;接下来是具体的长江所有权、黄河所有权由国家独享的问题。《宪法》及《民法典》等部门法没有把此类发展权开放给国家以外的市场主体,普通的市场主体也就不会实际取得长江、黄河的所有权。由此可见,抽象意义上的法律地位不同于发展权以及具体的民事权利。

所谓市场主体享有物权的资格,虽然不排斥其含有取得物权的资格这层意思,但其更关注保有物权的资格这层含义,即法律承认市场主体拥有物权是合法的,是受法律保障的,并且任何市场主体都有资格享有物权。所以,民营企业占有、使用的生产资料,私人拥有的财产,都不被非法没收,不被国有化;除非他们拥有这些财产构成犯罪或用于犯罪,依照刑法的规定应被没收。

在取得物权的资格方面,也是重在抽象的意义,关注国家、集体和私人等市场主体都具有取得物权的资格。你可以享有物权,我可以享有物权,他也可以享有物权,由此体现出平等性。虽然《宪法》及《民法典》等部门法不赋权普通的市场主体可以取得任何一种物权的资格,如不赋权集体组织、自然人取得泰山、黄河的所有权的资格,但这属于不赋予其发展权,绝不可因此说集体组织、自然人丧失取得物权的资格,或曰丧失法律地位。只要他们具备享有包括物权在内的民事权利的资格,就是具有法律地位。

国家、集体和私人等市场主体具有享有物权的法律地位,这不同于享有的物权多寡,因为一俟某物的物权到手,就不再属于法律地位的范畴,而是具体的物权及其行使的问题。

所谓"保障一切市场主体的平等法律地位",已经限定此处所谓法律地位是市场主体的法律地位,而非其他主体的法律地位。国家、集体、私人,若不是以市场主体的身份出现,则法律不一定保障其法律地位平等。换个角度表述,在民商法的领域,法律"保障一切市场主体的平等法律地位";在其他领域,法律未必保障其法律地位平等,甚至强调法律地位不平等。例如征收,它不在民商事领域，而受行政法的规制，它不遵循平等性，而是国家动用权力硬性地消灭某民事主体的特定物权。在征收关系中，两方的法律地位绝非平等。更不要说在革命斗争中，推翻蒋家王朝时国家没收蒋宋孔陈四大家族的资产了。

所谓"保障一切市场主体的平等法律地位"，在一定意义上，也潜在地含有这样的意思，尽管如此解读可能有些狭窄了：在交易过程中，在物权的享有和行使方面，国家、集体、私人等市场主体的法律地位是平等的，法律对此予以保障。如果这是正确的，则《宪法》规定"矿藏、水流、森林、山岭、草原、荒地、滩涂等自然资源，都属于国家所有，即全民所有"（第9条第1款前段），"城市的土地属于国家所有"（第10条第1款），就容易理解了，原因就在于此类物权的取得不发生在市场经济运行层面的，不发生在交易领域。

以上所述表明，国家、集体、私人等市场主体的法律地位平等，不是绝对的，而是相对的。所谓不是绝对的，表现在它不像自然人之间的法律地位平等那样彻底：无论性别、民族、种族、出身、职业、职务、文化程度、宗教信仰、政治面貌、财产状况等如何，其法律地位都是平等的，都可以享有民事权利和承担民事义务。在中国民法中，既没有享有更为优越的民事权利能力的自然人，也没有不享有或不能享有民事权利能力的自然人。这很自然，认识不到这一点，就是幼稚的、天真的。"平等保护不是说不同所有制经济在国民经济中的地位和作用是相同的，依据宪法规定，公有制经济是主体，国有经济是主导力量，非公有制经济是社会主义市场经济的重要组成部分，它们在国民经济中的地位和作用是不同的。这主要体现在国家宏观调控、公共资源分配、市场准入等方面，在关系国家安全和国民经济命脉的重要行业和关键领域，必须确保国有经济的控制力。"① 所谓是相对的，有几个方面的表现。其一，现在相对于过去，国家、集体、私人等市场主体的法律地位要平等得多。在高度集权的计划经济时代，民营企业无法律地位，自然人只有享有生活资料的法律地位。如今，这已成历史，《民法典》确立的国家、集体、私人等市场主体的法律地位，达到了空前的平等。其意义非凡，贡献至巨！其原因之一在于，本来，现代民法特别是近代民法，持抽象人格观，赋予市场主体平等的法律地位，物权制度作为民法的重要组成部分，承认各种市场主体具有平等地享有物权的资格，乃逻辑的必然。《物权法》和《民法典》却特设专文宣示国家、集体、私人等市场主体具有平等的法律地位，正说明有段

----

① 王兆国：《关于〈中华人民共和国物权法（草案）〉的说明》（在2007年3月8日第十届全国人民代表大会第五次会议上），载全国人民代表大会常务委员会法制工作委员会民法室编著：《物权法立法背景与观点全集》，北京，法律出版社2007年版，第7页。

历史时期我们没有做到这一点，需要改正，恢复社会主义市场经济本质要求的原则。其二，国家相对于集体和私人，如果我们不是空洞地议论民事权利能力，而是着眼于民事权利能力的落实，即结合实际享有的物权观察，就不难发现国家处于绝对的优势地位，如河流、矿产资源、海域的物权只能归国家享有，集体组织及私人不得染指，只可取得自然资源的"使用权"。其三，未来相对于现在，解读《中共中央关于全面深化改革若干重大问题的决定》《中共中央 国务院关于完善产权保护制度依法保护产权的意见》《中国共产党第十九届中央委员会第四次全体会议公报》，不难发现，随着改革开放的深化，社会经济的发展，集体组织及私人等市场主体的法律地位会越来越高。总之，国家、集体、私人等市场主体的法律地位平等，属于历史的范畴，是个发展的概念，它与差异性不是相互排斥的概念。

三、保障一切市场主体的发展权利

《物权法》第 3 条第 3 款、《民法典》第 206 条第 3 款规定："国家实行社会主义市场经济，保障一切市场主体的……发展权利。"这是法律保障国家、集体、私人等市场主体具有平等的法律地位的应然结果。假如不保障甚至不允许集体、私人等市场主体在社会主义市场经济中依法、依自身规律向前发展，则所谓法律地位平等也就成了一句空话。仅仅有法律地位平等，没有发展权利来给市场主体带来实实在在的权益，如没有一个一个的具体的物权，没有具体的物权运动带来利益，法律地位平等就没有具体的内容和体现，久而久之，市场主体也就对其厌烦，至少是对之熟视无睹，法律地位平等也就难以为继。可见，市场主体的法律地位平等和发展权利两者相辅相成。

发展权利，简称为发展权，是人权的重要组成，也是人权发展到一定阶段的产物，是第三代人权。它在物权领域也具有不可替代的作用。《民法典》明确规定保障一切市场主体的发展权，很有境界，特别及时，非常必要。发展，有多种表现形式，适合于许多领域，为市场主体所必需。当今世界，即使专注于市场经济及其运行，也不局限于商品生产和交换，市场主体乃至市场经济的文化品位的，历史观的，理念更新的，形象的，人类命运共同体要求的素质和"硬件"，也是发展权不可或缺的构成要素。对于自然人而言尤其如此。

保障一切市场主体的发展权利，首先是准予市场主体进入市场，许其活跃在物权领域。如果把市场主体排斥于市场之外，那么，他们就没有机会从事生产、交换、物流、资金流等活动，"终日游手好闲""坐吃山空"，只有等死一条路。如果吸取历史上不允许自然人及其家庭保有生产资料，不准进入机动车、设备等生产的领域，一律把民营企业排除于采矿的行业，未核准民营企业设立之类的教训，那么，《民法典》第206条第3款宣明"保障一切市场主体的……发展权利"，其意义就更加不可估量。应该准入的，法律不再禁止，任市场主体驰骋，其实乃法律地位平等的题中应有之义，因为给予市场主体在同一起跑线上的资格，机会均等，一视同仁，系法律地位平等的重要内容。发展权有"责任"落实之。

《民法典》第206条第3款处于物权制度领域，且受市场经济的"笼罩"，所以，市场主体的发展权必然包含取得和保有生产资料和生活资料的所有权，以便进行生产、经营以及获取利益之权。

市场主体生产的产品需要流通，服务贸易也占据不可小觑的比重，资金的流向之于企业犹如血液之于人体；再有证券化的运作，都需要债权的配置。债权使包括市场主体在内的人类生活更加丰富。在仅有物权关系的时代，可以说只能生活在过去和现在。但债权制度则可以使将来的给付预约变为现在的给付对价，除了过去和现在的财产外，还可以增加将来的财产。债权已不是取得物权和对物的利用的手段，它本身就是法律生活的目的。① 这显示债权是市场主体所需发展权的重要一环。

资金对于企业的重要性越来越凸显，市场主体利用财产融资已是常态，就是说融资权也是发展权的组成部分。

市场主体对于发展权的享有和运用，是因人而异，还是"各种市场主体都处于平等地位，享有相同权利，遵守相同规则，承担相同责任"②？答案必须是遵守相同规则，不然，"就不可能发展社会主义市场经济，也不可能坚持和完善社会主义基本经济制度"③。看来，发展权要以各个市场主体遵守相同规则为基础。在这方面，有经验和教训可供总结。

有必要说明，此处所谓享有相同权利、承担相同责任，是用于民事权利能力的层面上的，绝非用在具体的市场主体对A房享有所有权、对甲承担100万元人民币的赔偿责任之类的具体的权利、义务及责任的。道理很浅显，甲公司系小额贷款公司，乙公司为汽车的生产企业，甲公司不享有也不愿意享有1 000辆汽车的所有权，乙公司也难有1亿元人民币的自由资金。在经营活动中，甲公司鲜有

---

① ［日］我妻荣：《债权在近代法中的优越地位》，王书江、张雷译，谢怀栻校，北京，中国大百科全书出版社1999年版，第6～7页。

②③ 王兆国：《关于〈中华人民共和国物权法（草案）〉的说明》（在2007年3月8日第十届全国人民代表大会第五次会议上），载全国人民代表大会常务委员会法制工作委员会民法室编著：《物权法立法背景与观点全集》，北京，法律出版社2007年版，第6页。

向其他人承担侵权损害赔偿的案例，乙公司对其上家或下手承担逾期履行的违约责任，应不奇怪。就是说，各种市场主体在具体的民事法律关系中不易"享有相同权利，承担相同责任"。

在相当长的历史时期，商业开发建设需要农村集体所有的土地，必须先将集体所有的土地征收为国有，然后从国家土地所有权中"分离"出占有、使用、收益乃至处分权利自身的权能，由自然资源主管机关出让国有建设用地使用权给用地者，用地者才可在该国有建设用地上从事工业、商业的开发建设（2004 年《土地管理法》第 43 条第 1 款前段、第 44 条以下），这就是"先征收、再出让"模式。它在客观上使国家获取了"剪刀差"，"没收"了集体所有权人乃至有关的土地承包经营权人、集体建设用地使用权人的部分收益。这是因为集体所有权人径直与用地者签订集体建设用地使用权出让合同，直接收取用地者支付的土地使用权出让金，该出让金的数额原则上就是集体建设用地使用权的"价值"本身，而通过征收制度补偿给集体土地所有权人的款额却低于甚至明显低于该数额；国家从出让国有建设用地使用权自用地者处收取的土地使用权出让金又明显高于该数额。简单地说就是，征收补偿款的数额低，土地使用权出让金的数额高。面对此情此景，人们不禁要问：同一宗土地的所有权怎么不如使用权的价值高？在此领域，有学者力主征收补偿一定要实行"同地同价"，即"同样位置的土地无论做公益用途或者是商业用途，应在市场价指导下，给予相同标准的费用"[①]。

有鉴于此，《中共中央关于全面深化改革若干重大问题的决定》宣布："在符合规划和用途管制前提下，允许农村集体经营性建设用地出让、租赁、入股，实行与国有土地同等入市、同权同价。缩小征地范围，规范征地程序，完善对被征地农民合理、规范、多元保障机制。扩大国有土地有偿使用范围，减少非公益性用地划拨。建立兼顾国家、集体、个人的土地增值收益分配机制，合理提高个人收益。完善土地租赁、转让、抵押二级市场"（第 11 条）。《中共中央 国务院关于完善产权保护制度依法保护产权的意见》重申"深化农村土地制度改革，坚持土地公有制性质不改变、耕地红线不突破、粮食生产能力不减弱、农民利益不受损的底线，从实际出发，因地制宜，落实承包地、宅基地、集体经营性建设用地的用益物权，赋予农民更多财产权利，增加农民财产收益"。如今，这些政策已经变成了法律。《土地管理法》经修订于 2019 年出台，其第 63 条规定："土地利用总体规划、城乡规划确定为工业、商业等经营性用途，并经依法登记的集体经

[①]　石凤友：《我国土地征收法律制度研究》，载房绍坤、王洪平主编：《不动产征收法律制度纵论》，北京，中国法制出版社 2009 年版，第 156 页。

营性建设用地，土地所有权人可以通过出让、出租等方式交由单位或者个人使用，并应当签订书面合同，载明土地界址、面积、动工期限、使用期限、土地用途、规划条件和双方其他权利义务"（第 1 款）。"前款规定的集体经营性建设用地出让、出租等，应当经本集体经济组织成员的村民会议三分之二以上成员或者三分之二以上村民代表的同意"（第 2 款）。"集体经营性建设用地的出租，集体建设用地使用权的出让及其最高年限、转让、互换、出资、赠与、抵押等，参照同类用途的国有建设用地执行。具体办法由国务院制定"（第 4 款）。《民法典》对此予以肯定（第 361 条）。

所谓保障一切市场主体的发展权，就是凡是除国家战略安全、国家经济命脉、制约社会、国家长远发展所需的关键资源及尖端科技等不得不划为"禁区"的领域、行业，都依法允许市场主体进入，从事生产经营。这不但要除去不应设置的显性"壁垒"，而且必须清理不该有的隐形"路障"，如不必要的审批程序，真正使市场主体在法律允许的领域、行业顺畅地进行生产、经营活动。

四、法律地位——发展权——具体的民事权利（含物权）之间的关系

法律地位，最为抽象，其目的及功能在于解决国家、集体、私人或其他市场主体是否被民法承认为民事主体的问题，即能否享有民事权利（含物权）和负担相应义务的问题。具有法律地位者，就是民事主体，即可享有民事权利（含物权）和负担相应义务。反之，不具有法律地位者，就不是民事主体，就不得享有民事权利（含物权）和负担相应义务，金山、银山送到你的怀里也不归你拥有。例如，在罗马法上，家父、妻子、儿女、奴隶，都是自然法则上的人，他们之于动物，均为同类，可在市民法上，奴隶、妻子均无人格，不是主体。即使家父高兴，把住宅赏赐给奴隶，该奴隶也"无福消受"，不会成为该房的主人。[①] 依现代伦理，按照《宪法》及《民法典》的认可，在中国境内从事民事活动的"人"，你，我，他，都是民事主体，在市场经济中均为市场主体，并且都具有平等的法律地位。

具体的民事权利，包括物权，系具有法律地位之人借助法律事实而实际取得、享有的法律上之力。例如，张三自李四处购买 A 房，李四把 A 房的钥匙交付给张三，也协助办理完毕 A 房所有权的转移登记，张三取得 A 房的所有权。该所有权即为此处所谓具体的民事权利。张三具有法律地位，又有 A 房买卖合同这个法律事实，张三最终取得具体的民事权利。

---

① 周枏：《罗马法提要》，北京，北京大学出版社 2008 年版，第 18~24 页。

发展权介于法律地位和具体的民事权利之间，有"桥梁"的意味。相对而言，法律地位有点"玄"，有些"虚"，有点"唱高调"：人人都有法律地位，且一律平等！至于张三、李四是否有吃有穿，王五有别墅，那六只好租用他人之屋，这不属于法律地位所管之事。发展权较为"实在"，它之于权益，市场主体不但能看到，而且可以进入相应的生产、经营的领域，从事相应的行业，只要他实际"动作"，如承包土地、取得采矿许可、获准金融业务，等等，就能切实地得到粮食、棉花、矿石、机床等，但是，距离实际得到粮食、棉花等物的所有权还隔着一层，需要法律事实的来临。只有法律事实出现了，在法律事实表现为法律行为时尚需适当履行，才会实际取得粮食、棉花等物的所有权。看来，发展权仍属资格、能力的范畴，而不与A房所有权、B车所有权等具体的民事权利同类。不过，发展权这种资格、能力要比法律地位这类资格、民事权利能力"接地气"，距离实际取得A房所有权仅一步之遥。具体的民事权利，才落在实处，"实实在在"。如果把全世界的人都可以取得向日葵画比作法律地位/民事权利能力，那么，甲、乙、丙、丁、戊、己、庚取得竞买人的资格就相当于取得了发展权，甲报价后拍卖师敲锤是法律事实，拍卖行把向日葵之画交给甲，甲才取得该画的所有权。再如，上个自然段所举之例，张三具有法律地位，抽象地享有取得A房所有权的资格。但是，他若欠缺发展权，就无法实际取得A房所有权。如果A房位于北京市，张三无北京市的户籍，从未在北京市纳税过，那么，即使张三有万贯家财，也无权与李四签订受法律保护的A房买卖合同，即便签订了，在法律上也不能履行，总之，张三不能取得A房所有权。因为他不享有在北京市买房的发展权。如果他已经取得了北京市的户籍，或者在北京市纳税满5年，即他有了在北京市买房的发展权，那么，他与李四签订A房买卖合同就受法律保护，履行完毕该合同，他便实际取得A房所有权。

发展权，对于众多的公司来讲至为重要，说对其性命攸关，也不夸张。发展，有正常发展、茁壮成长、在"夹缝里求生存"等不同形态，市场主体取得物权的状况会呈现出差异，这与特定社会、特定国家的基本制度直接相关。在典型的市场经济条件下，任何一个商品的生产者、交换者都有发展权，且呈现出平等性。在封建社会，如果用发展权的概念和分析工具解剖的话，只有地主阶级享有发展权，农民最多享有生存权，侈谈发展权。在"四人帮"横行的年头，高喊"割资本主义的尾巴"，农民不得拥有生产资料，没有发展权。在社会主义市场经济中，《宪法》及《民法典》赋予各种市场主体发展权，但出于国家战略利益、国家经济命脉、制约社会及经济发展所需的关键资源和尖端科技等方面的考量，赋予不同类型的市场主体的发展权是有差别的。不这样，就是幼稚的，会吃大亏的。

虽然法人都有法律地位，也假设都资金充足，可是若无相应的发展权，就无权经营证券业务、贷款业务，取得不了"堆积如山"的人民币这种具体的民事权利；就无权开采矿藏，不能取得矿石的所有权这种具体的民事权利；就无权制造导弹、隐形飞机，无法取得它们的所有权这种具体的民事权利；等等。

总而言之，法律地位/民事权利能力最为抽象，只管自然人或团体是否为民法上的主体这一点，当然也是最为"要害"的一点。正因其只管这关键之点，其平等性也较为彻底。发展权次之，但也属于资格的范畴，而非具体的民事权利。它的差异性十分明显，某类市场主体仅可从事这样的业务，另类市场主体只能从事那样的活动，不得超越边界。《民法典》第 246 条第 1 款、第 247 条、第 248 条、第 249 条前段、第 250 条正文、第 252 条、第 254 条第 1 款关于国家发展权的规定，最能表明这层意思。至于具体的民事权利，其与特定的民事主体相结合时，千差万别，有人万贯家产，有人身无分文；有人执掌公司，有人把守厂门；等等。对此，不宜从平等不平等的层面认识和解读，除非你持极端的平均主义。因为这不属于地位的范畴，不涉及相同的事物相同处理、相似的事物相同处理的问题，而是一片土地上之百花开放的问题。

打个可能不太恰当的比喻，法律地位类似于张三具有 A 国的国籍，他是 A 国之人；发展权决定着张三可以从事农林牧渔的生产、经营，但不得从事战斗机的制造；具体的民事权利，诸如张三已经拥有甲屋、乙车和对李四的 100 万元人民币的债权。

第二百零七条

国家、集体、私人的物权和其他权利人的物权受法律平等保护，任何组织或者个人不得侵犯。

本条主旨

本条是关于国家、集体、私人等主体的物权受法律平等保护之原则的规定。

相关条文

《宪法》第 8 条第 3 款 国家保护城乡集体经济组织的合法的权利和利益，鼓励、指导和帮助集体经济的发展。

第 11 条第 2 款 国家保护个体经济、私营经济等非公有制经济的合法的权利和利益。国家鼓励、支持和引导非公有制经济的发展，并对非公有制经济依法实行监督和管理。

第 12 条 社会主义的公共财产神圣不可侵犯。

国家保护社会主义的公共财产。禁止任何组织或者个人用任何手段侵占或者破坏国家的和集体的财产。

第 13 条 公民的合法的私有财产不受侵犯。

国家依照法律规定保护公民的私有财产权和继承权。

《民法通则》第 5 条 公民、法人的合法的民事权益受法律保护，任何组织和个人不得侵犯。

第 73 条第 2 款 国家财产神圣不可侵犯，禁止任何组织或者个人侵占、哄抢、私分、截留、破坏。

第 74 条第 3 款 集体所有的财产受法律保护，禁止任何组织或者个人侵占、哄抢、私分、破坏或者非法查封、扣押、冻结、没收。

第 75 条第 2 款 公民的合法财产受法律保护，禁止任何组织或者个人侵占、哄抢、破坏或者非法查封、扣押、冻结、没收。

第 77 条 社会团体包括宗教团体的合法财产受法律保护。

第 80 条 国家所有的土地，可以依法由全民所有制单位使用，也可以依法确定由集体所有制单位使用，国家保护它的使用、收益的权利；使用单位有管理、保护、合理利用的义务。

公民、集体依法对集体所有的或者国家所有由集体使用的土地的承包经营权，受法律保护。承包双方的权利和义务，依照法律由承包合同规定。

土地不得买卖、出租、抵押或者以其他形式非法转让。

第 81 条 国家所有的森林、山岭、草原、荒地、滩涂、水面等自然资源，可以依法由全民所有制单位使用，也可以依法确定由集体所有制单位使用，国家保护它的使用、收益的权利；使用单位有管理、保护、合理利用的义务。

国家所有的矿藏，可以依法由全民所有制单位和集体所有制单位开采，也可以依法由公民采挖。国家保护合法的采矿权。

公民、集体依法对集体所有的或者国家所有由集体使用森林、山岭、草原、荒地、滩涂、水面的承包经营权，受法律保护。承包双方的权利和义务，依照法律由承包合同规定。

国家所有的矿藏、水流，国家所有的和法律规定属于集体所有的林地、山岭、草原、荒地、滩涂不得买卖、出租、抵押或者以其他形式非法转让。

第 82 条 全民所有制企业对国家授予它经营管理的财产依法享有经营权，

受法律保护。

《民法总则》第3条　民事主体的人身权利、财产权利以及其他合法权益受法律保护，任何组织或者个人不得侵犯。

第113条　民事主体的财产权利受法律平等保护。

第130条　民事主体按照自己的意愿依法行使民事权利，不受干涉。

《物权法》第4条　国家、集体、私人的物权和其他权利人的物权受法律保护，任何单位和个人不得侵犯。

《土地管理法》第12条第2款　依法登记的土地的所有权和使用权受法律保护，任何单位和个人不得侵犯。

《农村土地承包法》第5条第2款　任何组织和个人不得剥夺和非法限制农村集体经济组织成员承包土地的权利。

第6条　农村土地承包，妇女与男子享有平等的权利。承包中应当保护妇女的合法权益，任何组织和个人不得剥夺、侵害妇女应当享有的土地承包经营权。

第7条　农村土地承包应当坚持公开、公平、公正的原则，正确处理国家、集体、个人三者的利益关系。

第8条　国家保护集体土地所有者的合法权益，保护承包方的土地承包经营权，任何组织和个人不得侵犯。

《城市房地产管理法》第5条后段　房地产权利人的合法权益受法律保护，任何单位和个人不得侵犯。

《海域使用管理法》第6条第1款　国家建立海域使用权登记制度，依法登记的海域使用权受法律保护。

《农业法》第7条第1款　国家保护农民和农业生产经营组织的财产及其他合法权益不受侵犯。

第10条第1款　国家实行农村土地承包经营制度，依法保障农村土地承包关系的长期稳定，保护农民对承包土地的使用权。

《草原法》第9条　草原属于国家所有，由法律规定属于集体所有的除外。国家所有的草原，由国务院代表国家行使所有权。

任何单位或者个人不得侵占、买卖或者以其他形式非法转让草原。

第11条　依法确定给全民所有制单位、集体经济组织等使用的国家所有的草原，由县级以上人民政府登记，核发使用权证，确认草原使用权。

未确定使用权的国家所有的草原，由县级以上人民政府登记造册，并负责保护管理。

集体所有的草原，由县级人民政府登记，核发所有权证，确认草原所有权。

依法改变草原权属的，应当办理草原权属变更登记手续。

第 12 条　依法登记的草原所有权和使用权受法律保护，任何单位或者个人不得侵犯。

第 15 条　草原承包经营权受法律保护，可以按照自愿、有偿的原则依法转让。

草原承包经营权转让的受让方必须具有从事畜牧业生产的能力，并应当履行保护、建设和按照承包合同约定的用途合理利用草原的义务。

草原承包经营权转让应当经发包方同意。承包方与受让方在转让合同中约定的转让期限，不得超过原承包合同剩余的期限。

《森林法》第 3 条　森林资源属于国家所有，由法律规定属于集体所有的除外。

国家所有的和集体所有的森林、林木和林地，个人所有的林木和使用的林地，由县级以上地方人民政府登记造册，发放证书，确认所有权或者使用权。国务院可以授权国务院林业主管部门，对国务院确定的国家所有的重点林区的森林、林木和林地登记造册，发放证书，并通知有关地方人民政府。

森林、林木、林地的所有者和使用者的合法权益，受法律保护，任何单位和个人不得侵犯。

《矿产资源法》第 3 条第 1 款　矿产资源属于国家所有，由国务院行使国家对矿产资源的所有权。地表或者地下的矿产资源的国家所有权，不因其所依附的土地的所有权或者使用权的不同而改变。

第 3 条第 2 款　国家保障矿产资源的合理开发利用。禁止任何组织或者个人用任何手段侵占或者破坏矿产资源。各级人民政府必须加强矿产资源的保护工作。

第 3 条第 3 款　勘查、开采矿产资源，必须依法分别申请、经批准取得探矿权、采矿权，并办理登记；但是，已经依法申请取得采矿权的矿山企业在划定的矿区范围内为本企业的生产而进行的勘查除外。国家保护探矿权和采矿权不受侵犯，保障矿区和勘查作业区的生产秩序、工作秩序不受影响和破坏。

第 4 条前段　国家保障依法设立的矿山企业开采矿产资源的合法权益。

《水法》第 3 条　水资源属于国家所有。水资源的所有权由国务院代表国家行使。农村集体经济组织的水塘和由农村集体经济组织修建管理的水库中的水，归各该农村集体经济组织使用。

第 6 条　国家鼓励单位和个人依法开发、利用水资源，并保护其合法权益。开发、利用水资源的单位和个人有依法保护水资源的义务。

第9条　国家保护水资源，采取有效措施，保护植被，植树种草，涵养水源，防治水土流失和水体污染，改善生态环境。

《野生动物保护法》第3条　野生动物资源属于国家所有。

国家保障依法从事野生动物科学研究、人工繁育等保护及相关活动的组织和个人的合法权益。

第5条第1款　国家保护野生动物及其栖息地。县级以上人民政府应当制定野生动物及其栖息地相关保护规划和措施，并将野生动物保护经费纳入预算。

《文物保护法》第5条　中华人民共和国境内地下、内水和领海中遗存的一切文物，属于国家所有。

古文化遗址、古墓葬、石窟寺属于国家所有。国家指定保护的纪念建筑物、古建筑、石刻、壁画、近代现代代表性建筑等不可移动文物，除国家另有规定的以外，属于国家所有。

国有不可移动文物的所有权不因其所依附的土地所有权或者使用权的改变而改变。

下列可移动文物，属于国家所有：

（一）中国境内出土的文物，国家另有规定的除外；

（二）国有文物收藏单位以及其他国家机关、部队和国有企业、事业组织等收藏、保管的文物；

（三）国家征集、购买的文物；

（四）公民、法人和其他组织捐赠给国家的文物；

（五）法律规定属于国家所有的其他文物。

属于国家所有的可移动文物的所有权不因其保管、收藏单位的终止或者变更而改变。

国有文物所有权受法律保护，不容侵犯。

第6条　属于集体所有和私人所有的纪念建筑物、古建筑和祖传文物以及依法取得的其他文物，其所有权受法律保护。文物的所有者必须遵守国家有关文物保护的法律、法规的规定。

《外商投资法》第5条　国家依法保护外国投资者在中国境内的投资、收益和其他合法权益。

第20条第1款　国家对外国投资者的投资不实行征收。

第22条　国家保护外国投资者和外商投资企业的知识产权，保护知识产权权利人和相关权利人的合法权益；对知识产权侵权行为，严格依法追究法律责任。

国家鼓励在外商投资过程中基于自愿原则和商业规则开展技术合作。技术合作的条件由投资各方遵循公平原则平等协商确定。行政机关及其工作人员不得利用行政手段强制转让技术。

《归侨侨眷权益保护法》第 3 条　归侨、侨眷享有宪法和法律规定的公民的权利，并履行宪法和法律规定的公民的义务，任何组织或者个人不得歧视。国家根据实际情况和归侨、侨眷的特点，给予适当照顾，具体办法由国务院或者国务院有关主管部门规定。

第 7 条　归侨、侨眷有权依法申请成立社会团体，进行适合归侨、侨眷需要的合法的社会活动。归侨、侨眷依法成立的社会团体的财产受法律保护，任何组织或者个人不得侵犯。

第 9 条　国家对安置归侨的农场、林场等企业给予扶持，任何组织或者个人不得侵占其合法使用的土地，不得侵犯其合法权益。在安置归侨的农场、林场等企业所在的地方，可以根据需要合理设置学校和医疗保健机构，国家在人员、设备、经费等方面给予扶助。

第 11 条　国家鼓励和引导归侨、侨眷依法投资兴办产业，特别是兴办高新技术企业，各级人民政府应当给予支持，其合法权益受法律保护。

第 12 条第 1 款　归侨、侨眷在国内兴办公益事业，各级人民政府应当给予支持，其合法权益受法律保护。

第 13 条第 1 款　国家依法保护归侨、侨眷在国内私有房屋的所有权。

第 15 条　国家保护归侨、侨眷的侨汇收入。

第 16 条　归侨、侨眷有权接受境外亲友的遗赠或者赠与。

《台湾同胞投资保护法》第 3 条第 1 款　国家依法保护台湾同胞投资者的投资、投资收益和其他合法权益。

第 4 条前段　国家对台湾同胞投资者的投资不实行国有化和征收。

《工会法》第 4 条第 3 款　国家保护工会的合法权益不受侵犯。

第 46 条　工会的财产、经费和国家拨给工会使用的不动产，任何组织和个人不得侵占、挪用和任意调拨。

《公益事业捐赠法》第 7 条　公益性社会团体受赠的财产及其增值为社会公共财产，受国家法律保护，任何单位和个人不得侵占、挪用和损毁。

理解与适用

一、法律平等保护的法律出处

《物权法》第 4 条规定："国家、集体、私人的物权和其他权利人的物权受法律保护，任何单位和个人不得侵犯。"《民法典》在承继的基础上又向前发展了，于第 207 条明确："国家、集体、私人的物权和其他权利人的物权受法律平等保护，任何组织或者个人不得侵犯。"其中更加突出了"法律平等保护"。这符合《中共中央 国务院关于完善产权保护制度依法保护产权的意见》强调的"坚持平等保护。健全以公平为核心原则的产权保护制度，毫不动摇巩固和发展公有制经济，毫不动摇鼓励、支持、引导非公有制经济发展，公有制经济财产权不可侵犯，非公有制经济财产权同样不可侵犯"。

二、法律平等保护的内涵与外延

《民法典》第 207 条所谓法律平等保护的对象不是市场主体的法律地位及其平等性，因为市场主体的法律地位及其平等性已由第 206 条第 3 款赋权，从立法技术的层面着眼，同一事项不应由两个法律条文重复规定。特别是，第 206 条第 3 款已经明确"保障……平等法律地位"，自己担负起保护平等法律地位的重任，就法律地位及其平等性而言，无须第 207 条来保护，何况第 207 条仅仅言明保护"物权"，而非"法律地位"。换个表述方式，由《民法典》第 207 条的文义和规范意旨决定，该条保护的对象是物权，而且是已经存在的物权。没有物权的存在，就没有法律保护对象；没有保护的目标，就没有保护的价值。学说也认为："对物权之保护，自然以证明物权之存在为前提条件。"① 此其一。从逻辑的角度考虑，一个市场主体，应该先有承认和确定的法律地位，而后有发展权，再有具体的物权等民事权利，此时此刻法律平等保护物权原则方有用武之地。此其二。

其实，《民法典》第 206 条第 3 款所谓法律地位，仅仅是享有物权等民事权利的资格，是特定民事主体取得物权等民事权利的前提和基础，并非民事权利本身。至少在有些情况下，某特定民事主体具有法律地位却无具体的民事权利。《民法典》第 206 条第 3 款所谓发展权利，也是法律地位之下的一种资格，是法律赋权市场主体进入市场的某个或某几个特定的领域，是从事市场活动的边界，取得和享有物权等民事权利的前提，也不是具体的物权等民事权利。就是说，《民法典》第 206 条规定的法律地位及其平等性，是《民法典》第 207 条规定的法律平等保护物权的前提和基础，后者是前者的落实和结果表现之一。没有法律地位平等，难有法律平等保护物权。

事实是，法律地位处于高位，其下为发展权，再其下是民事权利，有了民事

---

① ［德］鲍尔/施蒂尔纳：《德国物权法》（上册），张双根译，北京，法律出版社 2004 年版，第 176 页。

权利才有保护的问题，保护分为平等保护和差别对待。可见，法律平等保护与法律地位中间隔着几道环节，且处于下下位阶。把法律地位平等纳入法律平等保护原则之内，作为法律平等保护的一种表现形式①，是将法律地位与法律保护之间的关系本末倒置了，与《民法典》分设第 206 条第 3 款与第 207 条两个条款，先后规定法律地位和法律平等保护的文义和规范意旨不相一致。绝非法律平等保护包容法律地位平等，而是法律平等保护根源于法律地位平等。再者，《民法典》第 207 条所列主体不限于市场主体，如公益性基金会②、工会、妇联、共青团、法学会等也是该条所说的主体，而《民法典》第 206 条第 3 款所谓主体特指市场主体，这也表明硬把两个条款规定的内容"拉郎配"在一起，在逻辑上存在障碍。

法律平等保护物权，依其文义和逻辑推演，应当是法律对业已存在的物权予以认可、尊重和维护，而非轻视，更非否定，因为轻视、否定均非保护。并且这种认可、尊重和维护只认物权，不考虑物权人。物权人是国家时，法律如此对待；物权人是集体时，法律也是如此对待；物权人是私人或公益性基金会、工会、妇联、共青团、法学会等团体时，法律还是如此对待。所谓认"物"不认"人"是也，从而体现出法律保护的平等性。

所谓对业已存在的物权予以认可、尊重和维护，不仅仅对处于静态中的物权应持如此态度，而且对物权的行使甚至交换也应持这样的立场，采取这样的方法。例如，所有权人自己依法使用、收益和处分其物，法律对此予以认可、尊重和维护，且对任何人都是如此；所有权人为其他人创设他物权，法律对此也认可、尊重和维护，且对任何人都同样对待；所有权人把其所有权转让给他人，法律对此照样认可、尊重和维护，且对任何人都一视同仁，从而彰显法律平等保护。

所谓对业已存在的物权予以认可、尊重和维护，应当从宽理解，包括对占有动产之人首先推定占有人享有该动产的所有权，除非有相反的证据推翻该项推定；对不动产登记簿的记载首先推定为正确，登记名义人为物权人，除非有相反的证据推翻该项推定（《民法典》第 216 条第 1 款）。③ 这种物权推定对于任何种

---

① 王利明：《物权法研究》（修订版）（上卷），北京，中国人民大学出版社 2007 年版，第 148～149 页；王兆国：《关于〈中华人民共和国物权法（草案）〉的说明》（在 2007 年 3 月 8 日第十届全国人民代表大会第五次会议上），载全国人民代表大会常务委员会法制工作委员会民法室编著：《物权法立法背景与观点全集》，北京，法律出版社 2007 年版，第 6～7 页。

② 胡康生主编：《中华人民共和国物权法释义》，北京，法律出版社 2007 年版，第 30 页。

③ 参见［德］鲍尔/施蒂尔纳：《德国物权法》（上册），张双根译，北京，法律出版社 2004 年版，第 177，180～181 页；崔建远：《物权：规范与学说——以中国物权法的解释论为中心》（上册），北京，清华大学出版社 2011 年版，第 269～270 页。

类的权利人都是一样的，从而体现出法律平等保护。

各种市场主体的物权受法律平等保护，还含有法律对同一种类的物权课以相同或类似的负担/义务之意，不宜因物权的主体不同而加以的负担/义务不同。例如，所有的社会化，对任何所有权人都应该一样。毗邻的不动产物权之间都遵循相同的相邻关系规则。至于相同类型的物权交易是否施以相同的税率，取决于税法的规定，按照民法的思维应当是尽可能同一。

因物权的归属、内容发生争议的，利害关系人可以请求确认权利（《民法典》第234条）。解决这种争议应当适用平等的规则，即使是国家与其他主体之间发生争议，权利人可以通过和解、调解、仲裁、诉讼等途径解决（参见《民法典》第233条），"平等地享有确认请求权。在这方面任何一方都不应具有优越于他方的权利。根据过去有关规定，在国有资产与其他财产发生争议时，应由国有资产监督管理部门处理，此种做法显然是不妥当的，因为国有资产监督管理部门代表国家行使国有产权，其本身就是争议的一方当事人，在国有财产之上，发生产权纠纷时，其无法承担裁判的角色，而必须由争议的当事人平等地向有关司法机关请求确认"[①]。

法律保护物权，常在狭义上使用，即在物权受到侵害、妨害、有受到侵害的危险的情况下，法律赋权物权人可视情形而主张物的返还请求权、排除妨害请求权、恢复原状请求权或消除危险请求权（《民法典》第235－236条）。此类物权请求权的成立和行使不因物权人的种类不同而有差异，体现出法律保护的平等性。

物权的标的物被他人无权占有，物权人也可以借助占有返还请求权要求无权占有人返还该标的物（《民法典》第462条第1款）。该占有返还请求权的成立和行使不因物权人的种类不同而有差异，体现出法律保护的平等性。

物权受到侵害，物权人还享有债权的保护方法，如不当得利返还请求权（《民法典》第985条正文）、侵权损害赔偿请求权（《民法典》第237条、第238条、第1165条、第1166条、第1184条）。这些请求权的成立和行使不因物权人的种类不同而有差异，体现出法律保护的平等性。

三、法律平等保护的经济制度根据

市场经济的本性决定了市场主体之间所为商品交换遵循等价原则，它被法律反映便是市场主体之间的权利义务对等，关系遭到破坏时，法律对各方予以平等

[①] 王利明：《物权法研究》（修订版）（上卷），北京，中国人民大学出版社2007年版，第150页。

保护。

四、法律平等保护的法律根据

法律地位平等影响甚至决定着若干规则：其一，它决定着市场主体平等地参与民事活动。其二，它是意思自治的前提和基础。如果法律关系不是法律地位平等的各方当事人形成的，而是以隶属、服从为特征的，那么，至少有些当事人只得唯唯诺诺，唯命是从，难以自主决定、自我发动地成立法律关系。其三，法律关系的内容，即一方的权利与另一方的权利，立于对价关系，以等值为原则。其四，法律关系遭到破坏时，施以救济的关系，或是原法律关系的替代，或是原法律关系的局部修复。前后关系具有质的同一性，原法律关系以平等为特色，救济关系亦然。

五、法律平等保护的法律制度建设

《中共中央 国务院关于完善产权保护制度依法保护产权的意见》要求："完善物权、合同、知识产权相关法律制度，清理有违公平的法律法规条款，将平等保护作为规范财产关系的基本原则。健全以企业组织形式和出资人承担责任方式为主的市场主体法律制度，统筹研究清理、废止按照所有制不同类型制定的市场主体法律和行政法规，开展部门规章和规范性文件专项清理，平等保护各类市场主体。加大对非公有财产的刑法保护力度。"

六、法律平等保护的意义

在社会主义市场经济条件下，各种所有制经济形成的市场主体都在统一的市场上运作并发生相互关系，各种市场主体都处于平等地位，享有相同的权利，遵守相同的规则，承担相同的责任。如果对各种市场主体不给予平等保护，解决纠纷的办法、承担的法律责任不一样，就不可能发展社会主义市场经济，也不可能坚持和完善社会主义基本经济制度。[①]《中共中央 国务院关于完善产权保护制度依法保护产权的意见》重申："坚持权利平等、机会平等、规则平等，废除对非公有制经济各种形式的不合理规定，消除各种隐性壁垒，保证各种所有制经济依法平等使用生产要素、公开公平公正参与市场竞争、同等受到法律保护、共同履

---

① 工兆国：《关于〈中华人民共和国物权法（草案）〉的说明》（在2007年3月8日第十届全国人民代表大会第五次会议上），载全国人民代表大会常务委员会法制工作委员会民法室编著：《物权法立法背景与观点全集》，北京，法律出版社2007年版，第6页。

行社会责任。"

第二百零八条

不动产物权的设立、变更、转让和消灭，应当依照法律规定登记。动产物权的设立和转让，应当依照法律规定交付。

本条主旨

本条是关于物权变动以公示为原则的规定。

相关条文

《物权法》第 6 条　不动产物权的设立、变更、转让和消灭，应当依照法律规定登记。动产物权的设立和转让，应当依照法律规定交付。

理解与适用

一、术语解释

本条所谓不动产物权的设立，又叫不动产物权的设定，是指不动产物权因一定的法律事实从无到有，与特定主体相结合的现象。例如，开发商甲和自然资源管理部门乙签订了建设用地使用权出让合同，办理了登记，建设用地使用权即告设立（《民法典》第 209 条第 1 款、第 349 条）。

不动产物权的设立，有些属于原始取得。所谓不动产物权的原始取得，又称不动产物权的固有取得，或不动产物权的绝对发生，是指不依赖他人既存的权利而独立地取得不动产物权。

本条所谓不动产物权的变更，包括不动产物权的客体变更和不动产物权的内容变更。其中，不动产物权的客体变更，是指标的物在量上有所增减，如不动产抵押权的客体因部分毁损而减少。不动产物权的内容变更，是指不动产物权的内容有所改变，如建设用地使用权存续期限的延长或缩短，土地承包费的调整。

本条所谓不动产物权的转让，是指不动产物权从权利人之手转移给他人的现象。不动产物权转让属于不动产物权的继受取得。所谓不动产物权的继受取得，又称为传来取得，或不动产物权的相对发生，是指基于他人既存的权利而取得不动产物权。它包括移转继受取得和创设继受取得。所谓移转继受取得，是就原物权人既有的不动产物权，不变更其性质而予以取得的现象。基于买卖、赠与而受让不动产的所有权，或基于继承而取得被继承人的房屋所有权，均属此类。于此场合，取得人的不动产物权与前主的不动产物权，在分量上多为相同，也可能有所缩减（如前主转让其物权的一部），但两权的性质并无不同。所谓创设继受取得，是就他人的权利创设新的不动产物权而予以取得的现象。在他人的不动产所有权上设立定限物权为其例证。于此场合，取得人所取得的定限物权和前主的权利相比较，性质各异，如建设用地使用权不同于国家土地所有权、土地承包经营权不同于集体土地所有权，等等，但因取得人的不动产物权乃系基于前主的权利而取得的，故亦不失为继受取得。①

本条所谓不动产物权的消灭，是指不动产物权与其主体相分离的现象。这是就不动产物权本身所做的界定，若就物权主体而言，即不动产物权的丧失。不动产物权的消灭分为绝对消灭和相对消灭。不动产物权的绝对消灭，是指不动产物权本身不复存在的事实，不动产物权脱离于任何人，对于任何人来说都不存在的现象。例如，甲对 A 地享有的土地承包经营权因 A 地塌陷变成一片汪洋归于消灭。

严格地说，不动产物权的相对消灭只是物权主体的变更，不动产物权仍然存续，所以它并非不动产物权的真正消灭。在中国，在相当长的历史时期，曾忽视甚至否认物权概念和体系，基本上不存在物权变动理论，主要关注所有权及其变动。理论上区分所有权的相对消灭和绝对消灭。所有权的相对消灭，是指所有权转让的情形，当所有权由甲转让给乙时，该所有权相对于甲而言就是消灭。所有权的绝对消灭，是指所有权本身不复存在的事实，所有权脱离于任何人，对于任何人来说都不存在，就是所有权的绝对消灭。② 另一种观点不承认物权的相对消灭，在物权的绝对消灭的意义上使用物权消灭的概念，认为物权的消灭就是物权本身失去其存在。物权人将物权让与他人时，物权虽有移动，但并非物权的消灭。③ 对第一种观点，不能认其为错误，特别是在忽视甚至否认物权概念和体系、基本上不存在物权变动理论、主要关注所有权及其变动的背景下，把所有权

---

① 参见［德］卡尔·拉伦茨：《德国民法通论》（上册），王晓晔、邵建东、程建英、徐国建、谢怀栻译，谢怀栻校，北京，法律出版社 2003 年版，第 313～315 页；刘得宽：《民法总则》（增订 4 版），北京，中国政法大学出版社 2006 年版，第 158 页；王泽鉴：《民法总则》（增订版），台北，三民书局有限公司 2000 年，第 258 页。

② 参见佟柔主编：《民法原理》（修订本），北京，法律出版社 1986 年版，第 145 页；金平主编：《民法学教程》，呼和浩特，内蒙古大学出版社 1987 年版，第 182 页。

③ 参考［日］我妻荣：《日本物权法》，有泉亨修订，李宜芬校订，台北，五南图书出版公司 1999 年版，第 228 页；［日］田山辉明：《物权法》（增订本），陆庆胜译，北京，法律出版社 2001 年版，第 112 页。

的消灭区分为相对消灭和绝对消灭，相对消灭也在描述着所有权的变动，有其价值。但时至今日，中国民法学说已经比较深入地讨论了物权变动制度及其理论，《民法典》设有物权变动的规定，而物权的变动系物权的设立、物权的变更、物权的移转和物权的消灭的总称，其中物权的相对消灭，就属于物权的移转。为了不使物权的移转、物权的消灭及物权的相对消灭几个概念发生混淆，采用物权移转这个概念描述物权由甲转让给乙的现象，更清晰、醒目、传神，所以，笔者赞同不再把物权的移转（过去所谓物权的相对消灭）划归物权的消灭体系之中，而赞成上述第二种观点，即将物权消灭概念限定于物权本身失去其存在（绝对消灭）这个含义。实际上也是如此，若无特别指明，人们通常所说的物权消灭指的是物权的绝对消灭。不动产物权为物权的重要一类，也自然如此。

本条所谓不动产物权的设立、变更、转让和消灭，简称为不动产物权的变动。

本条所谓动产物权的设立，又称动产物权的设定，是指动产物权因一定的法律事实从无到有，与特定主体相结合的现象。例如，甲以其古画向乙银行设立抵押权，融资 500 万元人民币。

本条所谓动产物权的转让，是指动产物权从权利人之手转移给他人的现象。它也包括移转继受取得和创设继受取得。

本条所谓动产物权的设立和转让，简称为动产物权的变动；所谓登记，系不动产物权变动的公示方法；所谓交付，为动产物权变动的公示方法；所谓应当按照法律规定，结合物权的绝对性和物权法定主义的要求，可有三层意思：一是表明物权变动要求公示乃强制性规定，当事人不得置之不理；二是公示与否以及公示的法律效果以法律的规定为准，当事人在这方面的约定不发生物权法上的效力，不具有对抗第三人的效力；三是对于有些物权变动，法律未要求必须公示。

二、公示原则及其依据

一般来说，物权具有绝对排他的效力，其变动必须具有足以由外部可以辨认的表征，才可能透明其法律关系，减少交易成本，避免第三人遭受侵害，保护交易安全。这种可由外部辨认的表征，就是物权变动的公示方法。[①] 法律要求物权的存在及变动必须伴有这种表征的原则，即公示原则。《民法典》第 208 条的规定即为其体现。

---

① 王泽鉴：《民法物权·通则·所有权》（总第 1 册），台北，三民书局有限公司 2003 年 8 月增补版，第 92 页。

其实,《民法典》第 208 条的规定,主要是针对基于法律行为的物权变动而言的,即基于法律行为的动产物权变动,以交付为生效要件,但是法律另有规定的除外(第 224 条等)。基于法律行为的不动产物权变动,以登记为生效要件,但是法律另有规定的除外(第 209 条等)。

《民法典》第 208 条所谓“应当依照法律规定”,其对面的意思就是法律未规定物权变动必须公示,这主要有两大方面的体现:其一,非基于法律行为的物权变动,不以公示为生效要件。如《民法典》第 229－231 条的规定。其二,基于法律行为的物权变动,本来以公示为生效要件,但有例外,如《民法典》第 335 条规定:“土地承包经营权互换、转让的,当事人可以向登记机构申请登记;未经登记,不得对抗善意第三人。”第 341 条规定:“流转期限为五年以上的土地经营权,自流转合同生效时设立。当事人可以向登记机构申请土地经营权登记;未经登记,不得对抗善意第三人。”第 374 条规定:“地役权自地役权合同生效时设立。当事人要求登记的,可以向登记机构申请地役权登记;未经登记,不得对抗善意第三人。”第 365 条规定:“已经登记的宅基地使用权转让或者消灭的,应当及时办理变更登记或者注销登记。”其反面推论是,没有办理登记的宅基地使用权转让或消灭的,不以登记为生效要件。

三、公示原则的适用范围

1. 公示原则固然重要,但也并非“法力”无边,不得将之绝对化,例如,公示所示物权人不得以公示为由对抗举证充分、确凿的真实的物权人;在某些领域,非公示的真实物权人也能对抗某些人,表现形式之一发生在强制执行领域,即非公示的真实物权人能够对抗第三人申请强制执行公示的财产,只要真实物权人举证充分、确凿,强制执行的标的物归属于他,而非被执行人,即使该财产未登记在其名下(不动产场合)或未被其占有(动产场合),也能阻止住对该财产的强制执行。其道理如下:强制执行,是执行被执行人的财产,而不是执行被执行人以外的第三人的财产,因为第三人的财产不是执行申请人的债权所指向的债务人(被执行人)的责任财产。既然是只能执行被执行人的责任财产,那么,问题成为确定出被执行人的责任财产。已经公示(登记、占有)的被执行人的责任财产固然是被执行人的责任财产,也随之是被执行的对象范围;未经公示的被执行人的责任财产同样是被执行人的责任财产,同样随之属于被执行的对象范围。当然,将未经公示的被执行人的责任财产确定为被强制执行的对象,需要执行申请人举出充分、确凿的证据予以证明,只要有充分、确凿的证据证明是被执行人的责任财产,就是强制执行的对象。同理,只要未经公示的真实物权人有充分、确凿的证据证明登记在被执行人名下的或由被执行人占有的某特定财产是被执行人以外的第三人的财产，就不应作为强制执行的对象。

上述原理适合于代持股权、隐名合伙、借名登记的场合，真实的股权人、隐名合伙人、真实物权人可以对抗强制执行公示的股权、物权。

2. 此外，侵权行为的对象其实不属于公示的物权人的物权，真实物权人有权请求侵权行为人向自己承担侵权责任，侵权行为人不得以公示的财产非属该真实物权人为由拒绝承担侵权责任。其道理不深奥，遭受侵害的物权人并非公示的物权人，而是未经公示的真实物权人。假如公示的物权人、非公示的真实物权人都请求侵权行为人向自己承担侵权责任，只要该真实物权人举证充分、确凿，侵权行为人就不得向公示的物权人承担侵权责任，只得满足真实物权人的请求。

四、《民法典》第 208 条的独立价值

本条确立物权变动的公示原则，这为物权制度所必需。但《民法典》第 209 条、第 224 条等条文含有物权变动的公示原则，显示出第 208 条单设似无必要。

第二章

物权的设立、变更、转让和消灭

本章规定了物权变动的规则以及不动产物权的登记原则、登记的主要种类、登记申请及相应的义务、登记机构及其职责、登记的查询、登记的效力、登记错误场合的赔偿责任等内容。

本章规定的物权变动规则，包括不动产物权变动的规则和动产物权变动的规则，同时包括基于法律行为而发生的物权变动的模式和非基于法律行为而发生的物权变动的模式。基于法律行为而发生的不动产物权变动以登记为生效要件，但法律另有规定的除外；非基于法律行为而发生的不动产物权变动，不以登记为生效要件。基于法律行为而发生的动产物权变动以交付为生效要件，但法律另有规定的除外；非基于法律行为而发生的动产物权的变动，不以交付为生效要件。

物权变动，作为法律关系变更的一种，必然由一定的法律事实引起。此种法律事实即为物权变动的原因，包括法律行为、事实行为和法律的直接规定。实务中多见的是法律行为引发物权变动，如电脑买卖合同及其履行引发电脑所有权的转移。诸如电脑买卖合同之类的法律行为，又叫物权变动的原因行为。中国法在一段历史时期对物权变动与其原因行为有所混淆，结果负面，自《物权法》开始明确区分物权变动与其原因行为（第15条），效果良好，《民法典》承继了这种区分原则（第215条），这有助于矫正较长时期混淆二者的不当。

基于物权与债权的二分，法律赋予物权以绝对性以及随之而来的排他效力、优先效力、追及效力，再加上物权请求权，这使得物权的存在与变动对第三人/交易安全影响很大。出于保护物权人以外的民事主体的合法权益的需要，法律必然确认物权存续和变动的一定的外在标识，以达人们知晓物权及其变动的情形，从而趋利避害地抉择为一定行为或不为一定行为。这种外在标识的方法就是物权及其变动的公示。法律可以就此止步，由认知物权及其变动之人自己去解决这种公示是否真实地反映着客观存在的物权关系，也可以尽力减轻人们尽职调查的负担，往前进一步，赋予物权的公示以公信的效力，即只要交易相对人信赖了法律认可的物权公示，法律就全力保护善意的交易相对人，使其取得交易标的物的物权（当然，法律大多再增加一些要件，设置善意取得制度）。这就是物权的公信原则。《民法典》确立不动产物权登记的公信力（第216条第1款），意义重大。

第一节　不动产登记

本节规定了基于法律行为而发生的不动产物权的变动以登记为生效要件；国家对于自然资源享有所有权直接源自法律的规定，而非基于法律行为，可以不予登记；国家对不动产登记实行统一的登记制度；当事人申请登记须提交必要的材料；登记机构享有不动产物权登记的权限，同时负有登记的职责；不动产物权变动依法应当登记的，变动生效的时间点为登记事项被记载于不动产登记簿之时；区分不动产物权变动与其原因行为；确立不动产物权登记的公信力；不动产物权登记的查询以及相应的义务；若干重要的登记类型及其法律效力；登记错误场合的赔偿责任；不动产物权登记的收费标准。

观察《民法典》第209条以下的规定，登记的是不动产物权及其变动信息，其中包括不动产的情形；考察不动产物权登记的实务，不动产登记簿记载的事项包括不动产本身、不动产物权及其主体以及变动信息。看来，《民法典》"第二编物权"中"第二章　物权的设立、变更、转让和消灭"下设第一节的标题为"第一节　不动产登记"，名实不符，改称"第一节　不动产物权登记"为好。

第二百零九条

不动产物权的设立、变更、转让和消灭，经依法登记，发生效力；未经登记，不发生效力，但是法律另有规定的除外。

依法属于国家所有的自然资源，所有权可以不登记。

本条主旨

本条是关于不动产物权的变动以登记为生效要件以及国有自然资源的所有权

可以不予登记的规定。

相关条文

《物权法》第 9 条　不动产物权的设立、变更、转让和消灭，经依法登记，发生效力；未经登记，不发生效力，但法律另有规定的除外。

依法属于国家所有的自然资源，所有权可以不登记。

《土地管理法》第 12 条　土地的所有权和使用权的登记，依照有关不动产登记的法律、行政法规执行。

依法登记的土地的所有权和使用权受法律保护，任何单位和个人不得侵犯。

《城市房地产管理法》第 36 条　房地产转让、抵押，当事人应当依照本法第五章的规定办理权属登记。

第 60 条　国家实行土地使用权和房屋所有权登记发证制度。

第 61 条　以出让或者划拨方式取得土地使用权，应当向县级以上地方人民政府土地管理部门申请登记，经县级以上地方人民政府土地管理部门核实，由同级人民政府颁发土地使用权证书。

在依法取得的房地产开发用地上建成房屋的，应当凭土地使用权证书向县级以上地方人民政府房产管理部门申请登记，由县级以上地方人民政府房产管理部门核实并颁发房屋所有权证书。

房地产转让或者变更时，应当向县级以上地方人民政府房产管理部门申请房产变更登记，并凭变更后的房屋所有权证书向同级人民政府土地管理部门申请土地使用权变更登记，经同级人民政府土地管理部门核实，由同级人民政府更换或者更改土地使用权证书。

法律另有规定的，依照有关法律的规定办理。

第 62 条　房地产抵押时，应当向县级以上地方人民政府规定的部门办理抵押登记。

因处分抵押房地产而取得土地使用权和房屋所有权的，应当依照本章规定办理过户登记。

《草原法》第 11 条　依法确定给全民所有制单位、集体经济组织等使用的国家所有的草原，由县级以上人民政府登记，核发使用权证，确认草原使用权。

未确定使用权的国家所有的草原，由县级以上人民政府登记造册，并负责保护管理。

集体所有的草原，由县级人民政府登记，核发所有权证，确认草原所有权。

依法改变草原权属的，应当办理草原权属变更登记手续。

《森林法》第 3 条第 2 款　国家所有的和集体所有的森林、林木和林地，个人所有的林木和使用的林地，由县级以上地方人民政府登记造册，发放证书，确认所有权或者使用权。国务院可以授权国务院林业主管部门，对国务院确定的国家所有的重点林区的森林、林木和林地登记造册，发放证书，并通知有关地方人民政府。

《渔业法》第 11 条第 1 款　国家对水域利用进行统一规划，确定可以用于养殖业的水域和滩涂。单位和个人使用国家规划确定用于养殖业的全民所有的水域、滩涂的，使用者应当向县级以上地方人民政府渔业行政主管部门提出申请，由本级人民政府核发养殖证，许可其使用该水域、滩涂从事养殖生产。核发养殖证的具体办法由国务院规定。

《城镇国有土地使用权出让和转让暂行条例》第 7 条第 1 款　土地使用权出让、转让、出租、抵押、终止及有关的地上建筑物、其他附着物的登记，由政府土地管理部门、房产管理部门依照法律和国务院的有关规定办理。登记文件可以公开查阅。

第 16 条　土地使用者在支付全部土地使用权出让金后，应当依照规定办理登记，领取土地使用证，取得土地使用权。

第 18 条　土地使用者需要改变土地使用权出让合同规定的土地用途的，应当征得出让方同意并经土地管理部门和城市规划部门批准，依照本章的有关规定重新签订土地使用权出让合同，调整土地使用权出让金，并办理登记。

第 25 条　土地使用权和地上建筑物、其他附着物所有权转让，应当依照规定办理过户登记。

土地使用权和地上建筑物、其他附着物所有权分割转让的，应当经市、县人民政府土地管理部门和房产管理部门批准，并依照规定办理过户登记。

第 35 条　土地使用权和地上建筑物、其他附着物抵押，应当依照规定办理抵押登记。

第 36 条　抵押人到期未能履行债务或者在抵押合同期间宣告解散、破产的，抵押权人有权依照国家法律、法规和抵押合同的规定处分抵押财产。

因处分抵押财产而取得土地使用权和地上建筑物、其他附着物所有权的，应当依照规定办理过户登记。

第 38 条　抵押权因债务清偿或者其他原因而消灭的，应当依照规定办理注销抵押登记。

第 40 条　土地使用权期满，土地使用权及其地上建筑物、其他附着物所有权由国家无偿取得。土地使用者应当交还土地使用证，并依照规定办理注销登记。

第41条　土地使用权期满，土地使用者可以申请续期。需要续期的，应当依照本条例第二章的规定重新签订合同，支付土地使用权出让金，并办理登记。

《关于审理房地产管理法施行前房地产开发经营案件若干问题的解答》第5条　出让合同出让的土地使用权未依法办理审批、登记手续的，一般应当认定合同无效，但在一审诉讼期间，对于出让集体土地使用权依法补办了征用手续转为国有土地，并依法补办了出让手续的，或者出让未经依法批准的国有土地使用权依法补办了审批、登记手续的，可认定合同有效。

第6条　国有土地使用权的转让合同，转让的土地使用权未依法办理出让审批手续的，一般应当认定合同无效，但在一审诉讼期间，对于转让集体土地使用权，经有关主管部门批准补办了征用手续转为国有土地，并依法办理了出让手续的，或者转让未经依法批准的国有土地使用权依法补办了审批、登记手续的，可认定合同有效。

第7条　转让合同的转让方，应当是依法办理了土地使用权登记或变更登记手续，取得土地使用证的土地使用者。未取得土地使用证的土地使用者为转让方与他人签订的合同，一般应当认定无效，但转让方已按出让合同约定的期限和条件投资开发利用了土地，在一审诉讼期间，经有关主管部门批准，补办了土地使用权登记或变更登记手续的，可认定合同有效。

第8条　以出让方式取得土地使用权的土地使用者虽已取得土地使用证，但未按土地使用权出让合同约定的期限和条件对土地进行投资开发利用，与他人签订土地使用权转让合同的，一般应当认定合同无效；如土地使用者已投入一定资金，但尚未达到出让合同约定的期限和条件，与他人签订土地使用权转让合同，没有其他违法行为的，经有关主管部门认可，同意其转让的，可认定合同有效，责令当事人向有关主管部门补办土地使用权转让登记手续。

第9条　享有土地使用权的土地使用者未按照项目建设的要求对土地进行开发建设，也未办理审批手续和土地使用权转让手续，转让建设项目的，一般应当认定项目转让和土地使用权转让的合同无效；如符合土地使用权转让条件的，可认定项目转让合同有效，责令当事人补办土地使用权转让登记手续。

第12条　转让合同签订后，双方当事人应按合同约定和法律规定，到有关主管部门办理土地使用权变更登记手续，一方拖延不办，并以未办理土地使用权变更登记手续为由主张合同无效的，人民法院不予支持，应责令当事人依法办理土地使用权变更登记手续。

第13条　土地使用者与他人签订土地使用权转让合同后，未办理土地使用权变更登记手续之前，又另与他人就同一土地使用权签订转让合同，并依法办理了土地使用权变更登记手续的，土地使用权应由办理土地使用权变更登记手续的受让方取得。转让方给前一合同的受让方造成损失的，应当承担相应的民事责任。

第14条　土地使用者就同一土地使用权分别与几方签订土地使用权转让合同，均未办理土地使用权变更登记手续的，一般应当认定各合同无效；如其中某一合同的受让方已实际占有和使用土地，并对土地投资开发利用的，经有关主管部门同意，补办了土地使用权变更登记手续的，可认定该合同有效。转让方给其他合同的受让方造成损失的，应当承担相应的民事责任。

第15条　土地使用者未办理土地使用权抵押登记手续，将土地使用权进行抵押的，应当认定抵押合同无效。

第16条　土地使用者未办理土地使用权抵押登记手续将土地使用权抵押后，又与他人就同一土地使用权签订抵押合同，并办理了抵押登记手续的，应当认定后一个抵押合同有效。

第17条　以划拨方式取得的国有土地使用权为标的物签订的抵押合同，一般应当认定无效，但在一审诉讼期间，经有关主管部门批准，依法补办了出让手续的，可认定合同有效。

第18条　享有土地使用权的一方以土地使用权作为投资与他人合作建房，签订的合建合同是土地使用权有偿转让的一种特殊形式，除办理合建审批手续外，还应依法办理土地使用权变更登记手续。未办理土地使用权变更登记手续的，一般应当认定合建合同无效，但双方已实际履行了合同，或房屋已基本建成，又无其他违法行为的，可认定合建合同有效，并责令当事人补办土地使用权变更登记手续。

第19条　当事人签订合建合同，依法办理了合建审批手续和土地使用权变更登记手续的，不因合建一方没有房地产开发经营权而认定合同无效。

《不动产登记暂行条例》第2条第1款　本条例所称不动产登记，是指不动产登记机构依法将不动产权利归属和其他法定事项记载于不动产登记簿的行为。

理解与适用

一、基本含义

本条与《民法典》第208条不同，一是后者仅仅确立物权变动的公示原则，而前者不但含有公示原则，更进一步明确基于法律行为的不动产物权变动以登记为生效要件，这更为重要；二是本条只规定不动产物权变动与公示之间的关系，不含有动产物权变动与公示之间的关系，而第208条含有这两方面的内容。

本条第1款正文规定了不动产物权的变动以登记为生效要件，但书显示，法律另有规定不以登记为生效的，依其规定。

此处所谓登记，即关于不动产物权变动的登记，且为不动产物权变动的生效要件，属于设权登记，而非确权登记，亦非宣示登记。

法律规定不动产物权变动不以登记为生效要件的，第一种情形是本条第2款规定的"依法属于国家所有的自然资源，所有权可以不登记"；第二种情形是非基于法律行为而发生的不动产物权变动不以登记为生效要件，如《民法典》第229—231条规定的情形，以及第322条规定的不动产与动产的附合；第三种情形是当事人双方约定以A楼设立抵押权，抵押登记也是如此记载的，但A楼所在地的B国有建设用地使用权也是该抵押权的标的物（《民法典》第397条），尽管抵押登记无此记载；第四种情形是，虽然不动产物权的变动基于法律行为，但基于立法政策，法律例外地规定不以登记为生效要件，如《民法典》第335条、第341条、第374条规定的情形。

本条第2款规定"依法属于国家所有的自然资源，所有权可以不登记"，情有可原。其一，矿藏、水流、海域等自然资源，《宪法》及有关法律早已宣明其归属于国家所有，法律规定本身即为公示，基本上起到与登记近似的法律效果。其二，国家取得这些自然资源的所有权不遵循民事程序，不是基于民事法律行为，似可归入非基于法律行为而发生的不动产物权变动之列，不以登记为生效要件，不违反逻辑。

尽管如此，相比较而言，这些自然资源所有权适时登记利大于弊。其一，时至今日，遥感测绘十分普遍，全国已经完成地质普查，对自然资源的权属予以登记不再是难事。其二，虽然长江、黄河、泰山归属于国家妇孺皆知，但某些自然资源是归属于国家还是归属于集体，界限并不清晰。例如，根据《民法典》第250条的但书，有些森林、山岭、草原、荒地、滩涂等自然资源归属于集体。究竟哪些归属于国家，哪些归属于集体？可能存在疑问甚至争执，若有登记，则一目了然。发生权属争议时，解决起来也有根据。其三，长江、黄河等河流的入海口存在着涨滩，土地面积在增加，土地所有权相应地在扩张；有些矿区以及有关区域，地面塌陷，土地所有权在减缩；海域的变化直接决定着国土与专属经济区的界限，升为国家主权的高度；森林面积也有增有减；等等。通过登记，摸清家底，胸中有数，益处不言自明。其四，国家享有自然资源的所有权，并予以登记，就会形成以国家所有权为基准的、采取物的编成主义的、顺序科学的不动产登记簿页，其他人分享国家所有权中的部分权能，形成探矿权、采矿权、海域使用权、捕捞权、养殖权、国有建设用地使用权等他物权，进行登记时则方便得多，准确得多。国有自然资源所有权不予登记，其实只是暂时的，待以国有自然资源所有权为母权，创设他物权时，恐怕还得登记。

二、影响本条确立不动产物权变动的模式的因素

（一）百姓大众的信赖

"私凭文书，官凭印"，这是中国历史的写照。不动产物权登记，登记机构向物权人颁发盖有鲜红国徽的不动产权属证书，这是百姓大众的期盼。他们信赖盖有国徽的不动产权属证书。办理不动产登记，才会有这样的证书。奉行基于法律行为而发生的不动产物权变动以登记为生效要件，与之契合。

（二）不动产物权变动时予以登记，已经形成传统。

1951 年 11 月 28 日交海（51）字第 360 号命令公布的、1953 年 4 月 29 日交参（53）字第 247 号命令修正的《船舶登记暂行章程》规定，船舶所有权全部或一部移转，或设定抵押权、租赁权或租赁权、抵押权移转时，均应订立书面契约（第 4 条前段）。船舶所有权、抵押权、租赁权之取得、设定、移转、变更或消灭，均应登记。非经登记，不生效力（第 5 条）。

1983 年 12 月 17 日国务院发布的《城市私有房屋管理条例》规定，房屋所有权转移或房屋现状变更时，须到房屋所在地房管机关办理所有权转移或房屋现状变更登记手续（第 6 条第 1 款后段）。购买的私有房屋，须提交原房屋所有权证、买卖合同和契证，办理城市私有房屋所有权转移登记手续（第 7 条第 1 款第 2 项）；受赠的私有房屋，须提交原房屋所有权证、赠与书和契证，办理城市私有房屋所有权转移登记手续（第 7 条第 1 款第 3 项）；交换的私有房屋，须提交双方的房屋所有权证、双方签订的协议书和契证，办理城市私有房屋所有权转移登记手续（第 7 条第 1 款第 4 项）。

最高人民法院于 1982 年 8 月 19 日作出的《关于华侨买卖国内房屋问题的批复》中指出，华侨买卖国内房屋，必须向国内当地房管部门申请登记，经审查批准后，方可成交。

《关于民法通则的意见》规定，公民之间赠与关系的成立，以赠与物的交付为准。赠与房屋，如根据书面赠与合同办理了过户手续的，应当认定赠与关系成立；未办理过户手续，但赠与人根据书面赠与合同已将产权证书交与受赠人，受赠人根据赠与合同已占有、使用该房屋的，可以认定赠与有效，但应令其补办过户手续（第 128 条）。

国务院于 1990 年出台的《城镇国有土地使用权出让和转让暂行条例》多处

规定都体现了登记为国有土地使用权出让、转让、抵押的生效要件，如第 7 条第 1 款、第 16 条、第 18 条、第 25 条、第 35 条、第 36 条、第 38 条、第 40 条和第 41 条等。

《城市房地产管理法》同样有一系列规定奉行登记为房地产权属变动的生效要件，如第 36 条、第 60 条、第 61 条和第 62 条。

《关于审理房地产管理法施行前房地产开发经营案件若干问题的解答》第 5—9 条、第 12—19 条规定了以登记为房地产权属变动的生效要件。

这显现出以登记为不动产物权变动的生效要件已经形成传统。尊重传统，一脉相承，而非断崖式的突兀规定，便于百姓大众接受，有利于贯彻实施。《物权法》选取了这种模式（第 9 条第 1 款等），《民法典》予以承继（第 209 条第 1 款等）。

（三）比较法上的利弊分析

1. 概说

中国民法作为后发的法律部门，立法时学习、借鉴境外的立法例及其学说，吸收其经过实践证明是成功的经验，避免其教训，应为明智之举。《物权法》草拟和研讨阶段正是如此行事的。

专家、学者们发现，基于法律行为的不动产物权变动的模式大致有债权意思主义、债权形式主义、物权形式主义和多元混合模式。不同的模式直接影响着物权法的结构及物权法理论的态样，必须引起注意。

2. 债权意思主义

所谓债权意思主义，是指仅凭依当事人的意思而成立的买卖、赠与、互易、抵押等合同或单独行为生效，即发生不动产物权变动的效力，无须另外作成物权行为。其主要的规范模式有二：（1）买卖合同等生效时，买卖物（如甲屋）的所有权即行移转。英国法采纳了这种模式。（2）买卖合同等生效时，买卖物（如甲屋）的所有权即行移转，但非经登记不得对抗善意第三人。法国民法和日本民法奉行的是这种模式。[1]

3. 物权形式主义

所谓物权形式主义，是指不动产物权变动效力的发生，需要物权意思表示甚至物权合意，并践行法定方式。就买卖标的物所有权的移转而言，除登记外，尚需当事人就此标的物所有权的移转作成一个独立于买卖合同的意思合致，即物权

---

[1] ［日］鹰巢信孝：《物权变动论的法理的检讨》，九州大学出版会 1994 年版。转引自王泽鉴：《民法物权·通则·所有权》（总第 1 册），台北，三民书局有限公司 2003 年 8 月增补版，第 73 页。

行为。德国民法、中国台湾地区"民法"采纳了这种模式。标的物所有权的移转，除买卖等合同外，尚需有一个独立的物权行为，学说上称为分离原则（Trennungsprinzip），或曰物权行为的独立性。买卖等合同不成立、无效或被撤销时，物权行为的效力是否受其原因行为（买卖合同等）的影响，为物权行为有因、无因的问题。其受影响的，为物权行为有因性；其不受影响的，为物权行为无因性。德国民法、中国台湾地区"民法"奉行的是后者。①

4. 债权形式主义

所谓债权形式主义，是指不动产物权变动效力的发生，不仅需要依当事人的意思而成立的买卖、赠与、互易、抵押等合同或单独行为生效，而且需要登记，但无须另外作成物权行为。②

三、《民法典》的选择

债权意思主义最大的优点是有利于交易的便捷、迅速；最要害的问题是，登记对抗第三人的范围如何确定，才最为合理。见仁见智，莫衷一是。物权形式主义最大的优点是有利于交易安全，物权变动的节点和效力清晰；但缺点也不少，例如，（1）有时是非不分；（2）忽视了无过错的出卖人/转让方的正当权益；（3）对恶意的买受人给予优惠保护；（4）不存在标的物的买卖等合同照样有效，虚假债权的转让合同的效力不受影响，这会助推美国"次贷危机"那样的灾难形成，也会误导宏观经济决策；（5）需要借助不当得利制度医治物权行为无因性带来的"创伤"，可是不当得利规则及理论在中国很不发达。

权衡利弊，考虑到登记普遍化在操作上有一定难度，据说应照顾到农民不愿办理登记手续的习惯，《物权法》在物权变动上采取了多元混合模式，即区分不同情况而分别采取相应的物权变动模式，不动产物权的设立、变更、转让和消灭，应当登记；未经登记，不发生物权效力，同时设有若干例外（第9条第1款正文）；物权变动的效力发生的时间为记载于不动产登记簿之时（第14条）。这种多元混合模式被《民法典》完全承继（第209条第1款正文、第209条第2款、第214条、第229－231条、第322条、第397条等）。

但是，多元混合模式存有将规则复杂化的不足，且与如今的中国社会现实有些脱节。其实，自1987年开始，全国全面开展了土地登记发证工作，对属于国

---

① 王泽鉴：《民法物权·通则·所有权》（总第1册），台北，三民书局有限公司2003年8月增补版，第72～73页。

② 关于债权形式主义的详细论述，请见王轶：《物权变动论》，北京，中国人民大学出版社2001年版，第48页以下。

家所有、集体所有的土地、森林、山岭、草原、滩涂、矿藏等自然资源等以及国家所有但法律规定由集体使用的不动产，进行了登记发证。① 登记普遍化已无技术困难，自 2018 年 3 月起，我国正式开展农村房屋不动产登记发证试点工作，广大农民基本上接受了登记的实务。②

四、《民法典》第 209 条第 1 款正文适用时的刚性与柔化

基于法律行为的不动产物权变动，未予登记，不发生不动产物权变动的法律效力，受让人未取得不动产物权。这是本条款刚性的表现。

因此，受让人虽然有权基于不动产物权变动的原因行为请求转让人协助办理登记，但无权擅自占有标的物，也无权妨害转让人依标的物的性能和用途利用该物。

尽管如此，转让人负有将该不动产物权转移给受让人的债务，故受让人请求转让人协助办理登记手续时，转让人不得以自己系该标的物的物权人，未予办理不动产物权变动的登记手续为由，拒绝受让人的给付请求。

在转让人一物多卖的情况下，受让人只可以其债权人或利害关系人的身份向其他受让同一标的物之人主张权益，不得以物权人的地位向其他受让同一标的物之人主张权益。在有的受让人已经付清价款的情况下，应当适用或类推适用《买卖合同司法解释》第 6 条第 2 项的规定，由付款的受让人取得标的物的物权，即转让人有义务协助办理登记手续，把标的物转移登记在该受让人的名下。在受让人均未付款的情况下，虽然《买卖合同司法解释》第 7 条第 3 项规定"均未受领交付，也未办理所有权转移登记手续，依法成立在先合同的买受人请求出卖人履行交付标的物和办理所有权转移登记手续等合同义务的，人民法院应予支持"，但笔者对此不予赞同，因为这破坏了债权平等原则。而破坏的唯一根据就是合同成立在先，其正当性显然严重不足。因为债权平等原则是由债权的本质属性所决定的，是立法者权衡方方面面的利益关系，基于民事权利体系的合理设置（尤其是物权与债权的区分）而确立的，轻易不许破坏。此其一。这些规定有损交易安全，因为第一份转让合同不具有公示性，第二受让人、第三受让人等不知标的物已经成为他人债权的对象，且无重大过失，时常是根本没有过失。在这种情况下，剥夺第二受让人、第三人受让人取得标的物所有权的机会，不符合交易安全

---

① 《有关不动产登记的规定、实际情况和意见》，载全国人民代表大会常务委员会法制工作委员会民法室编著：《物权法立法背景与观点全集》，北京，法律出版社 2007 年版，第 201～202 页。

② https://baike.baidu.com/item/%E4%B8%8D%E5%8A%A8%E4%BA%A7%E7%99%BB%E8%AE%B0/2666287? fr＝aladdin. 2020 年 3 月 18 日最后访问。

原则。此其二。为了避免出现无法取得标的物所有权的现象，第二受让人、第三受让人等需要花费人力、物力调查标的物是否亦为他人债权的对象，增加交易成本，也迟滞了交易的进程。此其三。在只有第二受让人或第三受让人提起诉讼的情况下，裁判机构误将第二受让人作为第一受让人，从而确定第二受让人将取得标的物的占有和所有权。但于该裁判文书生效后，实际上的第一受让人起诉到该裁判机构，并且援用《买卖合同司法解释》第6条第3项的规定，主张取得标的物的占有和所有权，该裁判机构该如何处理？此其四。有鉴于此，笔者采取刘凯湘教授、李凡法官的意见，这些司法解释只在审判程序中适用，非诉情况不予适用。

在受让人已经付清价款的情况下，如果转让人的债权人申请强制执行该标的物，只要该标的物不是转让人与其债权人之间债之关系的标的物，那么，受让人有权对抗该强制执行的申请。

第二百一十条

不动产登记，由不动产所在地的登记机构办理。

国家对不动产实行统一登记制度。统一登记的范围、登记机构和登记办法，由法律、行政法规规定。

本条主旨

本条是关于不动产登记机构和国家实行不动产统一登记制度的规定。

相关条文

《物权法》第10条　不动产登记，由不动产所在地的登记机构办理。

国家对不动产实行统一登记制度。统一登记的范围、登记机构和登记办法，由法律、行政法规规定。

《土地管理法》第12条　土地的所有权和使用权的登记，依照有关不动产登记的法律、行政法规执行。

依法登记的土地的所有权和使用权受法律保护，任何单位和个人不得侵犯。

《城市房地产管理法》第61条　以出让或者划拨方式取得土地使用权，应当向县级以上地方人民政府土地管理部门申请登记，经县级以上地方人民政府土地管理部门核实，由同级人民政府颁发土地使用权证书。

在依法取得的房地产开发用地上建成房屋的，应当凭土地使用权证书向县级以上地方人民政府房产管理部门申请登记，由县级以上地方人民政府房产管理部门核实并颁发房屋所有权证书。

房地产转让或者变更时，应当向县级以上地方人民政府房产管理部门申请房产变更登记，并凭变更后的房屋所有权证书向同级人民政府土地管理部门申请土地使用权变更登记，经同级人民政府土地管理部门核实，由同级人民政府更换或者更改土地使用权证书。

法律另有规定的，依照有关法律的规定办理。

第 62 条 房地产抵押时，应当向县级以上地方人民政府规定的部门办理抵押登记。

因处分抵押房地产而取得土地使用权和房屋所有权的，应当依照本章规定办理过户登记。

第 63 条 经省、自治区、直辖市人民政府确定，县级以上地方人民政府由一个部门统一负责房产管理和土地管理工作的，可以制作、颁发统一的房地产权证书，依照本法第六十一条的规定，将房屋的所有权和该房屋占用范围内的土地使用权的确认和变更，分别载入房地产权证书。

《担保法》第 42 条 办理抵押物登记的部门如下：

（一）以无地上定着物的土地使用权抵押的，为核发土地使用权证书的土地管理部门；

（二）以城市房地产或者乡（镇）、村企业的厂房等建筑物抵押的，为县级以上地方人民政府规定的部门；

（三）以林木抵押的，为县级以上林木主管部门；

（四）以航空器、船舶、车辆抵押的，为运输工具的登记部门；

（五）以企业的设备和其他动产抵押的，为财产所在地的工商行政管理部门。

第 43 条 当事人以其他财产抵押的，可以自愿办理抵押物登记，抵押合同自签订之日起生效。

当事人未办理抵押物登记的，不得对抗第三人。当事人办理抵押物登记的，登记部门为抵押人所在地的公证部门。

《海域使用管理法》第 32 条第 2 款 海域使用权人应当自填海项目竣工之日起三个月内，凭海域使用权证书，向县级以上人民政府土地行政主管部门提出土地登记申请，由县级以上人民政府登记造册，换发国有土地使用权证书，确认土地使用权。

《草原法》第 11 条 依法确定给全民所有制单位、集体经济组织等使用的国家所有的草原，由县级以上人民政府登记，核发使用权证，确认草原使用权。

未确定使用权的国家所有的草原，由县级以上人民政府登记造册，并负责保护管理。

集体所有的草原，由县级人民政府登记，核发所有权证，确认草原所有权。

依法改变草原权属的，应当办理草原权属变更登记手续。

《森林法》第3条第2款　国家所有的和集体所有的森林、林木和林地，个人所有的林木和使用的林地，由县级以上地方人民政府登记造册，发放证书，确认所有权或者使用权。国务院可以授权国务院林业主管部门，对国务院确定的国家所有的重点林区的森林、林木和林地登记造册，发放证书，并通知有关地方人民政府。

《不动产登记暂行条例》第4条第1款　国家实行不动产统一登记制度。

第6条　国务院自然资源主管部门负责指导、监督全国不动产登记工作。

县级以上地方人民政府应当确定一个部门为本行政区域的不动产登记机构，负责不动产登记工作，并接受上级人民政府不动产登记主管部门的指导、监督。

第7条　不动产登记由不动产所在地的县级人民政府不动产登记机构办理；直辖市、设区的市人民政府可以确定本级不动产登记机构统一办理所属各区的不动产登记。

跨县级行政区域的不动产登记，由所跨县级行政区域的不动产登记机构分别办理。不能分别办理的，由所跨县级行政区域的不动产登记机构协商办理；协商不成的，由共同的上一级人民政府不动产登记主管部门指定办理。

国务院确定的重点国有林区的森林、林木和林地，国务院批准项目用海、用岛，中央国家机关使用的国有土地等不动产登记，由国务院自然资源主管部门会同有关部门规定。

第8条第2款　不动产登记机构应当按照国务院自然资源主管部门的规定设立统一的不动产登记簿。

理解与适用

一、基本含义

本条第1款规定不动产所在地的登记机构负责本地区的不动产物权的登记。本条第2款明确国家对不动产实行统一登记制度，统一登记的范围、登记机构和登记办法由法律、法规另行规定。

本条所谓不动产登记，周延的表述应是不动产物权及其变动的登记，可简称为不动产物权登记。这是因为不动产登记簿记载的事项既有不动产本身的信息，也有不动产物权及其主体的内容，再就是有关不动产物权变动的事项。我们可将不动产物权登记界定为：经权利人或利害关系人申请，由国家专职部门将有关不动产物权及其变动事项记载于不动产登记簿的行为，是一种事实，也是一项法律制度。

不动产以不动产单元为基本单位进行登记。不动产单元具有唯一编码（《不动产登记暂行条例》第8条第1款）。

关于不动产物权登记的法律性质，大致有行政行为说、组合行为说、证明行为说和司法行为说。其中的行政行为说认为，在中国，不动产物权登记由行政部门或由其授权的事业单位实施，故不动产物权登记系行政行为。[①] 依据该说，此类案件由行政审判庭管辖，符合逻辑。当然，如此确定管辖，有其弱点，那就是从概率的角度看，行政审判庭的法官一般而言不如民事审判庭的法官熟悉民法及不动产物权变动制度及其理论。

组合行为说主张，登记行为不是一个一次性行为，而是一系列行为的组合。……一个完整的登记行为由两部分组成，其一为当事人独立完成的部分；其二为由登记机构完成的部分。前者是前提和基础，后者是一定的国家机关所进行的审查和批准行为。在这个意义上，笼统地说登记行为就是一个公法行为，显然是不妥当的。严格说来，登记行为作为一个整体，是当事人所实施的申请登记的私法行为和登记机构所实施的登记许可的公法行为的结合。其中成为构成物权行为要件障碍的，仅是登记机构所实施的登记许可的公法行为。……我们完全可以将登记行为认定为物权行为分而治之，即将其中当事人所实施的申请登记的私法行为认定为物权行为的特别成立要件；而将登记机构所实施的登记许可的公法行为与其他主管机关的审查和批准行为同等看待，认定为物权行为的生效要件。[②] 据此学说，不动产物权变动以及出现于登记申请环节的争议由民事审判庭审理，顺理成章。至于出现于登记许可领域的纠纷，是由行政审判庭管辖还是由民事审判庭处理，取决于"拍板者"的理念及其所遵循的逻辑。如果孤立地看待登记许可与不动产物权变动，机械地适用法律，就很可能遵循登记许可为行政行为→适用行政法→由行政审判庭管辖的结论。反之，如果侧重点和视角转换，看重登记

---

① 应松年：《行政法学新论》，北京，中国方正出版社1998年版，第246页；崔建远、孙佑海、王宛生：《中国房地产法研究》，北京，中国法制出版社1995年版，第238页；梁慧星主编：《中国物权法研究》（上），北京，法律出版社1998年版，第199页；王利明主编：《中国物权法草案建议稿及说明》，北京，中国法制出版社2001年版，第187页；王达：《物权法中的行政问题：不动产登记制度》，载《人民法院报》2007年3月27日；［德］Lent-Schwab, Sachenrecht, 17Aufl. 1979, S. 43f. 转引自王泽鉴：《民法学说与判例研究》（第5册），北京，北京大学出版社2009年版，第5页。

② 王轶：《物权变动论》，北京，中国人民大学出版社2001年版，第93页。

机构所实施的登记许可的公法行为系不动产物权变动的生效要件这个性质和功能，坚持它应被纳入不动产物权变动制度之中、不可将之与不动产物权变动制度割裂开来的观点，那么，不动产登记错误由民事审判庭于审理不动产物权变动的纠纷时一并处理，这在逻辑上也是顺畅的。

司法行为说认为，不动产登记并非登记机构的行政管理行为，其本质应为产生司法效果的事实行为。

所谓统一登记，是指登记机构是统一的，是一个登记系统，而非分散为自然资源部系统、住房和城乡建设部系统。《不动产登记暂行条例》规定：国务院自然资源主管部门负责指导、监督全国不动产登记工作（第6条第1款）。县级以上地方人民政府应当确定一个部门为本行政区域的不动产登记机构，负责不动产登记工作，并接受上级人民政府不动产登记主管部门的指导、监督（第6条第2款）。不动产登记由不动产所在地的县级人民政府不动产登记机构办理；直辖市、设区的市人民政府可以确定本级不动产登记机构统一办理所属各区的不动产登记（第7条第1款）。跨县级行政区域的不动产登记，由所跨县级行政区域的不动产登记机构分别办理。不能分别办理的，由所跨县级行政区域的不动产登记机构协商办理；协商不成的，由共同的上一级人民政府不动产登记主管部门指定办理（第7条第2款）。

此外，国务院确定的重点国有林区的森林、林木和林地，国务院批准项目用海、用岛，中央国家机关使用的国有土地等不动产登记，由国务院自然资源主管部门会同有关部门规定（第7条第3款）。国务院确定的重点国有林区的森林、林木和林地，由自然资源部受理并会同有关部门办理，依法向权利人核发不动产权属证书（《不动产登记暂行条例实施细则》第4条第1款）。国务院批准项目用海、用岛的登记，由自然资源部受理，依法向权利人核发不动产权属证书（《不动产登记暂行条例实施细则》第4条第2款）。

所谓统一登记的范围，包括集体土地所有权；房屋等建筑物、构筑物所有权；森林、林木所有权；耕地、林地、草地等土地承包经营权；建设用地使用权；宅基地使用权；海域使用权；地役权；不动产抵押权；法律规定需要登记的其他不动产权利。

二、不动产统一登记制度的建立和运行

从中国不动产物权登记制度的形成与发展过程来说，中国在民国时期继受西方法制，已经正式建立了不动产物权登记制度，然而该制度却主要是为土地私有制服务的。中华人民共和国成立初期，我们也曾建立起了不动产物权的登记制

度，但随着社会主义改造的完成，中国在经济体制方面实行全面的公有制，登记制度失去了存在的基础，该制度在中国一度中断了三十多年。改革开放以后，特别是《土地管理法》颁布以后，不动产物权登记制度才逐渐恢复和发展。①

不动产物权登记制度在中国虽然历史悠久，但真正意义上的作为不动产物权的公示手段和变动的生效要件之一的不动产登记（制度）却起步较晚，且一开始就服务于不动产行政管理的目的，带有浓厚的行政色彩，使该制度未能在维护交易便捷与安全方面发挥其应有的作用。②

在较长的历史时期，登记机构因被登记的标的不同而有所差别。虽然《物权法》规定，不动产登记，由不动产所在地的登记机构办理。国家对不动产实行统一登记制度。统一登记的范围、登记机构和登记办法，由法律、行政法规规定（第 10 条）。但在若干年内，缺乏与之配套的制度设计和实务落实。土地登记机构是土地所在地的县级以上人民政府国土资源行政主管部门（《土地登记办法》第 3 条第 1 款），房屋登记机构是直辖市、市、县人民政府建设（房地产）主管部门或其设置的负责房屋登记工作的机构（《房屋登记办法》第 4 条）。

在大部制改革中，《第十二届全国人民代表大会第一次会议关于国务院机构改革和职能转变方案的决定》于 2013 年 3 月 14 日通过。《国务院机构改革和职能转变方案》规定："最大限度地整合分散在国务院不同部门相同或相似的职责，理顺部门职责关系。房屋登记、林地登记、草原登记、土地登记的职责，城镇职工基本医疗保险、城镇居民基本医疗保险、新型农村合作医疗的职责等，分别整合由一个部门承担。"据此方案，国务院第 31 次常务会议等有关要求，首先落实好统一登记机构和统一登记依据，尽快协调有关部门，建立部际联席会议制度，加快组建不动产登记局，机构人员要到位，加强工作支撑。2014 年 11 月 24 日，国务院公布《不动产登记暂行条例》，自 2015 年 3 月 1 日起施行。2015 年 6 月 29 日国土资源部第 3 次部务会议审议通过《不动产登记暂行条例实施细则》，自公布之日即 2016 年 1 月 1 日起实施。在实际操作层面，从 2014 年开始，通过基础制度建设、逐步衔接过渡、统一规范实施，用 3 年左右时间能够全面实施不动产统一登记制度，用 4 年左右时间能够运行统一的不动产登记信息管理基础平台，实现不动产审批、交易和登记信息实时互通共享以及依法查询，形成不动产统一登记体系。2014 年建立统一登记的基础性制度，2015 年推进统一登记制度的实施过渡，2016 年全面实施统一登记制度，2018 年前，不动产登记信息管理

---

①②　信息来源：https://baike.baidu.com/item/％E4％B8％8D％E5％8A％A8％E4％BA％A7％E7％99％BB％E8％AE％B0/2666287? fr＝aladdin。2020 年 3 月 18 日最后访问。

基础平台投入运行，不动产统一登记体系基本形成。①

2018年3月5日，国土资源部办公厅印发通知要求，在全国不动产登记机构和登记窗口启用统一的不动产登记标识。不动产登记标识整体采用圆形设计，主色调为红、蓝两色。外圆为"不动产登记"中英文。内圆设计内容包含土地、房屋、林地、草原、海域等不动产要素，顶部和线条结合代表房屋、林地，蓝色代表海洋，底端图形和线条结合代表土地、草原，同时也构成了不动产登记簿造型，中间线条底端构成了笔尖效果，寓意不动产统一登记于不动产登记簿上。②

2018年3月17日第十三届全国人民代表大会第一次会议通过《国务院机构改革方案》，决定将国土资源部的职责，国家发展和改革委员会的组织编制主体功能区规划职责，住房和城乡建设部的城乡规划管理职责，水利部的水资源调查和确权登记管理职责，农业部的草原资源调查和确权登记管理职责，国家林业局的森林、湿地等资源调查和确权登记管理职责，国家海洋局的职责，国家测绘地理信息局的职责整合，组建自然资源部，作为国务院组成部门。这在组织上保障了不动产统一登记持续、扎实地进行。

三、不动产物权统一登记制度及其实务运行的优点

统一登记的优点较多，举其要者：（1）将分散在多个部门的不动产登记职责整合由一个部门承担，理顺部门职责关系，减少办证环节，减轻群众负担。（2）建立不动产物权登记信息管理基础平台，实现不动产审批、交易和登记信息在有关部门间依法依规互通共享。（3）推动建立不动产物权登记信息依法公开查询系统，保证不动产交易的安全，可将不动产物权的公信原则落到实处。③

第二百一十一条

当事人申请登记，应当根据不同登记事项提供权属证明和不动产界址、面积等必要材料。

本条主旨

本条是关于当事人申请不动产物权登记应当提供必要材料的规定。

---

① 信息来源：http://finance.people.com.cn/n/2014/0422/c1004－24925747.html.2020年3月18日最后访问。

②③ 信息来源：https://baike.baidu.com/item/%E4%B8%8D%E5%8A%A8%E4%BA%A7%E7%99%BB%E8%AE%B0/2666287? fr＝aladdin.2020年3月18日最后访问。

相关条文

《物权法》第 11 条　当事人申请登记，应当根据不同登记事项提供权属证明和不动产界址、面积等必要材料。

《担保法》第 44 条　办理抵押物登记，应当向登记部门提供下列文件或者其复印件：

（一）主合同和抵押合同；

（二）抵押物的所有权或者使用权证书。

《海域使用管理法》第 16 条　单位和个人可以向县级以上人民政府海洋行政主管部门申请使用海域。

申请使用海域的，申请人应当提交下列书面材料：

（一）海域使用申请书；

（二）海域使用论证材料；

（三）相关的资信证明材料；

（四）法律、法规规定的其他书面材料。

《不动产登记暂行条例》第 16 条第 1 款　申请人应当提交下列材料，并对申请材料的真实性负责：

（一）登记申请书；

（二）申请人、代理人身份证明材料、授权委托书；

（三）相关的不动产权属来源证明材料、登记原因证明文件、不动产权属证书；

（四）不动产界址、空间界限、面积等材料；

（五）与他人利害关系的说明材料；

（六）法律、行政法规以及本条例实施细则规定的其他材料。

《不动产登记暂行条例实施细则》第 9 条　申请不动产登记的，申请人应当填写登记申请书，并提交身份证明以及相关申请材料。

申请材料应当提供原件。因特殊情况不能提供原件的，可以提供复印件，复印件应当与原件保持一致。

第 11 条　无民事行为能力人、限制民事行为能力人申请不动产登记的，应当由其监护人代为申请。

监护人代为申请登记的，应当提供监护人与被监护人的身份证或者户口簿、有关监护关系等材料；因处分不动产而申请登记的，还应当提供为被监护人利益的书面保证。

父母之外的监护人处分未成年人不动产的，有关监护关系材料可以是人民法院指定监护的法律文书、经过公证的对被监护人享有监护权的材料或者其他材料。

第 12 条　当事人可以委托他人代为申请不动产登记。

代理申请不动产登记的，代理人应当向不动产登记机构提供被代理人签字或者盖章的授权委托书。

自然人处分不动产，委托代理人申请登记的，应当与代理人共同到不动产登记机构现场签订授权委托书，但授权委托书经公证的除外。

境外申请人委托他人办理处分不动产登记的，其授权委托书应当按照国家有关规定办理认证或者公证。

理解与适用

一、当事人申请登记、有关机关请求登记与登记机构依职权登记

（一）当事人申请登记

本条所谓当事人申请登记，包括当事人共同申请和当事人单方申请。关于当事人共同申请的，例如《不动产登记暂行条例》第 14 条第 1 款规定："因买卖、设定抵押权等申请不动产登记的，应当由当事人双方共同申请。"这是关于当事人双方共同申请的规定。此外，当事人多方共同申请不动产登记的，应当遵循《不动产登记暂行条例实施细则》第 10 条的如下规定："处分共有不动产申请登记的，应当经占份额三分之二以上的按份共有人或者全体共同共有人共同申请，但共有人另有约定的除外"（第 1 款）。"按份共有人转让其享有的不动产份额，应当与受让人共同申请转移登记"（第 2 款）。"建筑区划内依法属于全体业主共有的不动产申请登记，依照本实施细则第三十六条的规定办理"（第 3 款）。

关于当事人单方申请的，例如，《不动产登记暂行条例》第 14 条第 2 款规定："属于下列情形之一的，可以由当事人单方申请：（一）尚未登记的不动产首次申请登记的；（二）继承、接受遗赠取得不动产权利的；（三）人民法院、仲裁委员会生效的法律文书或者人民政府生效的决定等设立、变更、转让、消灭不动产权利的；（四）权利人姓名、名称或者自然状况发生变化，申请变更登记的；（五）不动产灭失或者权利人放弃不动产权利，申请注销登记的；（六）申请更正登记或者异议登记的；（七）法律、行政法规规定可以由当事人单方申请的其他情形。"再如，《不动产登记暂行条例实施细则》第 33 条第 1 款规定："依法取得国有建设用地使用权，可以单独申请国有建设用地使用权登记。"第 40 条第 1 款

规定:"依法取得宅基地使用权,可以单独申请宅基地使用权登记。"第44条第1款规定:"依法取得集体建设用地使用权,可以单独申请集体建设用地使用权登记。"

申请不动产物权的登记,权利人不一定亲自到场,可由代理人代为进行。对此,《不动产登记暂行条例》第15条第1款规定:"当事人或者其代理人应当到不动产登记机构办公场所申请不动产登记。"

值得注意的是,在不动产登记机构将申请登记事项记载于不动产登记簿前,申请人可以撤回登记申请(《不动产登记暂行条例》第15条第2款)。

(二)有关机关请求登记

除了当事人申请不动产物权的登记外,在有些情况下,现行法允许有关机关请求登记机构进行不动产物权登记。例如,《不动产登记暂行条例实施细则》第2条第1款关于"不动产登记应当依照当事人的申请进行,但法律、行政法规以及本实施细则另有规定的除外"的但书给出了这样的通道。其第4条规定:"国务院确定的重点国有林区的森林、林木和林地,由自然资源部受理并会同有关部门办理,依法向权利人核发不动产权属证书"(第1款)。"国务院批准的项目用海、用岛的登记,由自然资源部受理,依法向权利人核发不动产权属证书"(第2款)。"中央国家机关使用的国有土地等不动产登记,依照自然资源部《在京中央国家机关用地土地登记办法》等规定办理"(第3款)。第19条第2款规定:"有下列情形之一的,不动产登记机构直接办理不动产登记:(一)人民法院持生效法律文书和协助执行通知书要求不动产登记机构办理登记的;(二)人民检察院、公安机关依据法律规定持协助查封通知书要求办理查封登记的;(三)人民政府依法做出征收或者收回不动产权利决定生效后,要求不动产登记机构办理注销登记的;(四)法律、行政法规规定的其他情形。"第90条规定:"人民法院要求不动产登记机构办理查封登记的,应当提交下列材料:(一)人民法院工作人员的工作证;(二)协助执行通知书;(三)其他必要材料。"第91条规定:"两个以上人民法院查封同一不动产的,不动产登记机构应当为先送达协助执行通知书的人民法院办理查封登记,对后送达协助执行通知书的人民法院办理轮候查封登记"(第1款)。"轮候查封登记的顺序按照人民法院协助执行通知书送达不动产登记机构的时间先后进行排列"(第2款)。第92条第1款规定:"查封期间,人民法院解除查封的,不动产登记机构应当及时根据人民法院协助执行通知书注销查封登记。"第93条规定:"人民检察院等其他国家有权机关依法要求不动产登记机构办理查封登记的,参照本节规定办理。"

（三）登记机构依职权登记

当事人申请不动产物权的登记最为正常，有关机关在必要和必需的情况下请求若干种不动产物权变动的登记也符合实际需求，当事人不予申请、有关机关不予或怠于请求，但物权秩序内在地要求适时地办理不动产物权变动的登记时，登记机构依职权办理特殊情形的不动产物权变动的登记，同样正当。对于后者，《不动产登记暂行条例实施细则》已有反映，如其第 17 条规定，登记事项不涉及国家机密时，不动产登记机构拟依职权更正登记、依职权注销登记的，应当在登记事项记载于登记簿前进行公告。公告应当在不动产登记机构门户网站以及不动产所在地等指定场所进行，公告期不少于 15 个工作日。公告所需时间不计算在登记办理期限内。公告期满无异议或者异议不成立的，应当及时记载于不动产登记簿。再如其第 81 条规定："不动产登记机构发现不动产登记簿记载的事项错误，应当通知当事人在 30 个工作日内办理更正登记。当事人逾期不办理的，不动产登记机构应当在公告 15 个工作日后，依法予以更正；但在错误登记之后已经办理了涉及不动产权利处分的登记、预告登记和查封登记的除外。"

二、申请登记应当提供的必要材料

对于《民法典》第 211 条要求当事人应当根据不同登记事项提供必要材料，《不动产登记暂行条例》划定了大致的范围：（1）登记申请书；（2）申请人、代理人身份证明材料、授权委托书；（3）相关的不动产权属来源证明材料、登记原因证明文件、不动产权属证书；（4）不动产界址、空间界限、面积等材料；（5）与他人利害关系的说明材料；（6）法律、行政法规以及本条例实施细则规定的其他材料（第 16 条第 1 款）。

对于《民法典》第 211 条所谓根据不同登记事项提供必要材料，《不动产登记暂行条例实施细则》一一列举，兹汇总如下。

因继承、受遗赠取得不动产，当事人申请登记的，应当提交死亡证明材料、遗嘱或者全部法定继承人关于不动产分配的协议以及与被继承人的亲属关系材料等，也可以提交经公证的材料或者生效的法律文书（第 14 条）。

申请集体土地所有权首次登记的，应当提交下列材料：（1）土地权属来源材料；（2）权籍调查表、宗地图以及宗地界址点坐标；（3）其他必要材料（第 30 条）。

农民集体因互换、土地调整等原因导致集体土地所有权转移，申请集体土地所有权转移登记的，应当提交下列材料：（1）不动产权属证书；（2）互换、调整协议等集体土地所有权转移的材料；（3）本集体经济组织三分之二以上成员或者三分之二以上村民代表同意的材料；（4）其他必要材料（第 31 条）。

　　申请集体土地所有权变更、注销登记的，应当提交下列材料：（1）不动产权属证书；（2）集体土地所有权变更、消灭的材料；（3）其他必要材料（第32 条）。

　　申请国有建设用地使用权首次登记，应当提交下列材料：（1）土地权属来源材料；（2）权籍调查表、宗地图以及宗地界址点坐标；（3）土地出让价款、土地租金、相关税费等缴纳凭证；（4）其他必要材料（第 34 条第 1 款）。前款规定的土地权属来源材料，根据权利取得方式的不同，包括国有建设用地划拨决定书、国有建设用地使用权出让合同、国有建设用地使用权租赁合同以及国有建设用地使用权作价出资（入股）、授权经营批准文件（第 34 条第 2 款）。申请在地上或者地下单独设立国有建设用地使用权登记的，按照本条规定办理（第 34 条第3 款）。

　　申请国有建设用地使用权及房屋所有权首次登记的，应当提交下列材料：（1）不动产权属证书或者土地权属来源材料；（2）建设工程符合规划的材料；（3）房屋已经竣工的材料；（4）房地产调查或者测绘报告；（5）相关税费缴纳凭证；（6）其他必要材料（第 35 条）。

　　申请国有建设用地使用权及房屋所有权变更登记的，应当根据不同情况，提交下列材料：（1）不动产权属证书；（2）发生变更的材料；（3）有批准权的人民政府或者主管部门的批准文件；（4）国有建设用地使用权出让合同或者补充协议；（5）国有建设用地使用权出让价款、税费等缴纳凭证；（6）其他必要材料（第 37 条）。

　　申请国有建设用地使用权及房屋所有权转移登记的，应当根据不同情况，提交下列材料：（1）不动产权属证书；（2）买卖、互换、赠与合同；（3）继承或者受遗赠的材料；（4）分割、合并协议；（5）人民法院或者仲裁委员会生效的法律文书；（6）有批准权的人民政府或者主管部门的批准文件；（7）相关税费缴纳凭证；（8）其他必要材料（第 38 条第 1 款）。不动产买卖合同依法应当备案的，申请人申请登记时须提交经备案的买卖合同（第 38 条第 2 款）。

　　具有独立利用价值的特定空间以及码头、油库等其他建筑物、构筑物所有权的登记，按照本实施细则中房屋所有权登记有关规定办理（第 39 条）。

　　申请宅基地使用权及房屋所有权首次登记的，应当根据不同情况，提交下列材料：（1）申请人身份证和户口簿；（2）不动产权属证书或者有批准权的人民政府批准用地的文件等权属来源材料；（3）房屋符合规划或者建设的相关材料；（4）权籍调查表、宗地图、房屋平面图以及宗地界址点坐标等有关不动产界址、面积等材料；（5）其他必要材料（第41条）。

因依法继承、分家析产、集体经济组织内部互换房屋等导致宅基地使用权及房屋所有权发生转移申请登记的，申请人应当根据不同情况，提交下列材料：（1）不动产权属证书或者其他权属来源材料；（2）依法继承的材料；（3）分家析产的协议或者材料；（4）集体经济组织内部互换房屋的协议；（5）其他必要材料（第42条）。

申请宅基地等集体土地上的建筑物区分所有权登记的，参照国有建设用地使用权及建筑物区分所有权的规定办理登记（第43条）。

申请集体建设用地使用权及建筑物、构筑物所有权首次登记的，申请人应当根据不同情况，提交下列材料：（1）有批准权的人民政府批准用地的文件等土地权属来源材料；（2）建设工程符合规划的材料；（3）权籍调查表、宗地图、房屋平面图以及宗地界址点坐标等有关不动产界址、面积等材料；（4）建设工程已竣工的材料；（5）其他必要材料（第45条第1款）。集体建设用地使用权首次登记完成后，申请人申请建筑物、构筑物所有权首次登记的，应当提交享有集体建设用地使用权的不动产权属证书（第45条第2款）。

申请集体建设用地使用权及建筑物、构筑物所有权变更登记、转移登记、注销登记的，申请人应当根据不同情况，提交下列材料：（1）不动产权属证书；（2）集体建设用地使用权及建筑物、构筑物所有权变更、转移、消灭的材料；（3）其他必要材料（第46条第1款）。因企业兼并、破产等原因致使集体建设用地使用权及建筑物、构筑物所有权发生转移的，申请人应当持相关协议及有关部门的批准文件等相关材料，申请不动产转移登记（第46条第2款）。

已经登记的土地承包经营权有下列情形之一的，承包方应当持原不动产权属证书以及其他证实发生变更事实的材料，申请土地承包经营权变更登记：（1）权利人的姓名或者名称等事项发生变化的；（2）承包土地的坐落、名称、面积发生变化的；（3）承包期限依法变更的；（4）承包期限届满，土地承包经营权人按照国家有关规定继续承包的；（5）退耕还林、退耕还湖、退耕还草导致土地用途改变的；（6）森林、林木的种类等发生变化的；（7）法律、行政法规规定的其他情形（第49条）。

已经登记的土地承包经营权发生下列情形之一的，当事人双方应当持互换协议、转让合同等材料，申请土地承包经营权的转移登记：（1）互换；（2）转让；（3）因家庭关系、婚姻关系变化等原因导致土地承包经营权分割或者合并的；（4）依法导致土地承包经营权转移的其他情形（第50条第1款）。以家庭承包方式取得的土地承包经营权，采取转让方式流转的，还应当提供发包方同意的材料

（第 50 条第 2 款）。

　　已经登记的土地承包经营权发生下列情形之一的，承包方应当持不动产权属证书、证实灭失的材料等，申请注销登记：（1）承包经营的土地灭失的；（2）承包经营的土地被依法转为建设用地的；（3）承包经营权人丧失承包经营资格或者放弃承包经营权的；（4）法律、行政法规规定的其他情形（第 51 条）。

　　申请海域使用权首次登记的，应当提交下列材料：（1）项目用海批准文件或者海域使用权出让合同；（2）宗海图以及界址点坐标；（3）海域使用金缴纳或者减免凭证；（4）其他必要材料（第 55 条）。

　　有下列情形之一的，申请人应当持不动产权属证书、海域使用权变更的文件等材料，申请海域使用权变更登记：（1）海域使用权人姓名或者名称改变的；（2）海域坐落、名称发生变化的；（3）改变海域使用位置、面积或者期限的；（4）海域使用权续期的；（5）共有性质变更的；（6）法律、行政法规规定的其他情形（第 56 条）。

　　申请海域使用权转移登记的，申请人应当提交下列材料：（1）不动产权属证书；（2）海域使用权转让合同、继承材料、生效法律文书等材料；（3）转让批准取得的海域使用权，应当提交原批准用海的海洋行政主管部门批准转让的文件；（4）依法需要补交海域使用金的，应当提交海域使用金缴纳的凭证；（5）其他必要材料（第 58 条）。

　　申请海域使用权注销登记的，申请人应当提交下列材料：（1）原不动产权属证书；（2）海域使用权消灭的材料；（3）其他必要材料（第 59 条第 1 款）。

　　经依法登记的地役权发生下列情形之一的，当事人应当持地役权合同、不动产登记证明和证实变更的材料等必要材料，申请地役权变更登记：（1）地役权当事人的姓名或者名称等发生变化；（2）共有性质变更的；（3）需役地或者供役地自然状况发生变化；（4）地役权内容变更的；（5）法律、行政法规规定的其他情形（第 61 条第 1 款）。

　　已经登记的地役权因土地承包经营权、建设用地使用权转让发生转移的，当事人应当持不动产登记证明、地役权转移合同等必要材料，申请地役权转移登记（第 62 条第 1 款）。申请需役地转移登记的，或者需役地分割转让，转让部分涉及已登记的地役权的，当事人应当一并申请地役权转移登记，但当事人另有约定的除外。当事人拒绝一并申请地役权转移登记的，应当出具书面材料。不动产登记机构办理转移登记时，应当同时办理地役权注销登记（第 62 条第 2 款）。

　　已经登记的地役权，有下列情形之一的，当事人可以持不动产登记证明、证实地役权发生消灭的材料等必要材料，申请地役权注销登记：（1）地役权期限届满；（2）供役地、需役地归于同一人；（3）供役地或者需役地灭失；（4）人民法院、仲裁委员会的生效法律文书导致地役权消灭；（5）依法解除地役权合同；（6）其他导致地役权消灭的事由（第63条）。

自然人、法人或者其他组织为保障其债权的实现，依法以不动产设定抵押的，可以由当事人持不动产权属证书、抵押合同与主债权合同等必要材料，共同申请办理抵押登记（第66条第1款）。抵押合同可以是单独订立的书面合同，也可以是主债权合同中的抵押条款（第66条第2款）。

有下列情形之一的，当事人应当持不动产权属证书、不动产登记证明、抵押权变更等必要材料，申请抵押权变更登记：（1）抵押人、抵押权人的姓名或者名称变更的；（2）被担保的主债权数额变更的；（3）债务履行期限变更的；（4）抵押权顺位变更的；（5）法律、行政法规规定的其他情形（第68条第1款）。因被担保债权主债权的种类及数额、担保范围、债务履行期限、抵押权顺位发生变更申请抵押权变更登记时，如果该抵押权的变更将对其他抵押权人产生不利影响的，还应当提交其他抵押权人书面同意的材料与身份证或者户口簿等材料（第68条第2款）。

因主债权转让导致抵押权转让的，当事人可以持不动产权属证书、不动产登记证明、被担保主债权的转让协议、债权人已经通知债务人的材料等相关材料，申请抵押权的转移登记（第69条）。

有下列情形之一的，当事人可以持不动产登记证明、抵押权消灭的材料等必要材料，申请抵押权注销登记：（1）主债权消灭；（2）抵押权已经实现；（3）抵押权人放弃抵押权；（4）法律、行政法规规定抵押权消灭的其他情形（第70条）。

设立最高额抵押权的，当事人应当持不动产权属证书、最高额抵押合同与一定期间内将要连续发生的债权的合同或者其他登记原因材料等必要材料，申请最高额抵押权首次登记（第71条第1款）。当事人申请最高额抵押权首次登记时，同意将最高额抵押权设立前已经存在的债权转入最高额抵押担保的债权范围的，还应当提交已存在债权的合同以及当事人同意将该债权纳入最高额抵押权担保范围的书面材料（第71条第2款）。

有下列情形之一的，当事人应当持不动产登记证明、最高额抵押权发生变更的材料等必要材料，申请最高额抵押权变更登记：（1）抵押人、抵押权人的姓名或者名称变更的；（2）债权范围变更的；（3）最高债权额变更的；（4）债权确定的期间变更的；（5）抵押权顺位变更的；（6）法律、行政法规规定的其他情形（第72条第1款）。因最高债权额、债权范围、债务履行期限、债权确定的期间发生变更申请最高额抵押权变更登记时，如果该变更将对其他抵押权人产生不利影响的，当事人还应当提交其他抵押权人的书面同意文件与身份证或者户口簿等（第72条第2款）。

当发生导致最高额抵押权担保的债权被确定的事由，从而使最高额抵押权转变为一般抵押权时，当事人应当持不动产登记证明、最高额抵押权担保的债权已确定的材料等必要材料，申请办理确定最高额抵押权的登记（第73条）。

最高额抵押权发生转移的，应当持不动产登记证明、部分债权转移的材料、当事人约定最高额抵押权随同部分债权的转让而转移的材料等必要材料，申请办理最高额抵押权转移登记（第74条第1款）。

申请在建建筑物抵押权首次登记的，当事人应当提交下列材料：（1）抵押合同与主债权合同；（2）享有建设用地使用权的不动产权属证书；（3）建设工程规划许可证；（4）其他必要材料（第76条）。

在建建筑物抵押权变更、转移或者消灭的，当事人应当提交下列材料，申请变更登记、转移登记、注销登记：（1）不动产登记证明；（2）在建建筑物抵押权发生变更、转移或者消灭的材料；（3）其他必要材料（第77条第1款）。

申请预购商品房抵押登记，应当提交下列材料：（1）抵押合同与主债权合同；（2）预购商品房预告登记材料；（3）其他必要材料（第78条第1款）。

预购商品房办理房屋所有权登记后，当事人应当申请将预购商品房抵押预告登记转为商品房抵押权首次登记。

权利人、利害关系人认为不动产登记簿记载的事项有错误，可以申请更正登记（第79条第1款）。权利人申请更正登记的，应当提交下列材料：（1）不动产权属证书；（2）证实登记确有错误的材料；（3）其他必要材料（第79条第2款）。利害关系人申请更正登记的，应当提交利害关系材料、证实不动产登记簿记载错误的材料以及其他必要材料（第79条第3款）。

利害关系人认为不动产登记簿记载的事项错误，权利人不同意更正的，利害关系人可以申请异议登记（第82条第1款）。利害关系人申请异议登记的，应当提交下列材料：（1）证实对登记的不动产权利有利害关系的材料；（2）证实不动产登记簿记载的事项错误的材料；（3）其他必要材料（第82条第2款）。

申请预购商品房的预告登记，应当提交下列材料：（1）已备案的商品房预售合同；（2）当事人关于预告登记的约定；（3）其他必要材料（第86条第1款）。预购人单方申请预购商品房预告登记，预售人与预购人在商品房预售合同中对预告登记附有条件和期限的，预购人应当提交相应材料（第86条第3款）。申请预告登记的商品房已经办理在建建筑物抵押权首次登记的，当事人应当一并申请在建建筑物抵押权注销登记，并提交不动产权属转移材料、不动产登记证明。不动产登记机构应当先办理在建建筑物抵押权注销登记，再办理预告登记（第86条第4款）。

申请不动产转移预告登记的，当事人应当提交下列材料：（1）不动产转让合同；（2）转让方的不动产权属证书；（3）当事人关于预告登记的约定；（4）其他必要材料（第87条）。

抵押不动产，申请预告登记的，当事人应当提交下列材料：（1）抵押合同与主债权合同；（2）不动产权属证书；（3）当事人关于预告登记的约定；（4）其他必要材料（第88条）。

预告登记未到期，有下列情形之一的，当事人可以持不动产登记证明、债权消灭或者权利人放弃预告登记的材料，以及法律、行政法规规定的其他必要材料申请注销预告登记：（1）预告登记的权利人放弃预告登记的；（2）债权消灭的；（3）法律、行政法规规定的其他情形（第89条）。

人民法院要求不动产登记机构办理查封登记的，应当提交下列材料：（1）人民法院工作人员的工作证；（2）协助执行通知书；（3）其他必要材料（第90条）。

第二百一十二条

登记机构应当履行下列职责：

（一）查验申请人提供的权属证明和其他必要材料；

（二）就有关登记事项询问申请人；

（三）如实、及时登记有关事项；

（四）法律、行政法规规定的其他职责。

申请登记的不动产的有关情况需要进一步证明的，登记机构可以要求申请人补充材料，必要时可以实地查看。

本条主旨

本条是关于登记机构应当履行的职责的规定。

相关条文

《物权法》第12条　登记机构应当履行下列职责：

（一）查验申请人提供的权属证明和其他必要材料；

（二）就有关登记事项询问申请人；

（三）如实、及时登记有关事项；

（四）法律、行政法规规定的其他职责。

申请登记的不动产的有关情况需要进一步证明的，登记机构可以要求申请人补充材料，必要时可以实地查看。

《不动产登记暂行条例》第10条　不动产登记机构应当依法将各类登记事项准确、完整、清晰地记载于不动产登记簿。任何人不得损毁不动产登记簿，除依法予以更正外不得修改登记事项。

第11条　不动产登记工作人员应当具备与不动产登记工作相适应的专业知识和业务能力。

不动产登记机构应当加强对不动产登记工作人员的管理和专业技术培训。

第12条　不动产登记机构应当指定专人负责不动产登记簿的保管，并建立健全相应的安全责任制度。

采用纸质介质不动产登记簿的，应当配备必要的防盗、防火、防渍、防有害生物等安全保护设施。

采用电子介质不动产登记簿的，应当配备专门的存储设施，并采取信息网络安全防护措施。

第13条　不动产登记簿由不动产登记机构永久保存。不动产登记簿损毁、灭失的，不动产登记机构应当依据原有登记资料予以重建。

行政区域变更或者不动产登记机构职能调整的，应当及时将不动产登记簿移交相应的不动产登记机构。

《不动产登记暂行条例实施细则》第7条　不动产登记机构应当配备专门的不动产登记电子存储设施，采取信息网络安全防护措施，保证电子数据安全。

任何单位和个人不得擅自复制或者篡改不动产登记簿信息。

第8条　承担不动产登记审核、登记簿的不动产登记工作人员应当熟悉相关法律法规，具备与其岗位相适应的不动产登记等方面的专业知识。

自然资源部会同有关部门组织开展对承担不动产登记审核、登记簿的不动产登记工作人员的考核培训。

第15条　不动产登记机构受理不动产登记申请后，还应当对下列内容进行查验：

（一）申请人、委托代理人身份证明材料以及授权委托书与申请主体是否一致；

（二）权属来源材料或者登记原因文件与申请登记的内容是否一致；

（三）不动产界址、空间界限、面积等权籍调查成果是否完备，权属是否清楚、界址是否清晰、面积是否准确；

（四）法律、行政法规规定的完税或者缴费凭证是否齐全。

第 16 条　不动产登记机构进行实地查看，重点查看下列情况：

（一）房屋等建筑物、构筑物所有权首次登记，查看房屋坐落及其建造完成等情况；

（二）在建建筑物抵押权登记，查看抵押的在建建筑物坐落及其建造等情况；

（三）因不动产灭失导致的注销登记，查看不动产灭失等情况。

第 17 条　有下列情形之一的，不动产登记机构应当在登记事项记载于登记簿前进行公告，但涉及国家秘密的除外：

（一）政府组织的集体土地所有权登记；

（二）宅基地使用权及房屋所有权，集体建设用地使用权及建筑物、构筑物所有权，土地承包经营权等不动产权利的首次登记；

（三）依职权更正登记；

（四）依职权注销登记；

（五）法律、行政法规规定的其他情形。

公告应当在不动产登记机构门户网站以及不动产所在地等指定场所进行，公告期不少于 15 个工作日。公告所需时间不计算在登记办理期限内。公告期满无异议或者异议不成立的，应当及时记载于不动产登记簿。

第 20 条　不动产登记机构应当根据不动产登记簿，填写并核发不动产权属证书或者不动产登记证明。

除办理抵押权登记、地役权登记和预告登记、异议登记，向申请人核发不动产登记证明外，不动产登记机构应当依法向权利人核发不动产权属证书。

不动产权属证书和不动产登记证明，应当加盖不动产登记机构登记专用章。

不动产权属证书和不动产登记证明样式，由自然资源部统一规定。

第 21 条　申请共有不动产登记的，不动产登记机构向全体共有人合并发放一本不动产权属证书；共有人申请分别持证的，可以为共有人分别发放不动产权属证书。

共有不动产权属证书应当注明共有情况，并列明全体共有人。

第 23 条　因不动产权利灭失等情形，不动产登记机构需要收回不动产权属证书或者不动产登记证明的，应当在不动产登记簿上将收回不动产权属证书或者不动产登记证明的事项予以注明；确实无法收回的，应当在不动产登记机构门户网站或者当地公开发行的报刊上公告作废。

　　……………

理解与适用

一、文义解释、目的解释

本条是对《物权法》第 12 条的复制。

本条第 1 款第 1 项关于"查验申请人提供的权属证明和其他必要材料"的规定中，所谓权属证明，即证明真实物权关系的文件或事实，诸如不动产权证、项目用海批准文件、行政主管机关的行政划拨的决定、异地安排建设用地的决定、宅基地使用权审批文件、乡镇企业的设立及有关批件等。[①] 究竟是哪种？不应一概而论，而应根据登记事项的本质要求加以确定。例如，申请集体土地所有权首次登记的，登记机构查验的权属证明为土地权属来源材料（《不动产登记暂行条例实施细则》第 30 条第 1 项），而申请海域使用权首次登记的，登记机构查验的权属证明则系项目用海批准文件（《不动产登记暂行条例实施细则》第 55 条第 1 项）。

本条第 1 款第 1 项规定"查验申请人提供的……其他必要材料"，此处"必要材料"包括哪些？确定和判断的实质标准，应是最能使登记机构查清真实的物权关系，从而保障登记事项符合真实物权关系所需要的材料。此类材料的必要性因登记事项的不同而不同。例如，申请集体建设用地使用权及建筑物、构筑物所有权首次登记的，除去有批准权的人民政府批准用地的文件等土地权属来源材料，"必要材料"至少包括建设工程符合规划的材料，权籍调查表、宗地图、房屋平面图以及宗地界址点坐标等有关不动产界址、面积等材料，建设工程已竣工的材料（《不动产登记暂行条例实施细则》第 45 条第 1 款）。而申请海域使用权首次登记的，"必要材料"则应有海域使用权出让合同、宗海图以及界址点坐标、海域使用金缴纳或者减免凭证等（《不动产登记暂行条例实施细则》第 55 条第 1—4 项）。

本条第 1 款第 2 项所谓"就有关登记事项询问申请人"中的"有关登记事项"，应是不动产登记簿必须记载事项中的全部或一部，究竟是哪些？应是登记机构认为不完整、不清楚、有疑问之类的事项。登记机构在办理不动产物权变动的登记时，不宜仅仅阅读申请人提供的材料，而应就这些事项进一步问询申请人。

---

① 崔建远：《实体法与程序法相辅相成——法释〔2016〕5 号之解读、评论与升华》，载《现代法学》2016 年第 6 期，第 178～179 页。

本条第1款第3项规定登记机构要"如实、及时登记有关事项"，这是实事求是原则、效率原则和公信原则所要求的。既然善意的交易相对人基于信赖不动产登记簿的记载而与登记名义人交易，法律就保护该相对人，那么，不动产登记簿的记载真实、可靠就十分必要。不然，不动产登记簿的记载错误百出，对此家喻户晓，法律还保护应知不动产登记簿的记载可能有误之人，就明显没有原则了。此其一。此处所谓"有关事项"，应视何种不动产物权的登记而定。例如，在异议登记中，登记机构应将异议事项记载于不动产登记簿，并向申请人出具异议登记证明（《不动产登记暂行条例实施细则》第83条第1款）。与此有别，同一不动产上设立多个抵押权的，不动产登记机构应当按照受理时间的先后顺序依次办理登记，并记载于不动产登记簿。当事人对抵押权顺位另有约定的，从其规定办理登记（《不动产登记暂行条例实施细则》第67条）。此其二。

本条第1款第4项所谓"法律、行政法规规定的其他职责"，例如，在监护人代无民事行为能力人、限制民事行为能力人申请不动产登记的，登记机构应当查验监护人与被监护人的身份证或者户口簿、有关监护关系等材料；因处分不动产而申请登记的，还应当提供为被监护人利益的书面保证（《不动产登记暂行条例实施细则》第11条第1款）。父母之外的监护人处分未成年人不动产的，登记机构有义务查验人民法院指定监护的法律文书、经过公证的对被监护人享有监护权的材料或者其他材料（《不动产登记暂行条例实施细则》第11条第2款）。不动产登记机构进行实地查看，重点查看下列情况：（1）房屋等建筑物、构筑物所有权首次登记，查看房屋坐落及其建造完成等情况；（2）在建建筑物抵押权登记，查看抵押的在建建筑物坐落及其建造等情况；（3）因不动产灭失导致的注销登记，查看不动产灭失等情况（《不动产登记暂行条例实施细则》第16条）。

本条第2款规定："申请登记的不动产的有关情况需要进一步证明的，登记机构可以要求申请人补充材料，必要时可以实地查看。"这是应予坚持的经验之谈。登记机构的工作人员实地查看申请登记的不动产，具有不少优点。例如，这可有效防止本无不动产但有关人员为达不法目的（如骗取补偿款）而捏造某不动产如愿；避免或减少某特定房屋已经出卖、出租，但该房屋所有权人却将该房屋出卖、出租另外之人的案件；不动产量少、价值低却申请登记为量大、价值高的不动产；等等。在这方面，《不动产登记暂行条例实施细则》提出更加具体的要求，其第16条规定："不动产登记机构进行实地查看，重点查看下列情况：（一）房屋等建筑物、构筑物所有权首次登记，查看房屋坐落及其建造完成等情况；（二）在建建筑物抵押权登记，查看抵押的在建建筑物坐落及其建造等情况；（三）因不动产灭失导致的注销登记，查看不动产灭失等情况。"

二、形式审查抑或实质审查

制定《物权法》时，有关专家、学者就争论：登记机构办理不动产物权登记时仅仅审查登记申请在登记手续、提供材料在形式上是否合法、齐备、无瑕疵即足矣，还是必须实质性地审查申请登记的不动产物权以及为此提供的材料是否符合真实的物权关系？前者是形式审查，后者为实质审查。另有专家、学者从另外的视角界定实质审查：登记机构接受登记申请之后，应当对登记内容进行问询和调查，以确保登记内容的真实性。还有专家、学者认为，登记机构的审查权限及于不动产物权变动的原因关系的，就是实质审查；反之，就是形式审查。① 此外，针对有的专家、学者认为登记机构的工作人员到不动产所在地实地查看的，就是实质审查的观点，时任全国人民代表大会常务委员会法制工作委员会副主任王胜明先生对此发表否定意见，理由是现场勘察只能保障部分场合的登记的物权关系与真实的物权关系相一致。②

的确，实质审查，保障登记的不动产物权关系与真实的不动产物权关系相一致，仅仅到不动产所在地实地查看，审查这一手交易的原因关系，是难以确保登记的不动产物权关系与真实的不动产物权关系相一致的，原因简单：前一手交易、前前一手交易，前溯及数手交易，其中任何一手交易有瑕疵，都有可能导致登记的不动产物权关系不同于真实的不动产物权关系。实地查看也难免被骗。这告诉我们，真正的实质审查，时常甚至全部都得追溯到不动产总登记、不动产初始（首次）登记。以中国目前的登记队伍恐怕无力胜任实质审查，只好选择形式审查，同时尽可能地多做一些尽职调查，如《不动产登记暂行条例实施细则》第16条等条文要求的那样。

在不动产登记的审查方面，《民法典》没有改变《物权法》的立场及态度，应该采取形式审查说为妥。

第二百一十三条

登记机构不得有下列行为：

（一）要求对不动产进行评估；

（二）以年检等名义进行重复登记；

（三）超出登记职责范围的其他行为。

---

① 胡康生主编：《中华人民共和国物权法释义》，北京，法律出版社2007年版，第47页。

② 在《中华人民共和国物权法（草案）》的研讨会上，王胜明副主任发表了这种意见。

本条主旨

本条是关于禁止登记机构实施有关行为的规定。

相关条文

《物权法》第 13 条　登记机构不得有下列行为：

（一）要求对不动产进行评估；

（二）以年检等名义进行重复登记；

（三）超出登记职责范围的其他行为。

《不动产登记暂行条例》第 30 条　不动产登记机构工作人员进行虚假登记，损毁、伪造不动产登记簿，擅自修改登记事项，或者有其他滥用职权、玩忽职守行为的，依法给予处分；给他人造成损害的，依法承担赔偿责任；构成犯罪的，依法追究刑事责任。

第 32 条　不动产登记机构、不动产登记信息共享单位及其工作人员，查询不动产登记资料的单位或者个人违反国家规定，泄露不动产登记资料、登记信息，或者利用不动产登记资料、登记信息进行不正当活动，给他人造成损害的，依法承担赔偿责任；对有关责任人员依法给予处分；有关责任人员构成犯罪的，依法追究刑事责任。

《不动产登记暂行条例实施细则》第 103 条　不动产登记机构工作人员违反本实施细则规定，有下列行为之一，依法给予处分；构成犯罪的，依法追究刑事责任：

（一）对符合登记条件的登记申请不予登记，对不符合登记条件的登记申请予以登记；

（二）擅自复制、篡改、毁损、伪造不动产登记簿；

（三）泄露不动产登记资料、登记信息；

（四）无正当理由拒绝申请人查询、复制登记资料；

（五）强制要求权利人更换新的权属证书。

理解与适用

本条系禁止性规定、强制性规定。登记机构实施其中任何一种被禁止的行为的，都要依法承担法律责任，包括赔偿责任、行政责任直至刑事责任（《不动产登记暂行条例》第 30 条、第 32 条）。

本条规定有的放矢，针对实务中确实出现的如下现象而特意表明态度：一些地方的一些不动产登记机构，履行职责的态度不端正，管理不严格，不考虑如何准确、及时地登记申请的事项，如何为当事人提供便利，而是挖空心思，利用手中职权给当事人设置重重障碍，在为单位和个人谋取私利上做足工夫，炮制出评估、年检等诸多名目，收取高额费用。这些现象在抵押登记领域尤为突出，群众意见很大。为杜绝、减少此类现象再次发生，本条作出上述禁止规定，不但明确列举"要求对不动产进行评估"和"以年检等名义进行重复登记"这两项反映强烈的问题；同时，又规定了"超出登记职责范围的其他行为"该项兜底内容，以防止这些低级机构改头换面，钻法律的空子；此外，也为当事人在权益受损时提供法律武器。①

之所以要禁止"要求对不动产进行评估"，这是因为作为标的物的不动产的价值高低，应属交易的对价合理与否的问题，基本上关涉交易双方的利益分配关系，而不属于社会公共利益的范畴。在作为标的物的不动产价值几何的判断采取主观等值原则的背景下，结论尤应如此。

所谓主观等值原则，是指以当事人的主观意愿来判断，纵使以市场标准或自理性之人的角度衡量并非等值，但只要当事人具有真实的合意，在主观上愿意以自己的给付换取对方的给付，那么对双方而言就是公正的②，也可以说对价合理。由于两种给付之间在客观上是否相当，例如对特定服务究竟应支付多少报酬，对特定商品究竟应支付多少价款，方为公平合理，涉及因素甚多，欠缺明确的判断标准，故在合同领域应采取主观等值原则，即当事人主观上愿以此给付换取对待给付，即为公平合理，至于客观上是否等值，在所不问。③采取主观等值原则的深层原因在于合同自由。合同成立过程若健全而无意思瑕疵，且其意思形成在私法自治容许的范围内，法律秩序原则上应尊重当事人所拟合同条款所彰显的合同正义，给付和对待给付之间存在的主观的等值性，不应被恣意否定，否则，当事人对将来合同的履行已无预测的可能性，法律安定性、交易安全受到严重破坏，私法自治原则不啻镜花水月。④康德说得直截了当："当某人就他人事务作出决定时，可能存在某种不公正。但当他就自己的事务做决定时，则绝不可

---

①　黄薇主编：《中华人民共和国民法典物权编释义》，北京，法律出版社 2020 年版，第 17～18 页。

②　崔建远、戴孟勇：《合同自由与法治》（上），戴孟勇执笔，载高鸿钧等：《法治：理念与制度》，北京，中国政法大学出版社 2002 年版，第 312 页。

③　［德］卡尔·拉伦茨：《德国民法通论》（上册），王晓晔、邵建东、程建英、徐国建、谢怀栻译，谢怀栻校，北京，法律出版社 2003 年版，第 63～64 页；［德］迪特尔·梅迪库斯：《德国民法总论》，邵建东译，北京，法律出版社 2000 年版，第 657 页；王泽鉴：《债法原理》，北京，法律出版社 2009 年版，第 58 页。

④　陈自强：《民法讲义·I·契约之成立与生效》，北京，法律出版社 2002 年版，第 127 页。

能存在任何不公正。"① 这些观点虽然过于极端，但却表明了个人意志在合同的成立以及合同权利义务之确定上的重要性。

既然"对不动产进行评估"非为社会公共利益的问题，登记机构要求"对不动产进行评估"就缺乏正当性，被法律禁止理所应当。

之所以要禁止"以年检等名义进行重复登记"，是因为抵押权一经登记设立便一直从属于被担保债权，且具有持续性，该持续性不依赖于抵押登记的不断进行，除非抵押权的使命完成或被当事人双方免去或被其他法律手段取代，抵押权的效力不会夭亡。就是说，依抵押权的本性，不需要年检，不需要重复登记。既然如此，"以年检等名义进行重复登记"便缺乏正当性，被法律禁止理所应当。

不仅抵押权如此，诸如不动产所有权、土地承包经营权、土地经营权、建设用地使用权、宅基地使用权、居住权、地役权一旦设立，便依法或依约定存续下去，直至终了。不动产物权登记据此记载，即可了事，完全不需要年年检查、重复登记。

本条第 3 项所谓"超出登记职责范围的其他行为"，例如，《不动产登记暂行条例》第 30 条列举的不动产登记机构工作人员进行虚假登记、擅自修改登记事项；第 32 条列举的不动产登记机构泄露不动产登记资料、登记信息，或者利用不动产登记资料、登记信息进行不正当活动；《不动产登记暂行条例实施细则》第 103 条列举的对符合登记条件的登记申请不予登记，对不符合登记条件的登记申请予以登记；擅自复制、篡改、毁损、伪造不动产登记簿；泄露不动产登记资料、登记信息；无正当理由拒绝申请人查询、复制登记资料；强制要求权利人更换新的权属证书。

第二百一十四条

不动产物权的设立、变更、转让和消灭，依照法律规定应当登记的，自记载于不动产登记簿时发生效力。

本条主旨

本条是关于不动产物权变动依法应当登记的，自变动事项记载于不动产登记簿时发生法律效力。

---

① ［德］康德：《法律理论》(Doctrine du droit)。转引自尹田：《法国现代合同法》（第 2 版），北京，法律出版社 2009 年版，第 26 页。

相关条文

《物权法》第 14 条 不动产物权的设立、变更、转让和消灭，依照法律规定应当登记的，自记载于不动产登记簿时发生效力。

《不动产登记暂行条例》第 21 条 登记事项自记载于不动产登记簿时完成登记。

不动产登记机构完成登记，应当依法向申请人核发不动产权属证书或者登记证明。

理解与适用

一、基本含义

观察本条的文义，依据《民法典》关于不动产物权变动的系列规定的体系解释，可以说本条是关于基于法律行为而发生的不动产物权变动生效的时间点的规定。

至于非基于法律行为而发生的不动产物权变动，因《民法典》未规定以登记作为生效要件，未强行要求及时办理登记（第 209 条第 2 款、第 229－231 条），故此类不动产物权变动的生效时间点不以登记事项记载于不动产登记簿时为准。土地承包经营权的设立、互换、转让，土地经营权的设立，虽属基于法律行为而发生的不动产物权变动，但《民法典》明文规定以合同生效时发生效力（第 333 条第 1 款、第 335 条、第 341 条），也不以登记事项记载于不动产登记簿时为准。地役权的设立，尽管属于基于法律行为而发生的不动产物权变动，但《民法典》仍例外地规定以地役权合同生效为要件（第 374 条），还不以地役权设立的事项记载于不动产登记簿时发生效力。

本条所谓不动产登记簿，是指采取物的编成主义，由不动产登记机构依法制作的，对其辖区内某一特定区域的不动产物权及其变动的状况予以记载的官方记录汇集。对于这种记载，《民法典》赋予其公示不动产物权及其变动的效力（第 209 条、第 214 条等），《民法典》进一步赋予此种公示具有公信力（第 216 条第 1 款）。

围绕不动产登记簿的法律问题，《不动产登记暂行条例》及《不动产登记暂行条例实施细则》予以进一步细化，增强明确性和可操作性。《不动产登记暂行条例》第 8 条第 1 款规定："不动产以不动产单元为基本单位进行登记。不动产单元具有唯一编码。"此处所谓不动产单元，是指权属界线封闭且具有独立使用价值的空间。没有房屋等建筑物、构筑物以及森林、林木定着物的，以土地、海域权属界线封闭的空间为不动产单元。有房屋等建筑物、构筑物以及森林、林木定着物的，以该房屋等建筑物、构筑物以及森林、林木定着物与土地、海域权属界线封闭的空间为不动产单元。以上所述房屋，包括独立成幢、权属界线封闭的空间，以及区分套、层、间等可以独立使用、权属界线封闭的空间（《不动产登记暂行条例实施细则》第5条）。不动产登记簿以宗地或者宗海为单位编成，一宗地或者一宗海范围内的全部不动产单元编入一个不动产登记簿（《不动产登记暂行条例实施细则》第6条）。《不动产登记暂行条例》第8条规定："不动产登记机构应当按照国务院自然资源主管部门的规定设立统一的不动产登记簿"（第2款）。"不动产登记簿应当记载以下事项：（一）不动产的坐落、界址、空间界限、面积、用途等自然状况；（二）不动产权利的主体、类型、内容、来源、期限、权利变化等权属状况；（三）涉及不动产权利限制、提示的事项；（四）其他相关事项"（第3款）。第9条规定："不动产登记簿应当采用电子介质，暂不具备条件的，可以采用纸质介质。不动产登记机构应当明确不动产登记簿唯一、合法的介质形式"（第1款）。"不动产登记簿采用电子介质的，应当定期进行异地备份，并具有唯一、确定的纸质转化形式"（第2款）。《不动产登记暂行条例实施细则》第7条第1款规定："不动产登记机构应当配备专门的不动产登记电子存储设施，采取信息网络安全防护措施，保证电子数据安全。"《不动产登记暂行条例》第10条规定："不动产登记机构应当依法将各类登记事项准确、完整、清晰地记载于不动产登记簿。任何人不得损毁不动产登记簿，除依法予以更正外不得修改登记事项。"《不动产登记暂行条例实施细则》第7条第2款强调："任何单位和个人不得擅自复制或者篡改不动产登记簿信息。"

二、不动产物权变动发生效力的时间点的确定及其根据

实际上，关于《民法典》第214条所涉问题的立法模式，一直存有不同的意见。第一种意见是以当事人向登记机构递交登记申请时为发生不动产物权变动的效力之时，第二种观点是以将登记事项记载于不动产登记簿时为发生不动产物权变动的效力之时。

这两种观点各有优长，相比较而言，以将登记事项记载于不动产登记簿时为发生不动产物权变动的效力之时这种观点，有其优点：（1）这与基于法律行为而发生的不动产物权变动以登记为生效要件这个模式的文字表达相一致，而第一种意见以当事人向登记机构递交登记申请时发生不动产物权变动的效力，则不相符合。（2）公示，不是当事人的登记申请，而是不动产登记簿簿页上关于不动产物

权及其变动的记载。公信力，也不是因当事人的登记申请而起，而是法律赋予公示的法律效力。就此说来，第二种观点与公示、公信力的精神实质相符，而第一种意见则否。

不过，转换视角，反倒是第一种意见更具长处，第二种观点处于下风。（1）当事人递交登记申请在先，登记机构将登记事项记载于不动产登记簿簿页之上在后，就是说，按照第二种观点，不动产物权变动发生效力的时间滞后了，遇有征收补偿、第三人侵害不动产时谁有权请求侵权行为人承担责任、一物多卖时认定是有权处分还是无权处分等问题，直接影响各方当事人的利益，多数情况下不利于买受人。依据第一种意见，在多数情况下有利于买受人。（2）在以同一个不动产为客体牵涉数个交易相对人的场合，例如甲将其 A 楼出卖于乙，又出卖给丙，乙先到登记机构申请转移登记，丙姗姗来迟，但登记机构的工作人员故意或过失地把 A 楼的所有权登记在丙的名下，这对乙非常不利，且不正当。如果按照第一种意见决定，就不会出现这种不适当的后果。

接下来，分别考察法律关系。

在不动产交易双方的关系中，按照第二种观点，买受人取得不动产物权迟延一些，但在出卖人拒不协助办理不动产物权的转移登记，甚至干脆把该不动产出卖给第三人的情况下，买受人虽无该不动产的物权，但享有债权，可以请求出卖人履行协助办理转移登记的义务，并承担支付违约金或赔偿违约损害，出卖人无利可图。根据第一种意见，买受人取得不动产物权的时间点早一些，只要买受人向登记机构递交登记申请，该不动产的物权就转移至买受人，自此，出卖人对买受人所负主给付义务已经履行完毕，只剩下附随义务，或是侵权法上的不得侵害买受人对该不动产所享有的物权以及其他权利的义务。在这个阶段、这些方面，两种观点带来的结果虽有不同，但在利益关系方面没有实质的差异。此其一。但是，登记申请递交后但尚未登记完毕之时恰遇征收，则结果差异巨大，按照第一种意见，此时被征收人是买受人而非出卖人，买受人有权获得征收补偿；但根据第二种观点，被征收人是出卖人，他有权获得征收补偿。此其二。登记申请递交后但尚未登记完毕之时恰逢不可抗力，该不动产灭失，按照第一种意见，由买受人承担风险，若已付款则不需索回，若尚未付款则有义务继续支付；根据第二种观点，若该不动产的占有尚未转移，则风险由出卖人承担，若已经收取价款则须不当得利返还，若尚未收取则无权再请求支付；不过，若该不动产的占有已经转移给买受人，则风险负担翻转过来。此其三。登记申请递交后但尚未登记完毕之时，第三人侵害该不动产，按照第一种意见，买受人是请求权人；根据第二种观点，出卖人是请求权人，至于买受人是否能以其债权受第三人不法侵害为由请求该第三人向自己承担侵权责任，《民法典》暧昧不明，学说上意见不一，笔者赞同债权也是侵权行为的对象这派观点。此其四。

在买受人与第三人的关系中，两种观点引发的后果存有明显的差异。在出卖人把同一个不动产也出卖给第三人但尚未办理转移登记的情况下，按照第一种观点，买受人只要先行递交登记申请，就取得了该不动产的物权，虽因尚未登记完毕、欠缺公示，这对抗不了第三人，但可造成出卖人与该第三人之间的关系成为无权处分关系，该第三人欲取得该不动产的物权，须适用善意取得规则。这增加了该第三人如愿以偿的难度，因其可能已经非善意。与之不同，按照第二种观点，虽然买受人递交了登记申请，但只要登记机构尚未办理转移登记，该不动产的物权就依然归属于出卖人，出卖人与该第三人之间的关系是有权处分的关系，该第三人取得该不动产物权的障碍就少得多。

最终的抉择是，《物权法》采纳了第二种观点（第14条），《民法典》完全复制（第214条）。

第二百一十五条

当事人之间订立有关设立、变更、转让和消灭不动产物权的合同，除法律另有规定或者当事人另有约定外，自合同成立时生效；未办理物权登记的，不影响合同效力。

本条主旨

本条是关于不动产物权变动与其原因行为相区分的规定。

相关条文

《物权法》第15条　当事人之间订立有关设立、变更、转让和消灭不动产物权的合同，除法律另有规定或者合同另有约定外，自合同成立时生效；未办理物权登记的，不影响合同效力。

理解与适用

一、基本含义

（一）不动产物权变动与其原因行为的区分

本条把不动产物权变动与其原因行为分成两个法律现象，不动产物权变动由物权法调整，原因行为由合同法规制。例如，张三作为出卖人和李四作为买受人订立 A 楼买卖合同，A 楼的所有权由张三转移给李四系不动产物权变动，归属于物权法，A 楼买卖合同系不动产物权变动的原因行为，归属于合同法。

（二）不动产物权变动与其原因行为的相互关联

在基于法律行为而发生的不动产物权变动的模式下，没有原因行为，不会有不动产物权的变动，后者是结果，前者是原因，这是二者在因果关系中的定位。正因为二者处于此种因果关系之中，所以，不动产物权变动与否，不应影响原因行为的效力。其中一个表现是：登记是基于法律行为而发生的不动产物权变动的生效要件，不登记，不动产物权就不发生变动；但是处于结果一端的登记，这个不动产物权变动的生效要件，不是处于原因一端的原因行为的生效要件，除非法律另有规定或当事人另有约定。《民法典》无此另外的规定，当事人可能有此类约定，那属于意思自治的范畴，笔者至今未见当事人在房屋买卖合同中约定转移登记是房屋买卖合同的生效要件。关于原因行为的成立和生效，《民法典》的立场和态度是：依法成立的合同自成立时生效（第 502 条第 1 款正文），这是常见的情形；法律、行政法规规定应当办理批准等手续生效的，依照其规定（第 502 条第 2 款前段），这为个别现象。即使个别现象里的"批准等手续"，也不包括作为不动产物权变动的生效要件之一的登记。

二、不动产物权变动与物权行为之间的关系

按照德国民法理论审视前两个自然段所述现象，A 楼买卖合同系债权行为，A 楼的所有权由张三转移至李四，站在法律行为的层面看待，它是物权行为；立于结果的角度看待，它是不动产物权的变动。与此不同，在法国、日本（通说）、中国的民法视野里，这里只有一个法律行为，即 A 楼买卖合同，至于 A 楼所有权的转移，那是 A 楼买卖合同履行的结果，是个事实，也可以说是事实行为。

德国民法如此对待生活关系，利弊相伴。其弊之一是，不动产物权变动/A 楼所有权的转移这同一个现象被分析为两个现象，并且分处两端：一个作为原因行为/物权行为，一个作为结果；一个作为法律事实，一个作为法律关系。一方面，物权行为这个法律事实引发物权变动这种法律关系，可另一方面，展现在人们眼前的是：该物权变动这个法律关系正好是物权行为这个法律事实本身。在普通大众眼里，疑惑不解。当然，为了维持法律事实与法律关系、原因行为与物权变动这样的理论格局，只好说：这里存在着逻辑上的一秒，即把物权行为/原因行为看成先于物权变动这个结果一秒钟出现。

个别专家、学者可能是完全沉醉于德国民法理论之中了，脑海里除了德国民

法思维再无其他民法逻辑，表现在这里就是：只要一见到物权变动，就认定存在物权行为。于是，这些专家、学者把《民法典》第215条开头所谓"当事人之间订立有关设立、变更、转让和消灭不动产物权的合同"说成是物权行为，或将"设立、变更、转让和消灭不动产物权"理解为物权行为。这不能成立！首先，从《民法典》第215条的文义和规范意旨角度看，此处"当事人之间订立有关设立、变更、转让和消灭不动产物权的合同"是原因行为，可能是不动产买卖合同、互易合同、赠与合同等，绝不是物权行为。即使按照德国民法理论审视，结论也是如此。其次，此处所谓"设立、变更、转让和消灭不动产物权"，是不动产物权变动，也不是物权行为。原来，不动产物权变动在任何法制上、任何国度或地区里都存在，可是在不同的学说体系和背景下，对物权变动的认识存在着分歧。在英美法系、法国法系、苏联民法上，物权变动就是物权运动的现象，或为物权从无到有，或为物权从甲移转至乙，或为物权自身发生了变化，或为物权归于消灭，其中不含有意思表示乃至物权合意，没有所谓物权行为存在的余地。与此不同，德国法系通过人为的抽象，认为物权变动的现象含有多种因素，从结果的侧面总结是物权发生、变更、消灭，从行为的层面剖析，认为其中含有物权意思表示或物权合意，从动因的角度观察为物权行为。日本的民法学说对此看法不一，如今的通说采取法国法系的解释，少数说仍固守德国法系的理论。

中国法呢？关键是立法计划和立法目的。如果《民法典》的立法计划和立法目的是按照物权行为理论来设计物权制度，那么，《民法典》第215条就含有物权行为的内容；反之，则否。之所以如此，是因为法律行为系因法律承认意思表示于法律世界中实现行为人欲然的法律判断[1]，法律概念是对生活的抽象而不是生活本身，意思表示以及法律行为制度也是法律对现实生活的一种抽象，属于规范层面。[2] 在交易过程中所存在的围绕物权变动的意思因素，并不一定能够在民法世界中找到自己的位置。立法者的选择是多样的：可能忽视这些意思因素；可能赋予这些意思因素以法律意义；也可能在实际没有意思因素的地方拟制当事人的意思，并赋予其法律意义。[3] 物权行为是个人造的产物，是学者认识事物所形成的学术见解，是法律创设的制度。学术上不抽象出物权行为，法律不设置物权行为制度，就没有物权行为这个东西。正因如此，立法者可以将抛弃物权等现象

---

① ［德］迪特尔·梅迪库斯（Dieter Medicus）：《德国民法总论》，邵建东译，北京，法律出版社2000年版，第142～143页。

② 田士永：《物权行为理论研究》，北京，中国政法大学出版社2002年版，第325页。

③ 王轶：《论我国物权变动模式的立法选择》，载崔建远主编：《民法9人行》第1卷，香港，金桥文化出版（香港）有限公司2003年版，第124页。

抽象设计为物权行为法律制度，也可以不作如此抽象，仅仅把此类现象设计为法律行为，不再区分是"物权行为"还是"债权行为"。在采取后一种方案的情况下，就不能说"抛弃物权系物权行为，乃客观存在"①。

法国民法、苏联民法没有抽象物权行为，没有设置物权行为制度，在它们那里就没有物权行为。有专家、学者称物权行为独立性属于事实判断，物权行为无因性属于价值判断，这种断言适合于德国民法及其理论，但不适合法国的、苏联的民法及其学说。原因正在于德国民法上存在着物权行为这个事实，而法国的、苏联的民法上不存在物权行为这个事实。

笔者多次参与全国人民代表大会常务委员会法制工作委员会及民法室组织的《民法总则》草案、《民法典（草案）》研讨会，从未闻知立法机关采纳物权行为理论。虽然在研讨会上曾有三两个学者力主《民法总则》《民法典》采取物权行为理论，但每次都有专家、学者予以反对，《民法总则》《民法典》没有采取物权行为理论。② 在这里，可以援引长期在全国人大从事《民法通则》《合同法》《物权法》《侵权责任法》草拟和研讨工作，先后担任民法室主任、法制工作委员会副主任的王胜明先生的说明：《民法通则》《物权法》《合同法》等民事法律没有采纳物权行为理论③，只能把物权变动定性为一种物权运动的客观现象，而非物权行为。《物权法》第15条的规定，区分的是物权变动与其原因行为，而非物权行为与其原因行为。这样解释的重要根据就在于《物权法》没有采取物权行为理论④。《民法典》第215条承继了《物权法》第15条，应当接受上述分析和结论。

三、不动产物权变动与其原因行为之间的关系在法律层面的演变

在比较长的历史时期，中国法未注意区分不动产物权变动与其原因行为，甚

---

① 崔建远：《从立法论看物权行为与中国民法》，载《政治与法律》2004年第2期，第43页。

②③ 关于中国法没有采取物权行为理论，笔者在不同阶段、针对不同争点、解释和评论不同规定而先后发表了数篇论文，可供有兴趣于物权行为者阅读和评论。请见崔建远：《无权处分辨》，载《法学研究》2003年第1期，第3～24页；崔建远：《从解释论看物权行为与中国民法》，载《比较法研究》2004年第2期，第6～76页；崔建远：《从立法论看物权行为与中国民法》，载《政治与法律》2004年第2期，第43～50页；崔建远：《物权：规范与学说——以中国物权法的解释论为中心》（上册），北京，清华大学出版社2011年版，第79页以下；崔建远：《无权处分合同的效力、不安抗辩、解除与债务承担》，载《法学研究》2013年第6期，第77～79页；《处分行为理论真的那么美妙吗？——〈中华人民共和国民法总则〉不宜采取负担行为与处分行为相区分的设计》，载《中国政法大学学报》2016年第5期，第53～61页。

④ 王胜明：《物权法制定过程中的几个重要问题》，载《法学杂志》2006年第1期，第37页；王胜明：《关于物权法若干问题的思考》，中国人民大学逸夫会议中心二层报告厅，2005年10月25日，载中国法学会民法学研究会、中国人民大学法学院、广东省律师协会编：《中国物权法疑难问题研讨会论文集》，2005年12月7日，第21页。

至把两者紧紧地捆绑在一起，或者混淆它们。

最高人民法院于 1982 年 8 月 19 日作出的《关于华侨买卖国内房屋问题的批复》中指出，华侨买卖国内房屋，必须向国内当地房管部门申请登记，经审查批准后，方可成交；并按规定在国内支付款项交纳税金；否则不予承认。再如，最高人民法院于 1985 年 8 月 10 日作出的《关于国营企业购买私房已使用多年经补办批准手续后可承认买卖关系有效的批复》，认定私房买卖合同关系经补办县人民政府的批准手续后有效。最高人民法院于 1982 年 12 月 18 日发出的《关于王正贵与林作信、江妙法房屋买卖关系如何确认的批复》指出，房屋买卖关系，既未经过国家的契税手续，也没有取得房管部门的认可，该买卖合同无效。这些批复似乎把登记作为买卖等合同的有效要件了。

模棱两可的有，《关于民法通则的意见》规定，公民之间赠与关系的成立，以赠与物的交付为准。赠与房屋，如根据书面赠与合同办理了过户手续的，应当认定赠与关系成立；未办理过户手续，但赠与人根据书面赠与合同已将产权证书交与受赠人，受赠人根据赠与合同已占有、使用该房屋的，可以认定赠与有效，但应令其补办过户手续（第 128 条）。其中，有的表述把过户登记作为所有权移转的生效要件，有的表述则有登记为赠与关系的有效要件之意，概念不清。

无论是 20 世纪 50 年代的民法学著作，还是 20 世纪 80 年代的民法学著述，都把登记、批准作为买卖等合同的生效要件甚至成立要件[1]，而不是把它们作为物权变动的生效要件。

《担保法》第 41 条关于"当事人以本法第四十二条规定的财产抵押的，应当办理抵押物登记，抵押合同自登记之日起生效"的规定，显然是把登记作为影响抵押合同效力的要件了。与此理念相仿，《担保法》第 64 条第 2 款关于"质押合同自质物移交于质权人占有时生效"的规定，也混淆了物权变动的生效要件与原因行为的生效要件。

《关于审理房地产管理法施行前房地产开发经营案件若干问题的解答》第 5 条关于"出让合同出让的土地使用权未依法办理审批、登记手续的，一般应当认定合同无效，但在一审诉讼期间，对于出让集体土地使用权依法补办了征用手续

---

[1] 佟柔、赵中孚、郑立主编：《民法概论》，北京，中国人民大学出版社 1982 年版，第 61 页；佟柔主编：《民法原理》，北京，法律出版社 1983 年第 1 版，第 82、270 页；佟柔主编：《民法原理》（修订本），北京，法律出版社 1986 年第 2 版，第 98、101 页；金平主编：《民法学教程》，呼和浩特，内蒙古大学出版社 1987 年版，第 103、107 页；马原主编：《中国民法讲义》（上册），全国法院干部业余法律大学编，1986 年 12 月，第 104 页；唐德华主编：《民法教程》，北京，法律出版社 1987 年版，第 84 页；李源植主编：《民法学》（上），长春，吉林人民出版社 1989 年版，第 140 页；王利明、郭明瑞、方流芳：《民法新论》（上册），北京，中国政法大学出版社 1988 年版，第 371 页。

转为国有土地，并依法补办了出让手续的，或者出让未经依法批准的国有土地使用权依法补办了审批、登记手续的，可认定合同有效"的规定，第 6 条关于"……转让未经依法批准的国有土地使用权依法补办了审批、登记手续的，可认定合同有效"的规定，第 7 条关于"……在一审诉讼期间，经有关主管部门批准，补办了土地使用权登记或变更登记手续的，可认定合同有效"的规定，第 14 条关于"土地使用者就同一土地使用权分别与几方签订土地使用权转让合同，均未办理土地使用权变更登记手续的，一般应当认定各合同无效；如其中某一合同的受让方已实际占有和使用土地，并对土地投资开发利用的，经有关主管部门同意，补办了土地使用权变更登记手续的，可认定该合同有效。转让方给其他合同的受让方造成损失的，应当承担相应的民事责任"的规定，第 15 条关于"土地使用者未办理土地使用权抵押登记手续，将土地使用权进行抵押的，应当认定抵押合同无效"的规定，第 16 条关于"土地使用者未办理土地使用权抵押登记手续将土地使用权抵押后，又与他人就同一土地使用权签订抵押合同，并办理了抵押登记手续的，应当认定后一个抵押合同有效"的规定，以及第 18 条中段关于"未办理土地使用权变更登记手续的，一般应当认定合建合同无效"的规定，都是错将不动产物权变动的生效要件作为原因行为的生效要件。

《物权法》率先澄清这个问题，于第 15 条明确确立不动产物权变动与其原因行为相区分的原则。《民法典》完全承继之（第 215 条）。

四、不动产物权变动与其原因行为相区分的意义

1. 这种区分符合物权与债权二分、各自依其自身规律运动的基本原理。物权依其绝对性及强大效力有必要奉行公示原则，尤其在交易领域这还是交易安全的需要。所以，不动产物权以登记作为公示方法，其变动以登记作为生效要件，具有内在合理性。不动产物权变动的原因行为，诸如买卖合同、互易合同、赠与合同、以物抵债协议、抵押合同等，遵循合同的相对性，无公示的强烈需求，并且时常也无法公示。既然如此，把登记作为此类合同的生效要件不合合同的本质要求，画蛇添足。

2. 这种区分意味着买卖、抵押等合同的效力不因未办理登记手续而受影响，即使未办理登记手续，这些合同也是有效的，买受人、"抵押权"人等权利人可以基于这些有效的合同请求出卖人、抵押人等义务人继续履行合同项下协助办理登记的义务，达到不动产物权变动的结果。与此不同，把登记作为这些合同的生效要件，只要没有办理登记手续，这些合同便未生效，甚至无效，出卖人、抵押人等义务人协助办理登记手续的义务便不复存在，买受人、"抵押权"人等权利

人无权请求出卖人、抵押人等义务人继续协助办理登记的义务，不动产物权变动成为泡影。这显然不利于买受人、"抵押权"人等权利人。

3. 这种区分使原因行为大多处于有效的状态，出卖人、抵押人等义务人负有协助办理登记的义务。他们不履行此类义务，便构成违约，买受人、"抵押权"人等权利人可以追究其违约责任，如请求其支付违约金或赔偿履行利益（期待利益或曰预期利益）的损失。而把登记作为原因行为的生效要件，未登记则原因行为不发生效力甚至无效，买受人、"抵押权"人等权利人只可追究出卖人、抵押人等义务人的缔约过失责任。如此，违约金责任不复存在，损害赔偿，多数说认为限于直接损失（成本的支出），不得主张机会利益的损失赔偿。无机会利益的损失赔偿远远低于违约责任中的履行利益（期待利益或曰预期利益）的赔偿。这显然不利于买受人、"抵押权"人等权利人。

4. 这种区分使原因行为大多处于有效的状态，买受人等债权人占有作为标的物的不动产属于有权占有，出卖人等无权请求返还该种占有。与此不同，把登记作为原因行为的生效要件，未登记，买卖等合同不生效甚至无效，买受人等权利人尚无债权，其占有作为标的物的不动产构成无权占有，出卖人等义务人有权请求返还。这也不利于买受人等权利人。

五、不可从一个极端跳到另一个极端

笔者注意到，有些专家、学者持有下述认识甚至体现在判决里：既然物权变动与其原因行为相区分，那么，物权变动一经完成，就具有独立性，登记完毕的不动产物权依《物权法》第 15 条亦即《民法典》第 215 条的规定就具有绝对的效力，即使该物权变动的原因行为没有成立、无效，也要维持不动产物权的效力。因而，在有人认为不动产登记错误、提起确认之诉，请求人民法院把登记在甲名下的某不动产变更登记在自己名下的案件中，主审法院不予审理该不动产登记的原因行为是否有效，便径直以该不动产业已登记在甲的名下为由驳回该诉讼请求。这是不正确的，因为不动产登记受法律保护是以其有法律根据作为前提的，如果某项不动产登记欠缺法律根据，就是错误登记，应予更正（《物权法》第 19 条第 1 款，《民法典》第 220 条第 1 款）；在不动产物权变动是基于法律行为而发生的情况下，只有该法律行为有效，该不动产物权的登记才受法律保护，在该法律行为不成立、无效的情况下，该登记失去继续维持的法律根据，在真正的物权人请求确认该不动产物权归其享有的诉讼中，该不动产物权登记应被注销。

假如当事人仅仅诉请人民法院确认某不动产物权归属于他，不归登记名义人，但未同时诉请确认该不动产物权登记所基于的买卖等合同不成立或无效，那么，审判庭应予释明，以便一并解决该不动产物权登记与其原因行为的问题，把该不动产物权确认给真正的物权人。

第二百一十六条

不动产登记簿是物权归属和内容的根据。

不动产登记簿由登记机构管理。

本条主旨

本条是关于登记具有公信力以及不动产登记簿由登记机构管理的规定。

相关条文

《物权法》第 16 条 不动产登记簿是物权归属和内容的根据。

不动产登记簿由登记机构管理。

理解与适用

一、登记具有公信力

本条第 1 款前段赋予不动产物权登记具有公信力，其意义在于，不动产物权变动既以登记为公示方法，即使此类表征与真实的权利不符，对于信赖物权表征而为交易之人，法律仍然承认其具有与真实物权状态相同的法律效果，以为保护。① 该项原则即为公信原则，这种法律效力就是公信力。本条第 1 款前段即为其法律根据。

本条是对《物权法》第 16 条的复制。理解本条，有必要回顾专家、学者对《物权法》第 16 条的解读。清楚了《物权法》第 16 条及其解读与争论，也就明白了《民法典》第 216 条的意义。

《物权法》第 16 条第 1 款关于"不动产登记簿是物权归属和内容的根据"的规定，承认了权利正确性推定原则，结合《物权法》第 106 条第 1 款等条款的规

---

① 参见谢在全：《民法物权论》（上册），台北，三民书局有限公司 2003 年 7 月修订 2 版，第 85 页。

定解释，也可以说它承认了不动产物权登记的公信原则、公信力。①

当然，存在相反的见解，理由恐怕是《物权法》没有规定权利正确性推定原则，换句话说，《物权法》第16条第1款并非权利正确性推定的规定。②

诚然，依《物权法》第16条第1款的文字表述，确实难见"视为""推定"的意思，但若僵硬地遵循汉语语文的规则解释该条款，就此得出《物权法》尚未承认公信力的结论，就使得《物权法》第106条明确规定的善意取得制度失去存在的逻辑前提、技术前提。因为按照通说，善意取得制度必须以公示具有公信力为技术前提、逻辑前提。有鉴于此，不如宽松地解释《物权法》第16条第1款的意义，即所谓"不动产登记簿是物权归属和内容的根据"，固然是指不动产登记簿记载的权利状态符合真实的权利义务关系的场合，该记载当然是物权归属和内容的根据，任何人都无权无视，任何人均不得否认，否则，需承担法律责任；同时也包含这样的意思：不动产登记簿记载的权利状态不符合真实的权利义务关系时，只要没有举证推翻该项记载，没有注销该项记载，没有记载正确性的异议，对于信赖该项记载的善意相对人而言，"不动产登记簿关于权利状态的记载"，同样"是物权归属和内容的根据"。换句话说，把《物权法》第16条第1款的规定，解释为包含着权利正确性推定的意思。

如此解释，固然是为了正确地适用《物权法》，以妥当地解决无权处分问题，不得已而为之，但也不像表面看来的那样"不讲理"。这从历史解释中可以看出来。

作为中国物权立法重要参考资料的物权法草案建议稿，有梁慧星教授主持的《中国物权法草案建议稿：条文、说明、理由与参考立法例》和王利明教授主持的《中国物权法草案建议稿及说明》等。梁慧星教授主持的《中国物权法草案建议稿：条文、说明、理由与参考立法例》第28条规定："在不动产登记簿上记载某人享有某项物权时，推定该人享有该项权利。"其条名和说明中都明确承认该条是关于权利正确性推定的规定，并将该条与《德国民法典》第891条、中国台湾地区"土地法"第43条相提并论。该建议稿第29条规定："以不动产登记簿为根据取得的不动产物权，不受任何人追夺。但取得人于取得权利时知悉权利瑕疵或者登记有异议抗辩的除外。"其条名和说明中都明确该条系关于善意保护的

---

① 参阅全国人大常委会法制工作委员会民法室：《中华人民共和国物权法条文说明、立法理由及相关规定》，北京，北京大学出版社2007年版，第24～25页；胡康生主编：《中华人民共和国物权法释义》，北京，法律出版社2007年版，第53～54页；黄松有主编：《〈中华人民共和国物权法〉条文理解与适用》，北京，人民法院出版社2007年版，第93页。

② 参见王利明、尹飞、程啸：《中国物权法教程》，北京，人民法院出版社2007年版，第444页注1。

规定，并将该条与《德国民法典》第 892 条第 1 项前段的规定、《瑞士民法典》第 973 条和第 974 条的规定相互对照。① 王利明教授主持的《中国物权法草案建议稿及说明》第 26 条规定："在不动产登记簿上记载的权利人，依法享有该项物权"（第 1 款）。"权利人处分该项物权，受法律保护。但受让人明知权利人不应当取得该项权利，而仍然与之从事交易的，不在此限"（第 2 款）。"信赖登记所记载的权利而与权利人进行交易的人，推定其具有善意"（第 3 款）。其条名为登记的效力，其说明认为登记具有公信力，信赖该登记的善意受让人应当受到法律保护。用今天多数学者的语言描述就是，该第 26 条规定了登记的公信力和善意取得。第 27 条规定："登记记载的权利人推定其为真正的权利人，其他人推定为不享有该项权利的人。"其条名为物权的推定，其说明认为该条规定了权利正确性推定。②

《德国民法典》第 891 条就是关于权利正确性推定的规定，与《德国民法典》第 892 条和第 893 条关于善意取得效力的规定，源于同一思想，只是在构成要件上存在着差异：第 891 条作为举证负担规范，也就是恰在真实法律关系无法查明时，该规范才发挥作用：受土地登记簿内容的支持者，不负举证责任；第 892 条和第 893 条作为实体法上的权利表象要件，其规范出发点，为不正确的，也就是与真实法律关系不相符的土地登记簿。在土地交易中，信赖土地登记簿的内容者，其信赖受法律保护，他获得在土地登记簿状态与真实法律关系不相吻合时，应能取得的权利地位。故而也可以说：权利表象取代权利本身。③ 中国台湾地区"土地法"第 43 条就是关于公信力的规定。④

上述物权法草案建议稿对中国物权法草案产生了影响，只不过考虑到人民大众的接受能力，吸取地方人大、中央有关部门、单位和专家关于应将物权法草案第 9 条、第 23 条、第 27 条、第 111 条规定的物权变动的生效或对抗效力、物权公示的权利正确性推定的效力、物权公示的善意保护效力，予以整合、修改的意见⑤，后几稿物权法草案以至《物权法》在行文上有所变化。例如，2002 年 1 月 28 日的《中华人民共和国物权法（征求意见稿）》第 12 条规定："不动产登记簿记载的

---

① 梁慧星主编：《中国物权法草案建议稿：条文、说明、理由与参考立法例》，北京，社会科学文献出版社 2000 年版，第 9、154~156 页。

② 王利明主编：《中国物权法草案建议稿及说明》，北京，中国法制出版社 2001 年版，第 8、184~185 页。

③ ［德］鲍尔/施蒂尔纳：《德国物权法》（上册），张双根译，北京，法律出版社 2004 年版，第 489 页。

④ 王泽鉴：《民法物权·通则·所有权》（总第 1 册），台北，三民书局有限公司 2003 年 8 月增补版，第 93 页。

⑤ 地方人大、中央有关部门、单位和专家对《中华人民共和国物权法（草案）》（社会公开征求意见稿）的意见，载全国人民代表大会常务委员会法制工作委员会民法室编著：《物权法立法背景与观点全集》，北京，法律出版社 2007 年版，第 138 页。

事项，是权利人及其物权内容的根据"（第 1 款）。2002 年 12 月 17 日的《中华人民共和国民法（草案）》第 12 条第 1 款、2004 年 8 月 3 日的《中华人民共和国物权法（草案）》（修改稿）第 13 条第 1 款完全复述了上述规定。2004 年 10 月 15 日的《中华人民共和国物权法（草案）》（委员长会议审议稿）第 17 条第 1 款规定："不动产登记簿记载的事项，是物权归属和内容的根据。"2005 年 7 月 8 日的《中华人民共和国物权法（草案）》（全国人大常委会办公厅公布的社会公开征求意见稿）第 16 条第 1 款、2006 年 6 月 6 日的《中华人民共和国物权法（草案）》（修改稿）第 16 条第 1 款完全复述了 2004 年 10 月 15 日草案第 17 条第 1 款的规定。2006 年 10 月 20 日的《中华人民共和国物权法（草案）》（第六次审议稿）第 16 条第 1 款规定："不动产登记簿，是物权归属和内容的根据。"2006 年 12 月 15 日的《中华人民共和国物权法（草案）》（第七次审议稿）第 15 条第 1 款只是去掉了逗号，内容未变："不动产登记簿是物权归属和内容的根据。"2007 年 3 月 5 日的《中华人民共和国物权法（草案）》（第八次审议稿）第 16 条第 1 款复述了第七次审议稿的表述。第十届全国人民代表大会第五次会议于 2007 年 3 月 16 日通过的《中华人民共和国物权法》第 16 条第 1 款将第八次审议稿第 16 条第 1 款的规定正式法律化了。全国人民代表大会常务委员会法制工作委员会民法室编著的《物权法及其相关规定对照手册》①，认为《物权法》第 16 条第 1 款的规定，与《德国民法典》第 891 条、第 892 条，与《瑞士民法典》第 973 条第 1 款［对于善意的第三人］关于"出于善意而信赖不动产登记簿的登记，因而取得所有权或其他权利的人，均受保护"的规定，与中国台湾地区"土地法"第 43 条关于"依本法所为之登记，有绝对效力"的规定，属于相关规定。换个角度说，中国《物权法》第 16 条第 1 款的规定，是参考、借鉴了这些境外立法例的相关规定而制定的。全国人民代表大会常务委员会法制工作委员会民法室编著的《中华人民共和国物权法条文说明、立法理由及相关规定》也是这样认定的，并于其"说明"部分明确将《物权法》第 16 条第 1 款的规定作为权利正确性推定看待，在其"立法理由"部分认为它规定了公信力。② 时任全国人民代表大会常务委员会法制工作委员会主任胡康生主编的《中华人民共和国物权法释义》对《物权法》第 16 条第 1 款规定的解释，与上述文献所持观点一脉相承。③

---

① 全国人民代表大会常务委员会法制工作委员会民法室编著：《物权法及其相关规定对照手册》，北京，法律出版社 2007 年版，第 25～27 页。

② 全国人民代表大会常务委员会法制工作委员会民法室编著：《中华人民共和国物权法条文说明、立法理由及相关规定》，北京，北京大学出版社 2007 年版，第 16～17 页。

③ 胡康生主编：《中华人民共和国物权法释义》，北京，法律出版社 2007 年版，第 53～54 页。

考察至此，可以说《物权法》第 16 条第 1 款就是关于权利正确性推定、公信力的规定，只是法律条文的表述没有按照境外立法例的规程行文。顺理成章，《民法典》第 216 条也是如此。

权利正确性推定，是在推定不动产登记簿登记的不动产物权状态与真实的不动产物权关系相一致，法律对此认可和保护。它不仅就登记的不动产物权的存在及其归属具有推定的法律效力（推定不动产登记簿所登记的不动产物权属于登记名义人，或曰其享有该不动产物权），而且就该不动产物权变动的存在，也属于其推定的范围（不动产物权变动一经登记，就推定该不动产物权变动合法存在）。此其一。需要注意，具有权利正确性推定的登记，仅以关于不动产物权的登记为限，所以，关于不动产物权登记标示的记载，如土地的坐落、面积、地目、使用分区及建筑物的结构等与土地、建筑物的现状，都不为权利正确性推定的效力所及。交易相对人仅仅信赖这些内容不足以使其善意取得交易标的物。权利正确性推定的效力所及的，交易相对人应该信赖的，法律保护这种信赖的，应当是不动产登记簿所登记的不动产物权的存在及其现在的状态，诸如不动产物权的种类、内容、顺序及权利人。此其二。[①] 这种理念及观点也适合对《物权法》第 16 条第 1 款和《民法典》第 216 条第 1 款的理解和把握。

有必要说明，与不动产登记非常不同，动产或其权利的登记采取人的编成主义，登记机构不审查登记申请人在登记簿中对登记对象的描述。登记申请人在登记业务中的水平参差不齐，心态不尽相同，于是，对登记对象的描述有较为详尽的，有较为简单的，有清晰明确的，也有模糊不清的。对于登记机构和查询人来说，有的描述可使人识别出担保财产，能够满足担保财产特定性的要求；有的描述则未能满足担保财产特定性的要求。众所周知，担保财产不特定，担保权就难以实行。所有这些，导出如下结论：（1）动产或其权利的登记在公示力方面差，登记的公信力较弱，仅仅信赖此种登记的交易相对人未必受到法律的全力保护；（2）登记及其所载信息在判断第三人善意抑或恶意时处于重要位置；（3）相关的权利之间的效力冲突视具体情形而定；（4）查询登记难以合理识别担保财产的，动产担保、权利担保不成立。《担保制度司法解释》第 53 条至第 62 条设置了相应的规则。

二、确立公信原则的机理

不动产物权以登记为其公示方法，法律可以就此止步，不赋予登记以绝对的

---

① 谢在全：《民法物权论》（修订二版），台北，三民书局有限公司 2003 年版，第 140～141 页。

效力。至于登记是否准确地反映了真实的不动产物权关系，法律不打包票。这或暗或明地告诉人们，不动产登记簿的记载不一定正确，不得/不宜完全信赖该记载，与登记名义人发生关系时，欲保自己不因登记错误而受损失，需要做进一步的尽职调查，只在有充分、确凿的证据证明该登记为正确时，才与登记名义人交易，方可支付对价。日本民法就奉行此道。这虽然符合实事求是的原则，注重保护真实的物权人，但是，交易相对人势必投入相当的人力、物力尽职调查登记的不动产物权关系是否就是真实的不动产物权关系，以免因登记的物权人对不动产没有处分权而使交易相对人不能取得该不动产物权，从而遭受损失。

鉴于尽职调查耗时、费力，使交易成本大为增加；特别是，有些场合无法尽职调查。其结果是大大挫伤了人们进行交易的积极性，制约了财产的流转，降低了其社会价值。为改变这种局面，包括德国民法在内的一些立法例为了交易安全，及满足效率原则的要求，赋予不动产物权的登记以绝对的效力，保护信赖此类登记的善意相对人，在此类登记所彰显的不动产物权关系与真实的不动产物权关系不一致的情况下，固定了基于此类登记所为的不动产物权变动的关系，由善意取得制度配合，使善意的交易相对人取得该不动产物权。这就是公信原则/公信力得以确立的机理。

需要注意，公信原则所具有的保护交易安全（动的安全）的长处，是以牺牲真实的不动产物权人的利益（静的安全）作为代价的。真实的不动产物权人在不少情况下会失去其不动产物权，若专就真实的不动产物权人一侧看问题，特别是所有权绝对理念根深蒂固的话，则必定牢骚满腹。这无可厚非，可以理解。没有更好的对策，只得两害相权取其轻，对个体（individual）的所有权的尊重让位于交易安全的保障。当然，一部善法应当努力使动的安全和静的安全达到最佳的调和状态。为了合理地降低公信原则的负面影响，确实需要尽力实现不动产登记簿的记载正确。否则，静的安全就会因公信原则而受到极大威胁。换言之，在不动产登记簿的记载大体上尚未正确反映出真实的权利关系的情形，若对此种不动产登记簿的记载赋予公信力，真实权利人的利益就会受到不当损害，作为法律制度总体的均衡就会被打破，形成困难的局面。正是基于此种情事，对登记赋予公信力的德国和瑞士的法制，才花费心血整备土地登记簿，对登记手续采取极其慎重的态度。[1] 此其一。严格善意取得的构成要件，适当地减少一些善意取得的机

---

① ［日］我妻荣：《日本物权法》，有泉亨修订，李宜芬校订，台北，五南图书出版公司1999年版，第42～43页；［德］鲍尔/施蒂尔纳：《德国物权法》（上册），张双根译，北京，法律出版社2004年版，第276页。

会，也就是使真实的不动产物权人保有其不动产物权的可能增多一些。此其二。充分发挥债法的作用，不动产物权人可以请求无权处分人返还不当得利或承担侵权损害赔偿责任，有时甚至可以向不动产物权的买受人等第三人予以请求，填补损失。此其三。适当限缩公信原则的适用范围，只在基于法律行为而发生的不动产物权变动的领域适用该项原则，在非交易领域遵循实事求是的原则。此其四。

三、公信原则的适用范围

所谓适当限缩公信原则的适用范围，就是不按《民法典》第216条第1款关于"不动产登记簿是物权归属和内容的根据"的字面意思予以理解和适用，在以下场合，有关当事人不得以不动产登记簿的记载为依据，主张对该登记的不动产享有某种权利。

（一）登记名义人与真实的不动产物权人之间的关系

公信原则不适用于登记名义人与真实的不动产物权人之间、占有人与真实的不动产物权人之间的关系，他们之间的关系仍然按照实事求是的原则处理，即对于真实的不动产物权人而言，不认为登记名义人或占有人享有不动产物权。例如，甲系乙的丈夫，二人实行夫妻共有财产制，在夫妻关系存续期间购买了A楼，但仅仅登记在甲的名下。其后，夫妻反目，妻子乙主张A楼亦属其所有，甲抗辩道：A楼登记在其名下，按照《民法典》第214条、第216条第1款的规定，A楼仅归其所有，因该楼未登记在乙的名下，故乙对A楼不享有所有权。笔者反对甲的主张，认为甲和乙之间为真实所有权人和登记名义人之间的关系，应遵循实事求是的原则，或曰贯彻实质主义，而不适用《民法典》第214条、第216条第1款的规定。如果甲能对抗乙的主张，说服裁判者支持其关于A楼仅归其所有的主张，就必须举证证明甲和乙实行夫妻分别财产制、A楼由甲自己的财产购得或换得，或者举证证明甲和乙于购得或换得A楼时已经离婚，或者举证证明离婚协议约定A楼归属于甲，……如果未能举证其中之一，就不得否认乙对A楼也享有所有权。此其一。公信原则适用于登记名义人、占有人与第三人之间的交易关系。公信原则适用于登记名义人与第三人之间的交易关系，适用于占有人与第三人之间的交易关系。[1] 此其二。

（二）登记的公信力之于不动产物权变动的直接当事人

登记的公信力之于不动产物权变动的直接当事人，需要区分情况而下结论。（1）此处所谓不动产物权变动的直接当事人，是指该不动产物权的登记名义人和

---

① 参见谢在全：《民法物权论》（上），台北，新学林出版股份有限公司2014年修订6版，第90页。

交易相对人。假如登记原因无效或可撤销，在交易相对人未取得不动产权利时，真实的不动产物权人对于登记名义人仍可主张其权利。[①] 此时，该交易相对人不但无权以登记的公信力对抗真实的不动产物权人，也无权以登记具有公信力为由强制登记名义人必须将该不动产物权转移登记在自己名下。例如，甲将登记在其名下的A楼出卖与乙，但实际上A楼属于丙所有，只要A楼未过户登记至乙的名下，甲即可向乙说明A楼本属于丙，并出示证据，无法办理过户登记手续，乙便无权援用《民法典》第216条第1款的规定，以公信力为由，强求甲履行转移A楼所有权的义务，但可请求甲承担不能履行的违约责任。（2）登记名义人与交易相对人之间的买卖等合同有效，即使登记名义人同时是该不动产的真实物权人，也不得援用《民法典》第214条、第216条第1款的规定，不得以该不动产的物权人自居，以物权优先于债权为由，对抗该交易相对人所享有的请求转移该不动产物权的债权；恰恰相反，登记名义人必须满足交易相对人关于转移该不动产的占有和所有权转移给他的请求，将该不动产的占有转移给交易相对人，配合交易相对人到不动产登记机构办理该不动产物权的转移登记手续。同理，占有的公信力在动产物权变动的直接当事人之间也适用上述规则。（3）登记名义人与交易相对人之间的买卖等合同有效，但登记名义人不是该不动产的真实物权人，于此场合，有无登记的公信力问题？若有，登记的公信力在哪个环节发挥作用？笔者认为登记的公信力于此发挥着作用，只不过作用领域在交易相对人与真实的不动产物权人之间的关系中，若已经满足了善意取得的构成要件，则交易相对人可以对抗真实的不动产物权人关于否定交易相对人取得该不动产物权的主张；若未满足善意取得的构成要件，那么，交易相对人无权对抗真实的不动产物权人关于其为该不动产物权人的主张。至于在登记名义人和交易相对人之间，从登记名义人一侧看，他都无法借助登记的公信力获取物权法和债法上的权益，从交易相对人一侧着眼，他在善意取得该不动产的物权之后，有权以登记的公信力和善意取得来对抗登记名义人否定该不动产物权变动的主张，保有住该不动产物权；但在善意取得之前，登记名义人披露其无权处分的信息，交易相对人则无权以登记的公信力来抗辩。（4）至于处于交易关系之外的第三人，是否有权援用登记的公信力对登记名义人、占有人主张对特定不动产的权利，对抗真实的不动产物权人，十分复杂，需要根据具体情况加以确定。例如，善意的交易相对人去世，其继承人有权援用登记的公信力对抗真实的不动产物权人，当然，这以善意取得已成事实为前提。此其一。一般第三人毁损了登记在甲名下的房屋，难以对抗该房

---

① 参见谢在全：《民法物权论》（上），台北，新学林出版股份有限公司2014年修订6版，第90页。

屋的真正所有权人请求其承担侵权责任的主张，即该第三人不得以我只信赖不动产物权的登记而仅仅对登记名义人承担侵权责任。此其二。

（三）被执行的财产非为交易标的物的场合

公信原则适用于强制执行的对象正好是申请人与被执行人之间所为交易的标的物的领域。例如，甲购买乙的 A 楼，但乙拒不履行交付 A 楼的义务，甲申请人民法院强制执行 A 楼。即使 A 楼本为丙所有，但登记错误于乙的名下，只要甲为善意，就有权申请人民法院强制执行 A 楼，丙无权对抗。除此而外，公信原则在许多情况下不适用于强制执行制度中对于被执行人财产范围的认定，就此从四个角度予以阐释。

1. 拥有 A 楼的甲公司赊欠乙公司 1 亿元人民币，此债未清偿时被分立成丙公司和丁公司，依分立协议约定该 1 亿元人民币的债务由丁公司负担，A 楼划归丙公司所有并办理了变更登记（过户登记）。乙公司申请强制执行，并意将 A 楼作为被执行财产，丙公司以所欠 1 亿元人民币的债务划归丁公司负责偿还而 A 楼已属自己所有为由来对抗乙公司的强制执行请求。

如果贯彻公信原则，则丙的抗辩便有依据，但却背离如下三方面的规则和原理：（1）强制执行不得破毁法人分立规则，应当遵循《民法典》第 67 条第 2 款关于"法人分立的，其权利和义务由分立后的法人享有连带债权，承担连带债务，但是债权人和债务人另有约定的除外"的规定。在债权人乙公司和债务人丁公司未约定丙公司和丁公司就甲公司对外债务不负连带责任的情况下，丙公司和丁公司之间关于"该 1 亿元人民币的债务由丁公司负担，A 楼划归丙公司所有"的约定，因违反《民法典》第 67 条第 2 款正文而对乙公司而言无效。（2）再者，所谓"该 1 亿元人民币的债务由丁公司负担，A 楼划归丙公司所有"，纯属丙公司和丁公司之间的约定，按照合同的相对性，它也不具有对抗乙公司关于强制执行的请求的效力。（3）乙公司申请强制执行登记在丙公司的名下的 A 楼，这不属于交易，因此在乙公司和丙公司之间的强制执行关系中不得适用《民法典》第216 条第 1 款的规定，不得适用公信原则予以处理，而应适用另外的、相应的制度及规则。于此场合，应当适用《民法典》第 67 条第 2 款正文。

2. 关于某些第三人（如买受人）可以对抗债权人申请强制执行，《最高人民法院关于人民法院民事执行中查封、扣押、冻结财产的规定》第 17 条限于第三人对于未办理过户登记手续没有过错、《最高人民法院关于人民法院办理执行异议和复议案件若干问题的规定》第 28 条限于非因买受人自身原因未办理过户登记，有其道理：被强制执行的财产，应是被执行人的财产，而非被执行人以外的人或曰第三人的财产。界分被执行人的财产与第三人的财产，有实质上的界分与外观上的界分之别。所谓外观上的界分，在不动产的场合注重登记，简言之，某不动产登记在被执行人名下的，属于被执行人的财产，登记在第三人名下的，就不属于被执行人的财产。所谓实质上的界分，就是依据事理、社会一般观念，注重某不动产在事实层面的归属。例如，某不动产系买卖的标的物，在买受人已经付清全款时，依据商品交换规则该不动产应归买受人所有，尽管在不动产登记簿上它仍然登记在出卖人的名下，依据《民法典》第209条、第214条等规定买受人尚未取得该不动产所有权。笔者主张，在基于法律行为而生的不动产物权变动的场合，应当采取外观上的界分，尤其是在对于第三人的关系上特别应当如此；但在执行领域，在执行申请人与被执行财产之间的关系方面，不属于基于法律行为而生的物权变动，第三人可否对抗执行申请，换言之，执行申请人指认的拟执行标的是归被执行人所有还是归属于第三人，不应适用《民法典》第209条、第214条和第216条第1款的规定，即不适用公信原则，而应遵循实事求是的原则，只要有充分、确凿的证据证明拟执行的财产不属于被执行人而属于第三人，该第三人就有权对抗强制执行。此处所谓属于第三人，不但包括形式要件齐全地属于第三人，也包括前述依实质上的界分拟申请执行的标的属于第三人。此其一。在与被执行人的法律关系上，执行申请人对其享有的债权为普通债权，指向被执行人的一般责任财产；买受人对于申请执行的标的所享有的债权，系买卖合同项下的债权，指向被执行人特定的标的物，并且该债权已经带有物权期待权的属性。暂时抛开物权期待权不论，执行申请人的债权和买受人的债权至少应受法律的平等保护。此处平等保护的应有表现是买受人就该特定不动产完全实现其债权，即被执行人及时办理不动产物权的转移登记；执行申请人就被执行人的其他责任财产实现其债权，达到"双赢"。但若强制执行买受人所购买的不动产，则意味着执行申请人实现了债权，而买受人于买卖合同项下的债权却无法实现。这没有做到平等保护，在被执行人的其他责任财产完全能够满足执行申请人的债权的情况下，更是如此。如果再把买受人的物权期待权考虑进来，支持执行申请人的请求，就更有失权衡。此其二。如果支持买受人请求被执行人履行完毕转移买卖物所有权的义务，即不支持执行申请人关于执行该买卖物的请求，用被执行人的其他责任财产满足执行申请人的债权，那么，三方之间的法律关系就都正常地结束，结果是法律关系简洁明了，社会秩序稳定。相反，如果支持执行申请人关于执行买卖物的请求，势必造成买受人请求被执行人承担违反不动产买卖合同的责任，形成新的诉讼，人为地使法律关系复杂化，这非上策。我们回想法律不允许连带债权不断地连带下去，而是在适当的环节使其变成按份之债，就不难明白上述道理。此其三。①

3. 与前述"2"之例的运动方向相反，但在不得将强制执行的对象指向外部表征为被执行人的所谓财产这一点上则相一致。例如，甲把 A 楼出卖给乙，乙付清全部房款，A 楼过户登记在乙的名下。此时，该 A 楼买卖合同被认定为无效，于是甲将所收房款全部返还给乙，但乙尚未办理 A 楼的复原登记。乙的债权人丙申请强制执行乙的财产，包括 A 楼。笔者不赞同把 A 楼作为强制执行的对象，理由在于：（1）按照《民法典》第 155 条关于"无效的或者被撤销的民事法律行为自始没有法律约束力"的规定，买卖合同无效，已经交付的买卖物，其所有权复归出卖人，对于买受人享有物权请求权，而非债权请求权；买卖物为不动产、尚未办理过户登记的场合，出卖人享有该不动产的返还请求权，买卖物为不动产且已办理完毕过户登记手续的场合，出卖人享有排除妨害请求权，即有权请求买受人注销过户登记，然后享有不动产返还请求权。具体到诉争案件，A 楼买卖合同无效，意味着甲和乙的关系回复至签订该买卖合同之前的状态，A 楼所有权自动复归甲，只不过在法律技术上它尚被登记在乙的名下而已，甲对于乙享有物权请求权，一方面有权请求乙注销 A 楼所有权的登记，一方面有权请求乙移转对 A 楼的占有。既然 A 楼的所有权已归甲享有，丙申请强制执行乙的财产，就不应包括 A 楼在内。（2）特别是，甲已将房款全部返还给乙了，故认定 A 楼归甲所有，这在甲和乙之间的利益关系方面也是衡平的。丙作为第三人，仅仅与乙存在债的关系，这种地位没有足够的理由破坏甲和乙之间的衡平关系。（3）强制执行并不处于交易领域，公信原则不适用于此，而应依据实事求是原则确定被执行的财产。如此，在丙申请强制的关系上，不宜把 A 楼作为乙的财产对待，而应将其作为甲的财产看待。

4. 乙基于《民法典》第 229—231 条的规定取得 A 楼的所有权，但此时 A 楼仍然登记在甲的名下。甲欠丙借贷本息 8 000 万元人民币，至今未还。于是债权人丙申请强制执行 A 楼。由于 A 楼并非甲和丙之间交易的标的物，单就强制执行的标的而言，对于 A 楼归属于谁的认定，不得适用公信原则，而应按照实事求是的原则处理。就是说，对于丙申请的强制执行来说，A 楼属于乙的财产，而不属于甲的财产，乙有权对抗丙的强制执行的申请。

总而言之，强制执行处于非基于法律行为而发生的物权变动的领域，不应适用公信原则，在确定被执行人的财产时，应依实事求是原则，确定被执行人的可

---

① 此处"此其二""此其三"系北京大学法学院的潘剑锋教授、中国人民大学法学院的杨立新教授和笔者于 2020 年 7 月 3 日讨论疑难案件时形成的共识。特此致谢潘剑锋教授和杨立新教授！

被执行财产。

（四）侵权行为的场合

对于侵权行为侵害财产的认定，也不应拘泥于公示原则、公信原则。无论是公示的物权名义人还是真实的不动产物权人均有权请求侵权行为人承担侵权责任。对此，通过下面的例子予以说明。A 楼实为甲的财产却登记在乙的名下，丙为报复乙而擅自炸毁 A 楼，构成侵权行为，为打击甲而无理霸占 A 楼，同样成立侵权责任。其中，丙依据 A 楼的登记认其为乙的财产并进而毁坏之，表面上是按照 A 楼所有权的外观而实施侵权行为，这似乎在外观主义的射程之内，因而作为外观主义的例证。但是，于此场合，不存在两害相权取其轻、两利相权取其重的问题，不存在基于某种理念及规定保障 A 楼所有权人而基于另外的理念及规定保障侵权行为人的余地，只有侵权行为人承担侵权责任、A 楼的所有权人享有侵权责任的请求权这种"一面倒"的局面。

四、不动产登记簿的管理

本条第 2 款规定的"不动产登记簿由登记机构管理"，经由《不动产登记暂行条例》及《不动产登记暂行条例实施细则》的细化，更具可操作性。

《不动产登记暂行条例》第 12 条规定："不动产登记机构应当指定专人负责不动产登记簿的保管，并建立健全相应的安全责任制度"（第 1 款）。"采用纸质介质不动产登记簿的，应当配备必要的防盗、防火、防渍、防有害生物等安全保护设施"（第 2 款）。"采用电子介质不动产登记簿的，应当配备专门的存储设施，并采取信息网络安全防护措施"（第 3 款）。第 13 条规定："不动产登记簿由不动产登记机构永久保存。不动产登记簿损毁、灭失的，不动产登记机构应当依据原有登记资料予以重建"（第 1 款）。"行政区域变更或者不动产登记机构职能调整的，应当及时将不动产登记簿移交相应的不动产登记机构"（第 3 款）。《不动产登记暂行条例实施细则》第 7 条规定："不动产登记机构应当配备专门的不动产登记电子存储设施，采取信息网络安全防护措施，保证电子数据安全"（第 1 款）。"任何单位和个人不得擅自复制或者篡改不动产登记簿信息"（第 2 款）。

第二百一十七条

不动产权属证书是权利人享有该不动产物权的证明。不动产权属证书记载的事项，应当与不动产登记簿一致；记载不一致的，除有证据证明不动产登记簿确有错误外，以不动产登记簿为准。

本条主旨

本条是关于不动产登记簿的记载与不动产权属证书关系的规定。

相关条文

《物权法》第 17 条　不动产权属证书是权利人享有该不动产物权的证明。不动产权属证书记载的事项，应当与不动产登记簿一致；记载不一致的，除有证据证明不动产登记簿确有错误外，以不动产登记簿为准。

理解与适用

一、本条含义概貌

本条是对《物权法》第 17 条的复制，前段赋权不动产权属证书具有证据效力，中段宣明此种权属证书记载的事项应当与不动产登记簿的记载相一致，后段确立不动产物权的状态以不动产登记簿的记载为准的原则，同时承认例外。

二、不动产权属证书的地位及效力

不动产登记簿的记载，系不动产物权及其变动的描述、记录。此类写照须有外在的表现形式，以便众人了解，达到公示的效果。此处所谓外在的表现形式，不动产登记的簿页为其一种，不论该簿页采用电子介质的，还是采用纸质介质的，都是如此。不过，此类外在的表现形式难被权利人自我保管，更遑论随身携带了。因此，它满足不了在若干场合的需要，如在不动产租赁、向交易相对人初现经济实力、某些公证、初步举证证明等情况下，只需要简化地显示自己为该不动产的权利人即可，却难举手之劳，必须周折、费力地前往不动产登记机构查询不动产登记信息。于是，不动产权属证书这种外在表现形式应运而生，并且百姓大众对之几乎笃信不疑。

但由于个别人蓄意伪造等原因，不动产权属证书与不动产登记簿的记载不一致也确有其例。不动产登记簿的记载与不动产权属证书所展示的不动产物权状况相一致，自然无事；但不一致时，以谁为准确定不动产物权的归属？这必须回答。本条确立的规则是"除有证据证明不动产登记簿确有错误外，以不动产登记簿为准"。

以不动产登记簿的记载为准，这与《民法典》奉行的不动产物权以登记为公示方法（第 209 条、第 214 条等）、此类登记具有公信力（第 216 条第 1 款）及善意取得的构成（第 311 条第 1 款）相互衔接、呼应，在体系方面是自洽的。换个表述方式就是，既然《民法典》确立的不动产物权及其变动的公示方法是登记，而非不动产权属证书；既然是赋予不动产物权及其变动的登记具有公信力，而非不动产权属证书，那么，在不动产登记簿的记载与不动产权属证书所展示的不动产物权状况不一致时，就必须以不动产登记簿的记载为准。至于不动产权属证书，重在举证证明等方面发挥作用。

三、举证证明责任的分配

不得不注意，本条附有"除有证据证明不动产登记簿确有错误外"这个状语，它在限定着"以不动产登记簿为准"的断语。对此，可有如下理解：其一，不动产登记簿的记载确有错误，只是不依该记载确定不动产物权的状态，也不必然以不动产权属证书展示的不动产物权状态为依据，确定不动产权属。只有在不动产权属证书所展示的不动产物权状况属实、而不动产登记簿的记载有错误的情况下，才依该权属证书所展示的不动产物权状况为准。换句话说，该状语仍未赋予不动产权属证书绝对的效力，即使不动产登记簿的记载有错误，有关当事人也必须举证证明不动产权属证书展示的不动产物权关系与真实的不动产物权关系相一致。其二，在不动产权属证书所示权利人以不动产登记簿的记载错误为由，请求登记机构予以更正的情况下，该权利人负有举证证明该不动产登记簿的记载错误，该证书不是关键的证据，必须另有关键证据，才足以认定不动产登记簿的记载错误。此处所谓关键证据，例如，该登记所依据的原因行为是伪造的，真正的原因行为是足以推翻登记的法律行为；该登记所依据的原因行为是真实的、有效的，但登记机构的工作人员未按该原因行为进行登记；该登记所依据的原因行为是真实的、有效的，登记也是据此而为，但其后被无端涂改；该登记之后，该不动产的物权发生变动，不动产登记簿的记载没有变更登记；等等。其三，交易相对人发现不动产权属证书所展示的不动产物权状况与不动产登记簿的记载不一致，要求该登记名义人澄清，于此场合的举证证明的责任在登记名义人。

第二百一十八条

权利人、利害关系人可以申请查询、复制不动产登记资料，登记机构应当提供。

本条主旨

本条是关于不动产资料查询、复制的权利义务的规定。

相关条文

《物权法》第 18 条　权利人、利害关系人可以申请查询、复制登记资料，登记机构应当提供。

《担保法》第 45 条　登记部门登记的资料，应当允许查阅、抄录或者复印。

《海商法》第 13 条第 3 款　船舶抵押权的登记状况，允许公众查询。

《民用航空法》第 12 条第 2 款　民用航空器权利登记事项，可以供公众查询、复制或者摘录。

《土地管理法实施条例》第 3 条第 3 款　土地登记资料可以公开查询。

《不动产登记暂行条例》第 27 条　权利人、利害关系人可以依法查询、复制不动产登记资料，不动产登记机构应当提供。

有关国家机关可以依照法律、行政法规的规定查询、复制与调查处理事项有关的不动产登记资料。

《不动产登记暂行条例实施细则》第 94 条以下。

理解与适用

一、基本含义与制定根据

本条复制了《物权法》第 18 条的规定，前段赋予权利人、利害关系人查询、复制登记资料之权，后段课以不动产登记机构满足权利人、利害关系人查询、复制登记资料请求的义务。

权利人、利害关系人可以申请查询系物权法奉行公示原则、不动产物权以登记为公示方法的逻辑结论。所谓不动产物权的公示，绝非将不动产登记簿关于不动产物权及其变动的记载信息昭然于天下，毫无私密可言，而是赋权特定范围的人通过以法律程序查询的途径及方式，知晓某特定不动产的物权及其变动的状况，因此才有本条的出现。

复制不动产资料，既是备忘的需要，又是向交易相对人等有关当事人展示不动产物权的需要，还是举证证明的需要。

不动产登记簿的记载不得大白于天下，允许哪些人查询、复制不动产资料呢？确定该范围需要兼顾不动产物权人的包括商业秘密在的隐私、交易相对人的知情权、交易发动权及交易决定权，更为概括的、高境界的表达就是交易安全。据此，本条把查询、复制不动产资料者的范围划定在权利人、利害关系人。

本条所谓不动产资料，包括不动产登记簿等不动产登记结果和不动产登记原始资料。所谓不动产登记原始资料，包括不动产登记申请书、申请人身份材料、不动产权属来源、登记原因、不动产权籍调查成果等材料以及不动产登记机构审核材料（《不动产登记暂行条例实施细则》第 94 条第 1 款）。

二、查询、复制不动产资料的具体规则

关于查询、复制不动产资料，《不动产登记暂行条例实施细则》作了较为详细的规定，兹汇总如下。

权利人、利害关系人按照《不动产登记暂行条例》第 27 条关于"权利人、利害关系人可以依法查询、复制不动产登记资料，不动产登记机构应当提供"的规定依法查询、复制不动产登记资料的，应当到具体办理不动产登记的不动产登记机构申请（第 97 条第 2 款）。因不动产交易、继承、诉讼等涉及的利害关系人可以查询、复制不动产自然状况、权利人及其不动产查封、抵押、预告登记、异议登记等状况（第 97 条第 4 款）。人民法院、人民检察院、国家安全机关、监察机关等可以依法查询、复制与调查和处理事项有关的不动产登记资料（第 97 条第 5 款）。其他有关国家机关执行公务依法查询、复制不动产登记资料的，依照本条规定办理（第 97 条第 6 款）。涉及国家秘密的不动产登记资料的查询，按照保守国家秘密法的有关规定执行（第 97 条第 7 款）。

权利人、利害关系人申请查询、复制不动产登记资料应当提交下列材料：（1）查询申请书；（2）查询目的的说明；（3）申请人的身份材料；（4）利害关系人查询的，提交证实存在利害关系的材料（第 98 条第 1 款）。权利人、利害关系人委托他人代为查询的，还应当提交代理人的身份证明材料、授权委托书。权利人查询其不动产登记资料无需提供查询目的的说明（第 98 条第 2 款）。有关国家机关查询的，应当提供本单位出具的协助查询材料、工作人员的工作证（第 98 条第 3 款）。

有下列情形之一的，不动产登记机构不予查询，并书面告知理由：（1）申请查询的不动产不属于不动产登记机构管辖范围的；（2）查询人提交的申请材料不符合规定的；（3）申请查询的主体或者查询事项不符合规定的；（4）申请查询的目的不合法的；（5）法律、行政法规规定的其他情形（第 99 条）。

对符合本实施细则规定的查询申请，不动产登记机构应当当场提供查询；因情况特殊，不能当场提供查询的，应当在 5 个工作日内提供查询（第 100 条）。

查询人查询不动产登记资料，应当在不动产登记机构设定的场所进行（第 101 条第 1 款）。不动产登记原始资料不得带离设定的场所（第 101 条第 2 款）。查询人在查询时应当保持不动产登记资料的完好，严禁遗失、拆散、调换、抽

取、污损登记资料，也不得损坏查询设备（第 101 条第 3 款）。

查询人可以查阅、抄录不动产登记资料。查询人要求复制不动产登记资料的，不动产登记机构应当提供复制（第 102 条第 1 款）。查询人要求出具查询结果证明的，不动产登记机构应当出具查询结果证明。查询结果证明应注明查询目的及日期，并加盖不动产登记机构查询专用章（第 102 条第 2 款）。

第二百一十九条

利害关系人不得公开、非法使用权利人的不动产登记资料。

本条主旨

本条是关于利害关系人不得公开、非法使用不动产资料的规定。

相关条文

《保密法》第 48 条　违反本法规定，有下列行为之一的，依法给予处分；构成犯罪的，依法追究刑事责任：

……（五）非法复制、记录、存储国家秘密的；

（六）在私人交往和通信中涉及国家秘密的；

（七）在互联网及其他公共信息网络或者未采取保密措施的有线和无线通信中传递国家秘密的；

（八）将涉密计算机、涉密存储设备接入互联网及其他公共信息网络的；

（九）在未采取防护措施的情况下，在涉密信息系统与互联网及其他公共信息网络之间进行信息交换的；

（十）使用非涉密计算机、非涉密存储设备存储、处理国家秘密信息的；

…………

《不动产登记暂行条例》第 28 条　查询不动产登记资料的单位、个人应当向不动产登记机构说明查询目的，不得将查询获得的不动产登记资料用于其他目的；未经权利人同意，不得泄露查询获得的不动产登记资料。

第 32 条　不动产登记机构、不动产登记信息共享单位及其工作人员，查询不动产登记资料的单位或者个人违反国家规定，泄露不动产登记资料、登记信息，或者利用不动产登记资料、登记信息进行不正当活动，给他人造成损害的，依法承担赔偿责任；对有关责任人员依法给予处分；有关责任人员构成犯罪的，依法追究刑事责任。

《不动产登记暂行条例实施细则》第 104 条　当事人违反本实施细则规定，有下列行为之一，构成违反治安管理行为的，依法给予治安管理处罚；给他人造成损失的，依法承担赔偿责任；构成犯罪的，依法追究刑事责任：

（一）采用提供虚假材料等欺骗手段申请登记；

（二）采用欺骗手段申请查询、复制登记资料；

（三）违反国家规定，泄露不动产登记资料、登记信息；

（四）查询人遗失、拆散、调换、抽取、污损登记资料的；

（五）擅自将不动产登记资料带离查询场所、损坏查询设备的。

理解与适用

不动产资料，属于不动产物权人的隐私及商业秘密，在物权法领域关乎处分权，在合同法领域显现履行能力，在侵权责任法领域为侵权行为的标的，应受法律保护。本条明确了查询、复制不动产资料的利害关系人的义务，这为其他法律部门规制违反这些义务者及其行为提供了前提和基础。利害关系人违反这些义务时，应当产生何种具体的法律后果，适用相应的法律部门的相关规定。

相对于《物权法》而言，本条属于增设，既是经过调研发现实务中确有违反这些义务的行为发生，有必要设置义务及责任，以儆效尤，从而保护不动产权利人乃至其利害关系人的权益。

第二百二十条

权利人、利害关系人认为不动产登记簿记载的事项错误的，可以申请更正登记。不动产登记簿记载的权利人书面同意更正或者有证据证明登记确有错误的，登记机构应当予以更正。

不动产登记簿记载的权利人不同意更正的，利害关系人可以申请异议登记。登记机构予以异议登记，申请人自异议登记之日起十五日内不提起诉讼的，异议登记失效。异议登记不当，造成权利人损害的，权利人可以向申请人请求损害赔偿。

本条主旨

本条是关于更正登记和异议登记的规定。

相关条文

《物权法》第 19 条　权利人、利害关系人认为不动产登记簿记载的事项错误的，可以申请更正登记。不动产登记簿记载的权利人书面同意更正或者有证据证明登记确有错误的，登记机构应当予以更正。

不动产登记簿记载的权利人不同意更正的，利害关系人可以申请异议登记。登记机构予以异议登记的，申请人在异议登记之日起十五日内不起诉，异议登记失效。异议登记不当，造成权利人损害的，权利人可以向申请人请求损害赔偿。

《物权编司法解释（一）》第3条　异议登记因民法典第二百二十条第二款规定的事由失效后，当事人提起民事诉讼，请求确认物权归属的，应当依法受理。异议登记失效不影响人民法院对案件的实体审理。

理解与适用

本条第1款规定了更正登记，第2款规定了异议登记，兹分别解释如下。

一、更正登记

（一）更正登记的概念

所谓更正登记，是指对不正确的不动产登记进行更正的登记。当事人有证据证明不动产登记簿的记载与真实权利状态不符、其为该不动产物权的真实权利人，请求确认其享有物权的，应予支持（《物权编司法解释（一）》第2条）。通过对登记簿上不正确登记的纠正，使登记所昭示的权利状态符合真实的权利状态，进而避免真实的权利人因登记公信力受到损害。这是更正登记制度的目的所在。

（二）举证证明不动产登记簿的记载与真实权利状态不符

《物权编司法解释（一）》第2条所谓证明不动产登记簿的记载与真实权利状态不符的证据，究竟包括哪些？

首先申明，《民法典》第216条第1款确立的不动产登记的公信力，并非作用于所有的物权法领域：在交易场合，交易相对人有权援用该条款的规定，有时需要同时援用《民法典》第311条第1款的规定，主张自己已经取得标的物的不动产物权，对抗真实的物权人关于该物权的主张；真实的不动产物权人与交易相对人之间的关系，也适用《民法典》第216条第1款的规定。但在登记名义人与真实的不动产物权人之间的关系方面，登记名义人不得援用该条款的规定来对抗真实的不动产物权人关于该物权的主张。换句话说，《民法典》第216条第1款的规定不适用于登记名义人与真实的不动产物权人之间的关系，也不适用于非交易领域中的强制执行之中。如此说来，《物权编司法解释（一）》第2条的规定是正确的。对其理解，可从证明土地权利与建筑物、构筑物及其附属设施的物权、担保物权以及错误登记四个方面把握。

1. 确认土地权利（地权）的真实物权人所需证据

确认土地权利（地权）所需证据，可区分各种不同的土地权利而寻觅和锁定所需证据。（1）确认行政划拨的国有建设用地使用权的真实物权人，所需证据应当是有关行政主管机关的行政划拨的决定，或政府会议纪要；若无法举证出此类证据，"事实自证"应受重视，即占有人举证出其长期占有、使用和收益该行政划拨的土地，从而完成由占有到本权的证明，否定相对人关于其享有行政划拨的建用地使用权的主张。（2）出让的国有土地使用权的场合，确认真实的物权人所需证据为国有建设用地使用权出让合同，异地安排建设用地的决定，征地制度中补偿由开发商提前垫付的事实。（3）转让的国有建设用地使用权的场合，确认真实的物权人所需证据为国有建设用地使用权转让合同，或换合同（互易合同），或（拍卖场合的）成交确认书，或（强制执行场合的）民事裁定。（4）宅基地使用权的场合，确认真实的物权人所需证据为宅基地使用权审批文件，或遗赠扶养协议，或住宅买卖合同。（5）集体建设用地使用权的场合，确认真实的物权人所需证据为乡镇企业的设立及有关批件；历史上占有、使用建设用地的事实；集体组织与用地者之间的协议等。有必要指出的是，在广东省，集体建设用地使用权享有和行使的主体在范围方面明显扩大了。《广东省集体建设用地使用权流转管理办法》第 8 条第 1 项规定，兴办各类工商企业，包括国有、集体、私营企业、个体工商户、外资投资企业〔包括中外合资、中外合作、外商独资企业、"三来一补"（来料加工、来样加工、来件加工、补偿贸易）企业〕、股份制企业、联营企业，可以使用集体建设用地。确认这些主体是否享有集体建设用地使用权所需证据，是集体组织与用地者之间的协议、建设用地置换协议以及其他证据。（6）土地承包经营权的场合，确认真实的物权人所需证据为农村土地承包合同，或集体经济组织组织召开的社员大会或社员代表大会的决议。（7）地役权的场合，确认真实的物权人所需证据为地役权合同。

2. 确认建筑物、构筑物及其附属设施的真实物权人所需证据

确认建筑物、构筑物及其附属设施的真实物权人所需证据，同样需要区分各种不同的不动产物权类型而寻觅和锁定所需证据。（1）在新建建筑物、构筑物及其附属设施的情况下，最重要的"证据"是主张自己须有不动产物权者享有土地权利的证据，这由《民法典》第 352 条正文所决定。其道理在于，建筑物、构筑物及其附属物的所有权，不能凭空而立，必须依赖土地的权利（地权），即必须具有权源或曰正当根据。至于土地权利是物权还是债权，要看具体情形。大产权房的所有权以国有建设用地使用权为正当根据（权源），农民住宅所有权以宅基

地使用权为权源，农村集体组织的房屋所有权以集体土地所有权为权源，农林牧渔经营所必需的构筑物及其附属设施的所有权以土地承包经营权为权源。但有些建筑物、构筑物及其附属设施的所有权，是以债权（如土地租赁权、土地借用权）为权源的。（2）通过交易的形式，确定真实物权人所需"证据"：交易文书所载明的身份为买受人或互易的一方或受赠人或抵押权人，完税人，至于交易对价（款项）的来源不处于重要地位，赠与人的口头承诺也不可靠，何时作出的家庭会议决议不确定的场合，即使该决议明确谁是真实的不动产物权人，这也难以起到作用。（3）在家庭共有的场合，确定真实的不动产物权人所需证据，包括亲属关系、对共有财产形成的贡献、无分别财产制的协议。（4）借名登记建设用地使用权、房屋所有权的场合，确定真实的不动产物权人所需证据，可有如下表现形式：借名协议；建设用地使用权出让或转让合同中的受让人是谁或商品房买卖合同中的买受人是谁；按揭贷款中的抵押人是谁，完税人是谁；至于出让金、房款项由谁出，这不关键。（5）在开发商与小业主之间确认房屋或停车库、停车位的所有权人所需证据，包括 A. 买卖合同的约定（若尚未过户登记，属于债法上的继续履行，不是物权法的问题）；B. 公摊的项目及面积；C. 面积测绘及其记载；D. 国有建设用地使用权租赁的场合，确认建筑物、构筑物及其附属设施的真实所有权人所需"证据"，最为关键的是国有建设用地使用权租赁合同。

3. 确认不动产担保物权的真实权利人所需证据

主张自己拥有不动产担保物权者，可举证不动产登记簿簿页记载的他项权利登记；反对此种主张，而坚持自己方位真实的不动产担保物权人的，需要举证抵押合同等文件显示自己为不动产担保物权人/债权人。

4. 注销错误登记所需证据

登记错误的场合，只要举证成功登记错误，就可推翻登记的不动产物权关系，注销错误登记，将真实的不动产物权人登记于相应的簿页。

（三）更正登记的主体与程序

更正登记的请求权，简称为更正请求权，其权利人，为真实的权利人及其利害关系人（《民法典》第 220 条第 1 款前段）。这里的利害关系人，包括真实权利人的债权人、继承人、配偶等。在这方面，《不动产登记暂行条例实施细则》规定，权利人、利害关系人认为不动产登记簿记载的事项有错误，可以申请更正登记（第 79 条第 1 款）。权利人申请更正登记的，应当提交下列材料：（1）不动产权属证书；（2）证实登记确有错误的材料；（3）其他必要材料（第 79 条第 2 款）。利害关系人申请更正登记的，应当提交利害关系材料、证实不动产登记簿记载错误的材料以及其他必要材料（第 79 条第 3 款）。不动产权利人或者利害关系人申请更正登记，不动产登记机构认为不动产登记簿记载确有错误的，应当予以更正；但在错误登记之后已经办理了涉及不动产权利处分的登记、预告登记和查封登记的除外（第80条第1款）。不动产权属证书或者不动产登记证明填制错误以及不动产登记机构在办理更正登记中，需要更正不动产权属证书或者不动产登记证明内容的，应当书面通知权利人换发，并把换发不动产权属证书或者不动产登记证明的事项记载于登记簿（第80条第2款）。不动产登记簿记载无误的，不动产登记机构不予更正，并书面通知申请人（第80条第3款）。

如果真实的权利人及其利害关系人没有申请更正登记，登记机构发现不动产登记簿的记载有错误的，可依职权径直为更正登记。[①]《不动产登记暂行条例实施细则》第81条规定，不动产登记机构发现不动产登记簿记载的事项错误，应当通知当事人在30个工作日内办理更正登记。当事人逾期不办理的，不动产登记机构应当在公告15个工作日后，依法予以更正；但在错误登记之后已经办理了涉及不动产权利处分的登记、预告登记和查封登记的除外。

应当指出，《不动产登记暂行条例实施细则》第81条的规定，较之德国法的规定走得远了些。孰优孰劣，值得思考。在德国，在土地登记簿的不正确——以《土地登记条例》第29条所规定的法院的假处分命令等形式——被证明时，则不需要有更正的同意表示（《土地登记条例》第22条，亦参考该条例第25条）。其道理比较明显：若权利被涉及者已经掌握证明土地登记簿为不正确的公文书形式的材料，则更正同意的要求就纯属多余。[②] 这确实是积极和稳妥的，值得重视。《不动产登记暂行条例实施细则》第81条的规定，不易避免土地登记机构对登记认识错误时依职权更正登记所造成的损害，需要反思。

更正登记的前提是，不动产登记簿所记载的权利关系与真实的权利关系不一致，且源自登记簿记载的事项错误（《民法典》第220条第1款前段）。这里的错误包括记载的事项有遗漏。

仅有更正登记的申请，登记机构尚不得直接对不动产登记簿的记载进行更正，只有不动产登记簿记载的权利人书面同意更正或有证据证明登记确有错误时，登记机构才有义务予以更正（《民法典》第220条第1款）。不过，在登记机构依职权径直为更正登记时则不受登记簿记载的权利人是否同意的限制。在这

---

① 胡康生主编：《中华人民共和国物权法释义》，北京，法律出版社2007年版，第58页；李昊、常鹏翱、叶金强、高润恒：《不动产登记程序的制度建构》，北京，北京大学出版社2005年版，第390～391页。

② 李昊、常鹏翱、叶金强、高润恒：《不动产登记程序的制度建构》，北京，北京大学出版社2005年版，第373页。

里，需要指出，在德国，如果土地登记簿记载的权利人拒不签署同意更正的书面文件，则须强制其作出。法律赋予因登记簿不正确而在权利上被涉及者一项实体法上的请求为更正同意表示的请求权。法律规定这一救济手段的原因在于，不正确的登记状态体现为对真实权利人的妨害。而这一妨害必须能以实体法手段加以排除。所以，该请求权具有保全的特征。这为保护真实权利人所必需，值得中国物权法借鉴。①

（四）更正登记的相关效果

在德国的更正登记制度中，被请求为更正同意表示的登记权利人，即更正登记请求权的相对人，拥有防御的权利。他可以驳斥更正登记请求权构成要件的欠缺，可以主张原告的请求违反诚实信用原则，也可主张土地登记簿虽不正确，但原告负有引起产生目前存在的登记状态的债法上的义务，该相对人享有抗辩权。② 这确有道理，值得重视。

以诉讼方式所主张的更正请求权，并不能阻却请求权相对人就其登记权利为转让，但该诉讼程序的判决，可以对权利的继受人发生法律效力，除非该继受人为善意。依此而言，在这种情况下，异议也有其意义。③《民法典》及其理论也应如此。

更正请求权为其赖以成立的不动产物权的派生物。在让与该不动产物权时，更正请求权随之转移给受让人。所以，更正请求权不得与该物权相分离而单独让与。与此相应，更正请求权也不适用诉讼时效的规定。④ 在这方面，中国和德国的规则及其理论不存在差异。

二、异议登记

（一）异议登记的概念分析

所谓异议登记，是指在不动产登记簿记载的事项有错误的情况下，把真实的权利人及其利害关系人对不动产登记簿记载的权利所提出的异议记入登记簿，使登记簿记载的权利失去正确性推定的效力，第三人也不得主张依据登记的公信力受到保护。

异议登记之所以必要，是因为受不正确的不动产登记影响巨大的真实权利人，自然是希望尽快对登记簿予以更正，但实际权利关系常常并非清晰明确，以至于不能使他马上达到这一目的。于是，在不动产登记簿更正前的这段时间里，

---

①②③④　［德］鲍尔/施蒂尔纳：《德国物权法》（上册），张双根译，北京，法律出版社2004年版，第372～373、376～377、378、379～380页。

113

他就需要有一种保护措施，以避免第三人基于交易行为而善意取得该不动产物权，而使自己免遭权利上的不利益。这种保护措施就是异议及其登记。①

异议制度并非是简单粗暴的救济手段，就是说，它不导致矫枉过正。准此而言，异议并不导致对不动产登记簿的"封锁"，亦即不导致不动产登记簿的冻结。登记权利人虽有可能仅仅是登记上的权利人，而非真实的权利人，但对权利仍然可以处分；而异议所阻却和排除的，只是基于该项处分（交易）的善意取得。②

论其法律性质，异议既非"登记权利"的一项负担，也不是对登记权利人处分该项权利的绝对的或相对的限制，而是对一项在不动产登记簿中可能是不正确体现的，或者根本就未体现的物权的临时性保护。若嗣后证实不动产登记簿一直是正确的，则异议自始就丧失意义。故而，也就"不存在针对异议的异议"③。按照《民法典》第220条第2款、《不动产登记暂行条例实施细则》第81条的规定，利害关系人认为不动产登记簿记载的事项错误，权利人不同意更正的，利害关系人可以申请异议登记。利害关系人申请异议登记的，应当提交下列材料：（1）证实对登记的不动产权利有利害关系的材料；（2）证实不动产登记簿记载的事项错误的材料；（3）其他必要材料。《不动产登记暂行条例实施细则》还规定，不动产登记机构受理异议登记申请的，应当将异议事项记载于不动产登记簿，并向申请人出具异议登记证明（第83条第1款）。

（二）异议登记与预告登记的运用领域

需要指出，异议登记制度也适用于预告登记的领域。其道理在于，异议的目的，旨在对真实的不动产物权予以保护。在对预告登记有善意取得的可能时，预告登记得视同为一项物权。例如，甲在不动产登记簿中被不正确地登记为所有权人。甲将该不动产出卖给乙，并同意为乙做一项预告登记。乙为恶意，明知真实权利人丙对该不动产享有所有权。在乙将该不动产让与丁时，若依通说，则丁可善意取得该不动产物权。按照通说的逻辑，此时就必须允许登记一项为丙的利益而针对该预告登记的异议。④

（三）对异议登记的限制

如同上述，异议登记对真实的权利人的保护应当是临时性的，因为它同时也给不动产交易造成了一种不稳定的状态。为使因异议登记所带来的不稳定状态早日恢复正常，法律必须对异议登记的有效期间作出限制。于是，《民法典》第

---

①②③　［德］鲍尔/施蒂尔纳：《德国物权法》（上册），张双根译，北京，法律出版社2004年版，第378、379~380、366页。

④　转引自［德］鲍尔/施蒂尔纳：《德国物权法》（上册），张双根译，北京，法律出版社2004年版，第368~369页。

220 条第 2 款规定，登记机构予以异议登记的，申请人在异议登记之日起 15 日内不起诉的，异议登记失效。《不动产登记暂行条例实施细则》规定，异议登记申请人应当在异议登记之日起 15 日内，提交人民法院受理通知书、仲裁委员会受理通知书等提起诉讼、申请仲裁的材料；逾期不提交的，异议登记失效（第 83 条第 2 款）。异议登记失效后，申请人就同一事项以同一理由再次申请异议登记的，不动产登记机构不予受理（第 83 条第 3 款）。

之所以作此限制，是因为申请人在异议登记之日起 15 日内不起诉，表明他不积极行使其权利，法律没有特别加以保护的必要，也避免进一步影响登记簿记载的权利人的利益和正常的交易秩序。① 尽管如此，异议登记因《民法典》第 220 条第 2 款规定的事由失效后，当事人提起民事诉讼，请求确认物权归属的，应当依法受理。异议登记失效不影响人民法院对案件的实体审理（《物权编司法解释（一）》第 3 条）。

（四）异议登记的法律效果

异议登记的法律效果之一是，不动产登记簿的公信力被击破，在不动产登记簿记载有异议的情况下，交易相对人不能善意取得异议指向的不动产物权。当然，若证实不动产登记簿的内容正确，则交易相对人仍取得该项权利，该异议自始失去其意义。异议登记的法律效果之二是，中止不动产登记簿的权利正确性推定的效力。②

异议登记期间，不动产登记簿上记载的权利人以及第三人因处分权利申请登记的，不动产登记机构应当书面告知申请人该权利已经存在异议登记的有关事项。申请人申请继续办理的，应当予以办理，但申请人应当提供知悉异议登记存在并自担风险的书面承诺（《不动产登记暂行条例实施细则》第 84 条）。

异议登记不当（异议登记不成立），造成权利人损害的，权利人可以向申请人请求损害赔偿（《民法典》第 220 条第 2 款）。

（五）更正登记是否为异议登记的前置程序？

就《民法典》第 220 条第 2 款前段关于"不动产登记簿记载的权利人不同意更正的，利害关系人可以申请异议登记"的文义观察，容易得出更正登记是异议登记的前置程序的结论，但如此解释弊多利少，如有时无法满足利害关系人径直申请异议登记的要求，有时迂回曲折，增加成本，等等，不如将《民法典》第

---

① 胡康生主编：《中华人民共和国物权法释义》，北京，法律出版社 2007 年版，第 60 页。

② ［德］鲍尔/施蒂尔纳：《德国物权法》（上册），张双根译，北京，法律出版社 2004 年版，第 369～370 页。

220条第2款的规定理解为仅仅是列举了异议登记启动的一种情况，而非涵盖了全部的先决条件。全面总结利害关系人的申请与更正登记和异议登记之间的关系，应当有如下类型：（1）利害关系人径直申请异议登记，无须更正登记，如利害关系人的认识错误，登记的权利状态与真实的权利关系相符；（2）利害关系人申请更正登记，无须异议登记，如登记名义人书面同意利害关系人关于更正登记的申请，登记机构办理完毕更正登记；（3）利害关系人径直申请异议登记，异议成立，需要办理更正登记；（4）利害关系人申请更正登记，不动产登记簿记载的权利人不同意更正的，利害关系人可以申请异议登记；异议成立，办理更正登记。

第二百二十一条

当事人签订买卖房屋的协议或者签订其他不动产物权的协议，为保障将来实现物权，按照约定可以向登记机构申请预告登记。预告登记后，未经预告登记的权利人同意，处分该不动产的，不发生物权效力。

预告登记后，债权消灭或者自能够进行不动产登记之日起九十日内未申请登记的，预告登记失效。

本条主旨

本条是关于预告登记的规定。

相关条文

《物权法》第20条　当事人签订买卖房屋或者其他不动产物权的协议，为保障将来实现物权，按照约定可以向登记机构申请预告登记。预告登记后，未经预告登记的权利人同意，处分该不动产的，不发生物权效力。

预告登记后，债权消灭或者自能够进行不动产登记之日起三个月内未申请登记的，预告登记失效。

《物权编司法解释（一）》第4条　未经预告登记的权利人同意，转移不动产所有权，或者设定建设用地使用权、居住权、地役权、抵押权等其他物权的，应当依照民法典第二百二十一条第一款的规定，认定其不发生物权效力。

第5条　预告登记的买卖不动产物权的协议被认定无效、被撤销，或者预告登记的权利人放弃债权的，应当认定为民法典第二百二十一条第二款所称的"债权消灭"。

理解与适用

一、预告登记的概念

预告登记，是指为保全旨在使物权于未来发生变动的债权所为的登记，以及个别情况下保全尚未本登记的物权所为的预备登记。

在临时性担保手段这点上，预告登记与异议具有相似性，但在原则上它们还是有区别的：异议所指向的，为不动产登记簿的正确性，保护真正权利人免受登记权利人处分该不动产的侵害；相反，预告登记并不反对不动产登记簿的正确性，而是包含着对一项将来物权变动的预告，并保护债权请求权人免受真正权利人处分该标的物的妨害，或强化某些物权的效力。因此可以说，"预告登记旨在预告"（Die Vormerkung prophezeit），即在不动产登记簿上预告一项将来的物权变动，或一种将要效力齐备的物权；而"异议乃进行抗议"（Der Widerspruch protestert），即针对不动产登记簿的正确性。不过，在个案中，预告登记与异议，何者为合适的法律救济手段，颇难抉择。故而，应当允许这两种救济手段并用，或者二者可以互相转换。[①]

不过，预告登记和异议登记在功能和制度设计上毕竟存在很多的不同：（1）预告登记在于保全引发不动产物权得丧、变更、消灭的债权，而异议登记在于保全登记订正请求权；（2）二者的效力有所不同，预告登记后所为的登记若与之抵触则归于无效，而异议登记则在有理由时其后的登记才归于无效，反之则属有效；（3）预告登记本身有公信力，第三人得善意受让，而异议登记无公信力可言，无法善意取得。但由于二者同出一源，故而也存在较多的相同点：（1）二者均属于预备登记，均具暂时性；（2）二者均属保全登记，目的都在于确保登记权利人的权利得以实现，并均具有阻止登记公信力的作用；（3）二者均属限制登记，都是通过对登记名义人处分权之限制而达到保全登记权利人权利的目的。[②]

预告登记的意义巨大，为债权向物权的转化提供了顺畅的通道，德国学说认为，预告登记具有担保以物权变动为内容的债法上的请求权的功能，它是一种临时性担保手段，同时，其本身的效力具有物权性质[③]；在中国，它还为强

[①③]　［德］鲍尔／施蒂尔纳：《德国物权法》（上册），张双根译，北京，法律出版社 2004 年版，第 420、419 页。

[②]　参见卢佳香：《预告登记之研究》，台湾辅仁大学硕士学位论文（1995），第 212～214 页；张龙文：《民法物权实务研究》，台北，汉林出版社 1977 年版，第 170～171 页；李昊、常鹏翱、叶金强、高润恒：《不动产登记程序的制度建构》，北京，北京大学出版社 2005 年版，第 430 页。

化某些效力不够强大的物权的效力提供了一种途径，是本登记得以展开的准备阶段。

二、预告登记所保全的权利

预告登记所保全的，大多数为引起物权变动的债权，少数情况下有物权。兹示例如下：（1）买受人甲和出卖人开发商乙签订了 A 商品房预售合同，甲请求开发商乙移转 A 商品房的占有和所有权的债权（《民法典》第 221 条第 1 款、《不动产登记暂行条例实施细则》第 85 条第 1 款第 1、2 项）。（2）开发商甲和自然资源管理部门乙签订了 A 宗建设用地使用权出让合同，甲请求自然资源管理部门乙移转 A 宗建设用地使用权的债权（《民法典》第 221 条第 1 款）。（3）房屋买卖、互易、赠与等引发所有权转让场合，受让人请求转让人移转房屋所有权的债权（《不动产登记暂行条例实施细则》第 85 条第 1 款第 1、2 项）。（4）以预购商品房设立抵押权的场合，债权人固然可以径直请求办理抵押登记，一般说来，其法律效果也最为理想，但若因种种原因不便、不易或不宜办理抵押登记的，允许债权人请求办理预告登记，不失为一种较好的选择。于是，以预购商品房设立抵押权的场合，《不动产登记暂行条例实施细则》允许当事人申请办理预告登记（第 85 条第 1 款第 3 项）。（5）以房屋设立抵押权的场合，债权人请求抵押人办理抵押登记的债权（《不动产登记暂行条例实施细则》第 85 条第 1 款第 3 项）。在具备办理抵押登记的情况下，债权人固然可以径直请求办理抵押登记，法律效果也最为理想。但如果尚不具备办理抵押登记的条件，允许债权人请求办理预告登记，显然是最佳的方案。（6）土地承包经营权、土地经营权、地役权等物权设立的场合，设立合同附有停止条件或始期，设立合同生效，土地承包经营权等物权尚不能即时产生。在这种情况下，允许当事人申请办理预告登记，应为上策（《民法典》第 221 条第 1 款）。（7）土地承包经营权、土地经营权、地役权等物权设立的场合，即使设立合同生效即产生了物权，但由于办理本登记的条件尚不具备等原因，物权人愿意办理预告登记，法律没有必要予以反对，况且依据《民法典》第 221 条第 1 款关于"其他不动产物权的协议"的文义进行解释，也不能排除此类预告登记。

[引申]

在预告登记的客体为债权请求权的情况下，预告登记重在保全债权，反过来，它在成立和存续上，也要依附于债权而存在，如同抵押权与被担保债权的相互关系一样，预告登记也随债权请求权的转让而让与新的权利人。这告诉我们，适当的债权是预告登记存续的前提条件。此处所谓"适当的债权"，必须是能够引发具有登记能力的不动产物权变动的债权，如不动产所有权移转请求权、设立抵押权的请求权、变更不动产物权内容的请求权等。① 同时，我们也应看到，就债权请求权与物"权"的联系（附随性）而言，预告登记与抵押权在目的上不同：抵押权赋予债权人——在基于被担保的金钱债权而产生的请求权之外——一项变价权；而预告登记的功能在于，在第三人于预告登记之后取得权利，并因此妨害通过预告登记所保护的物权变动请求权时，预告登记可针对该第三人，使该请求权实现其物权变动的内容。②

三、预告登记的程序

有权申请办理预告登记的人，即预告登记权利人，是上述法律关系中的权利人，除为强化某些物权效力的预告登记之外，所谓权利人即为被担保债权的债权人。所谓被担保债权的相对人，除为强化某些物权效力的预告登记之外，须为因预告登记而被涉及的权利人或其继承人。也就是说，实体法律关系中的权利人地位与预告登记上的权利人地位必须一致，而债务人与因预告登记而受有负担的权利的权利人必须同一。但这并不排除为第三人利益合同的受益人可通过预告登记获得保护，因为该受益人有"请求给付"的权利。③ 例如，买受人甲和出卖人开发商乙签订了 A 商品房预售合同，甲是预告登记权利人，乙是被担保债权的相对人，也是实体法律关系中的债务人。再如，开发商甲和自然资源管理部门签订了 A 宗建设用地使用权出让合同，甲为预告登记权利人，自然资源管理部门是被担保债权的相对人，也是实体法律关系中的债务人。

《不动产登记暂行条例实施细则》规定，申请预购商品房的预告登记，应当提交下列材料：（1）已备案的商品房预售合同；（2）当事人关于预告登记的约定；（3）其他必要材料（第 86 条第 1 款）。预售人和预购人订立商品房买卖合同后，预售人未按照约定与预购人申请预告登记，预购人可以单方申请预告登记（第 86 条第 2 款）。预购人单方申请预购商品房预告登记，预售人与预购人在商品房预售合同中对预告登记附有条件和期限的，预购人应当提交相应材料（第

---

① 李昊、常鹏翱、叶金强、高润恒：《不动产登记程序的制度建构》，北京，北京大学出版社 2005 年版，第 431 页。

② ［德］鲍尔/施蒂尔纳：《德国物权法》（上册），张双根译，北京，法律出版社 2004 年版，第 419 页。

③ ［德］鲍尔/施蒂尔纳：《德国物权法》（上册），张双根译，北京，法律出版社 2004 年版，第 422～423 页。

86 条第 3 款）。申请预告登记的商品房已经办理在建建筑物抵押权首次登记的，当事人应当一并申请在建建筑物抵押权注销登记，并提交不动产权属转移材料、不动产登记证明。不动产登记机构应当先办理在建建筑物抵押权注销登记，再办理预告登记（第 86 条第 4 款）。申请不动产转移预告登记的，当事人应当提交下列材料：（1）不动产转让合同；（2）转让方的不动产权属证书；（3）当事人关于预告登记的约定；（4）其他必要材料（第 87 条）。抵押不动产，申请预告登记的，当事人应当提交下列材料：（1）抵押合同与主债权合同；（2）不动产权属证书；（3）当事人关于预告登记的约定；（4）其他必要材料（第 88 条）。

《不动产登记暂行条例实施细则》规定，预告登记未到期，有下列情形之一的，当事人可以持不动产登记证明、债权消灭或权利人放弃预告登记的材料，以及法律、行政法规规定的其他必要材料申请注销预告登记：（1）预告登记的权利人放弃预告登记的；（2）债权消灭的；（3）法律、行政法规规定的其他情形（第 89 条）。

[探讨]

若就《民法典》第 221 条第 1 款的规定作反面推论，商品房买卖、建设用地使用权转让等合同未约定预告登记的事项，登记机构可以拒绝债权人关于办理预告登记的申请。但如此解释，在开发商、自然资源行政管理部门拒绝在合同中约定预告登记的事项场合，买受人、受让人就无法利用预告登记制度使自己免遭损害。有鉴于此，为了更好地保护买受人、受让人的合法权益，笔者提出如下救济路径：（1）有关部门在审查商品房预售、销售、建设用地使用权出让等合同时，发现欠缺允许买受人、受让人请求预告登记的条款的，有权也有义务加以补充；（2）在商品房预售等合同为格式合同且载有限制预告登记的条款场合，当事人可以援用《民法典》第 497 条后段的规定，主张限制请求预告登记的条款无效；（3）在商品房预售等合同欠缺预告登记的约定场合，当事人就有无预告登记的请求权发生纠纷时，主审法官有权认定合同存在着漏洞，将预告登记的条款补充入合同当中。

四、预告登记的效力

1. 债权一经预告登记就具有否定其后于债权标的物上成立的物权的效力，未经预告登记的权利人同意，出卖人或转让人处分该不动产的，不发生物权效力（《民法典》第 221 条第 1 款），准确地说，是不发生物权变动的效力。例如，买受人甲就其请求开发商乙移转 A 商品房所有权的债权办理了预告登记之后，开发商乙把 A 商品房出卖与丙或抵押于丁银行，即使办理了过户登记手续或抵押登记手续①，也不发生 A 商品房所有权的转移，A 商品房抵押权亦不设立。在这方面，《物权编司法解释（一）》第 4 条已经明确：未经预告登记的权利人同意，转移不动产所有权，或者设定建设用地使用权、居住权、地役权、抵押权等其他物权的，应当依照《民法典》第 221 条第 1 款的规定，认定其不发生物权变动的效力。

预告登记具有限制出卖人或转让人继续处分所保全债权的标的物的效力，已如上述。在预告登记之后，出卖人或转让人将保全债权的标的物出租与他人，能否对抗租赁权？连所有权、抵押权、建设用地使用权都能对抗，举重以明轻，租赁权也能对抗。

[探讨]

就文义看，《民法典》第 221 条第 1 款的规定，只是言及出卖人、转让人或抵押人处分该不动产并"不发生物权效力"，没有明确商品房买卖合同、转让合同或抵押合同等合同无效。鉴于《民法典》已经将物权变动与其原因行为（买卖等合同）加以区分，两者的有效要件有所不同（第 215 条等），我们应当采取商品房买卖、建设用地使用权转让、抵押合同等合同不因未经预告登记的权利人同意而无效的态度，只要商品房买卖、建设用地使用权转让、抵押等合同不存在《民法典》第 146 条第 1 款、第 153 条和第 154 条规定的无效原因，不存在第 147 条、第 148 条、第 149 条、第 150 条和第 151 条规定的效力待定的原因，或虽然存在着第 54 条规定的可撤销的原因，但撤销权人不予撤销，此类合同就应当有效，不受预告登记的权利人是否同意其后发生的物权设立或转让的影响。当然，此类合同会因预告登记的权利人不同意其后发生的物权设立或转让而成为不能履行，出卖人、转让人或抵押人向买受人、受让人或抵押权人承担违约责任。

不同的思路则是，买卖合同、转让合同或抵押合同的效力属于相对无效的范畴，已经办理预告登记的权利人认可出卖人、转让人或抵押人的处分行为的，买卖合同、转让合同或抵押合同有效；反之，则无效。②

笔者认为，这不失为一种路径，只是欠缺现行法上的依据。在解决某个民法问题或处理某件民法案件，可有两种以上的方案时，有的方案具有现行法上的依据，有的方案欠缺现行法上的依据，宜采取拥有现行法依据的方案。

---

① 按照中国现行的抵押登记规则，就某不动产办理了预告后，登记机构不应再为他人办理所有权、建设用地使用权、抵押权的本登记。但不排除预告登记没有记载于不动产登记簿之上的可能，以及个别工作人员违法地为他人办理本登记的情况。

② 中国人民大学法学院教授王轶博士于 2007 年 11 月 3 日在由中国人民大学法学院、中国国际经济贸易仲裁委员会联合举办的"第二期仲裁员高级研修班"的讲座中持此观点。

2. 物权一经预告登记就强化了自身的法律效力，能够对抗第三人。第三人很难以不知也不应知某特定标的物上存在着物权为由予以抗辩。

对《民法典》第 221 条第 1 款作反面推论，可以得出结论：在出卖人或转让人处分已经预告登记的债权的标的物场合，预告登记的权利人同意的，发生物权变动的效力。

3. 在不动产预告登记生效期间，未经预告登记的权利人书面同意，处分该不动产权利申请登记的，不动产登记机构应当不予办理（《不动产登记暂行条例实施细则》第 85 条第 2 款）。预告登记后，债权未消灭且自能够进行相应的不动产登记之日起 3 个月内，当事人申请不动产登记的，不动产登记机构应当按照预告登记事项办理相应的登记（《不动产登记暂行条例实施细则》第 85 条第 3 款）。

4. 在预告登记和本登记均已办理且日期不同的情况下，物权变动的时间点以何者为准？有观点认为，预告登记保全的债权因履行而转化为物权时，该物权的顺位依据登记时间予以确定，而不依其产生时在登记簿中记载的时间为准。①《担保制度司法解释》第 52 条第 1 款后段接受了这种观点，明确规定：在已经办理建筑物所有权首次登记，且不存在预告登记失效等情况下，抵押权自预告登记之日起设立。在利益衡量的层面审视，这具有一定的优势：（1）在尚未完成本登记的场合，遇有征收补偿，已经申请预告登记的买受人/受让人有权取得补偿款；（2）在尚未完成本登记的场合，作为交易标的物的不动产受到不法侵害，已经申请预告登记的买受人/受让人有权请求侵权行为人承担侵权责任；（3）在出卖人/转让人进入破产程序，公告申报破产债权，此时尚未完成本登记的预告登记申请人借助本登记完成时将不动产物权取得的时间点推进到预告登记之时之利，可将该不动产剥离出破产财产的名录。

当然，这种观点也有不利于预告登记申请人之处：在尚未完成本登记的场合，不可抗力摧毁了作为交易标的物的不动产，该风险由已经申请预告登记的买受人/受让人承担。

从体系解释的角度出发，下述观点更符合逻辑：由于《民法典》第 221 条未就此点明确规定，第 214 条却明定"不动产物权的设立、变更、转让和消灭，依照法律规定应当登记的，自记载于不动产登记簿时发生效力"，未设但书，我们应当采取物权变动的时间点以本登记为准的立场。就是说，在《民法典》上，预告登记不具有顺位效力，除非存在《担保制度司法解释》第 52 条第 1 款后段规

---

① 李昊、常鹏翱、叶金强、高润恒：《不动产登记程序的制度建构》，北京，北京大学出版社 2005 年版，第 432 页。

定的情形。

五、预告登记的失效

预告登记对其保全的债权具有依附性，随着债权状态的改变而变动。当债权转让或消灭时，预告登记随之转让或消灭。债权消灭或自能够进行不动产登记之日起 90 日内未申请登记的，预告登记失效（《民法典》第 221 条第 2 款）。

如果上述债权或物权自始即不存在，则即使已为登记，预告登记也不成立。如果上述权利嗣后消灭，则预告登记也随之消灭。在这两种情况中，不动产登记簿为不正确。①《民法典》第 221 条第 2 款前段使用的术语是，预告登记后债权消灭的，预告登记失效。笔者认为，如此规定确有道理：因为债权不复存在，《民法典》第 221 条第 1 款规定的预告登记，其本意就是要强化债权的效力，预告登记便失去了目的及意义，所以，预告登记失效合乎逻辑。对于此处所谓债权消灭，《物权编司法解释（一）》第 5 条解释谓：包括买卖不动产物权的协议被认定无效、被撤销，或者预告登记的权利人放弃债权诸种情形。笔者认为，如此解释亦有道理：基于法律行为而发生的物权变动，须有法律行为并生效，才会有物权变动。而且，该法律行为项下的债权是物权存续的根据。该债权存在，物权变动及其结果就巩固；该债权消灭了，物权变动的结果便无法保持，要发生不当得利返还（《民法典》第 985 条）或物的返还（《民法典》第 235 条）的结果。由此可见，债权的重要性，《物权编司法解释（一）》第 5 条的重要性。

六、实务中的问题与对策方案

1. 预告登记有效期内，尚未办理本登记时，预告登记的权利人就预告登记的对象享有优先于其他权利人的权利吗？《担保制度司法解释》第 52 条作出肯定的回答：在已经办理建筑物所有权首次登记，且不存在预告登记失效等情形的场合，预告登记权利人有权就抵押财产优先受偿（第 1 款后段）；抵押人破产申请被受理前 1 年，抵押人的财产已经办理抵押预告登记，预告登记权利人有权使其债权在受理破产申请时抵押财产的价值范围内优先受偿（第 2 款）。这注意到了抵押合同的预告登记与不动产转让协议的预告登记之间的差异，承认了抵押合同的预告登记无阻止标的物流转的效力，甚至具有效力顺序。经过本登记的抵押权尚且不阻止就同一个抵押物重复设立抵押权，无禁止转让抵押物的效力，预告登

① ［德］鲍尔/施蒂尔纳：《德国物权法》（上册），张双根译，北京，法律出版社 2004 年版，第 426 页。

记的抵押就更不应阻止重复抵押和抵押合同项下之物的转让。① 抵押预告登记之外的场合也是如此吗？笔者认为，依《民法典》第221条第1款的文义和规范意旨，预告登记的效力在于阻止他人取得预告登记对象的所有权、抵押权等物权，并无使预告登记的权利人自预告登记时起取得物权的效力，除非办理完毕本登记。就此说来，只要就预告登记的对象没有办理完毕本登记，预告登记的权利人就预告登记的对象不享有优先于其他权利人的权利。

2. 预告登记有效期内没有办理本登记，预告登记失去效力后，预告登记的权利人就预告登记的对象能够优先于其他权利人办理本登记，取得该对象的物权吗？回答是否定的，因为预告登记失效后，预告登记的权利人就预告登记的对象享有的权利至多与他人享有的处于平等地位，不会享有优先权。

3. 预告登记能否对抗人民法院查封预告登记的债权的标的物A楼？能否对抗人民法院的强制执行？

这是个迂回曲折的思维课题。一方面，《民法典》第221第1款并未赋予预告登记对抗公权力查封A楼的法律效力，加之公权力的优势效力以及A楼出卖人甲的债权人丙应受保护，因此，预告登记无力对抗人民法院对于A楼的查封；另一方面，人民法院查封A楼的目的是什么？应该是通过司法拍卖，以A楼的变价履行甲所欠丙的债务，或迫使该甲以包括以A楼抵偿丙的债权等方式向申请查封A楼的丙清偿债权。于是，问题来了，假如以A楼抵偿丙的债权，便是处分A楼，使得A楼的所有权归属于丙，这就违背了《民法典》第221条第1款的规范意旨及法律效力，不应被承认；假如通过司法拍卖，以A楼的变价履行甲所欠丙的债务，拍定人丁同样不应取得A楼的所有权，不然，依然违背《民法典》第221条第1款的规范意旨及法律效力。既然丙也好，他人也罢均不可取得A楼的所有权，还允许人民法院查封A楼，进而允许人民法院拍卖A楼，不就都是没有实效的浪费吗？甚至阻碍经济流转。与其如此，莫不如不允许人民法院查封预告登记的债权的标的物A楼（当然，亦不宜绝对禁止人民法院查封A楼）。再者，不承认丙以A楼抵偿债权，不承认拍定人丁取得A楼的所有权，也就意味着不承认对A楼的强制执行，换言之，预告登记具有对抗强制执行预告登记的债权的标的物的效力。

如此说来，丙的债权就完全不受法律保护了吗？答案是：也不可如此认识问

---

① 中国政法大学教授刘家安博士于2021年1月28日在北京市物权法学研究会举办的"第三届产权保护法治论坛：《最高人民法院关于适用〈中华人民共和国民法典〉有关担保制度的解释》研讨会"上发表了这种观点，谨致谢意！

题，而应承认如下方案：其一，在预告登记的申请人乙尚未付清价款时，丙有权就该笔价款主张其债权。由于 A 楼已被查封，依照民事诉讼法关于"先下手为强"的理念及程序，丙优先于未对甲主张债权的其他债权人的债权受偿。其二，在预告登记的申请人乙已经付清 A 楼的价款的场合，丙不得请求人民法院查封 A 楼。

既然连人民法院的查封预告登记都能对抗，举轻以明重，预告登记也能对抗人民法院的强制执行。对此，有理论曰："对预告登记之被保护者来说，强制执行行为亦不生效力。"①

但须注意，按照《民法典》第 221 条第 2 款的规定，预告登记效力的存续为 90 日，该期限届满，预告登记失去效力；再就是保护的债权消灭时，预告登记也失去效力。在预告登记失去效力的情况下，申请查封债权的标的物 A 楼就没有法律障碍了。

4. 甲公司把登记在其名下的 A 楼出卖于乙，乙申请办理了预告登记，只是尚未前进到本登记。此时，丙举证成功 A 楼应为其所有（如 A 楼所在地的国有建设用地使用权归丙享有、以丙的名义申请领取的建筑规划许可证和建设工程施工许可证等），援用《民法典》第 220 条第 1 款的规定，向不动产登记机构申请更正登记，以消除登记错误。观察《民法典》第 221 条第 1 款的文义，预告登记没有阻止真实的物权人丙申请更正登记的效力，在甲公司书面同意更正登记的情况下，不动产登记机构有义务予以更正登记。于此场合，丙有无权利否定预告登记的效力，拒绝将 A 楼实际出卖于乙？第一种思路是：乙对 A 楼享有的债权已经甲公司的同意办理完毕预告登记，即使 A 楼的所有权尚未登记在乙的名下，现已知悉 A 楼归属于丙，甚至 A 楼已被更正登记在丙的名下，乙仍然有权请求丙同意将 A 楼过户登记在乙的名下，丙无权拒绝。② 其理论依据是预告登记的担保效力："对被保护者来说，其请求权之债务人仍为权利人；被保护者得向该债务人，请求为实现其权利所必需的物权意思表示（比如《民法典》第 873 条第 1 款之物权合意、《民法典》第 925 条之土地所有权让与合意）。但由于取得人已登记于登记簿之中，故取得人须同意为实现被保护之请求权所必要之登记（《民法典》第 888 条）。"③ 第二种思路是：该问题的解决涉及两个法律制度：一是预告登记的效力，二是善意取得制度。在中国现行法上，《民法典》第 221 条第 1 款规定的预告登记的效力有二：其一，否定其后于债权标的物上成立的物权的效

---

①②③　[德] 鲍尔/施蒂尔纳：《德国物权法》（上册），张双根译，北京，法律出版社 2004 年版，第 434、445～446、432 页。

力，未经预告登记的权利人同意，出卖人或转让人处分该不动产的，不发生物权效力；其二，物权一经预告登记就强化了自身的法律效力，能够对抗第三人。不难发现，预告登记无强制 A 楼的所有权人必须将 A 楼的所有权移转给乙的效力，尤其是无强制丙必须将 A 楼的所有权移转给乙的效力，因为甲公司把 A 楼出卖与乙是违背真正的所有权人丙的意思的，在丙特别需要 A 楼自用或 A 楼的售价偏低的情况下还损害了丙的合法权益。再从善意取得制度方面分析：尽管乙对 A 楼享有的债权已经办理完毕预告登记，但 A 楼业经更正登记程序已被登记在丙的名下，这意味着甲公司当初将 A 楼出卖与乙属于无权处分，乙若想取得 A 楼的所有权，把预告登记前进到本登记，必须适用善意取得制度，即满足《民法典》第 311 条第 1 款的要求。因为此时 A 楼尚未移转登记在乙的名下，预告登记无强制丙必须将 A 楼的所有权移转给乙的效力，所以，只要丙不同意办理该移转登记，不提交办理移转登记所需要的材料，就欠缺《民法典》第 311 条第 1 款第 3 项所要求的移转登记这项善意取得的要件。如果 A 楼的售价偏低，也欠缺《民法典》第 311 条第 1 款第 2 项所要求的价格合理这项善意取得的要件。既然欠缺成立要件，乙也就不能善意取得 A 楼的所有权。笔者认为这后一种思路更符合中国现行法的规定。

其实，按照德国民法的物权行为规则及理论衡量第一种思路，也并非没有疑问，因为甲公司和乙签订 A 楼买卖合同之时可能有物权合意，也可能没有物权合意，而且此类情形绝非鲜见。在后者的背景下，事情演进至 A 楼的所有权已被更正登记在丙的名下这个阶段，丙坚决不同意和乙形成 A 楼所有权移转的物权合意，也随之不同意协助乙办理 A 楼所有权的移转登记。如此，没有 A 楼所有权移转的物权行为，何谈 A 楼所有权被乙取得?! 就是说，即使在德国民法上，第一种思路存在着逻辑、理论上的障碍。

在乙不能善意取得 A 楼的所有权的前提下，乙因此遭受的损失如何偿付？由于 A 楼买卖合同非丙所签，有权基于所有权神圣捍卫其 A 楼的所有权，又无因此获取不当利益，因而丙对乙不承担损害赔偿责任。由于这种局面全因甲公司的原因所致，甲公司有义务赔偿乙的损失。在这里，乙的请求权基础是什么？如果适用《民法典》第 597 条第 1 款的规定，那么，A 楼买卖合同不因甲公司无权处分而归于无效，若无《民法典》第 146 条第 1 款、第 153 条、第 154 条规定的无效原因，那么，A 楼买卖合同有效。如此，加上丙拒绝移转 A 楼的所有权，乙可基于《民法典》第 577 条的规定请求甲公司承担违约损失赔偿。

上述案型中的情形，改变其中一种，即甲公司拒绝同意丙更正登记的请求。于此场合，丙可以援用《民法典》第 220 条第 2 款前段的规定，申请异议登记。

登记机构予以异议登记的，申请人在异议登记之日起 15 日内又起诉。操作的结果是，不动产登记机构注销甲公司对 A 楼的所有权，将 A 楼的所有权登记在丙的名下。在这样的背景下，甲公司、乙和丙之间的相互关系，与上文所述更正登记下的结论相同，不再重述。

第二百二十二条

当事人提供虚假材料申请登记，造成他人损害的，应当承担赔偿责任。

因登记错误，造成他人损害的，登记机构应当承担赔偿责任。登记机构赔偿后，可以向造成登记错误的人追偿。

本条主旨

本条是关于登记错误所生赔偿责任以及登记机构的追偿权的规定。

相关条文

《物权法》第 21 条　当事人提供虚假材料申请登记，给他人造成损害的，应当承担赔偿责任。

因登记错误，给他人造成损害的，登记机构应当承担赔偿责任。登记机构赔偿后，可以向造成登记错误的人追偿。

《不动产登记暂行条例》第 29 条　不动产登记机构登记错误给他人造成损害，或者当事人提供虚假材料申请登记给他人造成损害的，依照《中华人民共和国物权法》的规定承担赔偿责任。

第 30 条　不动产登记机构工作人员进行虚假登记，损毁、伪造不动产登记簿，擅自修改登记事项，或者有其他滥用职权、玩忽职守行为的，依法给予处分；给他人造成损害的，依法承担赔偿责任；构成犯罪的，依法追究刑事责任。

第 31 条　伪造、变造不动产权属证书、不动产登记证明，或者买卖、使用伪造、变造的不动产权属证书、不动产登记证明的，由不动产登记机构或者公安机关依法予以收缴；有违法所得的，没收违法所得；给他人造成损害的，依法承担赔偿责任；构成违反治安管理行为的，依法给予治安管理处罚；构成犯罪的，依法追究刑事责任。

第 32 条　不动产登记机构、不动产登记信息共享单位及其工作人员，查询不动产登记资料的单位或者个人违反国家规定，泄露不动产登记资料、登记信息，或者利用不动产登记资料、登记信息进行不正当活动，给他人造成损害的，依法承担赔偿责任；对有关责任人员依法给予处分；有关责任人员构成犯罪的，依法追究刑事责任。

《不动产登记暂行条例实施细则》第 103 条　不动产登记机构工作人员违反本实施细则规定，有下列行为之一，依法给予处分；构成犯罪的，依法追究刑事责任：

（一）对符合登记条件的登记申请不予登记，对不符合登记条件的登记申请予以登记；

（二）擅自复制、篡改、毁损、伪造不动产登记簿；

（三）泄露不动产登记资料、登记信息；

（四）无正当理由拒绝申请人查询、复制登记资料；

（五）强制要求权利人更换新的权属证书。

第 104 条　当事人违反本实施细则规定，有下列行为之一，构成违反治安管理行为的，依法给予治安管理处罚；给他人造成损失的，依法承担赔偿责任；构成犯罪的，依法追究刑事责任：

（一）采用提供虚假材料等欺骗手段申请登记；

（二）采用欺骗手段申请查询、复制登记资料；

（三）违反国家规定，泄露不动产登记资料、登记信息；

（四）查询人遗失、拆散、调换、抽取、污损登记资料的；

（五）擅自将不动产登记资料带离查询场所、损坏查询设备的。

理解与适用

本条是对《物权法》第 21 条的复制。此处所谓登记错误系中性概念，不含道德评价，即该概念本身不意味着登记错误可归责于登记机构。

本条第 1 款规定的是，登记错误可归责于当事人的，由该当事人承担赔偿责任。这里奉行的是过错责任原则。

本条第 2 款规定的是，不论登记错误是否可归责于登记机构，只要受害人请求该登记机构承担赔偿责任，该登记机构就有义务承担该责任；如果该登记错误实际上归责于当事人，登记机构并无过错的，登记机构承担赔偿责任之后，有权向造成登记错误之人追偿。由此看来，登记机构在为当事人的过错行为承担赔偿责任的情况下，若着眼于过错行为人与承担责任人之间的牵连，那么，登记机构所负之责属于为代负责任，或曰转成责任；若聚焦于登记机构不是为自己的过错，而是为他人的过错行为负责的视角，那么，登记机构所负之责属于无过错责任。

关于登记机构对登记错误应否承担无过错责任，意见不一。登记机构系统一直呼吁应确立过错责任原则，但不为立法机关所采纳，主要理由是登记错误的受害人处于相对弱势的地位，无过错责任原则于其有利。[①]

即使坚持此种观点，在代负责任的领域，也务请注意：在判断登记机构的赔偿责任成立时，必须以错误登记可归责于登记申请人为要件。如果错误登记不可归责于登记申请人，也不可归责于登记机构（如超级骇客攻破不动产登记簿的网络系统，篡改了不动产登记簿簿页上的有关信息），那么，登记机构不承担赔偿责任。

再者，登记机构的赔偿责任究竟属于民事赔偿还是国家赔偿？《不动产登记暂行条例》第29条规定："不动产登记机构登记错误给他人造成损害，或者当事人提供虚假材料申请登记给他人造成损害的，依照《中华人民共和国物权法》的规定承担赔偿责任。"其实，物权法管辖物权关系，不调整损害赔偿责任。此处所谓赔偿责任或者属于侵权责任法的领域，或者适用国家赔偿法。

对于登记机构的赔偿责任采取普通的民事侵权之说，因赔偿基金、保险体系尚未形成而显现出如下问题：登记机构的责任财产中无赔偿金的储备，"挪用"办公经费支付赔偿金，使登记机构难以正常办公，可能导致连锁反应，后果很严重。在错误登记所涉不动产处于巨额交易时，错误登记导致的当事人的损失可能数额巨大，登记机构不堪重负。此外，在理论自洽性方面，登记错误在中国现行法上更具行政侵权的色彩。

国家赔偿责任之说与下述情形契合：（1）多数说认为，登记机构隶属行政机关，至少是行政机关的"代理人"，登记行为系行政行为，其侵权行为属于行政侵权，由公法调整，国家赔偿为最佳选择。（2）国家赔偿设有专项资金，用于具体的赔偿处理，不影响登记机构的正常运转。（3）国家赔偿设有上限，不至于使国家负担过重。

第二百二十三条

不动产登记费按件收取，不得按照不动产的面积、体积或者价款的比例收取。

本条主旨

本条是关于不动产登记收费的确定标准的规定。

[①]　胡康生主编：《中华人民共和国物权法释义》，北京，法律出版社2007年版，第64~65页。

相关条文

《物权法》第 22 条　不动产登记费按件收取，不得按照不动产的面积、体积或者价款的比例收取。具体收费标准由国务院有关部门会同价格主管部门规定。

理解与适用

本条源自《物权法》第 22 条前段的规定，有的放矢。实务中曾经风行过按照不动产的面积、体积或者价款的比例收取，这有几点不妥：（1）登记工作的量和强度因登记事项的不同而有变化，不因被登记的不动产的面积、体积或者价款的差异而呈现明显的不同。打个比方，不动产登记，接近于承揽，而远离买卖，承揽的计费标准是劳动（技能、劳力等）的付出，而非货物的价款。（2）登记机构不是商人，不是营利性组织，而按照不动产的面积、体积或者价款的比例收费，实际上属于商业运作，这与登记机构的性质、功能不相符合。（3）按照不动产的面积、体积或者价款的比例收费，给当事人带来沉重的负担，大大增加了交易成本，这不合市场经济的内在要求。（4）在不动产抵押等领域，当事人为逃避高额收费而不申请办理抵押登记，而不登记则抵押权未设立，这明显降低了债权人的债权实现的概率。

在《物权法》（草案）的草拟和研讨过程中，多数意见认为，登记机构不是营利性组织，目前中国各地的不动产登记机构，尤其是房产登记机构，从事的登记工作一般也只是对登记申请人提供的有关材料是否符合规定的条件进行审核，在此基础上进行收费，不宜与不动产的面积、体积或者价款等因素挂钩，不宜把这些作为计费的标准。此外，有的部门提出，物权法不宜对登记收费问题作规定。有的专家也认为，登记收费的问题属于具体的程序性问题，可以由将来的不动产登记法去作规定，物权法作为民事基本法，对此可以不作规定。立法机关经研究认为，物权法关系人民群众的切身利益，为社会各方面普遍关注，对于社会生活中反映较多，与人民群众利益较为密切的问题，应当在物权法中作出适当的规定。[①] 立法机关的这种立场及观点由《物权法》固定（第 22 条），《民法典》承继（第 223 条）。

不过，《民法典》删除了《物权法》第 22 条后段所谓"具体收费标准由国务院有关部门会同价格主管部门规定"。这为具体收费标准究由狭义的"法律"予以明确还是可由法规、规章作出规定留下了空间。

---

① 胡康生主编：《中华人民共和国物权法释义》，北京，法律出版社 2007 年版，第 66～67 页。

第二节 动产交付

本节规定了基于法律行为而发生的动产物权变动以交付为生效要件的模式，把交付/占有作为动产物权变动的公示方法，并列明了交付的各种形态及其相应的法律效果。

本节也原则性地承认动产物权的变动不以交付为生效要件，以及在特殊动产的物权变动时，登记具有对抗善意第三人的效力。

第二百二十四条

动产物权的设立和转让，自交付时发生效力，但是法律另有规定的除外。

本条主旨

本条是关于基于法律行为而发生的动产物权的变动以交付为生效要件及其例外的规定。

相关条文

《民法通则》第 72 条第 2 款 按照合同或者其他合法方式取得财产的，财产所有权从财产交付时起转移，法律另有规定或者当事人另有约定的除外。

《合同法》第 133 条 标的物的所有权自标的物交付时起转移，但法律另有规定或者当事人另有约定的除外。

第 134 条 当事人可以在买卖合同中约定买受人未履行支付价款或者其他义务的，标的物的所有权属于出卖人。

第 135 条 出卖人应当履行向买受人交付标的物或者交付提取标的物的单证，并转移标的物所有权的义务。

《物权法》第 23 条 动产物权的设立和转让，自交付时发生效力，但法律另有规定的除外。

理解与适用

一、基本含义

本条所谓动产物权的设立和转让，就是动产物权的变动。所谓"动产物权的设立和转让，自交付时发生效力"，就是动产物权的变动以交付为生效要件。就本条正文的字面意思观察，似乎它普遍适用于一切类型的动产物权变动，但联系本条但书以及其他有关规定，按照体系解释和目的解释的方法，应该说本条正文之意是基于法律行为而生的动产物权变动以交付为生效要件。

不动产物权变动包括不动产物权的设立、变更、转让和消灭，《民法典》规定它们依法经由登记才发生效力（第 209 条第 1 款）。但在动产物权的变动上，《民法典》规定动产物权的设立和转让自交付时发生效力（第 224 条正文），缺少"变更"和"消灭"两种表现形式。之所以如此，是因为动产物权的消灭（如面包被吃掉、一本释评书被烧毁）、动产物权因标的物的变化（如一棵白菜只剩下芯，一辆自行车丢失了铃铛）而导致的物权内容的变化以及不动产物权内容的径直变化（如汽车因限号规定而暂时不得上路）均不涉及交付。

交付是动产物权变动的公示方法，但不是动产物权一切变动形式的公示方法，只能作为基于法律行为而发生的动产物权变动的公示方法。非基于法律行为而发生的动产物权变动不以交付为公示方法，因为以这些方式取得动产物权，或者根本不发生交付（如先占、添附），或者交付在其中不具有法律意义（如以继承方式取得动产所有权）。除交付以外，占有也是动产物权的公示方法，是享有动产物权的公示方法，是动产物权存在的外衣。一般来说，占有公示的动产物权究竟属于何种类型，宜视占有人的意思而定，以所有的意思占有动产的，其公示的物权为所有权；以行使质权的意思而占有标的物的，其公示的物权为质权；以扣留返还债务人的动产来保障债权实现的意思而占有的，其公示的物权为留置权。[①]

如果说不动产物权及其变动的公示方法为登记，且登记显示的不动产物权关系与真实的不动产物权关系大多相符合，登记错误的所占比重很少；那么，动产物权及其变动的公示方法为交付/占有，而占有所显示的动产物权关系与真实的动产物权关系不一致的比重多些。例如，甲的电脑交由乙仓库保管，或出借给丙使用，或出租给丁使用，或让与担保给戊，或遗失后被己拾到，等等。乙、丙、丁、戊、己对于该电脑的占有均非所有权的表象，但依公示规则，对于交易相对人庚来说，却推定上述诸人对该电脑享有所有权。正因如此，在进行动产交易时不得完全信赖对动产的占有，除了拍卖、超市、农贸市场等特殊场合外，交易相对人进行尽职调查是必要的。与此相关，动产的善意取得在构成要件方面相对严格些。

---

① 梁慧星、陈华彬：《物权法》（第 2 版），北京，法律出版社 2003 年版，第 84～85 页。

本条所谓法律另有规定的除外，有两层意思：一是指非基于法律行为而生的动产物权变动不以交付为生效要件，二是指某些基于法律行为而生的动产物权变动，如海上运输的指示单证，是以记名背书或空白背书为生效要件的（《海商法》第79条第2项），而不以交付为生效要件。还有，动产抵押权的设立也不需要交付抵押物（《民法典》第403条等）。

[延伸]

有必要指出，《民法典》未再沿袭《合同法》第133条后段关于"当事人另有约定的除外"的债权意思主义的思想，仅仅保留了"法律另有规定……除外"的但书，明文规定动产物权的变动以交付为生效要件（第224条正文），动产质权以交付质押财产为生效要件（第429条），只有动产抵押权除外（第403条等）。这引发一个问题：在特定物买卖场合，当事人双方没有遵循《民法典》第224条等规定实施交易，而是约定该买卖物的所有权自买卖合同生效时移转。该项约定能否发生法律效力？回答这个问题，离不开确定《民法典》第224条正文、第116条等有关规定是否为强制性规定，以及物权法定主义是否含有物权公示的内容。

笔者认为，《民法典》第224条正文等关于"动产物权的设立和转让，自交付时发生效力"规定，并非强制性规定。其理由有三。

首先，《民法典》之所以没有复制《合同法》第133条后段关于"当事人另有约定的除外"的但书，重在维护《民法典》第209条第1款、第214条正文关于不动产所有权甚至不动产他物权的移转须以登记为生效要件的强制性规定，以及第216条第1款关于公信力的强制性规定，防止当事人通过约定建筑物、构筑物及其附属设施的所有权自买卖、互易、赠与等合同生效时转移，来规避《民法典》的上述规定，并无坚决否认特定动产的所有权可以自买卖、互易、赠与等合同生效时移转之意。

其次，也是更为重要的是，虽然物权及其变动的公示关乎众人的利益，但因善意取得等制度的存在，当事人双方约定特定物买卖的所有权移转时间点，也不会损及善意的交易相对人的合法权益，所以，不把《民法典》第224条正文等关于动产物权变动的公示要求划入强制性规定的范围，就并非强词夺理。

最后，联系现行法关于基于法律行为的动产物权变动的下述规定，在整体上把握，《民法典》第224条正文等关于"动产物权的设立和转让，自交付时发生效力"的规定并非强制性规定的结论，就更加显现出道理：（1）《民法典》第641条允许买卖物的所有权保留，变更了《民法典》第224条正文的规定；

（2）《民法典》第227条承认了指示交付、第228条承认了占有改定，都变通了典型的交付形态。我们可以将之理解为在实质上修正了交付为动产物权变动的生效要件的模式。此外，《民法典》第333条第1款和第334条关于土地承包经营权的变动不以公示为生效要件的规定、第341条关于土地经营权设立的规定以及第374条前段关于地役权的设立不以公示为生效要件的规定，也在一定意义上加强了前述结论的可信度。

既然动产物权变动在公示方面的要求可由当事人通过约定加以改变，就表明此类法律规定并非强制性规定。而法律关于物权法定主义的规定被认为是强制性规定，为了避免法律及其理论内容存在矛盾，不宜认定《民法典》第116条的规定包含公示强制的内容。由此可见，德国民法理论将物权法定主义限于类型强制和类型固定，确有道理。

总之，当事人双方若约定特定物的所有权自买卖合同生效时移转，法律就不宜否定。当事人双方若无此约定，就要完全按照《民法典》第224条正文等规定确定动产物权变动的时间点。其道理在于，相对于《合同法》第133条关于"当事人另有约定的除外"的但书，《民法典》第224条正文及第429条等规定更为理想，因为按照动产的占有或交付确定动产物权的状态，更加符合物权及其变动的公示原则及其规范意旨；尽量使真实的物权关系与外观所表征的物权关系相一致，也与公信原则的创设前提之一相契合；在法律部门的分工方面，物权变动应由《民法典》"第二编　物权"而非《民法典》"第三编　合同"予以规范，在物权变动方面，《民法典》"第二编　物权"为"特别法"。

［探讨］

有人认为，《民法典》第224条关于"但是法律另有规定的除外"的但书，包括《民法典》第320条规定的"主物转让的，从物随主物转让，但是当事人另有约定的除外"。其意在说，从物为动产场合，在主物的所有权已经移转的情况下，从物无须交付便移转所有权。对此，笔者不敢苟同，因为基于一物一权主义，主物和从物系两个物，每个物上各存在着一个所有权，其物权变动的法律行为仍应个别为之，始能生物权变动的效力，亦即从物为不动产或动产时，应分别为登记或交付，并非因主物（无论是不动产或动产）物权已经变动，其效力即可及之。① 此其一。假如不遵循上述规则，而认为从物无须交付便移转所有权，就意味着主物所有权的变动按照基于法律行为的物权规则变动处理，而从物所有权

① 谢在全：《民法物权论》（上册），台北，三民书局有限公司2003年修订2版，第156页；王泽鉴《民法物权·通则·所有权》（总第1册），台北，三民书局有限公司2003年8月增补版，第57页。

的变动则遵循非基于法律行为的物权变动规则处理，不够协调，缺乏美感。此其二。更为重要的是，从物所有权的变动一律不以公示为生效要件，不利于交易安全。此其三。

二、交付的概念和形态

交付，即移转占有，包括现实交付、观念交付，以及仓单等证券的交付或背书。观念交付包括简易交付、指示交付和占有改定诸形态。

此处只介绍现实交付，简易交付、指示交付和占有改定这三种交付形式在《民法典》相应的条文之处解释。

现实交付，系指对动产的事实管领力的移转，使受让人取得直接占有（《民法典》第224条等）。取得直接占有，必须基于出卖人的意思，买受人自行占有不构成交付。

随着交易形态的丰富，观念的变化，以及科学技术的发展，交付的形态继续在演变过程中，实务中出现了一些新的现象，值得注意和研讨。

其一，转让人依约将作为标的物的动产交由某特定仓库占有，应构成《民法典》第224条正文所规定的交付。例如，在灌装油、钢材、水泥等动产上设立质权，采取古典的现实交付的方式满足动产质权的设立对于交付的需要，可能会增大成本，不符合债权人的业务运营的实际，或者违拗债权人的心态。而采取债权人、出质人与第三人签订监管动产质权标的物的协议并实际履行的方式，由该第三人监控该标的物，标志着该标的物已经完成了交付，就兼顾了债权人和债务人的利益，也满足了动产质权设立的要件，值得肯定。

在实务运作中，有的是仅仅签订监管协议并实际履行，从而构成交付并进而设立动产质权；有的则复杂些，如先由第三人与出质人签订该动产的租赁合同并实际履行，实现该动产的移转占有；再由该第三人与债权人甚至加上出质人签订监管该动产的合同并实际履行，从而构成交付并进而设立动产质权。

需要指出的是，仅仅签订监管合同或者签订租赁等合同与监管合同组合，并无实际履行的事实，标的物并未移转占有，没有满足动产质权的设立要件，不应认定动产质权已经设立。

其二，作为标的物的动产原由债务人单独占有（如在债务人的仓库），现在变为由债务人和债权人共同管控（如债务人和债权人合作方可打开仓库之锁）。

其三，作为标的物的动产存放于第三人之处，现在变为第三人和债权人乃至债务人共同管控。

其四，如果共管者没有打款者，则认定该笔款项进入几家共管账户构成交付，理由较为充分。假如共管者中包括打款者，该笔款项进入几家共管账户，还构成交付吗？看法不一。否定论者认为，既然打款者也是共管者之一，就表明该笔款项仍未脱离打款者的管控，也就不好说移转了占有，因而算不上交付。肯定论者则反对这样固守形式逻辑的思维方式，主张须顺应交易形式的发展和需要，兼顾方方面面，聚焦实质，适当忽略枝节。尽管把打款者作为共管者之一，这与古典的现实交付的表现形态有点差异，致使债权人无法自由地利用该笔资金，但毕竟也隔绝了打款者与该笔资金的直接利用关系，具有保护债权人权益的一面，一俟条件具备便完全管控、自由利用该笔资金；同时这也大大降低了打款者遭遇不测的风险，符合其心理状态；为共管账户内的资金在附加有关因素后成为保证金、债权质权的标的物等法律手段提供前提和可能。

其五，动产物权业已证券化为仓单、提单等证券的，此类证券的交付或背书代替了动产的交付，从而发生动产物权的变动（参见《民法典》第 441 条但书、《票据法》第 35 条及第 80 条和《海商法》第 79 条等）。

有必要提醒，《民法典》第 441 条设有但书"法律另有规定的，依照其规定"。此处所谓法律另有规定，如《票据法》第 35 条第 2 款关于"汇票可以设定质押；质押时应当以背书记载'质押'字样。被背书人依法实现其质权时，可以行使汇票权利"的规定。这表明《民法典》区分交付与背书，未再将背书作为交付的一种特殊形态。

最后，有必要提示，交付不仅为动产所有权移转的生效要件，而且应是绝大部分动产物权变动的生效要件。例如，按照《民法典》的规定，交付质押财产是动产质权的设立要件（第 429 条），交付权利凭证是以不记名仓单等为标的物的质权设立的要件（第 441 条）。提单的交付等同于货物的交付，实现货物所有权的移转。提单的转让不仅转让单证本身，同时转让提单所代表的权利。[1]

三、假他人之手为交付

在市场经济条件下，动产的交付时常假他人之手进行，主要有三种情形：（1）经由占有辅助人为交付。例如，甲售一车给乙，由甲的司机将该车交付给乙的司机。（2）经由占有媒介关系为交付。例如，甲将一匹马寄存于乙处，出售给丙，约定由甲将该马交给驯马人丁，代为训练。乙依甲的指示将该马交付给丁时，在丁与丙之间成立占有媒介关系，丁为直接占有人，丙为间接占有人。

---

[1]　司玉琢主编：《海商法专题研究》，大连，大连海事大学出版社 2002 年版，第 68、94 页。

（3）经由被指令人为交付。例如，甲售 A 画给乙，乙转售给丙，乙请甲径直将该画交付于丙，甲同意并照办。于此场合，不能认为丙直接从甲处取得 A 画的所有权，因为丙可能不知道甲与乙之间的合同关系的性质和类型，即使为买卖合同，甲也可能保留 A 画的所有权。衡量当事人之间的利益状态，应认为移转所有权的让与合意在甲与乙、乙与丙之间分别成立。至于甲将 A 画交付给丙，应认为同时完成甲对乙的交付和乙对丙的交付。为解释这种合同关系，德国学说提出了被指令人的概念，即关于甲与乙之间的让与所有权，指令丙为交付受领人；关于乙与丙之间的让与，也指令丙为交付受领人。因而，在甲将 A 画交付给丙时，在一个"法律的瞬间时点"由乙取得所有权，再移转于丙。换言之，丙取得 A 画所有权，并非直接来自甲，而是经由乙。①

第二百二十五条

　　船舶、航空器和机动车等的物权的设立、变更、转让和消灭，未经登记，不得对抗善意第三人。

本条主旨

　　本条是关于船舶等特殊动产的物权变动以登记为对抗要件的规定。

相关条文

　　《物权法》第 24 条　船舶、航空器和机动车等物权的设立、变更、转让和消灭，未经登记，不得对抗善意第三人。

　　《海商法》第 9 条第 1 款　船舶所有权的取得、转让和消灭，应当向船舶登记机关登记；未经登记的，不得对抗第三人。

　　第 10 条　船舶由两个以上的法人或者个人共有的，应当向船舶登记机关登记；未经登记的，不得对抗第三人。

　　第 13 条第 1 款　设定船舶抵押权，由抵押权人和抵押人共同向船舶登记机关办理抵押权登记；未经登记的，不得对抗第三人。

　　第 14 条第 2 款　建造中的船舶办理抵押权登记，还应当向船舶登记机关提交船舶建造合同。

　　《民用航空法》第 11 条　民用航空器权利人应当就下列权利分别向国务院民

---

　　①　王泽鉴：《民法物权·通则·所有权》（总第 1 册），台北，三民书局有限公司 2003 年 8 月增补版，第 134～136 页。

用航空主管部门办理权利登记：

（一）民用航空器所有权；

（二）通过购买行为取得并占有民用航空器的权利；

（三）根据租赁期限为六个月以上的租赁合同占有民用航空器的权利；

（四）民用航空器抵押权。

《物权编司法解释（一）》第 6 条　转让人转让船舶、航空器和机动车等所有权，受让人已经支付合理价款并取得占有，虽未经登记，但转让人的债权人主张其为民法典第二百二十五条所称的"善意第三人"的，不予支持，法律另有规定的除外。

理解与适用

一、基本含义

本条系对《物权法》第 24 条的复制，明确了船舶、航空器和机动车等动产物权的变动以登记作为对抗第三人的要件。

虽然本条的字面意思没有言明其适用范围是限于基于法律行为而发生的船舶等特殊动产的物权变动情形，但基于体系解释和目的解释可以作肯定的结论。

通说认为，作为对抗要件的登记不具有公信力，交易相对人不可完全迷信于它，除了查询此类登记所记载的信息外，尚有从其他角度、方面进行尽职调查的注意义务，特别是占有状况；不然，就容易成为重大过失地不知，构成非善意。如此，在登记名义人不是真实的船舶等特殊动产的物权人的场合，不为较为全面的尽职调查的交易相对人因其重大过失地不知而不能善意取得。在这方面，《物权编司法解释（一）》第 6 条规定："转让人转让船舶、航空器和机动车等所有权，受让人已经支付合理价款并取得占有，虽未经登记，但转让人的债权人主张其为民法典第二百二十五条所称的'善意第三人'的，不予支持，法律另有规定的除外。"

二、船舶等特殊动产的物权变动以交付为生效要件

应当指出，交付本非完全的公示方法，再加上有观念交付的存在，更使其无法完全公示物权状况的缺点加深，故法律就某些动产的物权变动的公示，兼采登记的方法或将动产证券化，把交付作为动产物权变动的生效要件，将登记作为对抗（善意）第三人的要件。① 《民法典》第 225 条关于"船舶、航空器和机动车

---

① 　谢在全：《民法物权论》（上册），台北，三民书局有限公司 2003 年修订 2 版，第 150 页。

等物权的设立、变更、转让和消灭，未经登记，不得对抗善意第三人"的规定，显然采取了这种模式。

将《民法典》第 225 条的规定解释为"把交付作为船舶、航空器和机动车等动产物权变动的生效要件，将登记作为对抗（善意）第三人的要件"，而非合同生效时发生物权变动；同时承认生产设备，原材料，半成品，产品，正在建造的建筑物、船舶、航空器，交通运输工具设立抵押权时，抵押权自合同生效时设立，登记为对抗善意第三人的要件，有如下理由支持：（1）文义解释：该条没有正面规定船舶、航空器和机动车等动产物权变动的要件，既没有说自变动合同生效时发生物权变动，也没有说自登记完毕时发生物权变动，属于不完全法条，需要结合有关条文加以解释，于是有（2）体系解释和目的解释：该条处于《民法典》"第二编　物权"之下"第二章　物权的设立、变更、转让和消灭"中的"第二节　动产交付"之下。该章共有三节，其中，第一节"不动产登记"，贯彻基于法律行为而发生的不动产物权变动以登记为生效要件的精神（《民法典》第209 条第 1 款等），只承认法律另有规定不以登记为生效要件的例外（《民法典》第 209 条第 1 款但书、第 209 条第 2 款、第 333 条第 1 款、第 335 条、第 341 条、第 374 等）；第二节"动产交付"，贯彻基于法律行为而发生的动产物权变动以交付为生效要件的原则（《民法典》第 224 条正文，第 429 条），同样只承认法律另有规定不以交付为生效要件的例外（《物权法》第 224 条但书）；第三节"其他规定"，贯彻非基于法律行为而发生的物权变动不以公示为生效要件的理念，只有遗赠导致的物权变动属于基于法律行为而发生的物权变动，也不要求公示作为物权变动的生效要件（《民法典》第 229－231 条）。现在的问题是，法律对船舶、航空器和机动车的物权变动是否例外地规定了不以交付为生效要件。查《海商法》，没有正面规定船舶所有权变动、船舶抵押权设立的生效要件，只是明确地将登记作为对抗要件（第 9 条、第 13 条第 1 款）；《民用航空法》同样未正面规定民用航空器所有权变动、民用航空器抵押权设立的生效要件，只是明确地将登记作为对抗要件（第 14 条第 1 款、第 16 条）；《机动车登记规定》也没有正面规定机动车物权变动的生效要件。既然法律对于船舶、航空器和机动车的物权变动未作另外规定，那么，就应当按照动产物权变动的原则（《民法典》第 224 条正文）解释《民法典》第 225 条的规定，只有在设立抵押权时例外。（3）《民法典》第 225 条的规定原则上总揽船舶、航空器和机动车的所有权产生、转让，设立质权，设立抵押权，消灭等类型的物权变动，且未设例外。而《民法典》第 429 条明确规定："质权自出质人交付质押财产时设立。"在这种情况下，只有将《民法典》第 225 条的规定解释为其贯彻的是"把交付作为船舶、航空器和机动车等动产物权变动的生效要件，将登记作为对抗（善意）第三人的要件"模式，才能自圆其说。当然，在设立抵押权时例外。假如将其解释为登记为船舶、航空器和机动车等动产物权变动的生效要件，则会造成《民法典》第 225 条和第 429 条之间的矛盾。（4）与"（3）"的道理类似的还有，《民法典》第 403 条规定，以包括交通运输工具在内的动产设立抵押权的，抵押权自抵押合同生效时设立，未经登记，不得对抗善意第三人。这表明以船舶、航空器和机动车设立抵押权，仍然不以登记为生效要件。（5）在理论上，通说坚持中国的物权变动采取债权形式主义，《民法典》"第二编　物权"之下"第二章　物权的设立、变更、转让和消灭"中的前两节以及其他有关规定予以落实，只有土地承包经营权和地役权的设立采取了债权意思主义（第 333 条第 1 款、第 335 条、第 341 条、第 374 等），至于船舶、航空器和机动车的物权变动则未见有明确的条文采取债权意思主义。就此而言，也应当认为《民法典》对船舶、航空器和机动车的物权变动采取了以交付为生效要件的模式，而非合同生效时发生物权变动，只有在设立抵押权时例外。（6）假如将登记作为船舶、航空器、机动车诸物权的变动的生效要件，则会产生负面的结果。其道理如下：《民法典》第 225 条明文规定登记为这些物权变动的对抗要件，而作为对抗要件的登记，难以时时、事事地表征着真实的物权关系。换句话说，登记所昭示的物权关系与真实的物权关系有时不一致。因此，假如把登记作为船舶、航空器、机动车诸物权的变动的生效要件，就可能误将已经变动的船舶、航空器、机动车的物权关系当作尚未变动的物权关系，或者误将尚未变动的物权关系作为已经变动的物权关系看待。属于前者的例证有若干，例如，甲已经将作为买卖物的船舶现实地交付给了买受人乙，但尚未办理过户登记手续，若依据登记为船舶物权变动的生效要件说，则会仍然认为该船舶归甲所有，即使第三人明知该船舶所有权已经移转给乙的事实，乙也无权对抗该第三人。这显然违背了《民法典》第 225 条的规范意旨。属于后者的例证同样存在，例如，甲已经将作为买卖物的船舶现实地交付给了买受人乙，随后又将该船舶登记在第二个买受人丙的名下。于此场合，丙本来没有取得该船舶的所有权，但按照登记为船舶物权变动的生效要件说，则得出丙已经取得该船舶所有权的结论。这显然是不符合客观实际的，不适当地侵害了乙的合法权益。避免此类弊端的有效办法，就是坚持这样的观点：交付为船舶、航空器、机动车诸物权的变动的生效要件，登记仅为对抗善意第三人的要件。《买卖合同司法解释》第 7 条第 1 项、《物权编司法解释（一）》第 6 条及第 19 条已经承认了这种观点。

当然，反对笔者上述思路及观点的论者或许这样诘问：交付/占有，不也难以时时、事事地反映真实的机动车物权关系吗？在这方面交付、占有可能还不如登记呢！为什么以登记难以时时、事事地反映真实的机动车物权关系为由来反对登记为机动车物权变动的生效要件主义呢？对此，笔者回应如下：（1）《民法典》第 225 条明文把登记作为机动车物权变动的对抗要件，而非生效要件，却未将交付/占有作为机动车物权变动的对抗要件。所以，在这里，首先应当关注的自然应是《民法典》第 225 条的文义及规范意旨，自然应当辨明该条后段所谓"未经登记，不得对抗善意第三人"与登记所昭示的物权关系、真实的物权关系之间的关系，而不应远离法律条文、"舍近求远"地首先探索"交付/占有与占有所昭示的机动车物权关系、真实的机动车物权关系之间的关系"。如此，通过考察得出结论：对抗要件主义下的登记难以时时、事事地反映真实的机动车物权关系，故不宜将《民法典》第 225 条的规定解读为它承认了登记为机动车物权变动的生效要件。这个道理，从另一面阐释就是，假如《民法典》第 225 条明文规定登记为机动车物权变动的生效要件，那么，法律人首先聚焦的同样是法律条文的文义及规范意旨，直奔主题地观察和解读登记与登记所昭示的机动车物权关系、真实的机动车物权关系之间的关系，从而得出登记（基本上）反映着真实的机动车物权关系、登记为机动车物权变动的生效要件这样的结论，而不宜远离法律条文、"舍近求远"地首先探索"交付/占有与占有所昭示的机动车物权关系、真实的机动车物权关系之间的关系"。（2）至于交付/占有同样难以时时、事事地反映真实的机动车物权关系这一点，毋庸回避，更不容否认，但要积极地采取措施予以救济。《民法典》第 225 条后段明确"未经登记，不得对抗善意第三人"，就是救济措施之一。通过这样的制度设计，鼓励乃至促使当事人积极地到交通管理部门办理机动车登记，以便使公示的机动车物权关系尽可能地反映着真实的机动车物权关系，从而达到目的。（3）在实务操作上，如果依法办事，就令交易双方在办理机动车登记的过程中，将机动车本身、有关单证一起交给登记机构查验，核实无误后才予办理机动车登记，以最大限度地使交付/占有、登记反映着真实的机动车物权关系。这也正是《民法典》第 224 条和第 225 条相互衔接、配合的良苦用心之所在。

[探讨]

《民法典》第 225 条与第 224 条的规定，在个案中的适用，宜区分情况而作回答：（1）甲将其 A 船卖与乙，且已交付并办理了过户登记手续，后又卖与丙，无法交付和登记。于此场合，乙取得 A 船的所有权，并能对抗包括丙在内的一切人，应无疑问。甲和丙之间构成出卖他人之物的关系，按照《民法典》第 597 条第 1 款的规定，买卖 A 船的合同有效，但不影响 A 船所有权的归属，只是因甲无法将 A 船交付并登记给丙，成立违约责任。（2）甲将其 A 船卖与乙，尚未交付和登记，又将该船卖与丙，同样没有交付和登记。于此场合，两个买卖 A 船的合同都有效，按照债权平等和债务人任意履行的原则，谁先请求甲履行合同，甲也满足此项请求，则该买受人取得 A 船的所有权；当然，虽然后请求甲履行合同，但甲先满足该项请求，后请求者同样取得该船的所有权。需要说明，司法实务中，有些判决没有遵循债权平等和债务人任意履行的原则，在有证据证明后签订合同者明知一物多卖时，就不支持他（它）取得买卖物。对此，笔者持折中的立场，如果有证据证明一物多卖符合《民法典》第 154 条关于恶意串通损害第三人合法权益的规定的，可确认合同无效，恶意的买受人不得取得买卖物，否则，还是应当坚持债权平等和债务人任意履行的原则。（3）甲将其 A 船卖与乙，尚未交付和登记，后又卖与丙，已经交付且办理了过户登记手续。于此场合，丙应当取得该船的所有权，并可对抗包括乙在内的所有的人。乙没有取得该船的所有权。（4）甲将其 A 船卖与乙，已经交付，但未办理过户登记手续，后又卖与丙，没有交付和登记。于此场合，乙取得该船的所有权，但不能对抗包括丙在内的善意第三人。丙没有取得该船的所有权。（5）甲将其 A 船卖与乙，且已交付，但未办理过户登记手续；后又卖与丙，没有交付但办理了过户登记。于此场合，乙取得了 A 船的所有权，但因尚未办理过户登记，不能对抗善意第三人；丙若不知甲已经将 A 船卖与乙的事实且无重大过失时，则构成善意，乙也不能对抗丙。不过，丙和甲之间没有交付 A 船的行为，按照《民法典》第 224 条的规定，丙并未取得 A 船的所有权。如何解开此扣？笔者认为，应当准用《民法典》第 220 条第 1 款的规定，乙有权凭 A 船买卖合同和基于合法占有该船的事实，请求登记机构更正登记。丙若书面同意更正，则问题迎刃而解；若不同意，则因证据确凿，登记机构也应予以更正。更正后，乙及时办理登记手续，对抗他人。同时，甲也有义务和权利请求登记机构注销登记，因丙为 A 船所有权人不符合事实。（6）甲将其 A 船卖与乙，尚未交付，但已办理过户登记手续；后又卖与丙，已经交付但尚未办理过户登记手续。于此场合，丙取得了 A 船的所有权，但因尚未办理过户登记手续，不能对抗善意第三人；乙若不知甲已经将 A 船卖与丙的事实且无重大过失，则构成善意，丙也不能对抗乙。不过，乙和甲之间没有交付 A 船的行为，按照《民法典》第 224 条的规定，乙并未取得 A 船的所有权。在这种情况下，仍应准用《民法典》第 220 条第 1 款的规定，丙有权凭 A 船买卖合同和基于合法占有该船的事实，请求登记机构更正登记。乙若书面同意更正，登记机构注销乙的登记，将 A 船的所有权登记在丙的名下；乙若不同意，因证据确凿，登记机构也应予以更正。更正后，丙及时办理登记，对抗他人。同时，甲也有义务和权利请求登记机构注销登记，因乙为 A 船所有权人不符合事实。（7）甲将其 A 船卖与乙，交付采取了占有改定的方式，也办理了过户登记手续。此后，甲又与丙签订了 A 船的买卖合同，并将 A 船现实交付于丙。于此场合，谁取得 A 船的所有权？首先，乙取得了 A 船的所有权应无疑问。甲与丙之间的买卖关系为出卖他人之物的合同关系，虽然按照《民法典》第 597 条第 1 款的规定，甲和丙之间的买卖合同有效，不受乙追认与否的左右，也不受丙善意、恶意的影响，但 A 船所有权的归属不因此而受影响。特别需要指出的是，《买卖合同司法解释》于第 7 条规定："出卖人就同一船舶、航空器、机动车等特殊动产订立多重买卖合同，在买卖合同均有效的情况下，买受人均要求实际履行合同的，应当按照以下情形分别处理：（一）先行受领交付的买受人请求出卖人履行办理所有权转移登记手续等合同义务的，人民法院应予支持；（二）均未受领交付，先行办理所有权转移登记手续的买受人请求出卖人履行交付标的物等合同义务的，人民法院应予支持；（三）均未受领交付，也未办理所有权转移登记手续，依法成立在先合同的买受人请求出卖人履行交付标的物和办理所有权转移登记手续等合同义务的，人民法院应予支持；（四）出卖人将标的物交付给买受人之一，又为其他买受人办理所有权转移登记，已受领交付的买受人请求将标的物所有权登记在自己名下的，人民法院应予支持。"《物权编司法解释（一）》第 6 条规定："转让人转让船舶、航空器和机动车等所有权，受让人已经支付合理价款并取得占有，虽未经登记，但转让人的债权人主张其为民法典第二百二十五条所称的'善意第三人'的，不予支持，法律另有规定的除外。"尽管笔者不赞同其中"均未受领交付，也未办理所有权转移登记手续，依法成立在先合同的买受人请求出卖人履行交付标的物和办理所有权转移登记手续等合同义务的，人民法院应予支持"的规定，但它毕竟已经发生了法律效力，在审判实务中恐怕会得到遵循。

三、《物权法》《民法典》都未规定交付和登记均为特殊动产的物权变动的生效要件

（一）公示方法与机动车物权变动的生效要件并不一定对应

笔者认为，所谓交付和登记均为特殊动产物权变动的公示方法，在物权变动的生效要件与公示方法完全统一的法制上，该学说不会引发不当的后果，但在物权变动的生效要件与公示方法不统一的模式下，该学说则模糊了作为物权变动的生效要件的公示方法与不作为物权变动的生效要件的公示方法之间的区别，以及

模糊了作为物权变动的生效要件的公示方法与作为物权变动和存续的对抗要件的公示方法之间的不同，甚至会导致错误的认识和结论。在这里，基本的法理是：在公示作为物权变动的生效要件的法制下，公示，既发生物权变动的效力，也产生了对抗第三人的效力。但在公示作为物权变动的对抗要件的模式下，公示，不具有发生物权变动的效力，在不少的情况下，某物权虽然有公示的标志，但很可能并不符合真实的物权状况。例如，甲借用乙的电脑，甲虽然占有该电脑，却不是电脑的所有权人。再如，A房本为乙所有，但却错误地登记在甲的名下。对于电脑一案，由于甲对电脑是有权占有，乙无权请求甲返还该电脑，除非借用合同已经终止。对于A房一案，乙马上即可援用《民法典》第220条等规定，请求注销A房的所有权人的登记，将A房登记在自己的名下。如果把上例中A房替换成A车，则处理的路径及方法也是一样的，不再赘言。

其实，公示，不作为物权变动的生效要件的现象，并非鲜见。例如，在房屋所有权的领域，登记这种公示方法是房屋所有权移转的生效要件，占有/交付虽然也起公示的作用，但绝非房屋所有权移转的生效要件。再如，在普通动产物权的变动场合，登记这种公示方法却不是生效要件，交付在一般情况下都是生效要件。

在现行法上，物权变动的对抗要件不同于物权变动的生效要件。如果说《民法典》第225条的规定尚不足以明确无疑地表明这一点，那么，如下法律规定则毫无疑问地证明了该项结论：（1）《民法典》第374条关于"地役权自地役权合同生效时设立。当事人要求登记的，可以向登记机构申请地役权登记；未经登记，不得对抗善意第三人"的规定，明确地告诉我们：地役权设立的生效要件是地役权合同生效，地役权（设立、存续、效力）的对抗要件是地役权登记。这十分清楚地区分了物权变动的生效要件与物权变动的对抗要件。（2）《民法典》第403条关于"以动产抵押的，抵押权自抵押合同生效时设立；未经登记，不得对抗善意第三人"的规定，明白无疑地宣示：动产抵押权及正在建造的船舶、航空器的抵押权设立的生效要件是抵押合同生效，动产抵押权及正在建造的船舶、航空器的抵押权（设立、存续、效力）的对抗要件是抵押登记。这是区分物权变动的生效要件与物权变动的对抗要件的又一例证。（3）《民法典》第333条第1款规定："土地承包经营权自土地承包经营权合同生效时设立。"该条第2款规定："登记机构应当向土地承包经营权人发放土地承包经营权证、林权证等证书，并登记造册，确认土地承包经营权。"这清楚地显示土地承包经营权设立的生效要件是土地承包经营合同生效，而非登记。至于其后办理的登记，虽然也是土地承包经营权的公示方法，但只是"确认"业已存在的土地承包经营权。于此场合，公示方法不是物权变动的生效要件，它与物权变动的生效要件不一致。（4）《民法典》第335条关于"土地承包经营权互换、转让的，当事人可以向登记机构申请登记；未经登记，不得对抗善意第三人"的规定，反映了什么意思和精神？基于同样的事物同样处理的原则，由于土地承包经营权自土地承包合同生效时设立，土地承包经营权的互换、转让，也应当自互换合同、转让合同生效时土地承包经营权移转至对方当事人。如此可知，《民法典》第335条贯彻的是：土地承包经营权的互换、转让，自互换合同、转让合同生效时土地承包经营权移转至对方当事人，登记只是对抗善意第三人的要件。于此场合，公示方法，仅仅是物权变动的对抗要件，而非物权变动的生效要件，即物权变动的对抗要件与物权变动的生效要件不一致。

《民法典》第225条的规定，在表述上与《民法典》第374条、第403条的规定基本相同，差别仅在于《民法典》第374条等条文同时包含物权变动的生效要件与对抗要件，而《民法典》第225条只有物权（变动）的对抗要件，却欠缺生效要件，属于不完全法条。这样的差异不足以、也不应当将《民法典》第225条作不同于《物权法》第374条等条文的解释。

既然《民法典》明确地把物权公示方法区分为对抗要件和生效要件，并分别赋予了不同的法律效果；既然《民法典》第225条规定的登记这种公示方法只是对抗要件，不是机动车物权变动的生效要件，那么，笼而统之地说交付和登记都是机动车物权变动的公示方法，进而得出登记是机动车物权变动的生效要件的结论，就是不能成立的。

（二）《物权法》第24条但书、《民法典》第224条的但书没有承认登记是机动车物权变动的生效要件

有学者为了证成登记也是机动车物权变动的生效要件，采取文义解释和体系解释的方法，认为《物权法》第23条（相当于《民法典》第224条）的正文是将交付作为一切动产物权变动的生效要件，但书引向登记为动产物权变动的生效要件的法律规定。《物权法》第24条（相当于《民法典》第225条）就是第23条"法律另有规定的除外"这一但书所指的法律，并且第24条就确立了登记为机动车等特殊动产物权变动的生效要件。[①]

这是难以成立的，道理在于：从《物权法》第23条（相当于《民法典》第224条）的整个文义观察，不难发现，该第23条但书所谓法律，应当是"动产物权的设立和转让，自交付时发生效力"之相反内容的法律，也就是"动产物权

---

① 王利明：《特殊动产物权变动的公示方法》，载《法学研究》2013年第4期，第127页。

的设立和转让"不以"交付时发生效力"的法律，或者说，"动产物权的设立和转让，自登记时发生效力"的法律，以及"动产物权的设立和转让，自合同生效时发生效力"的法律。[①] 因为通过上文的分析可知，在中国现行法上对抗要件不同于生效要件，因为《物权法》第 24 条（相当于《民法典》第 225 条）的文义是"船舶、航空器和机动车等物权的设立、变更、转让和消灭，未经登记，不得对抗善意第三人"，换言之，《物权法》第 24 条（相当于《民法典》第 225 条）的文义没有表明"船舶、航空器和机动车等物权的设立、变更、转让和消灭"，"自登记时发生效力"，亦未显示"船舶、航空器和机动车等物权的设立、变更、转让和消灭"，"自合同生效时发生效力"，所以，《物权法》第 24 条（相当于《民法典》第 225 条）不是该法第 23 条（相当于《民法典》第 224 条）"法律另有规定的除外"这一但书所指的法律。如此，从《物权法》第 24 条（相当于《民法典》第 225 条）与第 23 条（相当于《民法典》第 224 条）之间的体系关系的路径，论证出登记作为机动车物权的设立、变更、转让和消灭的生效要件，并进而否认交付为生效要件，路径有误。

既然如此，据此认为《物权法》承认了登记是机动车等特殊动产的物权变动的生效要件，是站不住脚的。同理，认为《民法典》承认了登记是机动车等特殊动产的物权变动的生效要件，同样是站不住脚的。

（三）机动车过户登记的实际操作程序否定不了交付是机动车物权变动的生效要件

有学者认为，按照相关的行政法规，机动车办理过户登记要交验车辆，所以一般会先取得交付，这就意味着《买卖合同司法解释》第 7 条关于交付与登记冲突时以交付为准的规定，是不正确的。[②]

其实，不正确的恰恰是这种批评《买卖合同司法解释》第 7 条第 1 项和第 4 项规定的路径及观点。之所以说这种断言《买卖合同司法解释》第 7 条第 1 项和第 4 项不正确的批评意见反倒是它自己不正确，是因为有如下几点理由的支撑。

首先，在方法论上，只有举证证明交付为机动车物权的变动的生效要件会发生极不适当的后果时，才有一定的说服力，才有必要修正《买卖合同司法解释》

[①] 假如《物权法》第 23 条所谓"转让"包括设立抵押权、质权，那么《物权法》第 181 条、第 188 条、第 189 条第 1 款关于动产抵押权、浮动抵押权的设立无需交付的规定，也是《物权法》第 23 条但书所指的法律。当然，严格地说，抵押权设立、质权设立属于处分，但不属于转让；物权的转让虽属处分，但只是处分的一种。抵押权设立、质权设立和物权转让，均属处分。此种分析和结论也适用于《民法典》的相应规定。

[②] 这是有些专家、学者在中国民法学研究会于 2013 年 9 月 29—30 日在西南政法大学召开的年会上提出来的观点。

第 7 条的规定；否则，就应当坚持该条规定。因为该条规定符合《民法典》第 225 条等规定的文义、体系和目的。

其次，交验车辆再予登记的事实，也颠覆不了《买卖合同司法解释》第 7 条的规定。其道理在于，如果交付、登记这两者在个案中一致，即出卖人甲将 A 车出卖于乙，不但交付了，而且将 A 车过户登记在乙的名下，那么，无论是坚持以交付为机动车物权变动的生效要件的模式，还是采取登记为机动车物权变动的生效要件的方案，都不会出现不适当的结果。如果交付、登记在个案中不统一，即出卖人甲将 A 车出卖并交付于乙，但又与丙签订 A 车买卖合同，没有交付，但将 A 车过户登记在丙的名下，那么，究竟是采取交付为机动车物权变动的生效要件的模式，还是奉行登记为机动车物权变动的生效要件的方案，结果是不一样的，并且在不同的案件类型中对当事人各方的利益分配是不同的，甚至反映着公正与否。就此仍以上述例证加以说明：如果采取交付为机动车物权变动的生效要件的模式，则乙取得 A 车的所有权，丙未取得 A 车的所有权。至于乙能否对抗丙，取决于丙是否为善意，若丙为恶意，则乙可直接对抗丙；但丙若为善意，则在未注销丙对 A 车的所有权登记时，乙对抗不了丙，只有注销丙对 A 车的所有权登记之后，乙才能对抗丙。与此不同，如果奉行登记为机动车物权变动的生效要件的方案，那么，乙未取得 A 车的所有权，丙取得 A 车的所有权，且能够对抗乙。

行文至此的小结是：在丙为恶意时，交付为机动车物权变动的生效要件的模式符合公平正义，登记为机动车物权变动的生效要件的方案则帮了恶意之人的忙，与公平正义不完全吻合；在丙为善意时，交付为机动车物权变动的生效要件的模式对公平正义也有所体现，但不如登记为机动车物权变动的生效要件的方案体现得充分和彻底。

面对此情此景，选取谁，舍去谁，囿于交付的公示方法，或者局限于登记的公示方法，来思考和抉择，是难有正确的结论的，只有"跳到圈外"，依赖、参照其他事物，综合考量，整体审视，才会有正确的答案。所谓"其他事物"，在所论问题上应当是中国现行法，首先是《民法典》第 224 条、第 225 条及第 429 条等规定。如果这样思考的路径是正确的，那么，只有坚持交付为机动车物权变动的生效要件的模式才是可取的态度，因为这种模式符合《民法典》第 225 条的文义、体系和目的，符合《民法典》第 224 条及第 429 条等规定的文义、体系和目的，而登记为机动车物权变动的生效要件的方案则不符合《民法典》第 224 条和第 225 条及第 429 条等规定的文义、体系和目的。

再次，如果交付、登记这两者不一致，且属于出卖人基于机动车买卖合同而将该机动车交付给第一买受人，却将该车登记在第二买受人的名下，则表明登记机构违反了操作规程，至少属于登记错误，甚或是出卖人与第二买受人恶意串通，损害第一买受人的合法权益，或是出卖人或买受人与登记工作人员之间合谋，予以恶意登记。在这种情况下，改采以登记为机动车的物权变动的生效要件，意味着默认了登记机构的违规操作，保护了恶意之人，颠倒了是非，也违反了《民法典》第154条的规定，违背了有关行政法律、法规的规定及其精神；坚持以交付为机动车物权的变动的生效要件，才会避免这些缺点。

最后，从第二买受人的角度看，出卖人与第二买受人签订机动车买卖合同，属于无权处分，第二买受人要善意取得，很难，因为按照《民法典》第225条的规定，登记只是对抗要件，不是物权变动的生效要件，在不符合《民法典》第224条的规定的情况下，难谓其无重大过失。有重大过失，就是恶意，而非善意。

假如将登记作为机动车物权变动的生效要件，则会产生负面的结果。其道理如下：《民法典》第225条明文规定登记为这些物权变动的对抗要件，而作为对抗要件的登记，难以时时、事事地表征着真实的物权关系。换句话说，登记所昭示的物权关系与真实的物权关系有时不一致。因此，假如把登记作为机动车物权变动的生效要件，就可能误将已经变动的机动车的物权关系当作尚未变动的物权关系，或者误将尚未变动的物权关系作为已经变动的物权关系看待。属于前者的例证有若干，例如，甲已经将作为买卖物的机动车现实地交付给了买受人乙，但尚未办理过户登记手续，若依据登记为机动车物权变动的生效要件说，则会仍然认为该机动车归甲所有，即使第三人明知该机动车所有权已经移转给乙的事实，乙也无权对抗该第三人。这显然违背了《民法典》第225条的规范意旨。属于后者的例证同样存在，例如，甲已经将作为买卖物的机动车现实地交付给了买受人乙，随后又将该机动车登记在第二个买受人丙的名下。于此场合，丙本来没有取得该机动车的所有权，但按照登记为机动车物权变动的生效要件说，则得出丙已经取得该机动车所有权的结论。这显然是不符合客观实际的，不适当地侵害了乙的合法权益。避免此类弊端的有效办法，就是坚持这样的观点：交付为机动车物权变动的生效要件，登记仅为对抗善意第三人的要件。

船舶、航空器的物权的变动也是如此，不再赘言。

（四）交付、登记均为机动车物权变动的生效要件之说会酿成混乱

有学者认为，特殊动产是有体物，……除了交付取得物权的人之外，其他取得物权的人只能是登记权利人。而在一个当事人受领交付，而另一个当事人已经办理移转登记的情况下，已经取得物的占有的权利人不能对抗经过登记取得物权

的善意的权利人。① 在特殊动产一物数卖的情况下，登记应当优先于交付。②

其实，这种观点及其阐释，是违反《物权法》《民法典》的设计及物权变动的法理的。既然在《物权法》《民法典》上对抗要件不同于生效要件，只有生效要件具备时才引发物权变动，那么，对抗要件具备与否就不决定物权变动了没有，仅仅发生对抗第三人与否的效力。既然登记不是特殊动产物权变动的生效要件，只是对抗要件，那么，仅有登记而无特殊动产的交付，就不会发生特殊动产物权移转的效力。因此，在出卖人甲将 A 车交付给买受人乙，之后却将 A 车登记在第二个买受人丙的名下的场合，只有第一个买受人乙取得了 A 车的所有权，第二个买受人丙没有取得 A 车的所有权。所谓乙和丙都取得 A 车所有权的观点，不符合《物权法》第 24 条和第 23 条、《民法典》第 224 条和第 225 条的规定，难获赞同。

须知，此处所论问题，不同于 A 车先抵押给乙，后又抵押于丙并业已办理完毕抵押登记手续的情形。其道理在于，《物权法》《民法典》对于动产抵押采取了意思主义，即动产抵押权自抵押合同生效时设立；抵押登记只是对抗善意第三人的要件（《民法典》第 403 条）。如此，无论是乙还是丙都对 A 车享有抵押权，但因乙的抵押权未办理抵押登记手续，故丙的抵押权优先，乙的抵押权位列其后。在这样的案型——乙、丙都享有抵押权——中才有登记优先的问题。而在机动车所有权移转的案型中，只有一个主体——受领给付的买受人——享有机动车所有权，另一个主体——拥有登记却未受领给付的买受人——不享有机动车所有权，就不存在登记优先于交付的问题。打个可能不恰当的比喻，甲考取了 A 大学，这有案可稽，但录取通知书却发给了乙。于此场合，绝不可以说在上 A 大学一事上，乙优先于甲，因为乙根本就没考取 A 大学。

如此，下述观点也值得商榷："针对物权法第 24 条规定的'未经登记，不得对抗善意第三人'，仍然存在不同看法。按照交付优先于登记的观点，在特殊动产物权的变动中，一旦交付，物权变动已经完成，再进行登记就没有实际意义。所以，交付完成后，即可以对抗任何登记权利人。在笔者看来，就登记对抗的本意而言，其就包括了交付不得对抗登记权利人的含义。从这个意义上说，交付不具有优先于登记的效力。"③

对所谓"在特殊动产物权的变动中，一旦交付，物权变动已经完成，再进行登记就没有实际意义。所以，交付完成后，即可以对抗任何登记权利人"的议

---

① ② 王利明：《特殊动产物权变动的公示方法》，载《法学研究》2013 年第 4 期，第 131、133 页。

③ 王利明：《特殊动产物权变动的公示方法》，载《法学研究》2013 年第 4 期，第 130 页。

论，首先需要澄清的是，《买卖合同司法解释》第 7 条第 4 项的文义和规范意旨，均无什么"交付完成后，即可以对抗任何登记权利人"之意，亦未否定《民法典》第 225 条但书关于"未经登记，不得对抗善意第三人"的规定，还没有否定《民法典》第 220 条等规定，《买卖合同司法解释》第 7 条第 4 项只是略去了具体的操作环节（如已受领交付的买受人援用《民法典》第 220 条的规定，请求注销登记名义人对于机动车的所有权人登记；请求将该机动车登记在自己名下；等等），径直明确了最终结果——主审法院支持已受领交付的买受人关于将标的物所有权登记在自己名下的诉讼请求。

这样处理有什么错吗？本来，法律体系自身的存在和发展规律，内含着法律设置某个具体规则时无须面面俱到，可以甚至有必要采取不完全法条的形式，以便简洁。至于法律人在解释和适用法律时，就必须整体地、全面地理解法律规定，包括以其他的法律条文补充不完全法条。具体到此处所论，《民法典》已经设有第 224 条、第 225 条、第 220 条等条文，法律人处理《买卖合同司法解释》第 7 条第 4 项所涉案件时，应当将这些法律规定统筹考量和适用。因此，《买卖合同司法解释》第 7 条第 4 项没有排斥和否定相当于《民法典》第 224 条、第 225 条、第 220 条等条文，只是略去了中间操作环节，这无可厚非。

对于所谓"就登记对抗的本意而言，其就包括了交付不得对抗登记权利人的含义。从这个意义上说，交付不具有优先于登记的效力"之说，法律人必须区分情况而分别考察，不宜笼而统之地下结论。（1）如果机动车登记在第一买受人甲的名下，甲也通过受领交付取得了该机动车的所有权，那么，第二买受人乙即便在此前或其后受领了该机动车的交付，也不得说（机动车交付给乙的）交付优先于（机动车登记在甲的名下的）登记。（2）如果机动车虽然登记在了第一买受人甲的名下，但甲从未受领过该机动车，第二买受人乙反倒是受领过该机动车，那么，将机动车登记在甲的名下属于错误登记，甲从未取得过该机动车的所有权，乙却自交付时起取得了该机动车的所有权。因为登记不是机动车所有权移转的生效要件，所以，在该机动车所有权取得的问题上，对甲的登记绝对不会优先于对乙的交付。于此场合称"交付不具有优先于登记的效力"，是不正确的。

至于所谓"在特殊动产物权的变动中，一旦交付，物权变动已经完成，再进行登记就没有实际意义"，也是没有看到事物的全貌的表现。实际上，机动车的登记具有不小的实际意义。这个问题将在下文专门讨论。

（五）登记在机动车物权变动中的价值/意义

《买卖合同司法解释》第 7 条第 1 项和第 4 项关于交付是机动车物权变动的生效要件，登记是对抗善意第三人的要件的解释，并未否定、亦未贬低登记在机动车物权变动中的价值/意义。登记在机动车等特殊动产场合的价值/意义，主要表现在以下几个方面：（1）从行政管理的角度讲，对特殊动产设置登记制度，便于管理，便于掌握信息，便于处理问题，便于众人查询。（2）一般地说，登记较之占有能更为准确/真实地反映物权关系，对于特殊动产设置登记制度，能降低物权关系在外观与真实方面的不一致情况。（3）由于交付/登记均为特殊动产物权的公示方法，判断特殊动产物权的真实状态，不得单纯地信赖交付（占有），而应同时关注交付（占有）和登记。在交付（占有）和登记一致的情况下自无问题，在两者不一致的场合，就应当进一步核实，确定哪一种公示反映真实的物权关系。这对于判断买受人是否为善意特别重要。

如果以上认识是正确的，那么，便有如下结论。

登记名义人享有机动车的所有权，占有人却主张该机动车归自己享有，于此场合如何认定机动车的所有权归属？对此，区分若干情况加以分析，从中观察将交付作为机动车所有权移转的生效要件是否不当。

1. 登记名义人甲享有机动车的所有权，但将之出卖并交付于乙，于此场合，甲负有协助办理过户登记手续的义务，占有人乙诉请该机动车归自己所有，属于给付之诉，应当得到支持。

2. 登记名义人甲享有机动车的所有权，但将之出借或出租于乙，于此场合，乙若主张该机动车的所有权，欠缺原因行为，自然不应获得支持。但这不是否定交付为机动车所有权移转的生效要件、支持登记为机动车所有权移转的生效要件的理由，因为借车合同（使用借贷合同）和租赁合同均非引发物权变动的法律行为。

3. 登记名义人甲享有机动车的所有权，乙拾到该车，不予归还，反倒主张该车归自己所有。于此场合，按照《民法典》第312条的规定，该车肯定归甲所有，乙负返还原物的义务；乙拒不返还，符合《民法典》第235条、第258条的规定，构成侵权，按照《民法典》第179条的规定，乙应负返还财产的责任。但这同样不是否定交付为机动车所有权移转的生效要件、支持登记为机动车所有权移转的生效要件的理由，因为乙拾到机动车的事实行为不是引发物权变动的原因，这里不存在基于法律行为而发生物权变动的现象，也就不涉及交付抑或登记作为物权变动的生效要件的问题。

4. 登记名义人甲享有机动车的所有权，乙偷盗该车，不予归还，反倒主张该车归自己所有。于此场合，更应将该车确权于甲。这同样不是否定交付为机动车所有权移转的生效要件、支持登记为机动车所有权移转的生效要件的理由，因为乙偷盗该车的事实行为完全不属于基于法律行为而发生物权变动的范畴，也就不涉及交付抑或登记作为物权变动的生效要件的问题。

5. 登记名义人甲享有机动车的所有权，不知谁将该车放置于乙的庭院之内，乙据此主张该车的所有权。这与上文"（3）"的情形类似，结论应当一样，不再赘述。

6. 机动车所有权人甲将该机动车出卖于乙，并办理了过户登记手续。其后，甲不当地取回该车，又将之出卖并交付给丙，构成无权处分。由于丙负有注意义务，在占有、登记均为机动车权属的公示方法的模式下，不得单纯地凭借占有的事实来推定机动车所有权的归属，而应既看该车的占有事实又须查询该车的登记信息，综合情况，全面分析，而后判断。于此场合，不宜认定丙为善意，从而不成立善意取得。就是说，在这种情况下，以交付作为机动车所有权移转的生效要件，也不会导致不当的后果。

第二百二十六条

动产物权设立和转让前，权利人已经占有该动产的，物权自民事法律行为生效时发生效力。

本条主旨

本条是关于简易交付及其法律效果的规定。

相关条文

《物权法》第25条　动产物权设立和转让前，权利人已经依法占有该动产的，物权自法律行为生效时发生效力。

《合同法》第140条　标的物在订立合同之前已为买受人占有的，合同生效的时间为交付时间。

理解与适用

本条承继的是《物权法》第25条的内容，规定了简易交付及其法律效果，即简易交付系基于法律行为而发生的动产物权变动的生效要件。从体系解释和目的解释可以得出该项结论。

所谓简易交付，是指受让人已经占有动产，买卖等合同生效时移转动产所有权（《民法典》第226条）。之所以允许这种无形的交付，是因其交易便捷和符合效益原则。至于受让人占有动产的原因，是租赁、寄存还是借用或拾得遗失物，均在所不问。

简易交付引发动产物权的变动，换言之，动产物权的变动可以简易交付为生效要件。在这种模式下，动产物权发生变动的时间点是作为原因行为的民事法律行为生效之时。

这种模式同时符合公示原则和效率原则。作为交易标的物的动产已经被买受人、受赠人等受让人占有，按照占有的权利正确性推定，占有动产之人即被推定为该动产的所有权人。这对第三人而言已经达到了动产所有权公示的效果，不会害及善意的第三人。此其一。假如因循守旧地，坚持唯有现实交付才可发生动产物权的变动的观念，在动产物权变动之前，买受人等受让人已经占有作为标的物的动产，就得把该动产返还给出卖人等转让人，此等转让人再履行法律行为项下的债务，将该动产交付给买受人等受让人，至此，才发生动产物权的变动。这种迂回曲折、少慢差费的程序及方法，显然缺乏效率。简易交付规则正好能克服这些缺点，《民法典》设置它值得赞同。

第二百二十七条

动产物权设立和转让前，第三人占有该动产的，负有交付义务的人可以通过转让请求第三人返还原物的权利代替交付。

本条主旨

本条是关于指示交付及其法律效果的规定。

相关条文

《物权法》第 26 条　动产物权设立和转让前，第三人依法占有该动产的，负有交付义务的人可以通过转让请求第三人返还原物的权利代替交付。

理解与适用

一、基本含义

本条系稍微修订《物权法》第 26 条而来，它规定了指示交付及其法律效果。虽然从本条的字面意思尚难看出其适用范围限于基于法律行为而发生的动产物权变动以指示交付为生效要件，但从体系解释和目的解释应该得出该项结论。

所谓指示交付，又称返还请求权让与，是指在动产由第三人依法占有的情况下，转让人将其对该第三人的返还请求权让与受让人，以代替现实交付（《民法典》第 227 条）。学说称之为让与返还请求权，或返还请求权代位。所让与的对第三人的返还请求权，兼指债权的返还请求权和物权的返还请求权。这是为了解决标的物仍由第三人占有时的问题，法律特别设计的规则。例如，甲出租 A 车于乙，后甲与丙又订立该车的买卖合同，甲可以将其对乙的返还 A 车的请求权让与给丙，以代交付，使丙取得对 A 车的所有权。指示交付可有三种情况：(1) 转让人系间接占有人（如出租人、出借人、寄托人）时，可将他基于占有媒介关系（租赁、借用、寄存）所产生的债权返还请求权让与受让人，以代交付。这种返还请求权的让与同时为间接占有的移转。应注意的是，这种情形并非所有物返还请求权的让与，而是受让人因取得动产所有权，发生所有物返还请求权。(2) 转让人既非间接占有人，亦无其他可让与的返还请求权，仅有所有物返还请求权。例如遗失 A 表并不知在何人之手。于此场合，通常认为转让人得让与其所有物返还请求权，以代交付。其理由有二：一是所让与的返还请求权不以对特定第三人为限；二是对于第三人的返还请求权包括所有物返还请求权。(3) 动产所有权证券化时，其所有权的移转必须交付该证券，以代该动产之交付。①

就由第三人占有的某特定动产及其物权在公示方面的效果而言，难以使交易相对人知晓出卖人等转让人对该动产拥有物权，故以出卖人等转让人为基准来说，该动产及其物权的公示效能很低、很差。不过，为达标准的公示及其效果，令出卖人等转让人先从第三人之处取回该动产，再将该动产交付给买受人等受让人，迂回曲折，效率不高，而承认指示交付规则，就能克服这个缺点。特别是，在有些场合，该第三人对于该动产的占有具有正当权源（如该第三人对该动产享有租赁权、借用权），出卖人无权取回该动产，这就更难以采取出卖人先取回、再现实交付给买受人的操作规程了。至于该动产的公示之于买受人等受让人保护的问题，可交由买受人等受让人实施尽职调查、出卖人等转让人举证证明其为该动产的物权人之类的途径及方法来解决。如果这样，勤勉的买受人等受让人也不会遭受不测之损害。因此，对于《民法典》第 227 条的规定，可资赞同。

尽管如此，指示交付规则仍有其弱点，那就是，交易相对人信赖占有该动产的第三人系该动产的真正物权人，并与之交易，则可能遭受损害，除非构成善意取得。不过，话说回来，难有十全十美的民法制度及理论。

---

① 王泽鉴：《民法物权·通则·所有权》（总第 1 册），台北，三民书局有限公司 2003 年 8 月增补版，第 137～139 页；谢在全：《民法物权论》（上册），台北，三民书局有限公司 2003 年修订 2 版，第 152 页。

[辨析]

笔者注意到，专家学者对于指示交付的内涵和外延把握得不尽一致，存在着将物权法视野下的指示交付与债法上的依指令而履行相混淆的现象，如某民事判决书认为："经债权人指示债务人直接向第三人履行义务的方式，在法律上称之为指示交付。"①

其实，物权法视野下的指示交付与债法上的依指令而履行二者既有相交的情形，也有不搭界的领域，特别是二者的视角不同，在构成要件和法律效果方面存在差异，需要辨析。

（1）债法上的依指令而履行所涉标的，可能是有体物的交付，也可能是行为的实施而不涉及有体物。而物权法视野下的指示交付只在动产交付的场合才有价值，行为的实施和不动产的交付均不导致物权的变动，不在《民法典》第227条的适用范围之内。

（2）债法上的依指令而履行所涉法律关系，分为债权人和债务人之间的法律关系，笔者称之为内部法律关系，以及发出指令者（债权人或债务人）和接受指令者（第三人）之间的法律关系，笔者称之为外部法律关系。相似地，物权法视野下的指示交付所涉法律关系，分为转让人和受让人之间的法律关系，笔者同样称之为内部法律关系，以及转让人和占有动产的第三人之间的法律关系，包括占有媒介关系，笔者同样称之为外部法律关系。比较两个内部法律关系，不难发现债法上的依指令而履行制度中的内部法律关系，可能多种多样，如买卖合同关系、互易合同关系、赠与合同关系、保管合同关系、仓储合同关系、承揽合同关系，等等；而物权法视野下的指示交付制度中的内部法律关系，在类型方面则少得多，限于导致动产物权变动的法律关系，如买卖合同关系、互易合同关系、赠与合同关系，不引起动产物权变动的法律关系不在《民法典》第227条的管辖范围之内，如保管合同关系、仓储合同关系、承揽合同关系等不在《民法典》第227条的调整范围之中，除非这些合同关系属于外部法律关系。比较两个外部法律关系，不难看出物权法视野下的指示交付制度所涉第三人，必须是占有作为交易标的物的动产之人，而债法上的依指令而履行制度所涉第三人则未必是占有作为交易标的物的动产之人。

（3）债法上的依指令而履行制度中所谓指令，可由债务人向第三人发出，也可由债权人向第三人发出，呈现双向度，换句话说，依据债权人的指令，债务人

① 上海市徐汇区人民法院徐民三（民）初字第2350号民事判决书，北大法宝引证码CLI. C. 941924。

向第三人为给付，属于债法上的依指令而履行；按照债务人的指令，第三人向债权人为给付，同样属于债法上的依指令而履行。与此有别，物权法视野下的指示交付仅仅是单向度的，即转让人将其对占有动产的第三人享有的返还请求权，让与受让人。专就基于法律行为而发生的物权变动而论，债法上的依指令而履行中，"依据债权人的指令，债务人向第三人为给付"，基本上不与物权法视野下的指示交付重合，因为此处所谓债权人若被移位到物权法视野下的指示交付中是受让人，此处所谓债务人若被移位到物权法视野下的指示交付中则是转让人，"转让人向第三人为给付"显然不符合《民法典》第 227 条所要求的法律结构；"按照债务人的指令，第三人向债权人为给付"，可能与物权法视野下的指示交付相交，因为此处所谓债权人若被移位到指示交付中是受让人，"第三人向债权人为给付"符合《民法典》第 227 条所要求的法律构造。

（4）物权法视野下的指示交付在本质上是让与返还请求权，《德国民法典》第 931 条所用文句就是"返还请求权的让与"，而非指示交付。中国《民法典》第 227 条的措辞也是"转让请求第三人返还原物的权利"，所谓指示交付一词，只不过是中国物权法学说借用日本民法理论和中国台湾地区民法学说常用的术语的结果。与此有别，债法上的依指令而履行在表现形态方面多种多样，时常不存在返还请求权的让与，只是债权人指示第三人向债务人为给付，或者债务人指示第三人向债权人履行。

（5）在债法上的依指令而履行场合，交付动产之人未必是物权变动的当事人，而是既非占有辅助人、也非占有媒介人的享有独立占有地位的第三人。[1] 这与《民法典》第 227 条规定的观念交付——无须交付动产标的物，只要移转返还原物请求权——存在显著差别，因为依指令而履行中并未发生间接占有移转，只是直接占有发生了移转。在债法上的依指令而履行场合，直接占有的移转可能发生转让人与受让人一侧的指令人，也可能发生于转让人一侧的指令人与受让人，也可能在转让人与受让人两侧都有指令人，直接占有的移转根本没有发生于转让人与受让人之间。第三种情形在链式交易中最为典型，例如，生产商甲出卖某动产于中间商乙，乙又将该动产转卖给中间商丙，丙又与消费者丁就该动产订立买卖合同。在实际履行的过程中，该动产被直接从生产商甲运到消费者丁处，中间

---

[1] 有关指令交付的理论介绍，参见庄加园：《德国法上三角关系的指令取得（Geheißerwerb）》，载崔建远主编：《学理与判例：民法原理与案例分析》，北京，法律出版社 2010 年版，第 98 页以下；［德］鲍尔/施蒂尔纳：《德国物权法》（下册），申卫星、王洪亮译，北京，法律出版社 2006 年版，第 360 页；王泽鉴：《民法物权》，北京，北京大学出版社 2009 年版，第 98 页。该信息来源于庄加园：《基于指示交付的动产所有权移转》注 8，载《法学研究》2014 年第 4 期，第 169 页。

商乙和丙均未取得过该动产的直接占有。①

（6）在债法上的依指令而履行场合，有关抗辩或抗辩权较为普遍地存在，并且存在于内部法律关系中的抗辩或抗辩权与存在于外部法律关系中的抗辩或抗辩权可能相互关联。与此有所不同，在物权法视野下的指示交付规则中，有些抗辩或抗辩权存在且应允许运用，有些抗辩或抗辩权则可能受到限制甚至被排斥。

既然物权法视野下的指示交付与债法上的依指令而履行二者在类型、构成要件和法律效果方面存在着差异，那么，只有认清这些差异而非将二者混为一谈，才会避免某些法律适用不当。

二、《民法典》第 227 条对《物权法》第 26 条的微调

《物权法》第 26 条将指示交付限定于动产由"第三人依法占有"的场合，作茧自缚，使一些本应通过指示交付来解决动产物权变动的问题却无法如愿，只得先由转让人从占有动产的第三人之处收回，再交给受让人，徒增周折和成本。如果删除"依法"的限定，就会使局面改观，使如下的问题可通过指示交付得到解决：转让人非间接占有人时，可让与其基于侵权行为或不当得利而生的返还请求权。这种返还请求权的让与，与占有的移转无关。于此场合，所让与的也不是所有物返还请求权，而是受让人因取得所有权，而得主张的所有物返还请求权。

《物权法》第 26 条将指示交付限定于动产由"第三人依法占有"的不足之二表现在：第三人对标的物的占有原有本权，但其后本权不复存在，导致第三人无权占有标的物，例如，第三人作为借用人占有借用物，其后借用合同终止，变为无权占有。在这些情况下，物权人将此类标的物出卖与他人，因不符合《物权法》第 26 条关于指示交付必须发生在动产由"第三人依法占有"的要求，故只得先由转让人从占有动产的第三人之处收回，再交给受让人，徒增周折和成本。如果删除"依法占有"的限定，允许采取指示交付的方式，就会使局面改观。

《物权法》第 26 条将指示交付限定于动产由"第三人依法占有"的不足之三表现在：无法使受让人于让与合同生效不久就可取得标的物的直接占有，因为此时第三人对该标的物仍处于有权占有的状态。

正是认识到了这一点，《民法典》第 227 条中不见了"依法"二字。这值得赞同。

---

① 庄加园：《基于指示交付的动产所有权移转》注 9，载《法学研究》2014 年第 4 期，第 169 页。

三、关于指示交付下让与的返还请求权的定性与定位

让与的返还请求权若为债权的返还请求权，如交易标的物被第三人基于租赁、借用等合同有权占有的场合，出卖人对此类第三人享有的返还请求权，既可以是物的返还请求权，也可以是合同法上的债权的返还请求权，即保管、租赁、借用或其他合同终止时，保管人、承租人、借用人等占有人负有合同法上的返还标的物的债务。若以债权的返还请求权论，出卖人把该债权的返还请求权让与买受人时，自让与合同生效时买受人取得该返还请求权；但在与债务人的关系上，则按照《民法典》第546条第1款的规定，需要通知债务人，否则，让与对债务人不发生效力。就是说，出卖人或买受人未将让与债权的返还请求权这一事实通知债务人时，债务人有权拒绝买受人关于返还占有物的请求，只对出卖人负有返还占有物的债务。不过，这只是合同法上的效力表现。实际上，受让人与债务人之间的关系，还有物权法层面的表现，即受让人取得标的物所有权或其他物权之后，他可以向债务人主张标的物的所有权或其他物权，以此来对抗债务人。

让与的若为物权的返还请求权，如交易标的物被第三人无权占有的场合，出卖人对该第三人享有物的返还请求权，属于此类。于此场合，让与返还请求权是否需要通知第三人（占有动产之人），法律未作规定，从物权为对世权的角度看，只要物权的返还请求权移转并同时完成了物权的公示的，则无须通知债务人，就可以对抗债务人；如果尚未完成物权的公示，则宜类推适用《民法典》第546条第1款的规定。[①]

有学说不赞同指示交付下让与的返还请求权可以为所有物返还请求权，而主张所让与的只能是债权的返还请求权，大概有四点理由。对这四点理由笔者均持有异议，兹分析、评论如下：其理由之一是，物权与物权请求权不可分离，所有物返还请求权并非独立的请求权，它只是为了实现所有权的圆满状态而发生的，不能与所有权分离而转让。[②]转让人移转所有权于受让人，也就导致转让人强制性地失去了所有物返还请求权，受让人随着取得所有权也就得到了该返还请求权。[③]

[①] 参考谢在全：《民法物权论》（上册），台北，三民书局有限公司2003年修订2版，第153页。

[②] 王利明：《物权法研究》（上册），北京，中国人民大学出版社2007年版，第210页；崔建远：《物权法》，北京，中国人民大学出版社2011年版，第87页；申卫星：《物权法》，北京，中国人民大学出版社2008年版，第126页；朱岩、高圣平、陈鑫：《中国物权法评注》，北京，北京大学出版社2007年版，第170页。

[③] Hans Josef Wieling, Sachenrecht, 2. Auflage, Berlin und Herdelberg 2006, S. 322. 转引自庄加园：《基于指示交付的动产所有权移转》注36，载《法学研究》2014年第4期，第174页。

因此，所有物返还请求权只是所有权的附属品①，基于所有物而生的请求权移转不是所有权移转的前提，而是所有权移转的结果。为此，所有人如果不放弃所有权，就不能同时转让基于所有权所生的请求权。② 所以，要通过转让所有物返还请求权，来实现移转所有权的目的，无疑是倒果为因，混淆目的和手段的关系。转让人转让所有权的动产究竟是处于间接占有之下，还是已经失去占有，原则上都不能通过让与所有物返还请求权的方式，这一请求权的让与只是所有权移转的结果而已。③

笔者认为，上述认识不能说无理，但有些机械和僵硬。所有权与其请求权结为一体，所有权移转，所有物返还请求权也随之移转；作为物权效力的所有物返还请求权移转了，物权本体也得移转。如同转让抵押权时被担保债权也随之让与一样。此其一。所有权与其请求权结为一体，正好表明转让任何一个实质上都是全部转让。这类似于房地权属虽为两个，但转让时一体移转。之所以不径称移转标的物所有权，而谓之曰转让所有物返还请求权，是为了体现形式主义的物权变动，而非意思主义的物权变动，凑足"交付"这个要件，使物权变动有个原因。转让所有物返还请求权是"交付"的变形。在这里，说穿了，指示交付制度的设置，纯粹是为了满足动产物权变动以交付为生效要件这个原则，为了形式的统一，为了前后一致。否则，完全可以采取意思主义的物权变动，径直称转让人和受让人达成了移转转让物的合意，就发生了转让物所有权的移转。因为于此场合实行意思主义的物权变动，不会害及交易安全及占有媒介人：从保护交易相对人（第三人）的角度观察，转让物此时被占有媒介人实际控制，交易相对人作为一个理性人，不得盲目相信转让人享有转让物的所有权，需要请求转让人举证证明他对转让物享有所有权等处分权，甚至更进一步地调查、核实，然后再做交易。通过这个过程，保障交易相对人不会遭受不测之损害。就是说，交易安全方面不会出现问题；从占有媒介人角度考虑，也不会出现问题，因为他明知转让物非他所有，谁有权请求返还，他应当清楚，因为物权法及合同法规定了所有权人的返还请求权及其实现条件和程序，合同法设计了第三人请求移转占有的要件和程序。此其二。至于"果"与"因"、"目的"与"手段"的界定及其关系，未必如

---

① Felicitas Einsele—Wili, Die Vindikationszession, Zürich 1975, S. 52. 转引自庄加园：《基于指示交付的动产所有权移转》注 36，载《法学研究》2014 年第 4 期，第 174 页。

② Staudinger/Wiegand, 2004, §931 Rn. 11；Karl H. Neumayer, Die sogenannte Vindikationszession（§931 BGB）im dogmatischen Spannungsfeld zwischen Übereignung und procuratio in rem, in Festschrift für Heinrich Lange zum 70. Geburtstag, 25. März 1970, Hrsg. von Kurt Kuchinke, München 1970, S. 308. 转引自庄加园：《基于指示交付的动产所有权移转》注 36，载《法学研究》2014 年第 4 期，第 174 页。

③ 参考庄加园：《基于指示交付的动产所有权移转》，载《法学研究》2014 年第 4 期，第 174 页。

此。从所有权本体与其请求权之间的关系来看，它们就是一个整体的组成部分。既然是一个整体的组成部分，就是部分与部分之间的关系，这样，就可能不好说谁是"因"，谁是"果"；谁是"目的"，谁是"手段"。如同心脏与肺叶均为人体的组成部分一样，不好说谁是"因"，谁是"果"；谁是"目的"，谁是"手段"。退一步说，即使按照"果"与"因"、"目的"与"手段"的思路思考，也要看基点放在哪里。如果从没有物权请求权就不会有真正的物权这个角度观察，所有物返还请求权倒是"因"，动产所有权却是"果"。如果从所有权人必须拥有所有物返还请求权，以便能够请求无权占有人返还动产的角度看，"目的"就是所有物返还请求权。为达此目的，需要拥有所有权。这样一来，所有权反倒成了"手段"。在奉行所有物返还请求权适用消灭时效制度的背景下，在个案中，某所有物返还请求权已经罹于时效，而所有权人特别想拥有所有物返还请求权，于此场合，所有物返还请求权为"目的"，动产所有权却为"手段"，至为明显。此其三。

其理由之二：处于间接占有地位的所有人并不享有对其占有媒介人的所有物返还请求权。[1] 按照主流学说，物权请求权只是在所有权的圆满状态受到妨害时才发生。[2] 也就是说，当他人无权占有所有物时，所有权的圆满状态便会受到妨害。占有媒介关系的当事人若就占有发生争议，应该诉诸他们的债法约定，行使占有媒介关系所生的返还请求权。[3] 当事人存有占有媒介关系的情况下，通常并不发生所有物返还请求权。[4]

在笔者看来，准确地说，所有权人对于直接占有人享有物的返还请求权，只是此时尚不具备行使物的返还请求权的条件，只有等待直接占有人对于动产占有的权源消失（如保管、租赁、借用等合同终止）时，所有权人才可以行使物的返还请求权。此其一。在直接占有人和间接占有人（所有权人）之间存在债法上的约定时，所有权人对于直接占有人享有债权的返还请求权。但是，即使如此，于此场合行使债权的返还请求权的条件也不具备，仍须等待直接占有人对于动产占

---

① Karl H. Neumayer, Die sogenannte Vindikationszession（§931 BGB）im dogmatischen Spannungsfeld zwischen Übereignung und procuratio in rem, in: Festschrift für Heinrich Lange zum 70. Geburtstag, 25. März 1970, Hrsg. von Kurt Kuchinke, München 1970, S. 310. 转引自庄加园：《基于指示交付的动产所有权移转》注 36，载《法学研究》2014 年第 4 期，第 175 页。

② 梁慧星主编，侯利宏执笔：《中国物权法研究》（上），北京，法律出版社 1998 年版，第 109 页；王利明：《物权法研究》（上册），北京，中国人民大学出版社 2007 年版，第 223 页；朱岩、高圣平、陈鑫：《中国物权法评注》，北京，北京大学出版社 2007 年版，第 172 页。

③④ 参考庄加园：《基于指示交付的动产所有权移转》，载《法学研究》2014 年第 4 期，第 175、174～175 页。

有的权源消失（如保管、租赁、借用等合同终止），方可实际请求直接占有人返还该动产。既然所有物返还请求权和债权的返还请求权均不具备行使的条件，实际行使返还请求权都是以后才可以的事情，那么，以"当事人存有占有媒介关系的情况下，通常并不发生所有物返还请求权"这样的路径来证明指示交付下让与的不会是所有物返还请求权，欠缺逻辑的力量。此其二。

其三，对于"当事人存有占有媒介关系的情况下，通常并不发生所有物返还请求权"，却承认让与的标的可以是所有物返还请求权，可有若干解决之道。第一种是区分抽象意义上的物权请求权和具体意义上的物权请求权，有无妨害物权的具体行为的发生，或妨害物权的危险是否真实地存在，这种抽象的物权请求权都会存在。① 第二种是仍然遵从物权请求权于物权受到侵害或妨害时发生，但适用《物权法》第 26 条、《民法典》第 227 条的规定时，所有物返还请求权是未来发生的。

其四，诚然，论者为了证成其观点，提出了这样的理由："倘若所有权的取得依赖于将来请求权的发生，而这一请求权的发生又有很大的不确定性，此时即使出让人转让这一请求权，受让人也没有得到现实存在的请求权，而是只享有了一个法律地位远弱于请求权的可能性，这样的解释路径显然无法满足指示交付的构成要件。因此，只要这一请求权让与无法发生即刻的所有权移转，就不能满足受让人在指示交付中的利益。"

笔者认为，这种论证路径也欠缺说服力。须知，在直接占有人基于保管、借用等合同占有标的物、且合同继续存在时，转让人、受让人于此时并不享有原物返还请求权，所谓债权的返还原物请求权也是未来发生的。在这点上，物权的返还请求权和债权的返还请求权所面临的困难是同样的。看来，以未来发生的、有不确定性为由否定转让的是所有物返还请求权，理由并不充分。

必须看到，所谓让与的标的只能是债权的返还请求权之说，存在着先天的弱点，因为债务与动产占有并不在同一个层次上，二者分处于不同的法律领域，所以，只有受让人这个债权人请求占有动产的第三人履行债务，才会发生占有移转的法律效果，才会发生动产物权变动的结果。这一点，在债务履行期尚未届至的情况下，更为明显。既然如此，在让与的标的是债权的返还请求权场合，称指示交付导致动产物权变动，拟制的色彩十分浓厚，它至少是不确切的。与此相反，承认指示交付制度中让与的返还请求权，可以是所有物返还请求权，也可以是债权的返还请求权，具有明显的优势，道理在于，承认让与的标的是所有物返还请

---

① 崔建远：《准物权研究》，北京，法律出版社 2003 年版，第 162～163 页。

求权，在确定动产物权变动的时间点方面特别清晰，并且，转让人和受让人之间的物权关系，与他们和第三人之间的物权关系，在实质上都是一致的。就是说，让与所有物返还请求权之时就是动产所有权变动之时，因为所有物返还请求权与动产所有权自身连为一体，二者同时移转。

其理由之三：单纯让与所有物返还请求权，未能使转让人丧失对转让物干预的事实可能性，受让人也没有获得转让物的间接占有。当转让物由占有媒介人占有时，转让人通过转让基于占有媒介关系的原物返还请求权，使得受让人获得间接占有，由此才发生观念交付下的指示交付。因为指示交付的要害并非让与返还请求权，而是使得受让人取得转让物的间接占有，转让人丧失对物干预的可能性。在此体现了与交付原则（《物权法》第23条、《民法典》第224条）相同的思想：受让人必须基于转让人的意思获得全部的占有。两者不同之处在于，《物权法》第23条、《民法典》第224条必须移转全部的直接占有，而《民法典》第227条则要求间接占有的全部移转。由此可见，通过转让所有物返还请求权的方式来移转所有权，并不符合转让人在观念交付中至少取得间接占有的要求。[①]

对此，笔者评论如下：（1）所谓"单纯让与所有物返还请求权，未能使转让人丧失对转让物干预的事实可能性"，这不符合指示交付制度的意旨，因为指示交付制度设计的目的及效果，就是发生这样的效力：所有物返还请求权一经移转给受让人，转让人就丧失了转让物所有权，同时，受让人就取得了转让物所有权。既然转让人已经丧失了转让物所有权，他还有什么权利对转让物进行合法的干预呢？（2）所谓"单纯让与所有物返还请求权，……受让人也没有获得转让物的间接占有"，也只是一家之言，是这一家的逻辑。其实，只要我们将"取得所有物返还请求权"作为受让人取得间接占有的原因，受让人基于所有物返还请求权而享有对动产的间接占有，就完全解决了受让人对转让物取得间接占有的问题。这并非强词夺理，因为受让人拥有债权的返还请求权时，对于转让物构成间接占有；享有所有物返还请求权时，对于转让物也构成间接占有。实际上，受让人取得所有物返还请求权与取得间接占有可以视为同时，从而满足了论者关于"指示交付的要害并非让与返还请求权，而是使得受让人取得转让物的间接占有，转让人丧失对物干预的可能性"的逻辑。（3）所谓"受让人必须基于转让人的意思获得全部的占有"，在让与的是所有物返还请求权的场合，也不成问题。因为受让人的确是基于转让人的意思在受让转让物。至于此处所谓"全部的占有"，其确切意思尚需明确，从论者的上下文看，应当是指间接占有，而非直接占有

---

① 庄加园：《基于指示交付的动产所有权移转》，载《法学研究》2014年第4期，第175页。

和间接占有。如果这样认定是正确的，则受让人已经间接占有了转让物，满足了指示交付的要求。

其理由之四："在指示交付的善意取得中，转让人将因不享有所有物返还请求权而无法完成善意取得。"①

对此，笔者评论如下：该项理由若针对指示交付下所转让的请求权在任何场合都可以是所有物返还请求权之说，能够成立，但若针对所转让的可以是所有物返还请求权，也可以是债权的返还请求权之说，则欠缺说服力。因为按照后一学说，则并不强求所转让的永远是所有物返还请求权，而应区分情况而定：存在所有物返还请求权时，所转让的可以是所有物返还请求权；不存在所有物返还请求权时，所转让的则是债权的返还请求权。它不让所有物返还请求权包打天下。在指示交付的善意取得中，所转让的是债权的返还请求权，而非所有物返还请求权，就破解了论者所出难题，就符合了逻辑。此其一。

其二，完全贯彻动产善意取得制度的本质要求，转让人对于转让物要占有，受让人对转让物也得占有，才会发生转让物的善意取得。既然论者所说的案型中转让人对于转让物没有占有，受让人也无法基于买卖等合同取得对转让物的占有，则指示交付场合不发生善意取得的后果。由于受让人明知转让人对转让物没有占有，没有理由推定转让人对于转让物享有所有权等处分权，为了自身的利益，他应当请求转让人举证证明对转让物享有所有权，双方按照有权处分的模式进行交易，否则，受让人就有重大过失，于是不符合善意取得的构成要件，不发生善意取得的结果。既然如此，论者称"不直接占有转让物的出让人如适用指示交付，他将因不享有所有物返还请求权而无法满足指示交付的构成要件，以致这一观念交付方式实际上被排除于善意取得之外，不利于交易安全的保护"，就不成立。

笔者不赞同让与的返还请求权仅限于债权的返还请求权，还有如下理由：在有些情况下，占有媒介关系并不存在债权的返还请求权，仅有所有物返还请求权。例如，第三人占有动产原本是基于征收或征用，其后，该征收或征用被取消，于此场合，应当适用行政法关于征收、征用及其法律后果的有关规定和《物权法》第34条、《民法典》第235条关于物的返还请求权的规定，转让人作为该动产的所有权人对于征收、征用的机关并不享有债权的返还请求权，如此，称让与的是债权的返还请求权，是不成立的。当然，对于此种情况下的动产返还，如果坚持排除行政法的适用，而适用占有的不当得利制度，则另当别论。

---

① 庄加园：《基于指示交付的动产所有权移转》，载《法学研究》2014年第4期，第175页。

［论争］

在物权法视野下的指示交付制度中，是否存在着有关抗辩或抗辩权，意见不一。例如，有学者主张，指示交付所让与的返还请求权不能含有抗辩，倘若行使的返还请求权负有障碍，则不能适用指示交付。① 相反的观点则为，指示交付制度能使占有媒介人得以向受让人主张基于原占有媒介关系所产生的抗辩。② 此外，针对物权法视野下的指示交付规则也适用于海商法的提单纠纷③，从而指示交付所让与的返还请求权不能含有抗辩或抗辩权的观点，庄加园博士评论道：由于海运提单作为典型的文义证券，提单人根据证券上的记载事项即可行使权利义务，由此切断原合同当事人（承运人和托运人）之间的抗辩，使得海运提单的便捷性和流转性远超民法（物权法）意义上的指示交付。就这点而言，所谓海运提单转让，便构成指示交付，至少从承运人不得主张提单记载之外的抗辩权而言，表现出明显不同于指示交付的特征。④ 谢在全先生早就指出，仓单、提单、载货证券所载物品的交付，于交付该项证券于有受领权人时，与交付物品有同一的效力。因为此类证券为物权证券，动产的权利通过证券予以表彰，持有证券者即与占有动产相同；对动产权利的行使也要依证券而为之。所以，此类动产物权的变动不是需要交付证券，就是进行背书，而无指示交付规则的适用余地。⑤

笔者赞同指示交付制度不排斥有关抗辩或抗辩权的观点，理由在于：（1）《物权法》第 26 条、《民法典》第 227 条关于指示交付的设计并未排斥有关抗辩或抗辩权的存在和运用，其他法律、法规、规章也无关于《物权法》第 26 条、《民法典》第 227 条适用时不得抗辩的明文规定。（2）作为动产物权变动原因的常态的现实交付场合，允许有关抗辩或抗辩权的存在和运用，笔者未见有反对的意见。按照相似的事物相同处理的原则，作为替代现实交付规则的指示交付规则也不宜一律排斥抗辩或抗辩权。诚然，现实交付的公示性强，指示交付的公示性弱，在受让人善意与否的判断、对于第三人合法权益保护等方面，它们二者所含抗辩或抗辩权可能存在些许差异，但不至于指示交付场合的抗辩或抗辩权全

---

① 王利明：《物权法研究》（上册），北京，中国人民大学出版社 2007 年版，第 380 页。

② Wolfgang Ernst, Eigenbesitz und Mobiliarerwerb, Tübingen 1992, S. 278；Werner Schubert, Die Entstehung der Vorschriften des BGB über Besitz und Eigentumsübertragung, Berlin 1966, S. 164. 转引自庄加园：《基于指示交付的动产所有权转移》，载《法学研究》2014 年第 4 期，第 171 页。

③ 王泽鉴：《民法物权》，北京，北京大学出版社 2009 年版，第 98 页；朱岩、高圣平、陈鑫：《中国物权法评注》，北京，北京大学出版社 2007 年版，第 156 页；杨代雄：《拟制交付在物权公示中的效力——兼谈我国〈物权法〉第 26 条的修订》，载《重庆工学院学报》（社会科学版），2008 年第 6 期，第 89 页。

④ 庄加园：《指示交付下的动产所有权移转》，载《法学研究》2014 年第 4 期，第 169 页。

⑤ 谢在全：《民法物权论》（上），台北，新学林出版股份有限公司 2010 年修订 5 版，第 133 页。

被排斥。(3)《民法典》第 548 条规定:"债务人接到债权转让通知后,债务人对让与人的抗辩,可以向受让人主张。"尽管债权转让与债权的返还请求权不完全相同,但在许多情况下可以忽视其差异点;尽管抵销与抗辩分属不同的法律制度,在相互抵销的两项债务分属于不同的法律关系中场合,本该抵销的主张若不提起反诉或反请求,难获裁判者的支持,但在属于同一非典型法律关系中的两项债务抵销时,则应允许通过抗辩来对抗原告或申请人的请求,不必苛求反诉或反请求的形式。如果这些看法立得住脚,那么,《民法典》第 548 条的精神可用于指示交付制度是否含有抗辩或抗辩权的问题,结论是:指示交付制度不宜一律排斥抗辩或抗辩权。

第二百二十八条

动产物权转让时,当事人又约定由出让人继续占有该动产的,物权自该约定生效时发生效力。

本条主旨

本条是关于占有改定及其法律效果的规定。

相关条文

《物权法》第 27 条 动产物权转让时,双方又约定由出让人继续占有该动产的,物权自该约定生效时发生效力。

理解与适用

本条是对《物权法》第 27 条的复制,规定了占有改定引发动产物权的变动。虽然从该条的字面意思看不出其适用范围限于基于法律行为而发生的动产物权变动以占有改定为生效要件,但从体系解释和目的解释,应该得出该项结论。

所谓占有改定,是指出让人继续占有动产,出让人与受让人订立合同,使受让人取得对动产的间接占有,并取得动产所有权(《民法典》第 228 条)。买卖、互易、赠与、以物抵债等合同关系中可有此种现象。允许这种交付的原因,也在于简化动产所有权的移转流程。例如,甲出卖 A 钢琴给乙,如果甲尚需使用该琴参加比赛,那么可以与乙订立合同(移转 A 钢琴的所有权、借用 A 钢琴或租赁 A 钢琴),由乙取得间接占有,以替代现实交付,进而完成 A 钢琴所有权的移转。于此场合，出卖人对钢琴是直接占有还是间接占有，在所不问。①

占有改定的成立，需要具备如下要件：（1）出让人和受让人之间存在实质交易行为，诸如买卖合同、赠与合同、以物抵债协议等，其合意中含有转移该动产所有权的意思表示，订立由出让人继续占有该动产、受让人间接占有该动产的合同。据此，出让人成为占有媒介人。（2）存在使受让人取得间接占有的合意，明示的、默示的，在所不问，只要能够产生间接占有的法律关系即可；单纯的"今后为受让人而占有"的表示，即抽象的改定，不能使受让人取得间接占有，故不能取得该动产的所有权。还有，间接占有的法律关系，不必基于有效的租赁、质押、借贷等合同，盖间接占有所由产生的合同纵为无效，受让人不妨取得返还请求权。只是物权变动的合意，通常与租赁或借贷等约定，包含在同一个法律行为之中，因此，租赁、借贷等合同无效，也足以引起物权变动的合意无效。如代替间接占有关系而约定一种仅使出让人成为受让人的占有辅助人，则为现实交付。（3）唯有物的占有者，始得依占有改定为转移。其为直接或间接占有人，则非所问。出让人以为间接占有人为已足，盖间接占有的出让人，得使受让人取得上级间接占有。因占有改定取得所有权者得依占有改定再转让之。出让人须于转让时为占有人，如于此时丧失占有，则不得依占有改定为转移的合意。出让人尚未取得占有者，得依预期的占有改定为转移的合意。受让人于出让人取得占有（因此成为所有权人）时，无须订立一个新合同，即取得动产物权。然而，于此时，出让人和受让人之间仍须有意思一致的事实。②

若以受让人对于该动产的关系为审视的基点，则可以说占有改定的公示效果最差，受让人的下手难见其对该动产享有物权。该下手只好通过尽职调查和令该受让人举证证明其为该动产的物权人，来避免遭受不测之损害。

出让人继续占有标的物，为其无权处分该动产敞开了方便之门。这只好由善意取得制度担负其责。

其实，若自受让人可否善意取得某动产的角度观察，在转让人无权处分、该受让人与转让人之间又采取了占有改定的交付方式的情况下，通说认为该受让人不能善意取得该动产，除非在善意取得的构成要件没有丧失的前提下，该受让人嗣后取得了对该动产的现实占有。

① 谢在全：《民法物权论》（上册），台北，三民书局有限公司 2003 年修订 2 版，第 137 页。
② 史尚宽：《物权法论》，台北，荣泰印书馆股份有限公司 1979 年版，第 35～36 页。

第三节 其他规定

本节规定了非基于法律行为而发生的物权变动不以公示为生效要件以及宣示登记及其法律效果。

本节规定了五大类非基于法律行为而发生的物权变动不以公示为生效要件的情形,一是人民法院、仲裁机构的法律文书生效,这些法律文书指向的财产立即发生物权变动;二是人民政府的征收决定生效,被征收的财产立即归属于国家;三是继承开始,遗产的物权立即依法转移给继承人;四是因合法建造房屋等建筑物、构筑物等事实行为(建造完成,在房屋的场合是封顶)而设立不动产所有权;五是因拆除等事实行为而消灭房屋等建筑物、构筑物的不动产所有权。

本节还规定了非基于法律行为而取得的不动产物权须经宣示登记方可发生处分(如转让不动产物权、将不动产设立抵押权)的法律效果。

需要注意,这些情形只是《民法典》的示例,除此而外,尚有添附等原因而生的物权变动的情况,仍然适用《民法典》的上述相关规定,不以登记或交付为生效要件。

这些类型的物权变动不经登记即发生效力,可以克服公示生效要件主义过于严苛的弱点。因为非基于法律行为而生的物权变动,若仍然贯彻须经公示才发生效力,不仅与社会实际不符,而且将难以有效地保护此类物权人。何况此类物权变动,或有法律依据,如继承;或有国家机关的公权力的介入,如征收。于此场合,不动产物权的变动业已发生,存在的状态也十分明确,没有违反物权公示的要求,其后再为公示,也无碍交易安全。当然,对此类原因事实是否存在有疑义时,物权的取得人负有举证责任。[①]

公示毕竟是原则,中国现行法对此是尽力贯彻的,《不动产登记暂行条例》规定,因继承、接受遗赠取得不动产权利的,因人民法院、仲裁机构生效的法律文书或人民政府生效的决定等设立、变更、转让、消灭不动产权利的,当事人单方可以申请登记(第 14 条第 2 款第 2、3 项)。《不动产登记暂行条例实施细则》规定:"因继承、受遗赠取得不动产,当事人申请登记的,应当提交死亡证明材料、遗嘱或者全部法定继承人关于不动产分配的协议以及与被继承人的亲属关系材料等,也可以提交经公证的材料或者生效的法律文书"(第 14 条)。登记的类

---

① 参考谢在全:《民法物权论》(上册),台北,三民书局有限公司 2003 年 7 月修订 2 版,第 126 页。

型为转移登记（第27条第5、7项）。特别是《物权法》第31条关于"依照本法第二十八条至第三十条规定享有不动产物权的，处分该物权时，依照法律规定需要办理登记的，未经登记，不发生物权效力"的规定，迫使不动产物权的取得人必须先行登记，而后才可以处分不动产，回归公示原则。[1]

第二百二十九条

因人民法院、仲裁机构的法律文书或者人民政府的征收决定等，导致物权设立、变更、转让或者消灭的，自法律文书或者征收决定等生效时发生效力。

本条主旨

本条是关于人民法院、仲裁委员会的法律文书或者人民政府的征收决定等生效时，它们指涉的物权发生变动的效力的规定。

相关条文

《物权法》第28条　因人民法院、仲裁委员会的法律文书或者人民政府的征收决定等，导致物权设立、变更、转让或者消灭的，自法律文书或者人民政府的征收决定等生效时发生效力。

《国有土地上房屋征收与补偿条例》（第590号）第4条　市、县级人民政府负责本行政区域的房屋征收与补偿工作。

市、县级人民政府确定的房屋征收部门（以下称房屋征收部门）组织实施本行政区域的房屋征收与补偿工作。

市、县级人民政府有关部门应当依照本条例的规定和本级人民政府规定的职责分工，互相配合，保障房屋征收与补偿工作的顺利进行。

第8条　为了保障国家安全、促进国民经济和社会发展等公共利益的需要，有下列情形之一，确需征收房屋的，由市、县级人民政府作出房屋征收决定：

（一）国防和外交的需要；

（二）由政府组织实施的能源、交通、水利等基础设施建设的需要；

（三）由政府组织实施的科技、教育、文化、卫生、体育、环境和资源保护、防灾减灾、文物保护、社会福利、市政公用等公共事业的需要；

（四）由政府组织实施的保障性安居工程建设的需要；

---

[1]　这种思路，见谢在全：《民法物权论》（上册），台北，三民书局有限公司2003年7月修订2版，第126页。

（五）由政府依照城乡规划法有关规定组织实施的对危房集中、基础设施落后等地段进行旧城区改建的需要；

（六）法律、行政法规规定的其他公共利益的需要。

《物权编司法解释（一）》第7条　人民法院、仲裁委员会在分割共有不动产或者动产等案件中作出并依法生效的改变原有物权关系的判决书、裁决书、调解书，以及人民法院在执行程序中作出的拍卖成交裁定书、变卖成交裁定书、以物抵债裁定书，应当认定为民法典第二百二十九条所称导致物权设立、变更、转让或者消灭的人民法院、仲裁机构的法律文书。

第8条　依照民法典第二百二十九条至第二百三十一条规定享有物权，但尚未完成动产交付或者不动产登记的权利人，依据民法典第二百三十五条至第二百三十八条的规定，请求保护其物权的，应予支持。

理解与适用

本条包括三大类型的非基于法律行为而发生的物权变动，一是人民法院、仲裁委员会的法律文书生效时，该法律文书所指向的物权发生变动的效力；二是人民政府的征收决定生效时，被征收财产的物权归于消灭；三是征收以外的行政命令生效时，该命令所指向的物权归于消灭。其中任何一种物权变动都不以登记或交付作为生效要件。

一、人民法院、仲裁委员会的法律文书生效时，该法律文书所指向的物权发生变动的效力

本条所谓"因人民法院、仲裁委员会的法律文书……，导致物权设立、变更、转让或者消灭的，自法律文书……生效时发生效力"，是指只要人民法院、仲裁委员会的法律文书一经生效，该法律文书所指向的物权就发生变动，不以登记或交付为生效要件。例如，甲、乙兄弟二人继承其父母遗留的A楼等遗产，对A楼如何分享发生争执，诉讼到人民法院。经审理，人民法院判决A楼归属于甲，乙继承其他遗产。该判决送达甲和乙之时，A楼的所有权便归属于甲，尽管不动产登记簿簿页上的所有权人一栏记载的仍是甲、乙的父母之名。

本条所言人民法院、仲裁委员会的法律文书，就立法本意而言是泛指人民法院的给付判决及裁定、确权判决及裁定和形成判决及裁定，以及仲裁机构的给付裁决、确权裁决与形成裁决，并未限于人民法院的形成判决及裁定和仲裁机构的形成裁决。

之所以如此断言，是因为本条系对《物权法》第28条的复制。而《物权法》

第 28 条所指法律文书就是广义上的。这不但是笔者一直参与《中华人民共和国物权法（草案）》研讨时的切身感受，而且可从全国人民代表大会常务委员会法制工作委员会民法室编写的《中华人民共和国物权法释义》对《物权法》第 28 条所作的如下解释（以下简称为"民法室解释"）得到佐证：这里的法律文书，是指依其宣告就足以发生物权变动的效果的判决书、裁决书、调解书等。例如，离婚诉讼中确定当事人一方享有某项不动产的判决、分割不动产的判决、使原所有权人回复所有权的判决，属于《物权法》第 28 条所规定的设权判决、确权判决。此类设权或确权判决、裁决书、调解书本身，具有与登记、交付等公示方法相同的效力。因而依据此类判决、裁决书、调解书而进行的物权变动，无须再进行一般的物权公示而直接发生效力。鉴于上述类型的判决书、裁决书、调解书所针对的只是具体的当事人，而非一般人，其公示方法采取的是当庭宣判或送达当事人，以送达当事人为生效的条件，对当事人以外的第三人来说公示力和公信力较弱，《物权法》特别规定，物权取得人处分不动产时，不经登记不发生物权效力，除非法律不要求登记（第 31 条）。①

其中所谓设权判决，应属给付判决，最高人民法院民事审判第一庭于其解读法释〔2016〕5 号（现行的《物权编司法解释（一）》）的《物权法司法解释（一）理解与适用》（以下简称为"民一庭解读"）称之为给付性裁判，并且连同仲裁机构的给付裁决一并称作给付性法律文书，简称为给付性文书。② "民一庭解读"认为，给付裁判是法院在认定当事人享有请求权的基础上，判令对方当事人履行原已存在的义务。它未使既存的法律关系发生变化，具有执行力而无变更权利义务关系的形成力。给付裁判不能直接导致物权变动。③ 对此，笔者表示赞同，认为对《民法典》第 229 条所言法律文书也应作这样的限缩解释。

"民法室解释"所说的确权判决，"民一庭解读"叫作确认性裁判，它不仅包括人民法院就确认之诉作出的裁判，还包括人民法院驳回原告诉讼（包括给付之诉、形成之诉和确认之诉）的裁判。所谓确认之诉，是指原告请求法院确认其与被告存在或不存在某种法律关系的诉。④ 在确认之诉中，当事人只请求法院确认其与对方当事人之间是否存在某种民事法律关系，并不要求判令对方履行某一民事义务，当事人之间没有行使权利与履行义务之争，法院的裁判不存在执行问题。⑤ 虽有意见认为确认性裁判直接引起物权变动，但最高人民法院于法释

---

① 胡康生主编：《中华人民共和国物权法释义》，北京，法律出版社 2007 年版，第 78～79 页。

②③④ 最高人民法院民事审判第一庭：《物权法司法解释（一）：理解与适用》，北京，人民法院出版社 2016 年版，第 212、213、214 页。

⑤ 常怡：《民事诉讼法学》，北京，中国政法大学出版社 1999 年版，第 137 页。

〔2016〕5 号第 7 条（现行的《物权编司法解释（一）》第 7 条）没有采纳这种看法，而是赞同全国人民代表大会常务委员会法制工作办公室、国务院法制办公室等机关的如下观点：确认物权的法律文书是对业已存在的物权进行确认，而不是导致物权设立、变更、转让或者消灭，不应纳入《物权法》第 28 条规定的法律文书范围。① 赞同的理由是：确认之诉并不以权利的实现为目的，仅就某种权利或法律关系以及事实的存在与否予以宣告，根本不能导致任何权利的变动。而《物权法》第 28 条所指法律文书应具备变动权利的功能，因此，该条所指法律文书不包括确认性法律文书。② 对此，笔者表示赞同，认为对《民法典》第 229 条所言法律文书也应如此解释。

　　鉴于人民法院涉及物权变动的法律文书有判决、裁定以及调解书，仲裁机构涉及物权变动的法律文书有裁决及调解书，这样全面列举较为啰唆，"民一庭解读"采取给付性文书、确权性文书和形成性文书的称谓，本书原则上也如此措辞，除非这样表述在特定场合不合适。

　　不难发现，与《物权法》第 28 条及"民法室解释"有所不同的是，境外的有关立法例及其学说，将无须公示便依判决、裁定使其指向的标的物发生物权变动的法律文书，仅仅限于形成判决、形成裁决，如关于共有物分割的判决，至于下列各种判决、裁决、调解书则不包含在内：（1）命被告履行不动产登记的判决，性质上为给付判决，原告于取得该确定判决后，尚须持该判决书向不动产登记机构申请办理变更登记。登记完毕，原告才取得该项不动产的产权。（2）相邻不动产物权人之间对其界限发生争执，起诉到法院，请求确认不动产的界限或设置界标。主审法院据此所为的判决，不是创设物权的判决。（3）确认某建筑物为其所有或请求确定一定界限内的建设用地使用权归其享有的诉讼，属于确认不动产权属之诉，主审法院据此所为的判决为确认判决，并非无须公示便依判决、裁定使其指向的标的物发生物权变动的法律文书。（4）按照民事诉讼法或仲裁法就某不动产变动事项所作成的和解或调解，尚无与形成判决、裁决同一的形成力，需要当事人持和解书或调解书到登记机构办理变更登记，否则，不发生物权变动的效力。③

　　面对这种背景，何去何从？这取决于法律人的法律理念。如果立法及解释法律之人看重交易的快捷，那么，给付性文书、确权性文书、形成性文书一经送

---

①②　最高人民法院民事审判第一庭：《物权法司法解释（一）：理解与适用》，北京，人民法院出版社 2016 年版，第 214 页注 4、214～215 页。

③　谢在全：《法物权论》（上册），台北，三民书局有限公司 2003 年版，第 128～129 页。

达，就使法律文书指向的标的物发生物权变动，就是合乎逻辑的。反之，如果立法及解释法律之人更加关注物权的本性，重视物权的公示性及其对第三人的影响，那么，就会尽量压缩不经公示就发生物权变动的领域和物权变动的法律文书的类型。可取的态度及方案是后者，笔者认为，对《民法典》第229条所言法律文书应作如此解释，理由如下：第一，物权具有排他性、对世效力，对第三人的利益影响很大，从保护交易安全入手，物权，应当尽量公示，或者说物权以公示为原则，仅有极少数情况例外。从这个意义上说，对《民法典》第229条所言的法律文书应当进行限缩解释，把人民法院的给付判决、裁定及调解书排除在外，将仲裁机构的给付裁决及调解书排除在外，就是合理限缩解释的一种表现。第二，从比较法的层面看，《民法典》第229条的规定，系借鉴中国台湾地区"民法"第759条的结果，而中国台湾地区"民法"第759条所称的法院判决，不包括给付判决。与此类似的立法例还有，《瑞士民法典》第656条第2款第2项规定：取得人在先占、继承、征收、强制执行或法院判决等情形下，得在登记前，取得所有权。但是，非在不动产登记簿上登记，不得处分土地。《韩国民法典》第187条规定：因继承、征用、判决、拍卖及其他法律规定取得不动产物权的，不需要登记。但是，不登记时不得进行处分。第三，人民法院的给付判决、裁定及调解书和仲裁机构的裁决及调解书所认定的给付基本上是基于法律行为而形成的，关于以物抵债判决所基于的以物抵债属于法律行为。而基于法律行为而引起的物权变动，需要公示。鉴于《民法典》第229条的规定不适用于基于法律行为而引起的物权变动，我们解释其所言法律文书，应当认为它限于人民法院的形成判决、裁定和仲裁机构的裁决，不包括人民法院的给付判决、裁定及调解书和仲裁机构的给付裁决及调解书。[①] 第四，确权性文书只是裁判机关对既有的物权关系进行权威性确定的判决、裁定、裁决，没有改变既有的物权关系，换言之，没有发生物权变动。既然没有发生物权变动，此类法律文书就不在《民法典》第229条所言法律文书之内。

法释〔2016〕5号即持这种见解，于第7条规定："人民法院、仲裁委员会在分割共有不动产或者动产等案件中作出并依法生效的改变原有物权关系的判决书、裁决书、调解书，以及人民法院在执行程序中作出的拍卖成交裁定书、以物抵债裁定书，应当认定为物权法第二十八条所称导致物权设立、变更、转让或者消灭的人民法院、仲裁委员会的法律文书。"《物权编司法解释（一）》第7条对此完成承继，只不过把"物权法第二十八条"更换成"民法典第二百二十九条"

---

① 崔建远：《物权法》（第3版），北京，中国人民大学出版社2014年版，第66页。

罢了。"民一庭解读"称，能够直接导致物权变动的法律文书限于形成性文书，不包括给付性文书和确权性文书。①

最高人民法院通过法释〔2016〕5 号第 7 条（现行的为《物权编司法解释（一）》第 7 条）限缩《物权法》第 28 条（相当于《民法典》第 229 条）的适用范围，是僭越立法权还是具有立法法及法理上的依据？回答应为这非僭越立法权，而是正当的法律解释，属于最高人民法院的权限范围。因为《物权法》贯彻物权公示原则（第 6 条、第 9 条第 1 款、第 14、23 条等）（相当于《民法典》第208 条、第 209 条第 1 款、第 214 条、第 224 条）乃至公信原则（第 16 条第 1款）（相当于《民法典》第 216 条第 1 款），尽量缩小无须公示就发生物权变动的情形。这是整部《物权法》的立法计划和立法目的，并且应该覆盖《物权法》第28 条（相当于《民法典》第 229 条）。如此，依立法目的及规范意旨，《物权法》第 28 条（相当于《民法典》第 229 条）的适用范围过宽，应予限缩，即其所谓法律文书不包含给付性文书、确权性文书，仅仅指形成性文书，如人民法院的形成判决、形成裁定和仲裁机构的形成裁决。

同时，还要注意，我们不可从一个极端走到另一个极端，《物权法》第 28 条（相当于《民法典》第 229 条）关于因人民法院、仲裁委员会的法律文书导致物权设立、变更、转让或消灭的，自法律文书生效时发生效力的规定，只是为了在特殊情况下加速物权变动的进程，并不否定物权公示的大原则、大方向，并不抵触物权宜尽可能地公示这种理念。因此，《不动产登记暂行条例实施细则》规定：因人民法院、仲裁委员会的生效法律文书导致不动产权利发生转移的，当事人可以向不动产登记机构申请转移登记（第 27 条第 7 项）；人民法院、仲裁委员会的生效法律文书导致不动产权利消灭的，当事人可以申请办理注销登记（第 28 条第 1 款第 4 项）。

适用法律，处理案件，是遵循《物权法》第 28 条（相当于《民法典》第 229条）的本意及"民法室解释"的观点，还是根据法释〔2016〕5 号第 7 条（现行的为《物权编司法解释（一）》第 7 条）的规定及"民一庭解读"，在个案中的结果差异巨大，甚至天壤之别。对此，以一个以物抵债的案例加以展示。

甲房地产开发有限责任公司欠乙开发区银行的本息 2 000 万元人民币，一直无力偿付。乙开发区银行发现甲房地产开发有限责任公司拥有一宗国有建设用地使用权，请求以该使用权抵偿本息债权。主审法院支持了乙开发区银行的该项诉

---

① 最高人民法院民事审判第一庭：《物权法司法解释（一）：理解与适用》，北京，人民法院出版社2016 年版，第 212～218 页。

讼请求，判决以该宗国有建设用地使用权抵偿 2 000 万元人民币的本息，并送达到双方当事人。乙开发区银行怠于持该判决书到不动产登记机构办理过户登记手续，直到行政主管机关执法检查时发现甲房地产开发有限责任公司在长达 5 年的时间内都未开发建设该宗建设用地，采取了收回的行政措施。

遵循《物权法》第 28 条（相当于《民法典》第 229 条）的本意及"民法室解释"，该"以物抵债"的判决已经生效，其指向的国有建设用地使用权因而移转归乙开发区银行，尽管尚未办理过户登记手续。如此，行政主管机关收回该宗国有建设用地使用权，是收回乙开发区银行的财产，而非甲房地产开发有限责任公司的财产。从甲房地产开发有限责任公司与乙开发区银行之间的法律关系来说，甲房地产开发有限责任公司欠乙开发区银行的 2 000 万元人民币的本息已因"以物抵债"而不复存在了。与此相反，按照法释〔2016〕5 号第 7 条（现行的为《物权编司法解释（一）》第 7 条）及"民一庭解读"来审视该案，会发现不同的结果：由于"以物抵债"判决不属于形成判决，而是给付判决，受此影响，判决指向的国有建设用地使用权因尚未办理过户登记手续而没有移转至乙开发区银行，因而，在这种情况下行政主管机关收回该宗国有建设用地使用权，不是收回乙开发区银行的财产，而是收回甲房地产开发有限责任公司的财产。这样，甲房地产开发有限责任公司欠乙开发区银行的 2 000 万元人民币的本息债务继续存在。

正因如此，法律人必须弄懂和把握《物权法》第 28 条（相当于《民法典》第 229 条）及法释〔2016〕5 号第 7 条（现行的为《物权编司法解释（一）》第 7 条）赋予它的意义。

以上所论基本上属于肯定法释〔2016〕5 号第 7 条（现行的为《物权编司法解释（一）》第 7 条）的范畴，现在商榷它的某些方面。

法释〔2016〕5 号第 7 条（现行的为《物权编司法解释（一）》第 7 条）将"在分割共有不动产或者动产等案件中作出并依法生效的改变原有物权关系的……调解书"纳入《物权法》第 28 条（相当于《民法典》第 229 条）所称法律文书之中，这是将法律文书"滋蔓"，依据不足。诚然，"民一庭解读"较为详细地反驳了调解书不能直接引起物权变动的否定说，为法释〔2016〕5 号第 7 条（现行的为《物权编司法解释（一）》第 7 条）辩护，并且区分给付性调解书、确权性调解书和形成性调解书，主张形成性调解书经过人民法院的最终认可，体现出国家公权力，具有引起物权变动的形成力，故应属于《物权法》第 28 条（相当于《民法典》第 229 条）所言的法律文书。至于给付性调解书、确权性调解书因其不具有引起物权变动的形成力，故不属于《物权法》第 28 条（相当于

《民法典》第 229 条）所言的法律文书。① 尽管如此辩解和阐释具有一定道理，但仍然存在如下值得商榷之点。

第一，法释〔2016〕5 号第 7 条（现行的为《物权编司法解释（一）》第 7 条）所言调解书并未将给付性调解书、确权性调解书排除在外，而是笼而统之地规定调解书直接引发（其指向的不动产或动产的）物权变动。所以，"民一庭解读"无法证成法释〔2016〕5 号第 7 条（现行的为《物权编司法解释（一）》第 7 条）关于（所有的）调解书直接引发（其指向的不动产或动产的）物权变动的规定是正确的。

第二，一般而言，诉讼两造于诉讼程序中和解，是成立了一个协议，或曰合同，在中国现行法上，该和解协议产生债权债务。既然产生债权债务，那么只有履行债务、实现债权时才会发生不动产或动产的物权变动，而不是德国民法上的物权行为，不是和解协议直接引发不动产或动产的物权变动。进而，这种产生债权债务的和解协议即使采取调解书的形式，得到了国家公权力的保障，但因其"基因"和"功效"的缘故，不会因披上了调解书的"外衣"，"罩上了"国家的公权力，或者说经过了诉讼程序，就"蜕变为"直接引发物权变动的物权行为；同样由于和解协议的"基因"和"功效"的缘故，调解书也不会质变为形成性文书。

第三，按照《物权法》的立法计划和法律体系，《物权法》第 28 条（相当于《民法典》第 229 条）所规制的物权变动属于非基于法律行为所产生的物权变动，该条所列调解书径直引发物权变动应属非基于法律行为所产生的物权变动。可是，和解协议系法律行为，同样依《物权法》的立法计划和法律体系，由其引发的物权变动应属基于法律行为的物权变动，应适用《物权法》第 9 条第 1 款、第 14 条（不动产物权变动的场合）（相当于《民法典》第 209 条第 1 款、第 214 条）或第 23 条（动产物权变动的场合）（相当于《民法典》第 224 条）等规定，以公示为生效要件。还是根据《物权法》的立法计划和法律体系，遵循物权应当尽可能地公示这个大原则、大方向、大理念，在由法律行为引发物权变动的领域，首先应适用《物权法》第 9 条第 1 款、第 14 条、第 16 条第 1 款等规定（不动产物权场合）（相当于《民法典》第 209 条第 1 款、第 214 条、第 216 条第 1 款），或者首先适用《物权法》第 23 条等规定（动产物权场合）（相当于《民法典》第 224 条），不宜适用本来用于调整非基于法律行为所产生的物权变动之一种类型

---

① 最高人民法院民事审判第一庭：《物权法司法解释（一）：理解与适用》，北京，人民法院出版社 2016 年版，第 218～226 页。

的《物权法》第 28 条（相当于《民法典》第 229 条）的规定。可是，按照"民法室解释"、法释〔2016〕5 号第 7 条（现行的为《物权编司法解释（一）》第 7 条）及"民一庭解读"，根植于和解协议这个法律行为所产生的物权变动却错位地适用《物权法》第 28 条（相当于《民法典》第 229 条）及法释〔2016〕5 号第 7 条（现行的为《物权编司法解释（一）》第 7 条）的规定，还"滋蔓"地由调解书制度管辖，按照非基于法律行为所产生的物权变动的规则发生法律效力。这是颠倒了实体法与程序法之间关系的理论，是偏离《物权法》关于物权应当尽可能地公示这个大原则、大方向、大理念的观点，是违反《物权法》体系、非逻辑的解释和解读。依此逻辑和操作，甲和乙签订 A 房买卖合同，双方发生争执，诉讼到法院，最终通过和解和制作调解书了事。于此场合，适用《物权法》第 28 条（相当于《民法典》第 229 条）及法释〔2016〕5 号第 7 条（现行的为《物权编司法解释（一）》第 7 条）的规定，《物权法》第 9 条第 1 款、第 14 条、第 16 条第 1 款（相当于《民法典》第 209 条第 1 款、第 214 条、第 216 条第 1 款）等统统派不上用场。以此类推，租赁合同纠纷、运输合同纠纷等等，只要最终通过和解和制作调解书的，就都适用《物权法》第 28 条（相当于《民法典》第 229 条）及法释〔2016〕5 号第 7 条（现行的为《物权编司法解释（一）》第 7 条）的规定，而非适用《物权法》第 9 条第 1 款、第 14 条、第 16 条第 1 款（相当于《民法典》第 209 条第 1 款、第 214 条、第 216 条第 1 款）等。这就变相地取消了基于法律行为而发生的物权变动制度及规则，实质性地废除了公示原则乃至公信原则，有害于交易安全。

第四，"民一庭解读"为了证成其观点，举例合同变更，当事人经法院调解达成合同变更的调解书，则该调解书因变更了合同关系而具有形成力。[1] 这存在着缺陷：《物权法》第 28 条（相当于《民法典》第 229 条）及法释〔2016〕5 号第 7 条（现行的为《物权编司法解释（一）》第 7 条）都是调整（非基于法律行为所产生的）物权变动的，由此决定，此处所谓和解协议必须是引发物权变动的合同，否则，和解协议不属于此处所论的对象。可是，按照中国现行法的立法计划和立法目的，中国现行法上的合同没有物权合同，在物权法和债法领域运用的合同都是产生债权债务的合同（相当于德国法所说的债权行为），即使涉及物权变动的，也是通过履行合同项下的债务而达到目的。尽管有学说认为国有建设用地使用权出让合同、质押合同、抵押合同等合同为物权合同，但这是混淆了"约

---

[1] 最高人民法院民事审判第一庭：《物权法司法解释（一）：理解与适用》，北京，人民法院出版社 2016 年版，第 219 页。

定"与"设定"物权的结果，更不要说这是采取德国民法区分债权行为与物权行为的分析结构，而无视中国现行法没有承认物权行为理论的现实了，这种观点不足取。① 在这种背景下，中国现行法上的此类合同变更，所能变更的法律关系也只能是变更债权、债务或标的物，标的物的变更也是导致债权、债务的变更，不可能直接变更物权关系。因此，即使如"民一庭解读"所说"调解书因变更了合同关系而具有形成力"，也是变更了债权债务关系，而非变更了物权关系。就是说，在中国现行法上，不会有径直导致物权变动的调解书。此其一。即使是当事人之间分割其共有物的合意，包括和解协议在内，在中国现行法上也不是径直引发所有权变化这种物权变动，而是此类和解协议等合意产生债权债务，即共有人负有分割共有物/共有权的债务，适当履行该债务导致物权变动。以此为内容的调解书怎么能直接引发共有权分解的物权变动呢？此其二。诚然，关于共有人请求分割共有物的权利，即共有物分割请求权，有专家、学者采形成权说：共有物分割请求权是各个共有人得随时以一方的意思表示，请求其他共有人终止共有关系，而不是请求其他共有人同为分割的权利。因为该项权利的行使足以使其他共有人负有与之协议分割的义务，在协议不成时，得诉请法院裁判共有物分割的方法。② 其实，由此并不能得出共有物分割请求权的行使就即刻发生物权变动的结论。原来，形成权的类型不同，其法律属性和法律效力不尽一致。与撤销权、解除权之类的形成权一经行使便确定地发生一定的法律效果（如合同立即消灭）不同，共有物分割请求权的形成权性质和效力表现在：共有人（形成权人）行使共有物分割请求权时，其他共有人负有与之协议分割的义务，该义务属于债法上债务，而非物权法上的义务；其他共有人履行该债务表现为全体共有人之间成立协议分割共有物合同，该合同在德国民法、中国台湾地区的"民法"上属于债权行为；嗣后依该协议分割共有物，使共有人按约定取得一定的所有权，在德国民法、中国台湾地区的"民法"上，这个阶段涉及物权行为，发生物权变动的结果。③ 其演变路线图为：共有物分割请求权行使→成立协议分割共有物合同→履行债权行为项下的债务→出现使共有人按约定取得一定的所有权的物权合意（物权行为）→共有人按约定实际取得一定的共有物的所有权（物权变动结果）。这

---

① 崔建远：《物权：规范与学说——以中国物权法的解释论为中心》（上册），北京，清华大学出版社 2011 年版，第 95～113 页；崔建远：《物权法》（第 3 版），北京，中国人民大学出版社 2014 年版，第451 页。

② 王泽鉴：《民法物权》，北京，北京大学出版社 2009 年版，第 242 页；谢在全：《民法物权论》（上），台北，新学林出版股份有限公司 2010 年修订 5 版，第 546 页。

③ 谢在全：《民法物权论》（上），台北，新学林出版股份有限公司 2010 年修订 5 版，第 551 页。

是共有物协议分割方法与共有物上的物权变动的情形，我们不难看出，共有物分割请求权行使距离物权变动相差几个因果链条，绝非共有人（形成权人）一经请求分割共有物，就确定地形成新的物权关系。中国现行法虽未采纳物权行为理论，但在共有物分割请求权行使与物权变动之间的因果链条方面，也大体如此。共有物协议分割方法采取调解书的形式，如同上文"第二"所分析的那样，不会改变基本的格局。接下来再看共有物裁判分割方法下的物权变动情形：全体共有人就共有物分割达不成协议，或于协议分割共有物合同成立后因时效完成经共有人拒绝履行的，任何一个共有人均可诉请法院，裁判分割共有物。在这种裁判分割的方法中，诉讼结构为，同意共有物的共有人为原告，不同意的为被告，持其他态度的也列为被告，全体共有人均须参加。只要原告享有共有物分割请求权，且共有物无不得分割的限制的，主审法院即应予分割。判决的结果足以使各个共有人之间的共有关系变成单独所有权关系或共有关系的其他变更，创设共有人之间的权利义务关系，判决为形成判决。[1] 简言之，共有物分割采取裁判分割方法时，形成判决直接导致共有权的变动。但须注意，是形成判决直接引发物权变动，而非共有物分割请求权的行使直接引发物权变动。此其三。即使按照德国民法及其理论，由物权行为引发物权变动，和解协议就是物权合同，也难谓和解协议及其调解书直接引发物权变动。因为按照物权行为系由物权意思表示加上公示构成的学说，仅有和解协议，尚无登记（不动产场合）或交付（动产场合）的，物权行为尚不存在，这显然无法引发物权变动。以这样的和解协议为内容作成的调解书怎么能直接引起物权变动呢？否则，巧妇难为无米之炊就不成立了！依据物权行为纯由物权意思表示构成的理论，仅有和解协议，尚无登记（不动产场合）或交付（动产场合）的，物权行为虽然存在，但仍无引发物权变动的法律效力。以这样的和解协议为内容作成的调解书照样无法直接引起物权变动。此其四。

第五，解除权、撤销权、选择权、追认权及有关形成权的行使，采取协商的形式，达成和解协议，最终采取调解书的形式，能否支持"民一庭解读"的观点呢？若非泛泛而论，而是紧扣《物权法》第28条（相当于《民法典》第229条）及法释〔2016〕5号第7条（现行的为《物权编司法解释（一）》第7条）的规范意旨和适用范围，那么，回答是否定的，因为在中国现行法上，行使解除权、撤销权、选择权、追认权及有关形成权，都不径直引发物权变动，而是先发生债

---

① 谢在全：《民法物权论》（上），台北，新学林出版股份有限公司2010年修订5版，第555～558页。

法上的效果，有关债务的履行才可能引起物权变动。针对它们作成的调解书，如同上文"第二"分析的那样，也难直接引发物权变动，除非论者不遵循逻辑而是随心所欲。

一种意见认为，上述设权或确权的判决书、裁决书、调解书本身，具有与登记、交付等公示方法相同的法律效力，因而依据此类法律文书而进行的物权变动，无须再进行一般的物权公示而直接发生效力。[①] 笔者认为，在物权变动的双方当事人之间，称设权、确权或变动物权的判决书、裁决书、调解书本身具有与登记、交付等公示方法相同的法律效力，问题不大，但就物权取得人与第三人之间的关系而言，则不尽如此。例如，某主审法院应甲和乙的请求将其共有的 A 楼及其相应的建设用地使用权作价分割，由乙取得产权，判决准许。该判决书于 2005 年 2 月 7 日送达，依据《物权法》第 28 条（相当于《民法典》第 229 条）的规定，A 楼的所有权及基地的建设用地使用权于 2005 年 2 月 7 日全部归乙享有。在 A 楼及其相应的建设用地使用权一直没有办理过户手续、登记机构没有收到该判决书的情况下，甲于 2006 年 1 月 20 日向丙出示房地产产权证书、乙放弃优先购买权的声明（伪造得常人无法辨别真伪），将其原就 A 楼及其相应的建设用地使用权所享有的份额转让与丙，价格合理，并于 2007 年 5 月 25 日办理了过户手续。待乙知晓此情主张 A 楼及其相应的建设用地使用权的权属时，丙援引《物权法》第 106 条第 1 款（相当于《民法典》第 311 条第 1 款）的规定，对抗乙的主张，认为自己已经善意取得了 A 楼的所有权及基地的建设用地使用权。丙的主张应当得到支持。如果乙就 A 楼及其相应的建设用地使用权及时地办理了变更登记，丙就无权主张善意取得 A 楼及其相应的建设用地使用权。可见，设权、确权的判决书、裁决书、调解书本身与登记、交付的公示方法相比，在法律效力方面存在不同。

这个案例也告诉我们，因人民法院、仲裁委员会的法律文书导致物权设立、变更、转让或者消灭的场合，人民法院、仲裁委员会应当把引起不动产物权变动的法律文书的副本抄送有关登记机构一份，以免无权处分的情况发生。如果人民法院、仲裁委员会没有抄送，物权取得人最好把法律文书的复印件送交有关登记机关，以免自己的合法权益遭受不必要的损失。

《民事诉讼法司法解释》第 493 条规定："拍卖成交或者依法定程序裁定以物抵债的，标的物所有权自拍卖成交裁定或者抵债裁定送达买受人或者接受抵债物的债权人时转移。"此处所谓拍卖或抵债，是指在民事执行中的拍卖或抵债，是

---

① 胡康生主编：《中华人民共和国物权法释义》，北京，法律出版社 2007 年版，第 79 页。

以民事裁定的方式以物抵债或启动拍卖程序。以民事裁定的方式以物抵债，该物若为动产，其所有权自该动产交付时起转移给买受人或者承受人，符合《民法典》第224条的规定，应予赞同；该物若为不动产，其所有权自抵债裁定送达买受人或者承受人时起转移，不符合《民法典》第209条第1款、第214条、第216条第1款等规定，却与《民法典》第229条的文义相一致，赞同还是反对，颇费思量。若持肯定的态度，符合《民法典》第229条的文义，加速了不动产物权变动的进程，但不符合物权变动应尽可能地以公示为原则的理念，是将《民法典》第229条所谓法律文书限缩为形成判决（裁定）的反动，因为以物抵债的民事裁定不属于形成裁定，而属于给付裁定。笔者认为，《民事诉讼法司法解释》第493条的规定应予修正。

以上对《物权法》第28条及法释〔2016〕5号第7条的评论及结论，也适合于对《民法典》第229条及《物权编司法解释（一）》第7条的认识。

《物权法》第28条（相当于《民法典》第229条）关于因人民法院、仲裁委员会的法律文书导致物权设立、变更、转让或消灭的，自法律文书生效时发生效力的规定，只是为了在特殊情况下加速物权变动的进程，并不否定物权公示的大原则、大方向，并不抵触物权宜尽可能地公示这种理念。因此，《不动产登记暂行条例实施细则》规定：因人民法院、仲裁委员会的生效法律文书导致不动产权利发生转移的，当事人可以向不动产登记机构申请转移登记（第27条第7项）；人民法院、仲裁委员会的生效法律文书导致不动产权利消灭的，当事人可以申请办理注销登记（第28条第1款第4项）。

二、人民政府的征收决定生效时被征收财产的物权归于消灭，国家取得财产所有权

（一）基本含义

本条所谓"人民政府的征收决定等，导致物权……消灭的，自……征收决定……生效时发生效力"，是指人民政府的征收决定生效时，被征收财产的物权归于消灭，不以登记或交付为生效要件。例如，张三是A房的所有权人，其后，A房被人民政府征收，自该征收决定生效之时，张三对A房的所有权消灭，国家取得A房的所有权。此处所谓国家取得A房的所有权，不是继受取得，而是原始取得。

所谓征收，是指国家依照法律规定的权限和程序强制地将集体所有或私人所有的财产征归国有的制度。它属于行政法律关系，而非民事法律关系。但它导致被征收人丧失被征收财产的所有权及有关物权，国家取得被征收财产的所有权。

（二）反思

《民法典》第 229 条以征收决定生效之时作为被征收财产归属于国家的时点，原物权消灭。实务中出现的下述问题，迫使反思，呼吁选定更优的方案。

应当注意到，在因商业利益所为征收的场合，强制性并非初始即有的，征收决定宜在被征收人同意征收及其补偿之后作出，此前宜为征收意向。由此决定，只要被征收人未同意补偿数额，就不应产生征收决定，也就谈不上征收决定生效，作为征收对象的物权就不终止。

实务中出现的问题之一是，征收决定虽然已经公告，但征收主管机关和被征收人之间尚未就补偿款的数额达成一致。于此场合，机械地按照《民法典》第 229 条关于征收决定生效导致物权变动的规定处理问题，是在鼓励个别行政主管机关的违法行为，侵害了被征收人的合法权益。比较可取的方案是，可以将被征收财产的所有权终止的时间点确定在征收补偿款付清之时。中国台湾地区"土地征收条例"采取了这种方案。该条例第 21 条第 1 项规定："被征收土地或土地改良物之所有权人，对于其土地或土地改良物之权利义务，于应受之补偿费发给完竣时终止。"该方案比较有利于被征收人，祖国大陆可以借鉴。但是，在被征收的财产为住宅、厂房、办公用房的领域，如果集体建设用地使用权的登记已经办理完毕、补偿款尚未付清，住宅、厂房、办公用房的所有权是否仍然在补偿款付清时终止呢？笔者倾向于否定说，而赞同将办理完毕住宅、厂房、办公用房的所有权移转登记手续之时作为集体、私人的所有权终止的时刻，这样，可以保持对内关系和对外关系的一致性，简洁明快。至于对被征收人的保护，可以通过明文规定办理住宅、厂房、办公用房的所有权移转登记以付清征收补偿款为前提件、赋与被征收人抗辩权的路径来解决。[①]

三、征收以外的行政命令生效时，该命令所指向的物权发生变动的效力

征收以外的行政命令，有的也能导致物权变动。例如，党政机关与其举办的公司脱钩时，依据行政命令，特定的办公楼及建设用地使用权归特定的主体拥有。

道理相同，《民法典》第 229 条关于因人民政府的征收决定导致物权消灭的，自人民政府的征收决定生效时发生效力的规定，只是为了在特殊情况下加速物权变动的进程，并不否定物权公示的大原则、大方向，并不抵触物权宜尽可能地公示这种理念。因此，《不动产登记暂行条例实施细则》规定：因人民政府的征收

---

① 崔建远：《征收制度的调整及体系效应》，载《法学研究》2014 年第 4 期，第 72～73 页。

导致不动产权利消灭的，当事人可以申请办理注销登记（第28条第1款第3项）。

第二百三十条

因继承取得物权的，自继承开始时发生效力。

本条主旨

本条是关于遗产的物权自继承开始时发生转移的效力的规定。

相关条文

《物权法》第29条　因继承或者受遗赠取得物权的，自继承或者受遗赠开始时发生效力。

《继承法》第2条　继承从被继承人死亡时开始。

《物权编司法解释（一）》第8条　依据民法典第二百二十九条至第二百三十一条规定享有物权，但尚未完成动产交付或者不动产登记的权利人，依据民法典第二百三十五条至第二百三十八条的规定，请求保护其物权的，应予支持。

理解与适用

本条所谓因继承或者受遗赠取得物权的，自继承开始时发生效力，是指遗产的物权自继承开始时转移给继承人。这与《民法典》第1121条关于"继承从被继承人死亡时开始"的规定相互衔接起来。

继承，不是交易，故本条不是关于基于法律行为而发生的物权变动的规定，而是关于非基于法律行为而发生的遗产物权转移的规定，不以登记或交付为生效要件。

《物权法》第29条的原文是"因继承或者受遗赠取得物权的，自继承或者受遗赠开始时发生效力"，《民法典》第230条删除了"因……受遗赠取得物权的"，在体系和逻辑上更为合理，因为因受遗赠取得物权属于基于法律行为而发生的物权变动。不过，被继承人死亡，遗产物权何去何从宜尽快确定，久拖不决有弊无利，采取"被继承人死亡之时，遗产的物权即移转给继承人"的方案，不必坐等登记完毕或交付结束，也无可厚非。就是说，《物权法》第29条的模式和《民法典》第230条的模式各有其道理。

《民法典》第230条关于因继承取得物权的，自继承开始时发生效力的规定，只是为了在特殊情况下加速物权变动的进程，并不否定物权公示的大原则、大方向，并不抵触物权宜尽可能地公示这种理念。因此，《不动产登记暂行条例实施细则》规定：继承导致权利发生转移的，当事人可以向不动产登记机构申请转移登记（第27条第5项）；因依法继承导致宅基地使用权及房屋所有权发生转移申请登记的，申请人应当提交下列材料：依法继承的材料；其他必要材料（第42条）。

第二百三十一条

因合法建造、拆除房屋等事实行为设立或者消灭物权的，自事实行为成就时发生效力。

本条主旨

本条是关于因事实行为而设立或消灭物权自事实行为成就时发生效力的规定。

相关条文

《物权法》第30条　因合法建造、拆除房屋等事实行为设立或者消灭物权的，自事实行为成就时发生效力。

《物权编司法解释（一）》第8条　依据民法典第二百二十九条至第二百三十一条规定享有物权，但尚未完成动产交付或者不动产登记的权利人，依据民法典第二百三十五条至第二百三十八条的规定，请求保护其物权的，应予支持。

理解与适用

一、因合法建造房屋的事实行为设立房屋所有权的，自事实行为成就时产生房屋所有权

合法建造房屋为事实行为，而非法律行为，不要求建造行为有意思表示，不适用《民法典》关于法律行为效力的规定。就房屋所有权的取得而言，因合法建造房屋而取得房屋的所有权系原始取得，不同于基于法律行为而取得物权，不涉及交易安全的问题，故不以登记为要件，只要建造建筑物的事实行为成就，建造人即取得房屋的所有权。

本条所谓房屋，应作扩大解释，泛指建筑物、构筑物，甚至还可包括附属设

施。不过，临时性的展棚、修车棚、警务室等不作为不动产，不宜被包括在内。

需要讨论的是，尚未封顶的建筑物，也可以叫作在建房屋，是否属于本条所言房屋？在满足如下条件的情况下，可以视为此处所谓房屋：（1）具备了构造上的独立性。所谓构造上的独立性，又叫物理上的独立性，是指建筑物已经以墙壁、楼板等建筑构造物与建筑物的其他部分相隔离，达到适合作为物的支配的程度，客观上足以明确区划其范围。（2）具备了利用上的独立性。所谓利用上的独立性，又称功能上的独立性，是指尚未封顶的建筑物，可以作为一建筑物单独使用，如同一般的建筑物，具有独立的经济效用，能够满足社会经济生活目的。中国台湾地区"最高法院"1986 年台上字第 2027 号判决认为："已足避风雨，可达经济上使用目的之建物，固属'民法'第六十六条第一项所指土地之定着物，但所为可达经济上使用之目的，系指该建物，得独立为交易及使用之客体而言。"就是说，已经能够避风雨、可以达到经济上使用目的的尚未封顶的建筑物，视为房屋。（3）在法律上可将之作为一个独立的不动产，能够登记为一个不动产。

本条所说的事实行为成就，指的是房屋建成之时。[①] 在实务操作中，建筑物封顶视为建成。

本条所谓的合法，范围较为广泛，包括符合如下要求：（1）建造人依法取得基地的建设用地使用权（如商品房开发经营场合），或宅基地使用权（农户建造住房场合），或集体建设用地使用权（如兴办乡镇企业场合），或集体土地所有权（如村委会建造办公楼场合）；（2）建造人依法取得建设用地规划许可证、建设工程规划许可证、开工许可证、建设用地批准通知书等。

建造房屋之人拥有基地的建设用地使用权等地权是必要的，专就物权法内部而言，由房地权属变动原则上应当一体所决定，此类地权是房屋所有权取得和保有的正当根据（权源），无此地权作为基础的房屋的所有权不易甚至不能立足（当然，有理论认为对土地的债权也可以成为房屋的权源）（《民法典》第 352 条正文）。把视野延伸出物权法的领域，建造房屋之人拥有相应的地权应是如下各种因素、要求综合考虑、决定的结果：（1）就人与自然的关系而言，此类地权的确定和出让宜满足绿化、河流、湖泊、野生动植物等自然因素与建筑之间的配比。（2）就人居与生产、生活的关系来讲，此类地权的确定和出让宜符合建筑与厂矿建设、商贸、蔬菜及副食品供应基地的比例关系。还应当考虑居住区服务设施，环卫设施（垃圾转运站、公共厕所），电力设施（配电站、配电所），电信设

[①] 胡康生主编：《中华人民共和国物权法释义》，北京，法律出版社 2007 年版，第 82 页。

施（电话局、邮政局），燃气设施（煤气调压站）等。对一些特殊的地区，还宜考虑烟雾、噪声、粉尘、异味等因素。（3）从人居与交通、消防的关系看，此类地权的确定和出让应尽量满足顺畅无阻的要求，便于防灾、抗灾。（4）从人居与教育的关系着眼，此类地权的确定和出让应当与幼儿园、大中小学的布局相协调。（5）从人居与管理的角度入手，此类地权的确定和出让不得忽视党政机关及事业单位的布局。（6）从现在与历史的角度考虑，此类地权的确定和出让不得忽视古建筑、历史文化等因素。这些且不限于这些，决定了建造房屋不得欠缺基地的地权，把无地权的建筑物、构筑物甚至附属设施作为违法建筑，有其根据和必要。

建设工程规划，如果不被合并入建设用地使用权的确定和出让环节之内，那么，上述地权与建筑之间关系的道理大多也适合于此。此外，它还牵涉如下内容：建筑控制高度、建筑密度、容积率、建筑间距、建筑后退红线距离、机动车出入口方位、停车泊位及其他需要配置的公用设施，甚至关涉建筑形式、体量、风格要求，建筑色彩要求，以及其他环境要求。既然如此重要，不符合建设工程规划的建筑为不合法，也有道理。

与上所述不同，开工许可，不涉及以上所述，即使在无开工许可的情况下施工，也是行为违法，与建筑物、构筑物本身无关，这就没有道理令其影响建筑物、构筑物的所有权。

总而言之，《民法典》第 231 条要求"合法建造"，有利于实现上述各种要求，杜绝、减少"私搭乱建"，有其必要性，但同时应当限缩解释此处的"合法"，把欠缺开工许可等要求排除在外。

根据《民法典》第 231 条规定的反面推论，违法建筑物不得归建造人所有。这与中国台湾地区的规定及其理论不同。[①]

[探讨]

在这里，需要探讨的有，甲擅自用 A 宗行政划拨地和乙合作建造 A 酒店，违反了有关部门关于划拨地用途和划拨地不得用于商业经营项目的规定。在这种背景下，建成的 A 酒店可否根据《民法典》第 231 条的规定确定所有权？否定说认为，《民法典》第 231 条规定的是合法建造的房屋自事实行为成就时产生所有权，甲违反划拨地的用途和划拨地不得用于商业经营的规定，显然违法，所以不得根据《民法典》第 231 条的规定确定 A 酒店的所有权。本释评书认为，甲享有

---

① 参考王泽鉴：《民法物权·通则·所有权》（总第 1 册），台北，三民书局有限公司 2003 年 8 月增补版，第 117～118 页。

A 宗地的建设用地使用权，便阻止了建成的 A 酒店归国家所有。在这种背景下，假如不适用《民法典》第 231 条的规定确定 A 酒店的所有权，A 酒店就会成为无主物。无主物在利用、对抗侵权行为、流转等许多方面都显现出弱点，这种方案显然不是合适的选择。莫不如把《民法典》第 231 条关于"合法建造"的合法限缩解释，不包括甲违反划拨地的用途和划拨地不得用于商业经营的规定，使得 A 酒店产生所有权，效果更佳。

更有观点认为，违法建筑物也由建设用地使用权人或宅基地使用权人取得建筑物所有权。至于建造建筑物违反了公法的规定，发生公法上的效果，如责令拆毁、罚款等，就足够了，不宜自始就不发生所有权产生的效果。

确定合法建筑物所有权的归属，关键的依据是基地的权属，而非出资人。在集体土地上建成的住房，其所有权归属于宅基地使用权人。在集体土地上建成的乡镇企业的厂房，其所有权归属于集体土地使用权人。在国有土地上建成的建筑物，其所有权归属于建设用地使用权人（《民法典》第 352 条正文及其类推适用）。在出租的国有土地上建造的建筑物，其所有权归属于承租人（《民法典》第 352 条后段、《规范国有土地租赁若干意见》第 4 条）。

[提示]

在不享有上述土地权属的情况下，在他人的土地上投资建造建筑物，最好的前景是，按照合同的约定适当地履行义务获得与投资额相当的房屋所有权；最坏的结果是，非但不能获得房屋所有权，反而构成了侵权行为，承担侵权责任；通常的处理方式是，投资人请求土地权利人返还不当得利，但得不到房屋所有权。

二、合法拆除房屋等事实行为成就时，该房屋物权消灭

本条所谓"合法……拆除房屋等事实行为"，意味着房屋灭失进而消灭房屋物权的事实行为，不限于拆除，还有地震、炮火等不可抗力的事实毁坏房屋，房屋物权因标的物不复存在而归于消灭。

三、房屋物权的设立、消灭与登记的关系

《民法典》第 231 条关于因合法建造、拆除房屋等事实行为设立或者消灭物权的，自事实行为成就时发生效力的规定，只是为了在特殊情况下尽快承认业已存在的物权，并不否定物权公示的大原则、大方向，并不抵触物权宜尽可能地公示这种理念。因此，《不动产登记暂行条例实施细则》规定：依法利用国有建设用地建造房屋的，可以申请国有建设用地使用权及房屋所有权登记，当事人可以

向不动产登记机构申请转移登记（第 33 条第 2 款）。依法利用宅基地建造住房及其附属设施的，可以申请宅基地使用权及房屋所有权登记（第 40 条）。依法利用集体建设用地兴办企业，建设公共设施，从事公益事业等的，可以申请集体建设用地使用权及地上建筑物、构筑物所有权登记（第 44 条第 2 款）。

第二百三十二条

处分依照本节规定享有的不动产物权，依照法律规定需要办理登记的，未经登记，不发生物权效力。

本条主旨

本条是关于宣示登记及其效能的规定。

相关条文

《物权法》第 31 条　依照本法第二十八条至第三十条规定享有不动产物权的，处分该物权时，依照法律规定需要办理登记的，未经登记，不发生物权效力。

《不动产登记暂行条例实施细则》第 24 条　不动产首次登记，是指不动产权利第一次登记。

未办理不动产首次登记的，不得办理不动产其他类型登记，但法律、行政法规另有规定的除外。

理解与适用

一、基本含义

本条一方面认可《民法典》第 229—231 条规定的非基于法律行为而发生的物权变动不以公示为生效要件，另一方面又告知：此类物权再被处分时，必须先行办理登记，如形成判决生效后的再办理转移登记或变更登记，征收生效后的注销登记，房屋所有权的首次登记，继承场合的转移登记，房屋灭失后的注销登记等；不然，此类物权不得处分，即使物权人处分，也不发生物权变动的效力，即买受人等受让人取得不了此类物权。

本条所谓"未经登记，不发生物权效力"中的登记，学说认为在性质上属于"宣示登记"，不同于《民法典》第 209 条第款中的"设权登记"。换句话说，此项登记并未创设物权的效力，不过在于宣示已经发生的物权变动而已。①

本条所谓"未经登记，不发生物权效力"，准确地说，是不发生物权变动的效力，例如，甲继承了 A 楼，在尚未办理宣示登记的情况下，把 A 楼出卖于乙，登记机构不会给乙办理 A 楼的过户登记，乙不能取得 A 楼的所有权。只有先办理了宣示登记，登记机构才会给乙办理 A 楼的过户登记，乙才能取得 A 楼的所有权。再如，甲依法建造 A 楼，建成时即取得所有权。但在尚未办理宣示登记的情况下，甲把 A 楼出卖于乙，登记机构不会给乙办理 A 楼的过户登记，乙不能取得 A 楼的所有权。只有先办理宣示登记，才会有过户登记，乙才会取得 A 楼的所有权。

二、宣示登记的意义

公示毕竟是原则，中国现行法对此是尽力贯彻的，《不动产登记暂行条例》规定，因继承、接受遗赠取得不动产权利的，因人民法院、仲裁机构生效的法律文书或人民政府生效的决定等设立、变更、转让、消灭不动产权利的，当事人单方可以申请登记（第 14 条第 2 款第 2、3 项）。《不动产登记暂行条例实施细则》规定："因继承、受遗赠取得不动产，当事人申请登记的，应当提交死亡证明材料、遗嘱或者全部法定继承人关于不动产分配的协议以及与被继承人的亲属关系材料等，也可以提交经公证的材料或者生效的法律文书"（第 14 条）。登记的类型为转移登记（第 27 条第 5、7 项）。特别是《民法典》第 232 条关于"处分依照本节规定享有的不动产物权，依照法律规定需要办理登记的，未经登记，不发生物权效力"的规定，迫使不动产物权的取得人必须先行登记，而后才可以处分不动产，回归公示原则。②

三、示例说明

甲公司拥有 A 宗地的国有建设用地使用权，与乙房地产开发有限公司签订《A 宗地合作开发合同》，约定甲公司提供开发土地，乙房地产开发有限公司提供全部开发资金。其后，丙公司与乙房地产开发有限公司签订《A 宗地建设内部承包协议》及其《补充协议》，约定 A 宗地被区分为 a 和 b 两部分，b 部分由丙公司承包建设，但均以乙房地产开发有限公司的名义进行经营，不得另立名义和对

---

① 参考王泽鉴：《民法物权·通则·所有权》（总第 1 册），台北，三民书局有限公司 2003 年 8 月增补版，第 114 页。

② 这种思路，见谢在全：《民法物权论》（上册），台北，三民书局有限公司 2003 年 7 月修订 2 版，第 126 页。

外宣传；双方共同执行乙房地产开发有限公司与甲公司签订的《A 宗地合作开发合同》的内容条款，共同享受和承担乙房地产开发有限公司在该合同中应承担的相应权利、义务和责任；b 部分的具体开发、施工、建设资金的筹措均为丙公司之事，经营亏损和风险亦由丙公司承受。再其后，甲、乙和丙三家共同签署《A 宗地合作开发三方协议书》，约定于 b 部分建设用地上建成的房屋归丙公司所有，销售该房屋的款项归属于丙公司。在 A 宗地上所建房屋尚未登记、亦未销售的情况下，甲公司的债权人丁诉请甲公司清偿债务并请求人民法院强制执行 A 宗地上建成的房屋。丙公司对该执行提出执行异议之诉，对抗丁公司的执行请求，理由是 A 宗地的 b 部分建设用地上建成的房屋系其出资及组织施工而成，特别是《A 宗地合作开发三方协议书》已经约定这些房屋归其所有。

两审法院均以丙公司对于 A 宗地的 b 部分建设用地上建成的房屋不享有物权，在系争案件中仅仅享有合同债权为由驳回了丙公司关于执行异议的诉讼请求。对此，笔者予以赞同，理由如下。

在《A 宗地建设内部承包协议》及其《补充协议》成立和履行的阶段，丙公司在其与乙房地产开发有限公司之间的关系上，为独立的民事主体，但相对于甲公司、乙房地产开发有限公司的债权人和债务人、不动产登记机构而言，丙公司并非《A 宗地建设内部承包协议》及其《补充协议》项下债权债务的当事人，在无受让这些债权或买受案涉房屋的情况下，自然不会是这些债权债务转化而成的物权的主体。既然丙公司不是权利主体，就谈不上它就《A 宗地建设内部承包协议》及其《补充协议》项下的权利转化为物权。

诚然，自《A 宗地合作开发三方协议书》成立开始，因甲公司对于丙公司法律地位及所享权利的承认，故丙公司在其与甲公司的关系上已经成为独立的民事主体。不过，即使如此，即使认可丙公司所谓《A 宗地建设内部承包协议》及其《补充协议》构成丙公司与乙房地产开发有限公司合作开发案涉项目，丙公司在《A 宗地合作开发三方协议书》项下的权利也依然是合同债权，而非物权。

反对这样认定的理由之一是，丙公司基于《A 宗地建设内部承包协议》及其《补充协议》和《A 宗地合作开发三方协议书》的约定投入案涉项目中相当数额的资金，由此形成一定数量的案涉房屋。按照"谁投资谁受益"原则，丙公司对这些案涉房屋应当享有所有权。这在笔者看来是错用了"谁投资谁受益"的理念和原则。原来，"谁投资谁受益"原则出台的背景是：在实行人民公社制度的年代，一方面，宪法及法律规定江河湖海归国家所有，另一方面国家的财力有限，难以担负起兴建水利工程的全部费用，于是倡导、鼓励农村集体经济组织兴修水利或参与其他类型工程的建设，其措施之一是农村集体经济组织对其投资兴建的工程及其发挥的效益享有权益。此处所谓权益，用今天的话语描述它至少包含物权，以此来保护农村集体经济组织投资的积极性和由此而产生的财产权益。其后的实践，即使在某些事项的处理上搬用了"谁投资谁受益"，但也极其有限。一句话，"谁投资谁受益"原则不具有普遍适用性。特别是，《民法通则》及《物权法》等法律、法规的颁行，《民法典》对其精神的延续，关于物的归属和利用大多有自己独特的规则，物权制度及规则拥有其独特的运作规律；对于物权关系的规制和处理必须优先适用物权规范，至多援用物权法乃至民法的基本原则，绝对不可动辄运用"谁投资谁受益"的原则确定和处理物权关系。即使"谁投资谁受益"原则被当作法律原则，那么，它相对于物权制度及规则而言也是"普通法"，应当后于具体的物权制度及规则而适用。具体到系争案件，案涉房屋的归属已有《民法典》第231条、第232条、第352条正文等条文来规制，必须优先适用这些规则，而不可动辄"谁投资谁受益"。

主张丙公司对于案涉房屋享有所有权的另一个理由是，系争《A宗地合作开发三方协议书》约定案涉房屋归属于丙公司。按照意思自治原则，该种约定应该得到法律的承认和支持。笔者对此理由持反对态度，因为不动产所有权的归属不直接取决于当事人之间的约定，而须遵循法律的规定。当事人之间的此类约定只有得到适当履行之后，再配合特定程序的完成，才会发生物权变动。其实，对于案涉房屋归属，《物权法》设有完备的规范体系。首先，适用《民法典》第231条关于"因合法建造……房屋……的，自事实行为成就时发生效力"的规定，案涉房屋自其封顶时产生房屋所有权，即使未办宣示登记也是如此。其次，该房屋所有权归属于谁？适用《民法典》第352条正文关于"建设用地使用权人建造的建筑物、构筑物及其附属设施的所有权属于建设用地使用权人"的规定，最为适当。案涉房屋位于甲公司名下的国有建设用地之上，甲公司对于该宗建设用地享有国有建设用地使用权，加上《建设规划用地许可证》《建设工程规划许可证》《建筑工程施工许可证》等"五证"均以甲公司的名义取得，案涉房屋应归甲公司所有。最后，假如丙公司拟取得案涉房屋的所有权，必须先由甲公司和乙房地产开发有限公司协作，到不动产登记机构办理案涉房屋的宣示登记。办理完毕该宣示登记后，再由作为出卖人/转让人的甲公司或乙房地产开发有限公司与作为买受人/受让人的丙公司协作，到不动产登记机构办理案涉房屋所有权的转移登记（过户登记）。《不动产登记暂行条例实施细则》第24条第2款正文明确规定："未办理不动产首次登记的，不得办理不动产其他类型登记。"办理完毕转移登记后，丙公司才取得案涉房屋的所有权。只有到了这个阶段，丙公司才有权对抗丁公司的执行申请。从系争案件的卷宗证据看，没有发现案涉房屋已经办理宣示登记和转移登记（过户登记），可以肯定地说，丙公司对于案涉房屋不享有所有权，也不享有他物权。

有必要指出的还有，假如承认丙公司对于案涉房屋享有所有权，还可能害及承包人的权益。按照《民法典》第 807 条及《建设工程施工合同司法解释》第 36 条的规定，承包人对其承包施工的工程享有优先权，但未明确该工程的物权已经转归他人时该优先权是否存续于该工程之上。思路是援用《民法典》第 406 条关于抵押权的追及效力的规定，无论该工程流转至何人之手，《民法典》第 807 条及《建设工程施工合同司法解释》第 36 条规定的优先权都追及所至而继续存在。

四、延伸

在这里，疑问最大的是，在尚未办理宣示登记的情况下，甲和乙签订了 A 楼的买卖合同，或赠与合同，或互易合同，此类合同是否有效。笔者认为，甲尚未办理宣示登记，不构成《民法典》第 146、153、154 条等规定的无效原因，不宜因此而认定 A 楼的买卖合同（或赠与合同或互易合同）无效。

第三章

物权的保护

本章依次规定了物权保护的程序性路径、物权确认请求权、物的返还请求权、排除妨害请求权、消除危险请求权、恢复原状请求权及损害赔偿请求权，以及这些物权的保护方式，可以单独运用，也可以在构成要件具备时合并运用。

其实，物权的保护，所含有和所涉及的内容不限于本章条文所定规则，《民法典》第 207 条规定的法律平等保护各种主体的物权，甚至第 206 条第 3 款规定的法律保障一切市场主体的平等法律地位和发展权，均为物权保护的范畴。

扩展视野，物权的保护，包括私法上的保护和公法上的保护。公法对物权的保护方式，首先是宪法上的所有权保障制度。

公法对物权的保护方式，中外法制上存在一些差别。在德国法上，宪法上的所有权保障、权利保护的诉讼程序都属于公法上的保护制度。德国《基本法》第 14 条宣布，"所有权受保障"。该条包含着对（作为一项法律制度的）所有权的制度保障，以及对作为针对国家主观公法的所有权自由的保障。所谓制度保障，表示立法者虽可"规定"所有权的"内容与范围"，但不得"侵犯"该法律制度，也就是不得"侵犯"所有权以私益和对所有权客体原则上的处分权能为其"本质内容"（《基本法》第 19 条第 2 项）。假如对所有权予以干涉，则"干涉必须具有合法性"。在这种"干涉必须具有合法性"中，体现了主观公法权利意义上的所有权自由的内涵：若无符合基本法的法律授权，国家不得实施任何干涉所有权的行为。由此也产生出一项所有权具有不可侵害性的推定。《基本法》对于征收严格限制：其一，征收仅在为公众福祉时才被允许；其二，对征收实行更为严格的"干涉必须具有合法性"原则，就是说，仅有一项现有的立法基础，以及明确规定所有权受限制的立法为依据，尚不能实行征收（第 19 条第 1 项），而必须在征收法本身，还要对因征收而予以"补偿的方式与范围"作出规定。① 诸如军事演习致使原告的树木着火等"具有征收性质的干预"，行政机关违法地直接干预私人所有权并造成损害的"具有征收效果的干预"，虽不符合征收的概念，却产生如同征收的效果。② 不过，由于在运用德国联邦宪法法院的司法判例时，"具有征收性质的干预"和"具有征收效果的干预"，并非《基本法》第 14 条意义上的征收，故而该条所规定的征收补偿，不能适用于这两种情形。③ 受害人享有何种救济途径及手段？德国联邦最高法院原来认为，受害人可以在寻求行政诉讼和在普通民事法院立即提起补偿请求两者中选择④，但近来受德国联邦宪法法院"采挖湿砾石判决"⑤ 的推动，而采取如下看法：（1）如果所涉及的行政行为虽然违法，但符合形式的征收概念，则只能选择行政法上的（行政诉讼的）法律救济手段，以废止该行政行为。⑥（2）在"具有征收效果的干预"的其他情形，受害人不采取一项合法的且为可期待的法律救济手段，可构成受害人的与有过失。但该法律救济的双重前提条件（合法性和可期待性），在国家事实行为已经实施完毕，以及因国家颁发许可迟延而产生损害等情形，均不成立。⑦

　　在中国台湾地区，公法对物权的保护接近于德国法上的方式，其"宪法"第 15 条规定，人民的财产权应予保障。第 23 条规定，此项受"宪法"保障的财产权"除为防止妨碍他人自由，避免紧急危难，维持社会秩序或增进公共利益所必要者外，不得以法律限制之"。"司法院"的大法官依"法律保留"和"比例原则"审查限制财产权法令的合宪性，作成许多解释。⑧ 对所有权征收，必须有法律依据，符合法定要件，依一定程序，并为相当的补偿。⑨ 对所有权的限制，构成个人特别牺牲的，亦应予合理补偿。⑩

　　在中国大陆，鉴于 1982 年《宪法》以及历次修正案都只规定了可以征用土

① ② ③ ⑦ 　 ［德］鲍尔/施蒂尔纳：《德国物权法》（上册），张双根译，北京，法律出版社 2004 年版，第 253～254、255、258、259、260 页。

⑤ 　《联邦宪法法院判例集》，第 58 卷，第 300 页。转引自［德］鲍尔/施蒂尔纳：《德国物权法》（上册），张双根译，北京，法律出版社 2004 年版，第 260 页。

⑥ 　《联邦宪法法院判例集》，第 56 卷，第 249 页。转引自［德］鲍尔/施蒂尔纳：《德国物权法》（上册），张双根译，北京，法律出版社 2004 年版，第 260 页。

⑧ 　王泽鉴：《民法物权・通则・所有权》（总第 1 册），台北，三民书局有限公司 2003 年 8 月增补版，第 13 页。

⑨ 　"土地法"第 208 条以下、"土地征收条例"和"司法院"大法官相关解释。转引自王泽鉴：《民法物权・通则・所有权》（总第 1 册），台北，三民书局有限公司 2003 年 8 月增补版，第 70 页。

⑩ 　吴庚：《行政法之理论与实务》，台北，三民书局有限公司 2000 年增订第 6 版，第 652 页以下；王泽鉴：《民法物权・通则・所有权》（总第 1 册），台北，三民书局有限公司 2003 年 8 月增补版，第 70 页。

地却未规定予以合理补偿，未规定对公民的私有财产实行征收或征用时给予合理补偿，未凸现私有财产不可侵犯，实务中发生了相当的征收土地补偿不合理或不到位的情况，出现了违法侵害公民的私有财产权的案件，使农民丧失了生活来源及谋生手段，影响了社会稳定，第十届全国人民代表大会第二次会议于2004年3月14日通过了《中华人民共和国宪法修正案》，修正后的《宪法》规定："国家为了公共利益的需要，可以依照法律规定对土地实行征收或者征用并给予补偿"（第10条第3款）。"公民的合法的私有财产不受侵犯"（第13条第1款）。"国家依照法律规定保护公民的私有财产权和继承权"（第13条第2款）。"国家为了公共利益的需要，可以依照法律规定对公民的私有财产实行征收或者征用并给予补偿"（第13条第3款）。所有这些，都是公法对物权保护的宪法制度，并成为公法和私法保护物权的最高效力的法律基础。

由于房屋拆迁在目前成为备受关注的社会问题，作为一项独立于征收的制度存在诸多不顺，而应作为征收制度的一个环节，以理顺各项关系；又由于征收补偿问题尚有完善的空间，《民法典》特设第117条、第229条、第243条、第244条、第327条、第338条和第390条，加强了对集体土地所有权人、土地承包经营权人、建设用地使用权人、房屋所有权人和担保物权人的合法权益的保护，完善了征收制度。

公法对物权的保护，还包括刑法保护和行政法保护。刑法保护是通过刑事诉讼程序，用刑事制裁的方法，惩罚犯罪，追回财产，威慑和教育他人不要侵害所有权及其他物权，从而保护所有权及其他物权。行政法的保护是通过行政诉讼程序，用行政措施的方法，同侵害所有权及其他物权的不法行为做斗争，从而保护所有权及其他物权。[①]

实体法上的物权保护，若无完整的诉讼程序上的权利保护制度与之相配套，则犹如无刃之剑。在德国，存在通过行政法院的诉讼途径、宪法法院上诉的方式和民事法院的管辖三种诉讼上的物权保护制度。（1）所有权以及他物权遭受公权力干预时，对其所赋予的基本保护，通过行政诉讼管辖来实现。只要受害人能够证明其权利因一项行政行为而受到侵害，则依据一般条件

---

① 佟柔主编：《民法原理》（修订本），北京，法律出版社1986年第2版，第146页；陈国柱主编：《民法学》，长春，吉林大学出版社1987年第2版，第141页；李由义主编：《民法学》，北京，北京大学出版社1988年版，第184页；王利明：《物权法论》（修订本），北京，中国政法大学出版社2003年修订版，第96页。

(Generalklausel)，均可通过行政法院而获得法律救济。① 对物权保护来说，主要适用撤销之诉和义务之诉。② （2）依据《基本法》第 93 条第 1 项第 4a 款和《联邦宪法法院法》第 90 条以下的规定，通过在联邦宪法法院提起宪法上诉的方式，也可以对所有权以及他物权提供保护。该上诉的条件是，必须主张基本权利受到侵害，并且在通常情况下，在上诉至联邦宪法法院之前，其他诉讼途径均已尝试，但无果（《联邦宪法法院法》第 90 条第 2 项）。（3）如果在征收中，就补偿数额发生争议，则由民事法院对此予以判决（《基本法》第 14 条第 3 项第 4 款）。同样，在具有征收性质的干预和具有征收效果的干预中，就其补偿数额所发生的纠纷，也属于民事法院管辖（《行政法院法》第 40 条第 2 款第 2 句以及《行政诉讼法》第 48 条）。③

对于物权的刑法保护适用刑事诉讼程序，行政法的保护适用行政诉讼程序，中国现行法未设宪法法院及其相应的程序。

私法对物权的保护，可分为物权法上的救济和债法上的救济。前者指物权确认请求权和物上请求权，物上请求权又包括物权的请求权和占有人的物上请求权。后者包括侵权责任法上的损害赔偿请求权和不当得利返还请求权。④

所谓物权请求权，即物权所具有的请求权，是指物权人于其物权受到侵害或妨害或有被侵害的危险时，基于物权而请求侵害人为一定行为或不为一定行为，使物权恢复到原有状态或侵害危险产生之前的状态的权利。它包括物的返还请求权、排除妨害请求权、消除危险请求权⑤，某些场合的恢复原状请求权。它们具有如下法律性质。

1. 物权请求权是物权所具有的请求权

物权请求权是物权所具有的请求权，没有物权就不会有物权请求权，或是占有自力救济权，或是占有保护请求权，或是债法上的请求权。

物权请求权应被承认的根本理由在于，物权为对标的物的直接的支配权，即享有物权的人欲实现物权的内容，无须他人行为的存在。但当物权内容的实现，因属他人支配的范围内而受到妨害时，虽是享有物权的人，也不允许以侵害他人

---

① ［德］巴杜拉（Badura）：《法学工作报》，1984 年，第 83 页。转引自［德］鲍尔/施蒂尔纳：《德国物权法》（上册），张双根译，北京，法律出版社 2004 年版，第 262 页。

②③ ［德］鲍尔/施蒂尔纳：《德国物权法》（上册），张双根译，北京，法律出版社 2004 年版，第 263、264 页。

④ 王泽鉴：《民法物权·通则·所有权》（总第 1 册），台北，三民书局有限公司 2003 年 8 月增补版，第 67 页；王利明：《物权法论》（修订本），北京，中国政法大学出版社 2003 年 7 月修订版，第 96～97 页。

⑤ 传统民法理论把停止侵害请求权和排除妨碍请求权合并为一种物权请求权，取名为妨害除去请求权；将消除危险请求权叫作妨害防止请求权。

的支配来实现其物权的内容，因此，物权必须具有对处于支配该妨害情由地位的人请求除去其侵害或妨害乃至有妨害之虞的力量。否则，物权就会有名无实。[①]这种法律赋予的力量，就是物权请求权。

[引申与探讨]

物上请求权和物权请求权两个概念之间的关系，学说上存在着分歧。含义相同说认为，物上请求权就是物权请求权。对此，有的学者直截了当地断言，有的学者则通过对物上请求权的界定表达出这个观点，有的学者则兼而有之。不同概念说则认为，物上请求权系物权请求权的上位概念，不但包括物权请求权，还含有基于占有而产生的请求权。

持含义相同说者，不乏其人。例如，我妻荣教授不仅在标题上将物上请求权和物权的请求权等同，而且在叙述上也把两者作为含义相同的范畴运用：就占有权，《日本民法典》认可了占有回收之诉（第 200 条）、占有保持之诉（第 198 条）和占有保全之诉（第 199 条）三种请求权。在学说上，就所有权一般都认可了与其对应的所有物返还请求权（rei vindicatio）、所有物妨害除去请求权（actio negatoria）和所有物妨害防止请求权。不仅如此，对其他的物权——对应于物权各自的内容虽多少有差异——也认可了与其对应的请求权。并作为物权的一般效力，而称其为物上请求权或物权的请求权。[②] 田山辉明教授同意把物上请求权和物权的请求权这两个概念等同使用，将物上请求权界定为"物权人在其权利遭到侵害或有被侵害的危险时，基于物权而要求特定侵害人恢复其物权的原有状态或侵害危险产生之前的状态的权利"[③]。史尚宽先生认为排除妨害，回复物权圆满支配状态的请求权，谓之物权的请求权，亦称物上请求权（dingliche Anspruch），有返还请求权、妨害除去请求权及妨害防止请求权三种。[④] 郑玉波教授界定到：当物权内容的完全实现上，遭有某种事由的妨害时，则物权人有对使该项事由发生的人，请求除去其妨害的权利，是谓之物上请求权，亦称物权的请求权。[⑤] 寇志新教授和韩松教授认为，物上请求权，也称物权请求权，是指物权人为恢复对物的圆满支配状态而对妨害其物权行使的人发出的请求权，包括原物返

①②　[日] 我妻荣：《日本物权法》，有泉亨修订，李宜芬校订，台北，五南图书出版公司 1999 年版，第 20、19～20 页。

③　[日] 田山辉明：《物权法》（增订本），陆庆胜译，齐乃宽、李康民审校，北京，法律出版社 2001 年版，第 17 页。

④　史尚宽：《物权法论》，台北，荣泰印书馆股份有限公司 1979 年第 5 次印刷，第 10 页。

⑤　郑玉波：《民法物权》，台北，三民书局有限公司 1988 年 2 月修订第 12 版，第 24 页。

还请求权、妨害排除请求权、妨害防止请求权。① 梁慧星教授和侯利宏女士把物上请求权等同于物权请求权：物上请求权，也称物权的请求权，是指当物权的圆满状态受到妨害或有被妨害之虞时，物权人为了排除或预防妨害，请求对方为一定行为或不为一定行为的权利。② 陈华彬教授持相同观点③，魏振瀛教授和钱明星教授亦然，直接说物上请求权，有时也称为物权的请求权。④

持不同概念说者，也有相当的人数。例如，沃尔夫教授在使用物上请求权的概念时，涵盖基于所有权而产生的请求权和占有人的物上请求权。⑤ 王泽鉴教授认为，物上请求权（物的请求权，dingliche Anspruche），包括两种请求权，一为基于所有权及其他物权而生的请求权，即物权人于其物权被侵害或有被侵害之虞时，得请求回复圆满状态的权利（物权请求权）。一为占有人的物上请求权。⑥ 谢在全先生阐明，物上请求权（物的请求权、对物诉权、物上诉权）包括基于所有权或其他物权所生的物上请求权及占有人的物上请求权，前者是指物权人对于其物权被妨害或有被妨害之虞时，得请求回复物权圆满状态或防止妨害的权利（物权之请求权、物权请求权），后者是指占有人于其占有被侵夺或受其他妨害，或有被妨害之虞的，得请求回复原占有的状态或予以防止的权利。⑦ 王利明教授认为，物上请求权和物权请求权两个概念存在区别，一方面，物权请求权是基于物权产生的请求权，在物权受到侵害或者有遭受侵害的可能时才能行使；而物上请求权，则是基于物产生的请求权，是在物受到侵害或者有遭受侵害的可能时行使的。物权请求权源于物权的绝对性、支配力，是物权权能实现的保障和效力的体现，物上请求权的概念没有抽象出这种法律特性。另一方面，物权请求权表明它是与债权请求权相对应的，而物上请求权则没有表明此种区别。因此用物权请求权代替物上请求权更科学。⑧

笔者认为，日本学者把物上请求权等同于物权请求权，可能与日本民法把占有当作物权有关。由于占有系一种物权，基于占有而产生的请求权自然为基于物

---

① 寇志新总编：《民法学》，西安，陕西人民出版社1998年版，第314～315页。

② 梁慧星主编：《中国物权法研究》（上），北京，法律出版社1998年版，第89页。

③ 陈华彬：《物权法原理》，北京，国家行政学院出版社1998年版，第97页。

④ 魏振瀛主编：《民法》，北京，北京大学出版社、高等教育出版社2000年版，第208页。

⑤ ［德］曼弗雷德·沃尔夫：《物权法》，吴越、李大雪译，北京，法律出版社2002年版，第143页。

⑥ 王泽鉴：《民法物权·通则·所有权》（总第1册），台北，三民书局有限公司2003年8月增补版，第65页。

⑦ 谢在全：《民法物权论》（上册），台北，三民书局有限公司2003年7月修订第2版，第48页。

⑧ 王利明：《物权法论》（修订本），北京，中国政法大学出版社2003年版，第96页。

权而产生的请求权，即属于物权的请求权，属于物上请求权。这样，物上请求权和物权请求权的外延完全相同，其实，其内涵也一致。郑玉波教授等曾经留学日本，可能受日本民法学的影响，把物上请求权和物权请求权视为同一个概念。

与此不同，德国民法把占有作为一种事实，不看作一种物权，若把物权请求权只作为基于物权产生的请求权，则显然不会包括基于占有而生的请求权，即不包含占有人的物上请求权。如果把物上请求权作为统辖物权请求权和基于占有而生的请求权，则物上请求权便成为物权请求权的上位概念。中国民法同样把占有作为一种事实，而非一种物权，因而，从逻辑严谨的要求着眼，区别物上请求权和物权请求权，把它们作为两个不同的概念使用，更为适当。当然，在行文上，称物的返还请求权、妨害除去请求权、妨害防止请求权为物上请求权，也无错误。只要不把占有人的物上请求权称为物权请求权即符合逻辑。

2. 物权请求权是物权的消极权能

物权请求权属于物权的消极权能。物权，既含有积极权能，也包括消极权能，温德沙伊德甚至将对物权的内容仅仅理解为对他人的禁止，仅仅理解为某种消极的东西。[1] 这种思想至今都在影响着不少学者，例如克尼佩尔教授指出："完全的所有权自由的社会意义不在于所有权人的积极能力，而在于其'消极'一面，即禁令，排除所有其他'法律主体'对于所有权客体的侵犯是该权利的本质时刻。"[2]

这种禁令，排除他人对物权的侵害或妨害或妨害之虞的法律之力，首先来自法律的概括规定，如《民法典》第 225 条和第 226 条乃至第 227 条的规定，形成了法律规范层面上的物权请求权。有无妨害物权的具体行为的发生，或妨害物权的危险是否真实地存在，这种抽象的物权请求权都会存在。这是不能实际行使的，不能诉求的。其次，当妨害物权的具体行为发生，或妨害物权的危险现实地存在，符合了《民法典》第 225 条或第 226 条乃至第 227 条规定的构成要件时，具体的物的返还请求权、排除妨害请求权、消除危险请求权或恢复原状请求权就会成立。物权人可以实际地行使它们，更可以通过诉讼的方式行使。这是具体意义上的物权请求权，也就是人们通常所说的物权请求权。

---

① Bernhard Windscheid, Lehrbuch des Pandektenrechts, Erster Band, Literarische Anstalt, Frankfurt a. M., 1990. achte Auflage, S. 140, 141 Anm. 3. 转引自金可可：《温德沙伊德论债权与物权的区分》，载王洪亮、张双根、田士永主编：《中德私法研究》（第 1 卷），北京，北京大学出版社 2006 年版，第 165 页。

② ［德］罗尔夫·克尼佩尔：《法律与历史——论〈德国民法典〉的形成与变迁》，朱岩译，杜景林、卢谌校，北京，法律出版社 2003 年版，第 251 页。

该消极权能运动的结果或曰其达到的目标是使物权保持或回复圆满状态[1]，如标的物被他人无权占有时，物权人请求其返还之，结果是物权人对该物享有占有、使用、收益和处分的全面支配力。

[引申与探讨]

区分抽象意义上的物权请求权和具体意义上的物权请求权，具有意义：(1) 可以用来说明它们各自同物权本体的关系有别。抽象意义上的物权请求权完全蕴藏于物权本体，并非一种独立存在的有形权利，我们只能把它作为物权的有机组成部分看待，不得视为债权、准债权或一种独立的请求权，等等。具体意义上的物权请求权则具有相对的独立性。(2) 抽象意义上的物权请求权为具体意义上的物权请求权的源泉，没有前者就不会有后者的不断滋生。(3) 抽象意义上的物权请求权不同具体的侵害行为相联系，不适用诉讼时效。具体意义上的物权请求权一经产生，就存在着是否适用诉讼时效（消灭时效）、在多大程度上准用债法的规范等问题。[2] 对此，拉伦茨教授举例说明如下：如果所有人 E 的所有物被偷，后来发现这个物 30 年来一直由 X 占有，由于 X 不是善意占有人，那么，X 就不能根据取得时效来取得这个物的所有权，但同时，由于《德国民法典》第 195 条所规定的消灭时效期间已过，E 对 X 的返还请求权也随之消灭。X 可以以时效抗辩权反对 E 的请求权，并使 E 的请求权不能实现。但是依据《德国民法典》第 985 条，由于所有权人的返还请求权是针对当时的占有人的，所以，针对 X 的返还请求权在 X 因某种理由失去占有的同时也就消失了，从而针对新的占有人取得占有时，发生一个新的返还请求权。如果 Y 取得了这个物的占有，而他又不是 X 的权利继承人，那么，他不能以原来的返还请求权已过时效或以前的时效期间已经届满等理由来对抗 E 在 Y 取得占有时发生的新的返还请求权。[3]

3. 物权请求权与物权密不可分

物权请求权既为物权的消极权能、物权的作用、物权的内容，也就是物权的效力。由此决定，物权请求权与物权密不可分。假如物权请求权可以脱离物权本体而消失或归属于他人，那么，当他人无权占有标的物，妨害物权的行使，或有妨害物权的危险时，物权人因无物权请求权可以行使，其物权就会有名无实。

---

① 刘凯湘：《论基于所有权的物权请求权》，载《法学研究》2003 年第 1 期，第 26 页。
② 崔建远：《准物权研究》，北京，法律出版社 2003 年版，第 162～163 页。
③ ［德］卡尔·拉伦茨：《德国民法通论》（上册），王晓晔、邵建东、程建英、徐建国、谢怀栻译，谢怀栻校，北京，法律出版社 2003 年版，第 327 页。

[引申与探讨]

物权请求权在因特定的侵害行为或妨害行为而产生时，确实是特定主体之间的关系，且以请求相对人为一定行为或不为一定行为为内容。所有这些，都显现出物权请求权具有债权的属性。即使如此，也不宜将其定性为债权，理由如下：（1）物权请求权存在着抽象的物权请求权与具体的物权请求权，前者在特定的侵害行为或妨害行为出现之前即已存在，除非物权本体消失。显然，抽象的物权请求权的义务主体是不特定的任何人，不符合债权的特征。（2）这种观点人为地肢解物权本体，因为物权本来是由积极权能与消极权能构成的一个完整的民事权利。其中的消极权能就是物权请求权，把它们作为债权处理，因债权与物权乃并立的两类民事权利，物权本体中不能含有债权，于是只有将物权请求权从物权中分离出去，只剩下积极权能，使之残疾。假如残疾更有利于物权人乃至社会秩序，也可以忍痛割爱，不追求自身的完美，牺牲形式逻辑，但事实恰恰相反。"所有权法的'积极'作用，即把一种全面对物的支配赋予给所有人，必然就有与此相对应的'消极'作用，即排除一切他人对此物的任何干涉。"① （3）债权，除保证债权等为数不多的债权具有从属性，有些不具有让与性之外，大多是独立的权利，可以不依附于其他权利而存在，而单独让与，并且如今有强化债权自由让与的发展趋势。与此不同，物权请求权"自"物权中产生，并与物权紧密联系在一起，就是说，比如所有物返还请求权是不能脱离所有权而单独予以转让的。② 不能将所有权的两个方面——积极作用和消极作用——割裂开来，而必须结合起来看。③ （4）法律适用方面的考虑。若将物权请求权定性为债权，就得适用债法的规则，除非特别排除并有令人信服的理由。而如适用债法规则会带来一系列的麻烦，必须设置不少的例外，如不得单独转让、不适用或大部不适用诉讼时效制度等。显然有自寻烦恼之虞，无形中增添许多工作量。

4. 物权请求权在类型和内容方面有别于其他请求权

物权请求权的类型和内容，表现为物的返还请求权、排除妨害请求权、消除危险请求权和个别场合的恢复原状请求权。

5. 物权请求权在效力顺序方面具有优先性

物权请求权的效力，优先于普通债权的请求权的效力。

---

①③ ［德］卡尔·拉伦茨：《德国民法通论》（上册），王晓晔、邵建东、程建英、徐国建、谢怀栻译，谢怀栻校，北京，法律出版社 2003 年版，第 257 页。

② ［德］鲍尔/施蒂尔纳：《德国物权法》（上册），张双根译，北京，法律出版社 2004 年版，第 13 页。

关于债法上的救济方式，在中国现行法上，首推侵权责任的方式。例如，《民法典》规定：国家所有的财产受法律保护，禁止任何组织或者个人侵占、哄抢、私分、截留、破坏（第 258 条）；违反国有财产管理规定，在企业改制、合并分立、关联交易等过程中，低价转让、合谋私分、擅自担保或者以其他方式造成国有财产损失的，应当依法承担法律责任（第 259 条第 2 款）；集体所有的财产受法律保护，禁止任何组织或者个人侵占、哄抢、私分、破坏（第 265 条第 1款）；私人的合法财产受法律保护，禁止任何组织或者个人侵占、哄抢、破坏（第 267 条）。《民法典》规定：承担民事责任的方式主要有停止侵害、排除妨碍、消除危险、返还财产、恢复原状、赔偿损失、消除影响、恢复名誉、赔礼道歉（第 179 条第 1 款）等；造成不动产或者动产毁损的，权利人可以依法请求修理、重作、更换或者恢复原状（第 237 条）；侵害物权，造成权利人损害的，权利人可以依法请求损害赔偿，也可以依法请求承担其他民事责任（第238 条前段）。

不当得利返还也是保护物权的一种债权的救济方式（《民法典》第 985 条）。

第二百三十三条

物权受到侵害的，权利人可以通过和解、调解、仲裁、诉讼等途径解决。

本条主旨

本条是关于物权保护的程序性路径及方式的规定。

相关条文

《农村土地承包法》第 55 条　因土地承包经营发生纠纷的，双方当事人可以通过协商解决，也可以请求村民委员会、乡（镇）人民政府等调解解决。

当事人不愿协商、调解或者协商、调解不成的，可以向农村土地承包仲裁机构申请仲裁，也可以直接向人民法院起诉。

《民事诉讼法》第 50 条　双方当事人可以自行和解。

《物权编司法解释（一）》第 1 条　因不动产物权的归属，以及作为不动产物权登记基础的买卖、赠与、抵押等产生争议，当事人提起民事诉讼的，应当依法受理。当事人已经在行政诉讼中申请一并解决上述民事争议，且人民法院一并审理的除外。

理解与适用

一、定性与定位

本条规定不含有构成要件和法律效果，故其非为裁判规范，仅为行为规范。就是作为行为规范，也因其系不完全法条，尚需与其他有关条文结合才会真正起到引导人们向前的作用。

本条属于引致性（管道性）的规定，犹如路标，告知处于争议中的当事人可寻求何种救济途径。因其指示的仅为和解、调解、仲裁、诉讼等途径，未指引解决争议所必需的请求权基础，如没有告诉《民法典》第 235 条关于物的返还请求权的规定，故该引致性的规定大多属于程序规则，但也有一些实体法上的规则，如民法上的和解。

诚然，程序是实体之母[1]，"救济先于权利"（Remedy Precedes Rights）[2]，并且，程序规范并非民事诉讼法的专利，实际上民事诉讼法与民法都肩负着设置某些程序规范的重任。程序为实体法的运行开辟通道，提供平台，使得物权的争议得到解决。所以，法律人万不可轻视程序。

二、术语解释

1. 和解

所谓和解，是指当事人约定，互相让步，以终止争执或防止争执发生的合同（中国台湾地区"民法"第 736 条）。看来，和解以当事人各方存在争执为前提，没有争执，无所谓和解。至于所谓争执，乃当事人对于法律关系的存否、内容、范围、效力等，为相反或不一致的主张；或者关于法律关系存有不确定感、关于权利的实现存有不安全感，从而提出来，请求消除。此其一。和解，当为当事人互相让步的合同，这是和解的"互让性"。所谓让步，是指权利或利益之抛弃、义务或负担之承认、损失之承受，而在权益方面有所牺牲的现象。假如仅有一方让步，相对人不让步，则仅为权利的抛弃，或仅为义务的承认或承担，即使因而

---

[1] ［日］谷口安平：《程序的正义与诉讼》（增补本），王亚新译，北京，中国政法大学出版社 2002 年版，第 7 页。

[2] ［美］格伦顿、戈登、奥萨魁：《比较法律传统》，米健、高鸿钧译，北京，中国政法大学出版社 1993 年版，第 139 页；沈达明、冯大同、赵宏勋：《国际商法》（上册），北京，对外贸易出版社 1982 年版，第 23 页。

息止争执，且以合同为之，也不是和解。① 此其二。当事人在诉讼进行中，自愿协商，重新确定其民事权益的享有或民事责任的承担，以解决纠纷，结束诉讼的活动，此为民事诉讼进行中的和解。在初审程序、上诉审程序和再审程序中，自程序开始后至判决作出前，双方当事人均可进行和解，达成和解协议。② 此外，《民事诉讼法》第 230 条第 1 款规定："在执行中，双方当事人自行和解达成协议的，执行员应当将协议内容记入笔录，由双方当事人签名或者盖章。"这规定了执行和解协议：在执行过程中，权利人与义务人通过协议变更执行根据中所确定的类型义务、履行期限以及履行方式。③ 其构成要件包括：（1）执行当事人应有诉讼行为能力；（2）遵循基本合法、基本自由和公平原则，否则，执行和解协议无效或可被撤销；（3）一般应采用书面形式。执行和解协议具备这些要件的，能够产生实体法上的效力。它是双方当事人之间的一种合同，以协议的方式变更了原执行名义的内容，即重新约定了执行权利人和执行义务人之间的实体权利义务关系，具有合同效力，双方应受其约束，自觉履行。同时，它还产生程序法上的效力：（1）执行和解协议生效后，法院应当中止执行原执行名义；（2）对于当事人按照执行和解协议已经履行的债务，法院不得再执行；（3）若当事人对执行和解协议已经全部履行的，法院则裁定执结，不许当事人再次申请执行原执行名义。④ 务请注意，执行和解协议与一般程序外的实体协议不同，它是为了实现权利义务所达成的协议，而不是为了其他目的所设立权利义务的协议，在性质上属于程序上的协议，因此不具有可诉性。于其不履行时，适用《民事诉讼法》第230 条第 2 款关于"申请执行人因受欺诈、胁迫与被执行人达成和解协议，或者当事人不履行和解协议的，人民法院可以根据当事人的申请，恢复对原生效法律文书的执行"的规定，而不得针对执行和解协议提起诉讼，以免提高纠纷解决的成本、浪费司法资源。⑤ 此其三。

看来，民法与民事诉讼法在和解的内容和法律效力方面不完全一致。《民法典》第 233 条未明确其所谓和解的内涵与外延，不妨作灵活的解释，因为哪种类型的和解都不抵触物权的保护。由于和解出于当事人双方的自愿，并且是在明知执行难等客观现实的背景下所为，因而利于实现包括物权在内的权利。

① 刘春堂：《民法债编各论》（下），台北，三民书局有限公司 2008 年版，第 309～310 页。
② 张卫平：《民事诉讼法》，北京，法律出版社 2004 年版，第 281 页；邵明：《民事诉讼法学》，北京，中国人民大学出版社 2007 年版，第 418～419 页。
③⑤ 张卫平：《民事诉讼法》，北京，法律出版社 2004 年版，第 417～418、418 页。
④ 邵明：《民事诉讼法学》，北京，中国人民大学出版社 2007 年版，第 563 页。

2. 调解

调解，在最广义上是通过第三人居中调停解决纠纷[1]，但法律人常在程序法的层面认识及界定它。法院调解，是指在人民法院审判人员的主持下，双方当事人通过自愿协商，达成协议，解决民事争议的活动和结案方式（《民事诉讼法》第9条、第93条以下）。[2] 仲裁调解则是在仲裁庭的主持下，申请人和被申请人自愿协商，达成协议，了结商事纠纷的活动和结案方式（《仲裁法》第51、52条）。由于调解也是在当事人双方自愿的基础上成功结案的，与和解具有共性，因而便于执行，有利于实现包括物权在内的权利。

3. 民事诉讼

民事诉讼，是指民事争议的当事人向人民法院提出诉讼请求，人民法院在双方当事人和其他诉讼参与人的参加下，依法审理和裁判民事争议的程序和制度。由法院代表国家作为裁判者以中立的立场来审理和裁判的当事人的物权争议，并通过执行制度来保证裁判的实现，应是最强有力的解决物权争议的途径及方式。[3]

4. 仲裁

仲裁，是在有仲裁协议或仲裁条款的前提下，双方当事人协议将争议提交仲裁机构，由仲裁机构居中对争议的是非曲直进行评判并作出裁决的一种解决争议的方法。仲裁异于诉讼和审判，仲裁需要双方自愿，也异于强制调解，是一种特殊调解，是自愿型公断，区别于诉讼等强制型公断。仲裁活动和法院的审判活动一样，关乎当事人的实体权益，是解决包括物权争议在内的民事争议的方式之一。[4]

第二百三十四条

因物权的归属、内容发生争议的，利害关系人可以请求确认权利。

本条主旨

本条是关于物权确认请求权的规定。

相关条文

《物权法》第33条　因物权的归属、内容发生争议的，利害关系人可以请求

---

[1] 胡康生主编：《中华人民共和国物权法释义》，北京，法律出版社2007年版，第84页。

[2] 张卫平：《民事诉讼法》，北京，法律出版社2004年版，第281页。

[3] 张卫平：《民事诉讼法》，北京，法律出版社2004年版，第5页。

[4] https://baike.baidu.com/item/%E4%BB%B2%E8%A3%81/515081?fr=aladdin. 2020年3月25日最后访问。

确认权利。

《物权编司法解释（一）》第 1 条 因不动产物权的归属，以及作为不动产物权登记基础的买卖、赠与、抵押等产生争议，当事人提起民事诉讼的，应当依法受理。当事人已经在行政诉讼中申请一并解决上述民事争议，且人民法院一并审理的除外。

第 2 条 当事人有证据证明不动产登记簿的记载与真实权利状态不符、其为该不动产物权的真实权利人，请求确认其享有物权的，应予支持。

理解与适用

一、物权确认请求权的定性与定位

本条关于"因物权的归属、内容发生争议的，利害关系人可以请求确认权利"的规定中，在物权的内容发生争议的情况下，利害关系人请求确认的权利，包括请求确认物权的边界、物权的顺序、物权得对抗人的范围等。在财团抵押权、浮动抵押权等场合，确认物权的内容，还包括于抵押权行使之际确认抵押物的范围。分析这些内容，可知有的属于妨害排除请求权，有的属于物的返还请求权。就是说，请求确认物权内容的权利，应当属于物权请求权的范畴。其内容将在《民法典》第 235 条、第 236 条乃至第 237 条规定的"物权请求权"中讨论，此处不赘。

与此不同，在物权的归属发生争议的情况下，利害关系人请求确认的权利，叫作物权确认请求权，或称确认物权的请求权。其性质和地位如何，学界一直存在不同的认识。有学者认为物权确认请求权属于物上请求权[1]，有的学者主张物权确认请求权属于物权请求权[2]，有的学者则主张，物权确认请求权虽然是保护物权的方法，但不属于物权请求权的范畴。[3]

笔者赞同后一观点，理由有三：（1）从物权请求权系基于物权而生的权利这点思考，物权的必定存在应当是物权请求权产生的前提，没有物权便没有物权请求权。[4] 物权确认请求权发生于物权是否存在或物权归属于谁有疑问的场合，不

---

[1] 郭明瑞、唐广良、房绍坤：《民商法原理·物权法·知识产权法》（总第 2 册），北京，中国人民大学出版社 1999 年版，第 60 页。

[2] 王利明主编：《中国物权法草案建议稿及说明》，北京，中国法制出版社 2001 年版，第 206～210 页；梁慧星：《物权法草案（第二次审议稿）若干条文的解释与批判》，载易继明主编：《私法》（第 5 辑·第 1 卷），北京，北京大学出版社 2005 年版，第 20 页。

[3] 崔建远：《土地上的权利群研究》，北京，法律出版社 2004 年版，第 376 页。

[4] 刘凯湘：《论基于所有权的物权请求权》，载《法学研究》2003 年第 1 期，第 27 页。

好断言物权一定存在。没有物权的人也享有物权确认请求权，这与物权请求权乃物权效力的表现明显不同。（2）物权请求权的行使，既可以采取自力救济的方式，更可以甚至必须依赖公权力。而物权确认请求权的行使，必须求助于公权力。如果是通过诉讼的方式行使，《民法典》规定的物权确认请求权与《民事诉讼法》设置的确认之诉，就呼应配合，相得益彰。（3）物权请求权的行使，发生使物权恢复到圆满状态的结果，确定地产生实体法上的效果。物权确认请求权的行使则不然，不要说行使者没有物权时不产生实体法上的效力，就是真实的物权人行使物权确认请求权，仅仅凭借此权是无法使物权恢复到圆满状态的，必须再借助物权请求权，甚至于必须同时依据《民法典》第220条、第229条、第230条、第231条、第352条正文等条款，才会产生实体法上的效果。换句话说，物权确认请求权只是一条通道，在对物权的归属有争议的场合，欠缺它，行使者即使果真享有物权，也难以使其物权恢复到圆满状态；只有沿着它前进，再结合有关权利或制度，才会使物权恢复到圆满状态。从这个意义上说，物权确认请求权不是基于物权本身而产生，而是基于程序制度而享有，它属于程序上的权利。[1]就此看来，也不宜把物权确认请求权归属于物权请求权。

有人说，物权编/物权制度/物权法为实体法，所含规范应当规定实体权利，把物权确认请求权划归程序上的权利，于此不合。其实，各个法律部门规定何种规范只是个大致的分工，出于顺势而为使某具体制度相对集中、醒目的考量，在刑法中"掺杂"个别民事规范，在民法中设条文引致刑法上，民事诉讼法中伴有民法规范、民法尤其是物权法中带有若干程序规定，并非鲜见。

物权确认请求权是物权保护请求权的一种。[2] 在物权确认请求权的行使者就是物权人的情况下，物权确认请求权的行使确实保护了物权，因而《民法典》把它作为物权的保护方法，是可取的。

二、权利人和确认人

按照本条的规定，物权确认请求权的主体为与物权有利害关系的人。这里的利害关系人，包括物权人本人，物权人的监护人及其他近亲属，委托代理人，指定代理人。在合建房屋合同不成立、被确认无效或被撤销的情况下，主张对建成

---

[1] 梁慧星教授认为，物权确认请求权是一种诉权（见梁慧星：《物权法草案（第二次审议稿）若干条文的解释与批判》，载《民商法学》2005年第8期，第13页）。季秀平博士认为，物权确认请求权具有裁判请求权的属性（见季秀平：《物权之民法保护制度研究》，北京，中国法制出版社2006年版，第115页）。

[2] 胡康生主编：《中华人民共和国物权法释义》，北京，法律出版社2007年版，第85页。

的房屋享有所有权的出资人，属于本条所指的利害关系人。在亲朋好友出资，帮助宅基地使用权人建造住房，主张对建成的住房拥有所有权的情况下，这些亲朋好友也属于本条所指的利害关系人。在登记错误的情况下，登记名义人和真实的物权人都是本条所指的利害关系人。

有权确认物权的归属的人，包括行政机关、人民法院和仲裁机构。之所以如此，是因为普通民事主体既不拥有行政裁决权，也不拥有司法裁判权或仲裁裁决权，无权对物权的归属作出权威性判定，私力的救济和判断终不能从根本上解决争议。[①]

三、物权确认请求权的内容

物权确认请求权的内容，是请求确认物权的归属。所谓确认物权的归属，就是确认物权的权利主体，即确认对特定的物权享有直接支配和排他权利的权利人，如所有权人、用益物权人、担保物权人。[②] 至于请求确认物权的内容，则非物权确认请求权的内容，而属于物权请求权的范畴。

四、物权确认请求权与诉讼时效

物权确认请求权不应适用诉讼时效制度[③]，因其不是实体法上的权利。

第二百三十五条

无权占有不动产或者动产的，权利人可以请求返还原物。

本条主旨

本条是关于物的返还请求权的规定。

相关条文

《物权法》第 34 条　无权占有不动产或者动产的，权利人可以请求返还原物。

---

①② 黄松有主编：《〈中华人民共和国物权法〉条文理解与适用》，北京，人民法院出版社 2007 年版，第 135～136、136 页。

③　梁慧星主编：《中国物权法草案建议稿·条文、说明、理由与参考立法例》，北京，社会科学文献出版社 2000 年版，第 211 页；王利明主编：《中国物权法草案建议稿及说明》，北京，中国法制出版社 2001 年版，第 208 页。

《民法通则》第 117 条第 1 款　侵占国家的、集体的财产或者他人财产的，应当返还财产，不能返还财产的，应当折价赔偿。

《物权编司法解释（一）》第 8 条　依据民法典第二百二十九条至第二百三十一条规定享有物权，但尚未完成动产交付或者不动产登记的权利人，依据民法典第二百三十五条至第二百三十八条的规定，请求保护其物权的，应予支持。

理解与适用

一、物的返还请求权的概念和构成

本条所谓权利人可以请求他人返还其无权占有之物，这种权利就是物的返还请求权。当然，本条所谓"无权占有不动产或者动产的，权利人可以请求返还原物"，省略了状语中的主语，其完整的表述就是"权利人无权占有不动产或者动产的，权利人可以请求返还原物"。这显然是词不达意，不合立法本意，原因在于状语"无权占有不动产或者动产的"中的主语肯定不是"权利人"，而是他人，是无权占有人。在这里，避免错误的操作十分简单，要么采取被动式的表达，即"不动产或者动产被无权占有的，权利人可以请求返还原物"；要么给状语加上主语，即"他人无权占有不动产或者动产的，权利人可以请求返还原物"。对诸如此类的问题，专家、学者们不止一次地提出修改建议，遗憾的是错误依旧。

本条所言之物，包括动产和不动产，不含有权利。权利的回归由相应的制度解决。物的返还请求权旨在使物权人获得对标的物的占有，构成要件如下。

1. 请求权的主体必须是物权人，虽然不是物权人，但依法律规定得行使物的返还请求权的人，如破产管理人、遗嘱执行人、失踪人的财产代管人、国有财产的管理人（国资委等），也可行使物的返还请求权。

在共有物被他人无权占有的情况下，若为按份共有，各个共有人有权就共有物的全部行使物的返还请求权，但回复共有物原状的请求，只在为共有人的全体利益的情况下才可实施；若为共同共有，共有人中的一人或数人行使所有物返还请求权时，除法律另有规定或当事人另有约定之外，应当征得其他共有人的同意。[1]

2. 相对人必须是无权占有人

（1）无权占有的概念

物权人请求返还标的物，必须是占有人为无权占有。所谓无权占有，是指无

---

[1]　王泽鉴：《民法物权·通则·所有权》（总第 1 册），台北，三民书局有限公司 2003 年 8 月增补版，第 167 页。

正当权源而占有他人之物的状态。至于无权占有的发生原因如何，期间长短，占有人善意或恶意，有无过失，均在所不问。①

（2）无权占有人

无权占有人，包括直接占有人、间接占有人。② 占有辅助人系受他人指示而占有，非属占有人，不得为请求的对象。例如，甲有 A 画被乙盗走，乙将之出卖给丙，丙把它寄存于丁处，丁交给其雇员戊保管。在这种情况下，甲行使物的返还请求权的相对人为丙（间接占有人）、丁（直接占有人）。乙不是现在的占有人，戊为丁的占有辅助人，他们二位均不是物的返还请求权行使的对象。③

无权占有人为法人场合，例如，甲的 A 停车场被乙公司的董事长丙擅自占用，其中，丙系法人机关，对停车场的事实支配归属于乙公司，故乙公司为占有人。于此场合，丙也不是辅助占有人。④

（3）无权占有与占有本权

占有人对占有拥有正当权源的，为有权占有，物权人不得对其行使物的返还请求权。有权占有，可以是基于物权（如建设用地使用权、宅基地使用权、土地承包经营权等）而占有他人之物；也可以是基于债权而占有，如承租人基于租赁合同关系而占有租赁物，借用人基于借用合同关系而占有借用物等，均属此类。⑤

二、举证责任

请求人向相对人主张物的返还请求权，应举证证明自己是物权人，占有人属于无权占有人。在登记物权场合，请求人只要举证自己为登记名义人即可，因为不动产登记簿的记载具有物权的推定力（《民法典》第 216 条第 1 款、第 311 条等）。占有人若对抗请求人，须举证证明请求人欠缺物权。⑥

占有人对请求人享有物权无争议，仅以有权占有为对抗的，得举证证明自己对物的占有存在着正当权源；请求人不负证明占有人无权占有的举证责任。⑦

三、法律效果

1. 占有物的返还：无权占有人有义务返还占有物，物权人有权请求返还。

---

① 王泽鉴：《民法物权·通则·所有权》（总第 1 册），台北，三民书局有限公司 2003 年 8 月增补版，第 169 页。

② 北京大学法学院教授刘凯湘教授主张区分间接占有的情形而定，详见刘凯湘：《论基于所有权的物权请求权》，载《法学研究》2003 年第 1 期，第 29 页。

③④⑤⑥⑦ 王泽鉴：《民法物权·通则·所有权》（总第 1 册），台北，三民书局有限公司 2003 年 8 月增补版，第 168、167、169、176～177、177 页。

所谓返还占有物，是指将物复归于物权人在事实上的支配。无权占有他人土地建造建筑物、构筑物及其附属设施的，应拆房还地。①

2. 费用负担：返还的费用原则上应由无权占有人负担，但在无权占有的形成，不可归责于双方当事人场合，例如，狂风吹落树枝于邻居的地上，化学污染物被窃贼放置于甲的土地上等，完全由无权占有人负担，有失权衡，在中国现行法尚无明文的背景下，不妨依据公平原则处理，双方合理负担。

[引申]

1. 对直接占有人、间接占有人为物的返还请求权

甲出借一屋于乙，乙未经甲同意将该屋借给丙使用，丙对甲构成无权占有。在甲和乙的借用合同终止前，甲只能请求丙（直接占有人）将该屋返还给乙（间接占有人）。如果乙不愿或不能受领时，甲可请求丙把该屋返还给自己。②

甲有一车，被乙盗窃，乙随即将该车出借给丙。乙为间接占有人，丙为直接占有人，对甲均构成无权占有。在这种情况下，甲有权请求丙返还该车，也有权请求乙将其对丙的返还请求权转让给自己。直接占有人和间接占有人均为占有人，应负共同返还义务。③

2. 金钱的返还

无权占有的标的物为金钱时，应返还原物，而非偿还价值额。金钱存入银行或其他事由，难以辨别时，适用混合的规定。金钱已经被使用的，只能依据不当得利返还请求权请求返还。④

四、物的返还请求权的让与性

物的返还请求权为物权效力之一，不得脱离物权而单独让与。

[引申]

1. 实际上，就物的返还请求权可否单独转让，尚有争论，通说采取否定的见解，认为若可单独转让物的返还请求权，会使得物权丧失返还请求权，失去保护，失去其占有和利用的基本功能。

2. 物的返还请求权在结构上与债的请求权相同，可以类推适用《民法典》关于履行的规定。具体些说，A. 关于不能履行的规定：在占有物因灭失、毁损

---

① 王泽鉴：《民法物权·通则·所有权》（总第1册），台北，三民书局有限公司2003年8月增补版，第177页。

②③④ 王泽鉴：《民法物权·通则·所有权》（总第1册），台北，三民书局有限公司2003年8月增补版，第167、178页。

或其他事由致使不能返还时，可类推适用《民法典》第 563 条第 1 项或第 4 项的规定，不再返还原物。B. 关于逾期履行的规定：物的返还请求权，可视情况而决定是否类推适用《民法典》第 577 条等规定。C. 关于不完全履行的规定：物的返还请求权，可视情况而决定是否类推适用《民法典》第 577 条等规定。

五、物的返还请求权与诉讼时效

对于物的返还请求权与适用诉讼时效制度之间的关系，《民法典》区分情况，于第 196 条第 2 项规定："不动产物权和登记的动产物权的权利人请求返还财产""不适用诉讼时效的规定"，言外之意是在未登记的动产物权场合，物的返还请求权，适用诉讼时效的规定。

第二百三十六条

妨害物权或者可能妨害物权的，权利人可以请求排除妨害或者消除危险。

本条主旨

本条是关于排除妨害请求权和消除危险请求权的规定。

相关条文

《民法通则》第 134 条第 1 款　承担民事责任的方式主要有：

（一）停止侵害；

（二）排除妨碍；

（三）消除危险；

…………

《物权法》第 35 条　妨害物权或者可能妨害物权的，权利人可以请求排除妨害或者消除危险。

理解与适用

一、语义澄清

本条所谓"妨害物权或者可能妨害物权的，权利人可以请求排除妨害或者消除危险"，省略了状语中的主语，其完整的表述就是"权利人妨害物权或者可能妨害物权的，权利人可以请求排除妨害或者消除危险"。这显然是词不达意，未合规范意旨，原因在于状语"妨害物权或者可能妨害物权的"中的主语肯定不是"权利人"，而是他人，是侵权行为人。在这里，避免错误的操作十分简单，要么采取被动式的表达，即"物权被妨害或者可能被妨害的，权利人可以请求排除妨害或者消除危险"；要么给状语加上主语，即"他人妨害物权或者可能妨害物权的，权利人可以请求排除妨害或者消除危险"。对诸如此类的问题，专家、学者们不止一次地提出修改建议，遗憾的是错误依旧。

本条所述内容被分解开来就形成两个亚条款：（1）"他人妨害物权或者可能妨害物权的，权利人可以请求排除妨害"，这承认了物权人的排除妨害请求权；（2）"他人妨害物权或者可能妨害物权的，权利人可以请求消除危险"，这设置了物权人的消除危险请求权。

二、排除妨害请求权

（一）概念和构成

所谓排除妨害请求权，是指物权人于其物权的支配状态被占有以外的方法妨害时，请求妨害物权之人除去该妨害的权利。此处所谓占有以外的方法妨害，最为典型的案型是物权的客体丝毫未被他人染指，但物权的行使无法达到圆满的状态，如甲所有的 A 楼完全在甲的掌控之中，但 A 楼通往四周的路径在外围被不法切断。有些情形是，物权的客体似乎被他人无权占有，但实则不然，可是物权的行使受限甚至不能，于此场合不成立物的返还请求权，必须构成排除妨害请求权。例如，甲的停车位被乙的汽车占据，使得甲无法停放自己的车辆，由于占有在时间方面有其独特的要求，乙占据甲的停车位的时间过短，达不到构成占有的要求，故甲于此场合无物的返还请求权，只有排除妨害请求权。诸如丙临时无权占据甲的客厅、一群人临时无权占据甲的教室之类，甲均无物的返还请求权，只得依赖排除妨害请求权。其实，依笔者的理念，即便妨害物权保有和行使的状态构成无权占有，也不妨承认物的返还请求权与排除妨害请求权并存，或是竞合，或是聚合。例如，本属甲的 A 楼被错误登记在乙的名下，也被乙占有，解决此案，甲行使排除妨害请求权，请求注销乙享有 A 楼所有权的登记；达成目标后，行使物的返还请求权，请求乙把 A 楼的占有转移给甲。

《民法典》第 236 条规定了排除妨害请求权，旨在赋权物权人排除已经存在的妨害，使物权恢复至应有的状态。排除妨害请求权的构成要件如下。

1. 对于物权有妨害

所谓妨害，是指以占有以外的方法，客观上不法阻碍物权支配状态的现象。之所以强调不包括以占有的方法妨害物权支配状态，是因为以占有的方法妨害物权的支配可能性，由物的返还请求权解决。因此，构成排除妨害请求权所需要的妨害，是物权人仍然占有标的物情况下他人不法妨害物权的支配状态的情形。

在这里，物权人仍然占有标的物，构成他人不法妨害物权，成立排除妨害请求权，并不排斥无权占有人也实际占有标的物。例如，甲擅自停车于乙的停车位A，甲和乙都在占有停车位A。于此场合，乙有权请求甲排除对停车位A的妨害。

此处的妨害，可有如下表现形态：（1）可量物的侵入，如丢弃废物于他人庭院；（2）不可量物的侵害，如不法排泄污水于张三承包的耕地，甲餐馆违反消防与居民住宅保持一定距离的要求，使烹调的气味和烟尘不断地进入李四的寝室；（3）否认他人对特定物的物权，即使经过确认之诉，裁判该否认于法无据，仍然否认；（4）不动产登记的错误、遗漏或不实①；（5）无权使用他人之物，如在他人外墙上擅自悬挂广告牌；（6）堵塞他人的进出停车位的通道；（7）甲机关所用大功率发射台使得乙公司的发射装置的工作效果时弱时断；（8）地铁的开通致使某实验室的实验数据失准；（9）处于高地改种水稻，导致洼地的地下水位上涨，原本种植玉米的习惯难以为继。

从这些例证中可以发现，妨害物权包含侵害物权与妨害物权行使两种状态。例如，甲擅自在乙的外墙上悬挂广告牌，无疑在侵害乙的房屋所有权，同时，此举妨害了乙拟利用外墙绘画，构成妨害乙对其房屋的支配状态。此其一。妨害物权的支配状态和无权占有有时也重合，因而排除妨害请求权与物的返还请求权有时发生竞合。甲擅自在乙的外墙上悬挂广告牌，也属此例。再如，甲装载玉米秸秆的马车倾翻于乙的承包地，使乙无法播种大白菜菜籽。此其二。请求排除妨害，不要求举证行为人有过错，而请求损害赔偿，大多需要行为人有过错，因而，区分妨害和损害在法律适用上较为重要。在个案中，究竟是援用《民法典》第236条请求行为人排除妨害，还是援用第179条第1款第8项请求行为人承担赔偿责任，宜视证据情况而选择。当然，如果两个请求权的构成要件都具备，可以一并主张，于此场合不是竞合，而是聚合。此其三。

2. 妨害具有不法性

妨害须为不法，物权人才可以请求排除妨害。物权人有容忍义务的，无排除妨害请求权。至于妨害人对其妨害有无过错，则在所不问。②

---

① 参考王泽鉴：《民法物权·通则·所有权》（总第1册），台北，三民书局有限公司2003年8月增补版，第181～182页。

② ［德］鲍尔/施蒂尔纳：《德国物权法》（上册），张双根译，北京，法律出版社2004年版，第227页。

容忍义务包括私法上的和公法上的。私法上的容忍义务，如 A 停车位的所有权人甲向 B 车的所有权人乙表示，B 车可以停放于 A 停车位前面的私家通道上 2 日；也可以产生于用益物权，如物权人对地役权人存放于其住宅门前的鲜鱼 1 日，负有容忍义务；还可以直接基于法律的规定而生，主要情形体现为相邻关系上的容忍义务：来自邻地干涉而生的对物权的妨害，若该干涉是轻微的或为当地通行的，则物权人对该妨害不得提起排除妨害之诉。① 公法上的容忍义务，可产生于公法的规定，也可以产生于具体的行政行为。②

3. 请求权的当事人

请求权的主体为物权人。请求权的相对人，为任何妨害物权的支配状态之人，包括行为妨害人、状态妨害人。所谓行为妨害人，是指依自己行为对他人的物权的支配状态为妨害之人，如前述乙将 B 车停放于 A 停车位前面的私家通道上 2 日，地役权人将其鲜鱼存放于作为供役地的住宅的门前 1 日。妨害人有无过失，在所不问。所谓状态妨害人，是指持有或经营某种妨害他人物权支配状态的物或设施之人。例如，甲于其房屋后院植树，被强风吹落于邻居院里，甲为妨害人。③ 状态妨害人对妨害的"状态"在某种程度上须负责任（Verantwortlich-keit）；但此处所谓负责任，并不必然地包含有过错谴责成分。④

妨害人可能是数人，例如，某建设工程施工合同关系中的总承包人和分承包人把石料擅自堆放于甲的承包地上。

（二）法律效果

物权人有权请求妨害人除去妨害，如拆除违法建筑物，清理丢弃的垃圾。值得注意的是，注销登记也属于排除妨害。

排除妨害请求权行使场合，物权人只能请求除去妨害的因素，至于能否恢复原状，则不宜强求。

（三）排除妨害请求权的让与性

排除妨害请求权，不得脱离物权单独让与。

（四）排除妨害请求权与诉讼时效

妨害请求权不宜适用诉讼时效制度，否则，与现代社会伦理相悖，因为怎么

---

① ［德］鲍尔/施蒂尔纳：《德国物权法》（上册），张双根译，北京，法律出版社 2004 年版，第 230～231 页；王泽鉴：《民法物权·通则·所有权》（总第 1 册），台北，三民书局有限公司 2003 年 8 月增补版，第 183 页。

②④ ［德］鲍尔/施蒂尔纳：《德国物权法》（上册），张双根译，北京，法律出版社 2004 年版，第 231～232、227 页。

③ 王泽鉴：《民法物权·通则·所有权》（总第 1 册），台北，三民书局有限公司 2003 年 8 月增补版，第 183 页。

能因时间的经过，就任凭行为人妨害物权及其行使，而无权令其停止?! 听任不法的行为或状态妨害物权及其行使，无法做到物尽其用，显然不符合效率原则。再说，侵害行为正在进行中，属于一个侵权行为尚未结束，侵权损害赔偿请求权因量的因素尚未确定而未完全成立，相应的，损害赔偿债务亦尚未完全形成，作为管辖债权（债务）的诉讼时效制度不得立即发挥作用，在这里表现为诉讼时效期间不开始起算；该侵权行为停止时，针对排除妨害的诉讼时效的起算又失去其意义。故《民法典》第 196 条第 1 项规定，排除妨害请求权不适用诉讼时效制度。不过，如果时过境迁，妨害物权的现象已经秩序化，再请求排除妨害会损害公共利益，可以运用权利失效等制度解决。

三、消除危险请求权

（一）概念与构成

消除危险请求权，在大陆法系的学说上，又称妨害防止请求权，或妨害预防请求权，或物权保全请求权，按照《民法典》第 236 条的规定，是指对极有可能妨害物权的危险，或者说对妨害物权之虞，物权人请求有关责任者予以消除的权利。它旨在阻却将来发生的妨害。其构成要件如下。

1. 存在着妨害物权的支配状态的危险

妨害物权的支配状态的危险，学说称作有不法妨害之虞。所谓不法妨害之虞，需要在个案中结合具体情况，依社会的一般观念决定。

2. 请求权的主体

消除危险请求权的请求权人，为物权人；请求的相对人，是就可能发生的妨害（危险），具有将之除去的支配力者。

3. 危险具有不法性

妨害物权的支配状态的危险，须具有不法性，反之，则不得主张消除危险请求权。

（二）法律效果

就可能发生的妨害（危险）具有将之除去的支配力者，负有消除危险的义务，物权人有权请求其消除。由此发生的费用，由具有除去支配力者负担。

（三）消除危险请求权的让与性

消除危险请求权不得单独让与，其道理如同排除妨害请求权不得单独让与。

（四）消除危险请求权与诉讼时效

消除危险请求权不适用诉讼时效制度（《民法典》第 196 条第 1 项），其道理如同排除妨害请求权不宜适用诉讼时效制度中的阐释。

第二百三十七条

造成不动产或者动产毁损的，权利人可以依法请求修理、重作、更换或者恢复原状。

本条主旨

本条是关于物权的客体被毁损时成立修理、重作、更换的请求权或者恢复原状请求权的规定。

相关条文

《民法通则》第 117 条第 2 款　损坏国家的、集体的财产或者他人财产的，应当恢复原状或者折价赔偿。

第 134 条第 1 款　承担民事责任的方式主要有：

…………

（五）恢复原状；

（六）修理、重作、更换；

…………

《物权法》第 36 条　造成不动产或者动产毁损的，权利人可以请求修理、重作、更换或者恢复原状。

理解与适用

一、语义澄清

本条所谓"造成不动产或者动产毁损的，权利人可以依法请求修理、重作、更换或者恢复原状"，省略了状语中的主语，其完整的表述就是"权利人造成不动产或者动产毁损的，权利人可以依法请求修理、重作、更换或者恢复原状"。这显然是错误的，词不达意，不合立法本意，原因在于状语"妨害物权或者可能妨害物权的"中的主语肯定不是"权利人"，而是他人，是侵权行为人。在这里，避免错误的操作十分简单，要么采取被动式的表达，即"不动产或者动产被毁损的，权利人可以依法请求修理、重作、更换或者恢复原状"；要么给状语加上主语，即"他人毁损不动产或者动产的，权利人可以依法请求修理、重作、更换或者恢复原状"。对诸如此类的问题，专家、学者们不止一次地提出修改建议，遗憾的是错误依旧。

本条所谓修理，是指物权的标的物被他人毁损，有修复可能并为物权人所需要时，行为人应物权人的请求将标的物修复如初的救济措施；更换，是指物权的标的物被他人毁损，无修理可能，或修理所需要的费用过高，或修理所需要的时间过长，为物权人所不需要的场合，行为人应物权人的请求而以同种类同质量同数量之物予以替代的救济措施；重作，是指物权的标的物被他人毁损，不能修理或修理所需要的费用过高，行为人应物权人的请求而制作同种类同质量同数量之物予以替代的救济措施。恢复原状，是指物权的标的物被他人毁损，行为人应债权人的请求将标的物修复如初的救济措施。

重作和更换，在采取回复原状主义的德国侵权行为法上，系侵权损害赔偿的表现形式。但它们在采取金钱赔偿主义的中国侵权责任法的语境中难被作为损害赔偿的形式加以运用，因其系以他物替代，而非金钱赔偿。也难怪，它们本是合同法领域瑕疵给付场合的救济方式。至于修理，虽然可用于侵权行为损坏了物件的场合，但此情此景中的修理属于恢复原状，同一个法律条文并列规定修理和恢复原状两种救济方式显然浪费，也不合逻辑。连立法机关的专家都解释道："修理、重作、更换属于恢复原状。"①

再进一步剖析，会发现：在物权的一面，（1）如果物权继续存在于被毁损之物上，那么重作之物、更换之物上存在的物权实属新设立的物权，该物权与原物权并列，只不过物权人是同一个主体罢了。既然两权并存，"你是你，我是我"，原物权存续于被毁损之物上，"伤痕累累"依旧，新设物权没有"医治"原物权的"创伤"，而是另立门户，即不是对受侵害的原物权的救济，因此，这种场合的重作、更换不是原物权的救济方式，不是原物权的保护方法。（2）如果被毁损之物上已无物权存续，那么，重作之物、更换之物上存在的物权同样属于新创设的物权，完全异于原物权。既然原物权已经不复存在，那么重作之物、更换之物上存在的物权就不是在救济受侵害的原物权，而是相同的当事人双方新为的交易。

在意思表示的一面，无论当事人双方是否意识到，重作、更换之所以能够成为现实，没有物权人的同意是不可想象的。就是说，重作、更换实质上是行为人和物权人之间成立了新的合同，即重作合同、更换合同。这些合同为解决不动产、动产毁损的救济问题应运而生。由于上个自然段已有结论，它们不是在救济原物权，因而，它们只能是在解决行为人毁损物权人的标的物所产生的赔偿或补

---

① 胡康生主编：《中华人民共和国物权法释义》，北京，法律出版社 2007 年版，第 88 页；黄薇主编：《中华人民共和国民法典物权编释义》，北京，法律出版社 2020 年版，第 52～53 页。

偿问题，重作合同、更换合同的成立并落到实处，就了断了双方的赔偿或补偿的关系。就此说来，重作合同、更换合同类似于以物抵债协议，或曰以物抵债的特殊类型；在行为人已将重作之物、更换之物交付给物权人时，重作合同、更换合同类似于代物清偿，或曰代物清偿的特殊表现形式。

二、恢复原状请求权的独立性

（一）对《民法典》规定的恢复原状的简要考察

《民法典》第237条规定的恢复原状请求权有无独立性？欲有说服力地回答这个问题，有必要简要考察该权与《民法典》其他条款规定的恢复原状之间的关系。因为《民法典》使用恢复原状一词的条款有五，其设计理念及含义不尽相同，需要在具体情况下予以甄别和确定。

1. 《民法典》第179条第1款第5项把恢复原状作为民事责任方式之一，遵循文义解释、体系解释和目的解释，此处所谓恢复原状确属民事责任的方式，再联系《民法典》第577条以下关于违约责任的规定予以审定，可知其为侵权责任的方式，而非违约责任的方式。

断言该条所设恢复原状非为违约责任的方式，理由如下：（1）《民法典》设计的违约责任方式中尚无恢复原状。（2）《民法典》第179条第1款把"恢复原状"与"修理、重作、更换"并列为两种民事责任的方式；第237的措辞是"修理、重作、更换或者恢复原状"。这些都意味着"修理、重作、更换"和"恢复原状"在《民法典》上是不同的且只可择一主张的救济方式。依此逻辑，在成立违约责任的场合，例如，出卖人交付的标的物已有损坏（瑕疵），买受人请求其把损坏之物修复；承租人或借用人在使用标的物的过程中损坏了标的物，出租人或出借人请求其将标的物修复，这些在外观上似为"恢复原状"的救济，其实都是《民法典》确立的"修理"救济方式，而非《民法典》认可的"恢复原状"救济方式。至于积极的债权侵害，例如，出卖人交付的汽车刹车失灵，撞坏了买受人已有的界墙，买受人请求出卖人修好该界墙，若援用《民法典》第1165条的规定，则成立属于侵权责任范畴的"恢复原状"，而非属于违约责任的范畴"修理"；因《民法典》未设积极的债权侵害的违约责任规则，故只得援用《民法典》第577条的规定，请求出卖人修复被撞坏的界墙，囿于违约责任的藩篱，此时此刻的修复界墙属于"修理"而非"恢复原状"。

还要指出，《民法典》第179条第1款第5项关于恢复原状的规定，不但适用于物权受到不法损坏的场合，而且适用于知识产权、股权、债权等民事权利受到不法损害的领域。而《民法典》第237条规定的恢复原状，仅仅适用于物权被损坏的场合。

2.《民法典》第 237 条把恢复原状放置于"物权的保护"体系内，就此说来，该条所谓恢复原状似应为物权的保护方式。既然是物权的保护方式，它就必然发生在物权存在的场合。无物权存续的领域，没有适用该条的余地。即使存在物权，但物权完好无害时也无须恢复原状。实际上，该条适用的前提是不动产或动产之类的有体物被他人不法损坏，该条赋权受损的物权人请求不法行为人将损坏之物修复如初。

3.《民法典》第 286 条第 2 款关于"业主大会或者业主委员会，对任意弃置垃圾、排放污染物或者噪声、违反规定饲养动物、违章搭建、侵占通道、拒付物业费等损害他人合法权益的行为，有权依照法律、法规以及管理规约，请求行为人停止侵害、排除妨碍、消除危险、恢复原状、赔偿损失"的规定中的恢复原状，具有清除垃圾等污染物、消除噪声、放弃违反规定的饲养、拆除违章建筑物、清理通道之意，属于"回复生活"的类型，彰显以环境再生为中心的回复人的生活的意义。① 其中，恢复通道及场地的原状，从通道、场地的物权人及其物权的角度审视，恢复原状请求权属于物权保护的方式；从侵占人及其不法行为的一侧观察，恢复原状可为侵权责任的方式。这与《民法典》第 237 条规定的恢复原状可以划归一类。至于排放污染物或噪声、违规饲养动物和拒付物业费，则与物权及其保护无关，于此场合的恢复原状不可能属于物权的保护方式，只能是侵权责任的方式。这与《民法典》第 237 条规定的恢复原状不搭界。

4.《民法典》第 566 条第 1 款关于"合同解除后，尚未履行的，终止履行；已经履行的，根据履行情况和合同性质，当事人可以请求恢复原状或者采取其他补救措施，并有权请求赔偿损失"的规定，就其文义和规范意旨，应当适用于任何类型的民商合同的解除。在咨询服务、委托、客运等以行为为标的的合同被解除的场合，作为其法律后果之一的恢复原状，是回复双方法律关系的原来状态（时常为价值形态的原状），这不涉及物权问题。在股权转让、债权转让之类的合同被解除的场合，作为其法律后果之一的恢复原状，系股权或债权的"反转"，也不涉及物权问题。所有这些都与《民法典》第 237 条规定的恢复原状无类似之处。此其一。在有体物流转的合同被解除的场合，作为其法律后果之一的恢复原状，与不当得利返还、赔偿损失相并列，或者说它是不当得利返还、赔偿损失以

① 相关文献，请参阅〔日〕淡路刚久：《公害裁判与环境再生》，《环境与公害》第 31 卷第 1 号，第 8 页。转引自罗丽：《中日环境侵权民事责任比较研究》，清华大学法学博士学位论文（2004），第 211 页。

外的恢复原状，实际上是原物返还。因该返还系合同解除的效力表现，并非违反义务的结果，故它为一种义务，并非侵权责任。所以，《民法典》第566条涉及的恢复原状根本不同于《民法典》第179条第1款第5项、第237条规定的恢复原状。如果合同解除有溯及既往的效力，则合同已经解除，原物若为动产，则其所有权重新复归于给付人，于是，从权利的方面观察返还原物，就是物的返还请求权，可适用《民法典》第235条的规定；原物若为不动产，在已经办理了不动产物权移转登记的情况下，受领人负有办理注销登记的义务，给付人享有请求办理变更登记的权利，即排除妨害请求权，适用《民法典》第236条的规定。可见，这里无标的物被损坏、运用恢复原状救济的问题，不适用《民法典》第237条的规定。此其二。

5.《民法典》第715条第2款关于"承租人未经出租人同意，对租赁物进行改善或者增设他物的，出租人可以请求承租人恢复原状或者赔偿损失"的规定中的恢复原状，是指恢复租赁物原貌，从物权的角度审视它，属于对物权客体的复原，进而在占有和使用方面还原物权的支配状态。不过，它也属于合同制度中的救济方式，不但该条第2款所谓赔偿损失属于违约责任的范畴，而且所谓恢复原状也可被划归违约责任之中，即其类似于修理，或为特殊形态的违约损害赔偿。

（二）简要结论

《民法典》第237条规定的恢复原状请求权具有独立性，在第一个层面，有如下理由：（1）该条规定有恢复原状请求权的构成要件和法律效果，存在其独自的运用领域，在物权的保护方面具有独特的作用。（2）该条规定的恢复原状请求权完全独立于《民法典》第566条第1款规定的恢复原状请求权。（3）该条规定的恢复原状请求权与《民法典》第286条第2款规定恢复原状请求权只有在极少情况下的交集，在众多场合二者的作用领域不同。（4）该条规定的恢复原状请求权与《民法典》第715条第2款规定的恢复原状请求权的关系如何，取决于是以《民法典》第237条为请求权基础，还是以第179条第1款第5项为请求权基础，在后者的情况下它显然远离第237条规定的恢复原状请求权。（5）该条规定的恢复原状请求权与《民法典》第179条第1款第5项规定的恢复原状请求权，在侵害物权的场合均有运用机会，前者为特别法，后者系普通法；但在侵害物权以外的权利时，《民法典》第237条就派不上用场，第179条第1款第5项则大有作为。

《民法典》第237条规定的恢复原状请求权具有独立性，在第二个层面，是其在构成要件、规范目的及作用方式上不同于物的返还请求权、排除妨害请求权和消除危险请求权。如物的返还请求权的成立需要无权占有、排除妨害请求权的成立需要不法妨害、消除危险请求权系为防患于未然而设，但恢复原状请求权的成立需要有体物被不法损坏。

《民法典》第 237 条规定的恢复原状请求权具有独立性，在第三个层面，是其虽有填补物权人所受损失的目的及功能，但仍然有别于以金钱赔偿为内容的典型的侵权损害赔偿请求权。接下来详细地研讨这个问题。

三、恢复原状请求权与侵权损害赔偿请求权

（一）另外的视角

不少事物都有多重性。例如，《民法典》第 582 条规定的给付瑕疵之物成立的减少价款或者酬金，固然是一种独立的违约救济方式，但若着眼于债权人受领瑕疵之物时少付款，结果是所付款额与瑕疵之物的价值大体相当，债权人因而不受损失，那么，认其为在事实上赔偿了损失，也未尝不可。只是在法律适用上不宜把减少价款或者酬金完全适用违约损害赔偿的规定，最多在赔偿数额的考量及计算上可有相同或相近的理念罢了。

同理，《民法典》第 237 条规定的恢复原状请求权具有独立性，也不意味着该权只能具有一种属性及功能。如果着眼于受损之物被修复如初，物权人的损失就因此得到填补或部分补偿，那么，恢复原状请求权就具有了侵权损害赔偿请求权的性质及功能。在这样的界定和理念下，《民法典》第 237 条规定的恢复原状请求权应为第 179 条第 1 款第 5 项规定的恢复原状请求权的具体表现，在物权领域的落实。

（二）比较法上的参照

这种从目的及功能角度观察和分析得出的结论，在比较法上确有实例。《德国民法典》（第 249－251 条）、《奥地利民法典》（第 1322 条）以及中国台湾地区"民法"（第 213 条）在侵权损害赔偿和债务不履行损害赔偿的领域，奉行回复原状主义，即通过损害赔偿的实际承担使受害人回复到损害发生前的原状。例如，无权占有的动产因物权人的请求而予以返还；不法毁损他人之物的，或是予以修补或是给付同种同质的物品；诋毁他人的，予以回复名誉。[1] 回复原状，有的是将以前的物理状态照样再现，但更多的是回复到与以前有同一价值的状态。一旦此种形态的损害赔偿构成，受害人就有权请求责任人予以赔偿，责任人就有义务满足受害人的该项请求，从而在双方之间形成债权债务关系。在这个层面上观察，此类损害赔偿关系属于债的范畴，其请求权属于债权请求权。

---

① 王泽鉴：《损害赔偿》，北京，北京大学出版社 2016 年版，第 114～115 页。

德国民法、奥地利民法和中国台湾地区"民法"及学说中的修补损坏之物，与中国《民法典》第237条规定恢复原状同义。德国民法等将之作为损害赔偿，划归债的范畴，可以作为中国法的借鉴。如果这是正确的，则认定《民法典》第237条规定的恢复原状请求权为侵权损害赔偿请求权，属于债权，就具有理由。[①]

（三）恢复原状请求权与典型的侵权损害赔偿请求权的比较

尽管如此，也务请注意：在中国现行法的框架内和理念下，恢复原状请求权这种侵权损害赔偿请求权仍然有别于典型的侵权损害赔偿请求权：（1）《民法典》第179条第1款第5项和第237条规定的恢复原状请求权，非以金钱偿付的途径，平复物权人的有体物受损状态，而是通过把有体物修复如初的方式来填补物权人的损失。这显然有别于典型的侵权损害赔偿请求权，因为中国现行法在损害赔偿制度中奉行金钱赔偿主义，即以金钱偿付的方式填补物权人所受损失，而非借助于修补损坏之物的途径。这与罗马法、法国法、日本民法（第417条，第722条）是相同的。[②] 英美法也奉行金钱赔偿主义，如 Parke B Robinson v. Harman (1848) 1 Exch 850 先例称：一方当事人若因相对人违约而蒙受损失，计算的方法就是用金钱来令他作为受害人回到一个合同被履行的经济地位。[③] （2）奉行金钱赔偿主义的侵权损害赔偿请求权，基于案情可有《民法典》第1165条规定的过错责任原则、第1166条等规定的无过错责任原则或第1186条规定的公平分担损失规则的分别适用。《民法典》第237条规定的恢复原状请求权呢？其文义未要求损坏他人之物者必须具有过错，其目的及功能重在被损坏之物应被修复如初，就此说来，损坏他人之物者有无过错似乎无足轻重。于此所提问题是：在中国现行法上，采取修复损坏之物（回复原状主义）的"损害赔偿"是否要运用一般侵权责任、特殊侵权责任和公平分担损失的架构？（3）典型的侵权损害赔偿请求权贯彻完全赔偿原则。在个案中，就侵权行为所致损失，包括所受损害和所失利益，受害人均有权请求侵权行为人给予赔偿。[④] 一个案由，一个诉讼，"一揽子"地解决损害赔偿问题。而适用《民法典》第237条的规定于个案，在有些场合虽然损坏之物被修复如初，但物权人仍有损失，就是说，恢复原状请求权能

---

① 侯利宏：《论物上请求权制度》，载梁慧星主编：《民商法论丛》第6卷，北京，法律出版社1997年版，第715页；梁慧星主编：《中国物权法研究》（上），北京，法律出版社1998年版，第93～94页；崔建远：《物权：规范与学说——以中国物权法的解释论为中心》（上册、下册），北京，清华大学出版社2011年版，第256～257页。

② 史尚宽：《债法总论》，台北，荣泰印书馆股份有限公司1978年版，第285页。

③ 杨良宜：《损失赔偿与救济》，北京，法律出版社2013年版，第370页以下。

④ 参见曾世雄：《损害赔偿法原理》，北京，中国政法大学出版社2001年版，第156～158页；王泽鉴：《损害赔偿》，北京，北京大学出版社2016年版，第68页。

否"一揽子"解决损害赔偿问题，尚需具体情况具体分析。进一步的问题是，物权人可否再就该种损失援用《民法典》第 1165 条或其他有关条款请求侵权行为人赔偿，需要进一步研究。至少案由体制和"一事不再理"的民事诉讼原则是不可逾越的山峦。（4）与有过失规则被运用于金钱赔偿的领域，其结果表现为减轻赔偿数额，若被机械地、径直地、不加变通地运用于恢复原状的场合，似乎成为对被毁损之物修复部分便"半途而废"。可是，这种未能恢复物的功能和价值的修复，显然未达目的。有鉴于此，不如转换方式，如将修复进行到底，其成本在双方当事人之间分摊。（5）损益同销规则被运用于金钱赔偿的领域，所赔之损失不是"毛损失"，而是"净损失"，其计算公式是"毛损失"减去受损害的物权人基于与物的损害具有同一原因而获取的利益之差。这种路径及方法难被运用于恢复原状的场合，因为恢复原状所针对的损失，准确地说是损害，它至少不是单纯的依货币计算所得出的损失，而是另外一种面貌，首先是物的使用价值，也兼顾交换价值；与恢复原状所关联的获益却是以货币计算所得出的损失，这与恢复原状场合的恢复物的使用价值不同质，这些损失/损害不在同一个层面。至于解决受损害的物权人与行为人之间的获益与损害两者的关联和衡量问题，可交给其他制度、规则去完成，如不当得利返还制度。

四、恢复原状请求权与物权请求权

（一）问题的提出

行文至此不算彻底完成任务，因为《民法典》第 237 条处于"物权的保护"一章，被物权请求权的条文包围，直观的感觉是：它为物权请求权的一种表现形式。[①] 当然，法学，至少不得主要依赖于直观，需要理性的分析，而后自然而然地得出结论。

（二）从物权请求权的构成要件审视

1. 判断一项权利是否隶属于某一类权利，最简单却最科学、有效的方法是剖析其是否符合某一类权利的法律性质、构成要件。若符合，则可说该项权利隶属于该类权利；若不符合，则不应称该项权利隶属于该类权利。衡量《民法典》第 237 条规定的恢复原状请求权是否为物权请求权之一种，也应该采用这种方法。

---

① 将恢复原状请求权定性为物权请求权的，早有学说主张。例如，梁慧星：《民法》，成都，四川人民出版社 1989 年版，第 215、218 页；佟柔主编：《民法原理》，北京，法律出版社 1989 年版，第 147 页；王利明：《物权法研究》，北京，中国人民大学出版社 2002 年版，第 132~136 页。

2. 物权请求权系物权的消极权能，且与物权密切相连，不可分离。就是说，物权请求权以物权的存在为前提，若不存在物权，则不会有物权请求权。一项动产或不动产被损坏，其上存在的物权并未消失，而是继续存在，故物权人请求损坏该动产或不动产之人实施修补，系基于其物权（至于基于占有等法律根据，暂不讨论，以求简化论证）。在这方面，恢复原状请求权符合物权请求权的规格。

3. 物权请求权可使被侵害或处于危险状态的物权回复圆满状态，使有遭受损害之虞的物权免遭损害。如果把物权请求权的规格定位在使物权保持或回复到圆满状态，而且该圆满状态指的仅仅是物权支配力这种状态，那么，无论已被损坏的标的物修复与否，物权人都对标的物享有支配力，恢复原状并未改变这种局面，因此，称恢复原状请求权属于物权请求权欠缺逻辑的力量。再者，标的物损坏，行为人不施以修复，而是径直金钱赔偿，无论赔偿兑现与否，物权人支配标的物的法律上之力都在，就是说，单就物权人对于标的物的支配力而言，恢复原状请求权和金钱赔偿请求权所起作用似无差别，法律对它们得同样对待，要么二者都是物权请求权，要么都不是物权请求权。笔者尚未见到把金钱赔偿请求权划归物权请求权的学说，那么，恢复原状请求权也就不宜被作为物权请求权之一种。一句话，恢复原状请求权和金钱赔偿请求权都仅为债权请求权。

与此有别，如果将物权请求权的规格定位在不但使物权人对标的物保持或回复支配力，而且使物权人对标的物的占有、使用、收益、处分在各个方面都保持或回复到圆满状态，即全方位的圆满状态，那么，损坏之物尚未恢复原状时，"占有"的覆盖面可能减缩了，"使用"或许不能了或打了折扣，"收益"不见了或减少了，"处分"，尤其是事实上的处分，在量的方面不可同日而语了。损坏之物被恢复原状之后，物权人对于标的物的支配全方位地理想化了，即占有、使用、收益和处分的状态如初。一句话，恢复原状所起的作用如同物的返还请求权、排除妨害请求权所起的作用。就此说来，恢复原状请求权具有物权请求权的一面。这种恢复原状请求权兼有债权请求权和物权请求权的双重属性。

4. 物权请求权与物权本体密不可分，恢复原状请求权是否也如此呢？这同样取决于如何定位物权请求权的规格。如果仍然坚持物权请求权者，必须能使物权人对标的物的占有、使用、收益、处分在各个方面都保持或回复到圆满状态，即全方位的圆满状态，那么，恢复原状请求权与物权本体不应分离，不然，失去恢复原状请求权的物权人无法对标的物的占有、使用、收益、处分在各个方面都保持或回复到圆满状态。特别是在具有特殊意义或价值的物品被损坏的场合，如在奖章、情书、艺术品被损坏的情况下，无法请求侵权行为人修复之，物权人所受损害难以得到填补，精神方面的损害更是如此。

（三）恢复原状请求权在有些场合为物权请求权之一种

不过，实际情形原非如此单纯，而是呈现多样化。（1）有时，被损坏之物即使未被恢复原状，物权人支配标的物的圆满状态也基本上未受影响。例如，和氏璧破损一角，在用黄金补角之前，没有影响皇帝对其使用、收益；占有嘛，虽无以往那样圆满，但也无关大局，可忽略不计；果真要处分，也是可以的。用黄金补角之后，皇帝对和氏璧的占有、使用、收益还是如此。就是说，此类场合的恢复原状不具有物权请求权的性质和效能。（2）有时，被损坏之物的天然孳息与恢复原状之物的天然收益相差无几，仅仅是法定孳息在后者的情况下更高，但这已经远离物权人对于标的物的支配力的领域，属于交换对价的范畴，由债法调整。可以说，于此场合的恢复原状请求权不宜作为物权请求权看待。（3）有时，被损坏之物与恢复原状之物在使用方面差异显著，恢复原状明显地使物权人支配标的物的状态圆满了，此种恢复原状请求权应被作为物权请求权。例如，把无法使用的电脑修理得可以正常使用，由原来的占有这一种状态，变成占有、使用、收益和处分，全方位地支配电脑。当然，它同时也有侵权损害赔偿请求权的属性，为债权请求权之一种。

恢复原状请求权纯粹为侵权损害赔偿请求权时，应当适用诉讼时效制度。恢复原状请求权兼有物权请求权和债权请求权的双重属性时，如何适用诉讼时效的规定便成为问题。笔者主张，恢复原状请求权兼有物权请求权的属性的，不应适用诉讼时效制度，理由在于，损坏之物被修复，为物尽其用、物的效能最大化提供了物理前提，且该效能不仅属于物权人，而且就整个社会财富的总量而言有所增加。假如因3年的期间经过而不得请求行为人修复被损坏之物，就意味着使物的效能最大化、可增加的社会财富总量只在损坏不动产或动产之时起的3年之内才具有确定的可能性，3年期满便不再确定，除非行为人突然良心发现。为了使物的效能最大化、增加社会财富总量得以确保，恢复原状请求权不适用诉讼时效的规定是有力措施之一。与此不同，损害赔偿，只是一定数量的金额在物权人和行为人之间"流动"，社会财富的总量并未增加，故无必要过于"宽容"物权人，相反，得督促其及时向行为人请求恢复原状。为达此目的，诉讼时效制度适用于此是必要的。

诚然，物权人对其物被损坏熟视无睹，对请求恢复原状漫不经心，迟迟不请求行为人将损坏之物恢复原状，也是有负面结果的。所谓社会财富的总量增加，可能仅为纸上谈兵。为防止此种负面结果的出现，也有必要督促物权人及时向行为人请求恢复原状，可用诚信原则，最好是创设权利失效制度，来达到目的。

第二百三十八条

侵害物权，造成权利人损害的，权利人可以依法请求损害赔偿，也可以依法请求承担其他民事责任。

本条主旨

本条是关于侵害物权使物权人遭受损害时依法成立损害赔偿和其他民事责任的规定。

相关条文

《民法通则》第 117 条第 2 款　损坏国家的、集体的财产或者他人财产的，应当恢复原状或者折价赔偿。

第 134 条第 1 款　承担民事责任的方式主要有：

⋯⋯⋯⋯⋯

（五）恢复原状；

⋯⋯⋯⋯⋯

《民法总则》179 条第 1 款　承担民事责任的方式主要有：

⋯⋯⋯⋯⋯

（五）恢复原状；

⋯⋯⋯⋯⋯

《物权法》第 37 条　侵害物权，造成权利人损害的，权利人可以请求损害赔偿，也可以请求承担其他民事责任。

理解与适用

一、基本含义

本条基本上承继的是《物权法》第 37 条的规定，只是增加"依法"一词作为"请求承担其他民事责任"的状语，其作用在于表明，本条并非权利人请求行为人承担其他民事责任的请求权基础，权利人必须另觅请求权基础才能实现令行为人实际承担其他民事责任的目标。

本条规定的侵害物权使物权人遭受损害的，依法成立损害赔偿。它属于侵权损害赔偿。其中"依法"一词，表明本条并非请求权基础，只是引致性规定，仅凭本条规定尚难在个案中判断和确定侵权损害赔偿可否成立，必须寻觅侵权损害赔偿的请求权基础，方可解决问题。此类请求权基础，应是《民法典》第1165条奉行的过错责任原则，若为该条第2款规定的过错推定，尚需结合另外的法条；如果是援用《民法典》第1166条确立的无过错责任原则，则必须再觅具体的相应法条即真正的请求权基础，第1166条本身不是请求权基础。

本条所谓"也可以依法请求承担其他民事责任"，所要解决的，是无权占有人向物权人返还就占有物所获取的收益问题，如果一定寻觅《德国民法典》的对应规定，可有《德国民法典》的第988条、第993条、第990条、第987条等规定，较为复杂，有的适用这些特别规定，有的适用不当得利返还的一般规定。鉴于《民法典》已就不当得利返还的构成要件和法律效果作出规定（第985条以下），加之在总体上《民法典》不采纳德国民法的"所有权人——占有人关系"规则及其理论，笔者主张把《民法典》第238条规定的"也可以依法请求承担其他民事责任"，作为引致性的规定，引向《民法典》第985条以下所设不当得利返还的规则。

不当得利返还请求权作为债权，且与物权请求权各为独立的制度，应当适用诉讼时效制度。

二、本条所规定的损害赔偿请求权属于债权请求权

尽管有意见认为本条所规定的损害赔偿请求权属于物权请求权，但这难以成立，因为它不符合物权请求权的规格。（1）物权请求权旨在使物权保持或回复到圆满状态，欠缺它，物权人就难以圆满地支配标的物。例如，欠缺物的返还请求权，但标的物被他人无权占有时，物权人就无法占有、使用、收益和处分该物。而本条规定的损害赔偿请求权行使与否、实现与否，都对物权人支配标的物的状态没有影响，起作用的是物权人因其物权被侵害而遭受的损害得到全部或部分地填补。（2）物权请求权与物权本体不可分离，而该损害赔偿请求权可以脱离物权本体而转由他人取得，或由物权人的债权人代位行使。（3）与此相关，除去不登记物权的物的返还请求权，物权请求权都不适用诉讼时效制度，而本条所规定的损害赔偿请求权没有理由不适用诉讼时效的规定。

其实，本条所规定的损害赔偿请求权，符合债权请求权的规格，如其为相对权，遵循平等性，可单独转让，适用诉讼时效的规定。

上述结论的妥当性，可从下文"回顾争点：多视角的分析和证立"中获得助力，得到印证。

《民法典》第238规定的侵害物权所产生的损害赔偿请求权，与物权请求权、债权请求权之间的关系如何，存在着不同的理解。由于本条系承继《物权法》第

37 条而来，因而对《物权法》第 37 条的理解存在分歧，实际上意味着对本条的理解也见仁见智。有鉴于此，先介绍专家、学者对《物权法》第 37 条的理解与论争，最后的结论也就自然而然地得出来了。

多数意见认为，《物权法》第 37 条规定的损害赔偿请求权属于侵权的损害赔偿请求权，应适用侵权责任法的规则。与此见解不同，有学者在其中国物权法草案中设计物权保护制度时，有一条文："第六十条［损害赔偿的请求权］在第五十八、五十九条的情形，物权人受有损害时可以继续向侵害人请求损害赔偿。"对该条的说明为：侵害物权所产生的"损害赔偿在物权保护中的应用，目的还是为了达到恢复物权的完满状态，是在物权人的物权利益受到侵害而依据上述的物权保护方式无法完全达成保护的目的时，而以金钱补偿为手段，使其整体的利益能够得到公平的补偿。因此，本条规定的损害赔偿请求权，是物权保护的一种法律手段，性质上属于物权请求权。物权人依据本条向侵害人请求损害赔偿，只需符合第 58 条或者第 59 条的要件，及本条规定的'受有损害'要件，即应成立损害赔偿责任。此与侵权行为责任的构成要件是有区别的"①。据此理解《物权法》第 37 条的规定，可得出它规定的是物权请求权，而非侵权的损害赔偿请求权。对此，笔者不予赞同，兹分析如下。

上述学者的意见，是借鉴《德国民法典》设计的"所有权人—占有人关系"规则（第 990 条、第 989 条、第 992 条等）及其学说，稍加改造而形成的。而德国民法上的"所有权人—占有人关系"规则仅适用于无权占有领域，在《德国民法典》第 990 条以下规定中，区分了善意占有人与非善意占有人；而占有之分为善意或非善意，永远只能就无权占有而言；就有权占有人，既不能称其为善意，也不能称其为非善意。② 与此不同，中国《民法典》第 238 条关于侵害物权所生损害赔偿的规定，至少从文义上看，包括无权占有人和有权占有人对物权的侵害所生的损害赔偿责任。③ 这从该条处于《物权法》总则的地位，适用于各种物权在各种情况下的保护，即可看出。

假如不同意上述解释，就只能得出这样的结论：有权占有人侵害物权的损害赔偿，在《物权法》中就欠缺相应的规定，只好到《民法通则》和《侵权责任法》中去寻觅请求权基础。《民法通则》有第 106 条第 2 款、第 117 条的规定可

---

① 梁慧星主编：《中国物权法草案建议稿：条文、说明、理由与参考立法例》，北京，社会科学文献出版社 2000 年版，第 210 页。

② ［德］鲍尔/施蒂尔纳：《德国物权法》（上册），张双根译，北京，法律出版社 2004 年版，第 196～197 页。

③ 胡康生主编：《中华人民共和国物权法释义》，北京，法律出版社 2007 年版，第 513、519 页。

用作追究侵权行为人的损害赔偿责任，《侵权责任法》则有第 6 条、第 7 条等规定。而这样解释酿成了割裂适用法律的局面：对无权占有场合的侵害物权适用《物权法》分则第 242 条、第 244 条的规定，对有权占有场合的侵害物权适用《民法通则》第 106 条第 2 款、第 117 条的规定，及《侵权责任法》第 6 条或第 7 条等规定。这种解释无疑在宣告《物权法》关于侵害物权所生损害赔偿的设计存在着立法技术上的缺陷。这在事实上冤枉了《物权法》。这种解释也有违文义解释和目的解释的规则，因为《物权法》第 37 条的规定并无仅仅适用于无权占有场合侵害物权的文义和立法目的。

所以，还得承认《物权法》第 37 条的规定一体适用于无权占有人和有权占有人侵害物权所产生的损害赔偿责任的场合。如此，由于物的返还请求权只能成立于无权占有的场合，把《物权法》第 37 条规定的损害赔偿请求权作为物权请求权，就难以说得通。此其一。

尽管《物权法》第 37 条的规定，没有出现过错的字样，与《民法通则》第 106 条第 2 款和《侵权责任法》第 6 条第 1 款明确要求过错有所不同，乃因《物权法》第 37 条的规定既适用于侵害物权的行为系一般侵权行为领域，也适用于侵害物权的行为系特殊侵权行为的场合。例如，甲饲养的动物撕破乙的西装场合，甲对乙的损害赔偿，不要求甲有过错。与此不同，甲亲自将乙的西装撕成碎片场合，赔偿乙的损失，则必须具有过错。《民法通则》第 117 条未使用过错的字样也有这种用意。就是说，以《物权法》第 37 条没有使用过错的字样为由，将它规定的损害赔偿请求权排除在侵权损害赔偿请求权之外，理由不足。由于物权请求权不以过错为成立要件，而该损害赔偿请求权的成立有时需要过错这个主观要件，将之作为物权请求权，显然不适当。此其二。

《物权法》第 37 条规定的侵害物权所生损害赔偿的请求权，被物权人行使，无法使被侵害的物权回复如初，只能使物权人因其物权被侵害所遭受的损失得到填补。这与物权请求权可使被侵害的物权回复到圆满状态在目的及功能方面是不同的，仅与侵权损害赔偿的目的及功能一致。就是说，《物权法》第 37 条规定的侵害物权所产生的损害赔偿请求权，不是物权请求权，而是侵权损害赔偿请求权。此其三。

既然《物权法》第 37 条规定的损害赔偿请求权，有时发生在有权占有场合，有时需要过错的构成要件，无法使受侵害的物权本体回复到圆满状态，就可以肯定地说，它不会是物权请求权。由于它符合侵权损害赔偿请求权的全部要求，我们只能把它作为侵权损害赔偿请求权。

诚然，《物权法》第 37 条规定的侵害物权所生损害赔偿的请求权，毕竟包括无权占有产生的损害赔偿请求权。而对无权占有产生的损害赔偿请求权，《物权法》于第 242 条、第 244 条作了特别规定。所以，欲全面而准确地把握《物权法》第 37 条的规定，不可不联系该法第 242 条、第 244 条的规定进行解读。

第 242 条规定的责任构成，其客观要件包括无权占有人实施了侵权行为、物权人遭受了损失、两者之间有因果关系，其主观要件为无权占有人必须具有恶意，善意的占有人即使侵害了所占有的不动产、动产，也不承担损害赔偿责任。无权占有人的恶意，从另一层面观察就是故意和重大过失。这告诉我们，《物权法》第 242 条规定的损害赔偿，只有在无权占有人具有故意或重大过失的情况下，遭受损害的物权人才有权向无权占有人请求损害赔偿；在无权占有人就其侵害物权仅具有一般过失或没有过失的情况下，不成立损害赔偿责任。它属于《物权法》第 37 条规定的侵权损害赔偿的范围。

这与有权占有、占有以外场合物权遭受侵害所产生的损害赔偿在构成要件方面不同。有权占有、占有以外场合，行为人侵害物权，大多属于一般侵权行为，构成损害赔偿的客观要件包括侵权行为、损害事实和因果关系，与无权占有场合的客观要件没有差异；但主观要件却不同，即除了故意、重大过失，还有一般过失。有权占有、占有以外场合，物权遭受侵害，若因国家机关或其工作人员履行职责的行为所致，或因高度危险作业所致，或因饲养的动物所致等，构成损害赔偿的客观要件相同，但不需要过错这个主观要件。

至于侵权责任的方式，《物权法》第 242 条与《物权法》第 37 条的相同，即均为侵权损害赔偿。在损害赔偿的范围方面，符合《物权法》第 242 条规定的，该规定优先于《物权法》第 37 条而适用；符合《民法通则》第 106 条第 2 款与《侵权责任法》第 6 条规定的，贯彻完全赔偿原则；符合《民法通则》第 106 条第 3 款及有关特殊侵权的具体规定与《侵权责任法》第 7 条及具体的特殊侵权的规定的，为限制赔偿。

无权占有场合，物权遭受无权占有人的侵害，有时要适用《物权法》第 244 条关于"占有的不动产或者动产毁损、灭失，该不动产或者动产的权利人请求赔偿的，占有人应当将因毁损、灭失取得的保险金、赔偿金或者补偿金等返还给权利人；权利人的损害未得到足够弥补的，恶意占有人还应当赔偿损失"的规定。

分析该项规定，可发现在赔偿责任的客观要件方面，它增加了善意占有人就受害物权而取得保险金、赔偿金或补偿金这个消极要件；由此决定了，《物权法》第 244 条的适用范围较第 242 条的广泛，即善意占有人仍须于其受益的范围内承担损害赔偿责任；在主观要件是否包括占有人的过错这个方面，不易决断，需要做如下分析。

与《物权法》第 244 条相当的《日本民法典》第 191 条，以及中国台湾地区"民法"第 953 条，都明确规定，占有人就占有物灭失或毁损承担赔偿责任，需要可归责于占有人的事由。其学说也如此解释。[①] 与此不同，中国大陆有学说认为，善意占有人的责任既然限定在以其所受利益为限，则造成毁损、灭失的原因可以不必追究，无论是否可归责于占有人，只要其对占有物的毁损、灭失受有利益，就应在所受利益的范围内对权利人（回复请求人）承担责任。[②] 这有其合理性。笔者认为，在中国《物权法》尚未完全沿袭德国法"所有权人—占有人关系"规则的背景下，尽管《物权法》第 244 条的规定优先于《物权法》第 37 条、《民法通则》第 106 条第 2 款和第 117 条及《侵权责任法》第 6 条等规定而适用，但总的讲，它规定的损害赔偿责任仍属于侵权损害赔偿责任，并非物权请求权，不宜一律无须占有人的过错，也不宜一律必需占有人的过错。该损害赔偿责任大多属于一般侵权损害赔偿，需要过错这个主观要件；在国家机关或其工作人员履行职责时致无权占有的物及其物权以损害、高度危险作业致无权占有的物及其物权以损害、饲养的动物致无权占有的物及其物权以损害等场合，产生特殊侵权的损害赔偿，无须过错这个主观要件。

总之，《物权法》第 242 条和第 244 条的存在且有效，使得无权占有人侵害物权所产生的损害赔偿，在构成要件、赔偿范围方面，不同于有权占有、占有以外场合产生的损害赔偿，进而，不同于人格权、（实际上还有某些身份权）、知识产权遭受侵害所产生的赔偿责任。

《物权法》第 37 条规定的损害赔偿，在构成要件方面，若个案符合《物权法》第 244 条的规定，首先适用该规定；若符合《民法通则》第 106 条第 2 款和《侵权责任法》第 6 条等规定，则适用该规定；若符合《民法通则》第 106 条第 3 款及有关特殊侵权的规定，与《侵权责任法》第 7 条及具体的特殊侵权的规定，则适用它们。在赔偿范围方面，需要根据个案和《民法通则》第 106 条第 2 款或第 3 款等规定，依据《侵权责任法》第 6 条或第 7 条等规定、《物权法》的其他规定才能最后确定。所谓《物权法》的其他规定，包括其第 244 条。

既然如此，把《物权法》第 242 条、第 244 条规定的损害赔偿责任，作为该

---

① ［日］我妻荣：《日本物权法》，有泉亨修订，李宜芬校订，台北，五南图书出版公司 1999 年版，第 454 页；［日］田山辉明：《物权法》（增订本），陆庆胜译，齐乃宽、李康民审校，北京，法律出版社 2001 年版，第 136 页；史尚宽：《物权法论》，台北，荣泰印书馆股份有限公司 1979 年版，第 526 页；郑玉波：《民法物权》，台北，三民书局有限公司 1988 修订 12 版，第 402 页；谢在全：《民法物权论》（下册），台北，三民书局有限公司 2003 年 12 月修订 2 版，第 623 ~ 624 页；王泽鉴：《民法物权·用益物权·占有》（总第 2 册），北京，中国政法大学出版社 2001 年版，第 326 页。

② 胡康生主编：《中华人民共和国物权法释义》，北京，法律出版社 2007 年版，第 518 页。

法第 37 条的特别规定，其实也是《民法通则》第 106 条第 2 款、第 117 条与《侵权责任法》第 6 条的特别规定，就能妥当地解决问题。

断言《物权法》第 244 条规定的侵权损害赔偿责任，有时完全相同于《民法通则》第 106 条第 2 款、第 117 条与《侵权责任法》第 6 条等规定的一般的侵权损害赔偿责任，还可从比较法的角度加以说明。德国民法及其通说认为，在他主占有人臆想其享有占有权，但实际上超越了臆想的占有权的界限，有过错地使占有物毁损的情况下，应适用侵权责任法的规则。故意以违背善良风俗的方法侵害他人的规则（《德国民法典》第 826 条），适用于所有人类型的无权占有人的情况，即适用侵权损害赔偿规则处理无权占有人毁损占有物的赔偿案件。[1] 借鉴此说，解释中国《物权法》第 244 条的规定，可知该条规定的损害赔偿责任至少在若干情况下属于一般的侵权损害赔偿责任。

至于《物权法》第 37 条可否作为请求权基础，有观点认为，该条主要起宣示和指引的作用，表明物权遭受侵害的要产生损害赔偿请求权，沟通《民法通则》第 106 条第 2 款或第 3 款和侵害物权所生损害赔偿请求权的具体规定。[2] 因而它不是完全法条，不能单独作为请求权基础，需要与其他条文一起作为请求权基础。[3] 这有其道理，值得重视。其道理在于，在《国家赔偿法》第 3、4 条等条款具体列举了行政赔偿的类型与构成，《侵权责任法》第 69-76 条类型化地规定了高度危险责任，第 78-83 条清晰地规定了饲养动物损害责任的背景下，在侵害物权属于国家机关及其工作人员履行职务时损害了物权、高度危险作业损害了物权、饲养的动物损害了物权等场合确定侵权责任，完全可以依据《国家赔偿法》或《侵权责任法》的具体规定。

需要回答的问题还有，《物权法》第 37 条、第 242 条和第 244 条规定的无权占有场合侵害物权所产生的损害赔偿请求权，是物权请求权的从请求权吗？

有学者采取德国民法关于"所有权人—占有人关系"规则的模式解释中国《物权法》第 37 条、第 242 条和第 244 条的规定，认为在无权的自主占有人、无权的他主占有人不法损坏物权客体的情况下，这种类型的损害赔偿请求权为附属

---

[1] ［德］鲍尔/施蒂尔纳：《德国物权法》（上册），张双根译，北京，法律出版社 2004 年版，第 204 页；王洪亮：《论所有权人与占有人关系——论所有物返还请求权及其从请求权》，载王洪亮、张双根、田士永主编：《中德私法研究》（第 1 卷），北京，北京大学出版社 2006 年版，第 79～80 页。

[2] 在"2008 年第六届东吴大学法学院主持的海峡两岸民法典暨吕光院长百岁冥诞纪念研讨会"上，东吴大学法学院的黄阳寿教授评论笔者所做报告时，阐发了这种观点，谨表谢意！

[3] 在 2008 年 11 月中国人民大学民商事法律研究中心举办的侵权行为法前沿系列讲座上，中国人民大学法学院的王轶教授在评论笔者关于"制定侵权责任法应当注意与物权法的衔接"的报告时，阐发了这种观点。谨表谢意！

于物权请求权的从请求权，不再单独地适用侵权责任的规定。对此，笔者回应如下。

必须注意，德国民法及其学说承认存在着例外，如善意的无权他主占有人，在超越其——假想的——占有权界限时，也可适用《德国民法典》第823条关于侵权损害赔偿的规定。① 在创设"所有权人—占有人关系"规则的德国尚且承认无权占有场合侵害物权所生损害赔偿有些属于一般的侵权损害赔偿，把中国《物权法》第37条、第242条和第244条规定的损害赔偿请求权一律作为物权请求权的从请求权，显然缺乏充分的理由。

更为关键的是，把《物权法》第37条、第242条和第244条规定的损害赔偿请求权一律作为物权请求权的从请求权，且一律不要求过错这个构成要件，即从请求权说，是不适当的，还表现在如下方面：其一，它不符合《物权法》第242条、第244条关于因无权占有人善意、恶意的不同而承受不同后果的设计思路，此处所谓恶意，从另一个层面观察就是故意、重大过失，表明这两条的规定考虑了侵权人（无权占有人）的主观状态。其二，从请求权且不要求过错的观点，不符合这样的事实：无权占有人侵害其占有的物权常常属于一般侵权行为，而一般侵权行为以过错为构成要件。其三，从请求权说增大了《物权法》第37条、第242条和第244条规定的损害赔偿请求权是否适用诉讼时效制度的困惑度，因为物权请求权大多不适用诉讼时效制度，按照主权利和从权利相互关系的规则及理论，很容易得出《物权法》第37条、第242条和第244条规定的损害赔偿请求权也随之不适用诉讼时效制度的结论。可是，该结论是不适当的，因为该损害赔偿请求权宜适用诉讼时效制度。其四，基于主权利和从权利相互关系的规则及理论，采用从请求权说，容易得出物权及其请求权转让，《物权法》第37条、第242条和第244条规定的损害赔偿请求权也随之转让的结论。可是，这种模式僵硬，不利于物权人（受侵害人）审时度势地决定哪种财产权流转，哪种财产权不转让，人为地限制了物权人（受侵害人）单独地将该损害赔偿请求权转让或单独地转让物权及其请求权的自由度，在一定程度上降低了物权人（受侵害人）保有的财产权的价值。这也反映出从请求权说的不足。其五，从请求权说不利于物权人之点还表现在：物权人将受侵害的物权质押（动产场合）或抵押（动产、不动产场合）给他人的场合，物权请求权作为物权的从权利，应为质权或抵押权的效力所及，除非另有规定或约定；同理，《物权法》第37条、第242条和

---

① ［德］鲍尔/施蒂尔纳：《德国物权法》（上册），张双根译，北京，法律出版社2004年版，第204页。

第 244 条规定的损害赔偿请求权作为物权请求权的从权利，亦为质权或抵押权的效力所及，除非另有规定或约定。显然，这限制了物权人处分该损害赔偿请求权的权利，不利于物权人依实际情况而将该损害赔偿请求权自己实现或转让与他人，以获取最佳的经济效益。

还有，无权占有场合适用"所有权人—占有人关系"规则，有权占有场合适用侵权责任法规则，这种分裂地适用法律的思路，在中国现行法的规定下，难以发现有何积极价值；德国民法的"所有权人—占有人关系"规则，是仅仅适用于无权的自主占有人，还是也适用于无权的他主占有人，存在疑问，在中国现行法上就更加疑惑不解；中国现行法亦未像《德国民法典》那样设计"所有权人—占有人关系"规则，民法人对该规则及其理论是陌生的；侵害物权所生损害赔偿请求权何时作为附属于物权请求权的从请求权，适用"所有权人—占有人关系"的规则，何时作为独立的侵权损害赔偿请求权，适用侵权责任法的规定，较为复杂，不宜把握，很少有立法例及其理论沿袭；按照侵权责任法处理个案，尚未发现或想象到有何不妥。

有鉴于此，笔者坚持通说，把中国《物权法》第 37 条、第 242 条和第 244 条规定的损害赔偿请求权解释为侵权的损害赔偿请求权，属于侵权责任法的范畴；而不一律将之作为物权请求权的从请求权。对于《民法典》第 238 条、第 459 条和第 461 条规定的损害赔偿请求权也作此解释。

就该损害赔偿请求权与诉讼时效之间的关系而言，它适用诉讼时效制度。

第二百三十九条

本章规定的物权保护方式，可以单独适用，也可以根据权利被侵害的情形合并适用。

本条主旨

本条是关于物权保护方式可以单独运用也可以聚合的规定。

相关条文

《民法通则》第 134 条第 2 款　以上承担民事责任的方式，可以单独适用，也可以合并适用。

《民法总则》第 179 条第 3 款　本条规定的承担民事责任的方式，可以单独适用，也可以合并适用。

《物权法》第 38 条　本章规定的物权保护方式，可以单独适用，也可以根据权利被侵害的情形合并适用。

侵害物权，除承担民事责任外，违反行政管理规定的，依法承担行政责任；构成犯罪的，依法追究刑事责任。

理解与适用

本条所谓物权保护方式，包括物权确认请求权、物权请求权、损害赔偿请求权及不当得利返还请求权等债权请求权。

这些物权保护方式，可以单独运用，也可以根据权利被侵害的情形合并运用。所谓合并运用，就是在符合构成要件的前提下，物权人可以向行为人请求若干种保护方式。须注意，合并运用必须符合如下条件：一是拟主张的每种保护方式都必须具备了成立要件；二是必须是物权人向行为人主张，二者缺一不可。若不具备成立要件，即使物权人主张了，也不可得到支持。虽然已经具备成立要件，物权人不主张，裁判者不可依职权裁判行为人实施救济措施。

所谓具备成立要件，暗含着这样的意思和精神：物权人同时向行为人主张多重保护方法时，不得双重获利，以免对行为人不公。例如，物权人行使物的返还请求权之后，其物权可依其意思行使，不再有障碍，也无财产损失，那么，该物权人不得向该行为人请求排除妨害，也不得请求赔偿损失。

在解释本条时，笔者之所以未用本条所使用的"适用"一词，而使用"运用"的概念，是因为在笔者经过研习法学而形成的先见中，适用是指国家机关、公职人员以及被授权的单位依其职权范围，通过法定程序实施法律规范的一种方式。它是国家机关、公职人员以及被授权的单位的专有活动，具有公务的性质；是按照法定程序把法律规范的一般规定应用于具体情况，导致一定的法律后果，并表现为一定法律文件的活动方式来实现法律规范，如司法机关依照诉讼程序将法律规范应用于具体案件，作出判决，并以判决书的法律文件形式宣告一定法律关系的产生、改变或废止。[①] 据此判断，《民法典》第 239 条所定内容，是诸如物的返还请求权等权利在个案中可以一并主张，而非法律适用层面的活动。

---

① 《法学词典》（增订版），上海，上海辞书出版社 1984 年版，第 620 页。

第二分编　所有权

本分编共辖六章，依次为"第四章　一般规定"、"第五章　国家所有权和集体所有权、私人所有权"、"第六章 业主的建筑物区分所有权"、"第七章 相邻关系"、"第八章 共有"和"第九章 所有权取得的特别规定"。

所有权，不但民法上有（《民法典》第240条等），哲学、经济学、宪法学等学科中也有，如经济学上的财产权（property right）概念、宪法上的所有权概念等。宪法上的所有权，是指应能受宪法对所有权所提供的保障的所有财产利益，其客体也不仅仅是物，还包括无形财产权、在不可把握的客体上所成立的著作权、集合物、财团以及企业等，它们均受宪法保护。所有权在宪法及其学说上，是所有权应作为什么样的地位而受到保护，而国家又是在何种程度上享有对这种地位的内容，予以规定和限制的权限。[1]

民事主体创作产生的作品、从事科研而发明的技术以及商标等，也被赋予法律上之力，受到法律的保障，但在部门法分工明确的现代法律体系中，这些权利不被归入所有权之类，而是被设计为著作权（版权）、专利权、商标权等知识产权。它们与所有权相似，起着所有权能起的作用，还发挥着所有权所不能发挥的功能。有鉴于此，在知识产权法领域，所有权只存在于作品、专利技术等客体的载体上，如印刷着文字的书本、雕刻有人物造型的石版等，作品、专利技术等客体上存在的权利就只是著作权、专利权等知识产权，没有必要说还存在着所有权。称作品、专利技术等客体上同时竖立着知识产权和所有权，非但没有积极的价值，反而会导致混乱。

---

[1]　［德］鲍尔/施蒂尔纳：《德国物权法》（上册），张双根译，北京，法律出版社2004年版，第513页以下。

即使是民法上的所有权，也并非占有、使用、收益和处分四项权能的算术和，而是内涵丰富、效力全面、衍生力强的基本权利。这不仅表现在所有权还拥有所有物返还请求权、排除妨害请求权、消除危险请求权和个别场合的恢复原状请求权这些消极权能，而且表现在近现代法上的所有权蕴涵着义务，更表现在占有等四项权能均被他人分享场合，所有权依然存续，仍旧是所有权人支配所有物的体现，而非所有权的消灭。在这个意义上，学说将所有权界定为所有权人一般地概括地支配其所有物并排除他人干涉的权利，更准确地揭示了所有权的本质属性。这就是所有权的整体性。

从另一个方向看，在特定的情况下，某具体的所有权未必总能呈现出所有权人占有、使用、收益和处分其物的状态。例如，集体土地所有权，在实际上欠缺按照民法程序和方法所进行的流转，只有依照征收制度被归为国有这样一种法律上的处分形式。

所有权不但具有整体性，而且具有弹力性。弹力性所描述的是这样的状态和性质：占有、使用、收益乃至处分诸项所有权的权能，可以因法律的规定或当事人的约定被非所有权人分享，形成他物权。所有权因其标的物上设有用益物权或担保物权而受限制，但此类限制一旦除去，所有权即回复其完全的、圆满的状态。

所有权的弹力性在国家所有权中更为常见。国家所有权在许多情况下，其权能依法律规定而与所有权相分割，依情况而由国家机关、国家举办的事业单位分享（《民法典》第255条、第256条、第257条）。

[引申]

虽然准确的表述是所有权在内容或时间上不得加以分割，但为了方便和形象，人们时常把他人分享所有权的权能而形成他物权的现象，从所有权自身发生形变的角度描述，叫作所有权与其权能的分离。本释评书有时也如此行文。

在中国，除宅基地使用权可以永续存在之外，建设用地使用权、土地承包经营权等他物权具有期限性，存续期限届满，或导致他物权终止的其他事由出现，他物权就归于消灭。他物权消灭场合，构成其内容的占有、使用、收益诸项权能不是跟随它走进坟墓，而是回归入所有权之中。此时的所有权含有全部的权能，回复到圆满状态。所有权所具有的这种权能可以分离出去，自己出现"虚化"状态，权能又可以回归，使自己回复到圆满状态的属性，被称作所有权的弹力性。

所有权的弹力性，早在罗马法时就得到了承认，只不过表述有所不同。"所有权所一般保障的权利，甚至最基本的权利（如对物的处分权，转让权和请求返还权）都可能在不同程度上甚至在这个外延上，因某些关系或竞合的权利（如对转让或索还的禁止，地役权，用益权，永佃权，等等）而被从所有主那里剥夺；但是，即便在这些最一般的情况中，所有权仍潜在地保留着其完整性，因为上述关系或竞合权利的终止将使它当然地（ipso iure）重新取得它通常所固有的那些权利。这种主宰权的潜力在因权利竞合降低到最低限度之后，可能重新得到扩张和充实，现代学者称这为'所有权的弹性'。"① 罗马法的这种思想被后世所继受。"近代的所有权的全面支配权，并不是各种权能的综合，它的内容是混而为一的东西。……所有权中即使设定了他人的用益物权或担保物权，当这些权利消灭时，所有权能自然地复活全面的支配权能，即恢复到原先的完整的所有权。"② "所有权人在自己没有能力或不必亲自行使所有权时，所有权人可以根据自己的意志和利益，将所有权的各项权能全部或部分地授与非所有人行使，以实现对其所有物的收益。这种所有权与其权能的分离是以所有权人与非所有人之间的主体的相互独立为基础，并形成所有权与用益物权、担保物权及债权（如租赁使用权）的对立。其分离和对立的基础就是所有权的弹力性。"③ 也即"所有人为他人设定地上权及抵押权等各种他物权，虽其事实的内容几成一个空虚的权利，然所有人于保有处分力之限度内，其所有权尚不失其统一支配力。日后他物权消灭，所有权之负担被除去时，仍得恢复其原来之圆满的状态，而实现一般的支配权，此谓之所有权之弹力性或归一力"④。

在这里，不应回避梅因的下述意见：在罗马法上，佃农具有一种有限的所有权，这在后来就成为"永佃权"⑤。永佃权是一个显著的双重所有权的例子，这种双重所有权是封建财产权的特点。⑥ 这似乎是在否定所有权与其权能分离，否定所有权的弹力性，但是，他下面的描述又表明所有权具有弹力性：在同时，我们不能以为租借人的所有权已经消灭或是停止了。他的所有权仍旧存在，因为他在（永佃权人）不付租金时有权收回租地，对于耕种的方式有一定的控制权。⑦ 这又表现出所有权与其权能分离的属性，以及所有权的弹力性。

① ［意］彼德罗·彭梵得：《罗马法教科书》，黄风译，北京，中国政法大学出版社 1992 年版，第 194 页。

② ［日］田山辉明：《物权法》（增订本），陆庆胜译，齐乃宽、李康民审校，北京，法律出版社 2001 年版，第 155～156 页。

③ 钱明星：《我国用益物权制度存在的依据》，载《浙江社会科学》2002 年第 2 期（总第 102 期），第 95 页。

④ 史尚宽：《物权法论》，台北，荣泰印书馆股份有限公司 1979 年 6 月第 5 次印刷，第 56 页。

⑤⑥⑦ ［英］梅因：《古代法》，沈景一译，北京，商务印书馆 1959 年版，1995 年第 4 次印刷，第 169、170、170 页。

究竟孰是孰非？罗马法的直接规定可能更能说明问题。查士丁尼在《法学总论——法学阶梯》第二卷第四篇中说："用益权可以从所有权中分离出来的，这种分离可采取各种不同方式。例如某人把用益权遗赠他人，则继承人只享有所有权，而受遗赠人则享有用益权；反之，如以遗产除去用益权遗赠他人，受遗赠人只享有所有权，而继承人则享有用益权。又可以把用益权遗赠一人，而以土地除去用益权遗赠另一人。如果不用遗嘱设定用益权，则应以约定和要式口约的方式为之。但是为了不使所有权由于用益权永远分开而完全陷于无用，经规定一定方式使用益权消灭，而重新纳入所有权之内。""用益权因用益权人将其权利移转于所有人（用益权移转于第三人的并不产生这一效果），或相反的情形，因用益权人取得物的所有权——这种情形称合并——而消灭。""用益权终止时，它重新归属所有权，从此，原先只有所有权的人对物享有全部充分的权力。"① 用现代意识解释这些规定，就是它们含有所有权与其权能分离、所有权具有弹力性的思想。在笔者看来，它们已经承认了用益权自所有权派生，所有权是用益权的母权；同时反映了所有权的弹力性。

查士丁尼在《法学总论——法学阶梯》第二卷第五篇曰："单纯使用权的设定方式与用益权相同，也依用益权终止的各种方式而消灭。"② 这同样承认了所有权与其权能分离、所有权具有弹力性的思想。在笔者看来，它们已经承认了用益权自所有权派生，所有权是用益权的母权。

在所有权与其权能分离形成用益物权的情况下，被他人所分享的权能仅仅包括占有、使用和收益三项，不含有处分。换言之，用益物权欠缺处分标的物的效力，只拥有处分用益物权自身的效力。在所有权与其权能分离形成担保物权的情况下，自担保物权行使之起，处分权从所有权中分离出去，归担保物权人享有，担保物权人可以处分担保物。不仅如此，在抵押权场合，自抵押权设立时起，抵押人对抵押物的处分权即受到限制（《民法典》第406条第2款、第408条）。

所有权的弹力性，在一个侧面的表现是所有权与其权能可以分离。

1. 概念

所谓所有权与其权能分离的属性，指所有权的占有、使用、收益、处分诸项权能，可以基于一定的法律事实暂时由他人享有，大多形成他物权，有时形成租赁权、借用权等债权。这种状态的所有权自所有权人的角度观察，是其缺少若干权能，呈现"虚化"或曰"裸体化"；但就所有权这个物权而言，并未变成残缺

---

① ② ［罗马］查士丁尼：《法学总论——法学阶梯》，张企泰译，北京，商务印书馆1989年版，第61、62页。

不全的权利，只不过其权能由谁享有和行使有所不同罢了。打个可能不恰当的比喻，所有权的权能统归所有权人自我享有和行使时犹如一个健全之人，其部分权能由他人分享时仍未变成残障之人，依旧是健全之人，差别在于仅为自己服务还是也为他人服务。看来，分析和描述这个现象的理论，被命名为所有权与其权能分离原理，只是个较为形象的说法。

在所有权与其权能的分离场合，自所有权中分离出去的权能，并未消失殆尽，也没有自由游走，而是聚集在一起，形成了他物权，或者构成了租赁权、借用权等债权。限于论题的需要，此处主要研讨所有权与其权能分离而形成他物权的现象。

在所有权与其权能分离场合，从这些权能"所归"的角度观察，是它们聚集一处，形成了他物权。在这个意义上可以说"这些权能"就是他物权。如此，从这些权能"所出"的角度观察，也可以说从他物权"所出"的角度观察，可知他物权是自所有权中派生出来的。他物权"所出"的权利为所有权，所有权的权能分离出去"所归"的权利是他物权。所有权就像母亲，他物权如同子女，用"母权"和"子权"的概念及其相互关系表达，就是所有权是产生他物权的"母权"，他物权为所有权生出的"子权"。这就是"他物权必然产生于自物权，自物权是他物权的母权；无母权则无他物权"的由来。

2. 所有权乃他物权的母权：在罗马法时代的理论和实践

所有权与其权能分离，"他物权必然产生于自物权，自物权是他物权的母权；无母权则无他物权"，这是客观存在，并非法律人的随意杜撰。例如，"罗马法把物权分为自物权（jus in re propria）和他物权（jus in re aliena）。自物权是指物权的标的物属于权利人本人的物权，即所有权。他物权是指物权的标的物属于他人所有的物权。由于他物权是派生和依附于自物权的，因此自物权与他物权的关系是一种完全权与不完全权的关系。"① "他物权是所有权派生的，并受设立时规定的特定目的所限制，因而又称为派生物权或限定物权。"② "所有人鉴于社会的需要，也常常要自觉或不自觉地，自愿或被迫地出让自己的部分权能。而且，所有人同样可以出于本身需要，在一定范围和一定期间内舍弃、出让其部分权能，同时又可对自己的权利自行限制以取得实现权利的保障。"③ "罗马人所承认的物权形式或种类有：所有权，役权，永佃权，地上权，根据一般的观点还包括质权

---

① 周枏：《罗马法原论》（上册），北京，商务印书馆1994年第1版，第321页。
② 同上书，第389页。
③ 江平、米健：《罗马法基础》（第3版），北京，中国政法大学出版社2004年版，第221页。

和抵押权。所有权是最显要和最广泛的权利，而且它同物本身融合在一起，因为物品以最绝对的方式归某人所有，其他物权尤其是役权是从属的权利，它们只能对已属某人所有的物而产生。罗马人称它们为 iura（权利）或 iura in re（对物的权利），现代人称其为'他物权（iura in re aliena）'。"① 这些阐述十分清楚地表明：所有权的部分权能可以分离出去，他物权设立在他人所有的物上，他物权派生和依附于所有权。我们把这些话联系起来考虑，就不难得出结论：它们表达了所有权与其权能分离、所有权是产生他物权的母权的思想。

乌尔比安在《论萨宾》第 17 卷中说："使用权（usus）属于一个人，无使用权的收益权（fructus sine usu）属于一个人，而所有权（proprietas）属于另一个人，这是可能的。"② 这表达了他物权和所有权分属于不同的人享有的意思，虽然没有直接言及他物权是否系分享所有权的部分权能，由所有权派生而出，但只要我们联系其他法学家的相应论述，结合罗马法的有关规定，可以得出所有权可以与其权能分离的结论来。如果说这样的分析存在太多的笔者的联想，那么，下文则是直截了当地道出了所有权与其权能分离的理论。

3. 所有权乃他物权的母权：在法国的实践和理论

在法国，传统观点认为，用益权是所有权的派生权利，表现为所有权中的使用权和收益权被赋予用益权人，而所有权的其他权利则属于虚有权人。……所有权的权能在所有权人和用益权人之间重新分配。用益权人享有使用权、收益权，虚有权人享有处分权，但其仅有处分虚有权的权利，而无消灭物的权利，使物具有不可转让性。这导致了用益权人和虚有权人的权利相互孤立。③

毋庸讳言，法国的卡尔波尼埃等学者为了相对容易地确定虚有权人和用益权人之间的关系，使用益权的运用更为灵活，提出了"用益权不是所有权的派生权利，而是一种所有权在性质和期间上的限制，即一项'临时所有权'对收益的限制"④ 的观点。这颇有点用益权与所有权为同种权利的意味，并在实质上否定所有权与其权能分离的原理。对此应当如何认识？其一，卡尔波尼埃等学者的上述观点，试图将虚有权人和用益权人视为同等类别。可是事实上，只存在一个所有人，即虚有权人。他的地位才具有永久性。物的真正主人是虚有权人。虚有权才

① ［意］彼德罗·彭梵得：《罗马法教科书》，黄风译，北京，中国政法大学出版社 1992 年版，第 183 页。

② ［意］桑德罗·斯契巴尼：《物与物权》，范怀俊译，北京，中国政法大学出版社 1999 年版，第 147 页。

③ 尹田：《法国物权法》，北京，法律出版社 1998 年版，第 340 页。

④ J. Carbonnier, no104, *Theorie juridique rapporte de l'usufruit avec la chose*. 转引自尹田：《法国物权法》，北京，法律出版社 1998 年版，第 340 页。

可以长期行使。① 而用益权的存续总是暂时的。因为假如它具有永久性，会导致所有权与其权能永久分离，也就是所有权权能与所有人永久分离，就令人想起身份权（le domaine eminent）和使用产权（le domaine utile）的封建分类。反言之，永久性权利不能成为用益权。② 其二，将用益权视为一项"临时所有权"，不符合大陆法系近现代关于一个有体物上不得并存两个所有权的理念，违反一物一权主义。其三，如果只是为了说明用益权属于"一种所有权在性质和期间上的限制"，为了相对容易地确定虚有权人和用益权人之间的关系，使用益权的运用更为灵活，依据用益权派生于所有权的理论，即所有权与其权能分离的原理，完全能够做到，大可不必另起炉灶。

4. 所有权乃他物权的母权：在德国、日本的实践和理论

在德国，拉伦茨教授指出，权能如果没有从权利中分离出来，还不能独立地被转让时，它们本身就还不能被作为"权利"。比如，所有权人有权占有、使用、消费其所有物，将之改变形状，或将之毁灭，但他并不因此就用尽其权利。他可以将某种权能在一定的时间内从所有权中单分出来，并转让给他人，从而使他人享有所谓限制物权，比如，用益权。③ 限制物权只赋予权利人在内容上、常常也在时间上对物以一定方式施加有限制的影响的权能，或赋予权利人一种对该项权利的处分权能。所有权人的权利受到上述限制时，这种权能就优先于所有权人的对物的支配权。④ 鲍尔和施蒂尔纳教授认为，可分离性为所有权的一项特点。⑤ 所有权人有可能为了他人的利益，自其完全权利中"分离"出去一部分权能，并且这种分离可以采取使该他人取得一项物权性权利的方式。当然，这种分离并不是任意性的，而只能选择为立法所许可的权利类型；这些权利类型，就是所谓的一系列的限制物权。⑥

上述观点在德国、日本均有学者主张。例如，德国、日本的学者在研讨权利质权的性质的过程中，出现了设定性让渡主义，认为权利质权设定人以出质的标的所必需为准，在既存权利的各项权能中分离出部分权能来，允许质权人行使，从而由这些权能形成一个新的权利，即质权。这就像物权设定场合，将既存的权利视为母权，将分割出的权能所形成的权利视为子权。子权和母权虽然形式一

---

① Malaurie et Aynes, *Les biens*，p. 235. 转引自尹田：《法国物权法》，北京，法律出版社 1998 年版，第 340 页。

② 尹田：《法国物权法》，北京，法律出版社 1998 年版，第 339 页。

③④ ［德］卡尔·拉伦茨：《德国民法通论》（上册），王晓晔、邵建东、程建英、徐国建、谢怀栻译，谢怀栻校，北京，法律出版社 2003 年版，第 263～264、286 页。

⑤⑥ ［德］鲍尔/施蒂尔纳：《德国物权法》（上册），张双根译，北京，法律出版社 2004 年版，第 6、32 页。

样，但内容不同。子权只是行使母权的一部分权能。子权在开始设定时，虽然与母权有着密切的关系甚至有着共同的命运，但是自其设定行为完成之后，就与母权完全分离，成为一种独立的、新的、不同种类的权利。拥有子权的质权人，不是作为代理人在行使他人的权能，而是在行使自己的权能。另一方面，母权依然留在设定人之处，本体没有受到损害，仅仅是部分权能被分割出去而作为了子权内容的权能，母权人在行使母权的各项权能时，遇到构成子权内容的特定权能时，将暂时地受到限制。①

这是关于所有权乃他物权的母权的直接阐释。其实，所有权与其权能分离的属性和原理、所有权的弹力性，都与所有权乃他物权的母权一脉相承，都是所有权乃他物权的母权的理论依据。只要我们的视野广阔，融会贯通了民法理论，就不难得出这个结论。

5. 所有权与其权能的分离：在中国的实践

在中国，建设用地使用权人在建设用地上建造建筑物，确实使土地所有权人在建设用地使用权存续期间不能占有、使用该宗建设土地，收益体现为建设用地使用权出让金上。这些占有、使用和部分收益的权能哪里去了？没有消失无踪，而是凝聚成了建设用地使用权。与此相像，宅基地使用权人在集体所有的土地上建造住房，使得土地所有权人在宅基地使用权存续期间丧失了占有、使用该宗土地，收益大多没有体现，作为社区成员的福利的一部分留给了宅基地使用权人。在这个制度中，集体土地所有权中的占有权、使用权分离出去，形成了宅基地使用权。再如，土地承包经营权人在发包人所有的土地上从事农林牧渔，的确使土地所有权人在土地承包经营权存续期间不能占有、使用该宗土地，收益体现为收取承包费上。这些占有、使用和部分收益的权能哪里去了？形成了土地承包经营权。……

所有权与其权能分离的属性和原理，早在中国实行改革开放政策，讨论中国的国家所有权与国有企业的经营权的过程中，就被经济学界和法律界普遍接受了。② 当然，这种所有权与其权能分离的现象早在古代法上就已经存在，所有权与其权能分离的理论形成于西方的民法学。

6. 所有权与其权能分离的属性、所有权的弹力性、所有权乃他物权的母权三者间的关系

行文至此，追问自然产生：所有权与其权能分离的属性、所有权的弹力性、

---

① ［日］神户寅次郎：《权利质的性质》，载《法学协会》第28卷第10号，第2124页。转引自刘银春：《债权质权的理论与实践》，清华大学法学博士学位论文（2005），第13页。

② 见吴文翰主编：《国家所有权与企业经营权适度分离研究》，兰州，兰州大学出版社1991年版，第1～250页。

所有权乃他物权的母权三者是什么关系？

通过上文的陈述可知，所有权与其权能分离的属性及其原理，关注点在于所有权自身及其包含的权能，以及这些权能具有分离的性质和能力，至于权能分离后的去向，是否形成权利，形成何种类型的权利，则在所不问。所有权乃他物权的母权，既关注权能的出处，又重视权能的去向，更强调所有权与他物权之间的派生关系。所有权的弹力性没有关心权能分离形成他物权，在这方面与所有权与其权能分离属性相同，但它概括了权能可以自所有权中分离出去又可以回归的现象，描述了所有权有时"虚化"有时"圆满"状态，这比所有权与其权能分离原理的直接含义完整，因为所有权与其权能分离原理的直接含义不包含权能可以回归，使所有权回复到圆满状态的内容。

三者的上述差别，是其字面含义与关注点所昭示出来的，并不一定表明这三者的本质果真不同。我们知道，在社会生活中，对事物属性的概括、一项理论的命名，出于更醒目、一针见血或者便于人们理解和记忆等原因，只侧重于一个方面或者某些方面属性的概括，没有揭示其全部意义，并不罕见；并且，选择哪个或者哪些侧重点而命名，最好为点睛之笔，取决于命名者主观好恶的情形也难以避免。所有权与其权能分离的属性、所有权的弹力性、所有权乃他物权的母权三者是否属于这种情形？需要探寻。就使用场合与频率而言，所有权的弹力性常用于描述所有权的法律性质的领域，所有权与其权能分离常用于阐明他物权的来源场合，众人早就如此概括和表达，民法人已经耳熟能详。所有权乃他物权的母权的命题亦非笔者的杜撰，只不过在探讨矿业权、取水权和渔业权的设定时，为了区别行政许可与（矿产资源、水资源的）所有权在创设这些准物权时所发挥的不同作用，为了表达得更为直接、更为顺畅，特意使用了这个命题，确实是事实。

所有权乃他物权的母权，完整的表述为"他物权必然产生于自物权，自物权是他物权的母权；无母权则无他物权"。这不过是所有权与其权能分离、所有权的弹力性在他物权创设方面的变形表述，其暗含意义的彰显，乃其题中应有之义。可以这样说，只要所有权与其权能分离、所有权的弹力性是客观存在，以至于形成了法理，所有权乃他物权的母权就能屹立不倒。

除了整体性和弹力性以外，所有权还有永久性。所有权以永久存续为本质，当事人不得依合同预定其存续期间。这与建设用地使用权、土地承包经营权、抵押权等可以约定存续期间不同。不过，所有权的移转可以附加解除条件或终期，在解除条件成就或终期届满时发生所有权人的变更。但这不是对所有权的永续性的否定。①

需要注意，中国现行法设计的以出让方式取得的建设用地使用权是有期限的，地上房屋的所有权也随之表现出了有期性（《民法典》第 348 条、第 352 条、第 358 条、第 359 条），与一般的所有权不同。

最后，所有权受到私法、公法的诸多限制，承载着义务，以维护社会公共利益。这就是所有权的社会性。在所有权中，自由与限制相伴，统为其内容。② 例如，《民法典》规定，业主行使权利不得危及建筑物的安全，不得损害其他业主的合法权益（第 71 条后段）；业主不得以放弃权利为由不履行义务（第 272 条后段）；业主不得违反法律、法规以及管理规约，将住宅改变为经营性用房（第 279 条前段）。

所有权在民法上乃至整个社会都十分重要，表现之一，所有权是物权制度的"基石"。所有权不但其自身即为物权制度的构成部分，而且因其权能分离而形成用益物权和担保物权，从而构成物权制度的"大厦"。没有所有权，就没有他物权。在这个意义上，可以说没有所有权就没有物权。由此可见所有权的基石地位。如果把物权制度比作黄河，那么，所有权就是其水源地。如果把物权制度看成一台发动机，那么，所有权就是其轴心。

表现之二，所有权是社会生活的法律前提。动产、不动产的所有权是生产和生活的法律前提。没有所有权，不得消费生活必需品、原材料，难以保障持久且稳定地利用生产资料，也就谈不上健康发展的社会生活。

表现之三，所有权制度是社会秩序的基础。社会秩序的核心之一是法律秩序，法律秩序的基础是财产法律制度的定型化。土地、房屋、水流、矿藏、森林及企业等财产的所有权一经确定，一个社会的基本结构即告形成。由此彰显了所有权制度是社会秩序的基础。

表现之四，所有权是人格独立与伦理发展的重要前提。个人的自我实现及人格发展，必须有其可以支配的财产。无所有权便无人格。个人只有拥有财产才会经济自主，生存获得基本保障，这有助于人格的形成。废除私有财产会使个人沦为奴隶。私有财产通常由劳动获得，因此具有伦理性。所有权制度固然使人自私，但也会唤醒所有权人对家庭、后代的关怀，对社会的回馈，具有伦

---

① 崔建远：《论争中的渔业权》，北京，北京大学出版社 2006 年版，第 152 页。

② 郑玉波：《民法物权》，台北，三民书局有限公司 1988 年修订 12 版，第 52～53 页；谢在全：《民法物权论》（上册），台北，三民书局有限公司 2003 年 7 月修订 2 版，第 174～176 页；王泽鉴：《民法物权·通则·所有权》（总第 1 册），台北，三民书局有限公司 2003 年 8 月增补版，第 153 页。

理价值。①

表现之五，所有权是维护社会公共利益的法律手段。所有权受法律限制，附有义务，目的在于维护社会公共利益。例如，所有权人及使用权人可以自由支配其物，但须受相邻关系的限制，受环境保护法律的约束。就中国前个阶段的情况来看，建设用地使用权市场化以后，地价、房价日益攀升，居民取得建设用地使用权和房屋所有权更加困难，长此以往会影响社会安定，难以建成和谐社会。有鉴于此，政府颁布若干政策，试图限制房价增长过快的趋势：对房地产开发商的建设用地使用权加以约束，要求楼盘封顶后方可出售、所建房屋中必须有相当数量的 90 平方米以下的户型等；政府还在计划征收房地产保有税，力图通过这些措施满足不同阶层的居民对住房的不同需求，减少矛盾，构建和谐社会。

其实，所有权还是许多债赖于产生的前提，诸如买卖、互易、代物清偿、租赁等；也是债欲通过履行而达到的目标。

所有权本身应内在着一定的约束，是一种蕴涵着义务的权利。这种约束的产生，既基于对以国家形式所组成的社会公众需求的考虑，也源于对其他所有权人合法利益的尊重。② 就是说，所有权存在着限制，包括私法上的和公法上的限制。

私法规范对所有权的限制，其一表现在以私法规范限制所有权的行使，如禁止权利滥用原则、诚信原则等；其二表现在通过相邻关系限制相邻另一方行使其所有权的绝对自由。③ 也可通过地役权制度达此目的。

所谓禁止权利滥用原则，是指民事主体行使民事权利，不得超越正当的范围，不得损害他人的合法权益，否则，即承担民事责任的原则。所有权的行使亦应受禁止权利滥用原则的限制。《民法典》第 132 条承认了这项原则。

[难点与争点]

对于权利滥用的判断标准如何，观点不一。（1）故意损害他人，如为遮挡邻居的采光而建高墙。法国早期的判例及理论，及属法国法系的比利时、荷兰的法官持有这个标准。墨西哥、埃及、叙利亚和利比亚的民法典采纳了这个标准。黎巴嫩、委内瑞拉和葡萄牙的法律采取了灵活的标准，但其中包括这个标准。其不

---

① 王泽鉴：《民法物权·通则·所有权》（总第 1 册），台北，三民书局有限公司 2003 年 8 月增补版，第 155 页；梁慧星、陈华彬：《物权法》（第 4 版），北京，法律出版社 2007 年版，第 115～116 页。

② ［德］鲍尔/施蒂尔纳：《德国物权法》（上册），张双根译，北京，法律出版社 2004 年版，第 3～4 页。

③ 梁慧星、陈华彬：《物权法》（第 4 版），北京，法律出版社 2007 年版，第 131 页。

足表现在，故意的有无不易举证，遗漏了重大过失场合的权利滥用。（2）缺乏正当利益，如在自己土地上打了一眼无利于自己的水井，目的在于减少邻居水井中的水源。法国第二阶段的判例及理论，德国、瑞士等国的判例及理论持有这种标准。其不足表现在，与故意损害的标准很难区别，举证证明困难。（3）选择有害的方式行使权利，如不顾邻居关于"用薄材砌墙，镶嵌毛玻璃，既遮挡灰尘，又使光线透过阴暗之处"的要求，固执地砌起一堵共用的墙，其方式损害了邻居的利益。法国、瑞士、德国等国的某些法官、学者坚持这种观点。其不足表现在，损害应达到何种程度，主观状态如何，均不确定。（4）损害大于获利，如无意地将一小段墙砌在了邻居的土地上，23 年后，邻居起诉恢复原状，而非损害赔偿。埃及、利比亚、叙利亚的法律坚持此说。其不足表现在，获益和损害的比例多大，以及主观状态如何，均不好把握。（5）不顾权利存在的目的，如船主拒绝邻居使用其船舶，而不管邻人妻子病情严重。苏联、黎巴嫩、委内瑞拉、葡萄牙的法律采纳这种标准。其不足表现在，该标准含糊不清，社会目的、经济目的难以实现，容易形成任意裁判。（6）违反侵权行为法的一般原则。法国法院目前采取这种标准。其不足表现在，权利滥用原则与侵权行为法如何分工？界限模糊；过失场合构成侵权责任，也构成权利滥用？值得怀疑。①

这告诉我们，确立权利滥用的判断标准，区分权利滥用的类型，细化权利滥用的法律后果，是我们面临的艰巨而又必须完成的任务。

诚信原则系民法的基本原则，其统治领域不仅限于债法，而且涉及物权法，所有权的行使亦应遵循它。例如，甲租赁乙的房屋，租期届满后继续居住，系因甲妻即将生产婴儿。在这种背景下，乙要求甲搬出房屋，行使所有权，有违诚实信用，不应得到支持。

［辨析］

诚实信用（Treu und Glauben），在词源上可以追溯到拉丁语 *bona fides*，意思是忠实的行为（ein loyales Verhalten）。② 在德国民法上，就字面而言，"诚实（Treu）"是指建立在值得信赖、真诚和为他人着想基础上的对他人的外部行为和内心活动。"信用（Glauben）"是指对这种行为的信赖。③ 所以，德语用词的

---

① Torts Liability for One's Act, *International Encyclopedia of Comparative Law*，105～119. 王利明译，载中国人民大学法律系编：《外国民法论文选》（第 2 辑），内部印刷 1985 年，第 433～450 页。

② Kaser, M., Das roemische Privatrecht, Ⅰ. Abschnitt, Müenchen, 1955, S. 181. 转引自耿林：《强制规范与合同效力》，北京，中国民主法制出版社 2009 年版，第 116 页。

③ Palandt/Heinrichs, Kommentar, §242, Rn 3, S. 244 u. 245. 转引自耿林：《强制规范与合同效力》，北京，中国民主法制出版社 2009 年版，第 117 页。

字面意思可以理解成：（你）诚实，（我）信赖。两个字加在一起的意思是指，要把社会中普遍的社会道德观念融入权利中去。一方当事人有义务公平地考虑对方需要保护的利益，要正直和诚实地行事。① 总之，诚实信用，就是当事人相互之间基于对方对自己的考虑而产生的相互信任关系。至于"考虑"的性质和程度的确定，则原则上必须考虑当事人行为的目的，或者如果是涉及法定的权利和义务，则须考虑规范的目的。② 从另一个角度来看，诚实信用实际上也是权利滥用的禁止。

权利失效期间限制所有权的行使，表现在他人不法侵害了所有权的场合，该所有权人在相当期间内不行使其物权请求权，依特别情事足以使该不法侵害者相信该所有权人不再行使其物权请求权的，则基于诚实信用原则不允许其再为主张物权请求权。不过，该所有权人可以主张损害赔偿请求权。

《民法典》规定的正当防卫、紧急避险、自助行为（第 181 条、第 182 条、第 1177 条），也限制了所有权的行使。

建筑物区分所有中还有特殊限制，如《民法典》规定，业主行使权利不得危及建筑物的安全，不得损害其他业主的合法权益（第 272 条后段）；业主不得以放弃权利为由不履行义务（第 273 条第 1 款后段）；业主不得违反法律、法规以及管理规约，将住宅改变为经营性用房（第 77 条前段）。所有这些，都限制了建筑物区分所有权的行使。

所有物上设立了他物权，所有权的行使显然受到了限制。

租赁、借用等合同生效，租赁物、借用物的占有、使用和收益都受到了限制。对租赁物的处分也受到优先购买权等因素的制约。

《民法典》设置的预告登记制度限制了开发商对商品房所有权的行使（第 212 条）。

公法上对所有权的限制，多出于保护公共利益，种类繁多，范围甚广。诸如《土地管理法》中的耕地保护规则，《大气污染防治法》等环境法规中的环境保护规则，《野生动物保护法》中的动物保护规则，文物法律法规中的文物保护规则等，都限制了所有权的行使。征收、征用也属于公法行为，它们更是限制了所有权。

---

① Palandt/Heinrichs, Kommentar, §242, Rn 3, S. 245. 转引自耿林：《强制规范与合同效力》，北京，中国民主法制出版社 2009 年版，第 117 页。

② Deschenaux, in: Gutzwiller, Max (Hrsg), a. a. O. S. 145 u. 146. 转引自耿林：《强制规范与合同效力》，北京，中国民主法制出版社 2009 年版，第 117 页。

依潘德克顿模式，人格抽象，且平等，于是对男女、贫富、贵贱等都视而不见，见而不管。这表现在所有权上同样是抽象的所有权，聚焦于不动产所有权、动产所有权之类，而不设张三所有权、李四所有权等规则。《物权法》制定过程中就有专家、学者如此主张。立法机关坚持"制定物权法是坚持社会主义基本经济制度的需要。坚持公有制为主体、多种所有制经济共同发展是国家在社会主义初级阶段的基本经济制度。通过制定物权法，明确国有财产和集体财产的范围、国家所有权和集体所有权的行使、加强对国有财产和集体财产的保护，有利于巩固和发展公有制经济；明确私有财产的范围、依法对私有财产给予保护，有利于鼓励、支持和引导非公有制经济的发展"[1]。加上潘德克顿模式即使在其发祥地的德国也被突破，如其承认消费者作为主体（《德国民法典》第312条以下），颁行《住宅所有权法》，承认住宅所有权[2]，对所有权也从主体的角度加以区分和规定，不再墨守潘德克顿模式。这就是《物权法》着眼于所有权的主体，专设"国家所有权和集体所有权、私人所有权"一章（第五章，第45条以下）的根本原因。《民法典》予以承继，于"第二编 物权"所辖"第二分编 所有权"中设"第五章 国家所有权和集体所有权、私人所有权"。

《民法典》对潘德克顿模式的突破还表现在"第二编 物权"所辖"第二分编 所有权"中设"第六章 业主的建筑物区分所有权"。这是典型的为满足社会实际生活的需求而设置对策方案的表现。在中国这样人口众多、土地资源有限的国度里，建筑物区分所有普遍存在，且擅自改变住宅用途、打掉承重墙、停车库、停车位等纠纷不断，亟待解决。

不动产物权，特别是不动产所有权的行使，难免与其他不动产所有权及其他物权发生"你进我退"的权利的效力扩张和另外的物权效力萎缩的现象，解决远距离的不动产物权之间的此类问题由地役权制度担当，而解决相互毗邻的不动产物权之间的此类问题则交由相邻关系规则负责。所以，本分编安排相邻关系一章毫不奇怪。

单独所有权最有效率，但因交易的需要、家庭关系的连接等原因，由若干人共享一个所有权，也不鲜见。加上这些人相互承受何种、多少权利义务，相对复杂，法律设置专门的规则予以调整，十分必要。鉴于其为所有权的表现形式之

---

① 王兆国：《关于〈中华人民共和国物权法（草案）〉的说明》（在2007年3月8日第十届全国人民代表大会第五次会议上），载全国人民代表大会常务委员会法制工作委员会民法室编著：《物权法立法背景与观点全集》，北京，法律出版社2007年版，第4页。

② ［德］鲍尔/施蒂尔纳：《德国物权法》（上册），张双根译，北京，法律出版社2004年版，第634页以下。

一，故于"第二分编 所有权"中设置"第八章 共有"系逻辑的必然。

既然所有权如此重要，更加不得无缘无故地取得或丧失，必须存在"说得过去"的原因，才符合公平正义。因此，"第二分编 所有权"中设有"第九章 所有权取得的特别规定"，符合体系自洽的要求。

第四章

一般规定

　　《民法典》在多处突破潘德克顿模式，在所有权事项的"一般规定"中也是如此，它没有于界定所有权之后，规定所有权的种类、所有权的效力、所有权的行使、所有权的消灭等所有权"自身"的内容，而是特别强调国家所有权及其优越地位，如赋权国家对于某些不动产、动产享有专属权（第242条）；强化对耕地的特殊保护（第244条），以保国家战略安全和全社会的福祉；明确征收、征用这些国家独有的特权，其对面就是消灭被征收财产的原所有权（第243条），在特定时期剥夺被征用财产的原物权人的占有、使用之权（第245条）。

　　看来，本章的六个条文中只有前两个条文属于民事法律规范，第240条属于所有权的概念，第245条则在宣明所有权的权能可被他人分享形成他物权。本章的后四个条文均非民事法律规范，而是宪法规范及行政法律规范。当然，国家对耕地实行特殊保护，在物权法内部也属于所有权等物权的社会性问题。这至少引出两个问题：其一，本章的标题用"一般规定"，名实不符；其二，欲全面、整体地把握所有权的规则，目光不得局限于本章的条文，必须放眼于整个《民法典》乃至全部中国法。例如，《民法典》第234条规定的物权确认请求权、第235条以下规定的物权请求权、第238条规定的损害赔偿请求权，都适用于所有权。

第二百四十条

　　所有权人对自己的不动产或者动产，依法享有占有、使用、收益和处分的权利。

本条主旨

本条是关于所有权的积极权能的规定。

相关条文

《民法通则》第71条 财产所有权是指所有人依法对自己的财产享有占有、使用、收益和处分的权利。

《海商法》第7条 船舶所有权，是指船舶所有人依法对其船舶享有占有、使用、收益和处分的权利。

《物权法》第39条 所有权人对自己的不动产或者动产，依法享有占有、使用、收益和处分的权利。

理解与适用

本条规定了所有权的积极权能，包括占有、使用、收益和处分。所谓占有，是指对物的事实支配状态。所谓使用，是指按照物的性能，不毁损其物或变更其性质地加以利用，以满足其生产或生活上的需要。这是使用的典型形态。除此之外，所有权人对其所有物的利用即使未能完全依其性能，一般也应视为使用，除非其行为违反了公序良俗。所谓收益，是指收取物的孳息，包括天然孳息（如果树结的果实、母畜生的幼畜等）和法定孳息（租金、利息等）。

［论争］

有学者将收益扩展到运用原物进行生产活动所产生的利润等。[1] 如此，孳息只是收益的一部分。另有学者则认为，如果将收益概念扩展到利润等情况，会导致使用与收益难以分开，不如将二者合而为一，统称其为"用益"（Nutzungen），包括孳息（Früchte）和使用利益（Gebrauchsvorteile）。[2] 德国法上，用益还被区分为正常用益与过度用益，在实体法上，过度用益并不是经济上用益，而是对物的实体进行侵害的结果。所有权以外的第三人，即使是基于合同取得用益权利的第三人也不得过度用益。在存有过度用益的情况下，得将其返还给所有权人。[3]

---

[1] 马俊驹、余延满：《民法原论》（第2版），北京，法律出版社2005年版，第327页。

[2] ［德］鲍尔/施蒂尔纳：《德国物权法》（上册），张双根译，北京，法律出版社2004年版，第31页以下。

[3] 崔建远、申卫星、王洪亮、程啸：《物权法》，王洪亮执笔，北京，清华大学出版社2008年版，第103页。

所谓处分，是指决定物在法律上或事实上的命运。决定物在法律上的命运，叫作法律上的处分，是指处分所有物（也是所有权）及所有权的某些权能。例如，出售所有物、出租所有物、抛弃所有权，以及在所有物上设立抵押权、质权等负担等。决定物在事实上的命运，称为事实上的处分，是指在事实上改变所有物的性状。例如，把作为所有物的食物吃掉、把作为所有物的煤炭焚烧掉等。

为法律上的处分，处分人应有处分权，所有权是拥有处分权的一种法律根据。

占有、使用、收益和处分是所有权在正常状态下的内容及表现，所有权人依据自己之力，无须借助他人的行为，即可进行，被称作所有权的积极权能。

本条未规定所有权的消极权能，并不意味着《民法典》否认所有权具有消极权能，而是为了避免重复，不再把第 235 条以下关于物权请求权的规定照搬于此，而是根据解释论（法教义学），所有权作为物权的一种，当然具有物权请求权。

务请注意，所有权具有整体性，即上文所述的所有权"并非占有、使用、收益和处分四项权能的算术和，而是内涵丰富、效力全面、衍生力强的基本权利"。唯有如此，才可以解释诸如此类的现象：国家把动产交给国家机关，后者不但占有、使用这些动产，取得收益，而且还将其出卖，但仍曰国家对这样的财产拥有所有权。

[引申]

从实质上观察所有权的内容，可以看出它包括两方面的权能：一是对标的物管理的权能，二是从标的物收益的权能。所谓对标的物管理的权能，是指决定如何维持和改善标的物，以及用何种方法进行收益和如何处分等权能。所谓从标的物收益的权能，是指以接受标的物产生的现实利益作为自己的得利的权能。这两种权能在单独所有权场合也许未被人们明显地意识到，但在共有场合却表现得十分明显。①

第二百四十一条

所有权人有权在自己的不动产或者动产上设立用益物权和担保物权。用益物权人、担保物权人行使权利，不得损害所有权人的权益。

---

① ［日］我妻荣：《日本物权法》，有泉亨修订，李宜芬校订，台北，五南图书出版公司 1999 年版，第 290 页。

本条主旨

本条是关于所有权人可以就其所有物设立他物权的规定。

相关条文

《民法通则》第 80 条第 1 款 国家所有的土地，可以依法由全民所有制单位使用，也可以依法确定由集体所有制单位使用，国家保护它的使用、收益的权利；使用单位有管理、保护、合理利用的义务。

第 81 条 国家所有的森林、山岭、草原、荒地、滩涂、水面等自然资源，可以依法由全民所有制单位使用，也可以依法确定由集体所有制单位使用，国家保护它的使用、收益的权利；使用单位有管理、保护、合理利用的义务。

国家所有的矿藏，可以依法由全民所有制单位和集体所有制单位开采，也可以依法由公民采挖。国家保护合法的采矿权。

公民、集体依法对集体所有的或者国家所有由集体使用的森林、山岭、草原、荒地、滩涂、水面的承包经营权，受法律保护。承包双方的权利和义务，依照法律由承包合同规定。

国家所有的矿藏、水流，国家所有的和法律规定属于集体所有的林地、山岭、草原、荒地、滩涂不得买卖、出租、抵押或者以其他形式非法转让。

《物权法》第 40 条 所有权人有权在自己的不动产或者动产上设立用益物权和担保物权。用益物权人、担保物权人行使权利，不得损害所有权人的权益。

《土地管理法》第 10 条 国有土地和农民集体所有的土地，可以依法确定给单位或者个人使用。使用土地的单位和个人，有保护、管理和合理利用土地的义务。

第 13 条 农民集体所有和国家所有依法由农民集体使用的耕地、林地、草地，以及其他依法用于农业的土地，采取农村集体经济组织内部的家庭承包方式承包，不宜采取家庭承包方式的荒山、荒沟、荒丘、荒滩等，可以采取招标、拍卖、公开协商等方式承包，从事种植业、林业、畜牧业、渔业生产。家庭承包的耕地的承包期为三十年，草地的承包期为三十年至五十年，林地的承包期为三十年至七十年；耕地承包期届满后再延长三十年，草地、林地承包期届满后依法相应延长。

国家所有依法用于农业的土地可以由单位或者个人承包经营，从事种植业、林业、畜牧业、渔业生产。

发包方和承包方应当依法订立承包合同，约定双方的权利和义务。承包经营土地的单位和个人，有保护和按照承包合同约定的用途合理利用土地的义务。

《海域使用管理法》第3条　海域属于国家所有，国务院代表国家行使海域所有权。任何单位或者个人不得侵占、买卖或者以其他形式非法转让海域。

单位和个人使用海域，必须依法取得海域使用权。

《城市房地产管理法》第3条　国家依法实行国有土地有偿、有限期使用制度。但是，国家在本法规定的范围内划拨国有土地使用权的除外。

第8条　土地使用权出让，是指国家将国有土地使用权（以下简称土地使用权）在一定年限内出让给土地使用者，由土地使用者向国家支付土地使用权出让金的行为。

第23条　土地使用权划拨，是指县级以上人民政府依法批准，在土地使用者缴纳补偿、安置等费用后将该幅土地交付其使用，或者将土地使用权无偿交付给土地使用者使用的行为。

依照本法规定以划拨方式取得土地使用权的，除法律、行政法规另有规定外，没有使用期限的限制。

第28条　依法取得的土地使用权，可以依照本法和有关法律、行政法规的规定，作价入股，合资、合作开发经营房地产。

《草原法》第10条　国家所有的草原，可以依法确定给全民所有制单位、集体经济组织等使用。

使用草原的单位，应当履行保护、建设和合理利用草原的义务。

《矿产资源法》第3条　矿产资源属于国家所有，由国务院行使国家对矿产资源的所有权。地表或者地下的矿产资源的国家所有权，不因其所依附的土地的所有权或者使用权的不同而改变。

国家保障矿产资源的合理开发利用。禁止任何组织或者个人用任何手段侵占或者破坏矿产资源。各级人民政府必须加强矿产资源的保护工作。

勘查、开采矿产资源，必须依法分别申请、经批准取得探矿权、采矿权，并办理登记；但是，已经依法申请取得采矿权的矿山企业在划定的矿区范围内为本企业的生产而进行的勘查除外。国家保护探矿权和采矿权不受侵犯，保障矿区和勘查作业区的生产秩序、工作秩序不受影响和破坏。

从事矿产资源勘查和开采的，必须符合规定的资质条件。

《水法》第7条　国家对水资源依法实行取水许可制度和有偿使用制度。但是，农村集体经济组织及其成员使用本集体经济组织的水塘、水库中的水的除外。国务院水行政主管部门负责全国取水许可制度和水资源有偿使用制度的组织实施。

第 48 条　直接从江河、湖泊或者地下取用水资源的单位和个人，应当按照国家取水许可制度和水资源有偿使用制度的规定，向水行政主管部门或者流域管理机构申请领取取水许可证，并缴纳水资源费，取得取水权。但是，家庭生活和零星散养、圈养畜禽饮用等少量取水的除外。

实施取水许可制度和征收管理水资源费的具体办法，由国务院规定。

《渔业法》第 11 条　国家对水域利用进行统一规划，确定可以用于养殖业的水域和滩涂。单位和个人使用国家规划确定用于养殖业的全民所有的水域、滩涂的，使用者应当向县级以上地方人民政府渔业行政主管部门提出申请，由本级人民政府核发养殖证，许可其使用该水域、滩涂从事养殖生产。核发养殖证的具体办法由国务院规定。

集体所有的或者全民所有由农业集体经济组织使用的水域、滩涂，可以由个人或者集体承包，从事养殖生产。

理解与适用

本条是对《物权法》第 40 条的复制。

本条承认和允许所有权人可以就其所有物为他人设立用益物权和担保物权诸种他物权，这是利用所有权的弹力性，运用所有权与其权能可以分离的原理的具体体现。

所有物上一经设立用益物权或担保物权，所有权的效力就受到他物权的压制，换言之，他物权的效力优先得到发挥，所有权的效力不得影响他物权的效力，更不得取而代之。但是，这不意味着他物权的效力没有界限，其界限之一就是他物权的存续和行使不得损害所有权人的权益。例如，A 地发包给农户之后，该农户不得掠夺性地耕种。

本条无他物权设立所需的成立要件，亦无设立后的法律效果，故其非为请求权基础，仅具宣示意义。当事人实际设立某种他物权时必须依据含有成立要件和法律效果的其他具体规范。例如，甲将其电脑出质给乙，适用《民法典》第 427 条的规定。

第二百四十二条

法律规定专属于国家所有的不动产和动产，任何组织或者个人不能取得所有权。

本条主旨

本条是关于国家专有的规定。

相关条文

《宪法》第9条第1款 矿藏、水流、森林、山岭、草原、荒地、滩涂等自然资源，都属于国家所有，即全民所有；由法律规定属于集体所有的森林和山岭、草原、荒地、滩涂除外。

第10条第1款 城市的土地属于国家所有。

《民法通则》第72条第1款 财产所有权的取得，不得违反法律规定。

《土地管理法》第2条第1款、第2款 中华人民共和国实行土地的社会主义公有制，即全民所有制和劳动群众集体所有制。

全民所有，即国家所有土地的所有权由国务院代表国家行使。

第9条第1款 城市市区的土地属于国家所有。

《物权法》第41条 法律规定专属于国家所有的不动产和动产，任何单位和个人不能取得所有权。

《矿产资源法》第3条第1款 矿产资源属于国家所有，由国务院行使国家对矿产资源的所有权。地表或者地下的矿产资源的国家所有权，不因其所依附的土地的所有权或者使用权的不同而改变。

《水法》第3条 水资源属于国家所有。水资源的所有权由国务院代表国家行使。农村集体经济组织的水塘和由农村集体经济组织修建管理的水库中的水，归各该农村集体经济组织使用。

《煤炭法》第3条 煤炭资源属于国家所有。地表或者地下的煤炭资源的国家所有权，不因其依附的土地的所有权或者使用权的不同而改变。

理解与适用

本条系对《物权法》第41条的承继，是对《宪法》关于国家对特定种类的不动产和动产的专有权的落实并转化为民法上的物权，以便由民事诉讼法等程序法和刑事法以及行政法进行配套保障。

本条重在宣明国家对特定种类的不动产和动产的专有权，不含有成立要件和法律效果，故非请求权基础，而是引致性（管道性）的条文。究竟哪些不动产和动产专属于国家，必须另觅其他法律规定。例如，《民法典》第247条关于"矿藏、水流、海域属于国家所有"的规定，第248条关于"无居民海岛属于国家所有，国务院代表国家行使无居民海岛所有权"的规定，第 249 条关于"城市的土地，属于国家所有。法律规定属于国家所有的农村和城市郊区的土地，属于国家所有"的规定，等等，以及《水法》第 3 条前段关于"水资源属于国家所有"的规定，《矿产资源法》第 3 条第 1 款关于"矿产资源属于国家所有，由国务院行使国家对矿产资源的所有权。地表或者地下的矿产资源的国家所有权，不因其所依附的土地的所有权或者使用权的不同而改变"的规定，等等。

国家对特定种类的不动产和动产专有，完全基于《宪法》及《民法典》等法律的强制规定，不依赖民事程序和不要求具备民事条件而取得。

《宪法》及《民法典》等法律规定特定种类的不动产和动产专属于国家，这是发展权层面的问题，而非法律地位的问题，不是对法律地位平等的否定。此种模式有其合理性：物尽其用，实现效益最大化，合理地分配自然资源于各个主体之间，满足社会公共利益、国家战略利益的需要。[1] 例如，引黄河之水入黑河流域，使干涸的荒漠重现绿洲，极大地改善了生态环境。长江流域的特大洪水被分流，化险为夷，求得人民生命财产的安全。所有这些，只有使黄河、长江专属于国家而非自然人、公司所有，才可成为事实。

其实，就某些特定种类的财产特别规定专属于国家，不独中国法如此，资本主义国家的法律也有其例。例如，施行于英格兰与威尔士的《水资源法》《水法》一反普通法的原则，改采水资源归国家所有的制度。美国的一些州法规定水资源属于公有。澳大利亚作为英联邦成员，原继受普通法水资源属于土地的组成部分的原则，直到 20 世纪初期，根据其水资源不丰裕的实际，通过立法将水资源与土地权属分离，河道内的水和地下水归州政府所有，用水者基于水权而用水。该水权需要用水者提出申请，经过水资源行政管理部门审批才能取得。[2] 日本制定于 1892 年修改于 1957 年的《河川法》，规定河川水资源属于公共财产（第 2 条）。至于矿物，早在古代就实行矿物所有权与土地所有权相区别的制度，矿物归君主所有，至幕府时代，金银由幕府专有，其他矿物属于封建诸侯所有。明治维新之际，将土地所有权赋予了国民，矿物则由政府专有，实行了矿业独占主义。明治二十三年（1890 年）3 月 27 日公布了旧《日本民法》，其中的"财产编"第 1 章第 35 条明文规定："矿物的所有权及其试掘或者开坑以特别法规定之。"奉行了同一宗旨。其后，明治二十三年的《矿业条例》便明确规定："矿

---

① 崔建远：《准物权研究》（第 2 版），北京，法律出版社 2012 年版，第 78 页。

② 赵卫：《完善我国水权制度》，载水利部政策法规司编：《水权与水市场》（资料选编之一），2001 年 3 月，第 45 页。

物，未采掘者，为国家所有"（第2条第1项）。旧矿业法承继了这一原则，规定"未采掘矿物（含废物及矿渣）为国家所有"（第3条）。据此沿革，不得把未采掘矿物上的国家"所有"理解为以自由使用、收益、处分为内容的民法意义上的所有，而应解释为矿物的支配权能从土地所有权中排除出来，归属于国家，是只能依国家独占赋予矿业权才能采掘的制度，即特许制度的前提。因为有学说和判例把旧矿业法规定的矿物归国家所有视为民法上的所有，导致了无益的麻烦，所以，现行《矿业法》规定："国家就未采掘的矿物，有赋予其采掘及取得矿物的权利的权能"（第2条）①。法国对土地实行私有制，但《法国民法典》同时承认法国的矿山法规关于矿产资源归国家所有的规定（第552条第3款）。与此相像，1992年的《法国水法》规定，水是国家共同资产的一部分。法国水管理组织法律明确宣示，地表水和地下水属于国有财产（A1）。②

第二百四十三条

为了公共利益的需要，依照法律规定的权限和程序可以征收集体所有的土地和组织、个人的房屋以及其他不动产。

征收集体所有的土地，应当依法及时足额支付土地补偿费、安置补助费以及农村村民住宅、其他地上附着物和青苗等的补偿费用，并安排被征地农民的社会保障费用，保障被征地农民的生活，维护被征地农民的合法权益。

征收组织、个人的房屋以及其他不动产，应当依法给予征收补偿，维护被征收人的合法权益；征收个人住宅的，还应当保障被征收人的居住条件。

任何组织或者个人不得贪污、挪用、私分、截留、拖欠征收补偿费等费用。

本条主旨

本条是关于征收的规定。

相关条文

《宪法》第10条第3款　国家为了公共利益的需要，可以依照法律规定对土地实行征收或者征用并给予补偿。

《民法总则》第117条　为了公共利益的需要，依照法律规定的权限和程序征收、征用不动产或者动产的，应当给予公平、合理的补偿。

---

① ［日］我妻荣、丰岛升：《矿业法》，东京，有斐阁1958年版，第65～66页。
② 王名扬：《法国行政法》，北京，中国政法大学出版社1988年版，第309～310页。

《物权法》第 42 条 为了公共利益的需要，依照法律规定的权限和程序可以征收集体所有的土地和单位、个人的房屋及其他不动产。

征收集体所有的土地，应当依法足额支付土地补偿费、安置补助费、地上附着物和青苗的补偿费等费用，安排被征地农民的社会保障费用，保障被征地农民的生活，维护被征地农民的合法权益。

征收单位、个人的房屋及其他不动产，应当依法给予拆迁补偿，维护被征收人的合法权益；征收个人住宅的，还应当保障被征收人的居住条件。

任何单位和个人不得贪污、挪用、私分、截留、拖欠征收补偿费等费用。

《土地管理法》第 2 条第 4 款 国家为了公共利益的需要，可以依法对土地实行征收或者征用并给予补偿。

第 45 条 为了公共利益的需要，有下列情形之一，确需征收农民集体所有的土地的，可以依法实施征收：

（一）军事和外交需要用地的；

（二）由政府组织实施的能源、交通、水利、通信、邮政等基础设施建设需要用地的；

（三）由政府组织实施的科技、教育、文化、卫生、体育、生态环境和资源保护、防灾减灾、文物保护、社区综合服务、社会福利、市政公用、优抚安置、英烈保护等公共事业需要用地的；

（四）由政府组织实施的扶贫搬迁、保障性安居工程建设需要用地的；

（五）在土地利用总体规划确定的城镇建设用地范围内，经省级以上人民政府批准由县级以上地方人民政府组织实施的成片开发建设需要用地的；

（六）法律规定为公共利益需要可以征收农民集体所有的土地的其他情形。

前款规定的建设活动，应当符合国民经济和社会发展规划、土地利用总体规划、城乡规划和专项规划；第（四）项、第（五）项规定的建设活动，还应当纳入国民经济和社会发展年度计划；第（五）项规定的成片开发并应当符合国务院自然资源主管部门规定的标准。

第 46 条 征收下列土地的，由国务院批准：

（一）永久基本农田；

（二）永久基本农田以外的耕地超过三十五公顷的；

（三）其他土地超过七十公顷的。

征收前款规定以外的土地的，由省、自治区、直辖市人民政府批准。

征收农用地的，应当依照本法第四十四条的规定先行办理农用地转用审批。其中，经国务院批准农用地转用的，同时办理征地审批手续，不再另行办理征地审批；经省、自治区、直辖市人民政府在征地批准权限内批准农用地转用的，同时办理征地审批手续，不再另行办理征地审批，超过征地批准权限的，应当依照本条第一款的规定另行办理征地审批。

第47条　国家征收土地的，依照法定程序批准后，由县级以上地方人民政府予以公告并组织实施。

县级以上地方人民政府拟申请征收土地的，应当开展拟征收土地现状调查和社会稳定风险评估，并将征收范围、土地现状、征收目的、补偿标准、安置方式和社会保障等在拟征收土地所在的乡（镇）和村、村民小组范围内公告至少三十日，听取被征地的农村集体经济组织及其成员、村民委员会和其他利害关系人的意见。

多数被征地的农村集体经济组织成员认为征地补偿安置方案不符合法律、法规规定的，县级以上地方人民政府应当组织召开听证会，并根据法律、法规的规定和听证会情况修改方案。

拟征收土地的所有权人、使用权人应当在公告规定期限内，持不动产权属证明材料办理补偿登记。县级以上地方人民政府应当组织有关部门测算并落实有关费用，保证足额到位，与拟征收土地的所有权人、使用权人就补偿、安置等签订协议；个别确实难以达成协议的，应当在申请征收土地时如实说明。

相关前期工作完成后，县级以上地方人民政府方可申请征收土地。

第48条　征收土地应当给予公平、合理的补偿，保障被征地农民原有生活水平不降低、长远生计有保障。

征收土地应当依法及时足额支付土地补偿费、安置补助费以及农村村民住宅、其他地上附着物和青苗等的补偿费用，并安排被征地农民的社会保障费用。

征收农用地的土地补偿费、安置补助费标准由省、自治区、直辖市通过制定公布区片综合地价确定。制定区片综合地价应当综合考虑土地原用途、土地资源条件、土地产值、土地区位、土地供求关系、人口以及经济社会发展水平等因素，并至少每三年调整或者重新公布一次。

征收农用地以外的其他土地、地上附着物和青苗等的补偿标准，由省、自治区、直辖市制定。对其中的农村村民住宅，应当按照先补偿后搬迁、居住条件有改善的原则，尊重农村村民意愿，采取重新安排宅基地建房、提供安置房或者货币补偿等方式给予公平、合理的补偿，并对因征收造成的搬迁、临时安置等费用予以补偿，保障农村村民居住的权利和合法的住房财产权益。

县级以上地方人民政府应当将被征地农民纳入相应的养老等社会保障体系。被征地农民的社会保障费用主要用于符合条件的被征地农民的养老保险等社会保险缴费补贴。被征地农民社会保障费用的筹集、管理和使用办法，由省、自治区、直辖市制定。

第 49 条　被征地的农村集体经济组织应当将征收土地的补偿费用的收支状况向本集体经济组织的成员公布，接受监督。

禁止侵占、挪用被征收土地单位的征地补偿费用和其他有关费用。

《城市房地产管理法》第 9 条　城市规划区内的集体所有的土地，经依法征收转为国有土地后，该幅国有土地的使用权方可有偿出让，但法律另有规定的除外。

《农业法》第 71 条　国家依法征收农民集体所有的土地，应当保护农民和农村集体经济组织的合法权益，依法给予农民和农村集体经济组织征地补偿，任何单位和个人不得截留、挪用征地补偿费用。

《草原法》第 38 条　进行矿藏开采和工程建设，应当不占或者少占草原；确需征收、征用或者使用草原的，必须经省级以上人民政府草原行政主管部门审核同意后，依照有关土地管理的法律、行政法规办理建设用地审批手续。

第 39 条　因建设征收、征用集体所有的草原的，应当依照《中华人民共和国土地管理法》的规定给予补偿；因建设使用国家所有的草原的，应当依照国务院有关规定对草原承包经营者给予补偿。

因建设征收、征用或者使用草原的，应当交纳草原植被恢复费。草原植被恢复费专款专用，由草原行政主管部门按照规定用于恢复草原植被，任何单位和个人不得截留、挪用。草原植被恢复费的征收、使用和管理办法，由国务院价格主管部门和国务院财政部门会同国务院草原行政主管部门制定。

《煤炭法》第 18 条第 1 款　煤矿建设使用土地，应当依照有关法律、行政法规的规定办理。征收土地的，应当依法支付土地补偿费和安置补偿费，做好迁移居民的安置工作。

《电力法》第 16 条第 1 款　电力建设项目使用土地，应当依照有关法律、行政法规的规定办理；依法征收土地的，应当依法支付土地补偿费和安置补偿费，做好迁移居民的安置工作。

《渔业法》第 14 条　国家建设征收集体所有的水域、滩涂，按照《中华人民共和国土地管理法》有关征地的规定办理。

《铁路法》第 36 条第 2 款　有关地方人民政府应当支持铁路建设，协助铁路运输企业做好铁路建设征收土地工作和拆迁安置工作。

《外商投资法》第 20 条　国家对外国投资者的投资不实行征收。

在特殊情况下，国家为了公共利益的需要，可以依照法律规定对外国投资者的投资实行征收或者征用。征收、征用应当依照法定程序进行，并及时给予公平、合理的补偿。

《归侨侨眷权益保护法》第13条第2款　依法征收、征用、拆迁归侨、侨眷私有房屋的，建设单位应当按照国家有关规定给予合理补偿和妥善安置。

《台湾同胞投资保护法》第4条　国家对台湾同胞投资者的投资不实行国有化和征收；在特殊情况下，根据社会公共利益的需要，对台湾同胞投资者的投资可以依照法律程序实行征收，并给予相应的补偿。

《军事设施保护法》第13条　军事禁区、军事管理区范围的划定或者扩大，需要征收、征用土地、林地、草原、水面、滩涂的，依照有关法律、法规的规定办理。

《国有土地上房屋征收与补偿条例》（第590号）第2条　为了公共利益的需要，征收国有土地上单位、个人的房屋，应当对被征收房屋所有权人（以下称被征收人）给予公平补偿。

第3条　房屋征收与补偿应当遵循决策民主、程序正当、结果公开的原则。

第4条　市、县级人民政府负责本行政区域的房屋征收与补偿工作。

市、县级人民政府确定的房屋征收部门（以下称房屋征收部门）组织实施本行政区域的房屋征收与补偿工作。

市、县级人民政府有关部门应当依照本条例的规定和本级人民政府规定的职责分工，互相配合，保障房屋征收与补偿工作的顺利进行。

第8条　为了保障国家安全、促进国民经济和社会发展等公共利益的需要，有下列情形之一，确需征收房屋的，由市、县级人民政府作出房屋征收决定：

（一）国防和外交的需要；

（二）由政府组织实施的能源、交通、水利等基础设施建设的需要；

（三）由政府组织实施的科技、教育、文化、卫生、体育、环境和资源保护、防灾减灾、文物保护、社会福利、市政公用等公共事业的需要；

（四）由政府组织实施的保障性安居工程建设的需要；

（五）由政府依照城乡规划法有关规定组织实施的对危房集中、基础设施落后等地段进行旧城区改建的需要；

（六）法律、行政法规规定的其他公共利益的需要。

第9条　依照本条例第八条规定，确需征收房屋的各项建设活动，应当符合国民经济和社会发展规划、土地利用总体规划、城乡规划和专项规划。保障性安居工程建设、旧城区改建，应当纳入市、县级国民经济和社会发展年度计划。

制定国民经济和社会发展规划、土地利用总体规划、城乡规划和专项规划，应当广泛征求社会公众意见，经过科学论证。

第10条 房屋征收部门拟定征收补偿方案，报市、县级人民政府。

市、县级人民政府应当组织有关部门对征收补偿方案进行论证并予以公布，征求公众意见。征求意见期限不得少于 30 日。

第11条 市、县级人民政府应当将征求意见情况和根据公众意见修改的情况及时公布。

因旧城区改建需要征收房屋，多数被征收人认为征收补偿方案不符合本条例规定的，市、县级人民政府应当组织由被征收人和公众代表参加的听证会，并根据听证会情况修改方案。

第12条 市、县级人民政府作出房屋征收决定前，应当按照有关规定进行社会稳定风险评估；房屋征收决定涉及被征收人数量较多的，应当经政府常务会议讨论决定。

作出房屋征收决定前，征收补偿费用应当足额到位、专户存储、专款专用。

第13条 市、县级人民政府作出房屋征收决定后应当及时公告。公告应当载明征收补偿方案和行政复议、行政诉讼权利等事项。

市、县级人民政府及房屋征收部门应当做好房屋征收与补偿的宣传、解释工作。

理解与适用

一、基本内容和解释的依据

本条就征收的核心条件、征收机关、征收的对象（被征收财产）、征收补偿的原则和补偿款的落到实处作了规定。

所谓征收，是指国家依照法律规定的权限和程序强制地将集体所有或私人所有的财产征归国有、消灭既有物权的制度。它属于行政法律关系，而非民事法律关系。但它导致被征收人丧失被征收财产的所有权及有关物权，国家取得被征收财产的所有权。

征收，最为重要的环节至少有四：一是准确地界定和确定作为征收前提和要件的公共利益；二是严格、合理的法定程序；三是谁是在个案中确定公共利益的决定者；四是及时到位的足额补偿款。

公共利益，作为不特定多数人的利益，无疑具有质的规定性，不得随心所欲地"指鹿为马"；同时也具有一定的模糊性和相对性。所谓一定的模糊性和相对性，例如，多少人算作不特定多数人？否定北京市天通苑建筑区划内的利益为公共利益的论据是该建筑区划内的人数是固定的，而非不特定的。但笔者反驳之点在于，整个中国，人口数不也是固定的吗？至少截至一定的时间点是固定的。为何把事关全体中国人的利益认定为公共利益？所以，此处所谓不特定、多数人，只是个相对的概念。再如，在市区建设大型商业中心，从项目所有人即经营者的角度看，显然具有商业目的及商业利益，但它确实在满足众人的衣食玩乐等方面的需求，符合公共利益的规格。

正因公共利益具有模糊性和相对性，在个案中可能存在认定偏差，导致不适当的结果，所以将哪个或哪类主体确定为公共利益的"拍板人"就显得特别关键。不仅在公共利益的认定方面见仁见智，而且在谁为"拍板人"的问题上也是众说纷纭。不过，至少多数说主张征收机关不宜作为在个案中认定公共利益的"拍板人"。《中共中央 国务院关于完善产权保护制度依法保护产权的意见》要求："完善土地、房屋等财产征收征用法律制度，合理界定征收征用适用的公共利益范围，不将公共利益扩大化，细化规范征收征用法定权限和程序。遵循及时合理补偿原则，完善国家补偿制度，进一步明确补偿的范围、形式和标准，给予被征收征用者公平合理补偿。"

严格、合理的法定程序，有待于法律作出规定。《国有土地上房屋征收与补偿条例》（第 590 号）规定的国有土地上房屋征收的程序，可作为参考。

第 10 条　房屋征收部门拟定征收补偿方案，报市、县级人民政府。

市、县级人民政府应当组织有关部门对征收补偿方案进行论证并予以公布，征求公众意见。征求意见期限不得少于 30 日。

第 11 条　市、县级人民政府应当将征求意见情况和根据公众意见修改的情况及时公布。

因旧城区改建需要征收房屋，多数被征收人认为征收补偿方案不符合本条例规定的，市、县级人民政府应当组织由被征收人和公众代表参加的听证会，并根据听证会情况修改方案。

第 12 条　市、县级人民政府作出房屋征收决定前，应当按照有关规定进行社会稳定风险评估；房屋征收决定涉及被征收人数量较多的，应当经政府常务会议讨论决定。

作出房屋征收决定前，征收补偿费用应当足额到位、专户存储、专款专用。

第 13 条　市、县级人民政府作出房屋征收决定后应当及时公告。公告应当载明征收补偿方案和行政复议、行政诉讼权利等事项。

市、县级人民政府及房屋征收部门应当做好房屋征收与补偿的宣传、解释工作。

房屋被依法征收的，国有土地使用权同时收回。

第14条　被征收人对市、县级人民政府作出的房屋征收决定不服的，可以依法申请行政复议，也可以依法提起行政诉讼。

第15条　房屋征收部门应当对房屋征收范围内房屋的权属、区位、用途、建筑面积等情况组织调查登记，被征收人应当予以配合。调查结果应当在房屋征收范围内向被征收人公布。

第16条　房屋征收范围确定后，不得在房屋征收范围内实施新建、扩建、改建房屋和改变房屋用途等不当增加补偿费用的行为；违反规定实施的，不予补偿。

房屋征收部门应当将前款所列事项书面通知有关部门暂停办理相关手续。暂停办理相关手续的书面通知应当载明暂停期限。暂停期限最长不得超过1年。

二、征收的对象

征收的对象，应为集体土地所有权、房屋所有权，个别场合的动产所有权，而不包括国有建设用地使用权、集体建设用地使用权、土地承包经营权、土地经营权、宅基地使用权、居住权、地役权。

诚然，笔者注意到有关学说持有相反的意见，主张征收的标的包括他物权、知识产权、债权、非财产权益。[①] 这有其理论背景：尽管法律归属关系存在，但与财产联系在一起的所有典型使用权和处分权利都被割除，财产权只剩下空洞的外壳，也应认为属于征收。[②] 在德国，宪法法院认定的可以作为征收客体的财产，除了实物财产（不动产和动产）外，还包括私权利中具有财产价值的所有权利，以及公权利中的具有财产价值的权利，但不包括对财产内容和范围的限制。[③] 在日本，征收的概念也出现扩大化现象，征收的对象从土地扩大到一般财产权。[④] 在法国，严格区分公用征收和公用征调，其中的公用征收是指，政府强制取得不动产的所有权和他物权。[⑤]

即使如此，笔者仍然主张征收的标的不包括他物权，理由在于，中国现行法上的征收概念为消灭被征收对象的所有权，国家原始取得所有权。以此区别于仅

---

① 房绍坤、王洪平：《公益征收法研究》，北京，中国人民大学出版社2011年版，第239页以下。

② 参见［德］哈特穆特·毛雷尔：《行政法学总论》，高家伟译，北京，法律出版社2000年版，第683～684页。

③ ［德］哈特穆特·毛雷尔：《行政法学总论》，高家伟译，北京，法律出版社2000年版，第680～688页。

④ 参见［日］盐野宏：《行政法》，杨建顺译，北京，法律出版社1999年版，第499页。

⑤ 参见王名扬：《法国行政法》，北京，中国政法大学出版社1998年版，第365～410页。

仅移转标的物使用权的征用。这与美国等国家不特意区分征收和征用的模式有别。此其一。中国法的有关规定未将国家行政主管机关依国家权力消灭建设用地使用权、宅基地使用权、土地承包经营权、土地经营权、居住权、地役权作为征收的对象。例如，《民法典》第 243 条第 1 款的表述为"为了公共利益的需要，依照法律规定的权限和程序可以征收集体所有的土地和组织、个人的房屋以及其他不动产"。它强调的是，"集体所有的土地"，而非主体使用的房屋。所谓"组织、个人的房屋"，房屋与房屋所有权在实质具有同一性，房屋与房屋使用权不具有同一性。可见，该条款是将征收所消灭的权利限定于所有权。再如，《民法典》第 243 条第 2 款关于"征收集体所有的土地，应当依法及时足额支付土地补偿费、安置补助费以及农村村民住宅、其他地上附着物和青苗等的补偿费用，并安排被征地农民的社会保障费用，保障被征地农民的生活，维护被征地农民的合法权益"的表述，第 327 条关于"因不动产或者动产被征收、征用致使用益物权消灭或者影响用益物权行使的，用益物权人有权依据本法第二百四十三条、第二百四十五条的规定获得相应补偿"的表述，都折射出农民/农户的土地承包经营权、土地经营权、宅基地使用权、其他用益物权都是随着被征收不动产的所有权消灭时才消灭，而非直接为征收的对象。此其二。《民法典》第 358 条关于"建设用地使用权期限届满前，因公共利益需要提前收回该土地的，应当依据本法第二百四十三条的规定对该土地上的房屋以及其他不动产给予补偿，并退还相应的出让金"的表述，是"因公共利益需要提前收回该土地的"，而没有使用"因公共利益需要征收该土地使用权"，也表明建设用地使用权不是征收的对象。之所以如此设计，是因为征收乃国家把集体所有的土地和单位、个人的财产变为国有的财产，是一种改变所有权的法律行为，中国城镇的土地属于国家所有，建设用地使用权人取得的是对土地使用的权利，国家收回本来就属于自己的建设用地，运用所有权与其权能之间关系的原理即可，不适用有关征收的规定。[1] 一方面扩张征收的标的，将建设用地使用权作为征收的对象[2]，另一方面又特意区分征收与土地收回[3]，这在逻辑上似乎存有障碍，因为既然是收回，且收回不同于征收，怎么又将应予收回的建设用地使用权作为征收对象处理呢？此其三。在被征收的集体土地所有权消灭时，以该所有权为母权的土地承包经营权（有时有自土地承包经营权派生出来的土地经营权）、宅基地使用权等子权消灭，完全可以按

---

[1] 　胡康生主编：《中华人民共和国物权法释义》，北京，法律出版社 2007 年版，第 331 页。

[2][3] 　房绍坤、王洪平：《公益征收法研究》，北京，中国人民大学出版社 2011 年版，第 241～244、96～99 页。

照母权消灭子权随之消灭的原理解释，无须向征收制度求援。在宅基地使用权消灭时，宅基地上的住宅所有权消灭；商品房所有权消灭时，基地的建设用地使用权消灭，完全可以按照《民法典》第352条正文关于房地权属一体的规定及相应的理论加以说明，无须由征收制度解决。此其四。被征收的房屋存在抵押权时，该抵押权并不因为该房屋被征收而归于消灭，而是继续存在于征收补偿款请求权之上。假如于征收集体土地所有权时也把土地承包经营权、土地经营权等用益物权作为征收的对象，那么，同是他物权，抵押权为什么不作为征收的标的呢？就此说来，把他物权作为征收对象存在着逻辑障碍。此其五。

　　征收制度涉及许多内容，特别是中国共产党第十八届中央委员会第三次全体会议于2013年11月12日通过的《中共中央关于全面深化改革若干重大问题的决定》引发征收制度调整，由此带来体系效应。

　　《中共中央关于全面深化改革若干重大问题的决定》规定："国家保护各种所有制经济产权和合法利益，保证各种所有制经济依法平等使用生产要素、公开公平公正参与市场竞争、同等受到法律保护，依法监管各种所有制经济"（第5条第2款）。"在符合规划和用途管制前提下，允许农村集体经营性建设用地出让、租赁、入股，实行与国有土地同等入市、同权同价。缩小征地范围，规范征地程序，完善对被征地农民合理、规范、多元保障机制"（第11条前段）。"建立农村产权流转交易市场，推动农村产权流转交易公开、公正、规范运行"（第21条后段）。"维护农民生产要素权益，……保障农民公平分享土地增值收益"（第22条前段）。习近平总书记在《关于〈中共中央关于全面深化改革若干重大问题的决定〉的说明》中强调："推进城乡要素平等交换和公共资源均衡配置。主要是……保障农民公平分享土地增值收益。"贯彻落实这些决定和要求，必然会使农村土地制度发生不小的变革，相应的，征收制度也须作出调整。这种调整及体系效应会直接影响法律人对于《民法典》第243条规定的解释走向，务必注意。

三、征收制度在中国的演变

　　欲效果最佳地调整征收制度，离不开明了征收制度在中国的演变，清楚在什么环节、部位"动手术"，否则，就会无的放矢，反倒添乱。

　　在较长的历史时期，特别是2019年修正《土地管理法》之前，中国法上的征收有两种类型。第一种是，基于社会公共利益的需要，国家行政主管机关依国家权力将财产权消灭，由国家取得财产权的现象。《宪法》第10条第3款关于"国家为了公共利益的需要，可以依照法律规定对土地实行征收或者征用并给予补偿"，第13条第3款关于"国家为了公共利益的需要，可以依照法律规定对公民的私有财产实行征收或者征用并给予补偿"的规定，为其直接且系最高法律效力的依据。《物权法》予以承继并具体落实，特设第 42 条和第 43 条两个条文。为此，第十届全国人民代表大会常务委员会第十一次会议于 2004 年 8 月 28 日通过《全国人民代表大会常务委员会关于修改〈中华人民共和国土地管理法〉的决定》，"对《中华人民共和国土地管理法》作如下修改：一、第二条第四款修改为：'国家为了公共利益的需要，可以依法对土地实行征收或者征用并给予补偿。' 二、将第四十三条第二款、第四十五条、第四十六条、第四十七条、第四十九条、第五十一条、第七十八条、第七十九条中的'征用'修改为'征收'。" 第十届全国人民代表大会常务委员会第二十九次会议于 2007 年 8 月 30 日通过《全国人民代表大会常务委员会关于修改〈中华人民共和国城市房地产管理法〉的决定》，"在第一章'总则'中增加一条，作为第六条：'为了公共利益的需要，国家可以征收国有土地上单位和个人的房屋，并依法给予拆迁补偿，维护被征收人的合法权益；征收个人住宅的，还应当保障被征收人的居住条件。具体办法由国务院规定。'" 第二种征收是，并非基于社会公共利益的需要，如为了商业利益的需要，国家行政主管机关依国家权力将财产权消灭，由国家取得财产权的现象。之所以出现第二种类型的征收，是因为用地者（基本上是开发商，下同）利用集体所有的建设土地从事商业开发建设的场合，当时实施的《土地管理法》和《城市房地产管理法》等法律、法规不允许用地者直接与集体土地所有权人洽商，径直取得集体建设使用权，而后开发建设①；而是必须先将集体所有的土地征收为国有，然后从国家土地所有权中"分离"出占有、使用、收益乃至处分权利自身的权能，由自然资源主管机关出让国有建设用地使用权给用地者，用地者才可在该国有建设用地上从事商业的开发建设。例如，2004 年的《土地管理法》第 43 条第 1 款规定："任何单位和个人进行建设，需要使用土地的，必须依法申请使用国有土地；但是，兴办乡镇企业和村民建设住宅经依法批准使用本集体经济组织农民集体所有的土地的，或者乡（镇）村公共设施和公益事业建设经依法批准使用农民集体所有的土地的除外。"《城市房地产管理法》第 9 条规定："城市规划区内的集体所有的土地，经依法征收转为国有土地后，该幅国有土地的使用权方可有偿出让。"这种模式可被简称为"先征收、再出让"模式。

至于滥觞于美国判例法上的管制性征收（regulatory takings），即管制行为

---

① 王太高：《论农村集体土地所有权制度中的利益冲突与协调》，载房绍坤、王洪平主编：《不动产征收法律制度纵论》，北京，中国法制出版社 2009 年版，第 25 页。

对土地使用的限制，即使达不到完全排除其经济效益的程度，仍然可能构成征收[1]，在中国现行法上尚付阙如，但在立法论的层面呼吁填补法律漏洞，主要理由是，为周全地保障被征收人的财产权益，法律应例外地突破比例原则的限制，赋予被征收人扩张请求权，请求征收人征收超出必要范围的标的。[2] 这从征收的标的角度着眼是征收标的的扩张，从被征收人的权利方面观察是"全部征收请求权"和"完全征收请求权"[3]，从征收的类型视角描述，由于上述两种类型的征收难以涵盖它，可以称其为第三种类型的征收。不过，它毕竟与上述两种类型的征收不在同一个层次，限于此处解释《民法典》第 243 条的主旨及任务，暂且不讨论它。

第一种类型的征收和第二种类型的征收之间，存在着如下差异：（1）第一种类型的征收以社会公共利益的需要为其正当性依据，而第二种类型的征收则无此内在基础，其诞生和存续主要是为了破解法律、法规不允许集体土地所有权依照民事程序流转，用地者又确实需要利用集体所有的建设土地进行开发建设这种矛盾，"先征收、再出让"的制度及措施应运而生。由此可见其正当性先天不足。这也是对它应予调整的内在要求。当然，调整必须适中，例如，设立集体建设用地使用权兼有社会公共利益和商业利益的，还得坚持"先征收、再出让"的制度及措施。第一种类型的征收为西方发达国家所承认[4]，因其宪法规定征收的目的是公共利益、公共福利或公共福祉[5]，故有学者将其简称为公益征收[6]，也有命名为公用征收的。[7]（2）在第一种类型的征收场合，被征收人无权拒绝国家行政主管机关依国家权力将其不动产物权消灭的行为，必须服从征收的决定，但有权

---

① 谢哲胜：《准征收之研究——以美国法之研究为中心》，载《财产法专题研究（二）》，台北，元照出版公司 1999 年版，第 250 页；房绍坤、王洪平：《公益征收法研究》，北京，中国人民大学出版社 2011 年版，第 31、51 页。

②③ 房绍坤、王洪平：《公益征收法研究》，北京，中国人民大学出版社 2011 年版，第 257 页。

④ 全国人民代表大会常务委员会法制工作委员会民法室：《物权法及其相关规定对照手册》，北京，法律出版社 2007 年版，第 61 页；胡康生主编：《中华人民共和国物权法释义》，北京，法律出版社 2007 年版，第 101 页；房绍坤、王洪平：《公益征收法研究》，北京，中国人民大学出版社 2011 年版，第 77 页以下。

⑤ 例如，法国《人权宣言》第 17 条规定："当公共需要所必需时，可以剥夺财产。"德国《基本法》第 14 条第 3 款规定："只有为了公共利益才能允许征用。"《日本国宪法》第 29 条第 3 款规定："私有财产在正当补偿下得收为公用。"

⑥ 张玉东：《公益征收若干法律问题研究》，载房绍坤、王洪平主编：《不动产征收法律制度纵论》，北京，中国法制出版社 2009 年版，第 160 页以下；房绍坤、王洪平：《公益征收法研究》，北京，中国人民大学出版社 2011 年版，第 72 页以下。

⑦ 张鹏：《论因财产权的国度限制而引起的公用征收》，载房绍坤、王洪平主编：《不动产征收法律制度纵论》，北京，中国法制出版社 2009 年版，第 92 页。

就征收的补偿是否足额而讨价还价。从理论上讲，此类征收决定可以在被征收人拒不同意征收的情况下作出并公告。当然，为了和谐，也为了便于顺利拆迁，减少纷争，在实际操作上最好是先与被征收人就足额补偿、补偿方式等有关问题协商一致，然后再颁发征收决定。在第二种类型的征收场合，被征收人享有两种权利：一是可以拒绝国家行政主管机关依国家权力将其不动产物权消灭的行为，或曰有权保有其不动产物权；二是在同意征收的前提下，有权就征收的补偿是否足额而讨价还价。如此，在实际操作层面上，最好是征收主管机关先向被征收人（准确地说是未来的被征收人，或意向被征收人，下同）表达征收意向，待就征收补偿等必要事项达成一致后再颁发征收决定，效果最佳。反之，在被征收人拒不同意其财产被征收或不同意征收补偿数额或不同意补偿方式的情况下，贸然发布征收公告，一是给漫天要价者创造了可乘之机，二是陷入征收僵局时有损政府的权威性。（3）在第一种类型的征收制度中，补偿款源自财政拨款或专项基金，用地者与此没有关联。与此有所不同，在第二种类型的征收制度中，虽然专就征收法律关系而言，一方是征收人——国家行政主管机关，另一方是被征收人——不动产物权人，补偿款应由征收人支付，但是，在实际操作的层面，由于征收人握有的补偿款严重不足，时常是利用建设用地使用权出让合同关系，让未来取得建设用地使用权的开发商先行支付土地使用权出让金的一部，付给被征收人，往往是该开发商将该笔款项直接打入被征收人的账户。这也是某些人误以为未来取得建设用地使用权的开发商与被征收人直接发生征收法律关系、误将征收法律关系与建设用地使用权出让关系混为一谈的原因。这是应予纠正的，以免错误地适用法律。（4）尽管《物权法》第42条第2款规定"征收集体所有的土地，应当依法足额支付土地补偿费、安置补助费、地上附着物和青苗的补偿费等费用，安排被征地农民的社会保障费用，保障被征地农民的生活，维护被征地农民的合法权益"，第121条予以重申和强调，但补偿款相较于土地使用权出让金还是要低许多，所以，第二种类型的征收在客观上是国家获取了"剪刀差"，"没收"了集体土地所有权人乃至有关的土地承包经营权人、集体建设用地使用权人的部分收益。这是因为集体土地所有权人径直与用地者签订集体建设用地使用权出让合同，直接收取用地者支付的土地使用权出让金，该出让金的数额原则上就是集体建设用地使用权的"价值"本身，而通过征收制度补偿给集体土地所有权人的款额却低于甚至明显低于该数额，国家通过出让国有建设用地使用权自用地者处收取的土地使用权出让金又明显高于该数额。简单地说就是，征收补偿款的数额低，土地使用权出让金的数额高。面对此情此景，人们不禁要问：同一宗土地的所有权怎么不如使用权的价值高？有学者力主征收补偿一定要实行"同地同价"，即"同样位置的土地无论做公益用途或者是商业用途，应在市场价指导下，给予相同标准的费用"①。至于第一种类型的征收，虽然补偿款的数额也不太高，但这是为了社会公共利益而必须承受的代价，这是不动产权利人应尽的社会责任，具有正当性。在这个意义上说，第一种类型的征收即公益征收，在补偿标准方面不宜完全相同于第二种类型的征收即商业性征收，所以，绝对的"同地同价"似乎也不可取。从上述简要的分析中不难发现，第二种类型的征收必须缩小其适用范围，甚至被取消。

率先有条件地突破第二种类型的征收即"先征收、再出让"模式的，发生在广东省。《广东省集体建设用地使用权流转管理办法》第 8 条第 1 项规定：兴办各类工商企业，包括国有、集体、私营企业、个体工商户、外资投资企业〔包括中外合资、中外合作、外商独资企业、"三来一补"（来料加工、来样加工、来件加工、补偿贸易）企业〕、股份制企业、联营企业，可以使用集体建设用地。这就无须先将集体所有的土地征收为国有，而后由自然资源管理部门将国有建设用地使用权出让给用地者。

一省的试验毕竟在区域效果上有限，《中共中央关于全面深化改革若干重大问题的决定》宣布："在符合规划和用途管制前提下，允许农村集体经营性建设用地出让、租赁、入股，实行与国有土地同等入市、同权同价。缩小征地范围，规范征地程序，完善对被征地农民合理、规范、多元保障机制。扩大国有土地有偿使用范围，减少非公益性用地划拨。建立兼顾国家、集体、个人的土地增值收益分配机制，合理提高个人收益。完善土地租赁、转让、抵押二级市场"（第 11 条）。《中共中央 国务院关于完善产权保护制度依法保护产权的意见》重申"深化农村土地制度改革，坚持土地公有制性质不改变、耕地红线不突破、粮食生产能力不减弱、农民利益不受损的底线，从实际出发，因地制宜，落实承包地、宅基地、集体经营性建设用地的用益物权，赋予农民更多财产权利，增加农民财产收益。"

如今，这些政策已经变成了法律。《土地管理法》于 2019 年修正，删除了 2004 年修正的《土地管理法》第 43 条关于"任何单位和个人进行建设，需要使用土地的，必须依法申请使用国有土地；但是，兴办乡镇企业和村民建设住宅经依法批准使用本集体经济组织农民集体所有的土地的，或者乡（镇）村公共设施和公益事业建设经依法批准使用农民集体所有的土地的除外"（第 1 款）；"前款

---

① 石凤友：《我国土地征收法律制度研究》，载房绍坤、王洪平主编：《不动产征收法律制度纵论》，北京，中国法制出版社 2009 年版，第 156 页。

所称依法申请使用的国有土地包括国家所有的土地和国家征收的原属于农民集体所有的土地"（第 2 款）的规定，于其第 63 条规定："土地利用总体规划、城乡规划确定为工业、商业等经营性用途，并经依法登记的集体经营性建设用地，土地所有权人可以通过出让、出租等方式交由单位或者个人使用，并应当签订书面合同，载明土地界址、面积、动工期限、使用期限、土地用途、规划条件和双方其他权利义务"（第 1 款）。"前款规定的集体经营性建设用地出让、出租等，应当经本集体经济组织成员的村民会议三分之二以上成员或者三分之二以上村民代表的同意"（第 2 款）。"集体经营性建设用地的出租，集体建设用地使用权的出让及其最高年限、转让、互换、出资、赠与、抵押等，参照同类用途的国有建设用地执行。具体办法由国务院制定"（第 4 款）。

四、《民法典》固定改革成果

（一）强调征收系为公共利益的需要

《民法典》一方面强调以为了公共利益的需要才可以征收，且须依照法律规定的权限和程序（第 243 条第 1 款），另一方面大力改革集体建设用地使用权制度（第 361 条），其第 361 条与《物权法》第 151 条在表达语句方面类似，但其精神实质却大不相同。其原因在于，《物权法》第 151 条指向的土地管理法是2004 年修正的《土地管理法》，而《民法典》第 361 条指向的土地管理法却是2019 年修正的《土地管理法》，两者在集体经营性建设用地使用权的流转性方面发生了实质上的变化，2004 年修正的《土地管理法》突出"先征收，再出让"的模式，而 2019 年修正的《土地管理法》第 63 条等规定则确立了集体经营性建设用地使用权的转让、互换、出资、赠与或者抵押的规则。这就意味着将征收限于为了公共利益的目的，非公共利益用地不采用"先征收，再出让"的模式，集体组织据此可以径直向实际用地者出让集体经营性建设用地使用权。

《土地管理法》第 63 条的立法计划和立法目的，同时就是《民法典》的立法计划和立法目的，能达到吗？有专家、学者担心有人假道《土地管理法》第 45 条第 1 款第 5 项关于"在土地利用总体规划确定的城镇建设用地范围内，经省级以上人民政府批准由县级以上地方人民政府组织实施的成片开发建设需要用地的"的规定偏离前述立法计划和立法目的，具体些说就是，所谓"成片开发建设需要用地"并非为了公共利益，但却因此征收集体土地。

防止此种偏离，方法和措施之一是，应当坚持对《土地管理法》第 45 条的规定予以整体解释。其实，无论是就该条的文义和体系还是就其规范意旨而言，"成片开发建设需要用地"的征收都必须"为了公共利益的需要"，而非为了商业的需要。理论和期待如此，实际上能否如此彻底，有待观察。

在实践操作的层面，需要甄别"成片开发建设需要用地"在何种情况下是"为了公共利益的需要"。对成片开发建设需要用地是否为公共利益，在各阶段均须以一定的事实审查作为基础。其审查步骤依次包括征收目的本身的正当性、征收目的实现的有效性、征收目的实现的必要性、公益目的与私益损失之间合乎比例，其方法兼具"问题思考"与"体系思考"的特性，是促进国家权力结构平衡、调和公益与私利，达到实质正义的一种理性法则。这一法则借鉴价值较高，当然对法官的要求也很高，应该尝试，也借以避免社会不稳定因素的发酵。①

（二）2019年《土地管理法》和《民法典》实施下征收消灭的权利

必须注意的是，为贯彻落实《中共中央关于全面深化改革若干重大问题的决定》，《土地管理法》已被相应地修正、《民法典》予以承继之后，用地者自集体所有土地创设取得集体建设用地使用权，可不再适用征收制度。于此场合，集体土地所有权并未消灭，自该集体土地所有权派生出来的土地承包经营权、土地经营权、宅基地使用权、地役权的命运如何呢？母权消灭子权随之消灭的原理恐怕不得再用，于是疑问随之产生：这些用益物权是消灭呢，还是继续存在？若消灭，原理是什么？

如果是这些类型的他物权不再适用征收制度，集体土地所有权人与用地者径直签订集体建设用地使用权出让合同，那么，由于集体土地所有权并不因此而归于消灭，既存于该集体土地上的土地承包经营权、土地经营权、宅基地使用权、住宅所有权、居住权、地役权不会自动地归于消灭，而是呈现较为复杂的局面，几种法律制度及其理论都要派上用场。

集体土地所有权人与用地者径直签订集体建设用地使用权出让合同，设立集体建设用地使用权，应当类推适用《民法典》第349条关于"设立建设用地使用权的，应当向登记机构申请建设用地使用权登记。建设用地使用权自登记时设立。登记机构应当向建设用地使用权人发放权属证书"的规定。这就是说，此类集体建设用地使用权的设立，不但要有出让合同，而且须经土地资源管理机关的登记，未经登记便不产生集体建设用地使用权。

在集体建设用地使用权的登记已经办理完毕的情况下，因为土地承包经营权、宅基地使用权都要占有、使用土地，所以，在同一宗集体土地之上无法并存土地承包经营权、土地经营权、宅基地使用权，后三种权利必须消灭。负责消灭

---

① 陈小君：《〈土地管理法〉修法与新一轮土地改革》，载《中国法律评论》2019年第5期，第60页。

的义务人是集体土地所有权人，而非用地者。至于消灭的途径及方法，可视情况的不同而灵活确定：如果是土地承包经营权的存续期满，则不再延长土地承包经营权的存续期限即可达到目的；如果是土地承包经营权尚未期满，则可以由集体土地所有权人与土地承包经营权人协商，将土地承包经营权终止；如果是土地经营权尚未届期，则可以由土地承包经营权人与土地经营权人协商，将土地经营权终止；如果是宅基地使用权人不复存在，或因前往异地而主动放弃权利，则宅基地使用权就归于消灭；如果是宅基地使用权人仍然需要保有其权利，则可以通过替换宅基地的方式加以解决。

值得注意的是，由集体土地所有权人与用地者径直签订集体土地使用权出让合同，用地者取得集体建设用地使用权，消灭土地承包经营权，并非普遍现象，仅仅在极少数情况下才会发生，而且须经严格的审批程序。这是因为，多年来，中国一直强调确保耕地红线，即中国耕地保有量到 2010 年和 2020 年分别保持在 18.18 亿亩和 18.05 亿亩，确保 15.60 亿亩基本农田数量不减少，质量有提高。此次《中共中央关于全面深化改革若干重大问题的决定》再次重申："坚持和完善最严格的耕地保护制度"（第 20 条）。就是说，依据法律规定及操作程序，"先征收、再出让"时由自然资源主管机关与其他有关机关多重把关，确保耕地红线；如果未来不再采取征收措施，由集体土地所有权人径直与用地者签订集体土地使用权出让合同，就更加需要由有关行政主管机关把关，绝不允许放任自流，以确保耕地红线。这样，原则上不允许在耕地上创设集体建设用地使用权，而基本上是在宅基地、乡镇企业建设用地、乡镇政府办公用地以及"四荒"土地上创设集体建设用地使用权。既然不在耕地上创设集体建设用地使用权，就不会出现集体建设用地使用权产生、土地承包经营权或土地经营权消灭的现象。只有在耕地上创设集体建设用地使用权的场合，才会产生土地承包经营权、土地经营权终止的问题。

在集体建设用地使用权的登记已经办理完毕的情况下，地役权与集体建设用地使用权的功能不相抵触的，二权可以并存，地役权已经登记的，可以对抗集体建设用地使用权人；地役权尚未登记的，则不能对抗善意的集体建设用地使用权人。

在集体建设用地使用权的登记已经办理完毕的情况下，地役权与集体建设用地使用权的功能相冲突的，则地役权必须终止，集体土地所有权人有义务了断此事。其具体路径及方法，可以由双方协商一致，也可以由集体土地所有权人单方面撕毁地役权设立合同，强行终止地役权，当然，其同时向地役权人承担违约责任。需要注意，如果地役权业已登记，则集体土地所有权人仅仅依靠撕毁地役权设立合同，恐怕还不能终止地役权。

在集体建设用地使用权的登记尚未办理的情况下，既存于该集体土地上的宅基地使用权或地役权，个别情况下是土地承包经营权、土地经营权，并无与之相冲突的集体建设用地使用权存在，因而，在理论上，宅基地使用权、地役权、土地承包经营权、土地经营权不会因此而消灭。但在实际上，由于集体建设用地使用权的登记只是时间问题，只要该项登记完毕，既存于该集体土地上的宅基地使用权、土地承包经营权、土地经营权就必须终止，既存于该集体土地上的地役权若与即将设立的集体建设用地使用权在功能方面相同，也必须终止。有鉴于此，即使集体建设用地使用权的登记尚未办理，先行终止既存于该集体土地上的土地承包经营权、土地经营权、宅基地使用权以及在功能上相冲突的地役权，也不失为未雨绸缪的明智之举。

（三）住宅、厂房、办公用房的所有权消灭的模式

宅基地上的住宅、乡镇企业的厂房、乡镇政府的办公用房（以下简称为住宅、厂房、办公用房），是作为征收的对象，适用征收规则[1]；还是不作为征收的对象，按照"宅基地上的房屋所有权因宅基地使用权的终止而失去权源，乡镇企业的厂房、乡镇政府的办公用房因集体建设用地使用权的终止而欠缺正当根据，于是消灭"的解释路径？这两种解释都说得通，笔者更愿意将住宅、厂房、办公用房作为征收的对象，理由之一在于，中国现行法将土地和房屋作为两种各自独立的物，而不是如同德国民法典那样将房屋视为土地的添附，成为一个不动产，这为采取土地征收和房屋征收的二元模式提供了前提；理由之二在于，便于将土地征收的补偿款和房屋征收的补偿款分别支付，利于房屋所有权人实际获得补偿款。因为仅仅将集体土地作为征收的对象，不把住宅、厂房、办公用房纳入征收的范围，则住宅、厂房、办公用房的所有权并非因征收而归于消灭，只是因其缺乏地权而无继续存在的基础而不复存在。这样，住宅、厂房、办公用房的所有权的消灭及其补偿关系，属于集体土地所有权人与用地者之间的关系，能否算作征收法律关系的范畴，尚有争论。如此，征收法律关系中的补偿款直接付给集体土地所有权人，而不是直接付给住宅、厂房、办公用房的所有权人，也说得过去。可是，如此操作容易发生集体土地所有权人截留补偿款，有偿取得宅基地使用权的住宅所有权人、集体建设用地使用权人未获或少获补偿款的问题，从而侵害住宅、厂房、办公用房的所有权人的合法权益。权衡利弊，还是把住宅、厂房、办公用房作为征收的对象优点更多。

---

[1] 房绍坤、王洪平：《公益征收法研究》，北京，中国人民大学出版社2011年版，第230页以下。

将住宅、厂房、办公用房作为征收的对象，住宅、厂房、办公用房的私人所有权何时终止，或者说私人房屋所有权何时转变为国家所有权或开发商的所有权？《民法典》第229条规定，因人民政府的征收决定导致物权设立、变更、转让或消灭的，自征收决定生效时发生效力。其文义明白确定，似无疑问。但实务中出现的下述问题，迫使我们不得不选定解决的方案。

应当注意到，在因商业利益所为住宅、厂房、办公用房的征收场合，强制性并非初始即有的，征收决定宜在被征收人同意征收及其补偿之后作出，此前宜为征收意向。由此决定，只要被征收人未同意补偿数额，就不应产生征收决定，也就谈不上征收决定生效，作为征收对象的物权就不终止。

实务中出现的问题之一是，征收住宅、厂房、办公用房的决定虽然已经公告，但征收主管机关和被征收人之间尚未就补偿款的数额达成一致。于此场合，机械地按照《民法典》第229条关于征收决定生效导致物权变动的规定处理问题，是在鼓励个别行政主管机关的违法行为，侵害了被征收人的合法权益。比较可取的方案是，可以将被征收住宅、厂房、办公用房的所有权终止的时间点确定在征收住宅、厂房、办公用房的补偿款付清之时。中国台湾地区"土地征收条例"采取了这种方案。该条例第21条第1项规定："被征收土地或土地改良物之所有权人，对于其土地或土地改良物之权利义务，于应受之补偿费发给完竣时终止。"该方案比较有利于被征收人，中国大陆可以借鉴。但是，在集体建设用地使用权的登记已经办理完毕、补偿款尚未付清的情况下，住宅、厂房、办公用房的所有权是否仍然在补偿款付清时终止呢？笔者倾向于否定说，而赞同将办理完毕住宅、厂房、办公用房的所有权移转登记手续之时作为私人所有权终止的时刻，这样，可以保持对内关系和对外关系的一致性，简洁明快。至于对被征收人的保护，可以通过明文规定办理住宅、厂房、办公用房的所有权移转登记以付清征收补偿款为前提条件、赋与被征收人抗辩权的路径来解决。①

在不采取"先征收、再出让"模式，而由集体土地所有权人径直出让集体建设用地使用权给用地者的情况下，住宅、厂房、办公用房的所有权的消灭，无法按照征收消灭被征收财产所有权的规则解决，只能依据母权消灭子权随之消灭的原理处理。分解开来说，住宅所有权因宅基地使用权的终止而失去权源，因而归于消灭；乡镇企业的厂房的所有权、乡镇政府的办公用房的所有权因（原）集体土地使用权的终止而欠缺正当根据，因而归于消灭。

---

① 参见崔建远：《不动产征收视野下的房屋拆迁》，载房绍坤、王洪平主编：《不动产征收法律制度纵论》，北京，中国法制出版社2009年版，第314页。

有必要提示的是，无论是否采取"先征收、再出让"的模式，住宅、厂房、办公用房的所有权的消灭，都得按照《民法典》的规定及精神，办理所有权的注销登记（第214条、第360条、第365条、第370条、第385条）。

（四）补偿款规则的变革及其走向

征收补偿，是征收制度不可分割的组成部分和重要特征。[1] 德国法甚至把征收规则和补偿规则联系在同一个法律里的要求，通常叫作一揽子条款。[2] 完全补偿、公平补偿、合理补偿，是我们高倡的征收制度的愿景之一。[3]《民法典》在这方面也有不小的进步，第243条第2款关于"征收集体所有的土地，应当依法及时足额支付土地补偿费、安置补助费以及农村村民住宅、其他地上附着物和青苗等的补偿费用，并安排被征地农民的社会保障费用，保障被征地农民的生活，维护被征地农民的合法权益"的规定，相较于《物权法》第42条第2款的规定，增加了"及时"作为"足额支付土地补偿款"的状语，增加了"以及农村村民住宅"以凸显住宅所有权作为征收对象和"及时足额"地予以补偿，在"其他地上附着物和青苗"之后增加"等"以明确"土地补偿费、安置补助费以及农村村民住宅、其他地上附着物和青苗"仅仅是列举，并未穷尽应予补偿的科目，提醒补偿不应遗漏。

在采取"先征收、再出让"模式的背景下，在征收人（自然资源主管机关，下同）与被征收人（集体土地所有权人，住宅、厂房、办公用房的所有权人，下同）之间，发生被征收的土地归国家所有、集体土地所有权终止的法律效果，这比较清楚。疑问在于，是征收人向被征收人给与足额补偿，还是由用地者支付补

①　翁岳生主编：《行政法》（下），北京，中国法制出版社2002年版，第1724页；应松年：《当代中国行政法》，北京，中国方正出版社2005年版，第1882页；申卫星：《构建公权与私权平衡下的中国物权法》，载房绍坤、王洪平主编：《不动产征收法律制度纵论》，北京，中国法制出版社2009年版，第9～10页；石凤友：《我国土地征收法律制度研究》，载房绍坤、王洪平主编：《不动产征收法律制度纵论》，北京，中国法制出版社2009年版，第129、146页；张玉东：《公益征收若干法律问题研究》，载房绍坤、王洪平主编：《不动产征收法律制度纵论》，北京，中国法制出版社2009年版，第193页以下；陈伯礼、徐信贵：《不动产征收制度之构建逻辑与运作机理》，载房绍坤、王洪平主编：《不动产征收法律制度纵论》，北京，中国法制出版社2009年版，第224页以下。

②　［德］哈特穆特·毛雷尔：《行政法学总论》，高家伟译，北京，法律出版社2000年版，第692页。

③　在全国人大常委会法制工作委员会组织的《中华人民共和国物权法草案》的系列研讨会上，江平教授一直主张征收补偿应当是完全补偿，或曰公平补偿，不得采取"补偿标准由国务院另行规定"的立法模式。德国《基本法》第14条第3项奉行"公平补偿"原则，在一般情况下也就是完全补偿原则；《日本国宪法》第29条第3项规定"正当的补偿"，实际上意味着完全补偿；《法国公用征收法》确定完全补偿原则，但补偿的对象必须是直接的、物质的和确定的损失，而不包括与公用征收无直接因果关系的损失，精神上、感情上的损失和将来可能发生的不确定的损失也不包括在内。

偿款？中国台湾地区的"土地征收条例"采取的是用地者支付补偿款的模式（第11条、第19条以下）。在中国大陆，有的采取用地者（大多为开发商，下同）直接与被征收人签订合同，约定补偿款及其计算标准、支付时间和数额的模式；有的则是征收人直接与被征收人签订合同，约定土地补偿款及其计算标准、支付时间和数额，被征收住宅、厂房、办公用房的补偿由用地者与住宅、厂房、办公用房的所有权人签订合同，约定住宅、厂房、办公用房的补偿款及其计算标准、支付时间和数额。如果严格按照法律关系分析，应当是征收人向被征收人及住宅、厂房、办公用房的所有权人补偿，用地者（建设用地使用权的受让人）向自然资源主管机关缴纳土地使用权出让金。但不妨碍在实际操作上，建设用地使用权的受让人直接向被征收人及住宅、厂房、办公用房的所有权人支付补偿款，相当于建设用地使用权的受让人按照自然资源管理机关的指令向债权人付款。

在采取"先征收、再出让"模式的背景下，集体土地所有权因征收而不复存在，设立在该宗土地上的土地承包经营权、土地经营权、集体建设用地使用权随着母权的消灭而终止。在征收人与征收利害关系人（土地承包经营权人、集体建设用地使用权人，下同）之间，发生补偿关系，其内容包括承包地的青苗补偿、农用设施的补偿等。是否补偿土地承包经营权提前终止致使承包人的预期利益的损失？尽管许多法律及其学说都反对征收场合补偿预期利益，例如，德国法上的征收补偿不包括可得利益的损失，甚至在具有理由的例外情况下，如为了防止洪水、保护公共财产通过法律直接征收几乎没有价值的水坝，还可以减少补偿[①]，但是，笔者仍然持赞同态度，理由如下：其一，土地承包经营权、土地经营权为财产权，具有财产价值，承包人本有可靠的预期，兹因征收导致土地承包经营权提前终止，使其遭受了损失，应当获得补偿。当然，对于预期利益的补偿肯定要有限制，侵权损害赔偿在大多的情况下都不赔偿预期利益，何况并非民事侵权的公益征收制度之中的补偿呢！同时，需要注意，在法国，征收补偿的对象必须是直接的、物质的和确定的损失，不包括与公用征收无直接因果关系的损失，精神上、感情上的损失和将来可能发生的不确定的损失也不包括在内。[②] 在中国，也大体如此。其二，将集体土地所有权的征收补偿款和土地承包经营权、土地经营权的征收补偿款分开，向农村集体经济组织、承包人、土地经营权人分别支付，更能保障承包人获得补偿，避免将补偿款一并发给农村集体经济组织却被截留，

---

① ［德］哈特穆特·毛雷尔：《行政法学总论》，高家伟译，北京，法律出版社2000年版，第695～697页。

② 王名扬：《法国行政法》，北京，中国政法大学出版社1998年版，第392～393页。

失地农民实际上没有获得补偿款，酿成社会问题。

集体所有的土地被征收之后，自然资源主管机关将建设用地使用权出让给用地者，该用地者应当按照出让合同向自然资源主管机关支付土地使用权出让金，没有疑问。有疑问的是，用地者是否向被征收人及利害关系人支付补偿款？中国实务中普遍存在用地者补偿被征收人的现象，不论被征收的是土地还是房屋，都是如此。这符合权利义务相一致的原则，取得土地权利、房屋所有权，应当支付相应的代价。至于利害关系人的补偿，则模式不同，有的是直接支付，有的是先付给集体所有权人，再由它转交给利害关系人。为了防止集体土地所有权人截留，笔者赞同将补偿款直接付给利害关系人的做法。

在不采取"先征收、再出让"模式，而由集体土地所有权人径直与用地者签订集体建设用地使用权出让合同的背景下，用地者须向集体土地所有权人支付对价，至于该对价是命名为土地使用权出让金，还是补偿款，倒并不关键。一般说来，该对价在数额上要明显高于采取"先征收、再出让"模式时自然资源主管机关支付的土地使用权出让金，从而提高集体土地所有权人的获益，实现《中共中央关于全面深化改革若干重大问题的决定》的目的之一。

上述集体建设用地使用权的设立，使得既存的土地承包经营权、土地经营权、有偿取得的宅基地使用权、集体建设用地使用权归于消灭的，土地承包经营权人、土地经营权人、有偿取得的宅基地使用权人、原集体建设用地使用权人也应获得相应的补偿。由于于此场合的土地承包经营权、土地经营权、有偿取得的宅基地使用权、集体建设用地使用权的消灭，是依据母权消灭子权随之消灭的原理运作的，符合事物本质的补偿款支付的流程应当是，由集体土地所有权人向土地承包经营权人、土地经营权人、有偿取得的宅基地使用权人、原集体建设用地使用权人支付。从另一个角度说，是用地者向集体土地所有权人所负对价中含有土地承包经营权、有偿取得的宅基地使用权、集体建设用地使用权的消灭的代价。

诚然，实务操作时，向土地承包经营权人、土地经营权人、有偿取得的宅基地使用权人、原集体建设用地使用权人支付补偿款，也可以由用地者径直向土地承包经营权人、土地经营权人、有偿取得的宅基地使用权人、原集体建设用地使用权人支付。只不过如此操作时，用地者向集体土地所有权人支付的对价中不含有土地承包经营权、有偿取得的宅基地使用权、集体建设用地使用权的消灭的代价。

考虑到实务操作中某些村干部掌握土地补偿费时，往往将土地补偿费挪用为村干部工资或其他行政费用，产生村干部贪污腐化现象[1]，补偿款由用地者径直向土地承包经营权人、有偿取得的宅基地使用权人、原集体建设用地使用权人支付，更有利于农民，笔者更赞同这种补偿款的流向图。

需要多说几句的是，对于宅基地使用权人是否补偿？宅基地使用权若为有偿取得的，应予补偿，只是必须考虑另行择地的因素；若为无偿取得的，则不予补偿，但应另行提供一宗宅基地。

第二百四十四条

国家对耕地实行特殊保护，严格限制农用地转为建设用地，控制建设用地总量。不得违反法律规定的权限和程序征收集体所有的土地。

本条主旨

本条是关于特殊保护耕地、禁止非法征地的规定。

相关条文

《物权法》第43条　国家对耕地实行特殊保护，严格限制农用地转为建设用地，控制建设用地总量。不得违反法律规定的权限和程序征收集体所有的土地。

《土地管理法》第3条　十分珍惜、合理利用土地和切实保护耕地是我国的基本国策。各级人民政府应当采取措施，全面规划，严格管理，保护、开发土地资源，制止非法占用土地的行为。

第4条　国家实行土地用途管制制度。

国家编制土地利用总体规划，规定土地用途，将土地分为农用地、建设用地和未利用地。严格限制农用地转为建设用地，控制建设用地总量，对耕地实行特殊保护。

前款所称农用地是指直接用于农业生产的土地，包括耕地、林地、草地、农田水利用地、养殖水面等；建设用地是指建造建筑物、构筑物的土地，包括城乡住宅和公共设施用地、工矿用地、交通水利设施用地、旅游用地、军事设施用地等；未利用地是指农用地和建设用地以外的土地。

使用土地的单位和个人必须严格按照土地利用总体规划确定的用途使用土地。

---

[1]　陈小君等：《农村土地法律制度研究——田野调查解读》，北京，中国政法大学出版社2004年版，第266页。

第 30 条　国家保护耕地，严格控制耕地转为非耕地。

国家实行占用耕地补偿制度。非农业建设经批准占用耕地的，按照"占多少，垦多少"的原则，由占用耕地的单位负责开垦与所占用耕地的数量和质量相当的耕地；没有条件开垦或者开垦的耕地不符合要求的，应当按照省、自治区、直辖市的规定缴纳耕地开垦费，专款用于开垦新的耕地。

省、自治区、直辖市人民政府应当制定开垦耕地计划，监督占用耕地的单位按照计划开垦耕地或者按照计划组织开垦耕地，并进行验收。

第 31 条　县级以上地方人民政府可以要求占用耕地的单位将所占用耕地耕作层的土壤用于新开垦耕地、劣质地或者其他耕地的土壤改良。

第 32 条　省、自治区、直辖市人民政府应当严格执行土地利用总体规划和土地利用年度计划，采取措施，确保本行政区域内耕地总量不减少、质量不降低。耕地总量减少的，由国务院责令在规定期限内组织开垦与所减少耕地的数量与质量相当的耕地；耕地质量降低的，由国务院责令在规定期限内组织整治。新开垦和整治的耕地由国务院自然资源主管部门会同农业农村主管部门验收。

个别省、直辖市确因土地后备资源匮乏，新增建设用地后，新开垦耕地的数量不足以补偿所占用耕地的数量的，必须报经国务院批准减免本行政区域内开垦耕地的数量，易地开垦数量和质量相当的耕地。

第 33 条　国家实行永久基本农田保护制度。下列耕地应当根据土地利用总体规划划为永久基本农田，实行严格保护：

（一）经国务院农业农村主管部门或者县级以上地方人民政府批准确定的粮、棉、油、糖等重要农产品生产基地内的耕地；

（二）有良好的水利与水土保持设施的耕地，正在实施改造计划以及可以改造的中、低产田和已建成的高标准农田；

（三）蔬菜生产基地；

（四）农业科研、教学试验田；

（五）国务院规定应当划为永久基本农田的其他耕地。

各省、自治区、直辖市划定的永久基本农田一般应当占本行政区域内耕地的百分之八十以上，具体比例由国务院根据各省、自治区、直辖市耕地实际情况规定。

第 34 条　永久基本农田划定以乡（镇）为单位进行，由县级人民政府自然资源主管部门会同同级农业农村主管部门组织实施。永久基本农田应当落实到地块，纳入国家永久基本农田数据库严格管理。

乡（镇）人民政府应当将永久基本农田的位置、范围向社会公告，并设立保护标志。

第35条　永久基本农田经依法划定后，任何单位和个人不得擅自占用或者改变其用途。国家能源、交通、水利、军事设施等重点建设项目选址确实难以避让永久基本农田，涉及农用地转用或者土地征收的，必须经国务院批准。

禁止通过擅自调整县级土地利用总体规划、乡（镇）土地利用总体规划等方式规避永久基本农田农用地转用或者土地征收的审批。

《煤炭法》第18条　煤矿建设使用土地，应当依照有关法律、行政法规的规定办理。征收土地的，应当依法支付土地补偿费和安置补偿费，做好迁移居民的安置工作。

煤矿建设应当贯彻保护耕地、合理利用土地的原则。

地方人民政府对煤矿建设依法使用土地和迁移居民，应当给予支持和协助。

理解与适用

本条是对《物权法》第43条的复制。它既是宪法问题、基本国策问题，在物权法内部也是所有权等物权的社会性问题。

土地是人类赖以生存和发展的物质条件，一切生产和生存的源泉。实现社会经济的可持续发展，最基础、最根本的保证是实现对资源的可持续利用。我国人均耕地面积不到世界水平的1/3，国土资源紧缺稀薄。粮食（及棉油）问题事关国家战略安全，假如依赖粮食进口以解决中国人的吃饭问题，那实在是太危险了。有鉴于此，多年来，中国一直强调确保耕地红线，即中国耕地保有量到2010年和2020年分别保持在18.18亿亩和18.05亿亩，确保15.60亿亩基本农田数量不减少，质量有提高。此次《中共中央关于全面深化改革若干重大问题的决定》再次重申："坚持和完善最严格的耕地保护制度"（第20条）。《土地管理法》就国家对耕地实行特殊保护作了较为细致的规定（第30—43条），《民法典》予以肯定，设置本条，是十分必要的。

本条的核心是以法律的形式固定、保护国家对耕地实行特殊保护的基本国策，明确通过严格限制农用地转为建设用地、控制建设用地总量和禁止违法征收具体措施来保障基本国策的落实。

在具体落实《土地管理法》《民法典》的规定方面，行政主管机关已有具体的方针、步骤和措施。国务院原则同意《全国土地整治规划（2016—2020年）》，由国土资源部、国家发展改革委发布实施。

国务院要求，《全国土地整治规划（2016—2020年）》的实施，要按照党中央、国务院决策部署，坚持最严格的耕地保护制度和最严格的节约用地制度，实施藏粮于地和节约优先战略，以提升粮食产能为目标，大力推进农用地整理和高标准农田建设，夯实农业现代化基础；以促进城乡统筹发展为导向，大力推进城乡散乱、闲置、低效建设用地整理，推动美丽宜居乡村建设和新型城镇化发展；以精准扶贫、精准脱贫为要求，大力推进贫困地区土地综合整治，加大政策、项目、资金支持，助力脱贫攻坚；以保护生态环境为前提，大力推进废弃、退化、污染、损毁土地的治理、改良和修复，促进土地资源永续利用。

通过《全国土地整治规划（2016—2020 年）》的实施，"十三五"期间，确保建成 4 亿亩、力争建成 6 亿亩高标准农田，使经整治的基本农田质量平均提高 1 个等级；通过土地整治补充耕地 2 000 万亩，通过农用地整理改造中低等耕地 2 亿亩左右，耕地数量质量保护水平全面提升；整理农村建设用地 600 万亩，改造开发城镇低效用地 600 万亩，促进单位国内生产总值的建设用地使用面积降低 20％，节约集约用地水平进一步提高；全面推进土地复垦，复垦率达到 45％以上，开展土地生态整治，使土地资源得到合理利用，生态环境明显改善。

国务院提出，地方各级人民政府要加强组织领导，切实落实主体责任，完善各项政策措施，依据上一级土地整治规划确定的目标和任务，做好本行政区域土地整治规划的编制实施，统筹安排高标准农田建设、农用地整理、城乡建设用地整理、土地复垦等各项工作，全面落实《全国土地整治规划（2016—2020 年）》确定的土地整治目标任务。国务院有关部门和单位要根据职责分工，密切协调配合，在规划编制、政策实施、项目安排、资金保障和体制机制创新等方面给予积极支持。国土资源部、国家发展改革委要牵头做好《全国土地整治规划（2016—2020 年）》的组织实施工作，加强跟踪分析、督促检查和考核评估，认真研究解决《全国土地整治规划（2016—2020 年）》实施中出现的问题，推动《全国土地整治规划（2016—2020 年）》各项目标任务落实，重大问题及时向国务院报告。[①]

关于耕地实行特殊保护，《土地管理法》设有专章"第四章"，共计 13 个条文，足见重视程度。有些规定斩钉截铁，例如，第 33 条规定："国家实行永久基本农田保护制度。下列耕地应当根据土地利用总体规划划为永久基本农田，实行严格保护：（一）经国务院农业农村主管部门或者县级以上地方人民政府批准确定的粮、棉、油、糖等重要农产品生产基地内的耕地；（二）有良好的水利与水土保持设施的耕地，正在实施改造计划以及可以改造的中、低产田和已建成的高

---

① 信息来源：《中国政府网》，http://www.gov.cn/wszb/zhibo597/content_2557019.htm，https://www.sohu.com/a/123106115_159202.2020 年 3 月 30 日最后访问。

标准农田；（三）蔬菜生产基地；（四）农业科研、教学试验田；（五）国务院规定应当划为永久基本农田的其他耕地"（第 1 款）；"各省、自治区、直辖市划定的永久基本农田一般应当占本行政区域内耕地的百分之八十以上，具体比例由国务院根据各省、自治区、直辖市耕地实际情况规定"（第 2 款）。

第二百四十五条

因抢险救灾、疫情防控等紧急需要，依照法律规定的权限和程序可以征用组织、个人的不动产或者动产。被征用的不动产或者动产使用后，应当返还被征用人。组织、个人的不动产或者动产被征用或者征用后毁损、灭失的，应当给予补偿。

本条主旨

本条是关于征用的规定。

相关条文

《物权法》第 44 条　因抢险、救灾等紧急需要，依照法律规定的权限和程序可以征用单位、个人的不动产或者动产。被征用的不动产或者动产使用后，应当返还被征用人。单位、个人的不动产或者动产被征用或者征用后毁损、灭失的，应当给予补偿。

《国防法》第 48 条　国家根据动员需要，可以依法征收、征用组织和个人的设备设施、交通工具和其他物资。

县级以上人民政府对被征收、征用者因征收、征用所造成的直接经济损失，按照国家有关规定给予适当补偿。

理解与适用

在较长的历史时期内，中国法不区分征收和征用，统用征用的术语。2004年 3 月 14 日，第十届全国人民代表大会第二次会议通过《中华人民共和国宪法修正案》，其中第 20 条决定将《宪法》第 10 条第 3 款关于"国家为了公共利益的需要，可以依照法律规定对土地实行征用"的规定，修改为"国家为了公共利益的需要，可以依照法律规定对土地实行征收或者征用并给予补偿"。2004 年 3月 14 日该修正案由全国人民代表大会公告公布施行。为贯彻、落实该修正案，第十届全国人民代表大会常务委员会第十一次会议于 2004 年 8 月 28 日通过《全国人民代表大会常务委员会关于修改〈中华人民共和国土地管理法〉的决定》，"对《中华人民共和国土地管理法》作如下修改：一、第二条第四款修改为：'国家为了公共利益的需要，可以依法对土地实行征收或者征用并给予补偿。'二、将第四十三条第二款、第四十五条、第四十六条、第四十七条、第四十九条、第五十一条、第七十八条、第七十九条中的'征用'修改为'征收'"。

在区分征收和征用的前提下，所谓征用，是指因抢险救灾、疫情防控等紧急需要，国家依照法律规定的权限和程序强制利用他人的不动产、动产。它与征收具有共性：（1）都是行政命令；（2）都是动用国家权力；（3）相对人都必须服从；（4）被征用财产的物权人永久地或暂时地失去占有、使用该财产的权能；（5）补偿非讨价还价形成。两者也有明显的差异：（1）征收，是消灭征收标的的所有权；征用，至少在初衷方面不是消灭被征用财产的所有权，是暂时剥夺物权人的占有、使用之权，至于被征用之物灭失了，那属于另外的问题，并非征用必然含有的因素。（2）征收适用的前提和要件是公共利益的需要，不限于抢险救灾、疫情防控等紧急需要；而征用适用的前提和要件是抢险、救灾等紧急需要。（3）征收的场合仅有补偿被征收人的问题，征用的场合，首先是于抢险救灾、疫情防控等紧急情形结束后，国家要把被征用的财产返还给被征用之人，并予以一定的补偿，只有被征用之物灭失时才发生折价补偿。（4）征收，多用于不动产的场合，征用，多用于动产的情形。

第五章

国家所有权和集体所有权、私人所有权

　　本章从所有权主体的类型角度分别规定了国家所有权、集体所有权和私人所有权，集中体现了中国社会主义基本经济制度的要求。这是经济基础决定上层建筑的典型表现。

　　国家所有权在本质上是社会主义全民所有制在法律上的表现，是国家对国有财产的占有、使用、收益和处分的权利。它包括国家土地所有权、海域所有权、矿产资源所有权、水资源所有权，以及建筑物、构筑物及其附属设施的所有权等，还有各种动产的所有权。它具有如下特征。

　　1. 主体的特殊性。国家所有权的主体为国家，而非其他任何人。国家虽然同时是主权的享有者、政权的承担者和财产的所有人，但在以所有权人的身份为民事活动时，主权享有者、政权承担者的身份隐而不露。由于国家所有权是全民所有制的法律表现，国家是代表全体人民行使所有权的，它本身没有特殊的利益，国家所有权的享有及行使所获得的利益，最终是为了满足广大人民的物质和文化生活的需要。国家在行使国家所有权的过程中，也应当充分反映全体人民的意志和利益。① 国有财产由国务院代表国家行使所有权；法律另有规定的除外（《民法典》第 246 条第 2 款）。

　　2. 客体范围的广泛性。《宪法》及《民法通则》等法律将国家所有的财产规定得十分广泛，《物权法》予以承继并更加具体和明确，《民法典》亦然（第 247 条以下）。

　　3. 某些客体的专属性。矿藏、水流、海域、城市的土地等财产专属于国家，

---

　　① 王利明、尹飞、程啸：《中国物权法教程》，北京，人民法院出版社 2007 年版，第 172 页。

任何单位和个人不能取得其所有权（《民法典》第 247 条等）。当事人取得专属于国家的财产的合同，根据《民法典》第 153 条第 2 款的规定，因为违反法律的禁止性规定而无效，不能发生取得国家专属财产权的效果。对于专属于国家的财产，不适用《民法典》关于善意取得的规定（第 311 条）。

4. 取得方式的多样性。国家可以凭借其公权力通过征收、国有化、没收等方式强制性地将普通民事主体的财产收归国有；依其行政权强制性地征收税金而取得所有权。当然，国家采取这些方式取得所有权时必须严格依照法定条件、遵循法定程序，以保障公民、法人等主体的合法权益，维护正常的社会秩序，显现出正当性。显现正当性的另一方面的表现是，国家借助国家强执行力征收、国有化、没收，不是国家"私吞"他人的财产，而是用于公共利益方面。此外，《民法典》规定，遗失物自发布招领公告之日起 1 年内无人认领的，归国家所有（第318 条）；拾得漂流物、发现埋藏物或者隐蔽物的，参照拾得遗失物的规定，除非文物保护法等法律另有规定（第 319 条）；无人继承又无人受遗赠的遗产，归国家所有，用于公益事业；死者生前是集体所有制组织成员的，归所在集体所有制组织所有（第 1160 条）。

5. 行使方式的多层性。国家作为非常抽象的实体，大多无法直接占有、使用其财产，得交由国家机关、国家举办的事业单位代行所有权（《民法典》第255 条、第 256 条）；至于国家出资的企业，由国务院、地方人民政府依照法律、行政法规的规定分别代表国家履行出资人的职责，享有出资人的权益（《民法典》第 257 条），于此情形，国家所有权已经转化成股权。

6. 法律保护的优越性。国家所有权受到侵害或妨碍，不但有物权请求权、不当得利返还请求权、侵权损害赔偿请求权等这些普通民事主体能够行使的保护方式，而且拥有普通民事主体所没有的保护手段，如提前收回建设用地使用权（《民法典》第 358 条）。例如，《城市房地产管理法》第 26 条中段规定，土地使用权人满 2 年未动工开发建设用地的，可以无偿收回土地使用权。

集体所有权，是指集体组织及其全体成员对集体财产享有的占有、使用、收益和处分的权利。它具有如下特点。

1. 所有权人的复合结构。集体所有权的主体，首先包括一些集体组织。这里的集体组织，是指劳动群众集体，包括农村劳动群众集体和城镇劳动群众集体（《民法典》第 262 条、第 263 条）。但应注意到，城镇劳动群众集体企业逐渐被改制为有限责任公司、股份有限公司等法人形式，以及合伙企业形式。这些组织所享有的所有权已经不是集体所有权了。

集体所有权的主体还包括集体组织的全体成员（《物权法》第 261 条）。集体成员，应该根据集体成立时的原始成员进行判断。原始成员死亡的，其相应的成员资格应该由其继承人继承。户口是判断成员的重要但非唯一证据。在村这种农村集体组织中，集体组织成员所生的未成年人当然成为集体组织成员，无须继承集体成员的资格。

集体组织与其全体成员同为集体财产的所有权人，出现了集体所有权主体的复合结构。

[讨论]

《宪法》把集体所有权的主体限定在集体组织，《物权法》对此在承继的基础上又有所发展，其第59条第1款明确了集体组织成员亦为集体所有权的主体，目的在于解决集体所有权的主体虚化，某些地区的集体所有的财产被少数村干部作为谋取私利的工具，全体成员却难以真正行使对集体财产的权利，本应取得的利益被限制乃至被剥夺等问题。可见，立法本意是正面的、积极的，因此，《民法典》予以承继（第261条）。

不过，仅就法律技术而言，集体组织毕竟不同于集体组织成员，二者是各自不同的民事主体。集体组织作为所有权的主体，该所有权的主体是单一的，该所有权为单一的所有权，即单独所有权或曰个体所有权。集体组织成员作为所有权的主体，该所有权的主体是复数的，该所有权为共有权，而非单独所有权。在通说将集体所有权作为单独所有权看待的背景下，称集体组织和全体集体组织成员一起作为集体所有权的主体，在逻辑上存在着障碍。

2. 客体的范围受到限制。相对于国家所有权的客体的广泛性，集体所有权的客体在范围上明显地受到了限制，如不得享有河流、矿藏的所有权（《民法典》第260条等）。

3. 所有权运行的民主性。集体所有权的运行，必须充分反映集体组织成员的共同意志，实现集体组织成员的权益。集体组织成员的权益主要是通过成员权来体现的。成员权分为自益权和共益权，集体成员通过自益权实现其收益，通过共益权来行使集体所有权。[1]

4. 特殊的保护手段。对于集体所有权的法律保护，自然离不开物权请求权、侵权损害赔偿请求权、不当得利返还请求权等方式，此外还有集体成员的撤销权（《民法典》第265条第2款）。

---

[1] 黄松有主编：《〈中华人民共和国物权法〉条文理解与适用》，北京，人民法院出版社2007年版，第197页以下。

[引申与讨论]

集体经济组织、村民委员会或其负责人作出的侵害集体成员合法权益的决定，是指违反法律、法规及集体组织章程的处分集体财产的行为。[1] 它首先应为行政行为，也不排除向其他民事主体作出的要约或承诺，甚至是单方允诺。行政行为可能直接构成侵权行为，也可能导致侵权行为的发生。

这里所说的决定，应当是有关集体所有权及其行使的决定。此处所言的集体成员的合法权益，不是集体成员作为一个独立于集体组织的民事主体的个人的权益，而是作为集体组织成员在集体组织中所应享有的合法权益。

在"决定"为要约或承诺或单方允诺的情况下，或者"决定"引发了与交易相对人间的法律行为的场合，如集体经济组织、村民委员会或其负责人同意了某房地产开发公司利用集体土地从事房地产开发的条件，或将集体土地出租给了第三人，存在着保护善意第三人的问题，不得损害交易安全。于此场合，宜参照《民法典》第538－542条关于债权人撤销权的规定处理。

集体所有权的行使，具有代表行使、民主决策和设立他物权的色彩（《民法典》第261条、第262条等）。

集体所有权，归根结底应当服务于全体集体组织成员。为了减少乃至避免个别村干部利用集体所有权谋取私利，为了集体组织成员切实地就集体所有权而享受到利益，由集体组织成员（准确地说是农户）分享集体土地所有权中的占有、使用、收益的权能，取得宅基地使用权、土地承包经营权。这是集体所有权行使的一种表现，并且因他物权的效力优先于所有权而使集体组织成员（准确地说是农户）直接享受到集体土地所有权所产生的利益。

集体所有权的效力：集体所有权具有占有、使用、收益和处分的积极权能，也有物权请求权的消极权能。

《民法典》规定了私人所有权（第266条以下），其含义如何，需要界定。首先，私人所有权不同于私所有权，因为私所有权是相对于公所有权而言的，它不仅包括自然人的单独所有权，也包括企业法人所有权，还包括国家机关从事民事活动时呈现的法人所有权。

其次，《民法典》在私人所有权制度中使用的"私人"（第266条以下），宜被理解为自然人、个体工商户、个人独资企业、合伙、中外合资经营企业、中外合作经营企业、股份有限公司、有限责任公司，以及学校、医院、寺庙等主体。

---

[1]　黄松有主编：《〈中华人民共和国物权法〉条文理解与适用》，北京，人民法院出版社2007年版，第206页。

私人财产应当包括自然人、个体工商户、个人独资企业、合伙、中外合资经营企业、中外合作经营企业、股份有限公司、有限责任公司所拥有的财产，以及学校、医院、寺庙等主体所拥有的财产。但由于中外合资经营企业、股份有限公司、有限责任公司、学校、医院等均为法人，其财产权为法人所有权，系独立于自然人的单独所有权、国家所有权、集体所有权的一种所有权类型，而《民法典》第60条专门规定了法人所有权，与第266条以下规定的私人所有权并列，故可说私人所有权不包括中外合资经营企业、股份有限公司、有限责任公司的法人所有权。由于个体工商户、个人独资企业、合伙、不具备法人资格的中外合作经营企业的财产权形式为共有权，不是单独的所有权，最终落实为自然人的单独所有权。在这个层面上，《民法典》第266条以下规定的私人所有权只能是自然人的单独所有权。不过，问题还有另一面，当私人所有权作为与国家所有权、集体所有权相并列的概念而使用时，法人所有权也应属于私人所有权。

[论争与评论]

实际上，《民法典》第266条以下规定的私人所有权中的"私人"及"私人所有权"，其内涵和外延如何，其说不一。第一种观点将这里的私人等同于公民。[1] 第二种观点认为，这里的私人应被限缩解释为自然人。[2] 第三种观点主张，这里的私人是对国家、集体相对应的物权主体，不但包括中国的公民，也包括在中国合法取得财产的外国人和无国籍人。不仅包括自然人，还包括个人独资企业、个人合伙等非公有制企业。[3] 第四种观点强调，私人所有权的主体主要是自然人，但不限于自然人。私人所有权指称的范围更广，包括了个体工商户、合伙、各类企业法人、三资企业中投资者的权益等。[4] 对此，本释评书分析和评论如下。

第一种观点人为地缩小了私人的范围，不符合一定数量的外国人、无国籍人已经在合法购置房屋并享有所有权，法律对此予以保护的实际；也有违《民法典》力图保护自然人、个体工商户、个人独资企业、合伙企业、中外合资经营企业、中外合作经营企业等非公有制企业的合法财产权的立法本意，难被赞同。

---

① 见黄松有主编：《〈中华人民共和国物权法〉条文理解与适用》，北京，人民法院出版社2007年版，第209～214页。

② 崔建远、申卫星、王洪亮、程啸：《物权法》，王洪亮执笔，北京，清华大学出版社2008年版，第114页。

③ 全国人大常委会法制工作委员会民法室：《中华人民共和国物权法条文说明、立法理由及相关规定》，北京，北京大学出版社2007年版，第99页；胡康生主编：《中华人民共和国物权法释义》，北京，法律出版社2007年版，第153页。

④ 王利明、尹飞、程啸：《中国物权法教程》，北京，人民法院出版社2007年版，第199页。

第二种观点在将私人所有权限缩为自然人的单独所有权这点上，值得赞同，但毅然决然地把个体工商户、个人独资企业、个人合伙、中外合资经营企业、中外合作经营企业等非公有制企业排除在私人的范围之外，在暂不考虑所有权的类型的前提下，有些狭小了，不符合《民法典》的立法本意。故本释评书只能部分地吸收其合理成分。

第三种观点注意到了现行法上的民事主体的多样性，若不联系所有权的种类，仅仅从所有制的层面观察民事主体的类型，将自然人、个人独资企业、个人合伙等非公有制企业作为私的主体，值得赞同（不仅如此，笔者还认为，个体工商户、学校、医院、寺庙等也是私的主体）。但是，如果结合所有权来理解私人，即界定私人所有权时，就不宜断言私人所有权包括自然人的单独所有权、个体工商户的单独所有权、个人独资企业的单独所有权、个人合伙的单独所有权。其道理在于，共有权不是所有权的一种独立类型，仅仅是所有权人为复数而已，而个体工商户、个人独资企业、个人合伙的财产权形式仍然是共有权（个体工商户场合是家庭成员的共有权，个人独资企业场合是作为出资人的自然人的共有权，个人合伙场合是合伙人的共有权），最终落实为自然人的单独所有权。就是说，私人所有权就是自然人的单独所有权，不应含有个人独资企业的单独所有权、个人合伙的单独所有权。不过，私人与国家、集体相对称使用时，则应包括个体工商户、个人独资企业、法人、非法人型的学校、医院及寺庙等。

第四种观点认为，私人所有权的范围不限于自然人，还包括私人对企业出资的财产所享有的权利。这混淆了所有权和股权，因为私人出资到有限责任公司、股份有限公司中的财产已经变成了法人所有权的客体，不再是个人所有权的标的，私人只是享有股权了。此其一。第四种观点主张，私人所有权包括个体工商户、合伙中投资者的权益，混淆了单独所有权和共有权，因为个体工商户经营管理的财产归家庭成员共有，合伙财产归全体合伙人共有。此其二。鉴于笔者赞同所有权、共有权、股权为不同的概念和制度的通说，本释评书无法赞同第四种观点。

私人所有权具有下效力：私人所有权具有占有、使用、收益和处分的积极权能，也有物权请求权的消极权能。

为了社会公共利益的需要，国家依照法律规定的权限和程序可以征收私人的不动产或动产（《民法典》第243条）；因抢险、救灾等紧急需要，依照法律规定的权限和程序可以征用私人的不动产或动产（《物权法》第245条），私人无法依其所有权予以对抗。但另一方面，在国家机关不能证明其征收系为了社会公共利益的需要，不能证明其征用系因抢险、救灾等紧急需要的情况下，私人可以依其所有权对抗征收、征用。这也是私人所有权的效力的表现。

私人所有权与法人所有权之间的关系如何？界定法人所有权，可有两条思路。遵循《民法典》界定所有权的思路（第240条），法人所有权是指法人对其财产享有占有、使用、收益和处分的权利；按照学说界定所有权的思路，法人所有权为法人对其财产全面支配并排除他人干涉的权利。至于出资人将其财产出资到法人的权利，不再表现为所有权，而是转化成了股权，《民法典》称之为出资者的权益（第76条等）。鉴于后者更准确地解释了法人所有权的本质属性，本释评书更愿意采纳这种界定路径。

据此可知，《民法典》承认了法人所有权，体现在第57条关于"法人是具有民事权利能力和民事行为能力，依法独立享有民事权利和承担民事义务的组织"的规定和第60条关于"法人以其全部财产独立承担民事责任"的规定，以及第268条等规定之中[1]，特别是《公司法》第3条关于"公司是企业法人，有独立的法人财产，享有法人财产权。公司以其全部财产对公司的债务承担责任"（第1款）；"有限责任公司的股东以其认缴的出资额为限对公司承担责任；股份有限公司的股东以其认购的股份为限对公司承担责任"（第2款）的规定。

第二百四十六条

法律规定属于国家所有的财产，属于国家所有即全民所有。

国有财产由国务院代表国家行使所有权。法律另有规定的，依照其规定。

本条主旨

本条是关于国有财产的范围、国家所有即全民所有和国务院代行国家所有权的规定。

相关条文

《宪法》第9条第1款　矿藏、水流、森林、山岭、草原、荒地、滩涂等自然资源，都属于国家所有，即全民所有；由法律规定属于集体所有的森林和山岭、草原、荒地、滩涂除外。

《民法通则》第73条第1款　国家财产属于全民所有。

---

① 参见全国人民代表大会常务委员会法制工作委员会民法室编著：《物权法立法背景与观点全集》，北京，法律出版社2007年版，第59页。

《物权法》第 45 条 法律规定属于国家所有的财产，属于国家所有即全民所有。

国有财产由国务院代表国家行使所有权；法律另有规定的，依照其规定。

《土地管理法》第 2 条第 1 款、第 2 款 中华人民共和国实行土地的社会主义公有制，即全民所有制和劳动群众集体所有制。

全民所有，即国家所有土地的所有权由国务院代表国家行使。

第 5 条 国务院自然资源主管部门统一负责全国土地的管理和监督工作。

县级以上地方人民政府自然资源主管部门的设置及其职责，由省、自治区、直辖市人民政府根据国务院有关规定确定。

第 6 条 国务院授权的机构对省、自治区、直辖市人民政府以及国务院确定的城市人民政府土地利用和土地管理情况进行督察。

《草原法》第 9 条第 1 款 草原属于国家所有，由法律规定属于集体所有的除外。国家所有的草原，由国务院代表国家行使所有权。

《森林法》第 10 条 国务院林业主管部门主管全国林业工作。县级以上地方人民政府林业主管部门，主管本地区的林业工作。乡级人民政府设专职或者兼职人员负责林业工作。

《水法》第 3 条 水资源属于国家所有。水资源的所有权由国务院代表国家行使。农村集体经济组织的水塘和由农村集体经济组织修建管理的水库中的水，归各该农村集体经济组织使用。

《矿产资源法》第 3 条第 1 款 矿产资源属于国家所有，由国务院行使国家对矿产资源的所有权。地表或者地下的矿产资源的国家所有权，不因其所依附的土地的所有权或者使用权的不同而改变。

第 11 条 国务院地质矿产主管部门主管全国矿产资源勘查、开采的监督管理工作。国务院有关主管部门协助国务院地质矿产主管部门进行矿产资源勘查、开采的监督管理工作。省、自治区、直辖市人民政府地质矿产主管部门主管本行政区域内矿产资源勘查、开采的监督管理工作。省、自治区、直辖市人民政府有关主管部门协助同级地质矿产主管部门进行矿产资源勘查、开采的监督管理工作。

《海域使用管理法》第 3 条第 1 款前段 海域属于国家所有，国务院代表国家行使海域所有权。

《煤炭法》第 12 条 国务院煤炭管理部门依法负责全国煤炭行业的监督管理。国务院有关部门在各自的职责范围内负责煤炭行业的监督管理。

县级以上地方人民政府煤炭管理部门和有关部门依法负责本行政区域内煤炭

行业的监督管理。

《渔业法》第6条　国务院渔业行政主管部门主管全国的渔业工作。县级以上地方人民政府渔业行政主管部门主管本行政区域内的渔业工作。县级以上人民政府渔业行政主管部门可以在重要渔业水域、渔港设渔政监督管理机构。

县级以上人民政府渔业行政主管部门及其所属的渔政监督管理机构可以设渔政检查人员。渔政检查人员执行渔业行政主管部门及其所属的渔政监督管理机构交付的任务。

第7条　国家对渔业的监督管理，实行统一领导、分级管理。

海洋渔业，除国务院划定由国务院渔业行政主管部门及其所属的渔政监督管理机构监督管理的海域和特定渔业资源渔场外，由毗邻海域的省、自治区、直辖市人民政府渔业行政主管部门监督管理。

江河、湖泊等水域的渔业，按照行政区划由有关县级以上人民政府渔业行政主管部门监督管理；跨行政区域的，由有关县级以上地方人民政府协商制定管理办法，或者由上一级人民政府渔业行政主管部门及其所属的渔政监督管理机构监督管理。

《野生动物保护法》第3条第1款　野生动物资源属于国家所有。

理解与适用

本条复制了《物权法》第45条的规定，含有国家所有财产的确定原则、国家所有与全民所有之间的关系、国务院代表国家行使所有权以及例外情形。本条重在宣明，法律适用时需要结合其他法律条文。

本条第1款前段所谓法律规定属于国家所有的财产，首先是指《宪法》规定的属于国家所有的财产（第9条等），其次是《民法典》规定的属于国家所有的财产（第247条等），再次是《土地管理法》等许多法律、法规规定的属于国家所有的财产。

本条第1款后段所谓国家所有即全民所有，并非定义，而是全民所有由国家所有来体现。之所以如此认识，是因为全民所有的主体是全体人民，而国家所有的主体是国家，全体人民和国家显然不是一个层面的概念。

国家是个抽象的政治实体，作为民事权利主体，其本身的虚拟性、抽象性以及模糊性，导致其活动能力受到局限，实际上，国家不可能真正去占有、使用国有财产，因而，国家所有权必须有人代其运作，因而本条第2款规定，国有财产由国务院代表国家行使所有权。在这方面，有若干部法律、法规予以具体化。例如，《企业国有资产法》规定："国务院和地方人民政府依照法律、行政法规的规定，分别代表国家对国家出资企业履行出资人职责，享有出资人权益"（第 4 条第 1 款）；"国务院确定的关系国民经济命脉和国家安全的大型国家出资企业，重要基础设施和重要自然资源等领域的国家出资企业，由国务院代表国家履行出资人职责。其他的国家出资企业，由地方人民政府代表国家履行出资人职责"（第 4 条第 2 款）。《企业国有资产监督管理暂行条例》落实这些规定（第 4 条、第 5 条）。

其实，国有资产的规模庞大、分布广泛，国务院对此事必躬亲是不现实的，需要分级管理。因而，《企业国有资产法》规定："国家建立健全与社会主义市场经济发展要求相适应的国有资产管理与监督体制，建立健全国有资产保值增值考核和责任追究制度，落实国有资产保值增值责任"（第 8 条）；"国家建立健全国有资产基础管理制度。具体办法按照国务院的规定制定"（第 9 条）。"国务院国有资产监督管理机构和地方人民政府按照国务院的规定设立的国有资产监督管理机构，根据本级人民政府的授权，代表本级人民政府对国家出资企业履行出资人职责"（第 11 条第 1 款）；"国务院和地方人民政府根据需要，可以授权其他部门、机构代表本级人民政府对国家出资企业履行出资人职责"（第 11 条第 2 款）；"代表本级人民政府履行出资人职责的机构、部门，以下统称履行出资人职责的机构"（第 11 条第 3 款）；"履行出资人职责的机构代表本级人民政府对国家出资企业依法享有资产收益、参与重大决策和选择管理者等出资人权利"（第 12 条第 1 款）；"履行出资人职责的机构依照法律、行政法规的规定，制定或者参与制定国家出资企业的章程"（第 12 条第 2 款）；"履行出资人职责的机构对法律、行政法规和本级人民政府规定须经本级人民政府批准的履行出资人职责的重大事项，应当报请本级人民政府批准"（第 12 条第 3 款）。

《企业国有资产监督管理暂行条例》规定："省、自治区、直辖市人民政府和设区的市、自治州级人民政府分别代表国家对由国务院履行出资人职责以外的国有及国有控股、国有参股企业，履行出资人职责。其中，省、自治区、直辖市人民政府履行出资人职责的国有及国有控股、国有参股企业，由省、自治区、直辖市人民政府确定、公布，并报国务院国有资产监督管理机构备案；其他由设区的市、自治州级人民政府履行出资人职责的国有及国有控股、国有参股企业，由设区的市、自治州级人民政府确定、公布，并报省、自治区、直辖市人民政府国有资产监督管理机构备案"（第 5 条第 2 款）；"国务院，省、自治区、直辖市人民政府，设区的市、自治州级人民政府，分别设立国有资产监督管理机构。国有资产监督管理机构根据授权，依法履行出资人职责，依法对企业国有资产进行监督管理"（第 6 条第 1 款）。

在按照国有财产的种类分工管理方面，《自然资源部职能配置、内设机构和人员编制规定》明确：自然资源部落实中央关于统一行使全民所有自然资源资产所有者职责，统一行使所有国土空间用途管制和生态保护修复职责的要求，强化顶层设计，发挥国土空间规划的管控作用，为保护和合理开发利用自然资源提供科学指引。进一步加强自然资源的保护和合理开发利用，建立健全源头保护和全过程修复治理相结合的工作机制，实现整体保护、系统修复、综合治理。创新激励约束并举的制度措施，推进自然资源节约集约利用。进一步精简下放有关行政审批事项、强化监管力度，充分发挥市场对资源配置的决定性作用，更好发挥政府作用，强化自然资源管理规则、标准、制度的约束性作用，推进自然资源确权登记和评估的便民高效（第3条第21款）。根据中央授权，对地方政府落实党中央、国务院关于自然资源和国土空间规划的重大方针政策、决策部署及法律法规执行情况进行督察。查处自然资源开发利用和国土空间规划及测绘重大违法案件。指导地方有关行政执法工作（第3条第17款）。自然资源部负责全民所有土地、矿产、森林、草原、湿地、水、海洋等自然资源资产所有者职责和所有国土空间用途管制职责。拟订自然资源和国土空间规划及测绘、极地、深海等法律法规草案，制定部门规章并监督检查执行情况（第3条第1款）。负责自然资源调查监测评价。制定自然资源调查监测评价的指标体系和统计标准，建立统一规范的自然资源调查监测评价制度。实施自然资源基础调查、专项调查和监测。负责自然资源调查监测评价成果的监督管理和信息发布。指导地方自然资源调查监测评价工作（第3条第2款）。负责自然资源统一确权登记工作。制定各类自然资源和不动产统一确权登记、权籍调查、不动产测绘、争议调处、成果应用的制度、标准、规范。建立健全全国自然资源和不动产登记信息管理基础平台。负责自然资源和不动产登记资料收集、整理、共享、汇交管理等。指导监督全国自然资源和不动产确权登记工作（第3条第3款）。负责自然资源资产有偿使用工作。建立全民所有自然资源资产统计制度，负责全民所有自然资源资产核算。编制全民所有自然资源资产负债表，拟订考核标准。制定全民所有自然资源资产划拨、出让、租赁、作价出资和土地储备政策，合理配置全民所有自然资源资产。负责自然资源资产价值评估管理，依法收缴相关资产收益（第3条第4款）。负责自然资源的合理开发利用。组织拟订自然资源发展规划和战略，制定自然资源开发利用标准并组织实施，建立政府公示自然资源价格体系，组织开展自然资源分等定级价格评估，开展自然资源利用评价考核，指导节约集约利用。负责自然资源市场监管。组织研究自然资源管理涉及宏观调控、区域协调和城乡统筹的政策措施（第3条第5款）。负责建立空间规划体系并监督实施。推进主体功能区战略和制度，组织编制并监督实施国土空间规划和相关专项规划。开展国土空间开发适宜性评价，建立国土空间规划实施监测、评估和预警体系。组织划定生态保护红线、永久基本农田、城镇开发边界等控制线，构建节约资源和保护环境的生产、生活、生态空间布局。建立健全国土空间用途管制制度，研究拟订城乡规划政策并监督实施。组织拟订并实施土地、海洋等自然资源年度利用计划。负责土地、海域、海岛等国土空间用途转用工作。负责土地征收征用管理（第3条第6款）。负责统筹国土空间生态修复。牵头组织编制国土空间生态修复规划并实施有关生态修复重大工程。负责国土空间综合整治、土地整理复垦、矿山地质环境恢复治理、海洋生态、海域海岸线和海岛修复等工作。牵头建立和实施生态保护补偿制度，制定合理利用社会资金进行生态修复的政策措施，提出重大备选项目（第3条第7款）。负责组织实施最严格的耕地保护制度。牵头拟订并实施耕地保护政策，负责耕地数量、质量、生态保护。组织实施耕地保护责任目标考核和永久基本农田特殊保护。完善耕地占补平衡制度，监督占用耕地补偿制度执行情况（第3条第8款）。负责管理地质勘查行业和全国地质工作。编制地质勘查规划并监督检查执行情况。管理中央级地质勘查项目。组织实施国家重大地质矿产勘查专项。负责地质灾害预防和治理，监督管理地下水过量开采及引发的地面沉降等地质问题。负责古生物化石的监督管理（第3条第9款）。负责矿产资源管理工作。负责矿产资源储量管理及压覆矿产资源审批。负责矿业权管理。会同有关部门承担保护性开采的特定矿种、优势矿产的调控及相关管理工作。监督指导矿产资源合理利用和保护（第3条第11款）。负责监督实施海洋战略规划和发展海洋经济。研究提出海洋强国建设重大战略建议。组织制定海洋发展、深海、极地等战略并监督实施。会同有关部门拟订海洋经济发展、海岸带综合保护利用等规划和政策并监督实施。负责海洋经济运行监测评估工作（第3条第12款）。负责海洋开发利用和保护的监督管理工作。负责海域使用和海岛保护利用管理。制定海域海岛保护利用规划并监督实施。负责无居民海岛、海域、海底地形地名管理工作，制定领海基点等特殊用途海岛保护管理办法并监督实施。负责海洋观测预报、预警监测和减灾工作，参与重大海洋灾害应急处置（第3条第13款）。负责测绘地理信息管理工作。负责基础测绘和测绘行业管理。负责测绘资质资格与信用管理，监督管理国家地理信息安全和市场秩序。负责地理信息公共服务管理。负责测量标志保护（第3条第14款）。

其他方面，如《森林法》第10条规定："国务院林业主管部门主管全国林业工作。县级以上地方人民政府林业主管部门，主管本地区的林业工作。乡级人民政府设专职或者兼职人员负责林业工作。"《水法》第3条规定："水资源属于国家所有。水资源的所有权由国务院代表国家行使。农村集体经济组织的水塘和由农村集体经济组织修建管理的水库中的水，归各该农村集体经济组织使用。"

第二百四十七条

矿藏、水流、海域属于国家所有。

本条主旨

本条是关于国家对矿藏、水流、海域享有所有权的规定。

相关条文

《宪法》第 9 条第 1 款　矿藏、水流、森林、山岭、草原、荒地、滩涂等自然资源，都属于国家所有，即全民所有；由法律规定属于集体所有的森林和山岭、草原、荒地、滩涂除外。

《物权法》第 46 条　矿藏、水流、海域属于国家所有。

《矿产资源法》第 3 条第 1 款　矿产资源属于国家所有，由国务院行使国家对矿产资源的所有权。地表或者地下的矿产资源的国家所有权，不因其所依附的土地的所有权或者使用权的不同而改变。

《水法》第 3 条　水资源属于国家所有。水资源的所有权由国务院代表国家行使。农村集体经济组织的水塘和由农村集体经济组织修建管理的水库中的水，归各该农村集体经济组织使用。

《煤炭法》第 3 条　煤炭资源属于国家所有。地表或者地下的煤炭资源的国家所有权，不因其依附的土地的所有权或者使用权的不同而改变。

《海域使用管理法》第 3 条第 1 款前段　海域属于国家所有，国务院代表国家行使海域所有权。

《领海及毗连区法》第 2 条　中华人民共和国领海为邻接中华人民共和国陆地领土和内水的一带海域。

中华人民共和国的陆地领土包括中华人民共和国大陆及其沿海岛屿、台湾及其包括钓鱼岛在内的附属各岛、澎湖列岛、东沙群岛、西沙群岛、中沙群岛、南沙群岛以及其它一切属于中华人民共和国的岛屿。

中华人民共和国领海基线向陆地一侧的水域为中华人民共和国的内水。

理解与适用

本条是对《物权法》第 46 条的复制，规定了三类专属于国家所有的自然资源。本条同样重在宣明矿藏、水流和海域由国家所有，至于具体的可操作性规定则由单行法完成。矿藏方面的是《矿产资源法》，水流方面的有《水法》等法律、法规，海域方面的是《海域使用管理法》。

矿藏，是指地下埋藏的各种矿物的总称，在《矿产资源法》及其实施细则上叫作矿产资源。《矿产资源分类细目》把矿产资源分为四大类，即能源矿产、金属矿产、非金属矿产和水气矿产。属于能源矿产的有：煤、煤成气、石煤、油页岩、石油、天然气、油砂、天然沥青、铀、钍、地热。属于金属矿产的有：铁、锰、铬、钒、钛；铜、铅、锌、铝土矿、镍、钴、钨、锡、铋、钼、汞、锑、镁；铂、钯、钌、锇、铱、铑；金、银；铌、钽、铍、锂、锆、锶、铷、铯；镧、铈、镨、钕、钐、铕、钇、钆、铽、镝、钬、铒、铥、镱、镥；钪、锗、镓、铟、铊、铪、铼、镉、硒、碲。属于非金属矿产的有：金刚石、石墨、磷、自然硫、硫铁矿、钾盐、硼、水晶（压电水晶、熔炼水晶、光学水晶、工艺水晶）、刚玉、蓝晶石、硅线石、红柱石、硅灰石、钠硝石、滑石、石棉、蓝石棉、云母、长石、石榴子石、叶蜡石、透辉石、透闪石、蛭石、沸石、明矾石、芒硝（含钙芒硝）、石膏、（含硬石膏）、重晶石、毒重石、天然碱、方解石、冰洲石、菱镁矿、萤石（普通萤石、光学萤石）、宝石、黄玉、玉石、电气石、玛瑙、颜料矿物（赭石、颜料黄土）、石灰岩（电石用灰岩、制碱用灰岩、化肥用灰岩、熔剂用灰岩、玻璃用灰岩、水泥用灰岩、建筑石料用灰岩、制灰用灰岩、饰面用灰岩）、泥灰岩、白垩、含钾岩石、白云岩（冶金用白云岩、化肥用白云岩、玻璃用白云岩、建筑用白云岩）、石英岩（冶金用石英岩、玻璃用石英岩、化肥用石英岩）、砂岩（冶金用砂岩、玻璃用砂岩、水泥配料用砂岩、砖瓦用砂岩、化肥用砂岩、铸型用砂岩、陶瓷用砂岩）、天然石英砂（玻璃用砂、铸型用砂、建筑用砂、水泥配料用砂、水泥标准砂、砖瓦用砂）、脉石英（冶金用脉石英、玻璃用脉石英）、粉石英、天然油石、含钾砂页岩、硅藻土、页岩（陶粒页岩、砖瓦用页岩、水泥配料用页岩）、高岭土、陶瓷土、耐火粘土、凹凸棒石粘土、海泡石粘土、伊利石粘土、累托石粘土、膨润土、铁矾土、其他粘土（铸型用粘土、砖瓦用粘土、陶粒用粘土、水泥配料用粘土、水泥配料用红土、水泥配料用黄土、水泥配料用泥岩、保温材料用粘土）、橄榄岩（化肥用橄榄岩、建筑用橄榄岩）、蛇纹岩（化肥用蛇纹岩、熔剂用蛇纹岩、饰面用蛇纹岩）、玄武岩（铸石用玄武岩、岩棉用玄武岩）、辉绿岩（水泥用辉绿岩、铸石用辉绿岩、饰面用辉绿岩、建筑用辉绿岩）、安山岩（饰面用安山岩、建筑用安山岩、水泥混合材用安山玢岩）、闪长岩（水泥混合材用闪长玢岩、建筑用闪长岩）、花岗岩（建筑用花岗岩、饰面用花岗岩）、麦饭石、珍珠岩、黑曜岩、松脂岩、浮石、粗面岩

（水泥用粗面岩、铸石用粗面岩）、霞石正长岩、凝灰岩（玻璃用凝灰岩、水泥用凝灰岩、建筑用凝灰岩）、火山灰、火山渣、大理岩（饰面用大理岩、建筑用大理岩、水泥用大理岩、玻璃用大理岩）、板岩（饰面用板岩、水泥配料用板岩）、片麻岩、角闪岩、泥炭、矿盐（湖盐、岩盐、天然卤水）、镁盐、碘、溴、砷。属于水气矿产的有：地下水、矿泉水、二氧化碳气、硫化氢气、氦气、氡气。

应当指出，虽然地球的总自然禀赋本质上是固定的，但资源却是动态的，没有已知的或固定的极限。迄今的资源利用史一直是不断发现的历史，对资源基础的定义在不断拓展。历史上的技术革新，可从原先无价值或未利用的自然物质中突然创造出各种资源。例如，由于1886年霍尔——埃鲁电解精炼过程的发现，使得铝的商业性萃取成为可能，于是铝矾土取得其资源地位。更近的事情是核动力的发展，无论是用于军事目的或用于发电，都创造出铀矿的资源价值。法律规定矿产资源范围的增加还取决于人类价值、渴望和生活方式的变化。[①] 这表明，法律规定成为矿业权作用对象的矿产资源，随着科学技术的进步、经济社会需要的变迁而逐渐增加。[②]

关于矿渣是否属于矿产资源，在日本，自旧矿业法以来，就废矿及矿渣也特别设置了规定，法定矿物的废矿或矿渣而与土地附合者，视为矿物（《矿业法》第3条第2项），其采掘，必须依据矿业法。[③] 在中国，原地质矿产部于1995年2月15日作出了《关于矿渣是否属于矿产资源的复函》（地函42号），体现出承认废石（矸石）、尾矿为矿产资源的立场，但其矿产资源补偿费实行免、减优惠。

水流，泛指江、河，在《水法》上称作水资源。根据世界气象组织（WMO）和联合国教科文组织（UNESCO）的《INTERNATIONAL GLOSSARY OF HYDROLOGY》（国际水文学名词术语，第三版，2012年）中有关水资源的定义，水资源是指可资利用或有可能被利用的水源，这个水源应具有足够的数量和合适的质量，并满足某一地方在一段时间内具体利用的需求。根据全国科学技术名词审定委员会公布的水利科技名词（科学出版社，1997）中有关水资源的定义，水资源是指地球上具有一定数量和可用质量、能从自然界获得补充并可资利用的水。[④]

海域，从地理意义上讲，是指海洋中区域性的立体空间；从法律意义上讲，

---

① ［英］朱迪·丽丝：《自然资源：分配、经济学与政策》，蔡运龙、杨友孝、秦建新等译，蔡运龙校，北京，商务印书馆2002年版，第21～23页。

②③ ［日］我妻荣、丰岛升：《矿业法》，东京，有斐阁1958年版，第58、62页。

④ https://baike.baidu.com/item/%E6%B0%B4%E8%B5%84%E6%BA%90/326690?fr=aladdin.2020年3月31日最后访问。

海域的概念可以分为《海域使用管理法》层面上的海域、国家主张管辖范围层面上的海域：既包括《海域使用管理法》所调整的内水、领海海域，同时也包括专属经济区和大陆架。《海域使用管理法》规定海域指的是中华人民共和国内水、领海的水面、水体、海床和底土；海域中的内水，是指中华人民共和国领海基线向陆地一侧至海岸线的海域。[①] 在很长的历史时期，在众多的国家，海域的术语鲜被使用，大多用领海的概念来表达国家主权所及。《海域使用管理法》首次把海域作为民法上的概念，作为不动产的一种类型，既可设立海域所有权，又可产生海域使用权，这具有划时代的意义，也引起了国际社会的广泛关注。《物权法》和《民法典》先后把它规定为国家所有权的客体。

关于这些所有权的效力、行使、保护等方面的内容，则适用《民法典》第241条、第242条、第233条至第239条、第177条以下、第1165条以下的规定。

第二百四十八条

无居民海岛属于国家所有，国务院代表国家行使无居民海岛所有权。

本条主旨

本条是关于无居民海岛专属于国家、由国务院代行所有权的规定。

相关条文

《海岛保护法》第4条　无居民海岛属于国家所有，国务院代表国家行使无居民海岛所有权。

理解与适用

本条是对《海岛保护法》第4条的复制，重在宣明国家对无居民海岛享有所有权。

海岛，是指被海水环绕的小片陆地。在地质学上，按照中国国家标准《海洋学术语 海洋地质学 GB/T18190—2000》的界定，海岛指散布于海洋中面积不小于500平方米的小块陆地。但是，海岛的法学定义一直以来在国际上存在争议，历经多次修改，通常是引用1982年《联合国海洋法公约》第121条的明确规定：

---

① https://baike.baidu.com/item/%E6%B0%B4%E8%B5%84%E6%BA%90/326690?fr=aladdin.
2020年3月31日最后访问。

"岛屿是四面环水并在高潮时高于水面的自然形成的陆地区域。"根据不同属性，海岛有多种分类方法，可分为大陆岛、列岛、群岛、陆连岛、特大岛等。中国有500平方米以上的海岛6 500个以上，总面积6 600多平方千米，其中455个海岛人口470多万。中国海岛有94％属于无居民海岛，它们大多面积狭小，地域结构简单，环境相对封闭，生态系统构成也较为单一，而且生物多样性指数小，稳定性差。①

关于无居民海岛所有权的另外的规则，适用《海岛保护法》的具体规定；关于无居民海岛所有权的效力、行使、保护等方面的内容，则适用《民法典》第241条、第242条、第233条至第239条、第177条以下、第1165条以下的规定。

第二百四十九条

城市的土地，属于国家所有。法律规定属于国家所有的农村和城市郊区的土地，属于国家所有。

本条主旨

本条是关于国家对土地享有所有权的规定。

相关条文

《宪法》第10条第1款、第2款　城市的土地属于国家所有。

农村和城市郊区的土地，除由法律规定属于国家所有的以外，属于集体所有；宅基地和自留地、自留山，也属于集体所有。

《物权法》第47条　城市的土地，属于国家所有。法律规定属于国家所有的农村和城市郊区的土地，属于国家所有。

《土地管理法》第9条　城市市区的土地属于国家所有。

农村和城市郊区的土地，除由法律规定属于国家所有的以外，属于农民集体所有；宅基地和自留地、自留山，属于农民集体所有。

理解与适用

本条是对《物权法》第47条的复制，重在宣明国家对城市土地的专属权，

---

① https://baike.baidu.com/item/%E6%B5%B7%E5%B2%9B/5698755?fr＝aladdin.2020年3月31日最后访问。

以及对农村和城市郊区的某些土地享有所有权。

土地（Land）是由地球陆地部分一定高度和深度范围内的岩石、矿藏、土壤、水文、大气和植被等要素构成的自然综合体。中国地理学家普遍赞成土地是一个综合的自然地理概念。土地"是地表某一地段包括地质、地貌、气候、水文、土壤、植被等多种自然要素在内的自然综合体"。作为自然物的土地是逐渐由人类生存和发展的最基本生态环境要素转化为人的劳动对象和劳动资料，日益作为人类生活和生产活动的自然资源宝库，而成为一切生产资源和生产资料的源泉和依托；并使自然资源和生态环境要素的土地转化为人工自然资源和人工生态环境要素而成为自然资源综合体，使土地不仅具有使用价值，而且有了价值（劳动价值）。其自然特性有：（1）不可替代性。地表上绝对找不出两块完全相同的土地。任何一块土地都是独一无二的，故又称土地性能的独特性或差异性。其原因在于土地位置的固定性及自然、人文环境条件的差异性。即使是位于同一位置相互毗邻的两块土地，由于地形、植被及风景等因素的影响，也不可能完全相互替代。（2）土地面积的有限性。土地不能像其他物品一样可以从工厂里不断制造出来。由于受到地球表面陆地部分的空间限制，土地的面积是有限的。正像马克思所说的那样，它不能像工业生产中那样随意增加效率相同的生产工具的数量，即肥沃程度相同的土地数量。列宁曾指出："土地有限是一个普遍现象。"人类可以围湖或填海造地，但这只是对地球表层土地形态的改变。从总体看，人类只能改变土地的形态，改善或改良土地的生产性能，但不能增加土地的总量。所以，人类必须充分、合理地利用全部土地，不断提高集约化经营程度，在不合理利用的情况下，土地将出现退化，甚至无法利用，从而使可利用的土地面积减少。（3）土地位置的固定性。土地位置的固定性，亦称不可移动性，是土地区别于其他各种资源或商品的重要标志。我们可以把可移动的商品如汽车、食品、服装以及可移动的资源如人力、矿产等，由产地或过剩地区运送到供给相对稀缺或需求相对旺盛因而售价较高的地区。但我们还无法把土地如此移动。（4）土地质量的差异性。土地的特性和质量特征，是土地各构成要素（地质、地貌、气候、水文、土壤、植被等）相互联系、相互作用、相互制约的总体效应和综合反映。地理位置不同，地表的气候、水热对比条件不一样，地质、地貌对其具有再分配的功能，使得地表的土壤、植被类型也随之发生变化，因而造成土地的巨大自然差异性。这种差异性不仅存在于一个国家或一个地区的范围之内，即使在一个基层生产单位内也同样存在着。随着生产力水平的提高和人类对土地利用范围的扩大，这种差异性会逐步扩大，而不是趋于缩小。土地的空间差异性，要求人们因地制宜地合理利用各类土地资源，确定土地利用的合理结构与方式，以取得土地利用的最佳综合效益。（5）土地永续利用的相对性。土地利用永续性有两层含义：作为自然的产物，它与地球共存亡，具有永不消失性；作为人类的活动场所和生产资料，可以永续利用。但土地的这种永续利用是相对的，只有在利用中维持了土地的功能，才能实现永续利用。[1]

土地有其经济特性，即人们在利用土地的过程中，在生产力和生产关系方面表现出来的特性，包括：（1）土地经济供给的稀缺性。两层含义：其一，给人们从事各种活动的土地面积是有限的；其二，特定地区，不同用途的土地面积也是有限的，往往不能完全满足人们对各类用地需求。（2）土地用途的多样性。对一种土地的利用，常常产生两个以上用途的竞争，并可能从一种用途转换到另一种用途。这种竞争常使土地趋于最佳用途和最大经济效益，并使地价达到最高。这就要求人们在利用土地时，考虑土地的最有效利用原则，使土地的用途和规模等均为最佳。（3）土地用途变更的困难性。土地用途的变更一般要经过自然资源管理部门和城市规划部门的同意，经过一定的审查程序才能完成。（4）土地增值性。一般商品的使用随着时间的推移总是不断地折旧直至报废，而土地则不同，在土地上追加投资的效益具有持续性，而且随着人口增加和社会经济的发展，对土地的投资具有显著的增值性。（5）土地报酬递减的可能性。在技术不变的条件下对土地的投入超过一定限度，就会产生报酬递减的后果，这就要求人们在利用土地、增加投入时，必须寻找在一定技术、经济条件投入下投资的适合度，确定适当的投资结构，并不断改进技术，以便提高土地利用的经济效益，防止出现土地报酬递减的现象。土地报酬递减规律是房地产开发商确定商品房开发层数的重要因素。（6）土地的产权特性。不同的权利附加意味着土地价值巨大的差异，土地的价值更多地取决于土地上附加的权益。（7）土地的不动产特性。与土地位置的固定性关联，且需求一般为刚性需求，价值量也较大。[2]

具体到民法上，所谓土地，受权利作用客体的观念限制，不是就整个地球表面而言的范畴，而是专就其中某个特定部分的称谓。这就与物理上的广阔无垠的土地不太一致。独立之物，是就整个地球的地表来说的，还是就具体物权支配的地表的特定部分而言的？后者符合物权制度的本质要求，但是否符合独立之物的规格？还有，在地学、生态学、经济学诸学科看来，地表水和地下水均为土地的

---

[1][2]　https://baike.baidu.com/item/%E5%9C%9F%E5%9C%B0/12005092?fr=aladdin. 2020 年 3 月 31 日最后访问。

组成部分。①

　　至于如何划分农村和城市郊区的土地的归属，由单行法负担。例如，《福建省林木林地权属争议处理办法》（已失效）规定："解放后营造的林木发生权属争议的，按谁造林管护，林权归谁所有的原则处理。但明知林地权属有争议抢造林木的除外"（第8条）。"处理县内权属争议，以县级以上人民政府依法发给的山林权证为处理依据，但山林权证错发的除外；无山林权证的，参考合作化时期或土地改革时期的有效权属凭证"（第9条第1款）。"处理市（地）际、县际权属争议，以县级以上人民政府依法发给的土地证为处理依据；无土地证的，参考合作化时期或土地改革时期的有效权属凭证；乡有林、村有林以土改或林改清册为处理依据"（第9条第2款）。"土地改革时收归国有的林木、林地，以国有林清册或林改清册为处理依据"（第9条第3款）。"土地改革时期，县级人民政府在本行政区域内确未发放土地证的，由争议双方协商解决。协商不成的，由争议双方共同的上一级人民政府确定权属"（第10条）。"国有林业单位与乡（镇）、村之间的权属争议，以双方原签订的协议书、赠送书或者县级以上人民政府印发的文件、证照为依据，参考国有林业单位建场时总体设计书载明的经营范围，确定权属"（第11条）。"权属争议双方均无有效权属凭证的，其权属归国家所有，由争议双方共同的上一级人民政府确定委托管理者"（第12条）。"同一权属争议双方都能出具合法权属、权源证明文件，经协商不成的，由其共同的上一级人民政府兼顾双方利益，结合自然地形确定权属"（第13条）。"土地改革前的所有权属凭证，不能作为权属争议的依据。森林资源调查界线和各类地图上省、县、乡、村界线，均不作为确定权属划界的依据"（第14条）。"毗邻行政区域之间林木、林地互相插花的权属争议，应当协商解决。协商不成的，由争议双方共同的上一级人民政府进行调整，并确定权属界线"（第15条）。再如，《黑龙江省土地管理条例》第4条第1款规定："除国家法律、行政法规规定外，下列土地属于国家所有：（一）国家拨给机关、企业、事业等单位及部队使用的土地；（二）国家拨给农民集体经济组织和个人使用的土地；（三）未经确权的荒山、荒地、岛屿等土地。"

---

　　① 　毕宝德等：《土地经济学》，北京，中国人民大学出版社1995年版，第1页；孙鸿烈等：《中国自然资源丛书·综合卷》，北京，中国环境科学出版社1995年版，第175页；〔英〕马歇尔（A. Marshal）：《经济学原理》（上卷）（中译本），北京，商务印书馆1964年版，第157页；〔美〕理查德·T. 伊利、爱德华·W. 莫尔豪斯（Richard T. Ely and Edward W. Morehouse）：《土地经济学原理》（中译本），北京，商务印书馆1982年版，第19页。转引自肖国兴、肖乾刚：《自然资源法》，北京，法律出版社1999年版，第172～173页。

关于国家土地所有权和集体土地所有权的效力、行使、保护等方面的内容，则适用《民法典》第 241 条、第 242 条、第 233 条至第 239 条、第 177 条以下、第 1165 条以下的规定。

第二百五十条

森林、山岭、草原、荒地、滩涂等自然资源，属于国家所有，但是法律规定属于集体所有的除外。

本条主旨

本条是关于森林、山岭、草原、荒地、滩涂等自然资源属于国家所有以及例外地属于集体所有的规定。

相关条文

《宪法》第 9 条第 1 款　矿藏、水流、森林、山岭、草原、荒地、滩涂等自然资源，都属于国家所有，即全民所有；由法律规定属于集体所有的森林和山岭、草原、荒地、滩涂除外。

《民法通则》第 74 条第 1 款　劳动群众集体组织的财产属于劳动群众集体所有，包括：

（一）法律规定为集体所有的土地和森林、山岭、草原、荒地、滩涂等；

（二）集体经济组织的财产；

（三）集体所有的建筑物、水库、农田水利设施和教育、科学、文化、卫生、体育等设施；

（四）集体所有的其他财产。

《物权法》第 48 条　森林、山岭、草原、荒地、滩涂等自然资源，属于国家所有，但法律规定属于集体所有的除外。

《森林法》第 3 条第 1 款、第 2 款　森林资源属于国家所有，由法律规定属于集体所有的除外。

国家所有的和集体所有的森林、林木和林地，个人所有的林木和使用的林地，由县级以上地方人民政府登记造册，发放证书，确认所有权或者使用权。国务院可以授权国务院林业主管部门，对国务院确定的国家所有的重点林区的森林、林木和林地登记造册，发放证书，并通知有关地方人民政府。

《草原法》第 9 条第 1 款　草原属于国家所有，由法律规定属于集体所有的除外。国家所有的草原，由国务院代表国家行使所有权。

《民族区域自治法》第 27 条第 1 款　民族自治地方的自治机关根据法律规定，确定本地方内草场和森林的所有权和使用权。

理解与适用

本条是对《物权法》第 48 条的复制，重在宣明这些自然资源归属的基本精神，作为个案中确定某宗自然资源的具体归属的指导原则。

森林，指的是由乔木、直径 1.5cm 以上的竹子组成且郁闭度 0.20 以上，以及符合森林经营目的的灌木组成且覆盖度 30％ 以上的植物群落，包括郁闭度 0.20 以上的乔木林、竹林和红树林，国家特别规定的灌木林、农田林网以及村旁、路旁、水旁、宅旁的林木等。联合国粮食及农业组织（FAO）将森林定义为："面积在 0.5 公顷以上、树木高于 5 米、林冠覆盖率超过 10％，或树木在原生境能够达到这一阈值的土地。不包括主要为农业和城市用途的土地。"[1]

山岭指连绵的高山，亦泛指山岳。山岭地貌具有山顶、山坡、山脚等明显的形态要素。山顶呈长条状延伸时称山脊。由脊标高较低的鞍部，即相连的两山顶之间较低的山腰部分称为垭口。一般来说，山体岩性坚硬、岩层倾斜或因受冰川的创蚀时，多呈尖顶或很狭窄的山脊；在气候湿热，风化作用强烈的花岗岩或其他松软岩石分布地区，山顶多呈圆顶；在水平岩层或古夷平面分布地区，山顶则多呈平顶。山坡是山岭地貌的重要组成部分。在山岭地区，山坡分布的地面最广，山坡的形状取决于新构造运动、岩性、岩体结构及坡面剥蚀和堆积的演化过程等因素。山脚是山坡与周围平地的交接处。由于坡面剥蚀和坡脚堆积，使山脚在地貌上一般并不明显，通常存在有缓坡作用的过渡地带，它主要由一些坡积裙、冲积锥、洪积扇及岩堆、滑坡堆积体等流水堆积地貌和重力堆积地貌组成。[2]

草原是地球生态系统的一种，分为热带草原、温带草原等多种类型，是地球上分布最广的植被类型。草原的形成原因是土壤层薄或降水量少，草本植物受影响小，使植物无法广泛生长。中国是世界上草原资源最丰富的国家之一，草原总面积将近 4 亿公顷，占全国土地总面积的 40％，为现有耕地面积的 3 倍。如果从中国的东北到西南画一条斜线，也就是从东北的完达山开始，越过长城，沿吕梁山，经延安，一直向西南到青藏高原的东麓为止，可以把中国分为两大地理区：

① 　https://baike.baidu.com/item/%E6%A3%AE%E6%9E%97/1370?fr=aladdin. 2020 年 4 月 1 日最后访问。

② 　https://baike.baidu.com/item/% E5% B1% B1% E5% B2% AD% E5% 9C% B0% E8% B2% 8C/22232045. 2020 年 4 月 1 日最后访问。

东南部分是丘陵平原区，离海洋较近，气候温湿，大部分为农业区；西北部分多为高山峻岭，离海洋远，气候干旱，风沙较多，是主要的草原区。①

广义的荒地指可供开发利用和建设而尚未开发利用和建设的一切土地，主要包括宜农、宜林和宜牧荒地等。狭义的荒地通常指宜农荒地，即宜于耕种而尚未开垦种植的土地和虽经耕垦利用，但荒废而停止耕种不久的土地。前者为生荒地，后者为熟荒地，两者均是农业用地中的一项重要后备土地资源。据统计，中国尚有宜农荒地资源 3 500 多万公顷，其中可垦为农田的为 1 300 多万公顷，主要集中分布于北纬35°以北地区，以东北最多，开发利用潜力较大，次为内蒙古和西北地区。在南方广大红黄壤丘陵山地和滨海地区，分别拥有相当数量的宜农荒山荒地和滩涂资源，有利于开荒和围垦利用。②

滩涂，是海滩、河滩和湖滩的总称，指沿海大潮高潮位与低潮位之间的潮浸地带，河流湖泊常水位至洪水位间的滩地，时令湖、河洪水位以下的滩地，水库、坑塘的正常蓄水位与最大洪水位间的滩地面积。在地貌学上称谓"潮间带"。由于潮汐的作用，滩涂有时被水淹没，有时又露出水面，其上部经常露出水面，其下部则经常被水淹没。现在滩涂一般多指沿海滩涂。海洋行政主管部门将滩涂界定为平均高潮线以下低潮线以上的海域，自然资源管理部门将沿海滩涂界定为沿海大潮高潮位与低潮位之间的潮浸地带。两部门对滩涂的表述虽然有所不同，但可以看出滩涂既属于土地，又是海域的组成部分。中国的海涂主要分布在辽宁、山东、江苏、浙江、福建、台湾、广东、广西和海南的海滨地带，是海岸带的一个重要组成部分。中国海洋滩涂总面积217.04 万公顷。③

在《民法典》上，其第 250 条将森林单独规定为属于国家所有或者集体所有，《不动产登记暂行条例》第 2 条第 2 款、第 5 条第 2 项、第 19 条第 1 款第 1 项以及《不动产登记暂行条例实施细则》第 2 条第 2 款、第 5 条第 2 款、第 16 条第 1 项、第 36 条、第 65 条第 1 款第 1 项的规定，也显示出把森林、林木作为独立于土地、土地承包经营权的不动产。就此看来，所谓林木是独立于、区别于土地的不动产的观点④，有其依据。森林、林木不属于土地的重要成分，也就是

---

① https://baike.baidu.com/item/%E8%8D%89%E5%8E%9F/225520?fr=aladdin.2020 年 4 月 1 日最后访问。

② https://baike.baidu.com/item/%E8%8D%92%E5%9C%B0/672572?fr=aladdin.2020 年 4 月 1 日访问。

③ https://baike.baidu.com/item/%E6%BB%A9%E6%B6%82/5993025?fr=aladdin.2020 年 4 月 1 日最后访问。

④ 参见［日］我妻荣：《日本物权法》，有泉亨修订，李宜芬校订，台北，五南图书出版公司1999年版，第 14 页；陈华彬：《物权法原理》，北京，国家行政学院出版社1998年版，第 62 页。

不适用附合规则，在林地已经发包给林业职工或农民时，由土地承包经营权人、林权人享有育林、护林、依法采伐、出卖、抵押林木的权利，有利于调动土地承包经营权人、林权人经营林业的积极性，保护他们的权益，也反射地有利于森林、林木的繁茂、养护，有利于生态平衡。这符合农地、林地"三权分置"改革的方向，应予坚持。

山岭、草原、荒地和滩涂，在中国法上从未视为土地的组成部分，而是独立于土地的不动产，它们单独地成为所有权的客体，在归属于国家时，成为国家所有权的客体。

在个案中适用法律不得仅凭本条的规定，需要结合具体的法规、规章及行政行为。所谓具体的法规、规章，例如，《内蒙古自治区草原管理条例》第5条规定："（一）旗县及以上人民政府批准拨给国营企业、事业单位使用的草原，没有开发利用的草原和其他不属于集体所有的草原，都属于全民所有。（二）牧区、农村集体经济组织使用的草原，都属于劳动群众集体所有。（三）草原上的小片林木、灌木、芦苇、药材等野生植物，除经旗县及以上人民政府批准划拨给国营企业、事业单位单独经营的，属于全民所有以外，均属拥有草原所有权的单位所有。"又如，《福建省森林条例》规定："林农对其所有的森林、林木依法享有所有权，对其使用的林地依法享有经营自主权和其他合法权益"（第32条第1款）。"森林、林木划为公益林的，除林权单位或者个人依法转让所有权外，森林、林木所有权不变"（第5条第2款）。再如，国家林业局2011年1月25日修正的《林木和林地权属登记管理办法》第3条规定："林权权利人是指森林、林木和林地的所有权或者使用权的拥有者。"

第二百五十一条

法律规定属于国家所有的野生动植物资源，属于国家所有。

本条主旨

本条是关于国家依法对野生动植物资源享有所有权的规定。

相关条文

《物权法》第49条　法律规定属于国家所有的野生动植物资源，属于国家所有。

《野生动物保护法》第3条　野生动物资源属于国家所有。

国家保障依法从事野生动物科学研究、人工繁育等保护及相关活动的组织和个人的合法权益。

理解与适用

本条是对《物权法》第 49 条的复制，旨在宣明国家对某些野生动植物享有所有权，至于哪些野生动植物归属于国家，需要具体的法律、法规予以确定。这决定了本条属于引致性条文的性质和功能。①

本条规定的是野生动植物资源的归属，而未规定野生动植物的归属。野生动物资源与野生动物的内涵和外延是不相同的。野生动物资源是一个广义的法律概念，是所有野生动物群体和个体的总称。野生动物则是一个狭义的概念，是野生动物资源的组成部分。② 那么，野生动物资源属于国家所有，野生动物是野生动物资源的组成部分，是否可以得出所有野生动物就一定属于国家所有的结论呢？回答是否定的。根据《宪法》和相关法律的规定，野生动物资源所有权的主体只能是国家，不允许任何自然人和法人享有野生动物资源所有权。但是，事实上，自然人和法人均可享有野生动物所有权。驯养繁殖国家重点保护野生动物的单位和个人的这种"出售"行为，实际上是对野生动物或其产品的一种处分，无疑应以其拥有野生动物所有权为前提。由此可以推知，驯养繁殖国家重点保护野生动物的单位和个人对其驯养繁殖的野生动物已取得所有权，进而可以得出单位和个人可以享有野生动物所有权的结论。③ 另外，依据依法享有的狩猎权，私人亦可取得野生动物的所有权。狩猎权人在成功地实施狩猎行为之后，由其依法取得猎获物的所有权，也是狩猎权的重要内容，是狩猎权所具有的收益权能的具体表现。④

具体而言，野生动物资源所有权与野生动物所有权的区别主要体现在以下三个方面：首先，客体不同。前者的客体是抽象的野生动物资源；后者的客体则是具体的野生动物。其次，主体不同。野生动物资源是重要的自然资源，其所有权主体只能是国家；而野生动物所有权的主体不限于国家，自然人、法人和其他组织在符合法律规定的条件下，均可能成为野生动物所有权的主体。最后，产生原因不同。野生动物资源所有权的产生原因是国家拥有主权，这也是野生动物资源所有权产生的唯一原因；而野生动物所有权的产生原因则多种多样，常见的就是

---

① 本条解释中有关野生动植物资源所有权与野生动物所有权的阐释，引自崔建远主编：《自然资源物权法律制度研究》，彭诚信、单平基执笔，北京，法律出版社 2012 年版，第 51 页以下。

②③ 刘宏明：《浅议野生动物所有权》，载《绿色中国》2005 年第 10 期，第 42、42~43 页。

④ 戴孟勇：《狩猎权的法律构造》，载《清华法学》2010 年第 6 期，第 121 页。

基于合法的驯养繁殖活动取得野生动物的所有权。[1]

本条所谓法律规定属于国家所有的野生动植物资源，例如，《野生动物保护法》保护的野生动物，即珍贵、濒危的陆生、水生野生动物和有益的或者有重要经济、科学研究价值的陆生野生动物。未被列入《野生动物保护法》的保护范围之中的那些野生动物，有些可能具有一定的经济价值或利用价值，例如老鼠、蚱蜢、蝉等；有些则没有什么经济价值，例如蚊子、苍蝇等。由于这些野生动物既不属于《野生动物保护法》的保护范围，通常也没有或者只有很少的利用价值，故没有必要将其划入国家所有权的客体之中。在野生动物资源所有权与野生动物所有权相区分的情况下，可以将其作为无主物来对待，以解决此类野生动物的开发利用问题。

按字义理解，野生动物是一个与家养动物相对的概念，即"处于野外的非家养动物"。但是"野生动物"并不是"野生"和"动物"简单的字词叠加。野生动物是指非人工驯养，在自然状态下生存的各种野生动物，包括哺乳动物、鸟类、爬行动物、两栖动物、鱼类、软体动物、昆虫、腔肠动物及其他动物。[2] 依据《野生动物保护法》第 2 条第 2 款的规定，该法保护的野生动物是指"珍贵、濒危的陆生、水生野生动物和有益的或者有重要经济、科学研究价值的陆生野生动物"。

在《野生动物保护法》等法律、行政法规中，明确规定可以对野生动物进行驯养繁殖，对野生植物进行培育等问题，以致形成了在实践中单位和个人可以占有、处分，甚至使用和收益由其驯养繁殖和培育的物种的现象，并较为普遍。这就引出了对这些经驯养繁殖和培育的物种享有私人所有权是否违反宪法原则的问题。

驯养繁殖和培育机构除了由国家或地方政府建立的以外，有很多是领取了合法的许可证和营业执照的单位或个人所投资兴建的。因此，依法投资、驯养繁殖和培育的野生动物理应属于其所有。如果按照现行宪法的原则，根本否定私人对自然资源，包括上述经驯养繁殖和培育的物种的所有权，那么就不能认定驯养繁殖者和培育者有权占有、使用、收益和处分经其驯养繁殖和培育的物种。这样就会影响私人驯养繁殖和培育物种的积极性，同时对于社会现实问题也难以说明、解释与化解。[3] 例如，在实践中，驯养繁殖者通过履行一定的手续，可以处分自己所驯养的但在法律上非为自己所有的野生动物或者其产品，如将其出售、加

---

[1]　刘宏明：《浅议野生动物所有权》，载《绿色中国》2005 年第 10 期，第 42~43 页。

[2]　肖国兴、肖乾刚：《自然资源法》，北京，法律出版社 1999 年版，第 282--283 页。

[3]　蒋承菘、翟勇：《自然资源法律规范的宪法原则》，见中国民商法律网，http://www.civillaw.com.cn/article/default.asp?id=16828. 2009 年 10 月 8 日最后访问。

工、销毁等。这样便会产生没有民法上的所有权但却可以行使处分权的矛盾，因为从法理上来说，处分权一般以享有所有权为前提。

总而言之，野生动植物资源的所有权归属于国家，而非其他主体，但某些个体的野生动植物则可以由法人、自然人所有。

第二百五十二条

无线电频谱资源属于国家所有。

本条主旨

本条是关于无线电频谱资源属于国家所有的规定。

相关条文

《物权法》第 50 条　无线电频谱资源属于国家所有。

《无线电管理条例》第 3 条　无线电频谱资源属于国家所有。国家对无线电频谱资源实行统一规划、合理开发、有偿使用的原则。

理解与适用

本条是对《物权法》第 50 条的复制。[①]

根据物理学的知识，无线电频谱是电磁波的一种，一般是指 9KHz～3 000GHz 频率范围内发射无线电波的无线电频率的总称。[②] 无线电频谱资源可用来进行声音和图像广播、气象预报、导航、无线通信、灾害报警、报时等业务。[③] 就像车辆必须行驶在道路上一样，所有的无线电业务都离不开无线电频率。无线电频率是自然界存在的一种电磁波，是一种物质，是一种各国可均等获得的看不见、摸不着的自然资源。[④] 对于无线电频谱资源所具有的价值性，法学界也早有认识。盐野宏教授就曾指出，电波是贵重的资源，在这一点上类似于流水。[⑤]

[①] 本条解释中有关无线电频谱资源及其所有权的阐释，引自崔建远主编：《自然资源物权法律制度研究》，彭诚信、单平基执笔，北京，法律出版社 2012 年版，第 61 页以下。

[②] 胡康生主编：《中华人民共和国物权法释义》，北京，法律出版社 2007 年版，第 121 页。

[③] 希玉久：《频谱定义及频谱资源的特性》，载《电子世界》2000 年第 4 期。

[④] 胡康生主编：《中华人民共和国物权法释义》，北京，法律出版社 2007 年版，第 121 页。

[⑤] ［日］盐野宏：《广播事业和行政介入》《广播的特殊性质和广播事业》，载［日］盐野宏：《广播法制的课题》，第 77、81、139、143 页。转引自［日］盐野宏：《行政法》，杨建顺译，北京，法律出版社 1999 年版，第 751 页，注释①。

在当今社会中，不仅通信领域需要大量用到无线电频谱资源，其他学科也需要扩展利用无线电频谱资源的范围。无线电通信广泛应用于公众通信、广播、电视、铁路、交通（包括水上）、航空、水上、石油、化工、地故、农村、气象、渔业、旅游、建筑、卫生、教育、国防、公安、安全等部门，并大量用于外贸、金融、证券、工商、体育等社会的各行各业，对于促进信息交流、保障国家安全、维护社会稳定、搞好生产调度、丰富人民物质、文化生活都发挥着重要的作用，具有明显的社会效益和经济效益。[①] 目前，无线电频谱资源的利用已非常紧张，其价值性也日益凸显。

根据物理学知识，无线电频谱资源是有限的。包括红外线、可见光、X 射线在内的电磁波的频谱相当之宽，而无线电通信使用的频谱资源只限于 3kHz 至 3 000GHz 之间。更高的电磁频谱当然不以 3 000GHz 为限，使用 3 000GHz 以上电磁频谱的电信系统也在研究探索之中，但它最大不能超过可见光的范围。另外，尽管人们可以通过频率、时间、空间这三维相互关联的要素进行频率的多次复用指配来提高频率利用率，但就某一频率或频段而言，在一定的区域、一定的时间、一定的条件之下，它又是有限的。[②]

从频谱资源利用的角度来看，无线电频谱资源具有自然资源所具有的地域性特征。任何使用者在一定的时间、空间条件下对某一频段的占用，都排斥了他人在同一时间、空间内对该频段的使用。

由于无线电频谱资源利用中物理设备的特殊性，无线电频谱资源的干扰是该资源使用的主要矛盾。据希永久先生介绍，对无线电频谱的滥用，如使用非许可频率、自行加大发射功率、使用不合格电气性能设备等，可导致电磁环境恶化，可利用的频谱资源减少等严重威胁无线电通信的结果。无线电频谱资源有其固有的传播特性，"它最容易受到人为噪声和自然噪声的干扰如反射、折射、散射和波导等，使之无法正常操作和准确而有效地传送各类信息"[③]。因此，任何一个国家、一个地区、一个部门甚至个人都不得随意地使用，否则会造成相互干扰，不能确保正常通信。

无线电频谱资源作为一种特殊的自然资源，具有易受干扰又易污染电磁环境的特点。对电磁环境的影响也反映了其作为自然资源的整体性特征。如王毅先生所言，电磁辐射即是一个很好的例证。电磁辐射是指能量以电磁波形式由磁源发射到空间的现象。恶化的电磁辐射环境不仅对人类生活日益依赖的通信、计算机

---

① 希玉久：《无线电频谱资源》，载《全球定位系统》2002 年第 5 期。

②③ 希永久：《频谱定义及频谱资源的特性》，载《电子世界》2000 年第 4 期。

与各种电子系统造成严重的危害，而且会对人类身体健康带来威胁。① 如果无线电频率使用不当，就会受到其他无线电台、自然噪声和人为噪声的干扰而无法正常工作，或者干扰其他无线电台站，使其不能正常工作，使之无法准确、有效和迅速地传送信息。②

实现无线电频谱资源的合理化配置，首先必须明确无线电频谱资源的所有权主体。因为只有无线电频谱资源的所有权人明确了，无线电频谱资源才可能在所有权人的意愿下加入市场交易中去。另一方面，只有所有权主体明确了，所有权的排他性才会构成滥用稀缺资源的坚固屏障，阻拦一切人的滥用和搭便车行为。有限的法律资源与人们对其不断增长的无线电频谱资源需求之间的矛盾已经在一定程度上影响了我国信息产业的法治化。无线电频谱资源的所有权归属和行使问题受到了越来越多的关注。③

就无线电频谱资源本身的属性来说，无线电频谱资源不属于一般的物，其私有化与否不仅仅是权利本身的问题，而且对国民经济的健康发展及国家的稳定和安全具有重大影响。在此意义上来讲，无线电频谱资源关乎一国的国防及国家安全，必须由国家所有。

国家对无线电频谱资源进行控制和管理是发挥无线电频谱资源效益的有效路径。在日本，据盐野宏教授介绍，与道路及河川水资源不同，"电波却并不包括在公物之中。本来，将公物法中的观点类推适用于规定电波管理的《电波法》的解释，也是可能的，但是，电波不属于传统的公物法的范畴。存在概括性公物概念的德国、法国也是一样，没有一个国家将电波作为公物从正面展开论述的。这主要是基于历史性理由，即创建公物法的时候，电波尚未成为人类支配管理的对象"④。实际上，"电波是贵重的资源，在这一点上类似于流水。从电波公物的构思出发，即从电波为国民共有的财产这一角度出发，试图将对电波利用的公共规制正当化的尝试，有时也得以进行"⑤。根据日本 2005 年颁布的《电波法》第 4条的规定，任何人如想设置电台必须取得部长的许可。⑥ 由此可见，虽然日本对

---

① 王毅、徐辉：《城市电磁环境的新问题》，载《城市管理与科技》2001 年第 3 期。

② 胡康生主编：《中华人民共和国物权法释义》，北京，法律出版社 2007 年版，第 121 页。

③ 倪旭佳、王峰：《法律视野中无线电频谱资源——我国无线电频谱所有权制度的完善方向》，载《北京理工大学学报》（哲学社会科学版）2009 年第 3 期，第 85 页。

④ ［日］盐野宏：《行政法》，杨建顺译，北京，法律出版社 1999 年版，第 751 页。

⑤ ［日］盐野宏：《广播事业和行政介入》《广播的特殊性质和广播事业》，载［日］盐野宏：《广播法制的课题》，第 77、81、139、143 页。转引自［日］盐野宏：《行政法》，杨建顺译，北京，法律出版社 1999 年版，第 751 页，注释①。

⑥ 参见《日本电波法》第 4 条。转引自倪旭佳、王峰：《法律视野中无线电频谱资源——我国无线电频谱所有权制度的完善方向》，载《北京理工大学学报》（哲学社会科学版）2009 年第 3 期。

无线电频谱资源的所有权没有明确条文，但其通过对电台执照的行政许可表明了国家对无线电频谱资源事实上的所有权。

在中国，无线电频谱资源所有权的主体是国家。《无线电管理条例》第4条规定："无线电频谱资源属国家所有。国家对无线电频谱资源实行统一规划、合理开发、有偿使用的原则。"《物权法》第50条也规定："无线电频谱资源属于国家所有。"该条将无线电频谱资源归属于国家所有的立法意旨在于："无线电频谱资源是有限的自然资源。为了充分、合理、有效地利用无线电频谱，保证各种无线电业务的正常运行，防止各种无线电业务、无线电台站和系统之间的相互干扰，本条规定无线电频谱资源属于国家所有。"①《民法典》对此完全承继（第252条）。

第二百五十三条

法律规定属于国家所有的文物，属于国家所有。

本条主旨

本条是关于国家依法享有文物的所有权的规定。

相关条文

《物权法》第51条 法律规定属于国家所有的文物，属于国家所有。

《文物保护法》第2条 在中华人民共和国境内，下列文物受国家保护：

（一）具有历史、艺术、科学价值的古文化遗址、古墓葬、古建筑、石窟寺和石刻、壁画；

（二）与重大历史事件、革命运动或者著名人物有关的以及具有重要纪念意义、教育意义或者史料价值的近代现代重要史迹、实物、代表性建筑；

（三）历史上各时代珍贵的艺术品、工艺美术品；

（四）历史上各时代重要的文献资料以及具有历史、艺术、科学价值的手稿和图书资料等；

（五）反映历史上各时代、各民族社会制度、社会生产、社会生活的代表性实物。

文物认定的标准和办法由国务院文物行政部门制定，并报国务院批准。

具有科学价值的古脊椎动物化石和古人类化石同文物一样受国家保护。

---

① 胡康生主编：《中华人民共和国物权法释义》，北京，法律出版社2007年版，第121～122页。

第5条　中华人民共和国境内地下、内水和领海中遗存的一切文物，属于国家所有。

古文化遗址、古墓葬、石窟寺属于国家所有。国家指定保护的纪念建筑物、古建筑、石刻、壁画、近代现代代表性建筑等不可移动文物，除国家另有规定的以外，属于国家所有。

国有不可移动文物的所有权不因其所依附的土地所有权或者使用权的改变而改变。

下列可移动文物，属于国家所有：

（一）中国境内出土的文物，国家另有规定的除外；

（二）国有文物收藏单位以及其他国家机关、部队和国有企业、事业组织等收藏、保管的文物；

（三）国家征集、购买的文物；

（四）公民、法人和其他组织捐赠给国家的文物；

（五）法律规定属于国家所有的其他文物。

属于国家所有的可移动文物的所有权不因其保管、收藏单位的终止或者变更而改变。

国有文物所有权受法律保护，不容侵犯。

理解与适用

本条是对《物权法》第51条的复制。

本条所谓法律规定属于国家所有的文物，主要是指《文物保护法》第5条等规定的文物。

文物包含或反映了当时的科学技术水平，从某个侧面反映了当时的社会政治、经济、军事、文化状况。所以，从整体来看，文物是具有历史、艺术和科学价值的历史遗存。[①] 祖国文物是文化遗产的重要组成部分，是中华民族历史发展的见证。它真实地反映了中国历史各个发展阶段的政治、经济、军事、文化、科学和社会生活的状况，蕴藏着各族人民的创造、智慧和崇高的爱国主义精神，蕴含着中华民族特有的精神价值、思维方式、想象力，体现着中华民族的生命力和创造力，对世世代代的中华儿女都有着强大的凝聚力和激励作用。[②] 这对法律提

---

① https://baike.baidu.com/item/%E6%96%87%E7%89%A9%E4%BB%B7%E5%80%BC/3448616?fr=aladdin. 2020年3月31日最后访问。

② 胡康生主编：《中华人民共和国物权法释义》，北京，法律出版社2007年版，第122页。

出了权利保护的必要性，而文物由国家保管和保护最安全、可靠。《物权法》反映这种需求，规定"法律规定属于国家所有的文物，属于国家所有"（第51条）。《民法典》予以承继（第253条）。

关于文物所有权的效力、行使、保护等方面的内容，则适用《民法典》第241条、第242条、第233条至第239条、第177条以下、第1165条以下的规定。

第二百五十四条

国防资产属于国家所有。

铁路、公路、电力设施、电信设施和油气管道等基础设施，依照法律规定为国家所有的，属于国家所有。

本条主旨

本条是关于国防资产归属于国家以及属于国家所有的基础设施的规定。

相关条文

《物权法》第52条　国防资产属于国家所有。

铁路、公路、电力设施、电信设施和油气管道等基础设施，依照法律规定为国家所有的，属于国家所有。

《电力法》第4条　电力设施受国家保护。

禁止任何单位和个人危害电力设施安全或者非法侵占、使用电能。

第52条　任何单位和个人不得危害发电设施、变电设施和电力线路设施及其有关辅助设施。

在电力设施周围进行爆破及其他可能危及电力设施安全的作业的，应当按照国务院有关电力设施保护的规定，经批准并采取确保电力设施安全的措施后，方可进行作业。

《建筑法》第42条　有下列情形之一的，建设单位应当按照国家有关规定办理申请批准手续：

（一）需要临时占用规划批准范围以外场地的；

（二）可能损坏道路、管线、电力、邮电通讯等公共设施的；

（三）需要临时停水、停电、中断道路交通的；

（四）需要进行爆破作业的；

（五）法律、法规规定需要办理报批手续的其他情形。

《国防法》第37条　国家为武装力量建设、国防科研生产和其他国防建设直接投入的资金、划拨使用的土地等资源，以及由此形成的用于国防目的的武器装备和设备设施、物资器材、技术成果等属于国防资产。

国防资产归国家所有。

理解与适用

国防资产是国家用于国防目的的不动产、动产及有关权利的总和，是国有资产的重要组成部分。国防资产在国防活动中具有重大作用，如军队资产是军队训练、作战、生活的物质依托，尤其是军事基地、军事设施、武器装备、军事工程、仓库、营房等，在军事活动中起着物质支撑作用；国防科技工业资产，是研究、试制、生产武器装备及其他军用物资的物质保证，同时对于国民经济的发展也具有重要意义。

国防资产是国防活动的物质基础，如何以法治化为归依，实现其安全、完整与有效是当前国防建设的当务之急。国防资产具有社会性、公共性、专用性、封闭性特点，产权多级委托代理及内部人控制等问题的现实存在，决定了国防资产具有易致流失的天然缺陷。在对国防资产法治保护必然性及现行法制安排检讨的基础上，应当构建完善的国防资产法律保护体系，通过良法之治把国防资产流失的风险降低到最低限度。[①] 1988年1月，国务院成立国有资产管理局，行使对包括国防资产在内的全部国有资产的管理职能；1990年7月，国务院发出《关于加强国有资产管理工作的通知》；1994年7月，中国人民解放军总参谋部、总政治部和总后勤部联合颁发《中国人民解放军国有资产管理暂行规定》。这些法规和措施，使中国在社会主义市场经济条件下的国防资产管理工作进一步走上正确的轨道。《国防法》明确"国家为武装力量建设、国防科研生产和其他国防建设直接投入的资金、划拨使用的土地等资源，以及由此形成的用于国防目的的武器装备和设备设施、物资器材、技术成果等属于国防资产"（第37条第1款）；"国防资产归国家所有"（第37条第2款）。第十届全国人民代表大会第五次会议于2007年3月16日通过《物权法》，规定"国防资产属于国家所有"（第52条第1款）。《民法典》予以承继（第254条第1款）。

如此设计的原因至少有：（1）国防资产是由国家投资形成的，按照"谁投

---

① https://baike.baidu.com/item/%E5%9B%BD%E9%98%B2%E8%B5%84%E4%BA%A7/4856878?fr=aladdin. 2020年3月31日最后访问。

资，谁受益"的原理和政策，国家对国防资产享有所有权最具正当性；（2）国家以所有权人的地位和名义利用国防资产更为可靠、便利和有效率；（3）国防，尤其是战时急需，国家对国防资产享有所有权更具理由。

本条第 2 款关于"铁路、公路、电力设施、电信设施和油气管道等基础设施，依照法律规定为国家所有的，属于国家所有"的规定，也是必要的，有其理由：（1）铁路、公路、电力设施、电信设施和油气管道等基础设施，多数由国家投资建设，按照"谁投资，谁受益"的原理和政策，国家对由其投资形成的国防资产享有所有权最具正当性；（2）这些基础设施对于国家战略安全、国计民生起着巨大的、不可替代的作用，由国家对之享有所有权，保障性强劲。

本条所谓依照法律规定为国家所有的，主要指有关投资及其所享有的权利方面的规定，以及征收、国有化方面的规定。

第二百五十五条

国家机关对其直接支配的不动产和动产，享有占有、使用以及依照法律和国务院的有关规定处分的权利。

本条主旨

本条是关于国家机关所享物权的规定。

相关条文

《物权法》第 53 条　国家机关对其直接支配的不动产和动产，享有占有、使用以及依照法律和国务院的有关规定处分的权利。

《森林法》第 27 条第 1 款　国有企业事业单位、机关、团体、部队营造的林木，由营造单位经营并按照国家规定支配林木收益。

《国防法》第 38 条第 2 款　国防资产的管理机构和占有、使用单位，应当依法管理国防资产，充分发挥国防资产的效能。

第 39 条　国家保护国防资产不受侵害，保障国防资产的安全、完整和有效。

禁止任何组织或者个人破坏、损害和侵占国防资产。未经国务院、中央军事委员会或者国务院、中央军事委员会授权的机构批准，国防资产的占有、使用单位不得改变国防资产用于国防的目的。国防资产经批准不再用于国防目的的，依照有关法律、法规的规定管理。

《监狱法》第 9 条　监狱依法使用的土地、矿产资源和其他自然资源以及监狱的财产，受法律保护，任何组织或者个人不得侵占、破坏。

理解与适用

本条是对《物权法》第 53 条的复制。

本条所谓"国家机关对其直接支配的不动产和动产，享有占有、使用以及依照法律和国务院的有关规定处分的权利"，若依照所有权为占有、使用、收益和处分标的物的权利这种界定，可以说该规定承认了国家机关对其支配的财产享有所有权。不过，依据《民法典》的立法本意，国家机关所直接支配的财产仍归国家所有，本条只不过规定了国家所有权的行使方式，国家机关依法代国家行使国家所有权。① 再者，按照《民法典》规定的所有权类型的体系，其第 255 条处于有关国家所有权的规范之中。② 国家机关依其性质和权限而执行公务，无营利的功能，所需经费由财政拨款解决；其占有、使用国有财产，只是为了完成国家赋予其使命的需要，而非商业经营；法律、法规和政策也再三强调党政机关不得经商办企业，即使在占有、使用或处分国有财产的过程中确有收益，也归国家享有，所谓"收支两条线"为其表现之一，所以，《民法典》没有授予其收益的权能。

第二百五十六条

国家举办的事业单位对其直接支配的不动产和动产，享有占有、使用以及依照法律和国务院的有关规定收益、处分的权利。

本条主旨

本条是关于国家举办的事业单位享有物权的规定。

相关条文

《物权法》第 54 条 国家举办的事业单位对其直接支配的不动产和动产，享有占有、使用以及依照法律和国务院的有关规定收益、处分的权利。

《森林法》第 27 条第 1 款 国有企业事业单位、机关、团体、部队营造的林

---

① 参见全国人民代表大会常务委员会法制工作委员会民法室编著：《物权法立法背景与观点全集》，北京，法律出版社 2007 年版，第 59 页。

② 持国家所有权的观点的文献包括胡康生主编：《中华人民共和国物权法释义》，北京，法律出版社 2007 年版，第 126 页；黄松有主编：《〈中华人民共和国物权法〉条文理解与适用》，北京，人民法院出版社 2007 年版，第 184～186 页；王利明、尹飞、程啸：《中国物权法教程》，北京，人民法院出版社 2007 年版，第 182 页。

木，由营造单位经营并按照国家规定支配林木收益。

《教育法》第 29 条　学校及其他教育机构行使下列权利：

············

（七）管理、使用本单位的设施和经费；

············

第 32 条　学校及其他教育机构具备法人条件的，自批准设立或者登记注册之日起取得法人资格。

学校及其他教育机构在民事活动中依法享有民事权利，承担民事责任。

学校及其他教育机构中的国有资产属于国家所有。

学校及其他教育机构兴办的校办产业独立承担民事责任。

《高等教育法》第 38 条　高等学校对举办者提供的财产、国家财政性资助、受捐赠财产依法自主管理和使用。

高等学校不得将用于教学和科学研究活动的财产挪作他用。

第 61 条　高等学校的举办者应当保证稳定的办学经费来源，不得抽回其投入的办学资金。

第 64 条　高等学校收取的学费应当按照国家有关规定管理和使用，其他任何组织和个人不得挪用。

理解与适用

本条是对《物权法》第 54 条的复制。

本条所谓"国家举办的事业单位对其直接支配的不动产和动产，享有占有、使用以及依照法律和国务院的有关规定收益、处分的权利"，若依照所有权为占有、使用、收益和处分标的物的权利这种界定，可以说该规定承认了国家举办的事业单位对其支配的财产享有所有权。不过，依据《民法典》的立法本意，国家举办的事业单位所直接支配的财产仍归国家所有，本条只不过规定了国家所有权的行使方式，国家举办的事业单位依法代国家行使国家所有权。[1] 再者，按照《物权法》规定的所有权类型的体系，其第 54 条处于有关国家所有权的规范之中。[2] 但应

---

[1]　参见全国人民代表大会常务委员会法制工作委员会民法室编著：《物权法立法背景与观点全集》，北京，法律出版社 2007 年版，第 59 页。

[2]　持国家所有权的观点的文献包括胡康生主编：《中华人民共和国物权法释义》，北京，法律出版社 2007 年版，第 127～129 页；黄松有主编：《〈中华人民共和国物权法〉条义理解与适用》，北京，人民法院出版社 2007 年版，第 186～188 页；王利明、尹飞、程啸：《中国物权法教程》，北京，人民法院出版社 2007 年版，第 182～183 页。

注意，事业单位，如许多房屋登记机构、测绘机构、培训单位，在占有、使用国有财产的过程中可能获得了利益，完全归属于国家，未必效果最佳，在事业单位和国家之间合理分配，可能更利于调动事业单位的积极性。就此看来，本条关于事业单位依照法律和国务院的有关规定享有收益权、处分权的规定，确有道理。

第二百五十七条

国家出资的企业，由国务院、地方人民政府依照法律、行政法规规定分别代表国家履行出资人职责，享有出资人权益。

本条主旨

本条是关于国家在其出资企业享有出资人权益的规定。

相关条文

《宪法》第 16 条　国有企业在法律规定的范围内有权自主经营。

国有企业依照法律规定，通过职工代表大会和其他形式，实行民主管理。

《民法通则》第 82 条　全民所有制企业对国家授予它经营管理的财产依法享有经营权，受法律保护。

《物权法》第 55 条　国家出资的企业，由国务院、地方人民政府依照法律、行政法规规定分别代表国家履行出资人职责，享有出资人权益。

《煤炭法》第 13 条　煤炭矿务局是国有煤矿企业，具有独立法人资格。

矿务局和其他具有独立法人资格的煤矿企业、煤炭经营企业依法实行自主经营、自负盈亏、自我约束、自我发展。

《电力法》第 7 条　电力建设企业、电力生产企业、电网经营企业依法实行自主经营、自负盈亏，并接受电力管理部门的监督。

《全民所有制工业企业法》第 2 条　全民所有制工业企业（以下简称企业）是依法自主经营、自负盈亏、独立核算的社会主义商品生产和经营单位。

企业的财产属于全民所有，国家依照所有权和经营权分离的原则授予企业经营管理。企业对国家授予其经营管理的财产享有占有、使用和依法处分的权利。企业依法取得法人资格，以国家授予其经营管理的财产承担民事责任。

《公司法》第 3 条　公司是企业法人，有独立的法人财产，享有法人财产权。公司以其全部财产对公司的债务承担责任。

有限责任公司的股东以其认缴的出资额为限对公司承担责任；股份有限公司

的股东以其认购的股份为限对公司承担责任。

第 4 条　公司股东依法享有资产收益、参与重大决策和选择管理者等权利。

第 65 条　国有独资公司章程由国有资产监督管理机构制定，或者由董事会制订报国有资产监督管理机构批准。

第 66 条　国有独资公司不设股东会，由国有资产监督管理机构行使股东会职权。国有资产监督管理机构可以授权公司董事会行使股东会的部分职权，决定公司的重大事项，但公司的合并、分立、解散、增加或者减少注册资本和发行公司债券，必须由国有资产监督管理机构决定；其中，重要的国有独资公司合并、分立、解散、申请破产的，应当由国有资产监督管理机构审核后，报本级人民政府批准。

前款所称重要的国有独资公司，按照国务院的规定确定。

第 67 条　国有独资公司设董事会，依照本法第四十六条、第六十六条的规定行使职权。董事每届任期不得超过三年。董事会成员中应当有公司职工代表。

董事会成员由国有资产监督管理机构委派；但是，董事会成员中的职工代表由公司职工代表大会选举产生。

董事会设董事长一人，可以设副董事长。董事长、副董事长由国有资产监督管理机构从董事会成员中指定。

第 68 条　国有独资公司设经理，由董事会聘任或者解聘。经理依照本法第四十九条规定行使职权。

经国有资产监督管理机构同意，董事会成员可以兼任经理。

第 69 条　国有独资公司的董事长、副董事长、董事、高级管理人员，未经国有资产监督管理机构同意，不得在其他有限责任公司、股份有限公司或者其他经济组织兼职。

第 70 条　国有独资公司监事会成员不得少于五人，其中职工代表的比例不得低于三分之一，具体比例由公司章程规定。

监事会成员由国有资产监督管理机构委派；但是，监事会成员中的职工代表由公司职工代表大会选举产生。监事会主席由国有资产监督管理机构从监事会成员中指定。

监事会行使本法第五十三条第（一）项至第（三）项规定的职权和国务院规定的其他职权。

《商业银行法》第 4 条　商业银行以安全性、流动性、效益性为经营原则，实行自主经营，自担风险，自负盈亏，自我约束。

商业银行依法开展业务，不受任何单位和个人的干涉。

商业银行以其全部法人财产独立承担民事责任。

理解与适用

本条是对《物权法》第55条的复制。

本条所谓国家出资的企业，不限于独资国有企业，国家控股的公司、国家参股的有限责任公司和股份有限公司，均属此类。

本条所谓"国家出资的企业，由国务院、地方人民政府依照法律、行政法规规定分别代表国家履行出资人职责，享有出资人权益"的规定，若结合《民法典》第268条关于"国家、集体和私人依法可以出资设立有限责任公司、股份有限公司或者其他企业。国家、集体和私人所有的不动产或者动产投到企业的，由出资人按照约定或者出资比例享有资产收益、重大决策以及选择经营管理者等权利并履行义务"的规定，以及《公司法》第4条关于"公司股东依法享有资产收益、参与重大决策和选择管理者等权利"的规定，进行解释，可以说它承认了法人所有权，国家作为出资人享有该企业中的股权。因为本条明确区分了所有权与股权，清晰地规定了国务院、地方人民政府依照法律、行政法规规定分别代表国家履行出资人职责，享有出资人权益，可以肯定地说，国家出资的企业享有法人所有权。

但是，如果结合《全民所有制工业企业法》第2条第2款关于"企业的财产属于全民所有，国家依照所有权和经营权分离的原则授予企业经营管理。企业对国家授予其经营管理的财产享有占有、使用和依法处分的权利"的规定，予以解释，似乎又可得出国家出资的企业对其经营管理的财产仅仅享有经营权，而非法人所有权的结论。

笔者认为，因为《公司法》于《全民所有制工业企业法》修正（2009年）之后又有修正（2013年、2018年），而《公司法》第3条、第4条、第65条以下的规定，都体现的是企业对其经营管理的财产享有所有权、国家对其出资的财产享有出资人权益的意思和精神，而出资人可被称作股东，出资人权益可被叫作股权/股份，所以，根据新法优先于旧法的规则，对《民法典》第257条的规定依据《公司法》树立的原则、精神进行解释，具有法律依据。此其一。假如采取国家对其出资的财产享有所有权、所设企业无法人所有权的解释，则对国家参股有限责任公司、股份有限公司的案型无法说得通，只有采取"企业对其经营管理的财产享有所有权、国家对其出资的财产享有出资人权益的"的法律结构予以解释，才可立得住脚。此其二，对于独资国有企业按照"企业对其经营管理的财产享有所有权、国家对其出资的财产享有出资人权益的"的法律结构予以解释，也更合解释论的逻辑。此其三。

国家作为抽象的政治实体，无法以自己的行为亲力亲为，只得委托授权国务院、地方人民政府依照法律、行政法规规定分别代表国家履行出资人职责，享有出资人权益。对于其分工，《企业国有资产监督管理暂行条例》规定：国务院代表国家对关系国民经济命脉和国家安全的大型国有及国有控股、国有参股企业，重要基础设施和重要自然资源等领域的国有及国有控股、国有参股企业，履行出资人职责。国务院履行出资人职责的企业，由国务院确定、公布（第 5 条第 1 款）。省、自治区、直辖市人民政府和设区的市、自治州级人民政府分别代表国家对由国务院履行出资人职责以外的国有及国有控股、国有参股企业，履行出资人职责。其中，省、自治区、直辖市人民政府履行出资人职责的国有及国有控股、国有参股企业，由省、自治区、直辖市人民政府确定、公布，并报国务院国有资产监督管理机构备案；其他由设区的市、自治州级人民政府履行出资人职责的国有及国有控股、国有参股企业，由设区的市、自治州级人民政府确定、公布，并报省、自治区、直辖市人民政府国有资产监督管理机构备案（第 5 条第 2 款）。国务院，省、自治区、直辖市人民政府，设区的市、自治州级人民政府履行出资人职责的企业，以下统称所出资企业（第 5 条第 3 款）。国务院，省、自治区、直辖市人民政府，设区的市、自治州级人民政府，分别设立国有资产监督管理机构。国有资产监督管理机构根据授权，依法履行出资人职责，依法对企业国有资产进行监督管理（第 6 条第 1 款）。企业国有资产较少的设区的市、自治州，经省、自治区、直辖市人民政府批准，可以不单独设立国有资产监督管理机构（第 6 条第 2 款）。

按照《企业国有资产监督管理暂行条例》的规定，国有资产监督管理机构的主要职责是：依照《中华人民共和国公司法》等法律、法规，对所出资企业履行出资人职责，维护所有者权益；指导推进国有及国有控股企业的改革和重组；依照规定向所出资企业派出监事会；依照法定程序对所出资企业的企业负责人进行任免、考核，并根据考核结果对其进行奖惩；通过统计、稽核等方式对企业国有资产的保值增值情况进行监管；履行出资人的其他职责和承办本级政府交办的其他事项（第 13 条第 1 款）。国有资产监督管理机构的主要义务是：推进国有资产合理流动和优化配置，推动国有经济布局和结构的调整；保持和提高关系国民经济命脉和国家安全领域国有经济的控制力和竞争力，提高国有经济的整体素质；探索有效的企业国有资产经营体制和方式，加强企业国有资产监督管理工作，促进企业国有资产保值增值，防止企业国有资产流失；指导和促进国有及国有控股企业建立现代企业制度，完善法人治理结构，推进管理现代化；尊重、维护国有及国有控股企业经营自主权，依法维护企业合法权益，促进企业依法经营管理，增强企业竞争力；指导和协调解决国有及国有控股企业改革与发展中的困难和问题（第 14 条）。国有资产监督管理机构应当向本级政府报告企业国有资产监督管理工作、国有资产保值增值状况和其他重大事项（第 15 条）。

第二百五十八条

国家所有的财产受法律保护，禁止任何组织或者个人侵占、哄抢、私分、截留、破坏。

本条主旨

本条是关于国有财产保护的规定。

相关条文

《民法通则》第 73 条　国家财产属于全民所有。

国家财产神圣不可侵犯，禁止任何组织或者个人侵占、哄抢、私分、截留、破坏。

《物权法》第 56 条　国家所有的财产受法律保护，禁止任何单位和个人侵占、哄抢、私分、截留、破坏。

《草原法》第 9 条第 1 款　草原属于国家所有，由法律规定属于集体所有的除外。国家所有的草原，由国务院代表国家行使所有权。

理解与适用

本条所谓国家所有的财产范围广泛：（1）《民法典》第 247 条至第 254 条规定的矿藏、水流等诸多的不动产、动产；（2）《民法典》第 255 条规定的国家交由国家机关占有、使用的财产；（3）《民法典》第 256 条规定的国家交由事业单位占有、使用的财产；（4）国家的股权及其股息红利；（5）国家的财政收入、税收、外汇储备等。

本条所谓"侵占"是指以非法占有为目的，将其经营、管理的国有财产非法占为己有。"哄抢"是指以非法占有为目的，组织、参与多人一起强行抢夺国有财产的行为。"私分"是指违反国家关于国有财产分配管理规定，以单位名义将国有财产按人头分配给单位内全部或者部分职工的行为。"截留"是指违反国家关于国有资金等国有财产拨付、流转的决定，擅自将经手的有关国有财产据为己有或挪作他用的行为。"破坏"是指故意毁坏国有财产，影响其发挥正常功效的行为。[①]

对于侵占、哄抢、私分、截留、破坏国有财产的不法行为，可有公法上的制裁措施和私法上的法律后果，前者包括追究侵害人行政责任、刑事责任；后者包括物权确认请求权、物权请求权以及不当得利返还请求权、侵权损害赔偿请求权。

第二百五十九条

履行国有财产管理、监督职责的机构及其工作人员，应当依法加强对国有财产的管理、监督，促进国有财产保值增值，防止国有财产损失；滥用职权，玩忽职守，造成国有财产损失的，应当依法承担法律责任。

违反国有财产管理规定，在企业改制、合并分立、关联交易等过程中，低价转让、合谋私分、擅自担保或者以其他方式造成国有财产损失的，应当依法承担法律责任。

本条主旨

本条是关于国有财产管理的义务和责任的规定。

相关条文

《物权法》第 57 条　履行国有财产管理、监督职责的机构及其工作人员，应当依法加强对国有财产的管理、监督，促进国有财产保值增值，防止国有财产损失；滥用职权，玩忽职守，造成国有财产损失的，应当依法承担法律责任。

违反国有财产管理规定，在企业改制、合并分立、关联交易等过程中，低价转让、合谋私分、擅自担保或者以其他方式造成国有财产损失的，应当依法承担法律责任。

理解与适用

本条是对《物权法》第 57 条的复制，第 1 款规定国有资产管理部门及其工作人员的职责和过错责任，第 2 款规定在企业改制等过程中恶意造成国有资产流失的，应当依法承担法律责任。

[①]　胡康生主编：《中华人民共和国物权法释义》，北京，法律出版社 2007 年版，第 133 页。

加大对国有财产的保护力度，切实防止国有财产流失，是巩固和发展公有制经济的重要内容。从国有财产流失的主要情形看，加大对国有财产的保护力度，切实防止国有财产流失，一方面要加强对国有财产的管理、监督。根据党的十六大和十六届二中全会关于深化国有资产管理体制改革和设立专门国有资产管理监督机构的精神，经十届人大一次会议批准，设立了国务院国有资产监督管理委员会。地方各级政府也组建了相应的国有资产监督管理机构。十六届三中全会的决定指出："国有资产管理机构对授权监管的国有资本依法履行出资人职责，维护所有者权益，维护企业作为市场主体依法享有的各项权利，督促企业实现国有资本保值增值，防止国有资产流失。"另一方面要明确规定造成国有资产流失的应承担的法律责任。《中共中央 国务院关于完善产权保护制度依法保护产权的意见》要求："深化国有企业和国有资产监督管理体制改革，进一步明晰国有产权所有者和代理人关系，推动实现国有企业股权多元化和公司治理现代化，健全涉及财务、采购、营销、投资等方面的内部监督制度和内控机制，强化董事会规范运作和对经理层的监督，完善国有资产交易方式，严格规范国有资产登记、转让、清算、退出等程序和交易行为，以制度化保障促进国有产权保护，防止内部人任意支配国有资产，切实防止国有资产流失。建立健全归属清晰、权责明确、监管有效的自然资源资产产权制度"。《中国共产党第十九届中央委员会第四次全体会议公报》载明："全会提出，坚持和完善党和国家监督体系，强化对权力运行的制约和监督。党和国家监督体系是党在长期执政条件下实现自我净化、自我完善、自我革新、自我提高的重要制度保障。必须健全党统一领导、全面覆盖、权威高效的监督体系，增强监督严肃性、协同性、有效性，形成决策科学、执行坚决、监督有力的权力运行机制，构建一体推进不敢腐、不能腐、不想腐体制机制，确保党和人民赋予的权力始终用来为人民谋幸福。"

本条从法律的角度，对加大国有资产的保护力度，切实防止国有资产流失作出规定，与有关国有资产监管的法律相衔接。第 1 款对履行国有财产管理、监督职责的机构及其工作人员切实履行职责作了规定；同时，第 2 款针对现实中存在的国有财产流失的突出问题作了规定。

关于国务院国有资产监督管理委员会的职责，根据《企业国有资产监督管理暂行条例》等法律、规章的规定，大体表现在如下几个方面：（1）根据国务院授权，依照《公司法》等法律和行政法规履行出资人职责。（2）指导推进国有企业改革和重组；对所监管企业国有资产的保值增值进行监督，加强国有资产的管理工作；推进国有企业的现代企业制度建设，完善公司治理结构；推动国有经济结构和布局的战略性调整。（3）代表国家向部分大型企业派出监事会；负责监事会的日常管理工作。（4）通过法定程序对企业负责人进行任免、考核并根据其经营业绩进行奖惩；建立符合社会主义市场经济体制和现代企业制度要求的选人、用人机制，完善经营者激励和约束制度。（5）通过统计、稽核对所监管国有资产的保值增值情况进行监管；建立和完善国有资产保值增值指标体系，拟订考核标准；维护国有资产出资人的权益。（6）起草国有资产管理的法律、行政法规，制定有关规章制度；依法对地方国有资产管理进行指导和监督。还有三点需要注意：一是，履行国有财产管理、监督职责的机构不仅仅是中央政府和地方政府设立的国有资产监督管理委员会（局），而且包括其他机构，比如，财政部门、审计部门、水利部门、外汇管理部门、银行业监督委员会等，还有国家机关和国家举办事业单位内部设立的国有财产管理部门等，都负有一定的国有财产管理、监督职责。二是，国有财产监督管理机构应当支持企业依法自主经营，除履行出资人职责以外，不得干预企业的生产经营活动。三是，本条强调了国有财产管理、监督职责的机构的工作人员的责任。如果滥用职权，玩忽职守，造成国有资产损失的，还要依法承担行政责任、刑事责任等。[①]

据了解，造成国有财产流失的，主要发生在国有企业改制、合并分立、关联交易的过程中。造成国有财产损失的常见有以下的情形：（1）低价转让。有的不按规定进行国有财产评估或者压低评估价格。有的不把国家划拨的土地计入国有股；有的对专利、商标等无形资产不作评估；有的将国有财产无偿转让或者低价折股、低价出售给非国有单位或者个人；有的在经营活动中高价进、低价出。（2）违反财务制度，合谋私分侵占国有财产。有的将应收账款做成呆账、坏账，有的私设"小金库"或者设立"寄生公司"，以后再侵占私分。（3）擅自担保。有的根本不认真调查被担保人的资信情况，未经法定程序和公司章程规定，擅自向非国有单位或者个人担保，造成国有财产损失。（4）通过管理层持股非法牟利。（5）有的低估企业财产，虚构企业债务，以降低持股所需资金；有的不实际出资，以拟收购的企业财产作为融资担保。（6）贪污、挪用国有财产；虚假破产，逃避债务。（7）利用分立重组方式，把优良资产装入新企业之中，自己充任其中的股东；把债务留在原企业，使原企业空壳化，侵害银行的国有财产。（8）直接负责的主管人员玩忽职守，导致企业破产或严重亏损等。[②]

上述行为引起法律责任，包括民事责任、行政责任和刑事责任。《企业国有资产监督管理暂行条例》规定：国有资产监督管理机构不按规定任免或者建议任

---

①② 胡康生主编：《中华人民共和国物权法释义》，北京，法律出版社 2007 年版，第 135～136、137～138 页。

免所出资企业的企业负责人，或者违法干预所出资企业的生产经营活动，侵犯其合法权益，造成企业国有资产损失或者其他严重后果的，对直接负责的主管人员和其他直接责任人员依法给予行政处分；构成犯罪的，依法追究刑事责任（第38条）。所出资企业中的国有独资企业、国有独资公司未按照规定向国有资产监督管理机构报告财务状况、生产经营状况和国有资产保值增值状况的，予以警告；情节严重的，对直接负责的主管人员和其他直接责任人员依法给予纪律处分（第39条）。国有及国有控股企业的企业负责人滥用职权、玩忽职守，造成企业国有资产损失的，应负赔偿责任，并对其依法给予纪律处分；构成犯罪的，依法追究刑事责任（第40条）。对企业国有资产损失负有责任受到撤职以上纪律处分的国有及国有控股企业的企业负责人，5年内不得担任任何国有及国有控股企业的企业负责人；造成企业国有资产重大损失或者被判处刑罚的，终身不得担任任何国有及国有控股企业的企业负责人（第41条）。

第二百六十条

集体所有的不动产和动产包括：

（一）法律规定属于集体所有的土地和森林、山岭、草原、荒地、滩涂；

（二）集体所有的建筑物、生产设施、农田水利设施；

（三）集体所有的教育、科学、文化、卫生、体育等设施；

（四）集体所有的其他不动产和动产。

本条主旨

本条是关于集体财产范围的规定。

相关条文

《宪法》第9条第1款　矿藏、水流、森林、山岭、草原、荒地、滩涂等自然资源，都属于国家所有，即全民所有；由法律规定属于集体所有的森林和山岭、草原、荒地、滩涂除外。

第10条第2款　农村和城市郊区的土地，除由法律规定属于国家所有的以外，属于集体所有；宅基地和自留地、自留山，也属于集体所有。

《民法通则》第74条第1款、第2款　劳动群众集体组织的财产属于劳动群众集体所有，包括：

（一）法律规定为集体所有的土地和森林、山岭、草原、荒地、滩涂等；

（二）集体经济组织的财产；

（三）集体所有的建筑物、水库、农田水利设施和教育、科学、文化、卫生、体育等设施；

（四）集体所有的其他财产。

集体所有的土地依照法律属于村农民集体所有，由村农业生产合作社等农业集体经济组织或者村民委员会经营、管理。已经属于乡（镇）农民集体经济组织所有的，可以属于乡（镇）农民集体所有。

《物权法》第58条　集体所有的不动产和动产包括：

（一）法律规定属于集体所有的土地和森林、山岭、草原、荒地、滩涂；

（二）集体所有的建筑物、生产设施、农田水利设施；

（三）集体所有的教育、科学、文化、卫生、体育等设施；

（四）集体所有的其他不动产和动产。

《土地管理法》第9条第2款　农村和城市郊区的土地，除由法律规定属于国家所有的以外，属于农民集体所有；宅基地和自留地、自留山，属于农民集体所有。

《森林法》第3条第1款　森林资源属于国家所有，由法律规定属于集体所有的除外。

《草原法》第9条第1款　草原属于国家所有，由法律规定属于集体所有的除外。国家所有的草原，由国务院代表国家行使所有权。

理解与适用

本条是对《物权法》第58条的复制，是对集体所有权的客体的范围的原则性规定，即除去国家专有的不动产和动产以外的不动产、动产。这是在落实《宪法》赋予集体组织在国家经济甚至社会中的地位，更是赋予集体组织的发展权。正因为表达的是发展权，也就不奇怪可由集体所有的不动产在范围、品质等方面远远弱于国家所有的不动产了。

例如，本条所谓土地，肯定不含城市的土地，即使是城市郊区甚至农村的土地也不全归集体所有。再如，海洋滩涂，只有位于浙江省的小面积的海洋滩涂属于集体所有，除此以外的海洋滩涂均归国家所有。

本条第4项所谓集体所有的其他不动产和动产，如集体企业所有的生产资料、半成品和成品，村建道路，村建敬老院等，均属此列。[1]

---

[1]　胡康生主编：《中华人民共和国物权法释义》，北京，法律出版社2007年版，第140页。

第二百六十一条

农民集体所有的不动产和动产，属于本集体成员集体所有。

下列事项应当依照法定程序经本集体成员决定：

（一）土地承包方案以及将土地发包给本集体以外的组织或者个人承包；

（二）个别土地承包经营权人之间承包地的调整；

（三）土地补偿费等费用的使用、分配办法；

（四）集体出资的企业的所有权变动等事项；

（五）法律规定的其他事项。

本条主旨

本条是关于农民集体所有权以及重大事项经由民主决策的规定。

相关条文

《物权法》第 59 条　农民集体所有的不动产和动产，属于本集体成员集体所有。

下列事项应当依照法定程序经本集体成员决定：

（一）土地承包方案以及将土地发包给本集体以外的单位或者个人承包；

（二）个别土地承包经营权人之间承包地的调整；

（三）土地补偿费等费用的使用、分配办法；

（四）集体出资的企业的所有权变动等事项；

（五）法律规定的其他事项。

《土地管理法》第 11 条　农民集体所有的土地依法属于村农民集体所有的，由村集体经济组织或者村民委员会经营、管理；已经分别属于村内两个以上农村集体经济组织的农民集体所有的，由村内各该农村集体经济组织或者村民小组经营、管理；已经属于乡（镇）农民集体所有的，由乡（镇）农村集体经济组织经营、管理。

第 13 条　农民集体所有和国家所有依法由农民集体使用的耕地、林地、草地，以及其他依法用于农业的土地，采取农村集体经济组织内部的家庭承包方式承包，不宜采取家庭承包方式的荒山、荒沟、荒丘、荒滩等，可以采取招标、拍卖、公开协商等方式承包，从事种植业、林业、畜牧业、渔业生产。家庭承包的耕地的承包期为三十年，草地的承包期为三十年至五十年，林地的承包期为三十年至七十年；耕地承包期届满后再延长三十年，草地、林地承包期届满后依法相应延长。

国家所有依法用于农业的土地可以由单位或者个人承包经营，从事种植业、林业、畜牧业、渔业生产。

发包方和承包方应当依法订立承包合同，约定双方的权利和义务。承包经营土地的单位和个人，有保护和按照承包合同约定的用途合理利用土地的义务。

《农村土地承包法》第 19 条　土地承包应当遵循以下原则：

（一）按照规定统一组织承包时，本集体经济组织成员依法平等地行使承包土地的权利，也可以自愿放弃承包土地的权利；

（二）民主协商，公平合理；

（三）承包方案应当按照本法第十三条的规定，依法经本集体经济组织成员的村民会议三分之二以上成员或者三分之二以上村民代表的同意；

（四）承包程序合法。

第 20 条　土地承包应当按照以下程序进行：

（一）本集体经济组织成员的村民会议选举产生承包工作小组；

（二）承包工作小组依照法律、法规的规定拟订并公布承包方案；

（三）依法召开本集体经济组织成员的村民会议，讨论通过承包方案；

（四）公开组织实施承包方案；

（五）签订承包合同。

《村民委员会组织法》第 24 条　涉及村民利益的下列事项，经村民会议讨论决定方可办理：

（一）本村享受误工补贴的人员及补贴标准；

（二）从村集体经济所得收益的使用；

（三）本村公益事业的兴办和筹资筹劳方案及建设承包方案；

（四）土地承包经营方案；

（五）村集体经济项目的立项、承包方案；

（六）宅基地的使用方案；

（七）征地补偿费的使用、分配方案；

（八）以借贷、租赁或者其他方式处分村集体财产；

（九）村民会议认为应当由村民会议讨论决定的涉及村民利益的其他事项。

村民会议可以授权村民代表会议讨论决定前款规定的事项。

法律对讨论决定村集体经济组织财产和成员权益的事项另有规定的，依照其规定。

理解与适用

本条是对《物权法》第59条的复制：第1款是关于农民集体所有权及其主体的规定，明确"集体成员集体"系所有权人；第2款是关于农民集体所有权的行使实行集体民主决策的规定。

"集体成员集体"，是指由全体集体成员组合而成的集体，是全体集体成员的"聚合"，它不同于该集体的领导层，如不同于村委会、村党支部或村党委，更不同于村长、村书记；也不同于单个的集体成员，因为后者是个体，而非"集体"。

本条第2款所列举的应由集体成员依照法定程序决定而非某个人或某几个人"说了算"的事项显示，并非农民集体组织所有的事项都由集体成员依照法定程序决定，而是"重要"的事项才由集体成员依照法定程序决定。这些重要的事项包括土地承包方案以及将土地发包给本集体以外的组织或者个人承包；个别土地承包经营权人之间承包地的调整；土地补偿费等费用的使用、分配办法；集体出资的企业的所有权变动等事项；以及法律规定的其他事项。

所谓法律规定的其他事项，按照《村民委员会组织法》第24条第1款的规定，包括本村享受误工补贴的人员及补贴标准；从村集体经济所得收益的使用；本村公益事业的兴办和筹资筹劳方案及建设承包方案；村集体经济项目的立项、承包方案；宅基地的使用方案；征地补偿费的使用、分配方案；以借贷、租赁或者其他方式处分村集体财产；村民会议认为应当由村民会议讨论决定的涉及村民利益的其他事项。

本条所谓依照法定程序，《村民委员会组织法》计有如下规定：村民会议由本村18周岁以上的村民组成（第21条第1款）。村民会议由村民委员会召集。有1/10以上的村民或者1/3以上的村民代表提议，应当召集村民会议。召集村民会议，应当提前10天通知村民（第21条第2款）。召开村民会议，应当有本村18周岁以上村民的过半数，或者本村2/3以上的户的代表参加，村民会议所作决定应当经到会人员的过半数通过。法律对召开村民会议及作出决定另有规定的，依照其规定（第22条第1款）。召开村民会议，根据需要可以邀请驻本村的企业、事业单位和群众组织派代表列席（第22条第2款）。

第二百六十二条

对于集体所有的土地和森林、山岭、草原、荒地、滩涂等，依照下列规定行使所有权：

（一）属于村农民集体所有的，由村集体经济组织或者村民委员会依法代表集体行使所有权；

（二）分别属于村内两个以上农民集体所有的，由村内各该集体经济组织或者村民小组依法代表集体行使所有权；

（三）属于乡镇农民集体所有的，由乡镇集体经济组织代表集体行使所有权。

本条主旨

本条是关于行使农民集体所有权的代表的确定根据的规定。

相关条文

《民法通则》第74条第2款　集体所有的土地依照法律属于村农民集体所有，由村农业生产合作社等农业集体经济组织或者村民委员会经营、管理。已经属于乡（镇）农民集体经济组织所有的，可以属于乡（镇）农民集体所有。

《物权法》第60条　对于集体所有的土地和森林、山岭、草原、荒地、滩涂等，依照下列规定行使所有权：

（一）属于村农民集体所有的，由村集体经济组织或者村民委员会代表集体行使所有权；

（二）分别属于村内两个以上农民集体所有的，由村内各该集体经济组织或者村民小组代表集体行使所有权；

（三）属于乡镇农民集体所有的，由乡镇集体经济组织代表集体行使所有权。

《土地管理法》第11条　农民集体所有的土地依法属于村农民集体所有的，由村集体经济组织或者村民委员会经营、管理；已经分别属于村内两个以上农村集体经济组织的农民集体所有的，由村内各该农村集体经济组织或者村民小组经营、管理；已经属于乡（镇）农民集体所有的，由乡（镇）农村集体经济组织经营、管理。

《村民委员会组织法》第8条第2款　村民委员会依照法律规定，管理本村属于村农民集体所有的土地和其他财产，引导村民合理利用自然资源，保护和改善生态环境。

理解与适用

本条是对《物权法》第60条的复制，区分三种情形来确定代行集体所有权的代表。

1. 对于属于村农民集体所有的土地和森林、山岭、草原、荒地、滩涂等不动产行使所有权，由村集体经济组织或者村民委员会代表集体为之。

本条所言农民集体经济组织，有个历史演变过程。它产生于 20 世纪 50 年代初的农业合作化运动，是全国农民拥有土地所有权，由全国农民组成农村集体经济组织。农村集体经济组织既不同于企业法人，又不同于社会团体，也不同于行政机关，自有其独特的政治性质和法律性质。农村集体经济组织是除国家以外对土地拥有所有权的唯一的一个组织。它是为实行社会主义公有制改造，在自然乡村范围内，由农民自愿联合，将其各自所有的生产资料（土地、较大型农具、耕畜）投入集体所有，由集体组织农业生产经营，农民进行集体劳动，各尽所能，按劳分配的农业社会主义经济组织。农村集体经济组织在人民公社解体后，生产队一级组织仍按原规模延续下来，但名称有的已变化，各地称谓不一；其经营方式，已由原来的集体经营按劳分配变为家庭经营了。人民公社自此时演变为农村集体经济组织（大队），在 1978 年改革开放后，由村民委员会（即俗称的村委会）或村民小组代表。①

本条所谓"村"，是指行政村。此处所谓村民委员会，按照《村民委员会组织法》第 2 条的规定，是指村民自我管理、自我教育、自我服务的基层群众性自治组织，实行民主选举、民主决策、民主管理、民主监督的组织体。它办理本村的公共事务和公益事业，调解民间纠纷，协助维护社会治安，向人民政府反映村民的意见、要求和提出建议。村民委员会向村民会议、村民代表会议负责并报告工作。

本条所谓村民小组，同样有个历史演变过程。早在人民公社时期，"三级所有，队为基础"的制度安排充分彰显出生产队在农村治理中的基础性地位。此类生产队即为村民小组，是一个行政建制单位，跟自然村高度重合的现象非常普遍。特别在南方宗族性村庄，一个村民小组（甚至一个行政村）的村民往往同属一个房支或者家族。人民公社解体后，村—组体制基本承袭了之前的大队—生产队体制。村民小组仍然是一个基础性的治理单位。尽管 1998 年《村民委员会组织法》规定村委会是行政村的法人代表，但村民小组依然具有较大的自主权。取消农业税后，全国许多地方都推行了合村并组的改革措施。在不少地方还取消了村民小组长，改由村干部包组。村民小组的权力被进一步削弱，甚至名存实亡。但在某些地区，如四川省，村组体制至今保留完好。村民小组仍然是一个完整的

---

① https://baike.baidu.com/item/%E5%86%9C%E6%9D%91%E9%9B%86%E4%BD%93%E7%BB%8F%E6%B5%8E%E7%BB%84%E7%BB%87/8511844?fr=aladdin. 2020 年 4 月 2 日最后访问。

实体化治理单位。①

2. 对于分别属于村内两个以上农民集体所有的土地和森林、山岭、草原、荒地、滩涂等不动产行使所有权，由村内各该集体经济组织或者村民小组依法代表集体行使所有权。此处所谓村民小组，按照《村民委员会组织法》第 3 条第 3 款的规定，村民委员会可以根据村民居住状况、集体土地所有权关系等分设若干村民小组。第 28 条第 3 款规定："属于村民小组的集体所有的土地、企业和其他财产的经营管理以及公益事项的办理，由村民小组会议依照有关法律的规定讨论决定，所作决定及实施情况应当及时向本村民小组的村民公布。"

3. 对于属于乡镇农民集体所有的土地和森林、山岭、草原、荒地、滩涂等不动产行使所有权，由乡镇集体经济组织代表集体行使所有权。

本条所谓乡镇集体经济组织，在某些地区叫作乡集体经济组织，在另外的地区称为镇集体经济组织。它们是原人民公社（现在的乡、镇）、生产大队（现在的村）、生产队（现在的村民小组）建制经过改革、改造、改组形成的合作经济组织。它们不同于乡镇政府，乡镇政府属于国家政权机构的基层组织。②

第二百六十三条

城镇集体所有的不动产和动产，依照法律、行政法规的规定由本集体享有占有、使用、收益和处分的权利。

本条主旨

本条是关于城镇集体所有权的规定。

相关条文

《宪法》第 8 条第 2 款、第 3 款　城镇中的手工业、工业、建筑业、运输业、商业、服务业等行业的各种形式的合作经济，都是社会主义劳动群众集体所有制经济。

国家保护城乡集体经济组织的合法的权利和利益，鼓励、指导和帮助集体经济的发展。

《物权法》第 61 条　城镇集体所有的不动产和动产，依照法律、行政法规的

---

① http://www.pkulaw.cn/fulltext_form.aspx?Db=qikan&Gid=fcd568041926795c1d52c6a53c6753b7bdfb&EncodingName=. 2020 年 4 月 2 日最后访问。

② https://zhidao.baidu.com/question/296031944.html. 2020 年 4 月 2 日最后访问。

规定由本集体享有占有、使用、收益和处分的权利。

《森林法》第27条第2款、第3款、第4款　集体所有制单位营造的林木，归该单位所有。

农村居民在房前屋后、自留地、自留山种植的林木，归个人所有。城镇居民和职工在自有房屋的庭院内种植的林木，归个人所有。

集体或者个人承包国家所有和集体所有的宜林荒山荒地造林的，承包后种植的林木归承包的集体或者个人所有；承包合同另有规定的，按照承包合同的规定执行。

理解与适用

本条是对《物权法》第61条的复制，确立了与农村集体所有权并列的城镇集体所有权。

城镇集体所有制经济，是城镇劳动者集体占有和支配生产资料的社会主义公有制经济，是社会主义集体所有制经济的重要组成部分。其来源一部分是对城镇手工业者、小商贩实行合作化的结果；一部分是在国家和国营经济的指导和扶持下，组织社会闲散劳动力而成立起来的，其中多数是由劳动者自筹或部分自筹资金的自愿组合。主要形式有生产合作社、合作工厂、合作商店、劳动者集资经营的合作组织。[①] 这些组织亦即企业，就是城镇集体企业，城镇集体组织。

按照《城镇集体所有制企业条例》的规定，城镇集体所有制企业（以下简称城镇集体企业）是财产属于劳动群众集体所有、实行共同劳动、在分配方式上以按劳分配为主体的社会主义经济组织（第4条第1款）。城镇集体企业依法取得法人资格，以其全部财产独立承担民事责任（第6条）。城镇集体企业在国家法律、法规的规定范围内对其全部财产享有占有、使用、收益和处分的权利，拒绝任何形式的平调（第21条第1项）。城镇集体企业的联合经济组织的投资，归该联合经济组织范围内的劳动群众集体所有（第38条第1款）。

第二百六十四条

农村集体经济组织或者村民委员会、村民小组应当依照法律、行政法规以及章程、村规民约向本集体成员公布集体财产的状况。集体成员有权查阅、复制相关资料。

---

① https://baike.baidu.com/item/%E5%9F%8E%E9%95%87%E9%9B%86%E4%BD%93%E6%89%80%E6%9C%89%E5%88%B6%E7%BB%8F%E6%B5%8E/2304834. 2020年4月2日最后访问。

本条主旨

本条是关于代行集体所有权之人依法公布集体财产状况、集体成员享有知情权的规定。

相关条文

《物权法》第 62 条　集体经济组织或者村民委员会、村民小组应当依照法律、行政法规以及章程、村规民约向本集体成员公布集体财产的状况。

《农业法》第 73 条第 3 款　农村集体经济组织和村民委员会对涉及农民利益的重要事项，应当向农民公开，并定期公布财务账目，接受农民的监督。

《村民委员会组织法》第 29 条　村民委员会应当实行少数服从多数的民主决策机制和公开透明的工作原则，建立健全各种工作制度。

第 30 条　村民委员会实行村务公开制度。

村民委员会应当及时公布下列事项，接受村民的监督：

（一）本法第二十三条、第二十四条规定的由村民会议、村民代表会议讨论决定的事项及其实施情况；

（二）国家计划生育政策的落实方案；

（三）政府拨付和接受社会捐赠的救灾救助、补贴补助等资金、物资的管理使用情况；

（四）村民委员会协助人民政府开展工作的情况；

（五）涉及本村村民利益，村民普遍关心的其他事项。

前款规定事项中，一般事项至少每季度公布一次；集体财务往来较多的，财务收支情况应当每月公布一次；涉及村民利益的重大事项应当随时公布。

村民委员会应当保证所公布事项的真实性，并接受村民的查询。

理解与适用

本条除承继《物权法》第 62 条的规定之外，还增补了"集体成员有权查阅、复制相关资料"的规定，这为核实公布的信息是否属实、完整，在代行集体所有权之人未依法公布时，可以积极、主动地查阅相关资料，了解集体所有权及其行使的状况，很有必要。其中的复制相关资料，既是备忘的需要，更是举证证明的需要。复制相关资料可作为证据，以证明自己的主张为正当，推翻对方的主张及举证。总之，该项增补值得赞同。

集体所有的财产关系到每一个集体成员的切身利益，因此，每一个集体成员有权参与对集体财产的民主管理和民主监督。尊重集体成员的民主权利，保障集体成员的财产权益，才能调动劳动群众的积极性，推动集体经济向前发展。现实中，有的集体经济组织的管理人为政不勤、未尽职尽责地为集体办事，而是以权谋私，挥霍浪费，造成了集体财产巨大的损失，损害了广大集体成员的权益。解决这一问题的根本在于必须建立、健全民主管理、监督制度，形成有效的激励、约束、监督机制，充分调动广大集体成员的劳动积极性和创造性，促进集体经济的发展走上规范化和制度化的轨道。因此，本条从广大集体劳动群众普遍关心的和涉及群众切身利益的实际问题入手，规定了集体经济组织等行使集体财产所有权的组织应当向本集体成员公布集体财产的状况，这是完善集体事务民主监督和民主管理的基础。①

本条的含义主要有以下几项内容。②

1. 本条规范的主体是行使集体财产所有权的组织，包括农村集体经济组织、城镇集体企业，也包括代表集体行使所有权的村民委员会、村民小组。

2. 公布的内容是本集体的财产状况，包括集体所有财产总量的变化（如集体财产的收支状况、债权债务状况），所有权变动的情况（如转让、抵押），集体财产使用情况（如农村集体土地承包），集体财产分配情况（征收补偿费的分配）等涉及集体成员利益的重大事项。

3. 公布的要求。本条规定，应当依照法律、行政法规、章程和村规民约的规定，向本集体成员公布集体财产状况。如《村民委员会组织法》第 22 条规定，下列事项及其实施情况，村民委员会至少 6 个月向本村村民公布一次，接受村民的监督：村集体经济所得收益的使用；村办学校、村建道路等村公益事业的经费筹集方案；村集体经济项目的立项、承包方案及村公益事业的建设承包方案；村民的承包经营方案；宅基地的使用方案等。此外，公布集体财产状况，还要做到以下几点：一是公布内容简洁明了，便于集体成员了解。公布的形式和方法可根据实际情况因地制宜、灵活多样，如采用张榜公布、召开集体成员大会或者代表大会等。二是公布要做到及时。可以采取定期的形式，也可以根据集体财产重大变动事项，可以根据进展的不同阶段随时公布。三是公布要做到内容真实。公布的内容要真实可靠，有凭有据，不得谎报、虚报、瞒报。本集体成员对于公布的内容，有权进行查询，集体经济组织或者村民委员会、村民小组应当自觉接受

---

① 胡康生主编：《中华人民共和国物权法释义》，北京，法律出版社 2007 年版，第 148～149 页。

② 这部分内容源自胡康生主编：《中华人民共和国物权法释义》，北京，法律出版社 2007 年版，第 149～150 页。

查询。

　　集体经济组织或者村民委员会、村民小组没有依照法律、行政法规、章程、村规民约向本集体成员公布集体财产状况的，或者不及时公布、公布内容不真实的，本集体成员可以依照有关规定，更换有关负责人，并可以依法向有关部门反映。根据《村民委员会组织法》第 22 条的规定，村民委员会不及时公布应当公布的事项或者公布的事项不真实的，村民有权向乡、民族乡、镇人民政府或者县级人民政府及其有关主管部门反映。接到反映意见的乡镇人民政府或者县级人民政府及其有关主管部门，如民政局等政府机关，应当负责调查核实有关情况，责令村民委员会公布，对于经查证核实确有弄虚作假等违法行为的，应当依法追究有关人员的责任。

第二百六十五条

　　集体所有的财产受法律保护，禁止任何组织或者个人侵占、哄抢、私分、破坏。

　　农村集体经济组织、村民委员会或者其负责人作出的决定侵害集体成员合法权益的，受侵害的集体成员可以请求人民法院予以撤销。

本条主旨

　　本条是关于集体财产权的保护以及集体成员撤销权的规定。

相关条文

　　《宪法》第 12 条　社会主义的公共财产神圣不可侵犯。

　　国家保护社会主义的公共财产。禁止任何组织或者个人用任何手段侵占或者破坏国家的和集体的财产。

　　第 16 条　国有企业在法律规定的范围内有权自主经营。

　　国有企业依照法律规定，通过职工代表大会和其他形式，实行民主管理。

　　第 17 条　集体经济组织在遵守有关法律的前提下，有独立进行经济活动的自主权。

　　集体经济组织实行民主管理，依照法律规定选举和罢免管理人员，决定经营管理的重大问题。

　　《物权法》第 63 条　集体所有的财产受法律保护，禁止任何单位和个人侵占、哄抢、私分、破坏。

集体经济组织、村民委员会或者其负责人作出的决定侵害集体成员合法权益的，受侵害的集体成员可以请求人民法院予以撤销。

《农业法》第72条　各级人民政府、农村集体经济组织或者村民委员会在农业和农村经济结构调整、农业产业化经营和土地承包经营权流转等过程中，不得侵犯农民的土地承包经营权，不得干涉农民自主安排的生产经营项目，不得强迫农民购买指定的生产资料或者按指定的渠道销售农产品。

《乡村集体所有制企业条例》第5条　国家保护乡村集体所有制企业的合法权益，禁止任何组织和个人侵犯其财产。

理解与适用

本条是对《物权法》第63条的复制，与《宪法》第12条、《民法典》第206条、第207条、第233－239条的规定一脉相承。

本条第1款所谓"集体所有的财产"主要是指本法所规定的集体所有的不动产和动产，包括法律规定属于集体所有的土地和森林、山岭、草原、荒地、滩涂；集体所有的建筑物、生产设施、农田水利设施；集体所有的教育、科学、文化、卫生、体育等设施；以及集体所有的其他不动产和动产。从所有者来讲，既包括农民集体所有的财产，也包括城镇集体所有的财产。①

针对损害集体财产的主要行为，本条强调了禁止任何单位和个人侵占、哄抢、私分、破坏集体财产。侵占、哄抢、私分、破坏集体所有财产的，应当根据构成要件而成立返还原物、恢复原状、赔偿损失等民事责任；触犯治安管理处罚法和刑法的，还应当承担相应的法律责任。有关单位的责任人也要依法承担行政甚至是刑事责任。

本条第2款创设了集体成员的撤销权，对于保护集体成员的合法权益，具有积极的意义。

本条所谓决定，应当是有关农村集体所有权及其行使的决定。决定的作出者或是农村集体经济组织，或是村民委员会，或是其负责人。决定生效后会侵害集体成员的合法权益。决定违反法律、法规及集体组织章程。决定首先应为行政行为，也不排除向其他民事主体作出的要约或承诺，甚至是单方允诺。行政行为可能直接构成侵权行为，也可能导致侵权行为的发生。

需要注意的是，《物权法》第63条第2款规定的集体成员撤销权，作为撤销对象的决定，依据体系解释，既可以是农村集体组织的决定，也可以是城镇集体

---

① 胡康生主编：《中华人民共和国物权法释义》，北京，法律出版社2007年版，第151页。

组织的决定。① 但是，《民法典》第 265 条规定的集体成员撤销权，在可撤销的标的方面，明确地将作出决定的主体限于农村集体组织、村民委员会或者其负责人，未包含城镇集体组织。

本条所言集体成员的合法权益，不是集体成员作为一个独立于集体组织的民事主体的个人的权益，而是作为集体组织成员在集体组织中所应享有的合法权益。

在"决定"为要约或承诺或单方允诺的情况下，或者"决定"引发了与交易相对人间的法律行为的场合，如集体经济组织、村民委员会或其负责人同意了某房地产开发公司利用集体土地从事房地产开发的条件，或将集体土地出租给了第三人，存在着保护善意第三人的问题，不得损害交易安全。于此场合，宜参照《民法典》第 538－542 条关于债权人撤销权的规定处理。

正因如此，集体成员的撤销权具有形成权的性质，所以，该权利行使、存续的期间宜为除斥期间，或失权期间，而不应为诉讼时效期间，故下面关于该权适用诉讼时效制度的观点不正确："提起诉讼的时间，本条没有明确限制。根据民法通则的规定，除法律另有规定外，向人民法院请求保护民事权利的诉讼时效期间为二年。诉讼时效期间从知道或者应当知道权利被侵害时起计算。但是，从权利被侵害之日起超过二十年的，人民法院不予保护。有特殊情况的，人民法院可以延长诉讼时效期间。因此，集体成员从知道或者应当知道其权利被侵害时起二年内向人民法院提起诉讼，请求撤销集体经济组织或者村民委员会或其负责人作出的不当决定。"②

第二百六十六条

私人对其合法的收入、房屋、生活用品、生产工具、原材料等不动产和动产享有所有权。

本条主旨

本条是关于私人所有权及其客体范围的规定。

相关条文

《宪法》第 13 条第 1 款、第 2 款　公民的合法的私有财产不受侵犯。

---

① ②　胡康生主编：《中华人民共和国物权法释义》，北京，法律出版社 2007 年版，第 152、152～153 页。

国家依照法律规定保护公民的私有财产权和继承权。

《民法通则》第75条　公民的个人财产，包括公民的合法收入、房屋、储蓄、生活用品、文物、图书资料、林木、牲畜和法律允许公民所有的生产资料以及其他合法财产。

公民的合法财产受法律保护，禁止任何组织或者个人侵占、哄抢、破坏或者非法查封、扣押、冻结、没收。

《物权法》第64条　私人对其合法的收入、房屋、生活用品、生产工具、原材料等不动产和动产享有所有权。

《外商投资法》第21条　外国投资者在中国境内的出资、利润、资本收益、资产处置所得、知识产权许可使用费、依法获得的补偿或者赔偿、清算所得等，可以依法以人民币或者外汇自由汇入、汇出。

理解与适用

本条是对《物权法》第64条的复制，确立了私人所有权的合法地位，也大致勾勒出私人所有权的客体范围。

本条所谓私人，宜被理解为自然人、个体工商户、个人独资企业、合伙、中外合资经营企业、中外合作经营企业、股份有限公司、有限责任公司，以及学校、医院、寺庙等主体。私人财产应当包括自然人、个体工商户、个人独资企业、合伙、中外合资经营企业、中外合作经营企业、股份有限公司、有限责任公司所拥有的财产，以及学校、医院、寺庙等主体所拥有的财产。但由于中外合资经营企业、股份有限公司、有限责任公司、学校、医院等均为法人，其财产权为法人所有权，系独立于自然人的单独所有权、国家所有权、集体所有权的一种所有权类型，而《民法典》第60条专门规定了法人所有权，与第266条以下规定的私人所有权并列，故可说私人所有权不包括中外合资经营企业、股份有限公司、有限责任公司的法人所有权。由于个体工商户、个人独资企业、合伙、不具备法人资格的中外合作经营企业的财产权形式为共有权，不是单独的所有权，不过，共有权消灭时落实为自然人的单独所有权。在这个层面上，《民法典》第266条以下规定的私人所有权只能是自然人的单独所有权。不过，问题还有另一面，当私人所有权作为与国家所有权、集体所有权相并列的概念而使用时，法人所有权也应属于私人所有权。

本条所列私人所有权的客体，不仅包括生活资料，如生活用品、住房等，还包括生产资料，如生产工具、原材料等。很明显，土地、矿藏、水流、草原、山岭、滩涂、森林等自然资源均不得由私人所有，私人所有权在客体范围上大大窄于国家所有权、集体所有权。

[讨论]

《物权法》在私人所有权的标题下，规定了私人合法的储蓄、投资及其收益受法律保护（第65条），是否意味着储蓄、投资及其收益成为所有权的客体？按照通说，私人储蓄形成债权，私人投资产生股权，投资收益为股权的效力表现，都不属于所有权的范畴。笔者赞同通说，民法典删除《物权法》第65条所列储蓄诚为适当。

本条所定私人所有权，具有占有、使用、收益和处分的积极权能，也有物权请求权的消极权能。

为了社会公共利益的需要，国家依照法律规定的权限和程序可以征收私人的不动产或动产（《民法典》第243条）；因抢险救灾、疫情防控等紧急需要，依照法律规定的权限和程序可以征用私人的不动产或动产（《民法典》第245条），私人无法依其所有权予以对抗。但另一方面，在国家机关不能证明其征收系为了社会公共利益的需要，不能证明其征用系因抢险救灾、疫情防控等紧急需要的情况下，私人可以依其所有权对抗征收、征用。这也是私人所有权的效力的表现。

第二百六十七条

私人的合法财产受法律保护，禁止任何组织或者个人侵占、哄抢、破坏。

本条主旨

本条是关于私人的合法财产受法律保护的规定。

相关条文

《宪法》第13条第1款 公民的合法的私有财产不受侵犯。

《民法通则》第75条 公民的个人财产，包括公民的合法收入、房屋、储蓄、生活用品、文物、图书资料、林木、牲畜和法律允许公民所有的生产资料以及其他合法财产。

公民的合法财产受法律保护，禁止任何组织或者个人侵占、哄抢、破坏或者非法查封、扣押、冻结、没收。

《物权法》第66条 私人的合法财产受法律保护，禁止任何单位和个人侵占、哄抢、破坏。

《森林法》第7条 国家保护林农的合法权益，依法减轻林农的负担，禁止向林农违法收费、罚款，禁止向林农进行摊派和强制集资。

国家保护承包造林的集体和个人的合法权益，任何单位和个人不得侵犯承包造林的集体和个人依法享有的林木所有权和其他合法权益。

《外商投资法》第5条　国家依法保护外国投资者在中国境内的投资、收益和其他合法权益。

《合伙企业法》第8条　合伙企业及其合伙人的合法财产及其权益受法律保护。

理解与适用

本条所谓合法财产，是指私人享有所有权的财产，这从本条处于"所有权"这一分编之内可以得到结论。但在解释上不妨扩张其管辖范围，延伸至他物权。如此扩张解释的理由有二：一是该条的用语是"财产"，而财产不限于所有权，也包含他物权；二是可以类推适用。

本条所谓法律保护上述财产，包括公法保护和私法保护，前者包括追究侵害人行政责任、刑事责任，非经法律规定的权限和程序，不得征收、征用；后者包括物权确认请求权、物权请求权以及不当得利返还请求权、侵权损害赔偿请求权。

鉴于占有在《民法典》上是作为事实而非物权设计的（第459－462条），加上法律制度的分工，为避免负面结果，本条所谓私人的合法财产不包含私人的占有在内。

对本条所谓"私人的合法财产受法律保护"作反面推论，可有如下结论：（1）拾得的遗失物，发现的地下埋藏物、隐藏物，打捞的漂流物，不受本条管辖，法律不保护拾得人之于这些物的所谓"合法财产"；（2）"私搭乱建"的违法建筑，法律不予保护，建造人不得阻碍拆除，不得主张"征收补偿款"；（3）"通过侵占、贪污、盗窃国有、集体的资产而取得财产，法律不但不予保护，而且还要依法追缴。行为人构成犯罪的，还要承担刑事责任"[1]。

第二百六十八条

国家、集体和私人依法可以出资设立有限责任公司、股份有限公司或者其他企业。国家、集体和私人所有的不动产或者动产投到企业的，由出资人按照约定

---

① 胡康生主编：《中华人民共和国物权法释义》，北京，法律出版社2007年版，第158页。

或者出资比例享有资产收益、重大决策以及选择经营管理者等权利并履行义务。

本条主旨

本条是关于出资人在其出资企业享有权益的规定。

相关条文

《公司法》第 4 条　公司股东依法享有资产收益、参与重大决策和选择管理者等权利。

《物权法》第 67 条　国家、集体和私人依法可以出资设立有限责任公司、股份有限公司或者其他企业。国家、集体和私人所有的不动产或者动产，投到企业的，由出资人按照约定或者出资比例享有资产收益、重大决策以及选择经营管理者等权利并履行义务。

《乡镇企业法》第 10 条　农村集体经济组织投资设立的乡镇企业，其企业财产权属于设立该企业的全体农民集体所有。

农村集体经济组织与其他企业、组织或者个人共同投资设立的乡镇企业，其企业财产权按照出资份额属于投资者所有。

农民合伙或者单独投资设立的乡镇企业，其企业财产权属于投资者所有。

第 11 条　乡镇企业依法实行独立核算，自主经营，自负盈亏。

具有企业法人资格的乡镇企业，依法享有法人财产权。

第 13 条　乡镇企业按照法律、行政法规规定的企业形式设立，投资者依照有关法律、行政法规决定企业的重大事项，建立经营管理制度，依法享有权利和承担义务。

《合伙企业法》第 20 条　合伙人的出资、以合伙企业名义取得的收益和依法取得的其他财产，均为合伙企业的财产。

《个人独资企业法》第 17 条　个人独资企业投资人对本企业的财产依法享有所有权，其有关权利可以依法进行转让或继承。

《乡村集体所有制企业条例》第 6 条第 1 款　乡村集体所有制企业实行自主经营，独立核算，自负盈亏。

理解与适用

本条是对《物权法》第 67 条的复制，表达了三层意思：（1）国家、集体和私人依法可以出资设立公司；（2）出资到公司的财产归公司享有物权等财产权（如知识产权）；（3）国家、集体和私人出资后的法律地位是出资人，或曰股东，享有出资人的权益。本条所涉关系基本上适用《公司法》的有关规定。

按照《公司法》的规定，国家、集体和私人可以出资到公司中的财产，可以是货币，也可以是实物、知识产权、土地使用权等可以用货币估价并可以依法转让的非货币财产作价，除非某些财产被法律、行政法规禁止出资（第27条第1款）。公司成立后，股东不得抽逃出资（第35条）。公司是企业法人，有独立的法人财产，享有法人财产权。公司以其全部财产对公司的债务承担责任（第3条第1款）。有限责任公司的股东以其认缴的出资额为限对公司承担责任；股份有限公司的股东以其认购的股份为限对公司承担责任（第3条第2款）。国家、集体和私人出资到公司之后，依法享有资产收益、参与重大决策和选择管理者等权利（第4条）。

本条后段所谓出资人按照约定或者出资比例享有资产收益、重大决策以及选择经营管理者等权利并履行义务，表达了如下意思：（1）在出资人对其享有的权益分配方面有约定的，依其约定，贯彻了意思自治原则；（2）在无此约定的情况下，适用《公司法》第34条前段关于"股东按照实缴的出资比例分取红利；公司新增资本时，股东有权优先按照实缴的出资比例认缴出资"的规定；（3）出资人享有资产收益、重大决策以及选择经营管理者等权利并履行义务。

本条所谓出资人享有资产收益之权，通过公司的盈余分配取得股息、红利（《公司法》第34条）。

国家、集体和私人出资得以享有的决策权，不是直接对所设立的公司发号施令，而是适用《公司法》的有关规定，透过股东会或股东大会的机制达到目的。所谓《公司法》的有关规定，如第36条关于"有限责任公司股东会由全体股东组成。股东会是公司的权力机构，依照本法行使职权"的规定；第37条第1款关于"股东会行使下列职权：（一）决定公司的经营方针和投资计划；（二）选举和更换非由职工代表担任的董事、监事，决定有关董事、监事的报酬事项；（三）审议批准董事会的报告；（四）审议批准监事会或者监事的报告；（五）审议批准公司的年度财务预算方案、决算方案；（六）审议批准公司的利润分配方案和弥补亏损方案；（七）对公司增加或者减少注册资本作出决议；（八）对发行公司债券作出决议；（九）对公司合并、分立、解散、清算或者变更公司形式作出决议；（十）修改公司章程；（十一）公司章程规定的其他职权"的规定；第38条关于"首次股东会会议由出资最多的股东召集和主持，依照本法规定行使职权"的规定。

当然，国有独资公司不设股东会，由国有资产监督管理机构行使股东会职权。国有资产监督管理机构可以授权公司董事会行使股东会的部分职权，决定公司的重大事项，但公司的合并、分立、解散、增加或者减少注册资本和发行公司债券，必须由国有资产监督管理机构决定；其中，重要的国有独资公司合并、分立、解散、申请破产的，应当由国有资产监督管理机构审核后，报本级人民政府批准（《公司法》第 66 条）。

国家、集体和私人出资设立公司，享有选择经营管理者之权，也是按照《公司法》的规定行事，如依法定程序设置董事会，并且"两个以上的国有企业或者两个以上的其他国有投资主体投资设立的有限责任公司，其董事会成员中应当有公司职工代表；其他有限责任公司董事会成员中可以有公司职工代表。董事会中的职工代表由公司职工通过职工代表大会、职工大会或者其他形式民主选举产生"（第 44 条第 2 款），借助董事会的下列职权，实现出资人的利益：执行股东会的决议；决定公司的经营计划和投资方案；制订公司的年度财务预算方案、决算方案；制订公司的利润分配方案和弥补亏损方案；制订公司增加或者减少注册资本以及发行公司债券的方案；制订公司合并、分立、解散或者变更公司形式的方案；决定公司内部管理机构的设置；决定聘任或者解聘公司经理及其报酬事项，并根据经理的提名决定聘任或者解聘公司副经理、财务负责人及其报酬事项；制定公司的基本管理制度（《公司法》第 46 条）。

除此之外，国家、集体和私人出资设立公司还有权查阅、复制公司章程、股东会会议记录、董事会会议决议、监事会会议决议和财务会计报告（《公司法》第 33 条第 1 款）；有权要求查阅公司会计账簿。当然，此时应当向公司提出书面请求，说明目的。公司有合理根据认为作为出资人的国家、集体和私人查阅会计账簿有不正当目的，可能损害公司合法利益的，可以拒绝提供查阅，并应当自出资人提出书面请求之日起 15 日内书面答复出资人并说明理由。公司拒绝提供查阅的，作为出资人的国家、集体和私人可以请求人民法院要求公司提供查阅（《公司法》第 33 条第 2 款）。

国家、集体和私人作为出资人，不但享有权利，而且负有义务，如履行出资义务，遵守法律、行政法规和公司章程，依法行使股东权利，不得滥用股东权利损害公司或者其他股东的利益；不得滥用公司法人独立地位和股东有限责任损害公司债权人的利益（《公司法》第 20 条、第 27 条等）。

第二百六十九条

营利法人对其不动产和动产依照法律、行政法规以及章程享有占有、使用、收益和处分的权利。

营利法人以外的法人，对其不动产和动产的权利，适用有关法律、行政法规以及章程的规定。

本条主旨

本条是关于营利法人财产权的规定。

相关条文

《公司法》第3条第1款　公司是企业法人，有独立的法人财产，享有法人财产权。公司以其全部财产对公司的债务承担责任。

《物权法》第68条　企业法人对其不动产和动产依照法律、行政法规以及章程享有占有、使用、收益和处分的权利。

企业法人以外的法人，对其不动产和动产的权利，适用有关法律、行政法规以及章程的规定。

《乡镇企业法》第11条　乡镇企业依法实行独立核算，自主经营，自负盈亏。

具有企业法人资格的乡镇企业，依法享有法人财产权。

《乡村集体所有制企业条例》第24条　企业在生产经营活动中享有下列权利：

（一）占有和使用企业资产，依照国家规定筹集资金；

（二）在核准登记的范围内自主安排生产经营活动；

（三）确定企业内部机构设置和人员配备；依法招聘、辞退职工，并确定工资形式和奖惩办法；

（四）有权自行销售本企业的产品，但国务院另有规定的除外；

（五）有权自行确定本企业的产品价格、劳务价格，但国务院规定由物价部门和有关主管部门控制价格的除外；

（六）自愿参加行业协会和产品评比；

（七）依照国家规定自愿参加各种招标、投标活动，申请产品定点生产，取得生产许可证；

（八）自主订立经济合同，开展经济技术合作；

（九）依法开发和利用自然资源；

（十）依法利用外资、引进先进技术和设备，开展进出口贸易等涉外经济活动，并依照国家规定提留企业的外汇收入；

（十一）拒绝摊派和非法罚款，但法律、法规规定应当提供财力、物力、人力的除外。

理解与适用

本条是将《物权法》第 68 条稍加改造而来，第 1 款承认营利法人对其占有、使用、收益和处分的财产享有法人财产权，第 2 款系引致性规定，对于营利法人以外的法人所享有财产权的定性和定位适用相应的规定。

营利法人的财产权适用《公司法》第 3 条第 1 款前段关于"公司是企业法人，有独立的法人财产，享有法人财产权"的规定，学说将此类财产权命名为法人所有权。当然，与自然人对于某不动产或动产享有所有权相比，法人所有权有其特点。例如，其客体可以是数种、多个财产的集合，如建设用地使用权、房屋、场地、设备、工具、知识产权等。

本条第 2 款引向的法律、法规以及章程的规定，包括《民法典》第 255 条关于"国家机关对其直接支配的不动产和动产，享有占有、使用以及依照法律和国务院的有关规定处分的权利"；第 256 条关于"国家举办的事业单位对其直接支配的不动产和动产，享有占有、使用以及依照法律和国务院的有关规定收益、处分的权利"的规定；等等。

第二百七十条

社会团体法人、捐助法人依法所有的不动产和动产，受法律保护。

本条主旨

本条是关于社会团体的财产受法律保护的规定。

相关条文

《民法通则》第 77 条　社会团体包括宗教团体的合法财产受法律保护。

《物权法》第 69 条　社会团体依法所有的不动产和动产，受法律保护。

《归侨侨眷权益保护法》第 7 条　归侨、侨眷有权依法申请成立社会团体，进行适合归侨、侨眷需要的合法的社会活动。

归侨、侨眷依法成立的社会团体的财产受法律保护，任何组织或者个人不得侵犯。

理解与适用

本条是承继《物权法》第 69 条并稍加改造而来。

所谓社会团体，是指中国公民行使结社权利，自愿组成的，为实现会员的共同意愿，按照其章程开展活动的非营利性社会组织。社会团体可以是法人，也可以不是法人，但必须都是依法成立的。例如，人民群众团体（如共青团、工会、妇联）、社会公益团体（如希望工程基金会）、专业团体（如律师协会）、学术研究团体（如法学会）、宗教团体（如佛教协会）等。不过，《民法典》第270条只规范作为法人的社会团体所享有的财产权。

由于依法支配其合法财产是开展社团活动的必要条件之一，为了保障公民的结社自由，维护社会团体的合法权益，本条因而明确规定："社会团体法人……依法所有的不动产和动产，受法律保护。"

社会团体法人，按照《民法典》第90条的规定，需要具备法人条件，基于会员共同意愿，为公益目的或者会员共同利益等非营利目的设立的社会团体，经依法登记成立，取得社会团体法人资格；依法不需要办理法人登记的，从成立之日起，具有社会团体法人资格。

所谓具备法人条件，需要适用《民法典》第58条关于"法人应当依法成立"（第1款）；"法人应当有自己的名称、组织机构、住所、财产或者经费。法人成立的具体条件和程序，依照法律、行政法规的规定"（第2款）；"设立法人，法律、行政法规规定须经有关机关批准的，依照其规定"（第3款）的规定。此外，还应当依法制定法人章程、应设会员大会或者会员代表大会等权力机构、应设理事会等执行机构。理事长或者会长等负责人按照法人章程的规定担任法定代表人（第91条）。

捐助法人，根据《民法典》的规定，需要具备法人条件，为公益目的以捐助财产设立的基金会、社会服务机构等，经依法登记成立，取得捐助法人资格（第92条第1款）。依法设立的宗教活动场所，具备法人条件的，可以申请法人登记，取得捐助法人资格。法律、行政法规对宗教活动场所有规定的，依照其规定（第92条第2款）。设立捐助法人应当依法制定法人章程（第93条第1款）。捐助法人应当设理事会、民主管理组织等决策机构，并设执行机构。理事长等负责人按照法人章程的规定担任法定代表人（第93条第2款）。捐助法人应当设监事会等监督机构（第93条第3款）。

本条所谓社会团体法人、捐助法人所有的不动产、动产，来源于成员的出资、成员交纳的会费、国家拨付的资产和补助、接受捐赠的财产、社会团体积累的财产等。这些财产及其来源必须合法。[1] 学说认为，承认了社会团体所有权，

---

[1] 胡康生主编：《中华人民共和国物权法释义》，北京，法律出版社2007年版，第165页。

包括人民群众团体的法人所有权、社会公益团体的法人所有权、文艺团体的法人所有权、学术研究团体的法人所有权、宗教团体的法人所有权、基金会的法人所有权等具体类型。①

　　本条所谓法律保护上述财产，包括公法保护和私法保护，前者包括追究侵害人行政责任、刑事责任，非经法律规定的权限和程序，不得征收、征用；后者包括物权确认请求权、物权请求权以及不当得利返还请求权、侵权损害赔偿请求权。

---

① 　参见王利明、尹飞、程啸：《中国物权法教程》，北京，人民法院出版社 2007 年版，第 204～207 页。

第六章

业主的建筑物区分所有权

　　本章集中规定了关于业主的建筑物区分所有权的较为完备的规则，确立该权由专有权、共有权和共同管理权构成，以及专有权、共有权和共同管理权各自的构成和效力。本章对于业主生活重要又敏感的停车库、停车位着力规范，予以定位和定性。本章对于业主大会和业主委员会的权限以及业主的主要权利一一列举。

　　业主的建筑物区分所有权，简称为建筑物区分所有权，其称谓在不同的立法例及其理论上并不相同。法国 1938 年《有关区分各阶层不动产共有之法律》将之称作区分各阶层不动产的共有，1965 年《住宅分层所有权法》改称住宅分层所有权。意大利和英国的法律使用公寓所有权的名称。在美国，有的叫作单位所有权，有的称为水平财产权，更多的叫法是公寓所有权，不过，美国联邦住宅局制定的《公寓所有权标准示范法》及多数州的法律都采用公寓所有权的命名。瑞士则叫楼层所有权或分层建筑物所有权。日本和中国台湾地区的法律及其学说使用建筑物区分所有权的概念。① 1951 年 3 月 15 日的德国《住宅所有权与长期居住权法》（简称为《住宅所有权法》）创设了住宅所有权制度。② 按照《住宅所有权法》第 1 条第 2 款和第 3 款的规定，住宅所有权系特定主体对同一宗土地（与其他共有人）享有共有权与对住宅拥有特别所有权相结合的所有权。根据

---

　　① 陈华彬：《建筑物区分所有权研究》，北京，法律出版社 2007 年版，第 79～80 页；梁慧星、陈华彬：《物权法》（第 4 版），北京，法律出版社 2007 年版，第 163 页。
　　② ［德］鲍尔/施蒂尔纳：《德国物权法》（上册），张双根译，北京，法律出版社 2004 年版，第 635 页。

《住宅所有权法》第 1 条第 5 款的规定，属于共有权的对象主要是土地；同时依据《住宅所有权法》第 5 条第 2 款的规定，属于共有权的对象还有整个建筑物的"承重"结构部分以及公共设施。(对住宅的)特别所有权不可分地包含于对共有权的共有份额之中。在法律上，共有权占支配地位，而特别所有权尽管为真正的所有权，但其仅为共有权的"附属物"①。这是《德国民法典》中物的重要成分不能成为特殊权利的标的物这种一般原则(第 93 条、第 94 条)的例外。②

关于建筑物区分所有权的概念，本有一元论、二元论和三元论的分歧。一元论又分为专有权说和共有权说。按照一元论的专有权说，建筑物区分所有权，是在区分所有的建筑物的专有部分上成立的所有权。③ 一元论的共有权说以集团性、共同性为立论基础，将建筑物整体视为全体区分所有权人的共有。究其实质，是将区分所有权作为一种共有所有权予以理解和把握。④ 二元论则认为，建筑物区分所有权，是由专有部分所有权和共用部分所有权相互结合而形成的权利。⑤ 与之不同，在三元论看来，建筑物区分所有权，是包括专有部分所有权、共有部分持分权和成员权的三位一体的复合性权利。⑥ 或者说，建筑物区分所有

① 德国《联邦最高法院民事判例集》，第 49 卷，第 250 页；第 50 卷，第 56 页；第 90 卷，第 174 页；第 91 卷，第 343 页；第 108 卷，第 156 页；[德] 鲍尔/施蒂尔纳：《德国物权法》(上册)，张双根译，北京，法律出版社 2004 年版，第 636～637 页。

② [德] 曼弗雷德·沃尔夫：《物权法》，吴越、李大雷译，北京，法律出版社 2002 年版，第 68 页。

③ [日] 小沼进一：《建筑物区分所有之法理》，京都，法律文化社 1992 年版，第 261～262 页；[日] 我妻荣：《新订物权法》，有泉亨修订，东京，岩波书店 1983 年版，第 524～526 页；[日] 玉田弘毅：《公寓的法律纷争》，东京，有斐阁 1984 年版，第 3 页；史尚宽：《物权法论》，台北，荣泰印书馆股份有限公司 1979 年版，第 109 页；刘得宽：《民法诸问题与新展望》，台北，三民书局有限公司 1980 年版，第 27 页；谢在全：《民法物权论》(上册)，台北，三民书局有限公司 2003 年 7 月修订 2 版，第 369、373 页；崔建远、孙佑海、王宛生：《中国房地产法研究》，北京，中国法制出版社 1995 年版，第 174 页。

④ 参见 [日] 小沼进一：《建筑物区分所有之法理》，京都，法律文化社 1992 年版，第 263 页；[日] 加藤一郎等：《区分所有建筑物的管理与法律》，日本区分所有建筑物管理问题研究会编，1981 年版，第 19 页；[日] 星野英一：《区分所有建筑物的管理与立法的课题》，不动产研究会 NBL1980 年版，第 38 页。转引自陈华彬：《建筑物区分所有权研究》，北京，法律出版社 2007 年版，第 85 页。

⑤ [德] 鲍尔/施蒂尔纳：《德国物权法》(上册)，张双根译，北京，法律出版社 2004 年版，第 636 页以下；郑玉波：《民法物权》，台北，三民书局有限公司 1988 年版，第 76～77 页；黄越钦：《住宅分层所有权之比较法研究》，载郑玉波主编：《民法物权论文选辑》(上)，台北，五南图书出版公司 1984 年版，第 437 页；王泽鉴：《民法物权·通则·所有权》(总第 1 册)，台北，三民书局有限公司 2003 年 8 月增补版，第 253 页以下；陈甦：《论建筑物区分所有权》，载《法学研究》1990 年第 5 期，第 43～48 页。

⑥ [德] J. Bärmann：《德国住宅所有权法》，戴东雄译，载《法学论丛》第 13 卷第 1 期，第 166 页；[日] 丸山英气：《现代不动产法论》，大阪，清文社 1989 年版，第 109～110 页；戴东雄：《论建筑物区分所有权之理论基础》(I)，载《法学论丛》第 114 期；陈华彬：《建筑物区分所有权研究》，北京，法律出版社 2007 年版，第 114 页。

权，是由专有权、共有权和共同管理权组成的权利。[①] 建筑物区分所有权乃专有权、共有权和共同管理权组成的权利之说，符合《民法典》第271条的规定，本释评书从之。

当今世界，城市人口急剧增长，住房及经营性用房的需求日益增大，然而土地资源有限。中国尤其如此。为了有效率地利用土地，解决住宅及经营性用房紧张的问题，建筑高层建筑物势所必然。为了解决用房人的资金有限，用房有限，开发的商品房易于销售，物尽其用等问题，也为了吸引小资本投入商品房市场，建筑物区分所有权制度不失为较为理想的选择。

数个建筑物区分所有权人共同生活在同一栋大厦里乃至建筑区划内，专有权和共有权交织在一起，相邻关系呈现立体化、有体和无体相结合、以共有部分为媒介、法律和规约共同调整的特色[②]，业主间的相互关系复杂，个体和集体的理念交相辉映，需要专门的建筑物区分所有权制度统一规范。

因此，《民法典》专设"业主的建筑物区分所有权"一章，共17个条文是完全必要的。

第二百七十一条

业主对建筑物内的住宅、经营性用房等专有部分享有所有权，对专有部分以外的共有部分享有共有和共同管理的权利。

本条主旨

本条是关于业主的建筑物区分所有权的概念的规定。

相关条文

《物权法》第70条　业主对建筑物内的住宅、经营性用房等专有部分享有所有权，对专有部分以外的共有部分享有共有和共同管理的权利。

《建筑物区分所有权司法解释》第1条　依法登记取得或者根据民法典二百二十九条至第三百三十一条规定取得建筑物专有部分所有权的人，应当认定为民

[①] 胡康生主编：《中华人民共和国物权法释义》，北京，法律出版社2007年版，第167～168页；黄松有主编：《〈中华人民共和国物权法〉条文理解与适用》，北京，人民法院出版社2007年版，第224页；王利明、尹飞、程啸：《中国物权法教程》，北京，人民法院出版社2007年版，第210页。

[②] 崔建远、孙佑海、王宛生：《中国房地产法研究》，北京，中国法制出版社1995年版，第183～184页。

法典第二编第六章所称的业主。

基于与建设单位之间的商品房买卖民事法律行为，已经合法占有建筑物专有部分，但尚未依法办理所有权登记的人，可以认定为民法典第二编第六章所称的业主。

第 2 条　建筑区划内符合下列条件的房屋，以及车位、摊位等特定空间，应当认定为民法典第二编第六章所称的专有部分：

（一）具有构造上的独立性，能够明确区分；

（二）具有利用上的独立性，可以排他使用；

（三）能够登记成为特定业主所有权的客体。

规划上专属于特定房屋，且建设单位销售时已经根据规划列入该特定房屋买卖合同中的露台等，应当认定为物权法第六章所称专有部分的组成部分。

本条第一款所称房屋，包括整栋建筑物。

第 3 条　除法律、行政法规规定的共有部分外，建筑区划内的以下部分，也应当认定为民法典第二编第六章所称的共有部分：

（一）建筑物的基础、承重结构、外墙、屋顶等基本结构部分，通道、楼梯、大堂等公共通行部分，消防、公共照明等附属设施、设备，避难层、设备层或者设备间等结构部分；

（二）其他不属于业主专有部分，也不属于市政公用部分或者其他权利人所有的场所及设施等。

建筑区划内的土地，依法由业主共同享有建设用地使用权，但属于业主专有的整栋建筑物的规划占地或者城镇公共道路、绿地占地除外。

第 4 条　业主基于对住宅、经营性用房等专有部分特定使用功能的合理需要，无偿利用屋顶以及与其专有部分相对应的外墙面等共有部分的，不应认定为侵权。但违反法律、法规、管理规约，损害他人合法权益的除外。

理解与适用

本条是对《物权法》第 70 条的复制，明确业主的建筑物区分所有权由专有权、共有权和共同管理权构成。

一、建筑物区分所有权的界定

业主的建筑物区分所有权，简称为建筑物区分所有权，是指业主对建筑物内的住宅、经营性用房等专有部分享有所有权，对共有部分享有共有权和共同管理权的复合所有权（《民法典》第 271 条）。

本条所谓建筑物，包括住宅和经营性用房。所谓住宅，是指以居住为目的及用途，供家庭居住使用的房屋。所谓经营性用房，是指以经营为目的及用途，供商业使用的房屋。

所谓区分，有的是纵的区分，如分栋纵切；有的是横的区分，如分层横切；更多的是纵切和横切的混合，如一栋 19 层的公寓大厦被区分为 115 套房间。

所谓专有部分，是指具有构造上（物理上）和使用上的独立性，并能成为建筑物区分所有权客体的部分。① 所谓共有部分，有些立法例及其理论称作共用部分，是指专有部分以外的归业主共同所有的部分，包括楼梯、电梯、走廊、水塔、消防设备等。所谓共同管理，是指业主对于区分所有建筑物的共有部分和由此产生的共同事务所从事的管理。业主对专有部分享有专有权，对共有部分享有共有权及共同管理权。这三种权利共同构成建筑物区分所有权。

所谓业主，在《民法典》上就是建筑物区分所有权人，按照《物业管理条例》第 6 条第 1 款、《建筑物区分所有权司法解释》第 1 条的规定，是指房屋所有权人，即专有部分的所有权人，并不包括房屋承租人、占有人等。不过需要指出，在预售商品房的情况下，往往是在房屋交付给购房人很长时间后才办理房屋所有权及相应的建设用地使用权的变更登记手续。为了保护这些购房人的合法权益，不妨将这些购房人视为业主。对此，《建筑物区分所有权司法解释》已经予以了认可，于第 1 条第 2 款规定："基于与建设单位之间的商品房买卖民事法律行为，已经合法占有建筑物专有部分，但尚未依法办理所有权登记的人，可以认定为民法典第二编第六章所称的业主。"还有，形成判决或裁决生效，导致建筑物区分所有权移转的，该所有权人亦为业主，尽管尚未办理变更登记。因继承或受遗赠取得建筑物区分所有权的，亦然。

[辨析]

业主和住户的称谓所指有所不同，前者专指建筑物区分所有权人，后者包括建筑物区分所有权人、承租人及其他经业主同意而对专有部分享有使用权的人。②

二、建筑物区分所有权的性质

1. 权利构成的复合性

建筑物区分所有权由专有权、共有权和共同管理权组成，表现出复合性。而

① 王泽鉴：《民法物权·通则·所有权》（总第 1 册），北京，三民书局有限公司 2003 年 8 月增补版，第 255 页；陈华彬：《建筑物区分所有权研究》，北京，法律出版社 2007 年版，第 120～125 页。
② 王泽鉴：《民法物权·通则·所有权》（总第 1 册），台北，三民书局有限公司 2003 年 8 月增补版，第 265 页。

一般所有权具有单一性，即它仅仅是权利人对于所有物占有、使用、收益和处分的权利，没有共有权和共同管理权。[①]

2. 权利客体的特定性与观念性

建筑物区分所有权的客体，包括专有部分，也包括共有部分。其中，专有部分具有特定性，而共有部分相对于全体业主而言是特定的，对于特定的业主来说则大多是以价值额的形式表现出来的，换言之，共有部分作为特定建筑物区分所有权的客体，在许多场合只具有观念性。例如，对于屋顶、电梯、绿地等共有部分，某个特定的业主无权声称对其特定部分享有占有、使用的权利。

3. 专有权的主导性

在建筑物区分所有的场合，业主的共有权包括建设用地使用权、建筑物承重结构部分以及公共设施的共有权，单就经济价值而言，共有部分的经济价值更大。于是，德国法将共同所有权（相当于中国《民法典》上的共有权）置于支配地位，而特别所有权（相当于中国《民法典》上的专有权）则仅仅为共同所有权的"附属物"，特别所有权和共同所有权的共有份是不可分离的，在共同所有权上成立的权利，也及于特别所有权，对特别所有权的废止，不影响共同所有权的存续。[②] 与德国法不同，从中国《民法典》第 273 条第 2 款关于"业主转让建筑物内的住宅、经营性用房，其对共有部分享有的共有和共同管理的权利一并转让"的规定观察，业主的专有权处于主导地位，共有权和共同管理权则从属于专有权。其表现之一是，如果建筑物所有权人甲将其区分所有的建筑物 A 出卖与建筑区划外的乙，尽管 A 建筑物伴有电梯、走廊、屋顶平台、绿地等共同部分，其他建筑物区分所有权人对这些共有部分也享有共有权，但他们仍无权援用《民法典》第 306 条关于按份共有人对份额（应有部分）享有优先购买权的规定，请求甲必须将 A 建筑物卖与自己，也无权就甲把 A 建筑物卖与乙而请求甲承担损害赔偿责任。

[学说及其论争]

在德国，有少数学者认为特别所有权（专有权）为"主物，而共有份为该主物的重要成分"[③]。在中国，有学者从三个方面论证了专有权的主导性：（1）区分所有权人取得专有权，即意味着取得了共用部分持分权（共有所有权）及成员

---

① 王泽鉴：《民法物权·通则·所有权》（总第 1 册），台北，三民书局有限公司 2003 年 8 月增补版，第 115 页；陈华彬：《建筑物区分所有权研究》，北京，法律出版社 2007 年版，第 120～125 页。

②③ ［德］鲍尔/施蒂尔纳：《德国物权法》（上册），张双根译，北京，法律出版社 2004 年版，第 637 页。

权。反之，区分所有权人丧失了专有所有权，亦即意味着丧失了共用部分持分权与成员权。（2）一般而言，区分所有权人专有所有权的大小，将决定其共用部分持分权及成员权（如表决权）的大小。（3）在区分所有权成立登记上，只登记专有所有权，而共用部分持分权及成员权则不单独登记。①

4. 权利存续与处分的整体性

建筑物区分所有权的三要素原则上结为一体，在转让、抵押、继承等场合，应将它们视为一体，不宜保留其一或其二而转让、抵押其他权利。② 就其质而言，专有权、共有权和共同管理权均为建筑物区分所有权的构成部分，缺少任何一项因素都会严重伤及建筑物区分所有权，尤其是专有部分更是建筑物区分所有权须臾不可离开的因素，共同管理权和楼梯、电梯、走廊等部分的共有权若缺失，就会伤及建筑物区分所有权的筋骨，甚至导致其功效的丧失。在这个意义上说，建筑物区分所有权具有整体性。不过，某些共有部分，如作为共有部分的停车位、停车库、会所等，可以脱离建筑物区分所有权单独转让，只要不损害业主的权益，法律就没有必要禁止。

5. 人法的因素浓厚

建筑物区分所有权关系并非单纯的财产关系，其中管理关系占相当的比重，共同管理权占据突出的位置，因而人法的因素十分浓厚。这是一般所有权所不具备的。

第二百七十二条

业主对其建筑物专有部分享有占有、使用、收益和处分的权利。业主行使权利不得危及建筑物的安全，不得损害其他业主的合法权益。

本条主旨

本条是关于专有权及其行使限制的规定。

相关条文

《物权法》第71条　业主对其建筑物专有部分享有占有、使用、收益和处分的权利。业主行使权利不得危及建筑物的安全，不得损害其他业主的合法权益。

《建筑物区分所有权司法解释》第2条　建筑区划内符合下列条件的房屋，

---

① ② 陈华彬：《建筑物区分所有权研究》，北京，法律出版社2007年版，第115页。

以及车位、摊位等特定空间，应当认定为民法典第二编第六章所称的专有部分：

（一）具有构造上的独立性，能够明确区分；

（二）具有利用上的独立性，可以排他使用；

（三）能够登记成为特定业主所有权的客体。

规划上专属于特定房屋，且建设单位销售时已经根据规划列入该特定房屋买卖合同中的露台等，应当认定为前款所称的专有部分的组成部分。

理解与适用

本条是对《物权法》第 71 条的复制，第 1 款界定构成建筑物区分所有权的专有权，第 2 款明确对行使专有权的限制。

一、专有权的概念

专有权，全称为专有部分的所有权，还可称为专有所有权，德国法叫作特别所有权，是指区分所有权人对于建筑物内的住宅、经营性用房等专有部分所享有的占有、使用、收益和处分的权利（《民法典》第 272 条前段）。

就专有权的性质，理论上意见不一，通说认为是一种空间所有权[1]，一种不动产所有权。[2]

二、专有权的客体

专有权的客体是建筑物内的住宅、经营性用房等的专有部分。在这方面，《建筑物区分所有权司法解释》第 2 条规定："建筑区划内符合下列条件的房屋，以及车位、摊位等特定空间，应当认定为民法典第二编第六章所称的专有部分：（一）具有构造上的独立性，能够明确区分；（二）具有利用上的独立性，可以排他使用；（三）能够登记成为特定业主所有权的客体"（第 1 款）。"规划上专属于特定房屋，且建设单位销售时已经根据规划列入该特定房屋买卖合同中的露台等，应当认定为前款所称的专有部分的组成部分"（第 2 款）。对此，分析如下。

---

[1]　［德］J. Bärmann：《德国住宅所有权法》，戴东雄译，载《法学论丛》第 13 卷第 1 期，第 166 页；黄越钦：《住宅分层所有权的比较法研究》，载郑玉波主编：《民法物权论文选辑》（上），台北，五南图书出版公司 1984 年版，第 440 页；梁慧星、陈华彬：《物权法》（第 4 版），北京，法律出版社 2007 年版，第 167 页；黄松有主编：《〈中华人民共和国物权法〉条文理解与适用》，北京，人民法院出版社 2007 年版，第 226 页。

[2]　王泽鉴：《民法物权·通则·所有权》（总第 1 册），台北，三民书局有限公司 2003 年 8 月增补版，第 257 页。

1. 必须具备构造上的独立性

所谓构造上的独立性，又叫物理上的独立性，是指建筑物经过区分而形成的特定部分，系以墙壁、楼板等建筑构造物与建筑物的其他部分相隔离，达到适合作为物的支配的程度，客观上足以明确区划其范围。①

[引申]

建筑物经过区分而形成的特定部分是否具备构造上的独立性，涉及两项判断标准。其一，建筑物经过区分而形成的特定部分必须有明确的外部范围，亦即该项特定部分与建筑物的其他部分，在外观上存在着可资明确区别的境界标志或区分点。学说称之为"区分的明确性"。这是物权客体的独立性和一物一权主义所要求的。其二，该特定部分必须具有与建筑物的其他部分或外界隔离的构造物存在，从而具备可供人们利用的机能。构造物在通常情况下表现为屋顶、墙壁、地板、门窗等。学说称之为"遮断性"。该遮断性的需求因客体用途的不同而在严密程度上表现出差异。在住宅场合，要求具有屋顶、墙壁、地板等具有相当固定性的区隔构造物，以达与外界四周完全区隔或遮断的结果。在开放式店铺场合，以卷帘式百叶窗为区隔即符合遮断性的要求。在室内停车场，有梁柱和铁管等为区隔，便足够了。②

建筑物在构造上的独立性可能因未来建筑技术的发展、社会生活的演变而有宽严的不同，但基于建筑物所有权和土地所有权或其他建筑物所有权的支配范围必须有一定的界限，仍然是成为专有部分的必要条件。③

2. 必须具备利用上的独立性

所谓利用上的独立性，又称功能上的独立性，是指建筑物经过区分而形成的特定部分，必须可作为一建筑物单独使用，如同一般的建筑物，具有独立的经济效用，能够满足社会经济生活目的。④

通常，专有部分是否具有独立满足社会经济生活目的的功能，应依下述标准判断：一是单独使用，二是独立的经济效用。所谓单独使用，是指建筑物的专有部分无须其他部分的辅助即可独立使用。所谓独立的经济效用，是指一栋建筑物的专有部分必须具有与一般建筑物同样的独立经济效用。⑤ 专有部分是否能单独

---

①②③　谢在全：《民法物权论》（上册），台北，三民书局有限公司 2003 年 7 月修订 2 版，第 373、375、375 页。

④　谢在全：《民法物权论》（上册），台北，三民书局有限公司 2003 年 7 月修订 2 版，第 376 页；王泽鉴：《民法物权·通则·所有权》（总第 1 册），台北，三民书局有限公司 2003 年 8 月增补版，第 256 页；梁慧星、陈华彬：《物权法》（第 4 版），北京，法律出版社 2007 年版，第 167~168 页。

⑤　梁慧星、陈华彬：《物权法》（第 4 版），北京，法律出版社 2007 年版，第 168 页。

使用，有无独立的经济效用，应就其有无明确性、间隔性、通行直接性，以及存否专用设备和共用设备等因素加以判断。① 如果建筑物的部分具有明确性、间隔性、通行直接性，存在着专用设备，而无贮水槽、给水箱、加压设备及配电室等共用设备，则应认定它为专有部分。之所以强调不得存在共用设备，是因为存在共用设备的空间若作为专有部分，必须委托专有部分的所有权人支配它们，势必有害于区分所有的建筑物的共同利益。② 所谓通行直接性，是指有独立门户与公共走廊或公共楼梯等公共设施相通，可单独使用。如果没有独立门户，则无通行直接性。

3. 能够登记成为特定业主所有权的客体

一栋建筑物的特定部分即使已经具备专有部分的前述要件，但也只是观念和抽象的专有部分，并不必然成立建筑物区分所有权。只有在业主将该专有部分作为区分所有权客体现实化、具体化，表现于外部的情况下，才可成为专有部分。其道理在于，一人拥有一栋高楼而不区分为数个特定部分，无意使之表现为建筑物区分所有的形态，固不发生建筑物区分所有权的问题；就是数人拥有一栋高楼而不区分为数个特定部分，以共有方式享有一个楼宇所有权，纵使每个所有权人各自分管一层，也不成立建筑物区分所有权。可见，一栋高楼的全部不可能成为区分所有权的客体。③

这样现实化、具体化、表现于外部的部分能够登记为一个不动产，可以成为建筑物区分所有权的客体。

《建筑物区分所有权司法解释》第 2 条第 2 款规定：规划上专属于特定房屋，且建设单位销售时已经根据规划列入该特定房屋买卖合同中的露台等，应当认定为《民法典》"第二编 物权"第六章"业主的建筑物区分所有权"所称专有部分的组成部分。

学者把第三个要件叫作形式上的独立性要件，将前两项要件称作实质上的独立性要件。

《不动产登记暂行条例实施细则》第 5 条规定，有房屋等建筑物、构筑物以及森林、林木定着物的，以该房屋等建筑物、构筑物以及森林、林木定着物与土地、海域权属界线封闭的空间为不动产单元（第 3 款）。前款所称房屋，包括独立成幢、权属界线封闭的空间，以及区分套、层、间等可以独立使用、权属界线

---

① ［日］丸山英气：《区分所有权法》，东京，大成出版社 1998 年版，第 21 页以下。转引自王泽鉴：《民法物权·通则·所有权》（总第 1 册），台北，三民书局有限公司 2003 年 8 月增补版，第 256 页。

②③ 谢在全：《民法物权论》（上册），台北，三民书局有限公司 2003 年 7 月修订 2 版，第 376～377、377 页。

封闭的空间（第4款）。申请国有建设用地使用权及房屋所有权首次登记的，应当提交下列材料：（1）不动产权属证书或者土地权属来源材料；（2）建设工程符合规划的材料；（3）房屋已经竣工的材料；（4）房地产调查或者测绘报告；（5）相关税费缴纳凭证；（6）其他必要材料（第35条）。办理房屋所有权首次登记时，申请人应当将建筑区划内依法属于业主共有的道路、绿地、其他公共场所、公用设施和物业服务用房及其占用范围内的建设用地使用权一并申请登记为业主共有。业主转让房屋所有权的，其对共有部分享有的权利依法一并转让（第36条）。

［辨析］

在传统民法理论看来，一栋建筑物为一个物，存在一个所有权，而专有所有权以建筑物的特定部分为所有权的客体，不符合物权的客体应为独立物，违反了一物一权主义。如此，专有权乃至建筑物区分所有权都不得存在。可是，这不能满足社会生活的需要。为了协调法律原则与社会需要间的相互关系，如今的学说认为，在区分建筑物的情况下，专有部分就是一个独立之物，专有权以专有部分为客体，仍然符合一物一权主义。

三、专有部分的范围

就专有部分的范围，理论上有不同观点，大致有四说。其一，中心说，又叫壁心说，认为专有部分的范围达到墙壁、柱、地板、天花板等境界部分厚度的中心。[①] 其二，空间说，亦称全部属于共用部分说，认为专有部分的范围仅限于由墙壁（共同墙壁）、地板、天花板所围成的空间部分，而界限点上的分隔部分，如墙壁、地板、天花板等则为全体或部分区分所有权人共有。[②] 其三，最后粉刷表层说，认为专有部分包括墙壁、柱等境界部分表层所粉刷的部分，亦即境界与其他境界的本体属于共用部分，但境界壁上最后粉刷的表层则属于专有部分。[③] 其四，壁心和最后粉刷表层说，又称中央部分属于共用部分，表面属于专有部分

---

① ［日］山田幸二：《专有部分的一部分：共用部分墙壁的疑义》，载［日］玉田弘毅、森泉章、半田正夫合编：《建筑物区分所有权法》（资料），第105～106页；［日］河村贡：《建筑物区分所有权》，《大厦》第342号，第53页。转引自陈华彬：《建筑物区分所有权研究》，北京，法律出版社2007年版，第130页。

② ［日］右近健男：《区分所有与管理》，载《法律时报》第43卷第10号，第33页；［日］舟桥纯一：《物权法》，东京，有斐阁1974年版，第348页。转引自陈华彬：《建筑物区分所有权研究》，北京，法律出版社2007年版，第131页。

③ ［日］玉田弘毅：《建筑物区分所有权法逐条研究》（3），《判例时报》第342号，第53页。转引自陈华彬：《建筑物区分所有权研究》，北京，法律出版社2007年版，第132页。

说，认为专有部分的范围应分内部关系和外部关系而论。在区分所有权人相互间，尤其是有关建筑物的维持、管理关系上，专有部分仅包含至壁、柱、地板、天花板等境界部分表层所粉刷的部分；但在外部关系上，尤其是对第三人关系上，专有部分则包含至壁、柱、地板、天花板等境界部分厚度的中心线。[①] 壁心和最后粉刷表层说能据以澄清区分所有权人相互间以及区分所有权人与第三人间的权益，符合社会的现实情形与未来的发展需要，可资赞同。[②]

专有部分面积，按照《建筑物区分所有权司法解释》第 8 条的规定，可以按照下列方法认定：专有部分面积，按照不动产登记簿记载的面积计算；尚未进行物权登记的，暂按测绘机构的实测面积计算；尚未进行实测的，暂按房屋买卖合同记载的面积计算。

在德国法上，建筑物区分所有权自身是一项真正的所有权，专有部分、共有部分所有权等只是该所有权的"成分"，所以，业主占有、使用与处分的都是建筑物区分所有权，而并非仅仅是专有部分。[③] 中国《民法典》第 272 条将专有权规定为一项独立的物权，而且在第 273 条第 2 款规定，业主转让建筑物内的住宅、经营性用房，其对建筑物共有部分享有的共有和共同管理的权利一并转让。在这里，建筑物区分所有权并没有被认为是集共有权、专有权以及管理权于一身的整体性权利，而是将三者分立，并且以专有权为核心。在理论上，将建筑物区分所有权理解为专有部分所有权，与《民法典》第 271 条的规定并不相同。我们倾向于将建筑物区分所有权作广义的理解，即按照《民法典》第 271 条的规定理解。

第二百七十三条

业主对建筑物专有部分以外的共有部分，享有权利，承担义务；不得以放弃权利为由不履行义务。

业主转让建筑物内的住宅、经营性用房，其对共有部分享有的共有和共同管理的权利一并转让。

---

① ［日］川岛一郎：《关于建筑物的区分所有等法律的解说》（上），载《法曹时报》第 14 卷第 6 号；［日］丸山英气：《区分所有权理论及其发展》，载《法学家》第 476 号。转引自陈华彬：《建筑物区分所有权研究》，北京，法律出版社 2007 年版，第 133～134 页。

② 陈华彬：《建筑物区分所有权研究》，北京，法律出版社 2007 年版，第 134 页；梁慧星、陈华彬：《物权法》（第 4 版），北京，法律出版社 2007 年版，第 169 页。

③ ［德］鲍尔/施蒂尔纳：《德国物权法》（上册），张双根译，北京，法律出版社 2004 年版，第 637 页以下。

本条主旨

本条是关于构成建筑物区分所有权的共有权的规定。

相关条文

《物权法》第72条　业主对建筑物专有部分以外的共有部分，享有权利，承担义务；不得以放弃权利不履行义务。

业主转让建筑物内的住宅、经营性用房，其对共有部分享有的共有和共同管理的权利一并转让。

《建筑物区分所有权司法解释》第3条　除法律、行政法规规定的共有部分外，建筑区划内的以下部分，也应当认定为民法典第六章所称的共有部分：

（一）建筑物的基础、承重结构、外墙、屋顶等基本结构部分，通道、楼梯、大堂等公共通行部分，消防、公共照明等附属设施、设备，避难层、设备层或者设备间等结构部分；

（二）其他不属于业主专有部分，也不属于市政公用部分或者其他权利人所有的场所及设施等。

建筑区划内的土地，依法由业主共同享有建设用地使用权，但属于业主专有的整栋建筑物的规划占地或者城镇公共道路、绿地占地除外。

第4条　业主基于对住宅、经营性用房等专有部分特定使用功能的合理需要，无偿利用屋顶以及与其专有部分相对应的外墙面等共有部分的，不应认定为侵权。但违反法律、法规、管理规约，损害他人合法权益的除外。

理解与适用

本条是对《物权法》第72条的复制，第1款前段界定构成建筑物区分所有权的共有权，后段宣明不得以放弃权利为由不履行义务的原则；第2款引出共同管理权，并明确建筑物区分所有权整体转让的规则，即共有权和共同管理权随同专有权的转让而一并转让。

一、共有权的概念

共有权，此处特指区分建筑物的共有部分的所有权，又叫共有部分的持分权，是指业主依照法律的规定或管理规约及业主大会的决定，对建筑物内住房或经营性用房的专有部分以外的共用部分所享有的占有、使用、收益和处分的权利（《民法典》第273条第1款前段）。

所谓共有持分，又称共同所有配分率（tantieme decopropriété）或共同所有千分率（millieme de copropriété），是指业主对共有部分的潜在的应有份额；从权利的角度观察，为共有持分权。[①]

[辨析]

严格地说，共有部分和共用部分两个概念本来有所区别。前者指明了业主对于建筑物的某些部分或建设用地使用权的所有关系，重在物权关系的本质；而后者则重在建筑物的某些成分或建设用地系供业主共同使用的属性，就其字面含义而言，不一定是业主对此项共同部分拥有所有权，可能享有租赁权或借用权等。例如，归某业主拥有的 A 专有部分，通过约定归全体业主使用，因而成为共用部分，但不宜称之为共有部分。不过，在中国建筑物区分所有权的法律关系及其理论中，人们略去了二者的上述差别，将之作为同一概念使用。本释评书在多数情况下也是如此，但在业主约定某专有部分为全体业主的共用部分的场合，则宜区分共有部分和共用部分两个概念。

这种共有权同一般共有权相比，存在着如下差异：（1）从主体上看，权利人的身份具有复合性。他同时是共有权人、专有权人和建筑物区分所有权人管理团体的一个成员。而一般共有权人的身份是单一的，只是共有权人。（2）从客体上看，此类共有权的客体范围十分广泛，不仅包括法定共有部分，也包括约定共有部分。而一般共有权的客体通常限于一项财产。（3）从内容上看，这种共有权包含的权利义务较为丰富，主要包括：1）全体业主对建筑物的整体所共同承受的权利义务；2）对建筑物某一部分所共同承受的权利义务；3）因一部分业主在一部共用部分上设立专用使用权而产生的权利义务；4）因对建筑物的基地的利用而发生的房地权属关系。而在一般共有权场合，共有权人的权利义务相对简单，仅指各共有人因共有财产而发生的权利义务。（4）从种类看，此类共有权可依不同标准而作出不同分类，如法定共有权和约定共有权、全体共有权和部分共有权、对建筑物的共有权和对附属建筑物的共有权等。而一般共有权在《民法典》上只有按份共有和共同共有。（5）从权利变动上看，这种共有权的变动决定于专有权的变动。而一般共有权的变动没有主从关系。此外，这种共有权随着专有权的转让而转让时，其他共有权人没有优先购买权。而在一般共有权场合，其他共有权人往往有优先购买权。[②]（6）从权利的行使方式看，这种共有权的行使要遵

[①]　陈华彬：《建筑物区分所有权研究》，北京，法律出版社 2007 年版，第 176 页。

[②]　梁慧星、陈华彬：《物权法》（第 4 版），北京，法律出版社 2007 年版，第 169～170 页。

循法律和管理规约，常常采用持有份的方式。① （7）在所有权关系中，权利的存续意味着依所有权人的意思就所有物取得利益，但在建筑物区分所有权关系中，共有权在若干方面却表现出"负担""不利益"：1）在依建筑面积计算房价的情况下，业主（买受人）须就共有部分及共有权向房屋出卖人支付相应的房款；2）业主须就共有部分的维修分摊维修费用；3）业主须就共有部分承担相应的物业费；4）在依建筑面积计算房价的场合，业主（买受人）须就共有部分承担相应的契税；5）在征收物业税的体制下，业主须就共有部分承担相应的税金。

二、共有部分的构成与法律性质

（一）共有部分的构成

共有部分包括四种情形：一是法律、行政法规规定的共有部分；二是建筑物的基础、承重结构、外墙、屋顶等基本结构部分，通道、楼梯、大堂等公共通行部分，消防、公共照明等附属设施、设备，避难层、设备层或者设备间等结构部分；三是其他不属于业主专有部分，也不属于市政公用部分或其他权利人所有的场所及设施等（《建筑物区分所有权司法解释》第3条第1款第2项）；四是建筑区划内的土地，依法由业主共同享有建设用地使用权，除非属于业主专有的整栋建筑物的规划占地或城镇公共道路、绿地占地（《建筑物区分所有权司法解释》第3条第2款）。

[拓展]

关于共有部分的第二种情形，包括自来水、电力、天然气（煤气）、管线设备等，若为专供专有部分使用的分支部分，除去该部分不致影响区分所有的建筑物的使用的，则仍属专有部分。即使该管线是在区分所有的建筑物之外与主管线相接，也是如此；它们若存在于专有部分之内，更属当然。②

关于共有部分的第三种情形，在中国台湾地区，"公寓大厦管理条例"及其理论使用共用部分的概念，表述为"区分所有人约定供共同使用的专有部分与其附属物"。认为此部分为区分所有建筑物的专有部分，具有独立性可作为区分所有权的客体，然经区分所有人的约定，供共同使用，而作为共用部分。例如，区分所有人约定作为集会室、管理室或停车库使用的专有部分，就是如此。③ 但在中国《民法典》及其理论上，使用"共有部分"的概念，不得把停车库等专有部分出租或出借给全体业主使用的部分叫作"共有部分"，但可以称为"共用部分"。

---

① 王利明、尹飞、程啸：《中国物权法教程》，北京，人民法院出版社2007年版，第217页。
②③ 王利明、尹飞、程啸：《中国物权法教程》，北京，人民法院出版社2007年版，第217页。

（二）共有部分的法律性质

1. 共有部分的从属性

共有部分在法律上为附随于专有部分而存在的附属物或从物，具有一定的从属性。例如，随着专有部分的转让而转让。当然，这种从属性是以建筑区划内的绿地、停车位、停车库、锅炉房等已经归业主共有为前提而言的，如果依照法律和商品房预售合同等法律文件规定，绿地、停车库等不归业主共有，则不存在此处的从属性，在被单独地登记为独立的不动产时，可以单独抵押、转让，我们不得以从属性为由否定此类抵押、转让。

2. 共有部分的不可分割性

所谓共有部分的不可分割，首先是指为专有部分所必需的共有部分与专有部分不可分割，如走廊等与专有部分不可分割；其次是指共有部分本身只能与专有部分一起抵押、转让，不得将共有部分的某些成分单独抵押、转让等。至于某些共有部分，如地下室、防空洞等，并非专有部分不可须臾离开的成分，可以在被单独登记为一个独立之物等条件下脱离专有部分及其他共有部分而转让给他人。

正因共有部分与专有部分不可分割，或者说共有部分附随于专有部分，使得建筑物区分所有权里的共有不同于按份共有和共同共有，属于一种特殊的共有形态①，有时依照按份共有处理，例如，对建筑物及其附属设施的费用分摊、收益分配等事项无约定或约定不明时，按照业主专有部分占建筑物总面积的比例确定（《民法典》第 283 条）；有时则适用共同共有的规则，例如，建筑区划内的绿地属于业主共有（《民法典》第 274 条前段）。

［提示］

建筑物区分所有权中的共有部分，其法律性质如何，存在着总有说、共同共有说、按份共有说的分歧。②

3. 共有部分的客体较为广泛

共有部分涉及范围甚广，主要有建设用地使用权、外墙、承重结构等，不易一一列举。《民法典》专门就建筑区划内的道路、绿地、车库等争议较大的问题设置了明文（第 274 条）。

共有部分可以是同一建筑物的共有部分，例如，同一单元的业主对本单元楼梯的共有；也可以是同一建筑区划的共有部分，例如，业主对建筑区划内规划绿

---

①　王利明、尹飞、程啸：《中国物权法教程》，北京，人民法院出版社 2007 年版，第 216 页。

②　详细介绍及评论，见陈华彬：《建筑物区分所有权研究》，北京，法律出版社 2007 年版，第 162～171 页。

地的共有。同一建筑区划可能包含数栋独立建筑物。

三、共有部分的分类

（一）法定共有部分与约定共有部分

依照法律的规定，业主共同拥有建筑区划内的建筑物的某些部分乃至整栋建筑物、建设用地使用权等的场合，此类建筑物的某些部分乃至整栋建筑物、建设用地使用权不得作为专有部分使用，也不得约定为专有部分，属于法定共有部分。与此有别，业主和开发商就建筑区划内的停车位、停车库、地下室等，约定属于业主共有的场合，此类停车位等为约定共有部分。

［探讨与论辩］

有观点认为，法定共用部分，亦称性质上、构造上的共用部分。对其判断，应从该部分的内部构造及其在整体建筑物中所占的位置着眼。[①] 不同意见则主张，法定共用部分的判断不单纯以构造为基准，也必须从利用上予以综合判断。[②] 笔者认为，法律规定法定共有部分时所考虑的因素方方面面，需要全面审视。有的是基于构造上有无独立性，如建筑物的共同出入口、支柱、共同墙壁、天花板、地板等，在构造上并无独立性，不得或不宜成为专有部分，应当作为共有部分。有的虽然具有独立性，但因其为区分所有的建筑物发挥正常功能所不可或缺的设施，如中国东北地区为建筑区划内供热的锅炉房，不宜成为专有部分，应当作为共有部分。有的虽然具有独立性，设计为某业主的专有部分未尝不可，但为了保障建筑区划内全体业主的生活品质，首先推定它们为共有部分，但允许有关当事人依约定改变。绿地等即属这种情况。有的是为了避免建筑物成为无权占有，失去存在的正当根据（权源），为了减少纠纷，简化法律关系，法律不允许它成为专有部分，只能作为共有部分。建设用地使用权即属此类。

值得提出的是，区分所有的建筑物的专有部分可被约定为供业主共同使用，约定共有部分因此类约定而产生。例如，将区分所有的建筑物的专有部分约定作为传达室、会客室等。此处所谓约定，是指按照管理规约或业主大会的决议。因此，这种约定共有部分又叫规约共有部分。[③]

---

① ［日］玉田弘毅：《关于建筑物区分所有的共用部分的种类、形态及其法性质》，载《不动产研究》第 7 卷第 1 号。转引自陈华彬：《建筑物区分所有权研究》，北京，法律出版社 2007 年版，第 155 页。

② ［日］丸山英气：《区分所有权的理论及其发展》，载《法学家》第 476 号。转引自陈华彬：《建筑物区分所有权研究》，北京，法律出版社 2007 年版，第 155 页。

③ 王泽鉴：《民法物权·通则·所有权》（总第 1 册），台北，三民书局有限公司 2003 年 8 月增补版，第 260 页。

区分法定共有部分与约定共有部分，具有如下法律意义：（1）意思自治原则发挥作用的空间有所差别。法定共有部分主要依法律规定予以调整。（2）在有关当事人就建筑物及其附属设施的特定部分约定为共有部分或专有部分时，可基于这种分类及其标准判断此类约定是否有效。例如，有关当事人约定电梯、走廊为专有部分，就不会依其约定发生法律效力，因为电梯、走廊是法定共有部分，当事人不得依约定加以改变。

（二）全体共有部分与一部共有部分

建筑物或其特定部分、绿地、建设用地使用权等属于建筑区划内的全体业主共有，这些共有部分即为全体共有部分。锅炉房、建设用地使用权、绿地等一般都属于全体共有部分。某层的配电室、保洁工具存放室、走廊等，仅仅供一部分业主使用，一般定为一部共有部分，除非法律另有规定或业主和开发商另有约定。究为全体共有部分或一部共有部分，应依实际使用和所有的情况加以确定。有疑义时，宜解释为全体共有部分。[①]

区分全体共有部分与一部共有部分，其法律意义在于，共有部分所需费用的负担和产生收益的分配规则有所不同，在法律就此未作规定、当事人就此未加约定的情况下，一部共有部分所需费用由该部分的共有权人负担，所产生的收益由该部分的共有权人分享；而全体共有部分所需费用则由全体共有权人分担，所生收益由全体共有权人分享。

四、共有权的内容

本条所谓业主对共有部分享有权利、承担义务，即共有权的内容，表现在如下几个方面。

（一）共有权人的权利

共有权的内容包含共有权人的权利和义务。共有权人的权利主要有以下四项。

1. 共有部分的使用权

使用，包括共同使用和轮流使用。作为共用设施的电梯、走廊等，依其性质可以共同使用。作为共用设施的电话、洗衣机等，因其使用具有排他性，仅可轮流使用。[②]

---

① 王泽鉴：《民法物权·通则·所有权》（总第1册），台北，三民书局有限公司2003年8月增补版，第260～261页。

② 梁慧星、陈华彬：《物权法》（第4版），北京，法律出版社2007年版，第171页。

为了维修物业或公共利益，业主有权临时占用、挖掘道路、场地，但应当征得业主委员会和物业服务企业的同意（《物业管理条例》第50条第2款前段）。

业主有权利用物业共用部位、共用设施设备进行经营，应当在征得相关业主、业主大会、物业服务企业的同意后，按照规定办理有关手续（《物业管理条例》第54条前段）。

业主基于对住宅、经营性用房等专有部分特定使用功能的合理需要，无偿利用屋顶以及与其专有部分相对应的外墙面等共有部分的，不应认定为侵权。但违反法律、法规、管理规约，损害他人合法权益的除外（《建筑物区分所有权司法解释》第4条）。

2. 共有部分的收益权

共有权人可依规约或其共有持分权取得共有部分所生的利益（《民法典》第283条）。例如，外墙因悬挂他人的广告牌而取得的租金，屋顶因竖立他人的接收卫星信号的设施而取得的租金，共有的会所因他人占用而取得的租金，等等，共有权人均有权分享。

收益的分配规则，有约定的，按照约定；没有约定或者约定不明确的，按照业主专有部分占建筑物总面积的比例确定（《民法典》第283条）。所谓建筑总面积，是指建筑物专有部分面积之和。

3. 共有部分的保存、修缮、改良的权利

业主有权修缮共有部分，但应当事先告知物业服务企业参见（《物业管理条例》第52条第1款）。

业主有权依法改变公共建筑和共用设施的用途，但应当在依法办理有关手续后告知物业服务企业（《物业管理条例》第49条第2款前段）。

4. 物权请求权

业主对于共有部分享有物的返还请求权、排除妨害请求权、消除危险请求权（《民法典》第286条第2款中段）。

建设单位、物业服务企业或其他管理人擅自占用、处分业主共有部分、改变其使用功能或者进行经营性活动，权利人请求排除妨害、恢复原状、确认处分行为无效或者赔偿损失的，人民法院应予支持（《建筑物区分所有权司法解释》第14条第1款）。属于前述所称擅自进行经营性活动的情形，权利人请求建设单位、物业服务企业或其他管理人等将扣除合理成本之后的收益用于补充专项维修资金或业主共同决定的其他用途的，人民法院应予支持。行为人对成本的支出及其合理性承担举证责任（《建筑物区分所有权司法解释》第14条第2款）。

业主或其他行为人违反法律、法规、国家相关强制性标准、管理规约，或违反业主大会、业主委员会依法作出的决定，实施下列行为的，可以认定为《民法典》第 286 条第 2 款所称的其他"损害他人合法权益的行为"：（1）损害房屋承重结构，损害或违章使用电力、燃气、消防设施，在建筑物内放置危险、放射性物品等危及建筑物安全或妨碍建筑物正常使用；（2）违反规定破坏、改变建筑物外墙面的形状、颜色等损害建筑物外观；（3）违反规定进行房屋装饰装修；（4）违章加建、改建，侵占、挖掘公共通道、道路、场地或其他共有部分（《建筑物区分所有权司法解释》第 15 条）。于此场合，业主有权行使物权请求权及损害赔偿请求权。

（二）共有权人的义务

1. 按照共有部分的本来用途使用共有部分

所谓本来用途，又称固有用途，是指按照共有部分的种类、位置、构造、性质或依管理规约规定的共有部分的目的或用途使用共有部分。[①] 对此，《物业管理条例》规定，物业管理区域内按照规划建设的公共建筑和共用设施，不得改变用途（第 7 条第 2 项、第 49 条第 1 款）。业主依法确需改变公共建筑和共用设施用途的，应当在依法办理有关手续后告知物业服务企业（第 49 条第 2 款前段）。

当然，对某些非按其本来用途使用共有部分，但无损于建筑物的保存和不违背业主的共同利益的，则应允许。例如，为求走廊的美观，允许在墙壁上悬挂字画或镜架。[②]

2. 分担共同费用和负担

对于建筑物共有部分及其附属设施的保存、修缮乃至改良，业主应当按照国家有关规定交纳专项维修资金（《物业管理条例》第 7 条第 4 项、第 53 条第 1 款）。专项维修资金属于业主所有，专项用于物业保修期满后物业共用部位、共用设施设备的维修和更新、改造，不得挪作他用（《物业管理条例》第 53 条第 2 款）。

建筑物共有部分及其附属设施的费用分摊等事项，有约定的，按照约定；没有约定或者约定不明确的，按照业主专有部分占建筑物总面积的比例确定（《民法典》第 283 条）。所谓约定，可以表现为管理规约，也可以表现为业主大会的决定。所谓建筑物总面积，可能是指一栋区分所有的建筑物的面积之和，也可能是指整个建筑区划内的全部建筑物的面积之和。究竟何指，需要根据保存、修缮乃至改良的对象及其与业主的利益关系来确定。如果保存、修缮的对象为 A 楼的电梯，则建筑物总面积为 A 楼的面积总和。如果保存、修缮乃至改良的对象

---

①②　梁慧星、陈华彬：《物权法》（第 4 版），北京，法律出版社 2007 年版，第 171 页。

为建筑区划内的入口、为全部区分所有的房间供热的锅炉房等，则建筑物总面积为建筑区划内的全部建筑物的面积总和。所谓业主专有部分占建筑物总面积的比例，属于一种算定共有持分的基准。所谓共有持分，是指业主对共有部分的潜在的应有份额（应有部分）。①

[引申]

实际上，关于共有持分的算定基准，有关立法例及其理论并不统一。(1) 法国 1965 年制定并实施至今的《住宅分层所有权法》第 5 条规定，共有持分按照"与建筑物的使用无关系的享益部分的性质、表面积及位置所形成的诸价值"算定。所谓享益部分的性质，是指该享益部分的物质状态和物理构造。所谓表面积，包括基地面积、专有面积和实质面积。所谓享益部分的位置，是指从享益部分所能瞭望到的视野、享益部分的明亮程度、日照及闲静状态等。《住宅分层所有权法》规定的此项关于共有持分的算定基准的基本依据是专有部分的相对价值。② (2) 美国 1962 年的《公寓大厦所有权创设示范法》(The Federal Housing Administration's Model Statute for the Creation of Apartment Ownership，1962) 第 6 条 A 规定，以专有部分与整个财产价值的比率为依据算定共有持分。但在加利福尼亚州，持分比例被推定为每一区分单位相等。③ 学者则主张应以个别区分所有权人的专有部分与整个财产价值的比例决定其持分比例。④ (3) 日本《建筑物区分所有权法》第 14 条规定，各共有人的份额，依其所有的专有部分面积与整个区分所有建筑物专有部分的总面积的比例确定。(4)《瑞士民法典》第 712 条之五第 1 项和第 712 条之八第 3 项规定，各共有人的持分比例，应以不动产价值或建筑权价额的百分数或千分数表示。但个别区分所有权人对某些共同部分、公用设备未有受益或受益甚微时，分摊上述费用时应予适当照顾。⑤ (5) 新加坡在实践中采取以下方法确定持分比例的大小：专有部分地板总面积 100 平方米以下的，持分为 3.0；101～200 平方米的，持分为 4.0；201～300 平方米的，持分

---

① 王利明、尹飞、程啸：《中国物权法教程》，北京，人民法院出版社 2007 年版，第 218～220 页；陈华彬：《建筑物区分所有权研究》，北京，法律出版社 2007 年版，第 176～178 页。

② [日] 小沼进一：《建筑物区分所有之法理》，京都，法律文化社 1992 年版，第 186～188 页。转引自陈华彬：《建筑物区分所有权研究》，北京，法律出版社 2007 年版，第 176～177 页。

③ Cal. Civ Code § 1353. 转引自陈华彬：《建筑物区分所有权研究》，北京，法律出版社 2007 年版，第 177 页。

④ Edward M. Rose, Condominium in California-The verge of an Era, 36 *Southern California Law Review*, 364 (1963). 转引自陈华彬：《建筑物区分所有权研究》，北京，法律出版社 2007 年版，第 177 页。

⑤ 陈华彬：《建筑物区分所有权研究》，北京，法律出版社 2007 年版，第 177～178 页。

为 5.0；301 平方米以上的，持分为 6.0。[①] （6）中国台湾地区的学说推定为均等。[②]

共有持分与按份共有中的份额（应有部分）有所不同：（1）份额（应有部分）可以独立转让、抵押、抛弃，甚至还产生优先购买权；共有持分则不得如此，若建筑物所有权人将其建筑物、构筑物及其附属设施出卖与他人，其他建筑物区分所有权人对此无权主张优先购买权。（2）份额（应有部分）是财产份额，而共有持分的意义窄于此，不是全部的财产份额，仅仅是业主的专有部分在建筑物总面积中的比例。（3）份额（应有部分）是并且首先是确定和衡量按份共有人的权利义务的基本依据，而共有持分只有在没有约定或约定不明时才发挥如下作用：1）确定业主享有建设用地使用权的比例；2）业主按照共有持分行使管理权；3）业主依据共有持分分担费用和负担；4）业主依据共有持分获得收益。[③]

3. 征得同意的义务

因维修物业或公共利益，业主确需临时占用、挖掘道路、场地的，应当征得业主委员会和物业服务企业的同意；物业服务企业确需临时占用、挖掘道路、场地的，应当征得业主委员会的同意（《物业管理条例》第 50 条第 2 款）。

利用物业共用部位、共用设施设备进行经营的，应当在征得相关业主、业主大会、物业服务企业的同意后，按照规定办理有关手续。（《物业管理条例》第 54 条前段）。

4. 告知义务

业主需要装饰装修房屋的，应当事先告知物业服务企业（《物业管理条例》第 52 条第 1 款）。

5. 协助义务

物业存在安全隐患，危及公共利益及他人合法权益时，责任人应当及时维修养护，有关业主应当给予配合（《物业管理条例》第 55 条第 1 款）。

6. 恢复原状的义务

业主应当将临时占用、挖掘的道路、场地，在约定期限内恢复原状（《物业管理条例》第 50 条第 3 款）。

---

① ［日］稻本洋之助（监修）：《公寓管理之考察》，大阪，清文社 1993 年版，第 38～39 页。转引自陈华彬：《建筑物区分所有权研究》，北京，法律出版社 2007 年版，第 178 页。
② 戴东雄：《论建筑物区分所有权之理论基础 I》，载《法学丛刊》第 114 期。转引自陈华彬：《建筑物区分所有权研究》，北京，法律出版社 2007 年版，第 178 页。
③ 王利明、尹飞、程啸：《中国物权法教程》，北京，人民法院出版社 2007 年版，第 219～220 页。

7. 环保义务

业主不得任意弃置垃圾、排放污染物等。处于下位阶的法规、规章也都设有相应的规定。例如，《物业管理条例》第 7 条规定："业主在物业管理活动中，履行下列义务：（一）遵守管理规约、业主大会议事规则；（二）遵守物业管理区域内物业共用部位和共用设施设备的使用、公共秩序和环境卫生的维护等方面的规章制度；（三）执行业主大会的决定和业主大会授权业主委员会作出的决定；（四）按照国家有关规定交纳专项维修资金；（五）按时交纳物业服务费用；（六）法律、法规规定的其他义务。"

8. 业主行为须守绿色原则

业主行为须守绿色原则，反映了时代特征和要求。面对自 1975 年以来自然界的自然供给低于人类所需的严峻现实，务必树立这样的理念乃至行为规则：资源是大家的，资源是社会的，资源是整个地球的，能源、环境、气候领域的自然哲学大潮，人类命运共同体的构想，都要求《民法典》高扬绿色原则，并具体落实在有关制度及规则之中，业主行为准则为其中之一。《民法典》第 286 条第 1 款前段如此规定，也与《民法典》第 9 条、第 326 条、第 346 条、第 509 条第 3 款、第 619 条、第 625 条等贯彻绿色原则的规定遥相呼应，都共同体现出《民法典》的特质。

9. 救济义务

业主违反上述任何一项义务，《民法典》第 286 条第 2 款后段赋权业主大会或业主委员会依照法律、法规以及管理规约，请求行为人停止侵害、排除妨碍、消除危险、恢复原状、赔偿损失。其中，请求行为人停止侵害、排除妨碍、消除危险的法律规范基础是《民法典》第 236 条，也可以是第 179 条第 1 款第 1—3 项；请求行为人恢复原状的法律规范基础是《民法典》第 237 条，也可以是第 179 条第 1 款第 5 项。请求行为人赔偿损失，若因业主违反管理规约所致，则业主大会或业主委员会可以援用《民法典》第 577 条的规定，追究业主的违约损害赔偿责任。与此不同，如果业主违反的不是管理规约项下的义务，而是法律、法规规定的义务，那么，业主大会或业主委员会请求业主承担损失赔偿的法律规范基础是《民法典》第 1165 条以及第 179 条第 1 款第 8 项、第 238 条。

业主拒不履行法律、法规以及管理规约规定的义务，除业主大会或业主委员会有权追究违反者的法律责任外，《民法典》第 286 条第 3 款规定有关行政主管部门也是处罚违反者的有权机关。其程序是有关当事人向有关行政主管部门投诉，适用行政诉讼法的规定。此处所谓有关当事人，包括业主、业主大会及业主委员会。

五、业主不得以放弃权利为由不履行义务

义务，乃应为的负担，具有法律的强制性。权利，作为一种利益，虽然在一般情况下可被放弃，但于其与义务交织在一起的时候，以放弃权利为对价不履行义务很可能害及相对人的权益。若果真害及，则不得以放弃权利为对价而不履行义务，否则，就是对相对人的损害，违背诚信原则和公平原则。特别是在建筑物区分所有权中的共有关系中，与共有权相伴随的义务及其履行对于其他共有人，甚至对于区分所有的建筑物，都关系较大甚至重大，例如，拒不交纳维修基金，可能导致电梯无修理资金而只得停运，甚至因无力清除下水道的堵塞而致使水淹建筑区划小区。诸如此类的场合，业主履行义务是必须的，必要的，是放弃权利替代不了的。因此，本条第1款后段明确规定，业主不得以放弃权利为由不履行义务。例如，业主不得以不使用电梯为由，不交纳电梯维修费用；在集中供暖的情况下，不得以冬季不在此住宅居住为由，不交纳暖气费用。[1]

六、共同管理权

本条第2款所谓"共同管理的权利"，学说称之为共同管理权，是指业主对于共有部分和共同事务从事管理的权利。它具有如下法律性质。

1. 共同管理权是基于业主间的共同关系而生的权利

建筑物区分所有权的成立，以一栋建筑物为基础。在该栋建筑物上，各业主的专有部分通过共同墙壁、地板和天花板等共有部分相互连接，使彼此的用役面如火柴盒一般，紧密地堆砌在一起。各业主为了使用专有部分必须利用共有部分；各业主在行使专有权时不得妨碍其他业主对其专有部分的使用和违反全体业主的共同利益。这种建筑物的构造、权属及其行使的不可分离关系，使业主间形成事实上的共同体关系。为了维持该共同体关系的存续和发展，尤其为了管理相互间的共同事务及共有部分的使用、收益，每个业主不得不享有共同管理权。[2]

2. 共同管理权是独立于专有权和共有权以外的权利

专有权和共有权中虽也含有必须遵守管理规约等内容，但这不过是为了全体业主的利益所加以的限制，无法囊括表决权、参与订立规约权、选举和解除管理人之权、请求召集业主大会或代表大会之权等内容。而表决权等权利又是建筑物区分所有权不可或缺的组成内容，为了维持建筑物区分所有权的完整性，使之发

---

① 胡康生主编：《中华人民共和国物权法释义》，北京，法律出版社2007年版，第171页。

② 梁慧星、陈华彬：《物权法》（第4版），北京，法律出版社2007年版，第172页。

挥出全部功效，将表决权等归入共同管理权无疑是必要的，也是可能的。由此也可看出，共同管理权是专有权和共有权以外的权利。①

3. 共同管理权是专属于业主的权利

共同管理权虽然是管理共有部分和共同事务的权利，但离开专有部分则肯定大异其趣，乃至不复存在，而专有权为业主所独享，因而说共同管理权是专属于业主的权利。

4. 共同管理权是与区分所有的建筑物相始终的权利

由于共同管理权是基于业主间的共同关系而生的权利，业主间的共同关系是基于专有权和共有权之间的相互关联而生的，只要区分所有的建筑物存在，业主间的共同关系即会存续，原则上不得终止。可见，共同管理权是与区分所有的建筑物相始终的权利。②

七、整体转让

本条第 2 款明确表达了转让区分所有的建筑物的专有权时共有权和共同管理权一并转让的意思，即建筑物区分所有权的整体转让性。这是因为建筑物区分所有权的三要素原则上结为一体，在转让、抵押、继承等场合，应将它们视为一体，不宜保留其一或其二而转让、抵押其他权利。③ 就其质而言，专有权、共有权和共同管理权均为建筑物区分所有权的构成部分，缺少任何一项因素都会严重伤及建筑物区分所有权，尤其是专有部分更是建筑物区分所有权须臾不可离开的因素。若无专有权，则即便享有共有权和共同管理，于业主也无助益。这样的业主若怀有雷锋精神，则纯为他人服务；若无善良之意，则会搅局，损害其他业主的利益。转换视角，共同管理权和楼梯、电梯、走廊等部分的共有权若缺失，就会伤及建筑物区分所有权的筋骨，甚至导致其功效的丧失。因为仅有专有权的业主缺乏共有权和共同管理权，又得不到其他业主的允许，寸步难行，专有部分出现问题，也难以修补。在这个意义上说，建筑物区分所有权具有整体性，显现出本条第 2 款的规定十分必要。

不过，某些共有部分，如作为共有部分的停车位、停车库、会所等，可以脱离建筑物区分所有权单独转让，只要不损害业主的权益，法律就没有必要禁止。在这个意义上，本条第 2 款的规定涵盖过宽，应设但书，规定例外情形，却没有设置，构成法律漏洞，应予目的性限缩，承认例外。

---

①② 梁慧星、陈华彬：《物权法》（第 4 版），北京，法律出版社 2007 年版，第 172～173、173 页。

③ 陈华彬：《建筑物区分所有权研究》，北京，法律出版社 2007 年版，第 115 页。

第二百七十四条

建筑区划内的道路，属于业主共有，但是属于城镇公共道路的除外。建筑区划内的绿地，属于业主共有，但是属于城镇公共绿地或者明示属于个人的除外。建筑区划内的其他公共场所、公用设施和物业服务用房，属于业主共有。

本条主旨

本条是关于建筑区划内的道路、绿地、其他公共场所、公用设施和物业服务用房的归属的规定。

相关条文

《物权法》第 73 条　建筑区划内的道路，属于业主共有，但属于城镇公共道路的除外。建筑区划内的绿地，属于业主共有，但属于城镇公共绿地或者明示属于个人的除外。建筑区划内的其他公共场所、公用设施和物业服务用房，属于业主共有。

《物业管理条例》第 37 条　物业管理用房的所有权依法属于业主。未经业主大会同意，物业服务企业不得改变物业管理用房的用途。

理解与适用

本条是对《物权法》第 73 条的复制，前段明确建筑区划内的道路归业主共有，但属于城镇公共道路的除外；中段明确建筑区划内的绿地归业主共有，但属于城镇公共绿地或明示属于个人的除外；后段规定建筑区划内的其他公共场所、公用设施和物业服务用房，属于业主共有。

一、建筑区划内的道路归属

建筑区划内的道路位于建筑区划内，与国有建设用地使用权相附合而成为该建设用地使用权的组成部分，其归属自然随同国有建设用地使用权。在该建设用地使用权由开发商自自然资源行政主管部门之处通过出让方式而取得时，位于建筑区划内的道路应归开发商所有。在开发商出卖商品房并将道路公摊入出售的商品房的面积之中时，该道路归属于业主共有。这是思路之一。思路之二是，把道路看作独立于国有建设用地使用权的另一不动产，类似于构筑物，适用《民法典》第 352 条正文的规定，结论仍是道路归属于其位于的国有建设用地的使用权人。就是说，这两种思路的结论是一样的。

本条所谓但属于城镇公共道路的除外，指的应是用地规划设计文件已经确定某建筑区划内的某条道路属于城镇公共道路，或是用地规划设计文件没有如此确定，但其后国家通过征收的途径将某建筑区划内的某条道路变成城镇公共道路。如果是用地规划设计文件确定的，公正的处理方式应是自然资源行政主管部门出让给某开发商的国有建设用地使用权中不包括公共道路这部分，或者说不收取公共道路所占建设用地的出让金。如果用地规划设计文件没有确定建筑区划内设有公共道路，事后又不征收，那么，建筑区划内不应有城镇公共道路。

二、建筑区划内的绿地归属

建筑区划内的绿地归属于谁，取决于诸多因素。例如，绿地属于城镇公共绿地的，不得归属于开发商、某特定的业主、全体业主（《民法典》第274条中段但书）。除此而外，绿地可以归全体业主共有，也可以归特定的业主单独所有，还可以被保留在开发商之手。究竟如何，需要具体分析如下。

绿地尚未被单独登记为一项不动产时，只能被公摊到区分所有建筑物的面积之中，由业主共有。开发商保留部分区分所有的建筑物场合，作为业主，对绿地享有共有权，不得享有单独的所有权，否则，就是对其他业主的合法权益的侵害。因而，《民法典》第274条中段规定，建筑区划内的绿地，属于业主共有。

绿地已被单独地登记为一项不动产时，可以按照临时规约或商品房预售合同或销售合同的约定归某特定的业主享有，也可以依临时规约归全体业主共有，还可被保留在开发商之手。对此，《民法典》第274条中段但书规定，绿地被明示归属于个人的，由该个人所有。此处所谓个人，包括业主和开发商。

应当注意的是，商品房预售合同或销售合同的约定欠缺公示方式，其他预购人或买受人难以知晓，加上合同相对性的限制，通过商品房预售合同或销售合同约定某特定区块的绿地归属于某业主，并非理想的途径，而经公示的临时规约予以确定则较为理想。

还有，应当注意，绿地归属于某特定业主或开发商，若被不适当地利用，导致其他业主的生活品质严重降低时，这些业主或业主委员会有权制止。

在绿地归属于某特定业主或开发商的情况下，其他业主有权基于相邻关系规则利用绿地。

绿地于其被单独地登记为一项不动产的情况下，可于其上设立消极地役权。

三、建筑区划内的公共场所的归属

本条所谓建筑区划内的公共场所，包括建筑区划内的小型广场、小型公园、娱乐室、体育场馆等公共场所。其归属的确定原则应是：用地规划设计文件已经确定此类公共场所归属于市政的，或是用地规划设计文件没有如此确定，但其后国家通过征收的途径将其变成市政所有的，就据此确定。如果是用地规划设计文件确定的，公正的处理方式应是自然资源行政主管部门出让给某开发商的国有建设用地使用权中不包括公共场所这部分面积，或者说不收取公共场所所占建设用地的出让金。如果用地规划设计文件没有确定建筑区划内设有公共场所，事后又不征收，那么，这些公共场所不属于市政，而以业主共有为原则。

假如把这些公共场所确定给开发商或是某个或某些业主，就难以保障它们持续地、正常地供业主利用，难免发生纠纷。

四、建筑区划内的公用设施的归属

（一）确定归属的思路和原则

本条后段所谓公用设施，包括建筑物的基础、承重结构、外墙、屋顶等基本结构部分，通道、电梯、楼梯、大堂等公共通行部分，消防、公共照明等附属设施、设备，避难层、设备层或者设备间等结构部分（《建筑物区分所有权司法解释》第3条第1款第1项）。确定这些公用设施属于共有部分还是专有部分，抑或单独所有权的客体，需要综合考虑以下因素：（1）它是否或能够被单独登记为一个独立之物。如果尚未被单独登记为一个独立之物，则应为共有部分；反之，可以成为专有部分或单独所有权的客体。不过，锅炉房等建筑物登记与否均不影响成为共有部分。（2）建筑物区分所有权的本质属性。我们确定建筑物的基础、承重结构、外墙、屋顶等基本结构部分，通道、电梯、楼梯、大堂等公共通行部分，消防、公共照明等附属设施、设备，避难层、设备层或者设备间等结构部分的性质和所属，不得违背建筑物区分所有权的本质属性。（3）法律、行政法规的强制性规定。如果法律、行政法规的强制性规定就此作了专门规定，该规定应为我们确定其性质和所属的依据。当然，此类强制性规定不应违反前述原理。（4）有关当事人的约定。如果有关当事人在不违反前述（1）（2）（3）的前提下，就此作了约定，应依其约定。（5）停车库、停车位的问题将在《民法典》第275条、第276条的"理解与适用"中讨论。

（二）建筑物的基础、承重结构及附属设施的归属

建筑物的基础、承重结构等基本结构部分，通道、电梯、楼梯、大堂等公共通行部分，消防、公共照明等附属设施、设备，避难层、设备层或者设备间等结构部分原则上应属业主共有（《建筑物区分所有权司法解释》第3条第1款第1项），以免背离建筑物区分所有权的本质属性，给众多的业主带来极大的负面

后果。

（三）区分所有建筑物的外墙的归属

外墙可用于悬挂广告等，产生可观的利益，归属于谁，引人注目。方案可能有三：其一，归业主共有；其二，归特定业主专有；其三，归开发商所有。

笔者认为，外墙不得归属于开发商，只能由业主享有。其理由在于，外墙不具有独立的物理构造，不具有独立的经济价值，一句话，不是独立之物，因而不得被登记为独立的不动产，不得独立交易。如此，外墙在法律上也只能与区分所有建筑物结合在一起，归属于建筑物区分所有权人，即业主。开发商不得单独取得外墙的所有权，不过，它作为业主的一分子时，可以取得建筑物区分所有权，包括依相应比例获得外墙的共有权。

有观点主张，数人区分一建筑物而各有一部，除该建筑物及附属物的共同部分被推定为各共有人的共有之外，建筑物的外墙属于区分所有权人的专有部分。[①] 反对意见则认为，建筑物的结构为建筑物的存在要素，不能区分由各共有人专有而各有一部，建筑物的外墙自应由各共有人共有，外墙的使用应依当地习惯及使用方法以为决定。[②] 本释评书赞同后一种意见，理由有二：（1）外墙不符合专有部分的界定。专有部分是以地板、天花板、界墙的中心线向里围成的空间，而外墙处于该中心线以外。（2）设计为专有部分也难做到时时事事都物尽其用，如因悬挂的广告牌巨大，作为某特定业主专有部分的外墙容纳不下，需要利用其他特定业主所专有的外墙，却遭拒绝，丧失良机。如果采取共有部分的法律设计，业主委员会很容易地处理此类问题。总之，外墙作为共有部分，符合共有部分的界定、建筑物区分所有权的属性和效率原则，最为适当。

需要指出，尽管外墙作为共有部分最为适当，但若通过规约或业主大会约定某部分外墙作为专用部分，由某业主取得专用权，应依其约定。[③]《建筑物区分所有权司法解释》原则上将外墙作为共有部分，但在法律、行政法规规定外墙为专有部分的，依其规定（第3条第1款第1项）。

还要指出，外墙虽然原则上为共有部分，但若业主基于对住宅、经营性用房

---

① 中国台湾地区台北地方法院1980年度法律座谈会上提出的甲说，中国台湾地区"高等法院"的审查意见，"司法院"第一庭的研究意见。转引自王泽鉴：《民法物权·通则·所有权》（总第1册），台北，三民书局有限公司2003年8月增补版，第271、272页。

② 中国台湾地区台北地方法院1980年度法律座谈会上提出的乙说；中国台湾地区"公寓大厦管理条例"第8条第1项及其解释；王泽鉴：《民法物权·通则·所有权》（总第1册），台北，三民书局有限公司2003年8月增补版，第272页。

③ 参见王泽鉴：《民法物权·通则·所有权》（总第1册），台北，三民书局有限公司2003年8月增补版，第264页。

等专有部分特定使用功能的合理需要，无偿利用与其专有部分相对应的外墙面的，不应认定为侵权，除非违反了法律、法规、管理规约，损害他人的合法权益（《建筑物区分所有权司法解释》第4条）。

（四）区分所有建筑物的屋顶平台

1. 区分所有建筑物的屋顶平台未被登记为一项不动产场合的归属

区分所有建筑物的屋顶平台，一般都未被单独登记为一项独立的不动产，没有单独的所有权证，因而不得单独作为一项财产，留给开发商自己，或作为买卖物出售与他人，只能公摊到区分所有建筑物的面积之中，归业主共有（《建筑物区分所有权司法解释》第3条第1款第1项）。即使开发商留有部分区分所有的建筑物，它也只能以业主的身份，对屋顶平台享有共有权，而非单独的所有权。

屋顶平台归业主共有，原因有二：（1）商品房预售合同或销售合同明文约定屋顶平台归业主共有。（2）商品房预售合同或销售合同没有约定屋顶平台的归属，依据建筑物区分所有权的原理，屋顶平台事关业主的切身利益和实际使用的需要，应当推定屋顶平台归业主共有。

在屋顶平台归业主共有的情况下，全体业主或业主委员会有权将屋顶出租，收取租金；但不得单独出卖，因为它不是一个独立之物。还有，业主若基于对住宅、经营性用房等专有部分特定使用功能的合理需要，无偿利用屋顶的，不应认定为侵权，除非违反了法律、法规、管理规约，损害他人的合法权益（《建筑物区分所有权司法解释》第4条）。

2. 区分所有建筑物的屋顶平台已被登记为一项不动产场合的归属

在屋顶平台被单独地登记为一项不动产的情况下，屋顶平台相当于一个区分所有的建筑物，其上竖立着一个单独的所有权。它可以依据商品房预售合同或销售合同归某特定的业主享有，也可以依据商品房预售合同或销售合同的约定归全体业主共有，还可被保留在开发商之手，或出卖给业主之外的第三人。

业主对屋顶平台尽管需要，但终究不如建筑物的基础、承重结构等基本结构部分，通道、电梯、楼梯、大堂等公共通行部分，消防、公共照明等附属设施那样不可或缺。因此，开发商与业主之间在商品房买卖合同等文件中对此有约定归属的，不妨依其约定；若无约定，则应共有。

不过，应当注意，屋顶平台归属于某特定业主或开发商或第三人，若导致其他业主的建筑物区分所有权难以发挥应有的作用，业主遭受严重的损害时，这些业主或业主委员会有权主张上述约定无效。

屋顶平台于其被单独地登记为一项不动产的情况下，可以作为借用物、租赁物，还可以于其上设立地役权。

在屋顶平台归属于某特定的业主或开发商或第三人的情况下，其他业主可以基于相邻关系规则利用屋顶，对抗屋顶平台所有权人利用屋顶平台损害其他业主合法权益的主张。

（五）地下室

1. 地下室未被登记为一项不动产场合的归属

地下室未被单独地登记为一项不动产的场合，只能被公摊到区分所有建筑物的面积之中，由业主共有。开发商保留部分区分所有的建筑物场合，作为业主对地下室享有共有权，不得享有单独的所有权，否则，就是对业主的合法权益的侵害。

2. 地下室已被登记为一项不动产场合的归属

地下室已被单独地登记为一项不动产时，相当于一套区分所有的建筑物，其上竖立着一个建筑物区分所有权。它可以按照商品房预售合同或销售合同的约定归某特定的业主享有，也可以依约归全体业主共有，还可被保留在开发商之手，或出卖与第三人。

业主对地下室尽管需要，但终究不如建筑物的基础、承重结构等基本结构部分，通道、电梯、楼梯、大堂等公共通行部分，消防、公共照明等附属设施那样不可或缺。因此，开发商与业主之间在商品房买卖合同等文件中对此有约定归属的，不妨依其约定；若无约定，则应共有。

不过，应当注意，地下室归属于某特定业主或开发商或第三人，若导致其他业主的建筑物区分所有权难以发挥应有的作用，业主遭受严重的损害时，这些业主或业主委员会有权主张上述约定无效。

在地下室归属于某特定业主或开发商或第三人的情况下，其他业主有权基于相邻关系规则利用地下室，对抗地下室的所有权人侵害自己合法权益的主张。

地下室于其被单独地登记为一项不动产的情况下，可以作为借用物、租赁物，还可以于其上设立地役权。

地下室可能被区隔了若干停车位、停车库，用于停放车辆。于此场合，确定地下室的归属及利用，还要结合停车位、停车库的归属及利用的规则。

（六）防空洞

防空洞归属于谁，同样取决于它是否被单独登记为一项不动产，如果它尚未被单独登记，则只能作为区分所有建筑物的组成部分，不宜认定其归国家所有，除非国家拥有防空洞所在地的建设用地使用权；如果已被单独登记了，就存在着一个独立的所有权，发生了防空洞归属于谁的问题。

多数说认为，防空洞用于国防，不论由谁出资建造，均应归属于国家。但笔者认为，用于国防，固然重要，必须绝对保障其功能，不过，这并非防空洞非归国家所有不可的理由。只要防空洞优先并必须保障为国防所需要，防空洞归私人所有也未尝不可。回想国家将私人之物征用，用于防洪抗灾、战争等之用，不是取得了预期的效果吗？有鉴于此，对于防空洞的归属，不妨仍然贯彻建筑物所有权与建设用地使用权相一致（《民法典》第352条正文）及谁出资谁享有所有权的原则，国家出资建造的防空洞归国家所有，开发商出资建造的归开发商所有，但必须优先并保障国防之用。

防空洞可能被区隔了若干停车位、停车库，用于停放车辆。于此场合，确定防空洞的利用，还要结合停车位、停车库的利用规则。

（七）锅炉房

为建筑区划内的区分所有建筑物正常发挥服务功能的锅炉房，不同于地下室、停车位、停车库等非经登记不会成为独立的不动产，它本身即为一项独立的不动产，即使尚未办理初始登记，也成立建筑物所有权，且首先归开发商享有（《物权法》第231条、第352条正文），只是欠缺处分的效力（《民法典》第232条）。至于其后是否转归业主共有，或卖与特定业主，或出售给第三人，取决于当事人间的约定，除非其约定违反了法律、行政法规的强制性规定。

在这样的背景下，锅炉房可以作为从物，而区分所有建筑物为主物，两者依据主从物的关系规则处理；锅炉房也可以被公摊到区分所有建筑物的面积之中，作为区分所有建筑物的组成部分。

在后者场合，锅炉房归全体业主共有，不得单独归开发商所有，也不得单独归某特定业主或第三人所有。这也为保障区分所有建筑物充分发挥效能所需要。

在前者场合，开发商可以继续保有锅炉房的所有权，也可以将其转让给特定业主或第三人，只是必须先行办理初始登记，然后签订出卖合同或互易合同或赠与合同，再办理变更登记（过户登记）。在此必须强调，锅炉房的所有权人负有不妨碍锅炉房为区分所有建筑物服务的义务。

（八）会所

与锅炉房一经封顶即成立所有权相同，会所于其建成之时即由开发商取得所有权（《民法典》第231条、第352条正文），只是尚未登记时欠缺处分的效力（《民法典》第232条）。

建筑区划内的会所可以因开发商和业主签订买卖合同，将会所的所有权转归业主共有。这一般不会违反法律、行政法规的强制性规定，应受保护。在会所与业主的日常生活、重要活动极为密切，如系业主委员会的办公场所、业主康体及医病之处、业主娱乐之所等，将之归为业主共有，较为理想。

应当看到，业主共有的模式在许多情况下不宜倡导，因为业主共有同时意味着业主负担相应的费用，加上业主一般都不擅长管理，只好把会所委托由物业服务公司或其他专业人士管理，成本增加，甚至填补经营亏损，不堪重负。会所若与业主的生活关系不大，主要是商业性的住宿、餐饮、娱乐等场所，或完全由物业服务公司使用的情况下，不宜归业主共有。

会所已经办理初始登记时，开发商自己保有其所有权，或将之出卖与第三人，应是可取的选择。

（九）幼儿园、小学校

幼儿园、小学校都是自其封顶时产生所有权，由开发商取得（《物权法》第231条、第352条正文），只是尚未登记时欠缺处分的效力（《物权法》第232条）。

有无必要令开发商将建筑区划内的幼儿园、小学校的所有权转让与业主，形成业主共有的格局？从费用的负担、管理的难度、事务的繁杂等方面考虑，业主共有的制度并不利于业主，莫不如重在保障幼儿园、小学校的功能正常发挥，公平合理地接收儿童的入托、入学，赋予业主子女优先权，至于幼儿园、小学校的所有权归属于谁，则在所不问。

总结上述可知，建筑区划内的地下室、防空洞、会所、幼儿园、小学校归属于谁，应当区分情况而定，一律归业主共有未必允当。所以，对《民法典》第274条后段关于"建筑区划内的其他公共场所、公用设施和物业服务用房，属于业主共有"的规定，须作目的性限缩的解释，承认例外。

五、建筑区划内的物业服务用房的归属

本条后段规定，物业服务用房属于业主共有。《物业管理条例》规定："物业管理用房的所有权依法属于业主。未经业主大会同意，物业服务企业不得改变物业管理用房的用途"（第37条）。"物业服务合同终止时，物业服务企业应当将物业管理用房和本条例第二十九条第一款规定的资料交还给业主委员会"（第38条第1款）。

第二百七十五条

建筑区划内，规划用于停放汽车的车位、车库的归属，由当事人通过出售、附赠或者出租等方式约定。

占用业主共有的道路或者其他场地用于停放汽车的车位，属于业主共有。

本条主旨

本条是关于停车位、车库归属的规定。

相关条文

《物权法》第 74 条第 2 款、第 3 款　建筑区划内，规划用于停放汽车的车位、车库的归属，由当事人通过出售、附赠或者出租等方式约定。

占用业主共有的道路或者其他场地用于停放汽车的车位，属于业主共有。

《建筑物区分所有权司法解释》第 5 条　建设单位按照配置比例将车位、车库，以出售、附赠或者出租等方式处分给业主的，应当认定其行为符合民法典第二百七十六条有关"应当首先满足业主的需要"的规定。

前款所称配置比例是指规划确定的建筑区划内规划用于停放汽车的车位、车库与房屋套数的比例。

第 6 条　建筑区划内在规划用于停放汽车的车位之外，占用业主共有道路或者其他场地增设的车位，应当认定为民法典第二百七十五条第二款所称的车位。

理解与适用

本条是对《物权法》第 74 条第 2 款、第 3 款的复制，前段规定由当事人约定确定停车位、停车库的归属，后段明确了业主共有停车位、停车库的情形。

一、确定停车位、停车库的归属应考虑的因素

停车库在外观上表现为建筑物，而停车位则无此外形，尽管如此，也应将其视为建筑物。

停车位、停车库归属于业主，还是开发商，抑或第三人，取决于若干因素，如已被登记为一项独立的不动产、开发商与交易的相对人关于停车位或停车库的约定、法律法规的强制性规定等。其中，前提性的条件是，停车位、停车库是否已被登记为一项独立的不动产，其上是否存在一项独立的所有权。它若尚未被登记为一项独立的不动产，则只能作为区分所有建筑物的组成部分，不得成为单独的买卖对象；在已被公摊于区分所有建筑物的面积之中时，归业主享有；在尚未被公摊于区分所有的建筑物的面积之中时，则归属于尚未出售的区分所有建筑物的面积之中，由开发商享有。停车位、停车库已被登记为一项独立的不动产时，其上存在着一项独立于建筑物区分所有权的停车位、停车库的所有权，可以单独买卖，其归属依开发商与其交易的相对人之间的约定（《民法典》第 275 条），当

然，该约定不得违反法律、行政法规的强制性规定，不得背离公序良俗（《民法典》第153条）。

二、确定停车位、停车库的归属根据

1. 停车位、停车库依法定归属于业主共有

《民法典》第275条第2款规定："占用业主共有的道路或者其他场地用于停放汽车的车位，属于业主共有。"《建筑物区分所有权司法解释》第6条解释道："建筑区划内在规划用于停放汽车的车位之外，占用业主共有道路或者其他场地增设的车位，应当认定为民法典第二百七十五条第二款所称的车位。"它们属于强制性规定，不得违反，否则，约定无效。之所以认定该条款为强制性规定，是因为它是调整公共利益的规定。

2. 停车位、停车库依约定归属于业主

《民法典》第275条第1款规定："建筑区划内，规划用于停放汽车的车位、车库的归属，由当事人通过出售、附赠或者出租等方式约定。"对此规定，阐释如下。

（1）该条款是关于停车位、停车库归属的规定，不同于《民法典》第276条确立的建筑区划内的停车位、停车库的使用规则。

（2）该条款规定建筑区划内的停车位、停车库可依出售、附赠的方式确定其归属，值得赞同，但规定可依出租方式确定停车位、停车库的归属，则是错误的，因为出租只能决定停车位、停车库的使用权归属于谁，不能决定所有权的归属。所以，《民法典》第275条第1款规定由出租合同决定停车位、停车库，是错误的。

（3）其中规定的由出售等方式确定停车位、停车库的归属，"等方式"包括互易的方式，如开发商与建筑区划内业主或其他相对人签订合同，开发商以其停车位置换相对人的汽车，待该停车位过户于该相对人时，该停车位的所有权即归属于该相对人。

（4）开发商与业主或其他相对人签订买卖、赠与、互易停车位或停车库的合同，或者在商品房预售合同或商品房销售合同或互易合同中附有停车位、停车库归属的款项，一般都会有效，但仍有两种场合是无效的。第一种情形是，该约定违反了《民法典》第275条第2款关于"占用业主共有的道路或者其他场地用于停放汽车的车位，属于业主共有"的规定，而该规定属于强制性规定，违反它，依据《民法典》第153条第1款的规定，应当无效。第二种情形是，该约定与测绘机构出具的关于区分所有的建筑物的面积的文件相抵触。由于该文件是行政主

管机关授权的机构通过实地勘查测量而形成的，具有权威性；由于该文件已经载明停车位或停车库属于区分所有的建筑物的组成部分，业主对此拥有所有权，那么，开发商和业主签订商品房预售合同或销售合同，约定停车位或停车库归开发商所有，就侵害了业主的所有权，业主有权主张此类约定无效。

第二百七十六条

建筑区划内，规划用于停放汽车的车位、车库应当首先满足业主的需要。

本条主旨

本条是关于建筑区划内的停车位、停车库的使用规则的规定。

相关条文

《物权法》第 74 条第 1 款　建筑区划内，规划用于停放汽车的车位、车库应当首先满足业主的需要。

《建筑物区分所有权司法解释》第 6 条　建筑区划内在规划用于停放汽车的车位之外，占用业主共有道路或者其他场地增设的车位，应当认定为民法典第二百七十五条第二款所称的车位。

理解与适用

本条是对《物权法》第 74 条第 3 款的复制，确立了建筑区划内的停车位、停车库的使用规则。

本条的规定着眼于停车库、停车位的使用权，至少有四个问题需要澄清。

其一，所谓规划用于停放汽车的车位、车库，其中的规划是指业主的计划，还是开发商的规划，抑或规划设计机构的规划？

此处所谓规划，不是业主关于停车位、停车库的计划，其理由是，假如以业主的计划，就难免出现业主要求获得的停车位、停车库等于或多于开发商建造的全部停车库、停车位的现象，使开发商处分停车位、停车库的自由度和盈利额降低，打击开发商建造停车位、停车库的积极性。这样，在开发商因趋利避害而少建停车位、停车库时，反过来会满足不了业主对停车位、停车库的需求。

此处所谓规划，也不是开发商建造停车位、停车库的规划，其道理在于，假如是指开发商建造停车位、停车库的计划，开发商于其感觉建造停车位、停车库薄利或亏损时，便会少造，这会不利于业主。

此处所谓规划，应当是指建筑区划内的规划机构所作出的规划设计文件关于建筑区划内停车位、停车库的规划，如 500 户业主的建筑区划内应当至少建造 500 个停车位、停车库，或 600 个停车位、停车库等。这是因为，规划机构是行政主管部门或其委托授权的机构，负责社会公共事务及行政管理，不属于开发商和业主而处于中立的地位，所作建筑区划内停车位、停车库的建造数量，应当是较为客观和公正的。

其二，所谓应当首先满足业主的需要，其判断标准是什么？是业主的主观要求及客观需要，还是开发商的建造计划？答案是否定的，其道理如上文"其一"中所述。最为理想的判断标准是，建筑区划内的规划机构所作出的规划设计文件关于建筑区划内停车位、停车库的配备比例，如 1∶1 或 1∶0.5 等。这是因为，规划机构是行政主管部门或其委托授权的机构，负责社会公共事务及行政管理，不属于开发商和业主而处于中立的地位，所作建筑区划内停车位、停车库的建造数量及配备给业主的比例，应当是较为客观和公正的。对此，《建筑物区分所有权司法解释》第 5 条第 2 款已经明确，配置比例是指规划确定的建筑区划内规划用于停放汽车的车位、车库与房屋套数的比例。

其三，满足业主的需要的含义如何？满足业主的需要，只要按照规划设计文件规定的建筑区划内停车位、停车库的配备比例将它们交由业主即可，至于是出售给业主还是出租给业主，均在所不问。《建筑物区分所有权司法解释》第 5 条第 1 款已经明确："建设单位按照配置比例将车位、车库，以出售、附赠或者出租等方式处分给业主的，应当认定其行为符合民法典第二百七十六条有关'应当首先满足业主的需要'的规定。"

其四，开发商违反《民法典》第 276 条的规定，提供给业主的停车位、停车库，没有满足业主的需要，应当如何处理？这取决于该条款的性质和作用。该条款若属于任意性规定，则对于开发商的违反行为不会作无效处理；若属于强制性规定，则开发商的违反行为应当无效（《民法典》第 153 条第 1 款）。

笔者认为，《民法典》第 276 条的规定属于强制性规定，其理由在于，该条款不仅使用了"应当"的字样，更重要的是该条款是调整公共利益的。之所以称之为调整公共利益的条款，是因为它所指建筑区划内的停车位、停车库首先满足业主的需要，不是满足某特一特定的业主的需要，而是满足全建筑区划内的所有的业主对停车位、停车库的需要。既然是全建筑区划内的业主对停车位、停车库的需要，就属于全建筑区划内的利益，而建筑区划内利益不同于一家一户的业主的利益，建筑区划内利益表现为建筑区划内的文化、建筑区划内的治安、建筑区划内的形象，一句话，建筑区划内的利益属于公共利益。既然《民法典》第 276

条的规定调整的是公共利益，其性质属于强制性规定，开发商违反它而将建筑区划内的停车位、停车库出卖或出租给业主以外的人，而在与业主签订的商品房预售合同或销售合同中，没有将停车位、停车库赠与、出卖或出租给业主的约定，与规划设计文件关于建筑区划内停车位、停车库的配备比例相抵触，也就违反了《民法典》第276条，因而应归无效，业主有权主张开发商与其签订的商品房预售合同或销售合同中的停车位、停车库条款无效。

第二百七十七条

业主可以设立业主大会，选举业主委员会。业主大会、业主委员会成立的具体条件和程序，依照法律、法规的规定。

地方人民政府有关部门、居民委员会应当对设立业主大会和选举业主委员会给予指导和协助。

本条主旨

本条是关于业主大会、业主委员会的设立的规定。

相关条文

《物权法》第75条　业主可以设立业主大会，选举业主委员会。

地方人民政府有关部门应当对设立业主大会和选举业主委员会给予指导和协助。

《物业管理条例》第8条　物业管理区域内全体业主组成业主大会。

业主大会应当代表和维护物业管理区域内全体业主在物业管理活动中的合法权益。

第9条　一个物业管理区域成立一个业主大会。

物业管理区域的划分应当考虑物业的共用设施设备、建筑物规模、社区建设等因素。具体办法由省、自治区、直辖市制定。

第10条　同一个物业管理区域内的业主，应当在物业所在地的区、县人民政府房地产行政主管部门或者街道办事处、乡镇人民政府的指导下成立业主大会，并选举产生业主委员会。但是，只有一个业主的，或者业主人数较少且经全体业主一致同意，决定不成立业主大会的，由业主共同履行业主大会、业主委员会职责。

理解与适用

本条继承并细化了《物权法》第 75 条关于业主大会和业主委员会的设立的规定。

《民法典》设计的共同管理权需要落实，这体现在若干方面，其中包括全体业主组织起来，形成共同体。《民法典》及《物业管理条例》设置了业主大会及业主委员会的组织结构和形式。当然，如果只有一个业主，或业主人数较少且经全体业主一致同意，决定不成立业主大会的，由业主共同履行业主大会、业主委员会职责（《物业管理条例》第 10 条后段）。

一、业主大会

（一）业主大会的界定和性质

业主大会由全体业主组成（《物业管理条例》第 8 条第 1 款），是管理建筑区划内建筑物及其附属设施的共有部分和共同事务的自治组织，代表和维护物业管理区域内全体业主在物业管理活动中的合法权益（《物业管理条例》第 8 条第 2 款）。它具有如下法律性质。

1. 业主大会是个自治组织

业主大会是全体业主作为成员的所有权人联合体，不是国家机关，也不是事业单位，更不是营利性的机构，所以不得被居民委员会所替代，也不等同于企业法人。[1]

2. 业主大会是个独立的社会组织

业主大会，在法国、新加坡等立法例上为一法人，在德国等立法例上则不具有法人人格。[2] 中国《民法典》及《物业管理条例》对业主大会均未赋予法人人格，但这不妨碍它是一个独立的社会组织。其原因在于，业主大会不是全体业主汇集在一起参加某个会议，也不是业主之间的松散联合。它有自己的章程，有自己的执行机关——业主委员会，可以按照章程和议事规则形成自己的决定，可以自己的名义开立账户，以自己的名义享有权利和承担义务。在对外关系上，它可以自己的名义与物业服务企业签订物业服务合同，也可以授权业主委员会从事这些行为。[3]

---

[1] 黄松有主编：《〈中华人民共和国物权法〉条文理解与适用》，北京，人民法院出版社 2007 年版，第 236 页。

[2] 详见陈华彬：《建筑物区分所有权研究》，北京，法律出版社 2007 年版，第 273～281 页。

[3] 王利明、尹飞、程啸：《中国物权法教程》，北京，人民法院出版社 2007 年版，第 237～238 页。

［探讨］

业主大会是否具有民事主体资格，尚有争论。一种观点认为，《民法典》承认了业主大会为民事主体，但未承认其独立的诉讼主体资格，即业主大会不得作为原告、被告参加诉讼。这是因为依法成立业主大会的目的在于便于管理业主的共同事务和共有财产，而非从事经营性活动，加之它无独立的财产，无法独立承担民事责任。[1] 笔者不但赞同业主大会为一独立的民事主体的观点，而且主张其可以原告和被告的身份参加诉讼，至于它无独立财产的问题，可由全体业主的共有财产解决有关义务和责任的承受问题，不能因此影响其诉讼主体资格。何况实务中已有相当的业主委员会作为原告参加诉讼的实例。最高人民法院〔2002〕民立他字第 46 号规定，对房地产开发单位未向业主委员会移交住宅规划图等资料、未提供配套公用设施、公用设施专项费、公用部位维护费及物业管理用房、商业用房的，可以自己的名义提起诉讼。[2] 业主大会可作为独立的民事主体及诉讼主体的道理，如同合伙企业、农村承包经营户虽无独立财产却仍为独立的民事主体和诉讼主体一样。[3]

3. 业主大会是管理全体业主的共有财产和共同事务的自治组织

业主大会的职能较为专一，只是管理全体业主的共有财产和共同事务，不得作出与物业管理无关的决定，不得从事与物业管理无关的活动。其法律根据是《民法典》第 277 条、第 278 条等规定，以及《物业管理条例》第 8 条、第 9 条、第 10 条、第 11 条、第 19 条等规定。

［引申］

业主大会或业主委员会作出了与物业管理无关的决定，或从事了与物业管理无关的活动场合，属于违反强制性规定的情形，按照《民法典》第 153 条第 1 款的规定，自始就不具有法律效力，对业主不具有约束力。[4]

（二）业主大会的形成

业主大会是业主的自治组织，其成立应由业主自行筹备，自主组建。但是，

---

① 王利明、尹飞、程啸：《中国物权法教程》，北京，人民法院出版社 2007 年版，第 237 页。

② 《最高人民法院关于金湖新村业主委员会是否具备民事诉讼主体资格请示一案的复函》〔2002〕民立他字第 46 号。

③ 合伙企业、农村承包经营户、个体工商户等无独立财产、不独立承担民事责任的社会组织仍应为独立的民事主体，其详细论证见崔建远：《市场秩序与法制完善》，载《时代论评》1989 年第 1 期，第 22～25 页。

④ 黄松有主编：《〈中华人民共和国物权法〉条文理解与适用》，北京，人民法院出版社 2007 年版，第 253 页。

一个建筑区划内，业主来自五湖四海，互不相识，入住的时间又有先后，有的相差几年，使得全体业主成立业主大会相对困难。而业主大会的成立关系着业主如何行使其权利，关系到广大业主的切身利益，关系到建筑区划内的安定团结，甚至关系到社会的稳定。有鉴于此，《民法典》特别规定，全体业主设立业主大会，地方人民政府有关部门应当对此给予指导和协助（第277条第2款）。《物业管理条例》规定，一个物业管理区域成立一个业主大会。物业管理区域的划分应当考虑物业的共用设施设备、建筑物规模、社区建设等因素（第9条）。

（三）业主大会的职权

业主大会是个决议机构，就一些涉及全体业主的共有部分和共同事务的重大事项进行决议，也可以通过管理规约或章程的形式加以确定。《民法典》第278条第1款规定全体业主的权利，因这些权利的行使要通过业主大会的形式和程序，所以可以说它们同时是业主大会的职权。

（四）业主大会会议

业主大会会议分为定期会议和临时会议（《物业管理条例》第13条第1款）。业主大会定期会议应当按照业主大会议事规则的规定召开。经20％以上的业主提议，业主委员会应当组织召开业主大会临时会议（《物业管理条例》第13条第2款）。业主大会会议可以采用集体讨论的形式，也可以采用书面征求意见的形式（《物业管理条例》第12条第1款前段）。召开业主大会会议，应当于会议召开15日以前通知全体业主（《物业管理条例》第14条第1款）。业主可以委托代理人参加业主大会会议（《物业管理条例》第12条第2款）。住宅小区的业主大会会议，应当同时告知相关的居民委员会（《物业管理条例》第14条第2款）。业主委员会应当做好业主大会会议记录（《物业管理条例》第14条第3款）。

二、业主委员会

业主委员会是业主大会的事务执行机构，受业主大会的委托来管理全体业主的共有财产和共同事务。对此，可从以下几方面把握。

1. 业主委员会是业主大会的事务执行机构

业主委员会基于业主大会的授权，具体执行业主大会通过的管理规约和决定，不得独立于业主大会而存在和活动，表明它是业主大会的事务执行机构。[①]

2. 业主委员会必须由业主大会经过民主程序选举产生

业主委员会由业主大会经过一定的民主程序选举产生（《物业管理条例》第

---

① 王利明、尹飞、程啸：《中国物权法教程》，北京，人民法院出版社2007年版，第238～239页。

6 条第 5 项、第 10 条前段、第 16 条）。业主委员会委员应当由热心公益事业、责任心强、具有一定组织能力的业主担任（《物业管理条例》第 16 条第 2 款）。业主委员会主任、副主任在业主委员会成员中推选产生（《物业管理条例》第 16 条第 3 款）。业主委员会应当自选举产生之日起 30 日内，向物业所在地的区、县人民政府房地产行政主管部门和街道办事处、乡镇人民政府备案（《物业管理条例》第 16 条第 1 款）。

3. 业主委员会是业主大会的常设机构

在业主大会闭会期间，业主委员会具体执行业主大会通过的管理规约和决定，表明它是业主大会的常设机构。[①]

4. 业主委员会的职责最终来源于合法的全体业主的意志

从形式上看，业主委员会基于业主大会的授权具体执行业主大会通过的管理规约和决定，业主委员会的职权源自业主大会的授权。由于业主大会的授权是全体业主按照法定程序表达出来的意志，且被法律认可，所以，从终极的意义上探究，业主委员会的职责最终来源于合法的全体业主的意志。

三、政府组织指导和协助业主大会、业主委员会的设立

同一个物业管理区域内的业主，应当在物业所在地的区、县人民政府房地产行政主管部门或街道办事处、乡镇人民政府的指导下成立业主大会，并选举产生业主委员会（《物业管理条例》第 10 条前段）。地方人民政府有关部门应当向准备成立业主大会的业主提供相关的法律、法规及规章，提供政府部门制定的业主大会议事规则、管理规约等示范文本，协调业主之间的不同意见，为业主大会成立前的相关活动提供必要的活动场所，积极主动地参加业主大会的成立大会等。[②]

第二百七十八条

下列事项由业主共同决定：

（一）制定和修改业主大会议事规则；

（二）制定和修改管理规约；

（三）选举业主委员会或者更换业主委员会成员；

（四）选聘和解聘物业服务企业或者其他管理人；

---

① 王利明、尹飞、程啸：《中国物权法教程》，北京，人民法院出版社 2007 年版，第 238 页。
② 黄薇主编：《中华人民共和国民法典物权编释义》，北京，法律出版社 2020 年版，第 153 页。

（五）使用建筑物及其附属设施的维修资金；

（六）筹集建筑物及其附属设施的维修资金；

（七）改建、重建建筑物及其附属设施；

（八）改变共有部分的用途或者利用共有部分从事经营活动；

（九）有关共有和共同管理权利的其他重大事项。

业主共同决定事项，应当由专有部分面积占比三分之二以上的业主且人数占比三分之二以上的业主参与表决。决定前款第六项至第八项规定的事项，应当经参与表决专有部分面积四分之三以上的业主且参与表决人数四分之三以上的业主同意。决定前款其他事项，应当经参与表决专有部分面积过半数的业主且参与表决人数过半数的业主同意。

本条主旨

本条是关于业主决定建筑区划内重大事项及表决权的规定。

相关条文

《物权法》第76条　下列事项由业主共同决定：

（一）制定和修改业主大会议事规则；

（二）制定和修改建筑物及其附属设施的管理规约；

（三）选举业主委员会或者更换业主委员会成员；

（四）选聘和解聘物业服务企业或者其他管理人；

（五）筹集和使用建筑物及其附属设施的维修资金；

（六）改建、重建建筑物及其附属设施；

（七）有关共有和共同管理权利的其他重大事项。

决定前款第五项和第六项规定的事项，应当经专有部分占建筑物总面积三分之二以上的业主且占总人数三分之二以上的业主同意。决定前款其他事项，应当经专有部分占建筑物总面积过半数的业主且占总人数过半数的业主同意。

《物业管理条例》第11条　下列事项由业主共同决定：

（一）制定和修改业主大会议事规则；

（二）制定和修改管理规约；

（三）选举业主委员会或者更换业主委员会成员；

（四）选聘和解聘物业服务企业；

（五）筹集和使用专项维修资金；

（六）改建、重建建筑物及其附属设施；

（七）有关共有和共同管理权利的其他重大事项。

第 12 条　业主大会会议可以采用集体讨论的形式，也可以采用书面征求意见的形式；但是，应当有物业管理区域内专有部分占建筑物总面积过半数的业主且占总人数过半数的业主参加。

业主可以委托代理人参加业主大会会议。

业主大会决定本条例第十一条第（五）项和第（六）项规定的事项，应当经专有部分占建筑物总面积 2/3 以上的业主且占总人数 2/3 以上的业主同意；决定本条例第十一条规定的其他事项，应当经专有部分占建筑物总面积过半数的业主且占总人数过半数的业主同意。

理解与适用

一、概说

本条是关于业主决定建筑区划内重大事项及表决权的规定。相较于《物权法》第 76 条第 1 款的规定，本条第 1 款增补第 8 项"改变共有部分的用途或者利用共有部分从事经营活动"，把《物权法》第 76 条第 5 项"筹集和使用建筑物及其附属设施的维修资金"分拆为第 5 项"使用建筑物及其附属设施的维修资金"和第 6 项"筹集建筑物及其附属设施的维修资金"；第 2 款将《物权法》第 76 条第 2 款的两个 2/3 下调为两个 3/4。

二、业主共同决定的事项

（一）制定和修改业主大会议事规则由业主共同决定

业主大会议事规则是业主大会组织、运作的规程，是对业主大会的宗旨、组织体制、议事方式、表决程序、业主委员会的组成、成员任期及权利义务等内容进行记载的业主自律性文件（《物业管理条例》第 18 条）。业主大会通过业主大会议事规则建立大会的正常秩序，保证大会内业主集体意志和行为的统一。[1] 就是说，议事规则是业主大会筹备、召开、正常进行和圆满结束的必备要素。制定和修改业主大会的议事规则，需要全体业主共同决定（《民法典》第 278 条第 1 款第 1 项）。

制定和修改业主大会议事规则，应当由专有部分面积占比 2/3 以上的业主且人数占比 2/3 以上的业主参与表决（《民法典》第 278 条第 2 款前段）。

---

[1]　黄薇主编：《中华人民共和国民法典物权编释义》，北京，法律出版社 2020 年版，第 156 页。

（二）制定和修改管理规约，由业主共同决定

所谓管理规约，是指业主大会依照法定程序通过的对业主具有拘束力的关于共同事务及共有财产的管理的具体规则。[①] 它是全体业主之间的共同行为准则，是业主自我管理、自我约束、自我规范的规则约定。[②] 它关系重大，需要全体业主共同制定和修改（《民法典》第278条第1款第2项）。

[拓展]

管理规约，简称规约，或曰住户规约、管理协约、区分所有规约、管理组织规约等。其性质如何，众说纷纭，主要有以下观点：管理规约是区分所有权人之间的合同；是比两方当事人的合同发展形态更社会化的合同；是集团性的协约，与一般合同有异，具有合伙的性质；是类似于劳动法上的劳动协约；是具有规定性的规则；是规范区分所有权人相互关系的规则，具有自治法的性质；是关于区分所有权人相互间权利义务关系的基本规定，属于自治法规或自治规则。[③]

管理规约的设定、变更和废止，可以基于业主大会的决议，也可以由开发商预先制定格式化的管理规约，在预售或出售商品房时，分别与具体业主达成同意该管理规约的合意。[④] 后一种途径产生的管理规约，《物业管理条例》称之为临时管理规约，规定建设单位应当在销售物业之前，制定临时管理规约，对有关物业的使用、维护、管理，业主的共同利益，业主应当履行的义务，违反临时管理规约应当承担的责任等事项依法作出约定（第22条第1款）。建设单位应当在物业销售前将临时管理规约向物业买受人明示，并予以说明（第23条第1款）。物业买受人在与建设单位签订物业买卖合同时，应当对遵守临时管理规约予以书面承诺（第23条第2款）。

本释评书认为，基于业主大会决议的路径符合管理规约的本质属性，能够保障业主的合法权益，值得提倡。而临时管理规约，难免形成开发商的意志强加于业主的局面，损害业主的合法权益。为了避免全体业主的合法权益受到损害，《物业管理条例》特别规定，建设单位制定的临时管理规约，不得侵害物业买受人的合法权益（第22条第2款）。

管理规约包括哪些事项（内容），依管理规约的本质和意思自治原则，应由

[①] 王利明、尹飞、程啸：《中国物权法教程》，北京，人民法院出版社2007年版，第234页。

[②] 黄薇主编：《中华人民共和国民法典物权编释义》，北京，法律出版社2020年版，第157页。

[③] 温丰文：《论区分所有建筑物之管理》，载《法学丛刊》第147期，第33~34页；陈华彬：《建筑物区分所有权研究》，北京，法律出版社2007年版，第260页。

[④] 陈华彬：《建筑物区分所有权研究》，北京，法律出版社2007年版，第262页。

全体业主通过业主大会确定。但管理规约应当尊重社会公德，不得违反法律、法规或损害社会公共利益（《物业管理条例》第 17 条第 2 款），不得悖于建筑物区分所有权的本质。①

[拓展]

借鉴各国和地区的经验，可知管理规约的事项常因区分所有的建筑物的规模、用途，以及业主的生活水准和需要的不同而有差别。据此，管理规约至少包括如下事项：（1）有关业主之间基础法律关系的事项。例如，共有部分的持分（份额）比例，一部共有部分和全体共有部分的比例，各专有部分与建设用地使用权间的比例，建筑物一部灭失场合各业主的权利义务等。（2）有关业主之间的共同事务的事项。例如，管理团体的组织机构、人数、权限及运作方式，管理人的选任、任期、解任和职务权限，集会的运作方式（如召集业主大会或业主委员会的通知、表决权的比例、法定人数的变更等），管理费用的数额及交纳方式（如交费日期、迟延利息及存放等）。（3）有关调整业主之间的利害关系的事项，主要包括：1）专有部分的使用限制。专有部分虽为专有权的客体，业主可基于自己的意志占有、使用、收益和处分，但为了建筑物整体的保存管理，为了维持业主之间的共同体秩序，专有权的行使必须受有一定的限制。例如，依据管理规约的规定，重量物、易燃物、危险物、不洁物、散发恶臭物等不得带入建筑区划内或不得擅自设置的，业主必须遵守。依据管理规约的规定，对其他业主构成妨碍或危害的动物不得饲养的，业主必须遵守。"业主不得违反法律、法规以及管理规约，将住宅改变为经营性用房"（《民法典》第 279 条前段）。2）共有部分及附属设施的使用方法。例如，在基地内的一楼住宅，某特定业主接续一定部分作为自己的专用庭院，或将基地的一部分作为停车位，等等，都必须基于业主和开发商之间的商品房预售合同或销售合同或专门的合同，或者管理规约的规定或业主大会的决定，否则，其他业主、业主委员会有权请求该业主恢复原状乃至赔偿损失。（4）有关对违反者的处置事项。②《民法典》对此虽有规定（如第 279 条、第 286 条第 2 款等），但难免挂一漏万，管理规约可以根据特定规划区的具体情况详细规定。

管理规约系业主团体的最高自治规则，全体业主应当予以遵守（《民法典》第 286 条第 1 款及第 279 条前段），业主大会及业主委员会的决定、管理人的行

---

①②　陈华彬：《建筑物区分所有权研究》，北京，法律出版社 2007 年版，第 265～266、270～271 页。

为等都不得与之抵触，否则，无效。①

[引申]②

管理规约的生效时间，依管理规约的规定；若无规定，应解释为自管理规约制定之日起生效。

管理规约的效力能够拘束全体业主及其继受人。继受人包括移转继受人和设定继受人。移转继受人包括建筑物区分所有权的受让人、受遗赠人、业主的继承人等。设定继受人包括区分所有的建筑物的承租人、借用人。这些人不属于管理规约制定、变更、废止中所指称的当事人，故他们仅受有关使用事项的拘束。

管理规约应由管理人保管，无管理人时由管理规约或业主大会或业主委员会的决定所指定的人保管。保管管理规约的人，对于利害关系人请求阅览管理规约的，无正当理由不得拒绝。

制定和修改建筑物及其附属设施的管理规约，应当由专有部分面积占比 2/3 以上的业主且人数占比 2/3 以上的业主参与表决（《民法典》第 278 条第 2 款前段）。业主人数，按照专有部分的数量计算，一个专有部分按一人计算。但建设单位尚未出售和虽已出售但尚未交付的部分，以及同一买受人拥有一个以上专有部分的，按一人计算（《建筑物区分所有权司法解释》第 9 条）。

（三）选举业主委员会或者更换业主委员会成员，由业主共同决定

业主委员会是业主大会的执行机关，按照管理规约及业主大会的决定，代表全体业主对内决定建筑区划内的日常事务，对外代理业主从事必要的活动。业主委员会及其成员履行职责的行为直接关系到全体业主的切身利益。为了使其真正代表全体业主的利益，表达业主的意志，业主委员会应当向业主大会负责并接受业主大会的监督，其成立必须由业主大会经过民主程序选举产生，其成员的更换也有必要由全体业主共同决定。③

选举业主委员会或更换业主委员会的成员，应当经专有部分占建筑物总面积过半数的业主且占总人数过半数的业主同意（《民法典》第 278 条第 2 款前段）。

（四）选聘和解聘物业服务企业或其他管理人，由业主共同决定

物业服务企业或其他管理人是全体业主的受托人，基于全体业主的委托授权，按照物业服务合同的约定，对房屋及配套的设施设备和相关场地进行维修、养护、管理，维护物业管理区域内的环境卫生和相关秩序的活动（《物业管理条

---

① 陈华彬：《建筑物区分所有权研究》，北京，法律出版社 2007 年版，第 271 页。
② 其内容来自陈华彬：《建筑物区分所有权研究》，北京，法律出版社 2007 年版，第 271～272 页。
③ 王利明、尹飞、程啸：《中国物权法教程》，北京，人民法院出版社 2007 年版，第 234 页。

例》第 2 条）。国家提倡业主通过公开、公平、公正的市场竞争机制选择物业服务企业（《物业管理条例》第 3 条）。

物业服务企业或其他管理人应当勤勉谨慎地管理共有部分和共同事务，力求结果有利于全体业主。若管理违法，违反管理规约及业主大会或业主委员会的决定，违反物业服务合同的约定，不符合共有部分和共同事务的本质要求，全体业主有权通过法定程序解聘物业服务企业或其他管理人。特别是在业主、业主大会选聘物业服务企业之前，建设单位选聘物业服务企业（《物业管理条例》第 21条）的背景下，物业服务企业的管理行为可能更容易侵害业主的合法权益，《民法典》（第 278 条第 1 款第 4 项）及《物业管理条例》（第 11 条第 4 项）赋予全体业主共同解聘物业服务企业的权利，尤为必要。

选聘和解聘物业服务企业或其他管理人，应当经专有部分占建筑物总面积过半数的业主且占总人数过半数的业主同意（《民法典》第 278 条第 2 款前段）。

（五）使用建筑物及其附属设施的维修资金，由业主共同决定

维修资金，在建筑物区分所有权制度中属于主要事项，法律给予了特别关注。《物业管理条例》规定：住宅物业、住宅小区内的非住宅物业或与单幢住宅楼结构相连的非住宅物业的业主，应当按照国家有关规定交纳专项维修资金（第53 条第 1 款）。专项维修资金属于业主所有，专项用于物业保修期满后物业共用部位、共用设施设备的维修和更新、改造，不得挪作他用（第 53 条第 2 款）。《民法典》规定，建筑物及其附属设施的维修资金，属于业主共有。经业主共同决定，可以用于电梯、水箱等共有部分的维修。维修资金的使用情况应当公布（第 281 条第 1 款）。考虑到维修资金事关全体业主的共同利益，得管好用好，《物业管理条例》规定，专项维修资金收取使用、管理的办法由国务院建设行政主管部门会同国务院财政部门制定（第 53 条第 3 款）。利用物业共用部位、共用设施设备进行经营的，业主所得收益应当主要用于补充专项维修资金，也可以按照业主大会的决定使用（第 54 条）。

这告诉我们，使用维修资金的具体途径和方法仍然需要全体业主共同决定。不仅如此，《民法典》考虑到维修资金事关全体业主的共同利益，特别规定，维修资金的使用事项，应当经专有部分占建筑物总面积 2/3 以上的业主且占总人数2/3 以上的业主同意（第 278 条第 2 款前段）。此处所说的业主人数和总人数，按照《建筑物区分所有权司法解释》第 9 条的规定，可以按照下列方法认定：业主人数，按照专有部分的数量计算，一个专有部分按一人计算。但建设单位尚未出售和虽已出售但尚未交付的部分，以及同一买受人拥有一个以上专有部分的，按一人计算。

（六）筹集建筑物及其附属设施的维修资金，由业主共同决定

《物业管理条例》规定，利用物业共用部位、共用设施设备进行经营的，业主所得收益应当主要用于补充专项维修资金，也可以按照业主大会的决定使用（第 54 条）。《民法典》规定，建筑物及其附属设施的费用分摊、收益分配等事项，有约定的，按照约定；没有约定或约定不明确的，按照业主专有部分占建筑物总面积的比例确定（第 283 条）。

这告诉我们，筹集维修资金的具体途径和方法仍然需要全体业主共同决定。不仅如此，《民法典》考虑到维修资金事关全体业主的共同利益，特别规定，筹集建筑物及其附属设施的维修资金，应当经参与表决专有部分面积 3/4 以上的业主且参与表决人数 3/4 以上的业主同意。决定前款其他事项，应当经参与表决专有部分面积过半数的业主且参与表决人数过半数的业主同意（第 278 条第 2 款后段）。

[引申与讨论]

对于一部共有部分的费用分摊和收益分配，《民法典》未设其规则，学说将一部共有部分推定为相关业主共有，应由相关业主分摊费用、分享收益。[1] 笔者认为，首先按照管理规约或业主大会决定等法律文件的约定处理，没有约定时才依据此项理论确定。但在一部共有部分的理论与《民法典》第 283 条关于按照专有部分占建筑物总面积的比例确定不一致时，如何确定，需要探讨。

在规模较大的建筑区划内一栋楼房的共有部分产生的收益，是归该栋楼房的业主共有，还是归整个建筑区划内的业主共有？一种意见认为，建筑区划内的建设用地使用权是归整个建筑区划内的全体业主共有的，各个建筑物与绿地、道路等各种设施是不可分割的，业主的区分所有权不是仅仅限于对其所在的建筑物的权利，还一定包括建筑区划内的建设用地使用权等财产权利。从这个角度看，建筑区划内各个楼房的共有部分及其附属设施及建筑区划内的共有部分，均应属于全体业主共有。因而，建筑区划内一栋楼房的共有部分产生的收益，应当由建筑区划内的全体业主共享，产生的费用由全体业主分摊。[2] 笔者感到，这种观点与一部共有部分的理论不尽一致，需要反思。其实，建筑区划内的建设用地使用权实质上已被公摊到建筑区分所有权中的共有部分了，在许多情况下形成了一部共有部分的状态。有鉴于此，笔者仍然坚持，对于建筑区划内一栋楼房的费用和收益的分配，应当首先按照管理规约或业主大会决定等法律文件的约定处理，没有

---

[1][2]　黄松有主编：《〈中华人民共和国物权法〉条文理解与适用》，北京，人民法院出版社 2007 年版，第 260 页。

约定时，适用《民法典》第283条关于按照专有部分占建筑物总面积的比例确定的规定。

（七）改建、重建建筑物及其附属设施，由业主共同决定

改建建筑物及其附属设施，是指对建筑物进行局部的改造。重建则指先将建筑物及其附属设施全部拆除，再予重新建造。它们都涉及建筑物及其附属设施的重大变化，需动用维修资金，可能还要重新筹集款项，同时可能改变建筑区划内建筑物的原有规划及格局，非同小可，必须经全体业主依法定程序共同决定。

关于表决人数的比例，《物权法》曾要求"应当经专有部分占建筑物总面积三分之二以上的业主且占总人数三分之二以上的业主同意"（第76条第2款前段），但实践经验和教训表明，该门槛有些高了，不少场合亟待业主大会或代表大会作出决定，以便适时地改建、重建建筑物及其附属设施，但因达不到这样的比例要求而流产，导致不必要的损失。有鉴于此，《民法典》要求应当经参与表决专有部分面积3/4以上的业主且参与表决人数3/4以上的业主同意。（第278条第2款中段）。①

（八）改变共有部分的用途或者利用共有部分从事经营活动，由业主共同决定

建筑区划内的建筑物、构筑物及其附属设施如何利用，事关建筑区划内的秩序、文化、风气、生活品质，所以，合格的管理部门会在用地规划设计文件中明确，配置得较为合理，理性的业主购房也考量到这一点。正因如此，共有部分的用途不得随意改变，不得利用共有部分从事经营活动。不过，另一方面，业主既然是建筑区划内的主人，也享有一定的自主权来安排自己的生活，包括共同决定改变共有部分的用途或者利用共有部分从事经营活动。当然，这毕竟事关重大，务必慎重行事，于是，《民法典》第278条第2款中段规定："应当经参与表决专有部分面积四分之三以上的业主且参与表决人数四分之三以上的业主同意。"

（九）有关共有和共同管理权利的其他重大事项，也由业主共同决定

所谓有关共有和共同管理权的其他重大事项，按照《建筑物区分所有权司法解释》第7条的规定，处分共有部分，以及业主大会依法决定或管理规约依法确定应由业主共同决定的事项，应当认定为《民法典》第278条第1款第9项规定的有关共有和共同管理权利的"其他重大事项"。举例来说，共有停车位、停车库的使用，建筑区划内增建建筑物，将建筑物的屋顶出租给发射台等，直接关系

---

① 黄松有主编：《〈中华人民共和国物权法〉条文理解与适用》，北京，人民法院出版社2007年版，第235页。

到业主的切身而重大的利益，可能有必要经过业主大会讨论决定①，并且应当经专有部分占建筑物总面积过半数的业主且占总人数过半数的业主同意（《民法典》第278条第2款后段）。

第二百七十九条

业主不得违反法律、法规以及管理规约，将住宅改变为经营性用房。业主将住宅改变为经营性用房的，除遵守法律、法规以及管理规约外，应当经有利害关系的业主一致同意。

本条主旨

本条是关于将住宅改变为经营性用房的限制的规定。

相关条文

《物权法》第77条　业主不得违反法律、法规以及管理规约，将住宅改变为经营性用房。业主将住宅改变为经营性用房的，除遵守法律、法规以及管理规约外，应当经有利害关系的业主同意。

《物业管理条例》第49条　物业管理区域内按照规划建设的公共建筑和共用设施，不得改变用途。

业主依法确需改变公共建筑和共用设施用途的，应当在依法办理有关手续后告知物业服务企业；物业服务企业确需改变公共建筑和共用设施用途的，应当提请业主大会讨论决定同意后，由业主依法办理有关手续。

理解与适用

如同本释评书在上文所述，建筑区划内的建筑物、构筑物及其附属设施如何利用，事关建筑区划内的秩序、文化、风气、生活品质，所以，合格的管理部门会在用地规划设计文件中明确，配置得较为合理，理性的业主购房也考量到这一点。假如允许某个或某些业主将住宅变成餐馆，其气味会使友邻右舍反感甚至反胃；若变成工厂，难免影响交通、污染环境；若变成歌厅，其噪声可能酿成严重的噪声污染，周边秩序也令人担忧，无疑会大大降低业主们的生活品质。有鉴于此，《民法典》设有限制性规定："业主不得违反法律、法规以及管理规约，将住

---

① 黄松有主编：《〈中华人民共和国物权法〉条文理解与适用》，北京，人民法院出版社2007年版，第235页。

宅改变为经营性用房。业主将住宅改变为经营性用房的，除遵守法律、法规以及管理规约外，应当经有利害关系的业主一致同意"（第279条）。《建筑物区分所有权司法解释》对此解释道：业主将住宅改变为经营性用房，未按照《民法典》第279条的规定经有利害关系的业主一致同意，有利害关系的业主请求排除妨害、消除危险、恢复原状或赔偿损失的，人民法院应予支持（第10条第1款）。将住宅改变为经营性用房的业主以多数有利害关系的业主同意其行为进行抗辩的，人民法院不予支持（第10条第2款）。业主将住宅改变为经营性用房，本栋建筑物内的其他业主，应当认定为《民法典》第279条所称"有利害关系的业主"。建筑区划内，本栋建筑物之外的业主，主张与自己有利害关系的，应证明其房屋价值、生活质量受到或可能受到不利影响（第11条）。

第二百八十条

业主大会或者业主委员会的决定，对业主具有法律约束力。

业主大会或者业主委员会作出的决定侵害业主合法权益的，受侵害的业主可以请求人民法院予以撤销。

本条主旨

本条是关于业主大会、业主委员会的决定效力以及可被撤销的规定。

相关条文

《物权法》第78条　业主大会或者业主委员会的决定，对业主具有约束力。

业主大会或者业主委员会作出的决定侵害业主合法权益的，受侵害的业主可以请求人民法院予以撤销。

《物业管理条例》第12条　业主大会会议可以采用集体讨论的形式，也可以采用书面征求意见的形式；但是，应当有物业管理区域内专有部分占建筑物总面积过半数的业主且占总人数过半数的业主参加。

业主可以委托代理人参加业主大会会议。

业主大会决定本条例第十一条第（五）项和第（六）项规定的事项，应当经专有部分占建筑物总面积2/3以上的业主且占总人数2/3以上的业主同意；决定本条例第十一条规定的其他事项，应当经专有部分占建筑物总面积过半数的业主且占总人数过半数的业主同意。

业主大会或者业主委员会的决定，对业主具有约束力。

业主大会或者业主委员会作出的决定侵害业主合法权益的，受侵害的业主可以请求人民法院予以撤销。

理解与适用

本条是对《物权法》第78条的复制，第1款规定业主大会或者业主委员会的决定，对业主具有约束力；第2款规定该种决定可被业主请求人民法院予以撤销。

建筑区划内的建筑物及其附属设施和全体业主的共同事务的管理，凡是重大的、一般性的，要纳入管理规约之中。管理规约未作规定的，如临时性的、突发的事件确实关系到整个建筑区划内全体业主的切身利益，需要全体业主步调一致地行动的，业主大会或业主委员会就此作出决定就显得十分必要。

住宅小区的业主大会、业主委员会作出的决定，应当告知相关的居民委员会，并认真听取居民委员会的建议（《物业管理条例》第20条第3款）。

业主大会或业主委员会的决定对业主具有约束力（《民法典》第280条第1款）。当然，它必须是业主大会或业主委员会依据法定程序作出的，必须是符合法律、法规及规章的，必须是不违背社会公德，不损害社会公共利益、国家利益和他人的合法权益的。[1] 例如，形成决定的会议应当有物业管理区域内专有部分占建筑物总面积过半数的业主且占总人数过半数的业主参加（《物业管理条例》第12条第1款）。业主大会的决定若不符合上述要求，对业主就没有约束力。并且，《物业管理条例》第19条第2款规定，业主大会作出的决定违反法律、法规的，物业所在地的区、县人民政府房地产行政主管部门或街道办事处、乡镇人民政府，应当责令限期改正或撤销其决定，并通告全体业主。

这种撤销是行政法上的措施，权利人是有关行政机关。除此而外，《民法典》还有条件地赋予了业主撤销权（第280条第2款），《物业管理条例》予以贯彻（第12条第5款）。

业主的撤销权必须符合下列条件才能成立：（1）业主大会或业主委员会的决定违法，如没有按照法定程序作出决定；（2）业主大会或业主委员会的决定侵害了业主合法权益，如决定将明示归属于某特定业主的绿地作为全体业主共有的停车位。此类撤销权属于受侵害的业主，未受侵害的业主不在其中。[2] 此类撤销权的行使要通过诉讼的方式，即受侵害的业主须请求人民法院予以撤销业主大会或

---

[1] 胡康生主编：《中华人民共和国物权法释义》，北京，法律出版社2007年版，第181页。

[2] 王利明、尹飞、程啸：《中国物权法教程》，北京，人民法院出版社2007年版，第240～241页。

业主委员会的决定（《民法典》第280条第2款）。

[引申]

业主大会或业主委员会的决定，不仅约束业主，而且约束建筑物区分所有权的买受人、互易人和受赠人，业主死亡后的继承人及受遗赠人，区分所有的建筑物的承租人、借用人。①

[讨论]

关于此处撤销权行使的问题，存在不同意见。一种观点认为，所应适用的法律，有《民法通则》《民事诉讼法》等法律的规定。例如，除法律另有规定的以外，受侵害的业主应当在知道或应当知道权益被侵害之日起2年内向有管辖权的人民法院提出撤销的请求，要有明确的诉讼请求和事实及理由。② 另一种观点主张，《民法通则》有关可撤销的民事行为原理以及《关于民法通则的意见》规定的可撤销的民事行为，自行为成立时起超过1年当事人才请求撤销的不受法律保护等规定，从总的方面看，是可以适用于《物权法》中有关类似情形的。包括《合同法》第75条规定的撤销权自债权人知道或应当知道撤销事由之日起1年内行使等内容，也可以在审判实践中参照适用。如何确定业主知道或应当知道其合法权益被侵害，一般情况下，以业主大会或业主委员会的决定公布、公示或传达等业主稍加注意就能得知作为标准。需要注意的是，《物权法》本条规定的业主享有撤销权行使期限，已被理解为是一个不变期间，不是诉讼时效，即不存在中止、中断、延长等情况。③ 对此，修正前的《建筑物区分所有权司法解释》（即法释〔2009〕7号）已经表态：业主以业主大会或者业主委员会作出的决定侵害其合法权益或者违反了法律规定的程序为由，依据《物权法》第78条第2款的规定请求人民法院撤销该决定的，应当在知道或者应当知道业主大会或者业主委员会作出决定之日起1年内行使（第12条）。

但是，在笔者看来，《物权法》第78条第2款规定的业主的撤销权，其客体不是一般的民事行为甚至是非民事行为，当事人双方亦非法律地位完全平等的主体，撤销所涉及的利益不限于当事人双方的，还牵涉全体业主的，因而其法律适用只能是类推、参照《民法通则》《合同法》等有关规定。此其一。《关于民法通

---

① 参见黄松有主编：《〈中华人民共和国物权法〉条文理解与适用》，北京，人民法院出版社2007年版，第253页。

② 胡康生主编：《中华人民共和国物权法释义》，北京，法律出版社2007年版，第182页；黄松有主编：《〈中华人民共和国物权法〉条文理解与适用》，北京，人民法院出版社2007年版，第253页。

③ 黄松有主编：《〈中华人民共和国物权法〉条文理解与适用》，北京，人民法院出版社2007年版，第253~254页。

则的意见》第 73 条第 2 款关于"可变更或者可撤销的民事行为，自行为成立时起超过一年当事人才请求变更或撤销的，人民法院不予保护"的规定，对受侵害的业主过于苛刻，不宜参照。此其二。鉴于《合同法》第 55 条等条文规定的除斥期间多为 1 年，《物权法》第 78 条第 2 款规定的撤销权予以准用，理由相对充分。故不宜采纳以下意见：受侵害的业主应当在知道或应当知道权益被侵害之日起 2 年内向有管辖权的人民法院提出撤销的请求。此其三。

上述观点的基本精神至今仍有其用，即《民法典》第 280 条第 2 款规定的业主的撤销权在时间限制方面不适用诉讼时效的规定，而应准用《民法典》152 条第 1 款规定的 1 年期限的除斥期间。

第二百八十一条

建筑物及其附属设施的维修资金，属于业主共有。经业主共同决定，可以用于电梯、屋顶、外墙、无障碍设施等共有部分的维修、更新和改造。建筑物及其附属设施的维修资金的筹集、使用情况应当定期公布。

紧急情况下需要维修建筑物及其附属设施的，业主大会或者业主委员会可以依法申请使用建筑物及其附属设施的维修资金。

本条主旨

本条是关于建筑物及其附属设施的维修资金的归属、用途以及筹集和使用的规定。

相关条文

《物权法》第 79 条　建筑物及其附属设施的维修资金，属于业主共有。经业主共同决定，可以用于电梯、水箱等共有部分的维修。维修资金的筹集、使用情况应当公布。

《物业管理条例》第 53 条　住宅物业、住宅小区内的非住宅物业或者与单幢住宅楼结构相连的非住宅物业的业主，应当按照国家有关规定交纳专项维修资金。

专项维修资金属于业主所有，专用于物业保修期满后物业共用部位、共用设施设备的维修和更新、改造，不得挪作他用。

专项维修资金收取、使用、管理的办法由国务院建设行政主管部门会同国务院财政部门制定。

理解与适用

本条第 1 款是对《物权法》第 79 条的承继并有所完善，第 2 款为新增内容。

关于建筑物及其附属设施的维修资金的归属，本条第 1 款前段规定由业主共有。

关于建筑物及其附属设施的维修资金的使用，《物权法》第 79 条规定："经业主共同决定，可以用于电梯、水箱等共有部分的维修。"经过时间检验，这不够周详，有待完善，《民法典》第 281 条中段从两个方面予以完善：（1）在所用科目方面，在保留"电梯"的前提下，增加了"屋顶、外墙、无障碍设施等共有部分"；（2）在用途方面，除"维修"以外，增补了"更新和改造"。所有这些，都是经验的总结并上升为法律，都是必要的。

考虑到维修资金事关全体业主的共同利益，得管好用好，《物业管理条例》规定，专项维修资金收取使用、管理的办法由国务院建设行政主管部门会同国务院财政部门制定（第 53 条第 3 款）。专项维修资金属于业主所有，专项用于物业保修期满后物业共用部位、共用设施设备的维修和更新、改造，不得挪作他用（第 53 条第 2 款）。利用物业共用部位、共用设施设备进行经营的，业主所得收益应当主要用于补充专项维修资金，也可以按照业主大会的决定使用（第 54条）。

由于建筑物及其附属设施的维修资金如何筹集、使用，事关其所有权人——业主的切身利益，可能影响区分所有的建筑物的使用效果甚至使用寿命，进而左右着业主的生活品质，因而，集思广益、"好钢要用到刀刃上"，接受所有权人的监督，及时听取所有权人的合理化建议，都是必要的。有鉴于此，本条第 1 款后段规定："建筑物及其附属设施的维修资金的筹集、使用情况应当定期公布。"

建筑区划内的业主可能遍布于各行各业，忙碌程度不一，境界参差不齐，性格差异不小，每笔筹集、每次使用都要通过业主大会作出决定，且要有专有部分占建筑物总面积 2/3 以上的业主且占总人数 2/3 以上的业主，或者由专有部分面积占比 2/3 以上的业主且人数占比 2/3 以上的业主参与表决，可能误事。为了及时、有效地使用维修资金，本条第 2 款规定："紧急情况下需要维修建筑物及其附属设施的，业主大会或者业主委员会可以依法申请使用建筑物及其附属设施的维修资金。"这符合效率原则，也对主大会或业主委员会使用维修资金加以限制，还赋权业主把关，考虑周详，值得赞同。由于采取何种程序、限于多长期间批准此类申请事关多方利益，法律、法规予以明确是必要的，但现行法却未加规定，应予补充。

第二百八十二条

建设单位、物业服务企业或者其他管理人等利用业主的共有部分产生的收入，在扣除合理成本之后，属于业主共有。

本条主旨

本条是关于管理人等利用业主的共有部分产生的净收入归属于业主共有的规定。

相关条文

《物业管理条例》第54条　利用物业共用部位、共用设施设备进行经营的，应当在征得相关业主、业主大会、物业服务企业的同意后，按照规定办理有关手续。业主所得收益应当主要用于补充专项维修资金，也可以按照业主大会的决定使用。

理解与适用

本条为新增加的条文，设计根据至少有三：一是所有权的客体产生的收益应归所有权人享有，除非当事人之间另有约定，或者该客体同时为用益物权的标的物（类推适用《民法典》第321条第1款的规定）；二是利用业主的共有部分之人，诸如建设单位、物业服务企业或者其他管理人等人，其实施行为应当获取的利益属于它们与业主之间的其他法律关系的内容，另有解决的根据；三是建设单位、物业服务企业或者其他管理人等人利用业主的共有部分时有支出的，属于成本，应由取得利益的业主负担，故建设单位、物业服务企业或者其他管理人等人向业主转交利用共有部分所获收入时，有权主张扣除该种成本，并可用抵销的手段为之。

关于请求建设单位、物业服务企业或者其他管理人等人移交净收入的权利人，从本条的文义看应为业主们，但鉴于业主们不见得长于此事，加之业主委员会至少在理论上代表业主利益，故业主委员会亦应为请求权人。

第二百八十三条

建筑物及其附属设施的费用分摊、收益分配等事项，有约定的，按照约定；没有约定或者约定不明确的，按照业主专有部分面积所占比例确定。

本条主旨

本条是关于建筑物及其附属设施的费用分摊、收益分配等事项处理规则的规定。

相关条文

《物权法》第80条　建筑物及其附属设施的费用分摊、收益分配等事项，有约定的，按照约定；没有约定或者约定不明确的，按照业主专有部分占建筑物总面积的比例确定。

《物业管理条例》第54条　利用物业共用部位、共用设施设备进行经营的，应当在征得相关业主、业主大会、物业服务企业的同意后，按照规定办理有关手续。业主所得收益应当主要用于补充专项维修资金，也可以按照业主大会的决定使用。

理解与适用

建筑物及其附属设施正常运转离不开养护和维护，而养护和维护必然需要费用。由于建筑物及其附属设施属于业主共有，这些费用由业主负担并予以分摊就顺理成章。依据何种原则及方法由业主分摊？本条前段规定"有约定的，按照约定"，这符合业主的意思自治原则。不过，此处所谓约定远比合同法上的合同约定丰富和复杂。首先，查阅管理规约对此有无约定，若有，则按照管理规约的约定；若无，需要进入下"其次"环节。之所以把管理规约排在第一位，是因为它是规范区分所有权人相互关系的规则，具有自治法的性质；是关于区分所有权人相互间权利义务关系的基本规定，属于自治法规或自治规则。[①]　其次，业主大会对此有无决议，若有，则依据此种决议；若无或者决议得不明确，则"按照业主专有部分面积所占比例确定"。之所以把业主大会的决议排在业主专有部分面积所占比例之前，是因为此类决议是依法定程序形成的代表全体业主意志的规范性意见，对全体业主都有法律约束力，并且此类决议针对具体情形而作出，较为符合客观实际和利益平衡。

所谓建筑物总面积，可能是指一栋区分所有的建筑物的面积之和，也可能是指整个建筑区划内的全部建筑物的面积之和。究竟何指，需要根据保存、修缮乃至改良的对象及其与业主的利益关系来确定。如果保存、修缮的对象为A楼的

---

① 温丰文：《论区分所有建筑物之管理》，载《法学丛刊》第147期，第33～34页；陈华彬：《建筑物区分所有权研究》，北京，法律出版社2007年版，第260页。

电梯，则建筑物总面积为 A 楼的面积总和。如果保存、修缮乃至改良的对象为建筑区划内的入口、为全部区分所有的房间供热的锅炉房等，则建筑物总面积为建筑区划内的全部建筑物的面积总和。

所谓业主专有部分面积所占比例，属于一种算定共有持分的基准。所谓共有持分，是指业主对共有部分的潜在的应有份额（应有部分）。[①] 稍微具体些说，所需修缮费用可依下列规则处理：（1）共有房屋主体结构中的基础、柱、梁、墙的修缮，由共有房屋所有人按份额比例分担。（2）共有墙体的修缮（包括因结构需要而涉及的相邻部位的修缮），按两侧均分后，再由每侧房屋所有人按份额比例分担。（3）楼盖的修缮，其楼面与顶棚部位，由所在层房屋所有人负责；其结构部位，由毗连层上下房屋所有人按份额比例分担。（4）屋盖的修缮：A. 不上人屋盖，由修缮所及范围覆盖下各层的房屋所有人按份额比例分担。B. 可上人屋盖（包括屋面和周边护栏），如为各层所共用，由修缮所及范围覆盖下各层的房屋所有人按份额比例分担；如仅为若干层使用，使用层的房屋所有人分担一半，其余一半由修缮所及范围覆盖下各层房屋所有人按份额比例分担。（5）楼梯及楼梯间（包括出屋面部分）的修缮：A. 各层共用楼梯，由房屋所有人按份额比例分担。B. 为某些层所专用的楼梯，由其专用的房屋所有人按份额比例分担。（6）房屋共用部位必要的装饰，由受益的房屋所有人按份额比例分担。（7）房屋共有、共用的设备和附属建筑（如电梯、水泵、暖气、水卫、电照、沟管、垃圾道、化粪池等）的修缮，由所有人按份额比例分担。

建筑物及其附属设施若被用于经营，可能带来收益。对此收益的分配，在管理规约有约定时，依其约定；在管理规约无此约定时，遵循业主大大会的决议；若无此决议，则"按照业主专有部分面积所占比例确定"。

第二百八十四条

业主可以自行管理建筑物及其附属设施，也可以委托物业服务企业或者其他管理人管理。

对建设单位聘请的物业服务企业或者其他管理人，业主有权依法更换。

本条主旨

本条是关于业主具有物业管理权和选聘决定权的规定。

[①] 王利明、尹飞、程啸：《中国物权法教程》，北京，人民法院出版社 2007 年版，第 218～220 页；陈华彬：《建筑物区分所有权研究》，北京，法律出版社 2007 年版，第 176～178 页。

相关条文

《物权法》第 81 条 业主可以自行管理建筑物及其附属设施，也可以委托物业服务企业或者其他管理人管理。

对建设单位聘请的物业服务企业或者其他管理人，业主有权依法更换。

《物业管理条例》第 21 条 在业主、业主大会选聘物业服务企业之前，建设单位选聘物业服务企业的，应当签订书面的前期物业服务合同。

第 22 条 建设单位应当在销售物业之前，制定临时管理规约，对有关物业的使用、维护、管理，业主的共同利益，业主应当履行的义务，违反临时管理规约应当承担的责任等事项依法作出约定。

建设单位制定的临时管理规约，不得侵害物业买受人的合法权益。

第 23 条 建设单位应当在物业销售前将临时管理规约向物业买受人明示，并予以说明。

物业买受人在与建设单位签订物业买卖合同时，应当对遵守临时管理规约予以书面承诺。

第 24 条 国家提倡建设单位按照房地产开发与物业管理相分离的原则，通过招投标的方式选聘具有相应资质的物业服务企业。

住宅物业的建设单位，应当通过招投标的方式选聘具有相应资质的物业服务企业；投标人少于 3 个或者住宅规模较小的，经物业所在地的区、县人民政府房地产行政主管部门批准，可以采用协议方式选聘具有相应资质的物业服务企业。

第 25 条 建设单位与物业买受人签订的买卖合同应当包含前期物业服务合同约定的内容。

第 26 条 前期物业服务合同可以约定期限；但是，期限未满、业主委员会与物业服务企业签订的物业服务合同生效的，前期物业服务合同终止。

第 34 条 业主委员会应当与业主大会选聘的物业服务企业订立书面的物业服务合同。

物业服务合同应当对物业管理事项、服务质量、服务费用、双方的权利义务、专项维修资金的管理与使用、物业管理用房、合同期限、违约责任等内容进行约定。

理解与适用

本条是对《物权法》第 81 条的复制，第 1 款规定业主有权决定自行管理物业还是委托他人代为管理，第 2 款赋权业主可以依法更换代管物业之人。

建筑区划内的建筑物及其附属设施的管理肯定必不可少，但管理的方式不一定整齐划一，因为建筑区划的规模有大有小，建筑区划内的建筑物及其附属设施有多有少。在建筑区划的规模不大、建筑区划内的建筑物及其附属设施不多的情况下，业主自我管理不成问题，且可节约费用；或者建筑区划内的建筑物及其附属设施虽然不少，但业主（如无工作单位的自由人）有时间和精力自行管理，那么，应当尊重业主大会作出的自行管理的决定，所以说，本条第1款前段关于"业主可以自行管理建筑物及其附属设施"的规定，符合实际，值得赞同。与此有别，有些建筑区划的规模庞大，建筑区划内的建筑物及其附属设施林林总总，居住、服务、休憩、入托、入学、交通、安保等纷繁复杂，专业技术性强，业主们委托物业服务企业或者其他管理人管理，显得必要，益处较多；或者，即使建筑区划规模不大、建筑区划内的建筑物及其附属设施不太多，但业主们不擅长或不愿自行管理，委托物业服务企业或者其他管理人管理，也不失为可取的选项。就此说来，本条第1款后段规定"也可以委托物业服务企业或者其他管理人管理"，同样符合实际，值得赞同。

所谓物业服务企业，是指符合法律规定，依法及物业服务合同向业主提供物业服务的企业法人。它必须具有从事物业管理活动的资质（《物业管理条例》第32条）。所谓其他管理人，是指物业服务企业以外的从事物业服务管理的自然人，不得是企业，否则，就规避了中国现行法关于物业服务企业必须具有资质的要求。所谓物业管理，是指业主通过选聘物业服务企业，由业主和物业服务企业按照物业服务合同约定，对房屋及配套的设施设备和相关场地进行维修、养护、管理，维护物业管理区域内的环境卫生和相关秩序的活动（第2条）。

物业服务企业具有专业性，长于对建筑区划内的建筑物及其附属设施的管理。这是因为《物业管理企业资质管理办法》对其设立和工作严格要求：一级资质的物业管理企业的条件如下：（1）注册资本人民币500万元以上。（2）物业管理专业人员以及工程、管理、经济等相关专业类的专职管理和技术人员不少于30人。其中，具有中级以上职称的人员不少于20人，工程、财务等业务负责人具有相应专业中级以上职称。（3）物业管理专业人员按照国家有关规定取得职业资格证书。（4）管理两种类型以上物业，并且管理各类物业的房屋建筑面积分别占下列相应计算基数的百分比之和不低于100%：1）多层住宅200万平方米；2）高层住宅100万平方米；3）独立式住宅（别墅）15万平方米；4）办公楼、工业厂房及其它物业50万平方米。（5）建立并严格执行服务质量、服务收费等企业管理制度和标准，建立企业信用档案系统，有优良的经营管理业绩。二级资质的物业管理企业的条件如下：（1）注册资本人民币300万元以上。（2）物业管理专业人员以及工程、管理、经济等相关专业类的专职管理和技术人员不少于20人。其中，具有中级以上职称的人员不少于10人，工程、财务等业务负责人具有相应专业中级以上职称。（3）物业管理专业人员按照国家有关规定取得职业资格证书。（4）管理两种类型以上物业，并且管理各类物业的房屋建筑面积分别占下列相应计算基数的百分比之和不低于100％：1）多层住宅100万平方米；2）高层住宅50万平方米；3）独立式住宅（别墅）8万平方米；4）办公楼、工业厂房及其它物业20万平方米。（5）建立并严格执行服务质量、服务收费等企业管理制度和标准，建立企业信用档案系统，有良好的经营管理业绩（第5条）。物业管理企业取得资质证书后，不得降低企业的资质条件，并应当接受资质审批部门的监督检查（第19条第1款）。资质审批部门应当加强对物业管理企业的监督检查（第19条第2款）。有下列情形之一的，资质审批部门或者其上级主管部门，根据利害关系人的请求或者根据职权可以撤销资质证书：（1）审批部门工作人员滥用职权、玩忽职守作出物业管理企业资质审批决定的；（2）超越法定职权作出物业管理企业资质审批决定的；（3）违反法定程序作出物业管理企业资质审批决定的；（4）对不具备申请资格或者不符合法定条件的物业管理企业颁发资质证书的；（5）依法可以撤销审批的其他情形（第20条）。

既然物业服务企业具有管理物业的优势，业主们大多委托它管理物业自在情理之中。当然，事情并不单一，由于种种原因，有些物业服务企业管理物业的能力不理想，这既有主观原因，也有客观的因素。此类物业服务企业管理建筑区划内的建筑物及其附属设施，结果负面。为了保障业主们的利益，也为利于建筑物及其附属设施的使用寿命，赋权业主们更换不称职的物业服务企业，是必要的。有鉴于此，本条第2款规定："对建设单位聘请的物业服务企业或者其他管理人，业主有权依法更换。"《物业管理条例》第39条规定："物业服务企业可以将物业管理区域内的专项服务业务委托给专业性服务企业，但不得将该区域内的全部物业管理一并委托给他人。"

尽管国家提倡建设单位按照房地产开发与物业管理相分离的原则，通过招投标的方式选聘具有相应资质的物业服务企业（《物业管理条例》第24条第1款）；住宅物业的建设单位，应当通过招投标的方式选聘具有相应资质的物业服务企业；投标人少于3个或者住宅规模较小的，经物业所在地的区、县人民政府房地产行政主管部门批准，可以采用协议方式选聘具有相应资质的物业服务企业（《物业管理条例》第24条第2款），但是，有些物业服务企业却是建设单位选聘的，甚至是由其投资设立的。这也难免，一栋楼或一个住宅小区建好后，就要对建筑物及其附属设施进行管理，但业主们是陆陆续续地迁入小区居住的，业主大会尚未成立，难以及时委托物业服务企业。在这种情况下，由建设单位选聘物业服务企业进行物业管理，较为常见。[1] 为尽量避免此类物业服务企业为了建设单位的利益而牺牲业主们的权益的情形，《物业管理条例》规定：在业主、业主大会选聘物业服务企业之前，建设单位选聘物业服务企业的，应当签订书面的前期物业服务合同（第 21 条）。

第二百八十五条

物业服务企业或者其他管理人根据业主的委托，依照本法第三编有关物业服务合同的规定管理建筑区划内的建筑物及其附属设施，接受业主的监督，并及时答复业主对物业服务情况提出的询问。

物业服务企业或者其他管理人应当执行政府依法实施的应急处置措施和其他管理措施，积极配合开展相关工作。

本条主旨

本条是关于物业服务企业等管理人对业主承担"物业服务合同"项下的服务义务以及接受监督、回答咨询的规定。

相关条文

《物权法》第 82 条　物业服务企业或者其他管理人根据业主的委托管理建筑区划内的建筑物及其附属设施，并接受业主的监督。

《物业管理条例》第 35 条　物业服务企业应当按照物业服务合同的约定，提供相应的服务。

物业服务企业未能履行物业服务合同的约定，导致业主人身、财产安全受到损害的，应当依法承担相应的法律责任。

第 36 条　物业服务企业承接物业时，应当与业主委员会办理物业验收手续。

业主委员会应当向物业服务企业移交本条例第二十九条第一款规定的资料。

第 45 条　对物业管理区域内违反有关治安、环保、物业装饰装修和使用等方面法律、法规规定的行为，物业服务企业应当制止，并及时向有关行政管理部门报告。

有关行政管理部门在接到物业服务企业的报告后，应当依法对违法行为予以

---

[1]　胡康生主编：《中华人民共和国物权法释义》，北京，法律出版社 2007 年版，第 187 页。

制止或者依法处理。

第 46 条　物业服务企业应当协助做好物业管理区域内的安全防范工作。发生安全事故时，物业服务企业在采取应急措施的同时，应当及时向有关行政管理部门报告，协助做好救助工作。

物业服务企业雇请保安人员的，应当遵守国家有关规定。保安人员在维护物业管理区域内的公共秩序时，应当履行职责，不得侵害公民的合法权益。

理解与适用

本条在承继《物权法》第 82 条的基础上有所完善，第 1 款规定物业服务企业等管理人对业主承担"物业服务合同"项下的服务义务，接受业主监督的义务并及时答复业主咨询的义务。第 2 款规定物业服务企业等管理人应当执行政府依法实施的应急处置措施等管理措施，积极配合开展相关工作。

根据《民法典》的规定，物业服务企业等管理人在管理建筑区划内的建筑物及其附属设施的过程中一般负有如下义务：物业服务人应当按照约定和物业的使用性质，妥善维修、养护、清洁、绿化和经营管理物业服务区域内的业主共有部分，维护物业服务区域内的基本秩序，采取合理措施保护业主的人身、财产安全（第 942 条第 1 款）。对物业服务区域内违反有关治安、环保、消防等法律法规的行为，物业服务人应当及时采取合理措施制止、向有关行政主管部门报告并协助处理（第 942 条第 2 款）。物业服务人应当定期将服务的事项、负责人员、质量要求、收费项目、收费标准、履行情况，以及维修资金使用情况、业主共有部分的经营与收益情况等以合理方式向业主公开并向业主大会、业主委员会报告（第 943 条）。在这方面，《物业管理条例》规定：物业服务企业应当按照物业服务合同的约定，提供相应的服务（第 35 条第 1 款）。物业服务企业未能履行物业服务合同的约定，导致业主人身、财产安全受到损害的，应当依法承担相应的法律责任（第 35 条第 2 款）。物业服务企业承接物业时，应当与业主委员会办理物业验收手续（第 36 条第 1 款）。物业管理区域内违反有关治安、环保、物业装饰装修和使用等方面法律、法规规定的行为，物业服务企业应当制止，并及时向有关行政管理部门报告（第 45 条第 1 款）。物业服务企业应当协助做好物业管理区域内的安全防范工作。发生安全事故时，物业服务企业在采取应急措施的同时，应当及时向有关行政管理部门报告，协助做好救助工作（第 46 条第 1 款）。物业服务企业雇请保安人员的，应当遵守国家有关规定。保安人员在维护物业管理区域内的公共秩序时，应当履行职责，不得侵害公民的合法权益（第 46 条第 2 款）。

既然物业服务企业对业主负有义务，那么业主作为权利人当然可以监督物业服务企业履行义务是否符合约定的、法定的要求。当然，监督不得影响物业服务企业正常的物业管理工作。

所谓物业服务企业等管理人及时答复业主咨询的义务，含有如下内容：（1）咨询的范围，由物业服务合同约定和法律的规定来确定，限于管理建筑物及其附属设施所涉及的问题，且不得侵害他人的隐私，不得漫无边际，否则，就是权利义务不对等；（2）答复应及时，若怠于答复，可能误事。

无论是监督权还是咨询权，从本条的文义看，统归业主们享有并行使，但考虑到业主未必长于此事，加上至少在理论上业主委员会代表业主们的利益，故可允许业主委员会行使监督权和咨询权。

以上所述不见政府依法行政的影子，这在通常情况下，尤其是不涉及社会公共利益时，可以理解。但新冠肺炎疫情及其防控的实践表明，政府依法实施应急处置措施和其他管理措施是非常必要和有效的。第一，政府掌握较为全面的、详尽的带有全局性的信息，可以据此制定针对性的、环环相扣的且具有前瞻性的策略并作出相应的部署。第二，政府由健全的组织机构组成，有组织保障应对突发的或严重的事态，收效快，效益面宽。第三，政府可以联系、号召并组织社会各方面的团体及力量，形成全社会的有序、有效的抗击战线，收到预期效果。第四，政府握有雄厚的物资储备，还可以通过征收、征用予以补充，这是战胜突发的或严重的事态必不可少的物质基础。第五，政府依法实施应急处置措施和其他管理措施有国家机器来保障，可以达成目的。所有这些，都是物业服务企业及其管理机制所不具备的。这是问题的一方面，但还有另一方面，即物业服务企业等管理人若不执行或敷衍政府依法实施的应急处置措施和其他管理措施，效果至少是大打折扣。看来，政府及其行为与物业服务企业等管理人及其相应行为相结合，方为上策。有鉴于此，《民法典》设置第285条第2款"物业服务企业或者其他管理人应当执行政府依法实施的应急处置措施和其他管理措施，积极配合开展相关工作"。

第二百八十六条

业主应当遵守法律、法规以及管理规约，相关行为应当符合节约资源、保护生态环境的要求。对于物业服务企业或者其他管理人执行政府依法实施的应急处置措施和其他管理措施，业主应当依法予以配合。

业主大会或者业主委员会，对任意弃置垃圾、排放污染物或者噪声、违反规定饲养动物、违章搭建、侵占通道、拒付物业费等损害他人合法权益的行为，有权依照法律、法规以及管理规约，请求行为人停止侵害、排除妨碍、消除危险、恢复原状、赔偿损失。

业主或者其他行为人拒不履行相关义务的，有关当事人可以向有关行政主管部门报告或者投诉，有关行政主管部门应当依法处理。

本条主旨

本条是关于业主守法、守约的义务以及责任的规定。

相关条文

《物权法》第83条 业主应当遵守法律、法规以及管理规约。

业主大会和业主委员会，对任意弃置垃圾、排放污染物或者噪声、违反规定饲养动物、违章搭建、侵占通道、拒付物业费等损害他人合法权益的行为，有权依照法律、法规以及管理规约，要求行为人停止侵害、消除危险、排除妨害、赔偿损失。业主对侵害自己合法权益的行为，可以依法向人民法院提起诉讼。

《物业管理条例》第50条 业主、物业服务企业不得擅自占用、挖掘物业管理区域内的道路、场地，损害业主的共同利益。

因维修物业或者公共利益，业主确需临时占用、挖掘道路、场地的，应当征得业主委员会和物业服务企业的同意；物业服务企业确需临时占用、挖掘道路、场地的，应当征得业主委员会的同意。

第66条 业主以业主大会或者业主委员会的名义，从事违反法律、法规的活动，构成犯罪的，依法追究刑事责任；尚不构成犯罪的，依法给予治安管理处罚。

理解与适用

本条第1款、第2款是对《物权法》第83条的承继，且有完善。第1款增加了业主行为必须符合绿色原则，要求业主配合物业服务企业等管理人执行政府实施的应急处理措施和其他管理措施；第2款增加了"恢复原状"的救济方式；第3款纯为新增的内容，明确了有权追究业主违反义务的行政机关。

本条第1款开首要求业主遵守法律、法规，符合法治原则，系业主作为公民所必为行为。接着规定业主应当遵守管理规约，这反映了建筑物区分所有权制度的内在要求，是科学的、必要的。第1款后段增设的业主行为须守绿色原则，反映了时代特征和要求。面对自1975年以来自然界的自然供给低于人类所需的严峻现实，务必树立这样的理念乃至行为规则：资源是大家的，资源是社会的，资源是整个地球的，能源、环境、气候领域的自然哲学大潮，人类命运共同体的构想，都要求《民法典》高扬绿色原则，并具体落实在有关制度及规则之中，业主行为准则为其中之一。本条第1款后段如此规定，也与《民法典》第9条、第326条、第346条、第509条第3款、第585条等贯彻绿色原则的规定遥相呼应，共同体现出《民法典》的特质。

本条第1款后段还要求业主配合物业服务企业等管理人执行政府实施的应急处理措施和其他管理措施，乃抗击新冠肺炎疫情的经验升华为法律的表现，同样是必要的。

本条第2款进一步细化本条第1款的原则性规定，一一列举禁止业主所为行为的类型，如业主不得任意弃置垃圾、排放污染物等。处于下位阶的法规、规章也都设有相应的规定。例如，《物业管理条例》第7条规定："业主在物业管理活动中，履行下列义务：（一）遵守管理规约、业主大会议事规则；（二）遵守物业管理区域内物业共用部位和共用设施设备的使用、公共秩序和环境卫生的维护等方面的规章制度；（三）执行业主大会的决定和业主大会授权业主委员会作出的决定；（四）按照国家有关规定交纳专项维修资金；（五）按时交纳物业服务费用；（六）法律、法规规定的其他义务。"

业主违反上述任何一项义务，本条第2款后段赋权业主大会或业主委员会都有权依照法律、法规以及管理规约，请求行为人停止侵害、排除妨碍、消除危险、恢复原状、赔偿损失。其中，请求行为人停止侵害、排除妨碍、消除危险的法律规范基础是《民法典》236条，也可以是第179条第1款第1—3项；请求行为人恢复原状的法律规范基础是《民法典》第237条，也可以是第179条第1款第5项。请求行为人赔偿损失，若因业主违反管理规约所致，则业主大会或业主委员会可以援用《民法典》第577条的规定，追究业主的违约损害赔偿。与此不同，如果业主违反的不是管理规约项下的义务，而是法律、法规规定的义务，那么，业主大会或业主委员会请求业主承担损失赔偿的法律规范基础是《民法典》第1165条以及第179条第1款第8项、第238条。

业主拒不履行法律、法规以及管理规约规定的义务，除去业主大会或业主委员会有权追究违反者的法律责任外，本条第3款规定有关行政主管部门也是处罚违反者的有权机关。其程序是有关当事人向有关行政主管部门投诉，适用行政诉讼法的规定。此处所谓有关当事人，包括业主、业主大会及业主委员会。

第二百八十七条

业主对建设单位、物业服务企业或者其他管理人以及其他业主侵害自己合法权益的行为，有权请求其承担民事责任。

本条主旨

本条是关于业主享有追究侵权的建设单位、物业管理人或其他业主的民事责任的规定。

相关条文

《物业管理条例》第31条　建设单位应当按照国家规定的保修期限和保修范围，承担物业的保修责任。

第35条第2款　物业服务企业未能履行物业服务合同的约定，导致业主人身、财产安全受到损害的，应当依法承担相应的法律责任。

第57条　违反本条例的规定，建设单位擅自处分属于业主的物业共用部位、共用设施设备的所有权或者使用权的，由县级以上地方人民政府房地产行政主管部门处5万元以上20万元以下的罚款；给业主造成损失的，依法承担赔偿责任。

第59条第1款　违反本条例的规定，未取得资质证书从事物业管理的，由县级以上地方人民政府房地产行政主管部门没收违法所得，并处5万元以上20万元以下的罚款；给业主造成损失的，依法承担赔偿责任。

第60条　违反本条例的规定，物业服务企业将一个物业管理区域内的全部物业管理一并委托给他人的，由县级以上地方人民政府房地产行政主管部门责令限期改正，处委托合同价款30%以上50%以下的罚款；情节严重的，由颁发资质证书的部门吊销资质证书。委托所得收益，用于物业管理区域内物业共用部位、共用设施设备的维修、养护，剩余部分按照业主大会的决定使用；给业主造成损失的，依法承担赔偿责任。

理解与适用

相较于《物权法》，本条为新设条文，明确了业主对建设单位、物业管理人或其他业主侵害其合法权益的行为人有权追究其民事责任。

本条明确的侵权行为人包括建设单位、物业服务企业、其他物业管理人、侵权的业主，明确的请求权人为受损害的业主。虽然本条的文义仅仅列举受损害的业主为请求权人，但考虑到业主未必长于此事，加上至少在理论上业主委员会代表业主的利益，故在解释上应认可业主委员会也有权请求侵害业主权益的建设单位、物业服务企业或其他物业管理人以及其他业主承担民事责任。

建设单位、物业服务企业、其他物业管理人以及其他业主侵害业主合法权益的行为，大多由侵权责任编调整，即何种行为应由其行为人承担侵权责任必须符合侵权责任的构成要件。于此场合的请求权基础为《民法典》第1165条的规定。

如果建设单位、物业服务企业、其他物业管理人以及其他业主侵害业主合法权益的行为，属于物业服务合同或管理规约等合同项下的义务，那么，可成立违约责任。于此场合的请求权基础为《民法典》第577条的规定。

总之，本条属于不完全条款，必须结合其他有关条款方能达到目的。

第七章

相邻关系

本章首先明确了处理相邻关系的重要原则以及法律适用规则，然后依次规定了各种类型的相邻关系规则。

所谓相邻关系，又称不动产相邻关系，是指相邻不动产的权利人之间，因行使不动产权利而需要相邻各方给以便利和接受限制，法律为调和此种冲突以谋求相邻各方之间的共同利益而直接规定的权利义务关系。对此，可从以下方面把握。

1. 相邻关系源于不动产的毗邻关系及其法律调整。此处的不动产，包括土地，也包括建筑物及其附属设施。动产及其权利不在相邻关系规则调整的范围之内。所谓毗邻，是指地理位置相邻，包括数个不动产之间相互连接（直接毗邻），及数个不动产之间的相互邻近（间接毗邻）。间接毗邻的情形，以不动产占有、使用方面存在影响为限。毗邻关系的实质是，相邻一方的不动产权利在行使时需要扩张至相邻他方的不动产之上，相邻一方的不动产物权的支配力与相邻他方的不动产物权的排他力发生了相互冲突①，为了物尽其用，取得理想的效益，法律特别规定，相邻他方应当容忍相邻一方不动产权利在行使方面的扩张，甚至需要提供便利。为了"人类共同生活以及组织化群体之需要"而对不动产权利予以限制。②

2. 相邻关系的主体是相邻不动产的权利人，包括土地所有权人、建筑物的

---

① 史尚宽：《物权法论》，台北，荣泰印书馆股份有限公司 1979 年版，第 79 页。

② 参见［德］鲍尔/施蒂尔纳：《德国物权法》（上册），张双根译，北京，法律出版社 2004 年版，第 516 页。

所有权人、建设用地使用权人、宅基地使用权人、土地承包经营权人，但不包括租赁权人和借用权人。

[论争]

相邻关系制度最初是以不动产所有权的行使与限制为原型设计的，随着社会生活的复杂化，不动产上竖立的权利类型逐渐增多，提出了不动产上存在的物权性使用权（如地上权等）和债权性利用权（如租赁权等）是否适用相邻关系规则的问题。对此，判例学说最初多采取否定的立场，如今则持肯定的态度，连债权性利用权与不动产物权之间的关系也适用相邻关系规则。① 例如，德国相邻关系法调整的，不仅仅为数个土地所有权人之间的关系，还包括土地所有权人与土地占有人（如使用承租人），以及土地占有人彼此间的相邻关系（《德国民法典》第862条，第906条）。② 由于中国现行法不允许国家土地所有权流转，禁止集体土地所有权按照民法的方式转让，实际流转并发挥巨大的经济效益的是（出让的）建设用地使用权及土地承包经营权，实务中需要扩张相邻一方的不动产的权利，往往是建设用地使用权、土地承包经营权、宅基地使用权及建筑物所有权等，若把相邻关系规则适用的权利范围仅仅限制于土地所有权领域，显然不符合实际生活的需要。有鉴于此，中国必须突破传统的见解，将相邻关系规则适用的权利范围扩张至建设用地使用权、土地承包经营权、宅基地使用权等物权性使用权，以及建筑物所有权。至于能否延伸到债权性利用权，可有三种方案：第一种是相邻关系直接扩张至债权性利用权；第二种是承租人等债权人以不动产占有人的身份出现，相邻关系规则适用于相邻不动产的占有人之间的关系；第三种是允许承租人、借用人等债权人代为行使出租人、出借人等债务人的相邻权。第二种方案为德国等民法所采纳，可以借鉴。第三种方案也有考虑的价值。第一种方案存在法理上的障碍，即债权并非以特定的相邻不动产为其客体，而是以给付为标的，不属于不动产权利，使之适用于相邻关系规则，不符合相邻关系的概念要求。此其一。债权为相对权，若允许其效力延伸至相邻他方及其不动产，便突破了债权的相对性原则。如果法律如此设计，需要坚强有力的理由才能服人。既然利用承租人等债权人可以代为行使出租人等债务人的相邻权的思路，也能解决问题，且法理障碍较小，我们就没有必要选择法理障碍很大的方案。此其二。

3. 相邻关系的客体是行使不动产权利所引起的与相邻方有关的利益。不动

---

① 见梁慧星、陈华彬：《物权法》（第 4 版），北京，法律出版社 2007 年版，第 186 页。

② ［德］鲍尔/施蒂尔纳：《德国物权法》（上册），张双根译，北京，法律出版社 2004 年版，第537 页。

产权利人在享有并行使其权利时，既要实现自己的利益，又须为相邻他方行使不动产权利提供便利，因而相邻关系指向的对象并非不动产本身，而是行使不动产权利所引起的与相邻方有关的利益。这种利益可能是经济利益，如将肥料通过袋地运入自己承包的农田；也可能是非经济利益，如相邻他方只容忍低于法定限度的噪声、空气污染等。

4. 相邻关系的内容是，相邻一方行使不动产权利时要求相邻他方容忍甚至提供必要的便利，相邻他方负有容忍甚至提供便利的义务。所谓必要便利，是指相邻一方非从相邻他方获得这种便利，就不能正常行使其不动产权利。相邻一方于其可以正常行使其权利时还要求相邻他方进一步提供便利，以达锦上添花的效果，就不再是权利的行使，而是权利的滥用，相邻他方有权拒绝。

相邻一方行使其不动产权利时要求相邻他方容忍甚至提供必要便利的权利，叫作相邻权。它是不是一种物权，对此存在着争论。有观点认为："相邻权属于物权范畴，是由物权派生的权利。"[1] "相邻权属于不动产物权。它是用益物权的一种，是依法律规定直接发生的。"[2] 而反对的意见则认为，在《物权法》上，相邻权不是一种独立的用益物权，而只是对不动产所有权的限制和延伸，是所有权的内容。在《物权法》的结构安排上，相邻关系是置于第二编"所有权"之中的，从体系解释的角度来看，立法者是将其作为所有权的内容加以规定的。《物权法》没有采取将相邻关系和地役权合一的观点，而对相邻关系和地役权分别作出规定，因而《物权法》没有承认相邻权是一种独立的他物权。[3] 这种观点及其论证思路同样适合于《民法典》。笔者赞同后一种观点。的确，相邻关系主要表现在相邻一方有权请求相邻他方容忍其行使不动产物权，在性质上属于相邻他方不动产所有权及其他物权所受的法律上限制，而不是强调相邻一方对相邻他方的不动产的支配。相邻权和容忍义务都是不动产物权的效力的体现。可见，相邻权不符合物权的本质属性，不是独立的物权。因而，相邻权无物的返还请求权、排除妨害请求权和消除危险请求权等物权的效力。

5. 相邻关系基于法律的直接规定而存在，只能根据不动产相邻的事实进行判断，不能以法律行为发生变动，不登记也能对抗第三人。

相邻关系的这个特点也把相邻关系与地役权区别开来，二者间的具体差异将在本释评书关于"地役权"的有关条文中发表意见。

---

① 寇志新总编：《民法学》，西安，陕西人民出版社1998年版，第381页。
② 张俊浩主编：《民法学原理》，北京，中国政法大学出版社1991年版，第476页。
③ 王利明、尹飞、程啸：《中国物权法教程》，北京，人民法院出版社2007年版，第247页。

相邻关系在建筑物区分所有权制度中显现出特色，主要表现在以下方面。

1. 立体式的相邻关系。"直接支持二层之专有部分者为一层之专有部分；直接支持三层之专有部分者为二层之专有部分而非基地地盘，二层以上之专有部分与基地地盘并无直接的支持关系，而仅有间接的关系，因此，第二层的区分所有者之对于第一层之专有部分，第三层的区分所有者之对于第二层之专有部分，必须具备所由支持之权利（right of support）。它们之间可以想象为立体式的相邻关系。"① 这种立体式的相邻关系，既表现为业主享有并行使相应的建设用地使用权时产生的相互关系，又表现为业主享有并行使专有权时限制其他建筑物区分所有权时的相互关系，还表现在各业主在享有并行使共有权时的相互关系。

2. 有体和无体相结合的相邻关系。建筑物区分所有权制度中的相邻关系，包含有相邻通行关系、相邻环保关系、相邻安全关系、互不影响正常休息等，其中有的为有体关系，有的为无体关系，同时并存。

3. 以共有部分为媒介的相邻关系。普通相邻关系均为单独所有权或他物权在行使时产生的外部关系，而建筑物区分所有权制度中的相邻关系则是专有权媒介共有部分而产生的相邻关系，以及共有权享有并行使时产生的相邻关系。

4. 法律和管理规约共同规制的相邻关系。普通相邻关系完全由法律直接规定，不存在当事人之间的约定。当事人约定可产生地役权，但不发生相邻关系。而建筑物区分所有权制度中的相邻关系既基于法律的直接规定，又受制于业主大会形成的管理规约。"如此，有人解之为相邻关系之延长。"②

基于共同生活的思想，所有权的自由受到限制，而限制的根据因相邻关系的内容不同而有所差别。在有的情况下，所有权人不具有值得保护的利益，如土地所有权人有容忍地下矿产勘探、开采的义务；在有的情况下，干涉所有权之人的利益更值得保护，比如在用水、排水以及必要通行的情况下，就是如此；而在不可量物的问题上，不仅有欠缺自有利益的思想，而且有所有权人平均主义的思想，即干涉的方式与范围，同等地涉及某一地区全部所有权人的土地所有权。③

在中国，土地上的权利为一组权利群，呈现着多层次的结构：（1）最为基础的是国家的自然资源所有权，包括国家土地所有权、海域所有权、矿产资源所有权、水资源所有权等；同时并存着集体土地所有权。（2）以国家土地所有权为基础派生出来的用益物权，包括建设用地使用权、新疆建设兵团等地少数的土地承

---

① ② 刘得宽：《民法诸问题与新展望》，台北，三民书局有限公司1980年版，第33、28页。

③ 参见［德］鲍尔/施蒂尔纳：《德国物权法》（上册），张双根译，北京，法律出版社2004年版，第524页以下。

包经营权以及地役权。（3）以集体土地所有权为基础派生出来的用益物权，包括土地承包经营权、宅基地使用权、建设用地使用权以及地役权。（4）以矿产资源所有权为基础派生出来的探矿权、采矿权。（5）以水资源所有权为基础派生出来的取水权、航运水权、水利水权等。（6）以海域所有权为基础派生出来的海域使用权。

土地上还竖立着建筑物、构筑物及其附属设施，相应地存有建筑物、构筑物及其附属设施的所有权。以此类所有权为基础派生出地役权等他物权。

在上述各种权利的运行中，存在着对土地所有权、房屋所有权的限制，以及各他物权相互之间的限制。所有权人对这些他物权的行使负有容忍义务，但他物权人的行为危及不动产所有权的安全或造成不动产所有权损害的，可成立物权请求权及损害赔偿请求权。同样，有的他物权人对另外的他物权的行使也负有容忍义务，另外的他物权人的行为危及某他物权的安全或造成损害的，也可成立物权请求权及损害赔偿请求权。

为了妥善解决因上述各种不动产权利的运行而产生的冲突，《民法通则》（第83条）及《物权法》（第84条）以至于如今的《民法典》总结了被证明是成功的经验，规定不动产的相邻权利人应当按照有利生产、方便生活、团结互助、公平合理的原则，正确处理相邻关系。

第二百八十八条

不动产的相邻权利人应当按照有利生产、方便生活、团结互助、公平合理的原则，正确处理相邻关系。

本条主旨

本条是关于处理相邻关系的原则的规定。

相关条文

《民法通则》第83条　不动产的相邻各方，应当按照有利生产、方便生活、团结互助、公平合理的精神，正确处理截水、排水、通行、通风、采光等方面的相邻关系。给相邻方造成妨碍或者损失的，应当停止侵害，排除妨碍，赔偿损失。

《物权法》第84条　不动产的相邻权利人应当按照有利生产、方便生活、团结互助、公平合理的原则，正确处理相邻关系。

理解与适用

本条是对《物权法》第 83 条的复制，承认有利生产等四项处理相邻关系的原则。它们都是对长期通行于社会生活实际的、公正的、行之有效的经验总结，值得赞同，坚决遵循。

袋地通行规则、地下管线埋设规则等规则无疑都是有利于生产的。相邻用水、排水规则，相邻通风、采光规则等规则系方便生活所需要，也是团结互助、公平合理的保障。

这些处理相邻关系的原则与相邻关系的具体规则之间存有如下差异：（1）处理相邻关系的原则是适用于相邻关系的基本准则，贯穿于整个相邻关系的领域，统率相邻关系领域的各项具体规则；相邻关系的具体规则是适用于特定类型的相邻关系。（2）处理相邻关系的原则体现民法对于处理相邻关系所持的基本价值，是法律适用及研究相邻关系规则的总指导思想；相邻关系的具体规则虽然也体现基本价值，但直接反映的是处理特定类型的相邻关系的价值，仅是特定领域的指导思想。（3）处理相邻关系的原则是国家对相邻关系的基本政策的集中体现，反映着相邻关系的本质要求；相邻关系的具体规则对此体现和反映得往往间接些。

相邻关系的具体规则，是由构成要件与法律后果组成的具体明确的法律规则，具有如下两个特征：（1）它必须具备有效性的要求，质言之，它系有拘束力的行为要求，或有拘束力的判断标准，也就是具有规范性特质；（2）它非仅仅适用于特定事件，反之，于其地域和时间的效力范围，对所有"此类"事件均有其适用，这就是一般性特质。① 它与处理相邻关系的原则虽然同为法律规范，但二者存在着明显的区别：（1）在内容上，相邻关系的具体规则明确而具体，具备构成要件与法律后果，裁判者自由裁量的余地相对小些。与此相比，处理相邻关系的原则较为概括和抽象，或者没有明确的构成要件、法律后果，或者欠缺一些构成要件、法律后果。在法律适用时需要裁判者予以价值补充。（2）在适用范围上，相邻关系的具体规则因其内容具体明确，故只适用于某一类型的相邻关系；而处理相邻关系的原则因其覆盖面广和抽象性强，故为处理相邻关系的通用价值准则，适用范围比相邻关系的具体规则的宽广。（3）在适用方式上，相邻关系的具体规则是以"全有或全无的方式"适用于个案的：如果某一具体规则正是解决某特定的相邻关系案件所需要的，或这条规则是有效的，就必须接受该规则所提

---

① ［德］卡尔·拉伦茨：《法学方法论》（学生版），陈爱娥译，台北，五南图书出版公司1996年版，第149页。

供的解决办法；或者如果该规则是不适合于某特定的相邻关系案件的，就对裁判不起任何作用。处理相邻关系的原则的适用则不同，不是以"全有或全无的方式"适用于个案的，因为处理相邻关系的原则具有不同的"强度"，处理相邻关系的强度较高的原则对个案的裁判具有指导性的作用，但另一处理相邻关系的原则并不因此无效，也并不因此被排除在相邻关系制度之外，因为在另一个案中，这两个原则的强度关系可能会改变。（4）在作用上，相邻关系的具体规则具有比处理相邻关系的原则强度大的显示性特征，即相对于处理相邻关系的原则，法官更不容易偏离相邻关系的具体规则作出裁判。因此，可以说，相邻关系的具体规则形成了相邻关系制度中坚硬的部分，没有相邻关系的具体规则，相邻关系制度就缺乏硬度。但另一方面，处理相邻关系的原则也是相邻关系制度必不可少的部分，它们是相邻关系的具体规则的本源和基础；它们可以协调相邻关系的具体规则之间的矛盾，弥补具体规则的不足与局限，它们甚至可以直接作为法官裁判个案的法律依据；同时，处理相邻关系的原则通过对法官"自由裁量"的指导，不仅能保证个案的个别公正，避免僵化地适用法律规则可能造成的实质不公正，而且使相邻关系制度具有一定的弹性张力，在更大程度上使相邻关系的具体规则保持安定性和稳定性。

第二百八十九条

法律、法规对处理相邻关系有规定的，依照其规定；法律、法规没有规定的，可以按照当地习惯。

本条主旨

本条是关于相邻关系的法律适用的规定。

相关条文

《物权法》第85条　法律、法规对处理相邻关系有规定的，依照其规定；法律、法规没有规定的，可以按照当地习惯。

《水法》第56条　不同行政区域之间发生水事纠纷的，应当协商处理；协商不成的，由上一级人民政府裁决，有关各方必须遵照执行。在水事纠纷解决前，未经各方达成协议或者共同的上一级人民政府批准，在行政区域交界线两侧一定范围内，任何一方不得修建排水、阻水、取水和截（蓄）水工程，不得单方面改变水的现状。

第57条　单位之间、个人之间、单位与个人之间发生的水事纠纷，应当协商解决；当事人不愿协商或者协商不成的，可以申请县级以上地方人民政府或者其授权的部门调解，也可以直接向人民法院提起民事诉讼。县级以上地方人民政府或者其授权的部门调解不成的，当事人可以向人民法院提起民事诉讼。

在水事纠纷解决前，当事人不得单方面改变现状。

《建筑法》第39条　建筑施工企业应当在施工现场采取维护安全、防范危险、预防火灾等措施；有条件的，应当对施工现场实行封闭管理。

施工现场对毗邻的建筑物、构筑物和特殊作业环境可能造成损害的，建筑施工企业应当采取安全防护措施。

第40条　建设单位应当向建筑施工企业提供与施工现场相关的地下管线资料，建筑施工企业应当采取措施加以保护。

第41条　建筑施工企业应当遵守有关环境保护和安全生产的法律、法规的规定，采取控制和处理施工现场的各种粉尘、废气、废水、固体废物以及噪声、振动对环境的污染和危害的措施。

《关于民法通则的意见》第96条　因土地、山岭、森林、草原、荒地、滩涂、水面等自然资源的所有权或者使用权发生权属争议的，应当由有关行政部门处理。对行政处理不服的，当事人可以依据有关法律和行政法规的规定，向人民法院提起诉讼；因侵权纠纷起诉的，人民法院可以直接受理。

理解与适用

本条是对《物权法》第85条的复制，确立了处理相邻关系适用法律的一般规则，即当地习惯只有在对某种相邻关系或某件相邻关系的案件欠缺法律规定时才被作为处理案件的根据。

法律具有国家权力保障的、全国一体遵循的强制力，处理相邻关系案件适用法律乃不言自明之理。需要提示的是，本条所谓法律、法规，不限于《民法典》第288－296条关于相邻关系的集中规定，还包括其他单行法及司法解释关于相邻关系的规定。例如，《水法》第56条关于"不同行政区域之间发生水事纠纷的，应当协商处理；协商不成的，由上一级人民政府裁决，有关各方必须遵照执行。在水事纠纷解决前，未经各方达成协议或者共同的上一级人民政府批准，在行政区域交界线两侧一定范围内，任何一方不得修建排水、阻水、取水和截（蓄）水工程，不得单方面改变水的现状"的规定；第57条关于"单位之间、个人之间、单位与个人之间发生的水事纠纷，应当协商解决；当事人不愿协商或者协商不成的，可以申请县级以上地方人民政府或者其授权的部门调解，也可以直接向人民法院提起民事诉讼。县级以上地方人民政府或者其授权的部门调解不成的，当事人可以向人民法院提起民事诉讼"（第 1 款），"在水事纠纷解决前，当事人不得单方面改变现状"（第 2 款）的规定。《建筑法》第 39 条关于"建筑施工企业应当在施工现场采取维护安全、防范危险、预防火灾等措施；有条件的，应当对施工现场实行封闭管理"（第 1 款），"施工现场对毗邻的建筑物、构筑物和特殊作业环境可能造成损害的，建筑施工企业应当采取安全防护措施"（第 2 款）的规定；第 40 条关于"建设单位应当向建筑施工企业提供与施工现场相关的地下管线资料，建筑施工企业应当采取措施加以保护"；第 41 条关于"建筑施工企业应当遵守有关环境保护和安全生产的法律、法规的规定，采取控制和处理施工现场的各种粉尘、废气、废水、固体废物以及噪声、振动对环境的污染和危害的措施"的规定。

相邻关系在全国各地、各民族区域不尽相同，各族、各地的风俗习惯有别，其处理规则存有差异，系不争的事实。

现行法如《民法典》关于相邻关系的规定一是提纲挈领式，二是基本上限于典型的、成熟的规则，对于某种或某些相邻关系或具体案型欠缺规范。这就免不了依赖于当地习惯处理相邻关系的个案。

本条之所以规定"按照当地习惯"处理相邻关系，是因为习惯是在人们长期反复实践的基础上形成的，在某一地域、某一民族、某一行业中普遍采用的做法，能够被众人所认知、接受和遵从。一些与现行法律、法规等规范性文件不相抵触、经国家认可的某些习惯，还常常成为民事法律的渊源。因此，在处理相邻关系案件中，按照当地习惯，不仅符合系争当事人的利益和愿望，而且符合社会正义和法律的要求。

本条所谓"按照当地习惯"处理相邻关系，暗含着属地主义之意，而不奉行属人主义。例如，张三一家原居 Y 省，现在落户 N 自治区，两地处理相邻关系的习惯有所不同，但相邻关系的纠纷发生在 N 自治区，那么，宜依 N 自治区的习惯平息纷争。

英国法在解决商事纠纷时重视习惯的功效，要求满足三个条件：（1）一定要肯定，即习惯的做法非常明确和受到承认，当事人各方在缔约时就已经存在于其脑海里；（2）一定要出名，因为如果一个商业习惯做法/惯例不是出名的，就无法合理估计缔约各方在缔约时有这样的商业习惯做法/惯例在他们的脑海里，有可能其中一方或是各方都不知道有这种所谓习惯做法；（3）一定要合理，从反面说，商业习惯不能是不合理的，不可在基本法律原则或规则下显得不合理，不可在合同明示条款或架构下显得不合理。① 德国民法坚持，只有那些符合"诚实信用"，且已经成为法律秩序有机组成部分的交易习惯才应被重视。② 法律不承认"恶习"③。

笔者认为，这些理念及观点也适合于按照当地习惯处理相邻关系案件，值得中国法及理论借鉴。应予注意的有以下几点：（1）当地习惯必须是客观存在的、符合其构成的行为规范。（2）当地习惯必须适法。首先，当地习惯的内容违反强制性规定者，应确认它为无效。纵使系争当事人有依此的意思，也不能以此作为处理案件的根据。当地习惯只有在符合法律制度的价值标准的范围内才具有意义，它们本身不能作为认识法律的源泉。④ 其次，当地习惯的内容既不违反强制性规定，又不违反任意性规定者，该当地习惯具有裁判案件的法律效力。

第二百九十条

不动产权利人应当为相邻权利人用水、排水提供必要的便利。

对自然流水的利用，应当在不动产的相邻权利人之间合理分配。对自然流水的排放，应当尊重自然流向。

本条主旨

本条是关于相邻用水、排水规则的规定。

相关条文

《物权法》第 86 条　不动产权利人应当为相邻权利人用水、排水提供必要的便利。

对自然流水的利用，应当在不动产的相邻权利人之间合理分配。对自然流水的排放，应当尊重自然流向。

《关于民法通则的意见》第 98 条　一方擅自堵截或者独占自然流水，影响他方正常生产、生活的，他方有权请求排除妨碍；造成他方损失的，应负赔偿责任。

---

① 杨良宜：《合约的解释》，北京，法律出版社 2007 年版，第 343～347 页。
② ［德］维尔纳·弗卢梅：《法律行为论》，迟颖译，北京，法律出版社 2013 年版，第 367 页。
③ ［德］《帝国法院判例集》114，第 9 页以下；科英-施陶丁格，§133 Nr. 17. 转引自［德］维尔纳·弗卢梅：《法律行为论》，迟颖译，北京，法律出版社 2013 年版，第 367 页。
④ 参见［德］卡尔·拉伦茨：《德国民法通论》（上册），王晓晔、邵建东、程建英、徐国建、谢怀栻译，谢怀栻校，北京，法律出版社 2003 年版，第 18 页。

第99条　相邻一方必须使用另一方的土地排水的，应当予以准许；但应在必要限度内使用并采取适当的保护措施排水，如仍造成损失的，由受益人合理补偿。

相邻一方可以采取其他合理的措施排水而未采取，向他方土地排水毁损或者可能毁损他方财产，他方要求致害人停止侵害、消除危险、恢复原状、赔偿损失的，应当予以支持。

理解与适用

一、概说

本条是对《物权法》第86条的复制，将相邻用水和相邻排水并列规定，相邻用水关系和相邻排水关系便分别为两种亚类型的相邻关系。

二、相邻用水关系

所谓相邻用水关系，是指相邻权利人（相邻用水人）依法引取定量之水、存蓄定量之水场合，需要利用相邻他方的不动产时，相邻他方负有容忍义务甚至提供必要便利而形成的相邻关系。

《民法典》对相邻用水的规则着墨不多，遵循《民法典》第289条关于"法律、法规没有规定的，可以按照当地习惯"的规定，借鉴成功的经验及适当的理论，归纳总结如下规则：（1）相邻用水人利用自然流水时，应当尊重自然形成的流向，从高到低、由近及远地用水。相邻各方均不得擅自堵截或独占自然流水，也不得擅自改变水的自然流向，害及相邻他方的用水。否则，受损害的相邻一方有权请求相邻用水人排除妨害，乃至承担损害赔偿责任。（2）水流两岸的土地所有权或使用权（如土地承包经营权、建设用地使用权）分属不同的主体时，相邻用水人不得变更水的流向，不得拓宽水流的宽度。如果水流两岸的土地所有权或使用权同归一人时，用水人则依法可以变更水的流向或宽度，但应给下游留出自然水路。当然，在这方面存在着地习惯的，应当从该习惯。[1]（3）相邻用水人抽取地下水不得害及相邻他方的合法权益。例如，相邻用水人抽取地下水不得导致相邻他方的土地塌陷、建筑物倒塌。再如，相邻用水人抽取暗河之水，不得不当减少相邻他方利用暗河的水。（4）相邻用水人依法存蓄一定量的水时，不得害及相邻他方的合法权益。例如，水库或水塔应当符合法律、法规及规章关于水利

---

[1]　黄薇主编：《中华人民共和国民法典物权编释义》，北京，法律出版社2020年版，第216页。

设施的安全标准，以免这些设施时刻威胁相邻他方的人身、财产的安全。否则，受损害的相邻一方有权请求相邻用水人排除妨害或消除危险，乃至承担损害赔偿责任；也可首先请求行政主管部门加以解决。（5）相邻用水人需要利用相邻他方的输水设施时，相邻他方应予允许。但相邻用水人应按其受益程度负担该设施的设置和保存的费用。（6）相邻用水人对其引水、蓄水等设施破溃、阻塞致使相邻他方的不动产遭受损害，或有破溃、阻塞的巨大危险时，应以自己的费用进行必要的修缮、疏通和预防；在相邻他方仍有损失时，相邻用水人还要承担损害赔偿责任。当然，当地对此存在着不同的习惯时，从习惯。①

[辨析与引申]

在传统民法上，用水相邻关系，既包含相邻用水人引取定量之水或贮存定量之水时，需要利用相邻他方的不动产的场合，相邻他方负有容忍义务，提供相应的便利这样的内容；也包括相邻用水人就引取定量之水、贮存定量之水本身享有权利的题中应有之义；还包含相邻各方合理分配使用定量之水的延伸意义。其原因在于，定量之水尚未与土地分离而成为独立的物权客体，而是属于土地的组成部分，作为土地所有权的客体（客体的成分）出现的。如此，相邻用水人同时为土地所有权人时，其土地所有权当中自然含有占有、使用、收益、处分定量之水的权利，用水的权利及其衍生的有关问题，就是土地所有权及其行使的问题，其中包括相邻关系的内容。即使现代民法将相邻关系规则的适用范围扩张至整个不动产权利领域，也没有改变用水相邻关系的这种基本属性。②

但随着水资源愈来愈成为短缺的自然资源，继续墨守水为所处土地的成分或为无主物的成规，已无力解决实际生活用水的矛盾，法律开始明确水资源的归属及利用水的权利，以定分止争，水资源所有权和水权的制度应运而生。《水法》明确规定了水资源国家所有权（第3条）和取水权（第48条），《物权法》对此确认，只不过把水资源的术语变更为水流的称谓（第46条、第123条），《民法典》亦然（第247条、第329条）。在这种背景下，不动产权利人用水，仅仅以其不动产权利为依据已不再合法，只有首先获得取水权才名正言顺。并且，不动产权利人取水权利本身、合理分享自然流水的权利本身不复是相邻权的范畴，而是取水权的题中应有之义；主体的身份准确地说应为取水权人，只不过于此场合，不动产权利人和取水权人合而为一罢了。就是说，真正属于相邻关系内容的，已经明显减少了。③ 由此看来，《民法典》第290条第2款前段关于"对自然

---

① 黄薇主编：《中华人民共和国民法典物权编释义》，北京，法律出版社2020年版，第216页。
②③ 崔建远：《准物权研究》，北京，法律出版社2003年版，第301～302、301页。

流水的利用，应当在不动产的相邻权利人之间合理分配"的规定，显然是把取水权的内容错位到相邻关系制度中来了。从立法论的角度讲，修法时应当将之删除。

三、相邻排水关系

所谓相邻排水关系，是指相邻不动产权利人（相邻排水人）排水，需要利用相邻他方的不动产时，相邻他方负有容忍义务甚至提供必要便利而形成的相邻关系。

《民法典》对相邻排水的规则有所规定，但仍嫌不够，遵循《民法典》第289条关于"法律、法规没有规定的，可以按照当地习惯"的规定，借鉴成功的经验及适当的理论，归纳总结如下规则。

1. 相邻排水人正当地排水，必须利用相邻他方的不动产时，相邻他方必须允许。对自然流水的排放，应当尊重自然流向（《民法典》第290条第2款后段）。

自然流水的排放包括自然排放和人工排放。所谓自然排放，是指自然流水按照自然规律由高地向低地排放。如此，低地段的不动产权利人有承水的义务。在水流丰沛时，低地段的不动产权利人不得擅自筑坝设阻，以减缓水流的下泻速度甚至使水流倒灌，影响高地段的相邻排水人的排水。

所谓人工排放，是指自然流水借助人工设施排放水流。按照许多立法例及其学说，相邻排水人为人工排水，原则上无使用邻地的权利，也不得设置屋檐或其他构筑物，使其不动产上的雨水直接注于相邻他方的不动产上。雨水虽为自然水，但非自然流动，而系由人工导引的，低地或建筑物、构筑物及其附属设施的权利人自无承水义务。但在特定情况下，法律不妨允许其利用邻地排水之权利。[①] 高地段的相邻排水人为使其浸水之地干涸，或排泄家庭用水、农业用水、工业用水至公共排水通道，需要利用相邻他方的低洼地段时，相邻他方负有容忍义务。同时，相邻排水人应当选择于低洼地段损害最小的处所和方法为之，并承担损害赔偿责任。

2. 相邻排水人需要利用相邻他方的排水设施时，相邻他方应予允许。但相邻排水人应按其受益程度负担该设施的设置和保存的费用。

3. 水流因事变在低洼地段阻塞时，高地段的不动产权利人为保障其正当地

---

① 具体规则，比较谢在全：《民法物权论》（上册），台北，三民书局有限公司2003年7月修订2版，第308页。

排水，有权以自己的费用在低洼地段建造疏通流水的必要工事，但须负责赔偿由此给低洼地段的不动产权利人造成的损害。当然，对费用的承担另有习惯的，从其习惯。

4. 相邻排水人不得向邻地排放法律、法规明文禁止排放的污水。

5. 相邻排水人对其排水设施破溃、阻塞致使相邻他方的不动产遭受损害，或有破溃、阻塞的巨大危险时，应以自己的费用进行必要的修缮和预防；相邻他方仍有损失的，相邻排水人还要承担损害赔偿责任。当然，当地对此存在着不同的习惯时，从习惯。

［探讨］

在排污权已经成为独立的权利的背景下，相邻排水关系原来包括的排污权的内容应被分离出来，归入排污权制度之中。

第二百九十一条

不动产权利人对相邻权利人因通行等必须利用其土地的，应当提供必要的便利。

本条主旨

本条是关于相邻通行等规则的规定。

相关条文

《物权法》第 87 条　不动产权利人对相邻权利人因通行等必须利用其土地的，应当提供必要的便利。

《关于民法通则的意见》第 100 条　一方必须在相邻一方使用的土地上通行的，应当予以准许；因此造成损失的，应当给予适当补偿。

第 101 条　对于一方所有的或者使用的建筑物范围内历史形成的必经通道，所有权人或者使用权人不得堵塞。因堵塞影响他人生产、生活，他人要求排除妨碍或者恢复原状的，应当予以支持。但有条件另开通道的，也可以另开通道。

理解与适用

本条是对《物权法》第 87 条的复制，承认了相邻通行等规则。

所谓相邻通行关系，是指在相邻权利人因通行而必须利用相邻他方的不动产的情况下，该相邻他方应当容忍其通行的权利义务关系。

需要指出，笔者关于相邻通行关系的界定与本条关于相邻通行关系的规定在措辞上不完全一致，有必要予以说明。本条的原文如下："不动产权利人对相邻权利人因通行等必须利用其土地的，应当提供必要的便利。"由于该条使用了"通行等"的措辞，这里的"通行"就必须作广义解释，它应包括人、牲畜、机动车等设备的通行，也包括地下污水通道等设施的通行。只有这样理解，才符合社会生活的实际，也避免了该条表述的瑕疵。此其一。本条使用的是"必须利用其土地的"的表述，而未使用"利用其不动产的"的行文。可这一表述满足不了社会实际生活的需要，有违《民法典》关于相邻通行关系的立法计划和立法目的。有鉴于此，有必要对"土地"一词作扩大解释，将之解释为"不动产"，包括房屋等建筑物。①

关于相邻通行关系的构成，除须具备一般相邻关系的要件以外，尚需具备如下要件。

1. 须不动产与公共交通网络无适宜的联络

本条虽无此项构成要件，但就相邻通行关系的规范目的而言，相邻通行权利人的不动产应当与公共交通网络并无适宜的联络时，方可请求相邻他方容忍其通行。所谓"无适宜的联络"，包括两种情况：其一为袋地情况，即某不动产四周全部不能通往公共道路；其二为准袋地情况，某不动产虽然与公共道路相通，但据此通行过于危险、不便利或需要过高的费用，如通行需要爬越高崖等情况。②

对于历史上形成的通道、桥梁、渡口、道路、堤坝等，任何人不得堵塞、设置障碍，妨碍他人正常通行。此时，无须"无适宜的联络"的要件。

2. 须确有从相邻不动产通行的必要

本条特别强调"必须利用其土地"，意指相邻不动产通行权利人确有从相邻他方的不动产通行的必要。至于判断是否有通行的必要，需要根据不动产的位置、地势、面积、形状、用途等进行判断。③

3. 与公共交通无适宜的联络非因相邻不动产通行权利人任意行为所致

所谓与公共交通无适宜的联络非因相邻不动产通行权利人任意行为所致，例如，相邻不动产通行权利人的物品偶然失落于或其动物偶然进入相邻他方的不动产等。于此场合，相邻他方应当允许物品、动物的所有权人或管理人进入该不动产取回。与此不同，如果相邻不动产与公共交通无适宜的联络系因其权利人任意

---

① 崔建远、申卫星、王洪亮、程啸：《物权法》，王洪亮执笔，北京，清华大学出版社 2008 年版，第 133 页。
②③ 谢在全：《民法物权论》（上册），台北，三民书局有限公司 2003 年 7 月修订 2 版，第 318 页。

行为所致，如抛弃既有的地役权或破坏原有桥梁等，则他不再享有相邻通行权。

相邻通行规则的法律效果如下：相邻不动产通行权利人必须通行于相邻他方的不动产时，相邻他方应当提供必要的便利，即在满足通行所必需的条件方面提供便利。在他人不动产上通行，应当选择造成损失最小的线路，对于造成的损失，应当予以赔偿。

第二百九十二条

不动产权利人因建造、修缮建筑物以及铺设电线、电缆、水管、暖气和燃气管线等必须利用相邻土地、建筑物的，该土地、建筑物的权利人应当提供必要的便利。

本条主旨

本条是关于利用相邻不动产的规则的规定。

相关条文

《物权法》第88条　不动产权利人因建造、修缮建筑物以及铺设电线、电缆、水管、暖气和燃气管线等必须利用相邻土地、建筑物的，该土地、建筑物的权利人应当提供必要的便利。

《关于民法通则的意见》第97条　相邻一方因施工临时占用他方使用的土地，占用的一方如未按照双方约定的范围、用途和期限使用的，应当责令其及时清理现场，排除妨碍，恢复原状，赔偿损失。

理解与适用

一、概说

本条是对《物权法》第88条的复制，规定了两类相邻关系：一是因建造、修缮建筑物而临时使用相邻他方的不动产所形成的相邻关系；二是铺设电线、电缆、水管、暖气和燃气等管线必须利用相邻土地、建筑物而形成的相邻关系。该条的立法根据在于干涉人（不动产权利人）的利益居于优势地位。

二、因建造、修缮建筑物而临时使用相邻他方的不动产所形成的相邻关系

不动产权利人因建造、修缮建筑物而临时且必须使用相邻他方的不动产的，

相邻他方应当提供必要的便利，由此形成一种相邻关系。例如，甲的四合院背山面湖，西侧与丙的四合院相连，在这三面均无法放置建筑材料和涂料，只有东侧的乙的宅基地闲置着。在这种情况下，甲为修缮其四合院而堆放建筑材料和涂料，必须暂时利用乙的部分宅基地，乙应当允许，提供必要的便利。当然，甲必须选择对乙造成损害最少的方法，施工完毕后应及时清理现场，恢复原状，在乙存在损失的情况下，甲还要承担损害赔偿责任。

认定此种类型的相邻关系，关键是正确理解"必须利用相邻土地、建筑物"的含义。本释评书赞同这样的解释：所谓必须利用相邻土地、建筑物，是指除使用相邻土地或建筑物以外，便无以完成其建造或修缮建筑物之工作而言，若只是为了减少工作的时间或费用，则不能认为是有使用的必要。①

三、不动产权利人铺设电线、电缆、水管、暖气和燃气管线等必须利用相邻土地、建筑物而形成的相邻关系

不动产权利人铺设电线、电缆、水管、暖气和燃气管线等必须利用相邻土地、建筑物的，相邻他方应当提供必要的便利，由此形成一种相邻关系。例如，甲天然气公司为了向 A 建筑区划内的 18 栋区分所有的建筑物输送天然气，必须通过乙的建设用地的地下，乙应当提供必要的便利。在这里，关键是如何理解此处的"必须利用相邻土地、建筑物的"。本释评书赞同这样的解释：所谓必须利用相邻土地、建筑物，是指非经过他人的土地、建筑物不能安设管线，或虽能安设但所需费用过高。② 在铺设管线时，管线可以安设于土地之上或地下，但不得安于地表，而且须选择损害最少之方法为之。③

值得注意的是，德国等国家的立法禁止通过管道将煤气、蒸汽等导入邻地（《德国民法典》第 906 条第 3 款）。

第二百九十三条

建造建筑物，不得违反国家有关工程建设标准，不得妨碍相邻建筑物的通风、采光和日照。

本条主旨

本条是关于相邻通风、采光、日照的规则的规定。

---

①②③　参见谢在全：《民法物权论》（上册），台北，三民书局有限公司 2003 年 7 月修订 2 版，第 333、315、315 页。

相关条文

《物权法》第 89 条　建造建筑物，不得违反国家有关工程建设标准，妨碍相邻建筑物的通风、采光和日照。

理解与适用

一、概说

本条是对《物权法》第 89 条的复制，之所以有此规定，是因为建筑物的通风、采光和日照为人们保持其生活品质的必要因素，且由于城市土地价值的提升，建筑物之间的距离较以往缩小，高层建筑日益增多，使得建筑物之间通风、采光和日照的纠纷呈上升的趋势，迫切需要在《民法通则》有关规定的基础上，进一步规定这方面的规则，《物权法》承担了这项任务（第 89 条），《民法典》予以承继（第 293 条）。

[思考]

建筑物的通风、采光和日照，是否属于不动产所有权的内容？如果否，则建筑物的通风、采光和日照不属于相邻关系的组成部分；如果是，才可以使不动产所有权人负担容忍义务，形成相邻关系。

二、通风、采光和日照的相邻关系的内容

1. 不动产权利人建造建筑物时，不得妨碍相邻建筑物的通风、采光和日照

在法律手续齐全的前提下，不动产权利人有权于其建设用地或宅基地上建造建筑物；同时，也有义务遵守相关的工程建设标准，不妨碍相邻建筑物的通风、采光和日照。

建造建筑物妨碍了相邻建筑物的通风、采光和日照，相邻他方有权请求停止侵害，有损失时还可请求损害赔偿。

在这里，需要讨论的问题是，假如建造建筑物较为严重地妨碍了相邻建筑物的通风、采光和日照，相邻他方有无权利请求建筑物的权利人拆除该建筑物？有学者认为，如果该建筑物的建造明显违反国家的工程建设标准，严重妨碍了相邻建筑物的通风、采光和日照，相邻他方有权请求拆除；如果没有违反工程建设标准，但确实影响了相邻建筑物的通风、采光和日照，相邻他方无权请求拆除，但

有权请求损害赔偿。① 这种意见值得重视。

2. 不动产权利人建造建筑物时，不得违反国家有关工程建设标准

国家有关工程建设标准，《民法典》并未作具体规定。这是因为中国地域辽阔，各地经济发展很不平衡，加之于某个社会发展阶段，对建设工程标准的要求也应有所不同，工程建设标准是动态的，《民法典》不宜全国划一地规定僵化的具体标准。② 较为灵活的办法是由住房和城乡建设部制定规章，既能发挥规范和指导作用，又便于适时修订。这方面的法律文件有建设部于 2012 年 12 月颁布的《建筑采光设计标准》，于 2002 年 3 月 11 日发布、2016 年 6 月 28 日修订的《城市居住区规划设计规范》，于 2002 年 8 月 30 日专门就房屋建筑发布的《工程建设标准强制性条文》，其后又予补充，现有 2013 年版的《工程建设标准强制性条文》，等等。这些规范文件对住宅的日照、天然通风、自然采光等问题都有明确要求，例如，旧区改造住宅日照标准按照大寒日的日照不低于 1 小时执行。

[讨论]

关于国家有关工程建设标准在认定建造建筑物是否妨碍了相邻建筑物的通风、采光和日照中的地位和作用，意见不一。甲说认为，判断建造建筑物是否构成了妨碍相邻建筑物的通风、采光和日照，必须要考虑是否违反了国家有关工程建设标准。只有违反了，才能认定建造建筑物妨碍了相邻建筑物的通风、采光和日照；如果没有违反，则不可认定建造建筑物妨碍了相邻建筑物的通风、采光和日照。乙说主张，判断建造建筑物是否妨碍了相邻建筑物的通风、采光和日照，不应仅以违反国家有关工程建设标准为根据。例如，在没有纳入规划的空地上建造房屋，也会发生妨碍相邻建筑物的通风、采光和日照的问题。更何况，在广大农村，虽然尚未完全按照国家有关工程建设标准来建设，但一旦发生了通风、采光和日照的纠纷，也应当按照相邻关系处理。③ 乙说符合实际，值得重视。

[思考]

国家规定的建筑物间隔、住宅设计标准等只是公法规范，在相邻不动产权利人违反的情况下，行政机关得对其进行行政处罚，如果行政机关不处罚，相邻不动产权利人得通过行政诉讼督促行政机关处罚。④

---

①③　王利明、尹飞、程啸：《中国物权法教程》，北京，人民法院出版社 2007 年版，第 251、251～252 页。

②　胡康生主编：《中华人民共和国物权法释义》，北京，法律出版社 2007 年版，第 205 页。

④　参见［德］鲍尔/施蒂尔纳：《德国物权法》（上册），张双根译，北京，法律出版社 2004 年版，第 562 页以下。

建造建筑物违反了国家有关工程建设标准，妨碍了相邻建筑物的通风、采光和日照，相邻他方有权请求停止侵害、恢复原状，已经遭受损失的，还有权请求相邻建造建筑物者承担损害赔偿责任。

第二百九十四条

不动产权利人不得违反国家规定弃置固体废物，排放大气污染物、水污染物、土壤污染物、噪声、光辐射、电磁辐射等有害物质。

本条主旨

本条是关于不可量物侵入的相邻关系的规定。

相关条文

《物权法》第90条　不动产权利人不得违反国家规定弃置固体废物，排放大气污染物、水污染物、噪声、光、电磁波辐射等有害物质。

理解与适用

本条是对《物权法》第90条的复制。

在相邻关系中，大量发生的是相互排放不可量物，基于不动产权利人之间的相互平均思想，法律规定了不可量物侵入的处理规则。与不可量物相对的是可量物，所谓可量物，主要是指固体物，如折断的树干、碎石块等。不动产权利人对于可量物不承担容忍义务。而不可量物主要是大气污染物、水污染物、固体废物以及施放噪声、光辐射、电磁辐射等。

对不可量物的侵入，法律并非整齐划一地绝对禁止，而是区分情况，关键看它是否违反了国家规定（《民法典》第294条）。如此，国家调整不可量物的法律便处于重要的位置。这方面的法律，主要有《环境保护法》、《大气污染防治法》、《环境噪声污染防治法》及《广播电视设施保护条例》等，各地方人大及其常务委员会、地方人民政府也制定了许多相应的实施办法。

对不可量物的侵入，不可量物的酿造者或控制者应否承担法律责任，首先看是否违反了国家规定，若违反了，则产生法律责任；反之，则不成立法律责任。承担法律责任的方式有停止侵害、排除妨害、消除危险以及损害赔偿。

应当指出，对于不可量物侵入的法律责任的构成，虽然本条仅限于违反国家规定，但因现行法对某些特定类型的不可量物的侵入尚无规定，此类不可量物的侵入在客观上已经造成巨大的损害，远远超出了一个理性人可忍受的程度，于此场合，若囿于本条的规定，不允许受害的相邻他方请求不可量物的酿造者或控制者承担相应的法律责任，显然极不适当。合适的解决方案是，承认本条规定的适用范围过宽，不符合立法目的，应限缩其适用领域，增加例外，即对国家尚无规定的不可量物侵入，应根据具体情况加以确定。关键看不可量物侵入造成损害是否异常和过度，若异常和过度，不可量物的酿造者或控制者就应承担相应的法律责任；反之，不可量物侵入被控制在合理的限度内，处于理性人的容忍程度之内，则不成立法律责任。①

第二百九十五条

不动产权利人挖掘土地、建造建筑物、铺设管线以及安装设备等，不得危及相邻不动产的安全。

本条主旨

本条是关于相邻不动产安全的规定。

相关条文

《物权法》第 91 条　不动产权利人挖掘土地、建造建筑物、铺设管线以及安装设备等，不得危及相邻不动产的安全。

《建筑法》第 39 条第 2 款　施工现场对毗邻的建筑物、构筑物和特殊作业环境可能造成损害的，建筑施工企业应当采取安全防护措施。

第 41 条　建筑施工企业应当遵守有关环境保护和安全生产的法律、法规的规定，采取控制和处理施工现场的各种粉尘、废气、废水、固体废物以及噪声、振动对环境的污染和危害的措施。

《关于民法通则的意见》第 103 条　相邻一方在自己使用的土地上挖水沟、水池、地窖等或者种植的竹木根枝伸延，危及另一方建筑物的安全和正常使用的，应当分别情况，责令其消除危险，恢复原状，赔偿损失。

理解与适用

本条是对《物权法》第 91 条的复制，对危险性设施以及危险性挖掘行为进

---

① 参见陈华彬：《对我国物权立法的若干新思考》，载《金陵法律评论》2005 年春季卷，第 16 页；王利明、尹飞、程啸：《中国物权法教程》，北京，人民法院出版社 2007 年版，第 252～253 页。

行了规范，即不动产权利人挖掘土地、建造建筑物、铺设管线以及安装设备等，不得危及相邻不动产的正常使用和安全。其规范的立足点在于不动产权利人的权利，并且以预防性的消除危险和排除妨害为主要手段。

本条确立的规则与物权请求权中的消除危险请求权（《民法典》第236条）是相呼应的，但对其预防措施的采取，不以现实危险性为必要，因为相邻不动产权利人有预防的义务，也不问被干涉的相邻不动产权利人是否另有避免损害的方法，在发生损害的情况下，不论被干涉的相邻不动产权利人是否曾请求防免，都有损害赔偿责任发生。[①]

本条所谓不得危及相邻不动产的安全，主要包括如下几个方面的内容。[②]

1. 在自己的土地上开挖地基时，要注意避免使相邻土地的地基发生动摇或动摇之危险，致使相邻土地上的建筑物受到损害。很多国家或地区对此设有规定，例如《瑞士民法典》第685条第1款规定："所有人在挖掘或建筑时，不得使邻人的土地发生动摇，或有动摇的危险，或使其土地上的设施受到危害。"中国台湾地区"民法"第794条规定："土地所有人开掘土地或为建筑时，不得因此使邻地之地基动摇或发生危险，或使邻地之建筑物或其他工作物受其损害。"

2. 在与相邻不动产的疆界线附近处理设水管时，要预防土沙崩溃、水或污水渗漏到相邻不动产。

3. 不动产权利人在自己的土地范围内种植的竹木根枝伸延，危及另一方建筑物的安全和正常使用时，应当消除危险、恢复原状。《关于民法通则的意见》第103条规定："相邻一方在自己使用的土地上挖水沟、水池、地窖等或者种植的竹木根枝伸延，危及另一方建筑物的安全和正常使用的，应当分别情况，责令其消除危险，恢复原状，赔偿损失。"

4. 不动产权利人在相邻土地上的建筑物有倒塌的危险从而危及自己土地及建筑物安全时，有权要求相邻不动产权利人消除危险。例如《德国民法典》第908条规定，因与邻地相关的建筑物或其他工作物有倒塌的危险，或因建筑物或工作物的一部分有崩离的危险，致土地有受损害之虞时，所有人对发生的损害可能应负责的人，得请求采取为防止危险发生所必要的措施。中国台湾地区"民法"第795条规定："建筑物或其他工作物之全部，或一部有倾倒之危险，致邻地有受损害之虞者，邻地所有人，得请求为必要之预防。"

---

① 谢在全：《民法物权论》（上册），台北，三民书局有限公司2003年7月修订2版，第298页以下；[德] 鲍尔/施蒂尔纳：《德国物权法》（上册），张双根译，北京，法律出版社2004年版，第557页以下。

② 这部分四点内容，请见胡康生主编：《中华人民共和国物权法释义》，北京，法律出版社2007年版，第210～211页。

《建筑法》对施工现场关于相邻建筑物的安全、地下管线的安全提出了明确要求："施工现场对毗邻的建筑物、构筑物和特殊作业环境可能造成损害的，建筑施工企业应当采取安全防护措施"（第 39 条第 2 款）。"建设单位应当向建筑施工企业提供与施工现场相关的地下管线资料，建筑施工企业应当采取措施加以保护"（第 40 条）。

在相邻关系中，还有一种所谓的支付使用费关系，如在管线铺设的情况下，支付使用土地对价方可铺设。[①] 该支付使用费关系所成立的还是一种法定债之关系，并不能因此成立租赁或地役法律关系。

在相邻关系中，就邻地利用，相邻不动产权利人事先有约定的，应从其约定。

第二百九十六条

不动产权利人因用水、排水、通行、铺设管线等利用相邻不动产的，应当尽量避免对相邻的不动产权利人造成损害。

本条主旨

本条是关于利用相邻不动产时尽量避免损害的规定。

相关条文

《民法通则》第 83 条　不动产的相邻各方，应当按照有利生产、方便生活、团结互助、公平合理的精神，正确处理截水、排水、通行、通风、采光等方面的相邻关系。给相邻方造成妨碍或者损失的，应当停止侵害，排除妨碍，赔偿损失。

《物权法》第 92 条　不动产权利人因用水、排水、通行、铺设管线等利用相邻不动产的，应当尽量避免对相邻的不动产权利人造成损害；造成损害的，应当给予赔偿。

《水法》第 76 条　引水、截（蓄）水、排水，损害公共利益或者他人合法权益的，依法承担民事责任。

理解与适用

本条承继了《物权法》第 92 条的绝大部分内容，再次宣明利用相邻不动产

---

① 　谢在全：《民法物权论》（上册），台北，三民书局有限公司 2003 年 7 月修订 2 版，第 315 页。

时尽量避免损害的规则。所谓应当尽量避免对相邻的不动产权利人造成损害，是指在利用相邻不动产的过程中，一般是在用水、排水、通行、铺设管线、施工等情况下，如果能不造成损害的，应当采取不造成损害的方式，如果损害难以避免，则应当采取造成损害较小的方式。在理解上，如果在利用相邻不动产时，未"尽量避免对相邻的不动产权利人造成损害"的，被干涉之相邻不动产权利人得拒绝承担容忍义务。

相较于《物权法》第92条的规定，本条删除了"造成损害的，应当给予赔偿"，并非否定相邻关系中的损害赔偿或损失补偿，而是适用相应的法律规定加以解决。所谓相应的法律规定，例如，《水法》第76条关于"引水、截（蓄）水、排水，损害公共利益或者他人合法权益的，依法承担民事责任"的规定。再就是可以适用《民法典》第1186条确立的公平分担规则，或是第1166条确立的无过错责任原则。

第八章

共　有

本章计有 14 个条文，首先界定共有并将其分为按份共有和共同共有两大类，接着规定按份共有的法律关系和共同共有的法律关系，最后提示准共有及其法律适用。

就所有权人与所有物之间的对应关系而言，民法上的所有权分为两类，一为单独所有权，一为共有。

所谓单独所有权，是指所有权的主体为一人的法律状态。它是对个人独立自主人格的肯定，使所有权不受部落、家族以及其他团体的束缚，所有权人可以在法律允许的范围内自由占有、使用、收益和处分其物，从事交易，发挥货畅其流、物尽其用的经济效能。故民法以单独所有权为原则。[①]

有理论认为，所有权可从质和量上被分割。当所有权的部分权能与所有权分离而由非所有权人享有时，为所有权"质"的分割，如日耳曼法上的"上级所有权"（Obereigentum）和"下级所有权"（Untereigentum），以及在所有权上设立抵押权、地役权等，均属于所有权"质"的分割。与此有别，当同一财产由两人或两个以上的复数人共同享有时，则为所有权"量"的分割，表现为共有。[②] 所谓所有权被"分割"，可能不如说将所有权整体性内容的一部分具体化并作出让与，形成他物权[③]，更为准确。就所有权的发展进程来看，所有权经历了从"共

---

① 王泽鉴：《民法物权·通则·所有权》（总第 1 册），台北，三民书局有限公司 2003 年 8 月增补版，第 326 页。

② 梁慧星、陈华彬：《物权法》（第 4 版），北京，法律出版社 2007 年版，第 235 页。

③ ［日］我妻荣：《日本物权法》，有泉亨修订，李宜芬校订，台北，五南图书出版公司 1999 年版，第 240 页。

同所有权"较为普遍到重"单独所有权"的演变①，但共同所有权（共有权）仍有其存在的价值。

在法律史及境外的民法上，存在着总有（Gesamteigentum，propriété collectire）、共有（Miteigentum［nach Bruchteilen］，Copropriété）和合有（总的共有）（Eigentum zur gesamten Hand）。总有，是多数人的结合，但尚未形成法律人格的共同体，以团体组成员的资格而所有的状态。日耳曼法村落共同体的所有形态为其典型。村落共同体是村民不失"个性"地位，作为"一个整体"而结合起来的团体，即所谓实在的综合人（Genossenschaft）。村落共同体的所有，直接反映了这种团体结合关系，管理权能全部归属于村落本身，由规律村落共同生活的社会规范来调整，只剩下收益权能分属于各村落住民（Genosse）。因此，总有中各共同所有权人的权利，是单纯的收益权，不具有近代法中所有权的内容。而且，部落对收益权能的统制也非常强，各村落住民取得村落住民的资格后，方能取得收益权能；丧失其资格时，则自然也丧失收益权能。至于村落住民资格取得和丧失的要件，当然由规律村落共同生活的规范来决定。所以，村落住民的收益权能并不具有脱离村落住民资格而独立存在的财产权的性质。总之，在总有的情形，所有权所包含的管理权能和收益权能，是完全相分离的，各共同所有人并不具有共有中的持分（份额）权。② 中国现行法中没有这种共有形态。

共有，又称分别共有，为罗马法共同所有的形态。共同所有的成员依然保留对标的物的管理权能和收益权能。当然，对标的物本身的管理，有时也以复数决的方式决定。有应有部分存在，各个共有人可将之自由处分，还可请求分割共有物。③ 可见，它相当于中国现行法上的按份共有。

合有（总的共有），亦称公同共有，是数人基于共同关系，而共同享有一物的所有权的状态。德国民法上的合伙财产、共同继承财产和夫妻共有财产，均属此类。其特征有：（1）它介于上述总有和共有之间，更接近于共有。（2）共有人有管理权能（包括处分权能），但应受公同关系所成立的共同目的的拘束，故原则上应经共有人的全体同意。（3）共有人有收益权能，亦应受公同关系的规律。（4）各个共有人虽有应有部分，但应受共同目的的拘束，故无自由处分可言。有

---

① 梁慧星、陈华彬：《物权法》（第4版），北京，法律出版社2007年版，第235页。

② ［日］我妻荣：《日本物权法》，有泉亨修订，李宜芬校订，台北，五南图书出版公司1999年版，第291～292页；谢在全：《民法物权论》（上册），台北，三民书局有限公司2003年7月修订2版，第542页。

③ ［日］我妻荣：《日本物权法》，有泉亨修订，李宜芬校订，台北，五南图书出版公司1999年版，第292页；谢在全：《民法物权论》（上册），台北，三民书局有限公司2003年7月修订2版，第543页。

学者称之为潜在的应有部分。在公同关系终止前，不得请求分割共有物。[①]它相当于中国现行法上的共同共有。

中国现行法上的共有制度具有特色，一方面吸取了境外立法例在国有制度上的优点，另一方面坚持按份共有和共同共有两分法。但实际上，有些共有既有按份共有的属性，也有共同共有的色彩。例如合伙，各合伙人出资形成的共有为按份共有，盈利的分配和风险的承担也时常以份额为基准。就此看来，合伙具有按份共有的性质。不过，在事务管理等方面，各个合伙人具有共同的平等的权利，又体现出共同共有的色彩。

第二百九十七条

不动产或者动产可以由两个以上组织、个人共有。共有包括按份共有和共同共有。

本条主旨

本条是关于共有及其类型的规定。

相关条文

《民法通则》第 78 条　财产可以由两个以上的公民、法人共有。

共有分为按份共有和共同共有。按份共有人按照各自的份额，对共有财产分享权利，分担义务。共同共有人对共有财产享有权利，承担义务。

按份共有财产的每个共有人有权要求将自己的份额分出或者转让。但在出售时，其他共有人在同等条件下，有优先购买的权利。

《物权法》第 93 条　不动产或者动产可以由两个以上单位、个人共有。共有包括按份共有和共同共有。

《海商法》第 10 条　船舶由两个以上的法人或者个人共有的，应当向船舶登记机关登记；未经登记的，不得对抗第三人。

《合伙企业法》第 20 条　合伙人的出资、以合伙企业名义取得的收益和依法取得的其他财产，均为合伙企业的财产。

理解与适用

本条承继了《物权法》第 93 条的规定，只是把"单位"一词替换成"组织"

---

① 谢在全：《民法物权论》（上册），台北，三民书局有限公司 2003 年 7 月修订 2 版，第 543～544 页。

的术语，基本精神未变。

一、共有的概念分析

共有，是指两个或两个以上的民事主体对同一不动产或动产共同享有所有权的法律状态（《民法典》第297条前段）。如果是两个或两个以上的民事主体共同享有建设用地使用权、地役权等权利，则为准共有（《民法典》第310条）。

其中，同一不动产或动产，在《民法通则》上叫作共有财产（第78条第1款等），学说多称之为共有物。两个或两个以上的民事主体，简称为共有人。共有人对共有物享有的所有权，即为共有权。

共有具有以下几项法律性质。

1. 共有的主体是两个或两个以上的民事主体。这些民事主体可以是自然人、法人或其他权利人。

2. 共有的客体为一项特定的同一项财产。所谓同一项财产，不一定是一个单一物，可以是一个集合物，还可以是合成物。共有的客体也可以是权利，如建设用地使用权、土地承包经营权、抵押权、债权、知识产权、股权等。由于数人对权利的共有与对有体物的共有既有共性，又有差异，学说称之为准共有，即准用物权法关于共有的规定（《民法典》第310条）。

3. 各个共有人对同一项财产享有权利、承担义务，或是按一定份额确定，或是依平等原则确定。在多数情况下，共有权的行使和义务的分担需要体现全体共有人的意志，由全体共有人决定。

4. 共有物上的所有权只有一个，只是所有权人为复数，仍然符合一物一权原则。共有不是一种独立的所有权形式，只是同种或不同种类的所有权的联合。所谓同种所有权的联合，如个人和个人的共有，集体和集体的共有。所谓不同种类的所有权的联合，如国家和集体的共有，集体和个人的共有，国家、集体和个人的共有。①

[辨析]

在集合物作为共有物的情况下，原则上是集合物中的每个物存在着一个所有权，归全体共有人享有，并非整个集合物上存在着一个共有权。所谓"共有物上的所有权只有一个，只是所有权人为复数，仍然符合一物一权原则"，其中的共有物指的是单一物，或合成物。至于共有物表现为集合物的场合，在一物一权主义的语境中，需要将集合物分解，被分解成的单一物、合成物作为标的物，每个

---

① 梁慧星、陈华彬：《物权法》（第4版），北京，法律出版社2007年版，第236页。

标的物上存在着一个所有权，归全体共有人享有。只不过人们通常笼统地曰"共有物""共有权"罢了。

5. 共有不同于公有。公有权在现行法上包括国家所有权和集体所有权（《民法典》第 246—265 条）。首先，国家所有权是全民所有制在法律上的表现，其主体是单一的，就是国家。每位中华人民共和国公民作为一分子享有权利，是极为抽象的，没有民法的表现形式，也不适用民事诉讼程序解决争执。可见它不同于共有。其次，集体所有权是劳动群众集体所有制在法律上的表现，集体所有权的主体，在《宪法》（第 10 条第 2 款）及《民法通则》（第 74 条）上为集体经济组织，是单一的；在《物权法》上具有复合性，集体经济组织固然是集体所有权人（《物权法》第 61 条），但集体组织全体成员也是主体之一（《物权法》第 59 条）；在《民法典》上也是如此（第 261 条）。集体所有权不适用共有的法律规范，由专门的法律规范调整。就是说，集体所有权不是共有权。

[引申]

从一定的层面观察，所有权的内容可被分为对标的物管理的权能和从标的物收益的权能。这在共有场合表现得十分明显。因为即使在共同共有的场合，虽然收益权能一般也分属于各个共有人，但由于管理权能或多或少地需要全体共有人的协作，收益权能和管理权能在形式上是分离的。当然，在这种共同共有管理中，全体共有人的协作可以有强弱不同的种种形态：或需要全体共有人的同意，或按人数或份额取多数决，或根据共有人中一部分人的意思来决定。但是，无论哪种情形，都是共有人之间的团体规则起着决定作用。换言之，在共有中，共有人之间一般都或多或少地存在着团体的结合关系，此种结合关系决定着共有物的管理权能。因此，根据共有人之间结合关系的强弱，对各个共有人管理权能的团体约束力的强弱也不同。而且，在共有的形态中，是个人色彩强烈，还是团体色彩强烈，主要根据对共有物管理的团体约束力的强弱来决定。当然，即使对共有关系中收益权能的实现，团体约束力也并非全然不起作用。收益的比例、方法、时间等均依管理权能决定，所以，在这种限度下受约束。不过，在依管理权能各自所分离的范围内，可以说各个共有人的收益权能仍然作为个人的收益权能，分属于各个共有人。①

---

① ［日］我妻荣：《日本物权法》，有泉亨修订，李宜芬校订，台北，五南图书出版公司 1999 年版，第 290~291 页。

二、共有的类型

按照《民法典》规定，共有包括按份共有和共同共有（第 297 条后段）。但实际上，有些共有既有按份共有的属性，也有共同共有的色彩。例如合伙，各合伙人出资形成的共有为按份共有，盈利的分配和风险的承担也时常以份额为基准。就此看来，合伙具有按份共有的性质。不过，在事务管理等方面，各个合伙人具有共同的平等的权利，又体现出共同共有的色彩。不妨称其为混合共有。再加上准共有，可以说现行法上的共有共计四类。本释评书主要介绍和阐释共同共有、按份共有及准共有。共同共有和按份共有存在着如下区别。

1. 成立的原因不同。共同共有的成立，以共有人之间存在着共同关系为前提；而按份共有却无须如此。

2. 权利享有和义务承担上不同。在按份共有关系中，共有人依其应有份额（应有部分）享有权利和承担义务（《民法典》第 298 条）；而共同共有人的权利及于共有物的全部而不局限于某一部分，各个共有人对共有物不分份额地共同享有权利和承担义务（《民法典》第 299 条）。

3. 分割的限制上不同。在共同关系存续期间，共同共有人不得请求分割共有物，除非共有基础丧失或有重大理由确需分割共有物（《民法典》第 303 条后段）；而在按份共有场合，共有人可以随时请求分割共有物，但共有人约定不得分割共有物，以维持共有关系的，应依其约定，共有人若有重大理由需要分割的，可以请求分割（《民法典》第 303 条前段）。需要注意，在建筑物区分所有权中的按份共有场合，诸如绿地、屋顶、外墙、电梯、走廊等按份共有，业主不得任意请求分割。

4. 对共有物的管理不同。在按份共有场合，除非法律另有规定或合同另有约定，对共有物的简易修缮和保存行为，共有人可以单独实施；一般的改良行为则在获得共有人过半数或应有部分合计过半数的共有人的同意后，才可为之[①]；对于改建区分所有的建筑物及其附属设施，《民法典》规定应当经过参与表决专有部分面积 3/4 以上的业主且参与表决人数 3/4 以上的业主同意（第 278 条第 2 款中段）。在共同共有场合，对共有物的管理应得到全体共有人的同意，除非法律另有规定或当事人另有约定。

5. 对共有物的处分不同。在按份共有场合，各个共有人得自由处分其份额（应有部分），除非法律另有规定或当事人另有约定；而在共同共有场合，则无份

---

① 梁慧星、陈华彬：《物权法》（第 4 版），北京，法律出版社 2007 年版，第 239 页。

额（应有部分）的处分可言。①

6. 存续期间不同。共同共有的存续取决于共同关系的存在，婚姻关系、家庭关系等共同关系较为稳定，共同共有的存续期间也较长；而按份共有关系，就其本质而言，具有暂时性。②

既然按份共有和共同共有存在着较大的差异，关系着共有人的权利义务，应予特别注意。共有人对共有物没有约定为按份共有或共同共有，或者约定不明确的，除共有人具有家庭关系等外，视为按份共有。这是《民法典》第308条的明文规定，具有区分情况而推定共有类型的思想。它与《关于民法通则的意见》第88条关于"对于共有财产，部分共有人主张按份共有，部分共有人主张共同共有，如果不能证明财产是按份共有的，应当认定为共同共有"的规定不尽一致。由于《关于民法通则的意见》随着《民法典》的生效而被废止，特别是该第88条失效的时间点更早，故共有类型推定应以《民法典》第308条的规定为准。实际上，《民法典》第308条的规定也更具合理性，因为共有人对按份共有抑或共同共有尚无约定或约定不明，可能发生在无共同关系场合。于此场合，如果遵循《关于民法通则的意见》第88条的规定，因无约定或约定不明而推定为共同共有，显然违背了共同共有必以共同关系为基础的本质属性。此其一。即使存在着共同关系，现代发展趋势也有条件地承认按份共有，夫妻分别财产制、某些立法例关于合伙人出资的财产为按份共有、建筑物区分所有权制度中的相当类型的共有等，均为其表现。既然如此，动辄推定为共同共有有些僵硬，未完全跟随发展潮流。此其二。对于以家庭关系、夫妻关系等作为基础关系的共有，在无约定或约定不明时，推定为共同共有；而对不存在共同关系作为基础关系的共有，在无约定或约定不明时，推定为按份共有，使共有制度与实际生活需要相匹配，值得赞同。此其三。共同共有制度对于各个共有人的限制较多，不利于共有法律关系的简化，除非必要，不宜推定为共同共有。

第二百九十八条

按份共有人对共有的不动产或者动产按照其份额享有所有权。

本条主旨

本条是关于按份共有的规定。

---

①② 梁慧星、陈华彬：《物权法》（第4版），北京，法律出版社2007年版，第239页。

相关条文

《民法通则》第 78 条第 2 款中段　按份共有人按照各自的份额，对共有财产分享权利，分担义务。

《物权法》第 94 条　按份共有人对共有的不动产或者动产按照其份额享有所有权。

理解与适用

本条是对《物权法》第 94 条的复制，确立了按份共有的基本规则。

一、按份共有及份额概述

按份共有，又称分别共有，是指两个或两个以上的共有人，按照各自的份额，对共有财产享有权利，承担义务的共有关系。

与共同共有相比，按份共有最显著的特征在于，各按份共有人对于共有物享有一定的份额。所谓份额，又称"应有部分"，日本民法称作持分，是各个共有人对共有物所得行使权利的比例[1]，是对共有物的所有权在量上应享有的部分。[2]它是抽象的，是份数上的量的划分，不是对共有物所有权的质的分割，亦非对共有物所有权的权能的划分，而不局限于共有物的某特定部分，抽象地存在于共有物的任何微小的部分上。它是各按份共有人对于共有财产在分量上应享有的部分。[3]

[拓展]

关于份额（应有部分）的性质，存在着不同的认识。（1）实在的部分说：共有物确有实在的部分存在，各个共有人在其实在的部分上各享有一个所有权。（2）理想的分割说：各个共有人在其标的物上为理想的部分的分割，各自享有一个所有权。（3）内容分属说：所有权的各种作用可分别由共有人享有。（4）计算的部分说：所有权有金钱计算的价格，共有人按其价格比例共有所有权。（5）权利范围说：因一物由数人共享所有权，故为避免行使权利的冲突，不得不确立一定的范围，以使各共有人在其范围内享有权利。该范围，即各个共有人的应有部分。权利范围说现为通说。[4]

---

[1]　谢在全：《民法物权论》（上册），台北，三民书局有限公司 2003 年 7 月修订 2 版，第 546 页。

[2]　梁慧星、陈华彬：《物权法》（第 4 版），北京，法律出版社 2007 年版，第 243 页。

[3]　谢在全：《民法物权论》（上册），台北，三民书局有限公司 2003 年 7 月修订 2 版，第 546 页；王泽鉴：《民法物权·通则·所有权》（总第 1 册），台北，三民书局有限公司 2003 年 8 月增补版，第 331 页。

[4]　郑玉波：《民法物权》，台北，三民书局有限公司 1988 年修订 12 版，第 121 页。

份额（应有部分）的分量虽不如所有权的大，但其内容、性质和效力与所有权无异，只是各按份共有人行使权利受该份额的限制而已。各按份共有人可以处分其应有部分，也可以在其应有部分设立负担（如设立抵押权），其应有部分受法律保护。① 某按份共有人转让其应有部分时，其他共有人在同等条件下享有优先购买权（《民法典》第 305 条）。

份额（应有部分）可以是等份的，也可以是不等份的。例如，甲乙丙三人按份共有一辆价值 15 万元的轿车，可以是每位共有人享有 5 万元的份额（应有部分），也可以是甲享有 8 万元的份额（应有部分），乙享有 3 万元的份额（应有部分），丙享有 4 万元的份额（应有部分）。

份额（应有部分）的多少，通常依共有发生的原因确定，即（1）基于当事人的意思而发生的按份共有，份额（应有部分）依其意思确定。（2）基于法律的直接规定而成立的按份共有，份额（应有部分）依法律规定确定。②

两个或两个以上的民事主体共有一项不动产或准不动产的，不动产登记簿上不应仅仅记载一名共有人，而应记载全体共有人，并由登记机构发给不动产权属的共有证书。实务中，相当多的房屋所有权证、建设用地使用权证仅仅记载一名共有人，容易损害其他共有人的合法权益，第三人善意取得共有房屋所有权场合即为一例，应予纠正。

二、按份共有人依其份额享有所有权

各个共有人按其份额（应有部分）对共有物的全部，而非特定部分，享有所有权，包括使用、收益之权。但需注意，该用益权虽然覆盖共有物的全部，但因共有的缘故，其行使则必须按份额（应有部分）为之。所谓按份额（应有部分）为之，是指各个共有人行使用益权必须受份额（应有部分）的限制，亦即行使用益权不得影响其他共有人按其份额（应有部分）所可以行使的用益权。若未按份额（应有部分）使用时，其他共有人可视具体情况而主张有关权利，如所有物返还请求权、排除妨害请求权、不当得利返还请求权、侵权损害赔偿请求权。③

---

① 郑玉波：《民法物权》，台北，三民书局有限公司 1988 年修订 12 版，第 547 页。
② 谢在全：《民法物权论》（上册），台北，三民书局有限公司 2003 年 7 月修订 2 版，第 547 页；王泽鉴：《民法物权·通则·所有权》（总第 1 册），台北，三民书局有限公司 2003 年 8 月增补版，第 332 页。
③ 谢在全：《民法物权论》（上册），台北，三民书局有限公司 2003 年 7 月修订 2 版，第 550~551 页；王泽鉴：《民法物权·通则·所有权》（总第 1 册），台北，三民书局有限公司 2003 年 8 月增补版，第 340~342 页。

第二百九十九条

共同共有人对共有的不动产或者动产共同享有所有权。

本条主旨

本条是关于共同共有的规定。

相关条文

《民法通则》第 32 条　合伙人投入的财产，由合伙人统一管理和使用。

合伙经营积累的财产，归合伙人共有。

第 78 条第 2 款后段　共同共有人对共有财产享有权利，承担义务。

《物权法》第 95 条　共同共有人对共有的不动产或者动产共同享有所有权。

《婚姻法》第 17 条　夫妻在婚姻关系存续期间所得的下列财产，归夫妻共同所有：

（一）工资、奖金；

（二）生产、经营的收益；

（三）知识产权的收益；

（四）继承或赠与所得的财产，但本法第十八条第三项规定的除外；

（五）其他应当归共同所有的财产。

夫妻对共同所有的财产，有平等的处理权。

《妇女权益保障法》第 47 条　妇女对依照法律规定的夫妻共同财产享有与其配偶平等的占有、使用、收益和处分的权利，不受双方收入状况的影响。

夫妻书面约定婚姻关系存续期间所得的财产归各自所有，女方因抚育子女、照料老人、协助男方工作等承担较多义务的，有权在离婚时要求男方予以补偿。

《关于民法通则的意见》第 88 条　对于共有财产，部分共有人主张按份共有，部分共有人主张共同共有，如果不能证明财产是按份共有的，应当认定为共同共有。

第 89 条　共同共有人对共有财产享有共同的权利，承担共同的义务。在共同共有关系存续期间，部分共有人擅自处分共有财产的，一般认定无效。但第三人善意、有偿取得该财产的，应当维护第三人的合法权益；对其他共有人的损失，由擅自处分共有财产的人赔偿。

理解与适用

本条是对《物权法》第 95 条的复制，确立共同共有的核心规则。

一、共同共有的概念分析

按照本条规定，共同共有，是指数人基于法律的规定或合同的约定而形成某一共同关系，他们基于该共同关系而对共有物共同享有所有权的现象。

较之按份共有，共同共有最大的特色在于，它以共有人之间存在着共同关系为产生和存续的前提，共有人对共有物所享有的权利和所承担的义务不取决于份额，而具有平等性。

二、共同共有的类型

（一）基于夫妻关系而产生的共同共有

基于夫妻关系而产生的共同共有，是指于夫妻双方婚姻关系存续期间所取得的财产，未约定归各自所有或部分归各自所有、部分属于共同所有的，或者虽有此种约定但不甚明确的，便形成共同共有。夫妻双方于其婚姻关系存续期间取得的财产，可以是工资、奖金、劳务报酬，也可以是生产、经营投资的收益，还可以是基于知识产权所取得的收益，或是因继承或赠与所得的财产（《民法典》第1062条）。但是，《民法典》第1063条规定的情形，即一方的婚前财产，一方因身体受到伤害获得的医疗费、残疾人生活补助费等费用，遗嘱或赠与合同中确定只归夫或妻一方的财产，一方专用的生活用品，其他应当归一方的财产，属于个人的财产，而非共同共有的财产。

（二）基于家庭共同生活关系而产生的共同共有

基于家庭共同生活关系而产生的共同共有，即家庭共有财产，是指家庭成员在家庭共同生活关系存续期间共同创造、共同所得，用于维持家庭成员共同生产、生活的财产。家庭共有财产不同于家庭财产，后者除包括前者之外还包括家庭成员的个人财产。

这里所谓的家庭，可能是仅由夫妻与其子女组成的小家庭，也可能是由祖父母、外祖父母、子女、孙子女等组成的大家庭。究竟何指，需要根据具体情况加以判断。

一项或几项财产是否属于家庭共同共有的财产，需要根据财产的来源、用途等因素予以确定。如果是家庭成员共同劳动所得且用于维护整个家庭的生产或生活的财产，就属于家庭共有财产。否则，不能认定为家庭共有财产。

（三）基于继承关系而产生的共同共有

被继承人死亡后，遗产分割前，全体继承人对于该遗产享有共同共有权。

（四）关于建筑物区分所有权关系中的共有属性

建筑物区分所有权中的共有部分，按份共有居多（《民法典》第283条等），但某些不公摊到区分所有的建筑物面积当中的共有部分，例如，建筑规划区内的道路、他人赞助的露天健身器材等，及某些建筑规划区内的幼儿园、小学校，作为共同共有更符合客观实际。如此，也出现了新类型的共同共有。

（五）关于合伙财产的共有属性

关于合伙人对于合伙财产究竟是按份共有还是共同共有，理论上有不同的看法。一种观点认为，合伙财产属于按份共有，理由在于：首先，共同共有是不能划分份额的，而在合伙财产中，实际上是按照投资比例划分份额的；其次，按份共有是按照自己的份额享有共有财产的收益，而合伙人对收益的分配也主要是按照投资比例确定的。另一种观点认为，合伙关系存在期间，合伙人对于合伙财产为共同共有。因为合伙财产符合共同共有的特征。首先是共同管理，个人不得处分；其次是在共有关系解除之前，不得请求分割共有财产。无论是合伙企业还是没有成立合伙企业的合伙，合伙人对于合伙财产都应当是共同共有关系，否则既抹杀了合伙企业财产的独立性，也不利于合伙关系的维持。① 这种观点较为符合《合伙企业法》第20条、第21条的下述规定：合伙企业存续期间，合伙人的出资、以合伙企业名义取得的收益和依法取得的其他财产，均为合伙企业的财产。合伙人在合伙企业清算前，除非法律另有规定，否则不得请求分割合伙企业的财产。

第一种观点描述的是合伙人出资形成合伙财产的性质、状态，第二种观点描述的是合伙运营所获收益的性质、状态，以及各个合伙人管理合伙财产的权利状态，均有所据，但不够全面，不如综合起来，把合伙财产看作混合的共有，较为符合实际。

三、共同共有人对共有物享有平等的所有权

在共同关系存续期间，各个共有人对共有物共同享有所有权（《民法典》第299条），其权利及于共有物的全部，而不局限于共有物的特定部分。

第三百条

共有人按照约定管理共有的不动产或者动产；没有约定或者约定不明确的，

---

① 全国人大常委会法制工作委员会民法室：《物权法（草案）参考》，北京，中国民主法制出版社2005年版，第261页。

各共有人都有管理的权利和义务。

本条主旨

本条是关于共有物管理权的规定。

相关条文

《物权法》第 96 条　共有人按照约定管理共有的不动产或者动产；没有约定或者约定不明确的，各共有人都有管理的权利和义务。

理解与适用

一、总说

本条是对《物权法》第 96 条的复制，前段贯彻意思自治原则，其意思是，共有人约定各个共有人平等地管理共有物的，依其约定（共同共有关系的管理模式）；共有人约定按照份额管理共有物的，同样依其约定（按份共有关系的管理模式）；共有人约定除前两种以外的管理共有物的其他方式的，仍然依其约定。后段奉行的是共有人平等地管理共有物的原则（共同共有关系的管理模式），但设有前提——共有人对管理共有物没有约定或者约定不明确。

二、按份共有人对共有物的管理

（一）概述

数人共有一物，如何对共有物管理，是按份共有的核心问题。广义的管理包括对共有物的处分、保存、改良、使用、收益等。[1] 使用、收益在释评《民法典》第 240 条时已经讨论过，应被排除。处分，《民法典》将其与管理并列，专门规定（第 301 条），亦应除去。这有其道理，原因在于，保存和改良原则上均系为共有人的共同利益而为，与处分常常损害共有人的权益不同。于是，此处所谓管理是狭义的，包括保存行为、改良行为和利用行为。[2]《民法典》第 300 条规定的对共有物的管理，即指此义。

共有人就共有物的管理有约定的，据此约定管理共有物（《民法典》第 300

---

[1]　王泽鉴：《民法物权·通则·所有权》（总第 1 册），台北，三民书局有限公司 2003 年 8 月增补版，第 353 页。

[2]　参见谢在全：《民法物权论》（上册），台北，三民书局有限公司 2003 年 7 月修订 2 版，第 584 页。

条前段）；没有约定或约定不明确的，各个共有人都有管理的权利和义务（《民法典》第 300 条后段）。

此处所谓共有人关于共有物管理的约定，是指全体共有人之间就共有物的使用、收益或管理方法等事项而订立的协议。它包括全体共有人订立的分管协议。

所谓分管协议，又叫分管契约，是指全体共有人之间约定各自分别占有共有物的特定部分而实施管理的协议。① 分管契约的成立应由共有人全体以协议订立，明示或默示都可以，不以采取书面为必要，其内容为分别占有共有物的特定部分而为管理。它所约定占有共有物的特定部分，不以按份额（应有部分）换算的为限，较应有部分换算为多或少，均无不可。部分共有人未占有共有物，甚至将部分共有物交给第三人使用、收益，也被允许。再者，管理的态样不限于共有物的使用、收益，将自己分管的部分出租给他人，也在管理所允许的范围。② 中国大陆的现行法尚未规定分管协议，可以借鉴中国台湾地区的规则。

[引申]

分管契约乃物权关系上关于共有物管理的约定，性质上属于债权契约。其对内效力为，共有人有权依分管内容就共有物的分管部分取得管理权能，可以实施分管契约范围内的管理行为等。在对外效力方面，分管契约仅具有债权的效力，本无对抗第三人的效力，何况法律既然没有规定应有部分的受让人应当受分管契约的拘束，那么，在理论上，分管契约并不当然随着应有部分的转让而移转于受让人。也就是说，应有部分的受让人并不受前手所订立的分管契约的约束，除非当事人另有约定。③ 但在实务中，为了避免共有人在订立分管协议后，任意将应有部分转让给他人，导致对原有分管状态和效力的破坏，有失公平，于是有判例认为各个共有人和其他共有人订立分管契约后，转让应有部分与第三人的，分管

---

① 谢在全：《民法物权论》（上册），台北，三民书局有限公司 2003 年 7 月修订 2 版，第 588 页；王泽鉴：《民法物权·通则·所有权》（总第 1 册），台北，三民书局有限公司 2003 年 8 月增补版，第 355 页；蔡明诚：《共有物分管契约与物上请求权问题》，载《台湾本土法学杂志》第 12 期，第 79 页；中国台湾地区"最高法院"1996 年台上字第 53 号民事判决，载《"最高法院"民事裁判书汇编》第 23 期，第 413 页；中国台湾地区"最高法院"1997 年台上字第 1382 号判决，载《"最高法院"民事裁判书汇编》第 28 期，第 419 页。

② 中国台湾地区"最高法院"1992 年台上字第 505 号判决；中国台湾地区"司法院"释字第 349 号；谢在全：《民法物权论》（上册），台北，三民书局有限公司 2003 年 7 月修订 2 版，第 589 页；王泽鉴：《民法物权·通则·所有权》（总第 1 册），台北，三民书局有限公司 2003 年 8 月增补版，第 355 页。

③ 姚瑞光：《民法物权论》，1990 年自版，第 130 页。转引自谢在全：《民法物权论》（上册），台北，三民书局有限公司 2003 年 7 月修订 2 版，第 591 页。

契约对于受让人仍继续存在。① 这是因为分管契约系共有人之间关于共有物管理的约定，与各个共有人的应有部分确有不宜分离的关系，若分管契约不得对应有部分的受让人主张，而仅能向让与人请求债务不履行的损害赔偿，亦无济于分管契约解体，显然不当。② 但是，中国台湾地区"司法院"释字第 349 号解释认为，上述判例就维持法律秩序的安定性而言固有其必要，唯应有部分的受让人若不知悉有分管协议，也不可得知的情形，受让人仍受让与人所定分管契约的拘束，有使善意第三人受不测损害之虞，与"宪法"保护人民财产权的意旨有违，上述判例在此范围内，嗣后不再援用。③

（二）保存行为

共有物的保存行为，是指以防止共有物的灭失、毁损或其权利丧失、受到限制等为目的，维持其现状的行为。共有物的简易修缮即属于保存行为。例如，暴雨来袭之际共有房屋的屋顶破损急需修补，此时某一共有人对之加以修缮的行为就属于保存行为。它所需费用往往比较少，对于全体共有人有利无害，且多属较为急迫的行为，因此共有人可无须经过其他共有人的同意而实施（《民法典》第 300 条）。

（三）改良行为

共有物的改良行为，是指不变更共有物的性质，而增加其效用或价值的行为。例如，在准共有场合，开垦共同承包的荒地使之成为良田。对共有物的重大修缮即属于改良行为。

对于共有物的重大修缮，《民法典》第 301 条规定，共有人之间有约定的，依其约定；若无约定，应当经占份额 2/3 以上的按份共有人同意。这是因为，对共有物进行重大修缮，需要支出大笔费用，且时常并非相当急迫，因此该费用在没有得到按份共有人的同意前，令其分摊显然是不公正的。

（四）利用行为

共有物的利用行为，是指以满足共有人共同需要为目的，不变更共有物的性质，决定其使用、收益的方法的行为。例如，决定将共有房屋出租或出借于他

---

① 中国台湾地区"最高法院"1959 年台上字第 1065 号民事判例。转引自谢在全：《民法物权论》（上册），台北，三民书局有限公司 2003 年 7 月修订 2 版，第 591 页。

② ［日］山田诚一：《共有者的法律关系》（一），载《法学协会杂志》第 101 卷第 12 期，第 1871 页；［日］舟桥纯一：《物权法》，东京，有斐阁 1979 年版，第 378 页；谢在全：《民法物权论》（上册），台北，三民书局有限公司 2003 年 7 月修订 2 版，第 591 页。

③ 转引自谢在全：《民法物权论》（上册），台北，三民书局有限公司 2003 年 7 月修订 2 版，第 591～592 页。

人，即属对共有物的利用。

对共有物的利用，共有人有约定的，依其约定；无约定的，应当由全体共有人共同管理；不能共同管理时，分割共有物，消灭共有关系。

[辨析]

此所谓"利用行为"，与对共有物的使用、收益，有何区别？本释评书赞同这样的意见：所谓对共有物的使用、收益，是指共有人对其份额（应有部分）的利用，是实际的利用；而此处的利用行为则是指共有人决定共有物的利用方法的行为，是一种决策行为。后者是前者的前提。此其一。在决定共有物的利用方法时，若共有人之间既无约定也达不成一致意见的，可类推适用《民法典》第301条关于"处分共有的不动产或者动产以及对共有的不动产或者动产作重大修缮、变更性质或者用途的，应当经占份额三分之二以上的按份共有人或者全体共同共有人同意，但是共有人之间另有约定的除外"的规定。这是因为，如果仅仅由于各个共有人就共有物的利用方法达不成一致意见就分割共有物，一则未必符合共有人的意志（例如房屋共有人都想维持共有关系，但是就该房屋应分割出租还是整体出租达不成一致意见），二则容易导致共有关系过于脆弱。① 此其二。

三、共同共有人对共有物的管理

在共同关系存续期间，各个共有人对共有物共同享有所有权（《民法典》第299条），其权利及于共有物的全部，而不局限于共有物的特定部分。

这一点既说明共同共有人在共同共有关系中并不像按份共有那样存在所谓的份额（应有部分），也足以表明共同共有是多个人共同享有一项所有权的实质。

立法例及其理论通常都确认各个共同共有人对于共有物享有平等的权利，但是实践中共同共有人如何对共有物进行具体的管理，通常看当事人的约定。如果当事人没有约定或约定不明，那么各个共同共有人都有管理的权利和义务（《民法典》第300条）。

第三百零一条

处分共有的不动产或者动产以及对共有的不动产或者动产作重大修缮、变更性质或者用途的，应当经占份额三分之二以上的按份共有人或者全体共同共有人同意，但是共有人之间另有约定的除外。

---

① 这是中国政法大学教授戴孟勇博士的意见，特此致谢！

本条主旨

本条是关于共有物的处分和重大修缮有门槛要求的规定。

相关条文

《物权法》第97条 处分共有的不动产或者动产以及对共有的不动产或者动产作重大修缮的，应当经占份额三分之二以上的按份共有人或者全体共同共有人同意，但共有人之间另有约定的除外。

《关于民法通则的意见》第89条 共同共有人对共有财产享有共同的权利，承担共同的义务。在共同共有关系存续期间，部分共有人擅自处分共有财产的，一般认定无效。但第三人善意、有偿取得该财产的，应当维护第三人的合法权益；对其他共有人的损失，由擅自处分共有财产的人赔偿。

理解与适用

一、总说

本条在承继《物权法》第97条的基础上又有完善，增补对共有的不动产或者动产"变更性质或者用途的"也需要高门槛。本条的但书高倡意思自治原则：共有人对于共有物的处分和重大修缮有约定的，依其约定；本条的正文宣明处分和重大修缮共有物事关重大，不仅直接影响每个业主的切身利益，会使建筑区划内的建筑物及其附属设施发生重大改变，还可能酝酿着危险，甚至可能改变住宅小区的文化、风气、秩序，故设高门槛，"应当经占份额三分之二以上的按份共有人或者全体共同共有人同意"。

二、按份共有关系中的处分共有物

对共有物的处分，有的立法例（如中国台湾地区"民法"第819条）规定需要全体共有人的同意。但在实践中经常会出现全体共有人就共有物的处分无法达成一致的情形，结果影响了共有物的处分，不尽符合效率原则。有鉴于此，《物权法》放宽了按份共有人对共有物处分的限制，于第97条规定，处分共有物，只要经过占份额2/3以上的按份共有人的同意即可，除非当事人对此另有约定或法律另有规定。之所以要求占份额2/3以上的按份共有人同意，是因为在按份共有中，共有人是按照其份额就共有财产享有权利或承担义务的，所以既然采取多数决原则，就应当经过占份额2/3以上的共有人而非共有人的2/3以上同意。这有道理，《民法典》予以承继（第301条）。

某个或几个按份共有人未经其他共有人的同意而擅自处分共有财产，构成无权处分。按照《民法典》第597条第1款的规定，合同的效力不受其他共有人追认与否的影响。在物权变动的效力方面，在符合《民法典》第311条第1款的规定时，善意取得共有物。

占份额2/3以上的共有人同意出卖共有物，实际上是出卖各个共有人份额（应有部分）的总和。从另一个视角观察，只要不同意出卖共有物的按份共有人愿意保留对共有物的所有权，就意味着其愿意购买同意出卖共有物的按份共有人的份额（应有部分）。于此场合，同意出卖共有物的按份共有人应负有强制缔约义务，将其份额（应有部分）出卖给不同意出卖共有物的按份共有人；换言之，不同意出卖共有物的共有人，对同意出卖的共有人所持份额（应有部分）的出卖，应当享有优先购买权。此种对共有物的优先购买权，在性质、同等条件、通知义务等各方面，应当相同于按份共有人对份额（应有部分）的优先购买权。①

［论争］

对此，有相反的意见：（1）从解释论的角度来说，似不宜认为不同意出卖共有物的共有人对同意出卖共有物的共有人所持份额（应有部分）享有优先购买权，因为优先购买权只能来源于法律的直接规定或当事人的约定，而《物权法》并无此类规定，当事人通常也没有此类约定。（2）从理论上来说，占份额2/3以上的共有人同意出卖共有物时，仅仅是就共有物的处分问题作出了一个基本决策，未必确定具体的出卖价格，通常也没有与买受人订立合同，甚至根本不知道会卖给谁（例如，在实务中，很可能是在共有人同意出卖共有物之后，才开始去寻找买受人或进一步商量出卖的价格、方式等内容）。在这种情况下，即便（从立法论的角度）承认不同意出卖的共有人对同意出卖者的份额（应有部分）享有优先购买权，也会因无法确定交易的"同等条件"而难以行使优先购买权。（3）从逻辑上来说，占份额2/3以上的共有人所同意的乃是出售整个共有物，而非出售自己的份额（应有部分）。于此情形，若为保护不同意出售者的利益，在立法上赋予其优先购买整个共有物的权利（然后再将价金依份额分配给全体共有人），在逻辑上可以说得通；但若在立法上赋予其优先购买其他同意出售者的份额（应有部分）的权利，在逻辑上就难以自圆其说，因为其他赞同出售者并未表

---

① 参见谢在全：《民法物权论》（上册），台北，三民书局有限公司2003年7月修订2版，第574页；王泽鉴：《民法物权·通则·所有权》（总第1册），台北，三民书局有限公司2003年8月增补版，第352页。

示要出售自己的份额（应有部分），而仅仅表示同意出售整个共有物。[①] 上述观点，同样适合于《民法典》。

三、按份共有关系中对共有物作重大修缮、变更其性质或用途

如同上文所述，对共有物作重大修缮属于改良行为，但变更共有物的性质则非改良行为，颇有将此物变成彼物的意味，这显然较大地甚至根本地影响着共有人的切身利益。至于改变共有物的用途，涉及共有物的使用寿命、能否获利或获利多寡，也明显地影响着共有人的切身利益。由此决定，需要慎重行事，本条采取的对策是"应当经占份额三分之二以上的按份共有人""同意"。

四、共同共有关系中的处分共有物

共同共有人对共有物享有平等的权利，本条据此规定，在共同共有关系存续期间，对共有物的处分应当得到全体共有人的同意，除非共有人另有约定。

五、共同共有关系中对共有物作重大修缮、变更其性质或用途

如同上文所述，对共有物作重大修缮、变更其性质或用途，涉及共有物的使用寿命、能否获利或获利多寡，明显地影响着共有人的切身利益，加上共同共有人对共有物享有平等的权利这种共同共有的特性，本条规定应经全体共有人同意。

当然，如果是对共有物进行保存或简单的修缮，则无须经过全体共同共有人的同意。还有，夫妻一方为了日常生活的需要而处分价值额不大的共有物时，无须征得另一方的同意，除非夫妻一方与相对人另有约定；即使夫妻之间对一方可以实施的法律行为设有限制，该约定也不得对抗善意相对人（参考《民法典》第1060条）。当然，处分房地产等价值额很高的共有物时，必须有配偶另一方的书面授权，否则，不得谓交易相对人善意，不发生善意取得的效果。

第三百零二条

共有人对共有物的管理费用以及其他负担，有约定的，按照其约定；没有约定或者约定不明确的，按份共有人按照其份额负担，共同共有人共同负担。

---

① 这是中国政法大学教授戴孟勇博士的观点，特此致谢！

本条主旨

本条是关于共有物的费用如何负担的规定。

相关条文

《物权法》第 98 条　对共有物的管理费用以及其他负担，有约定的，按照约定；没有约定或者约定不明确的，按份共有人按照其份额负担，共同共有人共同负担。

理解与适用

本条是对《物权法》第 98 条的复制，其中所谓对共有物的管理费用，包括因共有物的保存、改良和利用所产生的费用；所谓其他负担，包括各种税款、保险费以及因共有物致人损害所支付的赔偿金。

共有物的管理费用和其他负担，合称共有物的费用。它们如何被负担？本条规定：共有人之间有约定的，依其约定；没有约定或约定不明确的，在按份共有关系的场合，由各个共有人按其份额分摊；在共同共有关系中，共同共有人共同负担。

本条规定贯彻了三项原则：一是区分共有的类型而可能有不同的负担规则；二是意思自治原则起决定性作用；三是贯彻权利和义务相一致原则。

所谓意思自治原则起决定性作用，是指不论哪种共有关系，不管费用的种类和产生的原因，只要共有人之间对费用的负担有约定，就都依其约定。

在共有人之间没有约定如何负担费用的情况下，必须区分共有的类型，然后根据类型确定费用负担的规则。本条规定在按份共有关系中按照共有人占有共有物的份额依比例确定负担数额，这正与共有人依其份额分享共有物产生的利益相匹配。本条还规定，在共同共有关系中，共同共有人共同负担共有物产生的费用，这也与共同共有人在共有关系中平等地享有权利相匹配。

无论是按份共有中的按照份额负担，还是共同共有中的共有人共同负担，都是权利和义务相一致原则的落实、体现。

第三百零三条

共有人约定不得分割共有的不动产或者动产，以维持共有关系的，应当按照约定，但是共有人有重大理由需要分割的，可以请求分割；没有约定或者约定不明确的，按份共有人可以随时请求分割，共同共有人在共有的基础丧失或者有重大理由需要分割时可以请求分割。因分割造成其他共有人损害的，应当给予赔偿。

本条主旨

本条是关于共有物分割原则的规定。

相关条文

《物权法》第99条　共有人约定不得分割共有的不动产或者动产，以维持共有关系的，应当按照约定，但共有人有重大理由需要分割的，可以请求分割；没有约定或者约定不明确的，按份共有人可以随时请求分割，共同共有人在共有的基础丧失或者有重大理由需要分割时可以请求分割。因分割对其他共有人造成损害的，应当给予赔偿。

《合伙企业法》第21条　合伙人在合伙企业清算前，不得请求分割合伙企业的财产；但是，本法另有规定的除外。

合伙人在合伙企业清算前私自转移或者处分合伙企业财产的，合伙企业不得以此对抗善意第三人。

《关于民法通则的意见》第54条　合伙人退伙时分割的合伙财产，应当包括合伙时投入的财产和合伙期间积累的财产，以及合伙期间的债权和债务。入伙的原物退伙时原则上应予退还；一次清退有困难的，可以分批分期清退；退还原物确有困难的，可以折价处理。

第90条　在共同共有关系终止时，对共有财产的分割，有协议的，按协议处理；没有协议的，应当根据等分原则处理，并且考虑共有人对共有财产的贡献大小，适当照顾共有人生产、生活的实际需要等情况。但分割夫妻共有财产，应当根据婚姻法的有关规定处理。

第91条　共有财产是特定物，而且不能分割或者分割有损其价值的，可以折价处理。

理解与适用

一、总说

本条是对《物权法》第99条的复制，在按份共有关系中分割共有物与否贯彻意思自治原则，但承认有例外；在共同共有关系中，分割共有物与否基本上取决于共同关系是否存续。

二、按份共有关系中的共有物分割

1. 本条开宗明义："共有人约定不得分割共有的不动产或者动产，以维持共有关系的，应当按照约定"。这既是贯彻意思自治原则的当然结论，又反映了共有关系的稳定与共有物的整体保有和运行的要求，还是保护共有人权益的体现。倘若允许共有人对共有物随意分割，可能害及甚至阻碍共有物发挥正常的功效，这在共有物属于不可分物时尤其如此，结果是损害其他共有人的合法权益。

2. 凡事不宜绝对化，共有物的保有和运行也是如此，有时共有物的分割是事物发展进程中的需要，或是不得已而为之的。即使共有人事先约定共有物不得分割，也不得阻止必要的共有物分割。有鉴于此，本条随即设有但书："共有人有重大理由需要分割的，可以请求分割"。所谓重大理由，是指分割共有物对于共有人具有重要的法律上和生活上的利益，若不分割共有物会严重损害某一或某些共有人的利益。① 例如，甲和乙各出资 120 万元购买了一套房屋，双方约定 5 年之内不得分割该共有物，以便等待住房升值。但是，两年后甲的妻子患重病急需钱治病，即属重大理由，此时甲有权请求分割该住房。但如果甲为了购买奔驰车请求分割该住房，则不属于有重大理由。②

3. 共有人没有约定不得分割共有物或约定不明确的，按份共有人可以随时请求分割共有物（《民法典》第 303 条中段）。

[反思]

鉴于如同上文所述的共有物的整体保有重要，分割共有物可能带来负面结果，甚至导致共有关系的破裂和终结，本条中段不加限定地允许按份共有人可以随时请求分割共有物，弊大于利。应该增加些限制分割的条件，如请求分割共有物不得违背诚信原则及禁止权利滥用原则，不得违背法律、法规、一定位阶的规章关于禁止分割某物的规定，不得违反共有协议、合伙章程等法律文件规定的共有物保有和存续的期间等。

4. 因分割共有物而对其他共有人造成损害的，请求分割的共有人应当对此承担赔偿责任（《民法典》第 303 条后段）。

---

① 王利明、尹飞、程啸：《中国物权法教程》，北京，人民法院出版社 2007 年版，第 274 页。
② 参见黄松有主编：《〈中华人民共和国物权法〉条文理解与适用》，北京，人民法院出版社 2007 年版，第 309 页。

[反思]

有必要指出，既然按照本条中段的规定，按份共有人在没有约定或约定不明时有权随时请求分割共有物，其他共有人负有容忍分割的义务，那么不宜称行使此种权利会给其他共有人造成损害。不然，动辄令请求分割共有物者承担损害赔偿责任，意味着阻碍甚至禁止其行使分割共有物的权利。有鉴于此，对本条后段的适用范围应予限缩，即按份共有人只有在以悖于善良风俗的方式行使分割共有物的权利而损害其他共有人时，才对由此造成的损害承担赔偿责任。也就是说，不能仅仅以存在分割共有物的行为和其他共有人有损害这两项要件而令请求分割的共有人承担责任。[①]

共有人请求分割共有物的权利，不是请求其他共有人同意分割共有物的权利，而是某个或某些共有人请求分割属于自己的份额（应有部分）的权利，性质上为形成权，并非请求权，不适用诉讼时效制度。[②] 当然，也有反对说。[③]

关于共有物的分割方式，按照《民法典》第304条第1款的规定，首先由当事人协商确定。如果当事人就此达不成协议，共有物可以分割且不会因此减损其价值的，应当对实物予以分割；难以分割或因分割会减损其价值的，应当将共有物折价、拍卖或变卖，就其价款予以分割。

三、共同共有关系中的共有物分割

本条后段的规范意旨是，对共同共有物原则上不得分割。这是因为，共同共有是基于一定的共同关系而产生的，共有物也是以维持这种共同关系的存在为目的的。在共同关系仍然存在之时，如果允许共同共有人可以随时请求分割共有物，势必会破坏这种共同关系的存续。即使就某个共有物来说，在该共有物为不可分之物时，分割共有物可能降低该物的价值甚至毁灭该物。在这方面，《民法典》第303条前段规定："共有人约定不得分割共有的不动产或者动产，以维持共有关系的，应当按照约定，……没有约定或者约定不明确的，……共同共有人在共有的基础丧失或者有重大理由需要分割时可以请求分割。"《婚姻家庭编司法

---

① 北京大学法学院教授钱明星博士、清华大学法学院教授程啸博士坚持此种观点。

② 中华民国最高法院1940年上字第1529号；王泽鉴：《民法物权·通则·所有权》（总第1册），台北，三民书局有限公司2003年8月增补版，第363页；谢在全：《民法物权论》（上册），台北，三民书局有限公司2003年7月修订2版，第616~617页。

③ 黄松有主编：《〈中华人民共和国物权法〉条文理解与适用》，北京，人民法院出版社2007年版，第307页；陈荣传：《共有物分割请求权是否为形成权?》，载苏永钦主编：《民法物权争议问题研究》，1998年自版，第217页；[日]林良平：《物权法》，东京，青林书院1986年版，第124页。

解释（一）》予以遵循："婚姻关系存续期间，除民法典第一千零六十六条规定情形以外，夫妻一方请求分割共同财产的，人民法院不予支持"（第 38 条）。

所谓共同共有的基础丧失，如夫妻财产的共同共有场合，婚姻关系被解除；再如，合伙财产场合，合伙被解散。所谓重大理由，例如，在婚姻关系存续期间，夫妻双方约定由原来的夫妻共同财产制，改变为夫妻分别财产制。①

还有，《合伙企业法》第 21 条第 1 款规定："合伙人在合伙企业清算前，不得请求分割合伙企业的财产；但是，本法另有规定的除外。"这个"本法另有规定的除外"，指的是依法退伙等情形。如《合伙企业法》第 48 条第 1 款的规定。这也表明了共同共有物原则上不得分割的精神。

因分割共有物而对其他共有人造成损害的，请求分割的共有人应当对此承担赔偿责任（《民法典》第 303 条后段）。

第三百零四条

共有人可以协商确定分割方式。达不成协议，共有的不动产或者动产可以分割且不会因分割减损价值的，应当对实物予以分割；难以分割或者因分割会减损价值的，应当对折价或者拍卖、变卖取得的价款予以分割。

共有人分割所得的不动产或者动产有瑕疵的，其他共有人应当分担损失。

本条主旨

本条是关于共有物分割方式以及分割致损的分担规则的规定。

相关条文

《物权法》第 100 条　共有人可以协商确定分割方式。达不成协议，共有的不动产或者动产可以分割并且不会因分割减损价值的，应当对实物予以分割；难以分割或者因分割会减损价值的，应当对折价或者拍卖、变卖取得的价款予以分割。

共有人分割所得的不动产或者动产有瑕疵的，其他共有人应当分担损失。

《关于民法通则的意见》第 90 条　在共同共有关系终止时，对共有财产的分割，有协议的，按协议处理；没有协议的，应当根据等分原则处理，并且考虑共有人对共有财产的贡献大小，适当照顾共有人生产、生活的实际需要等情况。但

---

① 黄薇主编：《中华人民共和国民法典物权编释义》，北京，法律出版社 2020 年版，第 245 页。

分割夫妻共有财产，应当根据婚姻法的有关规定处理。

第 91 条　共有财产是特定物，而且不能分割或者分割有损其价值的，可以折价处理。

理解与适用

本条是对《物权法》第 100 条的复制。第 1 款规定了协议分割、实物分割、折价分割（或曰作价分割，下同）和变价分割四种方式，至于实际上采取何种分割方式，首先取决于共有人的合意；第 2 款规定了共有物因分割所致瑕疵的分担规则。

本条第 1 款开宗明义的共有人协商分割共有物，简称为协议分割方式，是需要全体共有人一致同意，还是实行多数决？法未明言，需要探讨。有学说、判例主张一致同意说。①

本条第 1 款所谓"共有的不动产或者动产可以分割且不会因分割减损价值的，应当对实物予以分割"，规定了实物分割方式运用的前提条件之一是，共有人未就共有物的分割方式达成一致意见；前提条件之二是共有物系可分物。例如，共有物为 3 吨大米，三个共有人每人分得 1 吨大米。如果共有物系不可分物，即一旦分割就会减损物的价值甚至毁灭该物，或是在物理上无法分割，那么，就不得运用实物分割方式。

本条第 1 款所谓"难以分割或者因分割会减损价值的""应当对折价""予以分割"，就是人们常说的折价分割。该分割方式以共有物"难以分割或者因分割会减损价值"和共有人未就共有物的分割方式达成一致意见为前提条件。说白了，折价分割方式就是把共有物评估作价，由一位共有人或几位共有人取得该共有物的所有权，取得所有权之人向不取得该共有物所有权的共有人支付合理的钱款。当然，该条的措辞可以更明白无误些、更完美些，如改写为"难以分割或者因分割会减损价值的，可将其作价，共有物归属于共有人中的一人或者数人，取得共有物所有权者向其他共有人支付合理的钱款"。

本条第 1 款所谓"难以分割或者因分割会减损价值的""应当对""拍卖、变卖取得的价款予以分割"，就是人们常说的变价分割，指的是将共有物出卖与第三人，买受人支付的价款由各个共有人分享。例如，共有物是 A 楼，第三人买受 A 楼，付出 3 亿元人民币，各个共有人分取相应的款额。变价分割方式运用的前提条件同样是共有物"难以分割或者因分割会减损价值"和共有人未就共有物

---

① 谢在全：《民法物权论》（上册），台北，三民书局有限公司 2003 年 7 月修订 2 版，第 622 页。

的分割方式协商一致。

[探讨]

观察本条的字面意思，它似乎在说共有物的分割方式完全取决于共有人之间的协商一致，只有协商不成时，才轮到三种分割方式在个案中的选取规则。笔者认为这过于绝对了，共有人的合意固然需要尊重，但其合意若不符合事物的本质，违背物的利用和处分规律，如共有人一致同意的分割方式会毁掉共有物，那么，就不应按照共有人之间的分割方式的合意行事。特别是，法律规定某种、某类的共有物不得分割实物的，如已经被确定为文物的 A 楼必须保有其原貌，也不得实物分割。有鉴于此，应当对本条前段所谓"共有人可以协商确定分割方式"的适用领域加以必要的限定，即其协商不得违反法律、法规甚至一定位阶的规章的强制规定，不得违背事理，不得违背物的利用和处分规律。

本条第 2 款所谓"共有人分割所得的不动产或者动产有瑕疵的，其他共有人应当分担损失"，盖有如下情形：（1）对于共有物采取折价分割的，实质上相当于取得共有物所有权之人作为买受人，其他共有人作为出卖人，将份额出卖给取得共有物所有权之人。如果该共有物存有质量瑕疵，则应当适用《民法典》第 582 条关于物的瑕疵担保责任的规定，相当于出卖人的其他共有人依其份额向取得共有物所有权的共有人承担物的瑕疵担保责任。（2）对于共有物采取折价分割，把共有物的数量或质量低估了，类似于买卖物的数量或质量存在瑕疵，若是其他共有人对此存在过错，那么，取得共有物所有权的共有人有权援用《民法典》第 577 条以下的规定，请求其他共有人依其份额承担违约责任；若是没有过错，则可以类推适用《民法典》第 1186 条的规定，取得共有物所有权的共有人有权请求其他共有人依其份额给予适当补偿。（3）对于共有物采取折价分割，但第三人对于该共有物享有权利的，如享有抵押权、用益物权甚至所有权，取得共有物所有权的共有人有权援用《民法典》第 612 条、第 613 条的规定，请求其他共有人承担权利瑕疵担保。（4）对于共有物采取实物分割的方式，某位或某几位共有人取得的分割物存在质量瑕疵，其他共有人取得的分割物无瑕疵，后者应向前者承担物的瑕疵担保责任。（5）对于共有物采取实物分割的方式，其后第三人对于共有物主张抵押权等权利，由此导致的费用（赔偿金可能是其中之一）由各共有人依其份额分担。（6）对于共有物采取变价分割的方式，无论是买受人向共有人就该物主张物的瑕疵担保还是第三人向共有人主张权利，各共有人都有义务依其份额分担相应的损失。

第三百零五条

按份共有人可以转让其享有的共有的不动产或者动产份额。其他共有人在同等条件下享有优先购买的权利。

本条主旨

本条是关于共有人有权转让份额、其他共有人享有优先购买权的规定。

相关条文

《民法通则》第78条第3款　按份共有财产的每个共有人有权要求将自己的份额分出或者转让。但在出售时，其他共有人在同等条件下，有优先购买的权利。

《物权法》第101条　按份共有人可以转让其享有的共有的不动产或者动产份额。其他共有人在同等条件下享有优先购买的权利。

《物权编司法解释（一）》第9条　共有份额的权利主体因继承、遗赠等原因发生变化时，其他按份共有人主张优先购买的，不予支持，但按份共有人之间另有约定的除外。

第10条　民法典第三百零五条所称的"同等条件"，应当综合共有份额的转让价格、价款履行方式及期限等因素确定。

理解与适用

一、概说

本条是对《物权法》第101条的复制，前段规定共有人有权转让份额，后段规定其他共有人享有优先购买权、权利标的、权利行使的条件。

二、份额转让

本条前段赋权共有人可以转让其于共有物中的份额，即按份共有人依法将其在共有物中的份额让与他人。按份共有人转让其份额，且共有物为动产的，必须交付其份额，使受让人与其他共有人共同占有该动产。

由于共有人的份额是抽象的，除非按份共有人之间基于分管契约，作为让与人的共有人已经占有共有物的特定部分，否则，受让人不能请求交付共有物的特定部分。

按份共有人转让其份额，且共有物为不动产的，应当办理变更登记，否则，不发生份额（应有部分）让与的效力。

三、优先购买权的概念分析

本条后段规定按份共有人在转让其享有的共有物的份额时，其他共有人在同等条件下，享有优先购买的权利。这种优先购买权，在法国、德国、瑞士的民法上叫作先买权，中国台湾地区的立法及其理论称之为优先承买权或优先承受权。

优先购买权，为附有条件的形成权，即优先购买权人得依一方的意思表示，形成以义务人出卖与第三人同样条件为内容的合同，无须义务人的承诺。只是该项形成权附有停止条件，必须待义务人出卖标的物于第三人时，才可以行使。[1] 它是一种附条件的权利，一种技术性的、手段性的权利，并附从于基础法律关系的权利。[2] 共有人就份额所享有的优先购买权，就是一种附停止条件的权利，一种技术性、手段性的权利，附从于共有关系。

[拓展]

实际上，关于优先购买权的性质，学说存有分歧。一为订立买卖合同的请求权说。该说认为，优先购买权为订立买卖合同的请求权，是权利人得请求出卖人与自己订立买卖合同的权利，应其请求，出卖人有承诺的义务。[3] 依该说，优先购买权人所作以同等条件购买的意思表示只是要约，如出卖人拒绝承诺，则合同自不成立。此时，优先购买权人如何获得保护，不无疑问。[4] 二为债权的效力说。该说认为，优先承买权在性质上为请求权，仅具有债权的效力，如果买卖当事人之间已经办理了应有部分的移转登记，共有人即不得请求涂销该项登记。优先承买权的优先次序应在其他具有物权效力的优先购买权之后。[5] 该说的主要问题在于没有就是否承认优先购买权为形成权作出表态，特别是在应当阻止恶意受让人取得份额（应有部分）的依据方面，显得无能为力。这从下文关于其他共有人的优先购买权遭受侵害所导致的法律后果的研讨中可以清楚地看出来。三为物权取

---

[1] 王泽鉴：《民法学说与判例研究》（第1册），台北，三民书局有限公司1980年第5版，第519～520页；戴孟勇：《先买权：理论与立法》，载郭道晖主编：《岳麓法学评论》（第1卷），长沙，湖南大学出版社2000年版，第48页。

[2][4] 戴孟勇：《先买权：理论与立法》，载郭道晖主编：《岳麓法学评论》（第1卷），长沙，湖南大学出版社2000年版，第48页。

[3] 焦祖涵：《土地法释论》，台北，三民书局有限公司1973年版，第586页以下。

[5] 中国台湾地区"最高法院"1977年台上字第1530号判决；中国台湾地区"最高法院"1979年台上字第3141号判决；中国台湾地区"最高法院"1976年台上字第853号判决；谢在全：《民法物权论》（上册），台北，三民书局有限公司2003年7月修订2版，第556页。

得权说。该说认为，优先购买权具有排他的效力，故为物权，但优先购买权既非用益物权，又非担保物权，而是属于形成权的物权取得权。[1] 该说一方面认为优先购买权为形成权，另一方面又承认它为物权，显然存在着冲突。[2] 更为要害的是，优先购买权不符合物权为支配权的根本属性，其自身对权利人而言也不具有实质性利益。仅仅凭借优先购买权的行使，往往不能取得物权，只有在动产为交付、不动产为登记之后，才能发生物权变动的结果。四为具有物权性质的债权期待权说。该说认为，如果第三人的条件比其他共有人的条件为优，其他共有人的优先购买权就没有了。如果共有人不转让其份额，其他共有人的该项权利也仅仅是期待的。由于其他共有人不能直接支配拟转让的份额，不符合物权的支配性特点，故优先购买权不是物权，而为债权。但由于债权具有平等性，而优先购买权却使权利人有权优先签订买卖合同，故其应为物权化的债权，且为期待权。[3] 该说的不足如同前二种学说，为本释评书所不采。五为附有条件的形成权说，已如上述。

四、优先购买权规则的适用范围

按份共有人的优先购买权制度，仅仅适用于按份共有人向共有人之外的人转让其份额（应有部分）的场合。对此，《物权编司法解释（一）》已经明确："按份共有人向共有人之外的人转让其份额，其他按份共有人根据法律、司法解释规定，请求按照同等条件优先购买该共有份额的，应予支持"（第12条前段）。"按份共有人之间转让共有份额，其他按份共有人主张根据民法典第三百零五条规定优先购买的，不予支持，但按份共有人之间另有约定的除外"（第13条）。其道理在于，法律确立按份共有人就份额（应有部分）享有优先购买权，是为了减少共有人的人数，防止因外人的介入而使共有人内部关系复杂化，从而简化甚至消除共有物的共同使用关系，实现对共有物利用上的效率。[4] 如此，当某一共有人向另一共有人转让其份额（应有部分）时，是在减少共有人的人数和简化共有物

---

[1] 史尚宽：《物权法论》，台北，荣泰印书馆股份有限公司1979年版，第14~15页；孙宪忠：《德国当代物权法》，北京，法律出版社1997年版，第169页。

[2] 戴孟勇：《先买权：理论与立法》，载郭道晖主编：《岳麓法学评论》（第1卷），长沙，湖南大学出版社2000年版，第48页。

[3] 黄松有主编：《〈中华人民共和国物权法〉条文理解与适用》，北京，人民法院出版社2007年版，第316页。

[4] 谢在全：《民法物权论》（上册），台北，三民书局有限公司2003年7月修订2版，第556页；戴孟勇：《先买权：理论与立法》，载郭道晖主编：《岳麓法学评论》（第1卷），长沙，湖南大学出版社2000年版，第47页。

的使用关系，不影响其他共有人的权益，故无必要赋予他们优先购买权。

[辨析]

《物权编司法解释（一）》第13条但书所谓"但按份共有人之间另有约定的除外"，即在共有人之间依其约定产生优先购买权，属于约定优先购买权，而非法定优先购买权，它不具有《民法典》第305条规定的优先购买权那样的较为强大的效力。换句话说，它仅仅在共有人之间发生法律效力，不具有对抗其他人的法律效力。

应予注意，按份共有人的优先购买权制度在适用范围上受有限制。例如，共有份额的权利主体因继承、遗赠等原因发生变化时，其他按份共有人主张优先购买的，不予支持，但按份共有人之间另有约定的除外（《物权编司法解释（一）》第9条）。这有其道理，阐释如下：（1）共有人的优先购买权制度，无论就其文义还是规范意旨观察，都是作用于有偿转让财产（交易）领域的法律制度，无偿移转财产领域不存在共有人在同等条件下优先购买的问题。因此，将《民法典》第305条关于"按份共有人可以转让其享有的共有的不动产或者动产份额。其他共有人在同等条件下享有优先购买的权利"的规定中的"转让"与"共有人在同等条件下享有优先购买的权利"联系起来观察，只能得出此处所谓"转让"仅具有偿转让之意的结论。而继承、遗赠都不是共有份额的有偿转让，故不适用《民法典》第305条的规定。[①]（2）遗赠和继承中的遗嘱继承，均非交易，而是无偿转让财产，施惠于人，这更应尊重立遗嘱人的意志。既然立遗嘱人意在将其遗产无偿地移转给中意的遗嘱继承人、受遗赠人，那么，法律没有理由违背立遗嘱人的意志，"逼迫"其将财产无偿地移转给另外的人，甚至是其不喜欢的人，除非遗嘱违背了公序良俗或违反了法律、行政法规的强制性规定。假如法律硬性地规定共有人的优先购买权制度适用于继承、遗赠的领域，只要不涉及公序良俗、强制性规定，就是没有理由地违背立遗嘱人的意志，"逼迫"其将财产无偿地移转给另外的人，甚至是其不喜欢的人。其正当性值得怀疑。（3）法定继承制度的宗旨之一是，使遗产转归被继承人的有关血亲或配偶，倘若允许将优先购买权运用其中，导致作为遗产的共有份额落入与被继承人无血亲或配偶关系的人之手，就背离了法定继承制度的立法目的。《物权编司法解释（一）》于法定继承场合否定其他按份共有人的优先购买权，是彻底贯彻伦理的表现。在这个领域，伦理的价值位阶高于其他按份共有人的优先购买权所体现的价值。（4）《民法典》第

[①] 杜万华主编，最高人民法院民事审判第一庭编著：《最高人民法院物权法司法解释（一）理解与适用：背景依据·条文理解·典型案例》，北京，人民法院出版社2016年版，第259、262页。

305 条所谓"共有人在同等条件下享有优先购买的权利"中的"同等条件"，首先是指价格，这是法律人的共识。而继承、遗赠的场合不存在同等条件的问题，也就没有优先购买权运用的余地。（5）法律设立共有人的优先购买权制度，是为了减少共有人的人数，防止因外人的介入而使共有人内部关系复杂化，从而简化甚至消除共有物的共同使用关系，实现对共有物利用上的效率，而继承场合，至少在理论上推定不具备行使优先购买权的条件。（6）行使优先购买权的结果是在转让人（被继承人、立遗嘱人）与受让人之间成立份额转让合同，而继承、遗赠的场合，遗产所有权人（被继承人、立遗嘱人）已经不复存在，欠缺份额转让合同的一方当事人，谈不上洽商、确定"同等条件"等事宜，无法成立份额转让合同。

当然，贯彻意思自治原则，按份共有人之间另有约定允许共有人享有并行使优先购买权的，依其约定。同样需要明确，此种优先购买权源自当事人的约定，属于约定优先购买权，而非法定优先购买权，它不具有《民法典》第 305 条规定的优先购买权那样的较为强大的效力。换句话说，它仍然受制于合同的相对性，仅仅在共有人之间发生法律效力，不具有对抗其他人的法律效力。在共有份额转让人侵害了约定优先购买权的情况下，约定优先购买权人可以基于合伙等合同请求转让人承担违约责任，但无权否定交易相对人与共有份额转让人之间的合同的效力。

不难发现，《物权编司法解释（一）》第 9 条体现着民法之美。本来，意思自治原则成为在遗嘱继承、遗赠领域排除共有人的优先购买权的核心依据，伦理乃在法定继承领域排斥共有人的优先购买权的基石性理由，遵循理论只有彻底才最有力量的哲学思想，应当是在继承、遗赠领域绝对地、永远地拒绝共有人的优先购买权，可是《物权编司法解释（一）》第 9 条关于"但按份共有人之间另有约定的除外"的但书一出，似将这些核心依据、基石性理由彻底击穿、粉碎，使人觉得法律人"头头是道"的理论及其论证纯属欺人之谈，或者惊讶于《物权编司法解释（一）》第 9 条的自相矛盾。其实，沉思下来，就会发现该但书是在共有人之间的关系方面贯彻意思自治，仅此而已；而《物权编司法解释（一）》第 9 条正文贯彻的意思自治体现的伦理价值，不但适用于共有份额转让人与交易相对人之间的转让合同关系，而且适用于共有份额转让人与其他共有人之间的共有关系及份额处分关系。两个意思自治原则作用于两个领域。换句话说，《物权编司法解释（一）》第 9 条的但书因其仅具在共有人之间的债的效力，故无否定《物权编司法解释（一）》第 9 条正文之力。

按份共有人的优先购买权制度，也不适用于建筑物区分所有权领域。这主要是因为建筑物区分所有权场合的共有部分从属于专有部分；还因为某些共有部分不是按份共有，至少不是典型的按份共有；再就是相对于《民法典》第297条以下关于普通共有关系的规范来说，《民法典》第271条以下关于建筑物区分所有权的规范为特别法，应当优先适用。

五、作为优先购买权行使条件的同等条件

本条后段强调优先购买权以同等条件为其行使条件。所谓同等条件，《物权编司法解释（一）》第10条规定："民法典第三百零五条所称的'同等条件'，应当综合共有份额的转让价格、价款履行方式及期限等因素确定。"在笔者看来，此处所谓同等条件，首先是指价款条件相同，即优先购买权人支付的价款应当等同于第三人在买卖合同（转让合同）中允诺支付的价款。其次，关于价款支付的方式，也应等同于第三人允诺的方式。[①] 如果第三人允诺一次付清，优先购买权人不得主张分期付款。[②] 再次，受让人的信用状况及是否提供担保，属于构成同等条件不可忽视的因素。最后，付款地点有时也构成同等条件的因素。当然，价格条件处于核心地位。[③]

为使其他共有人行使优先购买权，转让份额的按份共有人应当通知其他共有人，将其与第三人所订转让合同的全部条件告知其他共有人。转让人违反该项义务时，应承受不利的法律后果。

六、优先购买权受侵害时的法律后果

按份共有人不通知其他共有人，就其份额的转让与非共有人（受让人）签订转让合同，从而侵害了其他共有人的优先购买权，其法律效果如何？《物权编司法解释（一）》第12条第2项规定，其他按份共有人以其优先购买权受到侵害为由，仅请求撤销共有份额转让合同或者认定该合同无效的，人民法院不予支持。这符合交易安全原则，区别内部关系与外部关系，值得赞同。此外，笔者再发表如下意见：由于《民法典》已经区分了物权变动和发生物权变动的原因行为（第215条），注重交易安全（第216条等），故应当得出如下结论：（1）其他共有人行使优先购买权的，转让人负有强制缔约的义务，转让人和行使优先购买权的其他共有人之间形成转让该份额的合同，与转让人和作为非共有人的受让人之

---

①③ 崔建远：《物权法》（第3版），北京，中国人民大学出版社2014年版，第245页；崔建远：《物权法》（第4版），北京，中国人民大学出版社2017年版，第245页。

② 戴孟勇：《先买权：理论与立法》，载郭道晖主编：《岳麓法学评论》（第1卷），长沙，湖南大学出版社2000年版，第52页。

间签订的该份额转让合同并存。(2) 在共有物为动产的情况下，受让人不知也不应当知道转让人侵害了其他共有人的优先购买权，且已经占有了份额的，宜类推适用《民法典》第 311 条第 1 款关于善意取得的规定，受让人终局地取得该份额。此时份额转让合同也有效。(3) 在共有物为不动产的情况下，受让人不知也不应当知道转让人侵害了其他共有人的优先购买权，且已经办理了份额的转移登记（过户登记）的，宜类推适用《民法典》第 311 条第 1 款关于善意取得的规定，受让人终局地取得该份额（应有部分）。此时份额（应有部分）转让合同也有效。(4) 在共有物为动产，且未被受让人占有的情况下，或在共有物为不动产，且未办理变更登记手续的情况下，受让人为善意，但其他共有人主张优先购买权，否认受让人取得份额的，此时可有两种解决路径：其一，因其他共有人主张优先购买权，转让人负有强制缔约义务，所以，在转让人和主张优先购买权的其他共有人之间立即成立该份额的转让合同。转让人和作为非共有人的受让人之间业已成立的转让合同依然有效。于此场合，究竟谁能取得该份额，实际上取决于转让人向谁清偿。其二，在其他共有人主张优先购买权时，转让人和该（或这些）共有人之间立即成立该份额的转让合同。至于转让人和作为非共有人的受让人业已成立的该份额转让合同的效力问题，可有如下解决的方案：如果不能举证证明转让人和受让人之间存在着恶意串通，视转让人和作为非共有人的受让人之间的转让合同为法律上的不能履行，从而转让人必须向主张优先购买权的共有人转让份额。

七、优先购买权的竞存

（一）共有人的优先购买权的竞存

在共有人转让其份额，两个或两个以上的其他共有人均主张优先购买权，且协商不成的，《民法典》第 306 条规定按照转让时各自份额比例行使优先购买权。这样，可维持各个共有人对共有物的比例关系不变，较为公平[①]，兼顾了各位优先购买权人的利益，且不损害转让人的权益，不违背优先购买权的规范意旨。

（二）共有人的优先购买权与承租人的优先购买权的竞存

《民法典》第 726 条规定："出租人出卖租赁房屋的，应当在出卖之前的合理期限内通知承租人，承租人享有以同等条件优先购买的权利"。这承认了承租人的优先购买权。按照《城镇房屋租赁合同司法解释》的规定，房屋买卖合同，出

[①] 参见《法国民法典》第 815－14 条第 4 款；戴孟勇：《先买权：理论与立法》，载郭道晖主编：《岳麓法学评论》（第 1 卷），长沙，湖南大学出版社 2000 年版，第 58 页。

租人与抵押权人协议折价、变卖租赁房屋偿还债务诸场合，承租人均可行使优先购买权（第15条）。共有物出租与丁之后，按份共有人甲转让其份额，其他按份共有人乙、丙当然享有优先购买权，承租人丁是否也享有优先购买权？应当区分情况而定。（1）在共有物整体不转让而仅转让份额的情况下，承租人无权行使优先购买权。其道理在于，就《民法典》第726条规定文义看，承租人的优先购买权所针对的，是共有物整体，而非其份额。也就是说，在仅转让共有物份额时承租人的优先购买权尚不具备行使的条件。此其一。承租人的利益在于继续利用租赁物，不因出租人的变更而受影响。在共有物整体不转让而仅转让份额的情况下，承租人的这种利益完好无损。倘若赋予其行使优先购买权的权利，反倒是使其获得了额外的保护。此其二。在共有物整体不转让而仅转让份额的情况下，使其他共有人有权行使优先购买权，恰恰体现了这项制度的立法目的。此其三。（2）在共有物实行补偿分割、共有物整体转归某共有人的情况下，其他共有人有权行使优先购买权，承租人也有权行使优先购买权，两权发生冲突时，何者优先？应当贯彻前者优先的规则。其道理在于，承租人通过买卖不破租赁的原则获得了足够的保护，无须使其优先购买权优越于共有人的优先购买权。此其一。从立法目的上看，共有人的优先购买权的规范意旨在于，为了简化共有关系，尽量消灭共有状态。假如确立承租人的优先购买权优越于共有人的优先购买权，势必违反立法目的。此其二。

第三百零六条

按份共有人转让其享有的共有的不动产或者动产份额的，应当将转让条件及时通知其他共有人。其他共有人应当在合理期限内行使优先购买权。

两个以上其他共有人主张行使优先购买权的，协商确定各自的购买比例；协商不成的，按照转让时各自的共有份额比例行使优先购买权。

本条主旨

本条是关于优先购买权行使的条件、时间和界限的规定。

相关条文

《物权编司法解释（一）》第11条　优先购买权的行使期间，按份共有人之间有约定的，按照约定处理；没有约定或者约定不明的，按照下列情形确定：

（一）转让人向其他按份共有人发出的包含同等条件内容的通知中载明行使

期间的，以该期间为准；

（二）通知中未载明行使期间，或者载明的期间短于通知送达之日起十五日的，为十五日；

（三）转让人未通知的，为其他按份共有人知道或者应当知道最终确定的同等条件之日起十五日；

（四）转让人未通知，且无法确定其他按份共有人知道或者应当知道最终确定的同等条件的，为共有份额权属转移之日起六个月。

第12条　按份共有人向共有人之外的人转让其份额，其他按份共有人根据法律、司法解释规定，请求按照同等条件优先购买该共有份额的，应予支持。其他按份共有人的请求具有下列情形之一的，不予支持：

（一）未在本解释第十一条规定的期间内主张优先购买，或者虽主张优先购买，但提出减少转让价款、增加转让人负担等实质性变更要求；

（二）以其优先购买权受到侵害为由，仅请求撤销共有份额转让合同或者认定该合同无效。

第13条　按份共有人之间转让共有份额，其他按份共有人主张根据民法典第三百零五条规定优先购买的，不予支持，但按份共有人之间另有约定的除外。

理解与适用

一、概说

本条第1款前段规定转让份额的共有人负有通知义务，后段规定其他共有人行使优先购买权有时间限制。第2款确立数个共有人行使优先购买权时发生法律效果的规则。

二、共有人转让份额场合的通知义务

共有人的优先购买权以共有人转让其于共有物中的份额为产生条件和行使条件，该条件的成就这种事实必须让有权行使优先购买权的共有人知晓，不然，不要说优先购买权无法行使，其实该权也没有产生。因此，本条第1款前段规定转让份额的共有人负有把转让条件及时通知其他共有人的义务。

关于该项通知义务在时间方面的要求，本条第1款前段的措辞是"及时"，带有弹性。何谓及时，需要在个案中综合方方面面的因素加以判断。例如，共有物为鲜活货物，必须及时处理，通知的时间点不得迟于出售货物的佳期。再如，共有物的价格在市场上波动频繁且相差较大，通知的时间点也应尽快。还如，共

有物系房屋，在通常情形，房价相对平稳且带有一定规律性，通知的时间点可以相对宽容；但若面临着限购等措施的出台，不得怠于通知。无论如何，把握和确定通知时间的底线是份额的权属转移至受让人之前，假如权属已经转移完毕，受让人已经取得份额的权属，其他共有人知情与否，不受影响，此时优先购买权规则就形同虚设。

通知义务在内容方面的要求，本条第 1 款前段明确是份额的转让条件，至于该转让条件是如何形成的，潜在的受让人是谁，属于商业秘密，不必告知。此处所谓转让条件，恐怕主要是"同等条件"。关于同等条件，《物权编司法解释（一）》第 10 条给出了较具体、明确的解释，笔者也多次发表意见[1]，在本释评书对《民法典》第 305 条的释评中作了归纳、总结，此处不赘。

同等条件的形成，鲜有拟转让份额的共有人凭空编造的，先向拟主张优先购买权的共有人提出，而后再与第三人洽商的，也不多见。多数场合是共有人与第三人洽商、签署份额转让协议，包括价款、交割时间、担保等条款，自此暂时中止，转向其他共有人，问询其是否同意此种转让条件。共有人若同意，则共有人之间形成份额转让合同，优先购买权行使到位，使命完成；若不同意，转让份额的共有人与第三人成交，实际履行。

三、其他共有人在合理期限内行使优先购买权

为防止优先购买权的持续存在导致交易关系动荡，阻碍共有人转让其份额，贻误转让份额的佳期，毁掉转让份额的交易（包括与第三人之间的、与其他共有人之间的），甚至永远无法再转让出去份额，对该权利的存续期间有必要作出限制。有鉴于此，本条第 1 款后段规定，其他共有人应当在合理期限内行使优先购买权。

对于此处所谓合理期限，有学说认为，在转让人履行通知义务的场合，可依约定的期间为准，自转让份额（应有部分）的通知到达其他共有人之时起算，除非该约定不合理。在转让人未履行通知义务的场合，可比照《合同法》第 55 条规定的 1 年除斥期间予以确定。[2]《物权编司法解释（一）》没有采纳这种意见，而是另辟蹊径："优先购买权的行使期间，按份共有人之间有约定的，按照约定处理；没有约定或者约定不明的，按照下列情形确定：（一）转让人向其他按份

---

[1] 崔建远：《物权法》（第 3 版），北京，中国人民大学出版社 2014 年版，第 245 页；崔建远：《物权法》（第 4 版），北京，中国人民大学出版社 2017 年版，第 245 页。

[2] 戴孟勇：《先买权：理论与立法》，载郭道晖主编：《岳麓法学评论》（第 1 卷），长沙，湖南大学出版社 2000 年版，第 52～53 页。

共有人发出的包含同等条件内容的通知中载明行使期间的，以该期间为准；（二）通知中未载明行使期间，或者载明的期间短于通知送达之日起十五日的，为十五日；（三）转让人未通知的，为其他按份共有人知道或者应当知道最终确定的同等条件之日起十五日；（四）转让人未通知，且无法确定其他按份共有人知道或者应当知道最终确定的同等条件的，为共有份额权属转移之日起六个月"（第11条）。因为优先购买权为形成权，必然受制于除斥期间，所以其他按份共有人未在上述期间内主张优先购买，人民法院不予支持（《物权编司法解释（一）》第12条第1项前段）。虽然主张优先购买，但提出减少转让价款、增加转让人负担等实质性变更要求的，意味着不是同等条件，人民法院也不予支持此种"优先购买权"的行使（《物权编司法解释（一）》第12条第1项后段）。

《物权编司法解释（一）》第11条规定的优先购买权的行使期间有可资赞同的一大面，也有可商榷之点。其第2项和第3项兼顾了转让人未约优先购买权行使的期间或所约期间过短这种主观状态、形成权因其破坏力较强而不宜较长期间地存续，及优先购买权人思考、决断所需时间诸项因素，考虑问题全面、周到。其第4项系综合考量形成权的除斥期间不宜过长、转让人未发问询其他共有人是否优先购买的通知这种主观状态，权衡转让人、其他按份共有人、受让人之间的利益关系而后作出规定。所有这些，都值得肯定。但其第1项的规定却存在缺点：以转让人向其他按份共有人发出的包含同等条件内容的通知中载明的行使期间为准，乃贯彻意思自治原则的体现，虽可接受，但它忽视了优先购买权人接到通知后思考、决断是否购买所必需的时间。如果通知中载明行使优先购买权的期间过短，不合交易习惯，不合情理，就不宜以通知中载明行使优先购买权的期间为准。

四、数人行使优先购买权的规则

在共有人转让其份额，两个或两个以上的其他共有人均主张优先购买权的场合，且协商不成的，如何处理？曾有学说主张，参照《公司法》第71条第3款后段关于"两个以上股东主张行使优先购买权的，协商确定各自的购买比例；协商不成的，按照转让时各自的出资比例行使优先购买权"的规定处理，即该数个共有人按各自在共有物中所占的比例取得转让的份额（应有部分）。这样，可维持各个共有人对共有物的比例关系不变，较为公平①，《民法典》第306条第2款规定："两个以上其他共有人主张行使优先购买权的，协商确定各自的购买比例；

---

① 参见《法国民法典》第815-14条第4款；戴孟勇：《先买权：理论与立法》，载郭道晖主编：《岳麓法学评论》（第1卷），长沙，湖南大学出版社2000年版，第58页。

协商不成的，按照转让时各自的共有份额比例行使优先购买权。"这样，兼顾了各位优先购买权人的利益，且不损害转让人的权益，不违背优先购买权的规范意旨，值得赞同。

第三百零七条

因共有的不动产或者动产产生的债权债务，在对外关系上，共有人享有连带债权、承担连带债务，但是法律另有规定或者第三人知道共有人不具有连带债权债务关系的除外；在共有人内部关系上，除共有人另有约定外，按份共有人按照份额享有债权、承担债务，共同共有人共同享有债权、承担债务。偿还债务超过自己应当承担份额的按份共有人，有权向其他共有人追偿。

本条主旨

本条是关于共有关系中外部债权债务关系与内部债权债务关系以及追偿权的规定。

相关条文

《物权法》第 102 条　因共有的不动产或者动产产生的债权债务，在对外关系上，共有人享有连带债权、承担连带债务，但法律另有规定或者第三人知道共有人不具有连带债权债务关系的除外；在共有人内部关系上，除共有人另有约定外，按份共有人按照份额享有债权、承担债务，共同共有人共同享有债权、承担债务。偿还债务超过自己应当承担份额的按份共有人，有权向其他共有人追偿。

理解与适用

一、概说

本条是对《物权法》第 102 条的复制，前段规定因共有物产生的债权债务，在对外关系方面以连带为原则；中段规定，在按份共有的内部关系方面，以以份额为准确定债权债务为原则，在共同共有的内部关系方面以平等承受为原则；后段规定了按份共有人的追偿权。

二、按份共有场合的因共有物产生的债权债务对外的效力

因共有物产生的债权债务，共有人对于作为债权人或债务人的第三人享有何

种债权、负担何种债务，可能存在着约定，如约定按份承受，或约定连带承受。但是，《民法典》于此场合未将意思自治原则放置高位，不完全依从共有人的约定，而是奉行法定承受原则，同时设置例外，在例外中适当考量共有人的约定。

（一）各个按份共有人对第三人的债权

因共有物产生的对于第三人的债权，无论各个共有人之间约定是按份享有还是连带享有，在对第三人的关系方面，各个按份共有人享有连带债权。除非法律另有规定或第三人知道共有人之间不具有连带债权关系（《民法典》第307条前段）。按照共有债权（且为连带债权）的行使规则，各个按份共有人可以单独提起债权请求权的诉讼。

本条前段正文关于按份共有关系中任何一位共有人连带地享有因共有物产生的对于第三人的债权的规定，是个推定，而非视为。既然是推定，那么，在该推定与客观真实的债权债务关系不相符合时，第三人（债务人）有权举出证据推翻之，所举证据包括共有人之间约定由各个共有人按份负担债务，或者法律有这方面的规定。换个角度表述，如果真实的情形是共有人之间不具有连带债权关系，则意味着共有人甲仅就自己的份额享有向第三人主张的权利，无权就乙、丙等其他共有人的份额享有向第三人主张的权利。既然如此，在不享有连带债权的共有人甲向第三人主张超出其份额的相应债权时，作为债务人的第三人有权举证证明共有人甲不享有连带债权，拒绝甲的清偿请求。

本条前段的但书所谓法律另有规定共有人不具有连带债权关系的，共有人也不享有连带债权，例如，《民法典》第56条前段关于"个体工商户的债务，个人经营的，以个人财产承担"的规定，若从债权方面理解，就是个体工商户的债权，个人经营的，该个人对外享有债权。

（二）各个按份共有人对第三人的义务

因共有物所产生的对第三人的义务，如委托第三人保管共有物所产生的保管费债务，委托第三人修缮共有物所产生的报酬债务，等等，无论债务可分与否，在对该第三人的关系方面，各个按份共有人均连带承担，除非法律另有规定或第三人知道共有人不具有连带债务关系《民法典》（第307条前段）。

法律奉行因共有物所产生的对第三人的义务由共有人连带负责的原则，有利于作为债权人的善意第三人，使善意第三人觉得与合伙等共有团体从事交易更有获得清偿的保障，即交易安全有保障；由此一来，合伙等共有团体在清偿能力、保障方面的信誉高，易于吸纳交易相对人，也使自己的交易更加活跃，获取交易利益。

此处所谓法律另有规定各个共有人对外不承担连带债务，《民法典》第56条前段关于"个体工商户的债务，个人经营的，以个人财产承担"的规定，属于此类。

本条前段正文关于按份共有关系中任何一位共有人连带地负担因共有物产生的对于第三人的债务的规定，同样是个推定，而非视为。既然是推定，那么，在该推定与客观真实的债权债务关系不相符合时，共有人（债务人）有权举出证据推翻之，所举证据包括共有人之间存在各个共有人按份负担债务的约定，或者法律有各个共有人依其份额负担对外债务的规定；第三人（债权人）知道存在此类约定或法定。

三、按份共有场合的内部债权债务关系

与对外关系中因共有物所生的债务由共有人连带负责的原则及其确定根据不同，在各个共有人之间的关系即内部关系中，不存在因共有物产生的债权债务需要共有人从外观上产生信赖的需要和动力，共有团体的产生和运作在依份额确定权利义务方面是既定的、公开的、透明的，因而，因共有物产生的债权，按份共有人按照份额享有；因共有物产生的债务，按份共有人按照份额承担。当然，共有人另有约定的，依其约定（《民法典》第 307 条中段）。

四、共同共有场合的外部债权债务关系

由共同共有的基础关系的本质决定，立法例及其理论据此都确认，各个共同共有人对于共有物享有平等的权利，并不像按份共有那样依据所谓的份额确定权利义务，因共有物产生的债权债务也是如此。在一定意义上，可以说：共同共有本身就是公示，其内容之一是共同共有人对外承担连带债务，享有连带债权。正因如此，本条前段规定，因共有物而使共同共有人与第三人产生的债权，各个共同共有人享有连带债权。例如，第三人不法侵害共有物，各个共同共有人均有权请求该侵权行为人承担全部赔偿责任。共同共有人对因共有物所产生的各类债务，承担连带责任。例如，因修缮共有物而产生的费用、因共有物致人损害而产生的赔偿责任等，均由全体共同共有人连带承担。

需要指出，以上所述为原则，即使共同共有具有与按份共有不同的本质，在对外关系方面仍然适用本条前段关于"但是法律另有规定或者第三人知道共有人不具有连带债权债务关系的除外"的规定。在这方面典型且突出的是夫妻债务。例如，《婚姻家庭编司法解释（一）》规定：债权人就一方婚前所负个人债务向债务人的配偶主张权利的，人民法院不予支持。但债权人能够证明所负债务用于婚后家庭共同生活的除外（第 33 条）。夫妻一方与第三人串通，虚构债务，第三人主张该债务为夫妻共同债务的，人民法院不予支持（第 34 条第 1 款）。夫妻一方在从事赌博、吸毒等违法犯罪活动中所负债务，第三人主张该债务为夫妻共同

债务的，人民法院不予支持（第34条第2款）。当事人的离婚协议或者人民法院生效判决、裁定、调解书已经对夫妻财产分割问题作出处理的，债权人仍有权就夫妻共同债务向男女双方主张权利（第35条第1款）。一方就夫妻共同债务承担清偿责任后，主张由另一方按照离婚协议或者人民法院的法律文书承担相应债务的，人民法院应予支持（第35条第2款）。夫或者妻一方死亡的，生存一方应当对婚姻关系存续期间的夫妻共同债务承担清偿责任（第36条）。

五、共同共有场合的内部债权债务关系

本条中段明确："在共有人内部关系上，除共有人另有约定外，……共同共有人共同享有债权、承担债务。"这符合共同共有的本质属性，值得赞同。

六、按份共有人的追偿权

按份共有关系中，每个共有人依其份额享有权利、负担义务，不享有超出其份额的权利，也应无义务负担超出其份额的负担。这是确定各个按份共有人在按份共有关系中的地位及权利义务的基本准则。至于在对外关系中，某位或某几位共有人应债权人基于连带债务规则的请求负担了超出其份额的债务，这只是出于交易安全、方便和保障债权人的权益的需要，并不改变共有人固有的义务的质和量，否则，就违背公平正义了。正因如此，本条后段规定："偿还债务超过自己应当承担份额的按份共有人，有权向其他共有人追偿。"《合伙企业法》第40条也规定："合伙人由于承担无限连带责任，清偿数额超过本法第三十三条第一款规定的其亏损分担比例的，有权向其他合伙人追偿。"

第三百零八条

共有人对共有的不动产或者动产没有约定为按份共有或者共同共有，或者约定不明确的，除共有人具有家庭关系等外，视为按份共有。

本条主旨

本条是关于按份共有推定的规定。

相关条文

《物权法》第103条 共有人对共有的不动产或者动产没有约定为按份共有或者共同共有，或者约定不明确的，除共有人具有家庭关系等外，视为按份共有。

《关于民法通则的意见》第 88 条　对于共有财产，部分共有人主张按份共有，部分共有人主张共同共有，如果不能证明财产是按份共有的，应当认定为共同共有。

理解与适用

本条是对《物权法》第 103 条的复制，含有几层意思：（1）共有人对共有物是按份共有还是共同共有有约定的，依其约定；（2）以家庭关系作为基础的共有为共同共有；（3）对于共有类型，共有人无约定或约定不明确的，视为按份共有。

由于共有关系是采取按份共有制还是共同共有制，不涉及公共利益，属于共有人之间的事情，因而应当奉行意思自治原则，尊重共有人之间的约定。所以，本条第一层意思拥有根据，值得赞同。

家庭关系特殊，血缘、婚姻系其根基，为其纽带，互敬互爱不可或缺，养老育幼系天职，因而，共同共有更适合其要求。可见，本条第二层意思具有伦理基础，也负担了一定的社会职能，值得赞同。

共有人对于共有类型无约定或约定不明确的情形，究竟推定为何种共有，在中国有个演变过程。《关于民法通则的意见》第 88 条规定："对于共有财产，部分共有人主张按份共有，部分共有人主张共同共有，如果不能证明财产是按份共有的，应当认定为共同共有。"这可能与那个时代国家强调集体主义、高扬友爱互助有关。但考察境外的立法例及理论，发现它们以按份共有为原则，共同共有作例外。笔者体悟，民法作为强调民事权利、分清民事责任、颇有些"斤斤计较"的法律，按份共有更适合该特色。就此看来，本条改变原有观念，奉行新规，共有人对于共有类型无约定或约定不明确的，视为按份共有，有其内在根据。至于扶困济贫、关照弱者的需要，也应予重视并设计出解决方案，完善社会保障制度、设立相应的基金制度等势在必行。

抽象地说，视为共同共有，更契合团体主义、社会主义的本质属性；视为按份共有，比较符合民法的自然本性。中国法及理论的任务是适当调和这两种价值取向。

第三百零九条

按份共有人对共有的不动产或者动产享有的份额，没有约定或者约定不明确的，按照出资额确定；不能确定出资额的，视为等额享有。

本条主旨

本条是关于按份共有关系中份额确定和等额享有推定的规定。

相关条文

《物权法》第104条 按份共有人对共有的不动产或者动产享有的份额，没有约定或者约定不明确的，按照出资额确定；不能确定出资额的，视为等额享有。

理解与适用

本条是对《物权法》第104条的复制。

本条暗含着一个前提，即按份共有人就共有物享有的份额分配有约定时，依其约定。这是贯彻意思自治原则的体现，具有正当性，因为共有人如何享有份额不涉及公共利益，纯属共有人之间的利益分配，无须也不宜用公序良俗原则加以干预。特别是，此种约定兼顾了出资额、管理共有事务、使共有物保值甚至增值的贡献，按照共有人的约定确定份额，就更具正当性。

本条前段规定，在共有人未就共有人对于共有物享有的份额进行约定或约定不明确时，按照出资比例确定。这具有合理性，因为共有物是由共有人的出资构成的，谁出资，谁受益，出资多，受益高，符合权利义务相一致的原则。当然，这种结论是建立在下面的前提之下的：某位或某几位管理共有事务、保有共有物的价值、使共有物增值、利用共有物创造价值所应该得到的回报，另有安排，比如由薪水、奖金来体现。

本条后段规定不能确定出资额的，视为等额享有。这是在各种有效办法都用尽仍难以确定份额的情况下，采用的最为合理的规则，也符合平均主义。

第三百一十条

两个以上组织、个人共同享有用益物权、担保物权的，参照适用本章的有关规定。

本条主旨

本条是关于准共有准用《民法典》关于共有规则的规定。

相关条文

《物权法》第105条 两个以上单位、个人共同享有用益物权、担保物权的，参照本章规定。

理解与适用

本条是对《物权法》第 105 条的复制，只不过把原来使用的"单位"更换为现在的"组织"罢了。

本条所谓"两个以上组织、个人共同享有用益物权、担保物权"，就是准共有，用学理的语言描述就是，两个或两个以上的主体不是对有体物/所有权享有共有权，而是对所有权以外的财产权享有共有权的现象。例如，三个法人按份共有 A 宗国有土地的建设用地使用权，两家银行共同享有 B 房地产的一个抵押权。准共有具有以下法律性质。[①]

1. 准共有的标的物是所有权之外的财产权，包括建设用地使用权、海域使用权、地役权、采矿权、取水权、抵押权、质权、专利权、著作权以及债权等。人格权、身份权等非财产权不得作为准共有的标的物。占有不是一种权利，不会形成准共有，而是成为共同占有，由另外的法律制度解决。

2. 准共有关系准用法律关于共有的有关规定。究竟是准用法律关于共同共有的规定，还是准用法律关于按份共有的规定，应当视其共有关系究竟属于按份共有关系还是共同共有关系而定。对于以家庭关系、夫妻关系、继承关系等作为基础关系的共有，一般准用共同共有的规定。对于没有共同关系作为基础关系的共有，准用按份共有的规定。

3. 准共有准用按份共有或共同共有的规定，仍然以该财产权的法律没有特别规定的为限。如果其法律有特别规定的，则应首先适用该特别规定。在共有地役权时，应注意地役权的不可分性的特质。

本条所谓"参照适用本章的有关规定"，就是参照适用《民法典》第 297－309 条关于有体物/所有权共有的规定。所谓"参照适用"，就是学说使用的"准用"。所谓准用，不是适用法律关于系争案型的直接规定，因为于此场合援用的法律规范是法律针对另外的案型设计的；也不是类推适用，因为类推适用的前提之一是，法律未设明文允许"适用"某某规定，只不过系争案型与法定案型具有类似性，才将法定案型用作解决系争案型的法律根据。

[①] 参见谢在全：《民法物权论》（中册），台北，三民书局有限公司 2003 年 7 月修订 2 版，第 44～46 页；王泽鉴：《民法物权·通则·所有权》（总第 1 册），台北，三民书局有限公司 2003 年 8 月增补版，第 395～400 页；梁慧星、陈华彬：《物权法》（第 4 版），北京，法律出版社 2007 年版，第 252 页；胡康生主编：《中华人民共和国物权法释义》，北京，法律出版社 2007 年版，第 236 页。

第九章

所有权取得的特别规定

本章规定了除《民法典》第二编第二章"物权的设立、变更、转让和消灭"以及其他有关所有权取得的规定以外的所有权取得的原因，或曰法律事实，诸如善意取得、拾得遗失物、拾得漂流物、发现埋藏物或隐藏物、从物的归属、孳息的取得、添附，均在其中，较为丰富。

不少立法例及理论仅仅承认动产物权的善意取得，只有德国民法确立了不动产物权的善意取得，中国台湾地区的少数学者持肯定态度，不少学者以善意受让或登记的公信力为题阐述相同的事项。中国《物权法》和《民法典》先后都正面规定不动产物权的善意取得，是厘清、捋顺不动产登记的公信力与善意取得之间关系的成功表现，可喜可贺！当然，就应然层面而论，不动产物权的善意取得与动产物权的善意取得在构成要件方面应当有所差异，后者应当更严格一些，因为占有所表彰的动产物权关系未能真实地反映实际的动产物权关系的事例相对多些。《物权法》和《民法典》没有做到这一点，有必要在修法时加以改进。但瑕不掩瑜，明确构建不动产物权的善意取得制度功莫大焉！

在拾得遗失物、拾得漂流物、发现埋藏物或隐藏物的制度中，《物权法》和《民法典》一以贯之地坚持中国特色，不赋权拾得人、发现人取得遗失物、埋藏物或隐藏物的所有权，而是确立归属于所有权人，无所有权人或所有权人不明确时归属于国家的规则。这与自古以来风行的拾金不昧的道德理念相互契合，是雷锋精神的法律体现。当然，毋庸讳言，这在一定程度上消减了某些人在遗失物、漂流物、埋藏物、隐藏物方面的积极作为。

添附，尤其是动产与不动产的附合，在日常生活中常见，如承租人装修租赁物，在诸如此类的场合如何认定原物所有权的消失和另一物的所有权新生，是回避不了的客观存在。法律对此予以反映和调整势在必行，《物权法》在这方面没有完成使命，《民法典》终于因应了社会生活的实际需求，值得赞扬！

第三百一十一条

无处分权人将不动产或者动产转让给受让人的，所有权人有权追回；除法律另有规定外，符合下列情形的，受让人取得该不动产或者动产的所有权：

（一）受让人受让该不动产或者动产时是善意；

（二）以合理的价格转让；

（三）转让的不动产或者动产依照法律规定应当登记的已经登记，不需要登记的已经交付给受让人。

受让人依据前款规定取得不动产或者动产的所有权的，原所有权人有权向无处分权人请求损害赔偿。

当事人善意取得其他物权的，参照适用前两款规定。

本条主旨

本条是关于善意取得的规定。

相关条文

《物权法》第 106 条　无处分权人将不动产或者动产转让给受让人的，所有权人有权追回；除法律另有规定外，符合下列情形的，受让人取得该不动产或者动产的所有权：

（一）受让人受让该不动产或者动产时是善意的；

（二）以合理的价格转让；

（三）转让的不动产或者动产依照法律规定应当登记的已经登记，不需要登记的已经交付给受让人。

受让人依照前款规定取得不动产或者动产的所有权的，原所有权人有权向无处分权人请求赔偿损失。

当事人善意取得其他物权的，参照前两款规定。

《物权编司法解释（一）》第 14 条　受让人受让不动产或者动产时，不知道转让人无处分权，且无重大过失的，应当认定受让人为善意。

真实权利人主张受让人不构成善意的，应当承担举证证明责任。

第15条　具有下列情形之一的，应当认定不动产受让人知道转让人无处分权：

（一）登记簿上存在有效的异议登记；

（二）预告登记有效期内，未经预告登记的权利人同意；

（三）登记簿上已经记载司法机关或者行政机关依法裁定、决定查封或者以其他形式限制不动产权利的有关事项；

（四）受让人知道登记簿上记载的权利主体错误；

（五）受让人知道他人已经依法享有不动产物权。

真实权利人有证据证明不动产受让人应当知道转让人无处分权的，应当认定受让人具有重大过失。

第16条　受让人受让动产时，交易的对象、场所或者时机等不符合交易习惯的，应当认定受让人具有重大过失。

第17条　民法典第三百一十一条第一款第一项所称的"受让人受让该不动产或者动产时"，是指依法完成不动产物权转移登记或者动产交付之时。

当事人以民法典第二百二十六条规定的方式交付动产的，转让动产法律行为生效时为动产交付之时；当事人以民法典第二百二十七条规定的方式交付动产的，转让人与受让人之间有关转让返还原物请求权的协议生效时为动产交付之时。

法律对不动产、动产物权的设立另有规定的，应当按照法律规定的时间认定权利人是否为善意。

第18条　民法典第三百一十一条第一款第二项所称"合理的价格"，应当根据转让标的物的性质、数量以及付款方式等具体情况，参考转让时交易地市场价格以及交易习惯等因素综合认定。

第19条　转让人将民法典第二百二十五条规定的船舶、航空器和机动车等交付给受让人的，应当认定符合民法典第三百一十一条第一款第三项规定的善意取得的条件。

第20条　具有下列情形之一，受让人主张根据民法典第三百一十一条规定取得所有权的，不予支持：

（一）转让合同被认定无效；

（二）转让合同被撤销。

理解与适用

一、本条内容的概貌

本条是对《物权法》第106条的复制，第1款明确善意取得所有权的构成要件，第 2 款赋权失去所有权的主体可以请求无处分权人承担损害赔偿责任，第 3 款确立其他物权的善意取得准用第 1 款、第 2 款关于所有权善意取得的规定。

二、不动产物权的善意取得

（一）不动产物权善意取得概述

所谓善意取得，是指转让人和受让人之间以移转或成立物权为目的实施法律行为，转让人若已把标的物交付给受让人（动产场合）或登记在受让人的名下（不动产场合），即使欠缺处分权（即处分特定物的具体权能，下同），受让人若于受让时处于善意，也依然取得标的物的物权的现象。

在一些立法例上，善意取得制度仅仅适用于动产物权，不动产的无权处分由登记的公信力制度解决。中国的既有理论也如此主张。[1]《物权法》改弦易辙，将善意取得制度统一适用于动产物权和不动产物权的取得上（第 106 条第 1 款），《民法典》对此予以承继（第 311 条第 1 款），这都值得肯定。[2]

［论争］

关于善意取得制度是否适用于不动产场合，素有争论。通说认为，动产物权适用善意取得制度，登记的公信力解决不动产物权的无权处分问题。这种理论首先面临的诘问是，在占有和登记均有公信力的法制下，对于受让人于无权处分场合取得标的物的物权问题，登记的公信力足以解决问题，而占有的公信力为什么不能？对此，通说往往这样回答：动产物权的公示方法为占有，而占有所昭示的物权关系与真实的物权关系不一致的情形较为常见，仅仅凭借对占有的信赖即使受让人取得动产物权，过于轻率，过分地牺牲了真实物权人的利益，因而，在无权处分场合，需要增加和细化取得动产物权的要件，适当减少受让人取得动产权的机会，扩大保护真实物权人的范围。这正是善意取得制度的用武之地。与此有别，不动产物权的公示方法为登记，而登记所昭示的物权关系与真实的物权关系很少脱节，即使个别情况下存在着登记名义人与真实物权人不一致，不动产物权登记的公信力也足以解决善意第三人的保护问题，无须附加其他条件即可由受

---

[1] 参见孙宪忠：《再谈物权行为理论》，载孙宪忠：《论物权法》，北京，法律出版社 2001 年版，第 200～201 页；王利明：《物权法研究》，北京，中国人民大学出版社 2002 年版，第 276 页；中国政法大学物权法立法课题组：《关于〈民法草案·物权法编〉制定若干问题的意见》，载《政法论坛》2003 年第 1 期；梁慧星：《物权法草案（第二次审议稿）若干条文的解释与批判》，载易继明主编：《私法》（第 5 辑·第 1 卷），北京，北京大学出版社 2005 年版，第 5～11 页。

[2] 当然，站在立法论的立场上，《物权法》和《民法典》在动产物权的善意取得和不动产物权的善意取得上适用同一构成要件，似有斟酌的余地。

让人取得不动产物权，换言之，没有善意取得制度的立锥之地。

其实，在中国，不动产登记名义人与真实物权人不一致的情况不在少数，主要发生原因有如下几种：（1）登记机构的错误或疏漏。例如，误将甲所有的某不动产登记在乙的名下，或误把 A 楼登记为 B 楼。（2）不动产登记簿外的法律变动。例如，甲死亡，由乙办理了继承登记，但真正的继承人为丙。（3）不动产物权变动的原因行为被确认为无效或被撤销，或未被追认，不动产物权失去其变动的根据。例如，抵押合同违反了法律、行政法规的强制性规定。（4）根据法律规定取得不动产物权，但尚未办理过户登记。例如，某主审法院应甲和乙的请求将其共有的 A 楼及其相应的建设用地使用权作价分割，由甲取得产权，判决准许。不过，该判决书送达后一直未办理 A 楼及其相应的建设用地使用权的变更登记手续。① （5）夫妻共有或家庭共有等场合，不动产登记簿记载的物权人只有部分成员，欠缺其他共有人的信息。当然，《不动产登记暂行条例实施细则》已经要求改变这种操作，要列明全体共有人（第 10 条、第 21 条）。（6）出于规避法律或其他考虑，将自己购买的房屋等登记在他人名下，并无赠与的效果意思。

面对如此情形，受让人仅仅凭借自己没有过失地信赖了不动产登记簿的记载，就取得不动产物权，对真实物权人恐怕过于苛刻。对交易相对人再增加些要求，例如，必须是有偿的交易行为且价格合理，不动产已被变更登记或被交易相对人占有等，才能公平合理地平衡交易相对人和真实物权人之间的利益关系。而这些条件，难以被公信力制度所容纳，却正是善意取得制度的题中应有之义。就此，德国物权法大家鲍尔教授和施蒂尔纳教授的下述阐释非常有助益：《德国民法典》第 891 条是关于权利正确性推定的规定，与《德国民法典》第 892 条和第 893 条关于善意取得效力的规定，虽源于同一思想，但在其构成要件和效力上，又有差异。第 891 条作为举证负担规范，也就是恰在真实法律关系无法查明时，该规范才发挥作用：受土地登记簿内容的支持者，不负举证责任；第 892 条和第 893 条作为实体法上的权利表象要件，其规范出发点，为不正确的，也就是与真实法律关系不相符的土地登记簿。在土地交易中，信赖土地登记簿的内容者，其信赖受法律保护，他获得在土地登记簿状态与真实法律关系不相吻合时，应能取得的权利地位。故而也可以说：权利表象取代权利本身。②

善意取得制度统一适用于动产物权和不动产物权，便于说明公示的公信力制

---

① 参考王泽鉴：《民法物权·通则·所有权》（总第 1 册），台北，三民书局有限公司 2003 年 8 月增补版，第 122 页。

② ［德］鲍尔/施蒂尔纳：《德国物权法》（上册），张双根译，北京，法律出版社 2004 年版，第 489 页。

度和善意取得制度之间的相互关系。公示的公信力是善意取得制度得以建立和存在的逻辑前提及技术前提，善意取得制度则是公信力的必然结果，是公信力落实的具体体现之一。没有公信力制度，受让人取得无权处分之物的物权就缺乏正当性；没有善意取得制度，仅凭公信力制度，受让人取得无权处分之物的物权有过滥之嫌，对真实物权人有过苛之弊，有失权衡。善意取得制度细化的受让人取得无权处分之物的要件，排除了某些情况下受让人取得物权的可能，较好地平衡了各方当事人的利益关系，不可或缺。

受让人取得无权处分之物的物权，是否承受该物上的既有负担？公信力制度对此语焉不详，按照逻辑推演，似乎是肯定的结论。这对受让人来说有时不尽公平合理。而善意取得制度，至少按照通说，区分情况而做决定，较为适当。这也是善意取得制度统一适用于动产物权和不动产物权的理由之一。

可能因为如此，德国民法理论开始承认不动产物权的善意取得[①]，中国台湾地区的学说亦有这样的动向。[②]

由此可见，《物权法》（第106条第1款）、《民法典》（第311条第1款）承认不动产物权的善意取得，在方向上值得赞同。

（二）不动产物权善意取得的构成要件

《民法典》第311条第1款规定了善意取得的要件，分析其意思，可知不动产物权善意取得的要件计有四项：受让人基于交易行为取得不动产物权；受让人受让不动产时是善意的；受让人受让不动产物权所应（已）支付的价格合理；转让的不动产已经登记，不需要登记的已经交付给受让人。转让合同有效则不在其中。[③]

1. 受让人基于交易行为取得不动产物权

善意取得制度在于保护交易安全，受保护的限于交易引发的不动产物权变动，任何非交易性质的取得，以及任何不包含对权利的处分而仅仅导致债法权利产生的变动过程，均不适用善意取得制度。[④] 例如，受让房屋所有权、建设用地

---

① ［德］鲍尔/施蒂尔纳：《德国物权法》（上册），张双根译，北京，法律出版社2004年版，第64、488页以下；［德］鲍尔/施蒂尔纳：《德国物权法》（下册），申卫星、王洪亮译，北京，法律出版社2006年版，第94页以下。

② 王泽鉴：《民法物权·通则·所有权》（总第1册），台北，三民书局有限公司2003年8月增补版，第122页以下。

③ 笔者不赞同转让合同有效作为善意取得的要件，详细论述见崔建远：《出卖他人之物合同的效力设计》，载《河北法学》2006年第3期，第7~9页；崔建远：《不动产物权的善意取得》，载《中国法律评论》第1卷第1期，北京，法律出版社2007年11月第1版，第65~77页。

④ 参见［德］鲍尔/施蒂尔纳：《德国物权法》（上册），张双根译，北京，法律出版社2004年版，第494页。

使用权或设立不动产抵押权等。直接依据法律规定（如继承、征收等）而取得不动产物权，不包括在内。还有，《民法典》及《土地管理法》等现行法禁止国家土地所有权转让，禁止集体土地所有权依民事程序流转，不存在国家土地所有权、集体土地所有权的交易，所以，无发生善意取得的余地。

[论争]

关于交易行为（转让合同）是否必须有效，存在着较为激烈的争论。《中华人民共和国民法（草案）》（2002 年 12 月 17 日）第 99 条第 1 款第 4 项和第 5 项规定，法律不禁止或限制转让、转让合同不属于无效或被撤销，均为善意取得的构成要件。《中华人民共和国物权法（征求意见稿）》（2002 年 1 月 28 日）于第 101 条第 1 款第 4 项和第 5 项、《中华人民共和国物权法（草案）》（2004 年 8 月 3 日）于第 104 条第 1 款第 4 项和第 5 项都重申了上述规定。2004 年 10 月 15 日的《中华人民共和国物权法（草案）》第 106 条第 1 款规定善意取得以转让合同有效为要件（第 4 项），删除了"法律不禁止或者限制转让"这个要件。2005 年 7 月 11 日的《中华人民共和国物权法（草案）》（第 111 条第 1 款第 4 项）、2006 年 6 月 6 日的《中华人民共和国物权法（草案）》（第 110 条第 1 款第 4 项）亦然。只是到了 2006 年 10 月 20 日的《中华人民共和国物权法（草案）》（六次审议稿）才删除了转让合同有效这个要件（第 105 条第 1 款），2006 年 12 月 15 日的《中华人民共和国物权法（草案）》（七次审议稿）予以承继（第 105 条第 1 款），最后于 2007 年 3 月 16 日被第十届全国人民代表大会第五次会议通过的《中华人民共和国物权法》确定（第 106 条第 1 款）。

尽管如此，有学者依然坚持转让合同有效为善意取得的要件之一。[1] 法释〔2016〕5 号第 21 条规定，转让合同因违反《合同法》第 52 条规定被认定无效的，以及转让合同因受让人存在欺诈、胁迫或者乘人之危等法定事由被撤销的，受让人主张根据《物权法》第 106 条的规定取得所有权的，人民法院不予支持。《物权编司法解释（一）》承继了这些精神，只是在措辞方面有变化：在转让合同被认定为无效、被撤销的情况下，受让人援用《民法典》第 311 条的规定，主张取得标的物的所有权的，人民法院不予支持（第 20 条）。这似乎是采纳了转让合同有效说。对此，笔者则持有异议。总的说来，它是混淆物权法与债法适用的反映，是混淆善意取得物权与保有物权两项制度及功能的表现，给善意取得制度添加了一些不适当的因素。兹从以下四个方面予以阐明。

A. 不可忽视中德两国民法在无权处分构造上的差别

---

[1]　王利明、尹飞、程啸：《中国物权法教程》，北京，人民法院出版社 2007 年版，第 150 页。

德国民法区分物权行为和债权行为，物权行为作为处分行为，唯有处分人具有处分权限，才能生效；与此相反，债权行为作为负担行为，任何人都可以从事，不以具有处分权限为必要。① 如此，在无权处分的情况下，债权行为的法律效力不受处分权有无的影响，一般都会有效，只有物权行为因欠缺处分权限而处于效力待定的状态。若交易相对人为善意，"依关于善意保护之规定，善意人亦得由非权利人取得。善意在一定程度上代替了处分权"②。或者说善意补正了处分权的欠缺③，使受让人取得物权。与此不同，中国法无债权行为与物权行为的区分，更无所谓物权行为无因性，至少在笔者看来，买卖等合同也需要出卖人等转让人拥有处分权。

其实，即使在德国法系，也不刻意追求债权行为的有效，至少有学说如此认识，于是有动产的善意取得不必以原因行为（债权行为）的有效为要件之论。④ 中国台湾地区的"民法"第759-1条第2项规定："因信赖不动产登记之善意第三人，已依法律行为为物权变动之登记者，其变动之效力，不因原登记物权之不实而受影响。"德国民法承认买卖合同等债权行为的效力不因欠缺处分权而受影响，并非因为善意取得制度的本质要求，只是奉行物权行为和债权行为二分架构的必然结果。

在此，需要指出，德国民法的通说主张善意取得为继受取得。如此，物权行为非有效不可。至于债权行为，则依据债法规则处理，不违反法律行为有效要件的，有效，不受处分人欠缺处分权的影响；具备无效原因的，则无效。债权行为有效时，善意受让人终局地保有标的物的物权；债权行为无效时，受让人负有不当得利返还的义务，难以终局地保有标的物的物权。与此有别，中国现行法的多数说对善意取得采取原始取得说，认为善意的受让人系基于法律的直接规定取得标的物的物权，而非基于法律行为。如此，转让合同有效与否，不影响善意取得的成立，但可能导致在受让人能否终局地保有标的物的物权方面出现差别：在转让合同有效时，受让人可终局地保有标的物的物权；在转让合同无效时，转让人

① ［德］迪特尔·梅迪库斯：《德国民法总论》，邵建东译，北京，法律出版社2000年版，第169页；王泽鉴：《民法总则》，台北，三民书局有限公司2000年版，第284~285页。

② ［德］维尔纳·弗卢梅：《民法总则2：法律行为》，柏林等1992年第4版，第142页。转引自田士永：《物权行为理论研究》，北京，中国政法大学出版社2002年版，第263页。

③ 史尚宽：《物权法论》，台北，荣泰印书馆股份有限公司1979年5刷，第506页；王轶：《物权变动论》，北京，中国人民大学出版社2001年版，第259页。

④ 王泽鉴：《债法原理·不当得利》（总第2册），台北，三民书局有限公司1999年10月修订版，第146页；王泽鉴：《民法物权·用益物权·占有》（总第2册），北京，中国政法大学出版社2003年版，第258~259页；王轶：《物权变动论》，北京，中国人民大学出版社2001年版，第256~258页。

可能行使物的返还请求权（于给付物所有权复归于转让人的场合），或受让人承担不当得利返还的义务，应转让人的请求而将该物权作为不当得利返还给受害人，于是，受让人无法终局地保有标的物的物权。不过，按照笔者借助于《民法典》第985条关于"没有法律根据"的规定对不当得利制度的改造，引入差额说，不是将该物权作为不当得利，而是将该物权与受让人支付的价款之间的差额作为不当得利，也能使受让人终局地保有标的物的物权。

还有，在《民法典》第145条规定，限制行为能力人签订合同，其效力待定，除非该合同为纯获利益或与其年龄、智力、精神健康状况相适应。该法第171条规定，无权代理的合同效力待定。如果限制行为能力人擅自出卖其监护人之物，受让人对此不知情，也无重大过失，笔者认为应当善意取得。行为人超越代理权限出卖被代理人之物，亦然。

对此，存在着反对意见，认为在有权处分情况下，只要权利人不予追认，合同归于无效，受让人无法取得标的物的物权；在无权处分场合，受让人反倒善意取得，有失权衡。[①] 对于这种意见，笔者回应如下：（1）在此不应混淆善意取得的成立与物权的保有以及不当得利的返还。善意取得且转让行为有效的，善意的受让人取得的物权能够继续保有；转让合同无效场合，善意的受让人取得标的物的物权，没有合法根据，可发生不当得利返还的效果，从终局的结果看，善意取得人仍然不能保有标的物的物权。有权处分同样如此，买卖合同等原因行为有效时买受人等受让人能够保有标的物的物权，原因行为无效、被撤销等场合受让人依然不能保有标的物的物权。就是说，根本就不存在什么有失权衡的现象。所谓有失权衡论是伪命题。（2）限制行为能力人擅自出卖其监护人之物，无权代理人超越权限出卖被代理人之物，是否属于有权处分，不无疑问。只有在该监护人、被代理人对该物仅仅享有名义上的（或曰外观上的）的物权，并无真实的物权的情况下，限制行为能力人擅自出卖该物、无权代理人超越权限出卖该物，才会发生善意取得。例如，登记在甲名下的A房其实属于乙所有，丙无权代理出卖该房与丁，且约定的房价合理，该房又过户在了丁的名下，此时由丁善意取得该房。（3）在隐名代理场合发生的无权代理，被代理人不追认无权代理行为，由无权代理人承担法律后果，拒绝善意受让人取得标的物所有权，显然不当；在无权代理人拥有交易的标的物场合，更应适用善意取得制度。（4）限制行为能力人擅自出卖其监护人之物，其监护人不予追认，受让人不但在限制行为能力人欠缺处分权方面是善意的，在不知转让人为限制行为能力人方面也是无过错的，使之善

---

① 在2008年4月13日下午举行的民法沙龙研讨会上，有学者持有这种观点。

意取得交易标的物，才较好地平衡了各方的利益关系。因为于此场合，限制行为能力人的监护人具有过错。虽然存在着无行为能力人和限制行为能力人的保护优先于交易安全的原则，无行为能力人处分其财产时，合同无效；限制行为能力人处分其财产时，合同的效力待定，皆不因相对人善意而使合同有效。① 笔者认为，该原则是否延伸至无行为能力人和限制行为能力人擅自处分其监护人的财产，不无疑问，在监护人具有过错的情况下尤其如此。(5) 在德国民法上，善意取得成立，而作为物权行为的原因行为无效或被撤销时，善意（取得人）不因过失而承担《德国民法典》第 823 条上的侵权责任，否则，会使《德国民法典》第 892 条第 1 项前段（公信力、善意取得）的规范目的落空，而是由不当得利法予以救济：在善意受让人有偿取得场合，依《德国民法典》第 816 条第 1 项前段关于"无权利人就某一标的而做出对权利人有效力的处分的，无权利人有义务向权利人返还因该项处分而取得的利益"的规定，出让人以善意取得人向自己所负金钱（请求权）作为标的向标的物所有权人返还不当得利；在善意取得人无偿取得场合，则依据《德国民法典》第 816 条第 1 项后段关于"处分系无偿地为之的，基于该项处分而直接取得法律上利益的人负有同样的义务"的规定，权利人对善意取得人享有回复转让的请求权，即原物的返还。② 借鉴这种思想，在中国现行法上，应当形成以下规则：无偿交易中发生善意取得的，交易行为被确认为无效、被撤销或不被追认时，善意取得人返还标的物原物。有偿交易中发生善意取得的，交易行为被确认为无效、被撤销或不被追认时，善意取得人若付清了全部价款，则终局地取得标的物的所有权；支付了部分价款的，因合同项下的另外部分的付款义务不复存在，善意取得人应当返还不当得利，该不当得利的利益，不是原物，而是原物价值额与部分价款的差额，故善意取得人返还的不当得利是该差额。当然，存在着相反的意见，认为于此场合的不当得利返还不宜采取差额说，于是，原物可回归于真正的权利人之手。尚未支付价款的，因合同项下的付款义务不复存在，善意取得人应当返还不当得利，该不当得利的利益，宜为标的物原物。不然，对真正权利人过苛。③

在这种背景下，中国的数件物权法草案都把转让合同有效作为善意取得的要件之一，似乎只看到了德国民法的外表而未洞察其内在的构造及逻辑。由于德国民法在善意取得场合并不刻意追求债权行为有效，在外表也不尽一致。特别需要

---

① 王泽鉴：《民法总则》，台北，三民书局有限公司 2000 年版，第 339 页以下。

② ［德］鲍尔/施蒂尔纳：《德国物权法》（上册），张双根译，北京，法律出版社 2004 年版，第 499 页。

③ 参见崔建远：《无权处分辨》，载《法学研究》2003 年第 1 期，第 21～24 页。

指出的是，置《民法典》第 145 条、第 171 条、第 147—152 条、第 925 条的规定于不顾，另起炉灶，会人为地酿成规范矛盾：同一项出卖他人之物的交易，既符合《民法典》第 145 条、第 171 条、第 147—152 条或第 925 条的规定，构成买卖等合同可撤销、效力待定或无效，又符合《民法典》关于善意取得构成要件的规定，致使买卖等合同有效，表现出不同的法律后果，容易诱使人们对法律的权威性产生怀疑。

由于民法典"第三编 合同"和"第二编 物权"是同位阶的法律，难以运用特别法优先于普通法的规则化解这种规范矛盾，采用新法优先于旧法的规则虽然可以，达到避免形成碰撞漏洞的结果，但将该规则应用于此处，理由不够充分有力，又缺乏美感。

B. 路径依赖：法律的直接规定抑或法律行为有效

诚然，倘若转让合同有效作为善意取得的要件符合实质正义的要求，即使缺乏美感，有违形式逻辑，也无可厚非。真实情形到底如何呢？

在善意取得的问题上，受让人取得物权的正当根据，究竟是到特殊的立法政策和法律的直接规定层面寻找，还是到有效的法律行为方面寻觅？把转让合同有效作为善意取得的要件之一，选择了后者。这样一来，引出了方方面面的问题。

a. 与法律行为理论不符

德国民法典立法理由书写道："就常规言，意思表示与法律行为为同义之表达方式。使用意思表示者，乃侧重于意思表达之本身过程，或者乃由于某项意思表示仅是某项法律行为事实构成之组成部分而已。"[1] 尽管后来的德国学者认识到意思表示仅仅是法律行为中某种更为基本的要素，它并不等同于法律行为，而具体的法律行为还可能包括其他事实要素，但是在理论上，学者们从来不怀疑：法律行为之本质乃意思表示。[2] 以至于在今天仍有相当多的著名的德国学者采取"私人的、旨在引起某种法律效果的意思表示"[3] 的界定。这也自然，私法自治是各个主体根据其意志自主形成法律关系的原则[4]，法律行为作为私法自治的工具必然反映这种本质要求。由于意思表示由效果意思和表示行为构成[5]，有学者

---

① 《立法理由书》（第 1 卷），第 125 页，穆格丹（Mugdan）编：《德国民法典资料总汇》（第 1 卷），第 421 页。转引自 [德] 迪特尔·梅迪库斯：《德国民法总论》，邵建东译，北京，法律出版社 2000 年版，第 190 页。

② 参见刘清波：《民法概论》，台北，开明书店 1979 年版，第 79 页。转引自董安生：《民事法律行为》，北京，中国人民大学出版社 1994 年版，第 95～96 页。

③④ [德] 迪特尔·梅迪库斯：《德国民法总论》，邵建东译，北京，法律出版社 2000 年版，第 142 页。

⑤ 佟柔主编：《民法原理》（修订本），北京，法律出版社 1986 年版，第 95 页；陈国柱主编：《民法学》，长春，吉林大学出版社 1987 年版，第 73 页；李由义主编：《民法学》，北京，北京大学出版社 1988 年版，第 117 页；寇志新总编：《民法学》，西安，陕西人民出版社 1998 年版，第 210～211 页。

主张意思表示由目的意思、效果意思和表示行为构成①，有学者认为其由效果意思、表示意思和表示行为构成②，有学者将其整合为内在意思和外在表示③，德国传统民法学说则细分为目的意思、效果意思、表示意识、行为意思和表示行为。④ 十分明显，无论采取何种学说，交易相对人的善意都不属于意思表示的因素，也不是法律行为的构成要素。

交易相对人的善意是不是法律行为有效要件的构成要素呢？梅迪库斯教授指出，任何一个法律制度都只能在其政治制度的框架内提供通过法律行为实施的私法自治。私法上的法律行为也不得逾越这一框架的范围，一系列的限制是必要的或合目的的。其中涉及法律行为的内容合法、道德评价、从事法律行为的人得具备某种合理地形成其意思的能力（行为能力）、不存在意思瑕疵等。⑤ 所有这些，都属于我们所说的法律行为的有效要件的范畴。同样显而易见，其中不包含交易相对人的善意。

b. 与中国法规定的法律行为的有效要件及其学说不符

关于法律行为的有效要件，《民法典》规定有三项，一是行为人具有相应的行为能力，二是意思表示真实，三是不违反法律或社会公共利益（第143条），没有提及交易相对人的善意。民法通说对此持赞同态度，至多增加了形式方面的考虑。⑥

在中国法（含现行的和已被废止的，下同）上，交易相对人的欺诈、重大误

---

① 董安生：《民事法律行为》，北京，中国人民大学出版社1994年版，第224~234页。

② 梁慧星：《民法总论》，北京，法律出版社2004年第2版，第169页。

③ 王利明：《民法总则研究》，北京，中国人民大学出版社2003年版，第538~539页。

④ ［德］科勒：《德国民法典·总则》，慕尼黑，慕尼黑出版公司1986年德文版，第125~126页。转引自董安生：《民事法律行为》，北京，中国人民大学出版社1994年版，224页。

⑤ ［德］迪特尔·梅迪库斯：《德国民法总论》，邵建东译，北京，法律出版社2000年版，第368~370页。

⑥ 参见陈国柱主编：《民法学》，长春，吉林大学出版社1987年版，第79~81页；金平主编：《民法学教程》，呼和浩特，内蒙古大学出版社1987年版，第108~110页；李由义主编：《民法学》，北京，北京大学出版社1988年版，第120~121页；王利明、郭明瑞、方流芳：《民法新论》（上册），北京，中国政法大学出版社1988年版，第374~380页；佟柔主编：《中国民法学·民法总则》，北京，中国人民公安大学出版社1990年版，第216~250页；董安生：《民事法律行为》，北京，中国人民大学出版社1994年版，第198~218页；郭明瑞、房绍坤、唐广良：《民商法原理（一）·民商法总论·人身权法》，北京，中国人民大学出版社1999年版，第257~259页；魏振瀛主编：《民法》，北京，北京大学出版社、高等教育出版社2000年版，第152~154页；王利明：《民法总则研究》，北京，中国人民大学出版社2003年版，第565~573页；李显冬：《民法教程》，北京，中国人民公安大学出版社2003年版，第122~125页；梁慧星：《民法总论》，北京，法律出版社2004年第2版，第166~168页；崔建远主编：《合同法》，北京，法律出版社2003年第3版，第70~72页；韩世远：《合同法总论》，北京，法律出版社2004年版，第176~183页；郑云瑞：《民法总论》，北京，北京大学出版社2004年版，第224~225页。

解、善意或恶意等主观状态，不是法律行为的构成部分，亦非决定法律行为有效的积极要件，只是立法者在利益衡量的基础上，采取了特殊的立法政策，把这些主观状态作为可能影响法律行为效力的消极因素。所谓交易相对人的主观状态可能影响法律行为效力的消极因素，有的是法律行为无效的原因，有的是法律行为可以变更或撤销的原因，有的是交易相对人坚持或否认法律行为效力的法定依据，有的是表意人不得否认法律行为效力的因素，有的是表意人对法律行为所生后果是否承受的条件，有的是真正的权利人能否保有其权利的条件。兹举例说明如下：（1）交易相对人的欺诈作为可能影响法律行为效力的消极因素，《民法通则》是令因欺诈而实施的民事行为无效（第58条第1款第3项）。这有失权衡，于是《合同法》将其修正为作为可变更或撤销的原因（第54条第2款），《民法典》仅仅把它作为可撤销的原因（第148条、第149条）。（2）交易相对人的重大误解作为可能影响法律行为效力的消极因素，《民法通则》（第59条第1款第1项）和《合同法》（第54条第1款第1项）赋予了重大误解人变更或撤销法律行为的权利，《民法典》只是删除了变更权（第151条）。（3）交易相对人的善意、恶意被归入交易安全的范畴，外在于并且后于法律行为及其有效要件，限制着法律行为的效力。在法律行为符合积极的有效要件的情况下，善意或恶意不会导致法律行为有效抑或无效，只有在法律行为欠缺积极的有效要件的情况下，善意或恶意才可能影响法律行为的效力。它在中国现行法上的地位和功能比较复杂，需要类型化。第一种类型是作为坚持或否认法律行为效力的法定依据，交易相对人为善意时可以否认法律行为的效力，为恶意时则不得否认法律行为的效力。例如，按照《民法通则》第66条第1款后段的规定，本人知道他人以本人的名义实施民事行为而不作否认表示的，视为同意。就是说，本人为恶意时不得以无权代理行为作为抗辩，不得拒绝承受无权代理行为所产生的法律效果。再如，按照《合同法》第49条规定，交易相对人对于无代理权的事实为善意时，被代理人无权否认代理行为的法律效力。《民法典》亦然（第172条）。第二种类型是，交易相对人的善意、恶意作为表意人对法律行为所生后果是否承受的条件。例如，按照《合同法》第50条规定，法人或其他组织的法定代表人、负责人实施了越权行为，交易相对人为善意时，该越权行为有效；交易相对人为恶意时，法人有权否认该越权行为对自己具有法律约束力。《民法典》对此予以承继（第504条）。

　　转让合同有效作为善意取得的要件之一，意味着承认了善意补正了法律行为有效要件的欠缺，善意成了法律行为的有效要件之一。这与现行法规定的法律行为的有效要件及其学说，与将交易相对人的欺诈、重大误解、善意等主观状态作为可能影响法律行为的消极原因的制度设计，均不相符。[1]

c. 与既有的物权取得原因的体系不符

如果把转让合同有效作为善意取得的要件之一，且认为善意补正转让合同的效力，受让人取得标的物的所有权在性质上属于继受取得，那么，在体系上把善意取得归入基于法律行为的继受取得之中，更符合逻辑。可是，无论是既有理论，还是《物权法》和《民法典》，均未如此认识和设计。

既有的物权取得原因的理论，都未将善意取得作为基于法律行为而取得物权的类型看待，而是把善意取得作为独立于法律行为的物权取得的种类。[2]《民法典》亦然，于其"第二编　物权"中的"第九章　所有权取得的特别规定"中把善意取得作为所有权取得的特别情形之一（第311条第1款）。这告诉我们，把转让合同有效作为善意取得的要件之一，与既有的物权取得原因的体系不符。

d. 时间、逻辑和权限方面的障碍

在德国民法及其理论上，物权行为因欠缺处分权限而效力待定，由善意替代处分权限。即使采取善意补正法律行为（德国民法上的物权行为，《合同法》上的买卖等合同）效力的学说，也存在着从效力待定到确定地有效的补正过程，绝不可以说法律行为自始具有完全的法律效力，至少在逻辑上是这样。数件中国物权法草案将转让合同有效作为善意取得的要件之一，《物权编司法解释（一）》第20条规定："具有下列情形之一，受让人主张依据《民法典》第三百一十一条规定取得所有权的，不予支持：（一）转让合同被认定无效；（二）转让合同被撤销。"所有这些，都意味着要求转让合同一开始就是有效的，而不是依赖善意的补正才变成有效的。这不是对真实的德国民法及其理论的借鉴，而是重新设计了法律行为的有效要件。笔者认为，在善意取得这样的具体制度中重新设计法律行为的有效要件，颇有些越权的味道，不尽妥当。[3]

C. 利益衡量：何种受让人才应受到优惠保护

赞同善意取得以转让合同有效为前提的专家、学者，认为这样可以使受让人向无处分权人主张违约责任，于其有利。对此，笔者持有异议。不错，违约责任确实较缔约过失责任为重，但应当用得恰当。受让人若为善意，只要愿意，一定

---

[1] 崔建远：《出卖他人之物合同的效力设计》，载《河北法学》2006年第3期，第8页。

[2] 王利明、郭明瑞、吴汉东：《民法新论》（下册），北京，中国政法大学出版社1988年版，第59～77页；寇志新总编：《民法学》，西安，陕西人民出版社1998年版，第333～334、531～536页；梁慧星、陈华彬：《物权法》，北京，法律出版社2003年第2版，第55～57、203～210页；王利明：《物权法论》（修订本），北京，中国政法大学出版社2003年版，第187～220页。

[3] 崔建远：《出卖他人之物合同的效力设计》，载《河北法学》2006年第3期，第8～9页。

能够取得标的物的所有权，此时不存在损失，无权向无处分权人主张赔偿责任。于此场合，设置违约责任还是缔约过失责任，有什么关系呢？受让人若为恶意，真正的权利人追认或者无处分权人取得了处分权，转让合同有效，受让人据此合同而取得标的物的所有权，无损失可言，违约责任、缔约过失责任还是派不上用场；在无处分权人没有取得处分权、真正的权利人又不予追认的情况下，转让合同归于无效，受让人不能取得标的物所有权，于此场合，受让人向无处分权人主张缔约过失责任，可能不如追究违约责任有利。这是应当的，对于恶意之人为什么要特别保护呢？！就是说，从利益衡量的角度考虑，也无必要规定善意取得以转让合同有效为要件。[①]

当然，在转让人尚未交付作为动产的标的物或尚未办理不动产的移转登记场合，善意的受让人仍不能善意取得的情况下，转让合同有效模式确实能够使受让人向转让人追究违约责任，较出卖他人之物合同因真正的权利人不予追认而无效更有利于受让人。仅就这点来说，转让合同有效的模式具有优越性。即使如此，也要注意以下四点：第一，这种有利于善意受让人，并非物权领域的利益，仅为债权领域的利益，即善意受让人能够基于有效的转让合同向无处分权人主张违约金或损害赔偿。第二，我们应当将这种对善意受让人的有利，放置于整个善意取得制度甚至于相关制度的大背景下进行利益衡量，全面考虑善意取得制度的方方面面，不难发现转让合同有效模式的缺点过多，优越性过少，权衡利弊，还是不宜将转让合同有效作为善意取得的要件。第三，受让人善意却不能取得标的物的所有权，属于善意取得没有达成，于此场合，相对于善意取得制度而言，转让合同有效作为善意取得的构成要件已经失去本身的意义，换句话说，它不是作为善意取得的构成要件而呈现出价值，只是作为判断无处分权人违约与否的标准而发挥着作用，可这已经不属于善意取得制度的范围了，而是归入法律行为制度的内容了。既然如此，将转让合同有效作为善意取得的构成要件就是画蛇添足，莫不如还转让合同的本来面目和作用，在善意取得的构成要件中不涉及转让合同的效力问题。[②]第四，这种仅仅为了追究无处分权人的违约责任而将转让合同有效作为善意取得的构成要件，会造成整个民法体系的不和谐，难以合理解释如下法律制度及规定：（a）《民法典》第153条关于违反法律或社会公共利益的民事法律行为无效的规定。就是说，无权处分违反公序良俗原则，转让合同归于无效，但

---

① 崔建远：《出卖他人之物合同的效力设计》，载《河北法学》2006年第3期，第9页。

② 时任烟台大学校长的郭明瑞教授在与笔者的讨论中，主张转让合同有效或无效不作为善意取得的构成要件。特此说明。

受让人受让标的物的物权符合《民法典》第 311 条第 1 款规定的善意取得的要件。于此场合，坚持善意取得以转让合同有效为要件的观点陷于尴尬的境地。(b)《民法典》第 157 条关于民事法律行为无效、被撤销或者确定不发生效力后，行为人因该行为取得的财产，应当予以返还；不能返还或者没有必要返还的，应当折价补偿的规定。对此稍加解释就是，无权处分场合，转让合同符合《民法典》第 146 条第 1 款、第 153 条、第 154 条或第 147—149 条规定的原因，但物权变动符合《民法典》第 311 条第 1 款规定的善意取得的要件，《民法典》第 157 条本有适用的余地，可是按照转让合同有效说，则出现了冲突。(c)《民法典》第 545—550 条关于债权让与的规定。这里的问题主要是，债权让与违反了当事人禁止让与的约定，按照《民法典》第 545 条第 1 款的规定，债权让与合同无效。但另一方面，受让人对此为善意，按照一种学说，债权有外部表征即有公示方法时，也发生善意取得。如此，转让合同有效说便无法自圆其说。(d)《民法典》第 147 条、第 157 条关于重大误解及其法律后果的规定。对此稍加解释就是，无权处分人不知其无处分权，受让人亦不知晓，按照《民法典》第 147 条、第 157 条的规定，该合同可被撤销，无处分权人实际上也行使了撤销权；另一方面，受让人可基于《民法典》第 311 条第 1 款善意取得标的物。于此场合，采取转让合同有效说，十分被动。[①] 第五，如果非得使善意的受让人能够请求转让人对无权处分承担履行利益的损害赔偿而非缔约过失责任制度中固有的信赖利益的损害赔偿不可的话，也可以通过改造缔约过失责任制度的途径达到目的。例如，《外商投资企业司法解释（一）》第 6 条第 2 款关于"转让方和外商投资企业拒不根据人民法院生效判决确定的期限履行报批义务，受让方另行起诉，请求解除合同并赔偿损失的，人民法院应予支持。赔偿损失的范围可以包括股权的差价损失、股权收益及其他合理损失"的规定，就是在缔约过失责任中承认了履行利益的损害赔偿。在善意取得制度及原因行为方面也完全可以如此设计。

D. 驳"物权法规定转让合同有效系为了解决转让合同存在着欺诈、胁迫等可撤销的原因问题"说

有专家认为，中国物权法草案把转让合同有效作为善意取得的构成要件，系为了解决转让合同存在着欺诈、胁迫等可撤销的原因问题。[②]《物权编司法解释（一）》采纳此说（第 20 条第 2 项）。笔者认为，这是一个似是而非的问题，故持反对意见。其理由如下：在欺诈、胁迫、乘人之危而订立合同场合，如果它们

[①] 详细论述，见崔建远：《土地上的权利群研究》，北京，法律出版社 2004 年版，第 77~87 页。

[②] 这是在研讨我国物权法草案时出现的意见。

未发生在无权处分场合，则此类合同的效力与善意取得制度不发生关联，无须在此讨论。如果它们发生在无权处分场合，则有如下结论：假如欺诈、胁迫、乘人之危等系无处分权人所为，那么，善意受让人只要不行使撤销权，转让合同就继续有效，无处分权人不可能因此而阻断善意取得；倘若欺诈、胁迫、乘人之危等系受让人所为，则他为恶意①，当然不构成善意取得。所以，在善意取得问题上，没有必要牵扯转让合同有效无效的问题，而应将之放归债法领域。这在下文继续讨论。②

E. 析转让合同无效不得发生善意取得说及"转让合同因违反法律或行政法规的强制性规定，或违反公序良俗而被宣告无效，则根本无法发生善意取得的法律效果"说。

赞同转让合同有效为善意取得要件的理由还有，转让合同因违反法律或行政法规的强制性规定，或违反公序良俗而被宣告无效，则根本无法发生善意取得的法律效果。③《物权编司法解释（一）》第20条第1项关于转让合同被认定无效的，受让人主张根据《民法典》第311条的规定取得所有权的，不予支持的规定，系对这种观点及理由的采纳。对此，笔者分析如下。

a. 在物权变动的问题上，理清善意取得与转让合同之间的关系，尤其是在不同阶段的法律状态，对于认识此处所论十分重要。兹分几个阶段解析如下：a）在基于法律行为的物权变动领域，从未成立过诸如买卖、互易等转让合同，肯定不会发生标的物的物权变动。b）在一般情况下，成立了买卖、互易等转让合同，没有履行买卖、互易等法律行为项下的债务，即动产尚未交付、不动产物权没有办理过户登记，也不会发生标的物的物权变动。c）只有履行完毕债务，即动产已经交付、不动产物权的过户登记办理完毕，才会发生标的物的物权变

---

① 诚然，作为善意取得构成要件的善意，是指受让人不知转让人欠缺处分权，且无重大过失。其所谓恶意，就是受让人明知或有重大过失地不知转让人欠缺处分权。受让人为欺诈、胁迫或乘人之危时的恶意，如果不属于此种类型，而是其他的种类，如将质量较差的标的物吹嘘为质量上乘的，胁迫转让人必须将标的物卖给自己等，虽然不能说因欠缺善意取得的构成要件而阻止受让人取得标的物的所有权，但可以从法律不保护恶意之人、惩恶扬善的侧面寻觅阻止受让人取得标的物所有权的理由。

② 有必要指出，有学者认为，在转让合同可撤销、效力待定场合，只要此类转让合同因被撤销、不予追认而归于消灭，也不存在善意取得。不然，就会出现如下不太合理的结果：有权处分场合，转让合同被撤销、不予追认时，受让人无法取得标的物；无权处分场合，转让合同被撤销、不予追认时，善意受让人仍能取得标的物的物权。对此，笔者认为，从《民法典》规定的公信力（第216条第1款）、善意取得的构成要件（第311条第1款）观察，尚未将善意取得制度的适用排除出转让合同被撤销、不予追认等领域。此其一。即使因转让合同被撤销、不予追认出现利益失衡，也可以借助于不当得利返还等制度加以矫正，但不影响善意取得制度的适用。这里所存在的，是若干制度的衔接和配合问题，而非缩小善意取得制度的适用范围问题。此其二。

③ 王利明、尹飞、程啸：《中国物权法教程》，北京，人民法院出版社2007年版，第150页。

动。债务的适当履行，也就是债权的实现。d) 在买卖、互易等法律行为的存续期间与债权的存续期间相同时，可以说买卖、互易等转让合同是标的物发生物权变动的原因/根据，也可以说买卖、互易等转让合同项下的债务及其履行，或曰债权及其实现，是标的物发生物权变动的原因/根据。在买卖、互易等转让合同约定了较短的存续期间，尤其是该等转让合同已经消失的场合，称债务及其履行或曰债权及其实现，是标的物发生物权变动的原因/根据，更加显而易见。由此可见，债务及其履行/债权及其实现在标的物发生物权变动中所处的重要地位及功能。e) 标的物的物权变动与买卖、互易等转让合同之间的关系，在有权处分的情况下是这样，在无权处分且符合《民法典》第 311 条第 1 款规定的条件下，也是如此。有权处分与无权处分之于物权变动，其中的差异及其解决方案，在德国法系不是着眼于买卖、互易等转让合同的效力，而是聚焦于受让人的善意抑或恶意，在中国《民法典》上除此而外还增加了交易有偿且价格合理这一点。f) 诚然，面对这样的结论，反对者会质问：这不是在忽视甚至抛弃买卖、互易等转让合同的效力与功能吗？或者换个角度质问：买卖、互易等转让合同的效力还有什么用呢？笔者对此的回应是，买卖、互易等转让合同的效力在受让人取得标的物的物权之后能否继续保有它的方面起着至关重要的作用：受让人取得标的物的物权之后，买卖、互易等转让合同被确认为无效或被撤销，则受让人取得物权所依据的债权不复存在，也就是取得物权的原因消失，继续保有物权的根据没有了，动产物权场合丧失动产物权，不动产物权场合将要注销不动产物权的登记。有权处分的场合是这样，无权处分的情况下也是如此，换句话说，善意取得与有权处分二者在发生物权变动这个阶段还是没有差异。一句话，受让人取得标的物的物权之后，转让合同不发生无效或被撤销情形的，受让人能够继续保有物权；转让合同被确认为无效或被撤销的，受让人取得的物权不能继续保有，得而复失。这个结论同样适合于有权处分发生物权变动的场合和无权处分发生善意取得的场合。再换个说法，善意取得与物权保有系属两项法律制度，善意取得是物权设立的法律事实，管的是"入口"；物权保有属于物权存续而非得而复失的范畴，是"入口"之后能在物权的大本营里"驻扎"得住的现象。可以这么说，转让合同有效，善意取得的法律效果（取得物权）能够有权源地保持下去；转让合同无效，善意取得的法律效果（取得物权）得而复失，受让人取得的物权又回归真实的物权人。于是笔者不禁要问：在有权处分发生物权变动的领域，人们不要求以转让合同有效为要件，为什么在无权处分发生善意取得的领域却要求以转让合同有效为要件之一呢？这样差别对待的合理性到底在哪里呢？笔者呼吁：法律人不应把物权变动与物权保有相混淆，同理，不应将善意取得与物权保有相混淆。转让合同有效抑或无效，是取得的物权能否继续保有的问题，不是物权能否及是否变动了的问题，不是善意取得能否构成的问题。

b. 即使"转让合同因违反法律或行政法规的强制性规定，或违反公序良俗而被宣告无效，则根本无法发生善意取得的法律效果"的观点成立，也难以强劲地支持善意取得必须以转让合同有效为要件的意见，因为在无处分权人系限制行为能力人、无权代理人的场合，转让合同是效力待定的，而非有效的，但照样可以善意取得。

c. 合同违反公序良俗，受让人有重大过失时，不符合善意取得的构成要件。就是说，转让合同违反公序良俗而无效有时不可能发生善意取得，并非证成转让合同有效为善意取得要件的理由，因为于此场合不成立善意取得乃因缺乏善意这个构成要件，而非欠缺合同有效这个要件。例如，甲男已婚，与妻子乙女共有一房产 A，但房产登记簿上仅登记有甲男一个人的名字。而甲男有婚外情，但丙女（婚外情对象）被甲男欺骗，一直认为甲男单身，完全不知道甲男已婚。甲男为了讨丙女欢心而维持婚外情，遂将 A 房产转让并登记至丙女名下，而且该转让乃有偿转让，价格亦合理（转让动机可以是看好房产价格大涨，让丙女享受房屋涨价后之利益，故没有作成赠与）。在此情况下，甲男有偿转让房产与丙女的合同严格来看似应构成违反公序良俗（由甲男的目的观之）。但丙女由于完全不知道甲男乃为维持婚外情而为房产转让，似应为善意且以合理价格受让了该房产，并登记至其名下。甲男未经妻子乙同意擅自处分房产，构成无权处分。故在转让合同违反公序良俗情况下，似仍应有善意取得之适用。①

d. 转让合同违反法律或行政法规的强制性规定场合，并非一律禁止善意取得：若违法者为受让人，不论是不知转让人欠缺处分权，且无重大过失，还是除此而外的故意违法或重大过失地违法，均应阻止他取得标的物的所有权；在受让人同时知晓或因重大过失而不知让与人无处分权时，不适用善意取得制度。若违法者为让与人，受让人为善意，同时具备善意取得的其他要件时，笔者认为仍应适用善意取得制度。例如，甲将丙所有但登记在自己名下的 A 房卖与乙，强迫乙同意直接将 A 房从自己名下过户给乙，威胁说，若乙把此事告知税务机关，就打断乙的双腿。于此场合，乙不知 A 房为丙的，对此也无重大过失，则应当善意取得。

至于合同无效，依据《民法典》第 157 条的规定，善意取得人负有返还给付物的义务，是合同无效后果的表现，但不是否定善意取得本身的根据。所以，转

---

① 此处修订的观点及例证乃清华大学法学院法 81 班章丞亮同学的意见。特此致谢！

让合同违反法律、行政法规的强制性规定而无效，不可能发生善意取得，同样不是证成转让合同有效为善意取得要件的理由。

[辨析]

无权代理并非无权处分，理由如下：（1）在无权代理的场合，不是代理人在处分被代理人的财产，而是被代理人在处分其财产，被代理人才是实体交易的主体，代理人不是实体交易的当事人，仅仅是"代"被代理人为意思表示或接受意思表示。无权处分的场合，在外观上是处分人以自己的名义处分自己的财产，但实质上该财产却归属于他人。所以，判断处分权的有无，是看被代理人对于交易的标的物有无处分权，而不是看代理人对交易的标的物有无处分权。（2）无权代理只要未被被代理人追认，"代理人"实施行为的法律后果由"代理人"独自承受，可能是基于《民法典》第577条等条款的规定承担违约责任，也可能是依据《民法典》第157条的规定承担缔约过失责任；无权处分未被真正的物权人追认、处分人于其后也没有取得处分权，适用《民法典》第597条的规定，则无权处分合同的效力不因此而受影响，处分人要承担违约责任。

[辨析]

越权行为，如甲公司的法定代表人张某将甲公司的财产以甲公司的名义为乙公司设定担保，又如张某将甲公司的财产增资扩股于丙公司，等等，是否属于无权处分？回答是否定的，因为越权行为的场合是法定代表人张某以甲公司的名义处分甲公司的财产，且张某具有代表权，只不过超越了权限范围而已。不难发现，此种情形在实质上是甲公司在处分自己的财产，而非张某在以自己的名义处分在外观上属于他但实质上属于甲公司的财产，故属有权处分。

2. 受让人在受让不动产物权时为善意

这里的善意，含义如何，存在着不知情说和不知情且无重大过失说的分歧。① 鉴于前者意味着要求真正权利人必须举证受让人明知不动产登记簿的记载与真实的物权关系不符，即要求举证受让人的内心状态，使真正权利人处于极为不利的境地，过于苛刻，有失权衡，笔者赞同后者，将善意界定为，受让人无重大过失地不知不动产登记簿记载的物权关系与真实的物权关系不一致，或曰受让人对于不动产登记簿记载的物权关系与真实的物权关系不一致的情形不知，没有

---

① 德国民法及其学说、中国台湾地区学者坚持不知情说，见《德国民法典》第892条、第893条；[德] 鲍尔/施蒂尔纳：《德国物权法》（上册），张双根译，北京，法律出版社2004年版，第500~502页；王泽鉴：《民法物权·通则·所有权》（总第1册），台北，三民书局有限公司2003年8月增补版，第125页。

过失或只有一般过失。如此界定的理由还有，《民法典》第 311 条规定的善意取得统一适用于动产物权和不动产物权场合，在构成要件上，未如《德国民法典》那样规定动产物权的善意取得要求受让人不知情或无重大过失地不知情（第 932条第 2 项），不动产物权的善意取得仅要求受让人不知情（第 892 条、第 893条）。这样，为将中国《民法典》第 311 条第 1 款规定的善意统一解释为不知情且无重大过失提供了空间。

如今，《物权编司法解释（一）》采纳了这种观点："民法典第三百一十一条第一款第一项所称的'受让人受让该不动产……时'，是指依法完成不动产物权转移登记……之时"（第 17 条）。"受让人受让不动产……时，不知道转让人无处分权，且无重大过失的，应当认定受让人为善意"（第 14 条第 1 款）。首先说明，《物权编司法解释（一）》第 14 条第 1 款对于善意的界定，不同于不当得利制度中的善意，因为后者场合的善意是指受益人不知情，至于该不知情是发生在重大过失情况下还是一般过失甚至确实没有过失，均在所不问①；也不同于债权人撤销权制度所要求的善意，在那里，对于债务人的恶意、善意的判断，只要求债务人不知，其不知是否出于过失，在所不问。②

其次明确，《物权编司法解释（一）》第 14 条第 1 款将善意界定为"不知道转让人无处分权，且无重大过失"，与《德国民法典》第 892 条、第 893 条确定的善意不同。《德国民法典》区分不动产物权与动产物权的领域而赋予善意不同的含义，在不动产物权善意取得制度中，依据《德国民法典》第 892 条、第 893条的规定，取得人仅在明知土地登记簿之不正确时，为非善意。取得人重大过失地不知此情的，不妨碍《德国民法典》第 892 条、第 893 条规定的适用。与此有别，在动产物权善意取得制度中，按照《德国民法典》第 932 条第 2 款的规定，取得人知道或因重大过失而不知该动产不属于让与人的，非为善意。法律上如此区别处理的理由，乃立法者认为土地登记簿相比较于占有，能提供更为坚实的信赖基础。③"善意之成立，不以取得人事实上确已查阅土地登记簿为前提。只要土地登记簿之登记状态，对其权利取得为支持时，即可成立其善意（联邦最高法院民事判例集，第 104 卷，139、143 页）。"④

①② 参见［日］山本敬三：《民法讲义 I·总则》，解亘译，北京，北京大学出版社 2004 年版，第108 页；王泽鉴：《债法原理·不当得利》（总第 2 册），台北，三民书局有限公司 1999 年 10 月修订版，第201 页。

③ ［德］鲍尔/施蒂尔纳：《德国物权法》（上册），张双根译，北京，法律出版社 2004 年版，第 500页；［德］鲍尔/施蒂尔纳：《德国物权法》（下册），申卫星、王洪亮译，北京，法律出版社 2006 年版，第396 页。

④ ［德］鲍尔/施蒂尔纳：《德国物权法》（上册），张双根译，北京，法律出版社 2004 年版，第 502 页。

在这里，笔者更赞同《物权编司法解释（一）》第 14 条第 1 款关于善意的界定，它暗含着受让人负有查阅不动产登记簿的义务，不查阅便签订买卖合同，在让与人非为不动产登记簿记载的权利人的情况下，受让人具有重大过失，算不上不动产善意取得构成要件中的善意。

[论争]

一种意见认为，不应令交易相对人负有查询不动产登记簿的记载的义务，因为查询、不查询都是以不动产登记簿的记载为准，确定善意取得与否。对此，笔者不予赞同。首先，不动产物权登记的公信力之意为，在法律行为方式的土地权利交易中，信赖土地登记簿的内容者，其信赖受法律保护。[①] 公信力客体为土地登记簿的内容（Inhalt）。[②] 既然是信赖不动产登记簿的内容（记载），在出卖人甲将 A 楼出卖给乙的场合，乙不查询不动产登记簿对于 A 楼及其权属的记载，信赖什么？信赖甲的描述？信赖甲这个人？如果是信赖这些，则不但过于轻率，也显然不是信赖不动产登记簿的内容（记载），也就自然不属于不动产登记簿对 A 楼记载的公信力的范畴。其次，在 A 楼归属于丙的判决书、已被征收的决定文件附于不动产登记簿中 A 楼的簿页的情况下，或者在甲仅为登记名义人而非真实的物权人、丁已就 A 楼的买卖合同项下的债权申办了预告登记的场合，乙不查询不动产登记簿，如何了解这些情形？不经查询就认定其为善意吗？显然不可以，在此类情况下乙不可善意取得 A 楼的所有权。复次，重大过失被认定，需要以注意义务的违反为基础，为判断标准，具体到乙的重大过失，就应以其未履行查询义务为判断标准。所以，只要不动产物权的善意取得中善意被界定为"受让人受让不动产或者动产时，不知道转让人无处分权，且无重大过失的，应当认定受让人为善意"（《物权编司法解释（一）》第 14 条第 1 款），交易相对人就必须负担查询不动产登记簿的记载的义务。最后，视野延伸，交易相对人负有查询不动产登记簿的记载的义务，并被落在实处，就可以及早地发现出卖人欺诈，避免深陷"泥潭"，降低交易成本。

笔者不赞同照抄照搬《德国民法典》第 892 条、第 893 条的规定，因为在德国受让人无须查阅不动产登记簿，就被推断为善意，所以，在让与人根本就不是土地登记簿记载的权利人，或者土地登记簿的记载错误百出的场合，受让人不查阅土地登记簿，又无其他证据证明受让人明知土地登记簿的记载，还要推定受让

---

①② ［德］鲍尔/施蒂尔纳：《德国物权法》（上册），张双根译，北京，法律出版社 2004 年版，第 489、490 页。

人为善意，实在令人费解。试问：不加于受让人查阅土地登记簿的义务，受让人不是睡眠就是游玩，照样认定其为善意，这符合情理吗？什么情况下受让人才是明知土地登记簿的记载与让与人不一致呢？此其一。受让人无须查阅土地登记簿就被推定为善意，这对受让人的要求过于低下了。合同法对于法人作为当事人的合同文本，要求于其上加盖法人公章或法人的合同专用章，或者法定代表人在合同文本上亲笔签字或加盖其私章。如果合同文本上既无法人之章又无法定代表人的签章，则法人有权拒绝承受该合同项下的权利义务。在原理相同或相似的领域，物权法应与合同法有大体相当的要求。此其二。

其实，连德国专家、学者都在反思《德国民法典》第 892 条、第 893 条的规定：这种差别处理有无其内在合理性，颇值怀疑。[①]"真实权利人之地位，还因下述两点而变得更糟：其一，对产生登记簿不正确之事实，取得人虽明知，但并不因此而使其为非善意；就取得人非善意之构造，还要求取得人须自该事实而推导出登记簿之不正确。[②]其二，取得人之善意，先已被法律所推定——这可由民法典第 892 条第 1 款之规定得出——；也就是说，因民法典第 892 条之取得而受损害者（真实权利人），须举证证明取得人已明知土地登记簿之不正确。由于该明知为内心之事实，且从经验上看，即使法官依民诉法第 445 条、第 448 条对取得人进行当事人讯问，也常常无法查明该内心事实之是否存在，故而，对该事实之举证，就显得尤为困难。"[③]有鉴于此，在存在重大过失的极端情形中，司法判例就试图借助《德国民法典》第 226 条关于权利滥用之禁止、第 826 条关于违反善良风俗的故意侵害的规定，施与救济。[④]

需再反思，尽管不动产登记簿记载的权利状态与真实的权利状态不一致的情形也有一些[⑤]，但两种状态相吻合的比例终究高于占有所公示的权利状态与真实的权利状态相吻合的比例，诸如借用、租赁、仓储、让与担保等场合，占有均未反映真实的动产所有权状态。如此，如果说在不动产物权变动的场合，受让人经

①③　[德] 鲍尔/施蒂尔纳：《德国物权法》（上册），张双根译，北京，法律出版社 2004 年版，第 500、500～501 页。

②　《帝国最高法院民事判例集》，第 117 卷，第 180、187 页；巴伐利亚州最高法院，《新法学周刊——司法判例报告，民法》，1989 年，第 907、909 页及其引证；哈姆州高等法院，《新法学周刊——司法判例报告，民法》，1993 年，第 1295、1298 页。转引自 [德] 鲍尔/施蒂尔纳：《德国物权法》（上册），张双根译，北京，法律出版社 2004 年版，第 500～501 页。

④　《帝国最高法院民事判例集》，第 117 卷，第 180、189 页；巴伐利亚州最高法院，《新法学周刊——司法判例报告，民法》，1989 年，第 907、900 页。转引自 [德] 鲍尔/施蒂尔纳：《德国物权法》（上册），张双根译，北京，法律出版社 2004 年版，第 500 页。

⑤　较为详细的列举，请见崔建远：《物权：规范与学说——以中国物权法的解释论为中心》（上册），北京，清华大学出版社 2011 年版，第 203 页。

查阅不动产登记簿得知让与人就是记载的物权人，从而与之交易，即使登记簿记载错误，也不构成重大过失，属于善意，那么，受让人仅仅凭借让与人占有买卖物这个状态，不做其他有关方面的尽职调查，诸如查阅借用、租赁、仓储等合同，就排除其重大过失，这是轻率的、难获赞同的。再者，《物权编司法解释（一）》第16条规定："受让人受让动产时，交易的对象、场所或者时机等不符合交易习惯的，应当认定受让人具有重大过失。"这也表明受让人受让动产物权时有无重大过失的判断因素较为丰富，相对而言，受让人受让不动产物权时有无重大过失的判断因素较为单纯。因此，《物权编司法解释（一）》第14条第1款采取统一的重大过失的判断标准，值得商榷。笔者认为，在动产物权变动的场合，受让人是否存在重大过失的判断因素应多于不动产物权变动的场合。在这点上，不宜采纳《物权编司法解释（一）》第14条第1款对重大过失的判断采取同一标准的路径及方法。

最后，《物权编司法解释（一）》第15条第1款列举的下列五种情形均为不动产受让人知道转让人无处分权：（1）登记簿上存在有效的异议登记。德国民法学说有相同之论：真实的物权人或利害关系人就不动产登记提出异议，认为登记错误，那么，不得推定受让人为善意，应当阻却善意取得。①（2）预告登记有效期内，未经预告登记的权利人同意。（3）登记簿上已经记载司法机关或者行政机关依法裁定、决定查封或者以其他形式限制不动产权利的有关事项。（4）受让人知道登记簿上记载的权利主体错误。（5）受让人知道他人已经依法享有不动产物权。《物权编司法解释（一）》第15条第2款系兜底条款："真实权利人有证据证明不动产受让人应当知道转让人无处分权的，应当认定受让人具有重大过失。"这种列举加兜底条款的模式，既有明示，便于操作，又防止挂一漏万，应予赞同。

此处所谓证据，例如，甲与其妻乙采取夫妻财产共有制，但其A房登记在甲的名下，丙为直接办理A房登记的工作人员。现在甲与丙签订A房的买卖合同，未出示其妻乙的授权。于此场合，丙为应当知道转让人甲无处分权，至少构成重大过失。

恶意取得不动产物权的，不在保护之列。基于不动产登记的公信力，应推定信赖不动产登记簿记载的受让人为善意。《物权编司法解释（一）》第14条第2款关于真实权利人主张受让人不构成善意的，应当承担举证证明责任的规定，将

---

① 参考［德］鲍尔/施蒂尔纳：《德国物权法》（上册），张双根译，北京，法律出版社2004年版，第504～505页。

举证受让人恶意的责任分配给了真实权利人，使《民法典》第311条第1款设计的善意取得制度倾斜于真实权利人的天平，往相对平衡的角度矫正了一些，值得肯定。这在比较法的层面也有支持的例证：《德国民法典》及其学说也是由真实物权人举证受让人恶意的。[①]

[引申与辨析]

A. 实际上，判断受让不动产物权者是否善意，只有结合个案情况，才不会出问题。例如，甲和乙系夫妻，于其夫妻关系存续期间，购买了A楼。但因登记机构的操作惯例，不动产登记簿的所有权人一栏只有甲的姓名，共有人一栏也未记载有乙。现甲将A楼出售与丙。丙和甲乙素不相识，查询不动产登记簿，难以发现乙系A楼的共有人。于此场合，确定丙为善意，当无疑义，除非乙举出相反的证据。

不过，如果稍微变换条件，结果则不相同。假设丙和甲乙系同事关系，丙明知甲乙采取的是夫妻财产共有制，A楼为其夫妻关系存续期间所购。现甲把A楼出售与丙，并办理了过户登记手续。乙得知此情，否认该买卖合同关系，主张A楼的所有权。于此场合，丙至少是重大过失地不知A楼为甲乙所共有，因而应为恶意。

B. 不动产物权未登记在出卖人或转让人的名下，受让人买受或受让该不动产的，非为善意。

C. 在借名登记不动产的情况下，出卖人或转让人以自己的名义处分该不动产，受让人发现出卖人或转让人与第三人存有借名协议，不动产登记簿载明该不动产本为该第三人所有或拥有，该出卖人或转让人又无代理权的授予，于此场合，受让人为非善意。

D. 家事代理仅仅适用于价值不太大的财产处分的领域，不动产的处分不适用于家事代理。因此，配偶一方处分本属夫妻共有但登记在自己名下的不动产，受让人知晓该出卖人或转让人采取夫妻共有财产制的，便有调查该不动产归属的义务，包括索取配偶另一方授权处分的文件，否则，该受让人非为善意。

判断善意的时间点，有申请登记时、登记完毕时等不同的意见。[②] 鉴于此处

---

① ［德］鲍尔/施蒂尔纳：《德国物权法》（上册），张双根译，北京，法律出版社2004年版，第500～501页；［德］鲍尔/施蒂尔纳：《德国物权法》（下册），申卫星、王洪亮译，北京，法律出版社2006年版，第396页。

② 王泽鉴：《民法物权·通则·所有权》（总第1册），台北，三民书局有限公司2003年8月增补版，第125页。

所要求的善意必须是受让人于受让不动产物权时不知无权处分的事实且无重大过失，鉴于受让不动产物权直至办理完毕变更登记才算受让不动产物权，此处所谓善意，则只能是受让人自交易开始至变更登记完毕时整个阶段一直处于不知无权处分的事实且无重大过失的状态。否则，在该阶段的任何一个时间点受让人了解了无权处分的事实，或虽未了解但有重大过失的，就都构成恶意。换个表述方法就是，受让人在不动产登记簿尚未记载不动产物权的状况时，就决定与声称为物权人的转让人进行交易，显然盲动，在该转让人确实无处分权的场合，应当认定受让人具有重大过失。只有在不动产登记簿已经记载了不动产物权的状况，受让人据此与登记的物权人交易，才可说是善意的。有鉴于此，加上《民法典》第214条规定，不动产物权变动自记载于不动产登记簿时发生效力，把判断受让人是否为善意的时间点确定在记载于登记簿时，根据更充分些。《物权编司法解释（一）》采纳了此种见解，于第17条明确："民法典第三百一十一条第一款第一项所称的'受让人受让该不动产或者动产时'，是指依法完成不动产物权转移登记或者动产交付之时。"

3. 受让人受让不动产物权所应（已）支付的价格合理

与德国民法在善意取得方面不强调交易行为有偿无偿的模式不同，中国《民法典》不仅要求交易行为有偿，而且强调价格合理（第311条第1款第2项），具有特色，不可不察。

[探讨]

对于价格是否合理的判断，究竟是依据主观标准还是遵从客观标准，是亟待解决的问题。所谓主观标准，是指以当事人主观上认可的价格为准，至于客观上价格是否与标的物的价值大体相当，在所不问。所谓客观标准，是指按照社会观念，认为价格与标的物的价值大体相当的，即认定为价格合理。本来，合同法以给付与对待给付之间的主观等值性为原则，客观等值性为例外。[1] 但在善意取得制度中，就交易价格是否合理也贯彻主观判断标准，会给无处分权人和受让人恶意地将过低的价格谎称为合理的价格提供机会，对抗真实的物权人否认无权处分的主张，这有失公平正义。若采取客观判断标准，则会避免此类情况。

这个结论的合理性具有深层的原因。在合同当事人之间，就两项给付间的关

---

① ［德］卡尔·拉伦茨：《德国民法通论》（上册），王晓晔、邵建东、程建英、徐国建、谢怀栻译，谢怀栻校，北京，法律出版社2003年版，第60～64页；［德］迪特尔·梅迪库斯：《德国民法总论》，邵建东译，北京，法律出版社2000年版，第657页；王泽鉴：《民法债编总论·基本理论·债之发生》（总第1册），台北，三民书局有限公司1993年版，第70～71页。

系强调主观等值性，是理性原则和合同正义原则的体现。在善意取得制度中，交易价格是否合理及其判断，更多的是关乎真实的物权人能否成功地否认无权处分，而保有其权利。既然两者存在着如此巨大的差别，不同的事物不同处理就有较为充分的理由。

在这个问题上，《物权编司法解释（一）》第18条规定："民法典第三百一十一条第一款第二项所称'合理的价格'，应当根据转让标的物的性质、数量以及付款方式等具体情况，参考转让时交易地市场价格以及交易习惯等因素综合认定。"例如，通过拍卖程序拍定的A楼，成交确认书签署后发现价格偏低，也不得主张价格不合理，而宜认定为价格合理。再如，A房预售合同约定，A房的价款于合同签订后5日内付清。买受人据此履行了付款义务，此时开发商以与A房同类型的B房价款明显高于A房的价款为由主张约定的房款偏低，请求调整，笔者认为，此种主张不可得到支持。因为B房预售合同约定B房的价款在5年内付清，而非于合同签订后5日内付清。由于付款方式不同，期限利益不同，两份合同约定的房款不具有可比性，不可支持开发商关于调整房款的请求。

[引申]

价格合理中的价格，是指约定的价格，还是指已经支付的价格（价款）？还是两者均可？《北京市高级人民法院关于审理房屋买卖合同纠纷案件适用法律若干问题的指导意见（试行）》（京高法发〔2010〕458号）第19条第2项明确规定："'以合理的价格转让'是指买卖双方之间存在以合理价格转让房屋的交易行为，且买受人已实际全部或部分支付了房屋价款。"笔者则认为，已付合理价款固然为此处所谓合理价格，即便尚未支付，只要约定的价格合理，同样是此处所谓合理价格，理由如下：（1）就《民法典》第311条第1款的文义来看，它用的是"价格"而未用"价款"。按照通常的习惯称谓，当事人已经支付的标的物的对价（钱款），不叫"价格"，而称"价款"；合同约定的买受人等应当支付的标的物的对价，称作"价格"，可能是买受人等业已支付的，也可能是尚未支付的。依据《现代汉语词典》的解释，价款是买卖货物时收付的款项，价格为商品价值的货币表现①，这表明价格一词具有中性，不以支付为界定的标准。由此可以得出结论，作为构成善意取得要件之一的价格合理，既指受让人已经向转让人付清了合理的价款，也包括受让人尚未实际付款，但合同约定了合理的价格。（2）善意取得制度的设立以物权（变动和存续的）公示具有公信力为前提，如果法律没

———————

① 中国社会科学院语言研究所词典编辑室：《现代汉语词典》，北京，商务印书馆2016年第7版，第628页。

有赋予物权（变动和存续的）公示以公信的效力，就不应该有善意取得制度。而物权（变动和存续的）公示制度和公信制度内在地不含有价款及其支付这个元素，只在于使信赖具有公信力的物权（变动和存续的）公示的交易相对人能够取得标的物的物权。如此，善意取得制度天然地不要求价款支付这样的成立要件，甚至于不要求价款这样的成立要件。既然如此，某些解释法律之人却主观地认定《民法典》第311条第1款第2项关于善意取得要求"以合理的价格转让"这个成立要件，是指受让人业已付清价款，这显然脱离了物权（变动和存续的）公示制度与公信制度的要义，而这是不符合法教义学的规则的。所以，纯粹从逻辑的层面考虑和推演，善意取得的成立是不需要合理的价格这个要件的，更不要说价款已经支付这个离谱的要素了。（3）诚然，立法者不完全囿于形式逻辑，适当地偏离些形式逻辑的要求，在成立要件上，或在法律效果方面，人为地附加些其他要件/要素，只要是出于利益衡平的需要、实现公平正义的需要、社会公共利益的要求，也是可以的，甚至是必要的。《民法典》冲破物权（变动和存续的）公示制度与公信制度的藩篱，于第311条第1款强调善意取得以有偿交易为必要，即为明证。这样的设计既避免了将善意取得制度适用于无偿交易的领域同时配有不当得利返还制度以矫正出现的不当结果这种烦琐复杂、迂回曲折的不足，又在深层衡平了真正的物权人与交易相对人之间的利益关系，达到了实质正义，值得肯定。但是，什么事情做过了头儿，效果就适得其反。将《民法典》第311条第1款第2项关于"以合理的价格转让"解释为价款已经支付，就属于"做过了头儿"。如此断言的理由之一在于，善意取得制度之所以得以确立，之所以据此"剥夺"真正物权人的物权，牺牲其有关利益，正在于使善意的交易相对人放心，只要存在着并信赖了具有公信力的物权（变动和存续的）公示，即可放心地与公示表征的物权之人实施交易，而且肯定会取得交易标的物的物权。至于价款付清与否，完全交由债法管辖，不在善意取得制度的视野里。这样的制度设计，应当是衡平了各方的利益关系，结果是适当的。假如我们反对这样设计，增加已经付清价款方可成立善意取得的条件，那么，就不可避免地出现不适当的后果，至少在下述情况下必定是失衡的：A. 转让人无理拒收价款，致使受让人没有付清价款；B. 合同约定先交货后付款，受让人依约行事；C. 以付清价款为条件，意味着交易行为（物权变动的原因行为）全部履行完毕，债的关系基本上功成身退，只剩下物权关系设立并存续了，这在利益衡平上对受让人过于苛刻；D. ……如果不强求价款必须支付，而将《民法典》第311条第1款第2项的规定解释为约定了合理的价格，至于是否实际支付了价款，则在所不同，就完全避免了上述失衡。（4）上文（3）的分析和结论符合等价有偿原则的本质要求。《民法典》第

311条第1款第2项要求善意取得"以合理的价格转让"，系等价有偿原则的体现和落实。鉴于民法主要重视形式平等、形式正义，仅仅在个别之处才考虑实质平等，关心实质正义，应当说，等价有偿的衡量标准和时点重在法律行为成立之时，至于履行的结果是否体现了等价有偿，那是履行制度及救济制度所关注和解决的问题。价款实际支付，就属于履行的结果。如果没有付清价款，则属于债权人援用《民法典》第577条请求继续履行或违约损害赔偿的范畴。而这些均属债法的领域，若在物权法领域的善意取得制度中刻意强调本属债法的规则，似乎有些"劲儿"使得不是地方，有些"错位"。(5)从比较法的方面看，境外的立法例及其学说都承认无偿法律行为场合也发生善意取得，这本来是符合物权（变动和存续的）公示制度和公信制度的内在要求的。中国现行法确立自己的立法政策，不受逻辑的羁绊，限缩善意取得制度的适用范围——仅限于有偿法律行为的场合，这已经够严格的了，若还要进一步压缩到业已付清价款的交易领域才成立善意取得，委实矫枉过正，有失权衡。

［论争］

有学者不赞同这种解释，而认为价款原则上必须实际支付，如果只是达成了协议，不能认为已经符合了善意取得的构成要件。因为一方面，如果没有支付价款，原权利人可以以没有完成交易为由否认善意取得的成立，这就很有可能引发很多纠纷；另一方面，这也可以为善意的判断提供明确的标准。假如没有支付合理价款，将导致很多实质上无偿、形式上有偿的转让为法律所保护，这就有违善意取得制度的宗旨。[1] 对此，笔者分析如下。

(1)原权利人以没有完成交易为由否认善意取得成立的理由，是站不住脚的，因为交易是指转让合同，在德国民法上还包括物权行为，支付价款仅仅是合同义务的履行，而非交易行为本身。

(2)引发纠纷说不是切中要害的理由，即使受让人付清了全部价款，原权利人也可能向受让人追讨，从而引发纠纷。事实上，纵观各个立法例及其运作，不乏法律制度设计得合理但实务中纠纷较多的实例。

(3)不支付价款有违善意取得制度的宗旨说，也难获赞同。其道理在于，善意取得制度的宗旨是什么，需要厘清。德国法系上的善意取得制度不要求交易行为有偿，无偿交易场合的善意取得不存在支付价款的问题。中国《民法典》上的善意取得制度，尽管强调有偿且等价的交易作为要件（第311条第1款第2项），但是它即使构成了善意取得制度的"宗旨"，也只是其中之一。善意取得制度的

---

① 王利明、尹飞、程啸：《中国物权法教程》，北京，人民法院出版社2007年版，第148页。

功能在于解决转让人无处分权而受让人善意时的所有权变动问题，并不解决受让人取得财产的结果公平与否的问题。① 为了稳妥，可将该表述稍作修正，善意取得制度旨在解决无权处分场合受让人善意时的物权变动问题，不刻意考虑受让人取得物权是否公平。至于受让人因此而取得利益有违公正的问题，交由不当得利等制度矫正。

需要指出，建设用地使用权、不动产抵押权等他物权的善意取得，是参照《民法典》第311条第1款的规定（《民法典》第311条第3款），因而不宜机械地要求不动产抵押权发生善意取得时，抵押权人必须支付合理的价格。

4. 不动产物权已经登记在受让人名下，或不动产已经交付给受让人

《民法典》第311条第1款第3项规定："转让的不动产或者动产依照法律规定应当登记的已经登记，不需要登记的已经交付给受让人。"对于该项善意取得的条件，可有两种解释。第一种解释是，对于不动产物权的存在与变动，无论法律是否把登记作为物权变动的生效要件，均可成立善意取得。只不过在法律要求不动产物权的变动必须登记的场合，不动产物权的善意取得以办理了变更登记为要件；在法律不要求不动产物权的存在与变动以登记为生效要件的场合，不动产物权的善意取得以不动产已经交付为要件。② 第二种解释是，不动产物权的善意取得一律以办理了变更登记为要件，法律未要求不动产物权的存在与变动以登记为生效要件的，受让人就无权处分的不动产为交易时难谓善意，故不得发生善意取得的效果。正所谓善意取得必须依据一个外部标记，而这个标记在动产物权中是占有，在不动产物权中就是土地登记簿的登记状态。③ 至于《民法典》第311条第1款第3项所谓"不需要登记的已经交付给受让人"，是仅就动产物权的善意取得而言的。

近几年来，借名登记较为普遍。所谓借名登记，其原因行为系买卖合同等交易行为，深层的动机层面的行为是借名合同。举例来说，甲本意是在北京市购买A商品房，但因限购政策他无资格，于是委托乙代为购买并把房款和办理转移登记所需文件都交给了乙。遵循交易规程，乙以自己的名义与开发商丙签订《A商品房销售合同》，以自己的名义到税务机关完税，以自己的名义在不动产登记机构办妥A商品房所有权的转移登记，取得《A房不动产权证》。

---

① 田士永：《物权立法应当缓行：评〈物权法草案〉第九章》，载《中外法学》2006年第1期，第77～85页。

② 王利明、尹飞、程啸：《中国物权法教程》，北京，人民法院出版社2007年版，第150页。

③ ［德］鲍尔/施蒂尔纳：《德国物权法》（上册），张双根译，北京，法律出版社2004年版，第64页。

由于从归根结底的意义上说，A 商品房不属于乙所有，故在未经 A 商品房真正的所有权人甲授权的情况下，乙把 A 商品房出卖给丙，构成无权处分。[①] 丙只有在满足《民法典》第 311 条第 1 款规定的要求时才能善意取得 A 房的所有权。

至于丙能否永久地保有住 A 商品房所有权，取决于《A 商品房销售合同》能否有效。如果它无效了，A 商品房所有权登记便失去原因行为这个登记基础，在法律上应当注销 A 商品房所有权的登记，丙便无法保有 A 商品房的所有权。

《A 商品房销售合同》是无效的吗？一种思路及观点是：甲是《A 商品房销售合同》的真正买受人，乙以甲的名义订立《A 商品房销售合同》不是其真实的意思表示，应适用《民法典》第 146 条第 1 款关于虚假的意思表示无效的规定，认定《A 商品房销售合同》无效。[②]

在《A 商品房销售合同》的出卖人毫不知情甲付房款委托乙代为购买 A 商品房的情况下，这种思路和观点特别不合适，尤其适用《民法典》第 925 条、第 926 条的规定，其结论更是如此。不然，就会使隐名代理架构中的合同都统统归于无效，而这是极不适当的。不如坚持《A 商品房销售合同》的效力不受影响的思路及观点，承认基于该合同履行的结果。如果是这样，A 商品房被登记在丙的名下就具有法律根据，不可注销该项登记，丙可以保有善意取得的 A 商品房的所有权。

进一步，即使 A 商品房的出卖人知晓甲出钱委托乙代为购买 A 商品房，也不宜按虚假的意思表示对待，不适用《民法典》第 146 条第 1 款的规定，而应贯彻鼓励交易原则，维持《A 商品房销售合同》的效力。其道理在于：A 商品房的买卖是出卖人与买受人乙的真实意思，至于真正的买受人是甲还是乙，已不那么重要，不重要到甲借名乙充任买受人这项因素不足以影响《A 商品房销售合同》的效力的程度。如果是这样，A 商品房被登记在丙的名下就具有法律根据，不可注销该项登记，丙可以保有善意取得的 A 商品房的所有权。

但是，如果认为政策性保障住房政策具有强制性，违反限购政策就破坏了房

[①] 持此立场的，见马一德：《借名买房之法律适用》，载《法学家》2014 年第 6 期，第 146 页；杨代雄：《借名购房及借名登记中的物权变动》，载《法学》2016 年第 8 期，第 30～35 页。但有相反见解，请见张伟强：《借名登记问题的经济分析——兼论物债何以二分》，载《法学杂志》2019 年第 8 期，第 103 页。须注意的是，该文没有把出名人擅自出卖其名下的房屋一律作为有权处分，而是区分情况，有的定为有权处分，有的定为无权处分。各级人民法院的判决在这方面认定不一，其梳理见胡立峰：《借名登记引发的房屋权属认定问题探讨——以中国裁判文书网上 76 个一审案例为分析对象》，载《法律适用》2016 年第 7 期，第 88～94 页。

[②] 反对此类思路者，请见马一德：《借名买房之法律适用》，载《法学家》2014 年第 6 期，第 138～139 页。

地产市场秩序，那么，法〔2019〕254 号第 31 条前段关于"规章的内容涉及金融安全、市场秩序、国家宏观政策等公序良俗的，应当认定合同无效"的规定，就有适用的空间。① 这也表明《民法典》第 597 条第 2 款设置"法律、行政法规禁止或者限制转让的标的物，依照其规定"，是必要的。

其实，《民法典》第 597 条第 2 款的规定有更广阔的适用领域。例如，自然人甲与乙订立买卖故宫博物院的合同、订立买卖东风 41 导弹的合同、订立买卖已被确定为报废的 A 车的合同，等等，都不仅构成无权处分，而且违反了法律、行政法规禁止或者限制转让的标的物的规定，故应适用《民法典》第 597 条第 2 款的规定，认定其为无效，而不得援用《民法典》第 597 条第 1 款的规定，主张合同的效力不因无权处分而受影响。

在让与担保的场合，担保权人擅自将担保物出卖给第三人，也构成无权处分。在符合《民法典》第 311 条第 1 款要求的条件时，该第三人善意取得该担保物的所有权。其机理与借名登记场合的相同，不再赘述。

与借名登记类似但实则不同的是冒名登记，至少可因以下情形而成：（1）父亲购买了商品房，让儿子代其办理不动产转移登记，并提供了登记所需的全部材料。儿子天良丧尽，伪造有关文件，竟将该商品房的所有权转移登记在自己名下。（2）租赁房屋重新办理不动产登记，出租人委托承租人代为办理，承租人心起歹意，伪造文件，把该租赁房屋登记在自己的名下。（3）甲编造乙的遗嘱，将乙所有的房屋转移登记在自己名下。（4）甲假冒乙之名，伪造赠与合同，取得赠与物。登记名义人或动产占有人把其名下的不动产或占有的动产出卖给第三人，构成无权处分。（5）甲欲将乙遗忘于自己居所的 A 电脑据为己有，采取的措施是假冒乙之名，编造 A 电脑的买卖合同。甲把 A 电脑出卖给丙，构成无权处分。②

在这些案型中，如果符合《民法典》第 311 条第 1 款要求的条件，该第三人照样善意取得相关标的物的所有权吗？十分明显，以上提及的"儿子"、"承租人"、受遗赠人、受赠人主观恶性严重，不可饶恕，必须剥夺其所得不义之财。③

---

① 据马强博士对若干人民法院判决的梳理和分析，得出结论：对于违反限购政策的借名买房合同，人民法院的判决鲜有认定无效的，他本人也持相同立场；对于违反经济适用房的借名买房合同，人民法院的判决基本上都判决合同无效，他本人予以赞同。相同或类似的理念，请见马强：《借名购房所涉问题之研究——以法院裁判的案件为中心》，载《政治与法律》2014 年第 7 期，第 14～22 页。

② 关于股权方面的冒名，请见施天涛：《公司法论》（第二版），北京，法律出版社 2006 年版，第 230～231 页。

③ 笔者倾向于在冒名缔约领域严格把握，基本观点是：冒名缔结的合同非被冒名者的意思表示，原则上该合同对被冒名者不发生法律效力，在冒名者伪造文件、私刻印章用于缔约时更应如此严格把握，除非有充分、确凿的证据证明冒名缔约符合表见代理、越权行为等构成。

不过，只要事情演变至下一个环节，即进入物权变动领域，只要其名下的不动产登记未被注销、占有委托物仍在其手，在此状态下这些财产被该第三人买下，并且，买卖物为不动产的，已经完成了转移登记，买卖物为动产的，业已转移了占有，这就符合了《民法典》第 311 条第 1 款要求的善意取得的条件，在《民法典》奉行不动产登记的公信力（第 216 条第 1 款）的前提下，似无理由阻止该第三人善意取得这些买卖物的所有权。因为此时此处物权制度关注的重点，权衡得失的焦点，不是无权处分人的利益（无权处分人的问题交由债法甚至刑法处罚），而是买受人可否取得买卖物的所有权；善意取得制度不在优惠无权处分人，而在保障善意的买受人取得标的物所有权。就此说来，无权处分人的恶意不足以阻挡买受人的善意取得。

日本民法就不动产物权的变动没有采用公信原则，因之不承认不动产物权的善意取得。[1] 例如，就甲所有的 A 不动产，丙伪造文书进行移转登记，进而又将 A 不动产让与丁并进行移转登记。此时，丁虽然表面上呈现拥有 A 不动产所有权的外观，但由于登记没有公信力，丁即使是信赖丙的登记而买受了 A 不动产，在 A 不动产上也不取得任何权利。[2] 在日本，由于登记簿本身相当不完全，构成不实登记的可能性非常大（对建筑物尤甚）。若非在确实实行公示原则的基础上采用公信原则，静的安全就会因公信原则而受到极大威胁。换言之，在登记簿的记载大体上尚未正确反映出真实的权利关系的情况下，若对此种登记簿的记载赋予公信力的话，真实权利人的利益就会受到不当损害，制度总体的均衡就会被打破，形成困难的局面。[3]

遵循这种思路，土地承包经营权、宅基地使用权、地役权，以及按照《民法典》第 229 条、第 230 条的规定发生的不动产物权变动，均不要求登记，于是登记就不具有公信力，也就不宜适用善意取得制度。换言之，仅仅移转占有，没有办理变更登记手续的场合，不发生善意取得的效力。其法理依据在于，在仅仅承认不动产登记具有对抗效力、未赋予不动产登记以公信力的背景下，不承认不动产物权的善意取得，有其道理，因为此类不动产登记并非不动产物权变动的生效要件，登记所表征的不动产权属状态不一定是真实的不动产物权关系，不动产物权变动之后，怠于或客观上无法及时予以变更登记（过户登记）的情形的确存在，A 不动产物权虽然登记在甲名下，但已经移转给了乙，即属此类。在这种情

---

①　［日］我妻荣：《日本物权法》，有泉亨修订，李宜芬校订，台北，五南图书出版公司 1999 年版，第 194～195 页。

②③　［日］我妻荣：《日本物权法》，有泉亨修订，李宜芬校订，台北，五南图书出版公司 1999 年版，第 153、43 页。

况下，作为理性人的交易相对人不可完全信赖不动产登记，应当适当怀疑登记是否客观地反映了真实的不动产物权关系，因而负有一定的注意义务。交易相对人不履行该项注意义务，盲目地相信登记，不宜认定为善意。所以，在不动产登记仅仅具有对抗效力的法制下，不承认善意取得，在法理上说得通。如此，第二种解释有其根据。

特别需要指出的有二：第一，《农村土地承包法》第53条规定："通过招标、拍卖、公开协商等方式承包农村土地，经依法登记取得权属证书的，可以依法采取出租、入股、抵押或者其他方式流转土地经营权。"这告诉我们，关于此类土地承包经营权转让，转让前已办理了登记，转让后，受让人取得土地承包经营权亦须办理变更登记，否则，不发生转让的效力。据此推论，他人擅自转让此类土地承包经营权，受让人仅仅凭对承包地的占有尚不得主张善意取得，只有办理了变更登记，才可主张善意取得了土地承包经营权。

第二，《民法典》第232条规定："处分依照本节规定享有的不动产物权，依照法律规定需要办理登记的，未经登记，不发生物权效力。"物权人向第三人转让基于《民法典》第229条至第230条的规定取得的尚未办理变更登记的不动产物权的，该第三人不能取得该不动产物权。就此推论，非不动产物权人向第三人转让此类不动产物权，更不会发生物权变动的效力。就是说，在这些领域，不会发生善意取得的情形，第二种解释符合法理。

[探讨]

但是，上述结论仍不足以证明第一种解释全无道理。例一，甲和建设用地使用权人乙就通行于A宗建设用地而签订了地役权合同，甲于该地役权合同生效时取得地役权，但一直没有办理登记手续。实际上，甲并未行使该项地役权，而是丙一直在以地役权人的名义通行于该宗建设用地之上，乙对此听之任之。后来，乙和丁就该建设用地使用权签订转让合同，丙以地役权人的身份同意将存于该宗建设用地上的地役权转让给丁。建设用地使用权的转让和地役权的转让采用同一合同文本的形式，乙、丙和丁分别在转让人和受让人处签字。丁随即在该宗建设用地上行使地役权。当甲发现此情而否认丁的地役权时，丁能否基于善意取得而对抗甲呢？从利益衡平的角度看，承认善意的丁取得地役权似乎更具有合理性。至于这种取得究竟是叫作善意取得还是其他特别的制度，需要继续研究。

例二，甲村把良田B发包给乙农户，乙自土地承包合同生效时取得土地承包经营权，一直没有办理登记。实际上，丙一直以土地承包经营权人的名义在该宗承包地上耕种，甲村村委会不但默认，而且在丙把该土地承包经营权转让给丁时，同意该转让行为。事后，乙提出异议，不承认丁的土地承包经营权，善意的丁则主张取得该土地承包经营权。从利益衡平的角度观察，似乎更应支持丁的主张。至于这种取得究竟是叫作善意取得还是其他特别的制度，需要继续研究。

由此看来，在登记仅为对抗效力的法制下，是否例外地承认若干"善意取得"，以及如何命名，颇费思量。

（三）法律效力

1. 受让人取得不动产物权。该取得并非基于让与人既存的权利，故该不动产上的原有权利消灭。这里所谓原有权利，包括以不动产为标的物的抵押权、借用权等权利。在继受取得的情况下，这些权利随着不动产物权的移转而移转。只有原始取得场合，这些权利才不会移转至受让人之手。可知，《民法典》对善意取得采取的是原始取得说。

[探讨]

就善意取得的不动产上存在的原有权利是否因善意取得而不由受让人承受，《物权法》（第106条）和《民法典》（第311条）均未表态，值得深思和探讨。不妨依不动产登记的公信力予以处理，即，只要不动产登记簿簿页上记载的各项从权利，就都继续存在于该不动产之上，均应由受让人承受，除非不动产物权转让合同明确排除，且该排除系有法律依据的表现。例如，登记名义人获有该不动产抵押权人的授权，可以决定该抵押权的注销；或者已经获得地役权人的承诺，有权自行决定地役权不随着不动产物权的转让而转让，而是因不动产物权的转让而归于终止。从对面说，凡是不动产登记簿簿页上未记载的原权利，受让人都不予承受之，因为登记的公信力不涉及保护未予公示的权利。

2. 受让人取得不动产物权，系因法律基于保护交易安全的需要，受让人终局地保有所取得的不动产物权。但受让人于其尚未付清价款时，应就该价值形态的利益，负返还不当得利的义务。

[引申]

为达使受让人终局地保有善意取得的物权的目的，德国法系民法学说认为，受让人取得所有权对原所有权人而言系有法律上的原因，自无不当得利可言，原所有权人无从依不当得利的规定请求受让人返还其所受的利益。唯让与人系无偿让与场合，为顾及原所有权人的利益，应使受让人负返还利益为宜。法院应当依衡平的不当得利最高指导原则，创设例外规定，使原所有权人得依不当得利的规定请求受让人返还所受利益。① 笔者认为，中国《民法典》关于不当得利构成的规定，未使用"无法律上的原因"的传统表述，而是采用了"没有法律根据"，这为便利地解决善意取得场合的利益返还提供了法律基础。就是说，善意受让人取得标的物所有权，其法律依据在于善意取得，取得标的物所有权具有合法根据，但若无对价而取得，或者尚未支付对价或尚未支付全部对价而取得，就此享有的利益——价值形态的利益——没有合法根据，依然构成不当得利，应予返还。②

3. 原物权人既已丧失了物权，对于让与人可就如下权利择一行使：（1）在双方当事人之间，如原有债的关系（如租赁关系、保管关系等）存在时，可请求让与人（债务人）承担违约责任。（2）让与人（债务人）无权处分物权，构成侵权责任，原物权人可请求侵权损害赔偿。（3）让与人（债务人）取得的对受让人的对价（如价款或其请求权），原物权人可基于不当得利制度请求返还。③

4. 让与人嗣后又取得让与标的物的所有权时，无论是否由于让与人的恶意安排，或是让与人的偶然复得，例如巧合地购买了标的物，或是让与人和受让人之间让与标的物的关系不复存在，让与人再取回占有，解释上均认为让与人不能取得物权，而应坚持这样的立场：原物权人的物权因而复活，该标的物上的负担也一并复活。④

[拓展]

因善意信赖不动产登记而取得不动产物权的，取得如同该不动产登记若为正确时同样的权利。兹举例说明如下。

（1）甲冒名将乙所有的 A 楼登记在了自己的名下，然后把它抵押给了丙银行，并办理了抵押登记手续。丙就 A 楼享有抵押权，能够对抗乙（积极信赖保护）。⑤

（2）甲在乙承包的 A 地已经享有的地役权误被涂销，乙将 A 地的承包经营权转让与丙，丙取得 A 地的承包经营权，没有地役权的负担（消极信赖保护）。⑥

（3）甲冒名登记为 A 楼的所有权人，后以该楼为银行乙设立抵押权。该抵

---

① 梅仲协：《民法要义》，台北，1963 年自版，第 135 页；孙森焱：《民法债编总论》（上册），北京，法律出版社 2006 年版，第 135～136 页；王泽鉴：《债法原理·不当得利》（总第 2 册），台北，三民书局有限公司 1999 年 10 月修订版，第 142 页；谢在全：《民法物权论》（上册），台北，三民书局有限公司 2003 年 7 月修订 2 版，第 456 页。

② 崔建远：《无权处分辨》，载《法学研究》2003 年第 1 期，第 21～24 页。

③④ 谢在全：《民法物权论》（上册），台北，三民书局有限公司 2003 年 7 月修订 2 版，第 457 页。

⑤⑥ 王泽鉴：《民法物权·通则·所有权》（总第 1 册），台北，三民书局有限公司 2003 年 8 月增补版，第 126 页。

押权因债务适当履行而归于消灭，但未办理注销抵押登记。其后，甲把 A 楼出卖与丙，丙因信赖登记、付清了合理的价款并办理了过户登记而取得 A 楼的所有权。银行乙不得以丙明知 A 楼有抵押登记而主张抵押继续存在，因为善意受让制度旨在保护第三人的利益，事实上不存在的权利没有保护的必要。所以，丙可以请求注销乙的抵押登记。①

（4）某对夫妻实行共同财产制，夫把以妻为登记名义人的 A 楼出卖给第三人，善意第三人也可因信赖登记、付清合理价款且办理了过户登记手续而取得 A 楼的所有权。② 对此，我们不可盲从，理由如下：正因为信赖 A 楼的所有权登记，该第三人有义务查清该"夫"有无代理权向自己出卖登记在该"妻"名下的 A 楼。如果该"夫"出示了其妻的授权书，则该"夫"实施了有权处分；反之，该"夫"未出示其妻的授权书，则该"夫"实施了无权处分。于无权处分的场合，该第三人仍然购买 A 楼，构成非善意。该项结论有《民法典》的下述规定支撑：第 1062 条第 2 款关于"夫妻对共同财产，有平等的处理权"的规定；第 301 条正文关于处分共有的不动产或者动产的，应当经占份额 2/3 以上的按份共有人或者全体共同共有人同意的规定；第 1060 条关于"夫妻一方因家庭日常生活需要而实施的民事法律行为，对夫妻双方发生效力，但是夫妻一方与相对人另有约定的除外"（第 1 款）；"夫妻之间对一方可以实施的民事法律行为范围的限制，不得对抗善意相对人"（第 2 款）的规定。

（5）甲于其建设用地使用权设立抵押权与乙，误被注销，甲就同一建设用地使用权再次设立抵押权与善意之丙，丙取得第一顺位的抵押权。③

三、动产物权的善意取得

（一）动产物权善意取得概述

动产物权的善意取得，是指转让人转让他人的动产，受让人于取得该动产的占有时为善意，则取得该动产的所有权的现象。就其构成而言，它和不动产物权善意取得本应有些差别，但由于《民法典》在同一个条文里一并规定了两者的构成要件（第 311 条第 1 款），在某种程度上模糊了两者的差异。对此，需要注意。

（二）构成要件

1. 受让人基于交易行为取得动产物权

这里所谓的交易行为，除了标的物限于动产外，其他方面相同于不动产物权

①②③　王泽鉴：《民法物权·通则·所有权》（总第 1 册），台北，三民书局有限公司 2003 年 8 月增补版，第 126 页。

的善意取得中的构成，不再赘述。

需要考察和探讨的是，作为善意取得标的物的动产，是有条件限制的。近代以来，在善意取得适用的范围上，是区分"占有委托物"和"占有脱离物"的。所谓占有委托物，是指基于租赁、融资租赁、借用、委托、保管、行纪、货物运输、让与担保、定作人提供材料的承揽等合同关系，由承租人、借用人、受托人、保管人、承运人、担保权人、承揽人等实际占有的属于出租人、出借人、寄存人、委托人、托运人、担保人、定作人等人所有的动产。出租人等权利人丧失对这些动产的占有，是基于自己的意思。而占有脱离物则是非基于真正权利人的意思而被他人占有的，包括赃物、遗失物、遗忘物、误取物等。占有委托物原则上发生善意取得，而占有脱离物则有条件地发生。① 对此，我们应当有条件地参考，对于在拍卖场所拍定占有脱离物，在信托商店购买某物品，等等，承认善意取得。

作为善意取得标的物的动产，占有委托物是最主要的，还有某些无记名有价证券，仓单、提单所表彰的货物等。② 票据权利的转让固然依据《票据法》的规定处理，但就其依背书转让而言，在连续背书的过程中也会发生无权处分，故有善意取得制度的适用。记名有价证券需要依背书转让的场合，同样存在着善意取得的现象。

股权可否善意取得，素有争论，《公司法司法解释（三）》第 25 条第 1 款、第 27 条第 1 款，法〔2019〕254 号第 8 条正文都持肯定态度。在学说方面，则没这么简单，理念及意见不一。有学说认为，股权转让采取的是意思主义③，转让人和受让人就股权转让达成合意并生效时，作为标的物的股权即转归受让人。这样的权利归属关系或权利人的权利地位欠缺相应的公示手段，从而难以构造作为善意取得的基础的"权利外观基础"④。股东名册仅在目标公司内部发挥效能，不是对外公示的方式；股权转让的生效并非基于股东名册的记载，而是基于股权

---

① 梁慧星、陈华彬：《物权法》（第 4 版），北京，法律出版社 2007 年版，第 208 页。

② 参见谢在全：《民法物权论》（上册），台北，三民书局有限公司 2003 年 7 月修订 2 版，第 450～451 页。

③ 张双根：《股权善意取得之质疑——基于解释论的分析》，载《法学家》2016 年第 1 期，第 137～138 页。

④ 张双根：《股权善意取得之质疑——基于解释论的分析》，载《法学家》2016 年第 1 期，第 132～147 页；Bohrer, Inhalt und Funktion der Gesellschaftsliste-weitere Bemerkungen zum Vertrauensscechuta-konzept des Gmbh-Gesetzes, DStR 2010, S. 1892. 转引自张双根：《德国法上的股权善意取得制度——背景、构造与不足（上）》，载王洪亮、田士永、朱庆育、张谷、张双根主编：《中德私法研究》第 11 卷，北京，北京大学出版社 2015 年版，第 229、238 页。

转让协议等基础法律关系。①

　　不可否认，中国现行法关于股东名册、股东工商登记等制度的设计，之于股权善意取得制度的应然要求，的确存在"间隙"，甚至是不小的障碍。就此说来，反对说确有道理。但是，只要我们不是进行哲学交流，因为在那个境界里是"你走你的阳关道，我踱我的独木桥"，难以要求一方必须接受另一方的见解；只要我们不是完美主义者，因为法律是利益集团博弈的产物、妥协的结果，不易完美，法律人无法完成任务，只好"休息"；只要我们存有善意受让人在股权取得方面应受有利保护这样的共识——事情便转化了，转化为通过何种路径实现该共识。

　　坐等完美的立法设计？这过于消极，《民法典》刚刚颁行，《公司法》何时修订尚不可知；"就地取材"，利用既有的善意取得制度，在构成要件的"装配"方面，"因陋就简"，方为可取之策。因其符合这样的法政策：更看重交易安全，给主要为自己考虑而采取隐名策略的出资人分配多一些的风险。

　　所谓"就地取材""因陋就简"，可有如下表现：(1)《公司法》及其司法解释未明定股权转让采取意思主义，反倒有《公司法》第32条第2款关于"记载于股东名册的股东，可以依股东名册主张行使股东权利"的表达。所谓记载于股东名册，情形可有种种，其中包括股权代持人作为股东被记载其上，也包括受让人受让股权的状态（作为股东）被记载其上。受让人作为股东被记载于股东名册，可以是类似于《民法典》第225条、第335条、第341条、第374条、第403条等条款规定的效果，即股权已因转让合同的履行而归于受让人，记载于股东名册只是对抗他人的要件；也可以是类似于《民法典》第214条、第216条第1款、第349条、第368条、第402条、第441条等条款规定的效果，即股权尚未归于受让人，只有被记载于股东名册才发生变动。如何抉择，既取决于解释者的立场和理念，又受制于相关的法律制度及规则。(2)《公司法》第32条第2款的规定是面向世人的，具有公示的效力，由此决定了受让股权之人有义务查询股东名册，以免受让的股权被他人追回，避免因他人主张无权代理等事由而使自己失去交易良机。受让人不查询，就具有重大过失，也就无权对抗真正股权人保有其股权的主张。这在实质上显示出经由工商登记，本为目标公司内部文件的股东名册具有公示性②，同时增添其功效——法技术的处理，逻辑的结论——把股东

　　① 石一峰：《非权利人转让股权的处置规则》，载《法商研究》2016年第1期，第97页。
　　② 施天涛教授认为，股东名册经过工商登记，便有对外公示的效力。请见施天涛：《公司法论》（第2版），北京，法律出版社2006年版，第233页。

名册的记载作为股权转让的生效要件。① 这就与《民法典》第209条第1款以公示作为不动产物权变动的生效要件的精神一致起来了；在善意取得方面，与《民法典》第311条第1款规定的条件相衔接了。(3)《公司法》第32条第2款的表述，类似于《民法典》第216条第1款"不动产登记簿是物权归属和内容的根据"的规定，这就为股权转让以股东名册的记载作为（有限责任公司中的）生效要件，而非采取意思主义，提供了可能。(4)《德国有限责任公司法》经过2008年的修订，改造、升级有关规则和操作，把股东名册作为股权善意取得的"权利外观基础"（第16条第3款以及第40条第1款和第2款），确立了股权善意取得制度②；中国最高人民法院通过司法解释明确承认股权可以善意取得，再借助学说进一步完善，也不失为一条路径。

在这里，存在着二者难以两全时如何选取的问题：进路虽美，但只能到达A地，而到达B地更符合目的，只是道路坑坑洼洼。偏好不同，选取的目标便有差异。笔者更倾向于后者，之所以如此，原因不少，其中之一是法律史上曾有过的一例，给了启示和勇气。

在法国，为了解决车辆、机器等侵权案件，法官曾经扩张《法国民法典》第1384条第1项。原来，《法国民法典》对于侵权行为原则上以过失为成立要件。关于由物本身事实所产生的损害，唯有动物及建筑物为例外，可无须证明占有人或所有人的过失而请求赔偿，其余则统须依一般原则，非有过失不负责任。到了19世纪末叶，机械的使用日益频繁，对于建筑物以外的其他无生命物，如车辆、机器等致人的损害，倘若要求证明占有人或所有人的过失，则十之八九无法获得赔偿。这在正义道德上是说不过去的事，在法律上是无法补救的。到了1896年，忽然发现了第1384条的第1项。以往对这项规定的解释，仅是将其作为同条第2、3、4项及第1385条、第1386条的一段开场白，向来的判例学说从未重视它。但法国最高法院民庭于1898年6月16日的一则判决里，挑出了"对于所占有之物所致之损害亦应负责"这一句，断章取义，认为这是关于无生命物所致的损害，无须证明占有人之过失即得请求赔偿的一般规定。这是奇妙的新发现，亦是理性的新创造。这是逻辑的矛盾，亦是艺术的和美。③

---

① 对此有相反的见解，例如，施天涛：《公司法论》（第2版），北京，法律出版社2006年版，第259页；姚明斌：《有限公司股权善意取得的法律构成》，载《政治与法律》2012年第8期，第85～86页；余佳楠：《我国有限公司股权善意取得制度的缺陷与建构》，载《清华法学》2015年第4期，第112页；张双根：《股权善意取得之质疑——基于解释论的分析》，载《法学家》2016年第1期，第138～139页。

② 张双根：《德国法上的股权善意取得制度——背景、构造与不足（上）》，载王洪亮、田士永、朱庆育、张谷、张双根主编：《中德私法研究》（第11卷），北京，北京大学出版社2015年版，第223～284页。

③ 王伯琦：《法学，科学乎？艺术乎？》，载《王伯琦法学论著集》，台北，三民书局有限公司1999年版，第20～21页。

如果接受上述立场和观点，那么，有限责任公司中的股权转让，要发生善意取得的效果，除去股权转让款应当合理的要件，还要求股东名册所记载的股东（代持人）转让其名下的股权，该股东名册系善意取得的权利外观基础；受让人信赖此种公示，才可构成善意取得所要求的善意，工商登记仅仅在判断受让人有无重大过失时才起着辅助作用。这是因为，股东名册的记载，系股权公示之所在，工商登记仅仅是对抗目标公司的债权人等第三人的公示，不是股权变动的生效要件。按照法〔2019〕254号第8条正文关于"当事人之间转让有限责任公司股权，受让人以其姓名或者名称已记载于股东名册为由主张其已经取得股权的，人民法院依法予以支持"的规定，受让人自其被记载于目标公司的股东名册时取得股权，成为股东。

至于上市公司中的股权转让，同样因《公司法》及其司法解释未明定采取意思主义，故可把证券登记结算机构办理完毕登记作为生效要件，与《民法典》规定股权质权的设立以登记为生效要件（第443条第1款）的模式匹配起来。如此，除去股权转让款应当合理这个要件，还要求转让人（股权代持人）就是中国证券登记结算有限责任公司（或其下设深圳分公司或上海分公司）所设登记系统中的登记名义人；受让人信赖此种登记，构成善意，交易的股权自该登记系统完成变更登记时发生转移的效力。

退一步说，即使认可股权转让采取意思主义的观点，也可以变通理念及观点。如果对股权转让场合的善意受让人应予周到的保护，这是共识，那么，可以通过宽松把握"权利外观"的途径，达到与登记、占有具有公信力同样的结果。例如，把名义股权人在目标公司中以股东的身份行事，其他股东证明名义股权人具有股东地位，工商登记记载名义股权人为目标公司的股东等，都作为"权利外观"的构成元素。只要受让人通过尽职调查取得了这些证据，就认定其为善意，从而支持其善意取得股权的主张。此种理念及观点，可从法国民法和日本民法中得到佐证。它们对于动产甚至不动产的买卖采取意思主义，但这并未影响其保护善意买受人的立场及处理。只不过它们将其称作即时取得，未叫善意取得罢了。其实，越来越多的学者更新观念，不再从取得时效的角度，而是改用善意取得的理念看待该项制度。[①]

与此有别，如果是名义股权人欠付第三人的债务未获清偿，该第三人申请人

[①]　尹田：《法国物权法》（第2版），北京，法律出版社2009年版，第207~232页；〔日〕我妻荣：《日本物权法》，有泉亨修订，李宜芬校订，台北，五南图书出版公司1999年版，第198~217页；石一峰：《非权利人转让股权的处置规则》，载《法商研究》2016年第1期，第97页。

民法院强制执行股权，由于该执行标的不是名义股权人与该第三人之间交易的标的物，而是名义股权人的一般责任财产，因而不得按照公示和公信的原则处理，即不因股东名册上记载的股权属于名义股权人（持有有限责任公司中的股权的场合），或中国证券登记结算有限责任公司（或其下设深圳分公司或上海分公司）所设登记系统中的登记名义人（持有上市公司中的股权的场合），便将代持股权认定为名义股权人的财产，从而作为执行标的；而应贯彻实事求是的原则，采取实质主义，甄别出属于作为被执行人的名义股权人的责任财产，才可被执行，不属于名义股权人的责任财产，即便在外观上显示为名义股权人的，也不得作为执行标的。既然如此，只要真正的股东举证出充分、确凿的证据，证明其为股东名册上记载的股权的真正股权人，就可以对抗该第三人申请的强制执行。[①]

变换一些条件，结论会不一样。如果被申请强制执行的股权（执行标的）正是名义股权人转让给强制执行申请人的股权，此股权系他们双方交易的标的物，强制执行申请人自然有权援用《民法典》第577条的规定，请求名义股权人继续履行，即把该股权转移到自己名下。名义股权人未满足该项请求时，强制执行申请人有权持胜诉判决，申请强制执行。

在这样的背景下，强制执行申请人能否取得该股权，或曰执行局是否支持该强制执行的申请？这就必须贯彻公示和公信的原则，适用善意取得制度，只要具备《民法典》第311条第1款要求的条件，受让人即可取得股权，即便真实股东举证证明成功其为真正的股权人，也改变不了这种结局。

遗失物、漂流物、埋藏物、隐藏物在许多立法例上亦为善意取得的对象，但按照《民法典》的规定，它们原则上不适用善意取得制度，只是原所有权人自其知道或应当知道受让人有偿受让遗失物、漂流物、埋藏物、隐藏物时起，逾2年未请求返还的，受让人有权拒绝返还（第312条、第319条）。对此，可理解为发生了善意取得的效果。

对于赃物，《物权法》立法时的考虑是，对被盗、被抢的财物，主要由司法机关依照刑法、刑事诉讼法、治安管理处罚法等有关法律的规定追缴后退回所有权人。在追赃过程中，如何保护善意受让人的权益，维护交易安全和社会经济秩序，可以通过进一步完善有关法律规定解决，《物权法》对此可以不作规定，《民法典》亦然。[②] 最高人民法院、最高人民检察院、公安部和国家工商行政管理局联合发布的《关于依法查处盗窃、抢劫机动车案件的规定》第12条规定，对明

---

① 请参阅崔建远：《论外观主义的运用边界》，载《清华法学》2019年第5期，第10～11页。

② 胡康生主编：《中华人民共和国物权法释义》，北京，法律出版社2007年版，第244页。

知是赃车而购买的，应将车辆无偿追缴；对违反国家规定购买车辆，经查证是赃车的，公安机关可以根据《刑事诉讼法》第 110 条、第 114 条规定进行追缴和扣押。对不明知是赃车而购买的，结案后予以退还买主。在学说上，有观点主张，赃物若为通过公开市场购买的，或通过严格的拍卖程序获得的，受让人支付了合理的对价，且已经实际占有，则应当善意取得该赃物的所有权。[①] 这符合交易安全的要求，原则上值得赞同，但鉴于《物权法》和《民法典》等现行法在总体上坚持遗失物、漂流物、埋藏物、隐藏物归其所有权人享有，所有权人不明时归国家的原则，考虑到《民法典》仅仅在第三人善意受让遗失物，遗失物所有权人自其知道或应当知道该事实时起满 2 年未请求返还的场合，才例外地承认该第三人取得该遗失物的所有权（第 312 条中段），在价值评价方面，赃物的善意取得不得较遗失物的善意取得更为宽松，因而，笔者赞同对赃物例外情况下的善意取得同样适用《民法典》第 312 条中段的规定。[②]

至于债权，不属于动产，不是动产善意取得的客体，至为明显。[③] 但债权可否为其他权利的善意取得的对象？在欠缺公示方式的债权场合，不得适用善意取得制度，为通说。对于已经公示的债权，如票据所表彰的债权、股票所表彰的股权[④]、大额可转让存单等，可适用善意取得制度。[⑤]

2. 受让人在受让动产物权时为善意

受让人在受让动产物权时为善意，是善意取得的必要条件。

此处所谓善意，依据《物权编司法解释（一）》第 14 条的规定，是指"受让人受让……动产时，不知道转让人无处分权，且无重大过失"的状态（第 1 款）。就是说，在《民法典》上，善意在不动产物权的善意取得和动产物权的善意取得中具有相同的意义。

在此再次强调，因为《民法典》第 224 条、第 225 条将船舶、航空器、机动车的物权变动模式设计成交付为生效要件、登记为对抗要件，所以，在判断交易相对人善意与否时，需要综合考虑交易相对人对于交付和登记的关注度。换句话说，交易相对人单凭信赖交付而忽视登记就与转让人从事船舶、航空器或机动车的交易，不宜被认定为构成善意，只有对交付和登记均予关注才可认定为善意。

---

① 王利明、尹飞、程啸：《中国物权法教程》，北京，人民法院出版社 2007 年版，第 144～145 页。

② 赃物的善意取得在构成要件上不得较遗失物的善意取得为宽，是汤文平博士于 2010 年 2 月 17 日向笔者提出建议的，特此致谢！

③ 谢在全：《民法物权论》（上册），台北，三民书局有限公司 2003 年 7 月修订 2 版，第 451 页。

④ 当然，准确地说，股权不是债权。

⑤ 谢在全：《民法物权论》（上册），台北，三民书局有限公司 2003 年 7 月修订 2 版，第 451 页；黄松有主编：《〈中华人民共和国物权法〉条文理解与适用》，北京，人民法院出版社 2007 年版，第 330 页。

例如，甲将其汽车出卖与乙，办理了登记而未交付，接着将该车出卖与丙，交付了但未登记。于此场合，丙不核实登记便信赖甲对该车的占有，并推定其享有所有权，就是具有重大过失，不构成善意。

此处所谓"受让人受让……动产时"，按照《物权编司法解释（一）》第17条的规定，"是指……动产交付之时"（第1款）。"当事人以民法典第二百二十六条规定的方式交付动产的，转让动产民事法律行为生效时为动产交付之时；当事人以民法典第二百二十七条规定的方式交付动产的，转让人与受让人之间有关转让返还原物请求权的协议生效时为动产交付之时"（第2款）。"法律对……动产物权的设立另有规定的，应当按照法律规定的时间认定权利人是否为善意"（第3款）。

所谓《民法典》第226条规定的方式，即简易交付。于此场合，动产已在买受人等受让人之手，故法律行为生效时物权移转，将法律行为生效之时确定为"受让"之时，确有道理。

所谓《民法典》第227条规定的方式，即指示交付。于此场合，动产在第三人之手，故转让人与受让人之间有关转让返还原物请求权的协议生效时发生物权变动，将转让人与受让人之间有关转让返还原物请求权的协议生效之时确定为"受让"之时，能够成立。

所谓"法律对……动产物权的设立另有规定的，应当按照法律规定的时间认定权利人是否为善意"，例如，按照《民法典》第447条第1款关于"债务人不履行到期债务，债权人可以留置已经合法占有的债务人的动产，并有权就该动产优先受偿"的规定，留置权的成立不是自债权人占有债务人的动产时，而是债务人不履行到期债务时，由此决定，留置权的善意取得场合确定善意的时间点，不是看债权人占有第三人的动产时知情与否或有无重大过失的不知，而是看债务人不履行到期债务时债权人是否知道占有的是第三人的动产，并且对于不知有无重大过失。

在举证责任的分配方面，《物权编司法解释（一）》规定："真实权利人主张受让人不构成善意的，应当承担举证证明责任"（第14条第2款）。不过，"受让人受让动产时，交易的对象、场所或者时机等不符合交易习惯的，应当认定受让人具有重大过失"（第16条），无须真实权利人举证证明。例如，在机场、车站以极为低廉的价格出售手机、笔记本电脑、名表等，买受人贪图便宜而购买，应当认定其有重大过失。而在拍卖场所拍定拍卖物、在信托商店购买物品，即使价格便宜，也不宜认定其有重大过失。

3. 受让人受让动产物权所应（已）支付的价格合理

以合理的价格，是《民法典》所要求的动产善意取得的另一要件。其意义在本释评书关于不动产物权的善意取得中已经阐释，此处不赘。

需要指出的是，质权善意取得场合，按照《民法典》第 311 条第 3 款的规定，是参照《民法典》第 311 条第 1 款的规定，故不宜强调价格及其合理这个要件。

4. 动产已经被受让人占有

动产所有权的移转以交付为生效要件，除非法律另有规定（《民法典》第 224 条）。动产未交付，动产所有权便未移转，受让人自然没有取得动产的所有权。正所谓善意取得必须依据一个外部标记，而这个标记在动产物权中就是占有。[①]"转让人将民法典第二百二十五条规定的船舶、航空器和机动车等交付给受让人的，应当认定符合民法典第三百一十一条第一款第三项规定的善意取得的条件"（《物权编司法解释（一）》第 19 条）。

这告诉我们，船舶、航空器和机动车场合的善意取得，以受让人占有船舶、航空器或机动车为成立要件，仅有转移登记于受让人的名下却无受让人占有船舶、航空器或机动车，并不成立善意取得。

交付，若表现为现实交付、简易交付，让与人已经丧失了对动产的占有，且占有的变动能够从外部识别，发生善意取得，容易理解。但交付表现为占有改定时，由于占有改定表现为受让人取得间接占有，让与人仍然继续占有着动产，是否使受让人善意取得该动产所有权，则不无疑问。《德国民法典》第 933 条明文规定，以占有改定方式让与动产的，必须是非所有权人的让与人已经把该动产交付给受让人时，受让人才取得该动产所有权。[②]《物权法》和《民法典》对此未设明文，有学说主张，善意取得制度涉及真正权利人（原权利人）和权利取得人（受让人）间的利益衡量，受让人既然是以占有改定受让占有，让与人仍继续占有标的物，此与真正权利人系信赖让与人而使之占有动产完全相同，实难谓受让人的利益有较诸原所有权人的利益更应受保护的理由，何况真正权利如所有权的

---

① ［德］鲍尔/施蒂尔纳：《德国物权法》（上册），张双根译，北京，法律出版社 2004 年版，第 64 页。需要说明，该书于此所谓善意取得必须依据一个外部标记，而这个标记在动产物权中就是占有，原本是说转让人于转让动产时应当占有该动产，以贯彻权利外观原则，凸显交易安全的思想。笔者觉得，善意取得也要求受让人占有该动产，借用鲍尔和施蒂尔纳教授的思想及其表达，形象而到位，胜于笔者自己所能想到的用语。

② ［德］托马斯·吕福纳：《间接占有与善意取得》，张双根、王洪亮译，载张双根、田士永、王洪亮主编：《中德私法研究》（第 2 卷），北京，法律出版社 2007 年版，第 48 页；谢在全：《民法物权论》（上册），台北，三民书局有限公司 2003 年 7 月修订 2 版，第 451 页。

保护，乃民法甚至宪法的优先价值秩序，所以，占有改定场合，不应发生善意取得①，除非让与人已将动产交付给了受让人。这说理透彻，值得我们借鉴。

在指示交付的场合可否成立善意取得，应当区分情形而下结论。第一种情形，转让人甲将乙所有却由自己占有的动产 A 因某种原因而交由乙直接占有，甲与丙成立该动产 A 的买卖合同，约定的价格合理，并将其对于乙的返还请求权让与丙，致使甲完全丧失了对于动产 A 的占有，或曰甲对于动产 A 没有了一点点占有的残余，于此场合，善意的丙善意取得动产 A。第二种情形，前述例子中甲尚未将其对于乙的返还请求权让与丙时，甲对于动产 A 构成间接占有，或曰对于动产 A 留有占有残余，丙尚未取得对于动产 A 的占有，故丙即使善意也不能善意取得动产 A。② 第三种情形，乙占有甲的动产 A，乙将之让与善意的丙，而以占有改定为交付，丙又将之让与善意的丁，并将对乙的返还请求权让与丁，以代交付，丁于受现实交付前，不发生善意取得。第四种情形，转让人甲对于第三人乙无返还请求权，却对受让人丙表示让与返还请求权，来作为动产 A 占有的转移，因转让人甲无返还请求权可资让与，于此场合，不发生指示交付的效力，只有丙取得对于动产 A 的现实占有时，才会发生善意取得的效果。③

[反思]

站在立法论的立场上，《物权法》和《民法典》将动产物权的善意取得和不动产物权的善意取得统一规定在同一个条文中，极易模糊两者的差异，似有斟酌的余地。未来修法或制定新法时，宜分别规定，且明确规定两者在构成要件及举证责任方面的不同。

（三）法律效力

动产物权的善意取得的法律效力，将在对《民法典》第 313 条的释评中介绍，此处不赘。

第三百一十二条

所有权人或者其他权利人有权追回遗失物。该遗失物通过转让被他人占有的，权利人有权向无处分权人请求损害赔偿，或者自知道或者应当知道受让人之

---

① 谢在全：《民法物权论》（上册），台北，三民书局有限公司 2003 年 7 月修订 2 版，第 454 页。

② 参考［德］鲍尔/施蒂尔纳：《德国物权法》（下册），申卫星、王洪亮译，北京，法律出版社 2006 年版，第 407～409 页。

③ 谢在全：《民法物权论》（上），台北，新学林出版股份有限公司 2010 年修订 5 版，第 409～410 页。

日起二年内向受让人请求返还原物；但是，受让人通过拍卖或者向具有经营资格的经营者购得该遗失物的，权利人请求返还原物时应当支付受让人所付的费用。权利人向受让人支付所付费用后，有权向无处分权人追偿。

本条主旨

本条是关于遗失物的善意取得的规定。

相关条文

《物权法》第107条　所有权人或者其他权利人有权追回遗失物。该遗失物通过转让被他人占有的，权利人有权向无处分权人请求损害赔偿，或者自知道或者应当知道受让人之日起二年内向受让人请求返还原物，但受让人通过拍卖或者向具有经营资格的经营者购得该遗失物的，权利人请求返还原物时应当支付受让人所付的费用。权利人向受让人支付所付费用后，有权向无处分权人追偿。

理解与适用

本条是对《物权法》第107条的复制，含有如下几层意思。

1. 前段宣明以遗失物不适用善意取得为原则，遗失物的所有权人或其他权利人有权向拾得人请求返还遗失物。此处所谓其他权利人，如遗失物的承租人、借用人、代管人，遗失物为破产财产时，破产管理人也是此处其他权利人。

2. 在满足法定条件时，遗失物可被善意取得。此处所谓法定条件，即遗失物善意取得的构成要件，根据本条并结合《民法典》第311条第1款的规定，遗失物的善意取得必须具备如下要件：（1）拾得人甲已将遗失物转让（如出卖、以物抵债等）给受让人乙；（2）约定的转让价款合理；（3）受让人乙已经占有该遗失物；（4）乙占有该遗失物时为善意；（5）受让人乙占有该遗失物的期间必须自遗失物的所有权人知道或应当知道受让人乙之日起已满2年。

3. 在善意取得成立的情况下，权利人有权向无处分权人请求损害赔偿。该损害赔偿的性质应为侵权损害赔偿，其请求权基础为《民法典》第1165条。尽管《民法典》第311条第2款、第312条中段都规定了权利人有权向无处分权人请求损害赔偿，但这两个条款的规定没有损害赔偿的构成要件，不是请求权基础。

4. 权利人自知道或应当知道受让人之日起2年内，有权向受让遗失物之人请求返还遗失物，换言之，于此场合善意取得不成立，受让人无权对抗权利人的该项请求。

[探讨]

《民法典》第312条中段规定，遗失物所有权人有权自知道或应当知道受让人之日起2年内向受让人请求返还原物。该原物返还请求权属于物权请求权，因为它符合《民法典》第235条规定的构成，及第312条前段规定的文义。

此处的2年期间为一不变期间，无中止、中断和延长的余地，故非诉讼时效期间。由于遗失物所有权人请求受让人返还原物的权利为物权请求权，而非形成权，该2年期间亦非除斥期间。由于学说把《民法典》第692条等规定的保证期间解释为权利失效期间①，不妨对《民法典》第312条规定的2年期间作同样的理解。

5. 受让人通过拍卖或者向具有经营资格的经营者购得遗失物，只要权利人自知道或应当知道受让人之日起未满2年的，善意取得不成立，权利人有权请求受让人返还该遗失物，但应当支付受让人所付的费用。普通之物通过拍卖的途径或是被信托商店等具有经营资格的经营者出卖的，即便是无权处分，只要具备《民法典》第311条第1款规定的善意取得的构成要件，无须权利人自知道或应当知道受让人之日起满2年这个要件，就成立善意取得，权利人无权请求受让人返还标的物。但在遗失物通过拍卖的途径或是被信托商店等具有经营资格的经营者出卖的场合，不但必须具备《民法典》第311条第1款规定的善意取得的构成要件，也需要权利人自知道或应当知道受让人之日起满2年这个要件。

6. 受让人通过拍卖或者向具有经营资格的经营者购得该遗失物并符合善意取得的构成要件的，权利人无权请求受让人返还原物，但有权请求返还转让款；在受让人尚未付款的情况下，转让款支付请求权成为不当得利返还的标的物，权利人可向受让人请求该种形态的不当得利返还。

第三百一十三条

善意受让人取得动产后，该动产上的原有权利消灭。但是，善意受让人在受让时知道或者应当知道该权利的除外。

本条主旨

本条是关于动产物权善意取得的法律效果的规定。

---

① 参考崔建远主编：《合同法》（第4版），北京，法律出版社2007年版，第182～183、384～385页。

相关条文

《物权法》第 108 条 善意受让人取得动产后，该动产上的原有权利消灭，但善意受让人在受让时知道或者应当知道该权利的除外。

理解与适用

一、本条含义概貌

本条是对《物权法》第 108 条的复制，含有如下三层意思：（1）受让人取得动产所有权；（2）该动产上的原有权利因受让人善意取得该动产所有权而归于消灭；（3）善意受让人在受让时知道或者应当知道该动产上存有原权利的，这些原权利由受让人承受。

二、展开解读

1. 受让人取得动产的所有权，并且是原始取得，但有所变形，即受让人在受让动产时知道或应当知道动产上存在着抵押权等负担的，这些负担继续存在于该动产之上。

2. 受让人取得动产所有权，系因法律基于保护交易安全的需要，受让人终局地保有所取得的动产所有权。但受让人于其尚未付清价款时，应就该价值形态的利益，负返还不当得利的义务。当然，存在着相反的意见，认为于此场合的不当得利返还不宜采取差额说，于是，动产可回归原所有权人之手。

3. 原所有权人既已丧失了所有权，可视具体情况而请求让与人承担违约责任（限于他们之间存在租赁、保管、借用等关系场合），或侵权损害赔偿，或不当得利返还（在让与人取得对受让人的对价场合）。[①]

4. 让与人嗣后又取得让与标的物的所有权时，无论是否由于让与人的恶意安排，或是让与人的偶然复得，如巧合地购买了标的物，或是让与人和受让人之间让与标的物的关系不复存在，让与人再取回占有，解释上均认为让与人不能取得所有权，原所有权人的所有权因而复活，该标的物上的负担也一并复活。[②]

第三百一十四条

拾得遗失物，应当返还权利人。拾得人应当及时通知权利人领取，或者送交

---

①② 谢在全：《民法物权论》（上册），台北，三民书局有限公司 2003 年 7 月修订 2 版，第 457 页。

公安等有关部门。

本条主旨

本条是关于遗失物不归属于拾得人的基本规则的规定。

相关条文

《民法通则》第 79 条第 2 款　拾得遗失物、漂流物或者失散的饲养动物，应当归还失主，因此而支出的费用由失主偿还。

《物权法》第 109 条　拾得遗失物，应当返还权利人。拾得人应当及时通知权利人领取，或者送交公安等有关部门。

《关于民法通则的意见》第 94 条　拾得物灭失、毁损，拾得人没有故意的，不承担民事责任。拾得人将拾得物据为己有，拒不返还而引起诉讼的，按照侵权之诉处理。

《铁路旅客运输规程》第 55 条　对旅客的遗失物品应设法归还原主。如旅客已经下车，应编制客运记录，注明品名、件数等移交下车站。不能判明时，移交列车终点站。

理解与适用

一、本条含义概貌

本条是对《物权法》第 109 条的复制，确立了遗失物不归属于拾得人的基本规则。

本条前段规定，拾得遗失物，拾得人应当将之返还给遗失物的权利人。此处所谓权利人，首先是遗失物的所有权人；如果该遗失物系他物权的客体，则可以甚至应当返还给他物权人；如果该遗失物已被他人租赁、借用、仓储、保管等，则这些债权人也是本条所谓权利人。

本条后段规定了拾得人的通知义务、送交公安等部门的义务。

本条规则具有特色。拾得遗失物，在有些立法例上，拾得人可以在一定时间后获得该物上的所有权，属于基于法律规定的原始取得。[1]

---

[1]　［德］鲍尔/施蒂尔纳：《德国物权法》（下册），申卫星、王洪亮译，北京，法律出版社 2006 年版，第 513 页以下。

二、拾得遗失物的构成要件

1. 必须为遗失物。所谓遗失物，是指非基于占有人的意思而丧失占有，现在无人占有且非为无主物的动产。据此可知，遗失物的构成，必须具备如下要件：（1）必须是占有人丧失占有。是否丧失占有，应依社会观念及客观情况决定。控制力一时不能实现，不属于丧失占有，例如，占有之物偶然落于他人土地上，不属于遗失物。忘置在公共场所的物品，则因该场所为公众所出入，占有人对该物的事实上的支配力已经丧失，属于遗失物。（2）占有人丧失占有必须非基于占有人的意思。占有人同时为所有权人的场合，则其占有的丧失系由于自己的意思，成为所有权的抛弃，该物品属于无主物，而非遗失物。（3）必须现在无人占有。动产虽然不是因占有人的意思而脱离占有，但如该动产现在是有人占有的，仍不属于遗失物。（4）必须是动产，且为有主物。因为不动产在性质上不可能遗失，无主物适用先占规则，而非遗失物规则。遗失物是否为限制流通物或禁止流通物，在所不问，因为遗失物返还并不涉及流通问题，但这不妨碍有关机关依照法律、行政法规的规定采取相应措施。例如，对于遗失违禁物品采取相应措施。①

2. 必须有拾得行为。拾得遗失物，是指发现他人遗失物而占有的事实行为。如果只是发现而不占有，不构成拾得。所谓发现，是指认识到物之所在。而占有系对标的物的事实上的支配力。如此，发现后指示其雇员或其他占有辅助人为占有的，固属拾得；执勤警察查获遗失物的场合，应将警察所属的公安局认定为拾得人。还有，拾得遗失物是一种事实行为，未成年人也可以拾得。判断拾得的标准，是对遗失物进行了占有，而不是发现了遗失物。②

三、法律效果

拾得人占有遗失物后，据为己有，则构成侵权行为，由侵权责任编调整；若拟将之返还给遗失人，则与遗失人之间产生无因管理关系，其中，拾得人负有告知、保管以及返还等义务（《民法典》第 314 条、第 316 条、第 317 条第 3 款）。

在无因管理关系中，拾得人负有将拾得遗失物的事实通知遗失人的义务。至于通知方式，可以是口头的，也可以是书面的。只要发出通知，拾得人即履行了

---

① 谢在全：《民法物权论》（上册），台北，三民书局有限公司 2003 年 7 月修订 2 版，第 476～478 页。

② 谢在全：《民法物权论》（上册），台北，三民书局有限公司 2003 年 7 月修订 2 版，第 479 页。

其义务。通知必须及时。

如果拾得人不愿意进行通知或通知不能的（如不知道遗失人是谁），或者虽然已经通知遗失物的权利人，但该权利人不于合理期间前来领取遗失物的，拾得人可以将拾得物交给公安等有关部门（《民法典》第314条）。不然，拾得人的负担过重，不尽合理。

拾得遗失物的其他法律效果将在对《民法典》第315条等条款的释评中叙述，此处不赘。

第三百一十五条

有关部门收到遗失物，知道权利人的，应当及时通知其领取；不知道的，应当及时发布招领公告。

本条主旨

本条是关于有关部门管理遗失物的规则的规定。

相关条文

《物权法》第110条　有关部门收到遗失物，知道权利人的，应当及时通知其领取；不知道的，应当及时发布招领公告。

理解与适用

本条是对《物权法》第110条的复制，前段规定了收到遗失物的部门知道权利人的，应当及时通知其领取；后段规定收到遗失物的部门不知道遗失物的权利人的，应当及时发布招领公告。

收到遗失物的部门为行政机关，其所负通知权利人、及时发布招领公告的义务属于行政法上的义务，应该适用行政法的有关规定。如果这些机关怠于履行义务，可成立行政责任，包括国家损害赔偿。

第三百一十六条

拾得人在遗失物送交有关部门前，有关部门在遗失物被领取前，应当妥善保管遗失物。因故意或者重大过失致使遗失物毁损、灭失的，应当承担民事责任。

本条主旨

本条是关于拾得人的保管义务及违反时的责任的规定。

相关条文

《物权法》第111条　拾得人在遗失物送交有关部门前，有关部门在遗失物被领取前，应当妥善保管遗失物。因故意或者重大过失致使遗失物毁损、灭失的，应当承担民事责任。

《关于民法通则的意见》第94条　拾得物灭失、毁损，拾得人没有故意的，不承担民事责任。拾得人将拾得物据为己有，拒不返还而引起诉讼的，按照侵权之诉处理。

《铁路旅客运输规程》第56条　客流量较大的车站应设失物招领处。失物招领处对旅客遗失物品应妥善保管，正确交付。遗失物品需通过铁路向失主所在站转送时，物品在5千克以内的免费转送；超过5千克时，到站按品类补收运费；但对第53条中1、2、3、4项物品及食品不办理转送。

理解与适用

本条是对《物权法》第111条的复制，前段规定了拾得人在将遗失物送交有关部门前，对遗失物负有妥善保管义务，后段规定了拾得人因过错致使遗失物毁损、灭失的，应当承担民事责任。

本条前段规定了拾得人妥善保管遗失物的义务，其义务基础为无因管理，而非保管合同；其注意程度为善良管理人的注意，而非管理自己事务的注意标准。拾得人应当按照可以推断出来的遗失人关于遗失物的保管要求、客观规律、社会常识，尽善良管理人的注意，对遗失物予以保管。

拾得人的保管义务通常限于保存行为，不得为变价行为，如果遗失物不适合较长时间的保管，需要及时变卖，应尽可能地把遗失物交由有关部门保管，除非来不及如此操作。

本条后段规定，因拾得人故意或重大过失致使遗失物毁损、灭失的，应当承担民事责任。这究竟是引致性（管道性）条款，还是请求权基础，可以继续探讨。就其具备损害赔偿的构成要件（拾得人为侵权行为人、遗失物的权利人为受害人）来看，符合请求权基础的规格。假如它不是请求权基础，就把《民法典》第1165条第1款关于"行为人因过错侵害他人民事权益造成损害的，应当承担侵权责任"的规定作为请求权基础。

第三百一十七条

　　权利人领取遗失物时，应当向拾得人或者有关部门支付保管遗失物等支出的

必要费用。

权利人悬赏寻找遗失物的，领取遗失物时应当按照承诺履行义务。

拾得人侵占遗失物的，无权请求保管遗失物等支出的费用，也无权请求权利人按照承诺履行义务。

本条主旨

本条是关于遗失物的权利人所享权利、所负义务的规定。

相关条文

《物权法》第112条　权利人领取遗失物时，应当向拾得人或者有关部门支付保管遗失物等支出的必要费用。

权利人悬赏寻找遗失物的，领取遗失物时应当按照承诺履行义务。

拾得人侵占遗失物的，无权请求保管遗失物等支出的费用，也无权请求权利人按照承诺履行义务。

《刑法》第270条　将代为保管的他人财物非法占为己有，数额较大，拒不退还的，处二年以下有期徒刑、拘役或者罚金；数额巨大或者有其他严重情节的，处二年以上五年以下有期徒刑，并处罚金。

将他人的遗忘物或者埋藏物非法占为己有，数额较大，拒不交出的，依照前款的规定处罚。

本条罪，告诉的才处理。

理解与适用

一、遗失物返还义务与费用偿还义务及其同时履行抗辩关系

本条是对《物权法》第112条的复制。第1款规定，在遗失物由拾得人保管的情况下，遗失物的权利人享有请求拾得人返还遗失物的权利，所负义务是向拾得人支付保管遗失物等支出的必要费用。从拾得人的一侧描述是，拾得人对于遗失物的权利人享有费用偿还请求权，负有返还遗失物的义务。

此处所谓保管遗失物支出的必要费用，例如，遗失物为牛马羊等动物时，拾得人支出饲料的费用、治疗其疾病所花费的费用；遗失物为贵重物品时租用保管箱所支出的费用；等等。此处所谓"……等支出的费用"，例如，发出领取遗失物的通知所支出的费用、发布招领启事所支出的费用等。

权利人支付必要费用的义务与拾得人返还遗失物义务，构成同时履行关系，

拾得人在权利人未支付必要费用时，可以援用《民法典》第 525 条的规定，主张同时履行抗辩权，暂时拒绝返还遗失物。

在遗失物由公安等部门保管的情况下，遗失物的权利人享有请求保管遗失物的部门返还遗失物的权利，所负义务是向保管部门支付保管遗失物等支出的必要费用。费用的细目与拾得人保管遗失物的情形一样，不再重复。

二、悬赏承诺酬谢金的支付义务

本条第 2 款规定悬赏寻找遗失物的场合，遗失物的权利人负担悬赏允诺的酬谢金支付义务。对于悬赏，无论采取单独行为说还是合同说，其受法律认可是肯定的。只要拾得人的拾得行为符合悬赏允诺的情形，拾得人即享有请求遗失物的权利人付清酬谢金的权利。

三、遗失物返还义务、损害赔偿义务与费用偿还义务、酬谢金支付义务形成同时履行抗辩关系

本条第 3 款所谓拾得人侵占遗失物，是指拾得人在返还请求权人提出返还请求后无正当理由拒绝返还遗失物或对遗失物无权处分的情形。所谓拾得人侵占遗失物的，无权请求保管遗失物等支出的费用，也无权请求权利人按照承诺履行义务，是费用偿还请求权、酬谢金支付请求权消失，还是履行抗辩权的体现？换言之，拾得人返还遗失物的义务与遗失物的权利人费用偿还的义务、酬谢金支付的义务形成同时履行抗辩的关系？两种方案均有道理，但抗辩权说更为合理，因为拾得人侵占遗失物产生的物的返还请求权必然存在，因此给遗失物的权利造成损失时还成立损害赔偿请求权，此种状态不会因费用偿还请求权、酬谢金支付请求权的消失而改变。假如采取费用偿还请求权、酬谢金支付请求权消失说，就意味着拾得人只有遗失物返还义务、损害赔偿义务，而无费用偿还请求权、酬谢金支付请求权，失去平衡。

第三百一十八条

遗失物自发布招领公告之日起一年内无人认领的，归国家所有。

本条主旨

本条是关于无人认领的遗失物归属于国家的规定。

相关条文

《物权法》第 113 条　遗失物自发布招领公告之日起六个月内无人认领的，归国家所有。

《民事诉讼法》第 192 条　人民法院受理申请后，经审查核实，应当发出财产认领公告。公告满一年无人认领的，判决认定财产无主，收归国家或者集体所有。

《海关法》第 51 条　进出境物品所有人声明放弃的物品、在海关规定期限内未办理海关手续或者无人认领的物品，以及无法投递又无法退回的进境邮递物品，由海关依照本法第三十条的规定处理。

第 30 条　进口货物的收货人自运输工具申报进境之日起超过三个月未向海关申报的，其进口货物由海关提取依法变卖处理，所得价款在扣除运输、装卸、储存等费用和税款后，尚有余款的，自货物依法变卖之日起一年内，经收货人申请，予以发还；其中属于国家对进口有限制性规定，应当提交许可证件而不能提供的，不予发还。逾期无人申请或者不予发还的，上缴国库。

确属误卸或者溢卸的进境货物，经海关审定，由原运输工具负责人或者货物的收发货人自该运输工具卸货之日起三个月内，办理退运或者进口手续；必要时，经海关批准，可以延期三个月。逾期未办手续的，由海关按前款规定处理。

前两款所列货物不宜长期保存的，海关可以根据实际情况提前处理。

收货人或者货物所有人声明放弃的进口货物，由海关提取依法变卖处理；所得价款在扣除运输、装卸、储存等费用后，上缴国库。

《邮政法》第 33 条　邮政企业对无法投递的邮件，应当退回寄件人。

无法投递又无法退回的信件，自邮政企业确认无法退回之日起超过六个月无人认领的，由邮政企业在邮政管理部门的监督下销毁。无法投递又无法退回的其他邮件，按照国务院邮政管理部门的规定处理；其中无法投递又无法退回的进境国际邮递物品，由海关依照《中华人民共和国海关法》的规定处理。

《物资部仓库盘盈物资及无主货管理暂行办法》第 4 条　无主货的确认。盘点检查中发现的不明货主物资，自发现之日起三个月内，仓库应采取必要措施寻找货主。三个月期满后确实找不到货主时方可确认为无主货。记入无主货账。

第 6 条　盘盈物资和无主货要单独存放，单独及时建账、建卡，专人保管和保养。

第 7 条　盘盈物资入账后即可处理；无主货从确认之日起，半年内要继续寻找货主，半年内未找到货主，又无人认领时，可做变卖处理。

第 8 条　盘盈物资处理和无主货变卖权属仓库主管部门。各主管部门要制订具体管理办法并报物资部备案。

第 9 条　处理盘盈物资和无主货，必须严格执行国家有关政策的规定，不得随意抬高价格。要尽量处理给有关归口管理的物资经销部门或生产建设急需部门。

理解与适用

本条在承继《物权法》第 113 条的基础上有所修改，即把《物权法》规定的 6 个月的认领期延长为 1 年，体现了尽可能把遗失物归属于原主的精神。

本条规定于 1 年内无人认领的遗失物归属于国家，与有关法律、法规、规章的规定相互衔接。例如，《民事诉讼法》第 192 条规定："人民法院受理申请后，经审查核实，应当发出财产认领公告。公告满一年无人认领的，判决认定财产无主，收归国家或者集体所有。"再如，《海关法》第 51 条、第 30 条规定："进出境物品所有人声明放弃的物品、在海关规定期限内未办理海关手续或者无人认领的物品，以及无法投递又无法退回的进境邮递物品"，"逾期无人申请或者不予发还的，上缴国库"。

第三百一十九条

拾得漂流物、发现埋藏物或者隐藏物的，参照适用拾得遗失物的有关规定。法律另有规定的，依照其规定。

本条主旨

本条是关于拾得漂流物、发现埋藏物或者隐藏物的规定。

相关条文

《民法通则》第 79 条　所有人不明的埋藏物、隐藏物，归国家所有。接收单位应当对上缴的单位或者个人，给予表扬或者物质奖励。

拾得遗失物、漂流物或者失散的饲养动物，应当归还失主，因此而支出的费用由失主偿还。

《物权法》第 114 条　拾得漂流物、发现埋藏物或者隐藏物的，参照拾得遗失物的有关规定。文物保护法等法律另有规定的，依照其规定。

《文物保护法》第 5 条　中华人民共和国境内地下、内水和领海中遗存的一切文物，属于国家所有。

古文化遗址、古墓葬、石窟寺属于国家所有。国家指定保护的纪念建筑物、古建筑、石刻、壁画、近代现代代表性建筑等不可移动文物，除国家另有规定的以外，属于国家所有。

国有不可移动文物的所有权不因其所依附的土地所有权或者使用权的改变而改变。

下列可移动文物，属于国家所有：

（一）中国境内出土的文物，国家另有规定的除外；

（二）国有文物收藏单位以及其他国家机关、部队和国有企业、事业组织等收藏、保管的文物；

（三）国家征集、购买的文物；

（四）公民、法人和其他组织捐赠给国家的文物；

（五）法律规定属于国家所有的其他文物。

属于国家所有的可移动文物的所有权不因其保管、收藏单位的终止或者变更而改变。

国有文物所有权受法律保护，不容侵犯。

《关于民法通则的意见》第 93 条　公民、法人对于挖掘、发现的埋藏物、隐藏物，如果能够证明属其所有，而且根据现行的法律、政策又可以归其所有的，应当予以保护。

《刑法》第 270 条　将代为保管的他人财物非法占为己有，数额较大，拒不退还的，处二年以下有期徒刑、拘役或者罚金；数额巨大或者有其他严重情节的，处二年以上五年以下有期徒刑，并处罚金。

将他人的遗忘物或者埋藏物非法占为己有，数额较大，拒不交出的，依照前款的规定处罚。

本条罪，告诉的才处理。

《河道管理条例》第 33 条　在河道中流放竹木，不得影响行洪、航运和水工程安全，并服从当地河道主管机关的安全管理。

在汛期，河道主管机关有权对河道上的竹木和其他漂流物进行紧急处置。

《城镇国有土地使用权出让和转让暂行条例》第 2 条第 1 款　国家按照所有权与使用权分离的原则，实行城镇国有土地使用权出让、转让制度，但地下资源、埋藏物和市政公用设施除外。

前款所称城镇国有土地是指市、县城、建制镇、工矿区范围内属于全民所有的土地（以下简称土地）。

理解与适用

一、本条含义概貌

本条在承继《物权法》第 114 条的基础上稍微有所修正，即适用拾得漂流物、发现埋藏物或者隐藏物的法律，不限于《民法典》及《文物保护法》，故删除了《物权法》第 114 条后段的"文物保护法等"。

本条前段为引致性的规定，宣明关于拾得漂流物、发现埋藏物或者隐藏物的问题准用《民法典》以及其他有关遗失物的法律规定。简要地说，就是应将所拾得并占有的漂流物、所发现并占有的埋藏物或隐藏物返还给所有权人；无所有权人或所有权人不明的，交由国家有关机关发布招领公告，公告之日起 1 年内无人认领的，由国家取得所有权（《民法典》第 318 条）。这不同于许多立法例及理论，如在德国法上，发现人与掩埋着埋藏物之物的所有权人各取得一半的所有权，其基本考量是对"发现"予以奖励。①

本条后段认可有不同于《民法典》第 319 条前段、第 314－318 条的法律规则。

二、有关概念

漂流物，是指漂流在水面而占有人丧失其占有的遗失物。对于拾得漂流物，《民法典》第 319 条规定"参照适用拾得遗失物的有关规定"。稍微展开来说：其一，漂流物的物权人明确的，物权人可以援用《民法典》第 235 条、第 314 条前段的规定，请求拾得人返还；拾得人有义务满足漂流物的物权人的该项请求，予以返还，否则，构成侵权，成立侵权责任。其二，漂流物的物权人不明确的，适用《民法典》第 314 条后段关于"拾得人……送交公安等有关部门"的规定，以及第 315 条至第 318 条关于拾得遗失物的规定。

埋藏物、隐藏物，是长期处于隐藏状态的物，其所有权人是谁并不明确。如果所有权人明确，则不能适用埋藏物规则。埋藏物不同于无主物，并不以所有权人抛弃为前提；埋藏物也不同于遗失物，不一定是无人占有的。

所谓发现，是指认识埋藏物、隐藏物之所在。发现埋藏物重在于发现而不在于取得其占有。发现，为事实行为，未成年人也可以为发现行为。

---

① ［德］鲍尔/施蒂尔纳：《德国物权法》（下册），申卫星、王洪亮译，北京，法律出版社 2006 年版，第 519 页。

三、"法律另有规定的，依照其规定"的含义

本条后段规定"法律另有规定的，依照其规定"。此处所谓法律，至少有两种解读：其一，凡是《民法典》以外的法律、法规有关发现埋藏物或隐藏物的规定，均属其列；其二，有两个构成要素，一个是《民法典》以外的法律、法规，另一个是与《民法典》的规定在构成要件或法律效果方面存在差异的法律规定。相比较而言，第一种解读弱点多些，虽然是《民法典》以外的法律、法规，但如果其关于发现埋藏物或隐藏物的规定若与《民法典》的规定在构成要件和法律效果方面没有不同，径直适用《民法典》的规定足以解决问题，为何绕道千里，再去寻觅那些法律、法规？唯有与《民法典》的规定有出入，才有另觅请求权基础的必要。如此说来，第二种解读有其价值，也符合特别法优先于普通法的规则。据此衡量，下面一些法律、法规的规定更符合本条后段所谓"法律另有规定的，依照其规定"的含义。

《文物保护法》第 5 条第 1 款规定："中华人民共和国境内地下、内水和领海中遗存的一切文物，属于国家所有。"由于《民法典》在发现埋藏物、隐藏物的归属方面奉行有所有权人的归所有权人，无所有权人或所有权人不明的归国家，而《文物保护法》第 5 条第 1 款之意却是统统归属于国家，因而，这与《民法典》的规定及精神不同，在处理中国境内地下、内水和领海中遗存的一切文物归属的案件中，应当优先适用之。

《河道管理条例》第 33 条第 2 款规定："在汛期，河道主管机关有权对河道上的竹木和其他漂流物进行紧急处置。"这虽未明言这些漂流物径直归属于国家，但其紧急处置的规定显然与《民法典》第 314 条以下的规定不一致，在对待河道上的竹木和其他漂流物的问题上，也应当优先适用之。

第三百二十条

主物转让的，从物随主物转让，但是当事人另有约定的除外。

本条主旨

本条是关于从物原则上随同主物转让的规定。

相关条文

《物权法》第 115 条　主物转让的，从物随主物转让，但当事人另有约定的

除外。

《合同法》第 164 条　因标的物的主物不符合约定而解除合同的，解除合同的效力及于从物。因标的物的从物不符合约定被解除的，解除的效力不及于主物。

《关于民法通则的意见》第 87 条　有附属物的财产，附属物随财产所有权的转移而转移。但当事人另有约定又不违法的，按约定处理。

理解与适用

本条是对《物权法》第 115 条的复制，正文确立从物随同主物的转让而转让的规则，但书宣明当事人关于主物和从物之间关系的约定优先。

本条正文所谓从物，指的是并非主物的成分，时常辅助主物的效用而与主物同属于一人的物。本条正文所谓主物，是指从物所从属的物。

构成从物的要件包括：（1）它不是主物的成分；（2）时常辅助主物发挥效用；（3）与主物同属于一人；（4）交易上无特别习惯（无与一般习惯不同的习惯）。戏院和其座椅、台灯和灯罩、日式房屋和榻榻米等，都表现为主物和从物的关系。[①]

从物是否限于动产，瑞士和德国的民法持肯定见解，日本民法和中国台湾地区的"民法"则采取否定观点。依据后者，设置于房屋之外的停车场、厕所，属于房屋这个主物的从物。[②]

本条正文遵从民法通例，奉行对主物的处分及于从物的原则。这样有利于维护物的经济上的利用价值，某物既然时常辅助另一个物发挥效用，若把此类二物分别归属于二人，势必减少其效用，对社会经济不利。[③]

不过，本条但书又把意思自治原则放置高位，只要当事人之间约定不遵从对主物的处分及于从物的原则，如约定从物留在原所有权人之手，依其约定。这也有道理，如受让主物之人不需要从物，或从物对主物的所有权人依然有用，在诸如此类的情况下从物不随主物的转让而转让，显然是必要的、合乎情理的。此其一。从物的归属属于有关当事人之间的事项，不涉及公共利益，公序良俗及强制性规定乃至诚信原则都不宜干涉。此其二。

[①]　王泽鉴：《民法物权·通则·所有权》（总第 1 册），台北，三民书局有限公司 2003 年 8 月增补版，第 56 页。

[②]　陈华彬：《物权法原理》，北京，国家行政学院出版社 1998 年版，第 66 页。

[③]　王泽鉴：《民法物权·通则·所有权》（总第 1 册），台北，三民书局有限公司 2003 年 8 月增补版，第 56 页。

当然，也有可能唯有从物与主物密切配合方可效益最大化，但当事人却置此常识于不顾，或不懂其中道理，约定从物继续留归主物的所有权人。对此，是干预意思自治，还是听之任之？恐怕还是以意思自治原则为原则，只有在极个别的情况下才有例外，较为合适。其道理在于：（1）社会尚未发展到效益至上、忽视交易各方意愿的阶段，在这样的大背景下，即使当事人约定从物不随同主物的转让而转让，也只好默认。（2）在主物转让之事上，如果转让人和受让人之间成立合同约定的标的物只有主物，没有从物，从合同效力所及的角度看，硬性地让从物随同主物转让而转让，不合合同法理论，还有"拉郎配"之嫌。

不过，如果主物的历史价值、文物价值巨大，唯有主物和从物密切配合才可达到目的，尤其不在交易领域，诸如捐献给国家等，那么，笔者倾向于于此场合不适用本条但书。

[探讨]

《民法典》第 320 条前段关于"主物转让的，从物随主物转让"的规定中，关于从物的转让是否以公示作为生效要件，存在着不同的意见。甲说认为，只要主物的转让依据《民法典》的规定发生了法律效力，如主物为建设用地使用权、房屋，办理了过户登记，建设用地使用权转移给了受让人，房屋的所有权移转给了买受人，那么，从物为不动产的，无须办理过户登记手续，从物为动产的，无须交付，其所有权也随主物的物权变动而移转给买受人等受让人。乙说则主张类型化，（1）法律另有规定、当事人另有约定的，依其规定或约定；（2）主物所有权转让时，并不当然使从物的所有权随之移转。因为基于一物一权主义，主物和从物系两个物，每个物上各存在着一个所有权，其物权变动的法律行为仍应个别为之，始能生物权变动的效力，亦即从物为不动产或动产时，应分别为登记或交付，并非因主物（无论是不动产或动产）物权已经变动，其效力即可及之。①（3）动产质权的设立，以动产的移转占有为生效要件，为贯彻此项公示目的，从物亦须交付，始为质权的效力所及。②（4）在不动产抵押权场合，不动产无须移转占有，其从物自无须交付与抵押权人，纵在从物为不动产的场合，在理论上言，似亦不以登记为必要。③ 笔者认为，乙说的理由更为充分。除了上述各点

---

① 谢在全：《民法物权论》（上册），台北，三民书局有限公司 2003 年 7 月修订 2 版，第 156 页；王泽鉴：《民法物权·通则·所有权》（总第 1 册），台北，三民书局有限公司 2003 年 8 月增补版，第 57 页。

② 王泽鉴：《民法物权·通则·所有权》（总第 1 册），台北，三民书局有限公司 2003 年 8 月增补版，第 57 页。

③ 谢在全：《民法物权论》（上册），台北，三民书局有限公司 2003 年 7 月修订 2 版，第 160 页；王泽鉴：《民法物权·通则·所有权》（总第 1 册），台北，三民书局有限公司 2003 年 8 月增补版，第 57 页。

外，还有一项理由，即，依据乙说处理，在主物所有权移转、主物用益物权转让、主物质权设立诸场合，强调从物的物权变动亦以公示为生效要件，符合交易安全的需要。

第三百二十一条

天然孳息，由所有权人取得；既有所有权人又有用益物权人的，由用益物权人取得。当事人另有约定的，按照其约定。

法定孳息，当事人有约定的，按照约定取得；没有约定或者约定不明确的，按照交易习惯取得。

本条主旨

本条是关于孳息收取规则的规定。

相关条文

《物权法》第116条　天然孳息，由所有权人取得；既有所有权人又有用益物权人的，由用益物权人取得。当事人另有约定的，按照约定。

法定孳息，当事人有约定的，按照约定取得；没有约定或者约定不明确的，按照交易习惯取得。

《合同法》第103条　标的物提存后，毁损、灭失的风险由债权人承担。提存期间，标的物的孳息归债权人所有。提存费用由债权人负担。

《担保法》第47条　债务履行期届满，债务人不履行债务致使抵押物被人民法院依法扣押的，自扣押之日起抵押权人有权收取由抵押物分离的天然孳息以及抵押人就抵押物可以收取的法定孳息。抵押权人未将扣押抵押物的事实通知应当清偿法定孳息的义务人的，抵押权的效力不及于该孳息。

前款孳息应当先充抵收取孳息的费用。

理解与适用

本条是对《物权法》第116条的复制，第1款规定天然孳息的取得规则，第2款规定法定孳息的取得规则。

所谓孳息，是指由原物所生的物或收益，分为天然孳息和法定孳息。天然孳息，是指果实、动物的出产物及其他按照物的使用方法所收获的出产物。此处所谓出产物，不仅包括有机物的出产物，如果实、鸡蛋等，也包括无机物的出产物，如矿产品、砂石等。埋藏物，属于独立于埋藏该物之物而存在的物，不存在从中"出产"的问题，所以不属于天然孳息。①

天然孳息在未与原物分离时，为原物的构成部分，不是独立物，因而不得独立为物权的客体。天然孳息与原物分离时，罗马法采取"原物主义"，即已经分离的孳息归收取权利人享有。此处所谓权利人，包括原物所有人、承租人和善意占有人。德国、法国、瑞士、日本、泰国和中国台湾地区等国家或地区的法律沿袭了该项原则。②中国《物权法》规定得较为周全："天然孳息，由所有权人取得；既有所有权人又有用益物权人的，由用益物权人取得。当事人另有约定的，按照约定"（第116条第1款）。《民法典》承继了《物权法》的这些规定（第321条）。

本条第1款把意思自治原则放置高位，只要当事人之间存有关于天然孳息由谁取得的约定，就依其约定。这有其道理，即天然孳息的归属属于有关当事人之间的事项，不涉及公共利益，公序良俗及强制性规定乃至诚信原则都不宜干涉。

在当事人之间未约定天然孳息由谁取得的前提下，本条第1款规定用益物权人优先于所有权人取得孳息，符合用益物权的目的及功能的要求，以及所有权与用益物权之间的利益划分关系。不要说土地承包经营权及土地经营权的目的及功能正是在他人土地之上从事农林牧渔并享有农获物（含渔获物）即土地的天然孳息的所有权，就是建设用地使用权、宅基地使用权、海域使用权、地役权等用益物权，也具有附带地取得标的物所生孳息（天然孳息）的法律效力，采矿权、养殖权、捕捞权等用益物权（也是准物权）的主要效力之一就是取得天然孳息。此其一。用益物权的客体上的天然孳息，其产出时常有用益物权人的工作助力其中，而该客体的所有权人则无此贡献。就此说来，天然孳息由用益物权人取得也是合理的。此其二。用益物权人系客体的占有人、使用人，由其享有收益权，也在法理、情理之中。这样处理，可以不必考察、确定用益物权人对于孳息的生长、获取有无过错，不必协调所有权人看护、收取天然孳息时与用益物权人行使权利发生的"扩张"与"让步"的关系，即，可以避免法律关系的复杂化，减少乃至杜绝所有权人和用益物权人之间就此发生纠纷。此其三。

既无当事人的约定，又不存在用益物权，本条第1款开宗明义地规定天然孳息由所有权人取得，正符合原物与孳息之间关系的原理，乃人之常情。

本条第2款所谓法定孳息，是指利息、租金及其他因法律关系所获得的收益。此处所谓法律关系，包括因法律行为而形成的法律关系，也包括基于法律的

---

① ② 陈华彬：《物权法原理》，北京，国家行政学院出版社1998年版，第67、68页。

直接规定而产生的法律关系，如法定利息关系。①

本条第 2 款前段仍然把当事人的约定放在确定法定孳息归属的首位，契合法定孳息的由来和本性。既然法定孳息产生于法律关系之中，尤其是利息、租金之类，都是基于当事人的约定，那么，法定孳息的归属，当事人有约定的，按照约定处理，就是顺理成章的。

本条第 2 款后段所谓没有约定或约定不明确的，按照交易习惯取得，有以下几点值得重视：（1）交易习惯必须适法。首先，交易习惯的内容违反法律、法规的强制性规定的，应确认它为无效。纵使合同当事人有依此的意思，也不能以此确定或填补合同的含义及内容。交易习惯只有在符合法律制度的价值标准的范围内才具有意义。② 其次，交易习惯的内容既不违反法律、法规的强制性规定，又不违反任意性规定的，除当事人明示排斥，或在当事人的职业、阶层、地域等关系中非为普遍而不被各方所知悉者外，该交易习惯就有参照适用的效力。（2）交易习惯应当是当事人各方已经知道或应当知道而又没有明示排斥的。在当事人各方均不知道该交易习惯存在，或仅为一方所知悉的情况下，则应依照法律的任意性规定确定法定孳息的归属。（3）交易习惯依其范围可分为一般习惯（通行于全国或全行业的习惯）、特殊习惯（地域习惯或特殊群体习惯）和当事人之间的习惯。在确定法定孳息归属的问题上，其效力依序增强：在合同文义无明示反对该交易习惯的前提下，当事人之间的交易习惯优于特殊习惯，特殊习惯优于一般习惯。但如果当事人一方仅有一般习惯而另一方有特殊习惯，或者当事人来自不同地域或群体而有不同的特殊习惯，则应视具体情况而定：1）当事人一方将特殊习惯在缔约时或其后告知对方，对方未表示反对的，则依各方明知的习惯予以确定。2）一方虽未积极地将其意指的特殊习惯通知对方，但对方对此理应知晓的，仍应依该特殊习惯予以解释。3）如果当事人各方互不了解各自意指的特殊习惯，或者一方不知或不应知对方的特殊习惯，则依一般习惯而不是依特殊习惯解释合同，地域习惯与群体习惯冲突时，适用上述规则加以确定。③（4）这里涉及交易习惯与法律规定之间的关系。本条第 2 款后段虽然仅仅言明"按照交易习惯取得"，没有提及法律规定，但笔者认为，不可把法律规定排除在外，理由如下：1）某些新型领域，尚未形成交易习惯，于此场合必须适用法律规定，若无具体

---

① 陈华彬：《物权法原理》，北京，国家行政学院出版社 1998 年版，第 68 页。

② ［德］卡尔·拉伦茨：《德国民法通论》（上册），王晓晔、邵建东、程建英、徐国建、谢怀栻译，谢怀栻校，北京，法律出版社 2003 年版，第 18 页。

③ 胡基：《合同解释的理论与规则研究》，载梁慧星主编：《民商法论丛》（第 8 卷），北京，法律出版社 1997 年版，第 44 页。

的法律规定，则应适用法律的基本原则；2）虽有交易习惯但其违反法律、法规的强制性规定，或背离公序良俗，因此归于无效，于此场合，必须适用法律规定；3）在民间借贷领域，如果当事人对于利率没有约定，按照修正后的《民间借贷司法解释》第31条的规定，借贷合同成立于2020年8月20日之后的，适用修正后的《民间借贷司法解释》第25条规定的1年期贷款市场报价利率的4倍；借贷合同成立于2020年8月20日之前的，则应当适用修正前的《民间借贷司法解释》（法释〔2015〕18号）第26条关于"借贷双方约定的利率未超过年利率24%，出借人请求借款人按照约定的利率支付利息的，人民法院应予支持"（第1款）和"借贷双方约定的利率超过年利率36%，超过部分的利息约定无效。借款人请求出借人返还已支付的超过年利率36%部分的利息的，人民法院应予支持"（第2款）的规定；第28条关于"借贷双方对前期借款本息结算后将利息计入后期借款本金并重新出具债权凭证，如果前期利率没有超过年利率24%，重新出具的债权凭证载明的金额可认定为后期借款本金；超过部分的利息不能计入后期借款本金。约定的利率超过年利率24%，当事人主张超过部分的利息不能计入后期借款本金的，人民法院应予支持"（第1款）和"按前款计算，借款人在借款期间届满后应当支付的本息之和，不能超过最初借款本金与以最初借款本金为基数，以年利率24%计算的整个借款期间的利息之和。出借人请求借款人支付超过部分的，人民法院不予支持"（第2款）的规定；第29条第1款关于"借贷双方对逾期利率有约定的，从其约定，但以不超过年利率24%为限"的规定；等等。

第三百二十二条

因加工、附合、混合而产生的物的归属，有约定的，按照约定；没有约定或者约定不明确的，依照法律规定；法律没有规定的，按照充分发挥物的效用以及保护无过错当事人的原则确定。因一方当事人的过错或者确定物的归属造成另一方当事人损害的，应当给予赔偿或者补偿。

本条主旨

本条是关于添附的规定。

相关条文

《关于民法通则的意见》第86条　非产权人在使用他人的财产上增添附属物，财产所有人同意增添，并就财产返还时附属物如何处理有约定的，按约定办理；没有约定又协商不成，能够拆除的，可以责令拆除；不能拆除的，也可以折价归财产所有人，造成财产所有人损失的，应当负赔偿责任。

理解与适用

一、概说

本条吸收了《关于民法通则的意见》第 86 条的有益的内容，同时大大合理化了某些规则。只是本条过于概括，亟待判决、学说细化、丰富和发展添附规则。

所谓添附，是附合、混合和加工的总称。所谓附合，是指分别归属于两个或两个以上主体的物密切结合在一起，在社会交易上已认为形成了新物，虽能辨别原物，但无法分离或分离后会大大降低新物的价值的现象。所谓混合，是指不同所有人的动产互相混合，不能识别或识别需要的费用过大的情况。所谓加工，是指对他人所有之物进行加工改造，使之成为新物的现象。

二、附合

（一）动产与不动产附合

1. 界定

动产与不动产附合，简称为不动产附合，是指动产与他人的不动产相结合，成为其重要成分，而发生动产所有权变动的法律事实。

2. 构成要件

（1）必须是动产与不动产附合，即附合的必须为动产，被附合的为不动产。至于附合的原因，系出于当事人的行为，或第三人的行为，或系由于自然力，均非所问。在附合的原因系人的行为场合，也不关注善意恶意的因素。若人的行为构成侵权，由侵权人向动产所有权人承担侵权损害赔偿责任，不影响附合的构成及发生的法律效果。（2）必须是动产成为不动产的重要成分。所谓重要成分，是指两物结合后，非经毁损或变更其物的性质，不能分离的成分。所谓毁损，不仅系对附合物而言，而且分离如足以造成附合的动产或被附合的不动产毁损的，也属于毁损。两物的结合，必须不是暂时性的，而是继续性的。（3）动产与其附合的不动产必须分属于不同的主体，因为若同属于一人，附合物的所有权早已确定地归属于该人，无须借助附合规则确定所有权的归属。[①] 至于是否需要"不具有使用不动产的权利"的要件，存在着不同意见。[②]

[①②] 谢在全：《民法物权论》（上册），台北，三民书局有限公司 2003 年 7 月修订 2 版，第 510～511、520～522 页。

值得讨论的是上述构成要件是否需要微调？国有的泥沙与国有的堤岸、海岸、滩涂相结合形成涨滩时，显然是结合之前的动产与不动产同属于一个所有权人。单就这点而言，依传统的不动产附合构成要件衡量，此类涨滩不应适用附合规则。可是，于此类涨滩场合，原来的泥沙所有权已经不复存在，堤岸所有权或海岸所有权或滩涂所有权已经发生了变更，换言之，动产所有权消失了，不动产所有权变更了，遵循法律关系的设立、变更或终止必得由法律事实引起的通说，于此场合的法律事实是什么？遵循法律事实的分类理论，不动产附合似乎处于首选位置，理由如下：（1）不动产附合规则调整的生活事实是动产与不动产结合在一起，形成一个不动产，原来的动产成为不动产的重要成分，失去独立之物的性质。涨滩场合国有的泥沙与国有的堤岸、海岸、滩涂相结合，泥沙成为堤岸、海岸、滩涂的重要成分。从物理的层面观察，这与不动产附合规则调整的生活事实一模一样。在这个层面的逻辑结论应是不动产附合规则理所应当地适用于此类涨滩。（2）为什么传统的不动产附合规则理论却反其道而行之呢？原来不动产附合规则建立的初衷是，法律彻底贯彻一物一权主义，在本由数人分别享有所有权的动产、不动产附合时，使附合物所有权单一化而归由一人取得，达到维护添附物经济价值的目的，避免纷争，有利于社会秩序。[①] 换句话说，不动产附合规则不是为解决动产和不动产同属一人但二物结合为一物时确定所有权的问题而出现的，而是专为处理动产和不动产分属不同之人但二物结合为一个不动产时确定所有权归属的问题而设计的，故其构成要件中未认可动产和不动产同属一人的情况。但是，自然界，社会上，有些事物有异变，有些制度有辐射作用，在满足一定条件时，可以"顺手牵羊"，附带解决相关问题。笔者认为，不动产附合规则可以延伸至国有的泥沙与国有的堤岸、海岸、滩涂结合为一个不动产的领域，就是这样的道理。（3）传统的不动产附合规则强调附合前的动产与不动产分属于不同的所有权人的理由，即"动产与其附合的不动产必须分属于不同的主体，因为若同属于一人，附合物的所有权早已确定地归属于该人，无需借助附合规则确定所有权的归属"[②]，忽略了附合前的动产所有权消灭、不动产所有权变更这类法律关系的变更、终止必然有、必须有法律事实，而于此场合相对贴切的法律事实就是"附合"，规制"附合"这类法律事实的法律制度正是不动产附合规则。不动产附合，就是附合前的动产与不动产结合在一起，形成一个新的不动产。附合前的动产与不动产归属的不同没有改变这个客观现象。（4）假如不求助于不动产

[①②] 谢在全：《民法物权论》（上），台北，新学林出版股份有限公司 2010 年修订 5 版，第 449、454 页。

附合规则，另觅其他法律事实及其法律规则，在笔者的知识储备里未见到比附合更贴切的。

既然如此，莫不如修正不动产附合规则，承认不动产附合构成要件存在例外，在涨滩场合不强求泥沙与堤岸、海岸、滩涂分属于不同的所有权人。

3. 法律效果

根据本条的规定，动产与不动产附合的法律效力应为：附合后物的归属，当事人有约定的，依其约定；没有约定或者约定不明确的，依照法律规定；法律没有规定的，按照充分发挥物的效用以及保护无过错当事人的原则确定（《民法典》第322条前段）。这包含如下几层意思。

（1）关于所有权的归属，把意思自治原则放置高位，尊重当事人的约定。这值得赞同，因为此处所有权归属于谁，属于动产所有权人和不动产物权之间的利益分配，不涉及公共利益，法律不宜强行干预。

（2）没有约定或者约定不明确的，依照法律规定。此处所谓法律规定，例如，《民法典》第352条正文关于"建设用地使用权人建造的建筑物、构筑物及其附属设施的所有权属于建设用地使用权人"的规定。

（3）既无约定又无法定的情况下，按照充分发挥物的效用的原则确定。在笔者看来，在动产和不动产附合的场合，只有把附合后的不动产物权归属于原不动产物权人才最能体现充分发挥物的效用。假如把附合后的不动产划归动产所有权人所有，会牵涉一些变动，如不动产物权的变更登记，不动产占有、使用的变更，原不动产之上的建筑物、构筑物及其附属设施的权属变化以及使用变化，原房地产已经设立抵押权时引发抵押权的相应变更，原不动产若为租赁、借用的标的物时，还牵涉债的关系的变化，等等。此外，不动产所有权人熟悉不动产利用关系的过程，动产所有权人不见得有能力不当得利返还。显而易见，将附合后的不动产物权归属于原不动产物权人，方为上策。此其一。动产与不动产附合，动产已经成为不动产的重要成分，动产不复存在，而不动产继续存在，不动产物权继续存在，只不过其客体有所变化进而导致不动产物权有所变更罢了。从这方面看，延续不动产物权人的法律地位，也是合理的。此其二。

（4）既无约定又无法定的情况下，按照保护无过错当事人的原则确定附合后的不动产物权的归属，这与按照充分发挥物的效用的原则确定不动产物权的归属之间是什么关系？从以上所述的道理看，按照保护无过错当事人的原则确定附合后的不动产物权的归属，仅仅起辅助作用，起增强些由不动产物权人取得新物物权的说服力的作用，不可起主导作用，就是说，不得因原不动产物权人在附合事项上存在过错，就把附合后的不动产物权确定由动产所有权人享有。例如，承包人甲误将乙的化肥播撒在自己承包地里，虽有过错甚至故意，但仍不由化肥所有权人取得土地承包经营权或土地经营权。再如，建设用地使用权人丙把丁的一车砖砌在自己建造的大厦的地基里，虽有过错，但仍应由丙取得该大厦的所有权。

总之，不动产物权人取得动产的所有权，且为原始取得。附合行为人纵然是无权处分，被附合物的所有权人即使为恶意，也不改变所有权变动的这项规则，只是发生侵权责任或不当得利返还义务。

（5）动产所有权因之消灭，该动产上的其他权利亦然。不动产经过附合后，物权遂发生确定的终局的效力，即使日后该物再被分为两个物，也不发生权利回复的问题。

（6）本条后段规定：因一方当事人的过错或者确定物的归属造成另一方当事人损害的，应当给予赔偿或者补偿。就是说，丧失动产权利而遭受损害的主体，可根据实际情况而依侵权损害赔偿或不当得利返还的规定，请求救济。

（7）抵押物因附合使其所有权归第三人所有的，抵押权的效力及于抵押人因此而可以获得的补偿金；原抵押物所有人取得了该附合物所有权的，抵押权的效力及于附合物，但是附合导致抵押物价值增加的，抵押权的效力不及于增加的价值部分；第三人与原抵押物所有人共同取得附合物的所有权的，抵押权的效力及于抵押人对共有物享有的份额（《担保制度司法解释》第41条）。

［检讨］

在房屋租赁、房屋借用等合同关系中，承租人、借用人装修所租、所借的房屋乃常有之事，装修材料与房屋结合而成为房屋的重要成分时，适用不动产附合规则，最为适当。《城镇房屋租赁合同司法解释》第7条第2款、第9—11条都或明或暗地体现了不动产附合的思想。

不动产附合规则的构成要件中不含有故意、过失、恶意、善意的要素，法律效力包含三项：（1）不动产所有权人取得附合后的不动产所有权；（2）动产所有权因附合而消灭，该动产上的其他权利亦然；（3）该动产权利消灭而受损害者，有权基于不当得利制度请求偿还价额。[①] 当然，第三项效力在泥沙与国有的堤岸、海岸、滩涂形成涨滩的情况下不复存在。

据此衡量《城镇房屋租赁合同司法解释》第7条第2款后段、第9条至第11条的规定，值得商榷。其中未见不当得利制度的踪影，反倒遍布着损害赔偿的规则，个别地方则为风险负担；最高人民法院民一庭负责人对该司法解释的理解和

---

① 谢在全：《民法物权论》（上），台北，新学林出版股份有限公司2010年修订5版，第455页。

说明①也只是提到了"不当得利"四个字，但其思路亦与不当得利制度相去甚远，同样充满着损害赔偿的思想。如此断定的根据如下②：（1）"不当得利请求权曾艰辛地借助于衡平思想，成为一项法律制度。业经制度化的不当得利，已臻成熟，有其一定之构成要件及法律效果，正义与公平应该功成身退。"③ 可是《城镇房屋租赁合同司法解释》第9条第4项的规定，以及最高人民法院民一庭负责人的理解和说明，却强调"按照公平原则分担""剩余租赁期内的装饰装修残值损失"，不合上述公平原则应当功成身退的要求。（2）不当得利返还请求权，就其功能而言，在于剥夺受益人无法律上原因的全部利益，一方当事人获得利益，不以他方当事人财产上受到损失为必要。④ 可是《城镇房屋租赁合同司法解释》第9条第1项、第2项和第4项，第10条和第11条的规定，以及最高人民法院民一庭负责人的理解和说明，都是以损失为准来规定赔偿或补偿的。而损害赔偿在这里是违约损害赔偿，或缔约过失责任，或侵权损害赔偿，或风险负担，并非不当得利的返还。（3）不当得利的成立无须过错这个要件，就是不当得利的返还范围，也是受恶意、善意的影响，不宜说取决于过错。可是《城镇房屋租赁合同司法解释》第7条第2款后段、第8条、第9条第3项的规定，以及最高人民法院民一庭负责人的理解和说明，都是以过错来决定损害的赔偿、补偿及其范围的。众所周知，以过错确定损害赔偿是否成立及赔偿范围，正是民事责任制度精神及规则的体现。（4）不当得利是与违约责任、缔约过失责任、侵权责任、风险负担诸项制度相并列的独立制度，尤其在抛弃不当得利返还请求权辅助性理论的今天，不当得利返还请求权更是与违约损害赔偿请求权等请求权竞合并存，由当事人选择行使的请求权。⑤ 可是《城镇房屋租赁合同司法解释》第9条第1项的规定以违约损害赔偿覆盖了不当得利；第9条第2项前段的规定将违约损害赔偿与不当得利返还对立，并排斥了不当得利，且设置了过错者自食苦果的规则；

---

① 《妥处房屋租赁纠纷 促进市场健康发展——最高人民法院民一庭负责人就〈关于审理城镇房屋租赁合同纠纷案件具体应用法律若干问题的解释〉答记者问》，载《人民法院报》2009年9月1日，第4版。

② 这部分内容，见崔建远：《租赁房屋装饰装修物的归属及利益返还》，载《法学家》2009年第5期，第135～138页。

③ Wilburg, Die Lehre von der ungerechtfertigten Bereicherung nach österreichischem und deutschem Recht, 1934, S. 18. 转引自王泽鉴：《债法原理·不当得利》（总第2册），台北，三民书局有限公司1999年10月修订版，第5页。

④ Koppensteiner-Kramer, S. 160. 转引自王泽鉴：《债法原理·不当得利》（总第2册），台北，三民书局有限公司1999年10月修订版，第197页。

⑤ Koppensteiner-Kramer, S. 213；Schmidt, Die Subsidirität der Bereicherungsansprüche, 1969. 转引自王泽鉴：《债法原理·不当得利》（总第2册），台北，三民书局有限公司1999年10月修订版，第228页。

第 9 条第 2 项后段使用了"出租人同意利用的，应在利用价值范围内予以适当补偿"，极不利于作不当得利返还的解释；第 9 条第 3 项的规定用违约损害赔偿及过失相抵取代了不当得利；第 11 条第 4 项的规定以风险负担取代了不当得利。《城镇房屋租赁合同司法解释》第 11 条后段关于"出租人请求承租人恢复原状或者赔偿损失的，人民法院应予支持"的规定将侵权责任与不当得利对立，并以侵权责任吞没了不当得利。

[辨析]

某房屋租赁合同第 9.1 条规定："租赁期间内，承租人以建设、装修、安装、购置、更换等各种形式投资形成的装修、设备、设施、不动产及其他附属物、附着物等各种形式的资产的所有权属于承租人。"第 9.3 条规定："上述租赁期间内所有权归承租人的新增资产，因合同提前终止或合同期满后承租人不再续约，承租人撤场时，除可移动的独立设备、设施以及货物和货架外，其他须以不可重新安装的破坏性拆除方式体现的资产，其所有权自动归属出租人，承租人不得拆除。"其中包括动产被附合于不动产的情形，且当事人约定了附合物的归属。应该注意，动产被附合于不动产场合，动产的所有权因被不动产的所有权吸收而不复独立存在，承租人已经丧失了这些动产的所有权。而该约定称"租赁期间内，承租人以建设、装修、安装、购置、更换等各种形式投资形成的装修、设备、设施、不动产及其他附属物、附着物等各种形式的资产的所有权属于承租人"，其中涉及已被附合到房屋上的动产仍归属于承租人的约定，显然背离了添附规则和物的重要成分的理论。如果约定这部分资产属于出租人和承租人共有，则顺理成章。

（二）动产与动产附合

1. 界定

动产与动产的附合，是指不同所有权人的两个或两个以上的动产相互结合，非经毁损不能分离或分离需要的费用过高，而发生动产所有权变动的法律事实。

2. 构成要件

（1）必须是动产与动产附合。其附合，可能是出于人为，也可能由于天然力。若为人为，可能是恶意所为，也可能是善意所为。（2）两个或两个以上的动产必须分属于不同的主体。（3）必须是非经毁损不能分离或分离需要的费用过高。①

3. 法律效果

依据本条的规定，动产与动产附合的法律效力表现为如下几个方面。

---

① 谢在全：《民法物权论》（上册），台北，三民书局有限公司 2003 年 7 月修订 2 版，第 514 页。

（1）动产与动产附合形成的物，叫作合成物。其所有权归属，当事人有约定的，依其约定。这是尊重意思自治的表现，由于此处不存在违背公序良俗的问题，如此规定具有正当性，值得赞同。

（2）没有约定或者约定不明确的，依照法律规定确定合成物所有权的归属。

（3）既未约定，又无法律规定的，按照保护无过错当事人的原则确定合成物所有权的归属。如果出于该动产所有权人的恶意，即所谓恶意的附合，该恶意之人不得取得合成物的所有权或共有权。[①] 这与动产和不动产附合时的理念和规则有别。

（4）既未约定，又无法律规定，还没有恶意附合、过失附合的，按照充分发挥物的效用的原则确定合成物的所有权归属。如果其中的动产可视为主物的，则该主物的所有权人取得合成物的单独所有权，而非共有。[②] 所谓可视为主物，并非果真存在着主从关系，只是依据一般交易观念，如动产的价值、效用或其性质等因素，认定某动产可视为主物。[③]

需要注意，与动产和不动产的附合时按照充分发挥物的效用的原则确定不动产物权人延续其法律地位、不可因不动产物权人在这方面有过错而改变这种状况不同，动产与动产的附合，确定哪个动产的所有权人取得合成物的所有权，保护无过错当事人的原则起决定性作用，即禁止恶意之人取得合成物的所有权，即使由其取得该所有权可能效益更大些，也是如此。

（5）主物所有权人取得合成物的所有权时，该主物的原所有权并未消失，该主物上既存的第三人的权利不仅继续存在，而且其效力扩及全部合成物上。

（6）从物的所有权因附合而归于消灭，该从物上存在的第三人的权利归于消灭。不过，该第三人的权利为担保物权时，该担保物权可代位存在于从物所有权人的赔偿金请求权上。

（7）抵押物因附合使其所有权归第三人所有的，抵押权的效力及于抵押人因此而可以获得的补偿金；原抵押物所有人取得了该合成物所有权的，抵押权的效力及于合成物；第三人与原抵押物所有人共同取得合成物的所有权的，抵押权的效力及于抵押人对共有物享有的份额（《担保制度司法解释》第41条）。

（8）动产所有权人共有合成物时，各个所有权人的原所有权归于消灭，各个

---

①③　谢在全：《民法物权论》（上册），台北，三民书局有限公司2003年7月修订2版，第514、515页。

②　［德］鲍尔/施蒂尔纳：《德国物权法》（下册），申卫星、王洪亮译，北京，法律出版社2006年版，第445页以下；谢在全：《民法物权论》（上册），台北，三民书局有限公司2003年7月修订2版，第515页。

动产上既存的权利原则上也归于消灭。但是，各个动产所有权人对于合成物享有应有部分（份额），该应有部分在经济上应视为原动产所有权的代替物，如果既存的权利为担保物权，该担保物权应代位存在于合成物的应有部分上。①

（9）本条后段规定：因一方当事人的过错或者确定物的归属造成另一方当事人损害的，应当给予赔偿或者补偿。就是说，丧失动产所有权而遭受损害的主体，可根据实际情况而依侵权损害赔偿或不当得利返还的规定，请求救济。

三、混合

（一）界定

所谓混合，是指分属不同主体的两个或两个以上的动产互相结合，不能识别或识别所需费用过高，而发生所有权变动的法律事实。

（二）构成要件

（1）必须是动产与动产混合。混合的情形，有固体和固体的混合，有液体和液体的混合，有气体和气体的混合。（2）两个或两个以上的动产分属于不同的主体。（3）必须是不能识别或识别所需费用过高。

（三）法律效果

按照本条的规定，混合场合的法律效果表现在如下几个方面。

1. 动产和动产混合时形成混合物，其归属，当事人有约定的，依其约定。这是尊重意思自治的表现，由于此处不存在违背公序良俗的问题，如此规定具有正当性，值得赞同。

2. 没有约定或者约定不明确的，依照法律规定混合物所有权的归属。

3. 既无约定，又无法律规定的，按照保护无过错当事人的原则确定混合物所有权的归属，即恶意的动产所有权人不得取得混合物的所有权。

4. 既无约定，又无法律规定，还无恶意混合的，按照充分发挥物的效用的原则确定混合物的所有权归属，即把混合物的所有权确定给更能发挥混合物的功效之人。当然，在这里，运用视为主物的思路和理论更为精准，即把混合物的所有权确定给原动产价值高的主体。例如，砂石与水泥混合，由水泥的所有权人取得混合物的所有权；半瓶茅台酒与半瓶二锅头混合，将混合物的所有权确定给茅台酒的所有权人。

5. 丧失动产所有权的主体，可基于不当得利或侵权损害赔偿请求救济。

---

① 谢在全：《民法物权论》（上册），台北，三民书局有限公司 2003 年 7 月修订 2 版，第 515～516 页。

6. 抵押物因混合使其所有权归第三人所有的，抵押权的效力及于抵押人因此而可以获得的补偿金；原抵押物所有人取得了该混合物所有权的，抵押权的效力及于混合物；第三人与原抵押物所有人共同取得混合物的所有权的，抵押权的效力及于抵押人对共有物享有的份额（《担保制度司法解释》第41条）。

7. 本条后段规定：因一方当事人的过错或者确定物的归属造成另一方当事人损害的，应当给予赔偿或者补偿。

四、加工

（一）概念与构成

所谓加工，是指利用他人的动产制造新物的法律事实。其构成要件包括：（1）加工标的物限于动产。对于不动产施以工作，不适用民法关于加工的规则，而依无因管理或不当得利的规定处理。有问题的是，对数个动产予以加工，制造出的新物为不动产的，如何解决。例如，利用他人的建筑材料建造成新楼，是否适用加工的规则？有学者持肯定的见解，值得重视。[①] 但需要注意，在出资合建房屋的情况下，当事人有约定且合法有效时，建筑物所有权的归属依其约定；若约定无效，适用《民法典》第231条和第352条的规定解决，而不归《民法典》第322条调整。（2）加工的材料必须为他人所有。（3）必须有加工行为。加工行为系事实行为。加工通常皆出于人为，该加工人为善意或恶意，一般不予考虑，但是，恶意加工的结果，不仅没有增加动产的价值，反倒减少其价值或失去其原有效用的，应无适用加工规则的余地，而应当由加工人承担侵权责任。[②]（4）加工规则的适用，是否需要具备加工后形成新物这个要件，前后有所变化。罗马法要求加工物必须制成新物，因为如果没有形成新物，原有的动产（材料）没有变化，其所有权不应发生变动，仍然归属于原所有权人。是否为新物的判断，应按照社会的交易观念确定，通常指在加工后产出的物与原有的动产（材料）各为一物，或其名称或其经济机能已经不同。法国、德国、瑞士的民法对此均予承继，日本和中国台湾地区的通说也如此解释。值得注意的是，近来有力说认为，加工规则的适用，不以加工后形成新物为必要，只要加工产生的价值显著超过材料的价格的，加工人即可取得该物的所有权。这是因为，近代加工规定的首要立法意旨，已非如罗马法仅仅在于解决动产所有权的变动问题，而是重在鼓励经济价值的创造。由此决定，确定加工人能否取得加工物所有权的标准，不在于加工物是

---

①② 谢在全：《民法物权论》（上册），台北，三民书局有限公司2003年7月修订2版，第530页。

否成为新物，而在于加工物的价值是否已经显著增加。[①]

还须指出，在高倡合同自由的时代，加工物归属于谁，应由当事人自由决定。如此，根据劳动合同、雇佣合同、委托合同、承揽合同等所为的加工，其成果的归属应依当事人的约定，排除加工规则的适用。[②]

（二）法律效果

根据本条的规定，加工的法律效力表现在如下几个方面。

1. 加工物的归属，当事人有约定的，依其约定。这是尊重意思自治的表现，由于此处不存在违背公序良俗的问题，如此规定具有正当性，值得赞同。

2. 没有约定或者约定不明确的，依照法律规定加工物所有权的归属。

3. 既无约定，又无法律规定的，按照保护无过错当事人的原则确定加工物所有权的归属，即恶意的加工人不得取得加工物的所有权。

4. 既无约定，又无法律规定，还无恶意加工的，按照充分发挥物的效用的原则确定加工物的所有权归属。在具体操作上，一般情况下加工物所有权归材料的所有权人享有，但如果加工物所增加的价值明显高于材料价值的，加工物归加工人所有。不过，恶意加工人不能取得加工物的所有权。

5. 加工物所有权如由加工人取得，则加工人乃依据法律规定而取得，而非基于他人既存的权利，故属原始取得。于此场合，材料所有权人的权利消灭，该材料上的其他权利也随之消灭。但是，《担保制度司法解释》规定，抵押物因加工使其所有权归第三人所有的，抵押权的效力及于抵押人因此而可以获得的补偿金；原抵押物所有人取得了该加工物所有权的，抵押权的效力及于加工物；第三人与原抵押物所有人共同取得加工物的所有权的，抵押权的效力及于抵押人对共有物享有的份额（第41条）。

6. 本条后段规定：因一方当事人的过错或者确定物的归属造成另一方当事人损害的，应当给予赔偿或者补偿。

[①] ［日］我妻荣：《日本物权法》，有泉亨修订，李宜芬校订，台北，五南图书出版公司1999年版，第287～288页；［日］舟桥纯一：《物权法》，东京，有斐阁1979年版，第371页；［日］川岛武宜编辑：《注释民法》(7)，五十岚清执笔，东京，有斐阁1984年版，第295页；［日］星野英一：《民法概论II·物权·担保物权》，京都，良书普及会平成六年版，第130页；［日］广中俊雄：《物权法》（第2版），东京，青林书院1989年版，第414页；苏永钦：《论动产加工的物权及债权效果》，载苏永钦：《民法经济法论文集》（第1册），1988年自版，第205页；谢在全：《民法物权论》（上册），台北，三民书局有限公司2003年7月修订2版，第531页。

[②] 参见［日］我妻荣：《日本物权法》，有泉亨修订，李宜芬校订，台北，五南图书出版公司1999年版，第281～282页。

第五届中国出版政府奖（图书奖）

中国民法典释评

ZHONGGUO MINFADIAN SHIPING

物权编

（第二版）

下卷

崔建远　著

中国人民大学出版社

·北京·

目　录

第四分编　担保物权

第三分编　用益物权

　　本分编共辖第十章"一般规定"、第十一章"土地承包经营权"、第十二章"建设用地使用权"、第十三章"宅基地使用权"、第十四章"居住权"和第十五章"地役权"共六章。由于本分编第 328 条规定了海域使用权，第 329 条规定了探矿权、采矿权、取水权、养殖权和捕捞权，而海域使用权的具体规则由《海域使用管理法》设计，探矿权和采矿权由《矿产资源法》详加规定，取水权在《水法》中具体化，养殖权和捕捞权则交由《渔业法》细化，因而，用益物权的法律规范较为庞大。

第十章

一般规定

一、本章概貌

本章设有 7 个条文，首先界定用益物权，接着规定自然资源可由非所有权人取得用益物权，随即明确国家所有的自然资源以有偿使用为原则，再从对面宣明用益物权人基本的权利和义务，包括容忍征收、征用和取得补偿，最后设置两条引致性（管道性）条款，把对海域使用权的调整引向规定得更为详细的《海域使用管理法》，将对探矿权和采矿权的调整引向规定得更为详尽的《矿产资源法》，把对取水权的调整引向规定得更为详细的《水法》，将对养殖权和捕捞权的调整引向规定得更为详尽的《渔业法》。

不难发现，本章并非抽象出土地承包经营权、建设用地使用权、宅基地使用权、居住权、地役权、海域使用权、探矿权、采矿权、取水权、养殖权和捕捞权等用益物权共有的法律规范而形成的"一般规定"，而是把第二编第十一章以下的有关章节无法容纳的用益物权的内容放置于此。也就是说，本章没有遵从潘德克顿模式。

按照潘德克顿模式，"一般规定"应当覆盖全部，至少是大部的用益物权。笔者认识到，现行法欠缺协调各种用益物权之间效力冲突的规范，一直呼吁《物权法》《民法典》应该设置之，只是未被采纳，但这不意味着此类规范不需要、不重要。有鉴于此，笔者把此种意见及阐释陈述如下。

二、土地承包经营权、土地经营权与有关权利之间的效力冲突及其协调[①]

（一）土地承包经营权、土地经营权与建设用地使用权之间的效力冲突及其协调

土地承包经营权、土地经营权和建设用地使用权不会并存于同一宗土地的地表而相互排斥。不过，建设用地使用权以地下、地上为客体时，与土地承包经营权或土地经营权可发生相邻关系或地役权关系。

（二）土地承包经营权或土地经营权与矿业权之间的效力冲突及其协调

在现行法上，土地承包经营权或土地经营权与矿业权的客体存在于土地的不同部位，二权有并存的可能。在二权的客体未呈上下排列结构的情况下，二权或为物权之间的一般关系，或为相邻关系，或为地役权关系，不存在谁的效力优先的问题。在二权的客体呈上下排列结构、建设用地使用权不取代土地承包经营权、土地经营权的情况下，同样如此。

如果勘查、开采作业需要占用农户承包的土地，那么，只有矿业权人依法取得该宗土地的建设用地使用权，方能从事勘查、开采作业。在一般情况下，矿业权与土地承包经营权、土地经营权并无高下优劣之分，矿业权人并不享有必定终止土地承包经营权、土地经营权而代之以建设用地使用权的特权。于此场合，需要矿业权人和土地承包经营权人或土地经营权人洽商，达成终止土地承包经营权或土地经营权的协议，由矿业权人向土地承包经营权人或土地经营权人支付约定的赔偿金；而后，国家将该宗土地征为国有，自然资源行政主管部门和矿业权人签订建设用地使用权出让合同，矿业权人交付建设用地使用权出让金（矿地使用费），自然资源行政主管部门予以登记，发给矿业权人建设用地使用权证，矿业权人自此取得建设用地使用权或土地经营权。一旦土地承包经营权人或土地经营权人不同意终止土地承包经营权或土地经营权，矿业权人便不能取得建设用地使用权。所以，那种绝对的"矿地使用优先权"说，即"矿业生产经营者所必须占用的土地的位置，具有先定性"[②]的观点，值得商榷。

当然，如果矿业权的运作，取得特定的矿产品，事关国计民生、国家战略利益，勘查、开采矿产资源的作业必须占用农户承包的土地，那么，应该适用"矿地使用优先权"理论，土地承包经营权、土地经营权必须终止，再经过征归国

---

① 参见崔建远：《土地上的权利群研究》，北京，法律出版社2004年版，第322～325页。

② 江平主编：《中国矿业权法律制度研究》，北京，中国政法大学出版社1991年版，第129页。

有、出让、登记发证等手续，由矿业权人取得建设用地使用权。

（三）土地承包经营权、土地经营权与渔业权之间的效力冲突及其协调

土地承包经营权的适用范围非常广泛，包括农户使用特定水域从事养殖并获得利益的权利类型。[①] 经流转产生的土地经营权也是如此。《土地管理法》关于"农用地是指直接用于农业生产的土地，包括耕地、林地、草地、农田水利用地、养殖水面等"（第 4 条第 3 款前段）的规定，关于"农民集体所有和国家所有依法由农民集体使用的耕地、林地、草地，以及其他依法用于农业的土地，采取农村集体经济组织内部的家庭承包方式承包，……从事种植业、林业、畜牧业、渔业生产"（第 13 条第 1 款）的规定，为其法律根据。这就出现了它与渔业权的关系问题。由于按照《渔业法》的规定，养殖必须取得养殖证，必须由县级以上地方人民政府核发（第 11 条第 1 款），而按照《民法典》的规定，土地承包经营权、土地经营权的产生无须行政许可，而是基于承包合同（第 333 条第 1 款）或流转合同（《民法典》第 339 条以下），《农村土地承包法》也体现了这一精神，因此可以说，对于农户承包集体所有的或国家所有由集体使用的水面从事养殖的权利，在无须该农户申请养殖许可的情况下，认定为土地承包经营权或土地经营权，在该农户取得养殖证的情况下，渔业权产生。如果该农户首先基于农业承包合同取得土地承包经营权，其内容系养殖水生动植物，而后又取得养殖证，土地承包经营权或土地经营权和渔业权是并存还是排斥？从《渔业法》第 11 条第 2款关于"集体所有的或者全民所有由农业集体经济组织使用的水域、滩涂，可以由个人或者集体承包，从事养殖生产"的规定看，不宜认定为养殖权排斥承包经营权、土地经营权，而应该解释为两类权利并存。如此解释的根据还在于：（1）两类权利的母权不同。养殖权自水资源所有权或曰水域所有权中派生，土地承包经营权的母权是土地所有权，土地经营权的母权何在？可有土地承包经营权之说或土地所有权之论。（2）赋予两类权利的主体不同。养殖权由渔业行政主管部门授予，土地承包经营权来自发包方和承包方签订的承包合同（《农村土地承包法》第 23 条），县级以上人民政府对承包经营权进行登记、颁发土地承包经营权证或林权证，只起确认权利的作用（《农村土地承包法》第 24 条第 1 款）或使权利具有对抗效力（《农村土地承包法》第 35 条）。土地经营权源自土地承包经营权人和第三人订立的流转合同、自然资源行政主管机关的登记。在某些养殖权业已存在的情况下，排斥土地承包经营权、土地经营权在同一水域产生，例如《渔业法》规定，重要的苗种基地和养殖场所不得围垦（第 34 条后段）。

---

① 崔建远：《"四荒"拍卖与土地使用权》，载《法学研究》1995 年第 6 期，第 29 页。

（四）土地承包经营权、土地经营权与取水权之间的效力冲突及其协调

取水权与土地承包经营权或土地经营权系分立的两类权利，它们发生联系，主要表现在以下三个方面。

1. 土地承包经营权系某些取水权取得的根据。按照河岸权原则，河岸的地权人就与河岸毗连的水流享有取水权。按照《水法》第48条第1款的规定及其解释，河岸的土地承包经营权人为家庭生活和零星散养、圈养畜禽饮用等少量取水的，无须取水许可就可以享有取水权。土地承包经营权人属于地权人，他基于对河岸的土地承包经营权便当然地获得上述类型的取水权。于此场合，土地承包经营权就是某些取水权取得的根据。土地经营权设立之后，伴随土地承包经营权的取水权也被承继过来。

2. 即使承包地远离河岸，土地承包经营权人为家庭生活和零星散养、圈养畜禽饮用等从地下少量取水，也无须经过水资源行政主管部门的审批，即可打井取水，当然享有取水权（《水法》第48条第1款）。土地经营权设立之后，伴随土地承包经营权的取水权同样被承继过来。

3. 无论承包地是否为河岸地，土地承包经营权人或土地经营权人大量的农业用水等，依据《水法》第48条第1款的规定及其解释，都需要通过申请用水许可的方式取得取水权。当然，实务中落实得不尽理想。

（五）土地承包经营权、土地经营权与狩猎权之间的效力冲突及其协调

狩猎权在一般情况下不涉及土地承包经营权、土地经营权，如果狩猎权人需要进入土地承包经营权人所承包的或土地经营权人所经营的区域，行使狩猎权，需要获得土地承包经营权人或土地经营权人的同意，否则，构成侵权。当然，如果承包合同或流转合同已经规定承包地属于狩猎场所，土地承包经营权人或土地经营权人有义务容忍狩猎权人在此处狩猎，那么，只要狩猎权的行使方式合理，就不以侵权行为论，而是按相邻关系的规则处理。

三、建设用地使用权与有关权利之间的效力冲突及其协调[①]

（一）建设用地使用权与土地承包经营权、土地经营权之间的效力冲突及其协调

1. 在现行法上，建设用地使用权与土地承包经营权、土地经营权的目的及功能不同，决定了其客体不会重合，它们能同时存在。在其并存期间，仅仅发生相邻关系，或地役权关系，或一般的物权关系，不产生其他效力冲突。

---

① 参见崔建远：《土地上的权利群研究》，北京，法律出版社2004年版，第317~321页。

2. 如果需要在承包地进行房地产开发建设，就必须依法先终止土地承包经营权，若存有土地经营权，也要终止该权，将该承包地征收，变成国有土地，然后再出让给用地者，产生建设用地使用权。

3. 如果需要在承包地进行采矿，就必须依法先终止土地承包经营权，若存有土地经营权，也要终止该权，将该承包地征收，变成国有土地，然后再出让给用地者，产生建设用地使用权。

4. 如果需要将承包地变成铁路或公路，也必须依法先终止土地承包经营权，若存有土地经营权，也要终止该权，将该承包地征收，变成国有土地，然后再出让给用地者，产生建设用地使用权。

（二）建设用地使用权与矿业权之间的效力冲突及其协调

1. 在矿区或工作区和建设用地使用权的客体未呈上下排列结构的情况下，矿业权和建设用地使用权之间的关系，或是物权之间的一般关系，或是相邻关系，或是地役权关系，不存在谁的效力优先的问题。在二权的客体呈上下排列结构、建设用地使用权不取代矿地使用权（建设用地使用权的一种形式）的情况下，同样如此。建设用地使用权人基于房地产开发建设的需要，可以改变基地的形状，新建或改建房屋。更有甚者，即使因施工而挖掘出矿产品，只要不是以勘探、开采矿产资源为目的，就仍系行使建设用地使用权，而非侵害矿业权。当然，这种行为的合法性有一定的边界，即不得破坏矿产资源，不得严重损害矿业权人的合法权益。同时，矿业权的行使也应该选择不损害或少损害建设用地使用权的方式，例如，不得因勘探、开采矿产资源而使土地地表断裂乃至塌陷，使房屋倒塌。

2. 矿业权先成立并处于有效期间，如果建设用地使用权在矿区或工作区上产生会损害矿业权和矿地使用权，那么，建设用地使用权不得成立。于此场合，贯彻不相容物权之间先成立者排斥后设立者的规则。

3. 建设用地使用权先成立，矿业权后产生，矿区或工作区须占用存在建设用地使用权的地表时，应该如何协调它们之间的效力冲突？在一般情况下，由当事人双方协商解决。经协商同意，终止原建设用地使用权，改设用于探矿或采矿的建设用地使用权，矿业权人赔偿原建设用地使用权人的损失。在港口、机场、国防工程设施圈定的区域，重要工业区、大型水利工程设施、城镇市政工程设施附近一定距离以内的区域，铁路、重要公路两侧一定距离以内的区域，重要河流、堤坝两侧一定距离以内的区域等，矿业权不得取代原建设用地使用权，除非国务院授权有关主管部门同意（《矿产资源法》第20条）。除上述区域外，如果国计民生、国家战略利益决定，矿业权必须产生，矿区或工作区必须占用存在建设用地使用权的地表，那么，原建设用地使用权必须终止，用于探矿或采矿的建设用地使用权取而代之，效力优先。[1]

（三）建设用地使用权与取水权之间的效力冲突及其协调

一般说来，建设用地使用权与取水权系两立的关系，两者分别产生，既可以归同一个主体享有，也可以分属于不同的主体。在后者场合，可能发生相邻关系、地役权的问题。但细细琢磨，此二权之间的关系呈现着几种类型。

1. 建设用地使用权人当然享有取水权，无须水资源行政主管部门的审批。这发生在国有土地系河岸地（包括湖边地，下同），建设用地使用权人为家庭生活和零星散养、圈养畜禽饮用等少量取水的情况下（《水法》第48条第1款）。

2. 国有土地远离河岸，建设用地使用权人为家庭生活和零星散养、圈养畜禽饮用等从地下少量取水，有时无须经过水资源行政主管部门的审批，即可打井取水，当然享有取水权（《水法》第48条第1款）；但有的也必须经过有关行政主管部门的审批，才可以打井。

3. 无论国有土地是否为河岸地，建设用地使用权人的工业用水、农业用水等，都需要通过申请取水许可的方式取得取水权。

四、宅基地使用权与有关权利之间的效力冲突及其协调[2]

（一）宅基地使用权与建设用地使用权之间的效力冲突及其协调

在现行法上，宅基地使用权以集体所有的土地为客体，建设用地使用权基本上以国有土地为标的物，所以，二权难以发生冲突。不过，由于《民法典》第345条规定了以地表、地上或者地下为客体的建设用地使用权，这就可能发生地表上存在着宅基地使用权、地下或地上存在着建设用地使用权的情况。于此场合，二权适用相邻关系或地役权的规则，不存在谁优先于谁的问题。

（二）宅基地使用权与土地承包经营权、土地经营权之间的效力冲突及其协调

这两类权利均以地表为客体，不会重叠于同一宗土地上，故不会发生谁优先于谁的问题，而是一般物权之间的关系，或是相邻关系，或是地役权关系。

（三）宅基地使用权与取水权之间的效力冲突及其协调

取水权与宅基地使用权系一对相容物权，无相互排斥的属性，因而它们可以归同一主体享有。并且，由于这二权均为人们日常生活的重要法律手段，在宅基

---

[1] 崔建远、晓坤：《矿业权基本问题探讨》，载《法学研究》1998年第4期，第87页。

[2] 参见崔建远：《土地上的权利群研究》，北京，法律出版社2004年版，第320～321页。

地使用权人的用水非基于水合同债权的情况下，同一主体必然拥有这二权。在上述情况下，二权不发生冲突。但在二权分属于不同的主体享有的前提下，取水权人引水、排水需要通过宅基地时，按相邻关系规则处理，有时由双方签订地役权合同加以解决。由宅基地使用权的特殊性所决定，相邻关系规则大多不允许引水、排水的渠道通过宅基地。

（四）宅基地使用权与矿业权之间的效力冲突及其协调

矿业权与宅基地使用权之间的关系，由矿业权的特殊性质和法律对其主体的特殊要求所决定，此二权基本上不会归同一个主体享有；同时，因为它们在目的、客体方面不同，所以，只要矿业权人勘查、开采作业不影响宅基地使用权人的正常生活，不损害住宅或不妨碍建造住宅，矿业权与宅基地使用权就可以呈上下排列结构并存。在这种情况下，宅基地使用权人为建造住宅，可以改变宅基地的形状，即使因施工、打井而挖掘出矿产品，也不以侵害矿业权论。如果行使矿业权非占用宅基地或损害住宅不可的话，须经有关部门批准，方可以终止宅基地使用权，由自然资源行政主管部门将土地使用权出让给矿业权人。在宅基地属于集体所有的情况下，终止宅基地使用权后，先将宅基地征为国有，然后把建设用地使用权出让给矿业权人。[①]

五、海域使用权与相关物权之间的效力冲突及其协调[②]

海域使用权、渔业权、某些土地承包经营权、某些土地经营权都以特定海域为客体，且都以占有、使用、收益为内容，因而，它们若并存于同一海域，难免要发生效力冲突。有冲突就必须协调，笔者就此提出以下建议。

（一）海域使用权与渔业权之间的效力冲突及其协调

依据《海域使用管理法》第 22 条的规定，海域使用权有时先于渔民的养殖权产生。虽然该条的文义本身不含有哪个权利优先的意思，但因二权均具有排他性，依据物权的排他效力的原理，先产生的物权优先，严格地说是后设立者不得存在。如果养殖权先设立，得出养殖权优先的结论，值得肯定。如果海域使用权先设立，便得出海域使用权优先于养殖权的结论，严格地说，于此场合养殖权不得产生。养殖权不得产生的结论，一是不符合《海域使用管理法》第 22 条规定的文义和精神，二是违反《渔业法》关于养殖特许的制度要求，三是未与国际惯例接轨。解决这个问题，在解释论的架构下，有如下方案可供选择：第一，就使

---

① 崔建远、晓坤：《矿业权基本问题探讨》，载《法学研究》1998 年第 4 期，第 88 页。
② 参见崔建远：《土地上的权利群研究》，北京，法律出版社 2004 年版，第 322～344 页。

用特定海域从事养殖而言，《渔业法》为特别法，《海域使用管理法》系普通法，依据特别法优先于普通法的规则，优先适用《渔业法》，确保渔民的养殖权。如此，不论是坚持养殖权的排他性不许海域使用权产生，还是暂时忽略排他性而赋予养殖权优先效力，都能达到目的。第二，按照民法解释学的规则，当适用某一具体规范解决个案会出现不适当的结果时，法官应当放弃该规范的适用，而改为以民法的基本原则判案。① 对于《海域使用管理法》第 22 条的规定也可如此适用，为了优惠地保护渔民的合法权益，有利于发展渔业，当适用该条的规定处理个案会剥夺养殖权的优先效力时，就不再适用它，而基于公平正义的理念而确认养殖权优先。第三，套用专用渔业权—入渔权的法律架构，赋予海域使用权专用渔业权的地位和功能，使捕捞许可证产生入渔权的效力。渔民要想取得捕捞许可证（相当于获得入渔权），得向拥有海域使用权（相当于专用渔业权）的农村集体经济组织或村民委员会（相当于渔业合作社或渔会）提出申请，经批准方能如愿以偿。

第二个方案的实施，既需要主审法官拥有民法解释学的修养，熟知解释和适用法律的规则，更要求法官具有大无畏的精神，勇于承担责任，不怕受到批评、取消奖金和其他压力。在目前，我们不敢保证每个主审法官都能做到这一点。

第三个方案的实施面临着更大的困难，一是它缺乏立法目的和立法计划的支撑，无论是《海域使用管理法》还是《渔业法》，均无此类目的与计划；二是入渔权乃至整个渔业权制度尚付阙如，海域使用权制度与专用渔业权制度也相去甚远，一句话，连专用渔业权—入渔权的法律架构的雏形都不具备；三是捕捞许可证的审批机关，在现行法上根本不是农村集体经济组织或村民委员会，而是渔业资源行政主管部门。

相对而言，第一个方案容易实施，且还有以下理由的支持：渔业权的主体有资格上的限制，换言之，渔业权的主体必须具有渔民的身份。在将渔业权赋予特定的主体时，应当尊重历史习惯和满足就业需要，养殖权的授予应当考虑就近和方便的原则，捕捞权的授予应当考虑渔民世代以捕鱼为生的实际。而依据《海域使用管理法》的规定及其解释，海域使用权的主体身份不限于渔民（第 3 条、第 16 条等），海域使用权的取得方式相对较多，除申请—审批—登记—发证的方式以外，还有招标的方式和拍卖的方式（第 19 条、第 20 条）。招标方式增加了海

---

① 史尚宽：《债法总论》，台北，荣泰印书馆股份有限公司 1978 年 9 月 5 日，第 319 页；谢怀栻：《〈中华人民共和国合同法立法方案〉之说明》，转引自梁慧星：《民法解释学》，北京，中国政法大学出版社 1995 年版，第 311～312 页。

域管理部门的自由裁量的机会，存在着不让历史上在特定海域从事渔业活动的渔民中标的可能。拍卖方式是价高者得，渔民因经济实力一般来说较弱，更有可能失去祖祖辈辈利用的海域，丧失生活来源。如此说来，若赋予海域使用权优先于渔业权的效力，会使渔民失业，酿成严重的社会问题。[1]

倘若渔民非取得海域使用权和渔业权不可，那么，为了不加重渔民的负担，应当只收取一种权利代价（权利使用金）。渔民取得了养殖证或捕捞许可证，缴纳了渔业资源增值保护费，就不要再强制其取得海域使用权，支付海域使用金；渔民取得了海域使用权，支付了海域使用金，就不要再强制其领取养殖证和捕捞许可证。

在渔民首先取得海域使用权的情况下，因为海域使用权本身不包含渔民利用海域进行经营的目的及功能，究竟是利用特定海域从事养殖，还是进行捕捞活动，抑或是其他，海域使用权自身无法反映出来，相应的主管部门也无进行此类管理的职能，所以，客观上需要渔民再申领养殖证，取得养殖权，或申领捕捞许可证，取得捕捞权。道理很简单，只有养殖证、捕捞许可证才会清楚地标明渔民所享有的权利性质、所从事的经营项目及活动范围。

（二）海域使用权与土地承包经营权、土地经营权之间的效力冲突及其协调

分析《海域使用管理法》第22条后段关于"将海域使用权确定给该农村集体经济组织或者村民委员会，由本集体经济组织的成员承包"的规定，似乎可以认为海域使用权系土地承包经营权或土地经营权的标的物，前者受后者的支配。但依据《农村土地承包法》的规定，土地承包经营权的标的物是土地（准确地说是地表）而非权利（第3条、第5条等），土地经营权亦然（第36条以下），从土地承包经营权、土地经营权的运作机理来讲，也应如此。所以，这种情况下的土地承包经营权或土地经营权仍然是以特定的海域而非海域使用权作为客体，在暂时不考虑排他性的前提下，海域使用权与土地承包经营权、土地经营权并存于同一海域。

在这里，至少有两个问题需要探讨。其一，这二权是否归属于同一主体？其二，二权在法律效力上的关系如何？

先讨论"其一"。从《海域使用管理法》第22条后段关于"将海域使用权确

---

[1]　因实际上实行海域使用权优先的做法，所以产生了不容忽视的社会问题。参见《中国海洋报》2002年2月26日，2002年4月9日，2002年5月10日；《内参选编》2002年第41期；中央电视台《焦点访谈》，2003年4月16日；《加快渔业现代化建设，为全面建设小康社会作出新的贡献——农业部渔业局局长杨坚在全国农业工作会议渔业专业会上的讲话》，载《中国渔业年鉴（2003年）》，北京，中国农业出版社2003年版，第281页；等等。

定给该农村集体经济组织或者村民委员会"规定的文义看，海域使用权由农村集体经济组织或村民委员会取得，至少是首先由它们享有。由于该农村集体经济组织的成员（以下简称为"渔民"）承包的是海域而非海域使用权，所以，《海域使用管理法》第 22 条后段关于"由本集体经济组织的成员承包"的规定，仅仅表明渔民取得土地承包经营权，并无也要取得海域使用权之意。就是说，海域使用权归农村集体经济组织或村民委员会享有，土地承包经营权由渔民取得。经流转产生土地经营权时，与海域使用权之间的关系也仍然维持这样的格局。

不过，将《海域使用管理法》第 22 条后段的规定解释为渔民既要取得土地承包经营权，亦须取得海域使用权，也说得通。究竟如何？站在立法论的立场，笔者赞同通过取消海域使用权的方案来消除这个疑问，在解释论的层面，笔者倾向于二权异其主体的解释。这种状态不会因土地经营权的设立而改变。

再来探讨"其二"。如果采取渔民一并享有海域使用权与土地承包经营权的解释，并且暂时忽略物权的排他性，那么，因二权的主体同一，故谁的效力强主要是个理论问题，在实务上显得无关紧要。由于笔者采取二权异其主体的解释，哪个权利的效力强，便成为一个重要的问题。从周到保护渔民的合法权益出发，土地承包经营权的效力必须强于海域使用权，以免有关行政部门动辄剥夺渔民在特定海域养殖或捕捞的权益。土地经营权若被设立，则承继土地承包经营权的优越效力。

（三）海域使用权与建设用地使用权之间的效力冲突及其协调

一般地说，海域使用权与建设用地使用权冲突的机会不多，不过，依据《海域使用管理法》的规定，海域使用权若以建设工程用海为目的，在填海项目竣工并形成了土地的情况下，海域使用权人应当自竣工之日起 3 个月内，凭海域使用权证书，向县级以上人民政府土地行政主管部门提出土地登记申请，由县级以上人民政府登记造册，换发建设用地使用权证书，确认土地使用权（第 32 条）。该条规定至少含有这样的意思：其一，海域使用权以特定海域为客体，而建设用地使用权则以特定的地表为客体，填海项目竣工形成了土地，海域使用权因其客体不复存在而归于消灭，建设用地使用权因拥有客体且经过法定程序而产生。其二，物权的目的居于非常关键的地位，填海形成土地后，目的是要进行房地产开发建设，这正是建设用地使用权的目的所在，海域使用权无此目的，自然无用武之地，只好消失。

（四）海域使用权与矿业权之间的效力冲突及其协调

依据《海域使用管理法》的规定，在海域从事矿业需要取得海域使用权（第

25 条第 4 项），按照《矿产资源法》的规定，还需要取得矿业权（第 16 条第 1 款第 4 项）。如此，矿业权人必须分别取得海域使用权和矿业权，才符合法律的规定。虽然这违反物权的排他性原理，但在法律修订或废除之前，还得为了适用而予以解释，只好暂时忽略排他性，承认二权归属于同一主体。在内部，因二权由同一人享有，其效力的强弱便无关紧要，但如果二权都要由矿业权人支付代价的话，则加重权利人的负担，笔者赞同只收取一种权利金的方案；在外部，为了对抗行政主管部门的不当干预，又考虑到权利人的目的所在，应当赋予矿业权优先的效力。

六、地役权与用益权之间的效力冲突及其协调[①]

（一）地役权之间的效力冲突及其协调

地役权对供役地不具有排他的独占性，地役权 I 设立后，供役地所有权人或使用权人只在地役权 I 行使的必要范围内，负有容忍或消极不作为的义务，在不妨碍地役权 I 行使的范围内，供役地所有权人的用益权仍然继续存在。如此，供役地设立诸如通行地役权等积极地役权后，可以在不妨碍它的范围内，再设立相同的或其他积极地役权 II，例如采光地役权，或其他用益物权。[②]

（二）地役权与其他用益权之间的效力冲突及其协调

在地役权和其他物权共同存在的情况下，各权利的享有或行使，应当依优先原则予以确定。[③]

1. 地役权的行使与供役地所有权的利用相冲突时，换言之，地役权与供役地所有权在行使过程中发生冲突时，原则上应当依双方当事人原来约定的内容所确认的规则加以协调，如果无此约定，则应当依定限物权优先于所有权的原则，确认地役权人有优先使用权。这就是所谓地役权人利用优先原则。[④]

2. 地役权行使与供役地先成立的用益权并存时，如果用益权属于物权，则应当依物权发生先后的次序，确定其优先使用顺序。如果用益权属于债权，除该权为租赁权外，依物权优先于债权的原则，地役权人的使用顺序较债权为优先。不过，地役权系经供役地上先存在用益物权人之同意而设立者，后成立的地役权则优先于先成立的用益物权，原因在于用益物权因该物权人同意设立地役权而受限制。[⑤]

---

① 参见崔建远：《土地上的权利群研究》，北京，法律出版社 2004 年版，第 331～332 页。

② 谢在全：《民法物权论》（中册），台北，三民书局有限公司 2003 年 7 月修订 2 版，第 205 页。

③④⑤ 谢在全：《民法物权论》（中册），台北，三民书局有限公司 2003 年 7 月修订 2 版，第 205、223、223 页。

3. 地役权与其后的地役权或其他物权并存时，应当适用物权优先效力的原则，成立在先的地役权应当优先于成立在后的地役权或其他物权。在后的物权人行使权利不得妨碍在先地役权人的使用。存在疑问的是，如果成立在后的物权系经地役权人的同意而设立者，按同意者须自我设限的原则，后成立的物权应当具有优先效力。[①]

（三）地役权与矿业权

矿业权人未选择给矿区或工作区周围的土地的权利人造成损失最小的路线和方式通行、架设管线、施工等，又未同矿区或工作区周围的土地的权利人签订地役权合同，那么，这些行为并非在行使相邻权，而是侵权，矿业权人应承担损害赔偿责任；只有矿业权人同矿区或工作区周围的土地的权利人签订了地役权合同，取得了地役权，方有权按高于相邻关系规则所允许的标准通行、架设管线等。在矿区或工作区与供役地不毗邻的情况下，矿业权人只有同供役地的权利人签订合同，取得地役权，方有权通行、架设管线等。当然，也有学说认为，在这种情况下可以产生相邻权。[②]

（四）地役权与取水权

在取水权人所有或使用的用水地与供水地相邻场合，取水权人未选择给邻地的权利人造成损失最小的路线和方式埋设输水管或修筑输水渠，那么，取水权人就不享有相邻权，在取水权人未同邻地的权利人签订地役权合同的情况下，便构成侵权；只有取水权人同邻地的权利人签订了地役权合同，取得了地役权，方有权埋设输水管或修筑输水渠。在用水地和供水地不相邻的情况下，取水权人只有同供水地的权利人签订合同，取得地役权，方有权埋设输水管或修筑输水渠。[③]同样，按照有的学说，在这种情况下可以产生相邻权。[④]

（五）地役权与狩猎权

狩猎权只在极个别情况下才需要地役权。狩猎权人未选择给猎场周围的土地的权利人造成损失最小的路线和方式狩猎，又未和这些土地的权利人签订地役权合同，那么，该行为并非狩猎权的行使，而是侵权。只有狩猎权人和这些土地的权利人签订了地役权合同，取得地役权，其行为才合法。

---

① 谢在全：《民法物权论》（中册），台北，三民书局有限公司 2003 年 7 月修订 2 版，第 223～224 页。

②④ ［德］曼弗雷德·沃尔夫：《物权法》，吴越、李大雪译，北京，法律出版社 2002 年版，第 171、171 页。

③ 崔建远：《水权与民法理论及物权法典的制定》，载《法学研究》2002 年第 3 期，第 55 页。

第三百二十三条

用益物权人对他人所有的不动产或者动产，依法享有占有、使用和收益的权利。

本条主旨

本条是关于用益物权概念的规定。

相关条文

《物权法》第 117 条　用益物权人对他人所有的不动产或者动产，依法享有占有、使用和收益的权利。

理解与适用

一、本条概貌

本条是对《物权法》第 117 条的复制，界定了用益物权，显示出用益物权含有用益物权人、用益物权的客体和用益物权的积极权能。

二、用益物权的界定

根据本条的规定，所谓用益物权，是指以支配标的物的使用价值为内容的物权，或者说是权利人对他人所有的物依法享有占有、使用和收益的定限物权。土地承包经营权、土地经营权、建设用地使用权、宅基地使用权、居住权、地役权、探矿权、采矿权、养殖权、捕捞权等属于此类。用益物权不是一种物权的概念，而是一组物权的集合的称谓。这也影响到它的法律性质。

三、用益物权的性质

（一）用益物权人的规格因具体类型的用益物权而表现出差异

从权利主体方面看，用益物权人的规格因具体类型的用益物权而表现出差异。例如，以家庭承包方式设立的土地承包经营权，其主体限于本集体经济组织成员组成的农户。通过招标、拍卖、公开协商等方式设立的"四荒"土地承包经营权，以及由土地承包经营权派生的土地经营权，其主体则无身份限制。出让的建设用地使用权，其主体的限制很少；而行政划拨的建设用地使用权，其主体则无自然人、私营企业、个体工商户、中外合资经营企业、中外合作经营企业等。

宅基地使用权的主体，在现行法上限于农村村民，实际上为农户。地役权的主体则没有上述限制，只要是两项不动产权利相互之间基于合同有扩张权利行使效力的，有容忍该项扩张的，其不动产权利人就可以是地役权的主体；甚至是一项不动产权利基于地役权合同将要容忍他人架设线路或铺设管道等，该项不动产权利人和享受便利之人均可为地役权的主体。探矿权和采矿权的主体均有严格的限制，非一般人所得充任。捕捞权的主体限于渔民或渔业公司，养殖权的主体为渔民、渔业公司或其他土地承包经营户。

（二）用益物权的标的物应为不动产，《民法典》也承认有动产

从标的物方面看，本条规定，用益物权的标的物有不动产和动产。因为《民法典》采取严格的物权法定主义（第116条），《民法典》及其他法律规定的用益物权，只含有土地承包经营权、土地经营权、建设用地使用权、宅基地使用权、居住权、地役权、海域使用权、探矿权、采矿权、取水权、养殖权、捕捞权，而这些用益物权的标的物均为不动产，所以，在现行法上，用益物权的标的物只有不动产，尚无动产。

［讨论］

本条规定不动产、动产均可为用益物权的客体。对此，可有两个角度的观察。其一，《民法典》采取严格的物权法定主义（第116条），只有它和其他法律所规定的物权才具有物权效力，而这些法律规定的用益物权都是以不动产为标的物的，没有以动产作为客体的类型。就此看来，本条规定动产为用益物权的标的物，自相矛盾，有欠周全。其二，这样解释虽然符合事实，但显然消极。本着应尽可能地避免使法律条文形同虚设、最大限度地使法律规定发挥积极效果的法解释的精神，可从积极的角度对待它，前瞻性地审视它。就是说，《民法典》和其他法律规定的物权不敷使用，难以满足社会实际生活对物权种类及效力的需求，如《民法典》对典权不赋予物权的效力，导致农户融资渠道狭窄，有的根本融不到资。有鉴于此，当社会生活中出现某个或某些以动产为客体的以用益为内容的权利需要具有物权的效力时，若其被社会实践反复证实只有承认其为物权才是最佳的方案，且为越来越多的人所认识，已经形成习惯，应当认可它（们）为物权。认可的法律依据之一，就是本条规定的动产可为用益物权的客体。

（三）用益物权的内容包含占有、使用、收益

从权利内容方面看，用益物权以占有、使用标的物并保有收益为内容。至于处分，不允许针对标的物，只能处分用益物权自身。这是用益物权不同于所有权的突出之点，所有权可以处分标的物。用益物权的概念已经彰显出其使用和收益

的内容。这是它不同于担保物权的重要之处。

（四）用益物权派生于所有权

从权利设立方面看，用益物权系分享了标的物所有权中的占有、使用、收益的权能而形成的物权。标的物所有权为用益物权产生的"母权"，用益物权为"子权"。没有标的物所有权，就不会有用益物权。[①]

［探讨］

需要探讨的是，建设用地使用权人以其建设用地作为供役地，土地承包经营权人以其承包地作为供役地，宅基地使用权人以其宅基地作为供役地，与他人协商一致设立地役权的场合，此类地役权还是分享不动产所有权中的占有、使用和收益的权能而形成的他物权吗？对此，可有两种思路。其一，即使是建设用地使用权人以其建设用地作为供役地，土地承包经营权人以其承包地作为供役地，宅基地使用权人以其宅基地作为供役地，地役权所分享的权能依然是土地所有权中的占有、使用、收益诸项权能。建设用地使用权人、土地承包经营权人、宅基地使用权人之所以能使供役地所有权的权能由需役地人分享，是因为在其权利设立时法律已经将处分权直接授予他（它）们。建设用地使用权人、土地承包经营权人、宅基地使用权人正是借由这种法律的授权，将建设用地、承包地的土地所有权中的部分权能分离给地役权人；地役权人正是借由这种法律的授权，合乎双方当事人的意思且合法地分享了建设用地、承包地的土地所有权中的部分权能，从而形成了地役权。这种法律授权说有其应用的市场。例如，认定银行系统各分行、支行及分理处办理存贷款等业务时享有代理权，大多不是由于银行总行出具了授权书，实际上也往往没有这种授权书，而是推定法律已经将代理权授予了各分行、支行及分理处。再如，在高度集中的计划经济时代，国营企业/国有企业在对外购进原材料、销售产品时之所以有权处分国有财产，也不是由于国务院等部门出具了授权书，实际上也没有此类授权书，而是推定法律已经将代理权授予了各国营企业/国有企业。从母权—子权的结构方面观察和命名，土地所有权是地役权的母权，地役权为土地所有权的子权。其二，在建设用地、承包地或宅基地作为供役地的场合，将建设用地使用权、土地承包经营权、宅基地使用权视为民法上的"物"，其上存在着"所有权"，因建设用地使用权、土地承包经营权、宅基地使用权含有占有、使用和收益的权能，该"所有权"自然含有这些权能，

[①] 关于用益物权和担保物权派生于不动产所有权的原理及其详细阐述，见崔建远：《论争中的渔业权》，北京，北京大学出版社2006年版，第229～237页；崔建远：《论他物权的母权》，载《河南省政法管理干部学院学报》2006年第1期，第10～23页。

地役权系分享其中的权能而形成。这种思路可能有助于大财产权及其理论的建构。本释评书赞同第一种思路。

接下来的问题是，可否直接将建设用地使用权、土地承包经营权、宅基地使用权作为地役权的母权，而不必路途遥远地到土地所有权中去攀亲呢？回答是否定的，因为在建设用地、承包地、宅基地作为供役地的情况下，若把建设用地使用权、土地承包经营权、宅基地使用权作为地役权的母权，则因建设用地使用权、土地承包经营权、宅基地使用权本身欠缺用水、排水、采光、眺望、通行等权能以及将它们转让给他人的权能，无法将这些权能遗传给地役权，因而不符合母权的规格。之所以称建设用地使用权、土地承包经营权、宅基地使用权本身欠缺用水、排水、采光、眺望、通行等权能以及将它们转让给他人的权能，而拥有占有、使用、收益和处分自己的权能，是因为建设用地使用权、土地承包经营权、宅基地使用权所含有的占有、使用、收益和处分自己的权能，具有特定的意义，即使用权人自己为达其权利目的可用水、排水、采光、眺望、通行等，无权为了另外的目的及利益而擅自将用水、排水、采光、眺望、通行等权能转让给他人。之所以说建设用地使用权、土地承包经营权、宅基地使用权所含有的占有、使用、收益和处分自己的权能，具有上述特定的意义，是因为建设用地使用权、土地承包经营权、宅基地使用权含有的占有、使用、收益和处分自己的权能，正好与使用权人支付的一定对价或土地所有权人给予的优惠政策相吻合、相匹配、相协调；假如认为建设用地使用权、土地承包经营权、宅基地使用权还含有用水、排水、采光、眺望、通行等权能，就会出现使用权人获得的利益大于支付的对价或享受的优惠，额外地剥夺了所有权人的合法权益，破坏了所有权人与使用权人之间的利益平衡关系。

以上分析及结论，同样适合于土地经营权派生于土地承包经营权。

（五）用益物权为他物权

从权利所归属的体系方面看，用益物权是权利人直接支配标的物的权利，具有绝对性、排他性、优先性，故为物权。用益物权的标的物为他人所有的不动产，在地役权场合可能是他人使用的不动产，故为他物权。

（六）用益物权的存续期限较为复杂

从权利的存续期间方面看，情况较为复杂。出让的建设用地使用权都有明确的存续期间，不过，住宅建设用地使用权的存续期间届满时自动续期。行政划拨的建设用地使用权没有明确的终期。宅基地使用权具有永久性。通过招标、拍卖、公开协商等方式设立的"四荒"土地承包经营权具有明确的存续期间，以家庭承包方式设立的土地承包经营权的存续期间届满，发包人负有强制缔约义务。

四、用益物权的分类

（一）概说

在现行法上，用益物权包括土地承包经营权、土地经营权、建设用地使用权、海域使用权、宅基地使用权、居住权、地役权、取水权、探矿权、采矿权、养殖权和捕捞权。将它们按照一定标准分类，可有不同的类型。诸如意定用益物权与法定用益物权、登记用益物权与不登记用益物权、有期限用益物权与无期限用益物权等，这些符合本释评书对《民法典》第二编"物权"中第一章"一般规定"中开篇的介绍，此处不赘。

（二）典型用益物权与准物权

土地承包经营权、建设用地使用权、宅基地使用权、居住权、海域使用权、地役权均为典型用益物权，而取水权、探矿权、采矿权、养殖权和捕捞权为准物权。

（三）有偿用益物权与无偿用益物权

1. 区分标准

以用益物权的取得是否需要对价为区分标准，用益物权可分为有偿用益物权和无偿用益物权。

2. 界定

有偿用益物权，是指取得用益物权必须支付对价的用益物权。出让的建设用地使用权、"四荒"土地承包经营权为其代表。无偿用益物权，是指无须支付对价即可取得的用益物权。宅基地使用权、行政划拨的建设用地使用权为其代表。地役权是否有偿，取决于当事人的约定。

3. 分类的法律意义

区分有偿用益物权与无偿用益物权的法律意义在于，法律对它们调整的规则有所差异。例如，对有偿用益物权，法律一般允许转让、抵押；而对无偿用益物权，法律一般不允许转让、抵押。[1] 不过，地役权即使为无偿的，法律也允许其转让、抵押。

（四）无从属性用益物权与有从属性用益物权

1. 区分标准

以用益物权是否具有从属性为区分标准，用益物权可分为无从属性用益物权

---

① 房绍坤：《用益物权基本问题研究》，北京，北京大学出版社 2006 年版，第 21 页。

与有从属性用益物权。

2. 界定

无从属性用益物权，即用益物权没有从属性。应当说，用益物权一般都无从属性，是完全独立的定限物权。有从属性用益物权，即用益物权具有从属性。学说认为，地役权具有从属性。

3. 分类的法律意义

区分无从属性用益物权和有从属性用益物权的法律意义在于，有从属性用益物权，即地役权，其设立以需役地的存在为前提，地役权不得单独转让、抵押。而无从属性用益物权没有这些限制。

（五）让与性用益物权与限制让与用益物权

1. 区分标准

以用益物权的让与性是否受限制为区分标准，用益物权可分为让与性用益物权和限制让与用益物权。

2. 界定

让与性用益物权，是指权利人可依法自由处分的用益物权。出让的建设用地使用权为其代表。限制让与用益物权，是指法律限制或禁止让与的用益物权。宅基地使用权为其典型。当然，所谓自由让与、限制让与是相对而言的。宅基地使用权虽属限制让与的用益物权，但也可随着地上住宅的转让而移转。出让的建设用地使用权虽为让与性用益物权，但建设用地未达到开发程度时，法律也不允许其转让。

3. 分类的法律意义

区分让与性用益物权和限制让与用益物权的法律意义在于：（1）两者的转让条件及其法律后果不同。（2）"自由流通型用益物权侧重的是资源利用的效率，以提高资源的经济效益；而限制流通型用益物权侧重的是社会保障，以实现社会的公平。当然，这两种用益物权都包含有效率、公平的价值观念，只不过各有所侧重而已。"[1]

五、用益物权与相关权利

（一）用益物权与所有权

在同一标的物上并存着所有权和用益物权，该用益物权系分享该所有权中的占有、使用和收益的权能而形成的权利，为子权，该所有权为母权。所有权将其

---

[1]　房绍坤：《用益物权基本问题研究》，北京，北京大学出版社 2006 年版，第 23～24 页。

占有、使用、收益的基因遗传给用益物权。

用益物权尽管派生于所有权，但为实现其目的及功能，它们的法律效力必须在一定范围内抑制着所有权的效力，否则，用益物权就会形同虚设。应当指出，所谓用益物权的效力抑制着所有权的效力，是相对而言的，系以每种用益物权的特定目的及功能为边界。超出这个边界，便构成权利的滥用，可能属于侵害所有权，产生侵权责任，此时，当然是以所有权的效力为准。还有，因某些用益物权欠缺若干物权请求权，例如，养殖权和捕捞权对于水生动物没有物的返还请求权，矿业权对于矿产品欠缺物的返还请求权，地役权和留置权同样没有物的返还请求权，所有权所拥有的物权请求权可被用来保护用益物权，使之保持理想的效力、运行状态的功能。例如，在他人不法侵占供役地，致使地役权人无法行使其地役权的情况下，供役地的所有权人可以行使物的返还请求权，收复失地，使地役权人可以正常行使地役权。这也是所有权和用益物权相得益彰的一个表现。最后，在用益物权的存续期限届满时，所有权的效力恢复如初，具有"收复失地"的效力及功能。[1]

（二）用益物权与担保物权

用益物权和担保物权均为定限物权，限制着所有权的效力，自己的效力也受到限制，包括受所有权效力的限制。至于二者相互之间，存在着某些用益物权是担保物权的标的物的关系，如出让的建设用地使用权、土地经营权、"四荒"土地承包经营权都可作为抵押权的客体。除这些共同点之外，它们更具有如下差异。

1. 权利内容不同，所关注标的物的价值不同。用益物权以占有、使用和收益为内容，关注着标的物的使用价值。担保物权旨在取得标的物的交换价值，是一种价值权。由此决定着担保物权拥有物上代位性，而用益物权没有；同一标的物上可以并存着数个担保物权（只是需要确定担保物权的效力顺序），而不得并存着数个不相容的用益物权。

2. 权利客体的法律属性有别。1) 用益物权的客体，在现实生活中为不动产及某些不动产权利。担保物权的客体则可以是不动产，也可以是动产；可以是不动产权利，也可以是债券、股权等权利。2) 用益物权旨在支配标的物的使用价值，不重视标的物的让与性，故标的物是否为限制流通物或禁止流通物，可以不问。例如，国有土地为禁止流通物，不妨在其上设立建设用地使用权。与此不同，担保物权旨在支配标的物的交换价值，故其标的物必须具有让与性。[2]

---

[1]　崔建远：《土地上的权利群研究》，北京，法律出版社 2004 年版，第 316～317 页。
[2]　王利明、尹飞、程啸：《中国物权法教程》，北京，人民法院出版社 2007 年版，第 290 页。

3. 权利实现的时间不同。权利人取得用益物权的当时即可实现其权利——占有、使用和收益。可见，用益物权的取得与权利的实现同时发生，二者并无时间的间隔。权利人取得担保物权不能当即实现其权利，须待债权已届清偿期而未获清偿时，才可行使变价权，使其债权获得清偿。可见，担保物权的权利取得与权利实现之间存在着时间间隔。①

4. 权利的存续期间及确定方式有所不同。在现行法上，用益物权的存续期间及确定方式不尽一致。例如，宅基地使用权具有永久性，行政划拨的建设用地使用权没有明确的终期，土地承包经营权具有明确的存续期间。担保物权是有期物权，其存续期间的确定方式，在通常情况下由被担保债权及其救济权的存续期间决定，即被担保债权及其救济权的存续期限就是担保物权的存续期间。当事人直接约定担保物权存续期间的不多。

[引申]

法释〔2000〕44号第12条第2款规定："担保物权所担保的债权的诉讼时效结束后，担保权人在诉讼时效结束后的二年内行使担保物权的，人民法院应当予以支持。"这承认了抵押权因诉讼时效期间再加2年期间的届满而消灭。但它存在着弊端，《物权法》第202条关于"抵押权人应当在主债权诉讼时效期间行使抵押权；未行使的，人民法院不予保护"的规定，取消了法释〔2000〕44号第12条第2款的规定，采纳了抵押权不因抵押债权罹于诉讼时效而消灭的观点，抵押债权罹于诉讼时效之后，抵押人可以援用主债务人对债权人（抵押权人）的时效完成抗辩权，拒绝抵押权人将抵押物变价或折价；也可以自愿承受抵押权人行使抵押权、变卖抵押物的结果。

《担保制度司法解释》第44条第1款前段所谓"主债权诉讼时效期间届满后，抵押权人主张行使抵押权的，人民法院不予支持；抵押人以主债权诉讼时效期间届满为由，主张不承担担保责任的，人民法院应予支持"，从正反两面揭示《民法典》第419条的文义和适用范围。第44条第1款后段所谓"主债权诉讼时效期间届满前，债权人仅对债务人提起诉讼，经人民法院判决或者调解后未在民事诉讼法规定的申请执行时效期间内对债务人申请强制执行，其向抵押人主张行使抵押权的，人民法院不予支持"，则将《民法典》第419条的精神引至民事程序之中，并且把诉讼时效与执行时效等量齐观，至少在这个事项上如此。第44条第2款前段关于"主债权诉讼时效期间届满后，财产被留

① 梁慧星、陈华彬：《物权法》（第4版），北京，法律出版社2007年版，第256页。

置的债务人或者对留置财产享有所有权的第三人请求债权人返还留置财产的，人民法院不予支持"的规定，把《民法典》第419条的规定适用于留置权的场合，但限于物的返还请求权或债法意义上的留置物返还请求权。至于留置权的第二次效力，第44条第2款后段则变通了《民法典》第419条的适用，是巧妙地对待和处理"残疾"的留置权的"战术"动作：即使留置权担保的主债权已经罹于诉讼时效，债务人或者第三人也有权请求拍卖、变卖留置财产并以所得价款清偿债务。

如何看待《担保制度司法解释》第44条第2款后段对《民法典》第419条的变通适用？单纯地从立法法的层面看，这在表面上不符合《立法法》未赋予人民法院立法权的原则；但它满足了社会生活实际的要求，在利益衡量的层面具有合理性：在留置权人一侧，"拍卖、变卖留置财产并以所得价款清偿债务"正是留置权的效力的实现结果，留置权人的债权获得清偿，其该得利益没有减少；在作为留置物的所有权人或其他权利人的债务人或第三人一侧，虽然返还原物的目标不能达到（在某些案件中还特别重要），但在留置物的变价有剩余时能够较为及时地回归自己，发挥其效能，总比较长期间地无法占有、使用留置物要好得多；在社会利益的层面，物尽其用，各取所需。此其一。如果放眼整个物权制度，那么，《担保制度司法解释》第44条第2款后段是尊重所有权及其行使的体现。常态的留置权抑制留置物所有权的运行，为保护留置权人权益所必需；但主债权已经罹于诉讼时效的留置权，不但其自身"残疾"，而且"囚禁"着留置物的所有权，还未能及时、高效地清结留置权人和债务人之间的债权债务，放任这种状态持续，显非上策，而适当地突破机械地适用《民法典》第419条的模式，"拆除"一些已经罹于诉讼时效的留置权的"藩篱"，如《担保制度司法解释》第44条第2款后段设计的那样，是明智的。此其二。

5. 权利是否有主从性不同。在现行法上，用益物权原则上为独立的物权，只有地役权除外；担保物权均为从物权，因被担保债权的存在而存续（时间方面不一定先有债权，后产生担保物权），随着被担保债权的消灭而消失。

6. 权利消灭的原因有异。标的物灭失，用益物权因无法达到目的而归于消灭，而担保物权则不一定，只要存在着标的物的代位物，担保物权就继续存在于该代位物之上。

第三百二十四条

国家所有或者国家所有由集体使用以及法律规定属于集体所有的自然资源，组织、个人依法可以占有、使用和收益。

本条主旨

本条是关于组织、个人就国有的、集体所有的自然资源取得用益物权的规定。

相关条文

《民法通则》第80条　国家所有的土地，可以依法由全民所有制单位使用，也可以依法确定由集体所有制单位使用，国家保护它的使用、收益的权利；使用单位有管理、保护、合理利用的义务。

公民、集体依法对集体所有的或者国家所有由集体使用的土地的承包经营权，受法律保护。承包双方的权利和义务，依照法律由承包合同规定。

土地不得买卖、出租、抵押或者以其他形式非法转让。

第81条　国家所有的森林、山岭、草原、荒地、滩涂、水面等自然资源，可以依法由全民所有制单位使用，也可以依法确定由集体所有制单位使用，国家保护它的使用、收益的权利；使用单位有管理、保护、合理利用的义务。

国家所有的矿藏，可以依法由全民所有制单位和集体所有制单位开采，也可以依法由公民采挖。国家保护合法的采矿权。

公民、集体依法对集体所有的或者国家所有由集体使用的森林、山岭、草原、荒地、滩涂、水面的承包经营权，受法律保护。承包双方的权利和义务，依照法律由承包合同规定。

国家所有的矿藏、水流，国家所有的和法律规定属于集体所有的林地、山岭、草原、荒地、滩涂不得买卖、出租、抵押或者以其他形式非法转让。

《物权法》第118条　国家所有或者国家所有由集体使用以及法律规定属于集体所有的自然资源，单位、个人依法可以占有、使用和收益。

《土地管理法》第10条　国有土地和农民集体所有的土地，可以依法确定给单位或者个人使用。使用土地的单位和个人，有保护、管理和合理利用土地的义务。

理解与适用

本条是对《物权法》第118条的复制，只是把原来的"单位"称谓换成了"组织"的术语。本条确立了国有的、集体所有的自然资源可以作为用益物权的客体，用益物权人可以是组织、个人。

本条所谓自然资源，包括《宪法》第9条以及《民法典》第247条以下规定的矿藏、水流、海域、海岛、土地、森林、山岭、草原、荒地、滩涂、野生动植物资源等自然资源。

本条所谓国家所有由集体使用的自然资源，例如，《水法》第3条规定："水资源属于国家所有。水资源的所有权由国务院代表国家行使。农村集体经济组织的水塘和由农村集体经济组织修建管理的水库中的水，归各该农村集体经济组织使用。"《土地管理法》第13条第1款规定："农民集体所有和国家所有依法由农民集体使用的耕地、林地、草地，以及其他依法用于农业的土地，采取农村集体经济组织内部的家庭承包方式承包，不宜采取家庭承包方式的荒山、荒沟、荒丘、荒滩等，可以采取招标、拍卖、公开协商等方式承包，从事种植业、林业、畜牧业、渔业生产。"

本条所谓组织，包括公司、合伙企业、农户等主体。本条所谓个人，应指自然人。

根据本条的规定，组织或个人占有、使用自然资源并取得相应的收益形成的用益物权，或是土地承包经营权或土地经营权，或是建设用地使用权，或是宅基地使用权，或是海域使用权，或是地役权，以及探矿权、采矿权、取水权、养殖权、捕捞权等。

这些用益物权派生于国家的自然资源所有权时，国家为一方，系母权人；派生于农村集体经济组织的自然资源所有权时，农村集体经济组织为一方，任母权人。

第三百二十五条

国家实行自然资源有偿使用制度，但是法律另有规定的除外。

本条主旨

本条是关于自然资源以有偿使用为原则的规定。

相关条文

《物权法》第119条　国家实行自然资源有偿使用制度，但法律另有规定的除外。

《土地管理法》第2条第5款　国家依法实行国有土地有偿使用制度。但是，国家在法律规定的范围内划拨国有土地使用权的除外。

第54条　建设单位使用国有土地，应当以出让等有偿使用方式取得；但是，下列建设用地，经县级以上人民政府依法批准，可以以划拨方式取得：

（一）国家机关用地和军事用地；

（二）城市基础设施用地和公益事业用地；

（三）国家重点扶持的能源、交通、水利等基础设施用地；

（四）法律、行政法规规定的其他用地。

第55条　以出让等有偿使用方式取得国有土地使用权的建设单位，按照国务院规定的标准和办法，缴纳土地使用权出让金等土地有偿使用费和其他费用后，方可使用土地。

自本法施行之日起，新增建设用地的土地有偿使用费，百分之三十上缴中央财政，百分之七十留给有关地方人民政府。具体使用管理办法由国务院财政部门会同有关部门制定，并报国务院批准。

第56条　建设单位使用国有土地的，应当按照土地使用权出让等有偿使用合同的约定或者土地使用权划拨批准文件的规定使用土地；确需改变该幅土地建设用途的，应当经有关人民政府自然资源主管部门同意，报原批准用地的人民政府批准。其中，在城市规划区内改变土地用途的，在报批前，应当先经有关城市规划行政主管部门同意。

《矿产资源法》第5条　国家实行探矿权、采矿权有偿取得的制度；但是，国家对探矿权、采矿权有偿取得的费用，可以根据不同情况规定予以减缴、免缴。具体办法和实施步骤由国务院规定。开采矿产资源，必须按照国家有关规定缴纳资源税和资源补偿费。

《水法》第7条　国家对水资源依法实行取水许可制度和有偿使用制度。但是，农村集体经济组织及其成员使用本集体经济组织的水塘、水库中的水的除外。国务院水行政主管部门负责全国取水许可制度和水资源有偿使用制度的组织实施。

第48条第1款　直接从江河、湖泊或者地下取用水资源的单位和个人，应当按照国家取水许可制度和水资源有偿使用制度的规定，向水行政主管部门或者流域管理机构申请领取取水许可证，并缴纳水资源费，取得取水权。但是，家庭生活和零星散养、圈养畜禽饮用等少量取水的除外。

理解与适用

本条是对《物权法》第119条的复制，确立了自然资源的使用以有偿为原则。

本条所谓有偿使用，一是表现为国家从占有、使用国有的自然资源者之处收取资源补偿费、土地使用权出让金等土地有偿使用费，资源税具有双重属性，也可作为自然资源有偿使用的一种表现形式；二是表现为农村集体经济组织从占有、使用农村集体经济组织的自然资源者手中收取土地出让金、承包费等。

本条但书"法律另有规定的除外"，即可以无偿使用自然资源的规定。例如，《土地管理法》第 54 条规定："建设单位使用国有土地，应当以出让等有偿使用方式取得；但是，下列建设用地，经县级以上人民政府依法批准，可以以划拨方式取得：（一）国家机关用地和军事用地；（二）城市基础设施用地和公益事业用地；（三）国家重点扶持的能源、交通、水利等基础设施用地；（四）法律、行政法规规定的其他用地。"再如，《水法》第 7 条规定："国家对水资源依法实行取水许可制度和有偿使用制度。但是，农村集体经济组织及其成员使用本集体经济组织的水塘、水库中的水的除外。国务院水行政主管部门负责全国取水许可制度和水资源有偿使用制度的组织实施。"第 48 条第 1 款规定："直接从江河、湖泊或者地下取用水资源的单位和个人，应当按照国家取水许可制度和水资源有偿使用制度的规定，向水行政主管部门或者流域管理机构申请领取取水许可证，并缴纳水资源费，取得取水权。但是，家庭生活和零星散养、圈养畜禽饮用等少量取水的除外。"

第三百二十六条

用益物权人行使权利，应当遵守法律有关保护和合理开发利用资源、保护生态环境的规定。所有权人不得干涉用益物权人行使权利。

本条主旨

本条是关于用益物权具有排他效力但其行使权利应当奉行绿色原则的规定。

相关条文

《宪法》第 9 条第 2 款 国家保障自然资源的合理利用，保护珍贵的动物和植物。禁止任何组织或者个人用任何手段侵占或者破坏自然资源。

《物权法》第 120 条 用益物权人行使权利，应当遵守法律有关保护和合理开发利用资源的规定。所有权人不得干涉用益物权人行使权利。

《土地管理法》第 3 条 十分珍惜、合理利用土地和切实保护耕地是我国的基本国策。各级人民政府应当采取措施，全面规划，严格管理，保护、开发土地资源，制止非法占用土地的行为。

《农业法》第 57 条第 1 款 发展农业和农村经济必须合理利用和保护土地、

水、森林、草原、野生动植物等自然资源，合理开发和利用水能、沼气、太阳能、风能等可再生能源和清洁能源，发展生态农业，保护和改善生态环境。

第58条第1款　农民和农业生产经营组织应当保养耕地，合理使用化肥、农药、农用薄膜，增加使用有机肥料，采用先进技术，保护和提高地力，防止农用地的污染、破坏和地力衰退。

第66条　县级以上人民政府应当采取措施，督促有关单位进行治理，防治废水、废气和固体废弃物对农业生态环境的污染。排放废水、废气和固体废弃物造成农业生态环境污染事故的，由环境保护行政主管部门或者农业行政主管部门依法调查处理；给农民和农业生产经营组织造成损失的，有关责任者应当依法赔偿。

《农村土地承包法》第8条　国家保护集体土地所有者的合法权益，保护承包方的土地承包经营权，任何组织和个人不得侵犯。

国家鼓励增加对土地的投入，培肥地力，提高农业生产能力。

《草原法》第14条第2款　承包经营草原的单位和个人，应当履行保护、建设和按照承包合同约定的用途合理利用草原的义务。

第33条第1款　草原承包经营者应当合理利用草原，不得超过草原行政主管部门核定的载畜量；草原承包经营者应当采取种植和储备饲草饲料、增加饲草饲料供应量、调剂处理牲畜、优化畜群结构、提高出栏率等措施，保持草畜平衡。

第34条　牧区的草原承包经营者应当实行划区轮牧，合理配置畜群，均衡利用草原。

第35条　国家提倡在农区、半农半牧区和有条件的牧区实行牲畜圈养。草原承包经营者应当按照饲养牲畜的种类和数量，调剂、储备饲草饲料，采用青贮和饲草饲料加工等新技术，逐步改变依赖天然草地放牧的生产方式。

在草原禁牧、休牧、轮牧区，国家对实行舍饲圈养的给予粮食和资金补助，具体办法由国务院或者国务院授权的有关部门规定。

《矿产资源法》第3条第2款　国家保障矿产资源的合理开发利用。禁止任何组织或者个人用任何手段侵占或者破坏矿产资源。各级人民政府必须加强矿产资源的保护工作。

第29条　开采矿产资源，必须采取合理的开采顺序、开采方法和选矿工艺。矿山企业的开采回采率、采矿贫化率和选矿回收率应当达到设计要求。

第30条　在开采主要矿产的同时，对具有工业价值的共生和伴生矿产应当统一规划，综合开采，综合利用，防止浪费；对暂时不能综合开采或者必须同时采出而暂时还不能综合利用的矿产以及含有有用组分的尾矿，应当采取有效的保护措施，防止损失破坏。

第 32 条　开采矿产资源，必须遵守有关环境保护的法律规定，防止污染环境。开采矿产资源，应当节约用地。耕地、草原、林地因采矿受到破坏的，矿山企业应当因地制宜地采取复垦利用、植树种草或者其他利用措施。开采矿产资源给他人生产、生活造成损失的，应当负责赔偿，并采取必要的补救措施。

第 44 条　违反本法规定，采取破坏性的开采方法开采矿产资源的，处以罚款，可以吊销采矿许可证；造成矿产资源严重破坏的，依照刑法有关规定对直接责任人员追究刑事责任。

《煤炭法》第 11 条　开发利用煤炭资源，应当遵守有关环境保护的法律、法规，防治污染和其他公害，保护生态环境。

第 57 条　违反本法第二十二条的规定，开采煤炭资源未达到国务院煤炭管理部门规定的煤炭资源回采率的，由煤炭管理部门责令限期改正；逾期仍达不到规定的回采率的，责令停止生产。

《清洁生产促进法》第 25 条　矿产资源的勘查、开采，应当采用有利于合理利用资源、保护环境和防止污染的勘查、开采方法和工艺技术，提高资源利用水平。

《环境保护法》第 30 条　开发利用自然资源，应当合理开发，保护生物多样性，保障生态安全，依法制定有关生态保护和恢复治理方案并予以实施。

引进外来物种以及研究、开发和利用生物技术，应当采取措施，防止对生物多样性的破坏。

第 40 条第 3 款　企业应当优先使用清洁能源，采用资源利用率高、污染物排放量少的工艺、设备以及废弃物综合利用技术和污染物无害化处理技术，减少污染物的产生。

第 61 条　建设单位未依法提交建设项目环境影响评价文件或者环境影响评价文件未经批准，擅自开工建设的，由负有环境保护监督管理职责的部门责令停止建设，处以罚款，并可以责令恢复原状。

第 63 条　企业事业单位和其他生产经营者有下列行为之一，尚不构成犯罪的，除依照有关法律法规规定予以处罚外，由县级以上人民政府环境保护主管部门或者其他有关部门将案件移送公安机关，对其直接负责的主管人员和其他直接责任人员，处十日以上十五日以下拘留；情节较轻的，处五日以上十日以下拘留：

（一）建设项目未依法进行环境影响评价，被责令停止建设，拒不执行的；

（二）违反法律规定，未取得排污许可证排放污染物，被责令停止排污，拒不执行的；

（三）通过暗管、渗井、渗坑、灌注或者篡改、伪造监测数据，或者不正常运行防治污染设施等逃避监管的方式违法排放污染物的；

（四）生产、使用国家明令禁止生产、使用的农药，被责令改正，拒不改正的。

《水污染防治法》第42条　兴建地下工程设施或者进行地下勘探、采矿等活动，应当采取防护性措施，防止地下水污染。

报废矿井、钻井或者取水井等，应当实施封井或者回填。

《大气污染防治法》第33条　国家推行煤炭洗选加工，降低煤炭的硫分和灰分，限制高硫分、高灰分煤炭的开采。新建煤矿应当同步建设配套的煤炭洗选设施，使煤炭的硫分、灰分含量达到规定标准；已建成的煤矿除所采煤炭属于低硫分、低灰分或者根据已达标排放的燃煤电厂要求不需要洗选的以外，应当限期建成配套的煤炭洗选设施。

禁止开采含放射性和砷等有毒有害物质超过规定标准的煤炭。

第34条　国家采取有利于煤炭清洁高效利用的经济、技术政策和措施，鼓励和支持洁净煤技术的开发和推广。

国家鼓励煤矿企业等采用合理、可行的技术措施，对煤层气进行开采利用，对煤矸石进行综合利用。从事煤层气开采利用的，煤层气排放应当符合有关标准规范。

《海洋环境保护法》第46条　兴建海岸工程建设项目，必须采取有效措施，保护国家和地方重点保护的野生动植物及其生存环境和海洋水产资源。

严格限制在海岸采挖砂石。露天开采海滨砂矿和从岸上打井开采海底矿产资源，必须采取有效措施，防止污染海洋环境。

《水土保持法》第19条　水土保持设施的所有权人或者使用权人应当加强对水土保持设施的管理与维护，落实管护责任，保障其功能正常发挥。

第20条　禁止在二十五度以上陡坡地开垦种植农作物。在二十五度以上陡坡地种植经济林的，应当科学选择树种，合理确定规模，采取水土保持措施，防止造成水土流失。

省、自治区、直辖市根据本行政区域的实际情况，可以规定小于二十五度的禁止开垦坡度。禁止开垦的陡坡地的范围由当地县级人民政府划定并公告。

第21条　禁止毁林、毁草开垦和采集发菜。禁止在水土流失重点预防区和重点治理区铲草皮、挖树兜或者滥挖虫草、甘草、麻黄等。

第 22 条 林木采伐应当采用合理方式，严格控制皆伐；对水源涵养林、水土保持林、防风固沙林等防护林只能进行抚育和更新性质的采伐；对采伐区和集材道应当采取防止水土流失的措施，并在采伐后及时更新造林。

在林区采伐林木的，采伐方案中应当有水土保持措施。采伐方案经林业主管部门批准后，由林业主管部门和水行政主管部门监督实施。

第 23 条 在五度以上坡地植树造林、抚育幼林、种植中药材等，应当采取水土保持措施。

在禁止开垦坡度以下、五度以上的荒坡地开垦种植农作物，应当采取水土保持措施。具体办法由省、自治区、直辖市根据本行政区域的实际情况规定。

第 24 条 生产建设项目选址、选线应当避让水土流失重点预防区和重点治理区；无法避让的，应当提高防治标准，优化施工工艺，减少地表扰动和植被损坏范围，有效控制可能造成的水土流失。

第 25 条第 1 款 在山区、丘陵区、风沙区以及水土保持规划确定的容易发生水土流失的其他区域开办可能造成水土流失的生产建设项目，生产建设单位应当编制水土保持方案，报县级以上人民政府水行政主管部门审批，并按照经批准的水土保持方案，采取水土流失预防和治理措施。没有能力编制水土保持方案的，应当委托具备相应技术条件的机构编制。

《水法》第 31 条 从事水资源开发、利用、节约、保护和防治水害等水事活动，应当遵守经批准的规划；因违反规划造成江河和湖泊水域使用功能降低、地下水超采、地面沉降、水体污染的，应当承担治理责任。

开采矿藏或者建设地下工程，因疏干排水导致地下水水位下降、水源枯竭或者地面塌陷，采矿单位或者建设单位应当采取补救措施；对他人生活和生产造成损失的，依法给予补偿。

理解与适用

本条是对《物权法》第 120 条的承继并更加周全，前段规定用益物权人行使权利时必须奉行绿色原则，应当遵守保护和合理开发利用资源、保护生态环境的法律规定，后段宣明用益物权具有排他的效力，能够对抗所有权人的干涉。

本条第 1 款是个引致性（管道性）的条款，把用益物权人履行保护和合理开发利用资源、保护生态环境的义务规制引向规定得更为详细的其他法律。例如，《农业法》第 58 条第 1 款关于"农民和农业生产经营组织应当保养耕地，合理使用化肥、农药、农用薄膜，增加使用有机肥料，采用先进技术，保护和提高地力，防止农用地的污染、破坏和地力衰退"的规定、第 59 条第 1 款后段关于

"从事可能引起水土流失的生产建设活动的单位和个人，必须采取预防措施，并负责治理因生产建设活动造成的水土流失"的规定；再如，《草原法》第 14 条第 2 款关于"承包经营草原的单位和个人，应当履行保护、建设和按照承包合同约定的用途合理利用草原的义务"的规定、第 33 条第 1 款关于"草原承包经营者应当合理利用草原，不得超过草原行政主管部门核定的载畜量；草原承包经营者应当采取种植和储备饲草饲料、增加饲草饲料供应量、调剂处理牲畜、优化畜群结构、提高出栏率等措施，保持草畜平衡"的规定，以及第 34 条关于"牧区的草原承包经营者应当实行划区轮牧，合理配置畜群，均衡利用草原"的规定；还如，《矿产资源法》第 29 条关于"开采矿产资源，必须采取合理的开采顺序、开采方法和选矿工艺。矿山企业的开采回采率、采矿贫化率和选矿回收率应当达到设计要求"的规定、第 30 条关于"在开采主要矿产的同时，对具有工业价值的共生和伴生矿产应当统一规划，综合开采，综合利用，防止浪费；对暂时不能综合开采或者必须同时采出而暂时还不能综合利用的矿产以及含有有用组分的尾矿，应当采取有效的保护措施，防止损失破坏"的规定，以及第 32 条第 1 款关于"开采矿产资源，应当节约用地。耕地、草原、林地因采矿受到破坏的，矿山企业应当因地制宜地采取复垦利用、植树种草或者其他利用措施"的规定。

自然资源稀缺，许多自然资源都难以再生；人口爆炸式地增长，自 1975 年以来自然界的自然供给低于人类的需求；消费奢侈之风盛行；污染严重；等等。所有这些都使奉行绿色原则势在必行，务必树立这样的理念乃至行为规则：资源是大家的，资源是社会的，资源是整个地球的；务必信仰能源、环境、气候领域的自然哲学观，践行人类命运共同体的构想。《民法典》不但在第一编"总则"中高扬绿色原则的大旗（第 9 条），而且在其他有关编章中落实这一原则，如第 346 条、第 509 条第 3 款、第 585 条，本条即为在用益物权制度中落实的体现。

本条后段确立用益物权的排他性，宣明所有权人不得干涉用益物权人行使其权利。这符合所有权和用益物权之间的关系，符合物权具有对世效力的本质要求。虽然用益物权派生于所有权，所有权是母权，用益物权是子权，但用益物权一经设立，其效力就压制着所有权的效力，所有权不再自由自在，所有权人负有容忍用益物权人在其权利边界之内的所作所为的义务，不得干涉用益物权人行使其权利。

第三百二十七条

因不动产或者动产被征收、征用致使用益物权消灭或者影响用益物权行使的，用益物权人有权依据本法第二百四十三条、第二百四十五条的规定获得相应补偿。

本条主旨

本条是关于用益物权的客体被征收、征用时权利人有权获得及时足额补偿的规定。

相关条文

《宪法》第 10 条第 3 款　国家为了公共利益的需要，可以依照法律规定对土地实行征收或者征用并给予补偿。

第 13 条第 3 款　国家为了公共利益的需要，可以依照法律规定对公民的私有财产实行征收或者征用并给予补偿。

《物权法》第 121 条　因不动产或者动产被征收、征用致使用益物权消灭或者影响用益物权行使的，用益物权人有权依照本法第四十二条、第四十四条的规定获得相应补偿。

《土地管理法》第 2 条第 4 款　国家为了公共利益的需要，可以依法对土地实行征收或者征用并给予补偿。

《农业法》第 71 条　国家依法征收农民集体所有的土地，应当保护农民和农村集体经济组织的合法权益，依法给予农民和农村集体经济组织征地补偿，任何单位和个人不得截留、挪用征地补偿费用。

《草原法》第 39 条　因建设征收、征用集体所有的草原的，应当依照《中华人民共和国土地管理法》的规定给予补偿；因建设使用国家所有的草原的，应当依照国务院有关规定对草原承包经营者给予补偿。

因建设征收、征用或者使用草原的，应当交纳草原植被恢复费。草原植被恢复费专款专用，由草原行政主管部门按照规定用于恢复草原植被，任何单位和个人不得截留、挪用。草原植被恢复费的征收、使用和管理办法，由国务院价格主管部门和国务院财政部门会同国务院草原行政主管部门制定。

《渔业法》第 14 条　国家建设征用集体所有的水域、滩涂，按照《中华人民共和国土地管理法》有关征地的规定办理。

理解与适用

本条是对《物权法》第 121 条的承继，系引致性条款，把用益物权的客体被征收、征用时获得补偿的法律依据引向《民法典》的另外条款，即第 243 条关于征收补偿的规定以及第 245 条关于征用补偿的规定。

在这里，存在着用益物权本身是否为征收的对象之争，笔者赞同征收的对象为不动产、动产的所有权，用益物权本身不作为征收的对象，不过它们随其母权的消灭而归于消灭。由于此种消灭因征收所致，而非用益物权客体的所有权人引起，因而用益物权消灭的损失应由征收机关予以补偿。

第三百二十八条

依法取得的海域使用权受法律保护。

本条主旨

本条是关于海域使用权的规定。

相关条文

《物权法》第 122 条　依法取得的海域使用权受法律保护。

《海域使用管理法》第 3 条第 2 款　单位和个人使用海域，必须依法取得海域使用权。

第 19 条　海域使用申请人自领取海域使用权证书之日起，取得海域使用权。

第 20 条第 2 款　中标人或者买受人自领取海域使用权证书之日起，取得海域使用权。

第 23 条　海域使用权人依法使用海域并获得收益的权利受法律保护，任何单位和个人不得侵犯。

海域使用权人有依法保护和合理使用海域的义务；海域使用权人对不妨害其依法使用海域的非排他性用海活动，不得阻挠。

第 25 条　海域使用权最高期限，按照下列用途确定：

（一）养殖用海十五年；

（二）拆船用海二十年；

（三）旅游、娱乐用海二十五年；

（四）盐业、矿业用海三十年；

（五）公益事业用海四十年；

（六）港口、修造船厂等建设工程用海五十年。

第 27 条　因企业合并、分立或者与他人合资、合作经营，变更海域使用权人的，需经原批准用海的人民政府批准。

海域使用权可以依法转让。海域使用权转让的具体办法，由国务院规定海域使用权可以依法继承。

理解与适用

一、本条含义概貌

本条是对《物权法》第122条的复制，确认海域使用权为用益物权，且法律保护之。本条是引致性条款，把海域使用权的调整引至规定得更为详尽的其他法律，主要是《海域使用管理法》。

二、海域使用权的概念

所谓海域使用权，是指民事主体基于县级以上人民政府海洋行政主管部门的批准和颁发的海域使用权证书，依法在一定期限内使用一定海域的权利。它具有如下法律性质。

（一）权利主体因海域使用权的类型不同而异其规格

从权利主体方面看，按照《海域使用管理法》的用语，海域使用权的主体包括单位和个人（第3条第2款、第16条、第33条）。

［辨析］

应当说，在物权法的视野里，单位、个人的用语不规范。此处所谓"个人"，当指自然人无疑，可是，所谓"单位"在海域使用权主体的层面究竟指向谁人，则不清楚。依据《民法典》及其民事主体理论，团体可以成为民事主体的只有两类，一是法人，二是非法人组织。具体到海域使用权的主体，属于"单位"类型的，也应当限于法人和合伙企业。

结合具体类型的海域使用权观察，会发现不同的海域使用权对权利主体的要求不同。例如，养殖海域使用权的主体限于渔民或渔业合作组织，探矿和采矿的用海权的主体必须具有相应的资质，公益事业用海权（含海底电缆用海权、海底管线用海权等）、港口和修造船厂等建设工程用海权的主体亦然。

（二）海域使用权的客体为海域

从权利客体角度看，海域使用权的客体为海域。依据《海域使用管理法》的规定，所谓海域，是指中华人民共和国内水、领海的水面、水体、海床和底土（第2条第1款）。所谓内水，是指中华人民共和国领海基线向陆地一侧至海岸线的海域（第2条第2款）。

（三）海域使用权为用益物权

从权利的归属体系方面看，海域使用权是物权，且为用益物权。将海域使用权定位在物权，有以下理由支持。

1. 确立海域使用权制度的《海域使用管理法》，是全国人民代表大会常务委员会通过的法律。这符合物权法定主义所要求的"法"的位阶，为把海域使用权定位于物权提供了前提。

2. 按照《海域使用管理法》的规定，海域使用权实行登记制度（第 6 条第 1 款）。由国务院批准用海的，由国务院海洋行政主管部门登记造册；地方人民政府批准用海的，由地方人民政府登记造册（第 19 条）。国家建立海域使用统计制度，定期发布海域使用统计资料，依法登记的海域使用权受法律保护（《海域使用管理法》第 6 条）。这表明海域使用权有其完善的公示制度，为他人了解海域使用权的存在及其内容提供了制度保障，符合物权对于公示的要求。

3. 《海域使用管理法》规定，海域使用权人依法使用海域并获得收益的权利受法律保护，任何单位和个人不得侵犯（第 23 条第 1 款）。这表明海域使用权含有占有、使用、收益各项权能，显现出海域使用权具有支配力，而非请求力。这符合物权的质的规定性，而同债权的特点相异。

4. 《海域使用管理法》规定，海域使用权人对不妨害其依法使用海域的非排他性用海活动，不得阻挠（第 23 条第 2 款）。阻挠、妨害海域使用权人依法使用海域的，海域使用权人可以请求海洋行政主管部门排除妨害，也可以依法向人民法院提起诉讼（第 44 条）。这表明海域使用权具有排他性，而排他性是物权性质的表现。

[引申]

认定海域使用权具有排他性的根据在于，假如海域使用权为债权，对妨害其行使的不法用海行为，要么因债权的相对性和无排他效力致使海域使用权人无权请求侵权人停止侵害、排除妨害，要么海域使用权人有权请求侵权人承担侵权责任①，但不会因该不法行为有无排他性而有差异。就是说，《海域使用管理法》

---

① 通说认为，《侵权责任法》尚未承认债权为侵权行为的标的，只有在个别情况下才承认第三人侵害债权构成侵权行为。例如，1995 年 5 月 5 日，《最高人民法院关于信用社非法转移人民法院冻结款项应如何承担法律责任的复函》（法函〔1995〕51 号）明确了侵害债权问题。这是中国司法解释第一次对侵犯他人债权行为及其民事责任作出的规定，但是，该复函仅简要地陈述侵害他人债权利益应承担赔偿责任，既未阐述侵害债权行为的构成要件，也未指明其请求权基础。当然，该复函于 2002 年 3 月 10 日被废止，其原因是被最高人民法院 1998 年 7 月 8 日《关于人民法院执行工作若干问题的规定（试行）》（法释〔1998〕15 号）取代。该规定第 33 条规定："金融机构擅自解冻被人民法院冻结的款项，致冻结款项被转移的，人民法院有权责令其限期追回已转移的款项。在限期内未能追回的，应当裁定该金融机构在转移的款项范围内以自己的财产向申请执行人承担责任。"最高人民法院在《关于验资单位对多个案件债权人损失应如何承担责任的批复》（法释〔1997〕10 号）中规定："金融机构、会计师事务所为公司出具不实的验资报告或者虚假的资金证明，公司资不抵债的，该验资单位应当对公司债务在验资报告不实部分或者虚假资金证明金额以内，承担民事赔偿责任。"这是最高人民法院承认第三人直接侵害债权的明确解释。《侵权责任法》虽然已被《民法典》吸纳，但上述精神没有改变。

第 23 条第 2 款和第 44 条的规定画蛇添足。只有海域使用权为物权时，区分他人的用海是否具有排他性才有其道理，《海域使用管理法》第 23 条第 2 款和第 44 条的规定才合乎法理。其道理如下：如果他人用海系排他的，表明该他人在同一海域拥有另一个物权，那么，这违反了物权的一物一权主义，损害了海域使用权的排他效力，应被禁止。如果他人用海系非排他的，那么，在他人用海并非行使权利的情况下，海域使用权人自然有权制止；在他人用海系行使权利的情况下，该权利若非物权，海域使用权人同样有权制止；在他人用海系行使物权的情况下，则只有该物权与海域使用权同为相容的物权时，该物权的存在才未否定海域使用权的排他效力，二权才可以并存。①

[论争]

同时，我们应当看到，依据物权法原理，不相容的物权不得并存于同一个客体之上。海域使用权、矿业权、渔业权、土地承包经营权、建设用地使用权都是以占有、使用、收益为内容的权利，相对于同一个客体，它们应当属于不相容的物权，是不应当并存于同一海域的。可是，在现行法上，它们恰恰可以并存于同一海域，违反了物权的排他性，在实务上酿成了社会问题。

反驳者或许会说，并非所有的物权都具有排他性，在同一宗土地上不但可以设置内容不同的地役权，而且可以设置若干内容相同的地役权，没有显现出排他性。对海域使用权不可以比照地役权处理吗？笔者认为，内容相同的地役权若不同时行使，它们相安无事，似乎看不出排他性，但若同时行使，则仍然存在着效力冲突问题，需要确定每个地役权的优先顺序。在这一点上，也可以说地役权具有排他性。

海域使用权和渔业权、矿业权、土地承包经营权、建设用地使用权之间的关系，可否比照若干内容相同的地役权之间的关系处理？笔者认为，在绝大多数情况下不行，因为海域使用权依其特性本应永远具有排他性，一定会同矿业权、土地承包经营权、建设用地使用权、养殖权相排斥。严格地按照物权法原理处理，如果矿业权、土地承包经营权、建设用地使用权、养殖权首先设立，海域使用权就不得存在；如果海域使用权首先设立，矿业权、土地承包经营权、建设用地使用权、养殖权本不应产生。但实际情况则不是如此简单，因从事养殖必须经过渔业行政主管机关的特许，所以养殖权仍须产生；矿业权与之类似，也须产生；依据《海域使用管理法》的规定，填海项目竣工后形成土地的建设用地使用权要取

---

① 崔建远：《海域使用权制度及其反思》，载《政法论坛》2004 年第 6 期，第 62 页。

代海域使用权（第 32 条），土地承包经营权则以海域为客体（第 22 条）。①

至于海域使用权与捕捞权之间的关系，有点类似于几个内容相同的地役权之间的关系，在捕捞权不行使时，海域使用权与捕捞权并存于同一渔场问题不大，但在捕捞权实际行使时，二权依然相冲突，需要抑制海域使用权的效力，使捕捞权的效力强于海域使用权。

一句话，只要不否认渔业权、矿业权、水权（含排污权）、土地承包经营权、建设用地使用权的正当性，海域使用权的存在便没有积极的意义，只有负面的影响。

5. 债权因其为手段性权利，含有死亡的基因②，一旦物权或与物权价值相当的权利产生，债权便因其目的达到而寿终正寝，故其存续期限一般较短，且大多不由法律直接规定。③ 而物权由其目的及功能决定，其存续期限一般较长。依据《海域使用管理法》的规定，海域使用权的最高期限，分别为 15 年、20 年、25 年、30 年、40 年不等，显然较长。如此之长的存续期限，再加上上述各种性质综合判断，应当把海域使用权定位在物权，而非债权。

将海域使用权定位在用益物权，是因为它没有担保债权实现的目的及功能，却含有使用、收益的内容。

（四）海域使用权为典型物权

从典型物权与准物权间的类比关系看，海域使用权为典型物权。海域使用权以特定的海域为客体，与养殖权、捕捞权接近，而养殖权、捕捞权属于准物权，因此，容易将海域使用权定位为准物权。但笔者认为，海域使用权属于典型物权，而非准物权。其道理在于，海域使用权以特定的海域为客体，具有排他效力（《海域使用管理法》第 23 条、第 44 条）、优先效力（《海域使用管理法》第 22 条及其解释）、追及效力和物权请求权，不具有复合性，完全符合典型物权的特征，而不符合准物权的特征。

[反思]

虽然笼而统之地可以说海域使用权以特定的海域为客体，具有排他效力、优先效力、追及效力和物权请求权，符合典型物权的特征；不过，一旦海域使用权具体化为养殖用海权（养殖权）、探矿用海权（探矿权）、采矿用海权（采矿权）

---

① 崔建远：《海域使用权制度及其反思》，载《政法论坛》2004 年第 6 期，第 60～61 页。

② [德] Radbruch, *Rechtsphilosophie*, 1963, S. 243. 转引自王泽鉴：《民法债编总论·基本理论·债之发生》（总第 1 册），台北，三民书局有限公司 1993 年版，第 52 页。

③ 在个别情况下，法律也直接规定债权的存续期限，如《民法典》第 705 条第 1 款规定，租赁期限不得超过 20 年。超过 20 年的，超过部分无效。

等权利时，典型物权的属性便弱化，准物权的色彩就彰显。这也表明设立海域使用权制度违反法律制度设置及运行的规律。

（五）海域使用权为集合性物权

从权利是否具有单一性的角度看，海域使用权为集合性的物权。海域使用权并非单一的物权，而是一系列权利的总称。按照《海域使用管理法》的规定，养殖权（养殖用海权）、拆船用海权、旅游用海权、娱乐用海权、矿业权（探矿用海权、采矿用海权）、公益事业用海权（含海底电缆用海权、海底管线用海权等）、港口和修造船厂等建设工程用海权，均属海域使用权的范畴。这表明海域使用权是权利束，是集合性的权利。

[反思]

一部善法确立的用益物权，都应有其特定的目的及功能。例如，建设用地使用权的目的及功能在于，使用权人在国家所有的土地上进行房地产开发建设，建筑物的所有权不被土地所有权吸收，而是归属于建设用地使用权人；土地承包经营权的目的及功能在于，承包人在农村集体所有或国家所有的土地上进行农林牧渔经营，其收获不归土地所有权人享有，而是属于承包人；采矿权的目的及功能在于，权利人在特定的矿区采掘矿产资源并取得矿产品；养殖权的目的及功能在于，权利人利用特定水域从事养殖业，并享有该水域里的水生动植物的所有权，阻止水域所有权人享有此权；捕捞权的目的及功能在于，权利人在特定渔场捕捞作业，取得渔获物的所有权，使海域所有权不追及至该物之上。[①]

海域使用权的目的及功能何在？如果承认法律设置的渔业权、矿业权、水权、土地承包经营权、建设用地使用权正当合理，那么，海域使用权只是单纯地占有、使用海域，而无其他目的及功能。因为如果目的及功能是捕捞水生动物，那么捕捞权非常合适；如果目的及功能是养殖水生动植物，那么养殖权十分胜任，某些土地承包经营权也有此目的及功能；如果是探矿或采矿，那是矿业权的目的及功能；如果是用于航行，那是航运水权的目的及功能；如果是用于流放竹木，那是流放水权的目的及功能；如果是利用水道排放污水，那是排污权的目的及功能。如此，海域使用权存在的实质正当性就存在疑问：其一，设置海域使用权难道只是为了收取费用？其二，人为地造成了海域使用权和渔业权、矿业权、水权（含排污权）、土地承包经营权、建设用地使用权之间的竞合，效力冲突，徒增成本。[②]

---

①② 崔建远：《海域使用权制度及其反思》，载《政法论坛》2004 年第 6 期，第 61 页。

或许有人会说，以海域使用权取代渔业权、矿业权、土地承包经营权等物权，不就使海域使用权有用武之地了吗?! 笔者认为，就渔业权、矿业权、土地承包经营权等物权来说，一是概念本身就能反映出权利的目的及功能；二是养殖证、捕捞许可证、矿业权、土地承包经营权等物权形成在先，相应的法律也早已颁行，何况《民法典》已经规定了养殖权、捕捞权（第329条），而非养殖证、捕捞许可证；三是与国际惯例接轨；四是海洋行政主管部门尚无相应的管理权限，也不精通相应的业务。所以，没有理由以海域使用权取代它们。尤其是其中的土地承包经营权，既是中国改革重大成果的结晶，又有法律依据，农民和管理者对它情有独钟，更没有理由被海域使用权所置换。①

总之，海域使用权本身没有独立的目的与功能，既有的权利，如渔业权、矿业权、水权（含排污权）、土地承包经营权、建设用地使用权等各自拥有其目的及功能，完全能够满足权利人的需要，这在客观上排斥了海域使用权的存在价值。只要不否认渔业权、矿业权、水权（含排污权）、土地承包经营权、建设用地使用权存在的正当性，海域使用权的存在就不仅是无用的，而且是有害的。

赞同海域使用权而否定渔业权等准物权的论者，为证成其观点提出了各种理由，其中之一是，为改变多龙管海、用海无序的局面，由一个部门统一协调才会秩序井然。对此，笔者认为，如果从财产权的角度寻求一个部门统一协调用海的根据，单凭国家对海域享有所有权就足够了，完全没有必要降至海域使用权的他物权的层面；如果从行政权力的层面寻觅一个统一部门统一协调用海的权限依据，那么国务院一个授权就足以解决问题，用不着通过设置财产权的迂回曲折的路径。②

赞同海域使用权而否定渔业权等准物权的理由之二是，海域属于国家的自然资源，国家对海域享有所有权，渔民等用海人使用海域，必须支付权利金。不设置海域使用权，如何收取权利金？笔者认为，其一，如果国家收取权利金是必要且正当的话，完全可以基于探矿人取得了探矿权，采矿权人取得了采矿权，渔民取得了养殖证、捕捞许可证的事实，来收取权利金，没有必要新创一个海域使用权来作为收取权利金的对价。其二，对于渔民而言，收取权利金是否必要且适宜？笔者认为，向渔民收取这些权利金，的确增加了负担，这与中央逐年减轻、最终取消农业税的改革方向是逆向的，尤其是海域使用权的取得通过拍卖的方式，海域使用权被出价高者取得，祖祖辈辈在沿海以捕鱼、养鱼为生的渔民却因财力有限而失去谋生和就业的手段，会酿成严重的社会问题。③

---

① 崔建远：《海域使用权制度及其反思》，载《政法论坛》2004年第6期，第61～62页。

②③ 崔建远：《海域使用权制度及其反思》，载《政法论坛》2004年第6期，第63、63页。

　　赞同海域使用权而否定渔业权等准物权的理由之三是，海域是蓝色的国土，陆地上存在着土地使用权，海域使用权相当于陆地上的土地使用权，所以，创设海域使用权是非常科学的。

　　笔者认为，如果此处所谓土地使用权是广义上的，则它是指建设用地使用权、宅基地使用权、土地承包经营权等用益物权。如此，开发商取得一种土地使用权（现行法上的建设用地使用权），就有权在基地上建造房屋，此外无须再取得其他物权，作为建造并保有房屋的依据；农民取得一种土地使用权（现行法上的宅基地使用权），便可以在基地上建造住房，此外无须再取得其他物权，作为建造并保有住房的权源；农民取得一种土地使用权（现行法上的土地承包经营权），便可以从事农林牧渔，此外无须再取得其他物权，作为从事农林牧渔并保有收益的根据。把它类比到海上，便是只要用海人取得海域使用权便足够了，无须再取得探矿权、采矿权、养殖证、捕捞许可证等。[①]

　　如果此处所谓土地使用权是狭义的，则它专指建设用地使用权，于是，开发商取得建设用地使用权就完全可以在基地上建造商品房等，此外无须再取得另外一种物权作为建造房屋等的根据。而事实相反，渔民既必须取得海域使用权，又需要取得养殖证或捕捞许可证；探矿人既必须取得海域使用权，又需要取得探矿权；采矿权人既必须取得海域使用权，又需要取得捕捞权，非常不经济。海域所有权—海域使用权—探矿权/采矿权/养殖证/捕捞许可证……，三层结构，类比到陆地上，就相当于在土地所有权与建设用地使用权/土地承包经营权/探矿权/采矿权……中间再创设一种物权。这种结构在陆地上似乎无人赞同，在海上为什么就赞同呢?![②]

三、海域使用权的效力

（一）概述

　　由于海域使用权是一束权利，聚集着养殖权（养殖用海权）、拆船用海权、旅游用海权、娱乐用海权、矿业权（矿业用海权）、公益事业用海权（如海底电缆用海权、海底管道用海权等）、港口建设工程用海权、修造船厂用海权（《海域使用管理法》第25条）。所谓海域使用权的效力，具体体现在各个具体的海域使用权之中，例如，以海域作为客体的养殖权、探矿权、采矿权的效力。

[①] 崔建远：《海域使用权制度及其反思》，载《政法论坛》2004年第6期，第63～64页。

[②] 崔建远：《海域使用权制度及其反思》，载《政法论坛》2004年第6期，第64页。

（二）海域使用权人的权利

1. 占有特定海域的权利

养殖权（养殖用海权）、拆船用海权、旅游用海权、娱乐用海权、矿业权（探矿用海权、采矿用海权）、公益事业用海权（如海底电缆用海权、海底管道用海权等）、港口建设工程用海权、修造船厂用海权均需占有特定的海域，只不过旅游用海权和娱乐用海权场合占有时间比较短暂罢了。

2. 使用特定海域的权利

海域使用权人依法使用特定的海域，是海域使用权的主要内容，只不过海域使用权的亚类型不同，使用海域的表现形式可能有所区别罢了。例如，养殖权（养殖用海权）的使用表现为权利人立体化地利用特定的海域，而海底电缆用海权则仅仅利用海底的个别部位，采矿用海权比较长期地使用特定的海域，而旅游用海权仅仅是一时地利用特定的海域。

3. 收益权

海域使用权人对其使用特定海域所产生的收益享有权利。如养殖权（养殖用海权）人利用特定海域从事养鱼的经营活动，对所养之鱼享有所有权。采矿权（采矿用海权）人对从其矿区内采掘的矿物享有所有权。《海域使用管理法》第23条规定，海域使用权人依法使用海域并获得收益的权利受法律保护，任何单位和个人不得侵犯。

4. 转让权

海域使用权作为他物权，没有转让特定海域的效力，但用海者有将海域使用权自身转让的权利。《海域使用管理法》第27条规定："因企业合并、分立或者与他人合资、合作经营，变更海域使用权人的，需经原批准用海的人民政府批准。海域使用权可以依法转让。海域使用权转让的具体办法，由国务院规定。海域使用权可以依法继承。"于此场合，申请人可以申请海域使用权转移登记（《不动产登记暂行条例实施细则》第57条第1项）。不过，应当注意，海域使用权中的许多亚类型涉及国家安全、社会公共利益，不得随意转让。

5. 请求续期权

海域使用权是有期物权，《海域使用管理法》第25条规定："海域使用权最高期限，按照下列用途确定：（一）养殖用海十五年；（二）拆船用海二十年；（三）旅游、娱乐用海二十五年；（四）盐业、矿业用海三十年；（五）公益事业用海四十年；（六）港口、修造船厂等建设工程用海五十年。"

用海者若欲续期，按照《海域使用管理法》第26条的规定，海域使用权期限届满，海域使用权人需要继续使用海域的，应当至迟于期限届满前2个月向原

批准用海的人民政府申请续期。除根据公共利益或国家安全需要收回海域使用权
的外，原批准用海的人民政府应当批准续期。于此场合，申请人应当持不动产权
属证书、海域使用权变更的文件等材料，申请海域使用权变更登记（《不动产登
记暂行条例实施细则》第 56 条第 4 项）。

6. 请求改变海域用途的权利

按照《海域使用管理法》第 28 条后段规定，如果确需改变海域用途，应当
在符合海洋功能区划的前提下，海域使用权人报原批准用海的人民政府批准。于
此场合，申请人应当持不动产权属证书、海域使用权变更的文件等材料，申请海
域使用权变更登记（《不动产登记暂行条例实施细则》第 56 条第 6 项）。

7. 取回所有物的权利

海域使用权人对其设置于特定海域的物品，有权取回，在海域使用权终止时
尤其如此。[①]

8. 请求补偿的权利

《海域使用管理法》第 30 条规定，因公共利益或国家安全的需要，原批准用
海的人民政府可以依法收回海域使用权。依照前款规定在海域使用权期满前提前
收回海域使用权的，对海域使用权人应当给予相应的补偿。

9. 物权请求权

海域使用权人享有排除妨害、消除危险、返还海域诸物权请求权（《海域使
用管理法》第 3 条、第 23 条等，《民法典》第 235 条、第 236 条）。

（三）海域使用权人的义务

1. 缴纳海域使用金

《海域使用管理法》规定，国家实行海域有偿使用制度（第 33 条第 1 款）。
单位和个人使用海域，应当按照国务院的规定缴纳海域使用金。海域使用金应当
按照国务院的规定上缴财政（第 33 条第 2 款）。对渔民使用海域从事养殖活动收
取海域使用金的具体实施步骤和办法，由国务院另行规定（第 33 条第 3 款）。根
据不同的用海性质或情形，海域使用金可以按照规定一次缴纳或按年度逐年缴纳
（第 34 条）。但要注意，下列用海，免缴海域使用金：（1）军事用海；（2）公务
船舶专用码头用海；（3）非经营性的航道、锚地等交通基础设施用海；（4）教
学、科研、防灾减灾、海难搜救打捞等非经营性公益事业用海（第 35 条）。下列
用海，按照国务院财政部门和国务院海洋行政主管部门的规定，经有批准权的人
民政府财政部门和海洋行政主管部门审查批准，可以减缴或免缴海域使用金：

[①]　尹田主编：《中国海域物权制度研究》，北京，中国法制出版社 2004 年版，第 56 页。

（1）公用设施用海；（2）国家重大建设项目用海；（3）养殖用海（第 36 条）。

2. 合理用海

首先，海域使用权人必须按照海洋功能区划使用特定的海域（《海域使用管理法》第 4 条、第 15 条）。其次，海域使用权人须依法保护和合理使用海域，对不妨害其依法使用海域的非排他性用海活动，不得阻挠（《海域使用管理法》第 23 条第 2 款）。再次，海域使用权人应当尽量减少乃至杜绝污染海洋环境，在海域使用权终止后，原海域使用权人应当拆除可能造成海洋环境污染或影响其他用海项目的用海设施和构筑物（《海域使用管理法》第 29 条第 2 款）。最后，海域使用权人不得擅自改变经批准的海域用途；确需改变的，应当在符合海洋功能区划的前提下，报原批准用海的人民政府批准（《海域使用管理法》第 28 条）。

3. 不得擅自从事海洋基础测绘

《海域使用管理法》第 24 条规定，海域使用权人在使用海域期间，未经依法批准，不得从事海洋基础测绘（第 1 款）。

4. 不得擅自改变海域用途

海域使用权人不得擅自改变经批准的海域用途，除非原批准用海的人民政府已经批准（《海域使用管理法》第 28 条）。

5. 报告义务

海域使用权人发现所使用海域的自然资源和自然条件发生重大变化时，应当及时报告海洋行政主管部门（《海域使用管理法》第 24 条第 2 款）。

6. 接受监督

海域使用权人对海洋行政主管部门的监督检查应当予以配合，不得拒绝、妨碍监督检查人员依法执行公务（《海域使用管理法》第 40 条第 2 款）。

第三百二十九条

依法取得的探矿权、采矿权、取水权和使用水域、滩涂从事养殖、捕捞的权利受法律保护。

本条主旨

本条是关于探矿权、采矿权、取水权、养殖权和捕捞权为用益物权的引致性规定。

相关条文

《民法通则》第 81 条第 2 款、第 3 款　国家所有的矿藏，可以依法由全民所有制单位和集体所有制单位开采，也可以依法由公民采挖。国家保护合法的采矿权。

公民、集体依法对集体所有的或者国家所有由集体使用的森林、山岭、草原、荒地、滩涂、水面的承包经营权，受法律保护。承包双方的权利和义务，依照法律由承包合同规定。

《物权法》第123条　依法取得的探矿权、采矿权、取水权和使用水域、滩涂从事养殖、捕捞的权利受法律保护。

《土地管理法》第13条第2款　国家所有依法用于农业的土地可以由单位或者个人承包经营，从事种植业、林业、畜牧业、渔业生产。

《矿产资源法》第3条第3款　勘查、开采矿产资源，必须依法分别申请、经批准取得探矿权、采矿权，并办理登记；但是，已经依法申请取得采矿权的矿山企业在划定的矿区范围内为本企业的生产而进行的勘查除外。国家保护探矿权和采矿权不受侵犯，保障矿区和勘查作业区的生产秩序、工作秩序不受影响和破坏。

第5条第1款　国家实行探矿权、采矿权有偿取得的制度；但是，国家对探矿权、采矿权有偿取得的费用，可以根据不同情况规定予以减缴、免缴。具体办法和实施步骤由国务院规定。

第6条　除按下列规定可以转让外，探矿权、采矿权不得转让：

（一）探矿权人有权在划定的勘查作业区内进行规定的勘查作业，有权优先取得勘查作业区内矿产资源的采矿权。探矿权人在完成规定的最低勘查投入后，经依法批准，可以将探矿权转让他人。

（二）已取得采矿权的矿山企业，因企业合并、分立，与他人合资、合作经营，或者因企业资产出售以及有其他变更企业资产产权的情形而需要变更采矿权主体的，经依法批准可以将采矿权转让他人采矿。

前款规定的具体办法和实施步骤由国务院规定。

禁止将探矿权、采矿权倒卖牟利。

《煤炭法》第6条第1款　国家保护依法投资开发煤炭资源的投资者的合法权益。

第20条　煤矿投入生产前，煤矿企业应当依照有关安全生产的法律、行政法规的规定取得安全生产许可证。未取得安全生产许可证的，不得从事煤炭生产。

《监狱法》第9条　监狱依法使用的土地、矿产资源和其他自然资源以及监狱的财产，受法律保护，任何组织或者个人不得侵占、破坏。

《水法》第7条 国家对水资源依法实行取水许可制度和有偿使用制度。但是，农村集体经济组织及其成员使用本集体经济组织的水塘、水库中的水的除外。国务院水行政主管部门负责全国取水许可制度和水资源有偿使用制度的组织实施。

第48条第1款 直接从江河、湖泊或者地下取用水资源的单位和个人，应当按照国家取水许可制度和水资源有偿使用制度的规定，向水行政主管部门或者流域管理机构申请领取取水许可证，并缴纳水资源费，取得取水权。但是，家庭生活和零星散养、圈养畜禽饮用等少量取水的除外。

《渔业法》第11条 国家对水域利用进行统一规划，确定可以用于养殖业的水域和滩涂。单位和个人使用国家规划确定用于养殖业的全民所有的水域、滩涂的，使用者应当向县级以上地方人民政府渔业行政主管部门提出申请，由本级人民政府核发养殖证，许可其使用该水域、滩涂从事养殖生产。核发养殖证的具体办法由国务院规定。

集体所有的或者全民所有由农业集体经济组织使用的水域、滩涂，可以由个人或者集体承包，从事养殖生产。

第12条 县级以上地方人民政府在核发养殖证时，应当优先安排当地的渔业生产者。

第23条 国家对捕捞业实行捕捞许可证制度。

到中华人民共和国与有关国家缔结的协定确定的共同管理的渔区或者公海从事捕捞作业的捕捞许可证，由国务院渔业行政主管部门批准发放。海洋大型拖网、围网作业的捕捞许可证，由省、自治区、直辖市人民政府渔业行政主管部门批准发放。其他作业的捕捞许可证，由县级以上地方人民政府渔业行政主管部门批准发放；但是，批准发放海洋作业的捕捞许可证不得超过国家下达的船网工具控制指标，具体办法由省、自治区、直辖市人民政府规定。

捕捞许可证不得买卖、出租和以其他形式转让，不得涂改、伪造、变造。

到他国管辖海域从事捕捞作业的，应当经国务院渔业行政主管部门批准，并遵守中华人民共和国缔结的或者参加的有关条约、协定和有关国家的法律。

理解与适用

一、本条含义概貌

本条是对《物权法》第123条的复制，确立了探矿权、采矿权、取水权、养殖权和捕捞权为用益物权，将它们分别引向规定得更为详细的《矿产资源法》

《水法》《渔业法》等法律、法规。

二、矿业权（探矿权、采矿权）

（一）矿业权的概念

探矿权和采矿权合称矿业权，简称为矿权，是一束权利的总称，指探采人依法在已经登记的特定矿区或工作区内勘查、开采一定的矿产资源，取得矿石标本、地质资料及其他信息，或矿产品，并排除他人干涉的权利。在中国，由于《矿产资源法》规定矿产资源属于国家所有（第 3 条第 1 款），勘查、开采矿产资源的主体主要为国有矿山企业，其次为集体矿山企业，以及个体采矿者，还有少量的外资企业、中外合作经营企业、中外合资经营企业，因而矿业权可以被定义为：国有矿山企业、集体矿山企业以及个体采矿者等主体，依照法定程序在已经登记的特定矿区或工作区内勘探、开采一定的国有矿产资源，取得矿产品，并排除他人干涉的权利。其中，勘探一定的国有矿产资源，取得矿石标本、地质资料及其他信息的权利，叫作探矿权；开采一定的国有矿产资源，取得矿产品之权，称为采矿权。它们具有如下法律性质。

1. 矿业权是准物权。除有些优先权以外，典型物权具有特定性，含有客体特定性之义。但矿业权的客体是特定矿区或工作区的地下部分及赋存其中的未特定的矿产资源，而矿产资源具有隐蔽性，"在矿业权的标的物是存在于矿区内的未具体特定的矿物这点上，与普通的物权不同"[①]。矿业权客体的未特定性，其一表现在，在探矿权场合，（局部的）矿产资源在登记的矿区或工作区可能并不存在，正所谓试掘权[②]并非像采掘权[③]那样以矿物的存在为前提，矿物的存在通常是预想的[④]；其二表现在，勘探工作进行到一定阶段时，矿区或工作区的面积应随着缩减，把未勘探的矿产资源的权利归还给国家，使有勘探能力者获得这些归还部分的勘探权。

正因为矿业权在客体方面存在着与典型物权不同的上述特点，故将矿业权称为准物权或视为物权。从日本的旧矿业法把"矿业权作为物权"（第 5 条）到新矿业法将"矿业权，视为物权，除法律有特别规定外，准用关于不动产的规定"（第 12 条），可以发现客体未特定这一性质所起的巨大作用。[⑤]

这里的"准用关于不动产的规定"，是广义的，即只要不违反矿业法的规定，不与矿业权的本质相冲突，不仅准用民法的规定，而且准用商法、民事诉讼法等

---

①④⑤ ［日］我妻荣、丰岛升：《矿业法》，东京，有斐阁 1958 年版，第 18、23、18 页。
②③ 日本矿业法规定的采掘权相当于中国矿业法规定的采矿权。

关于不动产的规定。①

2. 矿业权的客体具有复合性。除财团抵押权等极个别的物权以外，典型物权的客体以单一性为原则，但矿业权的客体却是复合型的，即特定矿区或工作区内的地下部分与赋存其中的矿产资源。在探矿权场合，客体以特定矿区或工作区内的地下土壤为主，（局部的）矿产资源不明，或存在，或不存在。这丝毫不意味着（局部的）矿产资源不重要，探明矿产资源的情况是探矿权人所追求的目标。这从一个侧面表明物权的客体和物权的目的是两个不同的概念。在采矿权的情况下，客体由特定矿区内的地下土壤与赋存其中的（局部的）矿产资源结合而成，（局部的）矿产资源居于最有价值的地位。

3. 矿业权在权利构成上具有复合性。典型的物权构成，均以占有、使用、收益等权能作为要素，而矿业权的构成，一方面以在特定矿区或工作区内勘探、开采矿产资源的权利为要素，另一方面又存在着特定矿区或工作区内的地下部分的使用权，即地下使用权。② 正如有学者所言，矿区内的地下使用权构成了矿业权的内容。③ 在设立了矿业权的土地上，土地所有权人就地下的使用受到了矿业法的限制，在其界限内，或负担着不作为的义务，或承受着容忍义务。④ 特定矿区或工作区内的地下使用权随着探矿权、采矿权的取得而当然拥有，并为探矿权、采矿权服务，为这二权而存在，而有积极的意义。

4. 矿业权是具有公权性质的私权。矿业权的设立需要行政许可，其内核有矿业权人向矿产资源行政主管部门要求探矿或采矿的利益的元素，受公法色彩浓厚的矿产资源法调整，矿业权纠纷多由行政方式解决，使得矿业权具有公权性。但由于矿业权的私权性更浓，宜将它定性和定位在具有公权性质的私权更为妥当。

5. 同典型物权相比，矿业权还具有一些不同点：因矿业权往往事关国家战略利益、国计民生，故在主体方面限定严格，权利转让方面也附有种种条件乃至禁止性规定。

（二）矿业权的客体

矿业权的客体不仅仅是矿产资源，因为在探矿权场合，（局部的）矿产资源可能并不存在，若将探矿权的客体界定为一定的矿产资源，在确实不存在该特定的矿产资源时，就无法解释探矿权无客体何以照样存续的现象。此其一。其二，

---

① ［日］浅野语，转引自［日］我妻荣、丰岛升：《矿业法》，东京，有斐阁1958年版，第19页。
② 崔建远、晓坤：《矿业权基本问题探讨》，载《法学研究》1998年第4期，第83页。
③ ［日］我妻荣、丰岛升：《矿业法》，东京，有斐阁1958年版，第10页。
④ 大判1941年9月16日新闻4732号，第5页。

矿业权所支配的，亦即其作用的，绝不是单纯的（局部的）矿产资源，必定有特定的矿区或工作区内的地下部分；在矿产资源埋藏于地下时，矿业权所支配的，首先是特定的矿区或工作区内的地下部分，而后才会是（局部的）矿产资源；在探矿权场合，若（局部的）矿产资源不存在，探矿权所支配的仅仅是特定的矿区或工作区内的地下部分。正因如此，矿业权的客体应是特定的矿区或工作区内的地下土壤与其中所赋存的矿产资源，是两者的组合体。有学者称之为特定矿区内的矿物。① 其中的矿产资源不是抽象意义上的全国范围的整个矿产资源，而是作为具体矿业权作用的局部的矿产资源。此处所谓特定矿区或工作区内的地下土壤，在不包含土地所有权和矿地使用权的意义上，可以用特定矿区或工作区的概念代替。

观察和界定矿业权的客体，应该采取多视角模式，即不仅从矿区或工作区的地表、水平方向着眼，而且注重矿区或工作区的垂直方向。所谓着眼于矿区或工作区的地表、水平方向，是指确定矿区或工作区的面积、四至和形状。在探矿权场合，对矿区或工作区按标准区块进行划分和登记管理，任何一个矿区或工作区均由标准区块组合而成。②

所谓注重矿区或工作区的垂直方向，是指将一个矿区或工作区的沉积层划分为若干个地层段或地层区，每个含有（局部的）矿产资源的地层段或地层区可以单独地成为矿业权的客体。这种垂直分层或曰纵向分层，在加拿大阿尔伯达省有两种形式：一是将一个矿区或工作区的沉积层分为浅层和深层，把它们分别出租，使之成为不同的矿业权的客体，由不同的矿业权人支配；二是把一个矿区或工作区垂直地划分为多个地层段或地层区，谁对哪一个地层段或地层区感兴趣，就将该地层段或地层区租给他，即各个地层段或地层区均可成为矿业权的客体，并可被不同的矿业权人支配。③ 如此，就出现了区分矿业权，又叫纵向矿业权。在中国，国务院于1987年12月16日批准、石油工业部于1987年12月24日发布的《石油及天然气勘查、开采登记管理暂行办法》规定，存在两个或两个以上企业开采同一地区不同埋深油气藏的，应当根据双方协议和各自开采的不同油气藏属性及范围分别核（划）定矿区范围（第18条第2款）。对此，国务院于1998

① ［日］我妻荣、丰岛升：《矿业法》，东京，有斐阁1958年版，第12页。

② 查全衡：《保护资源 保护环境 再创辉煌》，载《中国石油天然气总公司1995年油气资源管理工作会议文件选编》，1995年，第8页。

③ ［加拿大］阿尔伯达省能源部矿产资源局：《加拿大阿尔伯达省石油、天然气的租地制》（埃德蒙顿1987年），李国玉、赵要德译，载能源部油气资源管理办公室、中国石油天然气总公司情报研究所编：《加拿大石油天然气勘探、开采登记条例》，1991年11月，第22～33页。

年 2 月 12 日发布、2014 年 7 月 9 日修改的《矿产资源勘查区块登记管理办法》（国务院令第 240 号）虽然未明文延续，但也没有否定，属于明知漏洞，留待矿产资源勘查、开采的实务发展和理论探讨去解决。《民法典》承认了区分建设用地使用权（第 271 条），给区分矿业权提供了支持。

当然，如果仅有一个地层段赋存着（局部的）矿产资源，或因技术等原因难以划分各个地层段，或因经济原因无力或无必要采取区分矿业权的制度，就采纳单视角模式，观察和界定矿业权的客体，将一个矿区或工作区作为一个矿业权的客体的组成部分。在中国，近几年虽然倡导区分矿业权，但在相当数量的矿区或工作区，因在技术上暂时难以精确地划分不同的地层段，从而不易妥当地分配不同矿业权人的应得利益，故仍把该矿区或工作区作为单层段看待，仅仅允许存在着一个矿业权。[1]

还有，作为矿业权客体组成部分的特定矿区或工作区内的地下部分，在法律上并非凝固静止，而是适时变动着的。在水平方向，随着勘探工作进行到一定阶段，矿区或工作区的面积应缩减，国家要收回一定面积。这是例行的面积缩减。此外，还有惩罚性的面积撤销：如果矿业权人不按照许可证核准的矿区或工作区、任务、工作性质、规划期限作业，视情节轻重，可能核减矿区或工作区的范围，甚至撤销全部矿区面积，吊销许可证。在垂直方面，随着勘探、开采作业的进展，有的地层段应归还给国家。所有这些，都表明矿业权客体具有未特定的属性。

应予指出，并非任何区域都可以成为矿区，相应的，有些区域内的矿产资源也就不得作为矿业权的客体。按照《矿产资源法》的规定，非经国务院授权的有关主管部门同意，下述区域不得成为矿区：港口、机场、国防工程设施圈定的地区；重要工业区、大型水利工程设施、城镇市政工程设施附近一定距离以内的区域；铁路、重要公路两侧一定距离以内的区域；重要河流、堤坝两侧一定距离以内的区域；国家划定的自然保护区、重要风景区，国家重点保护的不能移动的历史文物和名胜古迹所在地；国家规定不得开采矿产资源的其他地区（第 20 条）。

（三）矿业权的主体

成为矿业权的主体，需要具备法律要求的资质条件。按照《矿产资源法》第 15 条规定，设立矿山企业，必须符合国家规定的资质条件，并依照法律和国家有关规定，由审批机关对其矿区范围、矿山设计或开采方案、生产技术条件、安全措施和环境保护措施等进行审查；对合格者方予批准。

---

[1] 崔建远、晓坤：《矿业权基本问题探讨》，载《法学研究》1998 年第 4 期，第 85 页。

矿产资源具有隐蔽性、分布不均匀性，油气矿产资源还具有油气水"三相共生"、埋藏深、油气层高温高压、油气易燃易爆等属性，这决定了采矿业受地质、埋藏条件的约束大，并且影响安全的因素多。大部分矿山为地下开采，井下作业场所狭小、阴暗、潮湿、多变，生产环节多，过程复杂，导致灾害的因素多[①]，使得勘查、开采矿产资源成为高投入、高风险、技术程度要求高的行业，因而对矿山企业的资质要求远比对一般民事主体的要求高，法律对矿山企业特设资质条件的要求，而对一般民事主体则无此条件限制。此其一。

其二，为适应不同矿种、不同规模的矿产资源对勘查者、开采者不同的资质要求，中国法律对不同的矿业权主体设置了不尽相同的资质条件。按照《矿产资源法实施细则》的规定，开办国有矿山企业，应当具备下列条件：（1）有供矿山建设使用的矿产勘查报告；（2）有矿山建设项目的可行性研究报告（含资源利用方案和矿山环境影响报告）；（3）有确定的矿区范围和开采范围；（4）有矿山设计；（5）有相应的生产技术条件（第11条）。申请开办集体所有制矿山企业或私营矿山企业，应当具备下列条件：（1）有供矿山建设使用的与开采规模相适应的矿产勘查资料；（2）有经过批准的无争议的开采范围；（3）有与所建矿山规模相适应的资金、设备和技术人员；（4）有与所建矿山规模相适应的，符合国家产业政策和技术规范的可行性研究报告、矿山设计或开采方案；（5）矿长具有矿山生产、安全管理和环境保护的基本知识（第13条）。申请个体采矿应当具备下列条件：（1）有经过批准的无争议的开采范围；（2）有与采矿规模相适应的资金、设备和技术人员；（3）有相应的矿产勘查资料和经过批准的开采方案；（4）有必要的安全生产条件和环境保护措施（第14条）。

其三，应当指出，有些资质条件，是任何矿业权主体均须具备的。例如，（1）供矿山建设使用的矿产勘查报告（勘查资料），是载有矿种、储量规模等基本情况，决定矿山企业的规模、矿山设计、生产技术条件等事项的基本因素，因而欲成为矿业权的主体必须具备该项条件。（2）矿区范围和开采范围，是勘查、开采矿产资源作业的领域，是矿业权主体与他人划分利益的标准之一，也是处理相邻关系的依据，故应为一切矿业权主体所必备的条件。（3）矿山设计或开采方案，是矿业权人有目的、有计划、速度相宜、效益较高地建设矿山，顺利地展开勘查、开采作业的前提条件，不可缺少。（4）相应的生产技术条件、必要的安全措施，同样是必备条件之一。这是由勘查、开采矿产资源系高投入、高风险、技术程度要求高的行业所决定的。（5）人类生活、社会发展需要良好的自然环境，而勘

---

① 李书蕙：《矿山企业的设立》，载《法制日报》1997年11月1日，第7版。

查、开采矿产资源往往污染环境，这就要求矿业权主体必须具有符合要求的环境保护方案，采取必要的环境保护措施，以提高而不是降低人们的环境生活品质。

其四，矿业权主体之间的法律地位不平等。现行法对国有矿山企业给予了诸多方面的优惠保护，国有矿山企业处于主导、核心的地位，国家规划矿区和对国民经济具有重要价值的矿区内的矿产资源、矿产储量规模在大型以上的矿产资源等，几乎都由国有矿山企业开采。在确定矿区范围上，国有矿山企业也受到了优惠保护：在国有矿山企业和其他所有制采矿者共同采矿的地区，国有矿山企业的矿区被核定或者划定之前，不得先行划定其他所有制采矿者的开采范围；先于国有矿山企业建设开办的，在补偿其损失、妥善安置群众生活的前提下，可令其关闭或搬迁，由国有矿山企业取而代之；或是国有矿山企业与其他所有制矿山企业联合经营；或是划出矿区范围内的边缘资源，安排其他所有制采矿者易地开采（《矿产资源法》第4条第2款、第35条等）。《矿产资源法》及其实施细则规定，集体矿山企业可以开采下列矿产资源：不适于国家建设大、中型矿山的矿床及矿点；经国有矿山企业同意，并经其上级主管部门批准，在其矿区范围内划出的边缘零星矿产；矿山闭坑后，经原矿山企业的主管部门确认，可以安全开采并不会引起严重环境后果的残留矿体；等等（《矿产资源法实施细则》第38条第1款）。私营矿山企业亦同（《矿产资源法实施细则》第39条）。个体采矿业者可以采挖零星分散的小矿体或矿点，只能用作普通建筑材料的砂、石、黏土，以及为生活自用采挖少量矿产（《矿产资源法》第35条第1款后段）。《国务院关于对黄金矿产实行保护性开采的通知》（国发〔1988〕75号）明确规定："黄金矿产列为实行保护性开采的特定矿种，实行有计划的开采，未经国家黄金管理局批准，任何单位和个人不得开采；自本通知发出之日起，停止审批个体采金，不得再向个体发放黄金矿产采矿许可证。""对现在从事黄金矿产开采的个体采矿者，应当停采清理；对无证开采的，要依法处罚；对持有黄金矿产采矿许可证的，由原发证机关负责限期收回。"

如此区分，原因之一是有些矿产资源关系到国计民生、国家安全和战略需要，国家要加以控制。

股份有限公司已经普遍化，矿山企业至少是部分矿山企业股份化成为必然。这样，矿业权主体应有股份有限公司。

按照《合伙企业法》的规定，合伙已成为独立于自然人、法人的民事主体。《民法典》认可其为非法人组织（第102条第2款）。它依法勘探、开采矿产资源时，也就成了矿业权的主体。

在合作开采海洋石油资源、合作开采陆上石油资源、合资或合作开采煤炭资源等情况下，中外合作经营企业、中外合资经营企业可以成为矿业权的主体。

矿业是属于井下危险性大的作业，为安全有效起见，有关部门对开办矿山企业实行严格的审批和登记制度。

设立矿山企业，必须依照法律和国家有关规定，由审批机关对其矿区范围、矿山设计或开采方案、生产技术条件、安全措施和环境保护措施等进行审查，然后进行登记和颁发采矿许可证。通过审查把关，确保矿业权主体的资质合格，达到立法目的。在这方面，需要明确各行政部门之间的权限，防止渎职、越权、权力滥用、权力的冲突和掣肘。依法保证审查登记机关在法定范围内和按法定程序进行审批和登记，防止行政无效率、违法行政、行政侵权行为的发生。

（四）探矿权的内容

1. 探矿权人的权利

（1）探矿权人的排他性占有权。

探矿权人的排他性占有权是探矿权的首要权能，是探矿权人实施勘查作业的必备前提。探矿权的标的物是存在于特定工作区内的未特定的矿物。由此决定，探矿权人占有的对象为已登记的特定工作区和赋存其中的（局部的）矿产资源。当然，在矿产资源不存在的情况下，占有的对象仅为特定的工作区；在矿产资源不明的情况下，对该矿产资源的占有仅具有抽象的象征的意义，只是通过占有工作区来体现。

探矿权人的占有多为单独占有，但也存在共同占有的情况。例如，在盆地评价勘查石油、天然气的活动中，两个或两个以上的探矿权人可以在相同的工作区内取得探矿权（《石油及天然气勘查、开采登记管理暂行办法实施细则》第25条第1项、第2项第2目）。这样，就出现了两个以上的探矿权人共同占有的现象。

当两个以上的探矿权人分别占有各自的地层段或地层区时，便出现了区分占有探矿权客体的现象。

（2）按照勘查许可证规定的区域、期限、工作对象进行勘查。

勘查许可证规定的区域，是探矿权客体的组成部分——矿产资源勘查工作区。勘查许可证规定的期限，是探矿权存续的期间。勘查许可证规定的工作对象，是探矿权客体的另一组成部分，即局部的矿产资源。勘查，主要是探明该矿产资源的矿种、矿床及其储量、内外部特征、加工性能、社会经济地理状况等。葡萄牙的矿业法将勘查权界定为发现矿产资源以及确定它们的特性直至经济价值被确定之前而从事的活动（第9条第1款a），即说明了这一点。欲达到探矿权的目的，探矿权人必须享有按照勘查许可证规定的区域、期限、工作对象进行勘查的权利（《矿产资源法实施细则》第16条第1款第1项）。

（3）根据工程需要临时使用土地。

矿业权仅含有地下使用权，并不包括地表的使用权，但探矿权的行使又必然使用土地。解决这一矛盾，需要探矿权人取得临时使用土地之权（《矿产资源法实施细则》第16条第1款第4项）。该权的取得需要经过自然资源行政主管部门的审批，发给临时使用土地证。

矿产勘查分为普查、详查、勘探三个阶段。普查阶段之前，为区域地质调查工作。勘探阶段之后，为矿山开发地质工作（《矿产勘查工作阶段划分的暂行规定》第2条）。普查、详查、勘探，所对应的权能分别为普查权、详查权和勘探权三项权能。

（4）在工作区及相邻区域通行。

在工作区通行为行使探矿权所必需，是探矿权人取得临时使用土地权后的一项当然的权能。在相邻区域通行一般属于相邻权的范畴，探矿权人享有法定的通行权，无须征得相邻区域的所有权人或使用权人的同意，但应选择给他们造成损失最小的路线（《矿产资源法实施细则》第16条第1款第3项）。此外，若探矿权人欲享有超过法定范围的权利，则需要同有关所有权人或者使用权人签订合同，取得地役权。

（5）在工作区及相邻区域架设供电、供水、通讯的管线。

在工作区架设供电、供水、通讯的管线亦为行使探矿权所必需，仍为探矿权人取得临时使用土地权后所当然享有的一项权利，只是不得影响或损害原有的供电、供水的设施和通讯的管线（《矿产资源法实施细则》第16条第1款第2项）。

在相邻区域架设供电、供水、通讯的管线，在选择了给相邻他方造成损失最小的路线场合，其权利属于相邻权范畴，为探矿权人的一项法定权利，不以相邻区域的所有权人或使用权人的同意为必要。只是该相邻管线设置权的行使不得影响或损害原有的供电、供水的设施和通讯管线。但若架设供电、供水、通讯的管线给相邻他方增加的负担超出了法定的最低标准，就不再属于相邻权制度的范畴，探矿权人必须与相邻区域的所有权人或使用权人签订地役权合同，地役权产生，方可作业。不然，就构成侵权行为，承担民事责任。

（6）优先取得工作区内新发现矿种的探矿权。

《矿产资源法实施细则》第16条第1款第5项规定，探矿权人优先取得勘查作业区内新发现矿种的探矿权。就是说，在探矿权人就其工作区内的新发现矿种申请采矿权，他人亦就同一事项提出申请的情况下，探矿权人优先取得探矿权。这是因为探矿权人经过普查、详查、勘探的工作，对该工作区及其新矿种的情况比较了解，掌握的实际资料较多，研究程度比较深入，并且继续作业方便，故理应优先取得勘探区内新发现矿种的探矿权，只是必须办理探矿权取得的手续。

（7）优先取得工作区内矿产资源的采矿权。

《矿产资源法实施细则》第16条第1款第6项规定，探矿权人优先取得勘查作业区内矿产资源的采矿权。对此，《矿产资源勘查区块登记管理办法》以下述规定予以延续："探矿权人在勘查许可证有效期内进行勘查时，发现符合国家边探边采规定要求的复杂类型矿床的，可以申请开采，经登记管理机关批准，办理采矿登记手续"（第19条）。其理由与优先取得新发现矿种的采矿权的相同，不再赘言。

（8）取得和销售勘查中按照批准的工程设计施工回收的矿产品。

勘查中按照批准的工程设计施工回收的矿产品，系探矿权行使的一个结果。探矿权人直接取得该矿产品的所有权，是矿业权效力的当然表现，是探矿权人的一项权利。

（9）申请保留探矿权。

探矿权人在勘查许可证有效期内探明可供开采的矿体后，经登记管理机关批准，可以停止相应区块的最低勘查投入，并可以在勘查许可证有效期届满的30日前，申请保留探矿权。但是，国家为了公共利益或因技术条件暂时难以利用等情况，需要延期开采的除外。保留探矿权的期限，最长不得超过2年，需要延长保留期的，可以申请延长2次，每次不得超过2年（《矿产资源勘查区块登记管理办法》第21条第1款、第2款前段）。

（10）依法转让探矿权。

探矿权人在完成规定的最低勘查投入后，经依法批准可以将探矿权转让他人（《矿产资源法》第6条第1款）。这为最有效益地探明矿产资源所必需。

2. 探矿权人的义务

（1）依法缴纳探矿权使用费。

国家实行探矿权有偿取得的制度。探矿权使用费以勘查年度计算，逐年缴纳。探矿权使用费标准：第一个勘查年度至第三个勘查年度，每平方公里每年缴纳100元；从第四个勘查年度起，每平方公里每年增加100元，但是最高不得超过每平方公里每年500元（《矿产资源勘查区块登记管理办法》第12条）。

申请国家出资勘查并已经探明矿产地的区块的探矿权的，除缴纳上述费用以外，还应当缴纳经评估确认的国家出资勘查形成的探矿权价款；探矿权价款按照国家有关规定，可以一次缴纳，也可以分期缴纳（《矿产资源勘查区块登记管理办法》第13条第1款）。

违反《矿产资源勘查区块登记管理办法》，不按期缴纳应当缴纳的上述费用，由登记管理机关责令限期缴纳，并从滞纳之日起每日加收千分之二的滞纳金；逾期仍不缴纳的，由原发证机关吊销勘查许可证（《矿产资源勘查区块登记管理办法》第31条）。

（2）在规定的期限内开始施工，并在勘查许可证规定的期限内完成勘查工作。

探矿权是有期准物权，这是效益原则所要求的，亦为有能力探矿人取代无能力者或能力不足者所必需，还是达到矿产资源勘查规划目的所必要的。因此，探矿权人有义务在规定的期限内开始施工，并在勘查许可证规定的期限内完成勘查任务。按照《矿产资源勘查区块登记管理办法》第18条规定，探矿权人应当自领取勘查许可证之日起6个月内开始施工；在开始勘查工作时，应当向勘查项目所在地的县级人民政府负责地质矿产管理工作的部门报告，并向登记管理机关报告工作。

（3）向勘查登记管理部门报告开工等情况，以便使有关部门监督管理。

《矿产资源勘查区块登记管理办法》第25条第1款规定，登记管理机关需要调查勘查投入、勘查工作进展情况，探矿权人应当如实报告并提供有关资料，不得虚报、瞒报，不得拒绝检查。否则，依据该办法第29条规定，由县级以上人民政府负责地质矿产管理工作的部门按照国务院地质矿产主管部门规定的权限，责令限期改正；逾期不改正的，处5万元以下的罚款；情节严重的，原发证机关可以吊销勘查许可证。

（4）严格按照工程设计规划施工，不得以探矿为名擅自进行以营利为目的的采矿活动。

如果矿产类型符合边探边采要求的，探矿权人必须向管理部门提交边探边采的论证材料，经审核批准，并依法办理采矿登记手续后，方可进行开采。未经批准，擅自进行滚动勘探开发、边探边采或试采的，由县级以上人民政府负责地质矿产管理工作的部门按照国务院地质矿产主管部门规定的权限，责令停止违法行为，予以警告，没收违法所得，可以并处10万元以下的罚款（《矿产资源勘查区块登记管理办法》第27条）。

（5）综合勘查、综合评价。

在查明主要矿种的同时，对共生、伴生的矿产资源进行综合勘查、综合评价。

（6）编写并提交勘查报告。

编写矿产资源勘查报告，提交有关部门审批。

（7）汇交档案资料。

按照国务院有关规定汇交矿产资源勘查成果档案资料。

（8）支付出让金。

探矿权人取得临时使用土地的权利需要交付土地使用权出让金的，应支付该出让金。

（9）补偿他人的损失。

探矿权人取得临时使用土地权后，在勘查过程中给他人造成财产损害的，应按下列规则补偿：1）对耕地造成损害的，根据受损害的耕地面积前3年平均年产量，以补偿时当地市场平均价格计算，逐年给以补偿，并负责恢复耕地的生产条件，及时归还；2）对牧区草场造成损害的，按照前项规定逐年给以补偿，并负责恢复草场植被，及时归还；3）对耕地上的农作物、经济作物造成损害的，根据受损害的耕地面积前3年平均年产量，以补偿时当地市场平均价格计算，给以补偿；4）对竹木造成损害的，根据实际损害株数，以补偿时当地市场平均价格逐株计算，给以补偿；5）对土地上的附着物造成损害的，根据实际损害的程度，以补偿时当地市场价格，给以适当补偿（《矿产资源法实施细则》第21条）。

（10）不作为义务及生态保护义务。

勘查作业不得阻碍或损害航运、灌溉、防洪等活动或设施，勘查作业结束后应当采取措施，防止水土流失，保护生态环境。

（五）采矿权的内容

1. 采矿权人的权利

（1）矿地占有权。

矿产资源赋存于地下，故采矿权人从事采矿活动必须占有特定矿区。所谓矿区，既包含地下部分，也包括地表。在法律上，取得采矿权的同时便获得了地下占有权和地下使用权。地表的占有权尚需另行取得。一种观点认为，采矿权人取得一定矿区的采矿权的同时就自然地取得该区域的占有权和使用权。[①] 这不符合矿产资源法的精神和实务操作的状况。

（2）建设用地使用权。

采矿权人实施开采矿产资源的作业，必然要使用矿地，但因采矿权中仅含有地下使用权，并不必然包括地表的使用权，故欲合法地使用矿地就得再取得以地表为客体的建设用地使用权。其权利取得有如下特点：矿区位于国有土地上时，采矿权人向自然资源行政主管部门申请办理建设用地使用权出让及登记手续，领取建设用地使用权证，取得建设用地使用权。如果该宗土地为荒漠等非耕地，采矿权人又是国有矿山企业，建设用地使用权通过行政划拨方式产生。如果该宗国

---

① 江平主编：《中国矿业权法律制度研究》，北京，中国政法大学出版社1991年版，第286页。

有土地为耕地，建设用地使用权通过出让方式取得，采矿权人须支付出让金。勘探区位于集体所有的土地上时，土地征收主管机关首先将该宗土地征为国有，然后由自然资源行政主管部门将该建设用地使用权出让给采矿权人，并自采矿权人处取得出让金。采矿权人取得建设用地使用权后，便可占有、使用该宗土地。

（3）开采权。

开采权，是指采矿权人按照采矿许可证允许的特定矿区和矿种从事开采矿产资源的权能。所谓开采矿产资源，固然是指采矿许可证批准开采的矿产资源（《矿产资源法实施细则》第30条第1款第1项），但在个别情况下，考虑到矿山生产和发展而需要开采其他矿种，亦可包括在内，而不宜视为违法活动。例如，因矿山企业进行深入勘探而探明了新矿种，出于综合开采、经济合理的考虑，采矿权人有权开采该新矿种，并对此部分无须再缴纳权利使用费，只交相应的产品税即足矣。还有，出于矿业技术或者安全技术的考虑，采矿权人有权同时开采其矿区内的非矿业地下资源。有时，这些非矿业资源与矿产资源混在一起，难以分离开；或者须经特殊程序及特定技术才可使二者分离开，成本高昂；有时，它们虽然可分，但基于矿山生产的安全要求须将它们一同采掘。于此场合，法律应赋予采矿权人共同开采权。[①]

开采权不仅仅指采矿权人自身的采掘活动，而且包括经采矿权人同意的他人的开采活动，不过，该他人的活动并不意味着采矿权的转移。

采矿权为有期准物权，这决定了在采矿许可证规定的期限内从事开采活动，方为采矿权的行使（《矿产资源法实施细则》第30条第1款第1项）；逾期开采则构成违法行为，产生法律责任。

（4）取得和销售矿产品的权利。

通过开采活动使矿产与土地及矿床相分离，形成矿产品。该产品系采矿权行使的结果，归采矿权人享有。采矿权人直接取得该矿产品的所有权，是矿业权法律效力的当然表现。这是最佳的效力配置。

采矿权人销售该矿产品，是他行使矿产品所有权的表现，原则上应由他自己决定，但国务院规定由指定单位统一收购的矿产品除外。

（5）矿山建筑权和辅助建筑权。

进行开采活动需要相应的设施，因而需要进行相应的建筑活动，包括建筑井架、修建开采用建筑物，以及进行辅助建筑的权利。所谓辅助建筑权，是指采矿权人在其矿地范围以外的区域建造地下设施的权利。此处的设施必须是同采矿权

[①] 江平主编：《中国矿业权法律制度研究》，北京，中国政法大学出版社1991年版，第287~288页。

人的采矿活动有关的，特别是用于水的处理或气候的调节，如用于通风、排水和调节井巷内的气候环境的工程设施。此类行为不得损害其他矿业权人的合法权益。因这些权利的行使超出了矿区范围，故须由有关部门审批。[①]

（6）依法转让采矿权。

所谓依法转让采矿权，是指按照法定条件，遵循法定程序转让采矿权。此处所谓法定条件，《探矿权采矿权转让管理办法》第 6 条规定如下：1）矿山企业投入采矿生产满 1 年；2）采矿权属无争议；3）按照国家有关规定已经缴纳采矿权使用费、采矿权价款、矿产资源补偿费和资源税；4）国务院地质矿产主管部门规定的其他条件（第 1 款）。国有矿山企业在申请转让采矿权前，应当征得矿山企业主管部门的同意（第 2 款）。此处所谓法定程序，由《探矿权采矿权转让管理办法》第 7 条至第 11 条予以规定。

2. 采矿权人的义务

（1）在批准的期限内进行矿山建设或开采。

采矿权是有期准物权，加上在批准的期限内进行矿山建设或开采矿产资源，系落实矿业发展规划、满足国民经济发展的需要，取得较佳或最佳的经济效益的需要，因而采矿权人在采矿许可证规定的期限内进行矿山建设或采矿，是其应尽的义务。在这方面，许多国家的矿业法有量化的规定，要求于此期间须有资金的投入、设备的投入和劳务的投入。

（2）有效保护、合理开采、综合利用矿产资源。

矿产资源是社会发展的物质基础，是经济增长和发展的前提，是国家主权安全的保证，但它又呈现有限性、可枯竭性以及需求的无限性，开采、利用它往往造成环境污染。由此决定，有效保护、合理开采、综合利用矿产资源，势必成为采矿权人的重要义务。履行该项义务，须做到在技术上对矿区予以合理安排，以达充分开采；对各种矿种进行综合开采，避免已经开采过的区域仍存留矿产，又因安全等方面的原因而不能再开采，致使资源浪费。

（3）国务院指定矿产品必须销售给特定单位时，采矿权人必须将该矿产品销售给该特定单位。

国务院于 1991 年 1 月 15 日发布的《关于将钨、锡、锑、离子型稀土矿产列为国家实行保护性开采特定矿种的通知》（国发〔1991〕5 号）规定，钨、锡、锑矿产品及其冶炼产品（指钨精矿、低度钨、钨酸、仲钨酸铵、钨酸钠、钨粉、钨铁、三氧化钨、碳化钨、蓝钨、锡精矿、精锡、焊锡、锑精矿、硫化锑、精

[①] 江平主编：《中国矿业权法律制度研究》，北京，中国政法大学出版社 1991 年版，第 288～289 页。

锑、氧化锑及其他锑品）和离子型稀土矿产品，分别由中国有色金属工业总公司、国务院稀土领导小组会同国家工商行政管理局指定收购单位，实行统一收购，严禁自由买卖。开采其他矿产资源为主的矿山企业，对共生、伴生的钨、锡、锑、离子型稀土矿产要综合开采，合理利用，其矿产品应向指定的收购单位销售（第5条）。

（4）依法缴纳采矿权使用费和采矿权价款。

《矿产资源开采登记管理办法》规定，国家实行采矿权有偿取得的制度。采矿权使用费，按照矿区范围的面积逐年缴纳，标准为每平方公里每年1 000元（第9条）。申请国家出资勘查并已经探明矿产地的采矿权的，此外还应当缴纳经评估确认的国家出资勘查形成的采矿权价款；该价款按照国家有关规定，可以一次缴纳，也可以分期缴纳（第10条第1款）。不过，有下列情形之一的，由采矿权人提出申请，经省级以上人民政府登记管理机关按照国务院地质矿产主管部门会同国务院财政部门制定的采矿权使用费和采矿权价款的减免办法审查批准，可以减缴、免缴采矿权使用费和采矿权价款：1）开采边远贫困地区的矿产资源的；2）开采国家紧缺的矿种的；3）因自然灾害等不可抗力的原因，造成矿山企业严重亏损或停产的；4）国务院地质矿产主管部门和国务院财政部门规定的其他情形（第12条）。

（5）守法。

遵守国家有关劳动安全、水土保持、土地复垦和环境保护的法律、法规。

（6）接受监管、提交报告。

接受有关部门的监督管理，按照规定填报矿产储量表和矿产资源开发利用情况统计报告。

（7）缴纳出让金。

取得矿地使用权时，依法缴纳矿地使用权出让金。

三、取水权

（一）取水权的概念

取水权，为水权（water rights）的一类，是指权利人依法从地表水或地下水引取（divert）定量之水的权利。在一些立法例上，水权，除了包括汲水权、引水权等类型的取水权，还有水力水权、航运水权、竹木流放水权、排水权等类型。与此有所不同，中国的《取水许可和水资源费征收管理条例》将水力水权、航运水权、排水权纳入取水权之中（第4条第1款第3项、第5条第1款、第12条第7项、第20条第1款第4项、第24条第1款第5项、第32条第2款、第

41 条第 1 款第 2 项、第 52 条第 3 项),《取水许可管理办法》予以贯彻(第 6 条、第 7 条、第 10 条第 5 项、第 14 条、第 20 条第 3 项以下、第 21 条第 1 款第 2 项和第 6 项、第 22 条第 1 款第 6 项和第 7 项、第 28 条第 3 项和第 4 项、第 38 条第 2 款、第 40 条第 2 款、第 42 条、第 43 条第 2 款、第 49 条第 3 项)。有鉴于此,我们不妨把境外立法例及其理论所说的取水权叫作狭义的取水权,而将中国《取水许可和水资源费征收管理条例》及《取水许可管理办法》中的取水权称为广义的取水权。

水自身为"动产",但取水权却是不动产权益。① 取水权派生于水资源所有权,故属于他物权;它是权利人使用水并获得利益,而不是为担保债权的实现,故为用益物权,即为特定的用途从特定的源流而引取、使用水的权利。② 但同一般的用益物权相比,取水权具有以下自身的特点,于是人们称其为准物权。

1. 取水权的客体及其特殊性

取水权的客体是水,包括地表水和地下水。③ 它存在于河流、湖泊、池塘、地下径流、地下土壤之中。对于取水权的客体,有的以一定的水量界定,有的以特定的水域面积界定,有的单纯地以特定地域面积界定(以地下水作客体场合即如此),有的以一定期限的用水界定。如此,以特定池塘之水为取水权客体的场合,取水权的客体具有严格意义上的特定性,其他场合的取水权,其客体大多不具有特定性。

取水权不要求其客体具有特定性,与其权利性质及功能有关。取水权类似于物权取得权④,它开始运行,便使水体的所有权从水资源所有权中分离,转归取水权人享有。取水权犹如一道水所有权转让的开关或者说是水所有权主体的转换器,一旦运行就使得水的所有权不断地自水资源所有权人处移转到取水权人之手。⑤ 既然是取得水所有权的权利,自然就主要关心结果及其根据,即有多少水所有权已经或将要归属于取水权人;无须考虑远隔的水与水资源之间的关系,即

---

① KAN. STAN. ANN. 82a—701 (g) (1997).

② See John C. Peck, "Assessing the Quality of a Water Right", *Journal of the Kansas Bar Association* (May, 2001).

③ 林柏璋:《台湾水权及其法律性质之探讨——公水之特许使用》,载《台湾水利》第 49 卷第 3 期,2001 年 9 月,第 98~100 页;崔建远:《水权与民法理论及物权法典的制定》,载《法学研究》2002 年第 3 期,第 39 页。

④ [德]卡尔·拉伦茨:《德国民法通论》(上册),王晓晔、邵建东、程建英、徐国建、谢怀栻译,谢怀栻校,北京,法律出版社 2003 年版,第 292~293 页。

⑤ 崔建远:《准物权研究》,北京,法律出版社 2003 年版,第 263 页。

不重视将要获取水资源中的哪部分水，于是，不要求客体具有特定性便顺理成章。

2. 取水权在占有权能方面具有特殊性

取水权不含有占有的权能。这既是它所具有的以使用为重心的性质（"use-based" nature）的反映，也是由取水权的客体和水资源所有权的客体融合一体的特点决定的，还是为保护其他用水人能够利用同一水资源所必需的。

3. 取水权原则上无排他性

所有权和用益物权均具有排他性，排他原则解决了这些物权之间的效力冲突。取水权作为用益物权却不尽相同，在特定区域的水资源上可同时存在着数个取水权，排他原则对取水权之间的效力冲突时常无能为力。至于取水权人之间的利益冲突，则通过优先权规则加以协调。先取得取水权者优先以有益目的而用水，待其获得满足后，后取得取水权者才可用水；若水资源不足，后取得取水权者的用量即被削减，甚至其取水权的目的落空。[①] 这与担保物权的位序规则类似。

取水权的这一性质既与取水权的客体和水资源所有权的客体融为一体有关，又进而与取水权不含有占有权相呼应。因取水权不以占用水资源为必要，就为数个取水权并存提供了可能；因取水权的客体和水资源所有权的客体融为一体，就为数个取水权的实现奠定了物质保障。

关于排他性与优先权之间关系的认识，可有宽严之别。从宽解释，具有优先权的取水权优先得到实现，后位序的取水权不得越位。这同样体现出了排他性。还有，在河岸权原则为唯一的取水权取得原则的法律制度下，依河岸权原则取得的取水权暗含着排他性。

4. "用水则有取水权，反之则失取水权"

在先占用原则制度下，奉行"用水则有取水权，反之则失取水权"（use it or lose it）的原则，闲置的取水权将被废止，就是说，取水权人不利用水资源（达到一定期间）便不再享有取水权。[②] 不过，基于河岸权原则取得的取水权则不因权利的不行使而归于消灭。中国《取水许可管理办法》规定，连续停止取水满 2 年的，由水资源行政主管部门或者其授权发放取水许可的行政主管部门核查后，

---

① Jan G. Laitos. "Water Rights, Clean Water Act Section 404 Permitting, and the Takings Clause", *University of Colorado Law Review* (1989).

② Janet C. Neuman and Keith Hirokawa, "How Good Is An Old Water Right? The Application of Statutory Forfeiture Provisions to Pre—Code Water Rights", *University of Denver Water Review* (Fall 2000).

报县级以上人民政府批准，吊销其取水许可证（第 29 条前段）。这符合效益原则，是合理分配有限的水资源的良策，在水资源短缺的今天，更具有合理性。

（二）取水权的主体

市的水务公司取得取水许可，成为取水权的主体。有的单位或部门取得取水许可，获准抽取地下水，亦为取水权的主体。

在中国，目前大多为灌区取水口拥有取水许可证，其区域内的农户则无取水许可证；个别区域则为流域水管机构的下属职能单位拥有取水许可证，例如，黄河机构管理的引黄闸取得取水许可证。① 从取水权的角度分析，就是灌区取水口享有取水权，其区域内的农户无取水权。至于流域水管机构的下属职能单位拥有取水许可证，则属既当运动员又任裁判员，应予改正。在这里，下述意见值得重视：应主要通过建立用水者协会，把现有灌区改造成为法人，使之成为取水权主体。它们作为灌溉供水服务机构与特许经营者向农户供水。针对个别地区的特殊情况，只要有利于水资源管理，必要时，拥有较大面积灌溉农田的农户也可以成为取水权主体。②

在非灌溉区，沿河或湖泊的农户自河流、湖泊中取水，大多适用河岸权原则，自然享有取水权；也有的适用先占用原则，获得取水许可后，享有取水权。

《取水许可和水资源费征收管理条例》规定，下列情形不需要申请领取取水许可证：农村集体经济组织及其成员使用本集体经济组织的水塘、水库中的水的；家庭生活和零星散养、圈养畜禽饮用等少量取水的；为保障矿井等地下工程施工安全和生产安全必须进行临时应急取（排）水的；为消除对公共安全或者公共利益的危害临时应急取水的；为农业抗旱和维护生态与环境必须临时应急取水的（第 4 条第 1 款）。其他情形均应申请领取取水许可证，并缴纳水资源费（第 2 条第 2 款），方可有资格取水。从取水权的角度观察，取得该项资格，就是取得取水权。

取水工程、利用机械提水设施的主办者，须申请取水许可。对此，《取水许可和水资源费征收管理条例》第 23 条规定，取水工程或设施竣工后，申请人应当按照国务院水行政主管部门的规定，向取水审批机关报送取水工程或设施试运行情况等相关材料；经验收合格的，由审批机关核发取水许可证（第 1 款）。直接利用已有的取水工程或设施取水的，经审批机关审查合格，发给取水许可证

---

① 李吉庆、李庆伟、王霞：《试论黄河水资源管理中存在的问题及对策》，载孙广生、孙寿松、陈连军主编：《黄河水资源管理研究论文集》，郑州，黄河水利出版社 2002 年版，第 42 页。

② 刘斌：《我国水权制度探析》，清华大学法学院第二学士学位论文（2002），第 26 页。

（第 2 款）。

（三）取水权的设立

所谓取水权的设立，也是取水权的初始配置，是指水资源所有权的主体或其管理者分离水资源所有权的部分权能给用水人，使其取得取水权。

按照理想的模式，中国未来的水法应该承认取水权设立的三种方式：一是土地的所有权人或使用权人基于其地权直接取得取水权，无须任何行政程序。《水法》第 48 条第 1 款但书规定的为家庭生活和零星散养、圈养畜禽饮用等少量取水而获得取水权，属于这种方式。二是基于行政许可而取得取水权。《水法》以及《取水许可和水资源费征收管理条例》、《取水许可管理办法》规定的取水许可制度，在引入取水权概念的情况下，便属此类方式。三是基于取得时效而取得取水权。如果中国法承认了取得时效，那么当用水人公然地、平和地、持续地用水达到法定期间时，可以自动地取得取水权。

按照《取水许可和水资源费征收管理条例》《取水许可管理办法》规定，取水权取得的具体程序包括申请、受理、审查、决定。按照行政许可法的设计，必要时还可以举行听证会。

（四）取水权的优先权

因为优先权是取水权的两大要素之一，在取水权制度中处于非常重要的地位，故单提出来专门讨论。剖析取水权制度中的优先权，会发现它有三个功能：一是决定取水权是否产生，在某些情况下（如依河岸权原则）甚至是排他地确定取水权的取得；二是确定数个取水权之间的先后顺序，协调取水权人之间的利益冲突；三是确定取水权优先于其他权利。称前者为取水权的产生依据，称后两者为取水权的优先位序，更为准确。为方便起见，同时照顾到用法习惯，本释评书在不同的场合使用相应的称谓。

因确定标准不同、取水权所处的场合不同，确定优先权的原则及规则便呈现出差异，以下分门别类予以介绍，并尽可能地作出评论。

1. 以地表水为客体场合，确定取水权取得的优先权类型

（1）河岸权原则（riparian principles）。准确地说，河岸权原则应该叫作依河岸地所有权或使用权确定取水权归属的原则。它指取水权附属于相邻于水的土地[1]，换言之，土地所有权人对与其土地相毗邻的河流当然地享有取水权。其性质有四：其一，它适用于河流与土地毗邻场合取得取水权。依该原则取得取水权，仅需要存在着河流的天然径流、土地所有人对毗邻的河岸享有所有权两项条

---

[1] David H. Getches, *Water Law in a Nutshell*，77，(2d ed. 1990).

件，至于当时该河流中是否蓄存着水，水量大或小，则在所不问。其二，依该原则取得取水权系当然的与自动的，无须经人为的程序来授予。其三，依该原则取得的取水权具有永续性，同权利人利用水资源与否无关。该取水权既不会因权利人不利用水资源而丧失，也不会因利用的时间先后而产生优先权。① 其四，此类取水权受制于其他河岸所有人同样的合理使用的平等权利。②

[辨析]

河岸权原则同中国法上的相邻用水排水权类似，但两者具有本质的不同：其一，相邻用水排水权，是不动产权利人用水排水，牺牲毗邻不动产的权利人的利益的法律根据，反映的是这种利益彼长此消的关系，其主体是相互毗邻不动产的所有权人或使用权人，水资源所有权人及其利益不在其中。河岸权原则解决的恰恰是不动产权利人从水资源所有权人处取得用水的权源问题，有时是不动产权利人从其他取水权人处获得取水权的问题，总之不是相邻不动产权利人之间的问题。其二，在无偿用水的时代，或在土地与水相结合同为土地所有权客体的制度中，不动产权利人即使无取水权也可基于相邻用水排水权而自然享有用水的权利，一些国家或地区的民法确实是如此规定的，中国民法的通说也是这样主张的。但这确实是无故地牺牲了水资源所有权人的利益，是不当的利益分配；也同水法的原则相冲突，容易使人产生相邻用水权中当然含有取水权的错觉。在水资源所有权独立于土地所有权并归国家享有，又实行有偿用水制度的背景下，必须修正上述规定及其学说，确立下述规则：相邻用水排水权中无取水权这一成分，亦非确定取水权取得的基准；而河岸权原则恰恰是取得取水权的依据。《水法》第20条关于"开发、利用水资源，应当坚持兴利与除害相结合，兼顾上下游、左右岸和有关地区之间的利益，充分发挥水资源的综合效益"的规定，可以解释为取水权行使时存在着相邻关系，是取水权与相邻权并存，而非相邻权取代取水权。其三，在建筑物排水场合，相邻用水排水权与河岸权原则不搭界。在与河流毗邻的土地需用水排水场合，若无取水权存在，亦不会有相邻用水排水权，只有在已取得了取水权之后，才会产生上下游的土地所有权人或使用权人之间在用水排水方面存在的问题，才会有相邻用水排水权的运用。其四，河岸权原则解决的是取水权从无到有的问题；相邻用水排水权解决的是有了取水权以后，取水权运

---

① John R. Teerink and Masahiro Nakashima：《美国　日本　水权　水价　水分配》，刘斌、高建恩、王仰仁译，王志民审阅，天津，天津科学技术出版社2000年版，第32～33页。

② Bannister, "Interstate Rights in Interstate Streams in the Arid West", *Harv. L. R.*, Vol. 36, p. 960. 转引自［美］本杰明·内森·卡多佐：《法律的生长》，刘培峰、刘骁军译，冯克利校，贵阳，贵州人民出版社2003年版，第65页。

用过程中发生的利益冲突问题。

（2）先占用原则（prior appropriation principles）。它是指按占用水资源的时间先后来确定取水权的取得以及取水权之间的优先位序的原则。有人将它表述为，先占用水资源者，优先取得取水权，或其取水权居于优先位序（first in time，first in right）。其产生和存在的必要性首先表现在，非毗邻水资源的土地同样需要用水，可是按河岸权原则却达不到目的，而依据先占用原则就能如愿以偿。它包括三项基本规则：其一，水的利用仅可以是直接的、实际的和有益的。其二，首次有益用水者相对于其后的用水者取得优先权（paramount right）。其三，该权为继续的权利（continued right），以继续而有益地用水而非浪费为存续条件。① 其中，第一项规则包含着对取水权的三项限制：首先，取水权是用益权，仅仅在于用水。其次，由有益用水决定的水量确定着取水权的范围②，取水权人不享有超出其实际有益用水量的权利。最后，起初将有益用水的类型限制为矿业用水、灌溉用水和畜牧用水。③ 近来，法院与立法机构将有益用水的类型扩张到娱乐用水、环境用水和回流河道用水。④ 第二项规则赋予了首先的或最早的有益用水者处于优先位序的取水权。该权整体地优先于随后的用水人的取水权。该取水权的优先日期溯及至用水人首次引取水的时间。⑤ 其例外有，当居民申请家庭用水时，水资源管理部门可以不顾时间的先后而承认他优先于其他申请者。一旦该申请被批准，水资源管理部门签发取水权许可，那么该取水权便处于优先位序。⑥ 第三项规则要求取水权人继续用水以保持其取水权。只要有益用水在继续，取水权便存续⑦；不用水或浪费地用水便导致取水权丧失。⑧ 该规则使停止有益用水的取水权人无权阻止后位序的取水权人有益用水，也就是说，该规则使

① Krista Koehl，"Partial Forfeiture of Water Rights: Oregon Compromises Traditional Principles to Achieve Flexibility"，28 *Envtl. L.* 1140－1141（1998）.

② Wells A. Hutchins，"Water Rights Laws in the Nineteen Western States"，440（1971）.

③ Charles F. Wilkinson，"Crossing the Next Meridian: Land，Water，and the Future of the West"，234（1992）.

④ Steven J. Shupe， "Waste in Western Water Law: A Blueprint for Change"，61 Or. L. Rev. 483，488（1982）.

⑤ National Water Comm'n，*A Summary-Digest of State Water Laws* 5（Richard L. Dewsnup & Dallin W. Jensen eds.，1973）.

⑥ John R. Teerink and Masahiro Nakashima：《美国　日本　水权　水价　水分配》，刘斌、高建恩、王仰仁译、王志民审阅，天津，天津科学技术出版社 2000 年版，第 50 页。

⑦ Janet C. Neuman，"Beneficial Use，Waste，and Forfeiture: The Inefficient Search for Efficiency in Western Water Use"，28 *Envtl. L.*，920（1998）.

⑧ David H. Getches，*Water Law in a Nutshell*，76（2d ed. 1990）.

因纯粹猜想的目的而不行使取水权者不能继续享有取水权。[1]

2. 以地下水为客体场合，确定取水权取得的优先权规则

地下水大致分为地面入渗水和地下径流。后者是指流动于一条"确定、已知、可探查"的地下水道中的水流。当地表河流入渗并在该河床下继续流动时，以地下径流论。根据《水法》第48条第1款的规定，可推知：宅基地使用权人有权不经审批程序而径直抽取其宅基地下之水来满足其生活需要。与此不同，土地所有权人须经水资源主管部门审批并签发取水许可证方有权抽取、使用其地下之水，土地承包经营权人亦应如此，建设用地使用权人须经批准方有权抽取、使用其地下之水。水资源行政主管部门审核、批准取水许可，应按申请时间的先后确定取水权的取得以及位序。就此说来，中国法实行的是先占用原则。

中国以往鲜有取水权人抽取、使用异地的地下水的现象，所以基于先占用原则取得异地地下水的取水权尚不多见。就是说，在地下水的取水权取得方面，先占用原则的适用范围较窄。随着市场经济的发展，若取水权人抽取、使用异地的地下水的需要增强，事例增多，那么先占用原则的适用范围会拓宽。

3. 在以地表水为客体的情况下，数个取水权并存于同一水资源场合，确定取水权的优先位序（优先权）的规则

《水法》第21条确立了如下位序：生活用水、农业用水（灌溉用水）、工业用水、生态环境用水以及航运用水等。其中关于"在干旱和半干旱地区开发、利用水资源，应当充分考虑生态环境用水需要"的规定，意味着环境取水权的地位更高。这可谓巨大的进步。

4. 在以地下水为客体的情况下，数个取水权并存于同一水资源场合，确定取水权的优先位序（优先权）的规则

适用先占用原则取得地下水的取水权，同样会产生数个取水权的效力冲突问题，解决的规则基本上按地表水的取水权取得的时间顺序确定位序[2]，但也有特殊之处，即土地所有权人对其土地下之水享有的取水权绝对优先于从该地下抽取水并向异地输送的取水权。[3] 这实际上否定了依用水目的确定取水权位序的规则，带有绝对所有权原则的影子。对于中国法来说，在吸收该规则时应设有例

[1] Darryl V. Wareham, "Washington Water Rights Based on Actual Use or on Delivery System Capacity? Department of Ecology v. Theodoratus", *Seattle University Law Review* (Summer 2000).

[2] Department of Ecology v. Theodoratus, 135 Wash. 2d 582, 590, 957 p. 2d 1241, 1245, 1246 (1998).

[3] John R. Teerink and Masahiro Nakashima：《美国 日本 水权 水价 水分配》，刘斌、高建恩、王仰仁译，王志民审阅，天津，天津科学技术出版社2000年版，第37页。

外，方案可有二：一是依用水目的确定取水权的位序，二是通过征用的方式满足非土地权利人的取水权需要。

四、渔业权（养殖权、捕捞权）

（一）渔业权的概念

养殖权和捕捞权合称渔业权，它是个集合概念，指自然人、法人或其他组织依照法律规定，在一定水域从事养殖或捕捞水生动植物的权利，或游客在一定水域从事渔业娱乐的权利。其中，自然人、法人或其他组织依照法律规定，在一定水域从事养殖水生动植物的权利，叫作养殖权。自然人、法人或其他组织依照法律规定，在一定水域从事捕捞水生动物的权利，称为捕捞权。游客在一定水域从事渔业娱乐的权利，叫作娱乐渔业权。

《渔业法》明确规定了养殖业（第2章）及养殖证（第11条、第12条等）、捕捞业（第3章）及捕捞许可证（第23—25条），《渔业法实施细则》还规定了定置渔业（第23条）和娱乐性游钓（第18条），未出现渔业权以及养殖权或捕捞权的字样。《民法典》第329条采用的表述是"使用水域、滩涂从事养殖、捕捞的权利"，实质上即为养殖权、捕捞权。

（二）渔业权的性质

1. 渔业权是财产权

渔业权之目的利益为经济利益，因此，渔业权是一种财产权。[①] 渔业权是以水产动植物捕捞或养殖的经济事业为其权利内容的，其目的利益在于经济利益，故为财产权。[②]

2. 渔业权为物权

养殖权是使用特定水体而获取利益的权利，捕捞权是使用特定渔场而取得渔获物的权利，它们都具有直接支配其客体并享有利益这个物权的实质，所以说渔业权是物权。

3. 渔业权是准物权

渔业权的特殊之处主要表现在如下几点：（1）在客体的特定性方面，就一般意义而言，渔业权具有特定性；从极为严格的意义上讲，渔业权在水体因素的变化方面具有不特定性。（2）在权利构成方面，渔业权具有复合性。（3）在排他性

[①] 欧庆贤、郑天明：《日本渔业补偿的法律性质》，载《渔业推广》第161期，2000年2月，第44页。

[②] 陈俊佑：《专用渔业权管理制度之研究》，台湾海洋大学海洋法律研究所硕士学位论文（1994），第48页。

或优先性方面，养殖权具有排他性而无优先性，在同时并存于同一水域内的数个捕捞权相互之间无排他性，在对非捕捞权人的权利方面具有排他性。（4）在权利是否具有公权色彩方面，渔业权是具有公权色彩的私权。（5）在权利取得方面，大多渔业权需要行政许可。（6）在追及效力方面，渔业权仅仅在他人不法占据捕捞许可证、养殖证所划定的特定水域时，才有追及效力。对于被他人盗捕的水生动植物，在养殖权场合是基于水生动植物所有权请求返还；在捕捞权场合，既不能基于水生动植物所有权主张返还，因捕捞权人无此所有权，也不能基于捕捞权请求返还，因水生动植物脱离于捕捞许可证所划定的特定水域就不再处于捕捞权的效力范围，在符合侵权行为的构成要件时，捕捞权人可以基于侵权行为主张损害赔偿。（7）在一物一权主义方面，捕捞权一般无从体现，养殖权的一物一权主义体现在特定水域上。正因渔业权具有如此多的特性，所以我们称它为准物权。

4. 渔业权具有期限性

无论养殖证还是捕捞许可证都是有期限的，相应地，养殖权和捕捞权也均为有期的权利。《水域滩涂养殖发证登记办法》第18条第1款前段关于"水域滩涂养殖权期限届满"的规定，表明了水域滩涂养殖权的期限性。《渔业捕捞许可管理规定》第35条第1款关于"海洋渔业捕捞许可证和内陆渔业捕捞许可证的使用期限为5年。其他种类渔业捕捞许可证的使用期限根据实际需要确定，但最长不超过3年"的规定，明确了海洋渔业捕捞权和内陆渔业捕捞权的存续期限为5年，其他类型的捕捞权的存续期限最长不超过3年。

5. 渔业权的客体具有特殊性

（1）渔业权的客体是一定的水域。

渔业权是以水域为标的物的，该水域包括水体与此水域下的土地，水产生物资源为水域的一部分。[①] 在中国，捕捞权的客体首先被限定于特定的渔场，其次才在该渔场内实际地占有一定水域。每个捕捞许可证都指定持有人在特定的渔场从事捕捞作业，否则，所谓捕捞行为被认定为违法。

（2）渔业权在其客体是否具有特定性方面呈现出特色。

捕捞权的客体为一定的水域，在一般情况下有个大致范围，可以说具有特定性。但就操作性而言，事情就不如此简单，现在以在海洋作业的捕捞权为例加以说明。由于在海洋中无法有效地设置永久性的标志物，只能利用经纬度坐标连线作为判别的依据，这带来了复杂的查证手续，不仅成本增高，而且困难重重。事

[①]　陈俊佑：《专用渔业权管理制度之研究》，台湾海洋大学海洋法律研究所硕士学位论文（1994），第46页。

实上，一个渔场的范围是不定的，会随着海洋环境、鱼群的聚集程度、鱼类习性的变化而改变，有时会涵盖不同的渔业权人管辖的水域。① 这表明，如果按照严格的标准，在海洋作业的捕捞权的客体呈现出不确定性。

之所以强调渔业权的客体具有特定性，是因为这有利于确权，划清渔业权人与他人之间的权利义务的边界，渔业权人对于特定的水域具有相对意义的排他性占有、捕捞的权利。之所以指出渔业权客体具有不特定性的一面，是因为这有利于解决如下问题：当水域的因素受自然力作用而发生重大变化，致使渔业权的目的部分或全部落空时，渔业权人应有权请求变更乃至解除合同，不负违约责任；当水域的因素因他人实施污染等不法行为的影响而发生重大变化，致使渔业权的目的部分或全部落空时，渔业权人有权请求侵权行为人停止侵害、消除污染、恢复原状，若有损失，还有权请求赔偿。

6. 渔业权在构成上具有复合性

养殖权的构成包括三方面的权利：其一是权利人占有一定水域并养殖水生动植物的权利；其二是该水体的使用权；其三是保持该特定水域里水生动植物生存、生长状态的权利，也就是保持该水生动植物所有权存续状态的权利。这三方面的权利共同构成一个完整的养殖权。前两种权利在民法上都有相应的权利类型，属于用益权。后一种权利在民法上尚无类似的权利类型，可以作为特别法上的权利看待。但这种观点及其思维方式的法理基础是什么，需要继续研究。

[引申]

对于此类特性，有学者向笔者提出诘问：典型物权包含占有权、使用权、收益权乃至处分权，其权利构成具有复合性；债权含有请求权、给付受领权、自力救济权和抵销等处分权，其权利构成也显现出复合性。因而，称渔业权的权利构成具有复合性为渔业权的特色，不能成立。对此，笔者的回答是：占有权、使用权、收益权乃至处分权，在典型物权中只是权能，并非独立的民事权利；请求权、给付受领权、自力救济权和处分权能，在债权中也仅仅是权能，同样不是独立的民事权利。与此不同，养殖权的场合，权利人占有一定水域并养殖水生动植物的权利则为一种独立的用益权，其自身即含有占有、使用和收益三项权能，类似于土地承包经营权；水体使用权也是一种独立的民事权利，其本身也含有占有、使用和收益三项权能，相当于矿业权中的地下使用权；至于保持该特定水域里水生动植物生存、生长状态的权利，虽然在民法上不易找到与此相似的民事权

① 陈俊佑：《专用渔业权管理制度之研究》，台湾海洋大学海洋法律研究所硕士学位论文（1994），第 95 页。

利，但可以作为特别法上的权利看待。可见，养殖权至少由两种独立的民事权利构成，不同于由权能构成的典型物权等民事权利。

捕捞权人对于仍然生活在水域里的水生动植物没有所有权，仅仅对于渔获物享有所有权，可以说，捕捞权系取得未来渔获物的所有权的权利，类似于取水权系取得水所有权的资格。虽然捕捞权的拥有本身不包含对水生动物的所有权，渔业经营者有效益地行使捕捞权才取得渔获物的所有权，但是，水质的恶化、水深的不足、水温的增高等会使鱼类资源减少乃至枯竭，使捕捞权的目的落空，因而捕捞权也应该含有保持该特定水域里水生动物生存、生长状态的权利，也就是保持该水生动物所有权存续状态的权利。除此而外，捕捞权人尚有占有一定水域捕捞水生动物的权利、一定水域的使用权。这三种权利共同构成一个完整的捕捞权。

对于捕捞权构成上的复合性，如同养殖权构成上的复合性，同样有学者提出了诘问。笔者仍然回应为：占有权、使用权、收益权乃至处分权，在典型物权中只是权能，并非独立的民事权利；请求权、给付受领权、自力救济权和处分权能，在债权中也仅仅是权能，同样不是独立的民事权利。与此不同，捕捞权的场合，权利人占有特定渔场从事捕捞作业的权利则为一种独立的用益权，其自身即含有占有、使用和收益三项权能，类似于土地承包经营权；水体使用权也是一种独立的民事权利，其本身也含有占有、使用和收益三项权能，相当于矿业权中的地下使用权；至于保持该特定渔场中水生动物生存、生长状态的权利，也就是保持该水生动物所有权存续状态的权利，虽然在民法上不易找到与此相似的民事权利，但可以作为特别法上的权利看待。可见，捕捞权至少由两种独立的民事权利构成，不同于由权能构成的典型物权等民事权利。

虽然矿业权与渔业权在权利构成上都具有复合性，但在其构成因素方面有所不同。在矿业权场合，存在着两方面的权利：（1）占有特定矿区或工作区，勘探（探矿权场合）、开采（采矿权场合）矿产资源；（2）特定矿区或工作区的地下使用权。[①]

7. 渔业权是具有公权色彩的私权

现行法上的渔业权，没有入渔权，只有养殖权和捕捞权，还可以承认娱乐渔业权，从其取得的角度观察，确实有行政因素，其内核有渔业权人向渔业资源主管部门要求在特定水域从事养殖或捕捞的利益的元素，渔业权纠纷多由行政方式解决，就此可以说养殖权、捕捞权和娱乐渔业权具有公权的色彩；但是，养殖

---

① 崔建远、晓坤：《矿业权基本问题探讨》，载《法学研究》1998 年第 4 期，第 84 页。

权、捕捞权、娱乐渔业权的基本面是权利人利用特定的水域从事渔业活动，并享有所产生的利益，以及就此形成的渔业权人与非渔业权人之间的关系，确实表现出私权的属性，且私权属性处于核心和主导的地位。

（三）渔业权的主体

关于养殖权的主体，在中国可以是全民所有制单位、集体所有制单位，也可以是个人（《渔业法》第10条、第11条）。按照民法原理，物权的主体分为自然人、法人、非法人组织，所有制性质在物权关系中不表现出来。把《渔业法》第10条和第11条所使用的称谓转换成民法术语，就是养殖权的主体可以是自然人、法人，也可以是非法人组织。

在自然人、法人、非法人组织均就同一水域（含滩涂）向渔业行政主管部门申请养殖证，而该水域不能并存多个养殖权的情况下，县级以上地方人民政府在核发养殖证时，应当优先安排当地的渔业生产者（《渔业法》第12条）。

养殖权的主体可以和承包经营权的主体重合，《渔业法》规定，集体所有的或全民所有由农业集体经济组织使用的水域、滩涂，可以由个人或集体承包，从事养殖生产（《渔业法》第11条第2款）。

准确些说，自然人、法人、非法人组织欲成为捕捞权的主体，首先必须具有行为能力，还须具有渔业船舶检验证书、渔业船舶登记证书，并符合国务院渔业行政主管部门规定的其他条件（《渔业法》第24条第1款）。县级以上地方人民政府渔业行政主管部门批准发放的捕捞许可证，应当与上级人民政府渔业行政主管部门下达的捕捞限额指标相适应（《渔业法》第24条第2款）。

《渔业法》第8条规定："外国人、外国渔业船舶进入中华人民共和国管辖水域，从事渔业生产或者渔业资源调查活动，必须经国务院有关主管部门批准，并遵守本法和中华人民共和国其他有关法律、法规的规定；同中华人民共和国订有条约、协定的，按照条约、协定办理"（第1款）；"国家渔政渔港监督管理机构对外行使渔政渔港监督管理权"（第2款）。《渔业捕捞许可管理规定》规定，中华人民共和国的公民、法人和其他组织从事渔业捕捞活动，以及外国人在中华人民共和国管辖水域从事渔业捕捞活动，应当遵守本规定。中华人民共和国缔结的条约、协定另有规定的，按条约、协定执行（第2条）。外国渔船捕捞许可证，适用于许可外国船舶、外国人在中国管辖水域的捕捞作业（第17条第6项）。这表明，外国人可以是中国渔业法上的捕捞权人。

（四）渔业权的内容

1. 养殖权的内容

渔业权中的养殖权和捕捞权在内容上有所不同，为清楚起见，分别讨论。

（1）占有权。

由使用特定水域养殖水生动植物这个养殖权的本质所决定，养殖权人占有特定水域、滩涂就成为养殖权必不可少的内容。在一般情况下，该占有是排他的，即养殖证所划定的特定水域全部归权利人占有，他人无权占有。但在养殖证授权数个渔业经营者在同一特定水域放养不同习性水生动植物、吃不同食物的水生动物的情况下，其占有就成为共同占有，每个养殖权人所拥有的占有便无排他性。在养殖证把该特定水域纵向分割成若干层面，不同层面的水域成为不同养殖权的客体的情况下，就水面而言，是数个养殖权并存于同一特定水面，此类占有就不是排他的；就水体而言，在绝大多数时间内，每个养殖权人占有的水体部位不同，甲养殖权人占有的是水体的上层，乙养殖权人占有的是水体的底层，甲养殖权人无权占有水体的底层，乙养殖权人无权占有水体的上层，可以说此类占有仍具有排他性。[①]

（2）使用特定水域的权利。

水生动植物一定生活在水域之中，故养殖权的行使自然表现为养殖权人使用特定的水域。在这里，所谓使用特定水域，要求具备若干因素：1）生活其中的水生动植物须符合法律的要求；2）使用特定水域的方式必须符合法律的要求；3）使用须有时间上的连续性，停止使用达法定期限，则养殖权终止。

（3）捕捞权。

此处所谓捕捞权只是养殖权中的一项权能，不同于作为一种独立权利的捕捞权。1）因为该捕捞权只是一项权能，不是独立的权利，所以它随养殖权的产生而自然具有，无须单独申请、登记。2）因为该捕捞权能只是养殖权的一项权能，所以，其作业方式不受《渔业法》关于捕捞权行使方式的规定的制约，可以由养殖权人自己决定，只要不恶化水质，影响他人的合法权益。3）该捕捞权作为养殖权的一项权能，自然不得单独转让，只能依法随同养殖权一同转让。倘若他人有权捕捞养殖权人所有的水生动物，要么是他已经受让了整个养殖权，要么是基于他与养殖权人签订的买卖该水域、滩涂所养水生动物的合同，捕捞本属于他所有的水生动物。[②]

（4）转让养殖权的权利。

《渔业法》未明文禁止养殖权的转让，实务中因养殖权人承包的水面（含滩涂）转让、养殖权人转换职业、养殖权人丧失从事养殖业的能力等原因，需要转让养殖权，法律没有必要加以禁止。因为转让养殖权较终止养殖权而闲置水面、

---

①②　崔建远：《准物权研究》，北京，法律出版社 2003 年版，第 413～414、415 页。

渔业行政主管机关收回养殖权再授予他人，更有效益。① 有鉴于此，《水域滩涂养殖发证登记办法》（农业部令 2010 年第 9 号）明确规定了养殖权可以转让，只是必须符合条件和程序（第 9 条、第 13 条）。

按照《水域滩涂养殖发证登记办法》的规定，养殖权转让的情形包括将养殖权入股、转让、互换，以及养殖权分立、合并。对于将养殖权入股，不需要重新办理发证登记。对于采取转让、互换方式流转水域滩涂养殖权的，当事人可以要求重新办理发证登记。申请重新办理发证登记的，应当提交原养殖证和水域滩涂养殖权流转合同等相关证明材料（第 13 条）。依法转让国家所有水域、滩涂的养殖权的，应当持原养殖证，依照该登记办法的规定重新办理发证登记（第 9 条）。因转让、互换以外的其他方式导致水域滩涂养殖权分立、合并的，应当持原养殖证及相关证明材料，向原发证登记机关重新办理发证登记（第 13 条）。

（5）养殖权人的义务。

《渔业法》规定，养殖权人使用进口的水产苗种，须由国务院渔业行政主管部门或者省、自治区、直辖市人民政府渔业行政主管部门审批（第 16 条第 2款）。养殖权人生产水产苗种，除非自用，应当由县级以上人民政府渔业行政主管部门审批（第 16 条第 3 款）。不得使用含有毒有害物质的饵料、饲料（第 19条）。应当保护水域生态环境，科学确定养殖密度，合理投饵、施肥、使用药物，不得造成水域的环境污染（第 20 条）。

各种经济藻类和淡水食用水生植物，应当待其长成后方得采收，并注意留种、留株，合理轮采（《水产资源繁殖保护条例》第 5 条第 2 款）。

养殖权人负有继续性养殖的义务，无正当理由使水域（含滩涂）荒芜满 1 年的，又违反发放养殖证的机关关于限期开发利用水域从事养殖业的指令，逾期未开发利用的，会被吊销养殖证，即养殖权消灭；同时可能承担 10 000 元以下的罚款（《渔业法》第 40 条第 1 款）。

2. 捕捞权的内容

（1）占有权。

从事捕捞作业，必须占有一定水域。当然，该水域必须是捕捞许可证上指定渔场的水域。

（2）在特定渔场从事捕捞作业的权利。

捕捞权的核心在于权利人在捕捞许可证上指定的渔场从事捕捞作业。只要捕捞权人按照捕捞许可证上关于作业类型、场所、时限、渔具数量和捕捞限额的规

---

① 崔建远：《准物权研究》，北京，法律出版社 2003 年版，第 415 页。

定进行作业，就受到法律的完全保护。①

从事捕捞作业而有渔获物，并取得其所有权。该所有权的取得根据，从形式上看是渔业权人的捕捞行为，但实质根据在于捕捞权，就是说，捕捞权是以取得渔获物所有权为内容的权利。不这样理解，就难以解释产品系工人制造的，但该产品所有权却不归他们享有；渔获物系渔业权人所雇用的人捕捞的，但渔获物的所有权却归渔业权人享有。②

（3）对抗他人的权利。

捕捞权为准物权，具有对世的效力，故捕捞权人对于他人的一切不法干预，例如无根据地禁止正常的捕捞活动、妨碍捕捞作业等，均有对抗的权利。③

（4）请求损害赔偿的权利。

他人不法侵害捕捞权人的人身、财产并造成损害的，捕捞权人都有权请求损害赔偿。

（5）捕捞权人的义务。

从事捕捞作业，必须按照捕捞许可证关于作业类型、场所、时限、渔具数量和捕捞限额的规定进行，并遵守国家有关保护渔业资源的规定，大中型渔船应当填写渔捞日志（《渔业法》第25条）。违反此类义务的，会被没收渔获物和违法所得，并可被处以50 000元以下罚款；情节严重的，还可被没收渔具，吊销捕捞许可证（《渔业法》第42条）。④

其中，超过捕捞许可证上规定的限额进行捕捞，若无限制地继续下去，就构成超额捕捞或曰溢捕（over fishing）。对于其他任何一位捕捞权人而言，超额捕捞就意味着将降低其每单位劳力期待的渔获利益；对于整个渔业资源来说，可能导致某些特定鱼种消失殆尽。⑤ 所以，超额捕捞者应承担相应的法律责任。⑥

水生动物的可捕标准，应当以达到性成熟为原则。对各种捕捞对象应当规定具体的可捕标准（长度或重量）和渔获物中小于可捕标准部分的最大比重。捕捞时应当保留足够数量的亲体，使资源能够稳定增长（《水产资源繁殖保护条例》第5条第1款）。

不得使用炸鱼、毒鱼、电鱼等破坏渔业资源的方法进行捕捞。不得在禁渔期、禁渔区进行捕捞。不得使用小于最小网目尺寸的网具进行捕捞。捕捞的渔获物中幼鱼不得超过规定的比例（《渔业法》第30条）。

不得捕捞有重要经济价值的水生动物苗种（《渔业法》第31条）。不得捕杀、

---

① ② ③ ④ 崔建远：《准物权研究》，北京，法律出版社2003年版，第416、416、417、417页。
⑤ ⑥ 陈荔彤：《国际渔业法律制度之研究》，载《中兴法学》第43卷，1997年12月，第233、233页。

伤害国家重点保护的水生野生动物（《渔业法》第 37 条）。

不得买卖、出租和以其他形式转让捕捞许可证，不得涂改、伪造、变造（《渔业法》第 23 条第 3 款）。

对于跨界鱼类和高度洄游鱼类需要保护，现在已经通过了《执行 1982 年 12 月 10 日〈联合国海洋法公约〉有关养护和管理跨界鱼类种群和高度洄游鱼类种群的规定的协定》（中国台湾地区学者又译《联合国跨界鱼类和高度洄游鱼类养护和管理公约》），捕捞权人必须遵守。依据该公约规定，捕捞权人若使用了禁用渔具，在禁渔区和禁渔期从事捕捞作业，属于严重违规（serious violation），任何国家均可登船检查，予以处分。[1]

（五）渔业权的物权效力

渔业权作为准物权，具有物权效力符合逻辑，同时又表现出特殊性。

1. 渔业权的排他效力

所谓渔业权的排他效力，包含两方面的内容：一是指在同一特定水域不得同时存在两个或两个以上的渔业权；二是指在同一特定水域只能存在一个渔业权，不得同时存在水权等用益物权。

（1）同一特定水域不得同时存在两个或两个以上的渔业权。

基于养殖的自然物理性质，数个养殖权不得同时并存于同一特定水域，除非实行区分养殖权制度，或养殖证授权数个渔业经营者在同一特定水域放养不同习性水生动植物、吃不同食物的水生动物。捕捞权的情况比较复杂，需要具体分析。在中国，由于不存在专用渔业权、特定区划渔业权或共同渔业权作为中间环节，在近海、公海乃至他国水域捕捞，可以允许数个捕捞权同时存在于同一渔场，这些捕捞权之间不具有排他性。在这点上，捕捞权确实不同于典型的用益物权。例如，在中国管辖的北部湾渔场，就既有广西壮族自治区、广东省的渔船从事捕捞作业，又有海南省的渔船从事捕捞活动。每条渔船的作业海域可能重叠，在这些渔业权之间的关系上，不宜用排他性予以描述。但这些捕捞权与存在于其他渔场的渔业权之间，则是相互排斥的。

（2）在同一特定水域只能存在一个渔业权，不得并存着水权等用益物权。

划定航道，涉及水产养殖区的，航道主管部门应当征求渔业行政主管部门的意见（《内河交通安全管理条例》第 27 条第 2 款前段）。如果渔业行政主管部门基于正当理由不同意，就表明渔业权排斥航运水权。

在渔业权与排污权之间的关系上，原则上排污不得侵害渔业权。例如，海洋

---

① 陈荔彤：《国际渔业法律制度之研究》，载《中兴法学》第 43 卷，1997 年 12 月，第 280 页。

石油钻井船、钻井平台和采油平台不得向海域处置含油的工业垃圾。处置其他工业垃圾，不得造成海洋环境污染（《海洋环境保护法》第 52 条）。在重要渔业水域……不得新建排污口（《海洋环境保护法》第 30 条第 3 款）。向海域排放含热废水，应当采取有效措施，保证邻近的渔业水域的水温符合国家海洋环境质量标准，避免热污染对水产资源的危害（《海洋环境保护法》第 36 条）。《水污染防治法》也规定了排污不得侵害渔业权的内容（第 75 条、第 94 条第 3 款）。①

2. 渔业权的优先效力

（1）渔业权在法律效力上优先于债权。

某特定水域本来存在着租赁权，当该水域成为渔业权的客体时，该渔业权的效力优先于租赁权。如果租赁权因此而归于消灭，在采取物权的排他效力、物权的优先效力、物权的追及效力和物权请求权的所谓物权的"四效力说"的背景下，从严格的意义上可以说，这是渔业权排他效力的体现。②

（2）渔业权在法律效力上优先于水资源所有权。

水资源所有权虽然是渔业权产生的母权，但在特定水域的利用方面，渔业权优先于水资源所有权，水资源所有权人不得妨碍渔业权的行使；取得所捕捞水生动物的所有权，属于捕捞权的效力，水资源所有权不发挥作用。否则，渔业权就没有存在的价值。

（3）渔业权在法律效力上优先于其他用益物权。

有时渔业权与水权虽然可以并存于同一水域，但渔业权优先受到保护。例如，任何单位和个人在鱼、虾、蟹、贝幼苗的重点产区直接引水、用水的，应当采取避开幼苗的密集期、密集区，或设置网栅等保护措施（《渔业法实施细则》第 26 条）。

（4）渔业权相互之间的优先效力。

此处所谓渔业权相互之间的优先效力，仅指并存于同一特定水域的数个渔业权之间的效力顺序，不包括数个渔业经营者申请某一特定水域的渔业权，渔业主管部门只批准其中一人取得渔业权的情况。因为在采取"四效力说"的背景下，从严格的意义上，按照物权排他性的一般原理，这种情况属于渔业权排他性的范畴。但在采取物权的优先效力和物权请求权的所谓物权"二效力说"的背景下，将上述现象归入优先效力之中，也有其道理。据此，所谓渔业权的优先性，指在同一水域上存有两种以上的渔业权时，先成立的渔业权较后成立的渔业权为优

---

①② 崔建远：《准物权研究》，北京，法律出版社 2003 年版，第 420 页。

先，所以渔政主管部门应撤销后成立渔业权的核准。[1] 这种情况只有在采纳"二效力说"场合才能成立，在采纳"四效力说"的情况下，则值得商榷。

3. 渔业权的追及效力

关于物权的追及效力与物权请求权之间的关系，见仁见智。笔者持两者均有独立存在的价值，虽然相互有交叉，但并非完全重合的观点；赞同在渔业权场合，物权的追及效力基本上不表现为渔业权返还请求权的观点，但不同意妨害预防请求权（消除危险请求权）为渔业权追及效力的一种表现的意见，因为这种情况不符合物权追及效力的定义。较为详细些说，由于渔业权不是对水生动植物的所有权，渔业权所作用的水域被他人不法占用，渔业权人请求该侵权行为人离开该水域，消除该人对渔业权行使的妨害，属于渔业权的追及效力范畴；但如果是该水域中的水生动植物被他人侵占，则无渔业权追及效力发挥作用的余地。这若发生在养殖权场合，渔业经营者系基于其水生动植物的所有权，而非渔业权，请求侵占水生动植物者予以返还。这若发生在捕捞权场合，水生动植物不属于渔业权人所有，在它们被盗捕之后，因其脱离开捕捞权所作用的水域，它们不再是渔业权的客体，渔业权的效力不及于它们。渔业权的效力所及，只是当他人不法侵占渔业权所作用的水域时，渔业权人才有权将不法侵占人驱逐出该特定水域。从物上请求权的角度观察，这类权利属于排除妨害请求权及其行使；在物权的追及效力的层面衡量，则为追及效力的表现。对此，有学者基于"准物权为水域之'利用权'而非为水域之'直接支配权'"的观点，加以论证："由于渔业权不具有物的直接支配权利，所以就不必去考虑物的返还请求权，因此实质上渔业权在物上请求权上，仅有妨害排除请求权及妨害预防请求权而已。"[2] 这在总体上同本释评书的观点殊途同归，但其中的妨害预防请求权不宜被归入物权的追及效力的范畴，因为妨害预防请求权（消除危险请求权）针对的是可能在将来损害物权及准物权的"危险"，其行使与追及效力的含义不符。[3]

4. 渔业权的请求权

（1）物的返还请求权。

渔业权不是对水生动植物的所有权，所以，渔业权所作用水域中的水生动植物被他人侵占，无渔业权返还请求权发挥作用的余地。在养殖权场合，渔业经营者系基于其水生动植物的所有权，而非渔业权，请求侵占水生动植物者予以返

---

① 欧庆贤、陈美宇：《渔业权制度》，载《中国水产》第 487 期，1993 年 7 月，第 48 页；陈俊佑：《专用渔业权管理制度之研究》，台湾海洋大学海洋法律研究所硕士学位论文（1994），第 47 页。

② 欧庆贤、陈美宇：《渔业权制度》，载《中国水产》第 487 期，1993 年 7 月，第 48~49 页。

③ 崔建远：《准物权研究》，北京，法律出版社 2003 年版，第 422 页。

还。在捕捞权场合，水生动植物不属于渔业权人所有，在它们被盗捕之后，因其脱离开捕捞权所作用的水域，它们不再是渔业权的客体，渔业权的效力不及于它们。渔业权的效力所及，只是当他人不法侵占渔业权所作用的水域时，渔业权人才有权主张其渔业权，将不法侵占人驱逐出该特定水域。但这种权利与其说是物的返还请求权，倒不如认为属于排除妨害请求权，更为贴切。①

（2）排除妨害请求权。

当存有妨害渔业权行使的障碍时，渔业权人可以直接主张也可以通过诉讼主张，请求不法妨害渔业权行使之人将该妨害排除。该物权请求权主要适用于他人不法在养殖证、捕捞许可证所划定的水域及其周围设置障碍物，影响乃至阻止渔业权人从事养殖或捕捞作业等场合。②

（3）消除危险请求权。

当存有污染水域、堤坝将要决口等致渔业权损害的现实危险时，渔业权人可以直接也可以通过诉讼向危险责任者主张消除该危险。该物权请求权主要适用于水域污染将导致水生动植物死亡或不正常生长、堤坝行将决口会导致所养水生动物逃逸、水下爆破等作业致使水生动物死亡或逃逸等，最终使渔业权遭受损害的场合。③

当渔业权人从事养殖或捕捞的设施遭受不法损害时，渔业权人可以直接或通过诉讼请求侵权行为人予以修复。

---

①② 崔建远：《准物权研究》，北京，法律出版社 2003 年版，第 422 页。
③ 崔建远：《准物权研究》，北京，法律出版社 2003 年版，第 422～423 页。

第十一章

土地承包经营权

本章从土地承包经营权制度由农村集体经济组织实行家庭承包经营为基础、统分结合的双层经营体制所决定并反映其内在要求而成入手，界定土地承包经营权，划定其基本内容（权能），明确主要类型的土地承包经营权的存续期限，确定土地承包经营权的设立要件和对抗要件，准予土地承包经营权流转，严格限定调整承包地，确立以不得收回承包地为原则，引致承包地被征收时的补偿规范，创设"三权分置"的架构及土地经营权，赋权土地经营权的自由流转性，对于国有土地作为土地承包经营权及土地经营权的客体的，准用《民法典》"第二编 物权"的规定。

土地承包经营权，系用益物权之一种。土地经营权若因入股、抵押、转让等方式而生，则也被定性和定位在用益物权，利多弊少。在物权体系中，它们处于不可或缺的地位，地役权、抵押权、相邻关系、征收制度等都与之密切相关；没有它们，物权法的大厦就缺少了一根支柱。

土地承包经营权及土地经营权，其客体在全国土地中所占比重是其他用益物权的客体难以企及的；其主体在全国人口中所占比重，也是其他用益物权的主体只得望其项背的；其作用的结果是支撑生存权的生力军；是解决就业问题的法律基础之一。

中国，迄今是、今后仍然是个农业大国，14 亿人的穿衣、吃饭绝非小事、易事。假如满足这些需求的基础、主动权不在中国人自己的手里，而是依赖进口，则危险至极，国家战略安全会脆弱不堪。目前仍在肆虐的新冠肺炎疫情引发的极端少数人对于中国的恶意中伤、小动作连连、经济和外贸上的极端措施，都再次敲响了警钟：中国人的穿衣、吃饭必须依靠自我！再加上国际人道主义的践行需要，都决定了农林牧渔在整个国民经济中所处的重要地位，也显现出土地承包经营权及土地经营权的不可取代性，极端重要性！

中国，在很长的历史时期，只有土地的国家所有权、农民集体所有权，没有法律认可的用益物权。在城镇开展基本建设没有建设用地使用权，依靠行政法和政策行事；在农村从事农林牧渔缺乏土地承包经营权，由人民公社制度中的"三级所有，队为基础"解决。其结果，尽管农民每天都起早贪黑地下地劳作，可田野里总是杂草不尽，农获物不多，农民的生活水平不高，贫困地区和人群不少。

由安徽、四川率先发起的农村经济体制改革的探索开始，到农村集体经济组织实行家庭承包经营为基础、统分结合的双层经营体制的逐步铺开，极大地释放了农民的积极性和创造力，很短的时间里就不见了田地里的杂草，粮棉油丰收，农民的生活水平如同芝麻开花节节高。改革成功，土地承包经营权功不可没！

可是，随着时间的推移，化肥、种子及农机的开销加大，农民的负担不断加重，农村、农业的发展势头缓慢下来，即使国家免除了几千年以来奉行的农业地税，惠及农民，也无法抵消农民负担的增长。加上城镇改革的进程加快，收效喜人，农民工离乡入城，老人、妇幼留守故土，村庄"空壳化"，人们不由得感叹：农民真苦！农村农业真危险！

应该看到，土地承包经营权是基于土地按人或按劳动力均有（口粮田使用权是按人均有，责任田承包经营权是按劳动力或按人均有）的原则而产生的。每家农村承包经营户均享有与其人口或劳动力相应的土地承包经营权。这种社区成员与社区土地对应配置的模式与当时农户的生产能力相吻合。在当时的条件下，农户取得土地承包经营权至关重要，取得该权后也充分发挥出了应有的效能。新一轮土地承包制度下的土地承包经营权，虽然其存续期间延长了30年，《农村土地承包法》和《物权法》更是区分承包地的类型而分别规定了较长时期的土地承包经营权，如草地的承包期为30年至50年，林地的承包期为30年至70年，因"增人不增地，减人不减地"而修正了土地均有原则（有些地区尚未修正后者），可以经发包人同意而被转包、转让、互换、入股等，同第一轮土地承包制度下的土地承包经营权相比有所发展变化，但仍无根本性的改变，并未突破社区成员与社区土地之间对应配置的现状（当然，在现有背景下也不应突破）。①

这种分散的家庭经营，不太适合现代化大农业的规模化经营的要求，也不完全跟得上农村经济向商品化、现代化转变的步伐，需要在保障农民生存权的基础

---

① 崔建远：《"四荒"拍卖与土地使用权》，载《法学研究》1995年第6期，第29页。

上加快发展权，其中之一是让土地经营权超越原来的集体经济，超越行政界限，向擅长规模经营的"能手"集中。这就是土地经营权与土地承包经营权相分离的内在的、客观的要求。

其实，为了克服分散经营的局限，有效地抵御自然的和社会的双重风险，超越地域性集体经济组织的专业性，综合性服务组织，多种形式的合作与联合，已经开始在农村涌现出来。这些新型服务组织，有流通领域的各国营公司、供销社和新组建的各专业公司与农户的联合，有国家设在农村的技术推广单位和农垦企业与农户的联合（"场、站带户"），有农村能人兴办的上联市场、下联农户的中间组织，有以农村专业户为主体的各种专业协会和专业公司，等等。这些组织与农户之间大都以书面的或口头的形式约定相互间的权、责、利关系，展现出巨大的力量。① 如果法律承认农户将其土地承包经营权中的部分权能交由这些组织分享，形成土地经营权，就顺应了这种潮流，满足了社会经济发展的需要。

再者，《物权法》和《农村土地承包法》设计的土地承包经营权被抵押、自由转让所带来的风险过大，但同时权利人又有以土地承包经营权设立担保达到融资目的之现实且巨大的需求，其实也有金融机构扩张其金融业务的经济人渴望，如果再创设土地经营权制度，由农户保有土地承包权，流转土地经营权，以后者融资，就兼顾了生存权和发展权，相得益彰。

其实，实务中早有范例，那就是通过招标、拍卖公开协商等方式设立的"四荒"土地承包经营权，自由流转，满足了各方的需求。其原因在于："四荒"拍卖、招标是一种开放的市场行为，"四荒"土地承包经营权原则上是基于价高者得或条件理想者得的游戏规则而归招标人或买受人享有。它不是土地按人或劳动力均有原则的产物，不存在社区成员与社区土地之间对应配置的分配问题。正因为投标人、竞买人通过公开、平等的竞买，支付出最高价或报出令招标人满意的条件而取得"四荒"土地承包经营权，其客体少则十几亩，多则几十亩，乃至几万亩，容易产生规模效益，因此可以说，"四荒"土地承包经营权是由市场按效益最大化原则配置的。同时，"四荒"土地承包经营权在不改变土地用途的前提下转让、出租、抵押、入股、互换等，真正进入了土地市场，容易导致"四荒"土地向经营能手集中，发挥出最佳效益。② 国务院办公厅《关于治理开发农村"四荒"资源进一步加强水土保持工作的通知》（国办发〔1996〕23 号）指出：

---

① 崔建远：《"四荒"拍卖与土地使用权》，载《法学研究》1995 年第 6 期，第 30 页。https://baike. baidu. com/item/%E5%8F%8C%E5%B1%82%E7%BB%8F%E8%90%A5%E4%BD%93%E5%88%B6/500257?fr=aladdin. 2020 年 4 月 13 日最后访问。

② 崔建远：《"四荒"拍卖与土地使用权》，载《法学研究》1995 年第 6 期，第 30 页。

"实践证明，治理开发'四荒'资源，对于进一步解放农村的生产力，控制水土流失、提高土壤肥力和土地的产出率，对于保护、改善和优化生态环境，加快农民脱贫致富、壮大农村集体经济等，都有着重要的意义。"它代表了农业用地权利的发展方向。

农村、农业的改革势在必行。习近平总书记于 2013 年 7 月明确提出，深化农村改革，完善农村基本经营制度，要好好研究农村土地所有权、承包权、经营权三者之间的关系。2016 年 4 月 25 日，习近平总书记在小岗村农村改革座谈会上强调，新形势下深化农村改革，主线仍是处理好农民和土地的关系。这为我国农村土地产权制度改革指明了方向。中国共产党第十八届五中全会明确提出，完善土地所有权承包权经营权分置办法，依法推进土地经营权有序流转。在这种大背景下，中共中央办公厅、国务院办公厅于 2016 年 10 月印发了《关于完善农村土地所有权承包权经营权分置办法的意见》。①

《关于完善农村土地所有权承包权经营权分置办法的意见》明确："……在土地经营权方面，土地经营权人对流转土地依法享有在一定期限内占有、耕作并取得相应收益的权利。在依法保护集体所有权和农户承包权的前提下，平等保护经营主体依流转合同取得的土地经营权，保障其有稳定的经营预期。在完善'三权分置'办法过程中，要依法维护经营主体从事农业生产所需的各项权利，使土地资源得到更有效合理的利用。……"

在这个框架下，农村土地的集体所有权归集体所有，是土地承包权的前提。农户享有的承包经营权在土地流转中又派生出经营权，集体所有权是根本，农户承包权是基础，土地经营权是关键，这三者统一于农村的基本经营制度。②

集体土地所有权、农户承包权已由中国现行法确立为物权，《民法典》已经承继，不应存疑。但土地经营权究竟是被赋予物权的效力还是仅仅作为债权对待，较为理想，意见不一，需要慎思。从应尽可能地优化权利人的法律地位、使土地经营权成为更为有效的融资手段等方面出发，将土地经营权设计为用益物权确有必要。这从《中共中央、国务院关于完善产权保护制度依法保护产权的意见》关于"落实承包地、宅基地、集体经营性建设用地的用益物权"的规定中似可窥见一斑。不过，通过出租（转包）的方式流转的土地经营权被定性和定位在债权，理由似乎更充分些。看来，法学的任务仍然艰巨。

总而言之，土地承包经营权及土地经营权制度的诞生、发展、演变，正是中

---

① ②　韩长赋、张红宇：《农村土地〈"三权分置"意见〉政策解读》，http://www.scio.gov.cn/34473/34515/Document/1515220/1515220. htm. 2016 年 11 月 23 日最后访问。

国农村、农业改革的真实写照！在一定意义上说，也是中国整个经济体制改革的缩影。

第三百三十条

农村集体经济组织实行家庭承包经营为基础、统分结合的双层经营体制。

农民集体所有和国家所有由农民集体使用的耕地、林地、草地以及其他用于农业的土地，依法实行土地承包经营制度。

本条主旨

本条是关于土地承包经营权的法律制度及其源自家庭承包的经济制度的规定。

相关条文

《宪法》第 8 条第 1 款　农村集体经济组织实行家庭承包经营为基础、统分结合的双层经营体制。农村中的生产、供销、信用、消费等各种形式的合作经济，是社会主义劳动群众集体所有制经济。参加农村集体经济组织的劳动者，有权在法律规定的范围内经营自留地、自留山、家庭副业和饲养自留畜。

《物权法》第 124 条　农村集体经济组织实行家庭承包经营为基础、统分结合的双层经营体制。

农民集体所有和国家所有由农民集体使用的耕地、林地、草地以及其他用于农业的土地，依法实行土地承包经营制度。

《土地管理法》第 13 条　农民集体所有和国家所有依法由农民集体使用的耕地、林地、草地，以及其他依法用于农业的土地，采取农村集体经济组织内部的家庭承包方式承包，不宜采取家庭承包方式的荒山、荒沟、荒丘、荒滩等，可以采取招标、拍卖、公开协商等方式承包，从事种植业、林业、畜牧业、渔业生产。家庭承包的耕地的承包期为三十年，草地的承包期为三十年至五十年，林地的承包期为三十年至七十年；耕地承包期届满后再延长三十年，草地、林地承包期届满后依法相应延长。

国家所有依法用于农业的土地可以由单位或者个人承包经营，从事种植业、林业、畜牧业、渔业生产。

发包方和承包方应当依法订立承包合同，约定双方的权利和义务。承包经营土地的单位和个人，有保护和按照承包合同约定的用途合理利用土地的义务。

《农村土地承包法》第 3 条　国家实行农村土地承包经营制度。

农村土地承包采取农村集体经济组织内部的家庭承包方式，不宜采取家庭承包方式的荒山、荒沟、荒丘、荒滩等农村土地，可以采取招标、拍卖、公开协商等方式承包。

第 4 条　农村土地承包后，土地的所有权性质不变。承包地不得买卖。

第 5 条　农村集体经济组织成员有权依法承包由本集体经济组织发包的农村土地

任何组织和个人不得剥夺和非法限制农村集体经济组织成员承包土地的权利。

第 13 条　农民集体所有的土地依法属于村农民集体所有的，由村集体经济组织或者村民委员会发包；已经分别属于村内两个以上农村集体经济组织的农民集体所有的，由村内各该农村集体经济组织或者村民小组发包。村集体经济组织或者村民委员会发包的，不得改变村内各集体经济组织农民集体所有的土地的所有权。

国家所有依法由农民集体使用的农村土地，由使用该土地的农村集体经济组织、村民委员会或者村民小组发包。

第 19 条　土地承包应当遵循以下原则：

（一）按照规定统一组织承包时，本集体经济组织成员依法平等地行使承包土地的权利，也可以自愿放弃承包土地的权利；

（二）民主协商，公平合理；

（三）承包方案应当按照本法第十二条的规定，依法经本集体经济组织成员的村民会议三分之二以上成员或者三分之二以上村民代表的同意；

（四）承包程序合法。

《农业法》第 10 条　国家实行农村土地承包经营制度，依法保障农村土地承包关系的长期稳定，保护农民对承包土地的使用权。

农村土地承包经营的方式、期限、发包方和承包方的权利义务、土地承包经营权的保护和流转等，适用《中华人民共和国土地管理法》和《中华人民共和国农村土地承包法》。

农村集体经济组织应当在家庭承包经营的基础上，依法管理集体资产，为其成员提供生产、技术、信息等服务，组织合理开发、利用集体资源，壮大经济实力。

理解与适用

本条是对《物权法》第 124 条的复制，第 1 款陈述《宪法》固定的农村集体经济组织实行家庭承包经营为基础、统分结合的双层经营体制，旨在引出第2款的土地承包经营权法律制度由其决定、又反映其内在要求。第2款明确土地承包经营权的客体是农民集体所有的耕地、林地、草地以及其他用于农业的土地，土地承包经营权的主体是农户，母权人是集体或国家。

本条第1款所谓双层经营体制，是指中国农村实行联产承包制以后形成的家庭分散经营和集体统一经营相结合的经营形式。按照这一经营形式，农村集体经济组织在实行联产承包、生产经营，建立家庭承包经营这个层次的同时，还对一些不适合农户承包经营或农户不愿承包经营的生产项目和经济活动，诸如某些大型农机具的管理使用，大规模的农田基本建设活动，植保、防疫、制种、配种以及各种产前、产后的农业社会化服务，某些工副业生产等，由集体统一经营和统一管理，从而建立起一个统一经营层次。由于这种经营体制具有两个不同的经营层次，一是集体统一经营层次，一是家庭分散经营层次，因而称之为双层经营体制。①

在广大农村，以家庭为单位实行分散经营，适应了现阶段农业生产力水平较低的状况，有利于克服长期存在的管理过分集中、经营方式过分单一，以及吃"大锅饭"的弊端，有利于扩大农民的经营自主权，调动农民的积极性。但是，分散经营难以实现机械化耕作，抗御自然灾害能力较低，而集体经营能够完成一家一户难以承担的生产活动。分散经营与统一经营相结合的双层经营责任制，可以恰当地协调集体利益与个人利益，并使集体统一经营和劳动者自主经营两个积极性同时得到发挥，取得更大的经济效益。②

党的十一届三中全会以来，农村经营体制发生了根本性变化，集中到一点就是由高度集中统一的集体单一经营转变为家庭和集体统分结合的双层经营，作为我国农村集体经济的一项基本制度已经确立起来。稳定家庭承包经营，是社会主义初级阶段的必然选择。家庭联产承包责任制符合现阶段农村生产力水平和发展要求，显示了巨大的优越性和旺盛的生命力。正是这种经营形式的确立，使长期被压抑的生产力得以释放，促成了农村经济恢复性超高速增长，进而形成了发展商品生产的大潮。家庭经营既保持了它固有的优点，同时，又在商品经济发展过程中，与社会化服务组织日渐结合，开始出现专业化的萌芽，正摆脱落后技术、陈旧观念的束缚，展示了广阔的发展前景。③

社会经济的要求要变成现实且受到国家权力的有力保护，非被法律所反映、认可和保护不可，不然，承包人没有法定权利对抗发包人的所谓"行使土地所有

---

①②③　https://baike.baidu.com/item/%E5%8F%8C%E5%B1%82%E7%BB%8F%E8%90%A5%E4%BD%93%E5%88%B6/500257?fr=aladdin. 2020年4月13日最后访问。

权"的侵扰；反过来，发包人也不清楚其土地所有权的行使边界，不易判断承包人的哪些行为是不正当的，应予制止、请求损害赔偿，甚至终止双方的承包关系。《民法通则》《土地管理法》《农村土地承包法》《物权法》《民法典》先后设置土地承包经营权制度，反映和维护并促进发展家庭承包经营为基础、统分结合的双层经营体制，是正确的，应予坚持。

本条第 2 款所谓耕地，是指种植农作物的土地，包括灌溉水田、望天田（又称天水田）、水浇地、旱地等。所谓林地，是指生长乔木、竹类、灌木、沿海红树林的土地，包括有林地、灌木林地、疏林地、未成林造林地以及迹地和苗圃等。所谓草地，是指以生长草本植物为主，用于畜牧业的土地，包括天然草地、改良草地和人工草地。① 前述耕地、林地、草地，主要部分是人民公社时代由农村集体经济组织经营管理的耕地、林地、草地，也包括由农民（含牧民）自己经营管理的"自留地""自留山"。本条第 2 款所谓"其他用于农业的土地"，应指荒山、荒沟、荒丘、荒滩等起初闲置之地（《农村土地承包法》第 3 条第 2 款），俗称"四荒地"。

第三百三十一条

土地承包经营权人依法对其承包经营的耕地、林地、草地等享有占有、使用和收益的权利，有权从事种植业、林业、畜牧业等农业生产。

本条主旨

本条是关于土地承包经营权人所享基本权利的规定。

相关条文

《民法通则》第 80 条第 2 款　公民、集体依法对集体所有的或者国家所有由集体使用的土地的承包经营权，受法律保护。承包双方的权利和义务，依照法律由承包合同规定。

第 81 条第 3 款　公民、集体依法对集体所有的或者国家所有由集体使用的森林、山岭、草原、荒地、滩涂、水面的承包经营权，受法律保护。承包双方的权利和义务，依照法律由承包合同规定。

《物权法》第 125 条　土地承包经营权人依法对其承包经营的耕地、林地、草

---

① 胡康生主编：《中华人民共和国物权法释义》，北京，法律出版社 2007 年版，第 283、284 页。

地等享有占有、使用和收益的权利，有权从事种植业、林业、畜牧业等农业生产。

《土地管理法》第 13 条　农民集体所有和国家所有依法由农民集体使用的耕地、林地、草地，以及其他依法用于农业的土地，采取农村集体经济组织内部的家庭承包方式承包，不宜采取家庭承包方式的荒山、荒沟、荒丘、荒滩等，可以采取招标、拍卖、公开协商等方式承包，从事种植业、林业、畜牧业、渔业生产。家庭承包的耕地的承包期为三十年，草地的承包期为三十年至五十年，林地的承包期为三十年至七十年；耕地承包期届满后再延长三十年，草地、林地承包期届满后依法相应延长。

国家所有依法用于农业的土地可以由单位或者个人承包经营，从事种植业、林业、畜牧业、渔业生产。

发包方和承包方应当依法订立承包合同，约定双方的权利和义务。承包经营土地的单位和个人，有保护和按照承包合同约定的用途合理利用土地的义务。

《农村土地承包法》第 6 条　农村土地承包，妇女与男子享有平等的权利。承包中应当保护妇女的合法权益，任何组织和个人不得剥夺、侵害妇女应当享有的土地承包经营权。

第 9 条　承包方承包土地后，享有土地承包经营权，可以自己经营，也可以保留土地承包权，流转其承包地的土地经营权，由他人经营。

第 17 条　承包方享有下列权利：

（一）依法享有承包地使用、收益的权利，有权自主组织生产经营和处置产品；

（二）依法互换、转让土地承包经营权；

（三）依法流转土地经营权；

（四）承包地被依法征收、征用、占用的，有权依法获得相应的补偿；

（五）法律、行政法规规定的其他权利。

第 23 条　承包合同自成立之日起生效。承包方自承包合同生效时取得土地承包经营权。

《草原法》第 13 条第 1 款　集体所有的草原或者依法确定给集体经济组织使用的国家所有的草原，可以由本集体经济组织内的家庭或者联户承包经营。

理解与适用

一、本条含义概貌

本条是对《物权法》第 125 条的复制，规定了土地承包经营权人所享基本权利，也就是土地承包经营权的积极权能。

二、土地承包经营权的界定

按照本条的规定，土地承包经营权，是指农户等承包人对其承包经营的耕地、林地、草地等农村土地依法享有占有、使用和收益的权利，从事种植业、林业、牧业等农业生产活动，保有收获物的所有权的用益物权。其中，占主导地位的是，以家庭承包经营为基础产生的土地承包经营权，下文径称为土地承包经营权。不宜采取家庭承包方式的荒山、荒沟、荒丘、荒滩等农村土地（以下简称为"四荒"），大多采取招标、拍卖、公开协商的方式成立土地承包经营权，下文简称为"四荒"土地承包经营权（《农村土地承包法》第3条第2款）。

［拓展］
林权，有广义的和狭义的区分。狭义的林权，应为土地承包经营权在林地承包方面的表现，为林地承包经营权，属于土地承包经营权的一种类型（《民法典》第331条以下，《农村土地承包法》第21条，《中共中央国务院关于全面推进集体林权制度改革的意见》第3条第8项）。广义的林权，则包括林地的所有权和林地的使用权（《林木和林地权属登记管理办法》第3条）。此处所谓林地的使用权，当指林地的承包经营权。

笔者认为，从界定清晰、使用便利、易于区分可否流转等层面讲，狭义的林权（即林地承包经营权）的概念，更为可取。对此，较为详细地说明如下。

（1）《民法典》《农村土地承包法》的位阶高于《林木和林地权属登记管理办法》，《中共中央国务院关于全面推进集体林权制度改革的意见》更是林权制度改革的纲领性文件，十分重要。它们都使用了狭义的林权概念，我们没有理由改弦更张。

（2）将林权界定为包含林地所有权和林地使用权，违反了财产权体系内部的位阶关系。林权属于财产权，而在财产权体系中，林地所有权的上位权利是财产所有权，再上位权利是物权，不会是林权。林权概念若有存在的必要，逻辑上只能是林地所有权的下位概念。所以，林权包括林地所有权和林地使用权之说，是把林权作为了林地所有权的上位概念，这不符合民法逻辑。

（3）如果一个人既对某宗林地享有所有权，又自己利用该宗林地，那么，在法律上只设置林地所有权制度便足矣，没有林权制度存在的必要。只有在非所有权人为自己的利益而需要使用林地时，为清楚地划分他与所有人之间的利益，也为了对抗其他人，才有设置林权制度的必要。在这种背景下存在的林权，恐怕它只会从林地所有权中派生，系分离所有权中的占有、使用、受益诸权能而形成的他物权。由此可见，林权包括林地所有权和林地使用权之说，犯了本末倒置的错误。

（4）在中国，林地所有权和林地使用权是各自独立的。前者不得易其主体，而后者则可以转让。可见，林权包括林地所有权和林地使用权之说，显然忽视了林地所有权和林权之间的性质差别。其实，持林权含有林地所有权说的法规、规章、专家、学者，都一方面承认林权的转让，另一方面坚持宪法所规定林地所有权归国家享有的原则，否认林地所有权的转让。这使他（它）们陷入自相矛盾之中。这是不遵循民法思维的结果。在民法的视野里，林权系从林地所有权中派生出来的用益物权。这十分清晰、简单。如此，就非常容易表述林地所有权不得转让而林权可以转让的精神。

我们界定一个特定的事物，所采用的概念必须首先准确地揭示该事物的本质属性，这是起码的要求；其次是受此领域约定俗成的制约，符合此领域大家都遵循的界定概念的规则要求；再次是所用概念在使用上要方便，如果所采用的概念在使用时常常要作许多限定，作若干辅助说明，则所用概念难谓妥当。如果把林权界定为占有、使用、收益特定林地的权利，而非对林地所有的权利，就能避免上述徒劳无用之功。如此界定，才符合法学尤其是民法学既有的权利位阶体系理论，即受制于约定俗成，才遵循了"财产权——物权——所有权——用益物权——林权"的逻辑结构。如此界定，使用林权概念时才最便利，在谈论林权转让等现象时无须再作限定说明。

所谓农村土地，指农民集体所有和国家所有依法由农民集体使用的耕地、林地、草地，以及其他依法用于农业的土地（《农村土地承包法》第2条）。所谓"四荒"土地，属于"其他依法用于农业的土地"，是暂时闲置的土地，承包、租赁或拍卖使用权的"四荒"地必须是农村集体经济组织所有的、未利用的土地。自留山、责任山是林地的组成部分，不在"四荒"之列。耕地、林地、草原以及国有未利用土地不得作为农村"四荒"〔国务院办公厅《关于进一步做好治理开发农村"四荒"资源工作的通知》（国办发〔1999〕102号）第1条第1项、第4项〕。

三、土地承包经营权的法律性质

（一）权利主体因土地承包经营权的类型不同而异其规格

从主体上看，以家庭承包方式设立的土地承包经营权，其主体具有身份性，必须是本集体经济组织成员所组成的农户，至少在土地承包经营权设立之时是这样的（《农村土地承包法》第 3 条、第 5 条、第 16 条、第 27 条第 3 款、第 31条）；"四荒"土地承包经营权的主体则无身份限制，不但"四荒"土地所在的农村集体经济组织的成员可作承包人，其他集体经济组织的成员也可以，即使是城镇的企事业单位、社会团体及其他组织或个人，只要有治理开发能力的，也可以成为承包人（《农村土地承包法》第 48－53 条，国务院办公厅《关于治理开发农村"四荒"资源进一步加强水土保持工作的通知》第 3 条第 2 项）。

(二) 权利客体为土地的地表

从客体方面看，承包地绝大多数为农民集体所有的土地，少数情况下是国家所有由农民集体使用的土地（《民法典》第 330 条第 2 款，《农村土地承包法》第2 条）。耕地、"四荒"土地、草原、水面均可成为土地承包经营权的客体。由土地承包经营权的目的及功能决定，建筑物、构筑物及其附属设施不会成为土地承包经营权的客体，城市国有土地基本上用作建设用地，只有极个别的宗地用于农业方面，并呈逐渐萎缩的趋势。

土地承包经营权因其目的及功能的缘故，其客体限于承包地的地表，不包含地上、地下，即土地承包经营权不是空间权。这是它与建设用地使用权的不同之处。

(三) 权利的目的及功能是在承包地上从事农林牧渔生产经营活动，并保有收获物的所有权

从权利的目的及功能方面看，土地承包经营权的目的是，承包人对承包经营的耕地、林地、草地等享有占有、使用和收益的权利，从事种植业、林业、畜牧业等农业生产活动，保有收获物的所有权。这不同于建设用地使用权的目的及功能是在他人土地上建造建筑物、构筑物及其附属设施并保有所有权。

利用承包地从事养殖的权利也属于土地承包经营权，其目的及功能是承包人利用承包水域从事养殖经营活动，保有水生动植物所有权。

[引申]

由土地承包经营权的目的及功能所决定，承包人无权在承包地上兴建住宅、厂房、加油站、商品房等建筑物、构筑物及其附属设施，不得将承包地出租或转让给他人用于举办中外合资经营企业、中外合作经营企业、股份有限公司、有限责任公司等项目，也不得把承包地作为豪华的墓地。按照现行法的规定，在承包地上建造上述建筑物、构筑物及其附属设施，举办中外合资经营企业等项目的，均属非法，承包人违约，建造者、举办者不会取得建筑物、构筑物及其附属设施

的所有权，发包人均有权责令其拆除。

可事实上，有些地区的相当数量的承包人的确将承包地用作了上述用途。对此，我们应当依法处理，坚持上述原则及规则。但同时应当看到，有些地区的处理方法富有弹性，其法律后果亦应相应变化。（1）如果将已经建造住宅的承包地经依法批准变性为宅基地的，此类住宅就不再属于违法建筑，不应再作拆除的处理，而应由农户取得住宅的所有权。（2）如果把用于兴建乡镇企业的承包地经依法批准变性为集体所有的建设用地，此类项目即为合法，厂房等建筑物、构筑物及其附属设施不应作拆除的处理，而应由乡镇企业取得所有权。（3）如果用于举办中外合资经营企业等项目的承包地经依法征收为国有，再由自然资源行政主管部门出让建设用地使用权给投资者或中外合资企业等主体，那么，此类项目即为合法，由投资者或中外合资企业等主体取得建筑物、构筑物及其附属设施的所有权。（4）如果用作商品房建设的承包地被征收为国有，再由自然资源行政主管部门出让建设用地使用权给商品房的开发商，则此类商品房即为合法建筑，开发商取得所有权；或者，按照社会主义新农村建设规划，此类承包地经依法批准变性为集体所有的建设用地，建造者或买受人取得此类商品房的"小产权"，此类商品房亦为合法建筑，法律应予保护。

（四）土地承包经营权派生于土地所有权

从权利所生之源角度看，土地承包经营权是承包人分享了农民集体土地所有权或国家土地所有权中的占有、使用、收益诸项权能而形成的他物权。其母权是农民集体土地所有权，少数情况下是国家土地所有权。

（五）土地承包经营权为用益物权

从权利的归属体系角度看，土地承包经营权以占有、使用、收益为内容，承包人对其承包地拥有支配力、排他力，属于物权，且为用益物权。

［论争］

鉴于经常闻知这样的诘问：土地承包经营权的设立不以登记为生效要件，承包合同生效，土地承包经营权就产生，它还是物权吗？它与债权还有区别吗？在这里有必要予以回答。笔者认为，土地承包经营权的设定不以登记为生效要件，的确模糊了物权与债权之间的界限，程度不同地影响着交易的顺畅进行，但是，未经登记的土地承包经营权虽然不得对抗善意第三人，但仍然不同于债权，兹举例说明如下：（1）在土地承包权人（农户）将 A 地的土地经营权流转给乙之后，乙取得的土地经营权作为物权且经过登记，其后，农户又把 A 地的土地经营权流转给丙，乙就可以否定丙的土地经营权，保有自己的土地经营权。但是，乙的土地经营权作为债权，乙对丙就没有这样强大的效力。特别是，在丙实际占有 A 地而乙却未占有的情况下，类推适用《涉及国有土地使用权合同司法解释》第 9 条第 1 款第 2 项关于"均未办理土地使用权变更登记手续，已先行合法占有投资开发土地的受让方请求转让方履行土地使用权变更登记等合同义务的，应予支持"的规定，乙完全无力对抗丙享有土地经营权。（2）如果因其尚未登记而把它当成债权，在发包人因合并等原因而不复存在的情况下，就会出现承包人难以保有土地承包经营权的后果。因为发包人不复存在就是债务人消灭，债权要随之消灭。可是，土地承包经营权若为他物权，一经设立就具有独立性，只要其母权——农村集体土地所有权——没有绝对消灭，只要土地承包经营权的存续期间没有届满，即使发包人不复存在，它也照样存在。（3）土地承包经营权若作为债权，在第三人不法侵害承包地及其经营权的情况下，由于现行法尚未普遍承认债权为侵权行为的标的，承包人无权请求该第三人承担侵权责任。反之，土地承包经营权即使尚未登记也是物权，在第三人侵害它时，承包人就有权请求该第三人承担侵权责任。（4）土地承包经营权若因其尚未登记而作为债权，在债务人宣告破产的情况下，承包人就此利益只能与其他债权人平等地按比例地受偿，而作为物权，则享有优先的权利。由此看来，还是赞同《民法典》和《农村土地承包法》将土地承包经营权归入物权的态度更好。

（六）土地承包经营权为有期物权

从权利的存续期间看，土地承包经营权是有期物权，耕地的承包期为 30 年。草地的承包期为 30 年至 50 年。林地的承包期为 30 年至 70 年，经国务院林业行政主管部门批准可以延长［《民法典》第 332 条第 1 款，《农村土地承包法》第 21 条第 1 款，《中共中央国务院关于全面推进集体林权制度改革的意见》（2008 年 6 月 8 日）第 3 条第 8 项］。承包期届满，由土地承包经营权人按照国家有关规定继续承包（《民法典》第 332 条第 2 款），《农村土地承包法》的表述是"前款规定的耕地承包期届满后再延长三十年，草地、林地承包期届满后依照前款规定相应延长"（第 21 条第 2 款）。"四荒"土地承包经营权的存续期间，在实务上大多由承包合同约定，起初有的约定为 100 年。国务院办公厅于 1996 年 6 月 1 日发出《关于治理开发农村"四荒"资源进一步加强水土保持工作的通知》（国办发〔1996〕23 号），对承包期间予以限制，明确规定"承包、租赁、拍卖'四荒'使用权，最长不超过 50 年"（第 3 条第 6 项）。国务院办公厅于 1999 年 12 月 21 日发布的《关于进一步做好治理开发农村"四荒"资源工作的通知》（国办发〔1999〕102 号）再次重申（第 2 条第 3 项）。

从形式上看，土地承包经营权都有明确的存续期限，但由政策决定，期满时要么续期，要么重新发包给农业承包经营户。就农业承包经营户和承包地之间必须对应配置而言，土地承包经营权发挥着与无期物权相当的作用。

（七）土地承包经营权以有偿性为原则

土地承包经营权基本上为有对价的物权，但不排除依法经本集体经济组织成员的村民会议 2/3 以上成员或 2/3 以上村民代表的决议免交承包金。

承包金是指承包方依据承包合同的约定向发包方交纳的款项、实物或应当履行的劳务。

四、土地承包经营权人的基本权利

（一）占有、使用承包地的权利

土地承包经营权人占有承包地，是其从事农林牧渔经营活动的前提。使用承包地，或表现为耕种承包地，或表现为在承包地上植树造林，或表现为在承包地上种草、放牧，或表现为在承包水域养殖水生动植物。

但应注意，法律禁止占用耕地建窑、建坟或者擅自在耕地上建房、挖砂、采石、采矿、取土等。禁止占用基本农田发展林果业和挖塘养鱼（《土地管理法》第 37 条第 2 款、第 3 款）。

（二）享有收获物所有权的权利

土地承包经营权的目的及功能之一是，土地承包经营权人从事上述农林牧渔经营活动的收获物，归属于自己，而不归发包人，也不归国家或他人。所以，土地承包经营权人保有收获物的所有权为其重要权利，或者说是核心权利。

对此，国务院办公厅《关于治理开发农村"四荒"资源进一步加强水土保持工作的通知》特别予以明确："实行谁治理、谁管护、谁受益的政策。在经过治理开发的'四荒'地上种植的林果木、牧草及其产品等归治理者所有，新增土地的所有权归集体，在协议规定期限内，治理者拥有使用权，享受国家有关优惠政策。"如今，不限于"四荒"上的林木，《中共中央国务院关于全面推进集体林权制度改革的意见》明确规定："在坚持集体林地所有权不变的前提下，依法将林地承包经营权和林木所有权，通过家庭承包方式落实到本集体经济组织的农户，确立农民作为林地承包经营权人的主体地位"（第 3 条第 8 项）。

（三）自主经营的权利

土地承包经营权人自主经营，根据农业生产经营规律和自己的意愿安排生产经营活动。对此，国务院办公厅《关于治理开发农村"四荒"资源进一步加强水土保持工作的通知》（国办发〔1996〕23 号）明确指出："治理者对'四荒'享有治理开发自主权。国家依法保护治理开发'四荒'的成果和治理者的合法权益。在符合国家有关法律、法规、政策、水土保持总体规划和治理开发协议的前提下，允许并鼓励治理者在保持水土和培育资源的基础上，宜农则农，宜林则林，宜果则果，宜牧则牧，宜渔则渔，根据实际情况开发利用'四荒'。"对此，《农村土地承包法》于第15条第2项、第17条第1项从不同的方向两次强调，第9条前段也强调保护土地承包经营权人的自主经营。《中共中央国务院关于全面推进集体林权制度改革的意见》规定："实行商品林、公益林分类经营管理。依法把立地条件好、采伐和经营利用不会对生态平衡和生物多样性造成危害区域的森林和林木，划定为商品林；把生态区位重要或生态脆弱区域的森林和林木，划定为公益林。对商品林，农民可依法自主决定经营方向和经营模式，生产的木材自主销售。对公益林，在不破坏生态功能的前提下，可依法合理利用林地资源，开发林下种养业，利用森林景观发展森林旅游业等"（第3条第10项）。

（四）从发包人处依法获取生产、技术、信息等服务的权利

承包人从事农林牧渔经营活动所必需的生产、技术、信息，发包人若有能力提供这方面的服务，则依照《农村土地承包法》第15条第3项的规定，承包人有权获得。

（五）依法流转土地承包经营权的权利

这部分内容将在释评《民法典》第335条时再论，此处不赘。

（六）将承包地作为供役地设立地役权的权利

土地承包经营权人有权将承包地作为供役地为他人设立地役权（《民法典》第378条、第383条），至于土地承包经营权人把承包地作为需役地为自己设立地役权，同时有利于自己和土地所有权人，更应被准许（《物权法》第382条等）。

（七）承包地被依法征收时及时获得足额补偿的权利

为了公共利益的需要，国家征收农民集体所有的土地，该农民集体所有土地上存在的土地承包经营权随其母权——农民集体土地所有权——的消灭而不复存在，征收机关不但必须及时、足额补偿农民集体土地所有权人，而且必须及时、足额补偿土地承包经营权人（《民法典》第338条、第327条、第243条，《农村土地承包法》第17条第4项）。从权利的角度描述，就是土地承包经营权人享有足额补偿的请求权。

（八）对提高土地生产能力的投入，享有获得补偿的权利

在承包经营期间，土地承包经营权人若在承包地上依法兴建了农田水利设施等构筑物，或将"四荒"治理成了良田，或因多施有机肥料使承包地更加肥沃等，从而提高了土地的生产能力，承包方交回承包地或者发包方依法收回承包地

时，承包方对其在承包地上投入而提高土地生产能力的，有权获得相应的补偿（《农村土地承包法》第27条第4款）；土地承包经营权依法流转时，（原）承包人有权请求受让人给予相应补偿（《农村土地承包法》第43条，《涉及农村土地承包司法解释》第16条第2款）。

[引申]

在承包人对其承包地上投入而提高土地生产能力的前提下，土地承包经营权没有流转，而是终止，于此场合，承包人应有权请求发包人给予相应补偿。其道理在于，承包人因此而付出了费用，发包人就此获得了利益，按照公平正义的理念，发包人不宜无偿地获得此类利益。此其一。这样有利于承包人对承包地积极投入，提高土地生产能力，减少乃至杜绝掠夺性经营、破坏土壤肥力等短期行为。此其二。其法律依据，可类推适用《农村土地承包法》第43条、《涉及农村土地承包司法解释》第16条第2款的规定。

（九）对抗发包人非法行为的权利

发包人若违法地干涉承包人依法从事正常的生产经营活动、擅自调整承包地、擅自终止承包合同、擅自收回承包地、强迫土地承包经营权流转、将承包地收回抵顶欠款等，承包人均有权对抗（《农村土地承包法》第15条第2项、第27条第1款、第28条第1款、第37条、第57条、第58条，《涉及农村土地承包司法解释》第6条第1款第1项）。

承包期内，妇女结婚，在新居住地未取得承包地的，女性承包人有权对抗发包方收回原承包地的行为；妇女离婚或丧偶，仍在原居住地生活或不在原居住地生活但在新居住地未取得承包地的，女性承包人有权对抗发包方收回原承包地的行为（《农村土地承包法》第31条）。

[思考]

《农村土地承包法》奉行土地承包经营权基本稳定的原则，承包期内，发包方不得单方面解除承包合同，不得假借少数服从多数强迫承包方放弃或变更土地承包经营权，不得以划分"口粮田"和"责任田"等为由收回承包地搞招标承包，不得将承包地收回抵顶欠款（第15条、第25条、第27条、第28条）。承包期内，妇女结婚，在新居住地未取得承包地的，发包方不得收回其原承包地；妇女离婚或者丧偶，仍在原居住地生活或者不在原居住地生活但在新居住地未取得承包地的，发包方不得收回其原承包地（第31条）。对此精神，笔者表示同意，但问题是，违反了"不得"的后果如何，是承包合同消灭、土地承包经营权终止，发包方承担违约责任，还是承包合同和土地承包经营权都继续有效，发包方承担违约责任？易生歧义。不如直接表述为："没有正当事由，发包方撕毁承包合同，或假借少数服从多数强迫承包方放弃或变更土地承包经营权，或以划分'口粮田'和'责任田'等为由收回承包地搞招标承包，或将承包地收回抵顶欠款的，不发生承包合同终止的效果，土地承包经营权继续有效。"①

（十）依法请求延长土地承包经营权存续期限的权利

《涉及农村土地承包司法解释》第7条规定，承包合同约定或土地承包经营权证等证书记载的承包期限短于农村土地承包法规定的期限，承包方请求延长的，人民法院应予支持。

（十一）依法解除承包合同、终止土地承包经营权的权利

在承包合同中约定的终止或解除合同的条件已经成就；发包人不履行承包合同约定的义务，致使承包合同无法继续履行的等情况下，承包人有权终止（含解除）承包合同。

（十二）自愿交回承包地的权利

承包期内，承包方可以自愿将承包地交回发包方。承包方自愿交回承包地的，可以获得合理补偿，但是应当提前半年以书面形式通知发包方。承包方在承包期内交回承包地的，在承包期内不得再要求承包土地（《农村土地承包法》第30条）。自愿交回承包地，有一种情形是承包农户进城落户，自愿或经引导自愿将承包地交回发包方（《农村土地承包法》第27条第3款）。

（十三）请求依法办理土地承包经营权登记的权利

在土地承包经营权设立时，现行法不强求土地承包经营权登记，在土地承包经营权转让、互换等方式流转的情况下，现行法规定不登记不得对抗善意第三人（《农村土地承包法》第35条）。

五、土地承包经营权限于从事种植业、林业、畜牧业等农业生产

本条最后所谓土地承包经营权人有权从事种植业、林业、畜牧业等农业生产，既宣明了土地承包经营权人的权利，也暗含着对土地承包经营权运行的限制，即该权只得用于农林牧渔的生产、经营。之所以如此解释，是因为土地承包经营权的目的及功能如此，在这方面，法律及司法解释也有明确规定。例如，《农村土地承包法》第11条后段规定："未经依法批准不得将承包地用于非农建设。"第18条第1项加以承包方的义务是"维持土地的农业用途，未经依法批准不得用于非农建设"。第63条规定："承包方、土地经营权人违法将承包地用于

① 崔建远：《土地上的权利群研究》，北京，法律出版社2004年版，第217页。

非农建设的，由县级以上地方人民政府有关主管部门依法予以处罚"（第1款）；"承包方给承包地造成永久性损害的，发包方有权制止，并有权要求赔偿由此造成的损失"（第2款）。第64条规定："土地经营权人擅自改变土地的农业用途、弃耕抛荒连续两年以上、给土地造成严重损害或者严重破坏土地生态环境，承包方在合理期限内不解除土地经营权流转合同的，发包方有权要求终止土地经营权流转合同。土地经营权人对土地和土地生态环境造成的损害应当予以赔偿。"再如，《涉及农村土地承包司法解释》第8条规定："承包方违反农村土地承包法第十八条规定，未经依法批准将承包地用于非农建设或者对承包地造成永久性损害，发包方请求承包方停止侵害、恢复原状或者赔偿损失的，应予支持。"

第三百三十二条

耕地的承包期为三十年。草地的承包期为三十年至五十年。林地的承包期为三十年至七十年。

前款规定的承包期限届满，由土地承包经营权人依照农村土地承包的法律规定继续承包。

本条主旨

本条是关于土地承包期的规定。

相关条文

《物权法》第126条　耕地的承包期为三十年。草地的承包期为三十年至五十年。林地的承包期为三十年至七十年；特殊林木的林地承包期，经国务院林业行政主管部门批准可以延长。

前款规定的承包期届满，由土地承包经营权人按照国家有关规定继续承包。

《土地管理法》第13条第1款　农民集体所有和国家所有依法由农民集体使用的耕地、林地、草地，以及其他依法用于农业的土地，采取农村集体经济组织内部的家庭承包方式承包，不宜采取家庭承包方式的荒山、荒沟、荒丘、荒滩等，可以采取招标、拍卖、公开协商等方式承包，从事种植业、林业、畜牧业、渔业生产。家庭承包的耕地的承包期为三十年，草地的承包期为三十年至五十年，林地的承包期为三十年至七十年；耕地承包期届满后再延长三十年，草地、林地承包期届满后依法相应延长。

《农村土地承包法》第21条　耕地的承包期为三十年。草地的承包期为三十年至五十年。林地的承包期为三十年至七十年。

前款规定的耕地承包期届满后再延长三十年，草地、林地承包期届满后依照前款规定相应延长。

理解与适用

本条在承继《物权法》第 126 条的基础上有微调，删除了《物权法》第 126 条第 1 款后段规定的"特殊林木的林地承包期，经国务院林业行政主管部门批准可以延长"。

土地承包经营权是有期物权，必定有存续期间。但存续期间多长为宜，则取决于若干因素。如果过长，就意味着在期满前农村集体经济组织不得调整承包地，因农村集体经济组织内部成员的人口增加导致的承包地依人分配的不合理会明显突出；国家征收承包地时所付补偿款也会相应增大。如果太短，则会降低甚至阻碍土地承包经营权人改善土地品质、加大投入以提高土地的生产能力的积极性，可能促使其破坏性、掠夺性地利用土地。

农村实行家庭联产承包责任制之初，承包期一般较短，负面结果显现。于是，1984 年，国家出台政策，要求土地承包期应当适当延长，一般应在 15 年以上。1993 年，一些较早实行家庭联产承包责任制的地方，第一轮土地承包即将到期。为了及时指导，国家提出，在原定的耕地承包期届满之后，再延长 30 年不变。2002 年颁布的《农村土地承包法》明确耕地的承包期为 30 年（第 20 条）。全国性的草地的承包经营始自 1984 年。一些地区把草地的承包期定为 50 年。在《农村土地承包法》出台之前，实践中林地的承包期一般为 30~50 年。国家政策曾原则要求，土地承包期再延长 30 年不变，营造林地和"四荒"地等开发性生产的承包期可以更长。[1] 直至 2002 年，修正的《农村土地承包法》规定："草地的承包期为三十年至五十年。林地的承包期为三十年至七十年；特殊林木的林地承包期，经国务院林业行政主管部门批准可以延长"（第 20 条后段）。2018 年修正的《农村土地承包法》在承继的基础上明确"前款规定的耕地承包期届满后再延长三十年，草地、林地承包期届满后依照前款规定相应延长"（第 21 条）。《民法典》对此予以固定（第 322 条第 1 款）。

本条第 2 款明确："前款规定的承包期限届满，由土地承包经营权人依照农村土地承包的法律规定继续承包。"这在实际效果上相当于把土地承包经营权变成了"无期物权"，给农民（含牧民）吃了一颗定心丸，使其不必担心其承包地

---

[1]　胡康生主编：《中华人民共和国物权法释义》，北京，法律出版社 2007 年版，第 284 页。

失去，完全可以放心地对承包地投入，避免短期效应。

第三百三十三条

土地承包经营权自土地承包经营权合同生效时设立。

登记机构应当向土地承包经营权人发放土地承包经营权证、林权证等证书，并登记造册，确认土地承包经营权。

本条主旨

本条是关于土地承包经营权设立和登记及权证的规定。

相关条文

《物权法》第 127 条　土地承包经营权自土地承包经营权合同生效时设立。

县级以上地方人民政府应当向土地承包经营权人发放土地承包经营权证、林权证、草原使用权证，并登记造册，确认土地承包经营权。

《土地管理法》第 12 条　土地的所有权和使用权的登记，依照有关不动产登记的法律、行政法规执行。

依法登记的土地的所有权和使用权受法律保护，任何单位和个人不得侵犯。

《农村土地承包法》第 23 条　承包合同自成立之日起生效。承包方自承包合同生效时取得土地承包经营权。

第 24 条第 1 款、第 2 款　国家对耕地、林地和草地等实行统一登记，登记机构应当向承包方颁发土地承包经营权证或者林权证等证书，并登记造册，确认土地承包经营权。

土地承包经营权证或者林权证等证书应当将具有土地承包经营权的全部家庭成员列入。

《森林法》第 3 条第 2 款　国家所有的和集体所有的森林、林木和林地，个人所有的林木和使用的林地，由县级以上地方人民政府登记造册，发放证书，确认所有权或者使用权。国务院可以授权国务院林业主管部门，对国务院确定的国家所有的重点林区的森林、林木和林地登记造册，发放证书，并通知有关地方人民政府。

《草原法》第 11 条　依法确定给全民所有制单位、集体经济组织等使用的国家所有的草原，由县级以上人民政府登记，核发使用权证，确认草原使用权。

未确定使用权的国家所有的草原，由县级以上人民政府登记造册，并负责保护管理。

集体所有的草原，由县级人民政府登记，核发所有权证，确认草原所有权。

依法改变草原权属的，应当办理草原权属变更登记手续。

《渔业法》第 11 条第 1 款 国家对水域利用进行统一规划，确定可以用于养殖业的水域和滩涂。单位和个人使用国家规划确定用于养殖业的全民所有的水域、滩涂的，使用者应当向县级以上地方人民政府渔业行政主管部门提出申请，由本级人民政府核发养殖证，许可其使用该水域、滩涂从事养殖生产。核发养殖证的具体办法由国务院规定。

《不动产登记暂行条例实施细则》第 47 条 承包农民集体所有的耕地、林地、草地、水域、滩涂以及荒山、荒沟、荒丘、荒滩等农用地，或者国家所有依法由农民集体使用的农用地从事种植业、林业、畜牧业、渔业等农业生产的，可以申请土地承包经营权登记；地上有森林、林木的，应当在申请土地承包经营权登记时一并申请登记。

第 48 条 依法以承包方式在土地上从事种植业或者养殖业生产活动的，可以申请土地承包经营权的首次登记。

以家庭承包方式取得的土地承包经营权的首次登记，由发包方持土地承包经营合同等材料申请。

以招标、拍卖、公开协商等方式承包农村土地的，由承包方持土地承包经营合同申请土地承包经营权首次登记。

理解与适用

一、本条含义概貌

本条在承继《物权法》第 127 条的基础上有微调，删除了《物权法》第 127 条中"草原使用证"，改为在"林权证"后加"等"字的立法技术，为实践中权证类型可以因客观、风俗习惯的需要而定预留了空间。

二、土地承包经营权的设立

（一）概说

土地承包经营权的设立，属于创设继受取得土地承包经营权，是将农民集体土地所有权的部分权能分离和独立出来，形成土地承包经营权这种新权利的现象。在《民法典》及《农村土地承包法》上，土地承包经营权的创设继受取得包括两种情形：一是采取家庭承包方式，农村集体经济组织与其成员之间签订农业承包合同设立土地承包经营权；二是通过招标、拍卖、公开协商等方式，农村集体经济组织与承包人协商一致创设"四荒"土地承包经营权。

（二）通过家庭承包方式设立土地承包经营权

1. 界定

通过家庭承包方式设立土地承包经营权，是指农村集体经济组织的成员以农户的名义，与农村集体经济组织签订承包合同，创设土地承包经营权。

2. 程序

《农村土地承包法》第20条规定，土地承包应当按照以下程序进行：（1）本集体经济组织成员的村民会议选举产生承包工作小组；（2）承包工作小组依照法律、法规的规定拟订并公布承包方案；（3）依法召开本集体经济组织成员的村民会议，讨论通过承包方案；（4）公开组织实施承包方案；（5）签订承包合同。

3. 承包合同

承包合同，有人叫作农业承包合同，《民法典》称之为土地承包经营权合同（第333条第1款），其主体包括发包人和承包人。

发包人，《农村土地承包法》称作发包方。在农村土地依法属于村集体所有的情况下，发包人是农村集体经济组织或村民委员会；已经分别属于村内两个以上农村集体经济组织的农民集体所有的，发包人是村内各该农村集体经济组织或村民小组（《农村土地承包法》第13条第1款）。在国家所有依法由农民集体使用的农村土地发包的情况下，发包人可以是该土地的农村集体经济组织，也可以是村民委员会，还可以是村民小组（《农村土地承包法》第13条第2款）。

承包人，《农村土地承包法》称作承包方，将其范围限定为农村集体经济组织的成员，以农户的名义出现（第5条、第16条）。妇女和男子均为平等的一分子，在农村土地承包方面享有同等的权利（《农村土地承包法》第6条）。

承包人享有依法承包本集体经济组织发包的农村土地，任何组织和个人不得剥夺和非法限制农村集体经济组织成员承包土地的权利（《农村土地承包法》第5条），表明发包人负有强制缔约的义务。

承包合同应当采取书面形式，一般包括以下条款：（1）发包方、承包方的名称，发包方负责人和承包方代表的姓名、住所；（2）承包土地的名称、坐落、面积、质量等级；（3）承包期限和起止日期；（4）承包土地的用途；（5）发包方和承包方的权利和义务；（6）违约责任（《农村土地承包法》第22条第2款）。

承包合同自成立之日起生效（《农村土地承包法》第23条前段）。

4. 土地承包经营权的设立要件和时间点

土地承包经营权自承包合同生效时设立（《民法典》第333条第1款，《农村土地承包法》第 23 条后段）。

登记尽管不是土地承包经营权设立的生效要件，但在土地承包经营权的确认、对抗他人方面仍然具有不可忽视的价值。《民法典》的有关规定表明了这一点，《不动产登记暂行条例实施细则》更是对此详加规定："承包农民集体所有的耕地、林地、草地、水域、滩涂以及荒山、荒沟、荒丘、荒滩等农用地，或者国家所有依法由农民集体使用的农用地从事种植业、林业、畜牧业、渔业等农业生产的，可以申请土地承包经营权登记；地上有森林、林木的，应当在申请土地承包经营权登记时一并申请登记"（第 47 条）。"依法以承包方式在土地上从事种植业或者养殖业生产活动的，可以申请土地承包经营权的首次登记"（第 48 条第 1款）。"以家庭承包方式取得的土地承包经营权的首次登记，由发包方持土地承包经营合同等材料申请"（第 48 条第 2 款）。

登记完成后，县级以上地方人民政府应当向土地承包经营权人发放土地承包经营权证、林权证等证书，并登记造册，确认土地承包经营权（《民法典》第333 条第 2 款，《农村土地承包法》第 24 条第 1 款）。

[拓展]

林权的取得虽然不以林权登记为生效要件，但为了明晰权属，对抗第三人，通过登记予以公示仍有其积极意义。现行法也规定了林权登记的种类、条件、程序和效力等内容（《林木和林地权属登记管理办法》第 2 条以下）。

在中国，有的法律文件将林权证的效力表述为：（1）林权证系森林、林木、林地所有权或使用权的法律凭证[1]，属于国家所有的和集体所有的森林、林木和林地，以及个人所有的林木和使用的林地，经县级以上人民政府盖章生效；属于国务院确定的国家所有的重点林区的森林、林木和林地，经国务院林业主管部门盖章生效。（2）林权证由林权权利人保存。（3）林权依法发生变更时，须持此证及时到原登记发证机关办理变更登记手续。（4）各级人民政府及其林权管理部门和司法机关调查了解有关林权事宜时，持证者应当出示此证。（5）严禁伪造、买卖、转借林权证。（6）持证单位和个人不得涂改林权证的内容。

按照《林木和林地权属登记管理办法》的规定，林权登记的机关为县级以上林业主管部门，林权登记包括初始登记、变更登记和注销登记（第 2 条）。对于经过登记机关审查批准予以登记的申请，应当及时核发林权证（第 14 条）。按照森林法及其实施条例的规定，由国务院林业主管部门或省、自治区、直辖市人民政府以及社区的市、自治州人民政府核发林权证的，登记机关应当将核发林权证

---

[1]　这是广义的林权说的体现。——笔者注

的情况通知有关地方人民政府（第 15 条）。林权发生变更的，林权人应当到初始登记机关申请变更登记（第 6 条）。林地被依法征收、占用或因其他原因造成林地灭失的，林权人应当到初始登记机关申请办理注销登记（第 7 条）。《国家林业局关于进一步加强和规范林权登记发证管理工作的通知》（林资发〔2007〕33 号）第 3 条第 1 款第 2 项规定，农民集体所有和国家所有由农民集体使用的森林、林木和林地，依法采取家庭承包或其他方式承包的，由承包方申请林权登记；承包后依法转让或互换的，由新的承包方申请林权登记；未发包的，由集体所有者或依法使用国家所有森林、林木和林地的集体使用者申请林权登记。

需要注意，按照《国家林业局关于进一步加强和规范林权登记发证管理工作的通知》（林资发〔2007〕33 号）第 4 条第 1 款第 2 项的规定，因农村集体林地承包经营权发生流转，当事人申请林地承包经营权变更登记时，对于以下几种情形应当不予登记：（1）采取转让或互换方式对林地承包经营权进行流转，转让方未依法登记取得林权证，受让方直接申请林地承包经营权变更登记的；（2）采取转包或出租方式对林地承包经营权进行流转，原承包关系不变，受转包方和承租方申请登记的；（3）没有稳定的非农职业或没有稳定的收入来源的农户，将通过家庭承包方式取得的林地承包经营权转让给其他从事农业生产的农户，受让方申请林权变更登记的；（4）有稳定的非农收入或有稳定的收入来源的农户，将通过家庭承包方式取得的林地承包经营权采取转让方式转让给非农户，受让方申请登记的；（5）不宜采取家庭承包方式的荒山、荒沟、荒丘、荒滩等农村林地发包给农村集体经济组织以外的单位或个人承包，若承包方不能提供该承包经本集体经济组织成员的村民会议三分之二以上成员或三分之二以上村民代表的同意的证明文件和当地乡（镇）人民政府的批准文件，承包方申请登记的；（6）不宜采取家庭承包方式的荒山、荒沟、荒丘、荒滩等，依法采用其他方式承包后，经依法登记取得林权证，其林地承包经营权不是采取转让方式流转的，受流转方申请登记的；（7）其他不符合有关法律规定的申请林权登记条件的。

[论争]

通过以上介绍可知，中国现行法设置的模式是，通过承包合同而无须登记来直接设立土地承包经营权。对此，有学说表示赞同，认为这符合中国的实际。由此设立的权利虽然未经登记，也应当具有对抗第三人的效力。其理由在于，农村目前仍然属于熟人社会，在承包合同签订之后，即便没有登记，第三人也知悉该土地并非自己的，从而不会对其施加侵害。因此，公示的权利保护功能无从发挥。而在土地没有登记的情况下，第三人也不可能受让该权利或对之享有抵押权，因此，根本不可能存在标的物上有多个权利、从而哪项权利更为优先的问题，自然也不存在权利瑕疵而影响交易安全的情况。①

这种观点值得商榷。笔者认为，土地承包经营权的设立，事关农户或其他取得该权利之人的重大利益，尤其关系到农民的生存问题，为确保其利益不受侵犯，为了善意第三人免受不测的损害，对于土地承包经营权的设立应当采取登记成立要件主义，即土地承包经营权非经登记不得成立，以避免采取登记对抗主义甚至登记可有可无的模式而可能给农户带来的损害。② 这样，也可减少基于法律行为的物权变动模式的类型。

笔者认为，土地承包经营权无须登记公示的意见带有片面性。其一，土地承包经营权的信息应当准确和具有权威性。土地承包经营权登记公示制度最能达此目的。《农村土地承包法》对于土地承包经营权的初始产生不强行要求登记，土地承包经营权人大多不申请登记。在这些情况下，土地承包经营权的信息只有靠发包方的记载及知情人的记忆提供和证实，可靠性没有保障。因为人的记忆容易出错，发包人的记载相对而言容易毁损乃至遗失。其二，我们知道，土地承包经营权至少分为两种，其中，基于拍卖、招标产生的土地承包经营权，其主体可能是来自他乡的"陌生人"，不强制实行登记公示制度，或仅仅实行登记对抗要件主义，众多的土地承包经营权未登记于土地档案里。他人欲了解土地承包经营权是否存在、存续期限多长、农地面积及其四至如何等情形，或是无从下手，或是知情者不予配合，或同意提供信息但索要较高的费用，再就是该信息的准确性如何保证，其权威性如何确认？所有这些，都可能损害受让人的利益，进而阻碍土地承包经营权的流转。其三，不实行登记公示制度，土地承包经营权紧密地与承包合同联系在一起，发包人利用各种优势使土地承包经营权人同意解除合同，致使土地承包经营权也随之终止。在土地承包经营权人不能举证发包人欺诈、胁迫、乘人之危而迫使自己违心同意解除合同的情况下，就会遭受损失，土地承包经营权的物权性变得模糊。如果采取登记公示制度，土地承包经营权的登记不注销，土地承包经营权就不消灭，即使承包合同已被解除，也是如此。这对阻止发包方擅自撕毁承包合同，保护土地承包经营权人的合法权益，具有积极的不可替代的作用。其四，对于家庭承包制，中央确立原则上稳定的政策。依据《民法典》和《农村土地承包法》，土地承包经营权的成立、转让等都不以登记为生效

① 王利明、尹飞、程啸：《中国物权法教程》，北京，人民法院出版社2007年版，第303~304页。
② 耿林、戴孟勇、崔建远等：《关于〈中华人民共和国物权法（征求意见稿）〉第126条的修改意见》，载清华大学法学院《关于〈中华人民共和国物权法（征求意见稿）〉的修改意见》（2003年3月20日）。

要件，发包方擅自撕毁承包合同，频繁调整承包地，土地管理部门也不知晓，使中央政策的贯彻没有监督，缺乏制度保障。如果将土地承包经营权登记作为土地承包经营权变动的生效要件，对于违法的随意调整不予承认，对既有的土地承包经营权不予变更登记，就能起到监督、保障的作用。[①]

所谓"我国农村目前仍然属于熟人社会，在承包合同签订之后，即便没有登记，第三人也知悉该土地并非自己的，从而不会对其施加侵害。因此，公示的权利保护功能无从发挥。而在土地没有登记的情况下，第三人也不可能受让该权利或对之享有抵押权，因此，根本不可能存在标的物上有多个权利、从而哪项权利更为优先的问题，自然也不存在权利瑕疵而影响交易安全的情况"，亦有片面性。在实务中，存在着善意之人受让土地承包经营权的情况。例如，甲村把良田 B 发包给乙农户，乙自土地承包合同生效时取得土地承包经营权，一直没有办理登记。实际上，丙一直以土地承包经营权人的名义在该宗承包地上耕种，甲村村委会不但默认，而且在丙把该土地承包经营权转让给丁时，同意该转让行为。事后，乙提出异议，不承认丁的土地承包经营权，丁则主张不知情，应当保有土地承包经营权。[②]

值得注意的是，《不动产登记暂行条例实施细则》设置 4 个条文规定农村集体所有权的登记（第 29—32 条），除关于登记的总则以外，还专门设置 3 个条文规定集体建设用地使用权的登记（第 44—46 条），设置 7 个条文规定土地承包经营权的登记（第 47—53 条）。尤其是第 49 条规定土地承包经营权的变更登记、第 50 条规定土地承包经营权的转移登记、第 51 条规定土地承包经营权注销登记时使用的术语是"应当"，表明了变更登记是项义务。当然，它们只是部门规章，效力位阶低于《民法典》和《农村土地承包法》。解决这个问题的最佳方案是，将登记作为土地承包权、土地经营权和地役权的变动的生效要件。但遗憾的是，《民法典》没有因应这个要求，因循守旧。

不容忽视的是，农村目前正如火如荼地开展农村土地权属的登记，这为将登记作为土地承包权、土地经营权的变动的生效要件奠定了基础，提供了前提。

（三）通过招标、拍卖、公开协商等方式，设立"四荒"土地承包经营权

1. 概述

对于不宜采取家庭承包方式的"四荒"土地，《民法典》第 342 条和《农村

[①] 崔建远：《土地上的权利群研究》，北京，法律出版社 2004 年版，第 214～215 页。

[②] 崔建远：《不动产物权的善意取得》，载《中国法律评论》（第 1 卷），北京，法律出版社 2007 年版，第 77 页。

土地承包法》第 48—54 条规定，可以通过招标、拍卖、公开协商等方式，设立土地承包经营权。与通过家庭承包方式设立土地承包经营权相比，它具有以下特点：（1）承包地仅限于不宜采取家庭承包方式的"四荒"；（2）承包人不限于本集体经济组织的成员，企业法人、私人企业、个体工商户、国家机关工作人员或其他自然人等均可承包"四荒"土地；（3）"四荒"土地承包经营权的设立采取招标、拍卖、公开协商等透明、竞争的方式，较一对一洽商弊端较少；（4）"四荒"土地承包经营权可较为自由地转让、转包、抵押、互换、出租、入股等流转，更有效率。①

需要指出，通过招标、拍卖、公开协商等方式，设立"四荒"土地承包经营权，有消极条件的限制。国务院办公厅《关于治理开发农村"四荒"资源进一步加强水土保持工作的通知》（国办发〔1996〕23 号）第 4 条第 1 项规定，承包、租赁、股份制合作、拍卖"四荒"使用权等，要划清国家与农村集体所有"四荒"的权属界限，权属不明确、存在争议的，在问题没有得到解决前，不得进行承包、租赁、股份制合作或拍卖。严禁把国有土地变为集体所有。严禁将国有林地当作"四荒"拍卖。国务院办公厅于 1999 年 12 月 21 日发布的《关于进一步做好治理开发农村"四荒"资源工作的通知》（国办发〔1999〕102 号）对此再次重申（第 1 条第 2 款）。

2. 设立方式

"四荒"土地承包经营权设立的方式，可以是招标、拍卖、公开协商等方式，也可以将土地承包经营权折股分给本集体经济组织成员后，再实行承包经营或股份制合作经营（《农村土地承包法》第 50 条第 1 款）。

国务院办公厅《关于治理开发农村"四荒"资源进一步加强水土保持工作的通知》（国办发〔1996〕23 号）规定："哪种方式有利于调动群众的积极性，有利于保持水土，有利于发展壮大集体经济，就采取哪种方式，切忌'一刀切'"（第 2 条第 4 项）。

招标、拍卖、公开协商等方式只是签订承包合同的方式，并未否定"四荒"土地承包经营权的设立依赖承包合同。所以，国务院办公厅《关于治理开发农村"四荒"资源进一步加强水土保持工作的通知》（国办发〔1996〕23 号）强调："承包和租赁治理开发'四荒'，农村集体经济组织要与承包、承租者签订合同，经乡（镇）人民政府审核，报县级人民政府批准。合同要明确承包方与发包方、承租方与出租方的权利与义务。拍卖使用权的，要标定拍卖底价，实行公开竞

---

① 崔建远：《"四荒"拍卖与土地使用权》，载《法学研究》1995 年第 6 期，第 32～33 页。

价，拍卖后买卖双方要签订拍卖协议，办理交款手续，由县级人民政府依法核发或更换土地使用权证书"。《农村土地承包法》将其法律化："以其他方式承包农村土地的，应当签订承包合同，承包方取得土地经营权。当事人的权利和义务、承包期限等，由双方协商确定。以招标、拍卖方式承包的，承包费通过公开竞标、竞价确定；以公开协商等方式承包的，承包费由双方议定"（第49条）。

3. 农村集体经济组织成员有无优先承包权

尽管"四荒"土地承包经营权的设立采取公开透明的竞争方式，但对"四荒"土地所在农村集体经济组织成员的利益需要有条件地关照。至于具体途径，《农村土地承包法》规定"以其他方式承包农村土地，在同等条件下，本集体经济组织成员享有优先承包权"（第51条）。按照《涉及农村土地承包司法解释》的规定，该优先权的享有和行使附有条件，即流转价款、流转期限等主要内容相同。在符合这些条件下，本集体经济组织成员主张优先权的，人民法院应予支持（第18条）。但下列情形除外：（1）在书面公示的合理期限内未提出优先权主张的。（2）未经书面公示，在本集体经济组织以外的人开始使用承包地两个月内未提出优先权主张的（第11条）。（3）在发包方将农村土地发包给本集体经济组织以外的单位或个人，已经法律规定的民主议定程序通过，并由乡（镇）人民政府批准后主张优先承包权的（第18条）。此其一。《农村土地承包法》第50条第1款规定："荒山、荒沟、荒丘、荒滩等可以直接通过招标、拍卖、公开协商等方式实行承包经营，也可以将土地经营权折股分给本集体经济组织成员后，再实行承包经营或者股份合作经营。"其中，所谓"也可以将土地经营权折股分给本集体经济组织成员后，再实行承包经营或者股份合作经营"，在客观上使本集体经济组织成员就"四荒"土地承包利益的享有取得了优先权。此其二。

4. 对农村集体经济组织成员以外的人承包"四荒"土地严格条件和程序

现行法允许农村集体经济组织成员以外的人，承包"四荒"土地，只不过在条件和程序上较为严格，对此，《农村土地承包法》第52条规定："发包方将农村土地发包给本集体经济组织以外的单位或者个人承包，应当事先经本集体经济组织成员的村民会议三分之二以上成员或者三分之二以上村民代表的同意，并报乡（镇）人民政府批准"（第1款）。"由本集体经济组织以外的单位或者个人承包的，应当对承包方的资信情况和经营能力进行审查后，再签订承包合同"（第2款）。

[思考]

现行法对农村集体经济组织成员以外的人承包"四荒"土地严格条件和程

序，仍然是基于土地承包经营权是农民唯一的或主要的就业手段、生活保障、福利体现、社会稳定的法律基础之一的背景。如果随着社会的发展，土地承包经营权不再是农民唯一的或主要的就业手段、生活保障及福利体现，立法政策就应该调整。

三、土地承包经营权的登记及其效力

分析《民法典》第333条第1款关于"土地承包经营权自土地承包经营权合同生效时设立"的规定，第335条关于"土地承包经营权互换、转让的，当事人可以向登记机构申请登记；未经登记，不得对抗善意第三人"的规定；《农村土地承包法》第35条关于"土地承包经营权互换、转让的，当事人可以向登记机构申请登记。未经登记，不得对抗善意第三人"的规定；第41条关于"土地经营权流转期限为五年以上的，当事人可以向登记机构申请土地经营权登记。未经登记，不得对抗善意第三人"的规定；第53条关于"通过招标、拍卖、公开协商等方式承包农村土地，经依法登记取得权属证书的，可以依法采取出租、入股、抵押或者其他方式流转土地经营权"的规定；以及《不动产登记暂行条例实施细则》第48条第3款关于"以招标、拍卖、公开协商等方式承包农村土地的，由承包方持土地承包经营合同申请土地承包经营权首次登记"的规定，可知登记并非"四荒"土地承包经营权设立的生效要件。从《民法典》第335条的规定看，在土地承包经营权互换、转让的情况下，登记是受让人取得土地经营权（含"四荒"土地经营权）对抗善意第三人的要件。从《农村土地承包法》第53条的规定看，登记是"四荒"土地承包经营权转让、出租、入股、抵押或其他方式流转的法律前提，不登记不发生"四荒"土地经营权移转的法律效力。看来，《民法典》和《农村土地承包法》的思路和精神尚未吻合。笔者认为，从解释论出发，实务中可以将它们同时适用于同一个案件之中。站在立法论的立场，未来修改法律时应当统一规定。

即使土地承包经营权设立的登记不是生效要件，只是对抗要件，登记对于土地承包经营权人也是非常有益处的。因此，土地承包经营权人还是及早地申请登记为好。在这方面，《不动产登记暂行条例实施细则》第48条规定："依法以承包方式在土地上从事种植业或者养殖业生产活动的，可以申请土地承包经营权的首次登记"（第1款）。"以家庭承包方式取得的土地承包经营权的首次登记，由发包方持土地承包经营合同等材料申请"（第2款）。"以招标、拍卖、公开协商等方式承包农村土地的，由承包方持土地承包经营合同申请土地承包经营权首次

登记"（第3款）。

本条第2款后段所谓"确认土地承包经营权"，其意如何，颇费思量。观察其字面意思，似有只要不动产登记簿簿页上记载某特定土地承包经营权为张三家享有就确定无疑之意。不过，如此理解不合法理，因为连《民法典》第209条第1款等条款赋予公信力的不动产物权登记都不可说登记所显示的不动产物权关系与真实的不动产物权关系百分之百地相符，故有更正登记、异议登记的矫正措施（第220条），并将其适用范围限于交易领域，何况本条所谓登记不具有公信力呢？此其一。本条第1款规定的是基于法律行为而设立土地承包经营权的现象，第2款所谓登记，依体系和逻辑，应当是对于此种土地承包经营权设立的登记，即它是对于基于法律行为而设立土地承包经营权这种不动产物权变动的登记。称此种登记具有确权的法律效力，应该慎重，因为连对作为不动产物权变动的生效要件的设权登记都未说具有确权的效力，何况本条所谓登记仅仅具有对抗善意第三人的效力呢？此其二。有鉴于此，不妨把本条第2款后段所谓"确认土地承包经营权"理解为，土地承包经营权合同已经生效，土地承包经营权据此设立，登记是对此种事实的进一步固定、认可。此其三。

在笔者看来，本条所谓登记，在证据法上的意义更大，即凭借该登记，登记名义人可以自称不动产登记簿登记的土地承包经营权归其享有，不必再举证其他证据；争议的对方若不同意此种意见，必须举证推翻登记名义人的此种主张，若推不翻，只得承认登记名义人的主张。此其一。在判断交易相对人知情与否、有无过错方面具有作用，如果非登记名义人转让、抵押土地经营权，那么，交易相对人有怠于查询不动产登记簿、判明转让人有无处分权的过错，他应承担相应的风险。如果承认土地承包经营权及土地经营权、地役权的转让、抵押也可以发生善意取得的法律效果，则于此场合交易相对人非善意，不能善意取得土地经营权或抵押权。此其二。

第三百三十四条

土地承包经营权人依照法律规定，有权将土地承包经营权互换、转让。未经依法批准，不得将承包地用于非农建设。

本条主旨

本条是关于土地承包经营权流转的规定。

相关条文

《物权法》第 128 条　土地承包经营权人依照农村土地承包法的规定，有权将土地承包经营权采取转包、互换、转让等方式流转。流转的期限不得超过承包期的剩余期限。未经依法批准，不得将承包地用于非农建设。

《农村土地承包法》第 10 条　国家保护承包方依法、自愿、有偿流转土地经营权，保护土地经营权人的合法权益，任何组织和个人不得侵犯。

第 33 条　承包方之间为方便耕种或者各自需要，可以对属于同一集体经济组织的土地的土地承包经营权进行互换，并向发包方备案。

第 34 条　经发包方同意，承包方可以将全部或者部分的土地承包经营权转让给本集体经济组织的其他农户，由该农户同发包方确立新的承包关系，原承包方与发包方在该土地上的承包关系即行终止。

第 35 条　土地承包经营权互换、转让的，当事人可以向登记机构申请登记。未经登记，不得对抗善意第三人。

第 36 条　承包方可以自主决定依法采取出租（转包）、入股或者其他方式向他人流转土地经营权，并向发包方备案。

第 38 条　土地经营权流转应当遵循以下原则：

（一）依法、自愿、有偿，任何组织和个人不得强迫或者阻碍土地经营权流转；

（二）不得改变土地所有权的性质和土地的农业用途，不得破坏农业综合生产能力和农业生态环境；

（三）流转期限不得超过承包期的剩余期限；

（四）受让方须有农业经营能力或者资质；

（五）在同等条件下，本集体经济组织成员享有优先权。

第 39 条　土地经营权流转的价款，应当由当事人双方协商确定。流转的收益归承包方所有，任何组织和个人不得擅自截留、扣缴。

第 40 条　土地经营权流转，当事人双方应当签订书面流转合同。

土地经营权流转合同一般包括以下条款：

（一）双方当事人的姓名、住所；

（二）流转土地的名称、坐落、面积、质量等级；

（三）流转期限和起止日期；

（四）流转土地的用途；

（五）双方当事人的权利和义务；

（六）流转价款及支付方式；

（七）土地被依法征收、征用、占用时有关补偿费的归属；

（八）违约责任。

承包方将土地交由他人代耕不超过一年的，可以不签订书面合同。

第 41 条　土地经营权流转期限为五年以上的，当事人可以向登记机构申请土地经营权登记。未经登记，不得对抗善意第三人。

第 42 条　承包方不得单方解除土地经营权流转合同，但受让方有下列情形之一的除外：

（一）擅自改变土地的农业用途；

（二）弃耕抛荒连续两年以上；

（三）给土地造成严重损害或者严重破坏土地生态环境；

（四）其他严重违约行为。

第 43 条　经承包方同意，受让方可以依法投资改良土壤，建设农业生产附属、配套设施，并按照合同约定对其投资部分获得合理补偿。

第 44 条　承包方流转土地经营权的，其与发包方的承包关系不变。

第 45 条　县级以上地方人民政府应当建立工商企业等社会资本通过流转取得土地经营权的资格审查、项目审核和风险防范制度。

工商企业等社会资本通过流转取得土地经营权的，本集体经济组织可以收取适量管理费用。

具体办法由国务院农业农村、林业和草原主管部门规定。

第 46 条　经承包方书面同意，并向本集体经济组织备案，受让方可以再流转土地经营权。

第 53 条　通过招标、拍卖、公开协商等方式承包农村土地，经依法登记取得权属证书的，可以依法采取出租、入股、抵押或者其他方式流转土地经营权。

理解与适用

一、本条含义概貌

本条在承继《物权法》第 128 条的基础上又有所调整，把《物权法》第 128 条所谓"有权将土地承包经营权采取转包、互换、转让等方式流转"中的"转包"和"等"字删除。做此修改，不是取消了转包的法律形式，也不是将土地承包经营权流转方式局限于互换和转让，而是出自如下原因：（1）土地承包经营权流转分为物权变动式的流转和债权式的流转。物权变动式的流转，在一定程度上牵涉物权法定主义，法律明确表态允许与否，有其必要性。至于转包，不属于物权变动式的流转，而是合同债式的流转，而合同债的领域奉行意思自治原则，只要法不禁止，就自然允许当事人转包、转租等协议，法律不设明文亦可。实际上，《农村土地承包法》第36条明确："承包方可以自主决定依法采取出租（转包）、入股或者其他方式向他人流转土地经营权，并向发包方备案。"由此可知，《民法典》作为民事基本法，无须一一重复诸如《农村土地承包法》等单行法的全部条文，只需要认可其精神，作概括性、包容性的规定即可，《农村土地承包法》以特别法的身份在个案中优先适用。（2）以土地承包经营权设立抵押权，就设立本身而言，只是抵押权这个物权变动（设立）了，但作为抵押物的土地承包经营权于此阶段并未变动，在严格意义上的土地承包经营权流转的标题下，以土地承包经营权设立抵押权与土地承包经营权互换、转让不在一个层面上，"流转"概念和标题中不含有抵押权设立更符合逻辑。

尽管如此，基于本释评书的整体安排，在解读本条时还是把债权式的流转和以土地承包经营权设立抵押权一并介绍。

二、土地承包经营权流转概述

土地承包经营权作为他物权，无处分承包地的效力，但承包人有处分土地承包经营权自身的权利。对此，《农村土地承包法》设置14个条文全面调整（第33条以下）。林地承包经营权人可依法对拥有的林地承包经营权和林木所有权进行转包、出租、转让、入股、抵押或作为合资、合作的条件，对其承包的林地、林木可依法开发利用（《中共中央国务院关于全面推进集体林权制度改革的意见》第3条第11项）。《民法典》概括式地认可《农村土地承包法》的规定和精神（第334条等）。土地承包经营权流转的主体是承包方。承包方有权依法自主决定土地承包经营权是否流转和流转的方式（《农村土地承包法》第9条、第10条、第27条第3款、第38条第1项）。

值得指出并应予重视的是，中国共产党第十八届中央委员会第三次全体会议于2013年11月12日通过的《中共中央关于全面深化改革若干重大问题的决定》，赋予了土地承包经营权更为自由的让与性，于第20条第1款后段规定："稳定农村土地承包关系并保持长久不变，在坚持和完善最严格的耕地保护制度前提下，赋予农民对承包地占有、使用、收益、流转及承包经营权抵押、担保权能，允许农民以承包经营权入股发展农业产业化经营。鼓励承包经营权在公开市场上向专业大户、家庭农场、农民合作社、农业企业流转，发展多种形式规模经营。"

土地承包经营权流转应当遵循以下原则：（1）平等协商、自愿、有偿，任何组织和个人不得强迫或阻碍承包方进行土地承包经营权流转；（2）不得改变土地所有权的性质和土地的农业用途；（3）流转的期限不得超过承包期的剩余期限；（4）受让方须有农业经营能力；（5）在同等条件下，本集体经济组织成员享有优先权（《农村土地承包法》第38条）。

土地承包经营权采取互换、转让方式流转，当事人双方应当签订书面合同。采取转让方式流转的，应当经发包方同意；依法采取出租（转包）、入股或者其他方式向他人流转土地经营权，并向发包方备案（《农村土地承包法》第36条）。

[引申]

应注意，没有备案，主要发生行政法上的后果，不应影响出租、入股等合同的效力。对此，《涉及农村土地承包司法解释》第14条规定："承包方依法采取出租、入股或者其他方式流转土地经营权，发包方仅以该土地经营权流转合同未报其备案为由，请求确认合同无效的，不予支持。"

土地经营权流转合同一般包括以下条款：（1）双方当事人的姓名、住所；（2）流转土地的名称、坐落、面积、质量等级；（3）流转的期限和起止日期；（4）流转土地的用途；（5）双方当事人的权利和义务；（6）流转价款及支付方式；（7）违约责任（《农村土地承包法》第40条第2款）。

[拓展]

当事人对转包、出租地流转期限没有约定或约定不明的，参照《民法典》第730条关于"当事人对租赁期限没有约定或者约定不明确，依据本法第五百一十条的规定仍不能确定的，视为不定期租赁；当事人可以随时解除合同，但是应当在合理期限之前通知对方"的规定处理。除当事人另有约定或属于林地承包经营外，承包地交回的时间应当在农作物收获期结束后或下一耕种期开始前（《涉及农村土地承包司法解释》第16条第1款）。

发包方就同一土地签订两个以上承包合同，承包方均主张取得土地经营权的，如何处理？《涉及农村土地承包司法解释》第19条采取区分情形而定的方法：（1）已经依法登记的承包方，取得土地经营权；（2）均未依法登记的，生效在先合同的承包方取得土地经营权；（3）依前两项规定无法确定的，已经根据承包合同合法占有使用承包地的人取得土地经营权，但争议发生后一方强行先占承包地的行为和事实，不得作为确定土地经营权的依据。

土地承包经营权采取互换、转让方式流转，当事人要求登记的，应当向县级以上地方人民政府申请登记。未经登记，不得对抗善意第三人（《农村土地承包法》第 35 条）。《不动产登记暂行条例实施细则》予以细化（第 50 条），本释评书将在相应之处加以介绍。

土地经营权流转的价款，应当由当事人双方协商确定。流转的收益归承包方所有，任何组织和个人不得擅自截留、扣缴（《农村土地承包法》第 39 条）。发包方或其他组织、个人擅自截留、扣缴承包收益或土地承包经营权流转收益，承包方请求返还的，应予支持。发包方或其他组织、个人主张抵销的，不予支持（《涉及农村土地承包司法解释》第 17 条）。因承包方不收取流转价款或向对方支付费用的约定产生纠纷，当事人协商变更无法达成一致，且继续履行又显失公平的，人民法院可以根据发生变更的客观情况，按照公平原则处理（《涉及农村土地承包司法解释》第 15 条）。

三、具体流转方式的介绍和分析

（一）转包

转包，是指土地承包经营权人（转包人）和受包人（次承包人）签订转包合同，自己继续保有土地承包经营权，只是将其承包地的全部或部分以一定条件转交受包人（次承包人）经营，受包人（次承包人）向转包人支付或不支付转包金的现象（《农村土地承包法》第 36 条第 1 款）。于此场合，受包人（次承包人）并未受让土地承包经营权，不向发包人履行交付承包金等项义务；只是取得了利用承包地从事农林牧渔经营并获取收获物的资格。

［拓展］

转包对于解决农民进城打工而撂荒承包地的问题，是个较好的法律方式。但需要规定进城打工的承包人负有强制缔约义务，以解决宁肯撂荒也不将承包地转包给其他农户的问题。

（二）出租

土地承包经营权的出租，是土地承包经营权人（出租人）和承租人签订租赁合同，土地承包经营权继续由出租人享有，承租人不受让土地承包经营权（《农村土地承包法》第 36 条），只是取得在承包地从事农林牧渔经营并获取收获物的资格，向出租人支付租金的现象。承租人可以是本集体经济组织的成员，也可以是本集体经济组织以外的自然人、法人或其他组织。

值得一提的是，《农村土地承包法》第 36 条一改以往把出租和转包并列的理念，采用"出租（转包）"的表达方式，意味着已经将出租和转包等同看待，这值得赞同。其道理如下：由于转包和出租两种场合都是土地承包经营权不发生移转，都是第三人（受包人或承租人）取得利用承包地从事农林牧渔经营活动的资格，都是第三人（受包人或承租人）向土地承包经营权人支付一定对价（限于有偿转包场合），可见，两者具有质的统一性，《物权法》和2018年前的《农村土地承包法》把"转包"与出租作为并列的、相互独立的两种法律形式，乃人为地割裂一项法律制度，至少在客观上要求法律人分别适用"转包"的法律规范和出租的法律规范，而实际上现行法又欠缺较为详细的"转包"规范，造成"准用"或类推适用的现象。[①]

（三）互换

互换，合同法称之为互易，按照《农村土地承包法》第33条规定，是承包方之间为方便耕种或者各自需要，可以对属于同一集体经济组织的土地的土地承包经营权进行互换。可见，此处的互换有较为严格的限定：（1）从主体方面看，互换人须是承包人，须为同一集体经济组织的成员；（2）就承包地而言，须为属于同一集体经济组织的两宗以上的土地；（3）从互换的标的物方面看，必须属于同一集体经济组织的土地上竖立的土地承包经营权。

互换与转让的区别在于：（1）通常意义上的转让，其受让人可以是本集体经济组织内的成员，也可以是本集体经济组织以外的人；土地承包经营权的互换，在现行法上，互换人须为同一农村集体经济组织的成员。（2）通常意义上的转让，其对价通常表现为货币；土地承包经营权的互换，其对价表现为另一土地承包经营权。其实，从学理的层面考虑，这些差异可看作上位概念和下位概念之间的区别。如果是这样，则可将互换看作转让的特例。[②]

互换场合，按照《不动产登记暂行条例实施细则》第50条第1款第1项的规定，当事人双方应当持互换协议等材料，申请土地承包经营权的转移登记。于此场合，两个土地承包经营权相向移转，按照德国民法思维，存在着两个物权行为，在法国和中国的法制上，因未确立物权行为制度，其表现为事实行为。

（四）入股

入股，是指将土地承包经营权作价，出资到股份合作制企业乃至股份有限公司之中，成为企业的财产的现象。不过，此时企业的责任财产包含的，不是土地承包经营权，而是土地经营权。承包人因其土地承包经营权入股而在股份合作制企业乃至股份有限公司之中享有股权，表现为被选举权、选举权、股息红利分配权等；其土地权利已经变成土地承包权。对此，《中共中央关于全面深化改革若干重大问题的决定》予以进一步肯定和倡导（第20条、第21条）。

---

①②　崔建远：《土地上的权利群研究》，北京，法律出版社2004年版，第216页。

入股，土地经营权移转至企业名下，按照德国民法思维，存在着两个物权行为，在法国和中国的法制上，因未确立物权行为制度，其表现为事实行为。

（五）转让

所谓转让，是指转让人（承包人）和受让人签订转让合同，将土地承包经营权移转给受让人，受让人向转让人支付对价的现象。于此场合，原承包方与发包方在该土地上的承包关系即行终止（《农村土地承包法》第34条）。对此，《中共中央关于全面深化改革若干重大问题的决定》予以进一步肯定和倡导（第20条）。

转让场合，当事人双方应当持转让合同等材料，申请土地承包经营权的转移登记（《不动产登记暂行条例实施细则》第50条第1款第2项）。以家庭承包方式取得的土地承包经营权，采取转让方式流转的，还应当提供发包方同意的材料（《不动产登记暂行条例实施细则》第50条第2款）。

转让合同生效并履行是（物权变动的）法律事实，土地经营权移转至受让人名下是结果（物权变动）。按照德国民法思维，存在着两个物权行为，在法国和中国的法制上，因未确立物权行为制度，表现为事实行为。

中国现行法对通过招标、拍卖、公开协商等方式设立的"四荒"土地承包经营权的转让，未设诸如发包人同意之类的限制（《民法典》第342条，《农村土地承包法》第48条以下）。但对通过家庭承包方式设立的土地承包经营权的转让，采取的方案是新创设土地经营权，它派生于土地承包经营权，可以自由转让；但留在农户（原土地承包经营权人）的土地权利不再是土地承包经营权，而是土地承包权，它不得转让（《民法典》第339条等，《农村土地承包法》第34条以下）。

［引申］

转让和转包是性质差异很大的两项制度。民法通常所说的转让，系指权利主体的变更，权利由原权利人处移转到受让人之手，在土地承包经营权制度中，应指土地承包经营权由原承包人之手移转到受让人之处，原承包人退出承包合同关系，受让人取而代之地成为承包合同的当事人，享有土地经营权。而转包场合，土地承包经营权继续由转包人（承包人）享有，受包人（次承包人）并未受让土地承包经营权，只是取得了利用承包地从事农林牧渔经营并获取农获物的资格。换言之，转让，发生了物权变动；转包，没有发生物权变动。

就本质而言，转让与买卖、互换、赠与具有密切的联系。如果把转让作为物权变动的结果，在土地承包经营权转让场合，就是土地经营权移转至受让人名下的现象，那么买卖、互换、赠与等合同都是转让的法律事实。如果把转让作为转让合同的简称，那么它就是引起物权变动的法律事实，在土地承包经营权转让场合，转让合同是使土地经营权移转至受让人名下的法律事实。在这个层面上，转让（合同）与买卖、互换、赠与等合同就是并列的各自独立的关系，具体到土地承包经营权转让、买卖、互换、赠与场合，它们都是引起土地经营权移转至受让人之处的法律事实。

（六）融资担保

以往，土地承包经营权的抵押仅仅限于"四荒"土地承包经营权，通过家庭承包方式设立的土地承包经营权不得设立抵押权［《物权法》第 128 条、第 133 条，2002 年的《农村土地承包法》第 32 条、第 37 条、第 49 条，国务院办公厅《关于治理开发农村"四荒"资源进一步加强水土保持工作的通知》（国办发〔1996〕23 号）第 3 条第 6 项］。对因此造成的损失，当事人有过错的，应当承担相应的民事责任。

之所以如此设计，是因为法律委员会经同国务院法制办、国土资源部、农业部等部门反复研究，一致认为：目前，农村社会保障体系尚未全面建立，土地承包经营权和宅基地使用权是农民安身立命之本，从全国范围看，放开土地承包经营权抵押和宅基地使用权转让的条件尚不成熟。因此，物权法草案仅规定通过招标、拍卖、公开协商等方式设立的"四荒"土地承包经营权，可以转让、抵押等，是适当的，与《宪法》《农村土地承包法》《土地管理法》等法律的规定也是一致的。[1]

《中共中央关于全面深化改革若干重大问题的决定》放弃了上述理念，明确规定，土地承包经营权可以抵押（第 20 条）。《农村土地承包法》于 2018 年据此修正（第 47 条），《民法典》固定这些改革成果（第 339 条）。至此，法律结构呈现出：抵押权设立之时，其标的物是土地经营权，不是土地承包经营权；抵押人握有的是土地承包权，不再是土地承包经营权。不过，土地经营权人作为抵押人的，抵押人握有的是土地经营权。此其一。在把土地经营权定性和定位在物权时，担保权表现为抵押权；在将土地经营权定性和定位在债权时，担保权表现为质权。此其二。

---

[1] 《全国人大法律委员会关于〈中华人民共和国物权法（草案）〉修改情况的汇报》（2006 年 10 月 27 日），载全国人民代表大会常务委员会法制工作委员会民法室编：《物权法立法背景与观点全集》，北京，法律出版社 2007 年版，第 64 页。

[回顾]

在相当长的时期，关于通过家庭承包方式设立的土地承包经营权可否抵押的问题，一直存在着激烈的争论。否定说担心，如果允许土地承包经营权抵押，一是抵押权可能在实际上难以实现，使抵押权人遭受经济损失；二是承包人因抵押权的实行而丧失生活来源，增加财政负担，酿成社会问题；三是农地可能因抵押权的实行而改变用途，危及国家的粮食安全。若不允许改变土地用途，金融机构和其他民事主体究竟能有多大的积极性？允许抵押并不能解决农民贷款难的问题。①

肯定说则认为，其一，土地承包经营权人需要资金购买种子、化肥、农药等生产资料，以正常地从事农林牧渔经营；有时急需钱款治疗重病或办理其他要事，等等。而土地承包经营权人在现行法上的融资方式非常有限，如果允许他们以其土地承包经营权甚至宅基地使用权设定抵押权，融到资金，治愈疾病以从事农林牧渔经营，或购置全生产资料，从事农林牧渔经营，并取得收获物，满足各方面的需要，包括偿还贷款本息，不是共赢吗?! 如果不允许他们以土地承包经营权甚至宅基地使用权设定抵押权，许多人就会融不到急需的资金，无法正常从事农林牧渔经营，各方面的目的都会落空。② 其二，财产及其权利具有让与性，才会保有乃至增加财产权的价值。土地承包经营权作为财产权，也应当尽可能地体现出让与性，才会使承包人借助土地承包经营权更好地实现其利益。迄今为止的实务运作已经清楚地显示出，农村集体土地所有权几乎不具有让与性，土地承包经营权的让与性也有限，农村集体组织及农民的财产增值较低；而一旦国家先是将农村集体所有的土地征为国有，然后将土地使用权出让给开发商，开发商就会财源滚滚来，政府也收取了可观的出让金。何以如此？建设用地使用权具有较为充分的让与性，系重要原因之一。其三，土地承包经营权人是理性人，会趋利避害，选择适当的行为，而不会明知以土地承包经营权抵押会丧失生活来源，仍故意跳入火坑。其四，至于土地承包经营权抵押可能无法实现，那是抵押权人的商业风险问题，在市场经济的条件下，这应当由他自己审时度势，自我决定，无须立法者如同父母担心孩子摔跤般地多虑。其五，若聚焦在物权变动方面，土地承

---

① 《吴邦国委员长听取有关方面对物权法草案的修改意见》，《中央有关部门的负责同志和专家对物权法草案几个重大问题的意见》，载全国人民代表大会常务委员会法制工作委员会民法室编：《物权法立法背景与观点全集》，北京，法律出版社2007年版，第85~87、129页。

② 《吴邦国委员长听取有关方面对物权法草案的修改意见》，《中央有关部门的负责同志和专家对物权法草案几个重大问题的意见》，载全国人民代表大会常务委员会法制工作委员会民法室编：《物权法立法背景与观点全集》，北京，法律出版社2007年版，第84~87页。

包经营权的转让是土地承包经营权彻底地立即地移转至受让人之处，土地承包经营权抵押则不一定发生土地承包经营权的移转，在一个正常运行的经济环境里，大多不发生移转。现行法既然已经有条件地承认了土地承包经营权的转让，举重以明轻，更应承认土地承包经营权的抵押，才更合逻辑。笔者原来持完全肯定说。

孙佑海博士看到了否定说的缺陷严重，也注意到了肯定说的不足——对于承包人丧失土地承包经营权，导致加重财政负担、社会负担，甚至于酿成严重的社会问题，尚无令人满意的解决方案。于是，他修正肯定说，主张在土地承包经营权抵押制度中，引入保险机制，规定由保险公司代替土地承包经营权人向抵押权人还本付息的条件，以最大限度地减少承包人丧失土地承包经营权的可能。"三权分置"之后，土地经营权抵押应无疑问，现行法在这方面应予修正。

四、未经依法批准，不得将承包地用于非农建设

本条后段强调："未经依法批准，不得将承包地用于非农建设。"这非常必要，其道理已在对《民法典》第244条的释评中阐释，此处不赘。

第三百三十五条

土地承包经营权互换、转让的，当事人可以向登记机构申请登记；未经登记，不得对抗善意第三人。

本条主旨

本条是关于土地承包经营权互换、转让的登记及其效力的规定。

相关条文

《物权法》第129条　土地承包经营权人将土地承包经营权互换、转让，当事人要求登记的，应当向县级以上地方人民政府申请土地承包经营权变更登记；未经登记，不得对抗善意第三人。

《土地管理法》第12条第1款　土地的所有权和使用权的登记，依照有关不动产登记的法律、行政法规执行。

《农村土地承包法》第35条　土地承包经营权互换、转让的，当事人可以向登记机构申请登记。未经登记，不得对抗善意第三人。

第36条　承包方可以自主决定依法采取出租（转包）、入股或者其他方式向

他人流转土地经营权，并向发包方备案。

《不动产登记暂行条例实施细则》第 50 条　已经登记的土地承包经营权发生下列情形之一的，当事人双方应当持互换协议、转让合同等材料，申请土地承包经营权的转移登记：

（一）互换；

（二）转让；

（三）因家庭关系、婚姻关系变化等原因导致土地承包经营权分割或者合并的；

（四）依法导致土地承包经营权转移的其他情形。

以家庭承包方式取得的土地承包经营权，采取转让方式流转的，还应当提供发包方同意的材料。

理解与适用

一、本条意义概貌

本条在承继《物权法》第 129 条的基础上有所微调，即由"当事人可以向登记机构申请登记"取代原来的"当事人要求登记的，应当向县级以上地方人民政府申请土地承包经营权变更登记"。本条是对《农村土地承包法》第 35 条的规定在民事基本法层面上的固定。其优点至少表现在两个方面：（1）为将来尽可能统一登记机构预留空间；（2）称土地承包经营权互换、转让的登记为"变更登记"不确切，叫作转移登记或俗称的过户登记则准确，何况《不动产登记暂行条例实施细则》已经如此使用转移登记的术语。

二、本条所涉登记的法律效力

在基于法律行为而发生的物权变动模式中，有把登记作为物权变动的生效要件的模式，其例证有《民法典》第 209 条第 1 款等条款的规定；也有将登记作为物权变动的对抗要件的，本条即属此类。

登记为对抗要件，而非生效要件，就是说，特定的土地承包经营权互换、转让已经因互换合同生效或转让合同生效而完成，在当事人双方之间已经发生法律效力，土地承包经营权变动完毕。登记与否，土地承包经营权之于当事人双方，都是如此。但对于第三人来说则不然，只有登记完毕，这种土地承包经营权变动的事实、法律效力才可"约束"第三人，取得土地承包经营权者可以对第三人主张自己拥有土地承包经营权，第三人无权否认此种事实和效力，不得侵害、干预土地承包经营权人行使其权利。与此不同，如果对于土地承包经营权的互换、转让未予登记，则互换、转让的事实和法律效力无法约束第三人，第三人有权不认可此种权利变动。关于未经登记不得对抗善意第三人的问题，借鉴日本民法的学说，稍微展开说明如下。

1. 所谓登记为对抗要件，是就以大体有效的土地承包经营权互换、转让为前提，取得土地经营权之人主张此种事实而言的。因而，如甲将 A 土地经营权转让给乙并已经登记，如果 A 土地承包经营权的转让合同无效，甲不仅可以请求其登记的注销，而且，即使在 A 土地经营权又转让给丙并已经登记时，甲也可以对丙主张 A 土地承包经营权应该属于他。因为并不问甲对 A 土地承包经营权的享有究竟有无可靠的法律依据，所以它不属于未经登记不能对抗第三人的问题。与此有别，假如甲和乙之间的 A 土地承包经营权转让合同被撤销，因该合同被撤销前是有效的，乙在这个阶段已经取得了 A 土地经营权，现在是甲依其撤销的意思表示使 A 土地承包经营权回复于自己。就此种变动需要具备对抗要件。假如乙从甲处受让的 A 土地经营权被丙非法妨害，乙以取得了 A 土地经营权为由请求丙撤离 A 承包地，则为对抗问题。

2. 未经登记，不得对抗第三人，其理论构成，大致有三种。第一种观点认为，未经登记的土地承包经营权互换、转让，第三人可以否认它。例如，甲将 A 土地经营权转让给乙，没有办理移转登记手续，甲又将 A 土地经营权转让与丙，丙可以甲乙之间转让 A 土地经营权尚未登记为理由，否认甲乙之间 A 土地承包经营权转让合同的效力。如此，会使 A 土地承包经营权流转失去效力，A 土地承包经营权复归于甲，丙即可受让 A 土地经营权。该说不适宜说明下述情形：丙不否认甲乙之间发生了 A 土地经营权转让的特别的意思表示，或者丙不知甲乙之间发生了 A 土地经营权转让。第二种观点主张，未登记期间，A 土地承包经营权互换、转让在对第三人的关系上不产生效力，或认为只不过发生债权性后果；或者流转土地经营权在对第三人的关系上不产生效力。该说想以债权侵害说明对侵权行为人的关系。不过，由于未登记的 A 土地承包经营权互换、转让或者土地经营权流转并不妨碍第三人承认其有效，在对第三人的关系上，认为此类 A 土地承包经营权互换、转让或者土地经营权流转全然无效，是不妥当的。第三种观点认为，只要没有登记，A 土地承包经营权互换、转让或者流转土地经营权便不产生完全的效力。也就是说，A 土地承包经营权或土地经营权的归属——未必仅于物权，债权亦然——本来应是排他性的（一个权利不能同时归属于甲乙二人），但只要适用公示原则而采用了对抗要件制度，便不产生完全具有排他性的权利变动，让与人也就不成为完全无权利人。

3. 登记的效力，只是对第三人主张的要件，并不妨碍第三人承认未办理登记的 A 土地承包经营权互换、转让的效力或土地经营权流转的效力。若丁进一步从乙的受让人丙处受让，丝毫不受妨碍。

4. 未经登记，不得对抗第三人的范围

（1）这里的第三人，无疑是指除 A 土地承包经营权互换、转让或流转土地经营权的当事人以外的人。但是否泛指除此之外的所有的人，是否加以限制，尚有疑问。无限制说主张不应设任何限制。限制说则认为，所谓对抗，是于彼此利害相反时才发生的事项，处于这种关系中的人，只限于就主张登记欠缺有正当利益的第三人，对于并无这种利益的第三人，无登记亦可对抗。其浅显的理由是，假如连对受让 A 土地承包经营权或土地经营权的不法妨害者都因无登记而不能要求其排除的话，就太不合理了。其标准是："对于就该不动产处于有效交易关系之第三人来说，无登记就不得对抗；但对其他第三人来说无登记亦可对抗。"①在此大标准之下，还需要尽可能地拿出不同类型情形的准则。

（2）不得对抗的第三人，包括如下几类：其一，就 A 土地承包经营权或土地经营权最终拥有互不相容权利的人，未登记土地承包经营权的互换、转让或土地经营权的流转，不得对抗另外的可以最终取得土地经营权之人。例如，甲是 A 土地承包经营权人，先把 A 土地经营权流转给乙，后又流转给丙。在这里，乙和丙都可以最终取得 A 土地经营权，乙若有权对丙主张 A 土地经营权属于他，就必须办理转移登记，否则，就无权对抗丙，其表现之一是，丙若办理了 A 土地经营权的转移登记，则乙肯定不能取得 A 土地经营权。在这种关系中，乙、丙究为善意还是恶意，在所不问。其二，对处于 A 土地承包经营权、A 地土地经营权的法律地位之人拥有合同上权利义务之人，未登记，就不得对抗，善意或恶意，在所不问。

（3）未登记也可对抗的第三人。所谓流转 A 土地经营权未登记也可对抗的第三人，是指即使流转 A 土地经营权没有登记，唯此流转 A 土地经营权已经产生也是不容否定的情形下的第三人。没有登记的实体上的权利人，争夺已经登记的第三人权利的情形很多，而在与更广范围内的第三人之间的关系上能否对抗，则是一个问题。举其主要例子如下：1）以不公正的手段妨碍真实的 A 土地承包经营权人或土地经营权人获得登记的人，或者负有协助登记义务而不履行的人，以及主张欠缺登记这仅仅是借口，实际上明显违背诚实信用的人，均属未登记的

---

① ［日］我妻荣：《日本物权法》，有泉亨修订，李宜芬校订，台北，五南图书出版公司1999年版，第143页。

真实的 Ａ 土地承包经营权人或 Ａ 土地经营权人能够对抗的人。2）虽然从外形上看好像拥有与主张拥有 Ａ 土地承包经营权或 Ａ 土地经营权的人不相容的权利，而实体上却没有真实的 Ａ 土地承包经营权或 Ａ 土地经营权的人，一般被称为实质上无权利之人。未登记的真实的 Ａ 土地承包经营权人或 Ａ 土地经营权人能够对抗他。3）侵权行为人，是指侵害 Ａ 土地承包经营权或 Ａ 土地经营权的人，而且不具有交易当事人的身份。他也属于未登记的真实的 Ａ 土地承包经营权或 Ａ 土地经营权能够对抗的人。

三、本条所涉登记的程序

本条所涉登记，应当适用《不动产登记暂行条例实施细则》第 50 条的规定："已经登记的土地承包经营权发生下列情形之一的，当事人双方应当持互换协议、转让合同等材料，申请土地承包经营权的转移登记：（一）互换；（二）转让；（三）因家庭关系、婚姻关系变化等原因导致土地承包经营权分割或者合并的；（四）依法导致土地承包经营权转移的其他情形"（第 1 款）。"以家庭承包方式取得的土地承包经营权，采取转让方式流转的，还应当提供发包方同意的材料"（第 2 款）。

第三百三十六条

承包期内发包人不得调整承包地。

因自然灾害严重毁损承包地等特殊情形，需要适当调整承包的耕地和草地的，应当依照农村土地承包的法律规定办理。

本条主旨

本条是关于承包地能否调整的规定。

相关条文

《物权法》第 130 条　承包期内发包人不得调整承包地。

因自然灾害严重毁损承包地等特殊情形，需要适当调整承包的耕地和草地的，应当依照农村土地承包法等法律规定办理。

《农村土地承包法》第 28 条　承包期内，发包方不得调整承包地。

承包期内，因自然灾害严重毁损承包地等特殊情形对个别农户之间承包的耕地和草地需要适当调整的，必须经本集体经济组织成员的村民会议三分之二以上成员或者三分之二以上村民代表的同意，并报乡（镇）人民政府和县级人民政府农业农村、林业和草原等主管部门批准。承包合同中约定不得调整的，按照其约定。

第 29 条 下列土地应当用于调整承包土地或者承包给新增人口：

（一）集体经济组织依法预留的机动地；

（二）通过依法开垦等方式增加的；

（三）发包方依法收回和承包方依法、自愿交回的。

第 30 条 承包期内，承包方可以自愿将承包地交回发包方。承包方自愿交回承包地的，可以获得合理补偿，但是应当提前半年以书面形式通知发包方。承包方在承包期内交回承包地的，在承包期内不得再要求承包土地。

第 31 条 承包期内，妇女结婚，在新居住地未取得承包地的，发包方不得收回其原承包地；妇女离婚或者丧偶，仍在原居住地生活或者不在原居住地生活但在新居住地未取得承包地的，发包方不得收回其原承包地。

《草原法》第 13 条第 2 款 在草原承包经营期内，不得对承包经营者使用的草原进行调整；个别确需适当调整的，必须经本集体经济组织成员的村（牧）民会议三分之二以上成员或者三分之二以上村（牧）民代表的同意，并报乡（镇）人民政府和县级人民政府草原行政主管部门批准。

理解与适用

本条是对《物权法》第 130 条的复制，对《农村土地承包法》第 28 条的规定在民事基本法层面上的固定，第 1 款宣明承包期内发包人不得调整承包地，这是强制性规定，违反者无效；第 2 款承认例外，点明"因自然灾害严重毁损承包地等特殊情形"，但主要是引致性（管道性）规定，把可以调整承包地的条件和法律效果引向《农村土地承包法》等法律的具体规定。

本条第 2 款所谓"等特殊情形"，究为何意？与如何界定调整有关。如果把调整界定为承包地的位置、面积，那么，土地承包经营权存续期届满，"重新洗牌"，再依据新的标准发包和承包，就属于特殊情形。再如，涨滩，扩张了张三家的承包地，农村集体经济组织认可此种自然现象导致的张三家的承包地增加面积。这样，涨滩又属于特殊情形。与此类似，水流冲刷，导致李四家的承包地的面积减少，农村集体经济组织无储备地可以增补李四家的承包地面积。如此，水流冲刷也属于特殊情形。因为在这些场合都使承包地发生了改变，进而使土地承包经营权发生了变化。

此外，承包地被征收或被用于村镇公共设施、公益事业的建设，失地农民不愿意"农转非"，不要征收补偿款等费用，坚决要求继续承包土地的，也应属于特殊情形。再就是人地矛盾非常突出，诸如因出生导致的人口增长，因婚嫁带来的人口迁移，因大中型水利、水电工程建设征收土地产生的移民安置等原因形成的人地矛盾，不调整会直接影响农民基本生活的，亦为特殊情形。①

如果扩张解释调整，把土地承包经营权人的变化也划归其中，那么，《农村土地承包法》第29条关于"下列土地应当用于调整承包土地或者承包给新增人口：（一）集体经济组织依法预留的机动地；（二）通过依法开垦等方式增加的；（三）发包方依法收回和承包方依法、自愿交回的"的规定也属于关于特殊情形调整承包地的规定。

《农村土地承包法》第28条规定：承包期内，因自然灾害严重毁损承包地等特殊情形对个别农户之间承包的耕地和草地需要适当调整的，必须经本集体经济组织成员的村民会议2/3以上成员或者2/3以上村民代表的同意，并报乡（镇）人民政府和县级人民政府农业农村、林业和草原等主管部门批准。承包合同中约定不得调整的，按照其约定。

之所以有《农村土地承包法》第28条的规定，原因在于：在实践中，对因各种特殊情形造成人地矛盾突出的问题，一些地方尊重大多数农民意愿，因地制宜，分类施策，在坚持稳定土地承包关系的基础上，妥善解决矛盾纠纷。为进一步规范对个别农户之间承包的耕地和草地的适当调整，草案划定了红线：必须坚持土地承包关系稳定、不得打乱重分的原则；必须经本集体经济组织成员的村民会议2/3以上成员或者2/3以上村民代表的同意，并报乡（镇）人民政府和县级人民政府农业等行政主管部门批准。鉴于各地情况差异较大，《农村土地承包法》授权省、自治区、直辖市制定地方性法规具体规定。②《民法典》亦应持此立场。

第三百三十七条

承包期内发包人不得收回承包地。法律另有规定的，依照其规定。

本条主旨

本条是关于承包地不得收回以及法律可有另外规定的规定。

---

① 胡康生主编：《中华人民共和国物权法释义》，北京，法律出版社2007年版，第295页。

② 《关于中华人民共和国农村土地承包法修正案（草案）的说明》（2018年12月29日），http://www.npc.gov.cn/npc/c10134/201812/60d3dc48a86441f9b5dc2577edfc07c6.shtml. 2020年4月14日最后访问。

相关条文

《物权法》第 131 条 承包期内发包人不得收回承包地。农村土地承包法等法律另有规定的，依照其规定。

《农村土地承包法》第 27 条 承包期内，发包方不得收回承包地。

国家保护进城农户的土地承包经营权。不得以退出土地承包经营权作为农户进城落户的条件。

承包期内，承包农户进城落户的，引导支持其按照自愿有偿原则依法在本集体经济组织内转让土地承包经营权或者将承包地交回发包方，也可以鼓励其流转土地经营权。

承包期内，承包方交回承包地或者发包方依法收回承包地时，承包方对其在承包地上投入而提高土地生产能力的，有权获得相应的补偿。

理解与适用

本条承继了《物权法》第 131 条的规定精神，只是在文字方面略有变化，与《农村土地承包法》第 27 条的规定相一致。前段确立承包地不得收回的原则，后段承认例外，但它只是引致性（管道性）的条款，把例外引向其他法律的具体规定。

经查，《农村土地承包法》第 27 条规定："承包期内，承包农户进城落户的，引导支持其按照自愿有偿原则依法在本集体经济组织内转让土地承包经营权或者将承包地交回发包方，也可以鼓励其流转土地经营权"（第 3 款）；"承包期内，承包方交回承包地或者发包方依法收回承包地时，承包方对其在承包地上投入而提高土地生产能力的，有权获得相应的补偿"（第 4 款）。

第三百三十八条

承包地被征收的，土地承包经营权人有权依据本法第二百四十三条的规定获得相应补偿。

本条主旨

本条是关于承包地被征收时土地承包经营权人有权获得相应补偿的规定。

相关条文

《物权法》第 132 条 承包地被征收的，土地承包经营权人有权依照本法第四十二条第二款的规定获得相应补偿。

《土地管理法》第45条 为了公共利益的需要，有下列情形之一，确需征收农民集体所有的土地的，可以依法实施征收：

（一）军事和外交需要用地的；

（二）由政府组织实施的能源、交通、水利、通信、邮政等基础设施建设需要用地的；

（三）由政府组织实施的科技、教育、文化、卫生、体育、生态环境和资源保护、防灾减灾、文物保护、社区综合服务、社会福利、市政公用、优抚安置、英烈保护等公共事业需要用地的；

（四）由政府组织实施的扶贫搬迁、保障性安居工程建设需要用地的；

（五）在土地利用总体规划确定的城镇建设用地范围内，经省级以上人民政府批准由县级以上地方人民政府组织实施的成片开发建设需要用地的；

（六）法律规定为公共利益需要可以征收农民集体所有的土地的其他情形。

前款规定的建设活动，应当符合国民经济和社会发展规划、土地利用总体规划、城乡规划和专项规划；第（四）项、第（五）项规定的建设活动，还应当纳入国民经济和社会发展年度计划；第（五）项规定的成片开发并应当符合国务院自然资源主管部门规定的标准。

第47条第4款 拟征收土地的所有权人、使用权人应当在公告规定期限内，持不动产权属证明材料办理补偿登记。县级以上地方人民政府应当组织有关部门测算并落实有关费用，保证足额到位，与拟征收土地的所有权人、使用权人就补偿、安置等签订协议；个别确实难以达成协议的，应当在申请征收土地时如实说明。

第48条 征收土地当给予公平、合理的补偿，保障被征地农民原有生活水平不降低、长远生计有保障。

征收土地应当依法及时足额支付土地补偿费、安置补助费以及农村村民住宅、其他地上附着物和青苗等的补偿费用，并安排被征地农民的社会保障费用。

征收农用地的土地补偿费、安置补助费标准由省、自治区、直辖市通过制定公布区片综合地价确定。制定区片综合地价应当综合考虑土地原用途、土地资源条件、土地产值、土地区位、土地供求关系、人口以及经济社会发展水平等因素，并至少每三年调整或者重新公布一次。

征收农用地以外的其他土地、地上附着物和青苗等的补偿标准，由省、自治区、直辖市制定。对其中的农村村民住宅，应当按照先补偿后搬迁、居住条件有改善的原则，尊重农村村民意愿，采取重新安排宅基地建房、提供安置房或者货币补偿等方式给予公平、合理的补偿，并对因征收造成的搬迁、临时安置等费用予以补偿，保障农村村民居住的权利和合法的住房财产权益。

县级以上地方人民政府应当将被征地农民纳入相应的养老等社会保障体系。被征地农民的社会保障费用主要用于符合条件的被征地农民的养老保险等社会保险缴费补贴。被征地农民社会保障费用的筹集、管理和使用办法，由省、自治区、直辖市制定。

第 49 条　被征地的农村集体经济组织应当将征收土地的补偿费用的收支状况向本集体经济组织的成员公布，接受监督。

禁止侵占、挪用被征收土地单位的征地补偿费用和其他有关费用。

《农村土地承包法》第 17 条第 4 项　承包地被依法征收、征用、占用的，有权依法获得相应的补偿。

第 40 条第 2 款第 7 项　土地被依法征收、征用、占用时有关补偿费的归属。

第 62 条　违反土地管理法规，非法征收、征用、占用土地或者贪污、挪用土地征收、征用补偿费，构成犯罪的，依法追究刑事责任；造成他人损害的，应当承担损害赔偿等责任。

理解与适用

本条是对《物权法》第 132 条、《农村土地承包法》第 17 条第 4 项等条款的承继，属于引致性（管道性）条款，将承包地被征收获得补偿的具体规则引至《民法典》第 243 条的规定。

其实，《民法典》第 243 条的规定仍为纲领性的原则规定，需要《土地管理法》等法律、法规补充一些具体规范，特别是《土地管理法》第 48 条的规定。

征收土地当给予公平、合理的补偿，保障被征地农民原有生活水平不降低、长远生计有保障。

征收土地应当依法及时足额支付土地补偿费、安置补助费以及农村村民住宅、其他地上附着物和青苗等的补偿费用，并安排被征地农民的社会保障费用。

征收农用地的土地补偿费、安置补助费标准由省、自治区、直辖市通过制定公布区片综合地价确定。制定区片综合地价应当综合考虑土地原用途、土地资源条件、土地产值、土地区位、土地供求关系、人口以及经济社会发展水平等因素，并至少每三年调整或者重新公布一次。

征收农用地以外的其他土地、地上附着物和青苗等的补偿标准，由省、自治区、直辖市制定。对其中的农村村民住宅，应当按照先补偿后搬迁、居住条件有改善的原则，尊重农村村民意愿，采取重新安排宅基地建房、提供安置房或者货币补偿等方式给予公平、合理的补偿，并对因征收造成的搬迁、临时安置等费用予以补偿，保障农村村民居住的权利和合法的住房财产权益。

县级以上地方人民政府应当将被征地农民纳入相应的养老等社会保障体系。被征地农民的社会保障费用主要用于符合条件的被征地农民的养老保险等社会保险缴费补贴。被征地农民社会保障费用的筹集、管理和使用办法，由省、自治区、直辖市制定。

第三百三十九条

土地承包经营权人可以自主决定依法采取出租、入股或者其他方式向他人流转土地经营权。

本条主旨

本条是关于以出租、入股或其他方式流转土地经营权的规定。

相关条文

《物权法》第 133 条　通过招标、拍卖、公开协商等方式承包荒地等农村土地，依照农村土地承包法等法律和国务院的有关规定，其土地承包经营权可以转让、入股、抵押或者以其他方式流转。

《农村土地承包法》第 36 条　承包方可以自主决定依法采取出租（转包）、入股或者其他方式向他人流转土地经营权，并向发包方备案。

理解与适用

一、本条的基本含义

本条是对《农村土地承包法》第 36 条的规定在民事基本法层面上的固定，吸纳了《物权法》第 133 条的合理精神，明确了除互换、转让以外的土地经营权的流转方式。

所谓土地承包经营权出租，达到流转土地经营权的目的和结果，是指这样的现象：土地承包经营权人（出租人）和承租人签订租赁合同，土地承包经营权继续由出租人享有，承租人不受让土地承包经营权（《农村土地承包法》第 36 条），只是取得土地经营权，即在承包地从事农林牧渔经营并获取农获物的资格，并向出租人支付租金的现象。承租人可以是本集体经济组织的成员，也可以是本集体经济组织以外的自然人、法人或其他组织。

所谓土地承包经营权入股，达到流转土地经营权的目的和结果，指的是这样的现象：将土地承包经营权作价，出资到股份合作制企业乃至股份有限公司之中，成为企业的财产的现象，股份合作制企业或股份有限公司取得土地经营权。另外，对于此处所谓入股，还可以作扩大解释，即业已设立的公司增资扩股时，土地承包经营权人将其土地承包经营权作价，成为股份合作制企业或股份有限公司的责任财产的组成部分。不过，它于此时已经变性，表现为土地经营权。承包人因其土地承包经营权入股而在股份合作制企业乃至股份有限公司之中享有股权，表现为被选举权、选举权、股息红利分配权等。对此，《中共中央关于全面深化改革若干重大问题的决定》予以进一步肯定和倡导（第 20 条、第 21 条），《农村土地承包法》落实到位（第 36 条）。对此，十三届全国人大常委会委员、农业与农村委员会副主任委员刘振伟先生做有如下解读。

党的十八届三中全会决定提出："允许农民以承包经营权入股发展农业产业化经营"。2014 年 11 月，中共中央办公厅、国务院办公厅《关于引导农村土地经营权有序流转发展农业适度规模经营的意见》提出："引导农民以承包地入股组建土地股份合作组织"，"允许农民以承包经营权入股发展农业产业化经营"。对于农村土地承包经营权入股，2002 年的《农村土地承包法》是将家庭承包方式和"四荒"土地招标、拍卖、公开协商承包方式分开处理的。对于家庭承包方式取得的土地承包经营权，将入股限定在承包方自愿联合从事农业合作生产的范围。对"四荒"招标、拍卖、公开协商承包方式取得的土地承包经营权，可以采取入股方式流转。2018 年《农村土地承包法》，增加了土地承包经营权人可以采用入股的方式流转土地经营权的规定，但需向发包方备案。这与 2002 年《农村土地承包法》上的土地承包经营权入股发展农业合作不同，2018 年《农村土地承包法》上的土地经营权入股的企业、公司宽泛，包括入股法人企业，2002 年《农村土地承包法》上的土地承包经营权入股是入股组建土地股份合作社；2018 年《农村土地承包法》上的入股目标公司在治理结构上可以是公司制，2002 年《农村土地承包法》上的入股企业在组织形式方面是股份合作制，是特殊的法人治理结构；承包地的土地经营权入股法人企业后，能处置的只是承包地的土地经营权，土地承包权仍归承包方，农民集体土地所有权也不改变。对此，2018 年《农村土地承包法》仅作原则性规定，给实践留出空间，以后总结经验并制定配套规定，同时注意与《公司法》等法律对接好。[①]

---

① 刘振伟：《对〈中华人民共和国农村土地承包法修正案（草案）〉解读》，https://www.tuliu.com/read - 93994.html. 2020 年 4 月 14 日最后访问。

本条所谓"其他方式向他人流转土地经营权"，指的是以土地经营权融资担保的方式流转土地经营权。《农村土地承包法》第47条规定："承包方可以用承包地的土地经营权向金融机构融资担保，并向发包方备案。受让方通过流转取得的土地经营权，经承包方书面同意并向发包方备案，可以向金融机构融资担保"（第1款）；"担保物权自融资担保合同生效时设立。当事人可以向登记机构申请登记；未经登记，不得对抗善意第三人"（第2款）；"实现担保物权时，担保物权人有权就土地经营权优先受偿"（第3款）；"土地经营权融资担保办法由国务院有关部门规定"（第4款）。对此，十三届全国人大常委会委员、农业与农村委员会副主任委员刘振伟先生做有如下解读。

党的十八届三中全会决定提出，在坚持和完善最严格的耕地保护制度前提下，赋予农民对承包地占有、使用、收益、流转及承包经营权抵押、担保权能。2015年12月27日，第十二届全国人大常委会第十八次会议决定，授权国务院在北京大兴区等232个试点县（市、区）行政区域，暂时调整实施物权法、担保法关于农民集体所有的耕地使用权不得抵押的规定，至2018年12月31日试点结束。①

以承包地的土地经营权作为融资担保标的物，是以承包人对承包地享有的占有、使用、收益和流转权利为基础的，满足用益物权可设定为融资担保标的物的法定条件。随着土地承包经营权确权登记、农村土地流转交易市场完善，将承包地的土地经营权纳入融资担保标的物范围水到渠成。以承包地的土地经营权为标的物设定担保，当债务人不能履行债务，债权人依法定程序处分担保物，只是转移了承包地的土地经营权，实质是使用权和收益权，土地承包权没有转移，承包地的农民集体所有性质也不因此改变。② 鉴于实践中抵押担保融资的情况复杂，操作方式多样，加之各方面对土地经营权的性质认识分歧较大，《农村土地承包法》使用了"融资担保"的概念，包含了抵押和质押等多种情形，既解决农民向金融机构融资缺少有效担保物的问题，又保持了与《担保法》等法律规定的一致性（第47条）。③

第三方通过流转取得的土地经营权，经承包方书面同意并向发包方备案，也可以向金融机构融资担保。由于各方面对继受取得的土地经营权是物权还是债权

---

① ② 刘振伟：《对〈中华人民共和国农村土地承包法修正案（草案）〉解读》，https://www.tuliu.com/read-93994.html. 2020年4月14日最后访问。

③ 《关于中华人民共和国农村土地承包法修正案（草案）的说明》（2018年12月29日），http://www.npc.gov.cn/npc/c10134/201812/60d3dc48a86441f9b5dc2577edfc07c6.shtml. 2020年4月14日最后访问。

有争议，是作为用益物权设定抵押，还是作为收益权进行权利质押，分歧很大。立法不陷入争论，以服务实践为目的，《农村土地承包法》使用了土地经营权融资担保概念（第 47 条），这是抵押、质押的上位概念，将两种情形都包含进去，既保持与相关民法的一致性，又避免因性质之争影响立法进程。①

总之，本条所谓"其他方式向他人流转土地经营权"，新创了一种权利产生的机制，因为在融资之前，土地承包经营权人之手并无土地经营权，有的是土地承包经营权，但在土地承包经营权人与金融机构签订融资担保合同并生效之时，土地经营权即告设立，成为金融机构（担保权人）所享融资担保权的标的物。就是说，不是在担保权设立之前已经存在土地经营权这个担保物，而是设立担保权之时才"催生"出土地经营权这个担保物，简言之，担保权和担保物同时诞生。这与建设用地使用权等用益物权作为担保物向金融机构设立担保非常不同，因为建设用地使用权抵押权设立之前已经存在建设用地使用权这个担保物，有了担保物才会有担保权。

看来，利用土地经营权融资担保，可有两种路径及方法：一种是本条和《民法典》第 342 条规定的路径及方法，其担保人是土地承包经营权人；另一种是在土地经营权融资担保设立之前，土地经营权已经存在，以业已存在的土地经营权作为担保物设立融资担保权，其担保人是土地经营权人，而非土地承包经营权人，亦非土地承包人。

二、"三权分置"的基本含义与创设根源

本条至第 342 条系"三权分置"架构下的设计，最为突出的创新是增设土地经营权。

所谓"三权分置"，是相对于农民集体土地所有权与土地承包经营权这种"两权分离"而言的农地权利划分（分置）的状态的简称，指的是农民集体土地所有权→土地承包经营权→土地经营权的配置格局。

观察和体会《民法典》涉及土地承包经营权、土地承包权、土地经营权的条文，可知这三个概念使用的场合和条件是：在农户亲自行使土地承包经营权、不流转该权的情况下，无须使用土地经营权的概念，仅有土地承包经营权的概念足矣；只有在农户流转土地承包经营权的情况下，才有使用土地承包权、土地经营权的必要，于此场合，农民集体土地所有权人拥有和行使土地所有权，土地承包

---

① 刘振伟：《对〈中华人民共和国农村土地承包法修正案（草案）〉解读》，https://www.tuliu.com/read-93994.html. 2020 年 4 月 14 日最后访问。

经营权被分成土地承包权和土地经营权，农户享有其中的土地承包权并获得收益（土地经营权人支付的对价），土地承包经营权的概念退出使用，受让权利者同时是实际占有、使用、收益承包地之人，享有和行使土地经营权。其实，在利用土地经营权融资时，已经取得土地经营权的实际占有、使用、收益承包地之人可以是抵押人（在承认土地经营权为物权的理论体系下）或出质人（在把土地经营权作为债权的理论体系下）；在土地承包经营权尚未被分成土地承包权和土地经营权的情况下，土地经营权人（农户）在融资程序中将土地经营权独立出来，并抵押给（在承认土地经营权为物权的理论体系下）/出质给（在把土地经营权作为债权的理论体系下）出借人。有鉴于此，笔者赞同下面的概括：农民土地集体所有权与承包经营权是承包地处于未流转状态的一组权利，是两权分离。农民土地集体所有权与土地承包权、土地经营权是承包地处于流转状态的一组权利，是"三权分置"①。

"三权分置"的创设反映了社会经济制度乃至政治制度的内在要求。从农业农村的现实情况看，随着富余劳动力转移到城镇就业，各类合作社、农业产业化龙头企业等新型经营主体大量涌现，土地流转面积不断扩大，规模化、集约化经营水平不断提升，呈现"家庭承包，多元经营"格局。农业产业化、水利化、机械化及科技进步等，都对完善农村生产关系提出新的要求。把实践检验行之有效的农村土地承包政策和成功经验及时转化为法律规范，是修改《农村土地承包法》首先要考虑的问题②，自然也是编纂《民法典》所要解决、反映的课题。既保障农民的生存权甚至发展权，又让实际从事农林牧渔所需要的土地权利向"能手"、实力雄厚的公司集中，以满足规模化、集约化经营的需求。其方案之一是创设土地经营权。

再者，鉴于《物权法》和2018年之前的《农村土地承包法》设计的土地承包经营权被抵押、自由转让带来过大的风险，但同时权利人又有以土地承包经营权设立担保达到融资目的之现实且巨大的需求，其实也有金融机构扩张其金融业务的经济人渴望，习近平总书记于2013年7月明确提出，深化农村改革，完善农村基本经营制度，要好好研究农村土地所有权、承包权、经营权三者之间的关

---

① 《关于中华人民共和国农村土地承包法修正案（草案）的说明》（2018年12月29日），http://www.npc.gov.cn/npc/c10134/201812/60d3dc48a86441f9b5dc2577edfc07c6.shtml. 2020年4月14日最后访问。

② 《关于中华人民共和国农村土地承包法修正案（草案）的说明》（2018年12月29日），http://www.npc.gov.cn/npc/c10134/201812/60d3dc48a86441f9b5dc2577edfc07c6.shtml. 2020年4月14日最后访问。

系。2016年4月25日，习近平总书记在小岗村农村改革座谈会上强调，新形势下深化农村改革，主线仍是处理好农民和土地的关系。这为中国农村土地产权制度改革指明了方向。中国共产党第十八届五中全会明确提出，完善土地所有权承包权经营权分置办法，依法推进土地经营权有序流转。在这种大背景下，中共中央办公厅、国务院办公厅于2016年10月印发了《关于完善农村土地所有权承包权经营权分置办法的意见》。①

《关于完善农村土地所有权承包权经营权分置办法的意见》明确："……土地经营权人对流转土地依法享有在一定期限内占有、耕作并取得相应收益的权利。在依法保护集体所有权和农户承包权的前提下，平等保护经营主体依流转合同取得的土地经营权，保障其有稳定的经营预期。在完善'三权分置'办法过程中，要依法维护经营主体从事农业生产所需的各项权利，使土地资源得到更有效合理的利用。……"

在这个框架下，农村土地的集体所有权归农民集体所有，是土地承包权的前提。农户享有的承包经营权在土地流转中又派生出经营权，农民集体所有权是根本，农户承包权是基础，土地经营权是关键，这三者统一于农村的基本经营制度。②

"三权分置"是继家庭联产承包责任制后农村改革又一重大制度创新。目前，农村已有30%以上的承包农户在流转承包地，流转面积4.79亿亩。为此，《农村土地承包法》规定，以家庭承包方式取得的土地承包经营权在流转中分为土地承包权和土地经营权。同时，明确了土地承包权和土地经营权的权能（第36条以下）。土地经营权流转后，为了加强对土地承包权的保护，《农村土地承包法》规定，承包土地的经营权流转后，承包方与发包方的承包关系不变，承包方的土地承包权不变（第44条）。③

三、农民集体土地所有权行使说之反驳

在研讨和设计农地"三权分置"模式的过程中，有一种意见是反对土地经营权的创设，其路径是反思他物权乃分享所有权的权能而派生出来的物权这种理念

---

① 韩长赋、张红宇：《农村土地〈"三权分置"意见〉政策解读》，http：//www. scio. gov. cn/34473/34515/Document/1515220/1515220. htm. 2016年11月23日最后访问。

② 韩长赋、张红宇：《农村土地〈"三权分置"意见〉政策解读》，http：//www. scio. gov. cn/34473/34515/Document/1515220/1515220. htm. 2016年11月23日最后访问。

③ 参考《关于中华人民共和国农村土地承包法修正案（草案）的说明》（2018年12月29日），http：//www. npc. gov. cn/npc/c10134/201812/60d3dc48a86441f9b5dc2577edfc07c6. shtml. 2020年4月14日最后访问。

及理论，主张单纯依赖所有权的行使这一面即足矣，无须赋予所有权人对面之人享有他物权，包括土地经营权。笔者把它命名为单纯依赖所有权的行使论。在笔者看来，这种理论在现行法上是没有依据的，在理论上是错误的，在实务中是有害的，极不可取。（1）如果法律不承认土地所有权的行使在对方即农户或实际占有、使用、收益农地者一面凝聚成他物权，起码是债权，仅仅单纯依赖所有权的行使这一面，那么，在农民集体土地所有权人与农户或实际占有、使用、收益农地者之间的关系上，只是表现了前者对于后者从事农林牧渔的允许，后者从事这些活动具有合法性；但后者不享有他物权，起码是债权，似乎意味着前者恩赐于后者从事农林牧渔，前者随时可以收回此类恩惠，即停止行使农民集体土地所有权；后者没有他物权，就产生不出排除妨害、消除危险或恢复原状等请求权，后者便无正权源地对抗他人的不法侵害，也就难以及时和有效地得到救济；后者没有债权，凭什么对抗前者不适当地停止行使农民集体土地所有权的行为？（2）如果法律不承认土地所有权的行使在对方即农户或实际占有、使用、收益农地者一面凝聚成他物权，起码是债权，农户或实际占有、使用、收益农地者的预期便不确定，短期行为就在所难免；农户或实际占有、使用、收益农地者的法益及边界不明，不易被他人了解，其合法利益容易遭受侵害，加上救济方式缺乏或者救济不及时，会促使农户或实际占有、使用、收益农地者的行为情绪化，破坏性地从事作业。（3）土地所有权的对面就是相应的义务，法律不赋予农户或实际占有、使用、收益农地者享有他物权，起码是债权，就意味着义务的类型与范围不明，农户或实际占有、使用、收益农地者不清楚其负担的类型与边界，其行为反倒容易不规范。义务种类与程度不清，农民集体土地所有权人就难以认定他们是否违反了义务，会出现难以认定责任是否成立的怪现象。（4）法律不赋予农户或实际占有、使用、收益农地者享有他物权，农民集体土地所有权人擅自将同一宗农地发包给第三人，农户或实际占有、使用、收益农地者完全无法对抗该第三人，只得追究农民集体土地所有权人的违约责任。这就有些方面而言不如农户或实际占有、使用、收益农地者享有他物权。（5）法律不赋予农户或实际占有、使用、收益农地者享有他物权，起码是债权，农户或实际用地者就无法以该利益作为客体向金融机构设立抵押权/债权，融到资金，因为现行法承认的担保物权要么以特定之物为客体，要么以特定权利为客体，没有承认以除此以外的利益为客体的担保物权。（6）单纯依赖所有权的行使论要想立得住，它必须在农民集体土地所有权人与农户之间的关系中，在农户与实际占有、使用、收益农地者之间的关系中，都说得通。但该论在实际上是无法完成该项任务的，因为在现行法上，农户对于农地的占有、使用、收益，早在《民法通则》上就被设计成土地承包经营权

（第 80 条第 2 款），《物权法》亦然，且十分明确地把它作为一种用益物权（第 124 条以下），一句话，在所有权行使的受体一方已经凝结成他物权，起码是产生债权（有专家、学者认为《民法通则》规定的土地承包经营权属于债权）。这与依赖所有权的行使论的理念及结论正好相反。也可能这堵法理之墙无法撼动，于是只想阻碍土地经营权的设计：农地"三权分置"的提出与落实，众人争议第三权土地经营权应为物权还是债权，所有权的行使论独出心裁，认为没必要设计第三权，只要依赖所有权的行使就够了。在笔者看来，依赖所有权的行使论至少存在如何问题：A. 它未做到相似的事物相同处理——在土地承包经营合同关系中农户享有土地承包经营权，在土地承包经营权流转关系中无须凝结成民事权利。B. 在土地承包经营权流转关系中不存在土地所有权的行使，只有土地承包经营权的行使，依逻辑，依赖所有权的行使论在此派不上用场，可该论却是要解决这种关系中实际占有、使用、收益农地者的法益的。

视野延伸，若依单纯依赖所有权的行使论，则在所有权人与他人之间的关系中，仅凭所有权的行使就万事大吉，无须他物权的存在和运作。如此，在"物权法"领域，只剩下所有权"一柱擎天"，不会有由所有权、用益物权和担保物权共同构建的殿堂，所谓"物权法"便名实不符，应叫所有权法。在笔者看来，这不是在建设农地权利乃至整个物权的制度，而是在为物权制度掘墓。这种忽视人类共同文明的结晶、抛弃传统文化的"开宗立派"是不切实际的。如果说言必称希腊、法必曰罗马为"右"倾，那么，单纯依赖所有权的行使论就能解决好农地权利问题，就是极左，这两个极端皆不可取。

第三百四十条

土地经营权人有权在合同约定的期限内占有农村土地，自主开展农业生产经营并取得收益。

本条主旨

本条是关于土地经营权人所享基本权利的规定。

相关条文

《农村土地承包法》第 37 条　土地经营权人有权在合同约定的期限内占有农村土地，自主开展农业生产经营并取得收益。

理解与适用

本条是对《农村土地承包法》第 37 条的复制，在民事基本法的层面固定《农村土地承包法》第 37 条的内容和精神。

本条赋权土地经营权人占有农村土地之权。此处所谓农村土地，应当是土地承包权人（"三权分置"之前的土地承包经营权人）的承包地。至于是其全部还是部分，取决于流转合同的约定。

本条所谓自主开展农业生产经营，包括几项因素：（1）土地经营权人利用其占有的土地从事农业生产活动；（2）开展合同约定的农业生产经营项目；（3）土地经营权人独立自主地决定开展前述作业。同时，所有这些，都受有限制：（1）在期限方面受合同约定的限制，不得超过合同约定的期限，除非有约定的或法定的延长事由；（2）开展的农业生产经营的项目方面受合同约定的限制，也受法律的限制，如不得种植法律禁止的作物；（3）土地经营权人经营的自主开展，首先体现在合同条款之中，此外，就是遵从农业生产经营的客观规律，只要合同、法律未禁止的，如种植玉米还是棉花，春耕夏锄，浇灌还是旱田，等等，均由土地经营权人自己决定，土地承包权人、农村集体经济组织不要指手画脚。

本条所谓取得收益，就是承包地上的孳息，农获物（含渔获物），由土地经营权人取得，至于土地承包权人的利益，依据流转合同的约定获取，未经土地经营权人的允许，土地承包权人不得擅自收割、捕获承包地上的果实。

第三百四十一条

流转期限为五年以上的土地经营权，自流转合同生效时设立。当事人可以向登记机构申请土地经营权登记；未经登记，不得对抗善意第三人。

本条主旨

本条是关于土地经营权类型及其登记效力的规定。

相关条文

《农村土地承包法》第 41 条　土地经营权流转期限为五年以上的，当事人可以向登记机构申请土地经营权登记。未经登记，不得对抗善意第三人。

理解与适用

一、本条概貌

本条在承继《农村土地承包法》第 41 条的基础上增加了土地经营权设立的规则。

二、土地经营权的设立

本条前段明确：土地经营权自流转合同生效时设立。这表明土地经营权的设立采取债权意思主义，而非债权形式主义，更非物权形式主义，只要流转双方就流转事项协商一致，当事人又未附设特别生效条件的，土地经营权就设立完毕。

三、土地经营权的类型

本条开首便使用"流转期限为五年以上的土地经营权"的表述，是因为在《农村土地承包法》修正、《民法典》编纂的调研和草案研讨的过程中，一直争论土地经营权的性质，用益物权说、债权说等，均有人力主。特别是其中有一种观点认为："物权以长期存续为原则，建立在租赁合同基础上的土地经营权，期限长可视为物权，期限短则可视为债权，不能绝对化。"不妨将之称作折中说。鉴于对土地经营权性质见仁见智，修改农村土地承包法，以解决实践需要为出发点，只原则界定了土地经营权权利，淡化了土地经营权性质。但是，对原始取得的土地经营权和继受取得的土地经营权，在权能上还是做了些区分。[①] 虽然《农村土地承包法》和《民法典》在表面上没有明确土地经营权是物权还是债权，但在实际上受了折中说的影响，潜台词是流转期限低于 5 年的，为债权，至于高于 5 年的是否为物权，确实有些拿捏不准。由此出现了以流转期限的长短为判断标准形成的两种土地经营权，并将之与有无登记能力联系起来。流转期限 5 年以上的土地经营权为一种，具有登记能力，至于实际上是否登记，取决于土地经营权人的意愿。流转期限 5 年以下的土地经营权为另一种，无登记能力，即使土地经营权人渴望办理登记，也可能无人受理。

四、对土地经营权的定性和定位

《农村土地承包法》第 41 条规定："土地经营权流转期限为五年以上的，当

---

① 刘振伟：《对〈中华人民共和国农村土地承包法修正案（草案）〉解读》，https://www.tuliu.com/read-93994.html. 2020 年 4 月 14 日最后访问。

事人可以向登记机构申请土地经营权登记。未经登记，不得对抗善意第三人。"《民法典》对此完全承继（第 341 条）。这两部法律如此设计的本意是：在实务中，不同的主体对土地经营权的实际需求不同，有些需要期限较短的土地经营权，有些要求流转期限较长的土地经营权，大体可以 5 年为时间节点，5 年以上流转期限的经过登记可以为物权，5 年以下的因期限较短不予登记，不宜被定位在物权，仅作债权。① 如此，就会出现同一类型的土地经营权会因存续期限的长短而表现为不同的权利属性和类型，或是物权，或是债权。在笔者看来，这肯定不是最佳的方案。

把土地经营权定性和定位在债权，最大的弱点是受债的相对性的限制，土地经营权对第三人不具有约束力，有时对抗不了第三人。将土地经营权定性和定位于物权正能克服这种弱点。（1）在土地承包权人（农户）将 A 地的土地经营权流转给乙之后，乙取得的土地经营权作为物权且经过登记，其后，农户又把 A 地的土地经营权流转给丙，乙就可以否定丙的土地经营权，保有住自己的土地经营权。但是，乙的土地经营权作为债权，乙对丙就没有这样强大的效力。特别是，在丙实际占有 A 地而乙却未占有的情况下，根据《涉及农村土地承包司法解释》第 19 条第 3 项正文关于"……已经根据承包合同合法占有使用承包地的人取得土地经营权"的规定，乙完全无力对抗丙所享土地经营权。（2）如果把它作为债权，在土地承包权人（农户）不复存在的情况下，就会出现承包人难以保有土地经营权的后果。因为土地承包权人（农户）不复存在就是债务人消灭，债权要随之消灭。可是，土地经营权若为他物权，一经设立就具有独立性，只要其母权没有绝对消灭，只要土地经营权的存续期间没有届满，即使土地承包权人（农户）不复存在，它也照样存在。（3）土地经营权若作为债权，在第三人不法侵害经营地及土地经营权的情况下，由于现行法尚未普遍承认债权为侵权行为的标的，土地经营权人有时可能无权请求该第三人承担侵权责任。反之，土地经营权是物权，在第三人侵害它时，土地承包权人（农户）就有权请求该第三人承担侵权责任。（4）土地经营权作为债权，由甲公司取得，甲公司又将之通过出租、出借等债的方式流转给乙公司，乙公司尚未支付对价时，在乙公司宣告破产的情况下，甲公司就此利益只能与其他债权人平等地按比例地受偿，而作为物权，则甲公司享有优先取回的权利。（5）《民法典》第 342 条把"四荒"土地承包经营

---

① 在 2020 年 1 月 16 日上午由全国人民代表大会常务委员会法制工作委员会民法室组织召开的《中华人民共和国民法典·物权编（草案）》研讨会上，有关领导介绍了这种立法计划和立法目的；刘振伟：《对〈中华人民共和国农村土地承包法修正案（草案）〉解读》，https://www.tuliu.com/read-93994.html. 2020 年 4 月 14 日最后访问。

权流转时形成的土地经营权作为抵押物，意味着将此类土地经营权定性和定位在物权了。为达统一审视和规整土地经营权的体系化要求，把土地经营权定性和定位在物权，理由更充分些。如此看来，将土地经营权作为物权优点更多些。

不过，把土地经营权定性和定位在物权，一个回避不了的问题是：土地承包经营权作为一种他物权，何以能充任"母权"，由其派生出另一个他物权即"子权"——土地经营权来？可能的思路之一是：将既存的土地承包权视为母权，将分割出的权能所形成的土地经营权视为子权。子权和母权虽然形式一样，但内容不同。子权只是行使母权的一部分权能。子权在开始设定时，虽然与母权有着密切的关系甚至有着共同的命运，但是在其设定行为完成的瞬间，就与母权完全分离，成为一种独立的、新的、不同种类的权利。思路之二是：把土地承包权视为民法上的"物"，该"物"之上存在着"所有权"，该"所有权"即为土地经营权的母权。思路之三是：即使是农户以其承包地作为客体为受让人设立土地经营权，土地经营权所分享的权能，依然是农民集体土地所有权中的占有、使用、收益诸项权能。农户之所以能使农民集体土地所有权的权能由受让人分享，是因为在农户承包权设立时法律已经将处分权直接授予农户了。农户正是借由这种法律的授权，将农民集体土地所有权中的部分权能分离给土地经营权人；土地经营权人正是借由这种法律的授权，合乎双方当事人意思且合法地分享了农民集体土地所有权中的部分权能，从而形成了土地经营权。[①]

在利用土地经营权融资方面，土地经营权为债权时所设担保权是债权质，其为物权时所设担保权为抵押权。以土地经营权设立抵押权，采取物的编成主义，由不动产登记机构在不动产登记簿页上作他项权利登记，其公示效果最为显著，当事人及其利害关系人查询之最为便捷。但在债权质的设立方面，至少截至目前尚无统一的生效要件，有些以登记为生效要件，有些以交付为生效要件。以土地经营权出质时，债权质于何时设立，究为质押合同生效时还是债权质登记时，存在疑问。此其一。依现行登记制度，债权质的登记不在不动产登记机构，由哪个机构登记尚不清楚，且采取人的编成主义。人的编成主义与物的编成主义相比较，后者的优点更为明显。此其二。由此看来，把土地经营权作为债权，在设立担保权方面不够顺畅，非理想之选。

还有，土地经营权作为债权入股与作为物权入股，在财会手续上，在纳税科目及流程方面，都存在差异。

至于以存续期限长短来决定民事权利是债权还是物权，需要慎思，应予澄

---

①　崔建远：《民法分则物权编立法研究》，载《中国法学》2017 年第 2 期，第 54～55 页。

清。其一，关注物权在个案中的目的及功能。由物权的目的及功能决定，一般来说物权的存续期限较长甚至无期限，如建设用地使用权、宅基地使用权在这方面表现得特别突出；债权的存续期限较短，但也不尽然，有些债权的存续期限较长，如不动产租赁的存续期限可长达 20 年。其实，也有相反的事例。如一个面包，刚出炉就被消费掉，其所有权有点"转瞬即逝"。担保物权，特别是具有从属性的担保物权，因其附随于被担保的债权，而债权存有死亡的基因，目的已达便归于消灭①，故担保物权的存续期限也未必久长，在个案中可能十分短暂。其二，应当区分法律设计的物权存续期限与当事人选定的物权存续期限。鉴于所有权和用益物权的目的及功能，法律给与其较长的存续期限，这具有合理性和正当性。但这不妨碍当事人在不违背物权法定主义的前提下将法定的存续期限较长的物权在个案中约定为较短期限的物权。既然如此，《农村土地承包法》（第 41 条等）、《民法典》（第 339 条以下）又未禁止当事人约定较长期限或较短期限的土地经营权，土地承包权人（农户）与土地经营权人（实际占有、使用、收益承包地之人）约定存续期限较长的土地经营权可以，约定存续期限较短的土地经营权也可以。在这种背景下，宜统一地、整体地对待和把握土地经营权，仅以当事人约定了 5 年存续期限以下的土地经营权为由就把该权定性和定位在债权，而以当事人约定了 5 年以上存续期限的土地经营权为由就将该权定性与定位在物权，理由并不充分。

还有一种意见是：以登记与否作为界分物权和债权的准绳，据此衡量，5 年以下流转期限的土地经营权，《民法典》未规定其可登记，便非物权，而是债权。② 在笔者看来，这不足以说服人，因为在《民法典》上，有些权利虽未作登记却为物权，如《民法典》第 209 条第 2 款规定的未经登记的自然资源国家所有权，第 225 条规定的已归买受人占有的船舶或机动车即使未办理转移登记也发生了所有权转移，第 229 条规定的自法律文书或征收决定生效时即转移到另一主体的物权，第 230 条规定的因继承取得的物权，第 231 条规定的合法建造的房屋自其"封顶"时即产生的所有权，第 333 条前段规定的自土地承包经营权合同生效时设立的土地承包经营权（未经登记），第 374 条规定自地役权合同生效时设立的地役权（未经登记），第 335 条规定的受让的土地承包经营权（未经登记），第 403 条规定的自抵押合同生效时设立的动产抵押权，第 547 条第 2 款规定的随着

---

① Radbruch, Rechtsphilosophie, 1963，S. 243. 转引自王泽鉴：《债法原理》，北京，北京大学出版社 2009 年版，第 40 页。

② 在 2020 年 1 月 16 日上午由全国人民代表大会常务委员会法制工作委员会民法室组织召开的《中华人民共和国民法典·物权编（草案）》研讨会上，有专家学者如此主张。

债权转让而转移到受让人之处的抵押权或质权，均未经登记；与此相反，另一些权利虽经登记却亦非物权，如《民法典》第 221 条第 1 款规定的经过预告登记的小业主请求开发商转移商品房的占有和所有权的债权，仍非物权，至多是介于债权和物权之间，兼有二者的性质①；再如，根据《民法典》第 706 条的反面推论，已经登记备案的租赁合同项下的租赁权继续归属于债权，只是在买卖不破租赁这一点上被物权化了罢了。还如，《民法典》第 768 条关于"应收账款债权人就同一应收账款订立多个保理合同，致使多个保理人主张权利的，已登记的先于未登记的取得应收账款；均已登记的，按照登记的先后顺序取得应收账款；均未登记的，由最先到达应收账款债务人的转让通知中载明的保理人取得应收账款；既未登记也未通知的，按照保理融资款或者服务报酬的比例取得应收账款"的规定中，其中的应收账款即使经过了登记也仍然为债权。

诚然，事物大多有两面性，绝对化往往不妥当。通过出租/转包方式流转而形成的土地经营权，被定性和定位债权，理由更充分些：（1）在合同法领域，通说一直把租赁合同项下的租赁权作为物权化的债权，租赁权只在买卖不破租赁这一点上显示出强大的优先性、绝对性，但在其他任何一项具体的效力上都遵循着相对性、平等性等债权的属性。至于转包场合由次承包人取得的权利，完全符合债权的一切属性，而缺乏物权的绝对性、排他性、优先性、物权请求权。尚未见到通过出租/转包方式流转而形成的土地经营权不遵循上述原理而改弦更张的理由。（2）实务中通行的做法是，对于租赁/转包、合同式联营一直都适用合同法，未适用物权法，这也显示出把由此方式形成的土地经营权作为物权欠缺支撑。

第三百四十二条

通过招标、拍卖、公开协商等方式承包农村土地，经依法登记取得权属证书的，可以依法采取出租、入股、抵押或者其他方式流转土地经营权。

本条主旨

本条是关于通过招标、拍卖、公开协商等方式设立的土地承包经营权流转的方式和前提条件的规定。

相关条文

《物权法》第 133 条　通过招标、拍卖、公开协商等方式承包荒地等农村土

---

① 王泽鉴：《民法物权》，北京，北京大学出版社 2009 年版，第 90 页。

地，依照农村土地承包法等法律和国务院的有关规定，其土地承包经营权可以转让、入股、抵押或者以其他方式流转。

《农村土地承包法》第53条　通过招标、拍卖、公开协商等方式承包农村土地，经依法登记取得权属证书的，可以依法采取出租、入股、抵押或者其他方式流转土地经营权。

理解与适用

本条是将《农村土地承包法》第53条的规定原原本本地上升至民事基本法层面的体现，相较于《物权法》第133条的规定，它放宽了客体的范围，不但以"四荒"土地为客体的土地承包经营权可以通过招标、拍卖、公开协商等方式设立，允许农村集体经济组织成员以外的人取得；而且以耕地、草场、林地为客体的土地承包经营权也可以通过招标、拍卖、公开协商等方式设立，允许农村集体经济组织成员以外的人取得。

本条所谓通过招标的方式设立土地承包经营权，是指由农村集体经济组织或由其组织的招标小组/委员会向数人或公众发出发包农地的招标通知或招标公告，在诸多投标人中选择自己最满意的投标人并与之订立土地承包经营权设立合同的方式。采取方式应当公开、公平、公正地进行，即所谓"三公原则"。

本条所谓通过拍卖的方式设立土地承包经营权，是指农村集体经济组织委托拍卖公司以公开竞价的方式，将农地发包给拍定人，由其取得土地承包经营权的方式。拍卖人一俟拍定，竞买人和拍卖人应当签署成交确认书，随后，农村集体经济组织与拍定人签署土地承包经营权设立合同。

本条所谓公开协商的方式，是指农村集体经济组织公开与谁协商、公开协商内容，包括承包期限、承包费的数额、付款方式、有无担保等内容。以此接受农村集体经济组织成员的监督，避免"暗箱操作"，保证公开、公平、公正地发包和承包。[1]

本条所谓"等方式"，例如，成立抵押合同的方式，再如，径直召开农村集体经济组织成员大会或代表大会，会议表决发包、承包；或者委托信誉高、诚信可靠的专业机构媒介设立土地承包经营权。

通过以上方式中的任何一种方式设立的土地承包经营权，若不流转，则可以不予登记，法律照样保护；但若流转，形成土地经营权，就必须先行办理土地承包经营权的登记，取得土地承包经营权证或林权证等证书（其实，按照《民法

---

[1]　胡康生主编：《中华人民共和国物权法释义》，北京，法律出版社2007年版，第304页。

典》第 217 条的精神，只要办理完毕登记即可），而后方可依法采取出租、入股、抵押或者其他方式流转土地经营权，才会受到法律的认可和保护（《民法典》第 342 条，《农村土地承包法》第 53 条）。假如不办理土地承包经营权的登记，就不发生流转土地经营权的法律效力。

观察本条后段可知，土地经营权设立的原因行为，可以是出租、入股的方式，也可以是抵押的方式。本条后段所谓"其他方式"，例如，出质、联营的方式。

所谓采取出租方式流转土地经营权，是指土地承包经营权人与承租人签订租赁合同，一俟合同生效，承租人就取得土地经营权。所谓采取入股方式流转土地经营权，是指土地承包经营权人将其权利折价，成为目标公司或股份合作制企业的责任财产的组成部分，此时目标公司取得的是土地经营权，而非土地承包经营权。对于此处所谓入股，同样可以解释为包括两种情形：一是土地承包经营权人作为发起人与他人共同设立公司或股份合作制企业，将其土地承包经营权作价、已变性为土地经营权的权利成为目标公司或股份合作制企业的责任财产的组成部分；二是业已存在的公司或股份合作制企业增资扩股时，土地承包经营权人将其土地承包经营权作价，已变性为土地经营权的权利纳入目标公司或股份合作制企业的责任财产之中。所谓采取抵押方式流转土地经营权，是指土地承包经营权人与债权人签订抵押合同，并办理抵押登记，抵押权设立，但该抵押权的客体不是土地承包经营权，而是土地经营权。这是把土地经营权作为用益物权看待的结果。如果把土地经营权作为债权，就不是设立抵押权，而是设立权利质权。

如同笔者在释评《民法典》第 339 条时所阐释的道理一样，《民法典》第 342 条新创了一种权利产生的机制，即在流转之前，土地承包经营权人之手并无土地经营权，有的是土地承包经营权，但在与交易相对人成立租赁合同或出资协议或增资扩股合同或抵押合同或质押合同等法律行为、且该法律行为生效之时，土地经营权即告设立，归属于交易相对人。这与建设用地使用权等用益物权的流转具有实质的差异，因为建设用地使用权等用益物权流转之前已经存在用益物权这些标的物，有了标的物才可能发生用益物权的流转。

看来，以土地经营权设立抵押权，可有两种路径及方法，一种是本条规定的路径及方法，其抵押人是土地承包经营权人；另一种路径及方法是在土地经营权抵押权设立之前，土地经营权已经存在，以业已存在的土地经营权作为抵押物设立抵押权，其抵押人是土地经营权人，而非土地承包经营权人，亦非土地承包人。

第三百四十三条

国家所有的农用地实行承包经营的，参照适用本编的有关规定。

本条主旨

本条是关于国有农用地实行承包经营的，准用《民法典》"第二编　物权"的规定。

相关条文

《物权法》第 134 条　国家所有的农用地实行承包经营的，参照本法的有关规定。

《土地管理法》第 13 条　农民集体所有和国家所有依法由农民集体使用的耕地、林地、草地，以及其他依法用于农业的土地，采取农村集体经济组织内部的家庭承包方式承包，不宜采取家庭承包方式的荒山、荒沟、荒丘、荒滩等，可以采取招标、拍卖、公开协商等方式承包，从事种植业、林业、畜牧业、渔业生产。家庭承包的耕地的承包期为三十年，草地的承包期为三十年至五十年，林地的承包期为三十年至七十年；耕地承包期届满后再延长三十年，草地、林地承包期届满后依法相应延长。

国家所有依法用于农业的土地可以由单位或者个人承包经营，从事种植业、林业、畜牧业、渔业生产。

发包方和承包方应当依法订立承包合同，约定双方的权利和义务。承包经营土地的单位和个人，有保护和按照承包合同约定的用途合理利用土地的义务。

《农村土地承包法》第 13 条第 2 款　国家所有依法由农民集体使用的农村土地，由使用该土地的农村集体经济组织、村民委员会或者村民小组发包。

《草原法》第 10 条　国家所有的草原，可以依法确定给全民所有制单位、集体经济组织等使用。

使用草原的单位，应当履行保护、建设和合理利用草原的义务。

第 11 条　依法确定给全民所有制单位、集体经济组织等使用的国家所有的草原，由县级以上人民政府登记，核发使用权证，确认草原使用权。

未确定使用权的国家所有的草原，由县级以上人民政府登记造册，并负责保护管理。

集体所有的草原，由县级人民政府登记，核发所有权证，确认草原所有权。

依法改变草原权属的，应当办理草原权属变更登记手续。

理解与适用

本条是对《物权法》第 134 条的复制，宣明国有农用地实行承包经营的，准用《民法典》"第二编　物权"的规定。

虽然实行家庭联产承包的土地大多属于农村集体经济组织所有，但也有一些国有土地长期由农民集体使用。在农村集体经济组织实行家庭承包经营为基础、统分结合的双层经营体制下，这些国有土地也被承包，产生了土地承包经营权。它们只是在权利客体的所有制属性上不同，所受法律限制有所差异，但在民事权利体系及理论层面基本上相同。既然如此，本条作为引致性（管道性）条款，宣明准用《民法典》"第二编　物权"的规定，简洁明快，立法技术可取。

第十二章

建设用地使用权

本章依次规定了建设用地使用权的概念和基本内容，建设用地使用权的客体，建设用地使用权人的基本义务，建设用地使用权的设立方式及由此决定的建设用地使用权基本类型，建设用地使用权设立合同的一般条款和书面形式，建设用地使用权以登记为设立的生效要件，建设用地使用权人不得改变土地用途、应当缴纳出让金等费用，地上建筑物、构筑物及其附属设施的所有权原则上归属于建设用地使用权人（房地权属的确定原则上一体），建设用地使用权具有转让性（让与性），建设用地使用权转让合同的形式、受让后的使用期限确定的规则，"房随地走"和"地随房走"的房地权属变动原则上一体，因公共利益的需要可以提前收回建设用地使用权，建设用地使用权期满时的续期规则与续期费用规则，建设用地使用权的注销登记，授权集体建设用地使用权和集体经营性建设用地使用权的问题由《土地管理法》调整。

本章设计的建设用地使用权，在目的及功能上是由建设用地使用权人享有地上建筑物、构筑物及其附属设施的所有权；从立体式的视野看，建设用地使用权的客体可以是地表、地上或地下；从转让性（让与性）的角度观察，建设用地使用权分为以出让方式设立的建设用地使用权、以行政划拨方式设立的建设用地使用权、集体经营性建设用地使用权；从土地所有制的层面着眼，存在国有建设用地使用权、集体建设用地使用权。

本章设计的建设用地使用权奉行以登记为设立和转让及抵押的生效要件的不动产物权变动模式，是《民法典》第 209 条第 1 款设立的债权形式主义的不动产物权变动模式的具体体现，与土地承包经营权及土地经营权、地役权的变动采取债权意思主义的不动产物权变动模式大不相同。

联系《民法通则》、各次修正的《土地管理法》和《城市房地产管理法》、《物权法》审视和思考，可知中国土地制度历经了重大变化、发展，《民法典》"第十二章 建设用地使用权"是对改革、发展和立法成果的固定和升华。在相当长的历史时期，集体土地所有权完全由《宪法》及《农业法》、《行政法》、《行政诉讼法》规制，远离民事法律的规范领域；国家土地所有权要么无偿地交由国家机关及事业单位、国有企业占有、使用，要么闲置，经济效益差强人意。通过深圳的土地制度改革的率先试点，其经验经过总结和完善，形成国有土地使用权模式，在全国逐步推开，经由《城镇国有土地使用权出让和转让暂行条例》、《土地管理法》、《城市房地产管理法》和《物权法》固定其成果，形成法律规范。至此，形成如下制度：（1）国有土地使用权/国有建设用地使用权具有转让性（让与性），可以转让、入股、抵押；（2）客体，地表、地上、地下；（3）行政划拨的，原则上不允许流转；（4）集体建设用地使用权只可用于村、乡（镇）办公用房，乡镇企业用地，不得进入土地城市依民事程序流转。尽管如此，其功效仍然不可估量：（1）培育和发展了房地产市场，带动了房地产业及其上下游的产业，解决了众多人的就业，为国家、社会的发展和繁荣做出了巨大贡献；（2）解决了数十年来城镇居民住房短缺的难题，大大提升了人民的生活品质，使百姓大众有获得感，从而更加爱党、爱国；（3）中央和地方政府通过收取土地使用权出让金、税金积累了丰厚的经济实力，为包括基本建设、教育、国防等各方面的快速发展提供了有效的经济保障。

诚然，所有这些并非终点，仍然在路上。随着改革的深化，试点探路，中央陆续出台方针、政策，诸如《中共中央关于全面深化改革若干重大问题的决定》《中共中央 国务院关于完善产权保护制度依法保护产权的意见》等。根据党中央关于农村土地制度改革的决策部署，全国人大常委会于2015年通过决定，授权国务院在试点地区暂时调整实施土地管理法、城市房地产管理法有关规定，并要求在总结试点经验基础上，对实践证明可行的方案和做法，上升为法律制度，修改完善有关法律。这些工作已经告一段落。2019年修正的《土地管理法》和《城市房地产管理法》在建设用地使用权制度方面呈现出如下变化：（1）住宅建设用地使用权期满时自动续期的费用，不再如同《物权法》那样保持沉默（第149条第1款），而是有所表态："续期费用的缴纳或者减免，依照法律、行政法规的规定办理"（《民法典》第359条第1款后段）；（2）集体经营性建设用地使用权被创设，可以与国有建设用地使用权同样入市，具有转让性（让与性），而且同权同价。

第三百四十四条

建设用地使用权人依法对国家所有的土地享有占有、使用和收益的权利，有权利用该土地建造建筑物、构筑物及其附属设施。

本条主旨

本条是关于建设用地使用权概念的规定。

相关条文

《民法通则》第80条第1款　国家所有的土地，可以依法由全民所有制单位使用，也可以依法确定由集体所有制单位使用，国家保护它的使用、收益的权利；使用单位有管理、保护、合理利用的义务。

《物权法》第135条　建设用地使用权人依法对国家所有的土地享有占有、使用和收益的权利，有权利用该土地建造建筑物、构筑物及其附属设施。

《土地管理法》第4条　国家实行土地用途管制制度。

国家编制土地利用总体规划，规定土地用途，将土地分为农用地、建设用地和未利用地。严格限制农用地转为建设用地，控制建设用地总量，对耕地实行特殊保护。

前款所称农用地是指直接用于农业生产的土地，包括耕地、林地、草地、农田水利用地、养殖水面等；建设用地是指建造建筑物、构筑物的土地，包括城乡住宅和公共设施用地、工矿用地、交通水利设施用地、旅游用地、军事设施用地等；未利用地是指农用地和建设用地以外的土地。

使用土地的单位和个人必须严格按照土地利用总体规划确定的用途使用土地。

第10条　国有土地和农民集体所有的土地，可以依法确定给单位或者个人使用。使用土地的单位和个人，有保护、管理和合理利用土地的义务。

《城市房地产管理法》第8条　土地使用权出让，是指国家将国有土地使用权（以下简称土地使用权）在一定年限内出让给土地使用者，由土地使用者向国家支付土地使用权出让金的行为。

理解与适用

一、本条概貌

本条是对《物权法》第135条的复制，明确了建设用地使用权的基本内容，法律效力。虽然都在界定建设用地使用权，但《物权法》第 135 条所谓建设用地使用权基本上指向国有建设用地使用权，其暗含的意思是集体建设用地使用权不得用于工业、商业等经营性用途；而《民法典》第 344 条所谓建设用地使用权，既指向国有建设用地使用权，又指向集体建设用地使用权，特别是包含用于工业、商业等经营性用途的集体经营性建设用地使用权。

二、建设用地使用权的界定

建设用地使用权，是指为建造建筑物、构筑物及其附属设施，并保有其所有权，而在国家所有或农民集体所有的土地及其上下进行占有、使用和收益的用益物权（《民法典》第 344 条、第 345 条、第 361 条等）。

所谓建筑物，是指可以供人们在其中进行生产、生活的居住用房、生产用房、办公用房等设施。构筑物则是具有居住、生产经营功能的建筑物之外的人工建造物，主要包括道路、桥梁、隧道、堤坝、水渠、水池、水塔等设施，人工养殖设施，以及地窖、地下管网等人工构筑物。附属设施主要指附属于建筑物、构筑物并辅助其发挥功效的设施，如电线杆、电缆、变压器等电力、广播、通讯设施，以及雕塑、纪念碑等均属此类。[1]

所谓地表，是指经依法批准的地面及其以上一定高度和地下一定垂直深度的空间。所谓地上，是指经依法批准的距地表一定高度的空间范围。所谓地下，是指经依法批准的距地表一定深度的空间范围。可见，与其说它们具有物理的意义，莫如说是技术的和法律的概念。

［称谓的演变］

对以房地产开发建设并取得建筑物所有权为目的的土地权利，现行法有时直接称之为土地使用权（《土地管理法》第 2 条第 2 款、第 56 条、第 60 条、第 63 条、第 66 条第 1 款等，《城市房地产管理法》第 2 条第 1 款、第 8 条等），有时叫作国有土地使用权（《土地管理法》第 2 条第 5 款、第 55 条第 1 款、第 58 条、第 81 条，《城市房地产管理法》第 2 条第 3 款、第 3 条、第 8 条等），有时取名为集体经营性建设用地使用权或集体建设用地使用权（《土地管理法》第 63 条、第 66 条第 3 款）。

土地使用权的称谓本身过于概括和内容含混，反映不出个案中的权利是物

---

[1]　梁慧星、陈华彬：《物权法》（第 4 版），北京，法律出版社 2007 年版，第 29 页；胡康生主编：《中华人民共和国物权法释义》，北京，法律出版社 2007 年版，第 306 页；王利明、尹飞、程啸：《中国物权法教程》，北京，人民法院出版社 2007 年版，第 320～321 页。

权，还是债权，因为通过租赁、借用等合同都可以取得债权性质的土地使用权；即使单指物权，它也区分不清是以房地产开发建设并取得建筑物所有权为目的的建设用地使用权，还是以从事农林牧渔经营并取得收益为目的的土地承包经营权，抑或以通行、排水、引水、设置管线等为目的的地役权。

在禁止集体土地所有权或使用权作为建造商业用房，只允许以国有土地使用权作为商业用房的权源的背景下，《城市房地产管理法》等法律、法规采用了国有土地使用权的概念。

时至草拟《物权法》特别是编纂《民法典》时期，现实生活中已经出现了在集体土地上兴办中外合资经营企业、中外合作经营企业、外商独资企业、股份合作制企业等项目的现象。在这种背景下，继续用国有土地使用权作为建筑物所有权的权源显然涵盖不了集体土地使用权作为建筑物的正当根据的情形，而建设用地使用权则可解决这个问题，《物权法》采纳了这个概念，《民法典》亦然。如此，不考虑建设用地处于农村还是城市，也不论它是归国家所有还是归集体所有，只要竖立其上的权利系以建造并保有建筑物的所有权为目的，就称之为建设用地使用权。

[反思]

《物权法》以建设用地使用权的名称取代国有土地使用权的概念（第135—151条），《民法典》亦然（第344—360条），实际上也不尽如人意，因为在某些情况下，如工程已经竣工，建筑物被验收合格甚至都被登记于不动产登记簿之中，把权利人对基地的权利还叫建设用地使用权，不再贴切。此其一。从名称上难以区分出农户以建造生活用房并享有住房所有权为目的的权利（宅基地使用权）和发展商以房地产开发建设并取得建筑物所有权为目的的权利，因为从目的及功能方面审视宅基地使用权，它也是建设用地使用权。此其二。

三、建设用地使用权的类型

不同的建设用地使用权的类型，法律性质不尽相同。有鉴于此，先区分建设用地使用权的类型，再研讨建设用地使用权的性质。按照不同的分类标准，建设用地使用权可分为不同的类型。

（一）行政划拨的建设用地使用权与出让的建设用地使用权

按照取得建设用地使用权是否基于行政命令及是否缴纳建设用地使用权出让金，可有行政划拨的建设用地使用权与出让的建设用地使用权的分类。

所谓出让的建设用地使用权，是指用地者通过招标、拍卖、协议等公开方式，有偿取得工业、商业、旅游、娱乐和商品住宅等经营性用地的使用权（《民法典》第347条第1款、第2款等）。招标、拍卖、挂牌等公开竞价的方式具有公开、公平和公正的特点，能够充分体现标的物的市场价值，是市场经济中较为活跃的交易方式。中国土地资源的稀缺性，决定了采取公开竞价方式，能够最大程度地体现土地的市场价值。从保护土地资源和国家土地收益的大局来看，采取公开竞价方式不仅是必要的，而且其适用范围还应当不断扩大。[①]

关于行政划拨的建设用地使用权，将在释评《民法典》第347条第1款、第3款时叙述，此处不赘。

（二）国有土地上的建设用地使用权与集体所有土地上的建设用地使用权

按照建设用地使用权存在于土地所有权的种类和性质的不同，可有国有土地上的建设用地使用权与集体土地上的建设用地使用权的分类。

所谓国有土地上的建设用地使用权，是指用地者分享国家土地所有权中的占有、使用、收益的权能而形成的建设用地使用权。

关于集体所有土地上的建设用地使用权，将在释评《民法典》第361条时详述，此处不赘。

（三）以地表为客体的建设用地使用权与以地上或地下为客体的建设用地使用权

按照建设用地使用权的客体所处土地上下部位的不同，可有以地表为客体的建设用地使用权与以地上或地下为客体的建设用地使用权。这将在释评《民法典》第345条时讨论，此处不赘。

（四）意定建设用地使用权与法定建设用地使用权

以建设用地使用权是否依据法律的直接规定当然设立为标准，可有意定建设用地使用权与法定建设用地使用权的分类。

所谓意定建设用地使用权，是指用地者与有关当事人合意设立的建设用地使用权。

所谓法定建设用地使用权，是指为使建筑物、构筑物及其附属设施具有地权这个正当根据，在具备一定条件时，依据法律的直接规定而当然成立的建设用地使用权。在法律规定未尽周详的背景下，个别情况下依法理和利益衡平的需要而应当承认的建设用地使用权，也可划入法定建设用地使用权之列。它大体可有如下类型。

1. 于抵押权设立当时应当设立，至实际必要时使其成立，以保持建筑物、

---

① 胡康生主编：《中华人民共和国物权法释义》，北京，法律出版社2007年版，第312页。

构筑物及其附属设施为目的的建设用地使用权。它发生在行使抵押权，拍卖或变卖抵押物，导致建设用地使用权和地上建筑物、构筑物及其附属设施异其主体时，视为已有法定建设用地使用权的设立，作为建筑物、构筑物及其附属设施存在的正当权源。

2. 土地或建设用地使用权和建筑物、构筑物及其附属设施同属于一人，而仅以建筑物、构筑物及其附属设施典当，典当行取得建筑物、构筑物及其附属设施的所有权，致使建筑物、构筑物及其附属设施和土地或建设用地使用权异其主体的，应当承认典当行（建筑物、构筑物及其附属设施所有权人）就所占用的基地享有法定建设用地使用权，以使该建筑物、构筑物及其附属设施所有权具有地权的正当根据。

[知识]

当铺业，古已有之。人们将其动产（当物）交给当铺，获得一定数额的借款，于约定期间内回赎该物的，向当铺给付利息即可终止双方的关系；于约定期间届满没有回赎的，便成死当，当物由当铺自由处置。① 需要注意，2005 年 4 月 1 日起施行的《典当管理办法》将当和典统一调整，将典当界定为："当户将其动产、财产权利作为当物质押或者将其房地产作为当物抵押给典当行，交付一定比例费用，取得当金，并在约定期限内支付当金利息、偿还当金、赎回当物的行为"（第 3 条第 1 款）。

按照《典当管理办法》第 25 条第 3 项的规定，典当行可以经营房地产（外省、自治区、直辖市的房地产或者未取得商品房预售许可证的在建工程除外）抵押典当业务。由于《典当管理办法》就房地产的典当没有如同《民法典》第 397 条那样强行要求房屋与其所占用范围的建设用地使用权一并典当，可以出现典当物仅仅是房屋而不包括房屋占用范围的建设用地使用权的情况。于此场合，若当户没有依约赎回，典当行便取得该房屋所有权，致使房地权属异其主体，违反房屋所有权必须以地权为其正当权源的规则。解决这个问题的方案之一是，承认法定建设用地使用权的情况。

[延伸]

在实务中，存在着某些建筑物、构筑物及其附属设施的所有权人不享有相应的建设用地使用权的情形，如某些事业单位、国家机关利用行政划拨的建设用地为其职工建造了房屋，只给购房职工办理了《房屋所有权证》，未将该房屋所在

---

① 江平、王家福主编：《民商法学大辞书》，南京，南京大学出版社 1998 年版，第 132～133 页。

地的建设用地使用权移转给购房职工。于此场合，倘若仍然按照法定建设用地使用权的思路设计并处理，会有违不将该建设用地使用权移转给购房职工的初衷，莫不如采取另外的模式，更为合理。这些模式至少有两种：其一，此类事业单位、国家机关不再保留行政划拨的建设用地使用权，直接将房屋所有权和相应的建设用地使用权一并移转给购房职工，以贯彻房地权属的确定与变动原则上一体的基本理念及制度。同时，为了保护这些事业单位、国家机关的合法权益，防止国有资产流失，适当限制这些购房职工（房屋所有权人）处分其房屋；并且，一旦转让其房屋，则令其补交地价款。其二，此类事业单位、国家机关依然保留行政划拨的建设用地使用权，但赋予购房职工（房屋所有权人）对其房屋所在地的建设用地享有法定租赁权，以满足建筑物所有权以地权为正当根据的原则。

四、建设用地使用权的性质

1. 权利主体因建设用地使用权的类型不同而异其规格

从权利主体方面看，不同类型的建设用地使用权的主体的身份不同。例如，行政划拨的建设用地使用权的主体，限于国家机关、有关人民团体、军事部门、有关事业单位、某些公司，不会是自然人、股份有限公司、中外合资经营企业、中外合作经营企业、外商独资企业等。再如，集体土地上的建设用地使用权的主体，主要为乡镇企业，不可能是农民、国家机关、军事部门等。

2. 建设用地使用权的客体可以是国有土地，也可以是农民集体所有的土地

在2019年之前，从权利客体的所有制性质方面看，建设用地使用权的客体原则上为国有土地（《物权法》第135条等），在兴办乡镇企业、建设乡（镇）村公共设施和公益事业等情况下，经依法批准，可以是集体所有的土地（2004年的《土地管理法》第43条）。2019年修正了《土地管理法》，设置集体经营性建设用地使用权，该权可用于工业、商业等经营性用途（《土地管理法》第63条）。《民法典》固定了这种制度安排（第361条）。这样，农民集体所有的土地作为建设用地使用权的客体便较为宽泛了。

3. 权利客体的部位可以是地表、地下、地上

从权利客体的立体部位看，建设用地使用权的客体可以是某宗地的地表，也可以是某宗地的地上（空间），还可以是某宗地的地下（空间）（《民法典》第345条）。以地上空间、地下空间为客体的建设用地使用权，叫作区分建设用地使用权，或分层建设用地使用权，或径称为空间权。

4. 权利的目的及功能为建造建筑物、构筑物及其附属设施，并保有其所有权

从权利的目的及作用方面看，建设用地使用权旨在使权利人有权在国有的（少数情况下为集体所有的）某宗地上建造建筑物、构筑物及其附属设施，并保有其所有权。一个人若欠缺某宗地的建设用地使用权，却在该宗地上建造建筑物、构筑物及其附属设施，其行为违法，对于所建建筑物、构筑物及其附属设施没有所有权（《民法典》第231条、第352条正文）。

就建造和保有之间的关系而言，建造建筑物、构筑物及其附属设施为初步目的，也可以说只是手段，保有建筑物、构筑物及其附属设施的所有权才是最终目的，更有价值。此其一。在受让建设用地使用权时，基地上已有建筑物、构筑物及其附属设施，或购买地上建筑物、构筑物及其附属设施的场合，按照《物权法》第356条、第352条正文的规定，受让人一并取得建设用地使用权和地上建筑物、构筑物及其附属设施，"土地上现存的建筑物能够满足建设用地使用权人的需要，故而其无须另行建造。权利内容仅为保有"[1]。此其二。

5. 建设用地使用权派生于土地所有权

从权利所出之源看，建设用地使用权系分享国家的（少数情况下为集体所有的）土地所有权中占有、使用、收益的权能而形成的他物权。土地所有权为母权，建设用地使用权为子权。

6. 建设用地使用权为用益物权

从权利的归属体系看，建设用地使用权为用益物权。建设用地使用权具有排他性、优先效力、物权请求权等效力，属于物权。它以占有、使用、收益为内容，属于用益物权。

五、建设用地使用权的基本内容（权能）

（一）建设用地使用权人的权利

1. 占有、使用建设用地的权利

建设用地使用权的目的及功能之一是，在国有或集体所有的土地上建造建筑物、构筑物及其附属设施，故权利人对该宗建设用地必须享有占有、使用的权利，才能达到权利目的，发挥权利功能。土地所有权人对此负有容忍义务。

占有、使用建设用地的范围，在基于行政划拨而取得建设用地使用权的场合，以行政主管部门批准和不动产登记簿的记载为准加以确定；在基于出让合同

---

[1] 王利明、尹飞、程啸：《中国物权法教程》，北京，人民法院出版社2007年版，第319页。

而取得建设用地使用权的场合，按照约定和不动产登记簿的记载加以确定；在继受他人的建设用地使用权的场合，依然如此确定。

尤其在同一宗建设用地上立体化地并存着以地表为客体的建设用地使用权、以地上为客体的建设用地使用权和以地下为客体的建设用地使用权的情况下，更应严格按照批准和登记的建设用地范围确定占有、使用的边界。

2. 保有建筑物、构筑物及其附属设施所有权的权利

建设用地使用权的目的及功能之二是，权利人对其建造于建设用地上的建筑物、构筑物及其附属设施保有所有权。其详述放置于释评《民法典》第 352 条之中，此处不赘。

3. 不动产相邻权

相邻关系规则旨在协调不动产权利人之间因不动产权利行使所产生的权益冲突，建设用地使用权为不动产权利之一，则相邻关系规则应当适用于建设用地使用权人之间、建设用地使用权人与土地所有权人之间、建设用地使用权人与相邻建筑物所有权人之间、建设用地使用权人与承租人等占有人之间的相邻关系。

4. 设立地役权的权利

建设用地使用权人有权将建设用地作为供役地为他人设立地役权（《民法典》第 383 条），至于建设用地使用权人把建设用地作为需役地为自己设立地役权，同时有利于自己和土地所有权人，更应被准许（《民法典》第 372 条）。

5. 出租、出借建设用地使用权的权利

租赁权、借用权为债权，原则上仅仅约束特定人，承租人、借用人欲将租赁物或借用物出租或出借与他人，得经出租人或出借人的同意。与此有别，建设用地使用权作为一项物权，具有对世效力，包括对建设用地所有权人的强大效力，建设用地使用权人将其建设用地出租、出借与他人的，现行法尚无关于必须经建设用地所有权人同意的规定。[①]

[拓展]

租赁登记与租赁登记备案及其作用

《城镇国有土地使用权出让和转让暂行条例》第 31 条规定："土地使用权和地上建筑物、其他附着物出租，出租人应当依照规定办理登记。"而《城市房地产管理法》未规定建设用地使用权出租，只规定了房屋出租，且不要求登记，向房产管理部门登记备案即可（第 53—56 条）。《民法典》对租赁亦未要求登记。笔者认为，登记备案仅仅是行政及治安等管理的需要，在决定租赁合同的效力

---

① 崔建远：《确定建筑物所有权的依据》，载《甘肃政法学院学报》2007 年第 6 期，第 11～12 页。

上，应以《民法典》的规定为准。

行政租赁及其效力

在实务中，出现了市、县政府以行政命令的方式，强制农村集体经济组织将农地出租于政府或政府指定的公司，用于高速公路、楼堂馆所、广场、绿地等的建设。这违反了《土地管理法》《城市房地产管理法》等现行法关于不得利用集体所有的土地进行此类建设的规定，其合同基本上是政府以其行政命令强迫农村集体经济组织签订的，违反了《民法典》第153条等规定，应属无效。

对于此类案件是属于行政纠纷还是民事纠纷，存在着不同意见。笔者认为，政府以行政命令强制农村集体经济组织出租集体所有的土地，属于行政案件；土地租赁合同则属于民商事合同。处理此类案件，既适用行政法又适用民商法。之所以不赞同全部用行政法处理，是因为租赁合同符合民商法律关系的特征，民商法有恢复原状、排除妨害、消除危险、返还原物等救济手段，而行政法在这方面不尽如人意。在某些案件中，只有准予农村集体经济组织关于恢复原状、排除妨害、消除危险、返还原物的请求，才能完满地保护农村集体经济组织及农户的合法权益，落实国家的耕地政策。

6. 转让、互换、出资、赠与或抵押建设用地使用权的权利

这将在释评《民法典》第354条时详述，此处不赘。

7. 物权请求权

建设用地使用权作为一种物权，依据《民法典》第235-237条的规定，具有物权请求权的效力。

8. 抛弃的权利

建设用地使用权作为一项权利、一种利益，权利人应有权将其抛弃。不过，抛弃不得违反法律、行政法规的强制性规定，不得违反禁止权利滥用、公序良俗和诚实信用等原则。

（二）建设用地使用权人的义务

1. 支付出让金的义务

行政划拨的建设用地使用权场合，权利人无须缴纳出让金。出让的建设用地使用权场合，受让人必须依约缴纳出让金。

2. 合理使用土地的义务

建设用地使用权人应当按照法律规定或合同约定，依土地用途，合理开发、经营建设用地。若有违反，出让人有权予以纠正。

3. 返还建设用地的义务

《城市房地产管理法》第22条第2款规定："土地使用权出让合同约定的使

用年限届满，土地使用者未申请续期或者虽申请续期但依照前款规定未获批准的，土地使用权由国家无偿收回。"《土地管理法》第 58 条第 1 款规定："（二）土地出让等有偿使用合同约定的使用期限届满，土地使用者未申请续期或者申请续期未获批准的；（三）因单位撤销、迁移等原因，停止使用原划拨的国有土地的；（四）公路、铁路、机场、矿场等经核准报废的"。"由有关人民政府自然资源主管部门报经原批准用地的人民政府或者有批准权的人民政府批准，可以收回国有土地使用权"。这些规定表明，建设用地使用权终止，建设用地使用权人有义务返还建设用地。出让人此项请求权的法律性质，可以是债权，即合同终止时标的物返还请求权（债权），也可以是物的返还请求权，还可以是占有或登记的不当得利返还请求权。

4. 容忍出让人提前收回建设用地的义务

出让人提前收回建设用地，存在两种情形。第一种是因公共利益的需要而提前收回，这将在释评《民法典》第 358 条时详述，此处不赘。第二种情形，按照《城镇国有土地使用权出让和转让暂行条例》第 17 条第 2 款的规定："未按合同规定的期限和条件开发、利用土地的，市、县人民政府土地管理部门应当予以纠正，并根据情节可以给予警告、罚款直至无偿收回土地使用权的处罚。"遇此无偿收回的处罚，建设用地使用权人负有容忍义务。

第三百四十五条

建设用地使用权可以在土地的地表、地上或者地下分别设立。

本条主旨

本条是关于建设用地使用权可以有三种客体之一的规定。

相关条文

《物权法》第 136 条　建设用地使用权可以在土地的地表、地上或者地下分别设立。新设立的建设用地使用权，不得损害已设立的用益物权。

理解与适用

一、本条意义概貌

本条一方面承继《物权法》第 136 条的规定，另一方面有两点改变：一是《物权法》第 136 条所谓建设用地使用权实质上指向的是国有建设用地使用权，而本条所指同时包括国有建设用地使用权和集体经营性建设用地使用权；二是本条没有包含《物权法》第 136 条后段的内容，由《民法典》第 346 条接纳该项内容。

二、建设用地使用权因其客体部位的不同而呈现的类型

本条所谓以地表为客体的建设用地使用权，是指以地面为基点向空中延伸至一定高度、向地下垂直至一定深度的空间为客体的建设用地使用权。物权法上的土地概念采取一种纯形式的地表界定①，因此，建设用地使用权以地表为客体应为常态，除非特别说明，建设用地使用权一语，应为以地表为客体的建设用地使用权。

本条所谓以地上为客体的建设用地使用权，是指以距地面一定高度的空间为客体的建设用地使用权，简称为空间权，又叫区分建设用地使用权或分层建设用地使用权。某些空中走廊的权源就是这种建设用地使用权。

本条所谓以地下为客体的建设用地使用权，是指以距地面一定深度的空间为客体的建设用地使用权，也简称为空间权，又叫区分建设用地使用权或分层建设用地使用权。许多地下商城、地铁的权源就是此类建设用地使用权。

以地上为客体的建设用地使用权（空间权）、以地下为客体的建设用地使用权（空间权）不与以地表为客体的建设用地使用权重合，而是呈现立体状态：以地上为客体的建设用地使用权（空间权）不得占用以地表为客体的建设用地使用权被批准的可利用空间，以地下为客体的建设用地使用权（空间权）同样不得占用以地表为客体的建设用地使用权被批准的可利用空间。

［拓展］

在现代社会，人口已越来越集中于大都市，形成都市密集化。这种都市密集化，必然伴随着地铁、上下自来水、排水沟及地下停车场等诸多都市设施的建设进程，进一步说，促进了空间、电线、单轨铁路、两楼房间的通道、特殊的防公害的烟囱、电视塔等都市设施的建设完善。这样，土地的立体利用已经从地表脱离，被横向地、水平地切割为地下或空中的断层，并使其具有了固有的价值（有交换价值）。在这种水平断层的空间，近代法确立的土地所有权等种类的权利制度还能够适用吗？②

---

① ［德］鲍尔/施蒂尔纳：《德国物权法》（上册），张双根译，北京，法律出版社 2004 年版，第 284 页。

② ［日］筱塚昭次：《空中权、地中权的法理——围绕土地的新利用形态》，载《法学家·临时增刊·土地问题——实态·理论·政策》第 476 号，东京，有斐阁，1971 年 4 月 10 日，第 122 页。

在近代民法中，土地所有法的体系，与其说是以都市区域，不如说是以农业区域为中心构成，所以不能把对土地的立体使用之评价放在土地所有权概念的构成中心的位置上。一直以来，都把垂直于地表上下的古典的土地所有权的法制称为土地法（Bodenrecht），相反，把进行了横向切割的水平的土地所有权称为空间法（Raumrecht）。土地法因其所指的"土地"是以地表为中心的垂直于其上下的部分，故可以称之为垂直的不动产法；相反，空间法则由于将"空间"从地表分离出来，在一定的空间上水平地存在，所以也可以称之为水平的不动产法。① 这种空间法在美国是以普通法为基础并根据判例创设出来的，其核心为空间权（air rights）制度。② 空间权，表现在所有权方面，有建筑物区分所有权；表现在租赁权方面，即有空间租赁权；表现在役权方面，可有空间役权；表现在地上权方面，就是区分地上权。③ 中国《民法典》第 345 条规定的以地下、地上为客体的建设用地使用权，可称之为区分建设用地使用权，相当于大陆法系所谓的区分地上权。

第三百四十六条

设立建设用地使用权，应当符合节约资源、保护生态环境的要求，遵守法律、行政法规关于土地用途的规定，不得损害已设立的用益物权。

本条主旨

本条是关于设立建设用地使用权应当符合绿色原则、守法原则和与容忍义务相衔接的规定。

相关条文

《宪法》第 5 条第 4 款、第 5 款　一切国家机关和武装力量、各政党和各社会团体、各企业事业组织都必须遵守宪法和法律。一切违反宪法和法律的行为，必须予以追究。

任何组织或者个人都不得有超越宪法和法律的特权。

第 9 条第 2 款　国家保障自然资源的合理利用，保护珍贵的动物和植物。禁

---

①③　［日］筱塚昭次：《空中权、地中权的法理——围绕土地的新利用形态》，载《法学家·临时增刊·土地问题——实态·理论·政策》第 476 号，东京，有斐阁，1971 年 4 月 10 日，第 122~123、123~128 页。

②　参见［日］高田寿史：《空中权与城市开发——从美国的实例所看到的问题及我见》，载《不动产研究》第 25 卷 1 号，第 35 页。

止任何组织或者个人用任何手段侵占或者破坏自然资源。

《民法通则》第6条 民事活动必须遵守法律，法律没有规定的，应当遵守国家政策。

《民法总则》第8条 民事主体从事民事活动，不得违反法律，不得违背公序良俗。

第9条 民事主体从事民事活动，应当有利于节约资源、保护生态环境。

《环境保护法》第4条第1款 保护环境是国家的基本国策。

第19条 编制有关开发利用规划，建设对环境有影响的项目，应当依法进行环境影响评价。

未依法进行环境影响评价的开发利用规划，不得组织实施；未依法进行环境影响评价的建设项目，不得开工建设。

第35条 城乡建设应当结合当地自然环境的特点，保护植被、水域和自然景观，加强城市园林、绿地和风景名胜区的建设与管理。

《土地管理法》第15条第1款 各级人民政府应当依据国民经济和社会发展规划、国土整治和资源环境保护的要求、土地供给能力以及各项建设对土地的需求，组织编制土地利用总体规划。

第39条第1款 国家鼓励单位和个人按照土地利用总体规划，在保护和改善生态环境、防止水土流失和土地荒漠化的前提下，开发未利用的土地；适宜开发为农用地的，应当优先开发成农用地。

《城市房地产管理法》第25条 房地产开发必须严格执行城市规划，按照经济效益、社会效益、环境效益相统一的原则，实行全面规划、合理布局、综合开发、配套建设。

理解与适用

相对于《物权法》的篇章结构而言，本条为新设的条文，前段宣明设立建设用地使用权应当符合绿色原则，中段宣明设立建设用地使用权应当守法的原则，后段宣明设立建设用地使用权以其他用益物权人负有容忍义务为原则。

本条使建设用地使用权承载了若干项义务，建设用地使用权人不可只享受权利，不负担义务。本条宣明不但所有权须社会化，建设用地使用权也必须社会化。

本条前段所谓"节约资源、保护生态环境"，即绿色原则。关于绿色原则与用益物权的关系，笔者在释评《民法典》第326条时已经阐发过，此处不赘。

本条中段所谓设立建设用地使用权应当遵守法律、行政法规关于土地用途的规定，属于引致性（管道性）条款，将设立建设用地使用权应当遵守法定的土地用途引向有关法律、法规。《土地管理法》是其中最为主要的法律，其第 23 条规定："各级人民政府应当加强土地利用计划管理，实行建设用地总量控制"（第 1 款）；"土地利用年度计划，根据国民经济和社会发展计划、国家产业政策、土地利用总体规划以及建设用地和土地利用的实际状况编制。土地利用年度计划应当对本法第六十三条规定的集体经营性建设用地作出合理安排。土地利用年度计划的编制审批程序与土地利用总体规划的编制审批程序相同，一经审批下达，必须严格执行"（第 2 款）。第 24 条规定："省、自治区、直辖市人民政府应当将土地利用年度计划的执行情况列为国民经济和社会发展计划执行情况的内容，向同级人民代表大会报告。"第 25 条规定："经批准的土地利用总体规划的修改，须经原批准机关批准；未经批准，不得改变土地利用总体规划确定的土地用途"（第 1 款）；"经国务院批准的大型能源、交通、水利等基础设施建设用地，需要改变土地利用总体规划的，根据国务院的批准文件修改土地利用总体规划"（第 2 款）；"经省、自治区、直辖市人民政府批准的能源、交通、水利等基础设施建设用地，需要改变土地利用总体规划的，属于省级人民政府土地利用总体规划批准权限内的，根据省级人民政府的批准文件修改土地利用总体规划"（第 3 款）。第 44 条规定："建设占用土地，涉及农用地转为建设用地的，应当办理农用地转用审批手续"（第 1 款）；"永久基本农田转为建设用地的，由国务院批准"（第 2 款）；"在土地利用总体规划确定的城市和村庄、集镇建设用地规模范围内，为实施该规划而将永久基本农田以外的农用地转为建设用地的，按土地利用年度计划分批次按照国务院规定由原批准土地利用总体规划的机关或者其授权的机关批准。在已批准的农用地转用范围内，具体建设项目用地可以由市、县人民政府批准"（第 3 款）；"在土地利用总体规划确定的城市和村庄、集镇建设用地规模范围外，将永久基本农田以外的农用地转为建设用地的，由国务院或者国务院授权的省、自治区、直辖市人民政府批准"（第 4 款）。第 56 条规定："建设单位使用国有土地的，应当按照土地使用权出让等有偿使用合同的约定或者土地使用权划拨批准文件的规定使用土地；确需改变该幅土地建设用途的，应当经有关人民政府自然资源主管部门同意，报原批准用地的人民政府批准。其中，在城市规划区内改变土地用途的，在报批前，应当先经有关城市规划行政主管部门同意。"第 60 条第 1 款规定："农村集体经济组织使用乡（镇）土地利用总体规划确定的建设用地兴办企业或者与其他单位、个人以土地使用权入股、联营等形式共同举办企业的，应当持有关批准文件，向县级以上地方人民政府自然资源主管部门提出申请，按照省、自治区、直辖市规定的批准权限，由县级以上地方人民政府批准；其中，涉及占用农用地的，依照本法第四十四条的规定办理审批手续。"第64条规定："集体建设用地的使用者应当严格按照土地利用总体规划、城乡规划确定的用途使用土地。"第77条规定："未经批准或者采取欺骗手段骗取批准，非法占用土地的，由县级以上人民政府自然资源主管部门责令退还非法占用的土地，对违反土地利用总体规划擅自将农用地改为建设用地的，限期拆除在非法占用的土地上新建的建筑物和其他设施，恢复土地原状，对符合土地利用总体规划的，没收在非法占用的土地上新建的建筑物和其他设施，可以并处罚款；对非法占用土地单位的直接负责的主管人员和其他直接责任人员，依法给予处分；构成犯罪的，依法追究刑事责任。超过批准的数量占用土地，多占的土地以非法占用土地论处。"第78条规定："农村村民未经批准或者采取欺骗手段骗取批准，非法占用土地建住宅的，由县级以上人民政府农业农村主管部门责令退还非法占用的土地，限期拆除在非法占用的土地上新建的房屋。超过省、自治区、直辖市规定的标准，多占的土地以非法占用土地论处。"此外，《城市房地产管理法》第18条规定："土地使用者需要改变土地使用权出让合同约定的土地用途的，必须取得出让方和市、县人民政府城市规划行政主管部门的同意，签订土地使用权出让合同变更协议或者重新签订土地使用权出让合同，相应调整土地使用权出让金。"第44条规定："以出让方式取得土地使用权的，转让房地产后，受让人改变原土地使用权出让合同约定的土地用途的，必须取得原出让方和市、县人民政府城市规划行政主管部门的同意，签订土地使用权出让合同变更协议或者重新签订土地使用权出让合同，相应调整土地使用权出让金。"

本条后段所谓设立建设用地使用权不得损害已设立的用益物权，究为何意，需要辨析。其实，即使依据法定的条件和程序设立建设用地使用权，也未见得不影响甚至害及已经设立的用益物权。比如，设立A建设用地使用权，待开发建设完工，在一定程度上遮掩了B宗建设用地上的住宅眺望海景；或者使B宗建设用地上的建筑物区分所有权人外出时须绕行。循此逻辑，几乎百分之百的建设用地使用权设立都会损害已经设立的建设用地使用权，结论便是禁止一切建设用地使用权的设立。但这显然不符合事实，不能满足社会生活的需要，无法满足发展建设的需要，也不是本条后段的立法目的。无论是社会现实，还是本条后段的规范意旨，都需要依法合规的建设用地使用权的设立。只要建设用地使用权的取得合法，符合城市规划设计，就受到法律保护，其他的建设用地使用权人就负有容忍义务。看来，不得按照字面意思理解本条后段，应该依其规范意旨进行解释。在笔者看来，由本条后段的规范意旨决定，凡是其他用益物权人依法对某宗土地的建设用地使用权的设立不负容忍义务的，该建设用地使用权就不得设立；凡是其他用益物权人依法对某宗土地的建设用地使用权的设立负有容忍义务的，该建设用地使用权即可设立。其他的用益物权人所负容忍义务，主要源自相邻关系规则及地役权制度，再就是公法上的义务。

第三百四十七条

设立建设用地使用权，可以采取出让或者划拨等方式。

工业、商业、旅游、娱乐和商品住宅等经营性用地以及同一土地有两个以上意向用地者的，应当采取招标、拍卖等公开竞价的方式出让。

严格限制以划拨方式设立建设用地使用权。

本条主旨

本条是关于建设用地使用权出让方式和行政划拨方式及其运用领域的规定。

相关条文

《物权法》第137条　设立建设用地使用权，可以采取出让或者划拨等方式。

工业、商业、旅游、娱乐和商品住宅等经营性用地以及同一土地有两个以上意向用地者的，应当采取招标、拍卖等公开竞价的方式出让。

严格限制以划拨方式设立建设用地使用权。采取划拨方式的，应当遵守法律、行政法规关于土地用途的规定。

《城市房地产管理法》第8条　土地使用权出让，是指国家将国有土地使用权（以下简称土地使用权）在一定年限内出让给土地使用者，由土地使用者向国家支付土地使用权出让金的行为。

第13条　土地使用权出让，可以采取拍卖、招标或者双方协议的方式。

商业、旅游、娱乐和豪华住宅用地，有条件的，必须采取拍卖、招标方式；没有条件，不能采取拍卖、招标方式的，可以采取双方协议的方式。

采取双方协议方式出让土地使用权的出让金不得低于按国家规定所确定的最低价。

《土地管理法》第54条　建设单位使用国有土地，应当以出让等有偿使用方式取得；但是，下列建设用地，经县级以上人民政府依法批准，可以以划拨方式取得：

（一）国家机关用地和军事用地；

（二）城市基础设施用地和公益事业用地；

（三）国家重点扶持的能源、交通、水利等基础设施用地；

（四）法律、行政法规规定的其他用地。

理解与适用

一、本条含义概貌

本条基本上继承了《物权法》第137条的规定，第1款规定设立建设用地使用权的方式有出让方式、行政划拨方式以及其他方式，第2款规定出让方式中应当采取招标、拍卖等公开竞价的方式的类型（情形），第3款明确严格限制行政划拨方式的运用。

本条不见了《物权法》第137条第3款后段所谓"采取划拨方式的，应当遵守法律、行政法规关于土地用途的规定"，不是该项规则不重要，已被删除，而是将之移至《民法典》第346条之中了。

二、以出让方式设立建设用地使用权

（一）概说

所谓以出让方式设立建设用地使用权，是指用地者通过招标、拍卖、协议等公开方式，有偿取得工业、商业、旅游、娱乐和商品住宅等经营性用地的使用权（《民法典》第347条第1款、第2款等）。按照本条第2款的规定，建设用地使用权的出让方式包括招标、拍卖、协议等方式。此处所谓"等方式"，例如挂牌的方式（《招标拍卖挂牌出让国有建设用地使用权规定》第2条第4款以下）。

招标、拍卖、挂牌等公开竞价的方式具有公开、公平和公正的特点，能够充分体现标的物的市场价值，是市场经济中较为活跃的交易方式。中国土地资源的稀缺性，决定了采取公开竞价方式，能够最大程度地体现土地的市场价值。从保护土地资源和国家土地收益的大局来看，采取公开竞价方式不仅是必要的，而且其适用范围还应当不断扩大。[①]

（二）招标出让建设用地使用权

1. 招标出让建设用地使用权概述

招标出让建设用地使用权，是指市、县人民政府自然资源行政主管部门（以下简称出让人）发布招标公告，邀请特定或不特定的自然人、法人和其他组织参

[①] 胡康生主编：《中华人民共和国物权法释义》，北京，法律出版社2007年版，第312页。

加入国有建设用地使用权投标，根据投标结果确定国有建设用地使用权人的行为（《招标拍卖挂牌出让国有建设用地使用权规定》第2条第2款前段）。

招标出让建设用地使用权，应当遵循公开、公平、公正和诚信的原则（《招标拍卖挂牌出让国有建设用地使用权规定》第3条）。与协议出让建设用地使用权的方式相比，这种方式引入了竞争机制，使许多投标人竞相展示各自的优长，给招标人提供了择优选取受让人的机会和可能，会使最有能力者取得建设用地使用权，进行最有价值和最有意义的开发建设。正因如此，应当以招标方式出让建设用地使用权而擅自采用协议方式出让的，对直接负责的主管人员和其他直接责任人员依法给予处分；构成犯罪的，依法追究刑事责任（《招标拍卖挂牌出让国有建设用地使用权规定》第24条）。

从适用范围上讲，对面积较大、开发要求较高或受城市规划严格制约的土地，采取招标方式出让建设用地使用权，比较适宜，容易达到开发目的。按照《物权法》第137条第2款规定，工业、商业、旅游、娱乐和商品住宅等经营性用地以及同一宗地有两个以上意向用地者的，应当采取招标、拍卖等公开竞价的方式出让。《招标拍卖挂牌出让国有建设用地使用权规定》予以贯彻并补充规定，所谓工业用地包括仓储用地，但不包括采矿用地（第4条第2款）。

与拍卖出让建设用地使用权的方式不同，招标出让建设用地使用权的方式可使招标人能够全面审视投标人的各个方面的条件，不是只关注出让金的数额。因而，出价最高者不一定能取得建设用地使用权。

2. 招标出让建设用地使用权的方法

招标出让的方法有公开招标和邀请招标两种。公开招标是一种一定范围内的无限制竞争性招标，凡对招标公告所列出让的建设用地愿意受让、又自认为合格的有意受让人均可申请投标。邀请招标，又叫定向招标，是一种有限竞争性招标，一般由招标人向它认为符合规定条件的主体发出招标通知，邀请其投标。两者各有优长，招标人可视具体情况酌定。

3. 招标出让建设用地使用权的程序

（1）招标

对于招标，《招标拍卖挂牌出让国有建设用地使用权规定》作了如下详细的规定：出让人应当根据招标出让地块的情况，编制招标出让文件（第7条第1款）。招标出让文件应当包括出让公告、投标或竞买须知、土地使用条件、标书、中标通知书、建设用地使用权出让合同文本（第7条第2款）。出让人应当至少在投标开始日前20日，在土地有形市场或指定的场所、媒介发布招标公告，公布招标出让宗地的基本情况和招标的时间、地点（第8条）。

（2）投标

投标方法有两种，可采取明标明投，也可采取明标暗投。每次投标的方法，由招标人根据实际情况确定。

投标的性质为要约，因而，在投标的有效期内，投标人不得擅自变更或撤回投标书，投标人应当对标书和有关书面承诺承担责任（《招标拍卖挂牌出让国有建设用地使用权规定》第 13 条第 1 款第 1 项）。

（3）开标、验标

《招标拍卖挂牌出让国有建设用地使用权规定》规定，出让人按照招标公告规定的时间、地点开标，邀请所有投标人参加。由投标人或其推选的代表检查标箱的密封情况，当众开启标箱，点算标书。投标人少于三人的，出让人应当终止招标活动。投标人不少于三人的，应当逐一宣布投标人名称、投标价格和投标文件的主要内容（第 13 条第 2 项）。

（4）评标、定标（决标）

《招标拍卖挂牌出让国有建设用地使用权规定》规定，评标小组进行评标。评标小组由出让人代表、有关专家组成，成员人数为 5 人以上的单数（第 13 条第 3 项）。招标人根据评标结果，确定中标人。按照价高者得的原则确定中标人的，可以不成立评标小组，由招标主持人根据开标结果，确定中标人（第 13 条第 4 项）。对能够最大限度地满足招标文件中规定的各项综合评价标准，或能够满足招标文件的实质性要求且价格最高的投标人，应当确定为中标人（第 14 条）。

（5）中标通知书及其法律效力

《招标拍卖挂牌出让国有建设用地使用权规定》规定，确定中标人后，中标人支付的投标保证金，转作受让地块的定金。出让人应当向中标人发出中标通知书。

（6）签约、对保证金的处理、公布招标出让结果

《招标拍卖挂牌出让国有建设用地使用权规定》规定，中标人应当按照中标通知书约定的时间，与出让人签订建设用地使用权出让合同。中标人支付的投标保证金抵作土地出让价款；其他投标人支付的投标保证金，出让人必须在招标活动结束后 5 个工作日内予以退还，不计利息（第 21 条）。招标活动结束后，出让人应在 10 个工作日内将招标出让结果在土地有形市场或指定的场所、媒介公布（第 22 条第 1 款）。

4. 取得建设用地使用权

《招标拍卖挂牌出让国有建设用地使用权规定》规定，受让人依照建设用地

使用权出让合同的约定付清全部土地出让价款后，方可申请办理土地登记，领取建设用地使用权证书。未按出让合同约定缴清全部土地出让价款的，不得发放建设用地使用权证书，也不得按出让价款缴纳比例分割发放建设用地使用权证书（第23条）。

5. 中标结果无效

《招标拍卖挂牌出让国有建设用地使用权规定》规定，中标人提供虚假文件隐瞒事实的，或采取行贿、恶意串通等非法手段中标的，中标结果无效；造成损失的，应当依法承担赔偿责任（第25条）。

（三）拍卖出让建设用地使用权

1. 拍卖出让建设用地使用权概述

拍卖出让国有建设用地使用权，是指出让人发布拍卖公告，由竞买人在指定时间、地点进行公开竞价，根据出价结果确定国有建设用地使用权人的行为（《招标拍卖挂牌出让国有建设用地使用权规定》第2条第3款）。

拍卖出让建设用地使用权，应当遵循公开、公平、公正和诚信的原则（《招标拍卖挂牌出让国有建设用地使用权规定》第3条）。拍卖出让和招标出让均为竞争性出让建设用地使用权的方式，但两者有较大区别。招标是由出让人（招标人）发出招标公告，以邀请投标人。各投标人各自提出自己的条件，最后由出让人（招标人）从中选出条件最优者，作为受让人。在招标出让的方式中，各投标人互不知晓其竞争对手，投标中一般只有一次投标机会，一旦提出标书，便不得随意变更或撤回。但拍卖出让方式是由各竞买人之间进行公开竞争，每位竞买人都可以随时根据其他竞买人提出的报价，提出更高的报价，最后由拍卖人和出价最高的竞买人签约。而且，在拍卖决定竞得人的过程中，出价最高者即赢得竞争，签约并依法登记后即成为建设用地使用权人。[1]

2. 拍卖出让建设用地使用权的程序

（1）拍卖公告

《招标拍卖挂牌出让国有建设用地使用权规定》规定，出让人应当根据拍卖出让地块的情况，编制拍卖出让文件。拍卖出让文件应当包括出让公告、竞买须知、土地使用条件、竞买申请书、成交确认书、建设用地使用权出让合同文本（第7条）。出让人应当至少在拍卖开始日前20日，在土地有形市场或指定的场所、媒介发布拍卖公告，公布拍卖出让宗地的基本情况和拍卖的时间、地点（第8条）。

---

[1]　南路明、肖志岳：《中华人民共和国地产法律制度》，北京，中国法制出版社1991年版，第51页。

（2）主持人主持拍卖活动

（3）确定竞得人、签订成交确认书

确定竞得人后，竞得人支付的竞买保证金转作受让地块的定金。出让人应当与竞得人签订成交确认书（《招标拍卖挂牌出让国有建设用地使用权规定》第20条第1款）。

（4）签约、对保证金的处理、公布拍卖出让的结果

按照《招标拍卖挂牌出让国有建设用地使用权规定》的规定，竞得人应当按照成交确认书约定的时间，与出让人签订建设用地使用权出让合同。竞得人支付的竞买保证金抵作土地出让价款；其他竞买人支付的竞买保证金，出让人必须在拍卖活动结束后5个工作日内予以退还，不计利息（第21条）。拍卖活动结束后，出让人应在10个工作日内将拍卖出让的结果在土地有形市场或指定的场所、媒介公布（第22条）。

3. 取得建设用地使用权

按照《招标拍卖挂牌出让国有建设用地使用权规定》，受让人依照建设用地使用权出让合同的约定付清全部土地出让价款后，方可申请办理土地登记，领取建设用地使用权证书。未按出让合同约定缴清全部土地出让价款的，不得发放建设用地使用权证书，也不得按出让价款缴纳比例分割发放建设用地使用权证书（第23条）。

4. 特殊情况及其处理

（1）调整拍卖增加幅度

拍卖主持人在拍卖中可以根据竞买人竞价情况调整拍卖增价幅度（《招标拍卖挂牌出让国有建设用地使用权规定》第16条第2款）。

（2）终止拍卖活动

竞买人的最高应价或者报价未达到底价时，主持人应当终止拍卖（《招标拍卖挂牌出让国有建设用地使用权规定》第16条第1款）。

（四）挂牌出让建设用地使用权

1. 挂牌出让建设用地使用权概述

挂牌出让国有建设用地使用权，是指出让人发布挂牌公告，按公告规定的期限将拟出让宗地的交易条件在指定的土地交易场所挂牌公布，接受竞买人的报价申请并更新挂牌价格，根据挂牌期限截止时的出价结果或现场竞价结果确定国有建设用地使用权人的行为（《招标拍卖挂牌出让国有建设用地使用权规定》第2条第4款）。

挂牌出让国有建设用地使用权，应当遵循公开、公平、公正和诚信的原则

（《招标拍卖挂牌出让国有建设用地使用权规定》第 3 条）。

工业、商业、旅游、娱乐和商品住宅等经营性用地以及同一宗地有两个以上意向用地者的，应当以招标、拍卖或挂牌方式出让。前款规定的工业用地包括仓储用地，但不包括采矿用地（《招标拍卖挂牌出让国有建设用地使用权规定》第 4 条）。

2. 挂牌出让建设用地使用权的程序

（1）挂牌文件及其编制

出让人应当根据挂牌出让地块的情况，编制挂牌出让文件。

（2）挂牌文件的公告

出让人应当至少在挂牌开始日前 20 日，在土地有形市场或指定的场所、媒介发布挂牌公告，公布挂牌出让宗地的基本情况和挂牌的时间、地点（《招标拍卖挂牌出让国有建设用地使用权规定》第 8 条）。

市、县人民政府自然资源行政主管部门应当为竞买人查询拟出让土地的有关情况提供便利（《招标拍卖挂牌出让国有建设用地使用权规定》第 12 条）。

（3）确定底价

市、县人民政府自然资源行政主管部门应当根据土地估价结果和政府产业政策综合确定底价。底价不得低于国家规定的最低价标准。确定挂牌的起始价、底价、竞买保证金，应当实行集体决策。挂牌的底价在挂牌出让活动结束之前应当保密（《招标拍卖挂牌出让国有建设用地使用权规定》第 10 条）。

（4）竞买人的资格

中国境内外的自然人、法人和其他组织，除法律、法规另有规定外，均可申请参加国有建设用地使用权的挂牌出让活动。

（5）挂牌及确定竞得人

挂牌时间不得少于 10 日。挂牌期间可根据竞买人竞价情况调整增价幅度（《招标拍卖挂牌出让国有建设用地使用权规定》第 18 条）。

《招标拍卖挂牌出让国有建设用地使用权规定》第 17 条规定："挂牌依照以下程序进行：（一）在挂牌公告规定的挂牌起始日，出让人将挂牌宗地的面积、界址、空间范围、现状、用途、使用年期、规划指标要求、开工时间和竣工时间、起始价、增价规则及增价幅度等，在挂牌公告规定的土地交易场所挂牌公布；（二）符合条件的竞买人填写报价单报价；（三）挂牌主持人确认该报价后，更新显示挂牌价格；（四）挂牌主持人在挂牌公告规定的挂牌截止时间确定竞得人。"

（6）签订成交确认书

以挂牌方式确定竞得人后，竞得人支付的竞买保证金，转作受让地块的定金。出让人应当与竞得人签订成交确认书。

(7) 签约、对保证金的处理、公布挂牌出让的结果

竞得人应当按照成交确认书约定的时间，与出让人签订建设用地使用权出让合同。竞得人支付的竞买保证金抵作土地出让价款；其他竞买人支付的竞买保证金，出让人必须在挂牌活动结束后 5 个工作日内予以退还，不计利息（《招标拍卖挂牌出让国有建设用地使用权规定》第 21 条）。挂牌活动结束后，出让人应在 10 个工作日内将挂牌出让结果在土地有形市场或指定的场所、媒介公布（《招标拍卖挂牌出让国有建设用地使用权规定》第 22 条第 1 款）。

3. 取得建设用地使用权

受让人依照建设用地使用权出让合同的约定付清全部土地出让价款后，方可申请办理土地登记，领取建设用地使用权证书。未按出让合同约定缴清全部土地出让价款的，不得发放建设用地使用权证书，也不得按出让价款缴纳比例分割发放建设用地使用权证书（《招标拍卖挂牌出让国有建设用地使用权规定》第 23 条）。

4. 挂牌出让的结果无效

竞得人提供虚假文件隐瞒事实的，或采取行贿、恶意串通等非法手段竞得的，竞得结果无效；造成损失的，应当依法承担赔偿责任（《招标拍卖挂牌出让国有建设用地使用权规定》第 25 条）。

(五) 协议出让建设用地使用权[①]

1. 协议出让建设用地使用权的概念

协议出让建设用地使用权，是指出让人和受让人就出让建设用地使用权进行一对一的洽商，最终达成出让建设用地使用权的协议，待登记完毕，由受让人取得建设用地使用权的现象。

其特点之一是，适用《民法典》"第三编 合同"下辖第二章"合同的订立"规定的普通程序，按照要约—承诺的模式及一般规则达成协议。双方就出让建设用地使用权接触、洽商伊始，就是特定的当事人。这是与招标出让建设用地使用权、拍卖出让建设用地使用权的不同之点。

其特点之二是，由于协议出让建设用地使用权的方式缺乏公开性、透明性，受具体经办人的主观因素的影响较大，容易出现出让金偏低、滋生腐败等不正常现象，法律、法规及规章开始限制协议出让建设用地使用权的范围。例如，《民

---

① 参见崔建远、孙佑海、王宛生：《中国房地产法研究》，北京，中国法制出版社 1995 年版，第 28～34 页。

法典》规定，工业、商业、旅游、娱乐和商品住宅等经营性用地以及同一土地有两个以上意向用地者的，应当采取招标、拍卖等公开竞价的方式出让（第 347 条第 2 款）。

其特点之三是，协议出让建设用地使用权体现国家的土地政策更加明显，受让人得到优惠的情形较多，具有一定的照顾性质。因此，如果允许受让人任意转让，就会使国家蒙受损失。于是，有些法规、规章原则上不允许协议出让的建设用地使用权任意转让，也不允许擅自改变土地用途。

其特点之四是，从协议出让建设用地使用权的类型看，一种类型是出让合同为完整的合同书形式，对当事人双方就出让建设用地使用权所享有的权利和承担的义务、用地要求等诸多事项，全部用合同条款加以固定、明确。另一种类型是出让合同的条款比较简明，出让人事先制定的建设用地使用规则作为合同的附件发生法律效力。

2. 协议出让建设用地使用权的范围

鉴于协议出让建设用地使用权方式的弊端较多，法律、法规及规章越来越限制协议出让建设用地使用权的范围。《民法典》第 347 条第 2 款规定了应当采取招标、拍卖等公开竞价出让建设用地使用权的情形，按照反面推论，这些情形以外的建设用地使用权即可采取协议出让的方式和行政划拨的方式。

3. 协议出让建设用地使用权的程序

协议出让建设用地使用权的程序是，用地者提出申请——出让人和用地人一对一地洽商——签约——登记——用地者取得建设用地使用权。

（六）余论

关于以出让方式设立建设用地使用权的其他问题，笔者将在对《民法典》第348 条以下的若干条文的释评中发表意见，此处暂时不赘。

三、以行政划拨方式设立建设用地使用权

（一）以行政划拨方式设立建设用地使用权的界定和性质

所谓以行政划拨方式设立建设用地使用权，是指用地者基于行政命令无偿取得的建设用地使用权（见《民法典》第 347 条第 1 款、第 3 款等）。它具有如下法律性质。

1. 行政划拨的建设用地使用权的客体限于国有土地

行政划拨本质上是国家以其行政命令将某宗建设用地使用权授予建设单位（用地者）。单就行政命令及其法律效果而言，该建设用地使用权可以是用地者分享国家土地所有权中的占有、使用、收益的权能而形成的他物权，也可以是用地

者分享集体土地所有权中的占有、使用、收益的权能而形成的他物权。但若将公平合理的因素考虑进来，则只有用地者分享国家土地所有权中的占有、使用、收益的权能才最具正当性。再联系国家同时兼有国有土地的所有权人和国家管理人的双重身份设计，该结论更易证成。如果拟行政划拨的建设用地属于集体所有的土地，则必须先行征收，将集体所有的土地变为国有土地，同时给予集体经济组织足额补偿，若该宗地已经发包与农户，还要给该农户（土地承包经营权人）足额的补偿，若该宗地上已经依法建造了建筑物、构筑物及其附属设施，还要给该所有权人足额的补偿（《民法典》第243条、第327条、第338条，《土地管理法》第2条第4款、第45—49条），然后，自然资源行政主管部门再将建设用地使用权划拨给用地者。

2. 行政划拨的土地用途受到严格限制

从总的方面讲，行政划拨的用地必须是国家利益和社会公共利益所需要的，否则，不得以该种方式出让建设用地使用权，故本条第3款申明："严格限制以划拨方式设立建设用地使用权"。按照《土地管理法》第54条的规定，下列建设用地，经县级以上人民政府依法批准，可以以划拨方式取得：（1）国家机关用地和军事用地；（2）城市基础设施用地和公益事业用地；（3）国家重点扶持的能源、交通、水利等基础设施用地；（4）法律、行政法规规定的其他用地。本条所谓国家机关用地，包括党政机关和人民团体的用地；所谓城市基础设施用地，包括城市供水、供热、供气的设施用地，环境卫生设施用地，公共交通设施以及道路、广场、绿地等的用地；所谓公益事业用地，包括非营利性邮政设施、教育设施、体育设施、公共文化设施、医疗卫生设施、公益性科研机构的用地；所谓国家重点扶持的能源、交通、水利等项目的用地，包括石油天然气设施、煤炭设施、电力设施、水利设施的用地，铁路、公路、水路等交通设施的用地，以及民用机场的用地；所谓法律、行政法规规定的其他用地，主要包括监狱、戒毒所、看守所、治安拘留所、收容教育所的用地。[1]

由于国家机关用地和军事用地等现象会长期存在，完全取消行政划拨的建设用地使用权并不现实。但这不表明某特定主体所需用地属于上述行政划拨用地的范围即当然地取得行政划拨的建设用地使用权。以行政划拨方式授予建设用地使用权应当是"确属必需的"[2]。但须注意，对以营利为目的的非国家重点扶持的

---

[1] 王利明、尹飞、程啸：《中国物权法教程》，北京，人民法院出版社2007年版，第328～329页；胡康生主编：《中华人民共和国物权法释义》，北京，法律出版社2007年版，第311页。

[2] 胡康生主编：《中华人民共和国物权法释义》，北京，法律出版社2007年版，第311页。

能源、交通、水利等基础设施的用地项目，应当采取有偿出让的方式设立建设用地使用权。[1]

3. 行政划拨的建设用地使用权的取得须基于行政命令

这里的行政划拨是县级以上人民政府根据用地者的用地申请而依法许可其使用国有土地的行政行为。

4. 行政划拨的建设用地使用权的取得无须对价

行政划拨建设用地使用权制度的目的之一，在于扶持具有国家利益或社会公共利益的项目，并非为取得土地利用的对价而让渡建设用地使用权，因而，行政划拨建设用地使用权的设立是无偿的。至于拟行政划拨的土地本为集体所有的土地，依法进行征收而需要足额支付土地补偿费、安置补助费、地上附着物和青苗的补偿费、拆迁补偿等费用（《民法典》第243条第2款、第3款，《土地管理法》第48条），属于征收法律关系的内容，而非建设用地使用权划拨（转让）的权利义务关系，在法理上应由征收部门向被征收人支付，有些场合也确实是如此操作的。不过，由于政府难以全部承受众多的此类负担，实务中大多由建设单位（用地者）支付这些费用。[2] 即使如此，这些费用也不是取得划拨建设用地使用权的对价。

5. 行政划拨的建设用地使用权在法律效力上受到诸多限制

用地者取得行政划拨的建设用地使用权时没有支付对价，国家政策仅限于若干土地用途才予批准，具有倾斜和照顾的性质，因而，行政划拨的建设用地使用权原则上不得转让、出租、抵押。不过，（1）行政划拨的建设用地使用权改变为工业、商业等用途，在经过有关人民政府自然资源主管部门同意，报原批准用地的人民政府批准的前提下，可被允许。其中，在城市规划区内改变土地用途的，在报批前，应当先经有关城市规划行政主管部门同意（《土地管理法》第56条后段）。在经过有批准权的人民政府审批，依照国家有关规定缴纳建设用地使用权出让金的前提下，由受让方和自然资源行政主管部门办理出让手续（也有不办理出让手续的情况），行政划拨的建设用地使用权发生了转让（《城市房地产管理法》第40条）。在实际操作上，时常将自然资源行政主管部门和受让人签订建设用地使用权出让合同的行为，视为有批准权的人民政府的批准。（2）以行政划拨的建设用地使用权设立抵押，在依法拍卖该建设用地使用权后，从拍卖所得的价

---

[1] 崔建远、孙佑海、王宛生：《中国房地产法研究》，北京，中国法制出版社1995年版，第44～47页；王利明、尹飞、程啸：《中国物权法教程》，北京，人民法院出版社2007年版，第328页。

[2] 《城市房地产管理法》第23条第1款规定，用地者缴纳补偿、安置等费用。

款中缴纳相当于应缴纳的建设用地使用权出让金的款额，法律承认该抵押权的效力（参见《城市房地产管理法》第 51 条）。为了简化程序，自然资源行政主管部门依法办理了抵押登记手续，视为具有审批权限的自然资源行政主管部门予以批准，不必另行办理行政划拨的建设用地使用权抵押的审批手续（参见国土资源部于 2004 年 1 月 15 日发布的《关于国有划拨土地使用权抵押登记有关问题的通知》），人民法院不得以划拨建设用地使用权抵押未经批准而认定抵押无效（参见最高人民法院于 2004 年 3 月 23 日发布的《关于转发国土资源部〈关于国有划拨土地使用权抵押登记有关问题的通知〉的通知》）。

6. 行政划拨的建设用地使用权无确定的终期

出让的建设用地使用权都具有明确的存续期限，70 年、50 年、40 年不等（《城镇国有土地使用权出让和转让暂行条例》第 12 条）。与此不同，以行政划拨的方式取得的建设用地使用权，除法律、行政法规另有规定外，没有存续期限的限制（《城市房地产管理法》第 23 条第 2 款）。只要没有国家收回建设用地的法定事由（如城市建设发展的需要和城市规划的要求等），或自己抛弃建设用地使用权，用地者即可持续地享有建设用地使用权。就此看来，行政划拨的建设用地使用权具有无期性。

[辨析]

关于行政划拨的建设用地使用权是否具有永久性，学说的看法不同。一种观点认为，法律没有规定行政划拨的建设用地使用权的存续期限，只是意味着此种权利的存续期限是不确定的，而非意味着这种权利和所有权一样具有永久性。根据相关法规的规定，无偿取得划拨土地使用权者，因迁移、解散、撤销、破产或其他原因而停止使用土地的，市、县人民政府应当无偿收回其划拨土地使用权；以及市、县人民政府根据城市建设发展需要和城市规划的要求，可以无偿收回划拨土地使用权。[①] 笔者认为，这种观点若在阐明划拨的建设用地使用权在存续期间方面与所有权有所差异，可资赞同，因为所有权并非于一定期间后自然消灭的权利，不依消灭时效（诉讼时效）而消灭[②]，而行政划拨的建设用地使用权的消灭，有的是于一定期间后自然消灭，有的则否；但若否定建设用地使用权的永久性，说服力尚嫌不足。因为所谓永久性，乃当事人不得预定其存续期间之义，但并非永远不消灭之义，而是指所有权不得如地上权、典权等预定一定存续期间，

---

① 王利明、尹飞、程啸：《中国物权法教程》，北京，人民法院出版社 2007 年版，第 330 页。
② ［日］我妻荣：《日本物权法》，有泉亨修订，李宜芬校订，台北，五南图书出版公司 1999 年版，第 241 页。

使于期间届满当然归于消灭。至于所有权得因标的物灭失，得因他人基于取得时效取得而消灭，固不待言。[①] 行政划拨的建设用地使用权的存续期间，也不允许当事人预定，符合永久性的要求。

（二）以行政划拨方式设立建设用地使用权

以行政划拨方式设立建设用地使用权，必须基于行政命令，其大致的程序是：（1）列入国家固定资产投资计划，或准许建设的国家建设项目，经过批准，建设单位（用地者）方可申请建设用地。（2）用地者提出申请。建设单位（用地者）必须持国务院行政主管部门或县级以上地方人民政府按照国家基本建设程序批准的设计任务书，或对用地数量、用地选址方案已经明确规定的其他批准文件，向县级以上人民政府自然资源行政主管部门提出用地申请。（3）审批划拨。经县级以上人民政府根据法定的批地权限，对建设单位（用地者）提出的用地申请进行审查，对法律手续齐备的，以行政命令的方式确定具体使用的建设用地，由自然资源行政主管部门把用地划拨给建设单位。[②]（4）权属登记。建设单位（用地者）接到批准用地文件之后，可持该文件申请建设用地使用权的登记。申请国有建设用地使用权首次登记，应当提交下列材料：（1）土地权属来源材料，包括国有建设用地划拨决定书、授权经营批准文件；（2）权籍调查表、宗地图以及宗地界址点坐标；（3）土地出让价款、土地租金、相关税费等缴纳凭证；（4）其他必要材料（《不动产登记暂行条例实施细则》第 34 条第 1、2 款）。申请在地上或者地下单独设立国有建设用地使用权登记的，也照此办理（《不动产登记暂行条例实施细则》第 34 条第 3 款）。一经登记完毕，用地人即取得建设用地使用权。

以行政划拨方式设立建设用地使用权，有些特殊情况。例如，《涉及国有土地使用权合同司法解释》第 11 条规定，土地使用权人与受让方订立合同转让划拨土地使用权，起诉前经有批准权的人民政府决定不办理土地使用权出让手续，并将该划拨土地使用权直接划拨给受让方使用的，土地使用权人与受让方订立的合同可以按照补偿性质的合同处理。

---

① ［日］我妻荣：《日本物权法》，有泉亨修订，李宜芬校订，台北，五南图书出版公司 1999 年版，第 241 页；郑玉波：《民法物权》，台北，三民书局有限公司 1988 年修订 12 版，第 54 页；王泽鉴：《民法物权·通则·所有权》（总第 1 册），台北，三民书局有限公司 2003 年 8 月增补版，第 153 页；谢在全：《民法物权论》（上册），台北，三民书局有限公司 2003 年 7 月修订 2 版，第 181 页；魏振瀛主编：《民法》（第 3 版），北京，北京大学出版社、高等教育出版社 2007 年版，第 234 页；王利明：《物权法研究》（上卷），北京，中国人民大学出版社 2007 年修订版，第 396 页。

② 王利明、尹飞、程啸：《中国物权法教程》，北京，人民法院出版社 2007 年版，第 327 页。

四、以其他方式设立建设用地使用权

本条第 1 款所谓其他方式，包括置换方式。例如，为解决历史遗留的建设用地问题，采取由自然资源行政主管部门提供另一宗建设用地，来置换某公司既有的某宗建设用地。在军营由闹市区搬迁到郊外的事务处理中，有些地区采取了此种方式。

第三百四十八条

通过招标、拍卖、协议等出让方式设立建设用地使用权的，当事人应当采用书面形式订立建设用地使用权出让合同。

建设用地使用权出让合同一般包括下列条款：

（一）当事人的名称和住所；

（二）土地界址、面积等；

（三）建筑物、构筑物及其附属设施占用的空间；

（四）土地用途、规划条件；

（五）建设用地使用权期限；

（六）出让金等费用及其支付方式；

（七）解决争议的方法。

本条主旨

本条是关于建设用地使用权出让合同的形式和内容的规定。

相关条文

《物权法》第 138 条　采取招标、拍卖、协议等出让方式设立建设用地使用权的，当事人应当采取书面形式订立建设用地使用权出让合同。

建设用地使用权出让合同一般包括下列条款：

（一）当事人的名称和住所；

（二）土地界址、面积等；

（三）建筑物、构筑物及其附属设施占用的空间；

（四）土地用途；

（五）使用期限；

（六）出让金等费用及其支付方式；

（七）解决争议的方法。

《城市房地产管理法》第 15 条 土地使用权出让，应当签订书面出让合同。

土地使用权出让合同由市、县人民政府土地管理部门与土地使用者签订。

理解与适用

一、本条含义概貌

本条是对《物权法》第 138 条的复制，第 1 款规定建设用地使用权出让合同应当采取书面形式，第 2 款规定建设用地使用权出让合同的一般条款。

出让的建设用地使用权的设立，按照现行法的规定，必须通过用地者和自然资源行政主管部门签订建设用地使用权出让合同，再办理建设用地使用权移转登记（俗称过户登记），才能发生建设用地使用权设立的法律效力（《民法典》第 348 条、第 349 条）。

二、建设用地使用权出让合同的概念

建设用地使用权出让合同，简称出让合同，是指市县级人民政府的自然资源行政主管部门代表国家与用地者约定，国家以土地所有权人的身份将建设用地使用权在一定年限内让与用地者，用地者向国家支付建设用地使用权出让金的合同。

关于出让合同的性质，有行政合同说[1]和民商事合同说[2]的争论，本释评书赞同后者，主要理由如下：（1）出让合同中虽有行政因素，如出让人可依法对受让人警告、罚款乃至收回建设用地使用权，但所占比重较小；而民商事法律关系占据主要地位，如双方遵循平等、自愿和有偿的原则签订合同，出让金为建设用地使用权的对价，交易目的乃移转建设用地使用权。遇此情境，应以主要部分的性质确定合同的性质。当然，对于行政因素也不得忽视，适用行政法的有关规

---

[1] 详细论述，见南路明、肖志岳：《中华人民共和国地产法律制度》，北京，中国法制出版社 1991 年版，第 33 页；周岩、金心：《土地转让中的法律问题》，北京，中国政法大学出版社 1990 年版，第 110～112 页；应松年：《行政合同不可忽视》，载《法制日报》1997 年 6 月 9 日，第 1 版。

[2] 详细论述，见王家福、黄明川：《土地法的理论与实践》，北京，人民日报出版社 1991 年版，第 220～221 页；崔建远、孙佑海、王宛生：《中国房地产法研究》，北京，中国法制出版社 1995 年版，第 21 页；王利明：《物权法研究》，北京，中国人民大学出版社 2002 年版，第 426 页；崔建远：《准物权研究》，北京，法律出版社 2003 年版，第 53～60 页；王利明、尹飞、程啸：《中国物权法教程》，北京，人民法院出版社 2007 年版，第 341～346 页；黄松有主编：《〈中华人民共和国物权法〉条文理解与适用》，北京，人民法院出版社 2007 年版，第 419 页。

定。① （2）确定某合同的性质和归属，不单纯是个逻辑问题、学术问题，而且涉及法律适用。倘若把出让合同定性和定位在行政合同，则必然适用行政法的规定解决纠纷。而行政法上的救济措施至今欠缺恢复原状、排除妨害、消除危险等请求权。（3）违约救济方式是违约责任的方式，而非国家赔偿的方式。就此看来，将出让合同定为行政合同也不妥当。

三、出让合同的主体

出让合同的主体分为出让人和受让人。其中的出让人，按《城市房地产管理法》第 8 条规定，实质上是以土地所有权人身份出现的国家，按该法第 15 条规定，由市、县人民政府土地管理部门与土地使用者签订。依据法理，在签订出让合同的问题上，市、县人民政府为国家的代表，与国家具有同一人格。自然资源行政主管部门为合同的经办人，亦即出让人的代理人。不过，在实务中，为了简便，人们直接把自然资源行政主管部门叫作出让人，也未引起误解。

受让人，即用地者，或建设用地使用人。对其范围、资质，国家法律、法规尚无具体要求，某些地方法规、规章倒有规定。例如，《深圳经济特区土地使用权出让条例》（2019 年修正）第 5 条规定："中华人民共和国境内外的企业、组织和个人，均可依照本条例的规定取得土地使用权，但法律、法规另有规定的除外。"《上海市土地使用权出让办法》（2008 年修正）第 5 条规定："境内外的自然人、法人和其他组织，除法律另有规定外，均可以按本办法的规定，在本市以出让方式取得土地使用权，并进行土地开发、利用和经营。"笔者认为，受让人须有权利能力，应有开发建设的能力。

四、建设用地使用权出让合同的内容

当事人依程序订立合同，意思表示一致，便形成合同条款，构成了作为法律行为意义上的合同的内容。合同条款固定了当事人各方的权利义务，成为法律关系意义上的合同的内容。此处介绍的合同内容限于合同条款。

按照本条第 2 款的规定，出让合同一般包括下列条款。

1. 当事人的名称和住所

当事人是合同权利和合同义务的承受者，没有当事人，合同权利义务就失去存在的意义，因此，订立出让合同必须有当事人这一必备条款。当事人由其名称或姓名及住所加以特定化、固定化，所以，具体的出让合同条款的草拟必须写清

---

① 崔建远：《准物权研究》，北京，法律出版社 2003 年版，第 53～60 页。

当事人的名称或姓名和住所。

2. 土地界址、面积等

土地界址和面积能使建设用地使用权的客体特定化，出让合同写清它们乃物权客体特定性的当然要求。为了准确界定建设用地的基本数据，出让合同一般会附"出让宗地界址图"，标明建设用地的位置、四至范围等。该附件须经双方当事人确认。

3. 建筑物、构筑物及其附属设施占用的空间

这里所谓建筑物、构筑物及其附属设施占用的空间，有两方面的含义。其一，在以地表为标的物的建设用地使用权场合，空间是指建筑物、构筑物及其附属设施的高度及所占用的基地，以及正常使用所必需的空间范围。[①] 其二，因为《民法典》第345条设计了以地下为客体的建设用地使用权和以地上为客体的建设用地使用权，即所谓空间权，或曰区分建设用地使用权，或曰分层建设用地使用权，所以本条第2款第3项所谓空间，指每一种建设用地使用权具体占用的空间范围，即出让合同须标明每一宗建设用地占用的面积和四至范围，建筑物、构筑物及其附属设施的高度和深度，从而确定用地者行使建设用地使用权的界限。[②]

4. 土地用途、规划条件

土地用途可分为工业、商业、娱乐、住宅等用途。国家对建设用地实行用途管制，不同用途的建设用地的使用期限是不同的。土地用途也影响着建设用地使用权出让金的数额，与城市的发展规划也有关。[③] 正因如此重要，所以土地用途须经有关人民政府批准，出让合同约定的土地用途必须与此相符。假如要改变，应当征得出让人的同意，并经土地行政主管部门和城市规划行政主管部门的批准，重新签订或更改原有的出让合同，调整建设用地使用权出让金，并办理相应的登记。[④]

规划条件是城乡规划主管部门对建设项目提出的规划建设要求，是修建性详细规划编制和审批的重要依据，是城乡规划管理部门实施规划管理的依据，建设单位或个人应当按照城乡规划主管部门确定的规划条件进行开发建设。任何单位和个人不得擅自变更城乡规划主管部门确定的规划条件。它强化了城乡规划主管部门对国有土地使用和各项建设活动的引导和控制，有利于促进土地利用和各项

---

① 黄松有主编：《〈中华人民共和国物权法〉条文理解与适用》，北京，人民法院出版社2007年版，第420页。

②④ 胡康生主编：《中华人民共和国物权法释义》，北京，法律出版社2007年版，第316页。

③ 崔建远、孙佑海、王宛生：《中国房地产法研究》，北京，中国法制出版社1995年版，第27页。

建设工程符合规划所确定的发展目标和基本要求，从而为实现城乡统筹、合理布局、节约土地、集约和可持续发展提供保障。[①] 在这方面，《城乡规划法》第38条、第39条的规定体现了如下精神：A. 规划条件是国有土地使用权出让合同的组成部分。未确定规划条件的地块，不得出让国有土地使用权。规划条件未纳入国有土地使用权出让合同的，该国有土地使用权出让合同无效。B. 城市、县人民政府城乡规划主管部门颁发《建设用地规划许可证》时，不得擅自改变作为国有土地使用权出让合同组成部分的规划条件。C. 建设单位应当按照规划条件的要求进行建设；确需变更的，必须向城市、县人民政府城乡规划主管部门提出申请。《民法典》对此予以肯认（第348条第2款第4项）。

5. 建设用地使用权的期限

以出让方式设立建设用地使用权均有期限，但该期限不得由当事人擅自约定，而是依据法律、法规的规定。按照《城镇国有土地使用权出让和转让暂行条例》第12条规定，建设用地使用权出让最高年限按下列用途确定：（1）居住用地70年；（2）工业用地50年；（3）教育、科技、文化、卫生、体育用地50年；（4）商业、旅游、娱乐用地40年；（5）综合或其他用地50年。此类期限自出让人向受让人实际交付宗地之日起算，原行政划拨的建设用地使用权补办出让手续的，出让年限自合同签订之日起算。[②]

6. 出让金等费用及其支付方式

出让金，系建设用地使用权的对价，或曰以招标、拍卖、挂牌和协议方式出让国有土地使用权所确定的总成交价款（《国务院办公厅关于规范国有土地使用权出让收支管理的通知》第1条第1款），由必须支付的征地补偿款、土地出让收益等项款额构成。

此处所谓"等费用"，如土地前期开发费用，土地出让业务费等。所谓土地前期开发费用，例如，土地一级开发阶段由某公司负责某宗"生地"变"熟地"，即该宗土地达到"七通一平"或"四通一平"的状态，该公司为此投入和应获取的利润本应由征收机关或土地收储中心支付，但实务中先由建设用地使用权人支付的也不鲜见。

土地使用权出让金等费用的数额直接关系着双方当事人的利益分配，体现着国家的土地政策，因此它为出让合同的主要条款。支付方式往往决定着出让金的

[①] 信息来源：https://baike.baidu.com/item/%E8%A7%84%E5%88%92%E6%9D%A1%E4%BB%B6/10027808?fr=aladdin，2020年9月6日最后访问。

[②] 胡康生主编：《中华人民共和国物权法释义》，北京，法律出版社2007年版，第316页。

实现，所以出让合同对此最好也应明确规定。此外，支付期限和币种也往往决定着出让金的实现，事关当事人之间的利益分配，亦应如此处理。[①] 在出让合同没有规定的情况下，按照有关规定处理，即出让金的支付期限为出让合同签订后60日内全部付清，否则，出让方有权解除合同。

[探讨]

现行的国有土地开发体制，分为两个阶段：第一阶段是土地一级开发；第二阶段是土地二级开发，即最终用地者利用"七通一平"或"四通一平"的建设用地建设商品房等获批项目。

所谓土地一级开发，在对象为集体土地的情况下，是先将集体土地征收为国有，然后完成"七通一平"或"四通一平"。这是俗称的把"生地"变成"熟地"，或曰将"毛地"变成"净地"。这个阶段的开发，其实际操作流程大体如下：土地收储中心或其他行政主管部门委托有实力（包括资金充足、具备相应的开发技能）的公司投入物力、人力完成"七通一平"或"四通一平"，包括付给被征收者补偿款，而后，土地收储中心或其他行政主管部门付给完成"七通一平"或"四通一平"的公司以对价。

此处所谓对价的支付方式，区分情况而分别处理：其一，在此类公司没有通过招拍挂的程序取得国有建设用地使用权的情况下，土地收储中心或其他行政主管部门直接付给其补偿款，或指令他人付给补偿款。其二，在此类公司没有通过招拍挂的程序取得国有建设用地使用权的情况下，不但土地收储中心或其他行政主管部门直接付给其补偿款，或指令他人付给补偿款，而且还把因土地一级开发使得土地升值的部分利益付给此类公司。其三，在此类公司参与招拍挂的情况下，清结、计算出土地一级开发的补偿款，部分或全额充作参与招拍挂的保证金，有余额时冲抵土地使用权出让金。其四，此类公司参与招拍挂，照常缴纳保证金，摘牌时照常缴纳土地使用权出让金，而后清结、计算出其土地一级开发的补偿款，有关行政部门据此数额予以返还。返还的文字表达不一，有些是"返还出让金"，有些是"返还地价款"，有些是"返还补偿款"，有些是"付给服务费"，有些是"支付奖励佣金"，等等。其实，无论如何表达，付给或返还给完成"七通一平"或"四通一平"的公司的款项，不是法律意义上的土地使用权出让金，而是补偿款。对此通过下面的案例予以解说。

笔者注意到，系争《句容仙林东路项目居间协议书》第1.4条约定："如挂牌取得土地所有权的实际价格超出协议价格，超出部分由乙方负责和政府沟通和

---

① 崔建远、孙佑海、王宛生：《中国房地产法研究》，北京，中国法制出版社1995年版，第27页。

协调，并由政府负责返还给甲方。"第 1.5 条约定："如产业园用地实际成交价格低于 15 万亩的，则甲方按照差额部分的 33％另外向乙方支付奖励佣金。该费用用于正式签订该土地出让合同后一次性支付。"

笔者同时注意到，案涉巨擘控股（香港）有限公司与句容市宝华镇人民政府于 2013 年 4 月 25 日签订的《项目协议书》、句容市宝华镇人民政府与火炬公司于 2013 年 4 月 25 日签订的《项目补充协议》、句容市宝华镇人民政府与火炬公司、麦瑞克公司于 2013 年 7 月 25 日签订的《项目协议书》含有土地一级开发的内容。火炬公司等主体在案涉区域从事的开发建设，使得案涉土地增值，火炬公司等主体应当获得补偿。

结合这些情况，理解诉争《句容仙林东路项目居间协议书》第 1.4 条的约定，可以得出如下结论：所谓"如挂牌取得土地所有权的实际价格超出协议价格，超出部分由乙方负责和政府沟通和协调，并由政府负责返还给甲方"；"甲方按照差额部分的 33％另外向乙方支付奖励佣金"，均非返还法律意义上的土地使用权出让金，而是付给火炬公司等主体补偿款或奖励佣金或曰服务费，只不过使用了"实际价格""协议价格"的措辞罢了。

既然不是返还法律意义上的土地使用权出让金，就未侵占国家利益，就不违反法律、行政法规的强制性规定，有关约定就不应无效。

7. 解决争议的方法

解决争议的方法，含有解决争议运用什么程序、适用何种法律、选择哪家检验或鉴定的机构等内容。当事人双方在出让合同中约定的仲裁条款、选择诉讼法院的条款、选择检验或鉴定机构的条款、协商解决争议的条款等，均属解决争议的方法的条款。

五、出让合同的形式

按照本条第 1 款规定，采取招标、拍卖、协议等出让方式设立建设用地使用权的，当事人应当采取书面形式订立建设用地使用权出让合同。

近年来，有一种思潮，说什么既然意思自治，那么，只要当事人已有合意，就应当认定合同成立，进而生效，至于合同是否采取了特定形式，应该在所不问。或者干脆说：无须合同形式。

在笔者看来，这是一种极端的单向度地思考问题，不及其他的表现。该种思潮仅仅沿着形式逻辑推理，无视客观世界的复杂性，不懂不同的事务极可能需要不尽相同的处理及表现形式。其实，重意思不等于完全否定形式。法律难以评价纯粹内心的意思，只有意思以一定形式表现出来，能被人们把握和认定时，法律才能准确地评价。所以，在任何社会，合同的形式都不可或缺。1804 年的《法国民法典》把合同视为一种单纯的合意，过分忽视合同形式，有矫枉过正之嫌，不但在证据法看来弊端严重，而且与在一定条件下合同形式有利于交易便捷的性质不符。现代合同法兼顾交易安全与交易便捷两项价值，已经不同程度地将要式合同的运用范围加以扩大，对某些重要的合同、关系复杂的合同强调书面形式。格式合同的普遍推广更能说明问题。因为经过法律规制的格式合同，除去其不公正条款以后，省去消费者调查的麻烦，使其不必耗神费力地就交易条件讨价还价，促进企业内部的合理化，使缔约迅速化，更加符合交易安全与交易便捷的要求。

现代法律基于维护交易安全以及便于政府监督管理等的考虑，规定某些类型的合同应当采用书面形式、公开认证或者作成公证证书等形式[①]，否则将影响到合同的效力或者合同的强制履行。[②] 在德国，如果被掩盖的法律行为符合与其相关的法律规定，则这一被掩盖的法律行为生效。当被掩盖的法律行为属于要式行为却未履行形式要件时，它因欠缺形式要件而无效。[③]

法律人要面对活生生的社会实际，应使民法满足社会生活的实际需要。有人说得好，形式要件的目的有多种，其中之一是，使人们可以基于形式所记载的表示了解规则的内容，尽管这一目的并不是所有形式规则的关键性要素。[④] 体现这种思想的例证之一是婚姻的公示。例如，本为夫妻共同财产（如双方约定共有），却无结婚形式（事实婚姻），甲不知情，丈夫擅自出卖夫妻共同财产，在符合《民法典》第 311 条第 1 款规定的构成要件的情况下，甲可善意取得。但是，若有结婚登记特别是拜天地的仪式，甲为这对夫妻的同事，受邀出席结婚仪式，在丈夫擅自出卖夫妻共同财产时，极有可能构成恶意，甲不能善意取得该财产的物权。

对某些特殊合同仍然采取方式强制，以达到警告目的、证据或内容明确的目的、确保合同关系的公开性和促进一定债权的流通性等法律政策的保护目的。警告目的，能使当事人了解合同的意义和利害关系，避免仓促、轻率地签订合同。

---

① 参见［德］迪特尔·梅迪库斯：《德国民法总论》，邵建东译，北京，法律出版社 2000 年版，第461 页以下。

② 崔建远、戴孟勇：《合同自由与法治》（上），载高鸿钧等：《法治：理念与制度》，北京，中国政法大学出版社 2002 年版，第 341～343 页。

③④ ［德］维尔纳·弗卢梅：《法律行为论》，迟颖译，北京，法律出版社 2013 年版，第 483、351 页。

证据或内容明确的目的，有助于确定合同是否成立与其内容。① 在中国现行法中，法律要求的要式合同多为普通的书面形式的合同。

现行运转机制决定了某些合同必须采取特定的形式。例如国有建设用地使用权出让合同、商品房买卖合同，若不采取书面形式，就无法在不动产登记机构办理国有建设用地使用权的转移登记、房屋所有权的转移登记。在这方面，《不动产登记暂行条例实施细则》第 34 条规定："申请国有建设用地使用权首次登记，应当提交下列材料：（一）土地权属来源材料；（二）权籍调查表、宗地图以及宗地界址点坐标；（三）土地出让价款、土地租金、相关税费等缴纳凭证；（四）其他必要材料"（第 1 款）。"前款规定的土地权属来源材料，根据权利取得方式的不同，包括国有建设用地划拨决定书、国有建设用地使用权出让合同、国有建设用地使用权租赁合同以及国有建设用地使用权作价出资（入股）、授权经营批准文件"（第 2 款）。"申请在地上或者地下单独设立国有建设用地使用权登记的，按照本条规定办理"（第 3 款）。其中，所谓"土地权属来源材料"及"国有建设用地使用权出让合同、国有建设用地使用权租赁合同以及国有建设用地使用权作价出资（入股）"文件，都是书面形式的。

在有的情况下，合同形式成为义务履行的条件，具备此种形式直接制约着义务的履行是否届期。例如，某《信托贷款合同》第 1.2.2.1 条约定："除贷款人以书面形式同意放弃本条约定的全部或部分条件外，当且仅当下列放宽条件全部、持续满足后，贷款人才有义务向借款人发放（首笔）信托贷款。"该条款约定了 15 种贷款人向借款人放款的条件，倘若贷款人对借款人宽容，放弃一条或数条放款的限制条件，借款人就相对容易实际取得借款款项。不过，贷款人此类放弃限制条件的意思表示，必须采取书面形式才会发生法律效力，若只是口头的，则不发生放弃限制放款条件的法律效力。可见，书面形式是极端重要的。

重视书面形式的例证还有，上述《信托贷款合同》第 1.14.2 条后段约定："对本合同的修改或变更必须经贷款人、借款人协商一致，并达成书面协议。"第 1.16.1 条约定："除本合同另有约定外，双方之间的一切通知均为书面形式，可以专人送达、挂号邮递、特快专递、传真等方式传递。"

当然，该《信托贷款合同》第 1.14.2 条后段关于书面形式的约定属于强制性的还是倡导性的，即欠缺书面形式时，修改、变更未采取书面形式时是否还发生修改、变更的法律效力？若是，则该约定属于倡导性的；若否，则该约定属于强制性的。对该《信托贷款合同》第 1.16.1 条约定的判断，也应如此认识。

---

① 王泽鉴：《民法总则》，台北，三民书局有限公司 2000 年版，第 328 页。

诚然，不得从一个极端走向另一个极端，必须承认并坚持：合同形式在不少场合不决定合同成立与否、有效与否，主要是发挥证据法上的作用。只要有证据证明，合同已经成立，即使没有采取约定的形式，也应承认合同已经成立；在符合《民法典》第502条第1款的要求时发生法律效力。对此，有德国学者认为：根据当事人各方的共识，一个通过E—mail传输的文本是有效的，即使根据协议的字面意义这些表示本应通过传真作出，所使用的语词的含义经常以类似的方式从缔结合同的信件往来中得以确定。① 有中国的专家、学者认为：在没有采用书面形式之前，应当推定合同不成立。但是，形式不是主要的，重要的在于当事人之间是否真正存在一个合同。如果合同已经得到履行，即使没有以规定或约定的书面形式订立，合同也应当是成立的。如果合同不违反法律的强制性规定，就是有效的。② 对于设立动产质押合同未采用书面形式的，依据《合同法》第36条的规定，一方已经履行主要义务，对方接受的，该合同成立。③ 这些道理同样适合于对《民法典》关于合同形式要求的把握。

与此道理相同或类似，在某些情况下，虽然法律规定合同应当采取书面形式，但依规范意旨此处书面形式并非合同的成立要件、生效要件的，欠缺书面形式的合同只要有有关证据证明该合同存在，就仍应认定该合同已经成立；在符合《合同法》第44条第1款的要求时发生法律效力。在这方面，耿林副教授从基本理论方面阐释："应当"含义可以有很多。例如，既有关于对制度性规定的要求，也有纯粹对当事人意思的推定解释。前者比如《合同法》第115条关于定金罚则（"应当"双倍返还）。如果当事人约定了不必双倍返还效果的罚则，或者没有惩罚性的约定，不是约定无效，而是不发生定金制度的后果。后者比如《合同法》第66条关于同时履行抗辩权的规定。"没有先后履行顺序的，应当同时履行"，这里的"应当"就相当于意思"推定"。不过"应当"一词也完全可能包含有强制规范的含义，并且影响到合同的效力。例如，在很多基本原则的规定和构成要件的规定中常使用"应当"一词。关于基本原则的，如《民法通则》第4条、第7条；《合同法》第5条、第6条、第7条、第8条。这里，"应当"和"必须"在含义上就没有什么区别。所以，对于遵守法律，《民法通则》使用的是"必须"（第6条），《合同法》使用的是"应当"（第7条）。关于构成要件的比如《民法通则》第55条。《合同法》第10条第2款是强制规范。这可以从《合同法》第

---

① ［德］哈里·韦斯特曼：《德国民法基本概念》（第16版），哈尔姆·彼得·韦斯特曼修订，张定军、葛平亮、唐晓琳译，北京，中国人民大学出版社2013年版，第49页。
② 胡康生：《中华人民共和国合同法释义》（第3版），北京，法律出版社2013年版，第76页。
③ 胡康生主编：《中华人民共和国物权法释义》，北京，法律出版社2007年第1版，第458页。

36 条的反对解释中看出来。就是说，如果没有采用法定形式或者当事人约定的形式，一方没有履行或者虽履行但是对方没有接受的，合同不成立。合同便因为形式要件不具备而无效。只不过是该反对解释的后果还必须进一步接受规范目的的审查。总之，关于形式要件的要求肯定包含着强制规定的含义，不能因为其属于当事人之间的利益关系就认定其与效力无关。关于形式要求，在中国，存在问题的是太多使用了含义不明、当然也就不统一的"应当"一词，而不是形式要求本身的强制性问题。[1] 王轶教授从法律规范的三分法层面澄清：《合同法》确立了不少倡导性规范，如第 10 条第 2 款规定："法律、行政法规规定采用书面形式的，应当采用书面形式。当事人约定采用书面形式的，应当采用书面形式。"当事人未依照倡导性规范的规定采用书面形式，属于自甘冒险的行为。由当事人自己承受由此带来的不利后果，法律并不因此就认定合同无效或不成立。[2] 这些道理同样适合于对《民法典》关于合同形式要求的把握。

总的说来，在中国，合同形式分为约定形式与法定形式，法律兼采要式与不要式的原则。中国已经实行社会主义市场经济，应当按照符合交易安全与交易便捷的要求设计合同的形式，对某些重要的合同、关系复杂的合同强调书面形式，其他合同采取何种形式，宜由当事人决定。建设用地使用权设立合同属于重要的合同，也是自然资源行政主管部门监管的对象，应当采取书面形式。

第三百四十九条

设立建设用地使用权的，应当向登记机构申请建设用地使用权登记。建设用地使用权自登记时设立。登记机构应当向建设用地使用权人发放权属证书。

本条主旨

本条是关于建设用地使用权以登记为设立要件以及权属证书发放的规定。

相关条文

《物权法》第 139 条　设立建设用地使用权的，应当向登记机构申请建设用地使用权登记。建设用地使用权自登记时设立。登记机构应当向建设用地使用权

---

[1]　耿林：《强制规范与合同效力——以合同法第 52 条第 5 项为中心》，北京，中国民主法制出版社 2009 年版，第 190 页。

[2]　王轶：《民法典的规范配置——以对我国〈合同法〉规范配置的反思为中心》，载《烟台大学学报》（哲学社会科学版）2005 年第 3 期；王轶：《论倡导性规范——以合同法为背景的分析》，载《清华法学》2007 年第 1 期。

人发放建设用地使用权证书。

《土地管理法》第12条　土地的所有权和使用权的登记，依照有关不动产登记的法律、行政法规执行。

依法登记的土地的所有权和使用权受法律保护，任何单位和个人不得侵犯。

《城市房地产管理法》第60条　国家实行土地使用权和房屋所有权登记发证制度。

第61条第1款　以出让或者划拨方式取得土地使用权，应当向县级以上地方人民政府土地管理部门申请登记，经县级以上地方人民政府土地管理部门核实，由同级人民政府颁发土地使用权证书。

第63条　经省、自治区、直辖市人民政府确定，县级以上地方人民政府由一个部门统一负责房产管理和土地管理工作的，可以制作、颁发统一的房地产权证书，依照本法第六十一条的规定，将房屋的所有权和该房屋占用范围内的土地使用权的确认和变更，分别载入房地产权证书。

《不动产登记暂行条例》第5条第5项　下列不动产权利，依照本条例的规定办理登记：

…………

（五）建设用地使用权；

第6条　国务院国土资源主管部门负责指导、监督全国不动产登记工作。

县级以上地方人民政府应当确定一个部门为本行政区域的不动产登记机构，负责不动产登记工作，并接受上级人民政府不动产登记主管部门的指导、监督。

第7条第1款、第2款　不动产登记由不动产所在地的县级人民政府不动产登记机构办理；直辖市、设区的市人民政府可以确定本级不动产登记机构统一办理所属各区的不动产登记。

跨县级行政区域的不动产登记，由所跨县级行政区域的不动产登记机构分别办理。不能分别办理的，由所跨县级行政区域的不动产登记机构协商办理；协商不成的，由共同的上一级人民政府不动产登记主管部门指定办理。

《不动产登记暂行条例实施细则》第2条第1款　不动产登记应当依照当事人的申请进行，但法律、行政法规以及本实施细则另有规定的除外。

第3条　不动产登记机构依照《条例》第七条第二款的规定，协商办理或者接受指定办理跨县级行政区域不动产登记的，应当在登记完毕后将不动产登记簿记载的不动产权利人以及不动产坐落、界址、面积、用途、权利类型等登记结果告知不动产所跨区域的其他不动产登记机构。

理解与适用

一、本条含义概貌

本条是对《物权法》第 139 条的复制，前段宣明设权登记义务，中段确立登记为建设用地使用权设立的生效要件，后段规定发放权属证书的义务。

二、建设用地使用权的登记

出让合同生效，并非建设用地使用权取得的充分条件，只有办理完毕建设用地使用权登记手续，受让人才能取得建设用地使用权。因此，本条前段和中段规定："设立建设用地使用权的，应当向登记机构申请建设用地使用权登记。建设用地使用权自登记时设立。"

本条所谓登记，不同于《民法典》第 232 条规定的宣示登记。前者是建设用地使用权设立的生效要件，不办理此种登记，建设用地使用权就没有设立；后者不是不动产物权变动的生效要件，其功效在于对于已经客观存在的不动产物权予以公示，更重要的是此种登记系此类不动产物权（再度）变动的前置程序（前提条件），不办理完毕此种登记，不发生不动产物权变动的效力。

结合《不动产登记暂行条例》及《不动产登记暂行条例实施细则》的规定，可知本条前段含有如下意思：（1）建设用地使用权的登记由不动产登记机构负责，由自然资源行政主管部门指导、监督；（2）建设用地使用权设立的登记属于首次登记，采取当事人申请制。当事人未予申请，不动产登记机构原则上不得依职权办理此种登记。

在办理此种登记的程序方面，《不动产登记暂行条例实施细则》第 34 条规定：申请国有建设用地使用权首次登记，应当提交下列材料：（1）土地权属来源材料，包括国有建设用地使用权出让合同或国有建设用地使用权作价出资（入股）、授权经营批准文件；（2）权籍调查表、宗地图以及宗地界址点坐标；（3）土地出让价款、土地租金、相关税费等缴纳凭证；（4）其他必要材料（第1、2 款）。申请在地上或地下单独设立国有建设用地使用权登记的，也照此办理（第 3 款）。

在过去，至少有的理论和实务把登记作为出让合同或转让合同的生效要件，《物权法》已经改弦易辙，特于第 15 条规定："当事人之间订立有关设立、变更、转让和消灭不动产物权的合同，除法律另有规定或者合同另有约定外，自合同成立时生效；未办理物权登记的，不影响合同效力。"《民法典》亦然（第 215 条）。

可知建设用地使用权登记仅是建设用地使用权设立的生效要件（或曰成立要件），是物权变动的要件，而不是出让合同的生效要件。这样既能区别开物权变动与（出让或转让）合同，又能在出让人、转让人不履行登记义务时，受让人可基于合同及违约请求法院强制出让人、转让人办理登记手续，从而取得建设用地使用权。[①]

[探讨]

出让合同无效、被撤销或被解除对建设用地使用权的影响

德国法系实行物权行为的独立性和无因性，地上权已经登记完毕的场合，即使设定地上权的债权合同无效或被撤销，地上权也不受其影响。中国现行法没有采取物权行为的独立性和无因性，建设用地使用权的设立直接受出让合同的影响。这就产生一个问题，出让合同无效、被撤销或被解除，建设用地使用权设立的效果是否随之化为乌有？若一律作肯定的回答，会害及交易安全，对受让人不利。为了解决这个问题，应当区分情况，确立如下三项规则及理论：其一，出让合同合法有效，出让人却违法地将之解除，不发生解除的效果，业已登记完毕的建设用地使用权不因此而受影响。其二，在建设用地使用权业已登记完毕的情况下，只要未注销登记，受让人就仍然享有建设用地使用权，即使出让合同已被确认为无效、被撤销或被解除，也是如此。其三，出让合同被依法确认为无效或被撤销，或被出让人依法解除，若尚未办理建设用地使用权登记，受让人不能取得建设用地使用权，若业已办理登记手续，则需要办理注销登记手续，只有这样，才能使建设用地使用权不复存在。

三、建设用地使用权证的发放义务

理解本条后段关于"登记机构应当向建设用地使用权人发放权属证书"的规定，应当把握如下几点：（1）向建设用地使用权人发放建设用地使用权证，系不动产登记机构对当事人负有的义务；反过来说，建设用地使用权人有权请求不动产登记机构向自己发放建设用地使用权证，包括有权诉讼请求。（2）建设用地使用权证的制作和发放不是建设用地使用权设立的生效要件，该权属证书重在起证据作用，在一般情况下，权利人出示该权属证书，就完成了证明自己是某宗建设用地的建设用地使用权人。他人若不同意此说，就必须举反证推翻该种举证证明。（3）在建设用地使用权证与不动产登记簿簿页记载的权利人不一致时，应当

[①] 崔建远：《土地上的权利群论纲》，载《中国法学》1998年第2期（总第82期），第16~17页。

适用《民法典》第217条关于"不动产权属证书是权利人享有该不动产物权的证明。不动产权属证书记载的事项，应当与不动产登记簿一致；记载不一致的，除有证据证明不动产登记簿确有错误外，以不动产登记簿为准"的规定。

第三百五十条

建设用地使用权人应当合理利用土地，不得改变土地用途；需要改变土地用途的，应当依法经有关行政主管部门批准。

本条主旨

本条是关于土地用途与建设用地使用权之间关系的规定。

相关条文

《宪法》第10条第5款　一切使用土地的组织和个人必须合理地利用土地。

《物权法》第140条　建设用地使用权人应当合理利用土地，不得改变土地用途；需要改变土地用途的，应当依法经有关行政主管部门批准。

《土地管理法》第4条　国家实行土地用途管制制度。

国家编制土地利用总体规划，规定土地用途，将土地分为农用地、建设用地和未利用地。严格限制农用地转为建设用地，控制建设用地总量，对耕地实行特殊保护。

前款所称农用地是指直接用于农业生产的土地，包括耕地、林地、草地、农田水利用地、养殖水面等；建设用地是指建造建筑物、构筑物的土地，包括城乡住宅和公共设施用地、工矿用地、交通水利设施用地、旅游用地、军事设施用地等；未利用地是指农用地和建设用地以外的土地。

使用土地的单位和个人必须严格按照土地利用总体规划确定的用途使用土地。

第56条　建设单位使用国有土地的，应当按照土地使用权出让等有偿使用合同的约定或者土地使用权划拨批准文件的规定使用土地；确需改变该幅土地建设用途的，应当经有关人民政府自然资源主管部门同意，报原批准用地的人民政府批准。其中，在城市规划区内改变土地用途的，在报批前，应当先经有关城市规划行政主管部门同意。

《城市房地产管理法》第18条　土地使用者需要改变土地使用权出让合同约定的土地用途的，必须取得出让方和市、县人民政府城市规划行政主管部门的同意，签订土地使用权出让合同变更协议或者重新签订土地使用权出让合同，相应调整土地使用权出让金。

第 26 条　以出让方式取得土地使用权进行房地产开发的，必须按照土地使用权出让合同约定的土地用途、动工开发期限开发土地。超过出让合同约定的动工开发日期满一年未动工开发的，可以征收相当于土地使用权出让金百分之二十以下的土地闲置费；满二年未动工开发的，可以无偿收回土地使用权；但是，因不可抗力或者政府、政府有关部门的行为或者动工开发必需的前期工作造成动工开发迟延的除外。

第 44 条　以出让方式取得土地使用权的，转让房地产后，受让人改变原土地使用权出让合同约定的土地用途的，必须取得原出让方和市、县人民政府城市规划行政主管部门的同意，签订土地使用权出让合同变更协议或者重新签订土地使用权出让合同，相应调整土地使用权出让金。

《城镇国有土地使用权出让和转让暂行条例》第 18 条　土地使用者需要改变土地使用权出让合同规定的土地用途的，应当征得出让方同意并经土地管理部门和城市规划部门批准，依照本章的有关规定重新签订土地使用权出让合同，调整土地使用权出让金，并办理登记。

理解与适用

本条是对《物权法》第 140 条的复制，前段确立建设用地使用权人不得改变土地用途的原则，后段允许有条件地改变土地用途。

土地资源的稀缺性和重要性越发明显，全国及每个地区设计合理的土地利用规划并坚决落实事关子孙万代，非同小可。千里之行始于足下，所谓落实用地规划，需要从一宗宗的建设用地使用权不折不扣地贯彻、执行已经确定的土地用途做起。

在这方面，2019 年修正的一系列法律、法规都在贯彻落实中共中央、国务院的方针、政策，《土地管理法》在其中担负着历史的重任。其第 4 条规定："国家实行土地用途管制制度"（第 1 款）；"国家编制土地利用总体规划，规定土地用途，将土地分为农用地、建设用地和未利用地。严格限制农用地转为建设用地，控制建设用地总量，对耕地实行特殊保护"（第 2 款）；"前款所称……建设用地是指建造建筑物、构筑物的土地，包括城乡住宅和公共设施用地、工矿用地、交通水利设施用地、旅游用地、军事设施用地等"（第 3 款）；"使用土地的单位和个人必须严格按照土地利用总体规划确定的用途使用土地"（第 4 款）。

本条前段之意是：以行政划拨方式设立的建设用地使用权，原则上不得将用地规划确定的国家机关用地和军事用地，城市基础设施用地和公益事业用地，国家重点扶持的能源、交通、水利等基础设施用地，已经法律、行政法规规定的其他用地改变为工业、商业、娱乐、旅游和商品住宅等经营性用地。在这方面，《土地管理法》第56条前段规定："建设单位使用国有土地的，应当按照土地使用权出让等有偿使用合同的约定或者土地使用权划拨批准文件的规定使用土地。"《城市房地产管理法》第26条前段规定："以出让方式取得土地使用权进行房地产开发的，必须按照土地使用权出让合同约定的土地用途、动工开发期限开发土地。"

考虑到实际情形，本条后段明确："需要改变土地用途的，应当依法经有关行政主管部门批准。"在这方面，《土地管理法》第56条中段和后段规定："确需改变该幅土地建设用途的，应当经有关人民政府自然资源主管部门同意，报原批准用地的人民政府批准。其中，在城市规划区内改变土地用途的，在报批前，应当先经有关城市规划行政主管部门同意。"《城市房地产管理法》第18条规定："土地使用者需要改变土地使用权出让合同约定的土地用途的，必须取得出让方和市、县人民政府城市规划行政主管部门的同意，签订土地使用权出让合同变更协议或者重新签订土地使用权出让合同，相应调整土地使用权出让金。"

第三百五十一条

建设用地使用权人应当依照法律规定以及合同约定支付出让金等费用。

本条主旨

本条是关于建设用地使用权人应当支付出让金等费用的规定。

相关条文

《物权法》第141条　建设用地使用权人应当依照法律规定以及合同约定支付出让金等费用。

《土地管理法》第55条　以出让等有偿使用方式取得国有土地使用权的建设单位，按照国务院规定的标准和办法，缴纳土地使用权出让金等土地有偿使用费和其他费用后，方可使用土地。

自本法施行之日起，新增建设用地的土地有偿使用费，百分之三十上缴中央财政，百分之七十留给有关地方人民政府。具体使用管理办法由国务院财政部门会同有关部门制定，并报国务院批准。

《城市房地产管理法》第 13 条第 3 款　采取双方协议方式出让土地使用权的出让金不得低于按国家规定所确定的最低价。

第 16 条　土地使用者必须按照出让合同约定，支付土地使用权出让金；未按照出让合同约定支付土地使用权出让金的，土地管理部门有权解除合同，并可以请求违约赔偿。

第 18 条　土地使用者需要改变土地使用权出让合同约定的土地用途的，必须取得出让方和市、县人民政府城市规划行政主管部门的同意，签订土地使用权出让合同变更协议或者重新签订土地使用权出让合同，相应调整土地使用权出让金。

第 22 条第 1 款　土地使用权出让合同约定的使用年限届满，土地使用者需要继续使用土地的，应当至迟于届满前一年申请续期，除根据社会公共利益需要收回该幅土地的，应当予以批准。经批准准予续期的，应当重新签订土地使用权出让合同，依照规定支付土地使用权出让金。

《城镇国有土地使用权出让和转让暂行条例》第 14 条　土地使用者应当在签订土地使用权出让合同后六十日内，支付全部土地使用权出让金。逾期未全部支付的，出让方有权解除合同，并可请求违约赔偿。

理解与适用

本条是对《物权法》第 141 条的复制，规定建设用地使用权人应当依法、依约支付出让金等费用。本条只适用于以出让方式设立建设用地使用权的领域，不适用于以行政划拨方式设立建设用地使用权的场合。

本条所谓出让金，是指取得建设用地使用权的对价，是土地所有权行使所生收益的表现，或曰以招标、拍卖、挂牌和协议方式出让国有土地使用权所确定的总成交价款（《国务院办公厅关于规范国有土地使用权出让收支管理的通知》第 1 条第 1 款），由必须支付的征地补偿款、土地出让收益等项款额构成。

此处所谓"等费用"，如土地前期开发费用，土地出让业务费等。

缴纳出让金等费用，系建设用地使用权人最主要的义务之一，必须履行。对此，《城市房地产管理法》规定："采取双方协议方式出让土地使用权的出让金不得低于按国家规定所确定的最低价"（第 13 条第 3 款）；"土地使用者必须按照出让合同约定，支付土地使用权出让金；未按照出让合同约定支付土地使用权出让金的，土地管理部门有权解除合同，并可以请求违约赔偿"（第 16 条）。《土地管理法》规定："以出让等有偿使用方式取得国有土地使用权的建设单位，按照国务院规定的标准和办法，缴纳土地使用权出让金等土地有偿使用费和其他费用后，方可使用土地"（第 55 条第 1 款）。

所谓新增建设用地的土地有偿使用费，是指国务院或省级人民政府在批准农用地转用、征收土地时，向取得出让等有偿使用方式的新增建设用地的县、市人民政府收取的平均土地纯收益。它与土地使用权出让金存在差异：土地使用权出让金应当全部上缴财政，列入预算，用于城市基础设施建设和土地开发（《城市房地产管理法》第 19 条前段）。土地出让收入由财政部门负责征收管理，可由自然资源行政主管部门负责具体征收，收入全部缴入地方国库，支出一律通过地方基金预算从土地出让收入中予以安排，实行彻底的"收支两条线"。在地方国库中设立专账，专门核算土地出让收入和支出情况。自然资源行政主管部门和财政部门应当督促土地使用者严格履行土地出让合同，确保将应缴的土地出让收入及时足额缴入地方国库。地方国库负责办理土地出让收入的收纳、划分、留解和拨付等各项业务，确保土地出让收支数据准确无误〔《国务院办公厅关于规范国有土地使用权出让收支管理的通知》（国办发〔2006〕100 号）第 1 条第 1 款前段、第 2 条第 1 款〕。而"自本法施行之日起，新增建设用地的土地有偿使用费，百分之三十上缴中央财政，百分之七十留给有关地方人民政府。具体使用管理办法由国务院财政部门会同有关部门制定，并报国务院批准"（《土地管理法》第 55 条第 2 款）。

《国务院办公厅关于规范国有土地使用权出让收支管理的通知》（国办发〔2006〕100 号）规定："对未按照合同约定足额缴纳土地出让收入，并提供有效缴款凭证的，国土资源管理部门不予核发国有土地使用证。要完善制度规定，对违规核发国有土地使用证的，收回土地使用证，并依照有关法律法规追究有关领导和人员的责任"（第 1 条第 3 款中段）；"土地出让合同、征地协议等应约定对土地使用者不按时足额缴纳土地出让收入的，按日加收违约金额 1‰的违约金。违约金随同土地出让收入一并缴入地方国库。对违反本通知规定，擅自减免、截留、挤占、挪用应缴国库的土地出让收入，不执行国家统一规定的会计、政府采购等制度的，要严格按照土地管理法、会计法、审计法、政府采购法、《财政违法行为处罚处分条例》（国务院令第 427 号）和《金融违法行为处罚办法》（国务院令第 260 号）等有关法律法规进行处理，并依法追究有关责任人的责任；触犯刑法的，依法追究有关人员的刑事责任"（第 7 条第 2 款）。

第三百五十二条

建设用地使用权人建造的建筑物、构筑物及其附属设施的所有权属于建设用地使用权人，但是有相反证据证明的除外。

本条主旨

本条是关于"房随地走"原则及其例外的规定。

相关条文

《物权法》第142条　建设用地使用权人建造的建筑物、构筑物及其附属设施的所有权属于建设用地使用权人，但有相反证据证明的除外。

理解与适用

本条是对《物权法》第42条的复制，正文确立了"房随地走"的原则，但书表明了例外。

本条正文关于"建设用地使用权人建造的建筑物、构筑物及其附属设施的所有权属于建设用地使用权人"的规定，就是对该权利目的及功能的确认。从另一角度阐释就是，建设用地使用权是建设用地上建筑物、构筑物及其附属设施的所有权的正当权源，建筑物、构筑物及其附属设施的所有权归属于它们所位于基地的建设用地使用权人。

[引申]

建筑物所有权不可能凭空孤立存在，必须以地权作为自己的正当根据，否则构成无权占有。[1] 其道理在于，自罗马法以来，法律奉行土地吸收地上物的原则，尚未收割的农作物、生长于土地上的树木、竖立于土地上的建筑物都属于土地的成分，甚至于落在土地上的小鸟都要如此认定。这固然周到地保护了土地所有权人的利益，但也阻碍了人们投资于他人的土地且保有建筑物所有权的热情和行为。衡平地协调土地所有权人和投资于土地的非所有权人之间的利益，让土地所有权人仅仅取得非所有权人利用土地的对价，使非所有权人保有建造在他人土地上的建筑物的所有权，法律创设了地上权制度，只要非所有权人在他人的土地上取得地上权，建筑物便不被土地所吸收，而是与地上权相结合，成为地上权人的所有物。

中国法借鉴了这种思想及路径，但没有采用地上权的称谓，而是使用了宅基地使用权、集体土地使用权、国有土地使用权、建设用地使用权等概念。其中，宅基地使用权作为农户在集体所有的土地上建造住房并保有住房所有权的正当根

---

[1]　王泽鉴：《民法物权·通则·所有权》（总第1册），台北，三民书局有限公司2003年8月增补版，第250~251页。

据；集体土地使用权作为乡镇企业建造建筑物并保有所有权的正当根据，在广东省也能作为中外合资经营企业、中外合作经营企业、外商独资企业等建造建筑物并保有所有权的正当根据；国有土地使用权作为在国有土地上建造建筑物并保有所有权的正当根据。《物权法》放弃了国有土地使用权的称谓，改称建设用地使用权，其目的及功能没有变化，其第142条正文的规定就是明证。《民法典》亦然（第352条）。该条正文对于澄清土地权利与建筑物、构筑物及其附属设施的物权之间关系的理念、形成适当的房地产权属理论、正确裁判房地产案件，都具有不可或缺的重要作用。但也须注意，它也有提升的空间，即房地权属的确定与变动原则上一体，不限于建设用地使用权人建造建筑物的场合，非建设用地使用权人在建设用地上建造建筑物，在基于合作建房合同（约定建造一方仅仅取得使用建筑物的债权）、出于为建设用地使用权人谋利益的目的等情况下，建筑物的所有权也归属于建设用地使用权人。不动产抵押权的行使结果，建筑物的所有权同样归属于建设用地使用权人。如此看来，《物权法》第142条亦即《民法典》第352条正文的涵盖范围过窄，应予扩展其适用范围，合理的条文正文应是："建筑物、构筑物及其附属设施的所有权属其所在地的建设用地使用权人。"

理解《民法典》第352条正文的规定，疑问之一是，非建设用地使用权人在建设用地上建造建筑物，所有权归属于谁？根据上文所述，建设用地使用权是阻挡建筑物属于土地（在现行法上，准确的表述是"建设用地使用权是阻挡建筑物所有权归土地所有权人享有"）、使建筑物与建设用地使用权相结合的法律制度，因而，即使是他人出资建造的建筑物，该建筑物所有权也归属于建设用地使用权人，而不归出资者，除非建设用地使用权人补办手续，自然资源行政主管部门将建设用地使用权变更为双方共有。[①]

出资者若不能拥有出资建造的建筑物，所能采取的救济途径大概有如下几种：（1）可以基于《民法典》第985条的规定，请求建设用地使用权人返还不当得利。于此场合，需要出资者举证建设用地使用权人获得了多少利益，在个案中，举证困难，尤其损失大于利益时，出资者会遭受损失，更不要说在房价日益飙升背景下的情形了。（2）在构成无因管理的情况下，出资者也可以基于无因管理请求本人（取得建筑物所有权者）偿还其建造建筑物所支出的费用。其数额与基于不当得利制度所得返还相差不会太大。（3）出资者基于合同而合作建房的场合，合同无效或被撤销时，出资者可以基于《民法典》第157条的规定请求取得

---

① 详细论述，请参阅崔建远：《确定建筑物所有权的依据》，载《甘肃政法学院学报》2007年第6期，第10页。

建筑物所有权的一方予以赔偿。这对出资者也不太有利。

需要注意，《民法典》第 352 条尚有一但书——"但有相反证据证明的除外"。笔者认为，该但书所指情形应为土地租赁权可以作为建筑物、构筑物及其附属设施的所有权的正当根据。其理由有二：（1）国土资源部于 1999 年 8 月 1 日发布了《规范国有土地租赁若干意见》，其中第 4 条规定："国有土地租赁可以根据具体情况实行短期租赁和长期租赁。对短期使用或用于修建临时建筑物的土地，应实行短期租赁，短期租赁年限一般不超过 5 年；对需要进行地上建筑物、构筑物建设后长期使用的土地，应实行长期租赁，具体租赁期限由租赁合同约定，但最长租赁期限不得超过法律规定的同类用途土地出让最高年期。"这就明确承认了建筑物所有权得以国有土地租赁权为其正当根据。当然，笔者注意到，《规范国有土地租赁若干意见》第 1 条第 3 款也规定："对原有建设用地，法律规定可以划拨使用的仍维持划拨，不实行有偿使用，也不实行租赁。对因发生土地转让、场地出租、企业改制和改变土地用途后依法应当有偿使用的，可以实行租赁。对于新增建设用地，重点仍应是推行和完善国有土地出让，租赁只作为出让方式的补充。对于经营性房地产开发用地，无论是利用原有建设用地，还是利用新增建设用地，都必须实行出让，不实行租赁。"这清楚地表明国有土地租赁权不得作为商品房所有权的正当根据。就是说，作为解释论，把国有土地租赁权作为建筑物、构筑物及其附属设施的所有权的正当根据，列为《民法典》第 352 条但书的内容，只能是非经营性房屋所有权可以国有土地租赁权为正当根据。（2）日本等国家或地区，以土地租赁权作为建筑物、构筑物及其附属设施的所有权的权源的情形不在少数，其中一个重要原因是租金相对于地上权的代价而言较低。代价低却能够保有建筑物、构筑物及其附属设施的所有权，何乐而不为呢？！这应当引起我们的重视。[①]

[延伸]

若将视野扩及整个物权法，会发现作为构筑物及其附属设施所有权的正当根据，甚至于作为建筑物及其附属设施所有权的正权源，确实不限于建设用地使用权，还有集体土地所有权、宅基地使用权、土地承包经营权和地役权。集体组织建造办公场所直接以集体土地所有权为正权源，农户建造住宅系以宅基地使用权为正当根据，承包人在承包地上建造必要水利设施则以土地承包经营权为正权源，地役权人为达到需役地主要目的而建造构筑物及其附属设施，其所有权则以

---

①　参阅崔建远：《确定建筑物所有权的依据》，载《甘肃政法学院学报》2007 年第 6 期，第 10 页。

地役权为正当根据。无论是土地承包经营权，还是地役权，都具有"实施必要的附随行为、设置并保有必要的设施"的效力。

[辨析与论争]

其实，对于《物权法》第142条但书亦即《民法典》第352条但书关于"但有相反证据证明的除外"的规定，在理解上并不一致。仅就表面现象而言，该但书可包括以下几种情形：（1）上文所述的基于土地（使用权）租赁权，享有建筑物所有权。（2）建设用地使用权人尚未履行将该建设用地使用权变更登记（过户登记）的约定义务，无权以《物权法》第142条正文亦即《民法典》第352条正文的规定为依据主张享有建筑物所有权，而应当继续履行协助变更登记（过户登记）的义务，以实现"地随房走"。属于此类情况的，如买卖、互易、赠与等法律行为已经生效且实际履行，建筑物所有权的变更登记业已完成，但因房地权属分别由不同的登记机构办理登记的体制等原因，导致建设用地使用权尚未完成变更登记。（3）"在现在的城市房地产建设中，一部分市政公共设施，是通过开发商和有关部门约定，由开发商在房地产项目中配套建设，但是所有权归国家。这部分设施，其性质属于市政公用，其归属就应当按照有充分证据证明的事先约定来确定，而不是当然地归建设用地使用权人。后续通过房地产交易成为建设用地使用权人的权利人也应当尊重这种权属划分。"① （4）建设用地使用权人尚未履行将该建设用地使用权变更登记（过户登记）的法定义务，无权以《物权法》第142条正文亦即《民法典》第352条正文的规定为依据主张享有建筑物所有权，而应当继续履行协助变更登记（过户登记）的义务，以实现"地随房走"。属于此类情况的，例如，由于历史的原因，各个机关、国有企事业单位利用行政划拨的国有土地建造了住房，出租给本单位的职工。在公房改制过程中，单位依法及政策将职工承租的公房出卖与职工，仅仅按照成本价（或者标准价）向购房职工收取了房价款（《国务院关于深化城镇住房制度改革的决定》第2条、第15条，《已购公有住房和经济适用住房上市出售管理暂行办法》第3条），自然资源行政主管部门没有收取土地使用权出让金。在实务中，有些地区按照《国务院关于深化城镇住房制度改革的决定》《已购公有住房和经济适用住房上市出售管理暂行办法》的规定出售公有住房，购房职工同时取得房屋所有权和基地的土地使用权；另有些地区则有所不同，购房职工只能领取房屋所有权证，不能获得房屋基地的使用权，拿不到国有土地使用权证（建设用地使用权证）。

---

① 参阅全国人大常委会法制工作委员会民法室编：《中华人民共和国物权法条文说明、立法理由及相关规定》，北京，北京大学出版社2007年版，第142页。

笔者认为，古今中外的立法、实务和理论都表明，法律应当尽可能地贯彻房地权属的确定与变动原则上一体的思想，在中国也就是尽量适用《物权法》第142条正文亦即《民法典》第352条正文。如此，《物权法》第142条但书亦即《民法典》第352条但书所指，涉及的房地权属分别归属于不同的主体，且建筑物所有权不由建设用地使用权人享有，虽属例外，却唯有如此方为最合理，因而也属于终局的状态，而非不合理的状态、过渡性的状态。如果这种界定是正确的，那么，第一种情形应为《民法典》第352条但书的题中应有之义，不再赘言。而上述第（2）、（3）、（4）三种情形都不宜作为《物权法》第142条但书亦即《民法典》第352条但书所包含的内容。对此，详细分析如下：

首先，分析第（2）种情形。于此场合，建设用地使用权的登记名义人有义务协助建筑物所有权人请求登记机构办理建设用地使用权的变更登记，无权以其为建设用地使用权的登记名义人而主张自己拥有该地上建筑物所有权，否则，就是将义务当作权利来运用，违反了债法的规则，也破坏了债法和物权法之间的相互衔接。

其次，分析第（3）种情形。1）建筑物所有权以地权为其正当根据，乃古今中外的立法例及其理论所共认，是衡平土地所有权人和土地利用人之间利益关系的最佳模式，没有充分的理由不宜轻易放弃，何况《物权法》《民法典》已经贯彻了这种理念，设置了相应的法律制度，如建设用地使用权、宅基地使用权等。2）设置例外，得有充分的必要性和正当性，否则，任其存在会破坏整体及其和谐要求，在法律制度领域就是破坏法制的统一。若将第（3）种情形作为《物权法》第142条但书亦即《民法典》第352条但书所包含的情形（例外），则缺乏必要性和正当性，不宜存在。这种情形完全可以而且能够按照建筑物所有权以地权为其正当根据的思路加以解决，这从下文的分析中可以明了。由开发商在房地产项目开发中配套建设的市政公共设施，可以甚至必须归国家所有。其处理方式可有若干类型：其一，在建设用地使用权出让金合理并已被自然资源行政主管部门收取的情况下，市政出资由开发商负责建设市政公共设施，但不减少开发商所应支付的建设用地使用权出让金的数额，国家取得这些设施的所有权，但无相应的建设用地使用权；其二，市政出资由开发商负责建设市政公共设施，就该设施的基地部分，减少开发商所应支付的建设用地使用权出让金的数额，国家取得这些设施的所有权，同时享有相应的建设用地使用权；其三，开发商支付全部的建设用地使用权出让金，承担建造市政公共设施的费用，国家无偿取得这些设施的所有权，同时享有相应的建设用地使用权；其四，开发商支付全部的建设用地使用权出让金，承担建造市政公共设施的费用，国家无偿取得这些设施的所有权，但不享有相应的建设用地使用权；其五，开发商取得行政划拨的建设用地使用权，承担建造市政公共设施的费用，国家无偿取得这些设施的所有权，但不享有相应的建设用地使用权。最后一种类型是实务中较为常见的现象。分析比较上述五种类型，第一种处理类型存在着两个缺点，一是不符合建筑物所有权必须以地权为正当根据的原理，二是国家变相地占用了开发商的部分建设用地使用权，有违公正。第三种类型虽然符合建筑物所有权以地权为正当根据的原理，但国家侵占了开发商的合法利益，不可取。第四种和第五种类型既不符合建筑物所有权以地权为正当根据的原理，又不是恰当的利益分配，同样不可取。第二种类型符合房地权属间的规则，妥当地处理了各方的利益关系，最为可取。由此可知，第（3）种情形应不在《物权法》第142条但书亦即《民法典》第352条但书的范围之内。①

最后，分析第（4）种情形亦不宜作为《物权法》第142条但书亦即《民法典》第352条但书所包含的内容。由于各个机关、国有企事业单位的职工取得的工资及奖金远远低于给国家和社会所做的贡献，在公房改制过程中，购买公房时有福利的因素，不但房价款低于市场价格，而且免交了土地使用权出让金。这是应当的。同时，限制职工的房屋所有权的某些效力，也是合理的。但是，限制购房职工的权利，并不意味着必须剥夺购房职工的建设用地使用权，并不意味着必须破坏建筑物所有权以地权为正当根据的基础性原则。我们完全可以选择一条代价较低且公平合理的模式平衡各方的利益关系。在笔者看来，最佳的模式应当是，职工依法及政策购买单位的公房时，同时取得房屋的所有权及其基地的建设用地使用权，尽管不支付建设用地使用权出让金；但若把该房屋出卖或互易与他人，则应当分区情况，按照虽然现已失效但曾发挥重大作用的《国务院关于深化城镇住房制度改革的决定》中关于"职工以成本价购买的住房，产权归个人所有，一般住用5年后可以依法进入市场，在补交土地使用权出让金或所含土地收益和按规定交纳有关税费后，收入归个人所有"（第21条第2款）的规定处理；或按照该规定中关于"职工以标准价购买的住房，拥有部分产权，即占有权、使用权、有限的收益权和处分权，可以继承。产权比例按售房当年标准价占成本价的比重确定。职工以标准价购买的住房，一般住用5年后方可依法进入市场，在同等条件下，原售房单位有优先购买、租用权，原售房单位已撤销的，当地人民政府房产管理部门有优先购买、租用权。售、租房收入在补交土地使用权出让金或所含土地收益和按规定交纳有关税费后，单位和个人按各自的产权比例进行分

---

① 崔建远：《确定建筑物所有权的依据》，载《甘肃政法学院学报》2007年第6期，第11页。

配"（第 21 条第 3 款）的规定处理。更应注意的是，应当按照该规定关于"职工购买住房，都要由房产管理部门办理住房过户和产权移转登记手续，同时办理相应的土地使用权变更登记手续，并领取统一制定的产权证书"的规定处理。十分明显，国务院的行政法规是强调房屋所有权以土地使用权（建设用地使用权）为正当根据的，而非承认房屋所有权脱离建设用地使用权等地权而凭空存续的。①

至于有专家认为，在房屋买卖中，买受人拿到了所购房屋的钥匙，即使尚未办理变更登记（过户登记）手续，也已经取得了房屋所有权，只是不能以该所有权对抗善意第三人，笔者则回应如下：在商品房市场上购买商品房，属于基于法律行为的不动产物权的变动，在现行法上几乎占了不动产物权变动的半壁江山，假如不适用《民法典》第 208 条规定的不动产物权变动的公示原则，不遵循该法第 209 条第 1 款、第 216 条等关于不动产物权变动以登记为生效要件的规定，民法典物权编采取的公示原则和公信原则、不动产物权的变动模式将名不副实，"原则"反倒成了例外。此其一。其二，这违反了《民法典》的立法计划和立法目的。其三，这不符合物权法的原理。

第三百五十三条

建设用地使用权人有权将建设用地使用权转让、互换、出资、赠与或者抵押，但是法律另有规定的除外。

本条主旨

本条是关于建设用地使用权流转及其方式的规定。

相关条文

《宪法》第 10 条第 4 款　任何组织或者个人不得侵占、买卖或者以其他形式非法转让土地。土地的使用权可以依照法律的规定转让。

《物权法》第 143 条　建设用地使用权人有权将建设用地使用权转让、互换、出资、赠与或者抵押，但法律另有规定的除外。

《土地管理法》第 63 条第 3 款、第 4 款　通过出让等方式取得的集体经营性建设用地使用权可以转让、互换、出资、赠与或者抵押，但法律、行政法规另有规定或者土地所有权人、土地使用权人签订的书面合同另有约定的除外。

---

① 崔建远：《确定建筑物所有权的依据》，载《甘肃政法学院学报》2007 年第 6 期，第 11～12 页。

集体经营性建设用地的出租，集体建设用地使用权的出让及其最高年限、转让、互换、出资、赠与、抵押等，参照同类用途的国有建设用地执行。具体办法由国务院制定。

《城市房地产管理法》第28条　依法取得的土地使用权，可以依照本法和有关法律、行政法规的规定，作价入股，合资、合作开发经营房地产。

第37条　房地产转让，是指房地产权利人通过买卖、赠与或者其他合法方式将其房地产转移给他人的行为。

第38条　下列房地产，不得转让：

（一）以出让方式取得土地使用权的，不符合本法第三十九条规定的条件的；

（二）司法机关和行政机关依法裁定、决定查封或者以其他形式限制房地产权利的；

（三）依法收回土地使用权的；

（四）共有房地产，未经其他共有人书面同意的；

（五）权属有争议的；

（六）未依法登记领取权属证书的；

（七）法律、行政法规规定禁止转让的其他情形。

第39条　以出让方式取得土地使用权的，转让房地产时，应当符合下列条件：

（一）按照出让合同约定已经支付全部土地使用权出让金，并取得土地使用权证书；

（二）按照出让合同约定进行投资开发，属于房屋建设工程的，完成开发投资总额的百分之二十五以上，属于成片开发土地的，形成工业用地或者其他建设用地条件。

转让房地产时房屋已经建成的，还应当持有房屋所有权证书。

第40条　以划拨方式取得土地使用权的，转让房地产时，应当按照国务院规定，报有批准权的人民政府审批。有批准权的人民政府准予转让的，应当由受让方办理土地使用权出让手续，并依照国家有关规定缴纳土地使用权出让金。

以划拨方式取得土地使用权的，转让房地产报批时，有批准权的人民政府按照国务院规定决定可以不办理土地使用权出让手续的，转让方应当按照国务院规定将转让房地产所获收益中的土地收益上缴国家或者作其他处理。

《担保法》第34条　下列财产可以抵押：

（一）抵押人所有的房屋和其他地上定着物；

（二）抵押人所有的机器、交通运输工具和其他财产；

（三）抵押人依法有权处分的国有的土地使用权、房屋和其他地上定着物；

（四）抵押人依法有权处分的国有的机器、交通运输工具和其他财产；

（五）抵押人依法承包并经发包方同意抵押的荒山、荒沟、荒丘、荒滩等荒地的土地使用权；

（六）依法可以抵押的其他财产。

抵押人可以将前款所列财产一并抵押。

《城镇国有土地使用权出让和转让暂行条例》第 19 条　土地使用权转让是指土地使用者将土地使用权再转让的行为，包括出售、交换和赠与。未按土地使用权出让合同规定的期限和条件投资开发、利用土地的，土地使用权不得转让。

理解与适用

一、本条含义概貌

本条是对《物权法》第 143 条的复制，正文允许建设用地使用权转让、互换、出资、赠与、抵押，但书系引致性（管道性）条款，引向禁止建设用地使用权流转的法律规定。

二、转让、互换、出资、赠与、抵押建设用地使用权的法律及法理依据

与所有权具有处分所有物的效力不同，建设用地使用权作为他物权没有处分建设用地的效力，但有处分权利本身的效力，权利人可以转让建设用地使用权。对此，《土地管理法》第 63 条规定："通过出让等方式取得的集体经营性建设用地使用权可以转让、互换、出资、赠与或者抵押，但法律、行政法规另有规定或者土地所有权人、土地使用权人签订的书面合同另有约定的除外"（第 3 款）。"集体经营性建设用地的出租，集体建设用地使用权的出让及其最高年限、转让、互换、出资、赠与、抵押等，参照同类用途的国有建设用地执行。具体办法由国务院制定"（第 4 款）。《城市房地产管理法》第 28 条规定："依法取得的土地使用权，可以依照本法和有关法律、行政法规的规定，作价入股，合资、合作开发经营房地产。"《民法典》将这些规定上升至民事基本法的层面，于第 353 条规定，建设用地使用权人有权将建设用地使用权转让、互换、出资、赠与或抵押，但法律另有规定的除外。

三、概念分析

建设用地使用权转让，是指转让人和受让人签订转让合同，将其建设用地使用权移转给受让人，受让人支付相应对价的现象。转让合同生效并履行加上移转登记（变更登记）是（物权变动的）法律事实，建设用地使用权由转让人之手移转至受让人之处是结果（物权变动），按照德国民法思维，这就是物权行为，在法国和中国大陆的法制上，因未确立物权行为制度而表现为事实行为。

建设用地使用权互换，是指用地人将其建设用地使用权与相对人的建设用地使用权相互交换，各自取得对方的建设用地使用权。实质上是两个建设用地使用权的相向转让。互换合同生效并履行加上移转登记是（物权变动的）法律事实，建设用地使用权更换主体是结果（物权变动），按照德国民法思维，这里有两个物权行为，在法国和中国大陆的法制上，因未确立物权行为制度而表现为事实行为。

建设用地使用权出资，是指将建设用地使用权作价，投入企业法人、私人企业、个体工商户或合伙之中，归法人享有或成为个体工商户、合伙等主体的共有财产。出资行为加上移转登记（简易合伙等场合不办移转登记）是（物权变动的）法律事实，建设用地使用权移转至法人名下或成为合伙财产等是结果（物权变动）。

建设用地使用权赠与，是指用地人将其建设用地使用权无偿地移转给受赠人的现象。赠与合同生效并履行加上移转登记是（物权变动的）法律事实，建设用地使用权移转至受赠人名下是结果（物权变动），按照德国民法思维，这就是物权行为，在法国和中国大陆的法制上，因未确立物权行为制度而表现为事实行为。

建设用地使用权抵押，是指把建设用地使用权作为抵押物，自抵押登记完成时抵押权设立。

四、流转的条件

本条但书"法律另有规定的除外"，属于引致性（管道性）条文，引向的法律有《土地管理法》和《城市房地产管理法》等法律、法规的规定，计有两大类限制流转的情形。

（一）以出让方式设立的建设用地使用权的流转与限定

现行法一方面赋权出让方式设立的建设用地使用权具有流转性（让与性），另一方面出于反对甚至禁止"炒地炒房"的考量对流转设置限定条件。《城市房地产管理法》第 39 条规定："以出让方式取得土地使用权的，转让房地产时，应当符合下列条件：（一）按照出让合同约定已经支付全部土地使用权出让金，并取得土地使用权证书；（二）按照出让合同约定进行投资开发，属于房屋建设工程的，完成开发投资总额的百分之二十五以上，属于成片开发土地的，形成工业用地或者其他建设用地条件"（第 1 款）。"转让房地产时房屋已经建成的，还应当持有房屋所有权证书"（第 2 款）。《城镇国有土地使用权出让和转让暂行条例》第 19 条第 2 款也规定了类似的内容。建设用地使用权人和受让人违反上述规定，签订流转合同，《城市房地产管理法》第 38 条第 1 项的措辞是："不得转让"。以往的判决和学说都认为，此处所谓"不得转让"系禁止性规定，效力性的强制性规定，此类案件应当适用《合同法》第 52 条第 5 项（与《民法典》第 153 条第 1 款同义）的规定，此类转让合同无效，不发生建设用地使用权移转的效果。不过，随着人们对此类问题研究的深入，开始转变观念，有些司法解释和学说区分情形，而作不同的处理。[1] 例如，《最高人民法院关于审理房地产管理法施行前房地产开发经营案件若干问题的解答》规定："以出让方式取得土地使用权的土地使用者虽已取得土地使用证，但未按土地使用权出让合同约定的期限和条件对土地进行投资开发利用，与他人签订土地使用权转让合同的，一般应当认定合同无效；如土地使用者已投入一定资金，但尚未达到出让合同约定的期限和条件，与他人签订土地使用权转让合同，没有其他违法行为的，经有关主管部门认可，同意其转让的，可认定合同有效，责令当事人向有关主管部门补办土地使用权转让登记手续"（第 8 条）。"享有土地使用权的土地使用者未按照项目建设的要求对土地进行开发建设，也未办理审批手续和土地使用权转让手续，转让建设项目的，一般应当认定项目转让和土地使用权转让的合同无效；如符合土地使用权转让条件的，可认定项目转让合同有效，责令当事人补办土地使用权转让登记手续"（第 9 条）。如今，有学说主张："随着中国土地市场的建立和逐步完善，应当放开上述限制，允许建设用地使用权自由转让。"[2]

[探讨]

实务中时常出现本意为受让案涉建设用地使用权，亲自开发房地产项目，但出于种种考虑，在实际操作上采取的是受让案涉建设用地使用权所归属的项目公司中的控股股权路径，旨在绕过《城市房地产管理法》第 39 条设定的限制转让

---

① 参见崔建远主编：《合同法》（第 4 版），北京，法律出版社 2007 年版，第 103～105 页；崔建远：《合同法总论》（上卷），北京，中国人民大学出版社 2008 年版，第 284～286 页。

② 王利明、尹飞、程啸：《中国物权法教程》，北京，人民法院出版社 2007 年版，第 364 页。

建设用地使用权的条条框框。对此，笔者不赞同适用《民法典》第146条第1款关于虚假的意思表示归于无效的规定，因为股权转让合同系双方当事人的真实意思表示，只不过其动机是受让案涉建设用地使用权，亲自开发房地产项目。对于此种规避法律的行为，笔者赞同不直接审视股权转让合同本身，而是假定双方当事人成立了案涉建设用地使用权转让合同，该建设用地使用权转让合同是否因不符合《城市房地产管理法》第39条的规定而无效？至此，问题转变为适用/类推适用《最高人民法院关于审理房地产管理法施行前房地产开发经营案件若干问题的解答》第8条或第9条的价值判断，或者在法政策的层面是否柔性化地对待《城市房地产管理法》第39条的规定，不再是千篇一律地令转让合同无效。

顺便提及，对于《城市房地产管理法》第38条第2项至第6项关于"下列房地产，不得转让：……（二）司法机关和行政机关依法裁定、决定查封或者以其他形式限制房地产权利的；（三）依法收回土地使用权的；（四）共有房地产，未经其他共有人书面同意的；（五）权属有争议的；（六）未依法登记领取权属证书的"规定，是否一律以效力性的强制性规定论，学说、判决也有一个变化的过程。前期都持效力性的强制性规定说，转让合同违反其中任何一项，就适用《合同法》第52条第5项（与《民法典》第153条第1款同义）的规定，使合同无效，不发生建设用地使用权移转的效果。但近几年来，专家、学者的观点发生了不小的变化：在不发生房地产物权转移的效果方面的立场依然如故，但在转让合同的效力方面则开始区别类型而有不同的结论。（1）转让依法收回的建设用地使用权，其合同应当无效，不然，建设用地使用权制度及合同无效制度的立法目的就会完全落空，国家权威形同儿戏。（2）转让未依法登记领取权属证书的房地产物权应当有效，在首次登记已经完成只是未领取权属证书的情况下，因权属证书主要发生证据法的效力，不动产登记簿的记载才具有公示和公信的法律效力（《民法典》第216条第1款、第217条），所以，令转让合同无效实在缺乏理由；在不动产物权首次登记也没有完成的情况下，可作为未来物买卖看待，也大可不必令转让合同无效。（3）司法机关和行政机关依法裁定、决定查封或者以其他形式限制房地产权利，使案涉地产物权成为限制流通物，的确不可以发生房地产物权转移的法律效果，但鉴于总有一天会解除查封、限制，那时案涉房地产物权就回复到流通物的状态，于此场合把转让合同视为未来物的买卖，具有法律效力，全无问题。退一步说，即使案涉房地产被司法拍卖，转让合同成为不能履行，受让人追究转让人的违约责任，而非令转让合同无效，不存在法理障碍。何况《民法典》已经放弃《合同法》第51条的立场，改采转让人欠缺无处分权不影响买卖合同效力（第597条）的理念呢！（4）共有房地产，未经其他共有人书面同意而转让的，应当适用共有规则，无权处分时审视其是否符合善意取得的构成要件，转让合同的效力适用《民法典》第597条的规定，不受欠缺处分权的影响。（5）权属有争议的房地产转让，最严重的情形就是转让人对于标的物没有房地产物权，构成无权处分，按照《民法典》第597条的规定，转让合同的效力不受欠缺处分权的影响。

（二）原则上禁止行政划拨的建设用地使用权流转，但设有例外

对于以行政划拨方式设立的建设用地使用权，现行法原则上禁止其流转，但设有例外。对其例外，《城市房地产管理法》第40条规定："以划拨方式取得土地使用权的，转让房地产时，应当按照国务院规定，报有批准权的人民政府审批。有批准权的人民政府准予转让的，应当由受让方办理土地使用权出让手续，并依照国家有关规定缴纳土地使用权出让金"（第1款）。"以划拨方式取得土地使用权的，转让房地产报批时，有批准权的人民政府按照国务院规定决定可以不办理土地使用权出让手续的，转让方应当按照国务院规定将转让房地产所获收益中的土地收益上缴国家或者作其他处理"（第2款）。《涉及国有土地使用权合同司法解释》第10条规定："土地使用权人与受让方订立合同转让划拨土地使用权，起诉前经有批准权的人民政府同意转让，并由受让方办理土地使用权出让手续的，土地使用权人与受让方订立的合同可以按照补偿性质的合同处理。"第11条规定："土地使用权人与受让方订立合同转让划拨土地使用权，起诉前经有批准权的人民政府决定不办理土地使用权出让手续，并将该划拨土地使用权直接划拨给受让方使用的，土地使用权人与受让方订立的合同可以按照补偿性质的合同处理。"笔者认为，用地者取得行政划拨的建设用地使用权时没有支付对价，国家政策仅限于若干土地用途才批准，具有倾斜和照顾的性质，因而严格限制转让具有合理性。

这里所谓有批准权的人民政府，是指县级以上人民政府，在国务院所辖机关转让以行政划拨方式取得的建设用地使用权时，须经国务院机关事务管理局批准。

以行政划拨方式设立的建设用地使用权，典型的转让、通过与出资金的一方合作建房的方式变相地转让，在实务操作中必须完成的是依照国家有关规定缴纳土地使用权出让金，至于由有批准权的人民政府准予转让，则有典型的和变通的两种方式。所谓典型的有批准权的人民政府准予转让，是由有批准权的人民政府出具准予转让的批文。所谓变通的方式，是指由自然资源行政主管部门与受让人签订《国有建设用地使用权出让合同》，就意味着有批准权的人民政府已经准予

转让了。

[思考]

转让合同无效、被撤销或被解除对建设用地使用权的影响

在现行法没有采取物权行为独立性和无因性原则的背景下，为了保护交易安全，维护合法取得的建设用地使用权，应当确立如下规则及理论：其一，转让合同合法有效，出让人却违法地将之废除，不发生转让合同无效、被撤销或被解除的效果，受让人取得的建设用地使用权不因此而受影响。其二，在建设用地使用权业已登记完毕的情况下，只要未注销登记，受让人就仍然享有建设用地使用权，即使转让合同被违法地撤销或解除，也是如此。其三，在转让合同被依法认定为无效，或者被出让人依法撤销或解除的情况下，建设用地使用权若尚未办理移转登记（变更登记）手续，自然不发生移转的效力；若已经办理完毕移转登记手续，则需要先行注销登记，再将建设用地使用权重新登记在转让人名下。

第三百五十四条

建设用地使用权转让、互换、出资、赠与或者抵押的，当事人应当采用书面形式订立相应的合同。使用期限由当事人约定，但是不得超过建设用地使用权的剩余期限。

本条主旨

本条是关于建设用地使用权流转合同应当采取书面形式和使用期限如何确定的规定。

相关条文

《物权法》第144条　建设用地使用权转让、互换、出资、赠与或者抵押的，当事人应当采取书面形式订立相应的合同。使用期限由当事人约定，但不得超过建设用地使用权的剩余期限。

《城市房地产管理法》第41条　房地产转让，应当签订书面转让合同，合同中应当载明土地使用权取得的方式。

第43条　以出让方式取得土地使用权的，转让房地产后，其土地使用权的使用年限为原土地使用权出让合同约定的使用年限减去原土地使用者已经使用年限后的剩余年限。

《城镇国有土地使用权出让和转让暂行条例》第22条　土地使用者通过转让

方式取得的土地使用权，其使用年限为土地使用权出让合同规定的使用年限减去原土地使用者已使用年限后的剩余年限。

理解与适用

本条是对《物权法》第144条的复制，前段要求建设用地使用权流转合同应当采取书面形式，后段允许当事人双方约定建设用地的使用期限，但不得超过建设用地使用权的剩余期限。

本条前段要求书面形式，其必要性和重要性笔者在释评《民法典》第348条第1款时已经阐释过，不再一一复述，在此有必要提及的是，此类合同不采取书面形式，不动产登记机构不予办理相应的登记。

本条后段不允许流转后的建设用地使用权的存续期限亦即建设用地的使用期限超过建设用地使用权的剩余期限，是因为超过了，建设用地使用权已经消灭了，转让人等于无权处分。此其一。假如允许超过，就不符合所有权的弹力性，就会损害土地所有权人的权益。于此场合，土地所有权人主张物权请求权，酿成较为复杂的法律关系。此其二。

第三百五十五条

建设用地使用权转让、互换、出资或者赠与的，应当向登记机构申请变更登记。

本条主旨

本条是关于建设用地使用权流转以变更登记（转移登记）为生效要件的规定。

相关条文

《物权法》第145条　建设用地使用权转让、互换、出资或者赠与的，应当向登记机构申请变更登记。

《土地管理法》第12条　土地的所有权和使用权的登记，依照有关不动产登记的法律、行政法规执行。

依法登记的土地的所有权和使用权受法律保护，任何单位和个人不得侵犯。

《城市房地产管理法》第61条第3款　房地产转让或者变更时，应当向县级以上地方人民政府房产管理部门申请房产变更登记，并凭变更后的房屋所有权证书向同级人民政府土地管理部门申请土地使用权变更登记，经同级人民政府土地管理部门核实，由同级人民政府更换或者更改土地使用权证书。

《城镇国有土地使用权出让和转让暂行条例》第25条第1款　土地使用权和地上建筑物、其他附着物所有权转让，应当依照规定办理过户登记。

《不动产登记暂行条例实施细则》第27条　因下列情形导致不动产权利转移的，当事人可以向不动产登记机构申请转移登记：

（一）买卖、互换、赠与不动产的；

（二）以不动产作价出资（入股）的；

（三）法人或者其他组织因合并、分立等原因致使不动产权利发生转移的；

（四）不动产分割、合并导致权利发生转移的；

（五）继承、受遗赠导致权利发生转移的；

（六）共有人增加或者减少以及共有不动产份额变化的；

（七）因人民法院、仲裁委员会的生效法律文书导致不动产权利发生转移的；

（八）因主债权转移引起不动产抵押权转移的；

（九）因需役地不动产权利转移引起地役权转移的；

（十）法律、行政法规规定的其他不动产权利转移情形。

理解与适用

本条是对《物权法》第145条的复制。因建设用地使用权转让、互换、出资、赠与均属建设用地使用权转让（让与），与建设用地使用权抵押、出租等流转类型有别，故本条实际在重申基于法律行为而发生建设用地使用权的变动以登记为生效要件，在呼应《民法典》第209条等条文的规定。

关于此种登记的意义和道理，笔者在对《民法典》第208条、第209条、第214条、第216条、第349条的释评中已经多次说明和阐释，此处不赘。

本条所谓变更登记，不如改称转移登记更为准确，理由如下：学说对变更登记的界定存在着分歧。狭义说认为，不动产变更登记，是指不动产物权的分割、合并、设立和增减时所为的登记。所谓不动产物权的分割，是指作为不动产分为数宗（栋）的情形，包括一人所有的一宗土地或一栋房屋被分为数宗或数栋，或者数人共有的一宗土地或一栋房屋被分割为数宗或数栋等情形。所谓不动产权利的合并，是指属于同一权利人的或分属于不同权利人的两宗（栋）或两宗（栋）以上的不动产合并为一宗（栋）的情形。所谓不动产他项权利的设立，是指在不动产总登记后，在不动产上设立土地承包经营权、建设用地使用权、宅基地使用权、地役权、抵押权等权利的情形。所谓不动产权利的增减，是指不动产面积的增加或减少，如因流失或涨滩而导致的土地面积的增减，因增建或拆毁而发生的建筑物面积的增减等。[1] 最狭义说把不动产物权设立也排除在外。在广义说来看，不动产变更登记，包括狭义说所指的范围，加上不动产权利的移转登记。不动产权利移转登记，是在不动产权利的主体发生变更时，对不动产权利从原权利人处转让至受让人之手的现象所为的登记。依据最广义说，不动产变更登记涵盖总登记以外的不动产登记，不但包括广义说所指的范围，而且包括更名登记、更址登记、不动产用途变更登记、更正登记和注销登记。所谓更名登记，是指权利人的姓名或名称发生变更时所为的登记。所谓更址登记，是指不动产权利人的住址变更时所为的登记。所谓不动产用途变更登记，是指不动产的使用用途发生改变时所为的登记。[2]《不动产登记暂行条例实施细则》采纳了狭义的变更登记概念，因其第 27 条单独规定了不动产权利的移转登记，其第 26 条规定的不动产变更登记不包含不动产权利的移转登记。

所谓移转登记，俗称过户登记，是指不动产物权从转让人移转到受让人时所办理的登记。因基于法律行为的不动产物权变动以移转登记为生效要件，不办理移转登记，不动产物权就不发生变动，故它属于设权登记。

总的说来，在变更登记一侧采取最狭义说，另设转移登记一侧，两侧各自的内涵和外延都很清晰，更为合理。具体到本条所谓登记使用转移登记（过户登记）的术语更好。

第三百五十六条

建设用地使用权转让、互换、出资或者赠与的，附着于该土地上的建筑物、构筑物及其附属设施一并处分。

本条主旨

本条是关于"房随地走"的房地产权属变动原则上一体的规定。

相关条文

《物权法》第 146 条　建设用地使用权转让、互换、出资或者赠与的，附着

---

[1] 崔建远、孙佑海、王宛生：《中国房地产法研究》，北京，中国法制出版社 1995 年版，第 246 页；李昊、常鹏翱、叶金强、高润恒：《不动产登记程序的制度建构》，北京，北京大学出版社 2005 年版，第 328~332 页；李鸿毅：《土地法论》，台北，1999 年自版，第 228~231 页。

[2] 崔建远、孙佑海、王宛生：《中国房地产法研究》，北京，中国法制出版社 1995 年版，第 246~247 页。

于该土地上的建筑物、构筑物及其附属设施一并处分。

《担保法》第36条第2款　以出让方式取得的国有土地使用权抵押的，应当将抵押时该国有土地上的房屋同时抵押。

《城镇国有土地使用权出让和转让暂行条例》第23条　土地使用权转让时，其地上建筑物、其他附着物所有权随之转让。

理解与适用

本条是对《物权法》第146条的复制，确立了"房随地走"的房地产权属变动原则上一体的模式。

在房地关系方面，至少存在两大模式：其一，罗马法及后世的德国民法奉行的土地吸收地上物的原则，生长在土地上的植物，建造在土地上的房屋，都与土地附合，成为土地的重要成分。这体现在物权关系上，就是只有土地所有权，而无房屋所有权，土地所有权中包含着房屋这个组成所有物的成分；住宅所有权仅为例外。其二，日本民法、大陆与台湾地区民法采取的土地和房屋各为独立之物，这反映在物权关系上，就是既有土地所有权，也有房屋所有权。这两种模式各有千秋：第一种模式免去房、地相邻关系等许多复杂的协调机制，同一个不动产所有权人统领土地和房屋，矛盾减少了许多。当然，面对像中国、日本这样众人密居于同一栋大楼的需求和关系协调的难题，第一种模式显得笨拙；融资担保所需担保物的价值不高但担保权设立之后新建了高楼大厦的场合，第一种模式不利于房屋所有权人利用该大厦再去融资。第一种模式的"缺点"正是第二种模式的优长，第一种模式的优点正是第二种模式需要着力解决的问题。

由于中国的土地归国家或农村集体经济组织所有，其房地权属变动原则上一体，指的是建设用地使用权与地上建筑物、构筑物及其附属设施的所有权转移时原则上一体，或者宅基地使用权与地上建筑物、构筑物及其附属设施的所有权转移时原则上一体，而非土地所有权与地上建筑物、构筑物及其附属设施的所有权转移时原则上一体。

全面地说，房地产权属原则上一体还包括房地产权属确定时原则上一体，即只要无相反的证据证明，地上建筑物、构筑物及其附属设施的所有权归属于建设用地使用权人或宅基地使用权人。因此，房地权属在确定和变动时原则上一体，这是较为周延的表述。

法律确立房地权属在确定和变动时原则上一体的模式，具有许多优长：（1）免去建设用地使用权或宅基地使用权与地上建筑物、构筑物及其附属设施异其主体时意见相左、各不相让的纷争，即使房地产权人把房地产出租、出借给他人，且出现了矛盾，也因物权对债权而相对容易解决。（2）便于房地产权人统一一地、长远考量地利用甚至处分房地产，符合效率原则，不至于因异其主体各唱各的调而办不成"好事"。（3）适合建筑物区分所有权制度创设的需要，没有逻辑障碍地把区分所有的建筑物所在基地的建设用地的面积公摊到各个建筑物区分所有的面积之中，在物权方面是建筑物区分所有权含有一定比例的建设用地使用权。（4）便于房地产权人根据个案审时度势地分别利用"房""地"，妥当地处理各种关系，也使自己利益最大化。（5）融资担保所需担保物的价值不高但担保权设立之后新建了高楼大厦的场合，抵押权的效力不及于新建的大楼，这对房地产权人最为有利。

[辨析]

出卖人甲将其行政划拨的国有土地使用权与地上房屋一并转让与买受人乙，在乙支付了绝大部分购房款的前提下，办理完毕该房屋所有权的过户登记。其后发生纠纷，甲以涉案国有土地使用权系行政划拨的国有土地使用权，依法不得转让为由，主张涉案国有土地使用权与地上房屋一并转让合同无效，双方当事人之间恢复原状。乙则针锋相对，认为涉案房屋所有权已经移转于自己，按照"地随房走"的原则，系争合同有效且应继续履行，即甲应当配合自己将涉案行政划拨的国有土地使用权变为出让的国有土地使用权，并过户到自己名下。甲拒绝这样做，构成违约，应当承担强制履行、支付违约金的责任。一审判决支持了乙的主张。

笔者认为：妥善处理系争案件，应当区分情况，而后作出结论：（1）如果有批准权的人民政府已经作出了不予批准的决定，并且沿用《物权法》实施之前的法律、法规及其精神，以及实务操作的惯例，那么，系争合同应当无效。其法律依据在于，《城镇国有土地使用权出让和转让暂行条例》第44条规定："划拨土地使用权，除本条例第四十五条规定的情况外，不得转让、出租、抵押。"第45条第1款规定："符合下列条件的，经市、县人民政府土地管理部门和房产管理部门批准，其划拨土地使用权和地上建筑物、其他附着物所有权可以转让、出租、抵押：（一）土地使用者为公司、企业、其他经济组织和个人；（二）领有国有土地使用证；（三）具有地上建筑物、其他附着物合法的产权证明；（四）依照本条例第二章的规定签订土地使用权出让合同，向当地市、县人民政府补交土地使用权出让金或者以转让、出租、抵押所获收益抵交土地使用权出让金。"2009年修正的《城市房地产管理法》第40条第1款规定："以划拨方式取得土地使用权的，转让房地产时，应当按照国务院规定，报有批准权的人民政府审批。有批准权的人民政府准予转让的，应当由受让方办理土地使用权出让手续，并依照国家有关规定缴纳土地使用权出让金。"这告诉我们，只有在有批准权的人民政府批准转让，受让方依法补缴了土地使用权出让金的情况下，行政划拨的国有土地使用权才可以转让，否则，不得转让。在有批准权的人民政府已经作出了不予批准的决定时，行政划拨的国有土地使用权不得转让。由于上述法律、行政法规的规定均为效力性的强制性规定，按照《合同法》第52条第5项的规定，系争合同应当无效。系争合同无效了，涉案房屋所有权的过户登记便失去了原因，或曰失去了合同依据和法律依据，应予注销。转让人有权援用《物权法》第19条的规定，请求登记部门将涉案房屋的登记予以注销。在这里，必须抛弃这样的错误见解：由于地上房屋所有权已经移转了，按照"地随房走"的原则，行政划拨的国有土地使用权也得转让。之所以必须抛弃它，是因为如此一来就规避了法律、行政法规禁止行政划拨的国有土地使用权转让的立法目的。法律人应当树立的理念是，只要转让行政划拨的国有土地使用权违法，就不得转让地上房屋。（2）如果有批准权的人民政府已经作出了不予批准的决定，适用《物权法》第15条关于区分物权变动与其原因行为的规定，那么，系争合同的效力可以不受政府批准与否的影响，但行政划拨的国有土地使用权不得移转。按照2009年修正的《城市房地产管理法》第32条关于"房地产转让、抵押时，房屋的所有权和该房屋占用范围内的土地使用权同时转让、抵押"的规定，以及《城镇国有土地使用权出让和转让暂行条例》第23条关于"土地使用权转让时，其地上建筑物、其他附着物所有权随之转让"的规定，第24条第2款关于"土地使用者转让地上建筑物、其他附着物所有权时，其使用范围内的土地使用权随之转让，但地上建筑物、其他附着物作为动产转让的除外"的规定，不得仅仅移转房屋的所有权而不移转房屋所在地的国有土地使用权，故因涉案行政划拨的国有土地使用权不得转让，涉案房屋所有权也不得移转。因此，转让人同样有权援用《物权法》第19条的规定，请求登记部门将涉案房屋的登记予以注销。（3）在有批准权的人民政府就是否批准转让行政划拨的国有土地使用权未决之前，无论适用《物权法》第15条的规定与否，系争合同不应作为无效处理，而应等待有批准权的人民政府的决定。《民法典》实施之后，应采"（2）和（3）"的分析结论。

第三百五十七条

建筑物、构筑物及其附属设施转让、互换、出资或者赠与的，该建筑物、构筑物及其附属设施占用范围内的建设用地使用权一并处分。

本条主旨

本条是关于"地随房走"的房地产权属变动原则上一体的规定。

相关条文

《物权法》第 147 条 建筑物、构筑物及其附属设施转让、互换、出资或者赠与的，该建筑物、构筑物及其附属设施占用范围内的建设用地使用权一并处分。

《城市房地产管理法》第 48 条第 1 款 依法取得的房屋所有权连同该房屋占用范围内的土地使用权，可以设定抵押权。

《担保法》第 36 条第 1 款 以依法取得的国有土地上的房屋抵押的，该房屋占用范围内的国有土地使用权同时抵押。

《城镇国有土地使用权出让和转让暂行条例》第 24 条 地上建筑物、其他附着物的所有人或者共有人，享有该建筑物、附着物使用范围内的土地使用权。

土地使用者转让地上建筑物、其他附着物所有权时，其使用范围内的土地使用权随之转让，但地上建筑物、其他附着物作为动产转让的除外。

理解与适用

本条是对《物权法》第 147 条的复制，确立了"地随房走"的房地产权属的变动原则上一体的另一原则。它最适合建筑物区分所有权的构成和法理，因为业主出卖其区分所有的建筑物，转移房屋所有权，买受人自然取得相应的（一定比例的）建设用地使用权。于此场合，称出卖商品房，而不叫转让建设用地使用权，最合人们的意识、观念。殊不知，实质上是"商品房"和"建设用地使用权"一同买卖了。

看来，究竟是"房随地走"还是"地随房走"，并非千篇一律，而是根据具体情况而定。大可不必争执何者最为根基。

至于为何在此仍须遵循房地权属的变动原则上一体的模式，个中道理与笔者在释评《民法典》第 356 条时阐释的一样，不再赘言。

第三百五十八条

建设用地使用权期限届满前，因公共利益需要提前收回该土地的，应当依据本法第二百四十三条的规定对该土地上的房屋及其他不动产给予补偿，并退还相应的出让金。

本条主旨

本条是关于建设用地使用权被提前收回并予以补偿的规定。

相关条文

《物权法》第 148 条　建设用地使用权期间届满前，因公共利益需要提前收回该土地的，应当依照本法第四十二条的规定对该土地上的房屋及其他不动产给予补偿，并退还相应的出让金。

《土地管理法》第 58 条　有下列情形之一的，由有关人民政府自然资源主管部门报经原批准用地的人民政府或者有批准权的人民政府批准，可以收回国有土地使用权：

（一）为实施城市规划进行旧城区改建以及其他公共利益需要，确需使用土地的；

（二）土地出让等有偿使用合同约定的使用期限届满，土地使用者未申请续期或者申请续期未获批准的；

（三）因单位撤销、迁移等原因，停止使用原划拨的国有土地的；

（四）公路、铁路、机场、矿场等经核准报废的。

依照前款第（一）项的规定收回国有土地使用权的，对土地使用权人应当给予适当补偿。

《城市房地产管理法》第 20 条　国家对土地使用者依法取得的土地使用权，在出让合同约定的使用年限届满前不收回；在特殊情况下，根据社会公共利益的需要，可以依照法律程序提前收回，并根据土地使用者使用土地的实际年限和开发土地的实际情况给予相应的补偿。

《城镇国有土地使用权出让和转让暂行条例》第 42 条　国家对土地使用者依法取得的土地使用权不提前收回。在特殊情况下，根据社会公共利益的需要，国家可以依照法律程序提前收回，并根据土地使用者已使用的年限和开发、利用土地的实际情况给予相应的补偿。

理解与适用

本条是对《物权法》第 148 条的承继。之所以不叫征收建设用地使用权，而称提前收回，是因为征收的对象是土地所有权，而非土地使用权，故只要因公共利益需要由他人占有、使用、收益该宗建设用地，因该宗建设用地已经归属于国家，国家就以权力把该国有建设用地使用权提前收回即可，征收派不上用场。

依法理，本条不调整集体建设用地使用权〔包括为乡镇企业、乡（镇）村公共设施、公益事业的需要而设立的（非经营性）集体建设用地使用权与集体经营性建设用地使用权〕的"提前收回"，因为实务中国家不会保留农民集体土地所有权而单纯地取得集体建设用地使用权，要么是既不取得农民集体土地所有权也不取得集体建设用地使用权，要么是征收农民集体土地所有权，同时运用农民集体土地所有权这个母权消灭导致集体建设用地使用权这个子权随之消灭的原理，消灭集体建设用地使用权。

建设用地使用权被提前消灭肯定给权利人带来损失，该宗建设用地上建造有房屋及其他不动产（如房屋的附属设施）时，权利人也遭受此类不动产所有权的不复存在所遭受的损失。造成这些损失的原因是国家提前收回建设用地使用权，按照公平正义的要求，国家对此应予补偿。鉴于建设用地使用权被提前收回给权利人带来的财产损失，相同于或曰类似于不动产被征收给建设用地使用权人造成的损失，包括《民法典》在内的现行法准用征收补偿的法律规定，没有叠床架屋地设置提前收回的补偿条文，而是采取准用的立法技术，本条后段规定"应当依据本法第二百四十三条的规定对该土地上的房屋及其他不动产给予补偿"。

建设用地使用权人于此场合遭受的损失还有一个组成部分，就是剩余期限的土地使用权出让金。处理这个问题可有两种路径及方法：一是把它作为建设用地使用权人全部损失的构成部分，一并"依据本法第二百四十三条的规定对该土地上的房屋及其他不动产给予补偿"；二是把它单独出来，依据不当得利返还的规则处理，本条后段采取了后一种路径及方法，规定"退还相应的出让金"。

建设用地使用权作为一种民事权利，受法律保护，《民法典》在数个条文中一再强调之（第113条、第207条、第326条）。只有在具备强有力的理由时，才可以消灭它，该种理由就是公共利益需要，故本条一开始就已明确这一点。

第三百五十九条

住宅建设用地使用权期限届满的，自动续期。续期费用的缴纳或者减免，依照法律、行政法规的规定办理。

非住宅建设用地使用权期限届满后的续期，依照法律规定办理。该土地上的房屋以及其他不动产的归属，有约定的，按照约定；没有约定或者约定不明确的，依照法律、行政法规的规定办理。

本条主旨

本条是关于建设用地使用权续期及地上房屋及其他不动产归属的规定。

相关条文

《物权法》第149条　住宅建设用地使用权期间届满的，自动续期。

非住宅建设用地使用权期间届满后的续期，依照法律规定办理。该土地上的房屋及其他不动产的归属，有约定的，按照约定；没有约定或者约定不明确的，依照法律、行政法规的规定办理。

《城市房地产管理法》第22条　土地使用权出让合同约定的使用年限届满，土地使用者需要继续使用土地的，应当至迟于届满前一年申请续期，除根据社会公共利益需要收回该幅土地的，应当予以批准。经批准准予续期的，应当重新签订土地使用权出让合同，依照规定支付土地使用权出让金。

土地使用权出让合同约定的使用年限届满，土地使用者未申请续期或者虽申请续期但依照前款规定未获批准的，土地使用权由国家无偿收回。

《城镇国有土地使用权出让和转让暂行条例》第40条　土地使用权期满，土地使用权及其地上建筑物、其他附着物所有权由国家无偿取得。土地使用者应当交还土地使用证，并依照规定办理注销登记。

第41条　土地使用权期满，土地使用者可以申请续期。需要续期的，应当依照本条例第二章的规定重新签订合同，支付土地使用权出让金，并办理登记。

理解与适用

一、本条含义概貌

本条在承继《物权法》第149条及其他有关法律、法规的精神的基础上又有所调整，第1款宣明住宅建设用地使用权期满时自动续期，续期费用的缴纳或减免依据其他法律、行政法规的规定；第2款明确非住宅建设用地使用权期满时的续期、地上房屋及其他不动产的归属问题。

二、住宅建设用地使用权期满时自动续期与续期费用的规则

建设用地使用权属于有期物权，其存续期限届满时权利终止。根据房地权属的变动原则上一体的精神，地上建筑物、构筑物及其附属设施的所有权会随着建设用地使用权的终止而不复存在。这关系着千家万户的切身利益，经过反复争论和研讨，《物权法》最终决定住宅建设用地使用权的存续期限届满时自动续期，而非终止（第149条第1款），并且无须到不动产登记机构办理续期手续，即可达到目的。如此，地上建筑物、构筑物及其附属设施的所有权也相应地继续存

在。这的确是为人民服务的法律表现，值得赞扬！《民法典》予以承继（第359条第1款），值得肯定。

当然，从最安全、可靠的角度出发，建设用地使用权人宜及时地到不动产登记机构办理建设用地使用权的变更登记为好。

住宅建设用地使用权存续期间届满的，自动续期，是否适用于外国人和无国籍人？《民法典》第359条第1款的规范意旨无歧视外国人和无国籍人之意，只要外国人、无国籍人在中国境内购买了住宅，就享受该条款所带来的权益。

自动续期是否再收取出让金？素有争论，《物权法》第149条第1款的立法倾向性意见，不再收取。① 不过，近年来，地方财政不再宽裕，不少地方政府呼吁开征房产税和收取建设用地使用权期满时的续期费用，要求《民法典》明定收费，于是便有《民法典》第359条第1款后段"续期费用的缴纳或者减免，依照法律、行政法规的规定办理"之语。其意为：（1）缴纳续期费用系建设用地使用权人的义务；（2）续期费用的收取权归属于地方政府，地方政府可以行使该项权利，也可以不行使，即有权"减免"续期费用；（3）这将由法律、行政法规另行规定。

自动续期后的建设用地使用权有无明确的期间？回答是应当具有明确的存续期间，并且应为建设用地使用权的原存续期间。至于建设用地使用权在实际上长短不一，按照原存续期间确定续期后的建设用地使用权的存续期间，是否有失公正的问题，笔者认为，由于住宅建设用地使用权是自动续期，只要存续期限一届满就自动续期，因而，在客观上各个建设用地使用权人的利益鲜有差异。

建设用地使用权期间届满前地上建筑物、构筑物及其附属设施倒塌，且一直未复建，待建设用地使用权期间届满时，是否自动续期？回答是不再自动续期。其道理在于，建设用地使用权的目的及功能在于阻断土地所有权吸收地上物的法律效力，使用地者保有其建造的建筑物、构筑物及其附属设施的所有权。既然建筑物、构筑物及其附属设施已经不复存在，无须为用地者保有这些物的所有权，建设用地使用权已经完成了历史使命，便应功成身退，寿终正寝了。

建设用地使用权人为了自己的利益，应当在建设用地使用权期间届满前，通过加固等方法防止建筑物、构筑物及其附属设施倒塌，若已经倒塌，应当及时重建。

---

① 《全国人大法律委员会关于〈中华人民共和国物权法（草案）〉修改情况的汇报》（2006年10月27日十届全国人大常委会第二十四次会议），载全国人民代表大会常务委员会法制工作委员会民法室编：《物权法立法背景与观点全集》，北京，法律出版社2007年版，第65页。

三、非住宅建设用地使用权期满时的续期及其费用的规则

《物权法》对非住宅建设用地使用权期间届满采取了不同的处理方案，于第149条第2款前段规定，非住宅建设用地使用权期限届满后的续期，依照法律规定办理。《民法典》对此完全承继（第359条第2款前段）。此处所谓依照法律规定办理，例如，《城市房地产管理法》第22条规定："土地使用权出让合同约定的使用年限届满，土地使用者需要继续使用土地的，应当至迟于届满前一年申请续期，除根据社会公共利益需要收回该幅土地的，应当予以批准。经批准准予续期的，应当重新签订土地使用权出让合同，依照规定支付土地使用权出让金"（第1款）。"土地使用权出让合同约定的使用年限届满，土地使用者未申请续期或者虽申请续期但依照前款规定未获批准的，土地使用权由国家无偿收回"（第2款）。再如，《不动产登记暂行条例实施细则》第37条规定："申请国有建设用地使用权及房屋所有权变更登记的，应当根据不同情况，提交下列材料：（一）不动产权属证书；（二）发生变更的材料；（三）有批准权的人民政府或者主管部门的批准文件；（四）国有建设用地使用权出让合同或者补充协议；（五）国有建设用地使用权出让价款、税费等缴纳凭证；（六）其他必要材料。"

应当注意，本条第1款前段规定建设用地使用权期满时的续期，存在着强制缔约义务，即建设用地使用权的存续期间届满，建设用地使用权人需要继续使用该宗建设用地的，应在期间届满前1年申请续期，该宗土地的所有权人应当同意，但因社会公共利益需要收回该宗土地的除外。[①]

［引申与讨论］

1. 续期的申请人。在独栋建筑物归属于一个民事主体所有的情况下，申请人为该所有权人，没有疑问。在建筑物区分所有权场合，申请人是某业主个人还是业主委员会？应当是业主委员会，因为建设用地使用权既是某特定建筑物区分所有权的权源，也是整栋区分所有的建筑物权属的正当根据，仅仅由单个的业主申请建设用地使用权的续期，不能解决全部问题。特别是在各业主的意见不一致时，以单个业主的意见为准，更不妥当，而按照管理规约或业主大会决定，申请或不申请建设用地使用权的续期，方为上策。

2. 单个业主或业主委员会申请建设用地使用权续期，出让人是否负有强制

[①] 《全国人大法律委员会关于〈中华人民共和国物权法（草案）〉修改情况的汇报》（2005年10月19日十届全国人大常委会第十八次会议），载全国人民代表大会常务委员会法制工作委员会民法室编：《物权法立法背景与观点全集》，北京，法律出版社2007年版，第38页。

缔约义务？鉴于只有出让人必须承诺才能保护建设用地使用权人的合法权益，应当确立出让人的强制缔约义务，基于公共利益需要必须收回建设用地使用权的除外（参见《民法典》第358条）。

非住宅建设用地使用权续期，办理建设用地使用权变更登记，需要缴纳续期费用，包括土地使用权出让金及办理手续的费用等。

四、地上房屋及其他不动产的归属规则

本条第2款后段的适用领域，实际上不包括非住宅建设用地使用权已经办理完毕续期登记手续的情形，因为本条第2款后段所谓"该土地上的房屋以及其他不动产的归属，有约定的，按照约定"，只能是该房地产权利人与自然资源行政主管部门、房管部门之间的约定，不会是该房地产权人与交易相对人的约定，因为只要不续期该建设用地使用权，该房地产权属一并丧失，故其效力不会依其约定引发该房地产权属的转移。该房地产权利人与自然资源行政主管部门、房管部门之间约定"该土地上的房屋以及其他不动产的归属"，只会在该建设用地使用权不再续期的情况下进行，才符合生活常理和逻辑。因为只要该建设用地使用权已经续期，权利人有权自主决定自己继续保有该房地产权属，或是将之转让给交易相对人，何以与自然资源行政主管部门、房管部门之间约定？可见，本条第2款后段只适用于非住宅建设用地使用权期满时未再续期的场合。

本条第2款后段所谓"有约定的，按照约定"，符合意思自治原则的要求，是尊重房地产权利的体现，值得肯定。

本条第2款后段关于"没有约定或者约定不明确的，依照法律、行政法规的规定办理"的规定中，所谓"依照法律、行政法规的规定办理"，包括若干法律规范。例如，基于《民法典》第352条正文关于地上建筑物、构筑物及其附属设施的所有权归属于其所在基地的建设用地使用权人的规定，建设用地使用权期满时未再续期，便回归国家土地所有权之中（弹力性），"该土地上的房屋及其他不动产"随之归属于国家。再如，《民法典》第360条规定："建设用地使用权消灭的，出让人应当及时办理注销登记。登记机构应当收回权属证书。"

第三百六十条

建设用地使用权消灭的，出让人应当及时办理注销登记。登记机构应当收回权属证书。

本条主旨

本条是关于建设用地使用权消灭的应当办理注销登记的规定。

相关条文

《物权法》第150条　建设用地使用权消灭的，出让人应当及时办理注销登记。登记机构应当收回建设用地使用权证书。

《城镇国有土地使用权出让和转让暂行条例》第40条　土地使用权期满，土地使用权及其地上建筑物、其他附着物所有权由国家无偿取得。土地使用者应当交还土地使用证，并依照规定办理注销登记。

《不动产登记暂行条例》第14条第2款　属于下列情形之一的，可以由当事人单方申请：

……

（五）不动产灭失或者权利人放弃不动产权利，申请注销登记的；

《不动产登记暂行条例实施细则》第28条第1款　下列情形之一的，当事人可以申请办理注销登记：

（一）不动产灭失的；

（二）权利人放弃不动产权利的；

（三）不动产被依法没收、征收或者收回的；

（四）人民法院、仲裁委员会的生效法律文书导致不动产权利消灭的；

（五）法律、行政法规规定的其他情形。

理解与适用

本条是对《物权法》第150条的复制，只改动了个别术语。

建设用地使用权的登记具有公示和公信的效果，对于第三人影响很大。如果建设用地使用权本已消灭，但登记名义人仍然以权利人的身份将该"建设用地使用权"转让或抵押给他人，该他人查阅不动产登记簿，信以为真，便同意以实际上不存在的建设用地使用权作为标的物成交，会带来极为负面的后果。即使是强制执行大多不适用不动产登记的公信原则，未注销登记，也会给强制执行的申请人带来错觉，劳师动众，结果因不存在强制执行的标的物而落个一场空，增大了成本。有鉴于此，本条前段规定"出让人应当及时办理注销登记"，《不动产登记暂行条例》设置第14条第2款，《不动产登记暂行条例实施细则》设置第28条，予以配合，很有必要。

建设用地使用权证书具有证据的作用，不及时收回，给"建设用地使用权人"提供骗人的机会，酿成上个自然段所述的后果，也是应当避免发生的。故本条后段规定"登记机构应当收回权属证书"，也是必要的。

第三百六十一条

集体所有的土地作为建设用地的，应当依照土地管理的法律规定办理。

本条主旨

本条是关于集体建设用地使用权法律适用的规定。

相关条文

《物权法》第 151 条　集体所有的土地作为建设用地的，应当依照土地管理法等法律规定办理。

《土地管理法》第 61 条　乡（镇）村公共设施、公益事业建设，需要使用土地的，经乡（镇）人民政府审核，向县级以上地方人民政府自然资源主管部门提出申请，按照省、自治区、直辖市规定的批准权限，由县级以上地方人民政府批准；其中，涉及占用农用地的，依照本法第四十四条的规定办理审批手续。

第 63 条　土地利用总体规划、城乡规划确定为工业、商业等经营性用途，并经依法登记的集体经营性建设用地，土地所有权人可以通过出让、出租等方式交由单位或者个人使用，并应当签订书面合同，载明土地界址、面积、动工期限、使用期限、土地用途、规划条件和双方其他权利义务。

前款规定的集体经营性建设用地出让、出租等，应当经本集体经济组织成员的村民会议三分之二以上成员或者三分之二以上村民代表的同意。

通过出让等方式取得的集体经营性建设用地使用权可以转让、互换、出资、赠与或者抵押，但法律、行政法规另有规定或者土地所有权人、土地使用权人签订的书面合同另有约定的除外。

集体经营性建设用地的出租，集体建设用地使用权的出让及其最高年限、转让、互换、出资、赠与、抵押等，参照同类用途的国有建设用地执行。具体办法由国务院制定。

理解与适用

一、本条意义概貌

本条是引致性（管道性）条款，把集体建设用地使用权的法律调整引向《土地管理法》。

饶有趣味的是，本条在字面意思上与《物权法》第151条的极为相像，但二者的精神实质及法律效果却有天壤之别。《物权法》第151条指向的《土地管理法》是2004年修正的《土地管理法》，主要是其第43条第1款关于"任何单位和个人进行建设，需要使用土地的，必须依法申请使用国有土地；但是，兴办乡镇企业和村民建设住宅经依法批准使用本集体经济组织农民集体所有的土地的，或者乡（镇）村公共设施和公益事业建设经依法批准使用农民集体所有的土地的除外"的规定；而《民法典》第361条指向的《土地管理法》却是2019年修正的《土地管理法》，主要是第63条等规定确立了集体经营性建设用地使用权的转让、互换、出资、赠与或者抵押的规则。两者在集体经营性建设用地使用权的流转性方面发生了实质上的变化，前者不允许集体建设用地使用权进入土地交易市场，利用农民集体所有的土地从事工业、商业、娱乐、旅游等项目的开发建设，需要先将农民集体所有的土地征收为国有，然后出让国有土地使用权/国有建设用地使用权；后者允许集体经营性建设用地使用权进入土地交易市场，权利人可以据其从事工业、商业等开发建设。

二、集体建设用地使用权的基本类型

2019年修正的《土地管理法》上的集体建设用地使用权有两大类：第一类是第59条规定的用于乡镇企业、乡（镇）村公共设施、公益事业、农村村民住宅等乡（镇）村建设而设立的体建设用地使用权；第二类是第63条创设的集体经营性建设用地使用权。第一种类型的集体建设用地使用权在目的及功能上限于乡镇企业、乡（镇）村公共设施、公益事业、农村村民住宅等乡（镇）村建设的需要，不得进入土地交易市场，即不得转让、互换、出资、赠与、抵押等交易。第二类集体经营性建设用地使用权可以进入土地交易市场，"出让及其最高年限、转让、互换、出资、赠与、抵押等，参照同类用途的国有建设用地执行"（《土地管理法》第63条第4款）。

三、集体经营性建设用地使用权的设立条件

集体经营性建设用地使用权的设立受到法律的严格约束。首先，某宗农民集体所有的土地之上设立集体经营性建设用地，必须是土地利用总体规划、城乡规划已将该宗土地确定为工业、商业等经营性用途（《土地管理法》第63条第1款前段），不然，集体经营性建设用地不被法律所承认。于此阶段，集体经营性建设用地的权利人是农村集体经济组织，而非其他任何人，即使是农村集体经济组

织的成员，也不是。其次，经依法登记的集体经营性建设用地，土地所有权人可以通过出让、出租等方式交由单位或者个人使用，至此，集体经营性建设用地使用权设立（《土地管理法》第 63 条第 1 款中段），权利人不是农村集体经济组织，而是出让、出租等法律行为的相对人，或是受让人，或是承租人，或是目标公司，或是合伙企业，或是抵押权人，等等。再次，设立集体经营性建设用地使用权的出让、出租等合同，应当签订书面合同，载明土地界址、面积、动工期限、使用期限、土地用途、规划条件和双方其他权利义务（《土地管理法》第 63 条第 1 款后段）。最后，以集体经营性建设用地出让、出租等方式设立集体经营性建设用地使用权，应当经本集体经济组织成员的村民会议 2/3 以上成员或者 2/3 以上村民代表的同意（《土地管理法》第 63 条第 2 款）。

四、集体经营性建设用地使用权的流转与限制

《土地管理法》赋权集体经营性建设用地使用权的转让性（让与性），于第 63 条第 3 款正文规定："通过出让等方式取得的集体经营性建设用地使用权可以转让、互换、出资、赠与或者抵押。"这与国有建设用地使用权的转让性（让与性）是一样的，是 2019 年之前所不具有的，《民法典》对此在民事基本法的层面上予以固定了（第 361 条），意义深远。

不过，此种转让性（让与性）并不意味着集体经营性建设用地使用权在任何情况下都可以/能够转让、互换、出资、赠与或者抵押，更不意味着法律不顾实际情形放任其流转。因此有《土地管理法》第 63 条第 3 款关于"但法律、行政法规另有规定或者土地所有权人、土地使用权人签订的书面合同另有约定的除外"的规定。此处所谓法律、行政法规另有规定，即法律、行政法规不允许集体经营性建设用地使用权转让、互换、出资、赠与或者抵押的规定。此类规定，例如，《民法典》第 243 条、第 327 条规定的征收建设用地，第 358 条规定的因公共利益的需要而提前收回建设用地，存在于此类建设用地之上的集体经营性建设用地使用权便不得转让、互换、出资、赠与或者抵押。此处所谓"土地所有权人、土地使用权人签订的书面合同另有约定"，即奉行意思自治原则，农村集体经济组织即土地所有权人与集体经营性建设用地使用权人签订的书面流转合同中存在禁止集体经营性建设用地使用权流转的约定时，只要该约定不存在法律行为无效的原因，就具有法律效力，可阻止集体经营性建设用地使用权人转让、互换、出资、赠与或者抵押集体经营性建设用地使用权。当然，根据合同的相对性，该约定不具有对抗交易第三人的效力，在集体经营性建设用地使用权人违反此类约定时，农村集体经济组织即土地所有权人难以请求确认流转合同无效，只

得追究集体经营性建设用地使用权人的违约责任。

五、创设集体经营性建设用地使用权的意义

在相当长的历史时期，政策和法律仅仅允许集体所有权人可以赋权乡镇企业经依法批准使用本集体经济组织农民集体所有的土地，取得集体建设用地使用权，或者乡（镇）村公共设施和公益事业建设经依法批准使用农民集体所有的土地（2004年《土地管理法》第43条第1款后段）。除此而外的建设需要农村集体所有的土地，必须先将集体所有的土地征收为国有，然后从国家土地所有权中"分离"出占有、使用、收益乃至处分权利自身的权能，由国土资源主管机关出让国有建设用地使用权给用地者，用地者才可在该国有建设用地上从事工业、商业的开发建设（2004年《土地管理法》第43条第1款前段、第44条以下），这就是"先征收、再出让"模式，忽视了农村集体经济组织的合法权益，实有不足。

为了改变这种不合理的布局，促进农村、农业的健康发展，也是整个国民经济的合理发展，《中共中央关于全面深化改革若干重大问题的决定》宣布："在符合规划和用途管制前提下，允许农村集体经营性建设用地出让、租赁、入股，实行与国有土地同等入市、同权同价。缩小征地范围，规范征地程序，完善对被征地农民合理、规范、多元保障机制。扩大国有土地有偿使用范围，减少非公益性用地划拨。建立兼顾国家、集体、个人的土地增值收益分配机制，合理提高个人收益。完善土地租赁、转让、抵押二级市场"（第11条）。《中共中央 国务院关于完善产权保护制度依法保护产权的意见》重申："深化农村土地制度改革，坚持土地公有制性质不改变、耕地红线不突破、粮食生产能力不减弱、农民利益不受损的底线，从实际出发，因地制宜，落实承包地、宅基地、集体经营性建设用地的用益物权，赋予农民更多财产权利，增加农民财产收益。"

如今，这些政策已经变成了法律。《土地管理法》经修订于2019年出台，删除了第43条关于"任何单位和个人进行建设，需要使用土地的，必须依法申请使用国有土地；但是，兴办乡镇企业和村民建设住宅经依法批准使用本集体经济组织农民集体所有的土地的，或者乡（镇）村公共设施和公益事业建设经依法批准使用农民集体所有的土地的除外"（第1款）；"前款所称依法申请使用的国有土地包括国家所有的土地和国家征收的原属于农民集体所有的土地"（第2款）的规定，于其第63条规定："土地利用总体规划、城乡规划确定为工业、商业等经营性用途，并经依法登记的集体经营性建设用地，土地所有权人可以通过出让、出租等方式交由单位或者个人使用，并应当签订书面合同，载明土地界址、

面积、动工期限、使用期限、土地用途、规划条件和双方其他权利义务"（第 1
款）。"前款规定的集体经营性建设用地出让、出租等，应当经本集体经济组织成
员的村民会议三分之二以上成员或者三分之二以上村民代表的同意"（第 2 款）；
"集体经营性建设用地的出租，集体建设用地使用权的出让及其最高年限、转让、
互换、出资、赠与、抵押等，参照同类用途的国有建设用地执行。具体办法由国
务院制定"（第 4 款）。如今，《民法典》完全肯认上述规定，特设第 361 条，把
集体经营性建设用地使用权的法律适用引至《土地管理法》。

六、防止集体经营性建设用地使用权制度被不当扩大化

《土地管理法》第 63 条的立法计划和立法目的能达到吗？有专家、学者担心有
人假道《土地管理法》第 45 条第 1 款第 5 项关于"在土地利用总体规划确定的城
镇建设用地范围内，经省级以上人民政府批准由县级以上地方人民政府组织实施的
成片开发建设需要用地的"的规定偏离前述立法计划和立法目的，具体些说就是，
所谓"成片开发建设需要用地"并非为了公共利益，但却因此征收集体土地。

防止此种偏离，方法和措施之一是，应当坚持对《土地管理法》第 45 条的
规定予以整体解释。其实，无论是就该条的文义和体系还是就其规范意旨而言，
"成片开发建设需要用地"的征收都必须是"为了公共利益的需要"，而非为了商
业的需要。

在实践操作的层面，需要甄别"成片开发建设需要用地"在何种情况下是
"为了公共利益的需要"。对成片开发建设需要用地是否为公共利益，在各阶段均
须以一定的事实审查作为基础。其审查步骤依次包括征收目的本身的正当性、征
收目的实现的有效性、征收目的实现的必要性、公益目的与私益损失之间合乎比
例，其方法兼具"问题思考"与"体系思考"的特性，是促进国家权力结构平
衡、调和公益与私利，达到实质正义的一种理性法则。这一法则借鉴价值较高，
当然对法官的要求也很高，应该尝试，也借以避免社会不稳定因素的发酵。[①]

此外，还要注意另外一种倾向：扰乱《土地管理法》第 63 条的立法计划和
立法目的，放松对宅基地使用权申请的审核、批准，使本不应取得宅基地使用权
的农户却被获批此权，而后，该农户所在的集体经济组织或镇政府乃至县政府调
整用地指标和土地用途，把宅基地使用权变性为集体经营性建设用地。防止和封
堵此种途径及方式，也是保障《土地管理法》第 63 条的立法计划和立法目的得
以实现的不可忽视的一环。

---

① 陈小君：《新一轮土地改革的检视与建议》，载《中国法律评论》2019 年第 5 期。

第十三章

宅基地使用权

本章首先界定了宅基地使用权的概念，也是宅基地使用权的基本内容（积极权能），接着把关于宅基地使用权的规制引向《土地管理法》等法律、法规的相应规定，然后规定宅基地使用权因其客体灭失而消灭以及重新分配宅基地的规则，最后规定宅基地使用权的变更登记和注销登记。

第三百六十二条

宅基地使用权人依法对集体所有的土地享有占有和使用的权利，有权依法利用该土地建造住宅及其附属设施。

本条主旨

本条是关于宅基地使用权的概念亦即基本内容（积极权能）的规定。

相关条文

《物权法》第 152 条　宅基地使用权人依法对集体所有的土地享有占有和使用的权利，有权依法利用该土地建造住宅及其附属设施。

《土地管理法》第 59 条　乡镇企业、乡（镇）村公共设施、公益事业、农村村民住宅等乡（镇）村建设，应当按照村庄和集镇规划，合理布局，综合开发，配套建设；建设用地，应当符合乡（镇）土地利用总体规划和土地利用年度计划，并依照本法第四十四条、第六十条、第六十一条、第六十二条的规定办理审批手续。

第 62 条　农村村民一户只能拥有一处宅基地，其宅基地的面积不得超过省、自治区、直辖市规定的标准。

人均土地少、不能保障一户拥有一处宅基地的地区，县级人民政府在充分尊重农村村民意愿的基础上，可以采取措施，按照省、自治区、直辖市规定的标准保障农村村民实现户有所居。

农村村民建住宅，应当符合乡（镇）土地利用总体规划、村庄规划，不得占用永久基本农田，并尽量使用原有的宅基地和村内空闲地。

编制乡（镇）土地利用总体规划、村庄规划应当统筹并合理安排宅基地用地，改善农村村民居住环境和条件。

农村村民住宅用地，由乡（镇）人民政府审核批准；其中，涉及占用农用地的，依照本法第四十四条的规定办理审批手续。

农村村民出卖、出租、赠与住宅后，再申请宅基地的，不予批准。

国家允许进城落户的农村村民依法自愿有偿退出宅基地，鼓励农村集体经济组织及其成员盘活利用闲置宅基地和闲置住宅。

国务院农业农村主管部门负责全国农村宅基地改革和管理有关工作。

理解与适用

一、本条意义概貌

本条是对《物权法》第 152 条的复制，界定了宅基地使用权的概念，亦即宅基地使用权的基本内容。

二、宅基地使用权的概念

宅基地使用权，是指农村村民（实际应为农户）依法在集体所有的土地上建造住宅及其附属设施，并保有其所有权的用益物权（《民法典》第 362 条）。它具有如下法律性质。

（一）宅基地使用权的主体具有身份性

从权利主体方面看，宅基地使用权的主体具有身份性，至少在宅基地使用权设立时限于本集体经济组织的成员，实务运作上是以户为单位设立，且按一户取得一处宅基地的原则配置，宅基地的面积不得超过省、自治区、直辖市规定的标准（《土地管理法》第 63 条第 1 款）。

[演变]

关于宅基地使用权的主体，中国立法及其理论有其演变过程。在相当长的历史时期，宅基地使用权分为农村宅基地使用权和城镇宅基地使用权两种。后者的主体是 1949 年以后由于历史原因形成的城镇私房所有者及经批准在城镇建房的城镇居民。在 1982 年《宪法》规定城市土地归国家所有之后，城镇私有房屋所在的宅基地所有权转化为国家所有权，为使私有房屋的所有权人继续保有私房的所有权，就必须使其享有宅基地的使用权。该宅基地使用权后被更名为国有土地使用权，《物权法》生效后则应称作建设用地使用权，《民法典》亦然。就是说，如今的宅基地使用权在城镇国有土地上不复存在，相应的，被称为宅基地使用权的主体也不再有这样的城镇居民。

农村宅基地使用权的主体，在相当长的历史时期，原则上为本集体经济组织成员，少数情况下为城镇非农业户口居民。对有关这方面的立法，简要考察如下。

国务院于 1982 年 2 月 13 日发布的《村镇建房用地管理条例》规定，农村人民公社、生产大队、生产队的土地，分别归公社、大队、生产队集体所有。社员对宅基地、自留地、自留山、饲料地和承包的土地，只有按照规定用途使用的使用权，没有所有权（第 4 条）。在村镇内，个人建房和社队企业、事业单位建设用地，都应按照本条件的规定，办理申请、审查、批准的手续。任何机关、企业、事业单位和个人不准擅自占地建房、进行建设或越权批准占用土地（第 5 条第 1 款）。农村社员，回乡落户的离休、退休、退职职工和军人，回乡定居的华侨，建房需要宅基地的，应向所在生产队申请，经社员大会讨论通过，生产大队审核同意，报公社管理委员会批准；确实需要占用耕地、园地的，必须报经县级人民政府批准。批准后，由批准机关发给宅基地使用证明（第 14 条）。集镇内非农业户建房需要用地的，应提出申请，由管理集镇的机构与有关生产队协商，参照第 14 条的规定办理（第 18 条）。应予注意，该条例已被 1986 年 6 月 25 日通过的《土地管理法》废止（第 57 条）。

1986 年 6 月 25 日通过的《土地管理法》第 38 条规定，农村居民建住宅，应当使用原有的宅基地和村内空闲地。使用耕地的，经乡级人民政府审核后，报县级人民政府批准；使用原有的宅基地、村内空闲地和其他土地的，由乡级人民政府批准（第 1 款）。农村居民建住宅使用土地，不得超过省、自治区、直辖市规定的标准（第 2 款）。该法第 41 条规定，城镇非农业户口居民建住宅需要使用集体所有的土地的，必须经县级人民政府批准，其用地面积不能超过省、自治区、直辖市规定的标准，并参照国家建设征用土地的标准支付补偿费和安置补助费。

1988 年 12 月 29 日修正通过的《土地管理法》继续保留了 1986 年《土地管理法》第 38 条和第 41 条的规定，维持了农村宅基地使用权人原则上为农村集体经济组织成员，个别情况下为城镇居民的格局。

国务院于 1993 年 6 月 29 日发布《村庄和集镇规划建设管理条例》（国务院第 116 号令），贯彻了上述原则，于第 18 条规定，农村村民在村庄、集镇规划区内建住宅的，应当先向村集体经济组织或村民委员会提出建房申请，经村民会议讨论通过后，按照下列审批程序办理：（1）需要使用耕地的，经乡级人民政府审核、县级人民政府建设行政主管部门审查同意并出具选址意见书后，方可依照《土地管理法》向县级人民政府土地管理部门申请用地，经县级人民政府批准后，由县级人民政府土地管理部门划拨土地；（2）使用原有宅基地、村内空闲地和其他土地的，由乡级人民政府根据村庄、集镇规划和土地利用规划批准（第 1 款）。城镇非农业户口居民在村庄、集镇规划区内需要使用集体所有的土地建住宅的，应当经其所在单位或居民委员会同意后，依照前款第（1）项规定的审批程序办理（第 2 款）。回原籍村庄、集镇落户的职工、退伍军人和离休、退休干部以及回乡定居的华侨、港澳台同胞，在村庄、集镇规划区内需要使用集体所有的土地建住宅的，依照本条第 1 款第 1 项规定的审批程序办理（第 3 款）。

1998 年 8 月 29 日修正通过的《土地管理法》删除了 1986 年的《土地管理法》第 41 条和 1988 年修正的《土地管理法》第 41 条的规定，未再重申城镇居民为宅基地使用权人的精神，而是规定了农村村民住宅建设（第 59 条）时，农村村民一户只能拥有一处住宅，其宅基地的面积不得超过省、自治区、直辖市规定的标准（第 62 条第 1 款）。2004 年 8 月 28 日修正通过的《土地管理法》承继了这个原则（第 59 条、第 62 条第 1 款）。2019 年修正的《土地管理法》继续贯彻该项原则（第 63 条第 1 款）。

由于《村庄和集镇规划建设管理条例》在效力位阶层面低于《土地管理法》，可认为该条例关于城镇居民可为宅基地使用权人的规定也不再有效。

至此可以说，宅基地使用权只存在于集体所有的土地上，其主体限于本集体经济组织的成员，以户为单位配置。

[讨论]

现行法对宅基地使用权人的表述为农村村民或本集体经济组织成员，实务上的宅基地使用权登记，权利人一栏记载的也是村民个人，不是农户。民法通说也认为宅基地使用权人为个人（内部存在着公民说、农村村民说、本集体经济组成员说、本集体经济组织成员说和城镇居民说的差异）。①

　　不过，笔者持有不同看法，认为将宅基地使用权人界定为农户更符合实际。其理由如下：（1）制定在后的《物权法》和《民法典》没有明确宅基地使用权人究竟是农村村民还是农户，《土地管理法》及《村庄和集镇规划建设管理条例》的相关条文在措辞上未尽统一，有的使用"农村村民""农村居民"的术语，有的称"用户"或"农户"拥有一处住宅。这为将宅基地使用权的主体认定为农户提供了空间。（2）现行法的规定及实务运作都不是按每位村民配置一处宅基地，而是以村民所形成的户为单位配置一处宅基地。村民个体的人数仅仅影响着宅基地的面积，不决定宅基地的块数。这是将户作为宅基地使用权主体的较为有利的根据。（3）迄今为止，我们见到的法律及其理论，都是把一户占用的宅基地叫作一处宅基地，是一个物，其使用权是一项权利，而非若干块宅基地及其权利的集合。假如把宅基地使用权的主体界定为村民，那么，在三位村民组成一户的情况下，就是该户所占用的宅基地在法律上为三个物，存在着三项宅基地使用权，每位村民各拥有一项宅基地使用权。可是，这不符合农村的客观事实，也未见法律及法律人把一户占用的宅基地看成三个物，存在着三项宅基地使用权。（4）假如把村民个人作为宅基地使用权的主体，在三位村民组成一户的情况下，一户占用的宅基地上就存在着三项宅基地使用权，根据房地权属的确定和变动原则上一体的精神（《民法典》第352条正文、第356条、第357条），一处宅基地上竖立的住宅及其附属设施就得有三项所有权，即使是只有一栋住宅也得如此。这显然不符合客观事实。人们的观念和实务的处理，都把一处宅基地上竖立的一栋住宅作为一项所有权的客体看待。（5）假如把村民个人作为宅基地使用权的主体，在三位村民组成一户的情况下，一户占用的宅基地上就存在着三项宅基地使用权。如此，在其中的一位或两位村民死亡时，在现行法及其理论不承认宅基地及其使用权可以继承的背景下，则该死亡村民所享有的宅基地就得归还该集体经济组织。退一步说，即使承认宅基地及其使用权可以继承，则由另外一位或两位村民加以

　　① 王利明、郭明瑞、吴汉东：《民法新论》（下册），北京，中国政法大学出版社1988年版，第243页以下；马俊驹、余延满：《民法原论》（第2版），北京，法律出版社2005年版，第377页以下；王利明主编：《民法》（第2版），北京，中国人民大学出版社2006年版，第276页以下；魏振瀛主编：《民法》（第3版），北京，北京大学出版社、高等教育出版社2007年版，第273页以下；梁慧星、陈华彬：《物权法》（第4版），北京，法律出版社2007年版，第280页以下；王利明、尹飞、程啸：《中国物权法教程》，北京，人民法院出版社2007年版，第379页以下；胡康生主编：《中华人民共和国物权法释义》，北京，法律出版社2007年版，第336～337页；黄松有主编：《〈中华人民共和国物权法〉条文理解与适用》，北京，人民法院出版社2007年版，第456页；高圣平：《物权法：原理·规则·案例》，北京，清华大学出版社2007年版，第114～115页。

继承。可我们至今未见如此处理的实例，实际情况是，即使一户的成员中有的死亡，该户所占用的宅基地仍然维持原状。看来，合乎逻辑的解释应是，一户占用的宅基地为一处地（一宗地），为一个物，只存在着一项宅基地使用权。它对应着一个主体。这个主体是农户，而非村民个人。（6）这个结论的正确性还得到如下理由的支持：假如把宅基地使用权的主体看成村民个人，在一户由三位村民组成的情况下，一位村民因结婚而分家另过、依法申请一处新的宅基地的情况下，就应当将其在原宅基地的面积减少，由本集体经济组织收回减少的部分。可事实上没有如此处理，他及其配偶取得新的宅基地及其使用权，原宅基地仍保持旧有的面积。还有，在农村村民因升学、工作等原因变为城镇居民等场合，该户所占用的宅基地仍保持不变。这些现象，只有承认一处宅基地及其使用权归一户农户享有而非三位村民共有，才能解释得通。

可否将村民个人作为宅基地使用权的主体解释为只有户主享有宅基地使用权？如此解释仍能贯彻一处宅基地为一个物，其上只存在一项宅基地使用权。对此，笔者仍不赞同。因为若将户主作为宅基地使用权的单一主体，会遇到难以解释的现象。（1）户主去世，宅基地使用权应随着主体的消亡而消失。若令其继续存在，恐怕只有继承一条路可走。但现行《民法典》"第六编 继承"及其理论以及继承实务，均不承认宅基地使用权可以继承。事实是，户主去世，只要作为家庭成员的其他村民存在，宅基地使用权就继续存在。若将户作为宅基地使用权的主体，就能轻而易举地解释这种现象，即户主死亡，或作为村民的其他家庭成员死亡，只要还有作为村民的家庭成员生存着，就表明"户"还存在，宅基地使用权因有主体而存续。（2）若将户主作为宅基地使用权的单一主体，有些倒退到古罗马家父制的味道，不合现代伦理。

总而言之，不如按照客观实际的情形，将宅基地使用权人界定为农户。当然，只有法律的相关规定及时修正后，上述结论才更无懈可击。

（二）宅基地使用权的客体为集体所有的土地

从权利客体方面看，宅基地使用权的客体限于集体所有的土地，且限于宅基地，而非耕地，亦非乡镇企业等建设用地（《民法典》第362条，《土地管理法》第9条第2款）。

（三）宅基地使用权的目的及功能

从权利的目的及功能方面看，宅基地使用权的目的及功能在于，农户在其宅基地上建造住宅及其附属设施，并保有其所有权（《民法典》第362条）。

此处所谓的住宅，即农村村民的生活居住用房。此处所谓的附属设施，是指辅助住宅发挥效能的与村民生活相关的建筑物、构筑物等设施，包括储粮房、储草房、厕所、猪圈、牛棚、羊棚、沼气池、车库等。

（四）宅基地使用权派生于农民集体土地所有权

从权利所出之源的角度看，宅基地使用权系分享了农民集体土地所有权中的占有、使用和收益的权能而形成的他物权（《土地管理法》第9条第2款）。

（五）宅基地使用权为用益物权

从权利所归属的体系看，宅基地使用权以占有、使用、收益为内容，具有排他性，故为物权，且为用益物权（《民法典》第362条）。

（六）宅基地使用权为无对价物权

从权利取得的对价方面看，按照现行法及政策的要求，农村村民无偿取得宅基地使用权，集体经济组织及其他任何部门都不得收取宅基地有偿使用费、宅基地超占费。

[论争]

在中国物权法草案的讨论过程中，有意见主张宅基地使用权应当有偿取得，理由是现在农村已经存在宅基地分配不均、批少占多等问题，无偿取得宅基地，既无法满足农民群众改善居住条件的需要，也影响了集体经济组织的收益。修正意见认为，完全实施有偿使用制度，多数农民难以承受，建议对保障基本居住的宅基地部分，继续采用无偿取得制度，而对超过基本居住范围的部分实行有偿使用制度。对超标夺占的宅基地，可以采取累进制计算使用费。[①]

（七）宅基地使用权为无期物权

从权利的存续期限方面看，宅基地使用权是无期限物权，具有永久性。它在一定意义上起着土地所有权的作用，不同于典型的用益物权。

三、宅基地使用权与建设用地使用权

按照现行法，宅基地使用权和建设用地使用权是相互独立的两项土地权利，其相同点或相似之处在于，它们的目的及功能都是利用他人土地建造建筑物、构筑物及其附属设施并保有所有权，不同点表现在如下几方面。

1. 在权利的设立方面，宅基地使用权的设立完全采取行政审批的程序，而建设用地使用权的设立则分两种情形，其中出让的建设用地使用权要通过市场化的方式设立。

---

① 胡康生主编：《中华人民共和国物权法释义》，北京，法律出版社2007年版，第338页。

2. 在权利主体方面，现行法上的宅基地使用权要求本集体经济组织成员作为主体（实际上应为农户），排斥其他人，具有浓厚的身份色彩；而出让的建设用地使用权在主体上没有身份的色彩，行政划拨的建设用地使用权在主体方面也相对宽泛。

3. 在权利客体的所有制性质方面，现行法上的宅基地使用权存在于农民集体所有的土地之上，而建设用地使用权大多存在于国有土地之上，集体经营性建设用地使用权以农民集体所有的土地为客体。

4. 在权利目的及功能的具体内容方面，两项权利也有些许差异：宅基地使用权的目的及功能只能是农户建造住宅及其附属设施，不得建造写字楼、厂房、商品化住宅等建筑物、构筑物及其附属设施；而建设用地上却可建各种功能的建筑物、构筑物及其附属设施。

5. 在流转方面，现行法默认宅基地使用权随着地上房屋的移转而转让，禁止单独转让、抵押宅基地使用权；而出让的建设用地使用权具有较为自由的让与性，行政划拨的建设用地使用权在经过县级以上人民政府批准、补交出让金、签订出让合同后亦可转让。

6. 在存续期限方面，宅基地使用权是无期限的，可以说具有永久性；而出让的建设用地使用权必有存续期限，行政划拨的建设用地使用权只是没有明确的终期。

[探讨]

站在立法论的立场，笔者倾向于改革宅基地使用权制度，放宽权利让与的自由度，将宅基地使用权和建设用地使用权合并为一种权利类型，称谓也随之变为地上权。不过，在地上权内部，存在着亚地上权类型，用于农户建造住宅及其附属设施的地上权与其他用途的地上权之间仍存在差异。对此，应予注意。①

第三百六十三条

宅基地使用权的取得、行使和转让，适用土地管理的法律和国家有关规定。

本条主旨

本条是关于宅基地使用权取得、行使和转让的法律适用的规定。

---

① 详细论述，见崔建远：《土地上的权利群研究》，北京，法律出版社 2004 年版，第206～208 页。

相关条文

《物权法》第153条　宅基地使用权的取得、行使和转让，适用土地管理法等法律和国家有关规定。

《土地管理法》第59条　乡镇企业、乡（镇）村公共设施、公益事业、农村村民住宅等乡（镇）村建设，应当按照村庄和集镇规划，合理布局，综合开发，配套建设；建设用地，应当符合乡（镇）土地利用总体规划和土地利用年度计划，并依照本法第四十四条、第六十条、第六十一条、第六十二条的规定办理审批手续。

第62条　农村村民一户只能拥有一处宅基地，其宅基地的面积不得超过省、自治区、直辖市规定的标准。

人均土地少、不能保障一户拥有一处宅基地的地区，县级人民政府在充分尊重农村村民意愿的基础上，可以采取措施，按照省、自治区、直辖市规定的标准保障农村村民实现户有所居。

农村村民建住宅，应当符合乡（镇）土地利用总体规划、村庄规划，不得占用永久基本农田，并尽量使用原有的宅基地和村内空闲地。编制乡（镇）土地利用总体规划、村庄规划应当统筹并合理安排宅基地用地，改善农村村民居住环境和条件。

农村村民住宅用地，由乡（镇）人民政府审核批准；其中，涉及占用农用地的，依照本法第四十四条的规定办理审批手续。

农村村民出卖、出租、赠与住宅后，再申请宅基地的，不予批准。

国家允许进城落户的农村村民依法自愿有偿退出宅基地，鼓励农村集体经济组织及其成员盘活利用闲置宅基地和闲置住宅。

国务院农业农村主管部门负责全国农村宅基地改革和管理有关工作。

理解与适用

一、本条含义概貌

本条继承了《物权法》第153条的精神，只是表述的文字有微调。本条属于引致性（管道性）条文，将有关宅基地使用权取得、行使和转让的法律适用引至"适用土地管理的法律和国家有关规定"。

本条所谓"适用土地管理的法律和国家有关规定"，包括《土地管理法》、《村庄和集镇规划建设管理条例》、《不动产登记暂行条例》、《不动产登记暂行条例实施细则》以及《确定土地所有权和使用权的若干规定》等法律、法规、规章的相应规定。

二、宅基地使用权的取得

（一）概述

宅基地使用权的取得同样分为原始取得和继受取得。原始取得宅基地使用权，例如，通过中央政策和法律的直接规定，将农民拥有的宅基地所有权转变为宅基地使用权。

在中华人民共和国成立之前，农民的住宅及其附属设施基本上都建造在自己所有的土地之上。共产党领导的土地改革运动承认这种状况，农民对其房屋及其宅基地同时享有所有权。

中华人民共和国成立之后，自 1949 年 10 月开始搞农村合作化运动，发展到 1956 年年底，参加初级社的农户占总农户的 96.3%，参加高级社的达到农户总数的 87.8%，基本上实现了完全的社会主义改造，完成了由农民个体所有制到社会主义集体所有制的转变。[①] 这样，农民的宅基地所有权转变为集体土地所有权，农户对其宅基地开始享有使用权。在这方面，中国共产党第八届中央委员会第十次全体会议于 1962 年 9 月 27 日通过的《农村人民公社工作条例（修正草案）》规定，生产队范围内的土地，都归生产队所有。生产队所有的土地，包括社员的自留地（社员自主经营、获取农获物的耕地）、自留山（社员自主经营、取得林木等的所有权的山）、宅基地等，一律不准出租和买卖（第 21 条第 1 款）。社员的房屋，永远归社员所有（第 45 条第 1 款）。1982 年《宪法》规定，宅基地和自留地、自留山，也属于集体所有（第 10 条）。这意味着社员对于宅基地只享有使用权。[②] 这样，农民对其宅基地的所有权已经转变为宅基地使用权。这是直接基于中央政策和法律规定而取得的，因而属于原始取得。

继受取得宅基地使用权，创设继受取得为其常态，表现为宅基地使用权的设立。至于移转继受取得宅基地使用权，则不多见。其原因在于，在现行法上，宅基地使用权不得转让及抵押，宅基地使用权人通过出卖房屋而导致宅基地使用权移转的，不得再获得宅基地使用权。加上宅基地使用权不存在继承问题，这就使

---

① 资料来源：http://news.xinhuanet.com/ziliao/2003 - 01/20/content_697957.htm。

② 《最高人民法院关于解放前劳动人民之间宅基地租赁契约是否承认和保护问题的批复》（1985 年 11 月 12 日）；《最高人民法院关于公民对宅基地只有使用权没有所有权的批复》（1986 年 11 月 14 日）。载张世进等主编：《中华人民共和国法律规范性解释集成》，长春，吉林人民出版社 1990 年版，第 544、545 页。

得宅基地使用权在客观上鲜见移转继受取得，只有在宅基地上的住宅及其附属设施被出卖、赠与、继承的情况下，宅基地使用权才随之移转，出现移转继受取得的实例。

（二）宅基地使用权的设立

按照现行法和政策，农村村民在村庄、集镇规划区内建住宅，取得宅基地使用权，应当先向村集体经济组织或村民委员会提出建房申请，提出设立宅基地使用权的申请（《村庄和集镇规划建设管理条例》第 18 条前段）。实际操作上，是户主以其名义撰写申请书。

农村村民，包括既有的村民，也包括新加入的村民。新加入的村民，如回乡落户的离休、退休、退职的干部职工，复原退伍的军人，回乡定居的华侨、港澳台同胞等。

申请人所在的集体经济组织对宅基地使用权申请予以审查，看其是否符合准予宅基地使用权的条件。这些条件包括：（1）申请人必须为本集体经济组织成员。（2）申请人及其所在农户存在着合理的住宅需求。例如，申请人已经分家另过，其新家庭四口人需要独立的住宅一处。（3）不存在法律、法规、规章禁止的事由。例如，申请人曾经拥有过宅基地，但为获取钱款而将其住宅卖与他人，依据《土地管理法》第 62 条第 6 款的规定，该申请人无权再获得宅基地。[1] 再如，申请宅基地的位置和面积等不违反现行法的规定。

《土地管理法》第 62 条第 4 款规定："农村村民住宅用地，由乡（镇）人民政府审核批准；其中，涉及占用农用地的，依照本法第四十四条的规定办理审批手续。"《土地管理法》第 44 条的规定是"建设占用土地，涉及农用地转为建设用地的，应当办理农用地转用审批手续"（第 1 款）。"永久基本农田转为建设用地的，由国务院批准"（第 2 款）。"在土地利用总体规划确定的城市和村庄、集镇建设用地规模范围内，为实施该规划而将永久基本农田以外的农用地转为建设用地的，按土地利用年度计划分批次按照国务院规定由原批准土地利用总体规划的机关或者其授权的机关批准。在已批准的农用地转用范围内，具体建设项目用地可以由市、县人民政府批准"（第 3 款）。"在土地利用总体规划确定的城市和村庄、集镇建设用地规模范围外，将永久基本农田以外的农用地转为建设用地的，由国务院或者国务院授权的省、自治区、直辖市人民政府批准"（第 4 款）。

需要指出的是，将宅基地分配给本集体经济组织的成员，应是作为宅基地的所有权人行使其土地所有权的表现之一，该集体经济组织应为宅基地使用权的设

---

[1]　参考王利明、尹飞、程啸：《中国物权法教程》，北京，人民法院出版社 2007 年版，第 384 页。

立人，乡（镇）人民政府并非宅基地所有权人，不应是宅基地使用权的设立人，其审核、批准应限于对宅基地申请是否符合《土地管理法》以及有关法规规定的条件和程序，如"农村村民建住宅，应当符合乡（镇）土地利用总体规划、村庄规划，不得占用永久基本农田，并尽量使用原有的宅基地和村内空闲地"（《土地管理法》第 62 条第 3 款），目的在于监督集体经济组织合理利用土地，避免随意将农用地转为建设用地，防止不用荒地而用耕地建造住宅。因此，此种审核、批准应当只是一种核准，只要宅基地申请不违反法律、法规、规章的强制性规定，就不应驳回。审批机关不得越权干预集体经济组织对宅基地申请的审核，也不得对集体经济组织没有通过的宅基地进行审批。[①]

宅基地使用权的设立虽然不以登记为要件，但因登记有其固有的优点，权利人可能要求办理登记。对此，《不动产登记暂行条例实施细则》规定，依法取得宅基地使用权，可以单独申请宅基地使用权登记（第 40 条第 1 款）。依法利用宅基地建造住房及其附属设施的，可以申请宅基地使用权及房屋所有权登记（第 40 条第 2 款）。申请宅基地使用权及房屋所有权首次登记的，应当根据不同情况，提交下列材料：（1）申请人身份证和户口簿；（2）不动产权属证书或者有批准权的人民政府批准用地的文件等权属来源材料；（3）房屋符合规划或者建设的相关材料；（4）权籍调查表、宗地图、房屋平面图以及宗地界址点坐标等有关不动产界址、面积等材料；（5）其他必要材料（第 41 条）。

（三）宅基地使用权取得的时间点

《土地管理法》第 62 条第 4 款规定："农村村民住宅用地，由乡（镇）人民政府审核批准；其中，涉及占用农用地的，依照本法第四十四条的规定办理审批手续。"所谓"本法第四十四条的规定"，即"建设占用土地，涉及农用地转为建设用地的，应当办理农用地转用审批手续"（第 1 款）。"永久基本农田转为建设用地的，由国务院批准"（第 2 款）。"在土地利用总体规划确定的城市和村庄、集镇建设用地规模范围内，为实施该规划而将永久基本农田以外的农用地转为建设用地的，按土地利用年度计划分批次按照国务院规定由原批准土地利用总体规划的机关或者其授权的机关批准。在已批准的农用地转用范围内，具体建设项目用地可以由市、县人民政府批准"（第 3 款）。"在土地利用总体规划确定的城市和村庄、集镇建设用地规模范围外，将永久基本农田以外的农用地转为建设用地的，由国务院或者国务院授权的省、自治区、直辖市人民政府批准"（第 4 款）。

[①]　王利明、尹飞、程啸：《中国物权法教程》，北京，人民法院出版社 2007 年版，第 385 页；高圣平：《物权法：原理·规则·案例》，北京，清华大学出版社 2007 年版，第 117 页。

《土地管理法》等现行法未把登记作为宅基地使用权的生效要件，登记与否，不影响宅基地使用权的设立。但这不妨碍宅基地使用权人申请登记部门予以登记，也不排除某些地区主动地只收取工本费，为农村村民办理宅基地使用权登记。《不动产登记暂行条例实施细则》第40条规定："依法取得宅基地使用权，可以单独申请宅基地使用权登记"（第1款）。"依法利用宅基地建造住房及其附属设施的，可以申请宅基地使用权及房屋所有权登记"（第2款）。第41条规定："申请宅基地使用权及房屋所有权首次登记的，应当根据不同情况，提交下列材料：（一）申请人身份证和户口簿；（二）不动产权属证书或者有批准权的人民政府批准用地的文件等权属来源材料；（三）房屋符合规划或者建设的相关材料；（四）权籍调查表、宗地图、房屋平面图以及宗地界址点坐标等有关不动产界址、面积等材料；（五）其他必要材料"（第1款）。

由于现行法更未赋予宅基地使用权登记公信的效力，这种宅基地使用权的登记只能具有对抗第三人的效力。

三、宅基地使用权的行使

本条所谓宅基地使用权的行使，适用土地管理的法律和国家有关规定，至少包含如下内容。

（一）占有、使用宅基地

占有、使用宅基地，表现为利用宅基地建造住宅及其附属设施，为宅基地使用权最为重要的行使形态（《民法典》第362条）。

[引申]

由宅基地使用权制度的目的及功能决定，宅基地不得用于兴建企业或公司的厂房，不得用于投资到公司，不得用于较大规模的养殖业的基地。不过，农户已经在宅基地上建造了住宅的情况下，利用宅基地的空余部分从事一些简单的工副业（如打制锄头、磨制豆腐、圈养若干只牛羊等），应予允许。有学者概括为权利人可利用宅基地及地上房屋从事小规模、家庭式、无污染、不扰民的生产经营活动。[1] 当然，衍生出来的环境污染、相邻关系等问题，分别按照相应的制度解决。

（二）在宅基地上种植竹木、瓜果、蔬菜的权利

在不影响甚至为美化住宅建造和使用的前提下，宅基地使用权人有权在宅基

---

① 王卫国、王广华主编：《中国土地权利的法制建设》，北京，中国政法大学出版社2002年版，第145页。

地上种植竹木、瓜果、蔬菜。

[引申]

土地承包经营权、建设用地使用权的场合，权利人在一定期间内（如 2 年）未按权利目的及功能使用标的物，会受到一定的制裁，甚至于被收回标的物，终止权利。宅基地使用权人未在宅基地上建造住宅及其附属设施，而是利用宅基地种植农作物或植树，或从事养殖活动，或从事加工作业，是否也会如此处理？一种意见认为，应当放开宅基地的用途限制，宅基地使用权不限于居住之用，不应以违反用途限制为由收回宅基地。[①] 笔者认为，对这种意见只有被附加若干限制条件之后，方可赞同。首先，在宅基地使用权人只拥有一处宅基地、且自己能够解决生活居住问题的前提下，宅基地使用权人在一定时期内从事这些活动，即使该期间相对长些，尚可容忍。可解释为宅基地使用权的建造住宅的效力附加了始期。倘若永远如此，就彻底违背了宅基地使用权的目的及功能，使权利蜕变为土地承包经营权或建设用地使用权等，不应被允许。其次，假如宅基地使用权人拥有几处宅基地，一处或两处宅基地上建造住宅及其附属设施，解决了生活居住问题，在其他处宅基地上从事农林牧渔经营活动或加工作业，且达一定期间，不应被允许。因为这不但违背宅基地使用权的目的及功能，而且违反了法律、法规关于一户一宅的原则，还造成了社会不公。最后，这里还涉及村镇规划和相邻关系问题。如果不利用宅基地建造住宅及其附属设施，而是挪作他用，则严重违反了村镇建设规划，破坏了相邻关系规则，相邻他方有权对此强烈反对，本集体经济组织也有权纠正。

（三）以宅基地及地上住宅作为供役地设立地役权的权利

宅基地使用权人有权将宅基地及地上住宅作为供役地为他人设立地役权。至于土地承包经营权人把承包地作为需役地为自己设立地役权，同时有利于自己和土地所有权人，更应被准许（《民法典》第 378 条）。

（四）宅基地使用权人的义务

宅基地使用权的行使，在另一面的表现就是宅基地使用权人的义务，主要有如下几项。

1. 不得擅自变更用途的义务

由宅基地使用权的目的及功能决定，在宅基地上建造住宅及其附属设施，既是权利，也是义务。当然，如同上文所述，该项义务在把握上不宜僵化。

---

① 王卫国、王广华主编：《中国土地权利的法制建设》，北京，中国政法大学出版社 2002 年版，第 145 页；王利明、尹飞、程啸：《中国物权法教程》，北京，人民法院出版社 2007 年版，第 395 页。

2. 不得越界建造住宅及其附属设施

严格按照批准的面积利用宅基地，为宅基地使用权人的必要义务（《土地管理法》第 62 条第 1 款）。宅基地的面积超过当地政府规定标准的，可在土地登记卡和土地证书内注明超过标准面积的数量。以后分户建房或现有房屋拆迁、改建、翻建或政府依法实施规划重新建设时，按当地政府规定的面积标准重新确定使用权，其超过部分退还集体（国家土地管理局于 1995 年 3 月 11 日发布的《确定土地所有权和使用权的若干规定》第 51 条）。

3. 宅基地使用权人不得非法转让、抵押、出租宅基地使用权

现行法禁止宅基地使用权转让、抵押、出租。农村村民出卖、出租、赠与住宅后，再申请宅基地的，不予批准（《土地管理法》第 62 条第 6 款）。

四、宅基地使用权的转让

现行法没有规定宅基地使用权单独转让、抵押、继承或出租（《担保法》第 37 条第 2 项），只承认宅基地上的房屋出卖、赠与、继承时宅基地使用权随之移转，且因房屋出卖、赠与而移转宅基地使用权时，或出租住房的，不再分配给宅基地使用权（《土地管理法》第 62 条第 6 款）。值得注意的是，《中共中央关于全面深化改革若干重大问题的决定》第 21 条中段规定："保障农户宅基地用益物权，改革完善农村宅基地制度，选择若干试点，慎重稳妥推进农民住房财产权抵押、担保、转让，探索农民增加财产性收入渠道。"这为宅基地使用权的抵押和转让提供了政策性基础，今后修正现行法时，可以设置宅基地使用权抵押和转让的条件和程序，使宅基地使用权的抵押和转让有法可依、有章可循。

因依法继承、分家析产、集体经济组织内部互换房屋等导致宅基地使用权及房屋所有权发生转移申请登记的，《不动产登记暂行条例实施细则》第 42 条规定，申请人应当根据不同情况，提交下列材料：（1）不动产权属证书或其他权属来源材料；（2）依法继承的材料；（3）分家析产的协议或材料；（4）集体经济组织内部互换房屋的协议；（5）其他必要材料。

[讨论]

1. 关于宅基地使用权人的限制

在《土地管理法》修正、物权法草拟和研讨的过程中，曾有意设置若干例外，承认本集体经济组织外的某些人可以申请设立宅基地使用权。例如，（1）甲村的农户到乙村承包土地，从事农林牧渔的生产经营活动，期限较长，应当准予该农户在乙村取得宅基地使用权的申请。（2）城镇居民到农村承包"四荒"土

地，从事农林牧渔的生产经营活动，期限较长，应当准予该城镇居民在该村取得宅基地使用权的申请。这些均为符合客观实际的合理意见，遗憾的是没有变成法律。实务中，不妨试点探索。

2. 关于宅基地使用权的单独转让

在《土地管理法》修正、物权法草拟和研讨的过程中，曾有意设置若干例外。例如，（1）在宅基地使用权人举家到城镇打工，而城镇居民举家到该村承包"四荒"土地，期限较长时，可以允许将宅基地使用权在他们之间转让。（2）甲村的农户到乙村承包"四荒"土地，乙村的农户到甲村承包"四荒"土地，期限较长，宜允许宅基地使用权在他们之间互换。这些均为符合客观实际的合理意见，遗憾的是没有变成法律。实务中，不妨试点探索。

至于宅基地使用权的普遍性的转让，为极少数说，其理由主要有：（1）宅基地使用权是用益物权，特别是宅基地上房屋属于农民所有，应当允许农民转让或抵押它们；不然，就限制了资源的利用，宅基地使用权就成为"死产"，不利于真正保护农民利益。[1]（2）目前，不少农村存在部分宅基地和房屋闲置的现象，为了物尽其用，也应允许使用权转让。[2]（3）随着城市化的发展，很多农民进入城市，也有不少城镇居民下乡购房，已经出现宅基地使用权向外流转的情况，特别是在城市附近或比较发达的地区尤其如此。莫不如面对现实，允许转让，解决问题。[3]

《物权法》对此未予采纳，是因为法律委员会经同国务院法制办、国土资源部、农业部等部门反复研究，一致认为：目前，农村社会保障体系尚未全面建立，土地承包经营权和宅基地使用权是农民安身立命之本，从全国范围看，放开土地承包经营权抵押和宅基地使用权转让的条件尚不成熟。[4]《民法典》遵循了这样的精神和原则。

3. 关于宅基地使用权的抵押

在物权法立法的过程中，有意见主张物权法应当允许宅基地使用权抵押，理由在于：（1）农民发展生产缺少资金，允许宅基地使用权抵押，可缓解农民贷款难的

---

[1]　韩世远：《宅基地的立法问题——兼析物权法草案第十三章"宅基地使用权"》，载《政治与法律》2005 年第 5 期，第 33～35 页；沐兰琼：《农村宅基地使用权之法律研究》，载《广西政法管理干部学院学报》2006 年第 1 期，第 33 页。另见全国人民代表大会常务委员会法制工作委员会民法室编：《物权法立法背景与观点全集》，北京，法律出版社 2007 年版，第 82～83、165 页。

[2]　转引自黄松有主编：《〈中华人民共和国物权法〉条文理解与适用》，北京，人民法院出版社 2007 年版，第 460 页。

[3]　转引自胡康生主编：《中华人民共和国物权法释义》，北京，法律出版社 2007 年版，第 338 页。

[4]　《全国人大法律委员会关于〈中华人民共和国物权法（草案）〉修改情况的汇报》（2006 年 10 月 27 日），载全国人民代表大会常务委员会法制工作委员会民法室编：《物权法立法背景与观点全集》，北京，法律出版社 2007 年版，第 64 页。

状况。为了防范因此而出现的风险，可以有条件地适当放开。① （2） 目前，不少农村存在着部分宅基地和房屋闲置的现象，为了物尽其用，也应允许使用权抵押。②

但上述意见未被《物权法》采纳，也未被《民法典》认可，原因是中国地少人多，必须实行最严格的土地管理制度。目前，农村社会保障体系尚未全面建立，宅基地使用权是农民基本生活保障和安身立命之本。从全国范围看，放开宅基地使用权转让和抵押的条件尚不成熟。特别是农民一户只有一处宅基地，这点与城镇居民是不同的。农民一旦失去住房及其宅基地，将会丧失基本生存条件，影响社会稳定。为了维护现行法律和现阶段国家有关农村土地的政策，也为今后修改有关法律或调整有关政策留有余地。③

4. 关于城镇居民继承宅基地上的住宅及其附属设施

极端的观点认为，既然宅基地使用权人在现行法上限于农村村民（实际上为农户），不得为城镇居民，那么，作为宅基地使用权人一分子的村民去世时，其宅基地上的住宅只能归仍拥有村民身份的继承人继承，作为城镇居民的继承人不得继承住宅，以免出现城镇居民因继承住宅而成为宅基地使用权人一分子的情况。笔者认为，这是纯粹形式逻辑推演的结论，没有看到现行法关于宅基地使用权人仅限于农村村民的局限性，违反了《民法典》奉行的继承原则及规则，不足取。

第三百六十四条

宅基地因自然灾害等原因灭失的，宅基地使用权消灭。对失去宅基地的村民，应当依法重新分配宅基地。

本条主旨

本条是关于宅基地使用权因其客体灭失而消灭以及重新分配宅基地的规定。

相关条文

《物权法》第 154 条　宅基地因自然灾害等原因灭失的，宅基地使用权消灭。

---

① 转引自黄松有主编：《〈中华人民共和国物权法〉条文理解与适用》，北京，人民法院出版社 2007 年版，第 460 页；胡康生主编：《中华人民共和国物权法释义》，北京，法律出版社 2007 年版，第 339 页；全国人民代表大会常务委员会法制工作委员会民法室编：《物权法立法背景与观点全集》，北京，法律出版社 2007 年版，第 85 页。

② 转引自黄松有主编：《〈中华人民共和国物权法〉条文理解与适用》，北京，人民法院出版社 2007 年版，第 460 页。

③ 胡康生主编：《中华人民共和国物权法释义》，北京，法律出版社 2007 年版，第 339～340 页。

对失去宅基地的村民，应当重新分配宅基地。

理解与适用

本条是对《物权法》第154条的复制，前段宣明宅基地使用权因其客体灭失而归于消灭，后段规定这样的村民有权再次取得宅基地使用权。

物权法奉行物权客体特定原则，丧失客体，物权不会存续，应当归于消灭。宅基地使用权作为物权之一种，也不例外。因此，本条前段所谓"宅基地因自然灾害等原因灭失的，宅基地使用权消灭"，符合法理，值得赞同。

本条后段所谓"对失去宅基地的村民，应当重新分配宅基地"，体现了人权思想，符合现代伦理，特别是社会主义制度的本质要求所致，是必要的，不可或缺的。不过，应同时注意其规范意旨，也就是重新分配宅基地必须符合如下条件。（1）有权请求重新分配宅基地，取得宅基地使用权者，限于本农村集体经济组织成员。这是由宅基地使用权的身份性所决定的。（2）请求重新分配宅基地的权利限于原来取得的宅基地"因自然灾害等原因灭失"的情形，即不可归责于宅基地使用权人的原因所致。如果是宅基地使用权人故意或重大过失地造成宅基地灭失，则农村集体经济组织有权拒绝重新分配宅基地给他。（3）重新分配宅基地必须符合《土地管理法》第62条第4款关于"农村村民住宅用地，由乡（镇）人民政府审核批准；其中，涉及占用农用地的，依照本法第四十四条的规定办理审批手续"的规定。

第三百六十五条

已经登记的宅基地使用权转让或者消灭的，应当及时办理变更登记或者注销登记。

本条主旨

本条是关于宅基地使用权转让、消灭时应当及时办理相应登记的规定。

相关条文

《物权法》第155条　已经登记的宅基地使用权转让或者消灭的，应当及时办理变更登记或者注销登记。

《不动产登记暂行条例》第5条第6项　下列不动产权利，依照本条例的规定办理登记：

（六）宅基地使用权；

第19条第1款第3项　属于下列情形之一的，不动产登记机构可以对申请登记的不动产进行实地查看：

（三）因不动产灭失导致的注销登记；

《不动产登记暂行条例实施细则》第17条第1款第2项　有下列情形之一的，不动产登记机构应当在登记事项记载于登记簿前进行公告，但涉及国家秘密的除外：

（二）宅基地使用权及房屋所有权，集体建设用地使用权及建筑物、构筑物所有权，土地承包经营权等不动产权利的首次登记；

第25条　市、县人民政府可以根据情况对本行政区域内未登记的不动产，组织开展集体土地所有权、宅基地使用权、集体建设用地使用权、土地承包经营权的首次登记。

依照前款规定办理首次登记所需的权属来源、调查等登记材料，由人民政府有关部门组织获取。

第42条　因依法继承、分家析产、集体经济组织内部互换房屋等导致宅基地使用权及房屋所有权发生转移申请登记的，申请人应当根据不同情况，提交下列材料：

（一）不动产权属证书或者其他权属来源材料；

（二）依法继承的材料；

（三）分家析产的协议或者材料：

（四）集体经济组织内部互换房屋的协议；

（五）其他必要材料。

理解与适用

本条是对《物权法》第155条的复制，明确宅基地使用权转让时应当办理变更登记、宅基地使用权消灭时应当办理注销登记。

本条所谓变更登记，不如改称转移登记更为贴切，《不动产登记暂行条例实施细则》已经如此称谓（第42条），值得赞同。

无论是变更登记/转移登记还是注销登记，均非宅基地使用权变动的生效要件，故登记与否都不影响宅基地使用权的变动发生法律效力。尽管如此，登记仍有其必要性，因为登记作为宅基地使用权存续和变动的公示方式，对于宅基地及其使用的行政管理、必要的调整、征收补偿的确定及发放都是考量的因素之一，甚至是作出决定的依据。

第十四章

居住权

本章为新创设的物权类型及其法律规范，首先界定了居住权，也是对基本内容（积极权能）的概括，明确居住权的目的；接着规定居住权合同应当采取书面形式，提示居住权合同的一般条款；然后宣明居住权的设立以登记为生效要件，以无偿为原则；再申明居住权无转让性（让与性），但当事人约定可以出租居住权的客体的，依其约定；列举居住权消灭的事由和办理注销登记的义务；最后规定以遗嘱方式设立居住权的，准用本章关于以居住权合同设立居住权的法律规定。

《民法典》新创设权制度非常必要。住宅的居住人，例如，无自己宅院的长辈居住于晚辈的住宅，离异的配偶一方于其暂无居所时居住于另一方的住房，在甲地学习或工作的年轻人借住在亲属所有的住宅里，等等，这些"栖身者"对一项尽可能稳定的法律地位的需求，其合理性，自无须待说。① 符合此类规格的居住权出现于《民法典》之中，顺理成章，只不过其过程曲折多舛。也正因如此，更显出居住权制度被确立的弥足珍贵。

诚然，有专家、学者认为，婚姻法、继承法上的制度可以解决这些问题，无须创设居住权类型。这难被赞同，因为在甲地学习或工作的年轻人借住在亲属所有的住宅里以及其他一些情形不在婚姻法、继承法的调整范围之内；即使有些类型处于婚姻法、继承法的"射程"，也难以总能保障被赡养者、被扶养者的居住利益，原因在于，不肖子孙把其住房卖与第三人并且完成转移登记，该第三人请

---

① 参见［德］鲍尔/施蒂尔纳：《德国物权法》（上册），张双根译，北京，法律出版社 2004 年版，第 655 页。

求被赡养者、被扶养者退出居住时，这些被赡养者、被扶养者无权对抗该项请求。

与上述生活性居住权存在的原因不同，如果居住权在某种程度上体现为投入建筑资金的对待给付/对价（建筑造价补贴），则应该另当别论。于此场合的居住权之不得转让性与不得使用出租性，为一项不合理的缺陷。① 从比较法的角度观察，《德国民法典》并未"一刀切"地否定居住权的转让性，而是区分情形，不同对待。例如，法人或有权利能力的合伙享有居住权，便有权为输送电、煤气、远程热、水、废水、油或原料的设施（包括所有直接为输送服务的相关设施），为电信设施，为一个或两个以上私人或公共企业的经营场所之间的产品运输设施，或为有轨电车或铁路设施而使用土地的，该项居住权是可转让的（《德国民法典》第 1092 条第 3 项，第 1059a 条）。《住宅所有权法》也突破居住权不得转让的旧制，规定长期居住权可以转让和继承，而且长期居住权人有权进行任何合理的用益，尤其是有权使用出租与用益出租，不必经过住宅所有权人的同意（第31—42 条）。② 这种现象，此种法律发展史，给我们以启示：居住权制度未必甚至不应再原地踏步不前，完全可以顺应社会生活发展，丰富自己。中国物权制度的演变也逃不脱这样的规律。

第三百六十六条

居住权人有权按照合同约定，对他人的住宅享有占有、使用的用益物权，以满足生活居住的需要。

本条主旨

本条是关于居住权概念，亦即居住权基本内容（积极权能）及居住权目的的规定。

理解与适用

一、居住权的概念

观察本条的规定可知，所谓居住权，是指按照合同约定，为满足生活居住的需要，对他人所有的住宅享有占有、使用并排除房屋所有权人干涉的用益物权。

---

①② ［德］鲍尔/施蒂尔纳：《德国物权法》（上册），张双根译，北京，法律出版社 2004 年版，第655、656、659 页。

这就是所谓生活性居住权，系自罗马法以来的传统居住权，属于典型的人役权，系老年人、妇女及未成年人等特殊群体居住他人住房而享有的权利，具有保护弱者权益的功能。① 它具有如下法律性质。

（一）居住权的设立以居住权合同、遗嘱为原因行为

设立的原因行为是居住权合同（《民法典》第 366 条），也允许以遗嘱设立（《民法典》第 371 条）。无论是居住权合同，还是遗嘱，都不得剥夺继承人、受遗赠人对于作为居住权客体的住宅之权。

（二）居住权的客体为住宅

土地承包经营权及土地经营权、建设用地使用权、宅基地使用权等用益物权均以特定土地为客体，海域使用权、取水权、养殖权、捕捞权等用益物权皆以特定水域为客体，它们都不以住宅为客体。地役权，虽然在理论上不排除以住宅作为客体，但实务中也大多以土地或作为整体的房地为客体，鲜有把住宅作为客体的。与此不同，居住权专门以住宅为客体。

本条所谓住宅，宜从广义来理解，包括房屋及其附着物，比如任何作为住宅的建筑或其他部分，一切属于住宅并与之一起占有的院子、花园、附属小屋，以及建筑物的其他附属物等。②

在德国，居住权系将建筑物或建筑物的一部分当作住宅予以使用，并具有排除所有权人的效力之权。③ 在中国，居住权可以在整个房屋上设立，也可以仅就一套房屋中的某一个房间设立。④

（三）居住权派生于他人的住宅所有权

居住权是在他人的住宅上设立的物权，系分享他人的房屋所有权中的占有、使用、收益的权能而成立的他物权，而非在自己所有的房屋上设立的物权。所有权人居住于自己之屋，基于其所有权即可，无须设置居住权。⑤ 这种理念和操作有着历史传统。在罗马法上，所有权人不能以役权的名义保留对自己物品的特别

---

① 参见申卫星：《视野扩展与功能转换：我国设立居住权必要性的多重视角》，载《中国法学》2005年第 5 期。

② 刘东华：《离婚判决中女性的居住权问题——兼论我国的居住权立法》，载梁慧星主编：《民商法论丛》（总第 18 卷），香港，金桥文化出版（文化）有限公司 2001 年版，第 328～329 页。

③ ［德］鲍尔/施蒂尔纳：《德国物权法》（上册），张双根译，北京，法律出版社 2004 年版，第 655 页。

④ 崔建远主编：《我国物权立法难点问题研究》，申卫星执笔，北京，清华大学出版社 2005 年版，第 225 页。

⑤ 钱明星：《关于在我国物权法中设置居住权的几个问题》，载《中国法学》2001 年第 5 期，第 18 页；陈华彬：《设立居住权可以更好地保护弱势群体利益》，载《检察日报》2004 年 2 月 9 日第 3 版。

使用权（比如通行权）。他是以所有权的名义保留并行使这种权利。①

（四）居住权的目的及功能是为满足生活需要而居住于他人所有的住宅

本条的规定明示：居住权的设立是"以满足生活居住的需要"，即居住权的目的及功能是为满足生活需要而居住于他人所有的住宅。这决定了居住权的若干规则的态样和效力，例如，（1）居住权人限于自然人；（2）居住权人不得将作为居住权客体的房屋用于生活居住以外的用途，否则，便违反居住权的规范意旨；（3）居住权不得转让、继承（《民法典》第369条前段）。

（五）居住权系人役权

地役权是为某特定不动产的利益而设立的用益物权，而居住权是为特定的人的生活居住需要这种利益而设立的。前者叫作地役权，后者称为人役权。在罗马法上，居住权属于人役权②，是为了特定人的生活居住需要而设立的权利，因而它真正是不可转让的权利。③许多中国学者也认为，居住权是用来供无住房之人来居住的，若具有让与性便有所背离这个目的和性质，所以居住权不可转让成为学者们的共识。当然，人役权虽不可转让，但人役权的行使则是可以转让的，例如转让某年对某土地的收获权。④

（六）居住权的主体为自然人

居住权的主体为自然人，这是由居住权系"以满足生活居住的需要"而设立的规范意旨决定的。

在这里，应当区分居住权人和有权享受居住利益之人。后者包括居住权人的家庭成员及其必需的服务人员。家庭成员一般包括亲生子女、养子女和共同生活的继子女，不论是居住权设定之前还是设定之后产生的亲子关系，均应享有居住权。服务人员，一般包括为权利人本人或者权利人的家庭提供服务而与权利人一起生活的人员，如保姆、护理人员等。⑤《德国民法典》第1093条第2款规定，住宅权人有权将其家庭以及对于符合身份的服侍和护理为必要的人员接纳入住宅

---

① ③ ［意］彼德罗·彭梵得：《罗马法教科书》，黄风译，北京，中国政法大学出版社1992年版，第251、252页。

② ［意］彼德罗·彭梵得：《罗马法教科书》，黄风译，北京，中国政法大学出版社1992年版，第259页；［英］巴里·尼古拉斯：《罗马法概论》，黄风译，北京，法律出版社2000年版，第152页；周枏：《罗马法原论》（上册），北京，商务印书馆1994年版，第376页；苏永钦：《走入新世纪的私法自治》，北京，中国政法大学出版社2002年版，第248页；谢在全：《民法物权论》（中册），北京，三民书局2003年7月修订第2版，第187页。

④ 周枏：《罗马法原论》（上册），北京，商务印书馆1994年版，第368页。

⑤ 崔建远主编：《我国物权立法难点问题研究》，申卫星执笔，北京，清华大学出版社2005年版，第224页。

中。这值得中国法借鉴，如此，居住权的主体和享有居住权益的人未必同一，《民法典》第366条宜增加如下两款更佳："居住权人，得携同其家庭在房屋内居住，即使在设定居住权时该居住权人尚未结婚的，亦同。""前款所称家庭，包括为居住权人本人或者其家庭成员提供服务而与居住权人一起生活的人。"①

（七）居住权的设立以登记为生效要件

《民法典》第368条后段关于"居住权自登记时设立"的规定，宣明居住权的设立以登记为生效要件。

二、居住权的基本内容（积极权能）

本条列明居住权含有占有、使用两项权能。其中的占有，应为直接占有，即居住权人生活居住于作为居住权客体的住宅之中。假如承认间接占有亦为本条所谓占有，就相当于张三以自己名义取得对李四所有的住宅的居住权，却较长时间地让王五生活居住于此，属于变相的转让，这就背离了人役权制度系专为特定人的特定需要而设计的本质属性。

在所有权中，作为其权能之一的使用，固然倡导依物的性能和用途利用该物，但未能据此利用该物至少在若干情况下也被认定为使用，如电脑的所有权人不太精通电脑技术而不当地关机，就应仍然认定他在使用该电脑，而不以违反所有权的社会性论处。但对于本条所谓使用不宜作如此宽松的理解，应当要求居住权人依住宅的性能和用途使用该住宅。例如，居住权人不得较长时间地不搞卫生，不得较长时间地不给花草浇水，不得把废弃的电池乱扔于院内的土壤里，不得擅自打掉室内的承重墙，等等。

本条所谓使用，其对象是限于他人的住宅自身，还是可以有条件地延伸至适当的位置？这首先取决于居住权合同的约定或遗嘱中的意思，由其意思表示决定使用的边界。如果没有此类意思表示，那么，居住权人所享有的使用权限，可及于建筑物之外，且为居住权人所依赖的土地部分。② 任何作为住宅的建筑或其他部分，一切属于住宅并与之一起占有的院子、花园、附属小屋，以及建筑物的其他附属物等，均在其中。③《德国民法典》第1093条第3款规定，住宅权被限制

---

① 参阅耿林、戴孟勇、崔建远等：《关于〈中华人民共和国物权法（征求意见稿）〉在第212条后增加一条的修改意见》，载清华大学法学院：《关于〈中华人民共和国物权法（征求意见稿）〉的修改意见》（2003年3月20日）。

② ［德］鲍尔／施蒂尔纳：《德国物权法》（上册），张双根译，北京，法律出版社2004年版，第658页。

③ 刘东华：《离婚判决中女性的居住权问题——兼论我国的居住权立法》，载梁慧星主编：《民商法论丛》（总第18卷），香港，金桥文化出版（文化）有限公司2001年版，第328～329页。

于建筑物的一部分的，住宅权人可以合用指定供居住者共同使用的工作物和设备。

居住权中的使用，限于居住权人一侧，还是允许住宅所有权人与居住权人共同使用该住宅？《民法典》未予言明，笔者主张这取决于居住权合同的约定或遗嘱的意思表示。如果这些设立居住权的原因行为表示了住宅所有权人与居住权人共同使用该住宅之意，那么，应当依其约定；如果未予表达，则在个案中视具体情况而定。《德国民法典》第 1090 条、德国巴伐利亚州最高法院①允许住宅所有权人与居住权人共同使用作为居住权客体的住宅。这值得重视。

对于本条所谓使用，还有债法层面的意义，即只要居住权的行使不违背规范意旨，不害及住宅所有权人的利益，就应当允许居住权人和第三人订立无名合同，由该第三人以居住权人的名义、以自己的行为使用作为居住权客体的住宅。

本条未明言居住权人有无收益权，学说、判决是承认还是严守本条的字面意思？答案是不应孤立地墨守本条的字面意思，而应使用体系解释和目的解释的方法。所谓体系解释，用于此处就是应当结合《民法典》第 369 条后段关于"设立居住权的住宅不得出租，但是当事人另有约定的除外"的规定，来认定居住权人有无出租权。十分明显，该条已经赋权居住权人基于居住权合同关于可以出租的约定把该合同项下的住宅向第三人出租，收取租金。此其一。所谓目的解释，用于此处就是居住权的目的功能决定了：居住权人有权居住于住宅，免去风吹、日晒、雨淋、寒冷，保有私密，学习、思考，甚至偶尔待客，这些都是收益。居住权人无须再去他处承租住宅，节省租金，这也是变相的收益。此其二。在住宅所有权人就居住权人可否将作为居住权客体的住宅出租已经得到住宅所有权人的同意，则不成问题。如果住宅所有权人在这方面未曾表态，则首要的准则是出租不得加重住宅所有权人的负担，如打扰了所有权人的正常生活，有害于住宅的功能、美感甚至缩短住宅的寿命，等等，则不允许居住权人出租住宅。此其三。在不背离居住权的目的及功能的范围内，居住权人的家庭成员，包括亲生子女、养子女和共同生活的继子女；必需的服务人员，包括为权利人及其家庭提供服务而与权利人一起生活的人员，如保姆、护理人员等②，都有权使用作为居住权客体的住宅。这对居住权人而言，也是获取收益的一种表现。此其四。考察罗马法及后世的有关立法例，有些居住权不具有出租的效力，如《德国民法典》第 1092

---

① 《德国司法》，1981 年，第 353 页。转引自［德］鲍尔/施蒂尔纳：《德国物权法》（上册），张双根译，北京，法律出版社 2004 年版，第 567 页。

② 崔建远主编：《我国物权立法难点问题研究》，申卫星执笔，北京，清华大学出版社 2005 年版，第 224 页。

条第 1 款第 2 句规定的居住权，不具有出租的效力，除非得到所有权人的同意。①
不过，另外类型的居住权，则不排除居住权人的出租权。在罗马法上，居住权
（babitatio）是在一所房子里居住和出租它的权利，优士丁尼赋予其特别形象，
承认居住权的享有人有权出租房子，但无权让人免费享用它。② 德国的《住宅所
有权法》承认租赁收益（第 31—42 条）。③

第三百六十七条

设立居住权，当事人应当采用书面形式订立居住权合同。

居住权合同一般包括下列条款：

（一）当事人的姓名或者名称和住所；

（二）住宅的位置；

（三）居住的条件和要求；

（四）居住权期限；

（五）解决争议的方法。

本条主旨

本条是关于居住权合同设立居住权以及合同条款的规定。

理解与适用

一、以书面形式的居住权合同设立居住权

本条第 1 款规定设立居住权需要当事人双方订立书面形式的居住权合同，含
有如下几层意思：（1）居住权的设立不是原始取得，而是创设的继受取得，属于
基于法律行为而发生的不动产物权变动。其潜台词是只有居住权合同合法、有
效，居住权才可以设立；若该合同不成立、被撤销、无效，则居住权未设立。
（2）居住权合同应当采用书面形式。虽然本条措辞为"应当采用书面形式"，但
也不应把该规定理解为强制性规定，更不应将之确定为效力性的强制性规定。因
为强制性规定系调整社会公共利益关系的法律规定，该规定调整的是住宅所有权

---

① ③　［德］鲍尔/施蒂尔纳：《德国物权法》（上册），张双根译，北京，法律出版社 2004 年版，第
655、659 页。

②　［意］彼德罗·彭梵得：《罗马法教科书》，黄风译，北京，中国政法大学出版社 1992 年版，第
259 页。

人与居住权人之间的利益关系，不属于社会公共利益关系，所以它非为强制性规定。不过，该规定毕竟呼吁当事人"应当采用书面形式"，这不同于典型的任意性规定，王轶教授把它划归倡导性规定[①]，笔者予以赞同。（3）尽管如此，书面形式仍很重要，至少在证据法上，在个案中，虽然当事人双方未签书面形式的居住权合同，但只要居住权人举证成功双方之间的确存在居住权关系，就应当予以肯定的认定，支持居住权人的此项主张。

二、居住权合同的条款

本条第2款示例了居住权合同的一般条款，这便于人们在订立居住权合同时参考、模仿，使合同趋于完整，因而它们具有行为规范的属性。

本条第2款第1项规定的当事人的姓名或者名称，应为主要条款，因为欠缺当事人的姓名或者名称，合同项下的权利义务便无所依附，不知由谁履行义务，向谁清偿，失去意义。在居住权合同采用书面形式的情况下，假如合同文本上未填写当事人的姓名或名称，那么，居住权人欲主张自己为居住权人，举证证明的难度就相当大。如果他已经入住，他与住宅所有权人之间不存在诸如租赁、借用等关系，那么，可以入住事实作为证据（事实自证）来证明其与住宅所有权人之间存在居住权合同。住宅所有权人拟否认该种主张，需要举反证来推翻。或者，他可以录音、录像或出具证人证言等，来举证证明其为居住权人。

需要注意，有的意见提出："有的老年人以房养老，可能存在将住宅出售给法人或者非法人组织，购买住宅的法人或者非法人组织在住宅上给老年人设立居住权的情况，建议增加当事人的名称的规定。"该意见并未突破居住权的主体为自然人这个限制，只不过在居住权合同的缔约人及条款草拟方面放宽限制，允许法人或非法人组织充任缔约人，但享有居住权利之人却仍旧为养老的自然人。

本条第2款第1项规定的当事人的住所条款，属于合同的一般条款，而非主要条款，因其主要在送达、诉讼管辖或履行地点的确定等方面起作用，在当事人身份的甄别方面起辅助作用。

本条第2款第2项规定的住宅的位置，亦为主要条款，因为住宅的位置系确定标的物的构成和判断的因素之一，合同条款遗漏住宅的位置，标的物便不具体、明确，导致权利义务的指向不明，纷争易发。看来，合同文本上明确住宅的位置十分必要。假如合同文本上遗漏住宅的位置，居住权人若已经入住，则可以

[①] 王轶：《论倡导性规范——以合同法为背景的分析》，载《清华法学》2007年第1期，第66～74页。

该事实举证证明之。不过，于此场合，即使举证成功，也主要是核心部位确定，住宅的边界不宜宽泛，有些附属设施等可能不划归居住权客体的范围之内。不然，对于住宅所有权人有些苛刻，因为居住权的取得是无对价的。再一种确定的思路及方法是，基于某特定居住权的具体目的、居住权人的生活要求和习惯、当地的风土人情等因素，综合考量，加以判断。

本条第 2 款第 3 项明示的"居住的条件和要求"这项条款，直接确定着当事人各自的权利义务的质和量，实质上属于当事人双方达成合意与否的问题，是判断一方违约与否的重要标准之一，故为主要条款。假如合同文本上欠缺此项条款，那么，处理的原则为：其一，贯彻"谁主张，谁举证"的原则，若居住权人主张其权利，则由其举证证明；若住宅所有权人指责居住权人超标准用房，则由其举证证明。其二，同样需要基于某特定居住权的具体目的、居住权人的生活要求和习惯、当地的风土人情等因素，综合考量，加以判断。

本条第 2 款第 4 项把"居住权期间"作为居住权合同的条款之一，因其事关当事人双方的权益关系，其重要性也不低。如果它构成当事人双方就居住权事项达成合意与否的因素，那么，它属于合同的主要条款；反之，则为一般条款。假如合同文本遗漏之，那么，处理的原则为：其一，贯彻"谁主张，谁举证"的原则，若居住权人主张居住期间，则由其举证证明；若住宅所有权人主张居住期间，则由其举证证明。其二，基于某特定居住权的具体目的以及居住权人的特殊情况，予以考量、确定。

需要提示的还有，居住权系有期物权，故当事人不得约定居住权期间为永久期间。其原因之一是，住宅所有权人于未来因其本人或家庭等特别需要消除住宅上的居住权等负担，而永久期间的居住权显然阻碍着住宅所有权人的这种目的的实现。

本条第 2 款第 5 项提示居住权合同宜有"解决争议的方法"，考虑周全，充分尊重意思自治。所谓解决争议的方法，例如仲裁、诉讼，在仲裁或诉讼过程中达成和解，庭外和解等。该条款不属于合同的主要条款，因为欠缺它，居住权合同照样成立。

三、通过居住权合同尽力约定丰富的内容

居住权人应尽力通过居住权合同约定较为丰富的权利内容，并且通过居住权登记而获得强制的效力，除非其约定违背物权法定主义，背离公序良俗。

即使居住权合同的约定不合物权法定主义的要求，不发生物权法上的效力，但可以发生债法上的效力，除非该约定存在着无效的原因。在这里，物权法与债

法的相互衔接和配合照样具有必要性，奉行意思自治原则的合同法恰恰能完成受法定主义羁绊的物权法"不可做"之事。

第三百六十八条

居住权无偿设立，但是当事人另有约定的除外。设立居住权的，应当向登记机构申请居住权登记。居住权自登记时设立。

本条主旨

本条是关于居住权的设立以无偿为原则、以登记为生效要件的规定。

理解与适用

一、居住权的设立以无偿为原则

本条前段正文确立居住权的设立以无偿为原则，但当事人另有约定的，依其约定。无偿原则符合生活性居住权的本质属性，既然生活性居住权主要是基于婚姻、家庭关系而产生，主要是源于赡养和扶养的需要，往往涉及的是家庭成员、配偶的特有或应有的利益[1]；此类居住权系老年人、妇女及未成年人等特殊群体居住他人住房而享有的权利，具有保护弱者权益的功能[2]；那么，住宅所有权人还向居住权人索取对价，要么不合伦理，要么使弱者雪上加霜，这未尽妥适。

当然，以上所论不是绝对的，因而有本条前段"但是当事人另有约定的除外"的设置。对此但书，可有两种解读：（1）即使是生活性居住权，也可以约定有偿，其缘由如何，在所不问。究其实际，可能是当事人双方的关系普通，没有值得关照的必要和意愿；可能是居住权人非常富有，不是由于经济困难才设立居住权，而是出于拥有居住权即可长期居住，便于其完成学业，或便于其工作，可以对抗第三人的某些主张等考量，觉得采取居住权路径为上策。既然如此，加上意思自治原则，法律没有理由不认可当事人的约定。（2）允许当事人双方通过约定，设立投资性居住权。如此解读的理由在下文分析和阐释。

---

[1] 钱明星：《关于在我国物权法中设置居住权的几个问题》，载《中国法学》2001 年第 5 期，第 18 页。

[2] 参见申卫星：《视野扩展与功能转换：我国设立居住权必要性的多重视角》，载《中国法学》2005 年第 5 期。

二、扩张解释《民法典》第 368 条前段但书、第 369 条后段但书

扩张解释《民法典》第 368 条前段但书、第 369 条后段但书"但是当事人另有约定的除外",结论是《民法典》默许当事人通过约定设立投资性居住权。如此解读的理由之一是,生活性居住权似乎只有自然人取得方可符合《民法典》第 366 条设计的"满足生活居住的需要"这个目的及功能,法人等团体似乎无借助住宅"以满足生活居住的需要"。不过,如此理解,又与《民法典》第 367 条第 2 款第 1 项规定居住权合同中的"当事人的……名称……"条款存在逻辑上的障碍,因为自然人的特定化、识别自然人的标识,不是名称而是姓名,只有法人等团体的特定化、识别的标识才叫名称。如此解读的理由之二是,《民法典》第 369 条后段规定:"设立居住权的住宅不得出租,但是当事人另有约定的除外。"该但书允许当事人双方通过约定赋权居住权人向第三人出租作为居住权客体的住宅,而出租为商业行为,该行为由居住权合同授权实施,可能正是居住权人投资目的的实现方式之一。如此解读的理由之三是,社会生活实际需要法律承认投资性居住权,生活性居住权与投资性居住权并非"有你无我"的关系,投资性居住权理论不具有抵触法理的品格。

所谓社会生活实际需要法律承认投资性居住权,常见的例证至少有如下几种:(1)在一方出"钱"(投入建设资金),一方出"地"(出资建设用地使用权)的合作建房的场合,合作建房合同因种种原因而未成立、被撤销或被确认为无效,关于出"钱"的一方日后分得多少所建房屋的约定失去法律效力,建成的房屋归属于出"地"(房地权属变动一体原则使然)的一方,出"钱"的一方只有权请求返还本金及相应的利息,这远低于依约分得房屋的价值,非常不公正。用投资性居住权解决此类问题,即由出"钱"的一方在相应的所建房屋之上享有居住权这种他物权,显然相对公平。(2)受有关政策(如北京市等地采取限购政策、某些类用房单位不得在某地购房)的限制,某些身份的自然人、法人、非法人组织不得在某地购房,但确实需用房屋,若承租则受 20 年期间的限制,居住权制度是解决此类问题的好手段。在这方面有过教训:甲法人受政策限制不得在某地购房,只好与 A 楼所有权人乙签订了《A 楼租赁合同》,约定的租金数额其实都高于购房价款额,租期为 20 年,但期满时有权优先续租。因该地的房价不断飙升,受利益驱动,《A 楼租赁合同》期满时出租人乙坚决拒签续租合同,导致甲损失巨大。如果有居住权制度,甲用其可较长期地占有、使用、收益 A 楼,就能平衡双方的利益关系。(3)买房,所需价款数额过高;承租,要受 20 年租期的制约,权衡利弊,居住权方式最适合用房人。

在立法论上，以上情形均可由居住权制度解决。在解释论上，若对《民法典》第 366 条以下所谓住宅采取宽松的解释，则这些情形可统由居住权制度解决；但若对住宅采取严格的界定方法，则标的物不属于生活用房的房屋就难以适用居住权制度。

所谓生活性居住权与投资性居住权并非"有你无我"的关系，是指两种居住权制度各有其适用的领域，而非重叠于一个适用空间；各自演化出一套规则。这样，两者就不会相互干扰，不会相互混淆。那种以《民法典》同时确立两种居住权会造成混乱为由反对投资性居住权的意见，是不成立的。

所谓投资性居住权理论不具有抵触法理的品格，是指投资性居住权理论完全可以融入物权种类的理论中，视野延伸，它与民法学说乃至法理学也不存在抵触之处。有些专家、学者囿于古典民法所认居住权无投资性居住权的类型，就断言《民法典》确立投资性居住权就使得居住权体系"乱套"。笔者不赞同这种理念及看法，理由主要有以下几点。其一，其知识体系是不完整的，其脑海里的某国法及学说的"样子"并非该国法及学说的已然态样。如上文所述，德国《住宅所有权法》确立的长期居住权，已经不同于传统的生活性居住权，至少有的长期居住权带有投资的性质。那种认为传统民法上的居住权仅限于生活性的意见，是不符合事实的。其二，民法不是考古，并非必须还原历史真实，不必甚至应该摒弃因循守旧，而是为满足社会生活的实际需求而设置相应的制度，即法律人应当树立发展的而非静止的观点。生活在高科技时代，仍逼着人们拿着大刀、长矛作战，禁止使用导弹、电子干扰，令人匪夷所思。连螃蟹都知道蟹壳无法容纳其身躯时就必须脱掉旧壳，生长新壳；连蛇都懂得必须适时地褪掉老皮，更换新皮，以适应身体的增长，何况人呢？四世同堂无法居住了，就得分户，就得加盖房屋。在这方面，传统民法及学说早就践行了，只是某些专家、学者没有看到。例如，地役权起初仅调整需役地对供役地的需要这种关系，但法国、瑞士、德国等国家并未止步不前，而是在继承传统的地役权制度的基础上，还有所发展，出现了营业竞争限制的地役权（wettbewerbs-beschrankende Dienstbarkeit），有人称之为地役权的第二春。例如，土地所有权人甲和土地所有权人乙约定，乙不在其土地上从事某种营业，不贩卖某种商品，不将该地出租与他人经营某种营业，或不贩卖某种商品。[①] 我们不应对于欧美法基于社会生活的要求而发展新制度或规则就大赞其美，而对中国为解决社会生活的实际需求而设计的法理制度或规则却看不顺眼，要么指责，要么否定。其实，"凡是传统民法的都是要照搬的"或"凡是传

---

① 王泽鉴：《民法物权》，北京，北京大学出版社 2009 年版，第 317 页。

统民法的均须拒绝的”都是极端的思潮，均不可取。一方面，中国作为民法的后发国家，在全球化的大背景下，在世界贸易体系下，我们没有必要也不宜事事都另起炉灶，设计全异于大陆法系、英美法系的民法制度及规则，无论是立法者还是解释人，都应有广阔的胸怀学习、借鉴有益于中国的规则及学说，补充、丰富自己的民法；另一方面，如果说在政治上、哲学上必须坚持实践是检验真理的唯一标准的理念及观点，那么，在物权法上立足于中国实际、解决中国问题、应因中国实际需要而设置相应的居住权规范，包括投资性居住权规范，在《民法典》对此有些暧昧时积极地解释出投资性居住权，而非唯罗马法、德国民法、英美法的马首是瞻，就是唯一可取的立场和态度。

三、设立居住权应当登记

结合本条后段关于居住权设立以登记为生效要件的规定，可知本条中段关于“设立居住权的，应当向登记机构申请居住权登记”的规定，属于强制性规定。因为它至少属于物权法定主义的外围，而物权法定主义属于强制性规定；关于不动产物权变动以登记为生效要件的规定亦为强制性规定。

本条中段示意居住权设立的登记采取当事人申请主义，而非登记机构依职权为之。

四、居住权的设立以登记为生效要件

本条后段关于“居住权自登记时设立”，表明居住权的设立以登记为生效要件，未登记的，居住权未设立。

结合《民法典》第366条以下的条款，可知居住权的设立，必须先有居住权合同并且已经生效，再申请不动产登记机构办理居住权登记，按照《民法典》第214条的规定，居住权设立的事项被记载于不动产登记簿簿页时，居住权设立。

按照《民法典》第371条的规定，以遗嘱方式设立居住权的，必须是该遗嘱生效，遗嘱继承人或受遗赠人，或是遗产管理人，持该遗嘱向不动产登记机构申请居住权登记，同样按照《民法典》第214条的规定，居住权设立的事项被记载于不动产登记簿簿页时，居住权设立。

第三百六十九条

居住权不得转让、继承。设立居住权的住宅不得出租，但是当事人另有约定的除外。

本条主旨

本条是关于禁止居住权转让、继承以及原则上不得出租住宅的规定。

理解与适用

本条前段禁止居住权转让、继承。依其规范意旨，这应是针对生活性居住权而作的规定，因为生活性居住权系专门为居住权人的利益、需要而设立的，是限制的人役权。从权利人的一侧讲，居住权的享有和行使所产生的利益由居住权人独享；自住宅所有权人一侧看，他仅为居住权人这个特定之人方施以"恩惠"，对其他人不如此"慷慨大方"。居住权转让、继承便与此背道而驰了。在这个意义上，本条前段的规定诚为正确。

不过，本条前段的规定不适合投资性居住权的品格。就此看来，对于该规定可有两种解读：其一，该规定反映出《民法典》不承认投资性居住权；其二，该规定仅仅适用于生活性居住权，至于承认投资性居住权与否，不在其射程之内。联系笔者在释评《民法典》第 368 条时的分析和阐释，笔者采取"其二"的解读。

本条后段正文虽然先宣明居住权人无权出租作为居住权客体的住宅这个原则，这也符合生活性居住权系限制的人役权、专为特定人的利益、需要而设这个本质属性，不过，其但书高扬意思自治原则的大旗，尊重当事人关于可以出租该住宅的约定。这在实质上将当事人关于可以出租该住宅的约定放在了优先的地位，但书反倒变成了原则。

把本条但书和《民法典》第 368 条前段但书联系起来，可以推断出《民法典》默示当事人有权以约定设立投资性居住权，其分析和阐释已在释评《民法典》第 368 条时论及了，此处不赘。

第三百七十条

居住权期限届满或者居住权人死亡的，居住权消灭。居住权消灭的，应当及时办理注销登记。

本条主旨

本条是关于居住权终止事由及及时办理注销登记的规定。

理解与适用

本条前段列举居住权期限届满和居住权人死亡两种居住权终止的事由。居住权系有期物权，存续期间届满，该有期物权自然寿终正寝。居住权人死亡，生活性的居住权这个专为居住权人特定利益的需要而设的限制的人役权的目的便已经达到，也无存续的必要，应该归于消灭。

其实，居住权消灭的事由不限于此，至少还应有如下几种：（1）作为居住权客体的住宅毁损；（2）作为居住权客体的住宅被征收；（3）居住权与住宅所有权混同；（4）居住权合同约定的附解除条件成就；（5）法定的或约定的解除条件成就时，解除权人行使解除权；（6）居住权人放弃居住权；等等。

由于居住权的变动以登记为生效要件，其登记不单纯地具有公示的功效，而且具有公信力。如此，居住权的登记直接关涉第三人的利益，尤其是交易第三人的切身利益。例如，甲对 A 住宅享有的居住权本已消灭，但未办理居住权的注销登记，不动产登记簿簿页上的记载仍然是甲于 A 住宅之上享有居住权。甲背信地和乙订立 A 住宅的租赁合同，收取床头租，乙基于对居住权登记的信赖而全部照办，待其了解事实真相时甲已将身无分文，追偿不到损害赔偿金，遭受损失。再者，居住权登记作为公示方式，对于住宅的行政管理、征收决定作出前的听取意见等有影响。所有这些，都决定了居住权消灭时有必要及时办理注销登记。

第三百七十一条

以遗嘱方式设立居住权的，参照适用本章的有关规定。

本条主旨

本条是关于以遗嘱方式设立居住权的准用关于以居住权合同设立居住权的有关规则的规定。

理解与适用

本条是引致性（管道性）条文，把以遗嘱方式设立居住权的法律调整引向《民法典》"第十四章 居住权"关于以居住权合同设立居住权的有关规则。

如果本条所谓设立居住权的遗嘱不合物权法定主义的要求，不发生物权法上的效力，但可以发生债法上的效力，除非该遗嘱存在着无效的原因。在这里，物权法与债法的相互衔接和配合照样具有必要性，奉行意思自治原则的遗嘱制度恰恰能完成受法定主义羁绊的物权法"不可做"之事。

按照《民法典》第371条的规定，以遗嘱方式设立居住权的，必须是该遗嘱生效，遗嘱继承人或受遗赠人，或是遗产管理人，持该遗嘱向不动产登记机构申请居住权登记·同样按照《民法典》第214条的规定，居住权设立的事项被记载于不动产登记簿簿页时，居住权设立。

第十五章

地役权

本章界定了地役权；确立地役权自地役权合同生效时设立，登记后可以对抗善意第三人；示明地役权合同的一般条款，倡导采用书面形式；概括地役权人的基本权利和主要义务；确定地役权的从属性，未排斥地役权的不可分性；土地所有权人拟将承包地、宅基地作为供役地为他人设立地役权的，必须经过土地承包经营权、宅基地使用权等用益物权的物权人的同意；地役权的存续期限由当事人约定，但不得超过土地承包经营权等用益物权的剩余期限；列明解除地役权合同的事由；宣明地役权的变更登记、注销登记。

地役权的应用前景非常可观，可有如下类型：（1）以供役地供使用的，如通行、取水、排水的地役权；（2）以供役地供收益的，如得于供役地伐木或取得其他材料，作为需役地建筑的山林地役权，得自供役地采取石灰石、瓷土等原料，以供需役地需用的取得土地构成部分的地役权（在中国大陆，得先取得采矿权，然后有地役权制度的适用）；（3）为调整相邻关系而设立的，如设立需役地屋檐的雨水得直注相邻供役地的地役权，需役地竹木的枝根得逾越相邻供役地的地役权，相邻一方依其意志而选定通行路线和方法的通行地役权；（4）禁止或限制供役地为某种使用的，如禁止供役地建筑高楼或在一定范围内栽种高大植物，以免妨碍需役地的视线或采光的眺望或采光的地役权；禁止供役地开设可能污染生态环境的工厂，供役地不得为他种式样建筑的地役权；（5）为禁止营业竞争而设立的，如需役地所有权人或使用权人为避免供役地与其营业竞争，禁止供役地经营相同的营业的地役权。可见，地役权的内容变化多端，具有多样性，在不违反公序良俗原则的范围内，有充分约定的空间，不动产权利人若善加利用，颇能增加其不动产的价值。①

将上述地役权按照一定的区分标准予以分类，可有若干分类。其一，意定地役权与法定地役权。其区分标准为，地役权的设立是基于当事人的约定还是法律的直接规定。法定地役权，在不同的立法例及其理论上含义不尽一致。普通法上的法定地役权，相当于中国《民法典》上的相邻关系。《民法典》分设相邻关系和地役权，前者基于法律的直接规定当然存在，后者基于当事人的约定而设立。但是，若完全拘泥于当事人的约定，未必十分切合实际生活的需要。如川气东送等工程若采取地役权模式解决利用沿途土地的权利，就面临着土地权利人不同意签订地役权合同的危险。欲突破沿途土地权利人拒绝签订地役权合同的障碍，保障地役权肯定设立，以满足国民经济发展和保障国家战略安全，可有两条路径：一是规定强制缔约制度；二是设置法定地役权制度。区分意定地役权和法定地役权的法律意义在于，地役权的成立要件不同，在中国有必要承认法定地役权或强制缔约而生的地役权，以满足国计民生所必需项目的用地需求。其二，积极地役权与消极地役权。其区分标准为，地役权是否以积极的作为为内容，或以供役人所负不作为义务为内容。所谓积极地役权，又称作为地役权，也叫容忍地役权，表现为地役权人可以在供役地上为一定作为，供役人负有容忍该行为的义务。通行地役权、排水地役权等为其例证。所谓消极地役权，又叫不作为地役权，表现为供役人在供役地上不得为一定行为，而非单纯的容忍义务。采光地役权、眺望地役权、禁止噪声及污染地役权等属于此类。区分积极地役权和消极地役权的法律意义在于，显现地役权内容的表现形式不同，法律调整的方式有异。其三，继续地役权与非继续地役权。其区分标准为，地役权行使或内容实现的时间是否有继续性。所谓继续地役权，是指权利内容的实现不必每次有地役权人的行为，而在时间上能继续无间的地役权。筑有道路的通行地役权、铺设输水管的取水地役权及其他消极地役权均属此类。所谓非继续地役权，是指权利内容的实现，每次均以有地役权人的行为为必要的地役权。这种地役权大概没有固定设施，尚未修建道路的通行地役权、无取水设施的取水地役权等为其例证。区分继续地役权与非继续地役权的法律意义在于，地役权能否因取得时效而取得。其四，表见地役权与非表见地役权。其区分标准为，地役权的存在是否表现于外部。所谓表见地役权，是指地役权的存在和行使，有人们从外部能够认知的客观事实的地役权。通行地役权、地表取水地役权、地表排水地役权等均属此类。所谓非表见地役权，是指地役权的存在无外形事实作为表现，人们不能从外部认知它的地役权。

---

① 谢在全：《民法物权论》（中册），台北，三民书局有限公司 2003 年 7 月修订 2 版，第 188～189 页。

埋设管线地役权、眺望地役权、采光地役权等为其例证。区分表见地役权和非表见地役权的法律意义在于，非表见地役权不得因时效而取得。

第三百七十二条

地役权人有权按照合同约定，利用他人的不动产，以提高自己的不动产的效益。

前款所称他人的不动产为供役地，自己的不动产为需役地。

本条主旨

本条是关于地役权以及供役地、需役地的概念的规定。

相关条文

《物权法》第 156 条　地役权人有权按照合同约定，利用他人的不动产，以提高自己的不动产的效益。

前款所称他人的不动产为供役地，自己的不动产为需役地。

理解与适用

一、本条含义概貌

本条是对《物权法》第 156 条的复制，第 1 款概括地役权的概念，第 2 款界定供役地、需役地。

二、地役权的概念

依本条第 1 款的规定，所谓地役权，是指按照合同约定，利用他人的不动产，以提高自己不动产的效益所享有的用益物权。依本条第 2 款的规定，所谓他人的不动产，是供役地；所谓自己的不动产，为需役地。供役地的权利人，为供役人；需役地的权利人，是需役人，或曰地役权人。地役权具有如下法律性质。

（一）地役权系存在于他人不动产上的物权

根据本条的规定，只能在他人不动产上设立地役权，而不能在自己的不动产上设立地役权，因为土地权利人可以在其土地上依法为各种形态的使用，通常情况下没有设立地役权的必要。

[探讨]

法律设置地役权制度，不在于调节不动产的所有，而在于调节不动产的利用，且法律条文所谓"他人土地"或"自己土地"没有严格限制以土地所有权人的为限，故通说认为虽属同一人所有的二宗土地，其中一宗被他人所使用，如为该他人设立了典权或土地承包经营权，只要一宗土地有供另外一宗土地便宜之用的必要，仍可设立地役权。① 这符合实际需求，值得重视。站在立法论的立场上，未来修正《民法典》时，在一定情况下，应当允许在自己的不动产上设立地役权。

可以设立地役权的客体只能是不动产，包括土地、建筑物、构筑物及其附属物。该不动产既可以是他人所有的不动产，也可以是他人享有他物权的不动产，如建设用地使用权人占有的建设用地、土地承包经营权人占有的承包地、宅基地使用权人占有的宅基地等。一般来讲，在他人享有地役权的不动产上，不得与该地役权人再协商设立地役权。

地役权的客体，可以是一宗土地，或一宗土地及地上建筑物、构筑物及其附属设施；也可以是一宗土地的特定部分。②

地役权的客体为土地时，不限于地表，也可以是地下空间或地上空间，后者即所谓区分地役权，属于空间权的一种。③

[辨析]

一种意见认为，建设用地使用权人、宅基地使用权人、土地承包经营权人可以允许他人在自己权利上设立地役权，从而使自己的权利成为供役地。④ 笔者对此持有异议，因为建设用地使用权、宅基地使用权和土地承包经营权均为法律上之力，属于抽象的东西，而地役权则以供役地的物质使用为目的⑤，对供役地为具体性的直接利用，或在供役地上通行，或在供役地上铺设管线，或在供役地上

---

① 谢在全：《民法物权论》（中册），台北，三民书局有限公司 2003 年 7 月修订 2 版，第 184 页。

② 参见谢在全：《民法物权论》（中册），台北，三民书局有限公司 2003 年 7 月修订 2 版，第 183 页；[德] 鲍尔/施蒂尔纳：《德国物权法》（上册），张双根译，北京，法律出版社 2004 年版，第 714 页。

③ 参见 [日] 筱塚昭次：《空中权、地中权的法理——围绕土地的新利用形态》，载《法学家·临时增刊·土地问题》第 476 号，东京，有斐阁 1971 年 4 月 10 日，第 127～128 页；崔建远：《土地上的权利群研究》，北京，法律出版社 2004 年版，第 234～238 页；梁慧星主编：《中国物权法研究》（下册），北京，法律出版社 1998 年版，第 759 页；王利明、尹飞、程啸：《中国物权法教程》，北京，人民法院出版社 2007 年版，第 400 页。

④ 王利明、尹飞、程啸：《中国物权法教程》，北京，人民法院出版社 2007 年版，第 401 页。

⑤ [日] 我妻荣：《日本物权法》，有泉亨修订，李宜芬校订，台北，五南图书出版公司 1999 年版，第 380 页。

排水，等等，这些显然是在建设用地、宅基地、承包地等不动产本身上，而非权利上。至于建设用地使用权人等何以有权在他人所有的土地上为需役地人设立地役权，可以解释为土地所有权人已经向建设用地使用权人等用益物权人授予了设立地役权的权利。

（二）利用他人不动产是为了自己不动产的效益

地役权的目的在于自己不动产的效益，境外学说往往称作为自己土地便宜之用，以增进自己土地的价值。所谓便宜，系便利、利益之义①，或曰方便利益或便利相宜。此种便宜不限于经济上或有财产价值的方便利益，具有精神上或感情上的利益也包括在内。前者如以他人土地供自己土地通行之用而设立通行地役权，后者如为需役地的美观舒适而设立眺望地役权。还有，此项便宜，无须从客观上的情形斟酌，纵使客观上并非便宜且无必要，只要当事人愿意设立，法律没有限制的必要，除非它违反了法律、行政法规的强制性规定，或违背了公序良俗原则。最后，设立地役权，大多是为了提供需役地现在的效益。②《物权法》使用的术语是"效益"而非"便宜"，但可按前述"便宜"的意义理解此处的"效益"③。

至于本条所规定"效益"的内容，可由当事人自行约定，但不得违反法律、行政法规的强制性规定，不得违背公序良俗原则。

［辨析］

所谓不动产的效益/便宜，即需役地的效益/便宜，在理解上不宜抽除需役地的物权人而孤立、隔绝土地、建筑物，从而单纯地把需役地的自然需要拔高为需役地的效益/便宜，而应该采取这样的理念和视野：地役权视野中的不动产，不是作为无主物的不动产，而是归属于特定物权人的客体。从终极的意义上讲，所谓需役地的效益/便宜，乃需役地的物权人之于需役地所欲求的效益/便宜，因此，界定和把握需役地的效益/便宜，应将物权人对于不动产的利用需求考虑在内。如此，需役地的效益/便宜至少由两部分构成：一是需役地作为自然之物应有的效益/便宜，如种植棉花、玉米之地不应被水较长时间地浸泡，或曰保持一定的干湿度；二是需役地的物权人拥有、借助需役地而实现的利益，例如，需役

---

① ［日］三潴信三：《物权法提要》（上、下卷），孙芳译，韦浩点校，北京，中国政法大学出版社2005年版，第130页。

② 谢在全：《民法物权论》（中册），台北，三民书局有限公司2003年7月修订2版，第184页；［德］鲍尔/施蒂尔纳：《德国物权法》（上册），张双根译，北京，法律出版社2004年版，第714页。

③ 胡康生主编：《中华人民共和国物权法释义》，北京，法律出版社2007年版，第344页；王利明、尹飞、程啸：《中国物权法教程》，北京，人民法院出版社2007年版，第403页。

地为森林之地的，物权人于其间狩猎；需役地为住宅的，所有权人于住宅内眺望远山美景。

（三）地役权是为了需役地而存在的物权

地役权之目的在于为了需役地的效益，所以，一定要存在需役地和供役地这一对关系。这是地役权不同于土地承包经营权、建设用地使用权、宅基地使用权、海域使用权的不同之处，也是地役权从属性产生的原因。

［拓展］

有一种情形是，为了特定人的利益而设立权利，如甲没有需役地，只是在乙的 A 地欣赏美景 5 天。甲所享有的权利，是以乙的土地供自己个人利用为内容，而非以需役地的利益为目的，属于人役权，不是地役权。[①] 地役权和人役权的区别在于，地役权的享有人，为一宗土地的每个所有权人或土地使用权人，或者建筑物、构筑物及其附属设施的所有权人；而（限制的）人役权只能由某一特定的人享有，且不得让与和继承。[②]

在实务中，供役地和需役地时常彼此相邻，不过，由于地役权的目的在于发挥自己不动产的效益，需役地和供役地相距较远亦无关系。例如，川气东送（四川省达州产的天然气输送至上海市）项目若采取地役权模式利用沿途土地，则四川省达州市的天然气矿区及沿途湖北省的某些土地，距离上海市可说是万水千山。这是地役权不同于相邻关系之处。

地役权既可以直接地为了需役地的效益，排水地役权属于此类；也可间接地为了需役地的效益，眺望地役权为其例证。

（四）地役权的内容原则上为不动产权利人的不作为义务

地役权的内容，重要的一方面，是供役人承担的义务。此类义务，原则上表现为供役人容忍地役权人的积极行为（通行、引水等），不对供役地进行一定的使用（不建造妨碍其他建筑物的权利人眺望、日照的建筑物等）。地役权的本质不是要求供役地所有人应当做某事（如除掉绿草以使景色更宜人，或出于同样的理由而在其上装饰某物），而是要求他承受某一行为或不实施某一行为。[③] 简言

---

① 谢在全：《民法物权论》（中册），台北，三民书局有限公司 2003 年 7 月修订 2 版，第 185 页；王泽鉴：《民法物权·用益物权·占有》（总第 2 册），北京，中国政法大学出版社 2001 年版，第 73 页。

② ［德］鲍尔/施蒂尔纳：《德国物权法》（上册），张双根译，北京，法律出版社 2004 年版，第 709 页。

③ ［古罗马］彭波尼：《论萨宾》第 33 卷。载［意］桑德罗·斯契巴尼选编：《物与物权》，范怀俊译，北京，中国政法大学出版社 1999 年版，第 153 页。

之，地役权不得以供役人的作为为内容，即如法谚所云：于作为不成立役权
(servitus in faciendo consistere nequit)！① 之所以如此，主要是对早期劳役与徭
役制度的历史性警觉②；物权乃直接支配客体的权利，不能以他人的行为作为标
的。③ 不过，也有学者主张，由于地役权的本质是调节两项不动产的使用，为其
使用，就难免需要设置与修缮某些设备。在这种情况下，由供役人承担类似必要
设备的设置与修缮的附带行为的义务，作为地役权的内容，是可以成立的。④ 上
述意见，确有道理，值得中国物权法及其理论重视。

[引申]

如果使供役人负担某些以作为为内容的附随义务，可依合同约定或依法律规
定而达到目的。例如，依一项地役权，水厂可以在邻地上围井并引水，则就其所
必要的设施，水厂自己负有维持义务。

而从需役人角度而言，地役权的内容可以是积极的行为，即需役人使用供役
地的作为，如通行、排水等。

（五）地役权的主体为不动产的所有权人或使用权人

在《民法典》上，地役权人和供役地人，可以是不动产的所有权人（第378
条），如集体土地所有权人或建筑物、构筑物及其附属设施的所有权人；也可以
是不动产的使用权人，如土地承包经营权人（第378条）、建设用地使用权人
（第383条等）、宅基地使用权人（第378条）。⑤

（六）地役权具有从属性

这将在释评《民法典》第380条、第381条时再论，此处不赘。

---

① 清华大学法学院法81班章丞亮同学来函指出：servitus in faciendo consistere nequit 直译为英文是
service on action does not exist (servitus＝service，in＝of，on，faciendo＝do，原型为 facere，consistere＝
consist，exist，而 nequit 为语法词＝does not)，再直译为中文是"不存在作为义务"。故此句话本身不含
有"役权"之意。经查，在［意］彼得罗·彭梵得著、黄风译的《罗马法教科书》（中国政法大学出版社
2005年修订版）第190页中有此拉丁文，而译者将其译为"役权不得表现为要求作为"。特此致谢！
② ［德］鲍尔/施蒂尔纳：《德国物权法》（上册），张双根译，北京，法律出版社2004年版，第
720～721页。
③ 参见［日］我妻荣：《日本物权法》，有泉亨修订，李宜芬校订，台北，五南图书出版公司1999
年版，第377页；［日］田山辉明：《物权法》，陆庆胜译，齐乃宽、李康民审校，北京，法律出版社2001
年版，第207页。
④ ［日］我妻荣：《日本物权法》，有泉亨修订，李宜芬校订，台北，五南图书出版公司1999年版，
第377页；参见［日］田山辉明：《物权法》，陆庆胜译，齐乃宽、李康民审校，北京，法律出版社2001
年版，第207页。
⑤ 胡康生主编：《中华人民共和国物权法释义》，北京，法律出版社2007年版，第346页；王利明、
尹飞、程啸：《中国物权法教程》，北京，人民法院出版社2007年版，第401页。

（七）地役权具有不可分性

地役权的不可分性，是指地役权的发生、消灭或享有应为全部，不得分割为部分或仅为一部分而存在。它旨在确保地役权的设立目的，使之得为需役地的全部而利用供役地的全部。① 《民法典》对此虽然未加全面规定，但从合理设计地役权制度的要求出发，应予承认。

[引申]

（1）地役权的不可分性，从需役地角度看，毋宁说是地役权从属性的另一延伸。因为地役权既然从属于需役地而存在，自系从属于全部而非特定的某部分。②

（2）中国不存在土地共有，地役权的不可分性仅发生于需役地、供役地的使用权为共有的场合。此言非虚。不过应看到，由于《物权法》上的供役地和需役地均可为建筑物、构筑物及其附属设施，建筑物等共有的现象并不鲜见，地役权的不可分性在这些场合也发挥着作用。③

1. 发生的不可分性

需役地为共有的场合，各共有人不得仅就自己的应有部分取得地役权，必须就整个不动产设立地役权。因为地役权是为需役地的全部的便宜而取得的，是存在于供役地上的不可分的负担，自不可能为需役地的应有部分而存在，亦非为特定人而存在，共有人中的一人取得地役权，系基于需役地而取得，非为其个人。④《民法典》对此虽无明文，但从合理设计地役权制度的要求出发，应予承认。

以共有的不动产作为供役地设立地役权，即使是共有人中的一人设立的，各共有人也就全部共有的不动产承受地役权的负担，而非按其应有部分负担一部分。其道理在于，地役权是对供役地具体性的直接利用，不可能存在于抽象的"物"上，而应有部分系所有权享有的一定比例，是抽象的，故地役权只能设立于供役地的整体上，不会设立于应有部分。⑤

---

① 王泽鉴：《民法物权·用益物权·占有》（总第 2 册），北京，中国政法大学出版社 2001 年版，第82 页；谢在全：《民法物权论》（中册），台北，三民书局有限公司 2003 年 7 月修订 2 版，第 201～202 页。

② 谢在全：《民法物权论》（中册），台北，三民书局有限公司 2003 年 7 月修订 2 版，第 202 页。

③ 王利明、尹飞、程啸：《中国物权法教程》，北京，人民法院出版社 2007 年版，第 406 页。

④ 姚瑞光：《民法物权论》，台北，海宇文化事业有限公司 1995 年版，第 184 页；谢在全：《民法物权论》（中册），台北，三民书局有限公司 2003 年 7 月修订 2 版，第 202 页；梁慧星、陈华彬：《物权法》（第 4 版），北京，法律出版社 2007 年版，第 291 页。

⑤ 姚瑞光：《民法物权论》，台北，海宇文化事业有限公司 1995 年版，第 185 页；谢在全：《民法物权论》（中册），台北，三民书局有限公司 2003 年 7 月修订 2 版，第 203 页；梁慧星、陈华彬：《物权法》（第 4 版），北京，法律出版社 2007 年版，第 291 页。

[引申]

有专家学者认为，在中国台湾地区，地役权取得上的不可分性，既是源于地役权的特质，又是由应有部分的性质决定的，即，对于按照应有部分协议分管的特定部分的土地，共有人的分管权限不包括以其作为供役地设立地役权。①

2. 消灭的不可分性

需役地为共有的场合，各共有人不得按其应有部分而消灭业已存在的地役权的一部分。假如一个共有人按其应有部分为消灭地役权一部分的行为（如抛弃），该行为不发生物权变动的效力。就共有人中一人发生的混同，地役权也不消灭。因为地役权是为需役地而存在的。②《民法典》对此虽无明文，但从合理设计地役权制度的要求出发，应予承认。

供役地为共有的场合，各共有人也不得按其应有部分除去地役权的负担。因为供役地的负担存在于供役地，而非仅仅存在于供役地的共有人的应有部分之上。③

3. 享有或负担上的不可分性

需役地或供役地无论是地役权设立前为共有，还是地役权设立后为共有，地役权归需役地的共有人共同享有，由供役地的共有人共同负担；而非归需役地的共有人分别享有，亦非由供役地的共有人分别负担。④

需役地被分割的，其地役权为各部分的利益继续存在。例如，甲乙共享土地承包经营权的需役地，就丙的供役地设立排水地役权。其后，需役地的土地承包经营权被分割为两项独立的权利，甲乙各享有一项，排水地役权仍为该两宗承包地及其经营权的利益而存在，即，甲乙均可继续为其承包地及其经营权的便宜而享有前述排水地役权。如果甲将其土地承包经营权转让给了丁，乙继续保有其土地承包经营权，则乙和丁有权为其承包地及其经营权的便宜而享有该排水地役权。但是，如果地役权的行使，依其性质只关乎需役地的一部分的，地役权仅就该部分继续存在。例如，甲乙共有的需役地，在丙的供役地设立丙不得在 30 米内建造建筑物的采光地役权。其后，需役地被分割成两宗土地，其中甲独享的一宗已经距离供役地 30 米之外，无须前述地役权的存在了。于是，该采光地役权仅为靠近供役地的部分需役地而存在。于此场合，丙有权请求甲注销其地役权的登记。需役地部分转让的，结论同上。⑤

---

①②③④　谢在全：《民法物权论》（中册），台北，三民书局有限公司 2003 年 7 月修订 2 版，第 203 页。

⑤　参见谢在全：《民法物权论》（中册），台北，三民书局有限公司 2003 年 7 月修订 2 版，第 204 页；王泽鉴：《民法物权·用益物权·占有》（总第 2 册），北京，中国政法大学出版社 2001 年版，第 83 页；梁慧星、陈华彬：《物权法》（第 4 版），北京，法律出版社 2007 年版，第 291 页；王利明、尹飞、程啸：《中国物权法教程》，北京，人民法院出版社 2007 年版，第 407 页。

《民法典》关于"需役地以及需役地上的土地承包经营权、建设用地使用权部分转让时，转让部分涉及地役权的，受让人同时享有地役权"的规定（第 382 条），承认了地役权在享有上的不可分性。为使该条规定的适用更加合理，不妨将所谓"转让部分涉及地役权的"解释为含有"如果地役权的行使，依其性质只关乎需役地的一部分的，地役权仅就该部分继续存在"之义。

供役地被分割的，地役权就其各部分继续存在。例如，甲乙共享建设用地使用权的供役地，存在着为丙的需役地设立的通行地役权。其后，该供役地被分割为二宗建设用地，甲乙各享有一项建设用地使用权，前述地役权继续存在于甲乙各享有的建设用地之上。甲将其建设用地使用权转让给丁，结论亦然。但是，地役权的行使，依其性质只关于供役地的一部分的，地役权仅对该部分继续存在。例如，通行地役权所开辟的道路仅仅通过甲利用的建设用地的，则地役权仅仅继续存在于甲利用的建设用地上，乙利用的建设用地已无负担通行地役权的必要，应构成部分消灭地役权的原因。因而，乙有权请求丙注销存续于自己建设用地上的地役权的登记。[①]

《民法典》关于"供役地以及供役地上的土地承包经营权、建设用地使用权等部分转让时，转让部分涉及地役权的，地役权对受让人具有法律约束力"的规定（第 383 条），已经承认了地役权在负担上的不可分性。为使该条规定的适用更加合理，不妨将所谓"转让部分涉及地役权的"解释为含有"如果地役权的行使，依其性质只关于供役地的一部分的，地役权仅对该部分继续存在"之义。

（八）地役权对供役地不具有独占性

地役权对供役地不具有独占性，在消极地役权场合表现得最为明显，即使是对积极地役权也同样适应。因为地役权设立后，供役地的所有权人或使用权人仅在地役权行使的必要范围内，负有容忍或消极不作为的义务，在不妨碍地役权人行使其权利的范围内，供役地的所有权人或使用权人的用益权能仍可继续存在。[②]

三、地役权与相邻关系

分析《民法典》的有关规定，地役权和相邻关系具有相同点，如两者都调节

---

① 参见谢在全：《民法物权论》（中册），台北，三民书局有限公司 2003 年 7 月修订 2 版，第 204 页；王泽鉴：《民法物权·用益物权·占有》（总第 2 册），北京，中国政法大学出版社 2001 年版，第 83 页；梁慧星、陈华彬：《物权法》（第 4 版），北京，法律出版社 2007 年版，第 291 页；王利明、尹飞、程啸：《中国物权法教程》，北京，人民法院出版社 2007 年版，第 407 页。

② 谢在全：《民法物权论》（中册），台北，三民书局有限公司 2003 年 7 月修订 2 版，第 205 页。

不动产的利用，均限制着一方主体的不动产所有权及使用权，都可以有通行、排水、用水、管线设置、采光等类型，等等。同时，两权也具有如下不同点。

1. 地役权是基于当事人的约定设立的（《民法典》第 372 条以下），相邻关系基于法律的直接规定而存在（《民法典》第 288 条以下）。所以，对于地役权，规定了以登记作为公示方式，且具有对抗善意第三人的效力（《民法典》第 374 条）；而对于相邻关系，则无登记的必要，因为作为所有权的限制，相邻关系已经成为所有权及有关不动产物权的内容，只要所有权公示即可。在地役权移转上，也需要通过合同方式；而在相邻关系上，基于相邻关系而产生的权利（如通行权等）的移转，并不需要通过合同方式，而是通过法律规定。

2. 地役权的目的在于提高需役地的效益；而相邻关系的目的在于调和相邻土地之间的利益，对相邻土地所有权及有关使用权进行限制，让土地所有权人及有关使用权人负担容忍的义务（《民法典》第 375 条）。

3. 在相邻关系情况下，要求不动产之间必须是相邻的；而在地役权情况下，则无此要求。

4. 地役权虽然具有从属性，却是一种独立的物权；而相邻权则不是独立的物权，只是一方的不动产所有权或其他不动产物权内容的扩张，对相邻他方的不动产所有权及有关使用权的限制。

5. 地役权的取得可以是有偿的，也可以是无偿的，究竟如何，取决于当事人双方的约定；而相邻关系则不存在有偿问题。

6. 相邻关系与地役权之间如何分工和衔接？相邻关系"乃法律上当然而生之最小限度的利用之调节，仍未出所有权之范围，而地役权乃超越此最小限度外之一种更宽泛的调节，亦即依当事人之约定，而存于所有权之外一种从属性的物权，对于相邻关系之规定，常具有弥补其不足之功能"[1]。相邻关系与地役权在表现形式上可以是相同的，如法律规定了相邻通行关系，当事人可以约定通行地役权；法律规定了相邻排水关系，当事人可以约定排水地役权；法律规定了相邻采光关系，当事人可以约定采光地役权；等等。但是，相邻关系与地役权在使权利人享有的利益的多寡上存在着不同，权利人行使权利给义务人造成的损害的程度不同。地役权使权利人享有的利益更多，给义务人造成的损害较大。[2] 如果说相邻关系制度相当于"吃饱"，地役权制度则相当于"吃好"。

相邻关系的类型是法定的，毕竟有限；而地役权则与此有别，当事人为满足

---

[1] 郑玉波：《民法物权》，台北，三民书局有限公司 1988 年修订 12 版，第 182~183 页。

[2] 参见崔建远：《土地上的权利群研究》，北京，法律出版社 2004 年版，第 225 页。

其需要可设立形形色色的类型，只要不违反法律、行政法规的强制性规定，不违背公序良俗原则。例如，上海市的甲与北京市的乙签订租赁合同，承租由乙享有物权的 A 地及地上建筑物；随后，承租人甲为使自己独占 A 地区域的餐饮经营业务，便与出租人乙签订地役权合同，约定乙不得允许他人在 A 地经营餐饮业。于此场合，只可设立地役权，绝不会形成相邻关系。

四、地役权与建设用地使用权

解决架设管线而需要长期利用他人土地的问题，在现行法上，不允许采用土地租赁权、土地承包经营权等制度，可借助于相邻关系、地役权和建设用地使用权制度。

相邻关系制度有两方面的局限性：一是两项不动产必须相邻；二是必须选择对相邻他方造成损失最小的路线和方法。对于诸如川气东送等远隔千山万水的项目用地，或超出了相邻关系制度所允许范围和程度的用地，相邻关系就爱莫能助，只剩下地役权和建设用地使用权两项制度可供选用。

就外表看来，地役权和建设用地使用权都有在他人土地上建造设施并保有所有权的目的及功能。利用他人土地架设高压电线杆，或修建输油泵站，乃至修筑输水渠等，地役权和建设用地使用权均堪担当此任。其实，认真体会两项权利的目的及功能，会发现差异。建设用地使用权的唯一的至少是主要的目的及功能，就在于利用他人土地建造建筑物、构筑物及其附属设施并保有所有权；而地役权的目的及功能多种多样，即使出现利用他人土地建造构筑物及其附属设施的情形，也只是辅助的或次要的目的及功能，主要目的及功能在此之外。例如，某大型发电站将电输往某电网，架设高压电线杆需要利用沿途土地，输送电力是主要目的，利用他人土地架设电线杆是次要目的，只是为了输送电力不得不采取的手段。再如，川气东送项目，将四川省达州所产天然气输送至上海市是主要目的，利用沿途土地铺设输气管道是次要目的，是为了输送天然气而必须采取的手段。这些场合利用土地的权利正符合地役权的特质，若一定固执地运用建设用地使用权模式，虽然不是绝对不可以，但有些大材小用。此其一。

如果固执地采用建设用地使用权以解决利用沿途土地的正当根据，就必须征收集体所有的土地，足额补偿因集体土地所有权、土地承包经营权或宅基地使用权、农田水利等设施所有权、住宅及其附属设施所有权、青苗和树木等所有权灭失，而给集体经济组织、土地承包经营权人或宅基地使用权人、住宅所有权人或有关设施的所有权人造成的损失，成本十分高昂。而采用地役权制度，由于无须改变沿途不动产的权属，自然无须动用征收措施，也不存在足额补偿的问题，只需要按照电线杆、管道等占地的情形支付一些地租即可，成本低得很多。此其二。

采取建设用地使用权作为利用沿途不动产的正当根据，沿途耕地不再属于集体经济组织，耕地上的土地承包经营权消灭。可是，川气东送等工程项目的权利人——建设用地使用权人——并不长于耕种农地，依其职能只好闲置耕地，但这显然不符合国家保护耕地、不许耕地荒芜的政策。解决这个问题，还要借助于土地租赁、土地借用等制度。这些制度是否符合现行法的规定，尚有疑问。运用地役权则不存在此类麻烦，原因就在于供役地的权属依旧不变，农业承包经营户有权也有义务继续从事农林牧渔的生产经营活动。此其三。

[探讨]

诸如南水北调等工程项目的建设，对沿途土地的利用若采取地役权模式，会产生这样的疑问：需役人是只要取得地役权就能满足兴建输水渠及相关设施的全部条件呢，还是取得地役权以解决利用地基的权源问题，再取得建设用地使用权以使输水渠及相关设施的所有权归业主享有？对于需役人而言，前者的"单权源"方案显然最有效率，后者的"双权源"方案则增加不小的负担。我们应当尽可能选择"单权源"方案。当然，在需役人和地基的土地所有权人或使用权人之间的关系中，假如输水渠及相关设施的建造并保有是业主的唯一或主要目的，那么，需役人不取得建设用地使用权就是在规避法律；如果需役人利用地基而输水是主要目的，建造输水渠及相关设施仅仅是"为达到地役权之目的或实现其权利内容，所需之必要附随行为"[1]，那么，需役人取得地役权就附带解决了输水渠及相关设施的所有权归属问题，无须再取得建设用地使用权。[2]

第三百七十三条

设立地役权，当事人应当采用书面形式订立地役权合同。

地役权合同一般包括下列条款：

（一）当事人的姓名或者名称和住所；

（二）供役地和需役地的位置；

（三）利用目的和方法；

（四）地役权期限；

---

①　谢在全：《民法物权论》（中册），台北，三民书局有限公司 2003 年 7 月修订 2 版，第 224 页。

②　参见崔建远：《土地上的权利群研究》，北京，法律出版社 2004 年版，第 228 页。

（五）费用及其支付方式；

（六）解决争议的方法。

本条主旨

本条是关于地役权由地役权合同设立以及合同条款和书面形式的规定。

相关条文

《物权法》第 157 条　设立地役权，当事人应当采取书面形式订立地役权合同。

地役权合同一般包括下列条款：

（一）当事人的姓名或者名称和住所；

（二）供役地和需役地的位置；

（三）利用目的和方法；

（四）利用期限；

（五）费用及其支付方式；

（六）解决争议的方法。

理解与适用

一、本条含义概貌

本条是对《物权法》第 157 条的复制，第 1 款规定地役权通过订立地役权合同设立，要求合同采用书面形式；第 2 款示明地役权合同的一般条款。

二、以书面形式的地役权合同设立地役权

本条第 1 款规定设立地役权需要当事人双方订立书面形式的地役权合同，含有如下几层意思：（1）地役权的设立不是原始取得，而是创设的继受取得，属于基于法律行为而发生的不动产物权变动。其潜台词是只有地役权合同合法、有效，地役权才可以设立；若该合同不成立、被撤销、无效，则地役权未设立。（2）地役权合同应当采用书面形式。虽然本条措辞为"应当采用书面形式"，但也不应把该规定理解为强制性规定，更不应将之确定为效力性的强制性规定。因为强制性规定系调整社会公共利益关系的法律规定，该规定调整的是住宅所有权人与地役权人之间的利益关系，不属于社会公共利益关系，所以它非为强制性规定。不过，该规定毕竟呼吁当事人"应当采用书面形式"，这不同于典型的任意

性规定，王轶教授把它划归倡导性规定①，笔者予以赞同。（3）尽管如此，书面形式仍很重要，至少在证据法上，在个案中，虽然当事人双方未签书面形式的地役权合同，但只要地役权人举证成功双方之间的确存在地役权关系，就应当予以肯定的认定，支持地役权人的此项主张。

三、地役权合同的条款

本条第 2 款示例了地役权合同的一般条款，这便于人们在订立地役权合同时参考、模仿，使合同趋于完整，因而它们具有行为规范的属性。

本条第 2 款第 1 项规定的当事人的姓名或者名称，应为主要条款，因为欠缺当事人的姓名或者名称，合同项下的权利义务便无所依附，不知由谁履行义务，向谁清偿，失去意义。在地役权合同采用书面形式的情况下，假如合同文本上未填写当事人的姓名或名称，那么，地役权人欲主张自己为地役权人，举证证明的难度就相当大。如果他已经时常往返于供役地，他与供役地的所有权人之间不存在诸如租赁、借用等关系，那么，可以时常往返于供役地的事实作为证据（事实自证）来证明其与供役地的所有权人之间存在地役权合同。供役地的所有权人拟否认该种主张，需要举反证来推翻。或者，地役权人举证录音、录像或出具证人证言等，来举证证明其为地役权人。

本条第 2 款第 1 项规定的当事人的住所条款，属于合同的一般条款，而非主要条款，因其主要在送达、诉讼管辖或履行地点的确定等方面起作用，在当事人身份的甄别方面其辅助作用，

本条第 2 款第 2 项规定的供役地和需役地的位置，亦为主要条款，因为供役地系需役地获取效益/便宜的对象，无具体位置便不知道何处获取效益/便宜。供役地的权利人不仅负有容忍地役权人由自身获取效益/便宜的义务，也有权监督、对抗地役权人的超限度索取，而需役地的位置就是判断地役权人超限度与否的因素之一。可见，合同条款遗漏供役地和需役地的位置，地役权行使的对象便不具体、明确，地役权和行使适度与否也难清晰。为了清楚地界定地役权行使的范围和限度，明确界定供役地，减少乃至避免纷争，地役权合同文本上明确供役地和需役地的位置十分必要。

本条第 2 款第 3 项要求的"利用目的和方法"条款，非常重要，是解释地役权的核心基准点，是判断地役权行使是否适度的根本标准，是判断供役地的权利

---

① 王轶：《论倡导性规范——以合同法为背景的分析》，载《清华法学》2007 年第 1 期，第 66～74 页。

人在哪些方面有权对抗地役权人的不当主张的重要标准之一，故为主要条款。假如合同文本上欠缺此项条款，就需要根据地役权的本质属性，综合个案的多种因素探求之。

本条第2款第4项规定"地役权期限"为地役权合同的条款之一，是因为地役权为有期物权，且有长有短，长短如何事关当事人双方的权益关系，其重要性也不低。也正因如此，当事人不得约定永久期限的地役权，以免加重供役地的权利人的负担，阻碍存在于供役地上的他物权的转让。如果地役权合同遗漏此项条款，应当按照《民法典》第510条的规定，当事人可以协议补充；不能达成补充协议的，按照个案中的地役权的性质、具体目的、地役权人的特殊情况以及当地习惯，予以考量、确定。

本条第2款第5项把"费用及其支付方式"作为地役权合同的条款之一，是因为地役权的设立以有偿为基本面，若不约定此项内容，则可能意味着供役地的权利人放弃对价请求权。由此可见，"费用及其支付方式"不是地役权合同的主要条款。此其一。一旦地役权合同约定有费用，如何支付也影响着供役地的权利人的利益实现得顺利与否，故地役权合同应当约定"费用及其支付方式"。此其二。

本条第2款第6项示例"解决争议的方法"为地役权合同的条款之一，考虑周全，充分尊重意思自治。所谓解决争议的方法，例如仲裁、诉讼，在仲裁或诉讼过程中达成和解，庭外和解等。该条款不属于合同的主要条款，因为欠缺它，地役权合同照样成立。

第三百七十四条

地役权自地役权合同生效时设立。当事人要求登记的，可以向登记机构申请地役权登记；未经登记，不得对抗善意第三人。

本条主旨

本条是关于地役权合同生效为地役权设立的生效要件，登记为对抗要件的规定。

相关条文

《物权法》第158条　地役权自地役权合同生效时设立。当事人要求登记的，可以向登记机构申请地役权登记；未经登记，不得对抗善意第三人。

《不动产登记暂行条例实施细则》第 60 条　按照约定设定地役权，当事人可以持需役地和供役地的不动产权属证书、地役权合同以及其他必要文件，申请地役权首次登记。

理解与适用

一、本条含义概貌

本条是对《物权法》第 158 条的复制，前段确立地役权合同生效为地役权设立的生效要件；中段明确地役权登记采取当事人申请制，而非不动产登记机构依职权强制登记；后段宣明地役权登记为对抗要件。

二、通过地役权合同设立地役权

(一) 地役权合同的当事人和订立

地役权合同的当事人，包括需役人和供役人。前者又被称为地役权人，是有权设立有利于自己不动产的权利人；后者是有权为他人不动产的效益而设立地役权的人。他们双方订立地役权合同。

1. 供役人

在中国，土地和建筑物、构筑物及其附属设施是各自独立的两个物。房屋所有权人有权以其建筑物、构筑物及其附属设施为他人不动产的效益而设立地役权。房屋的承租人不得为他人不动产的效益设立地役权。土地所有权人可以其土地为需役人设立地役权。但土地上已设立土地承包经营权、建设用地使用权、宅基地使用权等权利的，未经用益物权人同意，土地所有权人不得设立地役权（《民法典》第 379 条）。也就是说，在土地上存在上述土地承包经营权等用益物权的情况下，土地所有权人为他人不动产的效益而设立地役权，需要经过土地承包经营权人等用益物权人的同意。因为此时，土地所有权人设立的地役权直接影响了土地承包经营权等用益物权的行使。

如果土地所有权人未经过用益物权人的同意设立地役权的，地役权合同违反了《民法典》第 379 条的强制性规定，应当归于无效，地役权并不成立。在业已办理完毕地役权登记的情况下，应当注销该项登记（《民法典》第 385 条）。

［探讨］

在业已办理完毕地役权登记，善意第三人以合理的费用受让，而且办理完毕变更登记手续的情况下，该第三人能否依据《民法典》第 311 条第 3 款的规定善意取得该地役权？严格按照善意取得以公示的公信力为理论和逻辑前提的观点，因《民法典》不强求地役权必须公示，且未赋予地役权登记的公信力（《民法典》第374条），故地役权不存在善意取得问题。若宽松地理解善意取得制度的基础，务实地解决善意受让人以合理费用受让地役权的问题，可能会有相反的结论。对此，需要继续探讨。还可以另辟蹊径，在善意取得制度之外，承认善意第三人取得地役权。

土地承包经营权人、建设用地使用权人、宅基地使用权人，对承包地、建设用地或宅基地虽无所有权，但有权以承包地、建设用地或宅基地为他人不动产的效益设立地役权（《民法典》第380条、第383条等）。但是，地役权人不得在该不动产上为其他不动产设立地役权。

2. 需役人

对于需役人，法律上没有严格限制，在理论上，不动产的所有权人或使用权人，包括房屋承租人、土地承租人等都可以成为需役人。

（二）地役权合同生效

根据本条前段的规定，地役权自地役权合同生效时设立。如果地役权合同未约定合同的特别生效要件，法律、法规也未规定特别的生效要件，则地役权合同成立之时就是该合同生效之日（《民法典》第502条第1款正文）。如果地役权合同或法律、法规有这方面的要求，则依其要求确定地役权生效的时间点。

（三）地役权的登记

地役权是一种物权，一般应有公示要件，但考虑到中国实际情况，《民法典》采取了登记为对抗要件的模式，于第374条规定，地役权自地役权合同生效时设立。当事人要求登记的，可以向登记机构申请地役权登记；未经登记，不得对抗善意第三人。《不动产登记暂行条例实施细则》对此予以细化："按照约定设定地役权，当事人可以持需役地和供役地的不动产权属证书、地役权合同以及其他必要文件，申请地役权首次登记"（第60条）。"地役权登记，不动产登记机构应当将登记事项分别记载于需役地和供役地登记簿"（第64条第1款）。"供役地、需役地分属不同不动产登记机构管辖的，当事人应当向供役地所在地的不动产登记机构申请地役权登记。供役地所在地不动产登记机构完成登记后，应当将相关事项通知需役地所在地不动产登记机构，并由其记载于需役地登记簿"（第64条第2款）。

所谓对抗，是于彼此利害相反时才发生的事项，处于这种关系中的人，只限于就主张地役权登记欠缺有正当利益的第三人，对于并无这种利益的第三人，无登记亦可对抗。此处的第三人，是指除地役权设立、转让、消灭的当事人以外的人，但应有限制：不得对抗的第三人，包括就同一不动产最终拥有互不相容权利的人，包括有关合同权利（如租赁权）的人，善意或恶意，在所不问。①

地役权未为登记，也可对抗的第三人，或者说不得否认地役权效力的人，包括以下几类：（1）以不公正的手段妨碍地役权人获得登记的人，或负有协助登记义务而不履行的人，以及主张欠缺登记这一理由明显违背诚实信用的人，均属无登记的地役权人能够对抗的人。（2）虽然从外形上看好像拥有与主张拥有地役权的人不相容的权利，而实体上却没有任何真实权利的人，一般被称为实质上无权利之人。无登记的地役权人能够对抗他。（3）侵权行为人，是指侵害不动产的人，而且不具有交易当事人的身份。他也属于无登记的真实权利人能够对抗的人。②

[反思]

一种意见认为，诸如为了粉刷外墙、整修栏栅等而需要设立地役权的情形，若采取登记为生效要件主义，就把本来简单的事项复杂化，办理登记手续远比粉刷外墙等事项麻烦，不如采取登记为对抗要件主义，既不损害善意第三人的合法权益，地役权的产生也快捷。《物权法》采纳了这种意见（第158条），《民法典》予以承继（第374条）。

笔者认为，这需要反思。第一，地役权只是解决问题中可供选择的一种途径，不排斥当事人选择债权的方式，甚至友情等非法律的路径。对于粉刷外墙、整修栏栅等事项的处理，需役地人若嫌登记麻烦，完全可以通过与供役地的权利人订立借用或租赁等合同，从而享有债权的方式，达到目的。因此，以登记烦琐为由反对登记为地役权生效要件的模式，有因噎废食之嫌。第二，把登记作为地役权的对抗要件，使得现行法上的物权变动模式过于多样化，即使是基于法律行为的物权变动模式也不统一。鉴于多样化不利于人们对法律的理解和掌握，除非不得已，应当以统一化为目标。既然《物权法》《民法典》总的精神是基于法律行为的不动产物权变动以登记为生效要件，那么，《物权法》《民法典》的分则应当只在具备充分理由时才设置例外。第三，不要低估登记为地役权设立的生效要件对于减少纠纷、有利于交易安全等方面的积极作用。③第四，地役权的牵涉面多于居住权，并且，如果说居住权仅仅为当事人双方之间的私事关系，那么，地

---

①②　参见［日］我妻荣：《日本物权法》，有泉亨修订，李宜芬校订，台北，五南图书出版公司1999年版，第142、147、150～160页。
③　崔建远：《土地上的权利群研究》，北京，法律出版社2004年版，第225～226页。

役权有时事关社会公共利益，如有些埋设输油/气管道、修建城镇用水的输水渠，于此场合赋予地役权的登记具有公信力，更加必要。因此，举轻以明重，连居住权的设立都采取登记为生效要件主义，何况地役权乎?!

第三百七十五条

供役地权利人应当按照合同约定，允许地役权人利用其不动产，不得妨害地役权人行使权利。

本条主旨

本条是关于供役地的权利人所负基本义务的规定。

相关条文

《物权法》第159条　供役地权利人应当按照合同约定，允许地役权人利用其土地，不得妨害地役权人行使权利。

理解与适用

本条是对《物权法》第159条的复制，规定了供役地的权利人负担的基本义务，大致表现在如下几个方面。

1. 不作为义务

以不作为义务为地役权内容时，供役地权利人当然负担有不作为的义务。

2. 容忍义务

按照本条的规定，对于以使用为内容的地役权，供役地权利人应当按照合同约定，允许地役权人利用其土地，不得妨害地役权人行使权利。所谓按照合同约定，就是确定供役地的权利人容忍义务的限度，同时在确定地役权人的权利边界。如果地役权人超出了权利范围，供役地权利人就不再负有容忍义务，且有权要求其停止超越范围的行为。

3. 附随义务

地役权不得以供役地权利人的积极作为为内容，但供役地权利人得在某些情况下负担某些附随义务，如在供役地上为地役权人设立通行地役权时，供役地权利人有交通安全保障义务，但可以通过约定由地役权人承担。即使地役权合同没有对此约定，依地役权的本质属性，供役人也应当有此义务。

4. 维持修理设施费用的分担义务

供役地的权利人使用地役权人建造的设施，应按其受益的程度分担维持修理设施的费用，除非当事人之间另有约定。① 地役权合同约定了这方面的内容，无须赘言，就是地役权合同没有约定该项义务，依事理也应该由供役地的权利人分担些费用。

第三百七十六条

地役权人应当按照合同约定的利用目的和方法利用供役地，尽量减少对供役地权利人物权的限制。

本条主旨

本条是关于地役权人所享基本权利、所负消极义务的规定。

相关条文

《物权法》第 160 条　地役权人应当按照合同约定的利用目的和方法利用供役地，尽量减少对供役地权利人物权的限制。

理解与适用

本条是对《物权法》第 160 条的复制，规定了地役权人所享基本权利、所负消极义务，大致表现在如下几个方面。

1. 对供役地使用的权利

根据本条的规定，以使用供役地为内容的地役权被设立后，地役权人即有权使用供役地，但必须按照合同约定的利用目的和方法使用，尽量减少对供役地的权利人物权的限制。例如，供役地的权利人经营旅店，地役权人享有通行地役权，如果将通路改至旅店另一侧，可减少对其房客的侵扰，且不影响地役权人的通行，则供役地的权利人可以请求改道。还有，供役地的权利人有时可以与地役权人共同使用供役地，若地役权人已经在供役地上建造了必要设施，则供役地的权利人在不妨碍地役权行使的前提下应有权使用此类设施，以免供役地的权利人重复建造之烦。② 这也是地役权的行使应当尽量减少限制供役地的权利人物权的表现。再就是，在地役权的行使限于供役地一部分的情况下，供役地的权利人认为该部分的使用对其有特殊不便利的情况下，可以请求将地役权的行使，迁移至其他适于地役权人利益的场所，迁移费用由供役地的权利人承担。③ 于此场合，

---

①②③　谢在全：《民法物权论》（中册），台北，三民书局有限公司 2003 年 7 月修订 2 版，第 232、231、232 页。

《不动产登记暂行条例实施细则》第 61 条第 1 款第 4 项规定，应当办理地役权变更登记。

如果地役权人超出约定范围或限度使用供役地时，供役地权利人可以行使物权请求权，在发生损害时，还可以请求损害赔偿。

在设立地役权后，供役地的范围可否根据需役地的需要而当然增减？如设立取水地役权时，有 10 人需要用水，待 2 年后，增至 12 人用水，是否当然允许？学说分歧较大。一种意见认为，对地役权的范围，当事人间有详细的约定时，自应以约定时的登记范围为准，不得因当事人一方的需求而当然加以改变。如果没有详细约定，则地役权既然是为需役地的便宜而存在的，在需求自然增加时，地役权的范围可以随之增大。① 其思路值得我们重视。地役权的范围已被登记的情况下，依其登记，是确定物权效力的最重要的依据。在这样的前提下，《不动产登记暂行条例实施细则》规定："经依法登记的地役权发生下列情形之一的，当事人应当持地役权合同、不动产登记证明和证实变更的材料等必要材料，申请地役权变更登记：……（三）需役地或者供役地自然状况发生变化"（第 61 条第 1款第 3 项）。"供役地分割转让办理登记，转让部分涉及地役权的，应当由受让人与地役权人一并申请地役权变更登记"（第 61 条第 2 款）。不过，鉴于《民法典》不强求地役权登记，在尚未办理地役权登记的情况下，应依地役权合同的约定；无约定时，按照公平原则，根据具体情况加以确定。有的需要供役地权利人同意，有的需要增加费用。

2. 实施必要的附随行为、设置并保有必要设施的权利

地役权人因行使或维持其权利，有权为必要的附随行为，也可以设置一些设备。所谓必要的附随行为，不是指行使地役权的行为，如取水地役权场合不是指取水行为，而是指为达到地役权目的或实现其权利内容所必需的附随行为，如取水地役权场合为达取水目的而通行于供役地的行为，或铺设引水管道的行为。②

上述附随行为不仅表现为单纯的行为，如通行于供役地，而且包括设置必要的构筑物及其附属设施的行为，如为取水而在供役地上铺设引水管道。地役权人对此类设施保有所有权。③

在地役权人设置并保有必要设施的情况下，按照《不动产登记暂行条例实施细则》第 61 条第 1 款第 3 项、第 4 项的规定，办理地役权变更登记。

---

① 谢在全：《民法物权论》（中册），台北，三民书局有限公司 2003 年 7 月修订 2 版，第 222 页。
②③ 谢在全：《民法物权论》（中册），台北，三民书局有限公司 2003 年 7 月修订 2 版，第 224 页。

［探讨］

地役权人为达到地役权目的或实现其权利内容所必需的附随行为（如取水地役权场合为达取水目的而通行于供役地的行为，或铺设引水管道的行为），在法国民法上，也是地役权人承担的从属于地役权的给付义务，供役人有权请求地役权人实施。[①] 此类从属义务与具备这种特点的地役权相适应。[②]

供役人请求地役权人履行这种从属义务的权利，也叫给付请求权。其法律性质处于较为"古怪"的状态。在认定这种给付请求权的性质方面发生的冲突，使物权和债权之间的区别变得模糊起来。[③]

3. 地役权人享有优先权

地役权人使用供役地，不具独占性，不仅可与供役地权利人共同使用供役地，而且因供役地上可设立多个地役权而发生数个地役权人均使用同一宗供役地的情况。各个人的使用相互不冲突时固无问题，发生冲突时适用何种规则？笔者将在释评《民法典》第378条、第379条时再论，此处不赘。

4. 物权请求权

在地役权受到妨害或侵害时，地役权人可以基于本权行使妨害防止请求权以及妨害排除请求权，如他人的建筑物有倒塌的危险，并阻碍其通行的道路，地役权人即可行使妨害防止请求权，请求其为必要的预防措施，但地役权人无所有物返还请求权。

在德国法上，还赋予地役权人基于占有的防御请求权（《德国民法典》第1029条），此时，地役权人享有的是一种权利占有，准用基于占有的请求权规则。

5. 转让地役权的权利

地役权人有权转让地役权，包括买卖、互易、赠与地役权以及将地役权出资入股等形式。按照《民法典》的规定，转让地役权时不得违反地役权的从属性、不可分性等要求（第380条、第381条）。

已经登记的地役权转让的，应当及时办理变更（转移）登记（《民法典》第385条）。已经登记的地役权因土地承包经营权、建设用地使用权转让发生转移

---

① 法国最高法院诉状审理庭1881年2月23日判决（D. P.，81. I. 407；S.，82. I. 111），法国最高法院第三民事法庭1989年3月22日判决（B. 111，71；R.，91. 526. Fr, Zenati）。转引自尹田：《法国物权法》（第2版），北京，法律出版社2009年版，第432页。

② 尹田：《法国物权法》（第2版），北京，法律出版社2009年版，第432页。

③ 参见 Malaurie et Aynès, les biens, p. 310. 转引自尹田：《法国物权法》（第2版），北京，法律出版社2009年版，第432页。

的，当事人应当持不动产登记证明、地役权转移合同等必要材料，申请地役权转移登记（《不动产登记暂行条例实施细则》第 62 条第 1 款）。否则，其转让不得对抗善意第三人。申请需役地转移登记的，或者需役地分割转让，转让部分涉及已登记的地役权的，当事人应当一并申请地役权转移登记，但当事人另有约定的除外。当事人拒绝一并申请地役权转移登记的，应当出具书面材料。不动产登记机构办理转移登记时，应当同时办理地役权注销登记（《不动产登记暂行条例实施细则》第 62 条第 2 款）。

6. 以地役权设立抵押权的权利

地役权人有权将地役权抵押给他人，只是不得单独抵押（《民法典》第 381 条前段）。因为地役权被单独抵押的，在实现抵押权时，地役权人与需役地权利人就不是同一个人了，最终导致地役权与需役地（权利）的分离。为了贯彻地役权人和需役地权利人为同一个人的精神，《民法典》规定，土地承包经营权、建设用地使用权等抵押的，在实现抵押权时，地役权一并转让（第 381 条后段）。如此规定的另一个原因在于，需役地上的土地承包经营权、建设用地使用权被抵押的，土地承包经营权人、建设用地使用权人的地役权原则上也被抵押。

以地役权设立抵押权时，按照《不动产登记暂行条例实施细则》第 61 条第 1 款第 4 项的规定，办理地役权变更登记。

7. 费用支付义务及减少请求权

在地役权有偿设立的情况下，地役权人负有向供役地权利人支付费用的义务。费用的数额及支付方法，有约定时依其约定，无约定时依公平原则，根据具体情况加以确定。

在原本无偿设立地役权，但其后供役地权利人的负担增加，且为当初无法预料的，地役权人继续无偿使用供役地，显失公平的，供役地权利人可请求法院酌定费用。相反，原本有偿设立地役权，其后显示费用过高，地役权人可请求法院酌情减少费用。①

8. 地役权人对其建造的必要设施，负有维持修理的义务。因此支出之费用，应自行负担。

9. 地役权人负有尽量减少对供役地权利人物权的限制的义务（《民法典》第 372 条）。

---

① 参见谢在全：《民法物权论》（中册），台北，三民书局有限公司 2003 年 7 月修订 2 版，第 228 页。

第三百七十七条

地役权期限由当事人约定；但是，不得超过土地承包经营权、建设用地使用权等用益物权的剩余期限。

本条主旨

本条是关于地役权的存续期限不得超过供役地上的用益物权存续期限的规定。

相关条文

《物权法》第 161 条　地役权的期限由当事人约定，但不得超过土地承包经营权、建设用地使用权等用益物权的剩余期限。

理解与适用

本条是对《物权法》第 161 条的承继，本条正文奉行意思自治原则，把地役权的存续期限交由当事人双方约定，本条但书限制当事人双方关于地役权的存续期限的约定，即不允许地役权的存续期限超过土地承包经营权、建设用地使用权等用益物权的剩余期限。

本条但书所谓"等用益物权"，如土地经营权、居住权。其中的建设用地使用权，包括国有建设用地使用权、集体经营性建设用地使用权。

对于本条但书的限制，笔者倾向于限缩其适用范围，即其主要适用于供役地的权利人为土地承包经营权人或土地经营权人或建设用地使用权人的场合，不完全适用于供役地的权利人为不动产所有权人的领域，更不适用于供役地为房屋的情形。

在供役地的权利人为土地承包经营权人或土地经营权人或建设用地使用权人的情况下，如果地役权的存续期限超过了土地承包经营权或土地经营权或建设用地使用权等用益物权的剩余期限，那么，就超过的剩余期限而言，是土地承包经营权、土地经营权、建设用地使用权等用益物权已经消灭了，所谓供役地的"权利人"已经不再是权利人，他以供役地的权利人的名义与需役地的权利人合意设立地役权，等于无权处分，无端地剥夺了土地所有权人的合法权益。在土地经营权人与需役地的权利人合意设立地役权的场合，就意味着侵害了土地承包经营权人的权益。此其一。该项结论的可采性还可以联系地役权规则及理论予以佐证。土地承包经营权、建设用地使用权等用益物权的存续期限届满，用益物权归于消灭，承包地、建设用地或宅基地不再是需役地，地役权因无需役地而归于消灭。这也体现出地役权的从属性。可见，约定地役权的存续期限超过土地承包经营权等用益物权的剩余期限没有意义，不会有积极的法律价值。此其二。假如允许超过土地承包经营权、土地经营权、建设用地使用权的剩余期限，就不符合所有权的弹力性，就会损害土地所有权人的权益。于此场合，土地所有权人主张物权请求权，酿成较为复杂的法律关系。假如允许超过土地承包经营权的剩余期限，土地承包经营权人行使物权请求权，同样形成复杂的法律关系。此其三。

应当指出，本条不应适用于土地所有权人以其土地作为需役地而设立地役权，以及以建筑物、构筑物及其附属设施作为需役地而设立地役权的场合。因为于此场合土地承包经营权等用益物权因存续期限届满而消灭时，需役地依然存在，不动产所有权人和供役人约定的地役权存续期限长于土地承包经营权等用益物权的存续期限，也不妨碍地役权的目的及效能。

之所以本条但书不完全适用于供役地的权利人为不动产所有权人的领域，是因为土地所有权人与需役地的权利人合意设立土地承包经营权或建设用地使用权等用益物权时已经有言在先，设立此类权利不阻碍土地所有权人以其土地作为供役地为他人设立地役权，既然如此，于此场合，土地所有权人有权与需役地的权利人合意设立地役权，地役权的存续期限长于土地承包经营权、土地经营权、建设用地使用权等用益物权的剩余期限的，就更具有正当性。

之所以本条但书不适用于供役地为房屋的情形，是因为于此场合不存在土地承包经营权、土地经营权、建设用地使用权。

第三百七十八条

土地所有权人享有地役权或者负担地役权的，设立土地承包经营权、宅基地使用权等用益物权时，该用益物权人继续享有或者负担已设立的地役权。

本条主旨

本条是关于承包地、宅基地上已有地役权或同时为供役地时，该宗土地上可以并存地役权、土地承包经营权、宅基地使用权等用益物权的规定。

相关条文

《物权法》第162条　土地所有权人享有地役权或者负担地役权的，设立土地承包经营权、宅基地使用权时，该土地承包经营权人、宅基地使用权人继续享有或者负担已设立的地役权。

理解与适用

本条是对《物权法》第 162 条的复制，含有几层意思：（1）土地所有权人甲就 A 地享有地役权之后，乙又就 A 地取得土地承包经营权，甲的地役权可以与乙的土地承包经营权并存于 A 地；或者丙又就 A 地取得宅基地使用权，甲的地役权可以与丙的宅基地使用权并存于 A 地。（2）土地所有权人甲将其 A 地作为供役地为丁设立地役权之后，又把 A 地发包给乙，乙取得 A 地的土地承包经营权。丁的地役权与乙的土地承包经营权并存于 A 地。（3）土地所有权人甲将其 A 地作为供役地为丁设立地役权之后，又把 A 地作为丙的宅基地，于此场合，丁的地役权与丙的宅基地使用权并存于 A 地之上。

在"（1）"的场合，甲的地役权设立在先，其效力不因乙取得土地承包经营权、丙取得宅基地使用权而受影响，换个角度说，土地承包经营权人乙、宅基地使用权人丙必须容忍地役权这个负担。这就是本条所谓土地承包经营权人、宅基地使用权人"该用益物权人继续……负担已设立的地役权"的意思。

如果土地所有权人甲未将 A 地已经存在地役权的信息告知与乙、丙，乙行使土地承包经营权受到限制，因此遭受损失，乙有权请求甲承担违约责任；丙行使宅基地使用权受到限制，因此遭受损失，丙也有权请求甲承担违约责任。

在"（2）"和"（3）"的场合，土地所有权人甲就 A 地必须容忍丁享有并行使地役权，这就是本条所谓丁这个"用益物权人继续享有……已设立的地役权"的意思。此其一。土地承包经营权乙、宅基地使用权丙必须容忍丁的地役权。这也是本条所谓土地承包经营权人、宅基地使用权人"该用益物权人继续……负担已设立的地役权"的意思。

如果土地所有权人甲未将 A 地已为供役地的事实告知乙、丙，乙行使土地承包经营权受到限制，因此遭受损失，乙有权请求甲承担违约责任；丙行使宅基地使用权受到限制，因此遭受损失，丙也有权请求甲承担违约责任。

第三百七十九条

土地上已经设立土地承包经营权、建设用地使用权、宅基地使用权等用益物权的，未经用益物权人同意，土地所有权人不得设立地役权。

本条主旨

本条是关于土地所有权人若拟就土地承包经营权、建设用地使用权、宅基地使用权等用益物权的客体再为第三人设立地役权，须经土地承包经营权人等用益物权人同意的规定。

相关条文

《物权法》第 163 条　土地上已设立土地承包经营权、建设用地使用权、宅基地使用权等权利的，未经用益物权人同意，土地所有权人不得设立地役权。

理解与适用

本条是对《物权法》第 163 条的承继，其确立的规则是：土地所有权人若拟就土地承包经营权、建设用地使用权、宅基地使用权等用益物权的客体再为第三人设立地役权，必须经过土地承包经营权人等用益物权人的同意。

结合《民法典》第 374 条后段关于"未经登记，不得对抗善意第三人"的规定，观察本条的规定，可知其确立了如下规则：（1）土地所有权人经过土地承包经营权、建设用地使用权、宅基地使用权等用益物权的物权人的同意后，为第三人设立地役权，该等用益物权人须容忍地役权人使用供役地。（2）土地所有权人在未经土地承包经营权、建设用地使用权、宅基地使用权等用益物权的物权人同意的情况下，为第三人设立地役权，该第三人为恶意的，土地承包经营权、建设用地使用权、宅基地使用权等用益物权的效力优先于地役权的效力。（3）土地所有权人在未经土地承包经营权、建设用地使用权、宅基地使用权等用益物权的物权人同意的情况下，为第三人设立地役权，该第三人为善意的，土地承包经营权、建设用地使用权、宅基地使用权等用益物权的物权人须容忍地役权人使用供役地。

土地所有权人在未经土地承包经营权、建设用地使用权、宅基地使用权等用益物权的物权人同意的情况下，为第三人设立地役权，土地承包经营权、建设用地使用权、宅基地使用权等用益物权的物权人因此遭受损失的，土地承包经营权、建设用地使用权、宅基地使用权等用益物权的物权人有权请求土地所有权人承担违约损害赔偿责任。

第三百八十条

地役权不得单独转让。土地承包经营权、建设用地使用权等转让的，地役权一并转让，但是合同另有约定的除外。

本条主旨

本条是关于地役权具有从属性，可随土地承包经营权、建设用地使用权等转让而转让的规定。

相关条文

《物权法》第 164 条　地役权不得单独转让。土地承包经营权、建设用地使用权等转让的，地役权一并转让，但合同另有约定的除外。

《不动产登记暂行条例实施细则》第 62 条　已经登记的地役权因土地承包经营权、建设用地使用权转让发生转移的，当事人应当持不动产登记证明、地役权转移合同等必要材料，申请地役权转移登记。

申请需役地转移登记的，或者需役地分割转让，转让部分涉及已登记的地役权的，当事人应当一并申请地役权转移登记，但当事人另有约定的除外。当事人拒绝一并申请地役权转移登记的，应当出具书面材料。不动产登记机构办理转移登记时，应当同时办理地役权注销登记。

理解与适用

一、本条含义概貌

本条是对《物权法》第 164 条的复制，宣明地役权具有从属性，地役权随着土地承包经营权、建设用地使用权等转让而转让，但当事人另有相反约定的，依其约定。

二、地役权具有从属性

（一）总说

地役权本质上为独立的物权，但系为提高需役地的便宜而成立，与需役地相结合，因而提高其效益的物权，故从属于需役地，具有从属性。换句话说，地役权的存续以需役地的存在为前提，与需役地的所有权或其他不动产物权同其命运，与抵押权、质权或留置权从属于主债权而存在的情形相仿。[1] 所谓同其命运，是指地役权为需役地权利之从，不得由需役地分离而转让，或成为其他权利

---

① 谢在全：《民法物权论》（中册），台北，三民书局有限公司 2003 年 7 月修订 2 版，第 200 页；王泽鉴：《民法物权·用益物权·占有》（总第 2 册），北京，中国政法大学出版社 2001 年版，第 81 页。

的标的物。这就是本条前段由来的根据。

（二）地役权不得由需役地分离而转让的三种情形

1. 需役地的所有权人不得自己保留需役地的所有权，而将地役权单独转让给他人；同理，需役地的用益物权人不得自己保留需役地的用益物权，而将地役权单独转让给他人。地役权人违反本条前段关于"地役权不得单独转让"的规定，地役权的转让无效，受让人不能取得地役权，地役权仍为需役地而存在。地役权人违反该条关于"土地承包经营权、建设用地使用权等转让的，地役权一并转让"的规定，以合同特约"地役权不随同土地承包经营权、建设用地使用权等权利的转让而转让"的，在地役权系土地所有权人以其土地作为需役地而设立的情况下，因土地所有权没有移转，需役地仍然存在，土地所有权人保留其地役权的约定没有违反地役权从属于需役地的性质，故该约定应当有效；但是，如果地役权系土地承包经营权人、建设用地使用权人或宅基地使用权人为其承包地、建设用地或宅基地的便宜而设立的场合，土地承包经营权、建设用地使用权或宅基地使用权转让，当事人以合同特约地役权不随之转让，则违反了地役权从属于需役地的固有性质，应当归于无效。可见，本条后段所谓"但合同另有约定的除外"的但书，文义涵盖过宽，应当限缩其适用范围。

[引申]

A. 地役权的从属性是否为地役权的固有属性？这直接涉及地役权的从属性可否被当事人以约定排除或限制，以及当事人关于限制或排除从属性的约定，是否具有法律效力。部分有效，还是全部无效。

物权的法律性质，有些是物权固有的，如物权人支配标的物的属性，即为此类；另一些性质则是因立法政策而被立法者所"强加的"，如抵押权的不可分性。地役权的从属性属于何者？

我们应当将从属性作为地役权的固有属性，其理由如下：其一，从概念入手：地役权乃为需役地的便宜/效益而存在的权利。由此决定，地役权不得与需役地分离而单独存在，换言之，地役权为需役地的从物权。① 其二，从构成着眼：地役权的发生恒以存在着两个土地为前提，否则，地役权无以成立。② 《德国民法典》将地役权视为需役地的构成部分（第96条），《瑞士民法典》也是如此看待（第65条、第731条）的。③成分，属于物的构成部分，脱离该物便无所

---

① ③　[日]三潴信三：《物权法提要》（上、下卷），孙芳译，韦浩点校，北京，中国政法大学出版社2005年版，第131、132页。

②　陈华彬：《物权法原理》，北京，国家行政学院出版社1998年版，第539页。

谓成分；地役权作为需役地的成分，自然无法脱离需役地而单独存在。其三，从历史审视：地役权滥觞于罗马法，《法学阶梯》1.2.3.3规定：地役权等役权"之所以被称为对不动产的役权，乃因为没有不动产它们就不可能设立。事实上，任何人，除非他有不动产，都不能获得对都市或乡村不动产的役权；任何人，除非他拥有不动产，也不会对都市或乡村不动产役权承担义务"①。由此可见，地役权离不开需役地。其四，从本质揭示：甲说认为，地役权为需役地所有权的延长。乙说主张地役权系增加需役地价格的状态。这是罗马法以来的通说。② 丙说则谓，地役权的主体为需役地，地役权为从属于需役地的权利。③ 这些学说十分明显地反映出没有需役地便无地役权的现象和道理。尽管现代法制已经不再坚持如此看待地役权本质的视角，但地役权与需役地所有权之间具有密切关系的思想依然如故。④ 地役权最本质的特征在于与土地的不可分离性。⑤ 其五，就地役权与相关权利的关联方面观察，没有需役地，奴役供役地而成立的权利，要么是人役权，要么是债权，不会是地役权。

综合上述，应当承认从属性是地役权固有属性的结论。

B. 本条关于地役权从属性的规定，是否为强制性规定？

从属性作为地役权的固有属性，就不得将之从地役权中剥离，否则，轻者，地役权成为残疾之物，重者，地役权不复为地役权。如此，结论自然是：本条前段关于地役权从属性的规定，应为强制性规定，而非任意性规定。

但疑问在于，本条后段设有"但合同另有约定的除外"的但书，不是承认当事人可以约定排除地役权的从属性吗？！

笔者注意到我妻荣教授的如下观点：《日本民法典》第281条第1项前段关于"地役权，为作为需役地的所有权的从属而与之共同移转，或者作为在需役地上存在的其他权利的标的"的规定，承认了地役权的从属性。其中含有地役权对需役地所有权的伴随性，即 a. 当需役地所有权进行移转，或成为其他权利（如抵押权）的标的时，则地役权也与其一起移转，或成为需役地上存在的其他权利

①　[古罗马]优士丁尼：《法学阶梯》，徐国栋译，阿贝特鲁奇、纪蔚民校，北京，中国政法大学出版社2005年第2版，第140～141页。

②　Windscheid, Pandekten. I § 209；Dernburg, Pandekten I. § 288. 转引自[日]三潴信三：《物权法提要》（上、下卷），孙芳译，韦浩点校，北京，中国政法大学出版社2005年版，第129页。

③　Bocking, Pandekten. I § 36. 转引自[日]三潴信三：《物权法提要》（上、下卷），孙芳译，韦浩点校，北京，中国政法大学出版社2005年版，第129页。

④　转引自[日]三潴信三：《物权法提要》（上、下卷），孙芳译，韦浩点校，北京，中国政法大学出版社2005年版，第129页。

⑤　费安玲：《罗马私法学》，北京，中国政法大学出版社2009年版，第220页。

的标的。但是，按照《日本民法典》第281条第1项后段的但书，这种伴随性可因地役权的设立行为而受到排斥。b. 当理解为所有权以外的使用权，地役权亦能成立时，不言而喻，应理解为亦伴随这种使用权。① 这似乎在告诉我们，地役权的从属性的范围要广于伴随性，尽管伴随性可因地役权的设立行为有特别约定而受到排斥，但并不意味着伴随性以外的从属性也当然如此。再就是，当事人排斥伴随性的特别约定，非经登记，不得以之对抗第三人（《不动产登记法》第113条）。② 这表明法律对当事人以特约排除伴随性的有效性是有节制的。

《民法典》没有理由反对此类节制。明确这一点，有助于解决这样的问题：第380条后段所谓"但合同另有约定的除外"，是整个第380条的但书，还是仅仅为第380条后段"土地承包经营权、建设用地使用权等转让的，地役权一并转让"的但书？笔者认为，假如将"但合同另有约定的除外"作为整个条文的但书，则在合同约定仅仅转让需役地的权属，而使地役权人保有地役权，和合同约定将地役权与需役地权属分别转让给不同的主体等情况下，就违反了地役权必须以需役地的存在为前提的本质属性，地役权因而具有消灭的原因。如果将"但合同另有约定的除外"仅仅作为"土地承包经营权、建设用地使用权等转让的，地役权一并转让"的但书，就不会发生上述问题。此其一。

其二，从语法的角度看，将"但合同另有约定的除外"仅仅作为"土地承包经营权、建设用地使用权等转让的，地役权一并转让"的但书，有其根据。具体地说，第380条分为两句，前段为"地役权不得单独转让"，后段为"土地承包经营权、建设用地使用权等转让的，地役权一并转让，但合同另有约定的除外"。两句中间有"。"相隔，但书处于后段之中。如此，将"但合同另有约定的除外"的但书作为后段"土地承包经营权、建设用地使用权等转让的，地役权一并转让"的例外，而非作为整个第380条（包括前段"地役权不得单独转让"）的例外，就可以成立。较为详细些说，只有在"土地承包经营权、建设用地使用权等转让的"场合，当事人才可以约定地役权不随之转让，在建筑物、土地所有权转让的场合，当事人不得约定地役权继续保留在地役权人之手。

当然，"但合同另有约定的除外"的但书究竟是作为后段的例外，抑或整个第380条（包括前段"地役权不得单独转让"）的例外，在解释时不得随心所欲，不得全凭解释者的主观好恶，而是取决于从属性是地役权的固有属性，还是

---

① ［日］我妻荣：《日本物权法》，有泉亨修订，李宜芬校订，台北，五南图书出版公司1999年版，第379页。

② ［日］三潴信三：《物权法提要》（上、下卷），北京，中国政法大学出版社2005年版，第132页。

立法政策所加于的属性。若是前者，则必须尽可能地坚持从属性，于是但书仅仅作为后段的例外，最为恰当；若为后者，结论就没有这么简单，如果没有其他的理由，将"但合同另有约定的除外"的但书仅仅作为第 380 条后段"土地承包经营权、建设用地使用权等转让的，地役权一并转让"的例外，可以；作为整个第 380 条的例外，也无可非议。由于通过上文的论证，认定从属性是地役权的固有属性，我们应当尽量否定当事人关于排斥从属性的约定，在《民法典》第 380 条已经设置但书的背景下，在解释上应当将"但合同另有约定的除外"这一但书作为第 380 条后段"土地承包经营权、建设用地使用权等转让的，地役权一并转让"的例外，而不宜作为整个第 380 条的但书。

一旦当事人有此类约定，例如，当事人约定，需役地所有权移转时，地役权不随之移转，是说地役权仍被保留在原需役地所有权人之手，还是说该地役权具有消灭的原因？

由于从属性系地役权所固有的性质，应当得出这样的结论：在需役地及其权属转让的场合，而约定地役权仍保留于地役权人之手，需役地权属的转让固属有效，但地役权失去存在的根基，产生了消灭的原因。[①]

需要注意，在中国，国家土地所有权不得转让，集体土地所有权不得按照民事的实体法和程序法转让，宅基地使用权只能随着住宅的转让而转让，所以，不会存在依民法程序转让土地所有权而自己保留地役权的情形，也不可能存在依民法程序转让土地所有权和地役权的情形，因而，所谓"需役地的所有权人不得自己保留需役地的所有权，而单独转让地役权给他人"的规则，得将土地所有权排除，宅基地使用权也基本上被排除在外，仅仅适用于建筑物所有权转让的场合。

2. 需役地的所有权人不得仅将需役地的所有权转让给他人，自己保留地役权。否则，地役权因违反从属性而归于消灭。[②] 对本条前段关于"地役权不得单独转让"的规定，作反面推论，应当得出相同的结论。

需要注意，该项规则也必须排除土地所有权的适用，宅基地使用权也基本上被排除在外。

此处应予讨论的是，如果当事人之间系特别约定仅仅转让作为需役地的建筑物、构筑物及其附属设施的所有权，地役权不随同转让，如何处理。有观点认

---

① 谢在全：《民法物权论》（中册），台北，三民书局有限公司 2003 年 7 月修订 2 版，第 200～201 页。

② 谢在全：《民法物权论》（中册），台北，三民书局有限公司 2003 年 7 月修订 2 版，第 200 页；王泽鉴：《民法物权·用益物权·占有》（总第 2 册），北京，中国政法大学出版社 2001 年版，第 81 页。

为，需役地所有权的转让固属有效，但地役权宜解为违反其从属性，因而具有消灭的原因，否则如非有上述特别约定，则宜解为地役权随同转让。[1] 笔者赞同此论，因为特别约定需役地所有权转让，自己保留地役权，在需役地所有权果真转让他人的情况下，则该地役权失去需役地，失去存在的价值，确无存续的必要，应当归于消灭。

在需役地为承包地或建设用地，土地承包经营权或建设用地使用权转让他人的情况下，若当事人之间特别约定土地承包经营权或建设用地使用权转让，自己保留地役权，亦应认为地役权具备消灭的原因。其道理如同上述。

3. 需役地的所有权人不得将需役地的所有权与地役权分别转让给不同的人。例如，当事人之间特别约定，把需役地所有权转让给甲，将地役权转让给乙。有观点认为，当事人之间的真实意思，显然在于不将地役权随同需役地而为转让，故甲只能取得需役地所有权，却无从取得地役权；而地役权的转让违反从属性，归于地役权的转让无效，乙不能取得地役权。在这种情况下，地役权因无需役地存在而具有消灭的原因。[2] 对本条前段关于"地役权不得单独转让"的规定，作反面推论，也能得出相同的结论。

需要注意，该项规则也必须排除土地所有权的适用，宅基地使用权也基本上被排除在外。

第三百八十一条

地役权不得单独抵押。土地经营权、建设用地使用权等抵押的，在实现抵押权时，地役权一并转让。

本条主旨

本条是关于地役权的从属性在抵押方面的表现的规定。

相关条文

《物权法》第 165 条　地役权不得单独抵押。土地承包经营权、建设用地使用权等抵押的，在实现抵押权时，地役权一并转让。

《不动产登记暂行条例实施细则》第 61 条第 1 款第 4 项　经依法登记的地役

---

[1] 谢在全：《民法物权论》（中册），台北，三民书局有限公司 2003 年 7 月修订 2 版，第 200～201 页。

[2] 谢在全：《民法物权论》（中册），台北，三民书局有限公司 2003 年 7 月修订 2 版，第 201 页；王泽鉴：《民法物权·用益物权·占有》（总第 2 册），北京，中国政法大学出版社 2001 年版，第 81 页。

权发生下列情形之一的，当事人应当持地役权合同、不动产登记证明和证实变更的材料等必要材料，申请地役权变更登记：

　　…………

　　（四）地役权内容变更的；

　　…………

理解与适用

　　本条是对《物权法》第 165 条的复制，明确地役权不得单独抵押。土地承包经营权、建设用地使用权等抵押的，在实现抵押权时，地役权一并转让。

　　地役权人有权将地役权抵押给他人，但依本条前段的规定，地役权不得单独抵押。这是因为地役权被单独抵押的，在实现抵押权时，地役权人与需役地权利人就不是同一个人了，最终导致地役权与需役地（权利）的分离。为了贯彻地役权人和需役地权利人为同一个人的精神，本条后段规定，土地承包经营权、建设用地使用权等抵押的，在实现抵押权时，地役权一并转让。如此规定的另一个原因在于，需役地上的土地承包经营权、建设用地使用权被抵押的，土地承包经营权人、建设用地使用权人的地役权原则上也被抵押。

　　以地役权设立抵押权时，按照《不动产登记暂行条例实施细则》第 61 条第 1款第 4 项的规定，办理地役权变更登记。

第三百八十二条

　　需役地以及需役地上的土地承包经营权、建设用地使用权等部分转让时，转让部分涉及地役权的，受让人同时享有地役权。

本条主旨

　　本条是关于地役权在享有方面具有不可分性的规定。

相关条文

　　《物权法》第 166 条　需役地以及需役地上的土地承包经营权、建设用地使用权部分转让时，转让部分涉及地役权的，受让人同时享有地役权。

　　《不动产登记暂行条例实施细则》第 62 条　已经登记的地役权因土地承包经营权、建设用地使用权转让发生转移的，当事人应当持不动产登记证明、地役权转移合同等必要材料，申请地役权转移登记。

申请需役地转移登记的，或者需役地分割转让，转让部分涉及已登记的地役权的，当事人应当一并申请地役权转移登记，但当事人另有约定的除外。当事人拒绝一并申请地役权转移登记的，应当出具书面材料。不动产登记机构办理转移登记时，应当同时办理地役权注销登记。

理解与适用

本条是对《物权法》第166条的复制，确立地役权在享有方面具有不可分性的原则，即需役地及其所承载的土地承包经营权、建设用地使用权等部分转让时，所转让部分承载的地役权由受让人同时享有。

本条旨在确保地役权的设立目的，使之得为需役地的全部而利用供役地的全部。因为地役权是为需役地的全部的效益/便宜而取得的，是存在于供役地上的不可分的负担，自不可能为需役地的某个或某些局部而存在，亦非为特定人而存在，这是地役权与居住权等人役权的明显不同之点。例如，甲乙共享土地承包经营权的需役地，就丙的供役地设立排水地役权。其后，需役地的土地承包经营权被分割为两项独立的权利，甲乙各享有一项，排水地役权仍为该两宗承包地及其经营权的利益而存在，即甲乙均可继续为其承包地及其经营权的便宜而享有前述排水地役权。如果甲将其土地承包经营权转让给了丁，乙继续保有其土地承包经营权，则乙和丁有权为其承包地及其经营权的便宜而享有该排水地役权。但是，如果地役权的行使，依其性质只关乎需役地的一部分的，地役权仅就该部分继续存在。例如，甲乙共有的需役地，在丙的供役地设立丙不得在30米内建造建筑物的采光地役权。其后，需役地被分割成两宗土地，其中甲独享的一宗已经距离供役地30米之外，无须前述地役权的存在了。于是，该采光地役权仅为靠近供役地的部分需役地而存在。于此场合，丙有权请求甲注销其地役权的登记。需役地部分转让的，结论同上。[①]

当然，为使本条的适用更加合理，不妨将所谓"转让部分涉及地役权的"解释为含有"如果地役权的行使，依其性质只关乎需役地的一部分的，地役权仅就该部分继续存在"之义。

[①] 参见谢在全：《民法物权论》（中册），台北，三民书局有限公司2003年7月修订2版，第204页；王泽鉴：《民法物权·用益物权·占有》（总第2册），北京，中国政法大学出版社2001年版，第83页；梁慧星、陈华彬：《物权法》（第4版），北京，法律出版社2007年版，第291页；王利明、尹飞、程啸：《中国物权法教程》，北京，人民法院出版社2007年版，第407页。

第三百八十三条

供役地以及供役地上的土地承包经营权、建设用地使用权等部分转让时，转让部分涉及地役权的，地役权对受让人具有法律约束力。

本条主旨

本条是关于地役权在负担方面具有不可分性的规定。

相关条文

《物权法》第167条　供役地以及供役地上的土地承包经营权、建设用地使用权部分转让时，转让部分涉及地役权的，地役权对受让人具有约束力。

《不动产登记暂行条例实施细则》第61条第2款　供役地分割转让办理登记，转让部分涉及地役权的，应当由受让人与地役权人一并申请地役权变更登记。

理解与适用

本条是对《物权法》第167条的复制，确立了地役权在负担方面具有不可分性的原则，供役地以及供役地上的土地承包经营权、建设用地使用权部分转让时，转让部分涉及地役权的，地役权对受让人具有约束力。举例来说，甲乙共享建设用地使用权的供役地，存在着为丙的需役地设立的通行地役权。其后，该供役地被分割为二宗建设用地，甲乙各享有一项建设用地使用权，前述地役权继续存在于甲乙各享有的建设用地之上。甲将其建设用地使用权转让给丁，结论亦然。但是，地役权的行使，依其性质只关于供役地的一部分的，地役权仅对该部分继续存在。例如，通行地役权所开辟的道路仅仅通过甲利用的建设用地的，则地役权仅仅继续存在于甲利用的建设用地上，乙利用的建设用地已无负担通行地役权的必要，应构成部分消灭地役权的原因。因而，乙有权请求丙注销存续于自己建设用地上的地役权的登记。[1]

为使本条规定的适用更加合理，不妨将所谓"转让部分涉及地役权的"解释为含有"如果地役权的行使，依其性质只关于供役地的一部分的，地役权仅对该

---

[1]　参见谢在全：《民法物权论》（中册），台北，三民书局有限公司2003年7月修订2版，第204页；王泽鉴：《民法物权·用益物权·占有》（总第2册），北京，中国政法大学出版社2001年版，第83页；梁慧星、陈华彬：《物权法》（第4版），北京，法律出版社2007年版，第291页；王利明、尹飞、程啸：《中国物权法教程》，北京，人民法院出版社2007年版，第407页。

部分继续存在"之义。

第三百八十四条

地役权人有下列情形之一的，供役地权利人有权解除地役权合同，地役权消灭：

（一）违反法律规定或者合同约定，滥用地役权；

（二）有偿利用供役地，约定的付款期限届满后在合理期限内经两次催告未支付费用。

本条主旨

本条是关于解除地役权合同使地役权消灭的事由的规定。

相关条文

《物权法》第 168 条　地役权人有下列情形之一的，供役地权利人有权解除地役权合同，地役权消灭：

（一）违反法律规定或者合同约定，滥用地役权；

（二）有偿利用供役地，约定的付款期间届满后在合理期限内经两次催告未支付费用。

《不动产登记暂行条例实施细则》第 63 条第 1 项、第 5 项　已经登记的地役权，有下列情形之一的，当事人可以持不动产登记证明、证实地役权发生消灭的材料等必要材料，申请地役权注销登记：

（一）地役权期限届满；

…………

（五）依法解除地役权合同；

…………

理解与适用

本条是对《物权法》第 168 条的复制，列举了供役地的权利人有权解除地役权合同的事由，赋予该权利人解除权，地役权因此种解除而归于消灭。

根据本条第 1 项的规定，地役权人违反法律规定或合同约定，滥用地役权的，供役地权利人有权解除地役权合同。这包括两种情况：其一，地役权人行使地役权时，虽然不违反合同，但违反法律规定，造成滥用地役权的，供役地权利人也有权解除地役权合同。例如，地役权人排废水超过国家规定的标准，造成江河污染的。其二，地役权人行使地役权时，违反合同，造成滥用地役权的，供役地权利人也有权解除地役权合同，至于是否还有法律、行政法规的另外的强制性规定予以支撑，在所不问。

根据本条第2项的规定，在有偿利用供役地的情况下，约定的付款期间届满后，在合理期限内经供役地权利人两次催告，地役权人仍未支付费用的，供役地权利人有权解除地役权合同。就该规定的文义，可作如下解释。

如果该地役权合同规定有明确的付款期限，该期限届满时，无须供役地权利人催告，地役权人就陷入了履行迟延。如果地役权合同没有规定明确的付款期限，根据《民法典》第511条第4项的规定，供役地权利人首先向地役权人催告，确定合理的宽限期。该宽限期届满时，地役权人仍不付款，方陷入履行迟延。

在确定履行迟延后，供役地权利人还要"在合理期限内经两次催告"。这里的"合理期限内"，是指约定的付款期间届满后才开始起算的期限，而且是包含着供役地权利人两次催告所用时间在内的合理期限，不是指供役地权利人第一次催告处于合理的期间内，而第二次催告的时间点已经超出了合理期限，换言之，两次催告均在合理期限内。还有，合理与否的判断，既不是看该期间是否符合供役地权利人单方面的利益需要，也不是看该期间是否符合地役权人单方面的利益需要，而是以一个理性人的合法权益所需要的期限为准。

在经两次催告后，地役权人仍未给付费用的，供役地权利人方可行使解除权。

[探讨]

值得讨论的是，在地役权合同没有规定明确的付款期限，供役地权利人首先向地役权人催告，确定合理的宽限期。该宽限期届满时，地役权人仍未付款，构成恶意迟延，仍给他两次催告的优惠，有些怂恿，也不符合效率原则，莫不如仍然遵循《民法典》第563条第1款第3项的规定处理，即宽限期届满仍未付款的，供役地权利人即有权解除地役权合同。

第三百八十五条

已经登记的地役权变更、转让或者消灭的，应当及时办理变更登记或者注销登记。

本条主旨

本条是关于地役权变动及其办理相应形式的登记的原则性规定。

相关条文

《物权法》第169条 已经登记的地役权变更、转让或者消灭的，应当及时办理变更登记或者注销登记。

《不动产登记暂行条例实施细则》第63条 已经登记的地役权，有下列情形之一的，当事人可以持不动产登记证明、证实地役权发生消灭的材料等必要材料，申请地役权注销登记：

（一）地役权期限届满；

（二）供役地、需役地归于同一人；

（三）供役地或者需役地灭失；

（四）人民法院、仲裁委员会的生效法律文书导致地役权消灭；

（五）依法解除地役权合同；

（六）其他导致地役权消灭的事由。

第64条第3款 地役权设立后，办理首次登记前发生变更、转移的，当事人应当提交相关材料，就已经变更或者转移的地役权，直接申请首次登记。

理解与适用

本条是对《物权法》第169条的复制，提醒在地役权发生变动后应当及时办理相应的变更登记/转移登记、注销登记。分解开来，说明如下。

依本条规定，已经登记的地役权转让的，应当及时办理变更（转移）登记。已经登记的地役权因土地承包经营权、建设用地使用权转让发生转移的，当事人应当持不动产登记证明、地役权转移合同等必要材料，申请地役权转移登记（《不动产登记暂行条例实施细则》第62条第1款）。否则，其转让不得对抗善意第三人。申请需役地转移登记的，或者需役地分割转让，转让部分涉及已登记的地役权的，当事人应当一并申请地役权转移登记，但当事人另有约定的除外。当事人拒绝一并申请地役权转移登记的，应当出具书面材料。不动产登记机构办理转移登记时，应当同时办理地役权注销登记（《不动产登记暂行条例实施细则》第62条第2款）。

以地役权设立抵押权时，按照《不动产登记暂行条例实施细则》第61条第1款第4项规定，应办理地役权变更登记。

在地役权的行使限于供役地一部分的情况下，供役地权利人认为该部分的使用对其有特殊不便利的情况下，可以请求将地役权的行使，迁移至其他适于地役权人利益的场所，迁移费用由供役地权利人承担。[1] 于此场合，《不动产登记暂行条例实施细则》第 61 条第 1 款第 4 项规定，应办理地役权变更登记。

现行法不承认物权行为无因性理论，地役权合同因无效、被撤销或被解除等原因归于消灭时，地役权若未登记的，径直消灭；若已经登记，在地役权人和供役地权利人之间，需役人虽无权主张地役权，但在与第三人之间的关系上，只有待办理注销登记后，才可主张地役权消灭（《民法典》第 385 条、第 216 条等）。由此看来，《民法典》第 384 条规定地役权合同解除时地役权消灭，不够严谨。

在地役权无登记的情况下，地役权具备消灭的事由便立即归于消灭，无论在需役人和供役地权利人之间，还是在与第三人之间的关系上，一律如此。但在地役权已经登记的情况下，地役权的消灭，尚需办理地役权的注销登记（《不动产登记暂行条例实施细则》第 63 条）。

若未办理注销登记，在需役人和供役地权利人之间，需役人虽无权主张地役权，但在与第三人之间的关系上，只有待办理注销登记后，供役地权利人等才可主张地役权消灭的法律效果（《民法典》第 385 条、第 216 条等）。

---

[1] 谢在全：《民法物权论》（中册），台北，三民书局有限公司 2003 年 7 月修订 2 版，第 232 页。

第四分编　担保物权

本分编下辖"第 16 章　一般规定"、"第 17 章　抵押权"、"第 18 章　质权"和"第 19 章　留置权"共四章，汇集了担保物权的主要规则。

相较于《物权法》关于担保物权的规定，本分编向前迈进了一步，主要表现在如下方面：（1）在担保物权的客体领域，增加了土地经营权、集体经营性建设用地使用权、海域使用权、居住权，不再强调"四荒"土地承包经营权才可较为自由地设立抵押权；（2）在担保物权的类型层面，增设了超级优先权，把普通的动产抵押权和浮动抵押权合并为动产抵押权，当然，在动产抵押权内部仍有动产抵押权和浮动抵押权之分；（3）在数个担保物权并存于同一项财产之上时的效力排序，也有新的变化，如《民法典》增设第 415 条，规定"同一财产既设立抵押权又设立质权的，拍卖、变卖该财产所得的价款按照登记、交付的时间先后确定清偿顺序"；于第 414 条增加第 2 款，规定"其他可以登记的担保物权，清偿顺序参照适用前款规定。"（4）修正了《物权法》奉行的禁止流押条款的理念和规定，弹性化地对待和处理流押条款。（5）放弃了《物权法》坚持的抵押财产转让必经抵押权人同意的旧制，改采抵押财产转让、抵押权的追及效力和涤除权综合治理的结构及方法。（6）《民法典》只规定有关担保物权自办理（抵押或出质）登记时设立，不再如同《物权法》那样一一列举登记机构，这就为于时机成熟时设置动产担保的统一登记机构，尽可能地统一登记格式，预留了空间。这不失为一种较好的处理方式。

第十六章

一般规定

本章集中规定了担保物权的一般规则，包括担保物权的主要效力、担保物权担保的债权所处领域、基于担保合同设立担保物权的要求、担保物权担保的债权范围、担保物权的物上代位性、被担保债务转移时担保人免责的条件、物的担保和人的担保并存于同一个债权时，实行担保的顺序以及担保物权消灭及其事由。

在市场经济中，担保物权的社会作用突出，表现在如下几个方面：（1）担保物权的设立迫使债务人积极履行债务，保障债权实现，是担保物权的消极社会作用。[1] 当然，消极作用中也透着积极的社会作用，因为假如没有担保物权制度作为基础支撑信贷业，可能导致信贷成本的上升和整个信贷业的萎缩。这反过来又将影响到全民就业和经济增长。因此可以说，担保物权也是整个国民经济的重要支柱。[2]（2）担保物权作为社会融资的法律手段，诱导债权的发生，间接促成经济的繁荣是担保物权的积极社会作用。其道理在于，企业经营者筹集资金的便捷方式，是向金融部门融资。而获取融资的最佳手段，系以企业的财产设立担保物权。以担保物权为手段获取融资后，债务人因其清偿责任加重，责任感加强，便积极地将融资转为投资，购置设备，兢兢业业于企业的经营以赚取利润，用以清偿债务，或可用再添设备。增添的设备不仅可以使用、收益，创造利润，又可用于融资，再次形成从事经济活动所需的资本，于是相互循环，资本日增，企业因而壮大。再者，金融部门为使授予的融资易于收回，除设立担保物权作为最后护身符之外，无不先行调查企业的信用状况，就其经营方式、计划和结构作精密的

---

[1] 谢在全：《民法物权论》（中册），台北，三民书局有限公司 2003 年 7 月修订 2 版，第 347 页。

[2] ［德］曼弗雷德·沃尔夫：《物权法》，吴越、李大雪译，北京，法律出版社 2002 年版，第329页。

企业诊断，企业愈健全愈有清偿能力，自然更易于获得融资，无形中更可促使企业的健康发展。另外，融资既系自动偿还，则金融部门的融资乃能于社会中流通顺畅，利润源源而生，企业和金融部门相辅相成，经由担保物权的融资手段，共同带动经济的繁荣。[1]（3）刺激消费，高效地满足人们日益增长的消费需求。现代社会是一个消费型社会，大量前所未有的物质产品和精神产品被创造出来供人们消费。然而在面对一些高额消费品（如汽车、住宅等）之时，许多人可能因财力不支而只能望而却步，此时采取担保物权即可有效地解决这些问题。当某个消费者希望能够住上一套公寓房或开上一辆汽车的时候，他或她可以进行汽车抵押贷款或房屋抵押贷款，消费者只需要付出这些消费品售价的一小部分（甚至一分钱不支付），其他的部分由银行支付，消费者与银行之间形成借贷关系，贷款的数额分期偿还，同时以汽车或房屋向银行设定抵押权，以担保银行债权的实现。在人们能够通过支付很少的一部分金钱就能提前消费许多高额消费品的情形下，消费欲望得到了空前的刺激，人们的消费需要也极大地得到了满足。而消费的增长又进一步带动了生产、销售等各个环节的顺畅进行。因此，在看到担保物权保障债权安全实现、刺激信用的创造这两项功能的同时，也绝不能忽视其刺激消费、高效地满足人们消费需求的作用。[2]

担保物权依其发生原因的不同，可以分为法定担保物权和意定担保物权。所谓法定担保物权，是指直接基于法律规定而当然发生的担保物权。《民法典》规定的法定担保物权有留置权（第447条以下），建设工程价款优先受偿权（第807条），《海商法》第21条以下规定的船舶优先权，《民用航空法》第18条以下规定的民用航空器优先权等，均为法定担保物权。所谓意定担保物权，是指基于当事人的约定产生的担保物权。这类担保物权较为常见，抵押权、质权往往是意定产生的。这种分类的法律意义在于，担保物权成立的要件不同，意思自治原则发挥作用的领域有别。

［辨析］

工程款债权优先受偿权的确切含义与适用对象

强制执行申请人甲公司，基于民间借贷、买卖等法律关系对乙公司享有到期债权，发现乙公司对丙（政府机关）享有基于建设工程施工合同发生的工程款债权1 300万元人民币，且丙（政府机关）拟向乙公司付清工程款1 300万元人民币，于是申请查封了该笔1 300万元人民币的资金。乙公司提出执行异议，理由

---

[1] 谢在全：《民法物权论》（中册），台北，三民书局有限公司2003年7月修订2版，第347页。

[2] 王利明、尹飞、程啸：《中国物权法教程》，北京，人民法院出版社2007年版，第423页。

是其欠发其雇员的工资，依据《民法典》第807条的规定，对该笔1 300万元人民币享有工程款债权优先受偿权。

笔者不赞同乙公司的主张，理由及分析如下。

（1）从债的担保一般原理看

担保财产，不是被担保债权本身，也不是被担保债权指向的标的物，而是债务人另外的财产，甚至是债务人以外的第三人的财产。就此看来，《民法典》第807条规定的工程款债权优先受偿权指向的财产，不是承包人对发包人享有的工程款债权本身，也不是该债权指向的标的物（金钱）。所以，对发包人丙欠付承包人乙公司的1 300万元人民币强制执行，承包人乙公司无权以《民法典》第807条规定的工程款优先受偿权为由提出执行异议。

（2）从工程款债权优先受偿权就发包人的特定财产角度看

工程款债权优先受偿权是担保物权，以特定物为标的物。发包人丙的金钱未支付给承包人乙公司之前，并非特定物，而是融汇于发包人丙的责任财产之中，工程款债权优先受偿权这个担保物权的效力无法及于此处所谓金钱。如果发包人丙已经付给承包人乙公司，该笔金钱又被融汇于承包人乙公司的责任财产之中，工程款债权优先受偿权的效力也无法及于此处所谓金钱。所以，对发包人丙欠付的1 300万元人民币强制执行，承包人乙公司无权以《民法典》第807条规定的工程款债权优先受偿权为由提出执行异议。

（3）从工程款债权优先受偿权行使的条件看

只有在发包人丙支付工程款方面违约时，承包人乙公司才有权主张工程款债权优先受偿权。系争案件中，案涉工程尚未竣工验收，付款条件尚未成就，发包人丙未付该笔工程款不构成违约，承包人乙公司无权以工程款债权优先受偿权为由提出执行异议。

（4）从法律关系及权利主体的角度看

《民法典》第807条规定的工程款债权优先受偿权，应用于发包人丙与承包人乙公司之间的法律关系中。

法释〔2002〕14号规定的工人的工资优先受偿权，应用于承包人乙公司所雇员工、承包人乙公司与发包人丙之间的法律关系中，且权利主体为此处所谓员工，而非承包人乙公司。《建设工程施工合同司法解释》虽然不见了该条，但基于工程款债权优先受偿权制度的目的，工人的工资应在优先受偿的范围之内。系争案件中，承包人乙公司对甲公司申请的强制执行提出异议，理由是其雇员的工资尚未发放，这搞错了法律关系，主体错位。

担保物权以其主要效力为标准，可分为留置性担保物权和优先清偿性担保物权。所谓留置性担保物权，是以留置担保物，迫使债务人清偿为其主要效力的担保物权。留置权、当铺中的当铺质为其典型。所谓优先清偿性担保物权，是以支配担保物的交换价值，使得担保债权优先获得清偿为其主要效力的担保物权。抵押权为其代表。动产质权同时具有这两种效力。这种分类的法律意义在于，留置性担保物权通常是人们为了满足生活上的临时需要而存在的，但因必须将担保物的占有移转给债权人，致担保人（债务人或第三人）无法对它为使用、收益，企业经营者运用它的情况较少。反之，清偿性担保物权场合，担保人可继续使用并收益担保物，物尽其用，也免去了债权人的保管之累，最符合企业的经营理念，故为企业经营者所乐于采用。这种担保物权在现代生活中居于主导地位。①

担保物权依其标的物的不同，可分为动产担保物权、不动产担保物权、权利担保物权和非特定财产担保物权。所谓动产担保物权，是指以动产为担保物而设立的担保物权。动产质权及动产抵押权为其例证。所谓不动产担保物权，是指以不动产为担保物而设立的担保物权。不动产抵押权为其代表。所谓权利担保物权，是指以权利为担保物而设立的担保物权。权利质权、权利抵押权为其典型。非特定财产担保物权，是指担保物权设立时不要求拟为担保的财产特定化，在担保物权实行前拟为担保的财产可以变动，但在担保物权实行时，担保物必须确定的担保物权。浮动抵押权为其代表。② 这种分类的法律意义在于：（1）担保物权成立的要件不尽一致，如不动产担保物权以登记为生效要件，浮动抵押权则否，而动产担保物权需要区分类型而定。（2）不同领域对担保物权类型的需求有别。如企业经营领域，不动产抵押权、浮动抵押权、某些权利质权被经常运用，而在日常生活领域则对动产质权的需求较大。

担保物权以是否移转担保物的占有为标准，可分为占有担保物权和非占有担保物权。所谓占有担保物权，是指将担保物移转给债权人占有为成立要件和存续要件的担保物权。留置权、动产质权为其代表。所谓非占有担保物权，是指无须将担保物移转给债权人占有的担保物权。抵押权为其典型。③ 这种分类的法律意义在于，两者的成立要件不同：占有担保物权以移转担保物的占有为成立要件，非占有担保物权则否。

① 谢在全：《民法物权论》（中册），台北，三民书局有限公司 2003 年 7 月修订 2 版，第 349 页。
② 谢在全：《民法物权论》（中册），台北，三民书局有限公司 2003 年 7 月修订 2 版，第 350 页；梁慧星、陈华彬：《物权法》（第 4 版），北京，法律出版社 2007 年版，第 303 页。
③ 谢在全：《民法物权论》（中册），台北，三民书局有限公司 2003 年 7 月修订 2 版，第 351 页；梁慧星、陈华彬：《物权法》（第 4 版），北京，法律出版社 2007 年版，第 304 页。

担保物权以其是否属于法律所规定的为标准，可分为典型担保和非典型担保。所谓典型担保，是指法律所明文规定的，以担保债权实现为直接目的的担保形式。抵押权、质权和留置权均为典型担保。所谓非典型担保又有广义的和狭义的之分。狭义的非典型担保，是指在交易实务中自发产生，尔后为判例、学说所承认的担保债权实现的担保形式。让与担保为其代表。[①] 广义的非典型担保，又叫变态担保或不规则担保，是指法律未将其放置于债权担保体系内，甚至于法律对其未加规定，但内在地具有或兼具担保债权的功能，社会交易上将之用于债权担保的制度。典权、让与担保、附条件买卖、买回、代理受领、抵销、融资租赁等均属此类。[②] 对于非典型担保合同，当事人以法律、行政法规尚未规定之为由主张无效的，人民法院不予支持。不过，当事人未在法定的登记机构依法进行登记，主张该担保具有物权效力的，人民法院不予支持（《担保制度司法解释》第63条）。

《担保制度司法解释》第53条承认的担保，若符合《民法典》等法律规定的担保物权，则其为典型担保；反之，则为非典型担保。《担保制度司法解释》第70条第1款关于债权人对由其控制的保证金账户内的款项享有优先受偿之权的规定，亦非《民法典》等法律设计的担保物权，亦为非典型担保。

总的说来，《民法典》对于非典型担保的态度是复杂的：完全确立之，社会效果如何？是否带来负面结果？心里没有底；明确否定它，是否没有满足社会生活的实际需要，甚至阻碍了社会向前发展？也有此担忧。下了决心的是"扩大担保合同的范围，明确融资租赁、保理、所有权保留等非典型担保合同的担保功能"[③]。尽管如此，《民法典》对于非典型担保还是若明若暗，在融资租赁合同、保理合同的条款设计方面仍未凸显担保规则。有鉴于此，《担保制度司法解释》尽其所能地明确、细化非典型担保的规则，解释《民法典》的有关担保的规定，补充《民法典》欠缺的某些规则。

《担保制度司法解释》第53条关于"当事人在动产和权利担保合同中对担保财产进行概括描述，该描述能够合理识别担保财产的，人民法院应当认定担保成立"的规定中的"对担保财产"的"概括描述"，若属于模糊不清，使人难以把担保财产从担保人的责任财产中区隔出来，即没有满足担保财产的特定性的，则

[①]　梁慧星、陈华彬：《物权法》（第4版），北京，法律出版社2007年版，第304页。

[②]　谢在全：《民法物权论》（中册），台北，三民书局有限公司2003年7月修订2版，第351～352页。

[③]　王晨：《关于〈中华人民共和国民法典（草案）〉的说明》，http://paper.people.com.cn/rmrb/html/2020-05/23/nw. D110000renmrb_20200523_1-07. htm，2020年5月31日最后访问。

担保未设立；若属于较为具体、明确，能够满足担保财产的特定性的，则担保设立。诸如"担保人的 A 型号的钢材""B 种水泥""C 债券"等，均属具体、明确，系《担保制度司法解释》第 53 条所谓"该描述能够合理识别担保财产"。

关于"能够合理识别担保财产"的判断标准，不宜苛求，在一些案型中时间可作为判断标准，如生产某牌型电脑的甲厂以 2020 年全年生产的某牌型电脑作为担保物；在另一些案型中特定的空间可为判断标准，如甲公司以存放于乙仓储人的 A 仓库中的动产设立担保；在其他案型中可用度量衡作为识别担保财产的判断标准，如砂石厂以一定的长宽的砂石作为担保物。合理识别担保财产的判断标准，可能是由单一元素构成的，也可能是由若干元素构成判断标准。例如，用型号、直径和数量描述条钢，使之成为担保权的标的物，这能保障担保权的实行，应属"该描述能够合理识别担保财产"，可设立担保权。再如，某担保合同约定凤凰牌自行车作为担保物，没有明确数量，实际上难以识别哪些凤凰牌自行车属于担保物，难以实行担保权，故不得认定担保权设立。

不可忽视，在一些案型中，局限于担保合同对担保财产的描述，似乎难以"合理识别担保财产"，但若结合担保合同之外的因素就能够合理识别担保财产，于此场合应当认定"该描述能够合理识别担保财产"，担保权设立。这种理念和方法比较适合于商家们设计了复杂的交易安排时判断概括描述能否合理识别担保财产。在这种复杂的交易安排中，有时可通过相互衔接、共同配合的合同群的约定来识别担保财产。

还有，若有有关证人证言、文件可以合理识别担保财产的，也应该认定担保权设立。

有必要指出，《担保制度司法解释》第 53 条关于"该描述能够合理识别担保财产的，人民法院应当认定担保成立"的规定，不够周延。以当事人的意思表示即可设立的担保权，登记等公示非为担保权设立的生效要件的，可以是只要描述能够合理识别担保财产，担保即成立。与此有别，以登记等公示为担保权设立的生效要件的，仅有"该描述能够合理识别担保财产"，没有办理登记等公示方式的，担保仍不成立。

所谓让与担保，是指债务人或第三人为担保债务人履行其债务，将担保物的权利移转于债权人，待债权获得清偿时，担保物的权利复归于债务人或第三人，在债务不履行时，债权人可以就该担保物受偿的非典型担保。以标的物是动产抑或不动产为标准，它分为动产让与担保和不动产让与担保。

《担保制度司法解释》承认了转移物权的让与担保，除非它存在《民法典》第 146 条第 1 款、第 153 条和第 154 条等条款规定的无效原因；无论当事人所约定的财产权利变动经过公示与否，债权人均不能径直取得该财产的所有权，但已经公示的，债权人有权依据《民法典》关于担保物权的规定，使其债权优先受偿；债务人与债权人约定将财产转移至债权人名下，在一定期间后再由债务人或其指定的第三人以交易本金加上溢价款回购，原则上有效，但约定债务人到期不履行回购义务时该财产归债权人所有的，人民法院不予支持，但债权人有权依据《民法典》关于担保物权的规定，使其债权优先受偿，除非此类约定属于虚假的意思表示（第 68 条）。此其一。在让与物权的担保中，无论当事人所约定的财产权利变动经过公示与否，债权人均不能在实质上取得该财产的物权，只可在外观上是该财产的物权人。换句话说，在债权人与担保人（该财产的实质上的物权人）之间，不发生物权变动，但在债权人与第三人之间，只要该财产的物权转移至债权人之手已经公示，该第三人对此合理信赖，即信赖外观上昭示的债权人是该财产的物权人，那么，法律就应当保护这种信赖，应当适用《民法典》第 216 条关于公信原则的规定。在债权人以物权人的身份出卖该财产给第三人，该第三人主张取得该财产物权的情况下，应当适用《民法典》第 311 条第 1 款的规定，发生该第三人善意取得该财产物权的效果。此其二。在让与担保的物权转移已经公示的背景下，只要债务人不履行到期债务，那么，债权人对担保人虽不可主张已经取得该财产的物权，但有权依据《民法典》关于担保物权的规定，使其债权优先受偿（《担保制度司法解释》第 68 条）。此其三。

　　《担保制度司法解释》还承认了转让股权的让与担保，公司或其债权人以股东未履行或者未全面履行出资义务、抽逃出资等为由，请求作为名义股东的债权人与股东承担连带责任的，人民法院不予支持（第 69 条）。该条至少含有如下内容：（1）构成股权让与担保，必须具备如下要件：A. 转让人和受让人达成股权转让的合意；B. 股权移转已经完成，即目标公司的股东名册上的股东记载已由转让人变更为受让人（《公司法》第 32 条第 2 款），受让人是名义股东，转让人是实际股东；C. 股权转让的目的是担保主债权的实现，而非终局性质的股权转让，一旦担保目的达到，该股权便回转给转让人。这里的问题是，一些公司未设股东名册，如何判断股权的移转呢？至少可考虑两条路径：其一，股东会决议确认了股权变动，受让人取代转让人为公司的股东的，即可认定股权已经移转；其二，借用工商登记机制，虽然《公司法》第 32 条第 3 款将股东的工商登记作为对抗第三人的要件，而非股权变动的生效要件，但可从证据法的视角看待之，即只要举证证明工商登记记载的股东是受让人，就可以认定系争股权变动完成了。（2）既然股权转让只是形式上的，不是实质上的，那么，其法律效力的范围宜局限于转让人和受让人间，在股权的受让人不是被担保债权的债权人的情况下，还约束被担保债权的债权人。既然如此，若令受让人这个名义股东与其他股东对目标公司或其债权人就股东未履行或未全面履行出资义务、抽逃出资等承担连带责任，就假戏成真了，对受让人过苛。特别是，目标公司明知或应知受让人只是名义股东，且不同于典型的股权代持，应当遵循实事求是原则，不应令受让人与股东承担连带责任。在这里，《担保制度司法解释》第 69 条与《公司法司法解释（三）》第 18 条等条款规定的股东承担连带责任至少在表面上存在差异，如何适用法律，值得研讨。首先，这两件司法解释的法律位阶相同，出台的时间相差无几，难以用上位法的优先于下位法、新法优先于旧法的规则解决这里的问题。其次，在处理股权让与担保的案件中，《担保制度司法解释》第 69 条较《公司法司法解释（三）》第 18 条等条款更为合理，着眼于利益衡量的角度，应当适用《担保制度司法解释》第 69 条的规定。为达此目的，可以认为《公司法司法解释（三）》第 18 条等条款系调整一般意义上的股东出资及其相应的法律责任、普通的股权转让、典型的股权代持的规定，为普通法；而《担保制度司法解释》第 69 条则系专门规范股权让与担保的场合名义股东不宜承受过重负担事项的，属于特别法。特别法优先适用。最后，目标公司的债权人难以知晓受让人系名义股东的事实，其注意义务是查阅目标公司的工商登记，包括股东及其出资情况，从中了解目标公司的清偿能力，以及可否和有无必要揭开公司的面纱；无注意义务查清名义股东和实际股东的情况。在这个意义上，不令工商登记的受让人这个名义股东就实际股东未履行或未全面履行出资义务、抽逃出资等事实向目标公司的债权人承担连带责任，似乎与公示及其功能未尽契合，尽管工商登记只发生对抗效力。如何保护信赖工商登记的目标公司的债权人？可采取以下步骤，分配举证证明责任：A. 该债权人可以请求受让人这个名义股东就股东未履行或未全面履行出资义务、抽逃出资等事实承担责任；B. 受让人有权对抗该债权人的该项请求，但须负举证证明股权让与担保的责任，证明成功的，对该债权人就不承担连带责任。受让人未证明成功的，仍要承担连带责任，其原因是他缺乏股权让与担保的证据，也表明其有过错，应该就此承受后果。

《担保制度司法解释》确立让与担保规则，使《民法典》第 388 条第 1 款中段关于"担保合同包括抵押合同、质押合同和其他具有担保功能的合同"的规定落到实处，具有十分重要的实践意义。实务中存在相当数量的让与担保，形式上的股权转让、物权转让与其对价很不相称，有些案件中的对价只有转让股权或物权的百分之几、千分之几，甚至只有象征性的 1 元人民币，因为当事人心里明白，转让股权或物权仅仅是个过渡，是个形式，绝非真正的股权转让或物权转让。处理此类案件，唯有还让与担保的本来面目才符合当事人的真实的意思表示，才公平合理。可是，有相当数量的判决、裁决却认定股权转让或物权转让，使原股权人、物权人丧失巨大利益，显失公平。酿成这种后果的原因可能有种种，缺乏让与担保的法律规定系其中之一，有些裁判者觉得按照让与担保处理欠缺法理依据。《担保制度司法解释》设置让与担保规则，对症下药，功德无量！

《担保制度司法解释》在落实《民法典》第641条和第642条设计的所有权保留规则的前提下，还增加程序性和实体性的下述规定："与买受人协商不成，当事人请求参照民事诉讼法'实现担保物权案件'的有关规定，拍卖、变卖标的物的，人民法院应予准许"（第64条第1款但书）；"买受人以抗辩或者反诉的方式主张拍卖、变卖标的物，并在扣除买受人未支付的价款以及必要费用后返还剩余款项的，人民法院应当一并处理"（第64条第2款后段）。对该条规定，笔者评论如下：（1）出卖人如何取回标的物，买卖双方有商定时依其商定，这符合意思自治原则，且大多符合交易纠纷解决的实际，不涉及公序良俗，在这个意义上说，它值得肯定。但其违背了《民法典》第642条首先赋权出卖人享有径直请求买受人返还买卖物的取回权，不论出卖人和买受人就取回买卖物是否达成协议；其次才是尊重出卖人愿意与买受人就取回买卖物进行协商的意思和操作。在立法法的层面，司法解释无权"篡改"《民法典》的设计。（2）出卖人基于保留的标的物所有权取回标的物，这是物权及其行使效力的表现，在标的物于出卖人特别有意义时最能达到目的。买受人同意出卖人取回标的物时是这样，不同意时也应当如此。循此逻辑，出卖人行使取回权，使标的物重回出卖人之手，不应受买受人同意与否的影响。乍一看，笔者的这种意见似乎不同于《民法典》第642条关于"出卖人可以与买受人协商取回标的物；协商不成的，可以参照适用担保物权的实现程序"的规定及《担保制度司法解释》第64条第1款关于"在所有权保留买卖中，出卖人依法有权取回标的物，但是与买受人协商不成，当事人请求参照民事诉讼法'实现担保物权案件'的有关规定，拍卖、变卖标的物的，人民法院应予准许"的规定。实际情形果真如此吗？如果把《民法典》第642条第2款及《担保制度司法解释》第64条第1款的规定理解为它们确定了买受人与出卖人协商系出卖人取回标的物的前置程序，那么，只有买受人同意出卖人取回标的物时，标的物才能重归出卖人；买受人不同意时，只得"参照适用担保物权的实现程序"，拍卖或变卖标的物，出卖人只能取得一定的金钱，不能取得标的物原物。观察《担保制度司法解释》第64条第1款的字面意思，给人的印象似乎是这种理解。这的确不同于笔者的解释。与此有别的理解是：即使买受人不同意出卖人取回标的物，或不同意出卖人取回标的物的方式，也阻挡不住出卖人取回标的物原物。当然，法律并无强迫出卖人只可取回标的物原物之意，而是赋予出卖人选择权：出卖人有权选择不取回标的物，而选择"参照适用担保物权的实现程序""拍卖、变卖标的物"的处理方式。对于"参照适用担保物权的实现程序""拍卖、变卖标的物"的处理方式，《民法典》第642条第2款使用的措辞是"可以"而非"应当"或"必须"，表明该规定非强制性规定；《担保制度司法解释》第64条第1款的表述是"当事人请求"，作为权利人的出卖人不请求"参照适用担保物权的实现程序""拍卖、变卖标的物"，而请求买受人返还标的物原物，不违反法律的强制性规定，应当受到法律的肯定和保护。这样，出卖人享有选择权之说确有法律及法理的依据。笔者赞同这种理解，因其最符合物权及其行使的本质特征，可能最有利于出卖人。（3）饶有趣味的是，《民法典》第642条和《担保制度司法解释》第64条各有两款，每款的意思相同或相近，只是《民法典》第642条的两款顺序被《担保制度司法解释》第64条调换了，可就是这一顺序的调换，就实质性地改变了《民法典》第642条的规范意旨。在笔者看来，这种改变是不应该的。（4）《担保制度司法解释》第64条第1款会带来负面后果，其中之一是拍卖、变卖所得价款若低于买卖物的实际价值，在出卖人不急于出卖该物、有意待价而沽的场合，不利于出卖人，在买受人赔偿能力不足的情况下更是如此；其中之二是拍卖的程序复杂和耗时，远没有出卖人径直取回买卖物有效率。

《担保制度司法解释》在落实《民法典》第735－760条规定的融资租赁规则的前提下，强调或补充规定："在融资租赁合同中，承租人未按照约定支付租金，经催告后在合理期限内仍不支付，出租人请求承租人支付全部剩余租金，并以拍卖、变卖租赁物所得的价款受偿的，人民法院应予支持；当事人请求参照民事诉讼法'实现担保物权案件'的有关规定，以拍卖、变卖租赁物所得价款支付租金的，人民法院应予准许"（第65条第1款）。理解该条款，应首先确定其规范的案型。第一种案型是，承租人违约，但出租人只请求承租人承担违约责任，没有解除合同。第二种案型是，承租人违约，出租人同时请求承租人承担违约责任并主张解除合同。其次，在第一种案型中，《担保制度司法解释》第65条第1款所谓"承租人未按照约定支付租金，经催告后在合理期限内仍不支付"，属于担保权实行的条件成就；所谓"当事人请求参照民事诉讼法'实现担保物权案件'的有关规定，以拍卖、变卖租赁物所得价款支付租金的，人民法院应予准许"，意味着最高人民法院承认出租人于此场合享有担保权，并认可和保护出租人行使该权。最后，在第二种案型中，在法律适用的顺序上，万不可把《担保制度司法解释》第65条第1款的规定置于非常优先的位置，它无排斥《民法典》第745条前段关于"出租人对租赁物享有的所有权"的规定和第752条后段关于"可以解除合同，收回租赁物"的规定之效。换句话说，出租人援用《民法典》第745条前段和第752条后段的规定时，承租人无权援用《担保制度司法解释》第65条第1款的规定对抗出租人的请求。如此把握的根据在于：在出租人对租赁物享有所有权的情况下，只要融资租赁合同被解除，租赁物的所有权就归属于出租人，出租人收回租赁物系所有权效力和行使的体现，法律没有理由不予支持，不应强制"参照民事诉讼法'实现担保物权案件'的有关规定，以拍卖、变卖租赁物所得价款支付租金"。最佳的方案是赋权出租人可以选择：或是"收回租赁物"，或是"参照民事诉讼法'实现担保物权案件'的有关规定，以拍卖、变卖租赁物所得价款支付租金"。

《担保制度司法解释》第65条第2款的规定，体现了效益原则、意思自治原则和公平合理的精神。该条款把本诉和反诉合并处理，是有前提的，即单纯地收回租赁物意味着出租人不当地占有了承租人已付租金的利益，有失权衡；将该利益归还承租人才会使双方的利益衡平。此其一。至于承租人不提反诉而是单纯地抗辩，是否支持承租人关于出租人应归还多取得利益的主张，在较长的时期意见不一。《担保制度司法解释》第65条第2款前段采纳肯定说，有利有弊，可再观察和思考。此其二。当事人对租赁物的价值有争议，在另一个层面就是出租人于取回租赁物时到底占有承租人的利益没有，如何解决？《担保制度司法解释》第65条第2款后段首取意思自治原则，"融资租赁合同有约定的，按照其约定"。由于如此不涉及公序良俗，该规定应被赞同。此其三。"融资租赁合同未约定或者约定不明的，根据约定的租赁物折旧以及合同到期后租赁物的残值来确定"，符合事物的本来面貌，财会制度等均遵循此律，《担保制度司法解释》第65条第2款后段第2项从之，有其道理。此其四。《担保制度司法解释》第65条第2款后段第3项关于"根据前两项规定的方法仍然难以确定，……根据当事人的申请委托有资质的机构评估"的规定，应为上策，由中立的第三人"有资质的机构"依其专业知识和技能评估租赁物的价值，容易被当事人接受，符合众人的理念。此其五。《担保制度司法解释》第65条第2款后段第3项关于"……当事人认为根据前两项规定的方法确定的价值严重偏离租赁物实际价值的，根据当事人的申请委托有资质的机构评估"的规定，有利有弊。其利在于，这可矫正利益失衡。其弊表现在：出租人和承租人本来已经于融资租赁合同中约定了出租人取回租赁物时衡平双方利益的规则和方法，本应遵循之，可却出尔反尔，这违反了合同严守原则和诚信原则，应受责难，可《担保制度司法解释》第65条第2款后段第3项却予以肯定和支持，缺乏正当性。再说，即使当事人双方原来的约定不符合租赁物的客观价值，有失公平，也应适用《民法典》第151条、第152条等条款的规定，在除斥期间内行使撤销权，《担保制度司法解释》第 65 条第 2 款后段第 3 项置这些于不顾，难谓妥当。此其六。

《担保制度司法解释》在落实《民法典》第 761 - 769 条规定的保理规则的前提下，强调或补充规定："同一应收账款同时存在保理、应收账款质押和债权转让，当事人主张参照民法典第七百六十八条的规定确定优先顺序的，人民法院应予支持"（第 66 条第 1 款）。其实，《民法典》第 768 条的规定存在明显的负面结果：（1）《民法典》第 768 条第三个分号所谓"均未登记的，由最先到达应收账款债务人的转让通知中载明的保理人取得应收账款"，将通知作为保理人取得应收账款债权的生效要件，就混淆了应收账款债权让与的对内效力与对外效力，混淆了两种不同的法律关系；误解了表见让与规则及理论的实质，实非妥当。（2）《民法典》第 545 条至第 549 条确立了债权让与合同生效使债权转移至受让人、债权让与通知使债权转移的效力约束债务人的规则，但第 768 条却另立应收账款债权转移的模式，且多达三种。这给人们理解、把握和运用债权让与规则增添不小的困难。有无必要，值得再思。（3）《民法典》第 768 条对应收账款债权转让另设三种模式，出发点是"使得债权交易成本、事先的调查成本、事中的监督防范成本、事后的债权实现的执行成本等各种成本更低，对第三人和社会整体的外部成本也更低"①。这是设计者的美好愿望，实际效果值得怀疑。原来，应收账款登记，不采物的编成主义，而是实行人的编成主义，且有关信息完全由申请人自己填写，登记机构不予实质性审查。在这样的背景下，保理人Ⅰ为受让货真价实的应收账款债权，查阅登记记载，首先要统计有哪些具有保理资质的金融机构（数不胜数），其次要查阅诸家潜在的保理人的名下是否登记有保理人Ⅰ拟受让的应收账款债权（由于登记机构对申请人填写的应收账款的信息不予审查，记载的应收账款难免虚假），最后还要"顺藤摸瓜"地寻觅至应收账款的债务人，"刨根问底"地问询该笔应收账款真实与否（难免碰壁），等等。不难想象，其中的成本不会低。（4）由于登记的应收账款不保证真实、准确，保理人Ⅰ完全信赖此种登记而订立保理合同，受让应收账款债权，难免吃亏上当，于是，顾虑重重，忧心忡忡，特别是确实受让了虚构的应收账款时，更是如此。加上此情此景会影响其他保理人，增加其不安全感，不愿、不敢积极交易，这就谈不上交易安全。《担保制度司法解释》第 66 条第 1 款在同一应收账款同时存在保理、应收账款质押和债权转让的场合类推适用瑕疵不小的《民法典》第 768 条的规定，不能说是明智的选择。

---

① 黄薇主编：《中华人民共和国民法典合同编释义》，北京，法律出版社 2020 年版，第 617 页。

有追索权的保理，保理人可以视情形而请求应收账款债权人返还保理融资款本息或回购应收账款债权，或者向应收账款债务人主张应收账款债权（《民法典》第766条前段）。因此，在程序法上，保理人可以任选其中一人为被告；或者一并起诉应收账款债权人和应收账款债务人。这是《担保制度司法解释》第66条第2款的规定，是符合《民法典》第766条的文义和规范意旨的，值得赞同。

应收账款债权人向保理人返还保理融资款本息或回购应收账款债权，在实质上等于保理消失，应收账款债务人清偿债务的对象由保理人恢复为应收账款债权人。因此，应收账款债权人有权请求应收账款债务人向其履行应收账款债务。这是《担保制度司法解释》第66条第3款的规定，法律关系清晰，公平合理，值得赞同。此其一。

其二，应收账款质押天生地位于物权法的领域，具有优先效力、对世效力；而债权转让则纯属债法范畴，即使充当让与担保功能的债权转让也是如此，对于债务人的约束还要以通知到达为要件，更遑论对一般第三人的约束力了。保理，本来也是引发债的关系的，但考虑到其发挥担保功能的情形，准予保理人受让的应收账款债权可登记，通过登记使保理人就受让的应收账款债权在获得清偿方面优先于第三人对该债权享有的请求权。尽管如此，保理人的这种优越地位终究是基于立法政策而由债权蜕变而来的，认其有与应收账款债权质权平起平坐的地位，正当性不足。既然应收账款债权质权、保理人受让的应收账款债权、普通的债权转让三者存在着差异，法律就各自的法律地位及法律效力区别对待，如普通的债权转让在对外的法律效力上弱些，可能更符合各自的品格，但《担保制度司法解释》第66条第1款却将它们等量齐观，有些简单化了。

其三，应收账款债权质权以登记为生效要件（《民法典》第445条第1款），不登记，质权未设立。与此不同，保理人受让应收账款债权、普通的债权转让登记与否，都不影响债的转移，登记只不过是对第三人约束的要件。如此，只要应收账款债权质押尚未登记，就不应该适用《民法典》第768条第三分句、第四分句关于"均未登记的，由最先到达应收账款债务人的转让通知中载明的保理人取得应收账款；既未登记也未通知的，按照保理融资款或者服务报酬的比例取得应收账款"的规定，来确定应收账款质押优先于保理人受让的应收账款债权、普通的债权。保理人受让的应收账款债权、普通的债权在受偿顺序上适用《民法典》第768条的规定，是可以的。可见，《担保制度司法解释》第66条第1款的规定至少是不周延的。

在有追索权的保理中，应收账款债权人自保理人处取得一定数额的款项（按照应收账款的百分比计算所得），相当于借款；应受账款债权人将应收账款债权转让给保理人，属于一种形态的让与担保。

这种分类的法律意义在于：（1）典型担保的构成和效力均由法律明文规定，而非典型担保的情形较为复杂，务必先定性和定位，方能适当地适用法律。（2）通过对典型担保和非典型担保的梳理，可建立债的保障体系，完善民法理论。

担保物权还可以分为本担保与反担保，这将在释评《民法典》第387条时详述，此处不赘。

第三百八十六条

担保物权人在债务人不履行到期债务或者发生当事人约定的实现担保物权的情形，依法享有就担保财产优先受偿的权利，但是法律另有规定的除外。

本条主旨

本条是关于担保物权的概念的规定。

相关条文

《物权法》第170条　担保物权人在债务人不履行到期债务或者发生当事人约定的实现担保物权的情形，依法享有就担保财产优先受偿的权利，但法律另有规定的除外。

《担保制度司法解释》第4条　有下列情形之一，当事人将担保物权登记在他人名下，债务人不履行到期债务或者发生当事人约定的实现担保物权的情形，债权人或者其受托人主张就该财产优先受偿的，人民法院依法予以支持：

（一）为债券持有人提供的担保物权登记在债券受托管理人名下；

（二）为委托贷款人提供的担保物权登记在受托人名下；

（三）担保人知道债权人与他人之间存在委托关系的其他情形。

第64条　在所有权保留买卖中，出卖人依法有权取回标的物，但是与买受人协商不成，当事人请求参照民事诉讼法"实现担保物权案件"的有关规定，拍卖、变卖标的物的，人民法院应予准许。

出卖人请求取回标的物，符合民法典第六百四十二条规定的，人民法院应予支持；买受人以抗辩或者反诉的方式主张拍卖、变卖标的物，并在扣除买受人未支付的价款以及必要费用后返还剩余款项的，人民法院应当一并处理。

理解与适用

一、本条含义概貌

本条是对《物权法》第 170 条的复制，界定了担保物权，强调该权具有就担保财产使被担保债权优先受偿的效力。

虽然本条行文是"担保物权人……依法享有就担保财产优先受偿的权利"，但实际上不是担保物权"依法享有就担保财产优先受偿的权利"，而是被担保债权"就担保财产优先受偿"，因为物权有的是优先性，而非受偿性；具有受偿性的恰恰是债权。

本条但书"法律另有规定的除外"，例如，《民法典》第 807 条规定的工程款债权的优先受偿权，其效力优于本条涵盖的担保物权。

二、担保物权的方式和法律性质

担保物权的方式主要有抵押权、质权、留置权及优先权。这里所说的财产，叫作担保物，或称担保财产，为特定的物或特定的权利。担保物的特定，大多在担保物权设立之时即有此要求，但在浮动抵押权场合是抵押权实行时将抵押物特定化。此处所谓债权人，为担保权人。以其财产作为清偿债务的标的之人，无论是债务人还是第三人，都叫作担保人。

担保物权除了具有物权的一般属性外，还具有以下法律特征。

1. 担保物权以确保债权的实现为目的

担保物权是以确实优先支配担保物的交换价值为内容，以确保债权实现为目的的定限物权。学说称之为价值权。担保物权不重在对担保物的直接支配，而重在对担保物的交换价值的直接支配。[1] 这是它与用益物权的重要区别之一。

2. 担保物权具有从属性

这里的从属性，是指担保物权从属于债权而存在，以债权的存在或将来存在为前提，随着债权的消灭而消灭，一般也随着债权的变更而变更，优先受偿的范围以担保物权实现时存在的被担保债权为限。对此，笔者将在释评《民法典》第 388 条时详述，此处不赘。

---

① 参见［德］鲍尔/施蒂尔纳：《德国物权法》（下册），申卫星、王洪亮译，北京，法律出版社 2006 年版，第 6 页；谢在全：《民法物权论》（中册），台北，三民书局有限公司 2003 年 7 月修订 2 版，第 343、345 页。

3. 担保物权具有不可分性

被担保债权于债务履行期届满时未受全部清偿的场合，担保权人可以就担保物的全部行使权利。这体现出了担保物权的不可分性。申言之，被担保债权即使经过分割、部分清偿或消灭，担保物权仍为了担保各部分债权或剩余债权而存在；担保物即使经过分割或一部灭失，各部分或余存的担保物仍为担保全部债权而存在。[1] 对此，《民法典》虽无明文，但《担保制度司法解释》则作出了明确的规定："主债权未受全部清偿，担保物权人主张就担保财产的全部行使担保物权的，人民法院应予支持，但是留置权人行使留置权的，应当依照民法典第四百五十条的规定处理"（第38条第1款）。"担保财产被分割或者部分转让，担保物权人主张就分割或者转让后的担保财产行使担保物权的，人民法院应予支持，但是法律或者司法解释另有规定的除外"（第38条第2款）。"主债权被分割或者部分转让，各债权人主张就其享有的债权份额行使担保物权的，人民法院应予支持，但是法律另有规定或者当事人另有约定的除外"（第39条第1款）。"主债务被分割或者部分转让，债务人自己提供物的担保，债权人请求以该担保财产担保全部债务履行的，人民法院应予支持；第三人提供物的担保，主张对未经其书面同意转移的债务不再承担担保责任的，人民法院应予支持。"（第39条第2款）。

4. 担保物权具有物上代位性

担保物因灭失、毁损而获得赔偿金、补偿金或保险金的，该赔偿金、补偿金或保险金成为担保物的代替物，担保物权依然存在于其上，债权人有权就该代替物行使担保物权。这是担保物权的物上代位性。之所以如此，是因为担保物权乃在对于标的物的交换价值的直接支配，不关注标的物的占有、使用，于是，这种交换价值现实化时，无论其原因如何，均应为担保物权的效力所及。[2] 对此，《民法典》设有明文："担保期间，担保财产毁损、灭失或者被征收等，担保物权人可以就获得的保险金、赔偿金或者补偿金等优先受偿。被担保债权的履行期未届满的，也可以提存该保险金、赔偿金或者补偿金等"（第390条）。《担保制度司法解释》第41条第1款、第42条、第46条第2款也设有类似的规定。

应当指出，留置权是把留置物的占有作为效力的本体的，在留置物灭失而转换为赔偿金请求权、保险金请求权时，留置权归于消灭，没有物上代位的可能。[3]

---

[1][2] 谢在全：《民法物权论》（中册），台北，三民书局有限公司2003年7月修订2版，第357、357~358页。

[3] ［日］近江幸治：《担保物权法》，祝娅、王卫军、房兆融译，沈国明、李康民审校，北京，法律出版社2000年版，第16页。

5. 担保物权具有追及效力

所谓担保物权的追及效力，是指不论担保物辗转流入何人之手，担保物权人均可追及至该担保物之所在，主张其担保物权。《民法典》第 406 条第 1 款及《担保制度司法解释》第 54 条第 1 项、第 2 项的规定，体现了担保物权的这一法律性质，值得肯定。[①]

不过，需要注意，留置权因其以占有留置物为成立要件和存续要件，占有丧失，留置权本身消灭，只要留置权人没有借助于占有制度恢复对留置物的占有，留置权即不存在，故无追及效力可言。[②]

6. 担保物权具有补充性

这里的补充性，是指担保物权一经成立，就在债的关系的基础上补充了担保物权关系，如抵押权法律关系、质权法律关系等。这些补充的担保物权关系的存在，使债权人就担保物享有了优先权，从而大大增加了促使债务人适当履行其债务的压力，极大地增强了保障债权得以实现的可能性。当然，在债的关系因适当履行而正常终止时，补充的义务并不实际履行；只有在债务不履行，并且担保人又无抗辩事由时，补充的义务才履行，使债权得以实现。

应当承认，补充性非担保物权所独有，保证关系、定金关系、某些保证金关系也具备。

三、担保物权与人的担保

人的担保，是指在债务人的全部财产之外，又附加了其他有关人的一般财产作债权实现的总担保。其形式主要有保证、连带债务、并存的债务承担。保证，是指基于保证人和债权人的约定，当债务人不履行其债务时，由保证人按照约定代债务人履行债务或承担民事责任。在现行法上分为一般保证和连带责任保证。连带债务，是在多数债务人场合下，每个债务人都有义务向债权人清偿全部债务的现象。并存的债务承担，也叫附加的债务承担或重叠的债务承担，是指第三人加入债的关系，与原债务人共同承担同一责任的现象。新加入的债务人不是从债务人，其债务没有补充性，因而无先诉抗辩权。债权人可直接向他主张债权，从而增加了债权实现的可能性。

就对债权实现的保障而言，人的担保是通过扩张一般担保的财产数量，即不

[①] 关于担保物权的追及效力的详细论述，见崔建远：《土地上的权利群研究》，北京，法律出版社 2004 年版，第 249～254 页。

[②] ［日］近江幸治：《担保物权法》，祝娅、王卫军、房兆融译，沈国明、李康民审校，北京，法律出版社 2000 年版，第 16 页。

但把债务人的全部财产作为责任财产，也把保证人、连带债务人或并存的债务承担人的全部财产纳入可以履行债务的范畴或列入可以承担责任的系列，从而大大增强了债权实现的可能性。不过，"因仍系以个人信用为担保，所负责任与债务人并无不同，故债务不能完全履行之危险依旧存在。而物的担保，债权人因有特定物直接供担保之用，独占地取得特定物或财产之支配价值，以优先清偿担保债权，不仅可以排除债务人主观愿否清偿之危险及责任财产可能减少之不安定性，同时在债务不能清偿时，因对担保标的物具有直接变价之权，就所得价金复有优先于其他债权人而受清偿之权能，因之，亦排除债权平等原则之适用，于是债务之确实清偿遂得以充分保障。可见，物的担保系债权经由与物权之结合，债权之权利因而扩充（权利扩充性），债权亦因有物权增强其效果而取得优越地位（债权优越化），是以担保物权实为债权之最佳担保制度"①。

四、担保物权与金钱担保

金钱担保，是在债务以外又交付一定数额的金钱，该特定数额的金钱的得丧与债务履行与否联系在一起，使当事人双方产生心理压力，从而促其积极履行债务，保障债权实现的制度。其主要方式有定金、押金及某些保证金。

就对债权实现的保障而言，金钱担保是通过特定数额的金钱得丧的规则效力使当事人产生心理压力，为避免自己的金钱损失而积极履行债务，保障债权实现。应当看到，这类担保方式在保障双方当事人的债权实现方面，有厚此薄彼之嫌。就是说，对于受领定金、押金或保证金的一方当事人较为有利，即在交付定金、押金或保证金的一方当事人不履行债务时，无论其责任财产的状况如何，受领定金、押金或保证金的一方当事人的债权至少能在其预先受领金钱数额的范围内得到实现；但对交付定金、押金或保证金的一方当事人不尽有利，即受领定金、押金或保证金的一方当事人若不履行债务，且其责任财产不足以清偿数个并存的债权时，交付定金、押金或保证金的一方当事人就难以使其债权获得完全清偿，甚至根本不能获得清偿。换言之，金钱担保对于交付金钱的一方当事人来说，与民事责任对其债权的保障程度难分高下。

与此不同，担保物权是通过使被担保债权就债务人或第三人的特定财产具有优先受偿效力的形式，来保障此类债权实现的，不受或少受债务人财产状况的影响。就保障债权实现而言，担保物权优于金钱担保。在市场主体的资金都相对紧

---

① 谢在全：《民法物权论》（中册），台北，三民书局有限公司 2003 年 7 月修订 2 版，第 346～347 页。

缺的常态下，金钱担保运用的机会相对较少，高额债权的担保场合尤其如此，而担保物权恰恰具有这方面的优势。不过，从成本的方面观察，担保物权实现的成本较高，而金钱担保的实现成本要低得多。

五、担保物权与所有权保留

所谓所有权保留，是指标的物虽然交付了，但其所有权仍然保留在出让人之手，待一定的条件成就时该所有权才转移给受让人的制度。它在分期付款买卖中运用得最为广泛。在分期付款买卖合同中约定有所有权保留的条款的情况下，买卖物的所有权不因交付发生变动，而是待买受人付清全部价款时才转移。这样，会促使买受人积极支付价款，保障出卖人获得全部价款。《民法典》已经规定了这种担保方式（第 642 条），值得肯定，因为市场经济是信用经济，信用经济必定产生分期付款买卖方式。在分期付款买卖日益增多的形势下，所有权保留是买受人于价款付清前可以先占有、使用标的物，同时能保障出卖人的价款债权得以实现的较为理想的担保方式。还有，现行法虽然从整体上规定了抵押权，但证券抵押尚付阙如。而证券抵押恰恰是以担保方式作为投资手段的重要方式，在高度发达的市场经济中起着重要作用，中国立法亦应予以确认。应当指出，所有权保留还存在着其他的类型，例如日本有所谓的"延长的所有权保留"和"扩大的所有权保留"，前者指在生产、流通过程中，原材料供应商为了担保价金债权而在原材料及其加工物上保留所有权。由于这种供应商的所有权保留与融资者的让与担保权在加工物上会发生冲突，在日本这种所有权保留很少使用。[1] 所谓"扩大的所有权保留"，是指在继续性买卖关系中，基于全部买卖商品与全部价金债权的牵连关系，为担保全部债权而保留全部买卖商品的所有权。它也被日本学者称为"根所有权保留"[2] 或"无限所有权保留"[3]。

在所有权保留的情况下，是通过在买受人全部付清价款之前不移转标的物所有权来促使买受人积极支付全部价款；即使买受人不付清价款，出卖人也能基于所有物返还请求权取回标的物（《担保制度司法解释》第 64 条），从而免受损害。

---

① ［日］近江幸治：《担保物权法》，祝娅、王卫军、房兆融译，沈国明、李康民审校，北京，法律出版社 2000 年版，第 270 页。

② ［日］高木多喜男：《担保物权法》，东京，有斐阁 1981 年版，第 348～350 页。转引自梁慧星：《日本现代担保法制及其对我国制定担保法的启示》，载梁慧星主编：《民商法论丛》（第 3 卷），北京，法律出版社 1995 年版，第 186 页。

③ ［日］米仓明：《所有权保留的实证研究》，第 115 页。转引自［日］近江幸治：《担保物权法》，祝娅、王卫军、房兆融译，沈国明、李康民审校，北京，法律出版社 2000 年版，第 271 页，注释 1。

担保物权是法律赋权债权人就担保人的特定财产优先于他人来实现债权的制度。所有权保留和担保物权都属于广义的物的担保，由此可见两者在保障债权实现方面具有很强的共性。当然，它们也有差异。其一，所有权保留的成立需要当事人约定，而留置权、法定抵押权则直接基于法律的规定产生。其二，所有权保留制度适用的领域有限，而担保物权制度适用的范围非常宽广。其三，所有权保留的运用成本较低，而担保物权的运用成本较高。

第三百八十七条

债权人在借贷、买卖等民事活动中，为保障实现其债权，需要担保的，可以依照本法和其他法律的规定设立担保物权。

第三人为债务人向债权人提供担保的，可以要求债务人提供反担保。反担保适用本法和其他法律的规定。

本条主旨

本条是关于担保物权运用领域及反担保的规定。

相关条文

《物权法》第 171 条　债权人在借贷、买卖等民事活动中，为保障实现其债权，需要担保的，可以依照本法和其他法律的规定设立担保物权。

第三人为债务人向债权人提供担保的，可以要求债务人提供反担保。反担保适用本法和其他法律的规定。

《担保法》第 2 条　在借贷、买卖、货物运输、加工承揽等经济活动中，债权人需要以担保方式保障其债权实现的，可以依照本法规定设定担保。

本法规定的担保方式为保证、抵押、质押、留置和定金。

第 4 条　第三人为债务人向债权人提供担保时，可以要求债务人提供反担保。

反担保适用本法担保的规定。

《担保制度司法解释》第 19 条　担保合同无效，承担了赔偿责任的担保人按照反担保合同的约定，在其承担赔偿责任的范围内请求反担保人承担担保责任的，人民法院应予支持。

反担保合同无效的，依照本解释第十七条的有关规定处理。当事人仅以担保合同无效为由主张反担保合同无效的，人民法院不予支持。

理解与适用

本条是对《物权法》第 171 条的复制，第 1 款规定担保物权的运用领域，第 2 款规定反担保。

本条第 1 款所谓担保物权，在与本条第 2 款规定的反担保对称时叫作本担保，所列举的借贷、买卖等法律行为引发的债的关系，为金钱之债，或能转化为金钱之债。其反面推论是，凡是不能转化为金钱之债的，担保物权难以起到担保作用。

本条第 1 款所谓"需要担保的，可以依照本法和其他法律的规定设立担保物权"，其中的"本法"即《民法典》；"其他法律的规定"，例如，《海商法》第 11 条关于"船舶抵押权，是指抵押权人对于抵押人提供的作为债务担保的船舶，在抵押人不履行债务时，可以依法拍卖，从卖得的价款中优先受偿的权利。"第 87 条规定："应当向承运人支付的运费、共同海损分摊、滞期费和承运人为货物垫付的必要费用以及应当向承运人支付的其他费用没有付清，又没有提供适当担保的，承运人可以在合理的限度内留置其货物。"

担保物权以其是否属于为担保人所承担的担保责任而设立的担保形式为标准，可分为本担保和反担保。

所谓本担保，即固有意义上的担保，也就是人们通常所说的担保，指债务人或第三人以其特定财产或一般财产，为担保债权人基于买卖等合同产生的债权，或基于单方允诺产生的债权，或不当得利债权，或无因管理债权，或基于侵权行为产生的债权等债权的实现，而设立的担保形式。

所谓反担保是与本担保或曰原担保对应的概念，又称作"求偿担保"，是指在商品贸易、工程承包和资金借贷等经济往来中，有时为了换取担保人提供保证、抵押或质押等担保方式，由债务人或第三人向该担保人新设担保，以担保该担保人承担了担保责任后易于实现其追偿权的制度。该新设担保相对于原担保而言被称为反担保。《民法典》第 387 条第 2 款对此均予承认。

抵押权、质权等可以是本担保的形式，也可以是反担保的形式，究竟属于何者，须看具体的法律关系及其结构。

区分本担保和反担保的法律意义在于：（1）关于本担保的形式，现行法已经明确，抵押权、质权和留置权诸担保物权，保证等人的担保形式，以及定金等金钱担保形式，均属此类。至于反担保的形式，现行法尚未言明，需要学说和判决整理。笔者认为，首先，留置权不能为反担保方式。因为按《民法典》第 387 条第 2 款规定，反担保产生于约定，而留置权却发生于法定。留置权在现行法上一律以动产为客体，价值相对较小，在主债额和原担保额均为巨大的场合，以留置权作为反担保实在不足以保护原担保人的合法权益。其次，定金虽然在理论上可以作为反担保的方式，但因为支付定金会进一步削弱债务人向债权人支付价款或酬金的能力，加之往往形成原担保和反担保不成比例的局面，所以在实践中极少采用。在实践中运用较多的反担保形式是保证、抵押权，然后是质权。不过，在债务人亲自向原担保人提供反担保的场合，保证就不得作为反担保方式。因为这会形成债务人既向原担保人负偿付因履行原担保而生之必要费用的义务，又向原担保人承担保证债务，债务人和保证人合二而一，起不到反担保的作用。只有债务人以其特定财产设立抵押权、质权，作为反担保方式，才会实际地起到保护原担保人的合法权益的作用。至于实际采用何种反担保方式，取决于债务人和原担保人之间的约定。在第三人充任反担保人的场合，抵押权、质权、保证均可采用，究竟采取何者，取决于该第三人（反担保人）和原担保人之间的约定。（2）设立反担保的行为是法律行为，必须符合《民法典》第143条规定的有效条件。而每种反担保方式又各有其特定的成立要件，因此尚需符合《民法典》于相应条款规定的特定成立要件。例如，《民法典》第400条规定，抵押权设立须有抵押合同并须具有书面形式与相应条款。（3）依反担保设立的目的要求，反担保的实行，应于原担保实行之后。而原担保的实行则无此前提。（4）关于本担保设立者的范围，《民法典》设有明文，可以是债务人，有时也可以是第三人（第388条第2款、第391条等）。关于反担保提供者的范围，《民法典》第387条第2款仅仅规定债务人为反担保的提供者，忽视了债务人委托第三人向原担保人提供反担保的情形。按本条侧重保护原担保人的合法权益、换取原担保人立保的立法目的和基本思想衡量，法条文义涵盖的反担保提供者的范围过狭，不足以贯彻其立法目的，构成一法律漏洞。对该漏洞的弥补应采取目的性扩张方式，将第三人提供反担保的情形纳入本条的适用范围。①

[辨析]

《担保制度司法解释》第19条的规定有无合理的根据？如果遵循《民法典》第388条第1款中段关于"担保合同是主债权债务合同的从合同"的规定以及担保的从属性系担保合同从属于被担保合同之说，那么，《担保制度司法解释》第19条第2款后段关于"当事人仅以担保合同无效为由主张反担保合同无效的，

---

① 参考崔建远主编：《合同法》（修订本），北京，法律出版社2000年版，第139～140页；崔建远主编：《合同法》（第3版），北京，法律出版社2003年版，第127～128页；崔建远主编：《合同法》（第4版），北京，法律出版社2007年版，第161～162页。

人民法院不予支持"、第19条第1款关于"担保合同无效，承担了赔偿责任的担保人按照反担保合同的约定，在其承担赔偿责任的范围内请求反担保人承担担保责任的，人民法院应予支持"的规定，似乎不合逻辑，所谓"皮之不存，毛将焉附"嘛！不过，担保的从属性还表现在担保债务从属于被担保债务这点上，并且此种表现更为本质。具体到反担保制度，就是反担保债务从属于担保债务。所谓担保债务，不限于担保合同有效成立阶段担保人对于主债权人所负有的担保债务（中性的），担保人依约向主债权人实际承担的担保责任这种担保债务的延伸和变形，以及担保人依法向主债权人实际承担的缔约过失责任性质的担保责任，均为其表现形式。相应地，反担保债务/反担保责任不但从属于常态的担保债务，而且从属于担保责任，包括缔约过失责任性质的担保责任。既然如此，在担保合同无效但担保人却实际承担了担保责任的情况下，反担保债务/反担保责任就客观地存在着，担保人就有权请求反担保人实际承担相应的反担保责任。

上述理念及观点还可从反担保的本质得到印证和支持。原来，反担保系"求偿担保"，即为保障担保人实际承担担保责任后易于实现其追偿权而设置的担保方式。担保人的追偿，重在其付出得到填补，不作茧自缚地聚焦于主债务人。只要担保人实际承担了担保责任，只要其追偿权存在，不但主债务人负有容忍担保人追偿的义务，而且反担保人也有义务满足担保人实现追偿的请求。既然反担保债务/反担保责任从属于担保债务/担保责任，保障担保人追偿权的切实实现，那么，只要担保责任实际承担了，只要担保人的追偿权存在，反担保债务/反担保责任就不会因担保合同无效而化为乌有。[①]

第三百八十八条

设立担保物权，应当依照本法和其他法律的规定订立担保合同。担保合同包括抵押合同、质押合同和其他具有担保功能的合同。担保合同是主债权债务合同的从合同。主债权债务合同无效的，担保合同无效，但是法律另有规定的除外。

担保合同被确认无效后，债务人、担保人、债权人有过错的，应当根据其过错各自承担相应的民事责任。

本条主旨

本条是关于担保合同可以设立担保物权、担保合同具有从属性以及担保合同

[①]　在北京市物权法学研究会于2021年1月28日举办的"第三届产权保护法治论坛：《最高人民法院关于适用〈中华人民共和国民法典〉有关担保制度的解释》研讨会"上，中国人民大学法学院的高圣平教授主张：反担保的主债务不是担保合同项下的债务，而是担保人向主债务人追偿的债务。特此致谢！

无效时民事责任如何分担的规定。

相关条文

《物权法》第 172 条　设立担保物权，应当依照本法和其他法律的规定订立担保合同。担保合同是主债权债务合同的从合同。主债权债务合同无效，担保合同无效，但法律另有规定的除外。

担保合同被确认无效后，债务人、担保人、债权人有过错的，应当根据其过错各自承担相应的民事责任。

《担保法》第 5 条　担保合同是主合同的从合同，主合同无效，担保合同无效。担保合同另有约定的，按照约定。

担保合同被确认无效后，债务人、担保人、债权人有过错的，应当根据其过错各自承担相应的民事责任。

《担保制度司法解释》第 2 条　当事人在担保合同中约定担保合同的效力独立于主合同，或者约定担保人对主合同无效的法律后果承担担保责任，该有关担保独立性的约定无效。主合同有效的，有关担保独立性的约定无效不影响担保合同的效力；主合同无效的，人民法院应当认定担保合同无效，但是法律另有规定的除外。

因金融机构开立的独立保函发生的纠纷，适用《最高人民法院关于审理独立保函纠纷案件若干问题的规定》。

第 17 条　主合同有效而第三人提供的担保合同无效，人民法院应当区分不同情形确定担保人的赔偿责任：

（一）债权人与担保人均有过错的，担保人承担的赔偿责任不应超过债务人不能清偿部分的二分之一；

（二）担保人有过错而债权人无过错的，担保人对债务人不能清偿的部分承担赔偿责任；

（三）债权人有过错而担保人无过错的，担保人不承担赔偿责任。

主合同无效导致第三人提供的担保合同无效，担保人无过错的，不承担赔偿责任；担保人有过错的，其承担的赔偿责任不应超过债务人不能清偿部分的三分之一。

法〔2019〕254 号　第 54 条　从属性是担保的基本属性，但由银行或者非银行金融机构开立的独立保函除外。独立保函纠纷案件依据《最高人民法院关于审理独立保函纠纷案件若干问题的规定》处理。需要进一步明确的是：凡是由银行或者非银行金融机构开立的符合该司法解释第 1 条、第 3 条规定情形的保函，无论是用于国际商事交易还是用于国内商事交易，均不影响保函的效力。银行或者非银行金融机构之外的当事人开立的独立保函，以及当事人有关排除担保从属性的约定，应当认定无效。但是，根据"无效法律行为的转换"原理，在否定其独立担保效力的同时，应当将其认定为从属性担保。此时，如果主合同有效，则担保合同有效，担保人与主债务人承担连带保证责任。主合同无效，则该所谓的独立担保也随之无效，担保人无过错的，不承担责任；担保人有过错的，其承担民事责任的部分，不应超过债务人不能清偿部分的三分之一。

理解与适用

一、本条含义概貌

本条是对《物权法》第 172 条的复制，第 1 款前段属于引致性（管道性）条款，规定担保物权可由担保合同设立，中段列举担保合同的种类并宣明担保合同具有从属性，后段正文顺势规定主债的合同无效的，担保合同随之无效，后段但书为引致性（管道性）规定，把排除从属性的独立担保合同引向另外的法律规定。

本条第 2 款确立担保合同无效的场合，依各当事人的过错程度分配民事责任。

二、担保物权的设立模式

本条第 1 款前段规定的担保物权基于担保合同而设立，仍属引致性（管道性）的，引向《民法典》第 209 条第 1 款、第 214 条、第 216 条、第 400 条、第 403 条、第 404 条、第 427 条、第 429 条、第 441 条以下等规定，以及《海商法》等单行法上的有关规定。这些规定确立了两大设立模式：一是担保物权自担保合同生效时设立，如《民法典》第 403 条等条款规定的模式；二是担保物权自登记时设立，如《民法典》第 402 条等条款规定的模式。

本条所谓担保合同，受规范意旨的限制，一方面应作限缩解释，其为设立担保物权的合同，不包括保证合同、定金合同、押金合同及保证金合同等；另一方面须注意其列举担保合同类型的潜台词，尤其是所谓其他具有担保功能的合同包括所有权保留合同、融资租赁合同、让与担保合同，甚至于设立特定账号合同等。这些合同都可使某特定债权优先于普通债权受偿。这在实效上类似于抵押、质押等，故有必要承认让与担保等法律措施具有担保效力。①

其实，担保物权的设立，有些不是源自担保合同，而是基于法律的直接规定。例如，《民法典》第 447 条以下设置的留置权，第 397 条第 2 款规定的"抵押人未依据前款规定一并抵押的，未抵押的财产视为一并抵押"，第 807 条规定的建设工程款债权优先受偿权，都是基于法律的直接规定，而非当事人的约定。看来，《民法典》第 388 条第 1 款前段表述得不周延，"设立担保物权，应当依照本法和其他法律的规定订立担保合同"之后应当增加"或者直接基于法律的规定"之类的短语。

三、担保合同的从属性及其排除

本条第 1 款中段明确"担保合同是主债权债务合同的从合同"。对由此确立的担保合同的从属性可有如下解读。

（1）主债权债务合同，简称为主债合同，如价款合同、买卖合同、承揽合同等均属此类。此类主债合同引发债权债务，担保物权即担保其中的债权实现、债务清偿。

（2）担保合同，如抵押合同、质押合同、让与担保合同等。它们从属于主债合同。这种从属性最为典型的表现是，先有诸如借款、买卖等主债合同，后有担保合同。不过，先有担保合同，其后订立主债合同，且有效，也应认可这不违反从属性。但是，如果其后订立的主债合同不成立、无效，即使担保合同本身符合有效要件，也得归于消灭。此外，反担保合同也是担保合同，只不过它直接从属于担保合同。

（3）时至今日，有越来越多的专家学者辨析，担保权的从属性，着眼于担保合同从属于主债合同，弱点明显，应当立足于担保权从属于被担保债权。

需要注意本条第 1 款后段但书"但是法律另有规定的除外"，认可担保合同的从属性可因法律的规定而被排除。例如，《民法典》第 420 条以下规范的最高额抵押权及其合同存在着不适用本条第 1 款后段正文的情形。最高额抵押权所担保的，是一定期间内将要连续发生的债权，最高额抵押权并不是从属于其中某个债权的担保物权；从法律行为的层面看，就是最高额抵押合同并不从属性最高额内发生的每一个产生被担保债权的合同，如果某个债权因产生它的合同无效而不复存在，最高额抵押合同和最高额抵押权并不因此归于消灭。再如，《担

---

① 关于其他具有担保功能的合同包括所有权保留合同、融资租赁合同的解释，是清华大学法学院副教授龙俊博士提供的，特此致谢！

保制度司法解释》第 2 条第 2 款和《独立保函司法解释》都承认了银行或非银行金融机构作为开立人，以书面形式向受益人出具的独立保函这种担保合同的独立性。

四、担保合同无效场合的民事责任分担

担保合同无效，只是不依据当事人的意思发生担保的效力，并非不发生任何效果，本条第 2 款规定成立民事责任，且由有过错的债务人、担保人、债权人依其过错程度分担。这与《民法典》第 157 条后段的规定相呼应。

本条第 2 款的文义和规范意旨都显示，于此场合贯彻的是过错责任原则，只有有过错的当事人才有义务分担责任，无过错者无义务分担。此其一。此处所谓过错，是对担保合同无效具有过错，假如虽有过错，但不是发生在酿成或促成担保合同无效的阶段，如隐瞒了亏损的事实，或故意不履行主债务，也不承担本条第 2 款规定的民事责任。此其二。此处分担民事责任，有无必要进一步细化？回答应是肯定的。我们务必重视《担保制度司法解释》第 17 条关于"主合同有效而第三人提供的担保合同无效，人民法院应当区分不同情形确定担保人的赔偿责任：（一）债权人与担保人均有过错的，担保人承担的赔偿责任不应超过债务人不能清偿部分的二分之一；（二）担保人有过错而债权人无过错的，担保人对债务人不能清偿的部分承担赔偿责任；（三）债权人有过错而担保人无过错的，担保人不承担赔偿责任。主合同无效导致第三人提供的担保合同无效，担保人无过错的，不承担赔偿责任；担保人有过错的，其承担的赔偿责任不应超过债务人不能清偿部分的三分之一"的规定；法〔2019〕254 号第 54 条后段关于"如果主合同有效，则担保合同有效，担保人与主债务人承担连带保证责任。主合同无效，则该所谓的独立担保也随之无效，担保人无过错的，不承担责任；担保人有过错的，其承担民事责任的部分，不应超过债务人不能清偿部分的三分之一"的规定。即使《民法典》生效实施，法〔2019〕254 号也未被废止，其精神也应予以延续，何况《担保制度司法解释》就是解释《民法典》关于担保的规定的呢！

［引申］

1. 应该看到，对从属性的理解和要求，存在着严格和宽松之分。中国以往关于担保的著述严格要求先有主债存在，后有担保产生。绝对贯彻这一观点，就排斥了为将来存在的债权设定担保的情况。《民法典》已经明确规定了最高额抵押（第 420 条至第 424 条），允许为将来存在的债权预先设定保证或抵押权，这

显然是从宽把握担保物权的从属性的。在这方面，相当的立法例均持宽松的态度，如《德国民法典》第1113条第2项规定，被担保债权可以是将来债权或附条件债权。

2. 法〔2019〕254号第55条规定："担保人承担的担保责任范围不应当大于主债务，是担保从属性的必然要求。当事人约定的担保责任的范围大于主债务的，如针对担保责任约定专门的违约责任、担保责任的数额高于主债务、担保责任约定的利息高于主债务利息、担保责任的履行期先于主债务履行期届满，等等，均应当认定大于主债务部分的约定无效，从而使担保责任缩减至主债务的范围"。《担保制度司法解释》第3条第1款规定："当事人对担保责任的承担约定专门的违约责任，或者约定的担保责任范围超出债务人应当承担的责任范围，担保人主张仅在债务人应当承担的责任范围内承担责任的，人民法院应予支持。"

评论以上规定妥当与否时，有必要综合考量以下因素：（1）担保制度旨在保障债权人对于主债务人的债权切实实现，不具有放大该债权的范围的规范意旨，无使债权人获得"不当得利"之意。在这层意思上，债权人不应因担保的设立而取得超出该债权正常实现时所获清偿的数额。（2）担保人所负债务，系为主债务人与债权人之间的事务所承受的负担，而非为自己事务所必须为之的给付。由此决定，担保人的负担范围和强度不应超出主债务人的债务范围和强度。（3）担保人实际承担担保责任之后，有权向主债务人追偿，从主债务人的角度看，是自己责任原则的一种迂回体现，同时决定了担保人追偿的范围应限于主债务人自己清偿时的负担总额。（4）担保人与债权人之间形成担保关系，在该关系之内债的相对性起着重要的作用，自己责任原则也不退出舞台，债权人对其不当行为向担保人负责，担保人对其不当行为向债权人负责。（5）债权人、主债务人和担保人之间的关系虽然牵连紧密，相互间确有影响，但仍然无法也不应该完全挣脱债的相对性的锁链，不得混淆不同的法律关系。

如果重视以上五点考虑因素，那么，法〔2019〕254号第55条关于"当事人约定的担保责任的范围大于主债务的，如针对……担保责任的数额高于主债务、担保责任约定的利息高于主债务利息、担保责任的履行期先于主债务履行期届满，等等，均应当认定大于主债务部分的约定无效"的规定，符合法理，值得赞同。但是，《担保制度司法解释》第3条的规定，则应予反思，这是没有厘清法律关系、错用担保从属性的表现。稍微展开来说，其一，为确保担保责任的切实履行，对不履行担保责任的行为约定违约责任条款，诸如违约金条款、违约损害赔偿的计算方法条款，它们不是直接从属于被担保债权合同的，而是从属于担保合同的。抽象地说，后一个从属性不必然与前一个从属性挂钩，究竟挂钩不挂钩，需要结合其他因素综合考虑，才可下结论。具体到此处，担保人不履行担保债务，构成独立于主债务人违约的一个违约行为，该违约行为给债权人造成了独立于主债务人违约所致损失的另外的损失，担保人对其不当行为应当独自承担不利后果。该不利后果包括支付违约金、赔偿损失等形态。就此说来，针对担保人不承担担保责任而约定违约责任，符合逻辑。其二，《担保制度司法解释》第3条第1款对担保合同约定的超出债务人应负责任范围的担保责任，不认可其法律效力，未赋予其强制执行力。不认可法律效力，接近于法定无效。违约责任条款作为合同条款的一种，其有效、生效、无强制执行力、无效宜由《民法典》等法律、行政法规来设计，司法解释可否抛开法律、行政法规而创设此类制度，需要深思。至于法定无效，即担保合同约定的担保人所负违约责任的条款无效，在法律未规定特别的无效原因的背景下，其无效应与其他合同条款无效在确定标准上同等对待。在该违约责任条款不存在《民法典》第146条第1款、第153条、第154条等条款规定的无效原因的情况下，司法解释不得径直规定《民法典》未设计的无效原因。总之，《担保制度司法解释》第3条第1款的规定存在瑕疵。其三，正因为"其一"的法理，所以，在担保人向债权人承担了超出债务人应负责任范围的违约责任之后，就超出部分无权向主债务人追偿，因为这是担保人对自己的行为负责，而非对主债务人的行为承担担保责任的救济措施。一句话，《担保制度司法解释》第3条第2款的规定具有正当性，可资赞同。①

[探讨]

旧贷、新贷与担保

金融机构出于自身利益的考虑，时常采取以新贷还旧贷的方式平衡账目，这牵涉到既存的担保是否为新贷的担保时，法〔2019〕254号奉行的立场是：(1) 当事人之间有约定的，依其约定。(2) 当事人之间无约定的，将新贷用于归还旧贷，旧贷因清偿而消灭，为旧贷设立的担保物权也随之消灭。贷款人以旧贷上的担保物权尚未进行涂销登记为由，主张对新贷行使担保物权的，人民法院不予支持（第57条）。《担保制度司法解释》没有完全承继法〔2019〕254号的上述规定，受法释〔2000〕44号第39条的影响颇大，区分新贷与旧贷的担保人是否同一而有不同的规则：新贷与旧贷系同一担保人的，债权人请求担保人承担担

---

① 在2020年11月28日由"担保制度新发展及其法律规制研究"课题组与最高人民法院民二庭主办的"最高人民法院关于适用《中华人民共和国民法典》担保制度的解释（征求意见稿）"研讨会上，华东政法大学副教授姚明斌博士指出，规定违约金条款无效没有法律依据，承认违约金条款的效力但不允许担保人就此项付出向主债务人追偿，更为合理。在此致谢姚明斌博士！

保责任，人民法院应予支持；新贷与旧贷系不同担保人，或者旧贷无担保新贷有担保的，债权人请求新贷的担保人承担担保责任的，人民法院不予支持，但是债权人有证据证明担保人提供担保时对以新贷偿还旧贷的事实知道或者应当知道的除外（第16条第1款）。物的担保人在登记尚未注销的情形下愿意继续为新贷提供担保，但在订立新的贷款合同前又以该担保财产为其他债权人设定担保物权，其他债权人主张其担保物权顺位优先于新贷债权人的，人民法院不予支持（第16条第2款）。

在笔者看来，法〔2019〕254号第57条的规定符合意思自治原则、担保权为从权利的基本属性，逻辑谨严，利益衡量妥当，值得赞同。《担保制度司法解释》第16条的规定存在如下问题，需要澄清甚至应予反思：（1）所谓新贷与旧贷系同一担保人，应指担保人已经同意充任新贷的担保人的情形，或是担保人与债权人达成了担保新贷的合意，或是担保人已经单方表示担保新贷，或是旧贷合同载有在以新贷还旧贷的场合担保人仍为新贷提供担保；否则，不得谓新贷与旧贷系同一担保人。（2）在此前提下，即担保人确实是新贷的担保人时，担保人以其对以新贷偿还旧贷的事实不知道并且不应当知道为由主张不承担担保责任的，不应得到支持。如果不存在担保人仍为新贷提供担保的意思表示，则担保人以其对以新贷偿还旧贷的事实不知道并且不应当知道为由主张不承担担保责任的，应当得到支持。（3）问题的关键在于，担保人仍为新贷的担保人取决于设立担保的合同或担保人的单独行为已经有效成立（有时加上登记，有时加上交付），不取决于担保人对以新贷偿还旧贷的事实知道还是不知道，不取决于担保人对以新贷偿还旧贷的事实应当知道还是不应当知道。《担保制度司法解释》第16条第1款引入担保人知道、应当知道的因素来认定担保人是否承担担保责任，除了增添困惑以外，似无积极价值。（4）旧贷附有物的担保（包括担保的意思表示加上相应的登记），该担保移至新贷的意思表示和相应的登记已经具备，或者既有的担保登记在外观上显示出新贷附有该担保，或者就新贷虽无担保的意思表示但既有的担保登记在外观上显示出新贷附有该担保，在这些情况下，《担保制度司法解释》第16条第2款所谓担保人"在订立新的贷款合同前又以该担保财产为其他债权人设定担保物权，其他债权人主张其担保物权顺位优先于新贷债权人的，人民法院不予支持"，才可成立。（5）与此不同，如果担保登记在外观上显示出旧贷附有担保，新贷没有担保，担保人在订立新的贷款合同前又以该担保财产为其他债权人设定担保物权，其他债权人主张其担保物权顺位优先于新贷债权人的，应当适用或类推适用《民法典》第414条第1项关于"抵押权已经登记的，按照登记的时间先后确定清偿顺序"的规定，新贷的债权人无力对抗其他债权人关于担保物权顺位的主张。就是说，在这点上，《担保制度司法解释》第16条第2款违反《民法典》第414条的规定，违反《民法典》第214条所示不动产物权的变动自记载于不动产登记簿时发生效力的物权法原则。（6）在担保人和贷款债权人之间，旧贷附有的担保是否移至新贷，取决于有无此种意思表示，若有，即使新贷的担保登记没有办理，新贷债权人可以请求担保人办理；若无，即使新贷的担保登记已经办理，只要担保人不承认为新贷担保，也有权请求注销担保登记。《担保制度司法解释》第16条忽略了这些规则及理论，应予反思。（7）据说，法释〔2000〕44号第39条和《担保制度司法解释》第16条的设计出发点是：担保登记在外观上往往识别不出被担保债权是旧贷还是新贷，无须变更登记即认定新贷附有担保（旧贷附有的担保移至此债上）可节约成本；特别是若强求新贷的担保必须重新办理登记，则会出现担保人乘旧贷担保登记注销之际以该担保财产为其他债权人办理担保登记，使新贷债权人的担保权顺位在后，遭受损失。为避免这种局面出现，特设法释〔2000〕44号第39条和《担保制度司法解释》第16条。其实，新贷债权人令担保人出具不为其他债权人设立顺位在先的担保权的承诺书，并将之提供给登记机构，附在登记簿的相应簿页，或采取其他措施，也能达到目的。这样，既维护了物权法的基本制度及原理，又合理地保护了新贷债权人的权益，何乐而不为？就是说，法释〔2000〕44号第39条和《担保制度司法解释》第16条未采上策。

第三百八十九条

担保物权的担保范围包括主债权及其利息、违约金、损害赔偿金、保管担保财产和实现担保物权的费用。当事人另有约定的，按照其约定。

本条主旨

本条是关于担保范围的规定。

相关条文

《物权法》第173条 担保物权的担保范围包括主债权及其利息、违约金、损害赔偿金、保管担保财产和实现担保物权的费用。当事人另有约定的，按照约定。

《担保法》第46条 抵押担保的范围包括主债权及利息、违约金、损害赔偿金和实现抵押权的费用。抵押合同另有约定的，按照约定。

第 67 条　质押担保的范围包括主债权及利息、违约金、损害赔偿金、质物保管费用和实现质权的费用。质押合同另有约定的，按照约定。

法〔2019〕254 号　第 55 条　担保人承担的担保责任范围不应当大于主债务，是担保从属性的必然要求。当事人约定的担保责任的范围大于主债务的，如针对担保责任约定专门的违约责任、担保责任的数额高于主债务、担保责任约定的利息高于主债务利息、担保责任的履行期先于主债务履行期届满，等等，均应当认定大于主债务部分的约定无效，从而使担保责任缩减至主债务的范围。

《担保制度司法解释》第 3 条　当事人对担保责任的承担约定专门的违约责任，或者约定的担保责任范围超出债务人应当承担的责任范围，担保人主张仅在债务人应当承担的责任范围内承担责任的，人民法院应予支持。

担保人承担的责任超出债务人应当承担的责任范围，担保人向债务人追偿，债务人主张仅在其应当承担的责任范围内承担责任的，人民法院应予支持；担保人请求债权人返还超出部分的，人民法院依法予以支持。

理解与适用

本条是对《物权法》第 173 条的复制，前段明确了担保物权的法定担保范围，适用于当事人未约定担保范围的场合；后段赋予当事人约定的担保范围优先于法定的担保范围的效力。

本条前段所谓主债权，又称原本债权，是相对于利息债权及其他附随债权而言的称谓。它可以是合同债权、基于单方允诺产生的债权，也可以是不当得利返还请求权、无因管理产生的债权、基于侵权行为产生的债权等；可以是原本就是以支付金钱为内容的债权，也可以是最后可转化为以金钱给付为内容的债权，如交付货物的债权、提供劳务的债权，只要当事人约定该担保是在为将来转化成的以金钱给付为内容的债权而设即可；主债权大多为现实存在的债权，也可以是某些未来成立的债权和附条件债权。

担保物权的存在就是为了确保主债权的实现，因此主债权为担保物权所担保的主要对象。

本条前段所谓利息，是由作为主债权的金钱债权而产生的法定孳息。利息可分为作为狭义的利息（即作为本金孳生物的利息）和逾期利息（迟延利息）。作为狭义的利息的计算标准的利率既可以是约定的（即当事人在法律规定的范围内作出的约定），也可以是法定利率。所谓逾期利息，是指在债务人履行金钱债务迟延时，应当向债权人给付的利息。具体来说，就是指除应支付合同约定的贷款期间的利息以外，还应支付逾期部分的利息，即应支付未还款之前的实际借款期间的利息。逾期利息的计算标准也可以是当事人约定的或法定的利率。① 不过，此时借款人向贷款人支付的利息在法律性质上属于因金钱之债被侵害所产生的法定违约金。由于本条已经单独规定了违约金，这里的"利息"不应包括作为法定违约金的逾期利息，而仅指作为本金孳生物的利息。

利息作为担保物权所担保的范围，应有一定的从外部识别的标志。例如，本金债权的当事人若为金融机构，则以法定的利率为准计算；若为普通的当事人，应举证证明关于利息的约定，否则，视为无利息约定，担保物权的效力不及于利息。

[论争]

有观点认为，逾期利息亦为担保物权所担保的范围。②

尽管本条前段在字面上将违约金作为担保物权所担保的范围之一，但实际上并不确切。作为担保物权所担保的范围的违约金，并非指债务不履行发生前的当事人约定的或法律规定的违约金，而是债务不履行之时及其后产生的违约金责任。

违约金责任分为赔偿性违约金和惩罚性违约金。前者属于主债务因其未被履行而转化成的第二性债务，从权利的角度观察即为主债权因债务人不履行而转化成的救济权，就是说，赔偿性违约金和主债务之间具有同一性，或者说赔偿性违约金债权和主债权之间具有同一性。既然主债权为担保物权所担保的法定的范围，赔偿性违约金自然应为担保物权所担保的法定的范围。

惩罚性违约金并非主债务因未被履行而转化成的第二性债务，二者之间无同一性。有鉴于此，它是否为担保物权所担保的范围，可有两种思路：（1）简单地按本条的字面规定予以解释和适用，认定惩罚性违约金为担保物权所担保的法定的范围。（2）限缩本条关于违约金为担保物权所担保范围的文义，将惩罚性违约金排除在担保物权所担保的范围之外，除非当事人明确约定担保范围包括惩罚性违约金。有赞同第一种思路的。③ 但笔者认为，从法理上讲，第二种思路更为合理。首先，它尊重当事人的自由意志。其次，在无当事人约定的情况下，担保物权的目的及功能在于促使债务人履行债务、保障债权实现。而惩罚性违约金超出了债权实现的范围和程度，属于额外的负担，且属于较为严厉的惩罚性措施。在

---

① 王利明、尹飞、程啸：《中国物权法教程》，北京，人民法院出版社 2007 年版，第 430 页。

②③　黄松有主编：《〈中华人民共和国物权法〉条文理解与适用》，北京，人民法院出版社 2007 年版，第 508、509 页。

强调等价、补偿性的民法领域，若无特别理由，对惩罚性的措施轻易不予鼓励。不加条件限制地使担保物权的担保范围扩张至惩罚性违约金，已经脱离了担保物权的目的及功能，过分偏向于享有担保物权的债权人了，而对其他债权人过于苛刻。其不合理性在债务人于其不履行债务方面并无可归责之处、债务人的责任财产不足以清偿数个并存的债权场合，表现得尤为突出。因而，第二种思路较为可取。当然，如果通过援用《民法典》第585条第2款的规定，将惩罚性违约金的数额降低，使违约金、赔偿金等负担之和达到与债权人的损失额（所受损害和所失利益之和）相当的程度，即已经把惩罚性违约金在实际运作中变成了赔偿性违约金的，担保物权所担保的范围则应当包括它。

本条前段所谓损害赔偿金，为主债务因未被履行而转化成的第二性债务，从权利的角度描述，就是主债权因主债务不履行而转化成的救济权。既然主债权为担保物权所担保的法定的范围，损害赔偿金自然应为担保物权所担保的法定的范围。

关于本条前段所谓保管担保财产的费用的问题，阐释如下：由于抵押权并不移转抵押物的占有，不发生抵押权人因保管担保物而支出费用的问题。与此有别，动产质权和留置权存在着保管担保物的费用。在动产质权场合，动产质权的设立必须移转质押财产的占有（《民法典》第429条），质权人对质押财产负有妥善保管的义务（《民法典》第432条第1款前段），由此可产生保管费用。在留置权场合，留置权人必须占有留置物，留置权人负有妥善保管留置财产的义务（《民法典》第451条前段），可能支出保管费用。[1] 为保管担保物而支出费用，是有利于担保权人、债务人或其他债权人之举，由担保人负担是合理的。不然，不利于担保活动的进行，也不利于确保债权的实现。所以，该项费用应纳入担保物权所担保的范围。[2]

本条前段所谓实现担保物权的费用，是指担保物权人因实现担保物权而支出的费用，包括拍卖、变卖担保物所支付的费用，以及其他的必要费用。当然，当事人对此有约定的，依其约定。例如，某《担保合同》第1条约定："……债权实现费用包括但不限于甲方行使权利所产生的法院立案费用、财产保全费用、律师费用、执行费用、档案调查费及相关人员的差旅费等。"

---

[1] 王利明、尹飞、程啸：《中国物权法教程》，北京，人民法院出版社2007年版，第431页；黄松有主编：《〈中华人民共和国物权法〉条文理解与适用》，北京，人民法院出版社2007年版，第509页。

[2] 胡康生主编：《中华人民共和国物权法释义》，北京，法律出版社2007年版，第374～375页；谢在全：《民法物权论》（中册），台北，三民书局有限公司2003年7月修订2版，第423页。

第三百九十条

担保期间，担保财产毁损、灭失或者被征收等，担保物权人可以就获得的保险金、赔偿金或者补偿金等优先受偿。被担保债权的履行期限未届满的，也可以提存该保险金、赔偿金或者补偿金等。

本条主旨

本条是关于担保物权具有物上代位效力的规定。

相关条文

《物权法》第 174 条　担保期间，担保财产毁损、灭失或者被征收等，担保物权人可以就获得的保险金、赔偿金或者补偿金等优先受偿。被担保债权的履行期未届满的，也可以提存该保险金、赔偿金或者补偿金等。

《担保法》第 58 条　抵押权因抵押物灭失而消灭。因灭失所得的赔偿金，应当作为抵押财产。

第 73 条　质权因质物灭失而消灭。因灭失所得的赔偿金，应当作为出质财产。

理解与适用

本条是对《物权法》第 174 条的复制，前段确立担保物权具有物上代位的效力，后段允许提前清偿，或提存，以保障义务人一侧的期限利益。

担保物因灭失、毁损而获得赔偿金、补偿金或保险金的，该赔偿金、补偿金或保险金成为担保物的代替物，担保物权依然存在于其上，债权人有权就该代替物行使担保物权。这是担保物权的物上代位性。之所以如此，是因为担保物权乃在对于标的物的交换价值的直接支配，不关注标的物的占有、使用，于是，这种交换价值现实化时，无论其原因如何，均应为担保物权的效力所及。[1] 对此，本条设有明文："担保期间，担保财产毁损、灭失或者被征收等，担保物权人可以就获得的保险金、赔偿金或者补偿金等优先受偿。被担保债权的履行期未届满的，也可以提存该保险金、赔偿金或者补偿金等。"《担保制度司法解释》第 41 条第 1 款、第 42 条、第 46 条第 2 款也设有类似的规定。

---

[1]　参见谢在全：《民法物权论》（中册），台北，三民书局有限公司 2003 年 7 月修订 2 版，第 357～358 页。

[引申]

1. 关于代位物的范围

现行法对抵押权的物上代位的规定，使用的表述为在抵押物灭失、毁损或被征收/征用的情况下，抵押权人可以就该抵押物的保险金、赔偿金或补偿金优先受偿（《民法典》第390条、《担保制度司法解释》第41条第1款、第42条、第46条第2款）。这遗漏了抵押物的另外的变形物类型，如抵押物为房屋，而该房屋被毁，变成一堆砖、瓦、门、窗、椽等。由于砖、瓦、门、窗、椽是各个动产而非不动产，亦非不动产的一部分，所以，抵押权的效力及于它们的根据，不是抵押权对抵押物本身的作用力，也不是抵押权的效力及于抵押物的一部分，还不是抵押权对抵押物的保险金、赔偿金或补偿金的优先效力，只能是抵押权物上代位效力及于抵押物的变形物的原理。有鉴于此，中国法若采取列举的方式规定代位物的范围，就要全面且清晰；若采取概括式规定代位物的范围，就应直接使用代位物和变形物的术语。①

2. 关于物上代位的法律构成

同样由于现行法对抵押权的物上代位的规定，使用的表述为在抵押物灭失、毁损或被征收/征用的情况下，抵押权人可以就该抵押物的保险金、赔偿金或补偿金优先受偿（《民法典》第390条、《担保制度司法解释》第41条第1款、第42条、第46条第2款），可知采用了物上代位于变形物或代位物本身上的法律构成论。这同德国等国家或地区的民法及其理论奉行的法定债权质的法律构成论不一致。《民法典》究竟选择哪种法律构成论，应有结论。为了使选择建立在理性的基础之上，下文对有代表性的立法例及其学说作一简要的考察，然后得出自己的结论。②

《德国民法典》规定，要求定期给付的权利与土地所有权相结合的，抵押权的效力扩及于此项定期给付的请求权（第1126条前段）。为土地所有权人或者土地自主占有人的利益而将属于抵押权的标的物付诸保险的，抵押权的效力扩及于因保险契约而发生的对保险人的债权（第1127条第1项）。将房屋付诸保险的，保险人或被保险人如曾向抵押权人通知损害的发生，并且自收到通知之时起经过一个月的期间，则保险人向被保险人所为保险金额的支付，即可对抵押权人发生效力。抵押权人，在上述期间内，得对保险人的支付保险金额，声明异议（第1128条第1项前段）。其他情形，适用关于债权质权之规定；但保险人，就土地登记簿中所应知道之抵押权，不得主张其不知（第1128条第2项）。瑞士民法

---

①② 崔建远：《土地上的权利群研究》，北京，法律出版社2004年版，第257页。

"关于抵押权，就租金请求权、保险金请求权、公用征收补偿金请求权上，承认有物上代位"①，采取法定债权质的法律构成。

抵押权存在于抵押物的变形物——保险金请求权、赔偿金请求权、补偿金请求权——之上，若采取债权质说，那么按照现行法的架构，要么是抵押人和抵押权人双方达成了在保险金请求权、赔偿金请求权、补偿金请求权上设立质权的协议，要么是法律直接规定在保险金请求权、赔偿金请求权、补偿金请求权上当然产生质权。但事实并非如此，现行法直接规定抵押权的效力存在于保险金、赔偿金、补偿金上，而不是质权存在于它们之上，亦非质权存在于保险金请求权、赔偿金请求权、补偿金请求权上。由此可知，对于抵押权的物上代位，在其法律构成上，现行法未采取法定债权质说。②

中国法有无必要采取法定债权质说？笔者初步认为，因以保险金请求权、赔偿金请求权、补偿金请求权为标的物的担保物权属于债权质，故债权质说比较符合逻辑。但基于抵押权为价值权，抵押权的效力当然追及于抵押物的价值变形物上③，当然追及于作为抵押物的变形物的保险金请求权、赔偿金请求权、补偿金请求权上，更为简洁。所以，两种方案均有其道理，立法者可以选择其中之一，倘若选择法定债权质的方案，则必须由法律设置明文。④

至于是物上代位于赔偿金、保险金、补偿金"现物本身"，还是物上代位于保险金请求权、赔偿金请求权、补偿金请求权上，笔者曾经赞同前者⑤，但因对于赔偿金、保险金等"现物本身"的效力，不是物上代位问题，而是担保权的直接效力的问题，即是担保权的追及效力问题⑥，故现在修正以往的意见，改为抵押权物上代位于保险金请求权、赔偿金请求权、补偿金请求权上的观点。⑦

既然是抵押权物上代位于保险金请求权、赔偿金请求权、补偿金请求权上，那么，为了减少迂回曲折，为了降低风险，法律应当规定抵押权人有通知义务，即，抵押权人应当将抵押权存在的事实及时地通知给有关保险公司、赔偿义务人、补偿义务人，以便这些义务人知晓并实际向抵押权人支付保险金、赔偿金、补偿金；若怠于通知，这些义务人不负任何民事责任，抵押权人向抵押人主张抵押权的追及效力。⑧

---

① ［日］柚木馨：《注释民法（9）·物权（4）》，东京，有斐阁1982年版，第51页。
② 崔建远：《土地上的权利群研究》，北京，法律出版社2004年版，第258页。
③⑥ ［日］近江幸治：《担保物权法》，祝娅、王卫军、房兆融译，沈国明、李康民审校，北京，法律出版社2000年版，第40、41页。
④ 崔建远：《土地上的权利群研究》，北京，法律出版社2004年版，第258页。
⑤ 王利明、崔建远：《合同法新论·总则》，北京，中国政法大学出版社1996年版，第551页。
⑦⑧ 崔建远：《土地上的权利群研究》，北京，法律出版社2004年版，第258页。

应当指出，留置权是把留置物的占有作为效力的本体的，在留置物灭失而转换为赔偿金请求权、保险金请求权时，留置权归于消灭，没有物上代位的可能。①

在清偿期届满的情况下，担保物权人自然有权就上述保险金、赔偿金或补偿金等优先受偿，以实现其债权，没有疑问；但清偿期尚未届至的情况下，义务人一侧存有期限利益，有权暂不清偿，暂时拒绝担保物权人的清偿请求。但考虑到保险金、赔偿金或补偿金等一经融入担保人的责任财产之中，担保物权的优先性不复存在，可能害及担保物权人的债权实现，故本条后段设置提存规则，使担保物权继续存在于该提存的保险金、赔偿金或补偿金等之上。

第三百九十一条

第三人提供担保，未经其书面同意，债权人允许债务人转移全部或者部分债务的，担保人不再承担相应的担保责任。

本条主旨

本条是关于债权人允许的债务转移未经担保人书面同意时免除担保责任的规定。

相关条文

《物权法》第 175 条　第三人提供担保，未经其书面同意，债权人允许债务人转移全部或者部分债务的，担保人不再承担相应的担保责任。

《担保法》第 23 条　保证期间，债权人许可债务人转让债务的，应当取得保证人书面同意，保证人对未经其同意转让的债务，不再承担保证责任。

理解与适用

一、总说

本条是对《物权法》第 175 条的复制，确立了债权人允许的债务转移未经担保人书面同意时免除担保责任的规则。

无论是本条的文义还是其规范意旨，都决定了本条的适用范围限于第三人提

---

① ［日］近江幸治：《担保物权法》，祝娅、王卫军、房兆融译，沈国明、李康民审校，北京，法律出版社 2000 年版，第 16 页。

供担保的情形，系为保护此种第三人的合法权益而设。这是因为第三人同意为债务人清偿到期债务提供担保缘由可能有种种，例如，该第三人通过尽职调查，知晓在担保期间债务人有能力清偿，不会违约，更不会资不抵债，由此决定担保人提供此项担保没有风险，主要是"空卖人情"；或者担保人与债务人之间已经或将来发生另外的交易关系，不得不提供担保；等等。在一定意义上说，担保人和债务人之间存在密切关联关系，或曰"身份"关系。如果债务人把债务转移给他人，担保人与该"他人"不存在"身份"关系，一是担保人务必要为该"他人"清偿债务提供担保，二是极有可能债权人行使该担保物权，担保人又自该"他人"之处追偿不来，遭受实际损失。既然如此，本条关于"……担保人不再承担相应的担保责任"，是对担保物权的不可分性的排除，是合理的制度设计，值得赞同。

与此不同，如果担保人就是债务人自己，债务人转移债务给他人，债务人自己减轻负担，没有损失（暂不考虑其他交易安排）；债权人的担保物权在实现的可能性方面没有减弱。此其一。债务转移给他人之后，该"他人"的责任财产也是担保物权人实现其债权的一般担保，就是说，债务转移的结果，使担保物权人的债权获得了"双重担保"，一种是民事责任这种担保，一种是担保物权的担保。此其二。既然如此，法律没有必要就此再做安排，可完全尊重当事人的约定。

二、对于担保物权不可分性的排除

本条的规定是对担保物权不可分性的排除，理由如下：（1）抵押权的不可分性并非抵押权的本质要求所必须具有的性质，只是法律为加强抵押权的担保作用而特别赋予的，其法律规范不是强行性规定，当事人可以特约予以排除。[①] 这在法国已经著有判例[②]，在日本也有持赞同意见的学说。[③] 既然法律确认抵押权的不可分性系基于周到保护抵押权人的立法政策所致，对抵押人的合法权益应当予以适当的照顾，就属于立法政策的题中应有之义。如此衡平的结果便是，在若干场合，需要有条件地排除抵押权的不可分性。（2）债务承担人的责任财产可能少于原债务人的责任财产，并由此导致债务承担人不能全部或全部不能清偿抵押权

[①] 郑玉波：《论抵押权之不可分性》，载郑玉波主编：《民法物权论文选辑》（下），台北，五南图书出版公司 1984 年版，第 612 页。

[②] ［日］神户大学外国法研究会编译：《法兰西民法》（V），第 245 页。转引自郑玉波：《论抵押权之不可分性》，载郑玉波主编：《民法物权论文选辑》（下），台北，五南图书出版公司 1984 年版，第 612 页。

[③] ［日］柚木馨：《担保物权法》，第 197 页；［日］我妻荣：《担保物权法》，第 92 页。转引自郑玉波《论抵押权之不可分性》，载郑玉波主编：《民法物权论文选辑》（下），台北，五南图书出版公司 1984 年版，第 612 页。

人的债权，抵押权人选择行使抵押权的路径来实现其债权，抵押人因此而丧失抵押物的所有权，至少受到抵押物的使用价值的损失，属于暂时的损害。尤其在原债务人的责任财产不足以清偿数个并存的债权时，抵押人的追偿权也部分或全部地失去实际效用，遭受终局性的损失。在抵押人不同意债务承担的情况下，令抵押人承受此类的损失，是不合理的，一部良法应当给这样的抵押人提供必要的保护。本条的规定符合这个精神，值得肯定。

第三百九十二条

被担保的债权既有物的担保又有人的担保的，债务人不履行到期债务或者发生当事人约定的实现担保物权的情形，债权人应当按照约定实现债权；没有约定或者约定不明确，债务人自己提供物的担保的，债权人应当先就该物的担保实现债权；第三人提供物的担保的，债权人可以就物的担保实现债权，也可以请求保证人承担保证责任。提供担保的第三人承担担保责任后，有权向债务人追偿。

本条主旨

本条是关于物的担保和人的担保之间关系的规定。

相关条文

《物权法》第176条　被担保的债权既有物的担保又有人的担保的，债务人不履行到期债务或者发生当事人约定的实现担保物权的情形，债权人应当按照约定实现债权；没有约定或者约定不明确，债务人自己提供物的担保的，债权人应当先就该物的担保实现债权；第三人提供物的担保的，债权人可以就物的担保实现债权，也可以要求保证人承担保证责任。提供担保的第三人承担担保责任后，有权向债务人追偿。

《担保法》第28条　同一债权既有保证又有物的担保的，保证人对物的担保以外的债权承担保证责任。

债权人放弃物的担保的，保证人在债权人放弃权利的范围内免除保证责任。

第57条　为债务人抵押担保的第三人，在抵押权人实现抵押权后，有权向债务人追偿。

法释〔2000〕44号　第38条　同一债权既有保证又有第三人提供物的担保的，债权人可以请求保证人或者物的担保人承担担保责任。当事人对保证担保的范围或者物的担保的范围没有约定或者约定不明的，承担了担保责任的担保人，可以向债务人追偿，也可以要求其他担保人清偿其应当分担的份额。

同一债权既有保证又有物的担保的，物的担保合同被确认无效或者被撤销，或者担保物因不可抗力的原因灭失而没有代位物的，保证人仍应当按合同的约定或者法律的规定承担保证责任。

债权人在主合同履行期届满后怠于行使担保物权，致使担保物的价值减少或者毁损、灭失的，视为债权人放弃部分或者全部物的担保。保证人在债权人放弃权利的范围内减轻或者免除保证责任。

法〔2019〕254 号　第 56 条　被担保的债权既有保证又有第三人提供的物的担保的，担保法司法解释第 38 条明确规定，承担了担保责任的担保人可以要求其他担保人清偿其应当分担的份额。但《物权法》第 176 条并未作出类似规定，根据《物权法》第 178 条关于"担保法与本法的规定不一致的，适用本法"的规定，承担了担保责任的担保人向其他担保人追偿的，人民法院不予支持，但担保人在担保合同中约定可以相互追偿的除外。

第 58 条　以登记作为公示方式的不动产担保物权的担保范围，一般应当以登记的范围为准。但是，我国目前不动产担保物权登记，不同地区的系统设置及登记规则并不一致，人民法院在审理案件时应当充分注意制度设计上的差别，作出符合实际的判断：一是多数省区市的登记系统未设置"担保范围"栏目，仅有"被担保主债权数额（最高债权数额）"的表述，且只能填写固定数字。而当事人在合同中又往往约定担保物权的担保范围包括主债权及其利息、违约金等附属债权，致使合同约定的担保范围与登记不一致。显然，这种不一致是由于该地区登记系统设置及登记规则造成的该地区的普遍现象。人民法院以合同约定认定担保物权的担保范围，是符合实际的妥当选择。二是一些省区市不动产登记系统设置与登记规则比较规范，担保物权登记范围与合同约定一致在该地区是常态或者普遍现象，人民法院在审理案件时，应当以登记的担保范围为准。

《担保制度司法解释》第 13 条　同一债务有两个以上第三人提供担保，担保人之间约定相互追偿及分担份额，承担了担保责任的担保人请求其他担保人按照约定分担份额的，人民法院应予支持；担保人之间约定承担连带共同担保，或者约定相互追偿但是未约定分担份额的，各担保人按照比例分担向债务人不能追偿的部分。

同一债务有两个以上第三人提供担保，担保人之间未对相互追偿作出约定且未约定承担连带共同担保，但是各担保人在同一份合同书上签字、盖章或者按指印，承担了担保责任的担保人请求其他担保人按照比例分担向债务人不能追偿部分的，人民法院应予支持。

除前两款规定的情形外，承担了担保责任的担保人请求其他担保人分担向债务人不能追偿部分的，人民法院不予支持。

第 14 条 同一债务有两个以上第三人提供担保，担保人受让债权的，人民法院应当认定该行为系承担担保责任。受让债权的担保人作为债权人请求其他担保人承担担保责任的，人民法院不予支持；该担保人请求其他担保人分担相应份额的，依照本解释第十三条的规定处理。

理解与适用

一、总说

本条是对《物权法》第 176 条的复制，是对《担保法》第 28 条及法释〔2000〕44 号第 38 条的修正。

同一债权既有保证又有担保物权的，如何处理？《担保法》规定，保证人对物的担保以外的债权承担保证责任（第 28 条第 1 款）。债权人放弃物的担保时，保证人在债权人放弃权利的范围内免除保证责任（第 28 条第 2 款）。法释〔2000〕44 号对此有所修改：同一债权既有保证又有第三人提供物的担保的，债权人可以请求保证人或物的担保人承担担保责任。当事人对保证担保的范围或物的担保的范围没有约定或约定不明的，承担了担保责任的担保人，可以向债务人追偿，也可以要求其他担保人清偿其应当分担的份额（第 38 条第 1 款）。同一债权既有保证又有物的担保的，物的担保合同被确认为无效或被撤销，保证人仍应当按合同的约定或法律的规定承担保证责任（第 38 条第 2 款）。债权人在主合同履行期届满后怠于行使担保物权，致使担保物的价值减少或毁损、灭失的，视为债权人放弃部分或全部物的担保。保证人在债权人放弃权利的范围内减轻或免除保证责任（第 38 条第 3 款）。这些规定有利有弊，《物权法》吸收其利而规定："被担保的债权既有物的担保又有人的担保的，债务人不履行到期债务或者发生当事人约定的实现担保物权的情形，债权人应当按照约定实现债权；没有约定或者约定不明确，债务人自己提供物的担保的，债权人应当先就该物的担保实现债权；第三人提供物的担保的，债权人可以就物的担保实现债权，也可以要求保证人承担保证责任。提供担保的第三人承担担保责任后，有权向债务人追偿"（第 176 条）。法〔2019〕254 号明确遵守、适用《物权法》第 176 条的规定，不再沿用法释〔2000〕44 号第 38 条的规定（第 56 条）。《民法典》承继了《物权法》第 176 条的规定及其精神。这与现行法区分物权关系中的义务与债的关系的义务并设置不同的规则、意思自治原则、债的相对性、自己责任原则相吻合，与参与《物权法》立法的工作人员的回顾和解释相一致。与此相反，《担保法》第 28 条的规定，法释〔2000〕44 号第 38 条承认物上保证人之间、物上保证人与保证人之间存在着追偿权的观点，则与现行法上的诸多制度及规则和学说存在着摩擦，违背了《物权法》和《民法典》的立法目的。至于将视野延伸至公平、效率、风险分配和道德风险以及当事人预期等方面，赞同法释〔2000〕44 号第 38 条奉行相互追偿说之论的与反对法释〔2000〕44 号第 38 条奉行相互追偿说之辨"半斤八两"，前者并不占上风。在意思自治、整体交易安排及利益衡量等方面，后者明显地处于优势地位，而意思自治原则恰恰是法律人津津乐道的民商法基本原则。①

显然，五部法律及司法解释的规定存在着矛盾，需要解决。

二、本条及《担保制度司法解释》的几层意思

1. 本条中段关于"没有约定或者约定不明确，债务人自己提供物的担保的，债权人应当先就该物的担保实现债权"的规定，具有合理性，值得肯定。因为债务本应由债务人履行，首先就债务人提供的物的担保实现债权，符合这个机理。此其一。担保责任并非终局的责任，只是过渡性质的债务，最终的责任由主债务人承担。假若首先就人的担保实现债权，保证人或连带债务人承担了人的担保责任后再向主债务人追偿，使得法律关系复杂化，徒增成本。对此，回想一下连带债务场合的内部关系都是按份处理，而不再按连带处理，就会明白。此其二。相较于债权人请求保证人或连带债务人承担人的担保责任，行使物的担保的确增大了成本，但由于该项成本由担保物的变价负担（《民法典》第 389 条、第 411 条），加上该变价不足以清偿债权时，债权人仍有权请求保证人或连带债务人承担人的担保责任，债权人不会遭受不利。此其三。

2. 本条中段关于"没有约定或者约定不明确，……第三人提供物的担保的，债权人可以就物的担保实现债权，也可以请求保证人承担保证责任"的规定，同样合理，值得肯定。其道理在于，多个担保方式共同担保同一个债权，在性质和功能上没有按份担保的天然要求，而是各自承担着担保全部债权的责任。此其一。在当事人没有约定先就何种担保实现债权，或约定不明确的情况下，债权人就何种担保实现其债权自由决定，符合权利的本质，也符合趋利避害的经济人的本性。此其二。

3. 本条前段关于"被担保的债权既有物的担保又有人的担保的，……债权人应当按照约定实现债权"的规定，把当事人关于债权人首先行使哪种担保方式

---

① 详细阐释，请见崔建远：《混合共同担保人相互间无追偿权论》，载《法学研究》2020 年第 1 期，第 83～99 页。

的约定置于优先地位，符合意思自治原则和案情实际，较《担保法》和法释〔2000〕44号的规定先进，应予肯定。不过，约定担保责任的承担顺序，情形复杂，需要区别对待。

（1）如果物上保证人和债权人约定由保证人先履行保证责任，保证人有权主张，该约定对自己这个第三人不发生拘束力，根据在于合同的相对性原则；保证人也可以援用《民法典》第154条的规定，主张此类约定属于物上保证人和债权人恶意串通损害第三人的合法权益而无效。

至于保证人同意该约定，意味着保证人默认自己是唯一的担保人，没有寄希望于他人加入担保人的行列之中；保证人愿意受其单方允诺的约束，必须先承担保证责任。对于此项约定，还可以解释为保证人和债权人重新签订了一份合同，变更了原来的保证合同，保证人同意先承担保证责任。

（2）在保证合同已经明确约定，债权人不得放弃行使担保物权，否则，保证人有权拒绝承担保证责任的情况下，债权人违反该项约定，而与物上保证人约定在保证人不能代偿债务时债权人才能行使担保物权，保证人获得救济的途径如下：可以援用保证合同关于"债权人不得放弃行使担保物权，否则，保证人有权拒绝承担保证责任"的约定，对抗债权人请求保证人承担保证责任的行为，并追究债权人的违约责任；或援用《民法典》第154条的规定，主张该约定属于他们恶意串通损害第三人的合法权益而无效。

（3）如果保证人和债权人约定先就物的担保实现债权，物上保证人若为债务人，就无权对抗此类约定，原因在于本条的规定，以及尽量简化法律关系及降低成本的要求；若为第三人，则可以主张该项约定对自己没有法律约束力，根据在于合同的相对性原则。

至于物上保证人同意该约定，这意味着物上保证人默认自己是唯一的担保人，没有寄希望于他人加入担保人的行列之中；物上保证人愿意受其单方允诺的约束，必须先承担物上保证责任。

4. 法释〔2000〕44号未一律贯彻债权人自主选择行使担保方式的思想，而是引入了过失思想，于第38条第3款规定了减轻或免除保证责任的事由。在物的担保由债务人自己提供的情况下，由于债权人怠于行使担保物权，致使担保物的价值减少或毁损、灭失，意味着增大了保证人承担保证责任的可能性，甚至使保证人实际履行保证债务。这种因债权人的过失导致的后果不宜由保证人承受，而应由债权人自食其果。所以，法释〔2000〕44号的这个设计具有合理性，《物权法》第176条和《民法典》第392条的规定忽视了过失思想，应当反思。至于物的担保由第三人提供的场合，原则上不将债权人怠于行使担保物权认定为过失，不产生减轻或免除保证责任的后果，除非如此处理违反诚实信用原则。如此看来，法释〔2000〕44 号第 38 条第 3 款的规定仍有不足，应当将第三人提供物的担保排除在外。

5. 物权法，就其固有的目的及功能而言，仅仅规制物权的问题，而用益物权之间的确不存在相互连带及追偿的属性和效力，至于担保物权，除了共同抵押权，也不存在追偿的问题。就此说来，《物权法》和《民法典》未规定物上担保人之间相互追偿，诚为安分守己。同时，也正因为物权法不管债的事情，债法自然按照自身的规律设置债的规则，包括共同保证人之间的连带责任及追偿的规定，《物权法》和《民法典》对此予以尊重，不作相反的规定，就是尊重的表现。由此可知，《物权法》和《民法典》没有规定担保人之间相互追偿，并不意味着否定了共同保证人负连带保证责任场合相互间享有追偿权的规定。《担保制度司法解释》第 29 条第 2 款关于"同一债务有两个以上保证人，保证人之间相互有追偿权，债权人未在保证期间内依法向部分保证人行使权利，导致其他保证人在承担保证责任后丧失追偿权，其他保证人主张在其不能追偿的范围内免除保证责任的，人民法院应予支持"的规定，似可解释出来上述结论，主要理由是共同保证人对外承担连带责任。所谓"同一债务有两个以上保证人，保证人之间相互有追偿权"，并未限定共同保证人之间有明确约定时方可如此，即使共同保证人之间未明确约定相互间享有追偿权，只要他们对外承担连带债务/连带责任，也应当相互间享有追偿权。

6.《担保制度司法解释》第 13 条第 1 款所谓"同一债务有两个以上第三人提供担保，担保人之间约定相互追偿及分担份额，承担了担保责任的担保人请求其他担保人按照约定分担份额的，人民法院应予支持；担保人之间约定承担连带共同担保，或者约定相互追偿但是未约定分担份额的，各担保人按照比例分担向债务人不能追偿的部分"，表达出共同担保人约定相互间享有追偿权的，受法律保护，未设"共同担保人未约定相互间享有追偿权的，也存在追偿权"之类的例外。

《担保制度司法解释》第 13 条第 2 款关于"同一债务有两个以上第三人提供担保，担保人之间未对相互追偿作出约定且未约定承担连带共同担保，但是各担保人在同一份合同书上签字、盖章或者按指印，承担了担保责任的担保人请求其他担保人按照比例分担向债务人不能追偿部分的，人民法院应予支持"的规定，一方面坚持共同担保人相互间享有追偿权或是基于其约定或是源自法律规定的原则，另一方面通过推定共同担保人约定相互间享有追偿权的方式，适当地扩张追偿权规则的适用案型。这种推定增强了各担保人在同一份合同文本上签字时的注意义务，在《担保制度司法解释》第 13 条第 2 款明确规定了推定规则的背景下，任何一个担保人作为理性人都明白在同一份合同书上签字的意义。既然签字了，就表示了同意相互间享有追偿权的意思。

《担保制度司法解释》第 13 条第 3 款关于"除前两款规定的情形外，承担了担保责任的担保人请求其他担保人分担向债务人不能追偿部分的，人民法院不予支持"的规定，重申了共同担保人相互间享有追偿权或是基于其约定或是源自法律规定的原则。

[论争]

1. 引言

诚然，混合共同担保人相互间有无追偿权，素有争论，且未因《民法典》第 392 条承继《物权法》第 176 条的规定而平息，有些专家学者在各种会议上发表意见，有些观点则直接形成文字。这无疑会影响《民法典》第 392 条以及第 700 条、第 178 条和第 518 条等条款的解释与适用。对此，法律人不得置若罔闻，无动于衷，在《担保制度司法解释》已经出台，继续维护、贯彻《民法典》第 392 条等条款所设制度（如该司法解释第 13 条第 1 款、第 3 款，第 14 条，第 18 条）的背景下，尤为如此。

为行文简洁和方便，本释评书把赞同混合共同担保人相互间享有追偿权之说，命名为"肯定说"[1]；将否认混合共同担保人相互间的追偿权之说，叫作"否定说"[2]；对于在共同保证、共同抵押的场合承认担保人相互间享有追偿权，在其他场合不承认追偿权的观点，不妨称作"折中说"[3]，也是笔者所持观点。

就混合共同担保人相互间有无追偿权问题，笔者曾撰文《混合共同担保人相互间无追偿权论》予以分析和阐释，基本观点是：对于同一个债权被数个担保措施保障，应当区分情况而定担保人相互间是否享有追偿权：在共同保证、共同抵押的场合可存在追偿权，在混合共同担保关系中，物上担保人之间、物上担保人与保证人相互间不应享有追偿权，除非当事人之间另有约定或法律另有规定。反对此说者，在解释论层面不合中国现行法及法理，在立法论层面不宜被采纳，因其未能证成担保人相互间存在着各项义务间具有内在联系的共同关系，利益衡量

---

[1] 可见王利明：《论担保物权的立法构造·民法典物权编应规定混合共同担保追偿权》，载《东方法学》2019 年第 5 期，第 40～47 页；邹海林：《我国〈民法典〉上的"混合担保规则解释论"》，载《比较法研究》2020 年第 4 期，第 91～106 页；刘保玉：《民法典担保物权制度新规则释评》，载《法商研究》2020 年第 5 期，第 16～17 页。

[2] 黄薇主编：《中华人民共和国民法典物权编释义》，北京，法律出版社 2020 年版，第 469 页。

[3] 可见崔建远：《中国民法典释评·物权编》（下卷），北京，中国人民大学出版社 2020 年版，第 336 页。

时未能全面而平等地照顾到担保人的全体，它不适当地限制了意思自治原则作用的发挥，未把债的相对性和自己责任等原则及规则纳入权衡因素，将目光局限于单一的交易关系，忽视了系列交易、一组交易中各个子交易之间环环相扣、处处衔接的特殊安排。其所谓公平理念及标准以及当事人预期，明显带有解释者的主观偏好，似不中立。至于将效率作为混合共同担保人相互间享有追偿权的根据，更是偏离了路径。① 所有这些，笔者依然坚持。不过，鉴于有些阐释尚有"夯实"、扩展和补强的空间，特别是《民法典》颁布后肯定说又有些新的论据，这涉及如何理解《民法典》的有关规定，实有继续辨析、澄清和深化阐释的必要。

2. 如何看待公平及公平如何贯彻

肯定说立论的重要基础是公平，混合共同担保人相互间无追偿权会导致某个或某几个担保人实际承担担保责任，而其他担保人不承担担保责任。关于这一点，笔者于《混合共同担保人相互间无追偿权论》中着墨不少，如今继续坚持，但此处不再复述，仅补充如下意见。

（1）甲作为混合共同担保人之一与债权人戊成立担保法律关系，讨价还价的基础，恐怕是根据对主债务人清偿能力的预判，来估算其交易成本，至多加上主债务人、债权人之间的其他法律关系制约的因素，鲜有可向其他共同担保人追偿的奢望的，因为甲并不知晓还有其他人担保 A 债权的履行的情形。这是混合共同担保人相互间不享有追偿权的理论基础之一。

相反，混合共同担保人相互间享有追偿权的基础之一是，甲同意担保 A 债权的清偿，初衷之一是有其他共同担保人会分担担保风险。这在唯有甲充任担保人时显现出甲的幻想症，草率地或发狂时才会成为交易基础；在甲、乙、丙、丁共同担保 A 债权实现，但相互间无追偿的允诺，甲期待可向乙、丙、丁追偿，也有些奢望。

（2）混合共同担保人甲担保债权人的 A 债权实现，是其与主债务人甚至包括债权人交易所必须承担的交易成本，不然，主债务人或债权人甚至他们各方就会不与甲交易或断绝既有交易或增高甲的交易成本。就是说，他们之间的利益关系是平衡的。甲实际承担担保责任之后，再自乙、丙、丁这些混合共同担保人处追偿一定份额，实际上降低了甲与主债务人甚至债权人戊之间的交易成本，获取了更多的交易获益，攫取了乙、丙、丁的利益。如此，在乙、丙、丁与主债务人甚至债权人戊的交易安排是利益平衡的背景下，乙、丙、丁便"损失"了若干利益，处于"入不敷出"的境地。其结论是：依肯定说表面上公平，实质上颠覆了

---

① 崔建远：《混合共同担保人相互间无追偿权论》，载《法学研究》2020年第1期，第83～99页。

公平，甲攫取了他人的利益。

与向其他混合共同担保人追偿架构下的利益分配关系不同，向主债务人追偿具有正当性，该笔债务本应由主债务人承担，实际运作中却由担保人承担了。为了避免担保人这种无端地吃亏，不让主债务人获"不当得利"，由实际承担了担保责任的担保人向主债务人追偿，利益关系是平衡的，具有正当性。但各个混合共同担保人之间则不同，他们之间本无债权债务关系，不予追偿正符合此种利益关系；允许追偿，对于被追偿的担保人来说属于无端地"飞来横祸"，这便打破了利益平衡。这不公平！

有必要指出，在由若干法律关系联结的复杂交易安排的场合，站在交易的整体观察，有些担保在实质上是有偿的，担保人承担担保责任是其交易中必不可少的成本付出。依混合共同担保人相互间享有追偿权之说，实际承担担保责任的担保人向其他共同担保人追偿，特别是向无偿担保之人追偿，则"多赚了"。这不公平！

（3）其实，依肯定说行事，公平也难以贯彻到底。例如，甲、乙、丙、丁均为A债权的混合共同担保人，承认他们相互间享有追偿权，但在债权人戊请求甲承担全部担保责任之后，甲向乙、丙、丁追偿时，乙、丙、丁却无力偿付，甲便仍负担全部担保责任。这与不享有追偿权一样。此其一。即使乙、丙、丁偿付能力足够，但乙、丙、丁下落不明，人民法院执行局无法执行其财产。这不但导致甲实现不了其追偿权，而且徒增执行局的困难。此其二。

3. 依肯定说，也难避免担保人与债权人或执行法官串通以执行其他担保人的财产

批评《民法典》第392条不规定混合担保人相互间有追偿权，继续言说如下理由：这给某个甚至某几个担保人与执行法官串通去执行其他担保人的财产提供了空间，极易滋生司法腐败。对此反驳，笔者补论如下。

（1）其实，确立混合共同担保人相互间享有追偿权，同样难免某个或某几个共同担保人与执行法官相互串通，先行追偿其他混合共同担保人，延后自己被追偿的轮次，推迟自己被追偿的时日，获取期限利益；甚至酿成拖黄自己被追偿的结果，如借机转移财产，使强制执行无果而终。可见，在某个或某几个混合共同担保人贿赂执行法官，使自己在实际上不承担担保责任，将"祸水"引向其他混合共同担保人这方面，肯定说也难以"免俗"。换言之，在混合共同担保人相互间的追偿方面，肯定说同样存在混合共同担保人与执行法官恶意串通、贿赂的空间，它与否定说是"五十步笑百步"，其高调宣扬的公平基础十分松软，甚至是海市蜃楼。

（2）采取混合共同担保人相互间享有追偿权之说，混合共同担保人之间相互追偿，会有"第一轮次"、"第二轮次"甚至"第三轮次"。这显然使法律关系复杂化了，涨高了交易成本、司法成本。

为达效率的目的，仅设"一个轮次"的追偿呢？这仍然存在问题：其一，在债权人不愿披露全部担保人的名单的场合，如何确定可追偿名单？在该名单未确定的情况下，如何计算各个混合共同担保人分担的份额？其二，在诉讼中或执行程序中确定的混合共同担保人名单与实际的人数不符，特别是在判决已经生效、执行已有结果的情况下，又出现了另外的混合共同担保人，该如何处理？这会损坏司法权威。其三，即使混合共同担保人的名单已经确定，且符合事实，但其中某个或某几个担保人无偿付能力或下落不明，又该如何操作？执行法官坐等？抑或限于执行可被执行的混合共同担保人的财产？凡此种种，都会使公平的贯彻打了折扣。

（3）在现行法的架构下，只要混合共同担保人之间未约定相互间的追偿权，那么，在债务人具有足够的清偿能力的情况下，连带责任保证人或物上保证人与债权人串通或与执行法官串通，以达由一般保证人实际承担担保责任的目的，也难奏效。因为于此场合没有出现债务人不能履行（准确地说应为执行债务人的财产没有效果）的后果，一般保证人可以行使先诉抗辩权，对抗债权人关于一般保证人实际承担保证责任的请求或执行局的强制执行（《担保制度司法解释》第26条第1款、第3款）。

（4）有的担保的设立，首先是基于债务人的委托，而后才是担保人与债权人订立担保合同（有时需要交付担保物或登记）；而有的担保的设立，却是担保人未经债务人委托而自作主张地与债权人订立担保合同（有时需要交付担保物或登记）。后一种情形的担保，要么侵害了债务人的合法权益，要么构成无因管理关系。如果不分青红皂白地允许自作主张地设立担保之人有权向基于债务人的委托而设立担保之人追偿，可能害及后者的合法权益。这可发生在如下场合：A. 自作主张设立担保者与债权人串通，在外观上承担担保责任，并且数额高至上限，放弃抗辩及抗辩权、抵销权，而后向其他担保人全额追偿，以避开债务人援用《民法典》第979条第2款等规定，予以抗辩及抗辩权，避开其他担保人援用债务人对债权人享有的抗辩及抗辩权，避开其他担保人对债权人享有的抗辩及抗辩权、抵销权，使其他担保人承受最终负担，债权人和自作主张设立担保之人"坐地分赃"；B. 自作主张设立担保之人与债权人、执行法官串通，绕开债务人、其他担保人基于实体法而享有的许多抗辩及抗辩权、抵销权，使基于债务人的委托而成为担保人的人被追偿，而后债权人、自作主张设立担保之人和执行法官"坐地分赃"。

（5）不少法律制度、规则都难免伴随负面结果。有些负面结果是法律制度、规则天然含有的，如一部法律全面奉行绝对的过错责任原则，在高度危险作业、产品缺陷等场合会带来不公平；有些负面结果是"别有用心"的人"歪用"法律规定而造成的，如利用合同诈骗，歪用自愿履行规则而一物二卖，串通执行局的执行法官，专门锁定某个担保人，即属之。在笔者看来，批评《民法典》第392条未规定混合共同担保人相互间有追偿权所举之例，正是"别有用心"的人"歪用"《民法典》第392条的结果。对于"别有用心"的人"歪用"法律规定，现行法及法理向来都持否定的立场及态度。何况如同上文所分析的，依肯定说行事也难以避免此类现象呢！

观察境内外的成功经验和失误的教训，对于"歪用"法律规定的问题，援用民法基本原则，采取"一事一议"的个案处理方式，不让"别有用心"者得逞，效果良好。如果改弦易辙，抛弃现行法的设计，改采另外的普遍化规则，且不要说"工程浩大"，就是新规则也难免被"别有用心"的人"歪用"，再次出现不良后果。

再就是制定执行规则，包括确立合理执行/便宜执行规则以及制裁后果，以限制执行法官的不当执行。举例来说，在金钱债务的执行案中，担保人甲在其账户上存有足额的钱款，一经划转便可满足被担保债权的实现；担保人乙只有 A 楼，执行起来程序较为复杂、成本高昂，可能还牵涉房地纠纷、承租人的权益保护等问题。在该案的执行中，执行法官对担保人乙（的财产）施以执行，而不执行担保人甲（的财产），明显失当，不应得到支持。①

4. 某担保人借助债权转让来避开自己实际承担担保责任，是镜花水月

某一担保人与债权人串通或借助"债权转让"的规则，使其他担保人最终担责。这是肯定说立论的基础之一、批评《民法典》第392条未规定混合共同担保人相互间享有追偿权的理由之一。对这种观点的回应，笔者曾在《混合共同担保人相互间无追偿权论》一文中从立法论和解释论两方面予以辨析，如今仍然坚持，于此在解释论的层面补论如下。

（1）即使肯认某担保人受让债权以消灭自己的担保责任，存在着道德风险，其得逞的场合和概率也极为有限。在实务中，拥有担保权的债权人大多为金融机构，而金融机构的债权在转让方面受有重重限制，一般不允许把债权转让给自然

---

① 这是最高人民法院专职委员刘贵祥大法官于 2020 年 11 月 28 日举办的"最高人民法院关于适用《中华人民共和国民法典》担保制度的解释（征求意见稿）"研讨会上发表的意见，特此致谢！

人、普通的公司。所以，在自然人、普通公司充任担保人时，通过受让金融机构的债权以实质上免于自己实际承担担保责任这条路走不通。此其一。金融机构处理呆坏账时可以剥离债权，即转让债权，但第一轮次的接收人不是自然人、普通公司，而是由特定的金融资产公司接收。故作为担保人的自然人、普通公司受让金融机构的债权以实质上免于自己实际承担担保责任，是做不到的。此其二。金融资产公司转让呆坏账债权时采取打包/竞价的方式，竞拍者能否知晓债权包、资产包中有无自己充任担保人予以担保的债权？即使了解了，能否拍定？况且有些金融资产公司为避开道德风险的责难，直接把债权包、资产包转让给境外的公司。这就更使作为担保人的自然人、普通公司受让被担保债权并消除其担保责任的计划化为泡影。此其三。

（2）某混合共同担保人受让债权人的被担保债权，以免自己实际承担担保责任。这纯属该担保人滥用权利，其他担保人可以援用《民法典》第132条关于"民事主体不得滥用民事权利损害国家利益、社会公共利益或者他人合法权益"的规定，对抗滥用权利的担保人关于由其他担保人实际承担担保责任的请求。

（3）有专家学者为证明否定说的不当，举例曰：担保人丙为避免自己实际承担担保责任，指使其关联企业丁受让银行甲的被担保债权，而后丁请求混合共同担保人戊实际承担担保责任，因此获利由丙和丁分享。对此，笔者回应如下：1）该债权非属呆坏账的情况下，不会发生该债权的转让；在其确属呆坏账的情况下，分析和结论同如上文"（1）"所述。2）即使改变案情的某些条件，如债权人甲为自然人或普通的公司，则其被担保债权转让给丁，那么，戊也同样有权援用《民法典》第132条的规定予以抗辩。

（4）某个担保人受让债权后，不适用混同规则来消灭该担保人的担保责任，而是使其继续存在。该担保责任，特别是物上负担，类似于债务人以自己财产为其债务的清偿设立担保。如此，便可类推适用《民法典》第392条中段关于"债务人自己提供物的担保的，债权人应当先就该物的担保实现债权"的规定，先由该担保人承担担保责任，清偿其受让的债权，不得先行请求其他混合共同担保人承担担保责任。只有在被担保债权未受完全清偿的情况下，该担保人/债权人才可以请求其他混合共同担保人清偿该余额。

（5）如今，为不让某个或某几个担保人借助于债权转让来转嫁担保责任的不法目的得逞，《担保制度司法解释》已经设置明确的规则："同一债务有两个以上第三人提供担保，担保人受让债权的，人民法院应当认定该行为系承担担保责任。受让债权的担保人作为债权人请求其他担保人承担担保责任的，人民法院不予支持"（第14条）。

5.《民法典》第518条、第178条不宜被类推适用于混合共同担保人关系的场合

《民法典》颁布后，肯定说运用解释论，认为《民法典》第392条未规定混合共同担保人相互间存在追偿权，这形成法律漏洞，主张依类推适用的方法填补该漏洞，包括把《民法典》第518条、第178条类推适用到混合共同担保人关系之中。对此，笔者持有异议，剖析如下。

《民法典》第518条设置了连带债权、连带债务的规则，其第2款明定"连带债权或者连带债务，由法律规定或者当事人约定"，反过来说，法律未规定、当事人未约定连带债权或者连带债务的，就不发生连带债权或者连带债务。循此精神及逻辑，《民法典》未规定混合共同担保人之间的关系为连带债权、连带债务的关系，各个担保人之间也无连带关系的约定时，各个混合共同担保人之间的关系就不成立连带关系。无连带关系却赋权实际承担担保责任的担保人有权向其他担保人追偿，缺乏正当性。此其一。依《民法典》第518条的文义和规范意旨，其规范的是债法范畴的债权、债务，不含有物权法领域的物上债务。而混合共同担保场合的义务有些是债法领域的，如保证债务；另有物权法领域的，如抵押债务、质押债务等物上债务。物上债务的履行规则有别于债法领域的债务履行规则，如实际履行时依《民法典》第410条、第436条第2款等规定协议以担保物折价或者变卖或拍卖担保物，再就是采取优先效力规则而非平等规则。此其二。看来，《民法典》第518条与第392条规范的关系具有重大差异，难谓二者具有类似性。既然没有类似性，就没有强劲有力的理由把《民法典》第518条的规定类推适用于第392条摄入的关系之中。

《民法典》第178条规定的是连带责任规则。连带责任场合的责任，依《民法典》第179条第1款的规定，有停止侵害，排除妨碍，消除危险，返还财产，恢复原状，修理、重作、更换，继续履行，赔偿损失，支付违约金，消除影响，恢复名誉和赔礼道歉诸种方式，均属债法领域的表现形式。尽管连带责任与连带债务有些差异，但基本属性是共同的。如此，笔者关于《民法典》第518条的分析和结论同样适合于《民法典》第178条的规定，不再重复。

6.《民法典》第700条未承认混合共同担保人相互间存在追偿权

有专家、学者认为：《民法典》第700条关于"保证人承担保证责任后，除当事人另有约定外，有权在其承担保证责任的范围内向债务人追偿，享有债权人对债务人的权利，但是不得损害债权人的利益"的规定，承认了混合共同担保人相互间享有追偿权。对此，笔者认为，这错位了法律关系，忘记了追偿权的成立

要件，是不成立的，兹剖析如下。

（1）首先，《民法典》第 700 条的文义清楚地表明保证人承担保证责任后有权向债务人追偿，享有债权人对债务人的权利，而非向其他担保人追偿，享有债权人对其他担保人的权利。其次，无论是从保证人的清偿意思还是清偿指向的债权/债务看，保证人都是代债务人向债权人清偿，从而消灭债务人对债权人所负债务，而非代其他担保人向债权人承担担保责任，消灭其他担保责任，以免债务人对债权人所负债务依旧存续。既然如此，承担保证责任的保证人取代债权人对债务人的法律地位，享有相应的权利；而非取代债权人对其他担保人的法律地位，享有相应的权利。在保证人不知其担保的债权还有其他人提供的担保时，更是如此。其实，这种保证人于其承担保证责任的限度内承受债权人对主债务人的权利，即所谓法定承受或曰法定移转，在学说上并非只有保证人取代债权人的法律地位一种，还有承受债权人对主债务人的债权之说。① 依该说，保证人没有概括地取代债权人的法律地位。《民法典》第 700 条即采此说，而未接受泛泛的取代法律地位说。② 复次，保证人向债权人为清偿，消灭被担保债权，基于担保权从属于被担保债权的本质属性，债权人对于其他担保人的担保权（如抵押权、质权）即告消灭。既然如此，即便认可保证人因其承担保证责任而取代了债权人的法律地位之说，也因债权人与其他担保人之间的担保关系不复存在而不享有对其他担保人的追偿权。再次，即使债务人和债权人之间的债的关系较为复杂，但因保证人毕竟系为债务人免除其债务而承担保证责任，故承担保证责任的保证人取代债权人对于债务人的法律地位，享有相应的权利，也情有可原，尽管债务人可能负担沉重。与此有别，因债权人与各个其他担保人之间的法律关系可能复杂多样，若允许承担保证责任的保证人取代债权人对于其他担保人的法律地位，享有相应的权利，可能给其他担保人带来意想不到的"灾难"。这在混合共同担保人之间无相互追偿的约定的场合，是严重欠缺正当性的。最后，假如允许混合共同担保人相互间享有追偿权，就人为地增添了几层法律关系，即第一个轮次是，承担保证责任的保证人向其他混合共同担保人追偿；第二个轮次是，被全额追偿的其他担保人再向未被追偿的其他担保人追偿；第三个轮次是……这显然增高交易

① 刘春堂：《民法债编各论（下）》，台北，三民书局 2008 年版，第 369 页；邱聪智：《新订债法各论》（下），姚志明校订，北京，中国人民大学出版社 2006 年版，第 397 页；林诚二：《民法债编各论》（下），北京，中国人民大学出版社 2007 年版，第 248 页。

② 全国人民代表大会常务委员会法制工作委员会民法室副主任石宏博士于 2020 年 10 月 10 日在"民法典担保制度司法解释草案研讨会"上，披露了《民法典》第 700 条的立法本意，即保证人于其承担保证责任的限度内承受债权人对主债务人的债权。

成本，搅动法律秩序。

在这里，勿要把法律关系错位，不可忘记这样的法理：混合共同担保人相互间存在追偿权，是以业已存在的法律规定或当事人约定为基础、前提的，即，只要有此类规定或约定，各个担保人之间自其成为担保人之时起就形成连带法律关系，随后的层面为追偿权关系。这种关系不因某个或某几个混合共同担保人实际承担担保责任而依担保权的从属性而化为乌有，也就是说，混合共同担保人的担保责任不因主债务的不复存在而归于消灭，换个角度说，这种关系排除了被担保债权与担保权之间的主从性可被用于此处，也就是债权人对各个混合共同担保人享有的担保权不因某个或某几个混合共同担保人实际承担担保责任而立即归于消灭，或曰于此场合其他担保人不得援用被担保债权与担保权之间的主从性来对抗追偿权的行使。再换个角度说，保证人承受债权人对于债务人的权利不是混合共同担保人相互间存在追偿权的原因、理由、基础。于是，某个或某几个混合共同担保人实际承担担保责任之后，基于各个混合共同担保人之间的连带关系，追偿权可由"资格"的层面具化为具体的民事权利，可以在实际承担担保责任的范围内向其他担保人追偿。与此不同，《民法典》第 392 条未设置混合共同担保人相互间存在追偿权的规则，只要当事人之间未约定此种追偿权，那么，各个混合共同担保人之间就不存在连带关系。在这样的背景下，某个或某几个混合共同担保人实际承担担保责任之后，被担保债权与担保权之间的主从性继续发挥效能——全部的担保权均告消灭，同时是各个担保债务都不复存在，其他担保人有权援用这一抗辩。既然其他担保人的债务消失了，实际承担担保责任的担保人还有什么基础请求其他担保人满足自己的追偿权呢？对此，可以打个比喻：在现行法的架构下，只要混合共同担保人之间未约定相互间的追偿权，那么，各个混合共同担保人便属于"乌合之众"。"乌合之众"一遇异常便"如鸟兽散"，这何谈连带？如何追偿？与此不同，混合共同担保人之间约定了相互间享有追偿权，或法律径直规定他们之间连带、相互间存在追偿权，他们之间的关系便是共同关系，密切地连接在一起，不再是"乌合之众"，连带、追偿便均有基础。

如果不是承担全部的担保责任，而是部分承担，结论有无变化？某个或某几个担保人实际承担部分担保责任，各个担保责任均未完全消灭，是否借助于《民法典》第 700 条的规定就可以追偿了？首先，依《民法典》第 700 条的文义和规范意旨，该条未赋予实际承担担保责任之人对于其他担保人享有权利，包括追偿权。其次，保护债权人的利益排列在先，实际承担保证责任的保证人行使权利"不得损害债权人的利益"（《民法典》第 700 条但书），或者说，保证人不得不经债权人的同意就"擅自"请求其他担保人补偿自己因实际承担保证责任而形成的损失。

（2）笔者注意到，肯定说对于《民法典》第700条还有如下解释路径，以达立论混合共同担保人相互间存在追偿权之目的：保证人承受债权人对于债务人的权利，该债务人的权利包括主权利和从权利，而从权利又包括担保权。例如，债权人甲对债务人乙享有债权，保证人丙担保债权人甲对债务人乙的债权实现，抵押人丁亦然。保证人丙承担了保证责任之后，承受债权人甲对债务人乙的权利，就包括承受债务人乙对抵押人丁的抵押权这种从权利。

对此解释路径，笔者不予赞同。道理不复杂，抵押权是从属于被担保债权的从权利，债务人乙对抵押人丁没有债权，故抵押权不是从属于债务人乙的权利的从权利，实际上是从属于债权人甲的债权的从权利。所以，保证人丙承受债权人甲对债务人乙的权利，不会包括对抵押人丁的抵押权。其实，债权人甲对于债务人乙的债权一经保证人承担保证责任，便消灭了，从属于该债权的抵押权因从属性规则也随之消灭了，保证人丙无从主张了。

将上述案型中的抵押权置换成质权，结论也是一样，不再赘述。

（3）笔者还注意到肯定说的另外一种解释《民法典》第700条的路径：《民法典》第700条所谓债务人可扩大解释为包括保证人在内，该规定可被类推适用于混合共同担保的领域，从而承认混合共同担保人相互间享有追偿权。

对此路径，笔者评论如下：A. 从《民法典》第700条的文义看，该条明确区分债务人、保证人，将二人并立，不可置换，这才符合该条"保证人承担保证责任后，除当事人另有约定外，有权在其承担保证责任的范围内向债务人追偿，享有债权人对债务人的权利，但是不得损害债权人的利益"的逻辑。假如依该条所谓债务人包括保证人在内之说，该条就变成了如下内容："保证人承担保证责任后，……向保证人追偿，……"保证人向自己追偿，这等于保证人无处追偿，达不到保护保证人权益的目的，这显非立法者的本意。总之，《民法典》第700条所谓债务人不应包括保证人在内。B. 从法律关系间的关联看，《民法典》第700条关于"保证人承担保证责任后，除当事人另有约定外，有权在其承担保证责任的范围内向债务人追偿，享有债权人对债务人的权利，但是不得损害债权人的利益"的规定，涉及如下法律关系：a. 保证人与债权人之间的保证关系；b. 保证人实际承担保证责任之后与主债务人之间的追偿关系；c. 保证人实际承担保证责任之后享有债权人对主债务人的权利的关系；d. 保证人实际承担保证责任之后与其他担保人之间的关系。按照把《民法典》第700条的规定类推适用于混合共同担保的领域，从而承认混合共同担保人相互间享有追偿权之说，就是将"b"类推适用于"d"，笔者难以赞同之，因为类推适用，必须是"b"和"d"

之间存在类似性，即两者所存共性处于法律评价的重心，可事实是，在"b"和"d"之间的关系中，两者差异性系法律评价的重心，即它们之间不具有类似性，故不得类推适用。兹具体分析如下：首先说明，"d"的关系不存在各个担保人之间约定有连带负责、相互间有权追偿，也不存在相互间不得追偿的约定，还不是《民法典》第699条规定非共同保证人的关系，否则，就无需讨论了。其次，"b"的关系，起初是委托合同关系或无因管理关系，无论何者，保证人向债权人实际承担保证责任就是在实际履行委托合同项下的义务或无因管理关系中的义务，接下来保证人（受托人或管理人）向主债务人（委托人或本人）求偿，乃委托关系或无因管理关系的题中应有之义。与此不同，"d"的关系无委托的约定，亦无管理意思，故非委托合同关系、无因管理关系，而是"乌合之众"式的关系。就法律关系的属性而言，它们的差异是本质性的。最后，《民法典》第392条关于担保人与主债务人、担保人相互间的规定，无论是其文义还是规范意旨，均未承认混合共同担保人相互间的追偿权，第700条作为特别法本可以作出相反的规定却没有作，这也反映出法律在重点评价"b"和"d"之间的差异，而非重点评价它们的共同点。一句话，"b"和"d"之间的关系不具有类似性，不得类推适用。

（4）肯定说中的一派为了证成《民法典》第700条含有混合共同担保人相互间享有追偿权，扫清"某个或某几个保证人实际承担保证责任之后，被担保债权因获清偿而归于消灭，其他担保人的担保债务也随之不复存在，因而债权人对这些担保人不再享有权利，实际承担保证责任的保证人即使'享有债权人的权利'，也难以请求这些担保人继续承担担保责任"这样的逻辑、理论上的障碍，富有想象力地创设出如下理论：各个担保人向债权人负担的不是代主债务人清偿债权的债务，也不是承担赔偿责任以消灭债务人对债权人所负债务的义务，而是另外的一种义务；反过来说，债权人对各个担保人享有的不是请求其清偿（本应由主债务人清偿的）债权的权利，而是请求担保人履行担保义务的权利。如此，即使某个或某几个担保人履行了全部担保责任，仅仅是消灭了后一种权利，没有消灭债权人对于主债务人所享有的债权。进而，实际承担了保证责任的保证人便"有权在其承担保证责任的范围内向债务人追偿，享有债权人对债务人的权利"，也就享有立于债权人地位的对其他担保人的追偿权。对此，笔者剖析如下：A. 担保人负有的不同于、独立于主债务人对债权人所负债务的义务，其质和量如何确定、衡量？担保人履行什么才算完成了担保责任？该义务若与主债务人对债权人所负债务在质和量方面相同，则该论毫无积极价值；若不一致，那是什么？《民法典》第684条要求保证合同的内容一般包括被保证的主债权的种类、数额、债务人履行债务的期限，以及《民法典》第691条规定的保证范围，还有什么意义？不是无的放矢吗？B. 该论会酿成如下灾难性的后果：既然债权人对主债务人所享有的债权未因保证人全部承担保证责任而消灭，债权人就有权请求主债务人继续履行其债务，助推债权人获取双重给付，这显然是不应被允许的。为了纠偏，再借助于不当得利返还制度，人为地使法律关系复杂化，徒增成本。C. 该论还面临这样的窘境：主债务人向债权人清偿了债权，消灭了自己的债务，但是，担保人的债务仍继续存在，因为不同于、独立于债权人债权的另外一种权利依然存续。于此场合，债权人请求担保人履行该债务，担保人履行什么呢？D. 既然债权人对主债务人享有被担保债权，对各个担保人享有另外一种请求权——请求其承担担保责任之权，既然某个或某几个保证人实际承担保证责任之后，就消除了其他担保人对债权人所负的保证债务，那么，即使实际承担保证责任的保证人享有债权人的权利，甚至法律地位，也无机会请求其他担保人向自己清偿了，因为其他担保人对债权人所负保证债务不复存在了。E. 其实，追偿权，是个新产生的权利，而非固有的权利。实际承担保证责任的保证人享有债权人的权利，却不是新产生的权利，而是原本就存在的权利。就是说，即使实际承担保证责任的保证人果真享有债权人的权利，也不是追偿权，应为代位权。看来，主张《民法典》第700条承认了该条担保人相互间存在追偿权之说把法律关系错位了。

7. 《民法典》第524条规定的案型与混合共同担保案型不具有类似性

肯定说认为，可将《民法典》第524条关于"债务人不履行债务，第三人对履行该债务具有合法利益的，第三人有权向债权人代为履行；但是，根据债务性质、按照当事人约定或者依照法律规定只能由债务人履行的除外"（第1款）和"债权人接受第三人履行后，其对债务人的债权转让给第三人，但是债务人和第三人另有约定的除外"（第2款）的规定，类推适用于混合共同担保人之间的关系，确立他们之间相互间存在追偿权。笔者不赞同这种意见。首先，该条规范的代为履行，拥有自己独特的构成要件和效力规则，而非担保责任。众所周知，成立担保责任，必须存在担保关系，并且必定存在着被担保的主债权，即并存着两层法律关系。但《民法典》第524条第1款规范的对象仅仅存在着债权人和债务人之间的债的关系，不存在与之不同的第三人和债权人之间的债的关系，因为债务人与第三人所负担的是同一项债务，债权人是同一个。其次，第三人完全可以袖手旁观，不进入债务人与债权人的关系之中。既然可以袖手旁观，就难有担保效果。即使第三人进入了，债权人也可以拒不认可，不接受第三人的履行，将之排除于既有的债的关系之外。与此不同，担保责任一经成立，债权人便无权否认，或者说即使否认，也不发生否认的法律效力。可见《民法典》第524条第1

款所设案型与担保不同。最后，《民法典》第 524 条第 2 款规范的是，第三人代为履行，若其"对履行该债务具有合法利益的"，或曰符合无因管理的构成要件时，第三人承受债权人对债务人的债权。在这个阶段，法律结构和法律效果如同笔者对《民法典》第 700 条的分析和结论一样，与混合共同担保人相互间存在追偿权不搭界，不再赘述。与此有别，如果第三人对履行债务人所负债务无合法利益，或曰不构成无因管理，那么，债权人不接受此种履行，第三人也就不会承受债权人对债务人的债权。这距离混合共同担保人相互间享有追偿权更为遥远。

8. 法律人的理念及方法

法律难有完美无缺，一项制度及规则存有软肋并不鲜见。法律人发现并批评之，为其职责所在。不过，该职责的正确实施应是，在现行法已经如此设计的背景下，批评是为了寻觅医治的药方。刘贵祥专职委员提出执行工作应当合理/便利，即为一例。

第三百九十三条

有下列情形之一的，担保物权消灭：

（一）主债权消灭；

（二）担保物权实现；

（三）债权人放弃担保物权；

（四）法律规定担保物权消灭的其他情形。

本条主旨

本条是关于担保物权消灭及其事由的规定。

相关条文

《物权法》第 177 条　有下列情形之一的，担保物权消灭：

（一）主债权消灭；

（二）担保物权实现；

（三）债权人放弃担保物权；

（四）法律规定担保物权消灭的其他情形。

《担保法》第 52 条　抵押权与其担保的债权同时存在，债权消灭的，抵押权也消灭。

第 58 条　抵押权因抵押物灭失而消灭。因灭失所得的赔偿金，应当作为抵押财产。

第73条 质权因质物灭失而消灭。因灭失所得的赔偿金，应当作为出质财产。

第74条 质权与其担保的债权同时存在，债权消灭的，质权也消灭。

第88条 留置权因下列原因消灭：

（一）债权消灭的；

（二）债务人另行提供担保并被债权人接受的。

理解与适用

本条是对《物权法》第177条的复制，明确了担保物权消灭及消灭事由。

物权消灭的事由，如标的物灭失且无代位物等，当然是担保物权消灭的事由。此外，本条还规定了担保物权消灭的特别事由，包括主债权消灭、担保物权实现、债权人放弃担保物权、法律规定担保物权消灭的其他情形。

1. 主债权消灭

由于担保物权是从属于主债权的从权利，主债权消灭时，担保物权也归于消灭。但须注意，主债权若因主债权债务合同解除而归于消灭时，主债权债务转化为损害赔偿金债权债务或违约金债权债务的，担保物权继续存在于该转化的债权债务之上，并不消灭。除非担保合同另有约定（《民法典》第566条第3款）。

2. 担保物权实现

担保物权实现，使命完成，应当寿终正寝。被担保债权因此获得完全清偿，固然如此；即使是尚未获得全部清偿，也只能作为无担保物权担保的普通债权存在，无法再求助于担保物权，换句话说，担保物权不会因此而继续存在。

3. 债权人放弃担保物权

债权人放弃担保物权，又叫债权人抛弃担保物权，担保物权因此而不复存在。但须注意，担保已经登记的，应当及时将担保物权的登记注销；若未注销，虽然对于"担保物权"人来说，担保物权业已消灭，但对于第三人而言，"担保物权"人不得以担保物权已经消灭为由予以对抗。

4. 法律规定担保物权消灭的其他情形

所谓法律规定担保物权消灭的其他情形，包括现行法规定的担保物权消灭的其他事由，也包括未来的立法新增设的担保物权消灭的事由。就现行法的规定看，《民法典》第457条规定的留置权人丧失对留置物的占有或接受债务人另行提供担保的，留置权消灭，属于这种情况。

担保物权消灭，发生如下法律后果。

1. 担保物权因主债权消灭、自身实现的事由而消灭，一般不会出现复杂的问题，不产生民事责任。

2. 在债权人放弃的是债务人提供的担保物权的情况下，依据《民法典》第409条第2款、第435条后段的规定，其他担保人在担保物权人丧失优先受偿权益的范围内免除担保责任，除非其他担保人承诺仍然提供担保。

第十七章

抵押权

本章较为全面地汇聚了抵押权的规则,虽然大部分内容固守了《物权法》关于抵押权的规定,但也有积极的修正,特别是创新。例如,把土地经营权、集体经营性建设用地使用权增加为可以抵押的财产,承认乡镇企业可以将连同集体建设用地使用权在内的房地产一并抵押。再如,新创设了超级优先权。还如,修正了一律禁止流押条款、抵押财产的转让必须经过抵押权人的同意等不合理的旧制,改采更有效率、各方利益兼顾的法律结构。最后,关于抵押权等并存于同一项财产的场合的效力排序,都值得重视。

第三百九十四条

为担保债务的履行,债务人或者第三人不转移财产的占有,将该财产抵押给债权人的,债务人不履行到期债务或者发生当事人约定的实现抵押权的情形,债权人有权就该财产优先受偿。

前款规定的债务人或者第三人为抵押人,债权人为抵押权人,提供担保的财产为抵押财产。

本条主旨

本条是关于抵押权及其当事人的概念的规定。

相关条文

《民法通则》第 89 条第 2 项 依照法律的规定或者按照当事人的约定,可以采用下列方式担保债务的履行：

（二）债务人或者第三人可以提供一定的财产作为抵押物。债务人不履行债务的，债权人有权依照法律的规定以抵押物折价或者以变卖抵押物的价款优先得到偿还。

《物权法》第 179 条　为担保债务的履行，债务人或者第三人不转移财产的占有，将该财产抵押给债权人的，债务人不履行到期债务或者发生当事人约定的实现抵押权的情形，债权人有权就该财产优先受偿。

前款规定的债务人或者第三人为抵押人，债权人为抵押权人，提供担保的财产为抵押财产。

《担保法》第 33 条　本法所称抵押，是指债务人或者第三人不转移对本法第三十四条所列财产的占有，将该财产作为债权的担保。债务人不履行债务时，债权人有权依照本法规定以该财产折价或者以拍卖、变卖该财产的价款优先受偿。

前款规定的债务人或者第三人为抵押人，债权人为抵押权人，提供担保的财产为抵押物。

理解与适用

一、本条含义概貌

本条是对《物权法》第 179 条的复制，第 1 款抽象了抵押权的概念，也是抵押权的最主要的性质和效力；第 2 款界定了抵押人与债务人或第三人之间的关系，债权人与抵押权人之间的关系，以及抵押财产（又叫抵押物）。

二、抵押权的性质

1. 抵押权为一种担保物权

抵押权，是债权人支配债务人或第三人提供的抵押物的交换价值，使其债权优先于普通债权获得清偿的权利，故属于担保物权的一种。

2. 抵押权是不移转抵押物占有的物权

抵押权的成立和存续不以移转抵押物的占有为必要，为非占有担保物权，这与质权、留置权等占有担保物权不同。抵押权的行使无须占有抵押物，这与建设用地使用权、土地承保经营权等用益物权有别。之所以如此，是因为抵押权为价值权而非用益权。[1]

---

①　谢在全：《民法物权论》（中册），台北，三民书局有限公司 2003 年 7 月修订 2 版，第 363～364 页。

3. 抵押权是就抵押物的变价使被担保债权优先受偿的物权

抵押权作为物权，为支配权，具有优先效力，但无受领债务人清偿的内容、效力。债权才具有受领债务人清偿的内容、效力，但无优先的效力，除非法律采取有关措施使其发生性质的变化，或立法政策将某类或某些债权赋予优先效力。人们通常所说的抵押权系就抵押物的变价而优先受偿的权利，并非意味着抵押权自身为优先受债务人清偿的权利，而应理解为抵押权与被担保债权相结合时，或者说是抵押权附着在债权上，因此种结合或曰附着，抵押权的优先性传递给债权，使被担保债权发生性质和效力的变化，由原来的平等性转化为优先性，债权固有的受清偿的效力继续保持，这类似于两种物质结合发生化学反应，使物质的性质改变。优先性体现在债权上，不是该债权的存在就排斥其他债权继续存在，而是该属性债权在顺位上名列前茅，顺位在先者先实现，债权的实现就是获得清偿，于是，债权的优先性就是优先受偿性。①

4. 抵押权具有特定性

抵押权具有特定性，一是表现在它是在债务人或第三人的特定财产上所设立的物权。这里的财产，即抵押物，在现行法上包括不动产、动产、不动产物权，以及它们集合所形成的集合物（《民法典》第 395 条、第 396 条等）。只有抵押物特定，才能在抵押权实行时将抵押物变价。不过，这里的特定，大多是在抵押权设立之时抵押物即已特定了，如以 A 车作为抵押物为他人债权设立抵押权、以 B 房及其基地的建设用地使用权作为抵押物为他人债权设立抵押权等（严格意义上的特定性）；有时也可以是抵押物在抵押权设立时尚未确定，待抵押权实行时方予特定，如《民法典》第 396 条规定的企业等以其现有的及将有的生产设备、原材料、半成品、产品作为抵押物设立抵押权（放宽解释所承认的特定性）。

抵押权具有特定性，还表现在抵押权所担保的债权是特定的。这是由现行法上的抵押权为保全担保物权的基本属性所决定的。同样，被担保债权的特定，既可以是抵押权设立时即有特定的债权，如不动产抵押权、汽车抵押权等；有时也可以抵押权设立时仅仅预估一个在一定期间发生的债权总额，至于在该总额内实际上有多少个债权，以及每个债权在预订的期间内何时成立，法律均不干预，如《民法典》第 420 条以下规定的最高额抵押权。

5. 抵押权具有从属性

所谓抵押权的从属性，是指抵押权的成立、移转和消灭，均应从属于债权，以及被担保债权优先受偿的范围以抵押权实现时存在的债权为限的现象。分解开

---

① 崔建远：《土地上的权利群研究》，北京，法律出版社 2004 年版，第 247～248 页。

来，有如下几方面的表现。

（1）成立上的从属性

所谓抵押权成立上的从属性，是指抵押权的成立以被担保债权的存在为前提，该债权若不存在，抵押权就不成立。这是因为现行法上的抵押权系保全担保物权，不具有独立性，被担保债权不存在，抵押权即无存在的价值，故抵押权具有成立上的从属性，系属当然。

不过，对于成立上的从属性，应从宽把握，即抵押权成立时被担保债权已经存在，固然是抵押权在成立上具有从属性的表现，抵押权成立时被担保债权尚未产生，在抵押权实行时被担保债权业已存在的，亦不违反抵押权成立上的从属性。《民法典》第 420 条关于最高额抵押权与被担保债权之间关系的规定，体现了这种精神。

从宽把握的另一表现是，在某些情况下，主债权债务合同归于无效，业已办理了抵押登记的抵押权不因此而归于消灭。[①] 在这方面，日本的一则判例给我们以启示。该案的案情是，B 从 A 劳动金库贷款时，因其没有会员资格而设立了一个自己作为代表人的 P 组合，然后以 P 组合的名义贷款，并以自己的不动产设立抵押权（实质上是会员外贷款）。因其不能还款，该抵押权被实行，C 通过拍卖取得了该不动产，并办理了所有权登记。在这里，B（原告）主张上述贷款行为和抵押权的设定无效，请求注销该不动产的所有权登记，并将该不动产归还自己。[②] 日本的判例适用诚实信用原则，否定了 B 的请求，认为即使"贷款行为无效，B 也有义务返还 A 因其不当得利而得到的上述'贷款金'，因此债务没有发生变化。而且，本件抵押权，从其设定宗旨开始，在经济上视为债权人 A 所具有对上述债权的担保意义，B 不偿还以上的债务，并以以上的贷款行为无效作为理由，主张本件抵押权或其实行手续的无效，在诚实信用原则上是不允许的"[③]。对其法律构成，四宫和夫教授、高木多喜男教授提出债权同一性说，认为无效贷款债权转化成不当得利的返还请求权，两者在法律上没有同一性，但在经济实质上有同一性，因此抵押权成立并有效。所以，按照这种学说，抵押权所担保的债

[①] 在不少情况下，主债权债务合同无效，抵押权应当消灭。例如，主债权债务合同违反公序良俗原则而无效时，抵押权应当消灭。

[②] 转引自［日］近江幸治：《担保物权法》，祝娅、王卫军、房兆融译，沈国明、李康民审校，北京，法律出版社 2000 年版，第 107 页。

[③] ［日］最判 1969.7.4 民集 23 卷 8 号 1347 页·千种秀夫"百选 I"178 页。转引自［日］近江幸治：《担保物权法》，祝娅、王卫军、房兆融译，沈国明、李康民审校，北京，法律出版社 2000 年版，第 107 页。

权成为不当得利返还的债权。[①]

抵押权虽然已经成立，但被担保债权实际上不成立的，因违反成立上的从属性，该抵押权应归消灭。纵使已经办理了抵押登记，也是如此，抵押人有权行使排除妨害请求权而请求注销该抵押权登记。[②]

（2）内容上的从属性

所谓抵押权内容上的从属性，包含两层意思：1）除非法律另有规定，抵押权成立之后，当事人对所担保的范围已有明确约定的，则未经抵押人的同意，债权人和债务人不得加重抵押人的负担，否则，超过的部分不属于抵押权担保的范围。简言之，债权人只能在其债权范围内享有抵押权（《民法典》第 389 条后段）。当事人对所担保的债权范围没有约定的，则当债权数额增加或减少时，抵押权也会发生相应的变动。2）只有当抵押权所担保的债权到期之后，抵押权才相应地到期，抵押权人才能行使抵押权，除非当事人约定了不同的实现抵押权的条件（《民法典》第 386 条）。[③]

（3）移转（或处分）上的从属性

所谓抵押权移转上（或处分上）的从属性，是指抵押权需附随于所担保的债权，才能转让或成为其他债权的担保，抵押权不得与债权分离而单独转让或作为其他债权的担保。《民法典》第 407 条前段关于"抵押权不得与债权分离而单独转让或者作为其他债权的担保。债权转让的，担保该债权的抵押权一并转让"的规定，明确承认了抵押权的这种从属性。这是由抵押权为保全担保物权的性质和作用决定的。

（4）消灭上的从属性

所谓抵押权消灭上的从属性，是指抵押权所担保的债权若因清偿、提存、免除、混同、抵销等原因而全部消灭时，抵押权也随之而消灭。《民法典》第 393 条第 1 项关于主债权消灭的，担保物权消灭的规定，明确承认了抵押权的这种从属性。

在抵押权全部消灭的情况下，抵押权人负有注销抵押登记的义务，不仅抵押人享有注销登记请求权，债务人（由第三人提供抵押物场合）亦然（《不动产登记暂行条例实施细则》第 70 条）。

---

① ［日］四宫和夫：《法学协会杂志》第 87 卷 9＝10 号，第 988 页以下；［日］高木多喜男：《担保物权法》，有斐阁 1984 年版，第 102 页。转引自［日］近江幸治：《担保物权法》，祝娅、王卫军、房兆融译，沈国明、李康民审校，北京，法律出版社 2000 年版，第 107 页。

② 谢在全：《民法物权论》（中册），台北，三民书局有限公司 2003 年 7 月修订 2 版，第 379 页。

③ 王利明、尹飞、程啸：《中国物权法教程》，北京，人民法院出版社 2007 年版，第 442 页。

[拓展]①

A. 抵押权所担保的债权一部消灭的，抵押权也一部消灭，抵押物的全部仍须担保剩余的债权。不过这已涉及抵押权不可分性的问题。

抵押权一部消灭的，可请求就消灭部分办理抵押权的变更登记。即使没有办理该项变更登记，抵押权的效力也当然缩减至该剩余债权的范围。

B. 债权和债务混同时，债的关系原则上归于消灭，但该债权若为他人权利的标的物的，如债权人以该债权为他人设立债权质权，债权并不消灭（《民法典》第576条但书）。于此场合，抵押权若随同被担保债权为他人设立担保的，也不消灭。

C. 在债务由第三人承担的场合，若为并存的债务承担，则原债务人的债务仍然存在，对抵押权不发生影响；若为免责的债务承担，那么，债务由承担人（第三人）承受，原债务人脱离债的关系，于此场合抵押权的效果因抵押物由何人提供而有不同：若由原债务人提供的，则抵押权不因债务的承担而受妨碍，亦即抵押权仍为该项债务的担保；若由第三人提供的，那么，抵押权因债务的承担而归于消灭，除非该第三人对于债务的承担已经表示承认。

（5）抵押权实现上的从属性

所谓抵押权实现上的从属性，是指被担保债权基于抵押权所得优先受偿的范围，以抵押权实行时存在的被担保债权（包括债权数额）为限。例如，在普通抵押权（一般抵押权）的情况下，预估价值3 000万元的A楼担保债权2 000万元，借款人已经偿还了1 000万元，该抵押权实行时，抵押权人只得从A楼的变价3 000万元中优先受偿1 000万元，使其债权获得清偿，而非受偿2 000万元。再如，在最高额抵押权的情况下，预估价值3 000万元的A楼担保最高限额为2 000万元的债权，借款人随借随还1 000万元，该最高额抵押权实行时，确定的抵押债权有两笔，共计1 500万元，抵押权人只得从A楼的变价3 000万元中优先受偿1 500万元，使其债权获得清偿。

应当注意，如今的判例和学说多将抵押权成立上的从属性和权利实现上的从属性合而为一地予以观察。②

债权人甲与受让人乙签订债权A的转让合同，该债权A附有房地产抵押权。由于乙不是金融机构，实务操作中不给予抵押权登记（包括抵押权变更登记），

---

① 这部分内容，见谢在全：《民法物权论》（中册），台北，三民书局有限公司2003年7月修订2版，第384~385页。

② 谢在全：《民法物权论》（下册），台北，三民书局有限公司2003年12月修订2版，第56页。

抵押权在外观上仍归债权人甲享有。此时，债务人丙偿债困难，丙的数个债权人都向丙主张债权。于此场合，乙有无优先受偿的权利？

对此，应区分内部关系与外部关系。在内部关系即债权人甲与受让人乙之间的关系上，乙享有抵押权。在外部关系上，乙的抵押权对抗不了债务人丙的其他债权人。有鉴于此，乙保护自己的权益，可有若干路径供其选择：（1）乙向丙主张债权时，代位行使甲名义上对于丙所享有的抵押权；（2）甲授权乙行使抵押权。①

6. 抵押权具有不可分性

对于抵押权的不可分性，《担保法》、《物权法》和《民法典》均未明确。值得提出的是，《担保制度司法解释》第38条关于"主债权未受全部清偿，担保物权人主张就担保财产的全部行使担保物权的，人民法院应予支持"（第1款正文），"担保财产被分割或者部分转让，担保物权人主张就分割或者转让后的担保财产行使担保物权的，人民法院应予支持"（第2款正文）的规定，是就"包括抵押物在内的担保财产的全部担保债权的各个部分"的角度立论的，填补了这个法律漏洞。

其实，抵押权的不可分性，可有不同角度的表达。除了就抵押物与被担保债权之间的关系立论的行文外，还可以就抵押权和被担保债权之间的关系立论，抵押权的不可分性因之而表述为"被担保的债权分，抵押权不分"②。《担保制度司法解释》第39条第1款正文关于"主债权被分割或者部分转让，各债权人主张就其享有的债权份额行使担保物权的，人民法院应予支持"的规定，以及第39条第2款关于"主债务被分割或者部分转让，债务人自己提供物的担保，债权人请求以该担保财产担保全部债务履行的，人民法院应予支持；第三人提供物的担保，主张对未经其书面同意转移的债务不再承担担保责任的，人民法院应予支持"的规定，属于从"被担保的债权分，包括抵押权在内的担保物权不分"的角度所作的表述（留置权在这方面有些特殊性），只不过第39条第2款的规定是以债权的反面——债务为基点罢了。

[拓展]

必须指出，《民法典》第391条关于"第三人提供担保，未经其书面同意，债权人允许债务人转移全部或者部分债务的，担保人不再承担相应的担保责任"

---

① 路径之二系中国政法大学的李永军教授所提，特此感谢！

② 郑玉波：《论抵押权之不可分性》，载郑玉波主编：《民法物权论文选辑》（下），台北，五南图书出版公司1984年版，第608页。

的规定，以及《担保制度司法解释》第 39 条第 2 款后段关于"第三人提供物的担保的，主张对未经其书面同意转移的债务不再承担担保责任的，人民法院应予支持"的规定，是对抵押权的不可分性的排除。对此，笔者表示赞同。其道理在于，（1）抵押权的不可分性并非抵押权的本质要求所必须具有的性质，只是法律为加强抵押权的担保作用而特别赋予的，其法律规范不是强行性规定，当事人可以特约予以排除。① 这在法国已经著有判例②，在日本也有持赞同意见的学说。③既然法律确认抵押权的不可分性系基于周到保护抵押权人的立法政策所致，对抵押人的合法权益应当予以适当的照顾，就属于立法政策的题中应有之义。如此衡平的结果便是，在若干场合，需要有条件地排除抵押权的不可分性。（2）债务承担人的责任财产可能少于原债务人的责任财产，并由此导致债务承担人不能全部或全部不能清偿抵押权人的债权，抵押权人选择行使抵押权的路径来实现其债权，抵押人因而丧失抵押物的所有权，至少受到抵押物的使用价值被剥夺的损失，属于暂时的损害。尤其在原债务人的责任财产不足以清偿数个并存的债权时，抵押人的追偿权也部分或全部地失去实际效用，遭受终局性的损失。在抵押人不同意债务承担的情况下，令抵押人承受此类的损失，是不合理的，一部良法应当给这样的抵押人必要的保护。《担保制度司法解释》第 39 条第 2 款后段的规定，符合这个精神，值得肯定。

《担保制度司法解释》第 39 条第 2 款后段的排除虽然必要，但还不足够。在这点上，《民法典》没有必要否认意思自治原则的作用，应当比较广泛地承认当事人以约定排除抵押权的不可分性。

总之，抵押权的不可分性有利于债权的保障殊多，对于抵押权制度的推广发展上具有决定性的作用④，因而，《担保法》、《物权法》和《民法典》忽视抵押权的不可分性，需要反思。《担保制度司法解释》第 38 条和第 39 条规定了抵押权的不可分性，值得肯定。⑤

7. 抵押权具有物上代位性

所谓抵押权的物上代位性，是指抵押物灭失、毁损，其价值转化为他种形态

---

① ④ 郑玉波：《论抵押权之不可分性》，载郑玉波主编：《民法物权论文选辑》（下），台北，五南图书出版公司 1984 年版，第 612 页。

② ［日］神户大学外国法研究会编译：《法兰西民法》（V），第 245 页。转引自郑玉波《论抵押权之不可分性》，载郑玉波主编：《民法物权论文选辑》（下），台北，五南图书出版公司 1984 年版，第 612 页。

③ ［日］柚木馨：《担保物权法》，第 197 页；［日］我妻荣：《担保物权法》，第 92 页。转引自郑玉波《论抵押权之不可分性》，载郑玉波主编：《民法物权论文选辑》（下），台北，五南图书出版公司 1984 年版，第 612 页。

⑤ 崔建远：《土地上的权利群研究》，北京，法律出版社 2004 年版，第 254～256 页。

时，抵押权的效力仍然及于该他种形态之物上的法律属性。① 所谓他种形态之物，包括抵押物的变形物和代位物（代偿物）。例如，甲以其已投保的 A 车抵押给乙，以担保丙向乙还本付息的债务履行。一天，A 车被撞毁，只剩下四只轮胎可继续使用。保险公司理赔 90 万元人民币。其中，四只轮胎叫作变形物，90 万元人民币（请求权）称为代位物（代偿物）。抵押权继续存在于该四只轮胎和 90 万元人民币（请求权）之上。

抵押权之所以具有物上代位性，是因为抵押权不以利用抵押物的实体为目的，而是以取得标的物的交换价值为内容，属于价值权。正因如此，抵押物即使改变其原有形态或性质，但只要还维持着交换价值，就不会影响抵押权的实行。换言之，抵押物的变形物或代位物在实质上仍是抵押权的客体，抵押权的效力仍然及于此类变形物或代位物上，除非立法政策反其道而行之。现行法没有逆行，而是承认了抵押权的上述性质和效力，即承认了抵押权的物上代位性（《民法典》第 390 条，《担保制度司法解释》第 41 条第 1 款、第 42 条和第 46 条第 2 款）。

[探讨]

关于以出让的建设用地使用权、"四荒"土地承包经营权等作为抵押物场合抵押权的母权问题。

以出让的建设用地使用权、"四荒"土地承包经营权等作为抵押物场合，抵押权的母权如何寻觅？解决此类问题，同样可有两种思路。其一，抵押权所分享的权能，依然是土地所有权含有的收益、处分权能；抵押权所分享的对象，依然是土地所有权的交换价值。建设用地使用权人、土地承包经营权人之所以能使建设用地或承包地的所有权中的权能由抵押权人分享，是因为建设用地使用权、土地承包经营权于其设立时法律已经将处分权直接授予他（它）们了。其二，在出让的建设用地使用权、"四荒"土地承包经营权等作为抵押物的场合，将建设用地使用权、土地承包经营权等视为民法上的"物"，其上存在着"所有权"，因建设用地使用权、土地承包经营权含有收益、处分的权能，该"所有权"自然含有这些权能，抵押权系分享其中的权能而形成。

第三百九十五条

债务人或者第三人有权处分的下列财产可以抵押：

（一）建筑物和其他土地附着物；

---

① 郑玉波：《民法物权》，台北，三民书局有限公司 1988 年修订 12 版，第 232 页。

（二）建设用地使用权；

（三）海域使用权；

（四）生产设备、原材料、半成品、产品；

（五）正在建造的建筑物、船舶、航空器；

（六）交通运输工具；

（七）法律、行政法规未禁止抵押的其他财产。

抵押人可以将前款所列财产一并抵押。

本条主旨

本条是关于抵押财产的范围的规定。

相关条文

《物权法》第180条　债务人或者第三人有权处分的下列财产可以抵押：

（一）建筑物和其他土地附着物；

（二）建设用地使用权；

（三）以招标、拍卖、公开协商等方式取得的荒地等土地承包经营权；

（四）生产设备、原材料、半成品、产品；

（五）正在建造的建筑物、船舶、航空器；

（六）交通运输工具；

（七）法律、行政法规未禁止抵押的其他财产。

抵押人可以将前款所列财产一并抵押。

《担保法》第34条　下列财产可以抵押：

（一）抵押人所有的房屋和其他地上定着物；

（二）抵押人所有的机器、交通运输工具和其他财产；

（三）抵押人依法有权处分的国有的土地使用权、房屋和其他地上定着物；

（四）抵押人依法有权处分的国有的机器、交通运输工具和其他财产；

（五）抵押人依法承包并经发包方同意抵押的荒山、荒沟、荒丘、荒滩等荒地的土地使用权；

（六）依法可以抵押的其他财产。

抵押人可以将前款所列财产一并抵押。

《城市房地产管理法》第48条　依法取得的房屋所有权连同该房屋占用范围内的土地使用权，可以设定抵押权。

以出让方式取得的土地使用权，可以设定抵押权。

理解与适用

一、本条含义概貌

本条承继了《物权法》第 180 条的规定，列举可以抵押的财产的范围，但有微调。例如，增加"海域使用权"为可以抵押的财产，删除了《物权法》第 180 条第 1 款第 3 项列举的"以招标、拍卖、公开协商等方式取得的荒地等土地承包经营权"。

二、本条各项的具体解读

本条之所以增加"海域使用权"为可以抵押的财产，是因为海域使用权为财产权，财产权具有转让性（让与性）时价值更高；《海域使用管理法》第 27 条第 2 项规定"海域使用权可以依法转让"，允许以海域使用权设立抵押权符合该项规定的精神。

本条之所以删除《物权法》第 180 条第 1 款第 3 项列举的"以招标、拍卖、公开协商等方式取得的荒地等土地承包经营权"，是因为与《物权法》不允许以家庭承包方式设立的土地承包经营权抵押的立场不同，《民法典》允许任何类型的土地经营权转让、抵押（第 339 条、第 342 条）。

本条第 1 款第 1 项所列"建筑物和其他土地附着物"，包括住宅、商业用房、比赛场馆等建筑物，桥梁、隧道、大坝、道路等构筑物，以及林木、农作物等其他土地附着物。不过，它们作为抵押财产受有限制：其一，住宅等建筑物必须符合《民法典》第 231 条关于"合法建造"的要求，违法建筑物无所有权，不得用作抵押财产；其二，用于军事、国防、国家机关、国家举办的事业单位等单位的建筑物、构筑物不得作为抵押物。

本条第 1 款第 2 项所列"建设用地使用权"，包括国有建设用地使用权、集体经营性建设用地使用权，但行政划拨的建设用地使用权原则上不得用于抵押，除非符合《土地管理法》第 56 条后段、《城市房地产管理法》第 40 条规定的条件。乡镇企业、乡（镇）村公共设施、公益事业等乡（镇）村建设所设立的集体建设用地使用权，也不得作为抵押财产（《土地管理法》第 61 条）。

本条第 1 款第 3 项所列"海域使用权"，笔者在释评《民法典》第 328 条时较为详细地阐释过，此处不再全面叙述，只强调一点，它具有转让性（让与性），可以用作抵押财产。

本条第 1 款第 4 项所列"生产设备、原材料、半成品、产品"，都具有转让性（让与性），可以用作设立动产抵押权。

本条第1款第5项所谓"正在建造的建筑物、船舶、航空器"，其中"正在建造的建筑物"，是指正在建造、尚未办理所有权首次登记的房屋等建筑物（《不动产登记暂行条例实施细则》第75条第3款）。

本条第1款第5项所列"正在建造的建筑物、船舶、航空器"，在构成一个独立之物时，用作抵押物，不成问题；但它们大多未成一个独立之物，按照物权法关于物权的客体应该特定的传统理论，它们不可用作抵押，但《物权法》第180条第1款第5项则持肯定态度，《民法典》第395条第1款第5项亦然。这主要是因为建设工程往往周期长、资金缺口大，以正在建造的建筑物、船舶、航空器作为融资担保，对于解决建设者融资难、保证在建工程顺利完工具有重要作用。①《物权法》和《民法典》如此设计，表明了法律要为经济发展的需要服务，不应受制于某个教条。

本条第1款第6项所列"交通运输工具"，诸如飞机、船舶、火车、各种机动车辆等，只要它们不属于法律特别禁止转让的，就可被用作抵押财产。

本条第1款第7项所谓"法律、行政法规未禁止抵押的其他财产"，为一兜底性条款，其可适应不断变化的经济生活需要。该项规定也暗含着这样的意思，前6项规定以外的财产用作抵押，必须同时具备两项条件：（1）不是法律、法规禁止抵押的财产；（2）抵押人对该财产拥有处分权。

三、财团抵押

（一）本条第2款确立了财团抵押

本条第2款关于"抵押人可以将前款所列财产一并抵押"的规定，等于承认了财团抵押，即一个企业有权将其全部财产，包括建设用地使用权、地上房屋、设备、运输工具等，设立一个抵押权。

（二）财团抵押权的概念

所谓财团抵押权，是以企业的财团为抵押物的抵押权。所谓财团，是指由企业的建设用地使用权、地上建筑物及其附属设施、设备、知识产权等财产组成的一种集合的财产。财团既不是单纯的不动产，也不是单纯的动产，而是将企业所有的不动产、动产及权利综合为一体，法律上视为一项独立的财产，于其上设立一个抵押权。这与普通抵押权的标的物为一个单一物不同，与共同抵押权的标的物为数个物或权利也有差异。

---

① 胡康生主编：《中华人民共和国物权法释义》，北京，法律出版社2007年版，第393页。

[延伸]

在日本，特别法规定了财团抵押权制度，将一个企业的财产的集合体作成一个财产目录的"财团"（Inventar）。该"财团"的构成方法，可有两种。一种是以不动产为中心构成的方法，将机械、器具等动产与不动产作成一体化，形成"不动产财团"。该"不动产"的组成采取任意选择主义，当事人以在财团目录中记载的物构成财团。另一种是以企业设施全体作为一个"物"看待，形成"物财团"，作为抵押权的客体。因企业全体作为一个"物"，所以，物财团的组成不是当事人的任意选择，而是采用以构成企业全体一体性的财团的当然归属主义。[①]

（三）财团抵押权制度的社会作用

财团抵押权之所以存在，主要是因为企业所有的不动产、动产及权利多为有机地配合着，其使用价值或交换价值都比单个地使用或交换要高。如果僵硬地固守一物一权主义，把上述财产分解为一个一个的不动产、动产或权利，一一设立抵押权或其他担保权，不仅会减损其价值，而且过于烦琐，既不经济又不能充分发挥融资的作用。财团抵押权正可克服普通抵押权在这方面的不足，起到积极的作用。[②]

（四）财团抵押权的设立

包括《不动产登记暂行条例》及《不动产登记暂行条例实施细则》在内的现行法尚无财团抵押权直接基于法律规定而设立的规定，从《民法典》第 395 条第 2 款关于"抵押人可以将前款所列财产一并抵押"的规定看，财团抵押权需要通过抵押合同设立，且应以抵押登记为财团抵押权的生效要件。

《不动产登记暂行条例实施细则》第 65 条第 2 款的规定，可以视为关于财团抵押的规定，但仍嫌概括，缺乏可操作性。

在实务中，中国至今尚未开展把财团作为一个抵押物办理抵押登记的业务，当企业以其所有的不动产、动产及权利一并设立抵押权时，实际操作是就建设用地使用权抵押、建筑物及其附属设施抵押、动产抵押、知识产权抵押等分别办理抵押登记，由此形成的抵押权难谓真正的财团抵押权，亟待修正。

（五）财团抵押权的效力

财团抵押权的效力及于构成财团的各个不动产、动产及权利。不过，构成财团的物并非一成不变，因经营上的必要，有时旧机器、工具应予换成新的或增加

---

① ［日］近江幸治：《担保物权法》，祝娅、王卫军、房兆融译，沈国明、李康民审校，北京，法律出版社 2000 年版，第 214～215 页。

② 郑玉波：《民法物权》，台北，三民书局有限公司 1988 年 2 月修订 12 版，第 275 页。

全新之物。财团抵押权的效力及于这些新的或增加的物，但为对抗第三人，应为财团的财产目录的变更登记。①

第三百九十六条

企业、个体工商户、农业生产经营者可以将现有的以及将有的生产设备、原材料、半成品、产品抵押，债务人不履行到期债务或者发生当事人约定的实现抵押权的情形，债权人有权就抵押财产确定时的动产优先受偿。

本条主旨

本条是关于浮动抵押权/动产抵押权的规定。

相关条文

《物权法》第181条　经当事人书面协议，企业、个体工商户、农业生产经营者可以将现有的以及将有的生产设备、原材料、半成品、产品抵押，债务人不履行到期债务或者发生当事人约定的实现抵押权的情形，债权人有权就实现抵押权时的动产优先受偿。

《担保制度司法解释》第53条　当事人在动产和权利担保合同中对担保财产进行概括描述，该描述能够合理识别担保财产的，人民法院应当认定担保成立。

理解与适用

一、本条含义概貌

本条承继了《物权法》第181条的规定，承认了浮动抵押权。《物权法》同时承认动产抵押权和浮动抵押权（第181条、第188—189条），《民法典》将它们合并，缩成动产抵押权一种类型（第396条、第403—404条），但此种态样的动产抵押权在内部仍被区分为典型形态的动产抵押权和浮动抵押权。典型形态的动产抵押权遵循一物一权主义，即一个动产之上存在一个动产抵押权。浮动抵押权则不然，它是存在于由若干动产聚合在一起的标的物之上的抵押权。由此决定，它们在实行的条件、方式等方面存在差异。

---

① 史尚宽：《物权法论》，台北，荣泰印书馆有限公司1979年版，第299页。

二、浮动抵押权的法律性质

（一）抵押人限于企业、个体工商户、农业生产经营者

普通抵押权场合的抵押人可以是自然人、法人或其他组织，而浮动抵押权场合的抵押人只能是企业、个体工商户、农业生产经营者（《民法典》第 396 条）。

[比较]

在英国，设立浮动抵押的只能是公司，自然人和合伙组织无设立浮动抵押的资格。这是英国《抵押证券法》（1972—1982 年）和《破产法》（1914 年）作用的结果。[1] 日本《企业担保法》（1958 年）将设立浮动抵押的抵押人限定在有限责任公司。香港《公司条例》规定，有限责任公司能设立浮动抵押，自然人不得于其个人企业或合伙组织中设立浮动抵押。究其原因，浮动抵押权的标的物为流动性较强的财产，抵押权实现前，抵押人可自由处分它们，容易导致抵押权无法真正实现。与自然人、合伙相比，公司具有较规范的运作机制，且公司财产受资本三原则的限制，其财产具有一定的稳定性，公司能够以此独立承担民事责任。这在一定程度上利于浮动抵押权的实现。而自然人、合伙组织的运作不很透明，容易产生欺诈抵押权人的情形。[2]

与此不同，美国和加拿大未限制设立浮动抵押之人的资格。

中国《民法典》之所以将抵押人的范围放宽至个体工商户、农业生产经营者，是为了利用浮动抵押制度解决中小企业和农民贷款难的问题，以促进经济发展[3]；中国允许作为浮动抵押权标的物的限于企业的动产，窄于英国法、香港法允许的范围，浮动抵押权的实现不一定导致抵押人进入破产程序，负面作用较小。[4]

（二）抵押物为企业、个体工商户、农业生产经营者的时时变动不居的动产

普通抵押权以不动产、动产或权利等财产作为抵押物，而浮动抵押权的标的物在《民法典》上仅限于抵押人现有的及将有的生产设备、原材料、半成品、产

---

[1]　任清：《论英国法上的浮动抵押》，http://www.civillaw.com.cn/Article/default.asp?id=8376. 转引自周自如：《我国浮动抵押制度探析》，清华大学法学硕士学位论文（2008），第 7 页。

[2]　胡康生主编：《中华人民共和国物权法释义》，北京，法律出版社 2007 年版，第 398 页；周自如：《我国浮动抵押制度探析》，清华大学法学硕士学位论文（2008），第 7 页。

[3]　胡康生主编：《中华人民共和国物权法释义》，北京，法律出版社 2007 年版，第 398 页。

[4]　齐恩平、王明河：《论我国动产浮动抵押制度的理解和适用》，http://www.civillaw.com.cn/wangkan/content.asp?id34812&types. 转引自周自如：《我国浮动抵押制度探析》，清华大学法学硕士学位论文（2008），第 8 页。

品（第 396 条）。这些财产集合起来作为抵押物，表现出集合性。

［比较］

浮动抵押制度滥觞于英国 19 世纪后半叶的判例法。在英国法上，浮动抵押权的标的物，可以是企业一部分财产，也可以是企业的全部财产，原材料、成品、商品、应收账款、商誉等无形资产均可成为浮动抵押权的标的物。在美国，可以作为美式浮动抵押权担保物的有：（1）货物，包括各种担保权益成立时一切能动之物；（2）半无形动产，包括代表货物所有权的单证、各种票据、动产文书；（3）完全无形动产，包括应收账款、知识产权和商誉等一般无形财产、收入。① 德国的让与担保制度、日本的企业担保制度与浮动抵押制度类似。

时时变动不居的动产不意味着作为标的物的集合性的动产模糊不清和无法特定化，抵押权的特定性于浮动抵押权的领域依然存在，且具有强制性，只不过在浮动抵押权设立时不强求特定，只要在浮动抵押权实行时特定即可。这是适当处理实务中出现的对抵押财产概括性描述是否影响浮动抵押权设立的基准之一。

所谓对抵押财产概括性描述，就是界定抵押物时不具体、不清晰，甚至含混不清，无法确定地识别和把握之。例如，有的抵押合同约定甲公司仓库中的仓储物为抵押物，可是甲公司有数个仓库，全部仓库里的仓储物均为抵押物吗？仓储物中有一些属于第三人丁公司的，它们也属于抵押物吗？再如，有的抵押合同约定，以甲公司的进货担保某债权的实现。于是疑问顿时产生：甲公司在哪个时间段的进货作为抵押物？在普通的动产抵押权的场合，还存在哪种或哪几种进货作为抵押物的疑惑。

对于此类问题，《担保制度司法解释》贯彻鼓励交易原则，区分特定性在抵押合同成立与抵押权实行这些不同阶段的地位及作用：抵押权实行时特定性毫不含糊，抵押合同成立上不那么严苛，而是相对宽松地把握抵押物的特定性要求，"当事人在动产和权利担保合同中对担保财产进行概括描述，该描述能够合理识别担保财产的，人民法院应当认定担保成立"（第 53 条）。

（三）普通抵押权仅以现有的财产作为抵押物，而浮动抵押权的标的物，既包括抵押人现有的动产，也包括抵押人将有的动产（《民法典》第 396 条）

需要强调指出的是，浮动抵押权对其标的物不是从静态把握的，而是允许企业、个体工商户、农业生产经营者的财产在浮动抵押权实行前正常流动，由企业、个体工商户、农业生产经营者向外流出的财产自动从浮动抵押权的效力范围

---

① 吴光兴：《美国统一商法典概要》，广州，华南理工大学出版社 1997 年版，第 53 页。

中解脱，由外部流入企业、个体工商户、农业生产经营者的财产当然为浮动抵押权的效力所及。① 这就是浮动抵押权的标的物所具有的流动性。

（四）浮动抵押权的效力具有特殊性

浮动抵押的场合，抵押权的效力无对抗正常经营活动中已支付合理价款并取得抵押财产的买受人（《民法典》第404条），但享有超级优先权（《民法典》第416条）。所有这些，都是普通抵押权所不具备的。

（五）浮动抵押权因实行而转化为固定抵押权

债务人不履行到期债务成为事实，或发生了当事人约定的实现抵押权的情形，抵押权人有权行使抵押权。自此时，浮动抵押权的标的物得以确定，浮动抵押权转化为固定抵押权。② 这表现出抵押物在性质上的可转化性。

三、浮动抵押权与固定抵押权的比较

所谓固定抵押，系相对于浮动抵押而存在的概念，是指抵押权于其设立时便附着于特定的财产上，该财产的特定性在抵押权的存续期间一直不变的抵押。其典型特征是，抵押物的范围被清晰、准确地界定出来，一般用附录等形式尽量地逐项记明作为抵押权标的物的全部财产；抵押权人对作为抵押权标的物的财产能有效控制，抵押人与他人交易抵押物，必须征得抵押权人的同意。③

关于浮动抵押的特征，Romer L. J 大法官在 Re Yorkshire Woolcombers Association案的判决中概括为：（1）以公司现在或未来的某个类别的资产抵押；（2）该类别的资产在公司正常的业务运作期间会不断变化；（3）在对抵押拥有权益的人或其代表采取某些法律措施前，公司可以利用该类别的资产继续运作。④ Slade. J 法官在 Re Bond Worth Ltd 案的判决中指出，并不是一定要包含 Romer 法官所提出的三项特征的抵押才是浮动抵押。相似地，Lord Millett 勋爵在 Re Agnew 案中提及 Romer 法官所描述的那三项特征时说，那三项特征只是对浮动抵押制度的一种描述，而非定义。前两项特征虽是浮动抵押的典型特征，但却不能因此推出有关担保必然为浮动抵押的结论，而第三项特征（自主经营权）才是

①② 梁慧星、陈华彬：《物权法》（第4版），北京，法律出版社2007年版，第338页。

③ 高燕红：《谈英国判例法对浮动担保与固定担保的识别》，http://ckrd. cnki. net/grid20/detail. aspx?QueryID=18&CurRec=1. 转引自周自如：《我国浮动抵押制度探析》，清华大学法学硕士学位论文（2008），第26页。

④ Roy Goode, Legal Problems of Credit and Security, Sweet & Maxwell, Third Edition, 2003, p. 114. 转引自周自如：《我国浮动抵押制度探析》，清华大学法学硕士学位论文（2008），第26页。

浮动抵押制度的标志性特征。[1]

总之，固定抵押的本质在于抵押权人能够充分掌握和控制抵押物的交换价值，而浮动抵押的本质在于抵押人享有利用抵押物从事生产和经营的自主经营权。一个抵押权人不得一方面宣称其抵押权为固定抵押权，另一方面又允许抵押人如同没有抵押权那样处分抵押的财产。[2]

抵押财产的性质和种类直接关系到抵押权人对抵押财产的控制程度和抵押人对抵押财产处分的自由度，进而关系到抵押权的性质和种类。通常而言，固定抵押不会以企业的存货或原材料等来设立抵押权，即使抵押合同等文件明示设立在这些财产上的抵押权为固定抵押权，也可能被法院解释为浮动抵押权。因为这些资产组合具有高度的变动性，在抵押人的日常业务中会不可避免地被消耗掉。假如当事人主张这些财产为固定抵押权的效力所及，可能会导致抵押人的整个业务瘫痪。[3]

四、浮动抵押权与财团抵押权的比较

财团抵押权是把企业的全部财产视为一个物而设立一个抵押权，该抵押权一经设立，这些财产即为抵押权的效力所及，抵押人（企业）不得擅自处分。而浮动抵押权是以时时变动不居的企业财产为标的物而设立的一个抵押权，在抵押权实行之前，抵押人（企业）可以处分其财产。

浮动抵押权制度，是为克服财团抵押权制度的缺陷并使企业可以获得巨大的融资而发展起来的。从保护企业发展的角度看，浮动抵押权较财团抵押权为优，但从保护抵押权人的侧面观察，则正好相反。详言之，设立浮动抵押权后，企业仍然可以对企业的财产自由处分，企业的生产经营活动不受抵押权设立的影响；但与此同时，如企业因经营不善致财产大量减少，便会影响抵押权人的债权实现。而财团抵押权场合，企业不得对作成了财团目录的财产任意处分，对企业的生产经营活动显然不利，但因抵押财产固定，有利于抵押权人的债权实现。[4]

五、浮动抵押权制度的社会作用

在现代市场经济条件下，企业担负着社会的生产和流通的重要经济职能，事关国计民生，影响十分深远。因此，维持企业的存在并使其在此基础上振兴、发

---

[1]　Roy Goode, *Legal Problems of Credit and Security*, Sweet & Maxwell, Third Edition, 2003, p. 115. 转引自周自如：《我国浮动抵押制度探析》，清华大学法学硕士学位论文（2008），第26页。

[2][3]　周自如：《我国浮动抵押制度探析》，清华大学法学硕士学位论文（2008），第26～27、27页。

[4]　梁慧星、陈华彬：《物权法》（第4版），北京，法律出版社2007年版，第339页。

展，也就成为现代民法的一项重要理念。为此便需要借助法律而采取各种手段和措施，包括使企业获得融资而采取的担保措施。①

一个企业要想存立，需要由下列要素为了一个目的统一结合成一个组织体：第一，是企业设施、加工材料、生产用具、商品仓库等无数的物的要素；第二，是与顾客间产生的赊销价金及其他继续供给的债权关系，与行纪或原材料供给者的信用关系，与受雇人、土地主人或房屋主人之间产生的雇佣关系或租赁关系等无数的法律关系；第三，是基于商标、商号、专利等所谓无体财产权的特殊利益；第四，是企业特有的技能或熟练技术与据此产生的商誉等事实上的利益。在近现代，企业是一个通过企业组织结合起来的上述权利、法律关系及事实关系的统一体，有着超越各个要素的价值的总和而形成的整体价值。该价值不是与特定主体的人格不可分离地结合在一起的，而是有其客观存在的。假如从中单单抽取某些要素，即使被概括处理，也会使这些财产所保有特殊价值的法律上和事实上的无形的要素消失，影响其担保价值。② 就是说，若固守一物一权主义，将各个不动产、动产或权利分开，单独设立抵押权等担保权，就不能充分发挥企业的担保价值，设立手续也不胜其烦。还有，单个的物供作担保，容易导致担保物的变价，犹如各个击破，酿成企业解体的危险。这显然有悖于维持、发展企业的现代商事的法理念。相反，若把企业的不动产、动产、权利等财产，作为一个整体而设立浮动抵押权，则不但可以发挥企业的整体担保价值，而且可以避免单独设立担保权的繁累，节省大量的人力、物力。③《物权法》和《民法典》规定的浮动抵押权，虽然把不动产排除于抵押物的范围之外，但仍能表现出上述价值。

六、抵押财产的确定

关于抵押财产的确定，笔者将在释评《民法典》第 411 条时详述，此处不赘。

七、浮动抵押权的效力

(一) 浮动抵押权所担保债权的范围

浮动抵押权所担保债权的范围，当事人有约定时，依其约定；无约定时，包括被担保的主债权及其利息、违约金、损害赔偿金和实现抵押权的费用等（《民

---

①③　梁慧星、陈华彬：《物权法》（第 4 版），北京，法律出版社 2007 年版，第 339、338 页。

②　[日] 我妻荣：《债权在近代法上的优越地位》，王书江、张雷、谢怀栻译，北京，中国大百科全书出版社 1999 年版，第 104～106 页。

法典》第 389 条）。

（二）浮动抵押权的效力及于标的物的范围

抵押人现有的及将有的生产设备、原材料、半成品、产品都是浮动抵押权的效力所及的范围（《民法典》第 396 条）。特别是浮动抵押权设立之后，抵押人在生产、经营过程中新取得的财产，将自动归入浮动抵押权的效力所及的范围。同时，凡来自抵押物的一切所得（应存入抵押权人指定的专用账户，但在实际操作中难以掌握），包括抵押物出售所得的钱款，抵押物毁损、灭失、被征收/征用等所获得的保险金、赔偿金、补偿金的请求权，以及抵押物毁损后的残留物，还有抵押物的孳息等，亦为浮动抵押权的效力所及。[①]

不动产、知识产权和债权原则上不为浮动抵押权的效力所及。交通运输工具一般也不在浮动抵押权的标的物范围之内，除非当事人另有约定。[②]

（三）抵押权人的权利义务

浮动抵押权场合，抵押权人的权利义务，基本上相同于普通抵押权场合抵押权人的权利义务。对于相同的，此处不再赘述，需要指出的是，对于抵押人正常经营活动中，将某特定的抵押物出售与他人，浮动抵押权人无权阻止，并且，该他人（买受人）已支付合理价款并取得抵押物时，浮动抵押权人于实行抵押权时无权将该抵押物折价或变价。

（四）浮动抵押权无对抗正常经营活动中已付合理价款并取得抵押财产的买受人

这将在笔者释评《民法典》第 404 条时详论，此处不赘。

（五）超级优先的效力

这将在笔者释评《民法典》第 416 条时详论，此处不赘。

八、浮动抵押权的实行

浮动抵押权，作为一种特殊的抵押权，其实行必须适用《民法典》第 411 条关于浮动抵押财产确定的规定、第 416 条关于超级优先权的规定；作为抵押权的一种，也适用《民法典》关于普通抵押权实行的规定（第 410 条）。

在司法实务中，除抵押权人和抵押人协商一致实行抵押权以外，还有两种常见的方式执行浮动抵押物：一种是在经过诉讼程序确认抵押权人对浮动抵押财产的抵押权后，进入执行程序执行浮动抵押财产；另一种是抵押权人未经诉讼程序，在他案执行抵押人的其他资产时，对浮动抵押的财产一并采取查封、扣押等

[①②] 彭长林：《浮动抵押制度在执行冲突中的协调》，载《人民法院报》2008 年 6 月 13 日，第 6 版。

措施（《执行规定》第 40 条前段）。①

第三百九十七条

以建筑物抵押的，该建筑物占用范围内的建设用地使用权一并抵押。以建设用地使用权抵押的，该土地上的建筑物一并抵押。

抵押人未依据前款规定一并抵押的，未抵押的财产视为一并抵押。

本条主旨

本条是关于房地产抵押关系的规定。

相关条文

《物权法》第 182 条　以建筑物抵押的，该建筑物占用范围内的建设用地使用权一并抵押。以建设用地使用权抵押的，该土地上的建筑物一并抵押。

抵押人未依照前款规定一并抵押的，未抵押的财产视为一并抵押。

《担保法》第 36 条　以依法取得的国有土地上的房屋抵押的，该房屋占用范围内的国有土地使用权同时抵押。

以出让方式取得的国有土地使用权抵押的，应当将抵押时该国有土地上的房屋同时抵押。

《城市房地产管理法》第 32 条　房地产转让、抵押时，房屋的所有权和该房屋占用范围内的土地使用权同时转让、抵押。

理解与适用

本条是对《物权法》第 182 条的复制，确立了房地产一并抵押的规则。

本条所设规则是《民法典》及《城市房地产管理法》等单行法奉行的房地产权属在确定和转让时原则上一体模式的一种具体表现形式。如此设计的必要性，笔者在释评《民法典》第 352 条、第 356 条、第 357 条时已经较为详细地阐释过，此处不赘。

本条第 2 款所谓"抵押人未依照前款规定一并抵押的，未抵押的财产视为一并抵押"，是对法定抵押权的承认。

适用本条规定，需要注意《民法典》第 417 条规定的例外，即以建设用地使

① 彭长林：《浮动抵押制度在执行冲突中的协调》，载《人民法院报》2008 年 6 月 13 日，第 6 版。

用权设立抵押时地上无建筑物、构筑物的，抵押权的效力不及于其后建造的建筑物、构筑物。

第三百九十八条

乡镇、村企业的建设用地使用权不得单独抵押。以乡镇、村企业的厂房等建筑物抵押的，其占用范围内的建设用地使用权一并抵押。

本条主旨

本条是关于乡镇、村企业的建设用地使用权作为抵押财产必须符合特定条件的规定。

相关条文

《物权法》第 183 条　乡镇、村企业的建设用地使用权不得单独抵押。以乡镇、村企业的厂房等建筑物抵押的，其占用范围内的建设用地使用权一并抵押。

《担保法》第 36 条第 3 款　乡（镇）、村企业的土地使用权不得单独抵押。以乡（镇）、村企业的厂房等建筑物抵押的，其占用范围内的土地使用权同时抵押。

《城市房地产管理法》第 48 条第 1 款　依法取得的房屋所有权连同该房屋占用范围内的土地使用权，可以设定抵押权。

理解与适用

本条在行文上与《物权法》第 183 条相同，但所依赖的基础、深层背景却有实质的差异。《物权法》第 183 条设置的大背景是：法律禁止农民集体所有土地依民事程序流转，也不允许利用集体建设用地使用权从事开发建设，如果拟利用农民集体所有土地从事开发建设，必须先将农民集体所有土地征收为国有，再由国土资源主管机关出让国有建设用地使用权。如果农村集体经济组织自己兴办企业也如此行事，就显然极不公正："为什么我自己有土地，本可用于兴办企业，却不被允许，反而令我'交出'土地所有权，换取国有建设用地使用权，再在同一宗土地上建造厂房等设施？特别是征收补偿额低于取得国有建设用地使用权所付出的出让金数额，更让人百思不得其解。"为缓和这个矛盾，在当时体制下尽可能公正些处理，便允许下述例外：兴办乡镇企业和村民建设住宅经依法批准使用本集体经济组织农民集体所有的土地的，或者乡（镇）村公共设施和公益事业建设经依法批准使用农民集体所有的土地的除外（2004 年修正的《土地管理法》第 43 条第 1 款但书）。

本条设置的大背景是：除去因公共利益的需要继续奉行征收农民集体所有土地、再由国土资源主管机关出让国有建设用地使用权，其他建设需要利用农民集体所有土地的，无须"先征收，再出让"，可以径直设立集体经营性建设用地使用权，作为开发建设的地权基础；至于乡（镇）村公共设施、公益事业建设，需要使用土地的，经乡（镇）人民政府审核，向县级以上地方人民政府自然资源主管部门提出申请，设立集体建设用地使用权（2019 年修正的《土地管理法》第 60 条前段）。就是说，2019 年修正的《土地管理法》承认两类集体建设用地使用权：一类是转让性（让与性）强烈的集体经营性建设用地使用权；另一类是原则上不得转让的集体建设用地使用权。乡镇、村企业的建设用地使用权属于后一类。这种模式已经上升为民事基本法的层面，由《民法典》固定（第 361 条）。

以乡镇、村企业的建设用地使用权设立抵押权，在一定意义上也是集体建设用地使用权的转让，故依 2019 年修正的《土地管理法》第 59－61 条和《民法典》第 361 条的规定，不被允许。但是，现行法并无关于建筑物、构筑物属于禁止流通物的规定，故以乡镇、村企业的厂房等建筑物设立抵押权，应当可以。不过，遵循房地权属的变动原则上一体的模式，为与《民法典》第 356 条关于"房随地走"的规定、第 357 条关于"地随房走"的规定相协调，乡镇、村企业的厂房等建筑物占用范围内的建设用地使用权应当一并抵押。

第三百九十九条

下列财产不得抵押：

（一）土地所有权；

（二）宅基地、自留地、自留山等集体所有土地的使用权，但是法律规定可以抵押的除外；

（三）学校、幼儿园、医疗机构等为公益目的成立的非营利法人的教育设施、医疗卫生设施和其他公益设施；

（四）所有权、使用权不明或者有争议的财产；

（五）依法被查封、扣押、监管的财产；

（六）法律、行政法规规定不得抵押的其他财产。

本条主旨

本条是不得作为抵押财产的范围的规定。

相关条文

《物权法》第184条　下列财产不得抵押：

（一）土地所有权；

（二）耕地、宅基地、自留地、自留山等集体所有的土地使用权，但法律规定可以抵押的除外；

（三）学校、幼儿园、医院等以公益为目的的事业单位、社会团体的教育设施、医疗卫生设施和其他社会公益设施；

（四）所有权、使用权不明或者有争议的财产；

（五）依法被查封、扣押、监管的财产；

（六）法律、行政法规规定不得抵押的其他财产。

《担保法》第37条　下列财产不得抵押：

（一）土地所有权；

（二）耕地、宅基地、自留地、自留山等集体所有的土地使用权，但本法第三十四条第（五）项、第三十六条第三款规定的除外；

（三）学校、幼儿园、医院等以公益为目的的事业单位、社会团体的教育设施、医疗卫生设施和其他社会公益设施；

（四）所有权、使用权不明或者有争议的财产；

（五）依法被查封、扣押、监管的财产；

（六）依法不得抵押的其他财产。

理解与适用

本条承继了《物权法》第184条的规定，但有微调。

本条第1项规定土地所有权不得抵押，国家土地所有权和农民集体土地所有权都不得抵押，这是由土地所有权不由民事程序流转的国策所决定的。

本条第2项正文规定宅基地使用权不得抵押，这与《土地管理法》第62条关于农民一户一宅、"农村村民出卖、出租、赠与住宅后，再申请宅基地的，不予批准"的规定相一致。据此可知，本条第2项所谓"但是法律规定可以抵押的除外"，不是宅基地使用权不得抵押的例外。

本条第2项正文规定自留地、自留山的使用权不得抵押，可由本条第2项所谓"但是法律规定可以抵押的除外"的但书排除，即自留地、自留山的土地承包经营权人根据《民法典》第339—341条的规定发生流转的，其中一种情形就是以自留地、自留山的使用权设立抵押权。其表现形式之一是：自留地、自留山的土地承包经营权人与金融机构达成融资担保协议，设立抵押权，该抵押权以土地经营权作为标的物；表现形式之二是：自留地、自留山的土地承包经营权人与第三人达成流转协议，该第三人取得自留地、自留山的土地经营权，再以该土地经营权抵押。

本条第2项正文删除了《物权法》第184条第2项正文、《担保法》第37条第2项正文中的耕地使用权不得抵押，其道理也如上个自然段所述的那样，现行法已经允许耕地的土地经营权抵押。

本条第3项的"等"，如公共图书馆、科学技术馆、博物馆、国家美术馆、少年宫、工人文化宫、敬老院、残疾人福利基金会等。①

本条第3项规定学校、幼儿园、医疗机构等以公益为目的成立的非营利法人的教育设施、医疗卫生设施和其他公益设施不得抵押，主要是因为这些用于公益目的，假如它们被抵押且抵押权被实行，则公益目的，轻者会受干扰，重者，无法达到。医疗，为保健康、挽救生命；教育及幼儿培育，事关后继有人，百年大计；公共图书馆、科学技术馆等设施直接与一个民族、国家的精神文明、文化传承、发明创造力等素养的培育联系在一起。所有这些，均非小事，务必慎重对待。

诚然，允许它们抵押，但在抵押权实行时不得改变其固有的用途，自表面观察，能自圆其说。但实际上，接手拍卖标的者能接收学校、幼儿园、医疗机构的工作人员吗？特别是那些具有专长的技术骨干吗？退一步说，即使接收，那些技术骨干愿意留下来吗？若否，负面后果难以估量。此其一。实行抵押权，需要时日，在此期间，人心惶惶，会影响学校、幼儿园、医疗机构的职能发挥，损害后果也是不容低估的。此其二。因此，本条第3项的规定值得赞同。

本条第4项规定所有权、使用权不明或有争议的财产不得抵押，在物权法上理由充分，因为在实体权益方面，所有权、使用权不明或有争议的财产抵押后难免产生纷争，秩序不稳，成本较高；在程序方面，也难以办理抵押登记。至于在合同法上，可以不认定此类抵押合同无效。

本条第5项规定依法被查封、扣押、监管的财产不得抵押，道理在于此类财产属于限制流通物，只要该限制未解除，抵押权就实行不了。为使抵押权真正能发挥功效，为减少纷争、降低成本，不允许此类财产抵押是合适的。但须注意：当事人以依法被查封或者扣押的财产抵押，抵押权人请求行使抵押权，经审查查封或者扣押措施已经解除的，人民法院应予支持（《担保制度司法解释》第37条

---

① 胡康生主编：《中华人民共和国物权法释义》，北京，法律出版社2007年版，第404页。

第 2 款前段）。以依法被监管的财产抵押的，亦然（《担保制度司法解释》第 37 条第 3 款）。至于在合同法上，《担保制度司法解释》第 37 条第 2 款后段规定："抵押人以抵押权设立时财产被查封或者扣押为由主张抵押合同无效的，人民法院不予支持。"

本条第 6 项的规定，既属于兜底性条款，防止挂一漏万；也属于引致性（管道性）规定，可将具有构成要件和法律效果的法律、行政法规的规定适用于抵押权的设立。

[澄清]

《担保法》第 37 条第 4 项规定："所有权、使用权不明或者有争议的财产""不得抵押"。《物权法》第 184 条第 4 项沿袭之。这是混淆抵押权设立与抵押权实行的表现，与鼓励交易原则未尽契合。某些抵押物于抵押权设立时权属不明或有争议，待抵押权实行时抵押物的权属已经清晰，已无争议，此类抵押权的实行没有障碍，法律对此应予保障，不宜否定。《民法典》注意到这一点，不再禁止于所有权、使用权不明或者有争议的财产上设立抵押权，但未明确此类财产设立抵押权的法律后果。有鉴于此，《担保制度司法解释》第 37 条第 1 款规定："当事人以所有权、使用权不明或者有争议的财产抵押，经审查构成无权处分的，人民法院应当依照民法典第三百一十一条的规定处理。"至于某些抵押物于抵押权设立时权属不明或有争议，待抵押权实行时抵押物已经确定归属于抵押人的，则不适用《民法典》第 311 条关于善意取得的规定。

第四百条

设立抵押权，当事人应当采用书面形式订立抵押合同。

抵押合同一般包括下列条款：

（一）被担保债权的种类和数额；

（二）债务人履行债务的期限；

（三）抵押财产的名称、数量等情况；

（四）担保的范围。

本条主旨

本条是关于抵押权的设立可采用订立书面抵押合同及合同条款的规定。

相关条文

《物权法》第 185 条　设立抵押权，当事人应当采取书面形式订立抵押合同。

抵押合同一般包括下列条款：

（一）被担保债权的种类和数额；

（二）债务人履行债务的期限；

（三）抵押财产的名称、数量、质量、状况、所在地、所有权归属或者使用权归属；

（四）担保的范围。

《担保法》第 38 条　抵押人和抵押权人应当以书面形式订立抵押合同。

第 39 条　抵押合同应当包括以下内容：

（一）被担保的主债权种类、数额；

（二）债务人履行债务的期限；

（三）抵押物的名称、数量、质量、状况、所在地、所有权权属或者使用权权属；

（四）抵押担保的范围；

（五）当事人认为需要约定的其他事项。

抵押合同不完全具备前款规定内容的，可以补正。

《城市房地产管理法》第 50 条　房地产抵押，抵押人和抵押权人应当签订书面抵押合同。

第 51 条　设定房地产抵押权的土地使用权是以划拨方式取得的，依法拍卖该房地产后，应当从拍卖所得的价款中缴纳相当于应缴纳的土地使用权出让金的款额后，抵押权人方可优先受偿。

理解与适用

一、本条含义概貌

本条承继了《物权法》第 185 条的规定，但有微调，第 1 款规定基于抵押合同可以设立抵押权，要求合同采用书面形式；第 2 款示明抵押合同的一般条款。

二、抵押权可以通过书面形式的抵押合同设立

本条第 1 款规定抵押权可以通过当事人双方订立书面抵押合同的形式设立，含有如下几层意思：（1）抵押权的设立不是原始取得，而是创设的继受取得，属于基于法律行为而发生的不动产物权变动。其潜台词是只有抵押合同合法、有效，抵押权才可以设立；若该合同不成立、被撤销、无效，则抵押权不可能设立。（2）抵押合同应当采用书面形式。虽然本条措辞为"应当采用书面形式"，

但也不应把该规定理解为强制性规定，更不应将之确定为效力性的强制性规定。因为强制性规定系调整社会公共利益关系的法律规定，该规定调整的是具有转让性（让与性）的财产的物权人与债权人之间的利益关系，不属于社会公共利益关系，所以它非为强制性规定。不过，该规定毕竟呼吁当事人"应当采用书面形式"，这不同于典型的任意性规定，王轶教授把它划归倡导性规定①，笔者予以赞同。（3）尽管如此，书面形式仍很重要，至少在证据法上，在个案中，虽然当事人双方未签书面形式的抵押合同，但只要债权人举证成功双方之间的确存在抵押合同关系，就应当予以肯定的认定，支持债权人的此项主张。（4）结合《民法典》第402条、第403条的规定，可知在动产抵押权的场合，本条所谓抵押合同生效之时，就是动产抵押权设立之日；在其他类型的抵押权的场合，本条所谓抵押合同生效，抵押权尚未设立，只有办理完毕抵押登记时抵押权才设立。

三、抵押合同的条款

本条第2款示例了抵押合同的一般条款，这便于人们在订立抵押合同时参考、模仿，使合同趋于完整，因而它们具有行为规范的属性。

本条第2款第1项规定抵押合同应有被担保债权的种类和数额的条款，这是被担保债权特定化的要求，是作为保全性担保物权的抵押权所必备的，因而被担保债权的种类和数额的条款属于抵押合同的必备条款。欠缺它，抵押合同不成立。

本条第2款第2项示例债务人履行债务的期限这项抵押合同条款。该条款是衡量债务人是否违约的标准之一，是抵押权实行的条件之一，因而应该明确规定。它有两种情形：一为期日，二为期间。不过，由于抵押合同未规定债务人履行债务的期限，按照《民法典》第510条和第511条的规定也能确定，该条款不属于必备条款。

本条第2款第3项规定抵押财产的名称、数量等情况也是抵押合同的条款。抵押财产的名称、数量等情况，是抵押物特定化的要求，同样是作为保全性担保物权的抵押权所必备的，因而该项条款属于抵押合同的必备条款。欠缺它，抵押合同不成立。本条第2款第3项中的"等情况"并非《物权法》第185条第2款第3项中"质量、状况、所在地、所有权归属或者使用权归属"的缩略语，因为"所有权归属或者使用权归属"等信息不在于抵押合同条款写明与否，而在于实

---

① 王轶：《论倡导性规范——以合同法为背景的分析》，载《清华法学》2007年第1期，第66～74页。

际情况是否为抵押人对抵押财产有无处分权，所以，抵押合同不必有此条款。此其一。但抵押财产的所在地、抵押财产究为建设用地使用权还是建筑物、抵押财产为建筑物时的面积和估价等，应属抵押登记的内容，为本条第 2 款第 3 项中的"等情况"。此其二。

本条第 2 款第 4 项把担保范围列为抵押合同的条款。此种条款的价值在于，当事人约定了该项条款，抵押权实行时，被担保债权依该范围优先受偿（《民法典》第 389 条后段）；若未约定该项条款，则依据《民法典》第 389 条前段关于"担保物权的担保范围包括主债权及其利息、违约金、损害赔偿金、保管担保财产和实现担保物权的费用"的规定，确定担保范围。据此可知，担保范围条款亦非抵押合同的必备条款，欠缺它，抵押合同照样成立，甚至生效。

四、余论：其他条款

在个案中，抵押合同的条款可能多于上述条款。在这个意义上，《担保法》第 39 条第 1 款关于抵押合同可有"当事人认为需要约定的其他事项"的规定，及第 39 条第 2 款关于"抵押合同不完全具备前款规定内容的，可以补正"的规定，符合实际。《民法典》未再复述它们，并不意味着排斥它们，而应这样理解：（1）当事人在抵押合同中约定他们认为需要约定的其他事项，乃合同自由的题中应有之义，无须赘言。只要约定不违反法律、行政法规的强制性规定，不违背公序良俗原则，即为有效。（2）《担保法》第 39 条第 2 款规定的"抵押合同不完全具备前款规定内容的，可以补正"，既赋予了当事人各方事后补充抵押条款的权利，符合合同自由原则的要求；又授权裁判人员，在不违反合同自由原则的前提下，可以依据公平正义原则，根据个案案情，填补抵押合同的某些条款。此种理念及操作不因《民法典》的颁行而改变。

［辨析］

就抵押合同是否为物权合同，存在着不同的看法。有持肯定说的[1]，但笔者坚持否定说。在不采纳物权行为理论的中国现行法上，抵押合同不是物权合同，乃当然的结论。即使是在承认物权行为的立法例及其理论上，也区分抵押合同和抵押权设定（设立），其中，抵押合同（抵押约定）为债权行为，抵押权设定（设立）为物权行为。正所谓"设定抵押权之'约定'，与抵押权之'设定'（或设定抵押权），在概念上应严予区别，前者为债权契约（负担行为），后者为物权

---

[1] 梁慧星、陈华彬：《物权法》（第 4 版），北京，法律出版社 2007 年版，第 310 页。

契约（物权行为，处分行为）"①。这符合德国民法理论细腻的风格，即使在德国民法法制及其理论上，也是可取的。那种不区分抵押约定与抵押权设定（设立），将它们均叫作物权合同的观点，违背了物权行为无须履行行为、物权行为引发物权变动需要公示的基本精神。在德国民法上，抵押合同生效，产生抵押登记等项义务，当事人履行完毕这些义务，抵押权才设定（设立）。由此可见，抵押合同需要履行行为，与物权行为的理念不符。

第四百零一条

抵押权人在债务履行期限届满前，与抵押人约定债务人不履行到期债务时抵押财产归债权人所有的，只能依法就抵押财产优先受偿。

本条主旨

本条是关于弹性化地对待和处理流押条款（以物抵债）的规定。

相关条文

《物权法》第186条　抵押权人在债务履行期届满前，不得与抵押人约定债务人不履行到期债务时抵押财产归债权人所有。

《担保法》第40条　订立抵押合同时，抵押权人和抵押人在合同中不得约定在债务履行期届满抵押权人未受清偿时，抵押物的所有权转移为债权人所有。

理解与适用

本条已经有条件地修正了《物权法》第186条关于禁止流押条款的规定。所谓修正了《物权法》第186条关于禁止流押条款的规定，是因为本条未再重复《物权法》第186条关于"不得与抵押人约定债务人不履行到期债务时抵押财产归债权人所有"的规定。所谓有条件地修正，是因为本条未删除《物权法》第186条，仅仅是改为"与抵押人约定债务人不履行到期债务时抵押财产归债权人所有的，只能依法就抵押财产优先受偿。"

本条所谓"只能依法就抵押财产优先受偿"，可有如下解读：（1）这纯属物权法规范，《民法典》在恪守本分；而《物权法》第186条所谓"抵押权人在债务履行期届满前，不得与抵押人约定债务人不履行到期债务时抵押财产归债权人

---

① 王泽鉴：《民法学说与判例研究》（第5册），北京，中国政法大学出版社1998年版，第116页。

所有"，即流押条款被禁止，实为合同法规范。虽然立法技术允许物权法掺杂有合同法规范，合同法偶有物权法规范，但合适的理念是只有在有必要时才如此安排法律规范之所在，以免增大人们特别是百姓大众"找法"的难度。（2）流押条款的效力问题交由法律行为规则调整，适用《民法典》第 143—156 条的规定，抵押权制度仅管自己分内之事，更从容些，效果更佳。（3）"抵押权人在债务履行期限届满前，与抵押人约定债务人不履行到期债务时抵押财产归债权人所有"，属于以物抵债协议的一种，抵押权人若主张履行该合同，不害及抵押人的其他债权人（如抵押人无其他债权人，或者即使有其他债权人，但抵押人的责任财产足以清偿那些债权，现金流处于正常状态）时，法律自无干预的必要。即使对抵押财产的估价偏低，不利于抵押人，只要抵押人不主张撤销，也应该承认该以物抵债协议/流押条款的效力。该协议适当履行（包括抵押财产为动产时完成交付，抵押财产为不动产时办理完毕登记手续）后，抵押权人取得该抵押财产的所有权。（4）在抵押人的数个债权人都对抵押人请求清偿，没有涉及抵押财产、抵押人也没有进入破产程序的情况下，抵押权人可依基于以物抵债协议/流押条款的约定及其适当履行取得抵押财产的所有权。（5）在抵押人的数个债权人都对抵押人请求清偿，已经涉及抵押财产，但抵押人尚未进入破产程序的场合，抵押权人不得请求抵押人实际履行以物抵债协议/流押条款，只可援用《民法典》第 410 条的规定，实行抵押权，就抵押财产的变价使担保债权优先获得清偿。（6）在抵押人已经进入破产程序的情况下，抵押权人也无权请求抵押人实际履行以物抵债协议/流押条款，必须适用《企业破产法》的有关规定，包括第 109 条关于"对破产人的特定财产享有担保权的权利人，对该特定财产享有优先受偿的权利"的规定。

第四百零二条

以本法第三百九十五条第一款第一项至第三项规定的财产或者第五项规定的正在建造的建筑物抵押的，应当办理抵押登记。抵押权自登记时设立。

本条主旨

本条是关于不动产抵押权、在建工程抵押权的设立以登记为生效要件的规定。

相关条文

《物权法》第 187 条　以本法第一百八十条第一款第一项至第三项规定的财

产或者第五项规定的正在建造的建筑物抵押的，应当办理抵押登记。抵押权自登记时设立。

《担保法》第 41 条　当事人以本法第四十二条规定的财产抵押的，应当办理抵押物登记，抵押合同自登记之日起生效。

第 42 条　办理抵押物登记的部门如下：

（一）以无地上定着物的土地使用权抵押的，为核发土地使用权证书的土地管理部门；

（二）以城市房地产或者乡（镇）、村企业的厂房等建筑物抵押的，为县级以上地方人民政府规定的部门；

（三）以林木抵押的，为县级以上林木主管部门；

（四）以航空器、船舶、车辆抵押的，为运输工具的登记部门；

（五）以企业的设备和其他动产抵押的，为财产所在地的工商行政管理部门。

《城市房地产管理法》第 62 条　房地产抵押时，应当向县级以上地方人民政府规定的部门办理抵押登记。

因处分抵押房地产而取得土地使用权和房屋所有权的，应当依照本章规定办理过户登记。

《不动产登记暂行条例实施细则》第 65 条　对下列财产进行抵押的，可以申请办理不动产抵押登记：

（一）建设用地使用权；

（二）建筑物和其他土地附着物；

（三）海域使用权；

（四）以招标、拍卖、公开协商等方式取得的荒地等土地承包经营权；

（五）正在建造的建筑物；

（六）法律、行政法规未禁止抵押的其他不动产。

以建设用地使用权、海域使用权抵押的，该土地、海域上的建筑物、构筑物一并抵押；以建筑物、构筑物抵押的，该建筑物、构筑物占用范围内的建设用地使用权、海域使用权一并抵押。

《担保制度司法解释》第 4 条　有下列情形之一，当事人将担保物权登记在他人名下，债务人不履行到期债务或者发生当事人约定的实现担保物权的情形，债权人或者其受托人主张就该财产优先受偿的，人民法院依法予以支持：

（一）为债券持有人提供的担保物权登记在债券受托管理人名下；

（二）为委托贷款人提供的担保物权登记在受托人名下；

（三）担保人知道债权人与他人之间存在委托关系的其他情形。

理解与适用

一、本条含义概貌

本条承继了《物权法》第 187 条的规定，前段规定不动产抵押权、在建工程抵押权若基于法律行为而设立的，应当办理抵押登记；后段确立此类抵押权的设立以抵押登记为生效要件。

二、不动产抵押权、在建工程抵押权的设立

联系《民法典》第 400 条、第 209 条第 1 款的规定，本条应为基于抵押合同或其他类型的法律行为而设立不动产抵押权、在建工程抵押权，需要抵押合同或其他法律行为有效。若抵押合同或其他法律行为无效，不动产抵押权、在建工程抵押权的设立就欠缺原因行为，没有法律根据，那么，就设立不了，即使已经办理了抵押登记，该抵押权也保有不住，应当适用《民法典》第 220 条等规定注销抵押登记。

本条后段明确："抵押权自登记时设立。"此处所谓登记，即抵押登记，是指基于抵押权人和抵押人的申请，登记机构将抵押合同或其他法律行为约定的有关事项在不动产登记簿及不动产权利证书或其他载体上加以记载，并向抵押权人颁发他项权利证明书的现象。

在《担保法》上，抵押合同生效，抵押权设立，抵押物是否为动产，在所不问（第 41 条、第 43 条第 1 款）。《物权法》区分抵押物而决定抵押权产生的条件。在动产抵押权、浮动抵押权的情况下，抵押合同生效，抵押权设立，抵押登记只是对抗善意第三人的要件（《物权法》第 188 条、第 189 条第 1 款）。在其他类型的抵押权的场合，抵押合同生效，加上办理完毕抵押登记，抵押权才设立（《物权法》第 187 条），就是说，抵押登记是抵押权设立的生效要件。《民法典》也是如此，本条规定不动产抵押权、在建工程抵押权自登记时设立，就明确了这一点。

抵押登记为抵押权设立的生效要件，其原则叫作登记生效要件主义，简称为登记生效主义。其优点是抵押权设立的时间点十分清晰，抵押权具有绝对性，抵押权人对任何人都可主张其抵押权。

抵押登记，在正常情况下是登记名义人为债权人，名实相符。但实务中出现了下述情形：为债券持有人提供的包括抵押权在内的担保物权登记在债券受托管理人名下，没有登记在委托人（债权人）的名下；为委托贷款人提供的包括抵押

权在内的担保物权登记在受托人名下，没有登记在委托人（债权人）的名下；抵押人或其他担保人知道债权人与他人之间存在委托关系、抵押权或其他担保物权登记在该他人的名下的其他情形。在这些当事人将抵押权或其他担保物权登记在他人名下，债务人不履行到期债务或发生当事人约定的实现抵押权或其他担保物权的情况下，《担保制度司法解释》第4条规定，债权人或其受托人主张就该财产优先受偿的，人民法院依法予以支持。之所以如此，一个重要原因是担保人知晓真实的担保物权人是债权人（委托人），不涉及有害交易安全的问题。

三、抵押登记的程序

按照《不动产登记暂行条例实施细则》的规定，不动产抵押权、在建工程抵押权，可以申请办理不动产抵押登记（第65条第1款）。同时注意，以建设用地使用权、海域使用权抵押的，该土地、海域上的建筑物、构筑物一并抵押；以建筑物、构筑物抵押的，该建筑物、构筑物占用范围内的建设用地使用权、海域使用权一并抵押（第2款）。自然人、法人或者其他组织为保障其债权的实现，依法以不动产设定抵押的，可以由当事人持不动产权属证书、抵押合同与主债权合同等必要材料，共同申请办理抵押登记（第66条第1款）。同一不动产上设立多个抵押权的，不动产登记机构应当按照受理时间的先后顺序依次办理登记，并记载于不动产登记簿。当事人对抵押权顺位另有约定的，从其规定办理登记（第67条）。

第四百零三条

以动产抵押的，抵押权自抵押合同生效时设立；未经登记，不得对抗善意第三人。

本条主旨

本条是关于动产抵押权的设立以抵押合同生效为成立（生效）要件、抵押登记为对抗要件的规定。

相关条文

《物权法》第188条　以本法第一百八十条第一款第四项、第六项规定的财产或者第五项规定的正在建造的船舶、航空器抵押的，抵押权自抵押合同生效时设立；未经登记，不得对抗善意第三人。

《担保法》第 43 条　当事人以其他财产抵押的，可以自愿办理抵押物登记，抵押合同自签订之日起生效。

当事人未办理抵押物登记的，不得对抗第三人。当事人办理抵押物登记的，登记部门为抵押人所在地的公证部门。

《海商法》第 13 条　设定船舶抵押权，由抵押权人和抵押人共同向船舶登记机关办理抵押权登记；未经登记的，不得对抗第三人。

船舶抵押权登记，包括下列主要项目：

（一）船舶抵押权人和抵押人的姓名或者名称、地址；

（二）被抵押船舶的名称、国籍、船舶所有权证书的颁发机关和证书号码；

（三）所担保的债权数额、利息率、受偿期限。

船舶抵押权的登记状况，允许公众查询。

第 14 条　建造中的船舶可以设定船舶抵押权。

建造中的船舶办理抵押权登记，还应当向船舶登记机关提交船舶建造合同。

《民用航空法》第 16 条　设定民用航空器抵押权，由抵押权人和抵押人共同向国务院民用航空主管部门办理抵押权登记；未经登记的，不得对抗第三人。

《担保制度司法解释》第 53 条　当事人在动产和权利担保合同中对担保财产进行概括描述，该描述能够合理识别担保财产的，人民法院应当认定担保成立。

第 54 条　动产抵押合同订立后未办理抵押登记，动产抵押权的效力按照下列情形分别处理：

（一）抵押人转让抵押财产，受让人占有抵押财产后，抵押权人向受让人请求行使抵押权的，人民法院不予支持，但是抵押权人能够举证证明受让人知道或者应当知道已经订立抵押合同的除外；

（二）抵押人将抵押财产出租给他人并移转占有，抵押权人行使抵押权的，租赁关系不受影响，但是抵押权人能够举证证明承租人知道或者应当知道已经订立抵押合同的除外；

（三）抵押人的其他债权人向人民法院申请保全或者执行抵押财产，人民法院已经作出财产保全裁定或者采取执行措施，抵押权人主张对抵押财产优先受偿的，人民法院不予支持；

（四）抵押人破产，抵押权人主张对抵押财产优先受偿的，人民法院不予支持。

理解与适用

一、本条含义概貌

本条承继了《物权法》第188条的规定，前段规定动产抵押权的设立以抵押合同的生效为成立（生效）要件，后段规定抵押登记为对抗善意第三人的要件。

与《物权法》将普通的动产抵押权与浮动抵押权并列有差异，《民法典》合并了普通的动产抵押权与浮动抵押权，故本条所谓动产抵押权包含《民法典》第398条规定的浮动抵押权。

二、动产抵押权的设立

联系《民法典》第400条、第225条的规定，本条应为基于抵押合同而设立动产抵押权，需要抵押合同有效。若抵押合同无效，动产抵押权的设立就欠缺原因行为，没有法律根据，那么，就设立不了。

当事人在动产抵押合同中对抵押物未予具体、清晰地界定，而是进行了概括描述。如果此种描述无法识别出特定的抵押物，则动产抵押权不设立；反之，如果该描述能够合理识别抵押物，那么，按照《担保制度司法解释》第53条的规定，人民法院应当认定担保成立。其中的道理，已在释评《民法典》第396条时阐释过，此处不赘。

三、抵押登记为动产抵押权的对抗要件

本条后段规定"未经登记，不得对抗善意第三人"，这确立了抵押登记为抵押权对抗善意第三人的要件，其原则被称为登记对抗要件主义，简称为登记对抗主义。按照该项原则，抵押登记与否，不影响动产抵押权的成立，但关系到动产抵押权能否对抗善意第三人。

所谓业已登记的抵押权能够对抗善意第三人，只是对第三人主张的要件，并不妨碍第三人承认未办理抵押登记的抵押权设立的效力。例如，甲以其A船向乙设立抵押权，双方签订了A船抵押合同，但未办理登记。其后，甲将A船出卖与丙，丙将A船用于运输货物的营业之中。在甲无法向乙履行债务的情况下，乙实行该抵押权，委托拍卖A船。对此，丙予认可。法律没有必要否认乙对A船的抵押权。

登记为抵押权设立的对抗要件场合，最难的问题是，未经登记的抵押权不得对抗第三人，此处所谓第三人的范围如何。首先，分析未经登记不得对抗的第三

人的范围。

1. 未经登记，不得对抗就同一抵押财产而享有业已登记的抵押权的人。该抵押权人是否为善意，在所不问。其法律依据为《民法典》第 411 条第 1 款第 2 项。这样，需要对《民法典》第 403 条后段关于"不得对抗善意第三人"的规定予以目的性扩张的解释。

2. 未经登记，不得对抗就同一抵押财产也享有抵押权的人。其法律依据为《民法典》第 411 条第 1 款第 3 项。不过，后设立抵押权的人应为善意。其法律依据为《民法典》第 403 条后段，以及第 7 条规定的诚实信用原则。

3. 未经登记，不得对抗就该抵押财产享有质权的人。该质权人是否为善意，在所不问。

4. 未经登记，不得对抗就该抵押财产享有留置权的人。该留置权人是否为善意，在所不问。

5. 在动产抵押权的场合，未经登记，不得对抗受让该抵押财产所有权的人。该受让人（新所有权人）必须为善意。其法律依据为《民法典》第 7 条规定的诚实信用原则、第 403 条后段。

6. 在浮动抵押权的场合，未经登记，不得对抗正常经营活动中已付合理价款并取得抵押财产所有权的人。该所有权人是否善意，在所不问。其法律依据是《民法典》第 404 条。

7. 未经登记，不得对抗就该抵押财产享有租赁权、借用权等权利的债权人。此类债权人必须为善意。其法律依据为《民法典》第 7 条规定的诚实信用原则。

8. 未经登记，可否对抗一般债权人？日本通说认为，可以对抗，不然，抵押权就失去了存在的积极价值。笔者认为，抵押权即使没有登记，也是物权。按照物权优先于债权的原则，抵押权能够对抗一般债权人。对此，我们可以设定若干情形加以分析。

（1）甲以其 A 电脑为乙设立动产抵押权，未经登记；其后，甲又将 A 电脑卖与丙，尚未交付。丙不知 A 电脑系乙的动产抵押权的标的物。于此场合，尽管乙的动产抵押权不具有对抗丙的债权的效力，但由于丙的债权也没有约束乙的效力，乙就 A 电脑实行抵押权时，丙无权制止。即使甲愿意将 A 电脑交付与丙，移转所有权，乙也有权申请法院强制执行 A 电脑，阻止甲将 A 电脑交付与丙。相反，债权人丙则没有更好的途径和方法阻止乙实行抵押权。

这算不算未经登记的动产抵押权具有优先于一般债权的效力？笔者认为是。

（2）对上例稍加改造，即甲以其 A 电脑为乙设立动产抵押权，未经登记；其后，甲又将 A 电脑卖与丙，且已交付。

于此场合，虽然乙的动产抵押权对抗不了丙，但此时丙已是所有权人，而非债权人。故该例没有否定未经登记的动产抵押权优先于一般债权的结论。

（3）龙俊博士关于"未登记的动产抵押权和浮动抵押权在破产程序中没有优先效力，不享有别除权"的观点及其论证，不宜扩及于一切领域，不宜成为普适性的结论，而应为"动产抵押权即使未经登记，也具有优先于一般债权的效力"的例外。

[思考]

通过上述分析考察可知，《民法典》第403条后段采取"未经登记，不得对抗善意第三人"的表述，未能反映出"未经登记，也不得对抗恶意第三人"的情形，存在着缺点。但假如采取"未经登记，不得对抗第三人"的表述，删除"善意"一词，也有问题，即诸如设立在后亦未办理抵押登记的抵押权人明知同一抵押财产上已经存在着抵押权、买受抵押财产的人明知该物上存在着抵押权、承租或借用抵押财产的人明知该物上存在着抵押权等场合，（先设立的）抵押权即使尚未登记，（先设立的）抵押权人也能向他们主张其抵押权，换句话说，未经登记也能对抗这些恶意第三人。而"未经登记，不得对抗第三人"的表述显然没有涵盖这些情形。由此看来，必须借助于法解释的方法，才能适当地适用《民法典》第403条的规定。

其次，分析和考察抵押权未经登记也可对抗的第三人的范围。

（1）以不公正的手段妨碍抵押权人获得登记的人，或负有协助登记义务而不履行的人，以及主张欠缺登记为理由明显违背诚实信用的人。抵押权人有权对抗他们，即使抵押权尚未登记，也是如此。

（2）对抵押财产没有任何真实权利的人，一般被称为实质上无权利之人。例如，甲就A物享有抵押权，但尚未登记。乙就A物不享有物权，也不享有债权。于是，乙无权否认甲对A物的抵押权。

（3）未经登记，抵押权人也能对抗侵权行为人。在第三人侵害抵押权的情况下，抵押权人有权请求侵权行为人承担侵权责任。

抵押登记具有重要的意义，它可以实现社会活动中的"动的安全"即交易安全。通过登记簿展现抵押财产上的权利状态及其内容，便于第三人和抵押人进行与抵押财产有关的法律交易时，作出合理的预期，避免遭受突如其来的损害，同时也极大地节省了交易成本，能够有效地实现鼓励交易、融通资金的市场经济目标。此其一。抵押登记能够强化抵押权的担保效力。在抵押权经过登记而成立的情况下，法律就推定第三人已经知晓抵押权的存在。此其二。抵押登记能够预防纠纷。通过抵押权登记能够合理地规范同一抵押财产上多项抵押权以及抵押权与其他权利之间的关系，减少纠纷，并在纠纷发生之后能够提供强有力的证据。[①]此其三。

第四百零四条

以动产抵押的，不得对抗正常经营活动中已经支付合理价款并取得抵押财产的买受人。

本条主旨

本条是关于浮动抵押权不得对抗正常经营活动中已支付合理价款并取得抵押财产的买受人的规定。

相关条文

《物权法》第 189 条第 2 款　依照本法第一百八十一条规定抵押的，不得对抗正常经营活动中已支付合理价款并取得抵押财产的买受人。

理解与适用

与动产抵押权一经登记便可对抗任何第三人不同，本条规定，浮动抵押权即便已经登记完毕，也不得对抗正常经营活动中已支付合理价款并取得抵押财产的买受人。这是由浮动抵押权制度的天性所决定的，是法律为克服财团抵押权、工厂抵押权等场合抵押人无权处分抵押财产的缺陷而特意设置浮动抵押权制度的目的之一。详细些说："如果法律规定浮动抵押权在办理登记之后，发生绝对的对抗第三人的效力，那就意味着抵押权具有追及的效力。即便抵押财产的所有权发生转移，该财产上的权利负担——抵押权——仍不消灭。当债务人届期不履行债务或者发生当事人约定的实现抵押权的事由时，抵押权人就有权将第三人已经取得所有权的抵押财产加以拍卖或者变卖，而买受人只能通过买卖合同追究出卖人（抵押人）的权利瑕疵担保责任。风险就被因此转嫁到买受人的头上。买受人为了防止此种风险，要么支出大量的费用去逐一查证标的物是否被抵押了，要么不与设定了浮动抵押权的抵押人从事交易，该抵押人的正常生产经营活动事实上就无法开展，于是设立浮动抵押权的立法目的之一——有利于提供浮动抵押的民事

---

① 程啸：《物权法担保物权》，北京，中国法制出版社 2005 年版，第 148 页。

主体从事正常的经营管理活动——也将落空。所以,《民法典》第 404 条特别对办理了登记的动产浮动抵押权的对抗效力作出了进一步的限制。当然,为了防止抵押人与他人合谋欺诈抵押权人,《民法典》将不能对抗的第三人的范围作出了限制,亦即该第三人必须符合以下两个条件:其一,必须是正常经营活动中已支付了合理价款的买受人。如果买受人仅仅与抵押人订立了买卖合同,但是尚未支付价款或者支付的是极少的价款,那么没有保护这些买受人的必要。其二,买受人必须已经取得了抵押财产,即抵押人已经将抵押财产交付给了买受人。依据《民法典》第 224 条关于"动产物权的设立和转让,自交付时发生效力,但法律另有规定的除外"的规定,如果抵押人没有将抵押财产交付给买受人,那么买受人就没有取得该抵押财产的所有权,即便买受人已经支付了全部的价款,在法律地位上仍然只是债权人。作为担保物权人的浮动抵押权人,无论其抵押权是否登记,都可以对抗此种普通债权的权利人。①

[思考]

为了交易便捷和安全,《民法典》设计系列制度及规则时首先推定参与正常经营活动中的交易相对人为善意,无义务查询于正常的经营活动中被处分的动产或其权利的登记状况。当然,这种设计的合理性和正当性与动产或其权利的登记与被登记的权利的真实状况不相符合的概率较大有关。《民法典》第 403 条、第404 条均源自此种理念。

为了贯彻上述理念,澄清疑义,也适当保护担保权人,《担保制度司法解释》特设第 56 条,明确了担保权人包括已经办理了抵押登记的抵押权人、所有权保留买卖的出卖人和融资租赁合同的出租人(第 2 款后段),界定了出卖人的正常经营活动为出卖人于其营业执照明确记载的经营范围内持续销售同类商品的活动(第 2 款前段),列举了不属于善意买受人、担保权人可以对抗之的类型:(1)购买商品的数量明显超过一般买受人之人,难谓其为消费者,法律无必要优惠保护他,故抵押权人有权就该买受人买受的动产使其债权优先受偿;(2)购买出卖人的生产设备之人,非属消费者,而为商家,对其优惠保护有失权衡,故融资租赁关系中的出租人、所有权保留买卖中的出卖人有权对抗他,抵押权人有权就该买受人买受的动产使其债权优先受偿;(3)订立买卖合同的目的在于担保出卖人或第三人履行债务,于此场合,如果仍然坚持此类买受人取得买卖物的所有权,排斥抵押权人就该买卖物使其债权优先受偿,排斥所有权保留买卖中的出卖人保有

① 请参考王利明、尹飞、程啸:《中国物权法教程》,北京,人民法院出版社 2007 年版,第 489～490 页。

该买卖物的所有权，那么，其所得明显大于其负担，有失权衡；（4）买受人与出卖人存在直接或间接的控制关系，他们相互利用，共同获利且最大化，无特殊保护之的必要，而应坚持抵押权的优先效力；（5）买受人应当查询抵押登记而未查询的其他情形，属于买受人非善意，对其不值得优惠保护，而应坚持抵押权的优先效力。①

当然，《担保制度司法解释》第56条存在可商榷之处，即将融资租赁合同中的出租人称为担保物权人，在概念方面不尽周延，莫不如将抵押权人、所有权保留买卖的出卖人和融资租赁合同的出租人统称为担保权人，更为妥当。

第四百零五条

抵押权设立前，抵押财产已经出租并转移占有的，原租赁关系不受该抵押权的影响。

本条主旨

本条是关于抵押权与租赁权在效力方面相互关系的规定。

相关条文

《物权法》第190条　订立抵押合同前抵押财产已出租的，原租赁关系不受该抵押权的影响。抵押权设立后抵押财产出租的，该租赁关系不得对抗已登记的抵押权。

《担保法》第48条　抵押人将已出租的财产抵押的，应当书面告知承租人，原租赁合同继续有效。

法释〔2000〕44号　第65条　抵押人将已出租的财产抵押的，抵押权实现后，租赁合同在有效期内对抵押物的受让人继续有效。

《担保制度司法解释》第54条　动产抵押合同订立后未办理抵押登记，动产抵押权的效力按照下列情形分别处理：

…………

（二）抵押人将抵押财产出租给他人并移转占有，抵押权人行使抵押权的，租赁关系不受影响，但是抵押权人能够举证证明承租人知道或者应当知道已经订

---

① 清华大学法学院副教授龙俊博士于2021年1月28日在北京市物权法学研究会举办的"第三届产权保护法治论坛：《最高人民法院关于适用〈中华人民共和国民法典〉有关担保制度的解释》研讨会"上发表了这种意见。特此致谢！

立抵押合同的除外；

··········

理解与适用

本条承继了《物权法》第 190 条前段的规定，确立了业已存在的租赁权不受抵押权的影响的规则。这与《民法典》第 725 条关于"租赁物在承租人按照租赁合同占有期限内发生所有权变动的，不影响租赁合同的效力"的规定相互衔接。

在丁所有的 A 财产设立抵押权之前已被甲承租，或被乙保管，或让与担保给丙，因为这些关系均为债的关系，囿于债权的相对性，无对于第三人的积极效力，故戊对于 A 财产上的抵押权在效力方面优于甲、乙、丙的债权的效力，这主要表现在戊实行抵押权时甲、乙、丙无力阻止，甚至在甲、乙、丙的债权存在影响 A 财产的拍卖、变卖，如价格偏低，抵押权人戊有权除去甲、乙、丙的债权这个负担，受让人取得 A 财产时不再存在甲、乙、丙的债权的负担。此其一。换个角度，抵押权具有物权效力，特别是已经登记的抵押权，具有对世效力，可以对任何人，包括甲、乙、丙，主张其抵押权，不受甲、乙、丙的债权的影响。此其二。

需要注意，由于《民法典》第 403 条对于动产抵押权采取了登记对抗的模式，如果戊的 A 财产抵押权属于动产抵押权，则该抵押权没有办理抵押登记时，按照《担保制度司法解释》第 54 条第 2 项关于"抵押人将抵押财产出租给他人并移转占有，抵押权人行使抵押权的，租赁关系不受影响，但是抵押权人能够举证证明承租人知道或者应当知道已经订立抵押合同的除外"的规定，该抵押权原则上无对抗甲、乙、丙的效力，但抵押权人戊举证证明甲于订立 A 财产租赁合同时知道或应当知道丁和戊已经订立了 A 财产抵押合同的，即使戊的抵押权尚未登记，也能对抗承租人甲。

所谓租赁关系不得对抗已登记的抵押权，是指在因租赁关系的存在致使于抵押权实行时无人应买抵押物，或出价降低导致不足以清偿抵押债权等情况下，抵押权人有权主张租赁终止。在这方面，《日本民法典》第 395 条关于"不超过第 602 条规定期间的租赁，虽在抵押权登记后为登记，亦得以之对抗抵押权人。但其租赁对抵押权人发生损害时，法院得因抵押权人的请求，命令其解除"的规定，值得我们借鉴，即当抵押权人请求解除租赁合同时，人民法院应当支持。换个角度说，于此场合抵押权人享有解除权，但该解除权的行使宜采取诉讼的方式。[①]

---

① 崔建远、孙佑海、王宛生：《中国房地产法研究》，北京，中国法制出版社 1995 年版，第 582～583 页。

当然，如果存有租赁权负担的抵押物的变价额足以清偿抵押债权，表明租赁关系对抵押权没有损害，则适用《民法典》第 725 条的规定，租赁关系仍可存续，由抵押物的受让人承受。还有，如果存有租赁权负担的抵押物的变价额虽不足以清偿抵押债权，但除去该租赁权后，抵押物的变价与不消除租赁权负担时的变价额相等或降低时，就表明租赁关系的存在对抵押权并无损害。因此，在抵押权实行时仍可将抵押物连同租赁权负担一并移转给受让人。[1]

租赁权也是债权，本来也应当遵循前述原理，但中国法采取了对租赁权优惠保障的立法政策，在与租赁物新的所有权人的关系方面，赋予租赁权特别的效力，奉行"买卖不破租赁"的原则，《民法典》亦然（第 725 条等），于是有本条的设计。

不过，从反思的角度着眼，对于住宅甚至其他不动产奉行买卖不破租赁、抵押不破租赁的立法政策可以理解，对于住宅租赁是必要的，但对于更需要流通的动产来说，动产租赁权可以对抗登记的抵押权，就阻碍动产的流转了，从经济效益的角度观察，这是不值得的。

第四百零六条

抵押期间，抵押人可以转让抵押财产。当事人另有约定的，按照其约定。抵押财产转让的，抵押权不受影响。

抵押人转让抵押财产的，应当及时通知抵押权人。抵押权人能够证明抵押财产转让可能损害抵押权的，可以请求抵押人将转让所得的价款向抵押权人提前清偿债务或者提存。转让的价款超过债权数额的部分归抵押人所有，不足部分由债务人清偿。

本条主旨

这是关于抵押财产转让、抵押权的追及效力、涤除权的规定。

相关条文

《物权法》第 191 条　抵押期间，抵押人经抵押权人同意转让抵押财产的，应当将转让所得的价款向抵押权人提前清偿债务或者提存。转让的价款超过债权数额的部分归抵押人所有，不足部分由债务人清偿。

---

[1]　参考杨与龄：《抵押权对抵押标的物用益权之影响》，载郑玉波主编《民法物权论文选辑》（下册），台北，五南图书出版公司 1984 年版，第 644～645 页。

抵押期间，抵押人未经抵押权人同意，不得转让抵押财产，但受让人代为清偿债务消灭抵押权的除外。

《担保法》第 49 条　抵押期间，抵押人转让已办理登记的抵押物的，应当通知抵押权人并告知受让人转让物已经抵押的情况；抵押人未通知抵押权人或者未告知受让人的，转让行为无效。

转让抵押物的价款明显低于其价值的，抵押权人可以要求抵押人提供相应的担保；抵押人不提供的，不得转让抵押物。

抵押人转让抵押物所得的价款，应当向抵押权人提前清偿所担保的债权或者向与抵押权人约定的第三人提存。超过债权数额的部分，归抵押人所有，不足部分由债务人清偿。

《民用航空法》第 17 条　民用航空器抵押权设定后，未经抵押权人同意，抵押人不得将被抵押民用航空器转让他人。

法释〔2000〕44 号　第 67 条　抵押权存续期间，抵押人转让抵押物未通知抵押权人或者未告知受让人的，如果抵押物已经登记的，抵押权人仍可以行使抵押权；取得抵押物所有权的受让人，可以代替债务人清偿其全部债务，使抵押权消灭。受让人清偿债务后可以向抵押人追偿。

如果抵押物未经登记的，抵押权不得对抗受让人，因此给抵押权人造成损失的，由抵押人承担赔偿责任。

《担保制度司法解释》第 43 条　当事人约定禁止或者限制转让抵押财产但是未将约定登记，抵押人违反约定转让抵押财产，抵押权人请求确认转让合同无效的，人民法院不予支持；抵押财产已经交付或者登记，抵押权人请求确认转让不发生物权效力的，人民法院不予支持，但是抵押权人有证据证明受让人知道的除外；抵押权人请求抵押人承担违约责任的，人民法院依法予以支持。

当事人约定禁止或者限制转让抵押财产且已经将约定登记，抵押人违反约定转让抵押财产，抵押权人请求确认转让合同无效的，人民法院不予支持；抵押财产已经交付或者登记，抵押权人主张转让不发生物权效力的，人民法院应予支持，但是因受让人代替债务人清偿债务导致抵押权消灭的除外。

理解与适用

本条是关于抵押财产转让、抵押权追及效力、涤除权的规定，从根本上修正了《物权法》第 191 条严重限制抵押财产流转的理念和规定。

本条第 1 款前段以"抵押期间，抵押人可以转让抵押财产"取代《物权法》第 191 条第 2 款正文的"抵押期间，抵押人未经抵押权人同意，不得转让抵押财产。"这体现了抵押物的转让取决于抵押人和第三人之间的合意，而不受限于抵押权人的"专断"，符合财产及其流转的本性要求，确认了抵押人的自然权利。

本条第 1 款中段增设"当事人另有约定的，按照其约定"，尊重了抵押人和抵押权人的合意，贯彻了意思自治原则。不过，在这里存在着解释路径方向的不同会致结论相反的现象。如果把该规定看作修饰、限制着本条第 1 款前段关于"抵押期间，抵押人可以转让抵押财产"的规定，则完全符合意思自治原则与合同的相对性，依逻辑也符合抵押人和抵押权人之间的利益关系，还不破坏交易安全。但是，若果将之看作限制本条第 1 款后段关于"抵押财产转让的，抵押权不受影响"的规定，那么，就很容易使人得出禁止转让抵押物的约定限制"抵押财产转让"的结论。如果是这样，则其与合同的相对性就未尽契合，与《民法典》在债权让与等制度修正《合同法》设计的大趋势相悖。稍微展开来说：（1）抵押权人和抵押人约定抵押物非经抵押权人的同意不得转让，这约束抵押人不成问题，抵押人倘若违反该约定，则向抵押权人承担违约责任，这有《民法典》第 577 条等条款作为法律依据，合法合理。但是，按照《民法典》第 465 条第 2 款关于"依法成立的合同，仅对当事人具有法律约束力，但是法律另有规定的除外"的规定，在无"法律另有规定"的情况下，该约定不具有阻碍第三人取得抵押物所有权或其他物权的效力，甚至不是影响抵押物买卖合同／转让合同的法律效力的因素。就此看来，如果把《民法典》第 406 条第 1 款中段关于"当事人另有约定的，按照其约定"的规定看作是限制该条款后段所谓"抵押财产转让的"，就欠考虑，至少不周延。（2）《合同法》第 79 条第 2 项规定债权人不得转让其与债务人约定不得转让的债权。至少为数众多的专家学者在相当长的时期把该规定理解为强制性规定，认为违反该规定的债权让与合同无效。这有负面结果，不合国际发展趋势，《民法典》顺应潮流，于第 545 条第 2 款规定："当事人约定非金钱债权不得转让的，不得对抗善意第三人。当事人约定金钱债权不得转让的，不得对抗第三人。"其言外之意是债权不得让与的约定不影响债权让与合同的效力。不难发现，将《民法典》第 406 条第 1 款中段的规定看作限制该条款后段所谓"抵押财产转让的"，似乎又回归了《物权法》第 191 条第 2 款正文规定的"抵押期间，抵押人未经抵押权人同意，不得转让抵押财产"，其消极作用是显而易见的。

究竟选择哪条解释路径？本释评书赞同第一条，但《担保制度司法解释》选取了第二条，同时兼顾合同的相对性和公示的效果，一方面坚持《民法典》第 406 条第 1 款前段正文的精神，明确"当事人约定禁止或者限制转让抵押财产但是未将约定登记，抵押人违反约定转让抵押财产，抵押权人请求确认转让合同无效的，人民法院不予支持；抵押财产已经交付或者登记，抵押权人请求确认转让不发生物权效力的，人民法院不予支持"（第43条第1款）；另一方面又限缩《民法典》第406条第1款中段"当事人另有约定的，按照其约定"的适用范围："当事人约定禁止或者限制转让抵押财产且已经将约定登记，抵押人违反约定转让抵押财产，抵押权人请求确认转让合同无效的，人民法院不予支持；抵押财产已经交付或者登记，抵押权人主张转让不发生物权效力的，人民法院应予支持，但是因受让人代替债务人清偿债务导致抵押权消灭的除外"（第43条第2款）；即使禁止或者限制转让抵押财产的约定未经登记，抵押人违反约定转让抵押财产，"抵押权人请求抵押人承担违约责任的，人民法院依法予以支持"（第43条第1款后段）。

《担保制度司法解释》第43条符合这样的原理甚至规则：法律规定（包括司法解释）一经公布就具有公示的效力，使人们有义务注意并遵守法律的有关要求，否则，就具有过错，至少是重大过失。对于故意、重大过失之人法律没有必要优惠保护，令其承受不利后果，符合公平正义。具体到抵押物转让，抵押权人和抵押人关于不得转让抵押物的约定一经登记，就公示于天下，交易相对人在这方面负有注意义务，违反此项注意义务，在抵押物已经交付（抵押物为动产的场合）或者登记（抵押物为不动产的场合）时，发生物权变动的效力；无论何种情形，抵押物转让合同的效力不受影响。

《担保制度司法解释》第43条的负面结果也是明显的：（1）抵押权人多为银行等金融机构，其经济实力、法律团队均大大强于交易相对人，非常容易在抵押合同中设置限制甚至禁止抵押物转让的条款，迫使急需资金的借款人就范，接受此类约定；并且及时办理登记手续，以达阻止抵押物所有权或其他物权变动的效力，实现自己利益的最大化。《担保制度司法解释》第43条在实质上默许甚至纵容了银行等金融机构如此行事。（2）多年实践证明此类约定被赋予法律效力是弊多利少的，《物权法》第191条第2款正文实施的结果亦然，立法机关及众多的专家学者努力克服之，千辛万苦地结成《民法典》第406条第1款前段和后段"抵押期间，抵押人可以转让抵押财产"，"抵押财产转让的，抵押权不受影响"之果，转瞬间便有南橘北枳的意味。（3）《民法典》第406条认可抵押物为可流通物，《担保制度司法解释》第43条第2款赋权金融机构借助约定和登记将之在当事人之间变成禁止流通物或限制流通物，这是否构成司法机关的司法权超越了立法权？需要深思。本条第1款后段规定"抵押财产转让的，抵押权不受影响"，确立了抵押权的追及效力，以维护抵押权人的权益。

当然，客观地说，依本条第1款的规定，有些场合抵押权的实现可能遇到一些周折。例如，抵押人遵守诚实信用、无诉讼缠绕，抵押物的变卖或拍卖顺畅无阻，甚至被折价冲抵被担保债权也无人异议。但抵押物的受让人则不然，要么已经或将要进入破产程序，要么肆意损害抵押物，要么诉讼缠身，等等，这给抵押权的实现增加了困难，甚至加大了成本。假如仅仅从抵押权人的利益保护一侧着眼，《物权法》第 191 条的设计有其道理，但这是以牺牲财产的流转性、忽视抵押物的所有权人和受让人的意思自治为代价的。如果全方位地审视和平衡抵押权人、抵押人、抵押物的受让人乃至社会效益之间的关系，就不难发现《物权法》第 191 条优惠地保护抵押权人显得目光狭隘，《民法典》第 406 条兼顾各方的利益，视野广阔，权衡适当。

本条第 2 款前段以"抵押人转让抵押财产的，应当及时通知抵押权人"，替代《物权法》第 191 条第 1 款前半句的"抵押期间，抵押人经抵押权人同意转让抵押财产的"，是在配合和衔接抵押权的追及效力。

本条第 2 款中段关于"抵押权人能够证明抵押财产转让可能损害抵押权的，可以请求抵押人将转让所得的价款向抵押权人提前清偿债务或者提存"的规定，与《物权法》第 191 条第 1 款前段后半句关于抵押人"应当将转让所得的价款向抵押权人提前清偿债务或者提存"的基本精神相一致，确立涤除权以维护抵押权人的利益，明确抵押人的提存义务，同时平衡了抵押人和抵押权人的利益关系。当然，增设"抵押权人能够证明抵押财产转让可能损害抵押权的"的限定条件，兼顾了抵押权人和抵押人各自的权益，更为合理。[①]

第四百零七条

抵押权不得与债权分离而单独转让或者作为其他债权的担保。债权转让的，担保该债权的抵押权一并转让，但是法律另有规定或者当事人另有约定的除外。

本条主旨

本条是关于抵押权具有从属性及其例外的规定。

相关条文

《物权法》第 192 条　抵押权不得与债权分离而单独转让或者作为其他债权

---

① 关于《物权法》第 191 条的利弊分析，赞同抵押权的追及效力的理由，详见崔建远：《抵押权探微》，载《法学》2004 年第 4 期，第 75~78 页；崔建远：《物权：规范与学说——以中国物权法的解释论为中心》（下册），北京，清华大学出版社 2011 年版，第 811~818 页。

的担保。债权转让的，担保该债权的抵押权一并转让，但法律另有规定或者当事人另有约定的除外。

《担保法》第 50 条　抵押权不得与债权分离而单独转让或者作为其他债权的担保。

《合同法》第 81 条　债权人转让权利的，受让人取得与债权有关的从权利，但该从权利专属于债权人自身的除外。

法〔2019〕254 号　第 62 条　抵押权是从属于主合同的从权利，根据"从随主"规则，债权转让的，除法律另有规定或者当事人另有约定外，担保该债权的抵押权一并转让。受让人向抵押人主张行使抵押权，抵押人以受让人不是抵押合同的当事人、未办理变更登记等为由提出抗辩的，人民法院不予支持。

理解与适用

一、本条含义概貌

本条是对《物权法》第 192 条的承继，确立了抵押权的从属性，同时承认在法律另有规定或当事人另有约定时除去该从属性。

关于"当事人另有约定的除外"，系贯彻意思自治原则的当然结论。由于抵押权的从属性不涉及公共利益，因而当事人约定某特定的抵押权不具有从属性，应被允许。

关于"但是法律另有规定或者当事人另有约定的除外"，法〔2019〕254 号第 54 条强调："从属性是担保的基本属性，但由银行或者非银行金融机构开立的独立保函除外。独立保函纠纷案件依据《最高人民法院关于审理独立保函纠纷案件若干问题的规定》处理。"此处虽然列举的是独立保函而非独立抵押权，但原理应当是相通的。

二、抵押权的从属性

本条前段关于"抵押权不得与债权分离而单独转让或者作为其他债权的担保。债权转让的，担保该债权的抵押权一并转让"的规定，明确承认了抵押权的移转（或处分）上的从属性。这是由抵押权为保全担保物权的性质和作用决定的。

［探微］

（1）本条前段所谓"抵押权不得与债权分离而单独转让"，包括下列三种情形。

A. 抵押权人不得将抵押权单独转让给他人，而自己保留债权。否则，该转让因违反本条的禁止性规定而无效，受让人不能因此而取得抵押权。

于此场合，抵押权转让合同是否当然无效，存有疑问。德国、中国台湾地区的民法及其理论区分债权行为和物权行为，抵押权转让合同为债权行为，抵押权让与是物权行为，所谓单独让与抵押权无效，指的是物权行为无效。中国《民法典》未承认物权行为，抵押权转让合同不是物权行为，抵押权让与为事实行为，或者说抵押权转让合同生效及履行的结果。而事实行为难谓无效，尽管《民法典》区分了物权变动与其原因行为（第215条），但探究《民法典》第407条的禁止性规定的规范意旨，可知单独转让抵押权而自己保留债权的，法律不赋予抵押权转让的效果。鉴于抵押权转让合同也违反了禁止性规定，考虑到假如使抵押权转让合同有效，会出现受让人有权请求转让人转让抵押权的结果，从而致使《民法典》第407条的立法目的落空，因而应当令抵押权转让合同归于无效。

B. 抵押权人不得将债权单独转让给他人，而自己保留抵押权。无论当事人有无关于抵押权随着被担保债权的让与而转让的约定，抵押权原则上都随同债权一并移转给受让人，且无须征得抵押人的同意（《民法典》第547条第1款正文），而且在动产抵押、浮动抵押的场合无须办理移转登记手续。但是，在不动产抵押权的场合，按照《不动产登记暂行条例实施细则》第27条第8项、第69条的规定，当事人可以持不动产权属证书、不动产登记证明、被担保主债权的转让协议、债权人已经通知债务人的材料等相关材料，申请抵押权的转移登记。

债权人（抵押权人）和受让人明确约定仅让与债权，抵押权不随之转让，不损害抵押人的利益，亦未增加债务人的负担，应予允许。不过，此时的抵押权没有所担保的债权存在，由其保全担保物权的性质决定，已经失去存续的价值，应归消灭，抵押人可主张注销抵押登记。[①]

C. 抵押权人不得将债权和抵押权分别转让给不同的主体。抵押权人若将被担保债权和抵押权分别转让给不同的主体，就债权的让与而言，因抵押权人将抵押权另转让给他人，可知当事人间的真实意思表示仅仅是让与债权，受让人取得的仅为无抵押权担保的普通债权；就抵押权的转让而言，不发生抵押权转让的效果（抵押权转让合同也归于无效），抵押权仍存留于抵押权人手中。但此种抵押权已成为无债权的抵押权，违反抵押权成立上的从属性，应归于消灭。[②]

（2）本条前段所谓"抵押权不得与债权分离而作为其他债权的担保"，换句

---

①② 谢在全：《民法物权论》（中册），台北，三民书局有限公司2003年7月修订2版，第382页。

话表述，是说抵押权仅仅可以与被担保债权一起为其他债权设立债权质权。该债权质权仍以债权为质物，但该债权（质物）附有抵押权的担保。

A. 抵押权人仅以抵押权供担保，自己保留债权的，不仅违反《民法典》第407条的规定，也违反物权法定主义，属于创设以抵押权作为担保物的抵押权或质权的情形，法律不承认此类"抵押权"或"质权"，令其无效。

B. 抵押权人仅以债权设质，而自己保留抵押权。此项情形不违反抵押权处分上的从属性或其他的从属性，因为抵押权人既未仅单独处分其抵押权，而仅以其债权出质后，该债权仍然存在于抵押权人（债权人）之手，不发生无债权存在的问题，所以抵押权人有权仅以债权出质，成立无担保的债权质权。至于该债权质权的效力是否及于抵押权，虽然存在着反对说，但依据抵押权从属于被担保债权的法理和《民法典》第547条第1款正文的规定，应作肯定的回答。

C. 抵押权人分别将债权和抵押权为他人提供担保的，就债权而言，属于抵押权人以债权为标的物单独为他人设立质权，合法有效，只不过属于无附随抵押权担保的债权质权；就抵押权来说，属于债权人单独以抵押权为他人设立质权，违反物权法定主义，法律不承认此类"质权"，令其无效。[1]

（3）相关问题

A. 当事人就抵押权的设立，如特别约定债权让与时抵押权不随同移转的，该项特约在当事人之间可视为抵押权的约定消灭事由。如果此后有债权让与的情事时，则构成抵押权消灭的原因，抵押人可请求注销该抵押权的登记。只是当该特约若未办理登记，债权的受让人或质权人不知该特约而取得该抵押权时，应受到登记的公信力的保护。[2]

B. 当事人欲以抵押权作为担保权的标的物的，必须将该抵押权附随于被担保债权一并为之，成立附随抵押权的债权质权。通说认为，于此场合，应办理抵押权随同被担保债权出质的登记。[3]

三、实务中不给办理抵押权转移登记的法律效果

根据本条的规定，债权转让，担保该债权的抵押权也随之转让。但在实务中，受让债权者非为金融机构的，在有些地区，不动产登记机构不给办理该抵押权的转移登记，其理念及理由是，只有银行等金融机构享有担保物权时，不动产登记机构才有义务为其办理抵押登记，普通的公司即使取得抵押权，不动产登记

---

[1][2][3] 谢在全：《民法物权论》（中册），台北，三民书局有限公司2003年7月修订2版，第382～383、383、383页。

机构也无职责为其办理抵押登记。

当然，这是错误的，应予纠正。在未被纠正之前，随着债权转让而转移的抵押权没有办理抵押权转移登记是个事实，也有的是由于当事人自己的原因未办理抵押权转移登记。对于此类案件，一方面必须坚持《民法典》第 407 条正文关于"担保该债权的抵押权一并转让"和第 547 条关于"债权人转让债权的，受让人取得与债权有关的从权利"（第 1 款正文）的规定及法理，另一方面区分不同的法律关系而有不同的结论。在债权的转让人和受让人之间的关系中，除非双方存在相反的约定，抵押权随其担保的债权一并转让给受让人，即使没有办理抵押权的转移登记，也是如此。在他们与第三人的法律关系层面，应当遵循物权的公示和公信的原则，只要第三人不知晓抵押权转移的事实，第三人凭信赖不动产登记簿的他项权利登记的记载，就应当保护此种信赖。例如，第三人不承认受让人享有抵押权，至少起到一时的抗辩的法律效果。于此场合，需要债权的受让人向第三人举证证明案涉抵押权已经归其享有，而非债权的转让人继续保有。至此，才可击破第三人的前述信赖。

需要反思的是，《民法典》第 547 条第 2 款的文义显示，即使在抵押权转让与第三人之间的关系上，也是抵押权转让的效力不因尚未办理抵押登记而受影响，或曰受让人取得的抵押权即使没有办理抵押登记也可以对抗第三人，不论第三人善意与否。笔者认为这与《民法典》第 216 条第 1 款规定的公信原则相抵触，对于信赖抵押登记的交易第三人十分不利，有必要修正。

第四百零八条

抵押人的行为足以使抵押财产价值减少的，抵押权人有权请求抵押人停止其行为；抵押财产价值减少的，抵押权人有权请求恢复抵押财产的价值，或者提供与减少的价值相应的担保。抵押人不恢复抵押财产的价值，也不提供担保的，抵押权人有权请求债务人提前清偿债务。

本条主旨

本条是关于抵押权的保全权的规定。

相关条文

《物权法》第 193 条　抵押人的行为足以使抵押财产价值减少的，抵押权人有权要求抵押人停止其行为。抵押财产价值减少的，抵押权人有权要求恢复抵押财产的价值，或者提供与减少的价值相应的担保。抵押人不恢复抵押财产的价值也不提供担保的，抵押权人有权要求债务人提前清偿债务。

《担保法》第51条　抵押人的行为足以使抵押物价值减少的，抵押权人有权要求抵押人停止其行为。抵押物价值减少时，抵押权人有权要求抵押人恢复抵押物的价值，或者提供与减少的价值相当的担保。

抵押人对抵押物价值减少无过错的，抵押权人只能在抵押人因损害而得到的赔偿范围内要求提供担保。抵押物价值未减少的部分，仍作为债权的担保。

理解与适用

一、本条含义概貌

本条是对《物权法》第193条的复制，确立了抵押权的保全权。

所谓抵押权的保全权，包括抵押财产价值减少的防止权、恢复抵押财产的价值请求权、增加担保的请求权。

二、抵押财产价值减少的防止权

抵押人占有抵押财产并使用收益的同时，即负有维持抵押财产的价值的义务。抵押人按照通常使用方法使用、收益抵押财产，导致抵押财产的价值减少，乃抵押人行使其权利所必需的成本，抵押权人必须容忍。除此而外，抵押人不得实施减少抵押财产价值的行为。否则，抵押权人享有并可行使抵押财产价值减少的防止权（《民法典》第408条前段）。该权表现为抵押权人请求抵押人停止其行为。抵押权人行使抵押财产价值减少的防止权，需要注意以下几点。

1. 抵押人的行为必须足以使抵押财产的价值减少。所谓足以使抵押财产的价值减少，是指有使抵押财产的价值减少的较大甚至巨大的危险。至于是否发生了实际减少的后果，在所不问。抵押权人请求抵押人停止其行为时，只须证明抵押人有足以使抵押财产价值减少的行为（如挖土制砖、屋漏不修）即可，无须就抵押财产价值减少负举证责任。但因抵押权为价值权，抵押财产的占有、使用、收益的权能归抵押人享有，所以，抵押人对抵押财产为正当的占有、使用、收益（如按照抵押财产的固有用途和经济目的而使用、收取孳息）而导致抵押财产的价值减少的，抵押权人便无抵押财产价值减少的防止权。[1]

---

[1]　谢在全：《民法物权论》（中册），台北，三民书局有限公司2003年7月修订2版，第517页；梁慧星、陈华彬：《物权法》（第4版），北京，法律出版社2007年版，第324～325页。

2. 足以使抵押财产的价值减少的行为，必须是抵押人的行为，假如是抵押权人的行为、不可抗力、通常事变足以使抵押财产的价值减少，或市场因素致使抵押财产的价值下跌，都不成立抵押财产价值减少的防止权。抵押人的行为，是否因过错所为，作为抑或不作为，在所不问。[①]

至于抵押人之外的第三人的行为足以使抵押财产的价值减少，抵押权人不得行使抵押财产价值减少的防止权，但可行使物权请求权。

3. 抵押权人原则上只可请求抵押人停止其行为，仅在情况急迫而不能依通常方法请求其停止时，才可为必要的保全处分。

本条前段赋予抵押权人"有权请求抵押人停止其行为"的权利。所谓"停止其行为"，在作为场合，是指禁止抵押人继续实施足以使抵押财产价值减少的行为，如停止拆毁作为抵押财产的建筑物；在不作为场合，是指使抵押人实施积极的行为，如修缮作为抵押财产的建筑物等。这些请求，既可以直接向抵押人提出，也可以通过诉讼的方式。在抵押人置抵押权人的请求于不顾，继续实施足以使抵押财产价值减少的行为场合，抵押权人有必要请求人民法院强制抵押人停止其行为。[②]

在情况急迫而不能依通常方法请求抵押人停止其行为的场合，抵押权人可否自己为必要的保全处分？《民法典》未设明文，学说持肯定说。在作为抵押财产的建筑物漏雨严重，风暴豪雨将至，若不立即修补，必遭风雨摧毁；将倾的大厦若不加以支撑必遭损毁等，抵押权人便可自为必要的修补或支撑行为。[③]

三、恢复抵押财产的价值请求权、增加担保的请求权

抵押财产价值减少的防止请求权制度系针对抵押财产的价值尚未减少的情况而设的，在抵押人的行为已经造成了抵押财产价值的减少时，需要另外的救济制度，本条中段设置了恢复抵押财产的价值请求权、提供与减少的价值相应的担保的请求权。

所谓恢复抵押财产的价值，是指将遭受侵害的抵押财产在价值上恢复到侵害行为没有发生时的状态。把抵押财产自身修复如初，为恢复抵押财产价值的通常

---

① 谢在全：《民法物权论》（中册），台北，三民书局有限公司 2003 年 7 月修订 2 版，第 517 页；梁慧星、陈华彬：《物权法》（第 4 版），北京，法律出版社 2007 年版，第 325 页；王利明、尹飞、程啸：《中国物权法教程》，北京，人民法院出版社 2007 年版，第 473 页。

② 梁慧星、陈华彬：《物权法》（第 4 版），北京，法律出版社 2007 年版，第 325 页。

③ 王利明、尹飞、程啸：《中国物权法教程》，北京，人民法院出版社 2007 年版，第 474 页；梁慧星、陈华彬：《物权法》（第 4 版），北京，法律出版社 2007 年版，第 325 页。

做法。例如，抵押人拆毁了作为抵押财产的 A 栋房屋的屋顶，抵押权人请求他把该屋顶重新盖好。不仅如此，笔者还认为，即使对遭受侵害的抵押财产未能在物理上修复如初，但通过某些办法使抵押财产的价值增加，在价值的层面达到了侵害行为没有发生时的状态，也属于恢复抵押财产的价值。例如，作为抵押财产的 A 栋房屋，原有的屋顶是茅草的，被抵押人擅自掀掉。抵押权人请求抵押人恢复抵押财产的价值时，抵押人用钢筋水泥盖好屋顶，盖房屋的价值高于侵害行为发生之前的价值，仍然属于恢复抵押财产的价值。

所谓提供与减少的价值相应的担保，简称为增加担保，或增担保，或代担保，是指抵押人的行为造成了抵押财产的价值减少场合，抵押人提供物的担保或人的担保，在担保债权的数额方面发挥着与既有抵押权相当的作用。

［引申］

（1）提供与减少的价值相应的担保，是否包括金钱担保？在理论上没有理由禁止提供金钱担保。但实际运作上较为罕见，一是流动资金一般都较为紧缺，二是究竟是以该笔金钱直接清偿抵押债权，还是另设担保，有个权衡问题。

（2）人的担保存在着弱点：一是保证人、连带债务人的财产状况可能于设立担保后恶化，从而难以保障债权（全部或部分地）顺利实现；二是人的担保无法使债权具有优先受偿的效力，也不利于实现债权。有鉴于此，只有抵押权人（债权人）同意，抵押人提供人的担保，才算满足了《民法典》第 408 条后段的要求。

（3）究竟是恢复抵押财产的价值还是提供与减少的价值相应的担保，《民法典》第 408 条没有把这两种救济措施强制排序，因而，固然允许抵押权人请求其中之一，但最终应由抵押人决定，除非抵押人决定的恢复抵押财产的价值在实际上不能，或决定的增加担保在实际上无法匹敌既有的抵押权。

（4）抵押财产的价值减少，由不可归责于抵押人的事由引起的场合，有学说认为，抵押权人只能在抵押人可以受到损害赔偿的范围内请求提供担保，因为抵押权属于物权，抵押财产毁损灭失的风险，自应由作为权利人的抵押权人负担。[①]《担保法》采纳了这种方案，于第 51 条第 2 款规定："抵押人对抵押物价值减少无过错的，抵押权人只能在抵押人因损害而得到的赔偿范围内要求提供担保。抵押物价值未减少的部分，仍作为债权的担保。"于此场合，抵押权人可以借助于抵押权的物上代位性等制度保护自己，《民法典》提供了这种机会（第390 条）。

---

① 谢在全：《民法物权论》（中册），台北，三民书局有限公司 2003 年 7 月修订 2 版，第 521 页。

抵押财产的价值减少，可能是有形的毁损，也可能是其他形式的，例如，作为抵押财产的"四荒"土地承包经营权，原有水源存在，却因抵押人怠于疏通水渠致使承包地成为旱田，造成承包地的价值降低。[①]

抵押权人行使恢复抵押财产的价值请求权，或提供与减少的价值相应的担保的请求权，可以通过诉讼的方式，也可以直接向抵押人主张。

抵押权人行使上述请求权，《民法典》虽未规定期限，但由抵押权的目的和功能决定，抵押权人应当在抵押权实行完毕之前行使之。

抵押人应当在抵押权人指定的合理期间内恢复抵押财产的价值，或提供与减少价值相应的担保，若有违反，在抵押人不是债务人的情况下，抵押权人应另订合理期间，请求债务人提供与减少价值相应的担保，逾期不提供时，抵押权人应有权请求债务人清偿债权；抵押人是债务人时，抵押权人应有权径直请求债务人清偿债权。[②]《民法典》原则上采纳了这种观点，规定抵押人拒绝恢复抵押财产的价值或提供与减少的价值相应的担保的，抵押权人有权要求债务人提前清偿债务（第408条后段）。

第四百零九条

抵押权人可以放弃抵押权或者抵押权的顺位。抵押权人与抵押人可以协议变更抵押权顺位以及被担保的债权数额等内容。但是，抵押权的变更未经其他抵押权人书面同意，不得对其他抵押权人产生不利影响。

债务人以自己的财产设定抵押，抵押权人放弃该抵押权、抵押权顺位或者变更抵押权的，其他担保人在抵押权人丧失优先受偿权益的范围内免除担保责任，但是其他担保人承诺仍然提供担保的除外。

本条主旨

本条是关于抵押权人放弃抵押权或抵押权的顺位以及变更抵押权顺位的规定。

相关条文

《物权法》第194条　抵押权人可以放弃抵押权或者抵押权的顺位。抵押权

---

① 参见谢在全：《民法物权论》（中册），台北，三民书局有限公司2003年7月修订2版，第521页；王利明、尹飞、程啸：《中国物权法教程》，北京，人民法院出版社2007年版，第475页。

② 谢在全：《民法物权论》（中册），台北，三民书局有限公司2003年7月修订2版，第522页。

人与抵押人可以协议变更抵押权顺位以及被担保的债权数额等内容，但抵押权的变更，未经其他抵押权人书面同意，不得对其他抵押权人产生不利影响。

债务人以自己的财产设定抵押，抵押权人放弃该抵押权、抵押权顺位或者变更抵押权的，其他担保人在抵押权人丧失优先受偿权益的范围内免除担保责任，但其他担保人承诺仍然提供担保的除外。

《担保法》第 28 条　同一债权既有保证又有物的担保的，保证人对物的担保以外的债权承担保证责任。

债权人放弃物的担保的，保证人在债权人放弃权利的范围内免除保证责任。

理解与适用

一、本条含义概貌

本条是对《物权法》第 194 条的复制，第 1 款规范第三人作为抵押人的场合抵押权人放弃抵押权、抵押权顺位的问题；第 1 款前段对此持认可的态度；第 1 款后段规定抵押权人和抵押人可以协议变更抵押权的顺位以及被担保债权的数额等内容，但按照合同的相对性，这不具有对抗其他抵押权人的效力，除非其他抵押权人书面同意。第 2 款调整债务人作为抵押人的场合抵押权人放弃抵押权、抵押权的顺位、变更抵押权时的利益关系，采取的立场是，其他担保人在抵押权人丧失优先受偿权益的范围内免除担保责任，除非他们承诺仍然提供担保。

笔者理解，本条第 2 款在利益衡量上更倾向于保护其他担保人的权益，对于不免除其他担保人的担保责任的情形设置了较高的门槛——必须是其他担保人"承诺仍然提供担保"，无此承诺，就不得推定为其他担保人同意继续提供担保。

二、抵押权的放弃

抵押权的放弃，又叫抵押权的抛弃，是指抵押权人放弃可以优先受偿的担保利益，分为抵押权的相对放弃和绝对放弃。[①]

抵押权的相对放弃，是指抵押权人为抵押人的特定无担保债权人的利益，放弃其优先受偿的利益的现象。例如，在甲抵押人的 300 万元的抵押物上，乙、丙各有 100 万元、200 万元的第一顺位、第二顺位的抵押权，丁则为甲的无担保债

---

① 梁慧星、陈华彬：《物权法》（第 4 版），北京，法律出版社 2007 年版，第 323 页。

权人（债权额为 300 万元）。乙为丁的利益而放弃其抵押权。[①]

抵押权的存续使被担保债权具有优先受偿的效力，这显现出抵押权对于权利人是一种利益，而非负担。既然是利益，抵押权人放弃它应被允许。

抵押权相对放弃的当事人为抵押权人和特定的无担保债权人，且该无担保债权人的债务人和抵押权人的抵押人必须是同一个人。学说认为，抵押权的相对放弃仅在抵押权放弃人和受放弃利益的特定无担保债权人之间发生相对效力。就优先受偿的范围而言，抵押权放弃人就抵押物卖得的价金所能获得分配的金额，由放弃人和受放弃利益的债权人，按两者合计的债权额的比例受偿。[②]

抵押权的绝对放弃，也就是通常所说的抵押权的抛弃，是指抵押权人向抵押人为消灭抵押权的意思，放弃其抵押权的现象（《民法典》第 393 条第 3 项）。以登记为生效要件的抵押权，被放弃需要办理注销登记，才发生抵押权消灭的效力（《不动产登记暂行条例实施细则》第 28 条第 1 款第 2 项）。一般而言，抵押权人可任意放弃抵押权，除非放弃会害及第三人的利益，如已经设立了附抵押权的债权质权。[③]

分析《民法典》第 409 条第 2 款关于"债务人以自己的财产设定抵押，抵押权人放弃该抵押权、抵押权顺位或者变更抵押权的，其他担保人在抵押权人丧失优先受偿权益的范围内免除担保责任，但是其他担保人承诺仍然提供担保的除外"的规定，可知若抵押权顺位的变更未经其他抵押权人的同意，则该变更不会约束不同意变更的其他抵押权人，仅仅在变更的抵押权人之间发生效力，相当于抵押权顺位的相对放弃。[④]

三、抵押权的顺位权及其放弃

（一）抵押权顺位的概念

抵押权的顺位，又称抵押权的顺序，或抵押权的次序，是指数个抵押权并存于同一抵押物之上时，各抵押权存在着优先的顺序，也就是抵押权之间的相互关系。先顺位的抵押权所担保的债权较后顺位的抵押权所担保的债权可以优先受偿。可见，这种顺位是一种利益，甚至是一种权利，一般称之为顺位权。

---

①　谢在全：《民法物权论》（中册），台北，三民书局有限公司 2003 年 7 月修订 2 版，第 514 页；梁慧星、陈华彬：《物权法》（第 4 版），北京，法律出版社 2007 年版，第 323 页。
②　谢在全：《民法物权论》（中册），台北，三民书局有限公司 2003 年 7 月修订 2 版，第 514 页。
③　梁慧星、陈华彬：《物权法》（第 4 版），北京，法律出版社 2007 年版，第 324 页。
④　王利明、尹飞、程啸：《中国物权法教程》，北京，人民法院出版社 2007 年版，第 472 页。

（二）抵押权顺位的决定标准

《民法典》第 414 条第 1 款规定，同一财产向两个以上债权人抵押的，拍卖、变卖抵押财产所得的价款依照下列规定清偿：（1）抵押权已登记的，按照登记的先后顺序清偿；顺序相同的，按照债权比例清偿；（2）抵押权已登记的先于未登记的受偿；（3）抵押权未登记的，按照债权比例清偿。据此可知，抵押登记是确定抵押权顺位的首要标准，登记在先的，抵押权的顺位在先。但考虑到动产抵押权、浮动抵押权的设立不以登记为生效要件，此类抵押权若并存于同一抵押物之上，均未办理抵押登记的，就无法以抵押登记及登记的时间作为确定抵押权顺位的标准，只能另辟蹊径，即视两个以上的抵押权的顺位相同（《民法典》第 414条第 1 款第 3 项）。当然，如果有的抵押权办理了抵押登记，则办理抵押登记的抵押权的顺位在先（《民法典》第 414 条第 1 款第 2 项），仍然奉行抵押登记为确定抵押权顺位的标准的原则。

上述确定抵押权顺位的标准是法定的，并且，当事人不得以其意思表示将之排除或改变。就是说，即使当事人约定了抵押权的顺位，在此类约定与上述法定规则相抵触时，仍然以法定的为准。

［论争］

一种观点认为，当事人订立抵押合同后，可以先按照《物权法》第 20 条第 1款亦即《民法典》第 221 条第 1 款的规定办理抵押权的预告登记，以确保其顺位在先。因为预告登记具有顺位效力（Rangwirkung）。所谓预告登记的顺位效力是指，由于预告登记已经表明了被担保的请求权经过履行后将要产生某种不动产物权，因而将来该物权一旦产生就会取得预告登记所具有的顺位。赋予预告登记顺位效力的原因在于：预告登记毕竟是暂行性的，其要么转为本登记，要么丧失效力，当其能够成功地转为本登记的时候，其所具有的顺位自然应当转归为本登记，只有这样才能更有效地保障债权人的合法权益。因此，只要抵押权的预告登记的顺位是第一顺位，那么在转为作为本登记的他项权利登记时，该抵押权的顺位仍然是第一顺位，依此类推。[①]

笔者则认为，由于《物权法》第 20 条第 1 款亦即《民法典》第 221 条第 1款没有规定物权变动于办理本登记后依预告登记的时间点确定物权变动的时间，《物权法》第 14 条亦即《民法典》第 214 条却明定"不动产物权的设立、变更、转让和消灭，依照法律规定应当登记的，自记载于不动产登记簿时发生效力"，未设但书，表明物权变动的时间点以本登记的时间点为准，就是说，在《物权

---

① 王利明、尹飞、程啸：《中国物权法教程》，北京，人民法院出版社 2007 年版，第 469 页。

法》上，预告登记不具有顺位效力。如此，抵押权的预告登记不是确定抵押权顺位的根据。在《民法典》上也应如此。

（三）抵押权的顺位固定主义与顺位升进主义

先顺位的抵押权因实行抵押权以外的原因而消灭时，后顺位的抵押权是否依次序升进？德国、瑞士的民法规定，抵押权的顺位不升进，采取了抵押权的顺位固定主义。法国、日本的民法规定，抵押权的顺位升进，奉行的是抵押权的顺位升进主义。

所谓抵押权的顺位固定主义，是指先顺位的抵押权所担保的债权因实行抵押权以外的原因而消灭时，该抵押权并不随之消灭，而是依然存在，致使后顺位的抵押权依然处于原有的顺位上，即抵押权的顺位固定不变。所谓抵押权的顺位升进主义，是指先顺位的抵押权所担保的债权因实行抵押权以外的原因而消灭时，该抵押权也消灭，后顺位的抵押权在顺位上相应地晋升。

这两种原则的法律效果不尽相同。例如，甲以其所有的土地为乙设定 200 万元的抵押权，其后再为丙设定 100 万元的第二顺位的抵押权，倘若土地拍卖换得价款 250 万元，则乙的债权可以全部受偿，丙仅能受偿 50 万元。倘若抵押物在拍卖前，乙的抵押权已经因清偿或其他原因而消灭，依顺位固定主义，丙的抵押权仍然属于第二顺位，抵押人可以就该宗土地向丁设定第一顺位的抵押权，获得有利的融资。倘若在拍卖抵押物时，第一顺位抵押权尚属空白，则仍应先扣除第一顺位 200 万元的债权额，丙所受偿的债权额仍然仅为 50 万元，至于该 200 万元则归抵押人所有，而由其一般债权人受偿。但是，如果采取顺位升进主义，则丙的抵押权当然升进为第一顺位，其债权获得全部清偿，而其他一般债权人的受偿机会相对减少；故顺位在先的抵押权已经消灭而未涂销时，后顺位的抵押权人可以请求涂销之，以保护其权利。[①]

[论争]

有学者评论道，顺位升进主义对于一般债权人的保护不周，并且，后顺位抵押权人原能获得担保，本即以该顺位所能获得者为限，现在却因先顺位抵押权的消灭竟然获得全部清偿，实有不当得利之嫌。[②] 对此，有专家回应说：上述批评固非无据，然而究竟采取何种原则为宜，实与国家或地区的实际情况有关，中国

---

① 谢在全：《民法物权论》（中册），台北，三民书局有限公司 2003 年 7 月修订 2 版，第 495～496 页。

② 姚瑞光：《民法物权论》，台北，1990 年 9 月自版，第 223 页；史尚宽：《物权法论》，台北，荣泰印书馆股份有限公司 1979 年第 5 版，第 279 页。

台湾地区的金融交易与抵押权的实务运作，已经习惯于顺位升进主义，后顺位抵押权的设定带有可以升进的期待，抵押物以后顺位抵押权获取融资遂有相当的可能。故似未闻实务界或社会有应改采顺位固定主义的异声。其实，顺位固定主义也有缺点，即，使得后顺位抵押权融资之途因而受阻，其金融界均有后顺位抵押权应予升进的强烈需求，驯至实务操作的结果，后顺位抵押权亦可生顺位升进的效果。[1]

以上二说各有利弊，立法采取何者，通过功能比较、利益衡量后得出结论固然是不容忽视的路径及方法，有无相关配套的制度及学说的支撑，也起着关键的作用。法律若要采取抵押权的顺位固定主义，则不应强调抵押权的从属性，即使没有被担保债权，抵押权也可以存续。此其一。因债权人不存在，应当确认所有人抵押制度，即抵押权可以存在于抵押权人自己所有的财产之上。此其二。[2] 如果此论正确，则据此审视中国现行法的规定，就可以得出结论：中国现行法不具备奉行抵押权的顺位固定主义的条件。其理由在于：（1）中国现行法特别强调担保物权的从属性，《民法典》第388条第1款中段和后段关于"担保合同是主债权债务合同的从合同。主债权债务合同无效，担保合同无效，但是法律另有规定的除外"的规定，第393条第1项关于"主债权消灭"的，"担保物权消灭"的规定，第407条前段关于"抵押权不得与债权分离而单独转让或者作为其他债权的担保。债权转让的，担保该债权的抵押权一并转让"的规定，都确立了抵押权的从属性，这与抵押权的顺位固定主义的本质要求不相符。（2）《民法典》第409条第2款规定，抵押权人放弃债务人提供的抵押权的顺位的，其他担保人在抵押权人丧失优先受偿权益的范围内免除担保责任，除非其他担保人承诺仍然提供担保。该款规定只有按照抵押权的顺位升进主义才能解释得通。[3]

（四）抵押权顺位的让与、放弃与变更

顺位权是抵押权的优先效力的一种形态，以抵押权的存在为前提，不能离开抵押权而独立，但法律也有条件地允许抵押权人让与、放弃或变更抵押权的顺位。[4]

1. 抵押权顺位的让与

抵押权顺位的让与，又叫抵押权顺位的转让，是指为同一债务人的后顺位担

---

[1]　谢在全：《民法物权论》（中册），台北，三民书局有限公司2003年7月修订2版，第496页。

[2]　[日]近江幸治：《担保物权法》，祝娅、王卫军、房兆融译，沈国明、李康民审校，北京，法律出版社2000年版，第92页。

[3]　王利明、尹飞、程啸：《中国物权法教程》，北京，人民法院出版社2007年版，第470页。

[4]　郑玉波：《民法物权》，台北，三民书局有限公司1988年2月修订12版，第242页。

保权人的利益，仅将抵押权的顺位转让给后顺位担保权人的现象。

抵押权顺位的让与，一是需要让与人和受让人（受益人）均为并存于同一抵押物上的抵押权的主体；二是需要让与人和受让人（受益人）之间签订顺位让与合同。在日本民法上，该合同的生效无须债务人、抵押人、其他抵押权人的同意，亦不以办理登记手续为要件。不过，确定让与的抵押权顺位，则以两个抵押权登记上办理附记登记为准（《日本民法典》第375条第2项），在同第三人的关系方面，如果不将抵押权顺位让与的事实通知主债务人，或未得到该主债务人承诺的话，不得以抵押权的顺位已经让与来对抗主债务人、保证人、抵押人（《日本民法典》第376条第1项）。在中国台湾地区"民法"上，因其物权行为系采取登记生效要件主义，不为登记，物权的变动不发生效力，顺位权的让与也是物权行为之一种，所以，除经当事人的合意和抵押人的同意以外，非经办理两抵押权登记的附记登记，不生效力。①

对于抵押权顺位的让与，中国现行法未加规定。因抵押权及其顺位权为非专属性的财产权，故法律应承认抵押权顺位的让与。抵押权顺位的让与，需要让与人和受让人签订让与合同。至于登记的地位和作用，应当与《民法典》设计的物权变动模式相一致，不宜照抄搬日本民法和中国台湾地区"民法"的模式。动产抵押权的顺位的让与，应当自顺位让与合同生效时发生效力，在抵押登记页上办理附记登记为对抗要件（《民法典》第225条、第403条等）。不动产抵押权等以登记为生效要件的抵押权，其顺位的让与，若发生法律效力，不但需要让与人和受让人成立让与合同，且已经生效，而且需要在不动产登记簿的抵押登记页上办理附记登记（《民法典》第209条第1款、第402条等）。②

关于抵押权顺位让与的法律效果，学说上存在着分歧。顺位交换说认为，受让人取得让与人的顺位，而让与人取得受让人的顺位。发生两个抵押权顺位的交换。③唯顺位的让与，由当事人之间的顺位让与合同确定，并不影响第三人的合法权益，受让人的被担保债权超过让与人的债权额时，若无中间抵押权存在，就

---

① 史尚宽：《物权法论》，台北，荣泰印书馆股份有限公司1979年第5版，第279页；郑玉波：《民法物权》，台北，三民书局有限公司1988年2月修订12版，第242～243页。

② 崔建远：《土地上的权利群研究》，北京，法律出版社2004年版，第270～271页。

③ ［日］末弘严太郎：《现代法学全集》第8卷，第228页；最判1963年3月1日，民集17·2·269；大阪控判，大正4年2月15日，法律新闻1002·23。转引自林廷瑞：《抵押权之让与·抛弃与抵押权顺位之让与·抛弃》，载郑玉波主编：《民法物权论文选辑》（下），台北，五南图书出版公司1984年版，第805页。［日］近江幸治：《担保物权法》，祝娅、王卫军、房兆融译，沈国明、李康民审校，北京，法律出版社2000年版，第183页。

在各个被担保债权额的范围内发生转换。① 但也有人认为，顺位的让与，仅于让与人的被担保债权额的范围内发生顺位转换，对于受让人的债权额超过让与人的债权额部分，与让与人处于同一顺位，由受让人本应受分配的数额，按比例受清偿。② 顺位变更说则认为，顺位让与系受让人取得让与人的顺位，而让与人处于受让人的下位，乃发生当事人之间的顺位变更，并非发生顺位的交换。③ 依现在的通说，对于抵押权顺位让与的效果，认为对于双方当事人依本来的抵押权可以取得的分配金的合计额，让与人和受让人之间就被担保债权的金额发生顺位的变更。受让人优先于让与人，从上述的分配金合计额中受清偿。就是说，受让人就其被担保的债权金额从分配金合计额中优先受偿，若有剩余额时由让与人受偿。④ 笔者以前赞同顺位变更说⑤，现在改为赞成通说，原因在于通说不仅达到了让与人和受让人关于顺位让与的目的，在他们之间形成的利益分配没有违反其意思，而且没有变动其他相关当事人的权益地位和状况，就是说，各方面的利益都得到了兼顾。⑥

抵押权顺位的让与，乃作为抵押权内容的顺位权的处分，所以发生物权的效果，抵押权顺位的让与属于物权变动的一种。如此，如果已经在抵押登记中办理了附记登记，并且通知了债务人或得到了债务人的同意，那么，受让人可以其受让的顺位权对抗第三人（后顺位的抵押权人、抵押不动产的第三取得人）的主张。⑦

顺位的受让人，只有在其被担保债权和让与人的被担保债权均已届清偿期时，才可以实行抵押权，使其被担保债权按照受让的抵押权顺位优先受偿。之所以强调届期才可实行抵押权，是因为受让人仅仅受让了顺位，未改变被担保债权

---

① ［日］大阪诉院判决，大正4年2月15日，法律新闻1002·23。转引自林廷瑞：《抵押权之让与·抛弃与抵押权顺位之让与·抛弃》，载郑玉波主编：《民法物权论文选辑》（下），台北，五南图书出版公司1984年版，第806页。

② ［日］三渚信三：《全订担保物权法》，第536页以下。转引自林廷瑞：《抵押权之让与·抛弃与抵押权顺位之让与·抛弃》，载郑玉波主编：《民法物权论文选辑》（下），台北，五南图书出版公司1984年版，第806页。

③ ［日］石田文次郎：《全订担保物权法》（上），第208页。转引自林廷瑞：《抵押权之让与·抛弃与抵押权顺位之让与·抛弃》，载郑玉波主编：《民法物权论文选辑》（下），台北，五南图书出版公司1984年版，第806页。

④ ［日］我妻荣：《担保物权法》，第191页；末弘严太郎：《现代法学全集》第8卷，第228页；最判1963年3月1日，民集17·2·269；大阪控判，大正4年2月15日，法律新闻1002·23。转引自林廷瑞：《抵押权之让与·抛弃与抵押权顺位之让与·抛弃》，载郑玉波主编：《民法物权论文选辑》（下），台北，五南图书出版公司1984年版，第806页。

⑤⑥ 王利明、崔建远：《合同法新论·总则》，北京，中国政法大学出版社1996年版，第590页。

⑦ 参见林廷瑞：《抵押权之让与·抛弃与抵押权顺位之让与·抛弃》，载郑玉波主编：《民法物权论文选辑》（下），台北，五南图书出版公司1984年版，第807页。

的清偿期，所以被担保的债权未届清偿期时，当然不得实行抵押权。如果允许在让与人的被担保债权的清偿期届至前就实行抵押权，并依受让的抵押权顺位使被担保债权优先获得清偿，就侵害了抵押物所有权人的合法权益。[①]　还有，在被担保债权的清偿期届满债务人未履行债务时才允许实行抵押权，债务人具有清偿债务的能力的情况下，本来通过债务人适当履行债务的方式消灭债的关系，抵押权也随之消灭，抵押人和债务人之间便不产生追偿关系，简洁、清晰，但若允许在让与人的被担保债权的清偿期届至前就实行抵押权，则会人为地导致法律关系复杂化，增加一层抵押人向债务人追偿的关系。这显然不可取。

[拓展]

顺位的让与人在让与其抵押权的顺位之后，若其被担保债权尚有优先获得清偿的分配额时，只要该被担保债权的清偿期届满时债务人未履行其债务，即可实行其抵押权，使其被担保债权在上述分配额内优先获得清偿，而不问受让人的被担保债权的清偿期是否届至。其道理在于，纵为顺位的让与，对于让与人的被担保债权的清偿期也无影响，它不扩张让与人的被担保债权的优先清偿的范围，所以，不损害抵押物所有权人的合法权益。在这种情况下，受让人的被担保债权尚未届期，必须把受让人应当受分配的数额提存。[②]　这种方案兼顾了各方当事人的利益，可资赞同。

抵押权顺位让与的结果，使得让与人在没有受优先清偿的分配额时，让与人即使实行抵押权也不会使其被担保债权优先获得清偿。在这种情况下，让与人的被担保债权虽然已届清偿期，也不得实行抵押权。[③]

让与人的被担保债权消灭的，受让人所取得的抵押权顺位让与的效果是否也归于消灭？依抵押权的从属性而言，顺位让与人的被担保债权消灭的，让与人本来所具有的抵押权也当然归于消灭，从而顺位受让人所取得的顺位让与的效果也归于消灭。[④]　但如果受让的顺位已经在抵押登记中进行了附记登记，且已经通知了债务人或得到了债务人的同意，发生了物权效果的情况下，仍然坚持受让的顺位因让与人的抵押权的消灭而消灭，就与物权的要求不尽一致，对受让人不利。此其一。其二，在受让抵押权顺位的情况下，无论是坚持让与人的抵押权移转给受让人的绝对效力说[⑤]，还是认为受让的顺位已经与受让人的抵押权结合在一

----

①②③④　林廷瑞：《抵押权之让与·抛弃与抵押权顺位之让与·抛弃》，载郑玉波主编：《民法物权论文选辑》（下），台北，五南图书出版公司1984年版，第807、807、807、808页。

⑤　[日]近江幸治：《担保物权法》，祝娅、王卫军、房兆融译，沈国明、李康民审校，北京，法律出版社2000年版，第184页。

起，都阻碍着所谓从属性说的无条件适用，如此，再坚持受让的顺位随让与人的抵押权的消灭而消灭，是不妥当的。因而，中国未来的立法应当有条件地承认受让的顺位不受让与人的抵押权消灭的影响。

2. 抵押权顺位的放弃

抵押权顺位的放弃，也叫抵押权顺位的抛弃，分为相对的放弃和绝对的放弃。

抵押权顺位相对的放弃，是指先顺位的抵押权人为同一债务人的特定后顺位的抵押权人的利益，而放弃其顺位权的现象。放弃的方法，依放弃人的意思表示为之，并办理附记登记。① 放弃的效果，与一般权利的放弃不同，仅仅对于受放弃利益的人失去其优先权，也就是放弃人和受放弃利益人为同一顺位，对于其他抵押权人并无影响。因而，放弃人原顺位上应当分得的分配额，由受放弃利益人与放弃人按被担保债权额的比例受偿。②

抵押权顺位的相对放弃与抵押权顺位的让与相类似，但仍有所不同：相对放弃场合，由放弃人和受放弃利益人按被担保债权比例受偿；抵押权顺位让与场合，转让人的债权可能完全不能获得清偿。③

抵押权顺位绝对的放弃，是指先顺位的抵押权人并非专为同一债务人的某一特定后顺位抵押权人的利益而放弃其顺位权的现象。绝对放弃的方法与相对放弃的相同，但放弃的效果不同：在绝对放弃的情况下，其他抵押权人可以各依次升进其顺位，而放弃人退居最后的地位。不过，放弃后新成立的抵押权仍不能优先于该放弃顺位的抵押权。④

《民法典》第409条第2款规定，抵押权人放弃债务人提供的抵押权的顺位的，其他担保人在抵押权人丧失优先受偿权益的范围内免除担保责任，除非其他担保人承诺仍然提供担保。由此认可了抵押权顺位的绝对放弃。

动产抵押权顺位的放弃，自抵押权人作出放弃的意思表示时发生法律效力，在抵押登记页上办理附记登记为对抗要件（《民法典》第225条等）。不动产抵押权等以登记为生效要件的抵押权，其顺位的放弃，若发生法律效力，不但需要抵押权人作出放弃的意思表示，而且需要在登记簿的不动产抵押登记页上办理附记登记（《民法典》第209条第1款等）。

①③④ 郑玉波：《民法物权》，台北，三民书局有限公司1988年2月修订12版，第244、245页。

② 郑玉波：《民法物权》，台北，三民书局有限公司1988年2月修订12版，第245页；［日］近江幸治：《担保物权法》，祝娅、王卫军、房兆融译，沈国明、李康民审校，北京，法律出版社2000年版，第184页。

3. 抵押权顺位的变更

抵押权顺位的变更，是指同一抵押人的数个抵押权人将其抵押权顺位互相交换的现象。例如，债务人甲在其抵押物上分别存在着乙的第一顺位的抵押权、丙的第二顺位的抵押权、丁的第三顺位的抵押权，这些抵押权担保的债权额依次为 100 万元、200 万元和 300 万元。现在乙、丙和丁约定，乙、丁的抵押权的顺位互换，因之变成为丁、丙、乙分别享有第一顺位 300 万元、第二顺位 200 万元、第三顺位 100 万元的抵押权的格局。[1]

对于抵押权顺位的变更，《民法典》第 409 条第 1 款予以承认，但同时设有限制："抵押权人与抵押人可以协议变更抵押权顺位以及被担保的债权数额等内容。但是，抵押权的变更未经其他抵押权人书面同意，不得对其他抵押权人产生不利影响。"这里所说的"未经其他抵押权人书面同意，不得对其他抵押权人产生不利影响"，是指抵押权顺位的变更若未经其他抵押权人的书面同意，则该变更不发生绝对的效力，仅在变更顺位的各抵押权人之间发生效力，其他抵押权人不受其约束。这相当于抵押权顺位的相对抛弃。[2] 只有经过其他抵押权人的书面同意，抵押权顺位的变更才发生绝对的效力，约束全体抵押权人。在上述例子中，假如乙、丁的抵押权的顺位互换未经丙的书面同意，拍卖债务人甲的抵押物时仅仅获得 300 万元的变价，则丙有权拒绝丁就 300 万元的变价优先受偿，只同意他就 100 万元的变价优先受偿，丙自己可就 200 万元优先受偿。反之，如果该顺位互换已经征得了丙的同意，则丁有权就 300 万元的变价优先受偿，丙的抵押权因抵押物的代位物不复存在而消失，其债权不再具有优先受偿的效力。

[论争]

有学者认为，抵押权顺位的变更具有绝对的效力。[3] 笔者认为，这不符合《民法典》的有关规定（第 409 条等），应坚持作类型化的分析。

需要指出，抵押权顺位的变更，为抵押权人处分其利益的一种表现，应由参与变更的抵押权人之间达成合意。《民法典》第 409 条第 1 款后段规定由抵押权人和抵押人协议变更抵押权的顺位，未规定抵押权人之间协议变更抵押权的顺位，不尽妥当。宜按照抵押权顺位变更的规范意旨，对该条款予以目的性扩张，补充各抵押权人之间成立顺位变更的合同这个要件。

动产抵押权顺位的变更，自各抵押权人之间成立顺位变更的合同时发生法

---

[1] 谢在全：《民法物权论》（中册），台北，三民书局有限公司 2003 年 7 月修订 2 版，第 504 页。
[2] 王利明、尹飞、程啸：《中国物权法教程》，北京，人民法院出版社 2007 年版，第 472 页。
[3] 梁慧星、陈华彬：《物权法》（第 4 版），北京，法律出版社 2007 年版，第 322 页。

律效力，在抵押登记页上办理附记登记为对抗要件（《民法典》第 225 条、第 403 条等）。不动产抵押权等以登记为生效要件的抵押权，其顺位的变更，若发生法律效力，不但需要各抵押权人成立顺位变更的合同，而且需要在不动产登记簿的抵押登记页上办理附记登记（《民法典》第 209 条第 1 款、第 402 条等）。

应予需要强调的是，《民法典》第 409 条第 2 款规定，债务人以其财产设立抵押，抵押权人变更抵押权的顺位的，其他担保人在抵押权人丧失优先受偿权益的范围内免除担保责任，除非其他担保人承诺仍然提供担保。此处所谓其他担保人，包括为担保该债权（也被抵押权担保）的实现而成立的保证、连带责任或设立的质权（限抵押物为动产场合），或另外的抵押权等场合的担保人，如保证人、连带责任人、出质人或抵押人等。

抵押权顺位变更的，当事人应当持不动产权属证书、不动产登记证明、抵押权变更等必要材料，申请抵押权变更登记（《不动产登记暂行条例实施细则》第 68 条第 1 款第 4 项）。因抵押权顺位发生变更申请抵押权变更登记时，如果该抵押权的变更将对其他抵押权人产生不利影响的，还应当提交其他抵押权人书面同意的材料与身份证或户口簿等材料（《不动产登记暂行条例实施细则》第 68 条第 2 款）。

第四百一十条

债务人不履行到期债务或者发生当事人约定的实现抵押权的情形，抵押权人可以与抵押人协议以抵押财产折价或者以拍卖、变卖该抵押财产所得的价款优先受偿。协议损害其他债权人利益的，其他债权人可以请求人民法院撤销该协议。

抵押权人与抵押人未就抵押权实现方式达成协议的，抵押权人可以请求人民法院拍卖、变卖抵押财产。

抵押财产折价或者变卖的，应当参照市场价格。

本条主旨

本条是关于抵押权实行的条件、方式和程序以及抵押财产变价的确定基准的规定。

相关条文

《民法通则》第 89 条　依照法律的规定或者按照当事人的约定，可以采用下列方式担保债务的履行：

（二）债务人或者第三人可以提供一定的财产作为抵押物。债务人不履行债务的，债权人有权依照法律的规定以抵押物折价或者以变卖抵押物的价款优先得到偿还。

《物权法》第 195 条 债务人不履行到期债务或者发生当事人约定的实现抵押权的情形，抵押权人可以与抵押人协议以抵押财产折价或者以拍卖、变卖该抵押财产所得的价款优先受偿。协议损害其他债权人利益的，其他债权人可以在知道或者应当知道撤销事由之日起一年内请求人民法院撤销该协议。

抵押权人与抵押人未就抵押权实现方式达成协议的，抵押权人可以请求人民法院拍卖、变卖抵押财产。

抵押财产折价或者变卖的，应当参照市场价格。

《担保法》第 53 条 债务履行期届满抵押权人未受清偿的，可以与抵押人协议以抵押物折价或者以拍卖、变卖该抵押物所得的价款受偿；协议不成的，抵押权人可以向人民法院提起诉讼。

抵押物折价或者拍卖、变卖后，其价款超过债权数额的部分归抵押人所有，不足部分由债务人清偿。

《担保制度司法解释》第 45 条 当事人约定当债务人不履行到期债务或者发生当事人约定的实现担保物权的情形，担保物权人有权将担保财产自行拍卖、变卖并就所得的价款优先受偿的，该约定有效。因担保人的原因导致担保物权人无法自行对担保财产进行拍卖、变卖，担保物权人请求担保人承担因此增加的费用的，人民法院应予支持。

当事人依照民事诉讼法有关"实现担保物权案件"的规定，申请拍卖、变卖担保财产，被申请人以担保合同约定仲裁条款为由主张驳回申请的，人民法院经审查后，应当按照以下情形分别处理：

（一）当事人对担保物权无实质性争议且实现担保物权条件已经成就的，应当裁定准许拍卖、变卖担保财产；

（二）当事人对实现担保物权有部分实质性争议的，可以就无争议的部分裁定准许拍卖、变卖担保财产，并告知可以就有争议的部分申请仲裁；

（三）当事人对实现担保物权有实质性争议的，裁定驳回申请，并告知可以向仲裁机构申请仲裁。

债权人以诉讼方式行使担保物权的，应当以债务人和担保人作为共同被告。

理解与适用

一、本条含义概貌

本条承继了《物权法》第 195 条的规定，但有微调，如删除了《物权法》第 195 条第 1 款后段明文规定的 1 年除斥期间。第 1 款首先列举抵押权实行所需条件，接着示例抵押权实行的协议方式。特别提出实行抵押权的协议损害其他债权人利益的，其他债权人有权请求人民法院撤销之。第 2 款规定拍卖抵押财产、变卖抵押财产两种抵押权实行的方式。第 3 款允许抵押财产折价（以物抵债），其价格应当参照市场价格；变卖抵押财产时也应如此确定价格。

二、抵押权的实行概述

抵押权的实行，本条措辞是抵押权的实现，是指抵押权人于其债权已届清偿期却未获清偿时，可处分抵押财产，以使其债权优先受偿的行为（《民法典》第 410 条）。

抵押权的实行，为抵押权的主要效力，是抵押权人的权利，而非抵押权人的义务。因此，抵押权人如要求债务人依约定清偿债务，债务人不得以应先就抵押财产变价优先受偿，加以抗辩；也不得强行要求以抵押财产抵债，以防抵押财产的价值额低于抵押债权额时损害抵押权人的合法权益。还有，物上保证人或抵押财产的第三取得人，有无一般保证人的先诉抗辩权？基于抵押权既以担保债权的清偿为目的，则债权附有抵押权担保的，理论上应先就抵押财产变价，不得如保证人那样行使先诉抗辩权而拒绝抵押权人实现抵押权。[1] 不过，抵押人有权援用债务人对于债权人的履行抗辩权、时效完成的抗辩权。

[论争]

抵押权人在债务履行期限届满可以行使抵押权时，不行使抵押权却要求就债务人的其他财产受偿，是否允许？一种观点认为，抵押权人是否实现抵押权乃其权利，因此其当然有权不实行抵押权而先就债务人的其他财产取偿，不足的部分再实行抵押权，即便抵押物的价值足以清偿债权，也是如此。[2] 另一种观点认为，担保物权既然是以担保债权的清偿为目的，那么当债权有担保物权加以担保

---

① 谢在全：《民法物权论》（中册），台北，三民书局有限公司 2003 年 7 月修订 2 版，第 550 页。

② 史尚宽：《物权法论》，台北，荣泰印书馆股份有限公司 1979 年版，第 294 页；曹士兵：《中国担保法诸问题的解决与展望——基于担保法及其司法解释》，北京，中国法制出版社 2001 年版，第 225 页。

时，应当先就担保物变价受偿，不足的部分再就债务人的其他财产取偿。因为当债务人有多个债权人，且其全部财产不足以清偿债权而抵押物的价值又不足以清偿抵押权人的债权之时，如果抵押权人的全部债权能够就债务人的其他财产与一般债权人的债权那样平均受偿，再就抵押物卖得价金优先受偿，将侵害一般债权人的合法权益，无法保证公平。[①]《民法典》第413条规定："抵押财产折价或者拍卖、变卖后，其价款超过债权数额的部分归抵押人所有，不足部分由债务人清偿。"从这一规定来看，采取的似乎是第二种观点，即抵押权人应先就抵押财产受偿，不足部分才能通过强制执行就债务人的其他财产受偿。[②]

三、抵押权行使的条件

抵押权的实行，本条第1款前段规定了两种条件，一是债务人不履行到期债务，二是发生了当事人约定的实现抵押权的情形。满足了上述任何一项条件，抵押权人就可以与抵押人协议以抵押财产折价或者以拍卖、变卖该抵押财产所得的价款优先受偿。兹分析、阐释如下。

（一）债务人不履行到期债务

该项条件包含以下三项要素。

1. 存在着有效的抵押权

存在着有效的抵押权，是抵押权行使的必备条件，如无有效的抵押权，自然谈不上实行抵押权。所谓存在着有效的抵押权，在基于合同设立动产抵押权、浮动抵押权的情况下，是指抵押合同成立并生效；在基于抵押合同设立其他抵押权的场合，是指抵押合同生效，并办理了抵押登记；在基于法律规定直接取得抵押权的情况下，是指具备了法定的取得抵押权的条件。

2. 债务人不履行到期债务

所谓债务人不履行到期债务，是指债务人于债务履行期限届满而不履行债务的现象。它可以是债务人完全没有履行，也可以是部分没有履行。在履行期为期日的情况下，它表现为债务人于该期日届满（也可以说是届至）时未履行债务。在履行期为期间的情况下，它表现为债务人于该期间届满时未履行债务。

[①] 杨与龄：《民法物权》，台北，五南图书出版公司1981年版，第197～198页；曹杰：《中国民法物权论》，台北，"商务印书馆"1964年版，第211页；姚瑞光：《民法物权论》，台北，1990年自版，第252页。

[②] 王利明、尹飞、程啸：《中国物权法教程》，北京，人民法院出版社2007年版，第482页。

[思考]

这里的债务，在中国台湾地区"民法"上，仅指本金债务，而非利息债务。① 在中国大陆，鉴于《民法典》已经明文规定抵押权的效力及于利息（第389条），而未明文把不履行到期的利息债务排除于行使抵押权的条件；鉴于利息债务有时数额巨大，债务人和抵押人的责任财产均不足以清偿数个并存的债权，需要区分情况而定，有时债务人不履行到期的利息债务，抵押权人可以行使抵押权；有时则否。

债务人不履行到期的利息债务，抵押权人可以行使抵押权，应当具备下述条件：（1）当事人约定了利息债务，且未以特约排除《民法典》第389条关于抵押权的效力及于利息的规定；（2）利息债务数额较大乃至巨大，所占债务比重较大；（3）到期的本金债务业已清偿完毕，抵押权人无法以债务人不履行到期的本金债务为由行使抵押权。

在下述情况下，债务人不履行到期的利息债务，抵押权人不可行使抵押权：到期的本金债务业已清偿完毕，到期的利息债务所占债务数额的比例较低，行使抵押权会使目的和手段不匹配；或抵押人已经提供了其他担保方式或代债务人清偿。

在本金债务和利息债务均届履行期且均未清偿的情况下，由于利息债务的履行期滞后于本金债务的履行期，债务人不履行到期的利息债务，同时构成不履行到期的本金债务，抵押权人即使以债务人不履行到期的利息债务为由行使抵押权，实质上可视为以不履行到期的本金债务为由主张，不会发生不适当的结果。

在债务人不履行到期债务的情况下，抵押权人可以直接实现抵押权，除非债务人又与抵押权人达成了延期履行协议。

[辨析]

在中国台湾地区的"民法"上，债权只须已届债权人得请求清偿时而未受清偿者，抵押权人即可实行抵押权。② 这与中国大陆《民法典》第410条第1款前段规定的债务人不履行到期债务，在履行期为期日的情况下差别不大；但在依民法通说所主张的履行期为期间的场合则不同。对此举例说明，履行期为2008年1月1日至2008年2月20日，自2008年1月1日开始，债权人即得请求债务人清偿债务，按照中国台湾地区的"民法"，抵押权人（债权人）即可行使抵押权，但在2008年2月20日之前，按照中国大陆现行法的规定，债务人未履行债务尚

---

①② 谢在全：《民法物权论》（中册），台北，三民书局有限公司2003年7月修订2版，第551页。

不构成债务不履行，在合同场合即为不构成违约行为，抵押权人无权行使抵押权，抵押权人若行使抵押权，抵押人有权抗辩。

[拓展]

债务人不履行到期债务，若系可归责于债权人的原因引起的，债务人享有一些权利，诸如履行抗辩权、提存的权利等，债务人行使此类权利，不应承担违约责任，债权人（抵押权人）无权行使抵押权。假如债权人（抵押权人）行使抵押权，抵押人有权援用债务人对债权人（抵押权人）的抗辩，拒绝或暂时拒绝抵押权的行使。

3. 不存在法律禁止实行抵押权的情形

抵押权的实行必须没有法律上的特别限制，如有限制，则抵押权人不得当然实行抵押权。例如，《企业破产法》第75条第1款规定："在重整期间，对债务人的特定财产享有的担保权暂停行使。但是，担保物有损坏或者价值明显减少的可能，足以危害担保权人权利的，担保权人可以向人民法院请求恢复行使担保权。"抵押权显然属于其中的担保权。①

（二）发生了当事人约定的实现抵押权的情形

此处所谓当事人，在抵押人为第三人的情况下，应为抵押合同的当事人；在抵押人为债务人的场合，可指主合同的当事人。

所谓"当事人约定的实现抵押权的情形"，是指债务人不履行债务以外的，当事人特别约定的实现抵押权的情形。例如，抵押合同约定，抵押人的股东发生变更、高管出现变动，抵押权人即可实行抵押权。关于此类约定是否受到法律的保护，《担保制度司法解释》规定："当事人约定当债务人不履行到期债务或者发生当事人约定的实现担保物权的情形，担保物权人有权将担保财产自行拍卖、变卖并就所得的价款优先受偿的，该约定有效。因担保人的原因导致担保物权人无法自行对担保财产进行拍卖、变卖，担保物权人请求担保人承担因此增加的费用的，人民法院应予支持"（第45条第1款）。

《民法典》允许当事人约定抵押权实行的条件，具有积极的意义。例如，浮动抵押期间，抵押人在正常经营范围内可以自由处分其动产，债务人到期不履行债务的，抵押权人是以实现抵押权时的动产优先受偿。如果只允许抵押权人在债务人到期不履行债务时才能实现抵押权，可能会由于抵押人在经营过程中的非正常经营行为或恶意的行为，甚至是正常的经营行为，造成抵押财产的价值大大减

---

① 王利明、尹飞、程啸：《中国物权法教程》，北京，人民法院出版社2007年版，第483页。

少，不足以清偿抵押债权，损害抵押权人的合法权益。允许抵押权人和抵押人约定提前实现抵押权的条件，抵押权人就可以在抵押合同中对抵押人的某些行为进行约束，一旦抵押人违反约定从事了这些行为，满足了约定的抵押权实现的条件，抵押权人就可以提前实现抵押权，以使抵押债权获得清偿。①

[辨析]

有学说认为，《民法典》第 410 条规定的当事人约定的实现抵押权的情形，其中的当事人是指主合同的当事人，也可以是抵押合同的当事人。前者如，债权人与债务人约定在债务人没有按时交纳利息达到一定时间后，即可以解除合同，要求债务人承担违约责任。此时，抵押权人自然可以实现抵押权。后者如，抵押人与抵押权人可以在抵押合同中约定抵押人必须对抵押财产进行保险，否则抵押权人即可实现抵押权。② 笔者认为，在抵押人为第三人的情况下，根据合同的相对性原则，主合同的约定不得约束抵押人，除非抵押人同意。至于所谓抵押人不对抵押财产进行投保，则属于债务人（抵押人）不履行到期债务，在实质上仍属于法定的实行抵押权的条件。

应当看到，允许当事人约定实行抵押权的条件，也会带来消极的结果。抵押权人和抵押人约定的实现抵押权的情形，若被执行，则损害其他债权人利益的，其他债权人可以请求人民法院撤销该协议（《民法典》第 410 条第 1 款后段）。

此类约定损害其他债权人利益的情形，例如，按照协议，对抵押财产折价过低；或依约定，使抵押权行使的时间点大大提前，使原本清偿期在先的其他债权在实质上后于了抵押债权接受清偿，而责任财产又不足以清偿此类债权。

结合程序思考，需要注意，当事人依照《民事诉讼法》有关"实现担保物权案件"的规定，申请拍卖、变卖担保财产，被申请人以担保合同约定仲裁条款为由主张驳回申请的，人民法院经审查后，应当按照以下情形分别处理：（1）当事人对担保物权无实质性争议且实现担保物权条件已经成就的，应当裁定准许拍卖、变卖担保财产；（2）当事人对实现担保物权有部分实质性争议的，可以就无争议的部分裁定准许拍卖、变卖担保财产，并告知可以就有争议的部分申请仲裁；（3）当事人对实现担保物权有实质性争议的，裁定驳回申请，并告知可以向仲裁机构申请仲裁（《担保制度司法解释》第 45 条第 2 款）。债权人以诉讼方式行使担保物权的，应当以债务人和担保人作为共同被告（《担保制度司法解释》第 45 条第 3 款）。

---

① 胡康生主编：《中华人民共和国物权法释义》，北京，法律出版社 2007 年版，第 425～426 页。
② 王利明、尹飞、程啸：《中国物权法教程》，北京，人民法院出版社 2007 年版，第 483 页。

这些规定不违背下述规则：当事人之间达成仲裁协议或仲裁条款的，应当通过仲裁解决当事人之间的纠纷，人民法院对于此类案件不予受理、审理。其原因在于，《担保制度司法解释》第 45 条第 2 款和第 3 款规定的是执行问题，而非裁判纠纷；执行的权限在人民法院而不在仲裁机构。

四、抵押权的行使方式

关于抵押权实行的方式，本条规定了折价、拍卖和变卖三种方式，兹分析、阐释如下。

（一）折价方式

折价方式，也可以叫作代物清偿，是指抵押权人和抵押人协议，以抵押财产折价，清偿抵押债权的方式（《民法典》第 410 条第 1 款中段）。它是抵押权人和抵押人协议，参照市场价格确定一定的价款，将抵押财产的所有权转移给抵押权人，以实现债权。①

这不同于流押合同，而是属于代物清偿。在抵押权的行使阶段，抵押人不会有必须屈服于抵押权人、接受低估抵押财产价值的压力，不会出现不当的结果。

（二）拍卖方式

按照本条规定，抵押权人和抵押人未就抵押权实现方式达成协议的，抵押权人可以请求人民法院拍卖抵押财产。

拍卖是指以公开竞价的形式，将特定的拍卖物转让给最高应价者的买卖方式（《拍卖法》第 3 条）。拍卖具有公开、公平竞争等特点，对抵押财产通过公平竞价的方式公开进行拍卖，有利于杜绝暗箱操作，实现价格的最大化。

（三）变卖方式

变卖方式，是指以一般的买卖形式出卖抵押财产，以其变价清偿抵押债权的方式。变卖和拍卖虽然都属于买卖，但前者为一对一的洽商方式，无须严格程序，无竞价机制，其优点在于成本较低、效率高，其缺点在于透明度和公开性不高，程序较为随意，容易造成暗箱操作，损害被执行人或其他债权人的利益。因此，法律上要严格限制变卖的适用范围。这些限制措施包括：（1）除非债权人或债务人申请，不采取变卖的方式；（2）变卖方式原则上只能适用于动产、有价证券和一些特殊的情形；（3）变卖必须参照市场价格（《民法典》第 410 条第 3款）。

《民事诉讼法》对于变卖的适用范围问题未予规定，《执行规定》第 46 条第 2

---

① 胡康生主编：《中华人民共和国物权法释义》，北京，法律出版社 2007 年版，第 426 页。

款规定："财产无法委托拍卖、不适于拍卖或当事人双方同意不需要拍卖的，人民法院可以交由有关单位变卖或自行组织变卖。"《最高人民法院关于人民法院民事执行中拍卖、变卖财产的规定》予以了进一步补充，其第 34 条第 1 款规定："对查封、扣押、冻结的财产，当事人双方及有关权利人同意变卖的，可以变卖。"第 2 款规定："金银及其制品、当地市场有公开交易价格的动产、易腐烂变质的物品、季节性商品、保管困难或者保管费用过高的物品，人民法院可以决定变卖。"

［探讨］

本条的行文，容易使人觉得抵押权的实行必须先由抵押权人和抵押人协议，只有在协议不成时才可以运用拍卖、变卖的方式。实务和学说中确有相当数量的专家、学者如此操作和主张。其最大弊端是抵押人出于私利故意拖延，久久达不成实行抵押权的协议，损害抵押权人的正当利益。笔者主张，对于本条第 1 款中段的理解，一是不把协议方式当作抵押权实行的必经程序，抵押权人于实行抵押权的条件具备时有权径直申请拍卖抵押财产；二是仍把协议方式当作先行程序，但抵押权人不必"守株待兔"，而是给抵押人限定承诺的最后期间，一俟该期间届满，抵押权人即可申请拍卖抵押财产。

五、折价或变卖抵押财产的价格基准

实行抵押权，无论把抵押财产折价还是变卖，都有合理作价的需要。作价低了，可能害及其他债权人的债权实现；作价高了，对抵押权人也不利，不尽符合公平原则。为了解决这个问题，本条第 3 款明确"抵押财产折价或者变卖的，应当参照市场价格"，这是条可取之路，值得赞同。

第四百一十一条

依据本法第三百九十六条规定设定抵押的，抵押财产自下列情形之一发生时确定：

（一）债务履行期限届满，债权未实现；

（二）抵押人被宣告破产或者解散；

（三）当事人约定的实现抵押权的情形；

（四）严重影响债权实现的其他情形。

本条主旨

本条是关于浮动抵押权场合抵押财产的确定及其事由的规定。

相关条文

《物权法》第 196 条　依照本法第一百八十一条规定设定抵押的，抵押财产自下列情形之一发生时确定：

（一）债务履行期届满，债权未实现；

（二）抵押人被宣告破产或者被撤销；

（三）当事人约定的实现抵押权的情形；

（四）严重影响债权实现的其他情形。

《担保法》第 47 条　债务履行期届满，债务人不履行债务致使抵押物被人民法院依法扣押的，自扣押之日起抵押权人有权收取由抵押物分离的天然孳息以及抵押人就抵押物可以收取的法定孳息。抵押权人未将扣押抵押物的事实通知应当清偿法定孳息的义务人的，抵押权的效力不及于该孳息。

前款孳息应当先充抵收取孳息的费用。

理解与适用

本条承继了《物权法》第 196 条的规定，规定浮动抵押权场合抵押财产的确定以及所需要的事由。

浮动抵押权要实行，需要确定浮动抵押的财产。所谓确定浮动抵押的财产，又叫结晶或封押，是指浮动抵押权因抵押财产的确定而成为固定抵押权（一般抵押权），抵押人处置抵押财产的权利终止，抵押权人有权就抵押财产变价所得价款优先受偿。如果把浮动抵押权设立时的抵押财产比作一条流淌的水流，那么，所谓浮动抵押财产的确定，就是在该水流的上、下游都筑坝截流，被围困起来的水就是被确定的浮动抵押财产。

确定浮动抵押财产，需要出现法定事由。对此，本条规定，发生下列情形之一的，浮动抵押财产确定：（1）债务履行期届满，债权未实现；（2）抵押人被宣告破产或者解散清算；（3）当事人约定的实现抵押权的情形；（4）严重影响债权实现的其他情形。

债务履行期届满，债权未实现，浮动抵押权实行的条件具备了，抵押权人可以实行浮动抵押权。把抵押财产折价、拍卖、变卖都必须有具体、明确的抵押财产，不然，抵押财产的价格无法确定，拍卖、变卖也难有对象。因此，抵押财产在这种情况下必须确定。由浮动抵押权的特殊性决定，确定抵押财产，就是要清晰地界定抵押财产所包含的具体的物的种类、数量、所有权的归属，登记造册，把原来流动的财产暂时固定成静态的财产。

抵押人被宣告破产，适用《企业破产法》的规定确定破产财产，从中再界分出浮动抵押财产。抵押人解散清算时同样如此操作。

当事人约定的实现抵押权的情形，确定浮动抵押财产的方法与理由如同"债务履行期届满，债权未实现"的场合，不再赘言。

所谓严重影响债权实现的其他情形，需要结合其他法律的规定并通过司法实践不断细化。例如，抵押人因经营管理不善而导致经营状况恶化或严重亏损，或抵押人为了逃避债务而故意低价转让财产或隐匿、转移财产等。①

第四百一十二条

债务人不履行到期债务或者发生当事人约定的实现抵押权的情形，致使抵押财产被人民法院依法扣押的，自扣押之日起，抵押权人有权收取该抵押财产的天然孳息或者法定孳息，但是抵押权人未通知应当清偿法定孳息义务人的除外。

前款规定的孳息应当先充抵收取孳息的费用。

本条主旨

本条是关于抵押权的效力何时及于抵押财产的孳息的规定。

相关条文

《物权法》第 197 条 债务人不履行到期债务或者发生当事人约定的实现抵押权的情形，致使抵押财产被人民法院依法扣押的，自扣押之日起抵押权人有权收取该抵押财产的天然孳息或者法定孳息，但抵押权人未通知应当清偿法定孳息的义务人的除外。

前款规定的孳息应当先充抵收取孳息的费用。

《担保法》第 47 条 债务履行期届满，债务人不履行债务致使抵押物被人民法院依法扣押的，自扣押之日起抵押权人有权收取由抵押物分离的天然孳息以及抵押人就抵押物可以收取的法定孳息。抵押权人未将扣押抵押物的事实通知应当清偿法定孳息的义务人的，抵押权的效力不及于该孳息。

---

① 王利明、尹飞、程啸：《中国物权法教程》，北京，人民法院出版社 2007 年版，第 491 页。

前款孳息应当先充抵收取孳息的费用。

理解与适用

一、本条含义概貌

本条是对《物权法》第197条的复制，确立了抵押权的效力何时及于抵押财产的孳息的规则。

孳息分为天然孳息和法定孳息。抵押权的效力是否及于它们，根据本条的规定，应当区分二者及是否已经与抵押财产分离的情况而讨论。

二、抵押权的效力与天然孳息

天然孳息未与抵押财产分离时，系抵押财产的组成部分，当然为抵押权的效力所及。在它同抵押财产相分离而成为独立之物时，是否仍一律如此呢？答案是否定的。抵押权设立后、实行之前，抵押财产的占有、使用、收益之权归抵押人享有，由此决定，天然孳息应由抵押人收取，抵押权的效力不应及于它们。但是若绝对贯彻这一原则，又会出现下述弊端：抵押财产所有人故意拖延抵押财产被扣押的时间，以便更多地收取天然孳息。有鉴于此，本条第1款规定："自扣押之日起，抵押权人有权收取该抵押财产的天然孳息"。这告诉我们，抵押财产被依法扣押前，抵押权的效力不及于抵押财产的天然孳息；被扣押后，抵押权的效力及于抵押财产的天然孳息。即使在抵押权设立之后，抵押财产被人民法院扣押之前，抵押财产上又成立了租赁权等权利的，基于抵押权设立在先效力亦优先的规则及原理，也是抵押权人有权自扣押抵押财产时起收取与抵押财产分离的天然孳息。[①]

三、抵押权的效力与法定孳息

按照本条第1款的规定，抵押财产被人民法院依法扣押之前，抵押财产所产生的法定孳息由抵押人收取，抵押权的效力不及于它；自被依法扣押时起，并且抵押权人已将扣押抵押财产的事实通知了应当清偿法定孳息的义务人的，抵押权的效力自扣押之日起及于法定孳息。

可见，抵押权的效力若及于法定孳息，较抵押权的效力及于天然孳息，多出

---

① 崔建远：《我国担保法的解释与适用初探》，载《吉林大学社会科学学报》1996年第2期，第27～28页。

一个要件，即抵押权人将依法扣押抵押财产的事实通知给应当清偿法定孳息的义务人。何以如此？原来，与天然孳息系直接收取于抵押财产不同，法定孳息系由第三人给付而来，若不将扣押抵押财产的事实通知该第三人，会造成不必要的麻烦乃至损失。① 有鉴于此，《民法典》设置了但书，抵押权人未将扣押抵押财产的事实通知应当清偿法定孳息的义务人的，抵押权的效力不及于该孳息（《民法典》第412条第1款后段）。

四、孳息用于清偿抵押人所负债务的顺序

如果抵押人的责任财产充足，能够清偿抵押人所负的任何债务，那么，规定和讨论孳息用作清偿抵押人所负的哪笔债务，似无必要。但是，在抵押人的责任财产不足以清偿全部的到期债务，特别是抵押财产本身不足以清偿抵押权担保的债权的情况下，确定孳息用于清偿抵押人所负的哪笔债务，就特别必要，事关抵押权人的利益实现多少。有鉴于此，立法者于本条设置第2款，明确"前款规定的孳息应当先充抵收取孳息的费用。"

第四百一十三条

抵押财产折价或者拍卖、变卖后，其价款超过债权数额的部分归抵押人所有，不足部分由债务人清偿。

本条主旨

本条是关于抵押财产的变价款高于或低于担保债权数额时如何处理的规定。

相关条文

《物权法》第198条　抵押财产折价或者拍卖、变卖后，其价款超过债权数额的部分归抵押人所有，不足部分由债务人清偿。

《担保法》第53条第2款　抵押物折价或者拍卖、变卖后，其价款超过债权数额的部分归抵押人所有，不足部分由债务人清偿。

理解与适用

本条是对《物权法》第198条的复制，确立了抵押财产的变价款高于或低于

---

① 崔建远：《我国担保法的解释与适用初探》，载《吉林大学社会科学学报》1996年第2期，第27～28页。

担保债权数额时如何处理的规则。

本条所谓抵押财产的变价款超过债权数额的部分归抵押人所有，乃自然之理，因为抵押权不是所有权，抵押财产不因抵押权的设立而归属于抵押权人，只是使抵押权人的债权因该抵押权的设立而具有优先受偿的效力。担保债权受偿了，实现了，抵押权人的利益得到完全满足，抵押权便功成身退。假如把抵押财产的变价款超过债权数额的部分划归抵押权人，该抵押权人就获取了不当得利，这不应被允许。此其一。从另一个侧面讲，抵押财产属于抵押人的责任财产的组成部分，抵押人适当履行物上保证责任之后，剩余的部分仍为其责任财产，当然由其享有。此其二。

抵押财产的变价款全部用于清偿担保债权之后，担保债权仍未完全实现，不得谓该债权已经消灭，而是就未实现部分继续具有请求力、执行力、保有力，即债权人/抵押权人有权就其债权未实现的部分请求债务人清偿，债务人没有理由抗辩。于此场合，需要说明的至少有两点：一是在债务人和抵押人分属不同的主体的情况下，此时债权人/抵押权人无权请求抵押人清偿，只可请求债务人清偿；二是此时的债权仅仅是普通债权，已无抵押权的担保，无优先受偿的效力。

第四百一十四条

同一财产向两个以上债权人抵押的，拍卖、变卖抵押财产所得的价款依照下列规定清偿：

（一）抵押权已登记的，按照登记的时间先后确定清偿顺序；

（二）抵押权已登记的先于未登记的受偿；

（三）抵押权未登记的，按照债权比例清偿。

其他可以登记的担保物权，清偿顺序参照适用前款规定。

本条主旨

本条是关于同一项财产之上并存着数个抵押权时各个抵押权的效力顺序的规定。

相关条文

《物权法》第199条　同一财产向两个以上债权人抵押的，拍卖、变卖抵押财产所得的价款依照下列规定清偿：

（一）抵押权已登记的，按照登记的先后顺序清偿；顺序相同的，按照债权比例清偿；

（二）抵押权已登记的先于未登记的受偿；

（三）抵押权未登记的，按照债权比例清偿。

《担保法》第54条　同一财产向两个以上债权人抵押的，拍卖、变卖抵押物所得的价款按照以下规定清偿：

（一）抵押合同以登记生效的，按照抵押物登记的先后顺序清偿；顺序相同的，按照债权比例清偿；

（二）抵押合同自签订之日起生效的，该抵押物已登记的，按照本条第（一）项规定清偿；未登记的，按照合同生效时间的先后顺序清偿，顺序相同的，按照债权比例清偿。抵押物已登记的先于未登记的受偿。

理解与适用

一、本条含义概貌

本条承继了《物权法》第199条的规定，但增加了一款"其他可以登记的担保物权，清偿顺序参照适用前款规定"。第1款确立了同一项财产之上并存着数个抵押权时各个抵押权的效力顺序的规则。

二、本条第1款确立的判断和确定抵押权的顺序的标准

依据本条第1款，抵押登记是确定抵押权顺序的首要标准，登记在先的，抵押权的顺序在先。但考虑到动产抵押权、浮动抵押权的设立不以登记为生效要件，此类抵押权若并存于同一抵押物之上，均未办理抵押登记的，就无法以抵押登记及登记的时间作为确定抵押权顺序的标准，只能另辟蹊径，即视两个以上的抵押权的顺序相同（《民法典》第414条第1款第3项）。当然，如果有的抵押权办理了抵押登记，则办理抵押登记的抵押权的顺序在先（《民法典》第414条第1款第2项），仍然奉行抵押登记为确定抵押权顺序的标准的原则。

上述确定抵押权顺序的标准是法定的，并且，当事人不得以其意思表示将之排除或改变。就是说，即使当事人约定了抵押权的顺序，在此类约定与上述法定规则相抵触时，仍然以法定的为准。

［论争］

一种观点认为，当事人订立抵押合同后，可以先按照《民法典》第221条第1款的规定办理抵押权的预告登记，以确保其顺序在先。因为预告登记具有顺序

效力（Rangwirkung）。所谓预告登记的顺序效力是指，由于预告登记已经表明了被担保的请求权经过履行后将要产生某种不动产物权，因而将来该物权一旦产生就会取得预告登记所具有的顺序。赋予预告登记顺序效力的原因在于：预告登记毕竟是暂行性的，其要么转为本登记，要么丧失效力，当其能够成功地转为本登记的时候，其所具有的顺序自然应当转归为本登记，只有这样才能更有效地保障债权人的合法权益。因此，只要抵押权的预告登记的顺序是第一顺序，那么在转为作为本登记的他项权利登记时，该抵押权的顺序仍然是第一顺序，依此类推。①

笔者则认为，由于《民法典》第221条第1款没有规定物权变动于办理本登记后依预告登记的时间点确定物权变动的时间，第214条却明定"不动产物权的设立、变更、转让和消灭，依照法律规定应当登记的，自记载于不动产登记簿时发生效力"，未设但书，表明物权变动的时间点以本登记的时间点为准，就是说，在《民法典》上，预告登记不具有顺序效力。如此，抵押权的预告登记不是确定抵押权顺序的根据。

三、对本条第1款各项的具体解读

本条第1款第1项所谓"抵押权已登记的，按照登记的时间先后确定清偿顺序"，第一层意思是各个抵押权因登记都已经存在，其适用领域限于以登记为生效要件的抵押权；第二层意思是业已存在的抵押权，依其登记完毕的时间依次排列效力优先顺序，顺序在先的抵押权担保的债权在受偿顺序上也排列在先。之所以如此解释，是因为《民法典》第214条规定物权变动自记载于不动产登记簿时发生效力，而不是自登记机构收到申请书时或其他时间点发生效力。就是说，抵押登记的时间点即为记载于不动产登记簿的时间点，即为抵押权设立等变动的时间点。

本条第1款第2项所谓"未登记的"抵押权，限于不以抵押登记为生效要件的动产抵押权，因为其他类型的抵押权均以登记为生效要件，未办理抵押登记，抵押权不存在。抵押权不存在，自然没有资格与已经存在的抵押权在效力顺序上一争高下，不存在抵押权担保的债权仅为普通债权，在受偿的顺序上低于抵押权担保的债权。

本条第1款第3项所谓"抵押权未登记的，按照债权比例清偿"，可有几种解释。第一种解释是，该条项仅仅适用于动产抵押权这种不以登记为生效要件的

---

① 王利明、尹飞、程啸：《中国物权法教程》，北京，人民法院出版社2007年版，第469页。

抵押权，此类抵押权未予登记时不得对抗善意第三人，故在未能举证证明其他债权人非为善意的情况下，各个由动产抵押权担保的债权无优先于其他债权的效力，各个债权只得依其比例受偿。依此解释，本条第 1 款第 3 项的规定具有合理性。第二种解释是，动产抵押权虽然未予登记，但抵押人的其他债权人知晓该抵押权的存在，根据《民法典》第 403 条的规定，该动产抵押权具有对抗其他债权人的效力，该动产抵押权担保的债权具有优先于其他债权受偿的效力。于是，该债权就不是"按照债权比例清偿"，而是可以完全受偿。如此，本条第 1 款第 3 项的规定涵盖过宽，应该依规范意旨予以目的性限缩，即不适用于其他债权人非善意的场合。第三种解释是，该条项可以适用于动产抵押权和以登记为生效要件的抵押权两大领域，因为动产抵押权未予登记时无对抗善意第三人的效力，其担保债权与因尚未登记而仅有抵押合同"担保"的债权似无二致，所以，在未能举证证明其他债权人非为善意的情况下，各个债权也只好按照比例受偿。

四、准用

本条第 2 款所谓"其他可以登记的担保物权，清偿顺序参照适用前款规定"，属于准用条款，从实质上说，这很有必要，以登记为生效要件的质权，与以登记为生效要件的抵押权相比，差异只在标的物的种类上，效力方面应当相同，所以，以登记为生效要件的质权在效力顺序上准用本条第 1 款的规定，具有合理性；从立法技术上说，如此设计简洁，在解决问题上功效相同。

第四百一十五条

同一财产既设立抵押权又设立质权的，拍卖、变卖该财产所得的价款按照登记、交付的时间先后确定清偿顺序。

本条主旨

本条是关于并存于同一项财产上的抵押权和质权如何确定优先效力的规定。

理解与适用

本条是新创设的规范，确立了并存同一项财产上的抵押权和质权如何确定优先效力的规则。

本条确立了如下具体规则：（1）作为动产的 A 物既是抵押物又是质押财产，动产抵押权尚未登记的，无论出质的时间是先于还是迟于抵押合同的生效，在效力方面，质权都优先于动产抵押权；（2）作为动产的 A 物既是抵押物又是质押财产，动产抵押权的登记先于 A 物出质的，在效力方面，动产抵押权优先于质权；（3）作为动产的 A 物既是抵押物又是质押财产，A 物出质先于动产抵押权办理登记的，在效力方面，质权优先于动产抵押权；（4）作为动产的 A 物既是抵押物又是质押财产，出质与动产抵押权的登记同时完成，在质权和动产抵押权的实行时，宜类推适用《民法典》第 414 条第 1 款第 3 项关于"按照债权比例清偿"的规定。

第四百一十六条

动产抵押担保的主债权是抵押物的价款，标的物交付后十日内办理抵押登记的，该抵押权人优先于抵押物买受人的其他担保物权人受偿，但是留置权人除外。

本条主旨

本条是关于超级优先权的规定。

理解与适用

本条是新创设的规则，确立了超级优先权。

本条设计的超级优先权规则适用的典型案型之一是：出卖人甲将动产 A 物交付给买受人乙，因约定的乙付款期限较迟（如赊销的场合），若恰遇乙进入破产程序，或者 A 物被出质给丙或被抵押给丁，质权或抵押权的实现条件已经具备，那么，甲就可能无法实现其货款债权，A 物也难被取回，遭受损失。可是，此种案型中的甲应受（应有的）周到保护，措施之一是赋予他超级优先权。[①] 该权在效力方面优先于 A 物之上的质权、普通的动产抵押权、含有 A 物的财团抵押权等优先权，只是留置权除外。《担保制度司法解释》丰富、细化和明确了超级优先权规则，并将《民法典》第 416 条的适用范围扩张至融资租赁领域，于第 57 条规定："担保人在设立动产浮动抵押并办理抵押登记后又购入或者以融资租赁方式承租新的动产，下列权利人为担保价款债权或者租金的实现而订立担保合同，并在该动产交付后十日内办理登记，主张其权利优先于在先设立的浮动抵押

---

① 清华大学法学院副教授龙俊博士被借调到全国人民代表大会常务委员会法制工作委员会民法室，直接参与《中华人民共和国民法典（草案）》的草拟和研讨，了解法律制度及条款设计的初衷。龙俊博士向笔者介绍了此种案型。特此致谢！

权的，人民法院应予支持：（一）在该动产上设立抵押权或者保留所有权的出卖人；（二）为价款支付提供融资而在该动产上设立抵押权的债权人；（三）以融资租赁方式出租该动产的出租人"（第 1 款）。"买受人取得动产但未付清价款或者承租人以融资租赁方式占有租赁物但是未付清全部租金，又以标的物为他人设立担保物权，前款所列权利人为担保价款债权或者租金的实现而订立担保合同，并在该动产交付后十日内办理登记，主张其权利优先于买受人为他人设立的担保物权的，人民法院应予支持"（第 2 款）。

当然，从平衡方方面面权益的目的出发，该权的设立得符合一定的条件，本条设置了如下几条：（1）被担保债权是 A 物的价款债权；（2）A 物已被买受人占有；（3）A 物交付后 10 日内办完（超级优先权的）抵押登记。只要出卖人甲满足了这些条件，即使买受人乙的其他担保物权人就 A 物先于甲办理了普通动产抵押权的登记或设立了质权，这些担保物权在顺位上也后于超级优先权。相反，如果出卖人甲在 A 物交付后 10 日内未就 A 物办理（超级优先权的）抵押登记，那么，该超级优先权在顺位上已不再超级优先，与买受人乙的其他担保物权人享有的担保物权之间的顺位，不再根据本条的规定确定，而是必须依据《民法典》第 414 条第 1 款关于"同一财产向两个以上债权人抵押的，拍卖、变卖抵押财产所得的价款依照下列规定清偿：（一）抵押权已登记的，按照登记的时间先后确定清偿顺序；（二）抵押权已登记的先于未登记的受偿；（三）抵押权未登记的，按照债权比例清偿"的规定予以处理。

本条但书明确超级优先权在效力上劣于留置权，道理在于：（1）留置权是法定担保物权，超级优先权是约定担保物权，如果允许超级优先权优先于留置权，就等于鼓励债权人以货物等为客体设立超级优先权，排斥留置权的运用，导致留置权制度的功能减弱乃至丧失，使留置权人等处于十分不利的境地，会影响他们（它们）从事承揽、货物运输、保管、仓储、行纪等业务的积极性。有鉴于此，赋予留置权优先的效力，非常合适。至于由此可能给超级优先权人带来的不利，是可以化解的：超级优先权设立时可以约定，在货物被留置时，债务人另行提供相应的担保，甚至直接在其他特定物上设立。（2）留置物中一般都凝结了留置权人的劳动价值，或由留置权人提供的材料而成，在一定意义上，可认为留置物有"共有物"（归留置权人和留置物所有权人共有）的意味。在这种背景下，如果赋予超级优先权优先于留置权的效力，并且就留置物的全部价值优先受偿，就意味着留置权人代留置物所有权人向超级优先权人承担了物上责任。这显然是不合理的。而赋予留置权优先于超级优先权的效力，就不会出现这种局面。

第四百一十七条

建设用地使用权抵押后，该土地上新增的建筑物不属于抵押财产。该建设用地使用权实现抵押权时，应当将该土地上新增的建筑物与建设用地使用权一并处分，但是，新增建筑物所得的价款，抵押权人无权优先受偿。

本条主旨

本条是关于以建设用地使用权为客体的抵押权的效力不及于新增加的建筑物的规定。

相关条文

《物权法》第 200 条　建设用地使用权抵押后，该土地上新增的建筑物不属于抵押财产。该建设用地使用权实现抵押权时，应当将该土地上新增的建筑物与建设用地使用权一并处分，但新增建筑物所得的价款，抵押权人无权优先受偿。

《担保法》第 55 条第 1 款　城市房地产抵押合同签订后，土地上新增的房屋不属于抵押物。需要拍卖该抵押的房地产时，可以依法将该土地上新增的房屋与抵押物一同拍卖，但对拍卖新增房屋所得，抵押权人无权优先受偿。

《城市房地产管理法》第 52 条　房地产抵押合同签订后，土地上新增的房屋不属于抵押财产。需要拍卖该抵押的房地产时，可以依法将土地上新增的房屋与抵押财产一同拍卖，但对拍卖新增房屋所得，抵押权人无权优先受偿。

《担保制度司法解释》第 51 条　当事人仅以建设用地使用权抵押，债权人主张抵押权的效力及于土地上已有的建筑物以及正在建造的建筑物已完成部分的，人民法院应予支持。债权人主张抵押权的效力及于正在建造的建筑物的续建部分以及新增建筑物的，人民法院不予支持。

当事人以正在建造的建筑物抵押，抵押权的效力范围限于已办理抵押登记的部分。当事人按照担保合同的约定，主张抵押权的效力及于续建部分、新增建筑物以及规划中尚未建造的建筑物的，人民法院不予支持。

抵押人将建设用地使用权、土地上的建筑物或者正在建造的建筑物分别抵押给不同债权人的，人民法院应当根据抵押登记的时间先后确定清偿顺序。

理解与适用

本条是对《物权法》第 200 条的复制，确立了以建设用地使用权为客体的抵押权的效力不及于新增加的建筑物的规则。

本条的规定值得肯定，理由在于：建设用地使用权抵押后，抵押权人在实现抵押权时如果不能将抵押权设立后新增的建筑物一并处分，那么就会产生两种不适当的后果：（1）在房地产抵押权实行时，尤其是拍卖抵押房地产时，可能出现建设用地使用权与房屋异其主体的现象。这显然违反了《民法典》第352条正文所确立的房地权属的主体相一致的原则。（2）受新增房屋必定需要占用一定范围的建设用地的影响，抵押的建设用地使用权在拍卖或变卖时价格极有可能有所降低，甚至无人受让，抵押权人的合法权益会受到不利影响。为避免此种后果，必须将新增的房屋连同被抵押的建设用地使用权一同拍卖，只是对新增房屋的变价无权优先受偿。[①]

需要注意，该土地上新增的建筑物不属于抵押财产，该建设用地使用权的抵押权实现时，虽然将该土地上新增的建筑物与建设用地使用权一并处分，但新增建筑物所得的价款，抵押权人无权优先受偿（《民法典》第417条）。从另一个角度观察，该新增建筑物的变价不属于抵押物的变价，不在抵押债权分配抵押物变价的范围之内。

特别是，《担保制度司法解释》基于社会生活的实际，总结裁判经验，区分情况而定不尽一致的规则：（1）第51条第1款前段关于"当事人仅以建设用地使用权抵押，债权人主张抵押权的效力及于土地上已有的建筑物以及正在建造的建筑物已完成部分的，人民法院应予支持"的规定，系通过示例案型的方式适用《民法典》第397条的表现，值得肯定。（2）第51条第1款后段关于"债权人主张抵押权的效力及于正在建造的建筑物的续建部分以及新增建筑物的，人民法院不予支持"的规定，是把"正在建造的建筑物的续建部分"作为抵押权设立后"该土地上新增的建筑物"，因而适用《民法典》第417条前段的规定。至于抵押权设立后"新增建筑物"，就完全是《民法典》第417条前段规范的对象，认定抵押权的效力不及于它，是非常正确的。（3）第51条第2款前段关于"当事人以正在建造的建筑物抵押，抵押权的效力范围限于已办理抵押登记的部分"的规定，符合《民法典》第402条关于"以……正在建造的建筑物抵押的，应当办理抵押登记。抵押权自登记时设立"的规定，系第214条关于"不动产物权的设立……自记载于不动产登记簿时发生效力"的规定的具体落实。至于尚未登记的"正在建造的建筑物"，不属于独立于土地的不动产，也不属于独立于建筑物的不动产，而是附合于建筑物的动产，或是附合于土地或建设用地使用权的动产。当

---

① 参见崔建远、孙佑海、王宛生：《中国房地产法研究》，北京，中国法制出版社1995年版，第130～131页。

然，也有观点认为"正在建造的建筑物"具备物理上的独立性、功能上的独立性和法律上的独立性的，应以不动产论。但《担保制度司法解释》第51条似乎没有采纳此种观点。（4）第51条第2款后段关于"当事人按照担保合同的约定，主张抵押权的效力及于续建部分、新增建筑物以及规划中尚未建造的建筑物的，人民法院不予支持"的规定，有抵押权的效力（及范围）法定，不允许当事人任意创设之义。（5）第51条第3款关于"抵押人将建设用地使用权、土地上的建筑物或者正在建造的建筑物分别抵押给不同债权人的，人民法院应当根据抵押登记的时间先后确定清偿顺序"的规定，系适用《民法典》第414条第1款第1项的表现。当然，此处所谓抵押权都是依法办理完毕抵押登记的。

第四百一十八条

以集体所有土地的使用权依法抵押的，实现抵押权后，未经法定程序，不得改变土地所有权的性质和土地用途。

本条主旨

本条是关于以集体建设用地使用权为客体的抵押权实行时不得改变土地所有权的性质和土地用途的规定。

相关条文

《物权法》第201条　依照本法第一百八十条第一款第三项规定的土地承包经营权抵押的，或者依照本法第一百八十三条规定以乡镇、村企业的厂房等建筑物占用范围内的建设用地使用权一并抵押的，实现抵押权后，未经法定程序，不得改变土地所有权的性质和土地用途。

《担保法》第55条第2款　依照本法规定以承包的荒地的土地使用权抵押的，或者以乡（镇）、村企业的厂房等建筑物占用范围内的土地使用权抵押的，在实现抵押权后，未经法定程序不得改变土地集体所有和土地用途。

理解与适用

本条吸纳了《物权法》第201条有益的成分，反映并升华《土地管理法》第59条、第61条和第63条的成果，既开拓了土地经营权、集体经营性建设用地使用权等集体所有土地使用权可以设立抵押权的通道，搞活经济；又坚持社会主义公有制不变，不变颜色；还坚守耕地"红线"，尽量控制农民集体所有土地的建设用地的比重。

本条所谓"以集体所有土地的使用权依法抵押的"，包括在"三权分置"模式下诞生的土地经营权用作抵押财产、集体经营性建设用地使用权用作抵押财产，以及乡镇企业以其厂房等建筑物、构筑物设立抵押权时占地范围的集体建设用地使用权一并抵押三种情形。

对于以土地经营权设立抵押权，抵押权实行后，受让该土地经营权之人必须继续在该承包地上从事农林牧渔，不得改变承包地的原定用途。这是耕地国策的本质要求，务必遵守。

对于乡镇企业享有的建设用地使用权，本来是严格控制的（《土地管理法》第 60 条第 2 款），不得单独用于抵押的（《民法典》第 398 条），由此决定，乡镇企业以其厂房等建筑物、构筑物设立抵押权时占地范围的集体建设用地使用权一并抵押的，抵押权实行后，受让乡镇企业的房地产的，不得改变农民集体所有土地的性质，也不得改变土地用途。不过，依笔者所见，受让人把该建设用地改变为耕地，似应允许。如果这是正确的，则本条的规定涵盖过宽，应予目的性限缩，设置例外。

对于以集体经营性建设用地使用权设立抵押权，抵押权实行后，受让人不得改变农民集体所有土地的性质，也不得改变土地用途。不过，依笔者所见，受让人把该建设用地改变为耕地，似应允许。如果这是正确的，则本条的规定涵盖过宽，应予目的性限缩，设置例外。

第四百一十九条

抵押权人应当在主债权诉讼时效期间行使抵押权；未行使的，人民法院不予保护。

本条主旨

本条是关于抵押权存续期间的规定。

相关条文

《物权法》第 202 条　抵押权人应当在主债权诉讼时效期间行使抵押权；未行使的，人民法院不予保护。

法释〔2000〕44 号 第 12 条第 2 款　担保物权所担保的债权的诉讼时效结束后，担保权人在诉讼时效结束后的二年内行使担保物权的，人民法院应当予以支持。

《担保制度司法解释》第 44 条 主债权诉讼时效期间届满后，抵押权人主张行使抵押权的，人民法院不予支持；抵押人以主债权诉讼时效期间届满为由，主张不承担担保责任的，人民法院应予支持。主债权诉讼时效期间届满前，债权人仅对债务人提起诉讼，经人民法院判决或者调解后未在民事诉讼法规定的申请执行时效期间内对债务人申请强制执行，其向抵押人主张行使抵押权的，人民法院不予支持。

主债权诉讼时效期间届满后，财产被留置的债务人或者对留置财产享有所有权的第三人请求债权人返还留置财产的，人民法院不予支持；债务人或者第三人请求拍卖、变卖留置财产并以所得价款清偿债务的，人民法院应予支持。

主债权诉讼时效期间届满的法律后果，以登记作为公示方式的权利质权，参照适用第一款的规定；动产质权、以交付权利凭证作为公示方式的权利质权，参照适用第二款的规定。

理解与适用

本条是对《物权法》第 202 条的复制，修正了法释〔2000〕44 号第 12 条第 2 款的规定。

法释〔2000〕44 号第 12 条第 2 款规定："担保物权所担保的债权的诉讼时效结束后，担保权人在诉讼时效结束后的二年内行使担保物权的，人民法院应当予以支持。"这承认了抵押权因诉讼时效期间再加 2 年期间的届满而消灭。但它存在着弊端，从理论上讲，法释〔2000〕44 号第 12 条第 2 款的规定，忽视了诉讼时效完成后被担保债权并未消灭的事实，违反了担保物权与被担保债权之间主从权利关系的原理，剥夺了抵押人援用主债务人对债权人的抗辩权的权利，也忽视了担保人于诉讼时效期间届满后的第 3 年及其以后的期间仍自愿、主动地清偿债务的情况。《物权法》第 202 条和《民法典》第 419 条改弦更张，能较好地解决这些问题，值得赞同。依其意思，担保物权的存续期间应为被担保债权及其救济权的存续期间，被担保债权或其救济权存在，担保物权就存续；被担保债权及其救济权均已消灭，担保物权就消失。同时，鉴于担保权长期存续，不利于担保物的流转，站在立法论的立场，中国民法典宜增设权利失效期间，担保权于此期间届满时可予注销。

《担保制度司法解释》第 44 条第 1 款前段所谓"主债权诉讼时效期间届满后，抵押权人主张行使抵押权的，人民法院不予支持；抵押人以主债权诉讼时效期间届满为由，主张不承担担保责任的，人民法院应予支持"，从正反两面揭示

《民法典》第419条的文义和适用范围。第44条第1款后段所谓"主债权诉讼时效期间届满前，债权人仅对债务人提起诉讼，经人民法院判决或者调解后未在民事诉讼法规定的申请执行时效期间内对债务人申请强制执行，其向抵押人主张行使抵押权的，人民法院不予支持"，则将《民法典》第419条的精神引至民事程序之中，并且把诉讼时效与执行时效等量齐观，至少在这个事项上如此。第44条第2款前段关于"主债权诉讼时效期间届满后，财产被留置的债务人或者对留置财产享有所有权的第三人请求债权人返还留置财产的，人民法院不予支持"的规定，把《民法典》第419条的规定适用于留置权的场合，但限于物的返还请求权或债法意义上的留置物返还请求权。至于留置权的第二次效力，第44条第2款后段则变通了《民法典》第419条的适用，是巧妙地对待和处理"残疾"的留置权的"战术"动作：即使留置权担保的主债权已经罹于诉讼时效，债务人或者第三人也有权请求拍卖、变卖留置财产并以所得价款清偿债务。

如何看待《担保制度司法解释》第44条第2款后段对《民法典》第419条的变通适用？单纯地从立法法的层面看，这在表面上不符合《立法法》未赋予人民法院立法权的原则；但它满足了社会生活实际的需求，在利益衡量的层面具有合理性：在留置权人一侧，"拍卖、变卖留置财产并以所得价款清偿债务"正是留置权的效力的实现结果，留置权人的债权获得清偿，其该得利益没有减少；在作为留置物的所有权人或其他权利人的债务人或第三人一侧，虽然返还原物的目标不能达到（在某些案件中还特别重要），但在留置物的变价有剩余时能够较为及时地回归自己，发挥其效能，总比较长期间地无法占有、使用留置物要好得多；在社会利益的层面，物尽其用，各取所需。此其一。如果放眼于整个物权制度，那么，《担保制度司法解释》第44条第2款后段是尊重所有权及其行使的体现。常态的留置权抑制留置物所有权的运行，为保护留置权人权益所必需；但主债权已经罹于诉讼时效的留置权，不但其自身"残疾"，而且"囚禁"着留置物的所有权，还未能及时、高效地清结留置权人和债务人之间的债权债务，放任这种状态持续，显非上策，而适当地突破机械地适用《民法典》第419条的模式，"拆除"一些已经罹于诉讼时效的留置权的"藩篱"，如《担保制度司法解释》第44条第2款后段设计的那样，是明智的。此其二。

法释〔2000〕44号第12条第1款规定，当事人约定的或登记机构要求登记的担保期间，对担保物权的存续不具有法律约束力。有学者对此表示赞同。[①] 对此，笔者持有不同意见。因为担保人存在着风险，为了把担保风险降到最低，担

---

① 王利明、尹飞、程啸：《中国物权法教程》，北京，人民法院出版社2007年版，第290页。

保人有权采取必要的措施，包括约定担保物权的存续期间。担保人之所以愿意为主债务人的债务清偿提供担保，动机和目的固然较多，但其中包含着这样的情况：担保人经过调查研究得出结论，在某特定的时间段（如债务履行期）债务人有较强的清偿能力，自己于此期间提供担保并不会实际履行担保债务；但若逾此期间，主债务人的财产状况就会恶化，很可能无力清偿，自己恐怕要实际履行担保债务。面对此情此景，担保人和主债权人约定担保物权存续期间相同于主债权的诉讼时效期间，有何可非难之处呢？当然，约定担保物权的存续期间不得与担保物权的目的和性质相抵触。例如，主债权的清偿期为 2007 年 1 月 26 日至 2008 年 2 月 26 日，担保人和主债权人约定的担保物权存续至 2007 年 2 月 26 日。这意味着担保物权实现的条件尚未成就便归于消灭，违反了担保物权的目的和性质，此类约定应为无效。不过，如果当事人约定担保物权存续至 2009 年 2 月 26 日，就不应认定该约定无效。

[辨析]

一种观点认为，《物权法》第 202 条关于"抵押权人应当在主债权诉讼时效期间行使抵押权；未行使的，人民法院不予保护"的规定，说明担保物权的存续期间无须当事人约定和登记，即便当事人约定了或登记了，也是无效的。担保物权的存续期间为主债权的诉讼时效期间。主债权的诉讼时效期间因中止、中断的事由发生而变得可能不确定，担保物权的存续期间也因此不确定。法律未对诉讼时效的中止、中断的次数加以限制，因此很难说对担保物权的存续期间的上限有规定。①

在笔者看来，这种理解有误。（1）《物权法》第 202 条系专就抵押权作的规定，并非当然地适用于其他担保物权。法律人不作阐释就直接地将其适用范围扩张至所有的担保物权，不合法解释学的规则。盲目扩张适用范围，留置权和质权领域可能会有不公平的结果。②（2）更为重要的是，《物权法》第 202 条系为修正《担保法》第 52 条关于"抵押权与其担保的债权同时存在，债权消灭的，抵押权也消灭"的规定，第 74 条关于"质权与其担保的债权同时存在，债权消灭的，质权也消灭"的规定，第 88 条第 1 项关于债权消灭的留置权也消灭的规定，以及法释〔2000〕44 号第 12 条第 2 款关于"担保物权所担保的债权的诉讼时效结束后，担保权人在诉讼时效结束后的二年内行使担保物权的，人民法院应当予以支持"的规定而特意设置的。而法释〔2000〕44 号第 12 条第 2 款的本意是认

---

① 王利明、尹飞、程啸：《中国物权法教程》，北京，人民法院出版社 2007 年版，第 290 页。
② 胡康生主编：《中华人民共和国物权法释义》，北京，法律出版社 2007 年版，第 440~441 页。

为担保物权的存续期间为被担保主债权的诉讼时效期间再加上 2 年。① 这违反了担保物权与被担保债权之间主从权利关系的原理，剥夺了抵押人援用主债务人对债权人的抗辩权的权利，也忽视了担保人于诉讼时效期间届满后的第 3 年及其以后的期间仍自愿、主动地清偿债务的情况。《物权法》没有采纳法释〔2000〕44 号第 12 条第 2 款的思路和观点，而是采取了这样的意见："过了主债权诉讼时效期间后，抵押权人丧失的是抵押权受人民法院保护的权利即胜诉权，而抵押权本身并没有消灭，如果抵押人自愿履行担保义务的，抵押权人仍可行使抵押权。"② 总的结论是，担保物权的存续期间应为被担保债权及其救济权的存续期间，被担保债权或其救济权存在，担保物权就存续；被担保债权及其救济权均已消灭，担保物权就消失。对于《民法典》第 419 条也应作同样的理解与适用。

毋庸讳言，《物权法》第 202 条亦即《民法典》第 419 条的规定，的确不同于德国民法及其学说和中国台湾地区的"民法"及其学说。在德国，请求权上设有抵押权等担保物权的场合，请求权虽已罹于时效，权利人仍可实现其担保物权。本来，抵押债务人得依《德国民法典》第 1137 条第 1 项前段关于"人的债务人（即就本身事由而负责的债务人）对债权所有的抗辩，及保证人依第 770 条所有的抗辩，土地所有人均得援用对抵押权主张之"的规定，质押债务人得依《德国民法典》第 1121 条第 1 项前段关于"土地之出产物及其他构成部分以及从物，在为债权人之利益予以扣押以前，已经出让者，应免除其担保责任"的规定，主张从属性的抗辩。但《德国民法典》第 223 条第 1 项关于"以抵押权或质权担保的请求权虽经时效消灭，但不妨碍权利人就担保物请求履行"的规定放松了这种从属性抗辩。以抵押为例，该规定的意义在于，若债权人对债务人即所有权人既提起要求付款的对人诉讼，又提起要求其容忍强制执行抵押土地的对物诉讼，而被告主张请求权消灭时效期间已经届满的，则对人诉讼因《德国民法典》第 222 条第 1 项关于"消灭时效完成后，义务人有拒绝给付的权利"的规定而不成立；相反，债权人得依《德国民法典》第 223 条第 1 项的规定执行抵押土地，此项行使抵押权的权利不受时间方面的限制。③

类似地，中国台湾地区"民法"第 880 条规定："以抵押权担保之债权，其请求权已因时效而消灭，如抵押权人于消灭时效完成后，五年间不实行其抵押权者，其抵押权消灭。"实乃物权因除斥期间的经过而消灭的例外规定。良以抵押

---

① 李国光、奚晓明、金剑峰、曹士兵：《最高人民法院关于适用〈中华人民共和国担保法〉若干问题的解释理解与适用》，长春，吉林人民出版社 2000 年版，第 88~89 页。

② 胡康生主编：《中华人民共和国物权法释义》，北京，法律出版社 2007 年版，第 441 页。

③ 〔德〕迪特尔·梅迪库斯：《德国民法总论》，邵建东译，北京，法律出版社 2000 年版，第 103 页。

权系不占有标的物的物权，自不宜令其久悬，有害于抵押人的利益。何况外国立法例上，亦有担保物权得因一定时间经过，依公示催告程序，宣示为无效（《瑞士民法典》第 871 条，《德国民法典》第 1170 条、第 1171 条），则中国台湾地区"民法"径以抵押权因除斥期间经过而消灭，更为便捷，似无不可之处。再者，此项除斥期间系自消灭时效完成后起算，而消灭时效尚有时效中断或时效不完成的情形，故抵押权的消灭时间非必为消灭时效期间加 5 年除斥期间，以 15 年的一般请求权消灭时效期间为例，其抵押权非必然届满 20 年后即行消灭。[1] 尽管如此，笔者还是觉得中国大陆《物权法》第 202 条亦即《民法典》第 419 条的规定更为可取，理由已如上述，不再赘言。

同时也应看到，《物权法》第 202 条亦即《民法典》第 419 条的设计也有弱点：担保债权不消灭，抵押权也不消灭，抵押财产上的负担继续存在，阻碍其流转，即使可以转让出去，价格也不理想。解决这样的问题，不妨在《民法典》第 419 条的基础上，再设置一抵押权最长的存续期间，该期间届满，抵押权便彻底消灭，即使担保债权仍在，也是如此。

第四百二十条

为担保债务的履行，债务人或者第三人对一定期间内将要连续发生的债权提供担保财产的，债务人不履行到期债务或者发生当事人约定的实现抵押权的情形，抵押权人有权在最高债权额限度内就该担保财产优先受偿。

最高额抵押权设立前已经存在的债权，经当事人同意，可以转入最高额抵押担保的债权范围。

本条主旨

本条是关于最高额抵押权的概念的规定。

相关条文

《物权法》第 203 条　为担保债务的履行，债务人或者第三人对一定期间内将要连续发生的债权提供担保财产的，债务人不履行到期债务或者发生当事人约定的实现抵押权的情形，抵押权人有权在最高债权额限度内就该担保财产优先受偿。

---

[1]　谢在全：《民法物权论》（中册），台北，三民书局有限公司 2003 年修订 2 版，第 637 页。

最高额抵押权设立前已经存在的债权，经当事人同意，可以转入最高额抵押担保的债权范围。

《担保法》第 59 条　本法所称最高额抵押，是指抵押人与抵押权人协议，在最高债权额限度内，以抵押物对一定期间内连续发生的债权作担保。

第 60 条　借款合同可以附最高额抵押合同。

债权人与债务人就某项商品在一定期间内连续发生交易而签订的合同，可以附最高额抵押合同。

《担保制度司法解释》第 15 条　最高额担保中的最高债权额，是指包括主债权及其利息、违约金、损害赔偿金、保管担保财产的费用、实现债权或者实现担保物权的费用等在内的全部债权，但是当事人另有约定的除外。

登记的最高债权额与当事人约定的最高债权额不一致的，人民法院应当依据登记的最高债权额确定债权人优先受偿的范围。

理解与适用

一、本条含义概貌

本条是对《物权法》第 203 条的复制，规定了最高额抵押权的概念，也是最高额抵押权的基本内容。

二、最高额抵押权的概念

依据本条的规定，最高额抵押权，又称最高限额抵押，是指在预定的债权的最高额限度内，为担保将来一定期间内连续发生的债权，由债务人或第三人提供抵押物而设立的特殊抵押权。债务人不履行到期债务或发生当事人约定的实现抵押权的情形，抵押权人有权在最高债权额限度内就该抵押物的变价优先受偿。例如，甲制药厂和乙银行于 2000 年 12 月 1 日签订抵押合同，约定了如下内容：对于甲制药厂在 2001 年一年内所需要的流动资金约 1 亿元人民币，乙银行同意分六期贷与甲制药厂，甲制药厂以其约 2 亿元人民币的房地产设立抵押权。该抵押权即为最高额抵押权。其法律性质如下。

（一）最高额抵押权担保不特定债权

所谓不特定债权，是指抵押债权自该抵押权设立时起至确定时止不断地发生或消灭，处于变动状态，具有流动性、替代性。[①] 这是最高额抵押权不同于普通

[①] 谢在全：《民法物权论》（下册），台北，三民书局有限公司 2003 年 12 月修订 2 版，第 50 页。

抵押权的一个方面。

由上述可知，所谓不特定债权，是指所担保的债权系一定期间内和最高额限度内（一定范围内）所发生的生生不息的债权，非指在一定期间内和最高额限度内（一定范围内）发生的某债权本身不特定。举例来说，在一定期间内和最高额限度内（一定范围内）发生的甲债权，固为最高额抵押权担保的债权；如有乙债权产生，同样为其担保的债权；而且，即使甲乙债权因受清偿而消灭，日后有丙债权在一定期间内和最高额限度内（一定范围内）成立，它仍为最高额抵押权担保的对象。其中的甲、乙、丙各债权本身都是特定的，而非不特定。①

［论争］

最高额抵押权担保的债权为不特定债权，是否含有抵押债权在数额上不特定之义，对此存在着分歧。肯定说认为，最高额抵押权所担保的，是基于当事人之间连续性交易关系而于将来可能发生的不特定债权，而且债权的数额在最高额抵押权设立时也不确定，仅仅预定一个最高限额。② 否定说则主张，所谓不特定债权，非指债权本身尚未特定，且与担保债权的债权数额是否确定无关。③ 不特定债权常常是金额不特定的或未曾发生的债权（即将来债权），但并非所有金额不特定的债权或将来的债权都是不特定债权。作为最高额抵押权担保对象的不特定债权具有特殊含义，是指债权本身具有变动性。④ 准确地说，是在一定期间内且有最高限额（一定范围内）各个债权像走马灯似地发生、消灭，具有变动性、代替性，某债权本身具有特定性。在笔者看来，这两种见解各有所据，只要坚持同一律，采取任何一种，都说得过去。本释评书暂时采取第二种观点，因其更符合最高额抵押权与其担保的债权之间互动关系的实质。

同时，也应看到，最高额抵押权所担保的不特定债权，是相对而言的，并不绝对排斥担保最高额抵押权设立前已经存在的债权。对此，本条第2款规定，最高额抵押权设立之前已经存在的债权只要经过当事人同意，可以转入最高额抵押所担保的债权范围。其法理依据，有专家解释为最高额抵押权所担保的不特定债权，并非债权本身不特定。⑤ 既然如此，业已存在的债权虽然具有特定性，经当

①③　谢在全：《民法物权论》（下册），台北，三民书局有限公司2003年12月修订2版，第51、51页。

②　梁慧星、陈华彬：《物权法》（第4版），北京，法律出版社2007年版，第331页；郑玉波：《民法物权》，台北，三民书局有限公司1988年2月修订12版，第286页。

④　王利明、尹飞、程啸：《中国物权法教程》，北京，人民法院出版社2007年版，第495～496页。

⑤　参见胡康生主编：《中华人民共和国物权法释义》，北京，法律出版社2007年版，第443页；谢在全：《民法物权论》（下册），台北，三民书局有限公司2003年12月修订2版，第51页。

事人同意而成为最高额抵押权担保的对象，与最高额抵押权的属性并不抵触。但须注意，当事人将最高额抵押权设立前已存在债权转入最高额抵押担保的债权范围，应当办理登记手续。

还有，将来的不特定债权是否以具有发生的可能性为必要？中国台湾地区的判例基于最高额抵押权乃抵押权的一种，仍应具有从属性的立场，似采肯定的见解。① 但中国台湾地区的民法学说则有所不同，对最高额抵押权已经采取尽可能地缓和从属性的立场，应认为不特定债权有无发生的可能性并非所问，即使没有发生的可能性，也是属于被担保债权的确定问题。② 该学说的见解更有说服力，值得大陆的物权法及其理论借鉴。

（二）最高额抵押权担保一定期间内和最高额限度内（一定范围内）的债权

所谓一定期间内和最高额限度内（一定范围内）的债权，是指债权人和债务人之间一定法律关系中的债权，或基于票据所发生的权利。最高额抵押权所担保的不特定债权，必须限于在该期间内和最高额限度内（一定范围内）发生的不特定债权。③ 所以，这里的一定期间，不仅指债权发生的期间，更是指抵押权担保的期间。④ 只有在该期间内发生的债权，且未超出最高额限度的债权，才是最高额抵押权担保的债权。

这里的一定法律关系，在《担保法》上被限定为借款合同关系、债权人和债务人就某项商品在一定期间内连续发生交易而签订的合同关系（第 60 条）。随着市场经济的不断发展，经济往来日益频繁，经济交往形式日益多样，在现实经济生活中，不仅当事人之间的借贷关系、商品交易关系可以利用最高额抵押的形式，其他交易形式也可能需要以最高额抵押权作担保，如票据关系、商业服务关系。有鉴于此，《物权法》不再对最高额抵押权制度的适用范围作《担保法》第 60 条那样的限制，为实践发展留出空间。⑤《民法典》亦然。

［探讨］

应当看到，对于最高额抵押权所担保的债权，《物权法》并未明文限于一定期间内的交易关系所产生的债权，采用的是"一定期间内将要连续发生的债权"的表述（第 203 条第 1 款）。《民法典》亦然（第 420 条第 1 款）。就其文义观察，侵权行为引发的债权、不当得利债权等也被涵盖其中。假如完全如此，不加限

---

① 中国台湾地区"最高法院"1973 年台上字第 776 号判例。

②③ 谢在全：《民法物权论》（下册），台北，三民书局有限公司 2003 年 12 月修订 2 版，第 51～52、52 页。

④⑤ 胡康生主编：《中华人民共和国物权法释义》，北京，法律出版社 2007 年版，第 442、443 页。

定，则意味着《物权法》和《民法典》承认了概括最高额抵押权；如果按照全国人大常委会法制工作委员会所著《中华人民共和国物权法释义》对《物权法》第203条的解释，则认为《物权法》尚未承认概括最高额抵押权。为有助于得出适当的结论，有必要简要考察有关判例、学说对概括最高额抵押权的态度。对于《民法典》关于最高额抵押权的界定，也应如此解释。

所谓概括最高额抵押权，是指就抵押权人（债权人）对债务人的一切债权，在最高额限度内均予担保的最高额抵押权。此处所谓一切债权，又叫概括债权，包括基于交易行为所产生的债权、基于侵权行为所产生的债权、基于不当得利返还的债权等。日本、中国台湾地区的判例和学说对此态度不一。赞同概括最高额抵押权的判例和学说认为，概括最高额抵押权虽然可能阻塞抵押人就抵押物再次获取融资的途径，但它为抵押人原来所选择的方法，基于合同自由原则，不存在主张概括最高额抵押权无效的理由。何况最高限额已有登记，最高额抵押权的效力及其限度业已确定且已公示，对第三人不致发生损害。加上在解释上应认为最高额抵押权所担保的债权，并非无限的债权，而是限于直接或间接因交易关系所生的债权，而非及于所有的侵权行为产生的损害赔偿请求权等债权。所以，日本下级审裁判实务一向认定概括最高额抵押权为有效。[①] 否定概括最高额抵押的判例和学说则主张，概括最高额抵押权系就抵押权人和债务人之间所发生的一切债权，如侵权损害赔偿请求权、不当得利返还请求权等偶然发生的债权，均列入担保的范围，会使抵押人负担不可预期的债务，对抵押人来说是不公正的。并且因担保债权未划定一定范围，抵押物在最高限额范围内受无限制的拘束，尤其在对最高限额约定过高的情况下，将使实际担保债权额与最高额之间的抵押物的交换价值陷于窒息状态，导致妨害其交换价值的有效利用，有违物尽其用的宗旨。再者，一般最高额抵押所担保的债权因有一定范围的限制，后顺位抵押权人、一般债权人对抵押物负担的担保程度可以作出一定的预测，以决定是否同意抵押人就其财产设立抵押权，是否再成立债的关系。但在概括最高额抵押权的情况下，因该抵押未划定担保债权的范围，不仅偶然发生的债权可以进入担保范围，甚至抵押权人得以不当方法把本无担保的债权、票据债权等列入担保范围，使后顺位抵押权人、一般债权人难以预料，面临较大的风险。还有，概括最高额抵押权的设立，常常是经济上处于优势地位的金融机构、大企业以格式条款的形式，使经济上处于劣势地位的弱者被迫接受，抵押权人然后利用对抵押物交换价值的独占，

---

① 日本东京高判 1957 年 7 月 17 日，载高民集第 10 卷第 5 号，第 292 页。转引自谢在全：《民法物权论》（下册），台北，三民书局有限公司 2003 年 12 月修订 2 版，第 71 页。

处于优越于其他债权人的地位，使抵押人在经济上屈服于自己的控制之下，形成压迫经济上弱者的不公平结果，有悖于社会公平正义的理念。[1] 最后，概括最高额抵押权所担保的不特定债权因无一定的基础法律关系作为发生原因，该抵押权已无一定的法律关系可资从属，已经违反了抵押权的从属性，故不应承认其效力。[2]

以上两种见解各有所据，但权衡利弊，否定说的理由更充分些。具体到中国，由于《担保法》第60条将最高额抵押权制度的使用范围限定为借款合同关系、债权人和债务人就某项商品在一定期间内连续发生交易而签订的合同关系场合，《物权法》和《民法典》虽然将其适用范围有所扩张，如票据关系、商业服务关系等领域亦可成立最高额抵押权，但其规范意旨也没有超出交易关系的领域[3]，所以，宜得出《物权法》和《民法典》没有承认概括最高额抵押权的结论。当然，即使不承认概括最高额抵押权，立法政策上也可考虑对某些特殊的侵权损害赔偿请求权——如工厂排放废气引发的侵权损害赔偿请求权——允许设立最高额抵押权予以担保。

上述所谓一定期间和最高额限度（一定范围），需要当事人在抵押合同中明确约定，办理抵押登记时亦应记载。

（三）最高额抵押权系在最高额限度内为担保

所谓最高额限度，简称为最高限额，是指抵押权人基于最高额抵押权所得优先受偿债权的最高数额。《担保制度司法解释》第15条第1款将之称作最高额担保中的最高债权额，包括主债权及其利息、违约金、损害赔偿金、保管担保财产的费用、实现债权或者实现担保物权的费用等在内的全部债权，但是当事人另有约定的除外。最高额抵押权所担保的不特定债权，其优先受偿的金额范围必须在最高额限度之内（《民法典》第420条第1款后段）。

最高额限度，是当事人在签订抵押合同时预估的最高额抵押权能够担保的债权的限额，不一定是最高额抵押权实际担保的债权的数额，或者说，不一定是债务人实际清偿的债权额。抵押权人实现最高额抵押权时，实际存在的债权额等于最高限额的，最高限额的债权优先受偿；实际存在的债权额大于最高限额的，以最高限额为限优先受偿，超过最高限额的债权额无优先受偿的效力；实际存在的

---

[1] 谢在全：《民法物权论》（下册），台北，三民书局有限公司2003年12月修订2版，第70～71页。

[2] 陈石狮：《有关最高限额抵押之几个问题》，载《民商事裁判研究专集》，1985年，第317页。转引自谢在全：《民法物权论》（下册），台北，三民书局有限公司2003年12月修订2版，第71页。

[3] 胡康生主编：《中华人民共和国物权法释义》，北京，法律出版社2007年版，第443页。

债权额小于最高限额的，以实际存在的债权额为限优先受偿。

在登记的最高债权额与当事人约定的最高债权额不一致的情况下，《担保制度司法解释》第15条第2款规定，人民法院应当依据登记的最高债权额确定债权人优先受偿的范围。理解和把握该款规定，应当注意以下两点：（1）在抵押人有数个债权人时，最高额抵押权人能够对抗抵押人的其他债权人的，是抵押登记记载的最高债权额，而不是最高额抵押合同约定的最高债权额。这是由不动产物权的公示及其效力的规则所决定的。（2）在抵押人无其他债权人或虽有但其他债权人的债权实现没有财产方面的障碍时，最高额抵押权人有权基于最高额抵押合同约定的最高债权额实行最高额抵押权。至于最高额抵押权人置最高额抵押合同的约定于不顾，主张抵押登记记载的最高债权额，抵押人有无权利抗辩，需要继续思考。笔者初步认为，最高额抵押权的公示，重在与交易相对人之间的关系，至于抵押人和抵押权人之间更应关注其真实的意思表示，当事人若能举证证明抵押合同约定的最高债权额系他们真实的意思表示，则应支持其引用抵押合同约定的主张，若能举证证明抵押登记的最高债权额系其真实的意思表示，那么，应当支持其援用抵押登记记载的最高债权额的主张。

（四）最高额抵押权的从属性已被最大限度地缓和

最高额抵押权设立在先，被担保债权发生于后（即使将已经存在的债权纳入最高额抵押权担保的范围，该种债权所占比重也很小）；尤其是待最高额抵押权实行时，有的债权已经消灭，于是引发了这样的疑问：设立的最高额抵押权究竟从属于哪个或哪些债权？若无法确定，或确定最高额抵押权所从属的债权于抵押权实行时均已消灭，能谓最高额抵押权从属于它们吗？局限于最高额抵押权设立时的情境，如此思考问题，容易得出最高额抵押权丧失了从属性的结论。

但是，由于从属性是保全抵押权的本质属性，如今的判例和学说多将抵押权成立上的从属性和权利实现上的从属性合二为一地予以观察，对最高额抵押权有无从属性更应依此路径思考。其结论是，最高额抵押权作为保全抵押权的一种，于其实现时可使业已确定的债权优先受偿，从而显现出从属性。[①]

［辨析］

有判例和学说认为，最高额抵押权所担保的债权是将来发生的债权，故最高额抵押权并不从属于某特定的债权，而是从属于当事人之间存在的具有将来应为信用授受的基本合同，或曰一定范围的基础法律关系。该基础法律关系所产生债权即使在一定的期间内连续发生，最高额抵押权也不受影响。这样一来，即便基

[①]　谢在全：《民法物权论》（下册），台北，三民书局有限公司2003年12月修订2版，第56页。

础法律关系发生的债权因清偿、抵销等原因，一度归于消灭，实际的债权额为零，由于最高额抵押权是为担保将来可能发生的不特定债权而存在的，所以它并不消灭。这也是它与普通抵押权在消灭上的从属性的差别。①

通说坚持，抵押权所从属的是被担保债权，只不过最高额抵押权所从属的是由债权人和债务人间一定的法律关系所产生的不特定债权，或基于票据所生的权利，而非某特定债权，亦非产生债权的基本合同，尤其在最高额抵押权担保基于票据所生的权利时，可能不存在基本的法律关系。② 本释评书遵从通说。

诚然，最高额抵押权的从属性毕竟特殊：其一，在成立的从属性方面，最高额抵押权设立在先，被担保债权生成于后，成立上的从属性推移至被担保债权确定后。③ 其二，在移转的从属性方面，最高额抵押权在被担保债权确定前不得单独转让，被担保的部分债权（大多是某个或某些债权）转让的，最高额抵押权也不得转让，除非当事人另有约定（《民法典》第 421 条但书）。在中国台湾地区，"民法"第 881 条之 6 第 2 项规定，被担保债务由第三人为债务人免责地承担的，脱离被担保债权的范围，抵押权人就该承担的部分不得行使最高额抵押权。④ 被担保债权确定后，最高额抵押权随着被担保债权的让与而转让。其三，在消灭的从属性方面，最高额抵押权系担保生生不息的不特定债权，在确定之前，被担保债权如因清偿、抵销、免除等原因而全部消灭，实际债权额为零时，最高额抵押权仍为担保将来可能发生的不特定债权而继续存在，并不消灭，因此就具体的各

---

① 中国台湾地区"最高法院"1997 年台上字 2114 号判例；吴光明：《最高限额抵押权所担保债权之研究》，载《固有法制与当代民事法学——戴东雄六秩华诞祝寿论文集》，台北，三民书局有限公司 1997 年版，第 251 页；郑冠宇：《论最高限额抵押权之法定化》，载《月旦法学杂志》第 67 期，2000 年 12 月，第 142 页；王利明、尹飞、程啸：《中国物权法教程》，北京，人民法院出版社 2007 年版，第 496 页。

② ［日］川井健：《担保物权法》，青林书院 1987 年版，第 153 页；［日］远藤浩、川井健、高原重义、广中俊雄、水本浩、北本进一编集：《民法（3）担保物权》，东京，有斐阁 1999 年版，第 210 页；［日］小林资郎：《根抵当》，载［日］星野英一汇编：《民法讲座》（3），东京，有斐阁 1990 年版，第 217 页；［日］清水诚：《根抵当权における被担保债权の不特性について》，载《手形研究》第 418 号，1988 年版，第 282 页；［日］铃木禄弥：《根抵当法概说》，名古屋，新日本法规出版株式会社 1998 年版，第 67、101 页；蔡明诚：《论最高额法定抵押权之法定化》，载《月旦法学杂志》第 67 期，2000 年 12 月，第 121 页。转引自谢在全：《民法物权论》（下册），台北，三民书局有限公司 2003 年 12 月修订 2 版，第 57 页。

③ 谢在全：《民法物权论》（下册），台北，三民书局有限公司 2003 年 12 月修订 2 版，第 57 页；黄松有主编：《〈中华人民共和国物权法〉条文理解与适用》，北京，人民法院出版社 2007 年版，第 605 页；［日］近江幸治：《担保物权法》，祝娅、王卫军、房兆融译，沈国明、李康民审校，北京，法律出版社 2000 年版，第 194 页。

④ 谢在全：《民法物权论》（下册），台北，三民书局有限公司 2003 年 12 月修订 2 版，第 57 页。

个债权而言，最高额抵押权没有消灭上的从属性。①

（五）最高额抵押权无独立性

日本有学者基于否定最高额抵押权的从属性、最高额抵押权可以与被担保债权分离而让与等原因，认为最高额抵押权具有独立性，亦即最高额抵押权与被担保债权分离而独立地为价值支配权。② 中国有的专家亦有类似的议论。③ 但是，海峡两岸的民法及其通说均承认最高额抵押权仍具有从属性，未设最高额抵押权可以独立让与的规定，否认概括最高额抵押权，最高额抵押权必须是担保一定范围内（一定期间内和最高额限度内）的不特定债权，该一定范围又以一定法律关系或基于票据所产生的权利为限；并且，一定法律关系一旦结束，或因其他事由不再发生不特定债权时，最高额抵押权即归于确定，从属性得以复归，开始普通抵押权化，待被担保债权额结算后，绝大多数情况下还须在完成变更登记后，成为真正的普通抵押权。所有这些，都表明最高额抵押权无法完全脱离被担保债权的影响，尚不独立。④

（六）最高额抵押权在特定性上仅有抵押物的特定性

抵押权的特定性，表现为抵押物的特定和抵押权所担保债权的特定。最高额抵押权场合，抵押物的特定性显而易见；被担保债权的特定性似乎欠缺，因为最高额抵押权所担保的是生生不息的不特定债权，一旦被担保债权确定（特定），最高额抵押权马上普通抵押权化。此时被担保债权虽然具有特定性，但该抵押权不再是真正的最高额抵押权。所以，最高额抵押权的特定性仅仅表现在抵押物的特定性上。

［论争］

有学者否认最高额抵押权的特定性，理由在于最高额抵押权所担保的是不特定债权。⑤ 有专家承认最高额抵押权的特定性，根据在于无论最高额抵押权所担

① 谢在全：《民法物权论》（下册），台北，三民书局有限公司 2003 年 12 月修订 2 版，第 58 页；王利明、尹飞、程啸：《中国物权法教程》，北京，人民法院出版社 2007 年版，第 497 页；梁慧星、陈华彬：《物权法》（第 4 版），北京，法律出版社 2007 年版，第 331 页；［日］近江幸治：《担保物权法》，祝娅、王卫军、房兆融译，沈国明、李康民审校，北京，法律出版社 2000 年版，第 194 页。

② ［日］近江幸治：《担保物权法》，祝娅、王卫军、房兆融译，沈国明、李康民审校，北京，法律出版社 2000 年版，第 194 页。

③ 黄松有主编：《〈中华人民共和国物权法〉条文理解与适用》，北京，人民法院出版社 2007 年版，第 609 页。

④ 谢在全：《民法物权论》（下册），台北，三民书局有限公司 2003 年 12 月修订 2 版，第 58 页；王利明、尹飞、程啸：《中国物权法教程》，北京，人民法院出版社 2007 年版，第 498 页。

⑤ 王利明、尹飞、程啸：《中国物权法教程》，北京，人民法院出版社 2007 年版，第 498 页。

保的债权如何变动，都要受到最高额的限制。最高额抵押权以最高额为限对债权提供价值担保，这就是其特定性的特殊之处。①

第四百二十一条

最高额抵押担保的债权确定前，部分债权转让的，最高额抵押权不得转让，但是当事人另有约定的除外。

本条主旨

本条是关于最高额抵押权不随担保债权的部分转让而转让，但允许当事人约定排除的规定。

相关条文

《物权法》第 204 条　最高额抵押担保的债权确定前，部分债权转让的，最高额抵押权不得转让，但当事人另有约定的除外。

《担保法》第 61 条　最高额抵押的主合同债权不得转让。

理解与适用

一、本条含义概貌

本条是对《物权法》第 204 条的复制，确立了最高额抵押权不随担保债权的部分转让而转让的原则，但允许当事人以约定排除。

二、最高额抵押权所担保债权的确定

本条把"最高额抵押担保的债权确定前"作为限制最高额抵押权转让的条件。所谓最高额抵押权所担保债权的确定②，简称为原债权的确定，或径称为确定，是指最高额抵押权所担保的一定范围内的不特定债权，因一定事由的发生而归于具体特定。最高额抵押权所担保债权确定后，具有如下性质：（1）最高额抵押权所担保的不特定债权的特性消失。最高额抵押权所担保的债权一经确定，无

---

① 黄松有主编：《〈中华人民共和国物权法〉条文理解与适用》，北京，人民法院出版社 2007 年版，第 605 页。

② 我国有专家学者将最高额抵押权所担保债权的确定，叫作最高额抵押权所担保债权的决算。见曹士兵：《中国担保诸问题的解决与展望》，北京，中国法制出版社 2001 年版，第 266 页；黄松有主编：《〈中华人民共和国物权法〉条文理解与适用》，北京，人民法院出版社 2007 年版，第 610、613 页。

论其原因如何，被担保债权的流动性随之消失，不特定债权变为特定债权，也就是抵押权的从属性回复。仅就此而言，确定后，最高额抵押权在性质上与普通抵押权相同。① 确实如此，值得赞同。（2）最高额继续存在。确定后，由原债权所产生的利息、违约金、损害赔偿金等仍继续为抵押权所担保（《民法典》第389条、第424条等），但与原债权合计不得超过最高额限度，就是说被担保债权优先受偿的金额应受最高额限度的限制。就此看来，确定后，最高额抵押权在性质上与普通抵押权又不尽相同。因而，通说认为，确定后，最高额抵押权仍属最高额抵押权之一种，可称之为确定最高额抵押权，而不可说已径直变更为普通抵押权。② 这有道理，值得中国民法学说借鉴。

［辨析］

《不动产登记暂行条例实施细则》第73条规定："当发生导致最高额抵押权担保的债权被确定的事由，从而使最高额抵押权转变为一般抵押权时……"；民法通说也认为，被担保债权确定，最高额抵押权变为普通抵押权。③ 这种界定不够周延，不如称为普通抵押权化更为确切。

总之，被担保债权的确定，使最高额抵押权所担保的债权由不特定债权变为特定债权，致使最高额抵押权性质上发生变更，从属性得以复归，开始普通抵押权化，待被担保债权额结算和完成变更登记后，成为真正的普通抵押权。学说着眼于该项效果，称之为最高额抵押权的确定。④

三、最高额抵押权的转让

对于本条的规定，应把握如下几点：（1）本条所谓部分债权转让，往往不是指某特定债权被分割成若干部分债权，其中的部分债权的转让，如不是2 000万

---

① 谢在全：《民法物权论》（下册），台北，三民书局有限公司2003年12月修订2版，第147页。

② ［日］我妻荣：《民法讲义II·新订物权法》，有泉亨补订，东京，岩波书店1984年版，第542页；［日］高木多喜男：《担保物权法》（新版），东京，有斐阁1998年版，第273页；［日］川井健：《担保物权法》，东京，青林书院1987年版，第168页；［日］道垣内：《担保物权法》，三省堂1997年版，第206页；［日］贞家克己、清水湛：《新根抵当法》，金融财政事情研究会1973年版，第255页；［日］伊藤进：《根抵当》，载［日］椿寿夫编：《担保物权法》，京都，法律文化社1996年版，第145页；谢在全：《民法物权论》（下册），台北，三民书局有限公司2003年12月修订2版，第142页。

③ 李国光、奚晓明、金剑峰、曹士兵：《关于适用〈中华人民共和国担保法〉若干问题的解释理解与适用》，长春，吉林人民出版社2000年版，第307页；曹士兵：《中国担保诸问题的解决与展望》，北京，中国法制出版社2001年版，第272页；胡康生主编：《中华人民共和国物权法释义》，北京，法律出版社2007年版，第451页；王利明、尹飞、程啸：《中国物权法教程》，北京，人民法院出版社2007年版，第501页。

④ 谢在全：《民法物权论》（下册），台北，三民书局有限公司2003年12月修订2版，第116页。

元的债权仅仅转让 1 000 万元的债权，大多是指抵押合同约定的一定期间内发生的某个或某些债权的转让。这不同于《民法典》第 545 条规定的，合同权利部分转让仅限于某特定权利被分割成若干部分权利，其中的部分权利的转让。（2）因为最高额抵押权担保的是生生不息的不特定债权，而非聚焦在或曰从属于某个或某些债权，所以，最高额抵押担保的债权确定前，部分债权（某个或某些债权）转让的，最高额抵押权不随之转让。不过，当事人约定部分债权（某个或某些债权）转让、最高额抵押权也随之转让的，法律没有必要干预。（3）依当事人约定，最高额抵押权随着部分债权（某个或某些债权）的让与而转让的场合，由于转让的部分债权（某个或某些债权）实际上为特定债权，此时的最高额抵押权因其从属于特定债权，使从属性得以复归，开始普通抵押权化，待被担保债权额结算和完成变更登记后，成为真正的普通抵押权。就是说，随部分债权（实际上为特定债权）转让的，不再是最高额抵押权，而是普通抵押权化的抵押权，或真正的普通抵押权。（4）最高额抵押权所担保的债权确定后，最高额抵押权的从属性得以复归，开始普通抵押权化，待被担保债权额结算和完成变更登记后，成为真正的普通抵押权。就是说，随确定后的债权转让的，不再是最高额抵押权，而是普通抵押权化的抵押权，或真正的普通抵押权。而普通抵押权化的抵押权、真正的普通抵押权可以随同被担保债权的让与而转让（《民法典》第 407 条），所以，此时的"最高额抵押权"随同被担保债权的让与而转让（《民法典》第 424 条等），除非当事人之间存在着相反的约定。[1]（5）最高额抵押权担保的债权确定前，债权人转让部分债权的，除当事人另有约定外，不动产登记机构不得办理最高额抵押权转移登记（《不动产登记暂行条例实施细则》第 74 条第 3 款）。

债权人转让部分债权，当事人约定最高额抵押权随同部分债权的转让而转移的，应当分别申请下列登记：（1）当事人约定原抵押权人与受让人共同享有最高额抵押权的，应当申请最高额抵押权的转移登记；（2）当事人约定受让人享有一般抵押权、原抵押权人就扣减已转移的债权数额后继续享有最高额抵押权的，应当申请一般抵押权的首次登记以及最高额抵押权的变更登记；（3）当事人约定原抵押权人不再享有最高额抵押权的，应当一并申请最高额抵押权确定登记以及一般抵押权转移登记（《不动产登记暂行条例实施细则》第 74 条第 2 款）。

四、当事人约定最高额抵押权随着担保债权的部分转让而转让

尽管本条规定最高额抵押担保的债权确定前，部分债权转让的，最高额抵押

---

[1] 参见王利明、尹飞、程啸：《中国物权法教程》，北京，人民法院出版社 2007 年版，第 501 页。

权不得转让，这只是出于最高额抵押权的担保面覆盖于一定期间连续发生的债权，有利于债权人/最高额抵押权人的立法政策的考量，以及抵押权的从属性的要求，这对于最高额抵押权人而言是个利益。利益，可被权利人放弃。最高额抵押权人与抵押人约定，即使最高额抵押担保的债权尚未确定，最高额抵押权也随着部分债权的转让而转让，可看作最高额抵押权人放弃一些担保利益，这不涉及公共利益，法律没有必要干预。

第四百二十二条

最高额抵押担保的债权确定前，抵押权人与抵押人可以通过协议变更债权确定的期间、债权范围以及最高债权额。但是，变更的内容不得对其他抵押权人产生不利影响。

本条主旨

本条是关于协议变更最高额抵押权担保的债权及其限制的规定。

相关条文

《物权法》第 205 条　最高额抵押担保的债权确定前，抵押权人与抵押人可以通过协议变更债权确定的期间、债权范围以及最高债权额，但变更的内容不得对其他抵押权人产生不利影响。

理解与适用

一、本条含义概貌

本条是对《物权法》第 205 条的复制，正文允许抵押权人和抵押人协议变更最高额抵押权所担保的债权的确定期间、债权范围以及最高债权额；但书明确此类变更不得害及其他抵押权人。

二、最高额抵押权所担保债权的变更

本条正文所谓变更，可有三种类型，兹介绍、分析如下。

（一）债权确定期间的变更

抵押人和抵押权人协议变更债权的确定期间，可有三种情形：（1）将债权确定期间缩短，或表现为将该期间的始期延后，或表现为将该期间的终期提前。

（2）将债权确定期间延长，表现为该期间的始期不变，终期延后。（3）将债权确定期间废止。在最高额抵押权场合，如果允许顺位在先的抵押权人可以与抵押人随意变更债权确定期间，由此产生的风险由顺位在后的抵押权人承受，无疑是不公正的。有鉴于此，本条但书规定，变更债权确定期间不得对其他抵押权人产生不利影响。[①] 债权确定期间已经登记的，应为变更登记，否则，不得对抗善意第三人。[②]

（二）担保债权范围的变更

抵押人和抵押权人协议变更被担保债权范围，可有三种形态：（1）取代型，例如，原来约定担保因经销电器产品的合同所产生的债权，现在变更为因经销橡胶制品的合同所产生的债权。（2）追加型，例如，在原来约定担保因经销电器产品的合同所产生的债权之外，另追加担保因经销橡胶制品的合同所产生的债权。（3）缩减型，例如，原来约定担保因委托合同所产生的债权和因票据关系所生产的债权，变更为仅担保因票据关系所产生的债权。[③] 必须注意，变更被担保债权范围不得对其他抵押权人产生不利影响（《民法典》第422条）。

[比较]

在日本民法上，被担保债权范围的变更不需要得到后顺位的抵押权人及其他第三人的承诺（《日本民法典》第398条之4第2项）。只是，本金确定前没有进行变更登记的话，视为没有变更（《日本民法典》第398条之4第3项）。所以，变更登记是生效要件。[④]

（三）最高债权额的变更

最高额抵押权人和抵押人协议变更最高债权额限度，也有两种情形：将最高债权额限度提高或将最高债权额限度降低。毫无疑问，最高额抵押权将最高债权额限度降低，对同一抵押财产上后顺位抵押权人和普通债权人有益无害，法律没有禁止的理由。但若提高最高债权额限度，则必将对后顺位抵押权人甚至抵押人的普通债权人的利益造成损害。有鉴于此，本条但书规定，变更被担保债权范围

---

① 参见王利明、尹飞、程啸：《中国物权法教程》，北京，人民法院出版社2007年版，第500页；谢在全：《民法物权论》（下册），台北，三民书局有限公司2003年12月修订2版，第116页。

② 黄松有主编：《〈中华人民共和国物权法〉条文理解与适用》，北京，人民法院出版社2007年版，第611页。

③ 谢在全：《民法物权论》（下册），台北，三民书局有限公司2003年12月修订2版，第113页。

④ ［日］我妻荣：《新订担保物权法》，东京，岩波书店1971年版，第496页；［日］铃木禄弥：《最高额抵押法概说》，名古屋，新日本法规出版株式会社1973年版，第266页；［日］高木多喜男：《担保物权法》（新版），东京，有斐阁1993年版，第243页；［日］近江幸治：《担保物权法》，祝娅、王卫军、房兆融译，沈国明、李康民审校，北京，法律出版社2000年版，第197页。

不得对其他抵押权人产生不利影响。①

最高额抵押权发生变更时，《不动产登记暂行条例实施细则》要求办理变更登记，即有下列情形之一的，当事人应当持不动产登记证明、最高额抵押权发生变更的材料等必要材料，申请最高额抵押权变更登记：（1）抵押人、抵押权人的姓名或者名称变更的；（2）债权范围变更的；（3）最高债权额变更的；（4）债权确定的期间变更的；（5）抵押权顺位变更的；（6）法律、行政法规规定的其他情形（第72条第1款）。因最高债权额、债权范围、债务履行期限、债权确定的期间发生变更申请最高额抵押权变更登记时，如果该变更将对其他抵押权人产生不利影响的，当事人还应当提交其他抵押权人的书面同意文件与身份证或者户口簿等（第72条第2款）。

第四百二十三条

有下列情形之一的，抵押权人的债权确定：

（一）约定的债权确定期间届满；

（二）没有约定债权确定期间或者约定不明确，抵押权人或者抵押人自最高额抵押权设立之日起满二年后请求确定债权；

（三）新的债权不可能发生；

（四）抵押权人知道或者应当知道抵押财产被查封、扣押；

（五）债务人、抵押人被宣告破产或者解散；

（六）法律规定债权确定的其他情形。

本条主旨

本条是关于最高额抵押权所担保债权的确定的规定。

相关条文

《物权法》第206条　有下列情形之一的，抵押权人的债权确定：

（一）约定的债权确定期间届满；

（二）没有约定债权确定期间或者约定不明确，抵押权人或者抵押人自最高额抵押权设立之日起满二年后请求确定债权；

（三）新的债权不可能发生；

---

① 参见王利明、尹飞、程啸：《中国物权法教程》，北京，人民法院出版社2007年版，第500页；谢在全：《民法物权论》（下册），台北，三民书局有限公司2003年12月修订2版，第117页。

（四）抵押财产被查封、扣押；

（五）债务人、抵押人被宣告破产或者被撤销；

（六）法律规定债权确定的其他情形。

理解与适用

一、本条含义概貌

本条承继了《物权法》第 206 条的规定，但有微调，如《物权法》第 206 条第四项行文为"抵押财产被查封、扣押"，本条第 4 项增加"抵押权人知道或者应当知道"的限定。

二、最高额抵押权所担保债权的确定事由

关于最高额抵押权所担保债权的确定，笔者在释评《民法典》第 421 条时已经介绍和阐释过，此处不赘。关于确定的事由，本条称作"情形"，且已经一一列举，兹逐项解读如下。

（一）约定的债权确定期间届满

约定的债权确定期间[①]届满，如约定债权确定期间为 2005 年 4 月 20 日，于 2005 年 4 月 21 日 0：01，最高额抵押权所担保的债权确定。此后产生的债权不再被最高额抵押权所担保。如果该期间已被变更的，如被变更为 2005 年 6 月 6 日，则 2005 年 6 月 7 日 0：01，最高额抵押权所担保的债权确定。

［辨析］

债权确定期间，有专家学者称之为决算期，不同于债权清偿期，因为债权清偿期是债务人履行债务的期间（债务履行期），而债权确定期间（决算期）届至，债务履行期未必届至。最高额抵押合同的当事人可以在债权确定期间（决算期）外另行约定债权清偿期（债务履行期）。[②]

---

① 最高额抵押权所担保债权的确定期间，我国有专家学者称之为最高额抵押权所担保债权的决算期。见李国光、奚晓明、金剑峰、曹士兵：《关于适用〈中华人民共和国担保法〉若干问题的解释理解与适用》，长春，吉林人民出版社 2000 年版，第 308 页；曹士兵：《中国担保诸问题的解决与展望》，北京，中国法制出版社 2001 年版，第 266 页；黄松有主编：《〈中华人民共和国物权法〉条文理解与适用》，北京，人民法院出版社 2007 年版，第 610、613 页；王利明、尹飞、程啸：《中国物权法教程》，北京，人民法院出版社 2007 年版，第 500 页。

② 曹士兵：《中国担保诸问题的解决与展望》，北京，中国法制出版社 2001 年版，第 266 页；黄松有主编：《〈中华人民共和国物权法〉条文理解与适用》，北京，人民法院出版社 2007 年版，第 613 页；胡康生主编：《中华人民共和国物权法释义》，北京，法律出版社 2007 年版，第 448 页。

债权确定期间也不同于最高额抵押权的存续期间，前者是用于确定最高额抵押权所担保债权额的时间，后者是最高额抵押权担保债权的期间。[1]

（二）没有约定债权确定期间或约定不明确，抵押权人或抵押人自最高额抵押权设立之日起满 2 年后请求确定债权

当事人没有约定债权确定期间或约定不明确，假如任凭最高额抵押权存续下去，就意味着只要债务人仍继续从债权人处得到融资，作为抵押人的第三人就不能摆脱担保责任，处于极为不利的境地，而这是不公正的，需要法律为抵押人提供保护措施。本条第 2 项规定的措施即属此类。依据该项规定，如果当事人没有约定债权确定期间或约定不明确，则抵押权人或抵押人自最高额抵押权设立之日起满 2 年后请求确定债权时，债权将被确定。[2]

该确定请求制度是为保护抵押人的利益而设置的，故不允许当事人以特约加以排除。若有排除的特约，应为无效，不影响确认请求权的存在。[3]

需要注意的是，该 2 年是个固定期间，不存在中止、中断的问题，其起算点是最高额抵押权设立之日。[4]

（三）新的债权不可能发生

所谓新的债权不可能发生，是指产生被担保债权的基础法律关系已经消灭，不可能发生属于最高额抵押权担保范围的新债权。例如，甲制药厂和乙银行于 2000 年 12 月 1 日签订抵押合同，约定了如下内容：对于甲制药厂在 2001 年 1 年内所需要的流动资金约 1 亿元人民币，乙银行同意分六期贷与甲制药厂，甲制药厂以其约 2 亿元人民币的房地产设立抵押权。截至 2001 年 10 月 2 日，乙银行共贷与甲制药厂 7 000 万元人民币，此时该借款合同被解除，新贷款债权不再产生。

新的债权不可能发生，最高额抵押权所担保的债权即告确定。

（四）抵押权人知道或者应当知道抵押财产被查封、扣押

抵押物因财产保全或执行程序而被查封、扣押时，最高额抵押权所担保的债权特定。其原因在于：首先，因财产保全而查封、扣押抵押物的根本目的就是防止被申请人转移、隐匿或毁损财产导致将来判决难以执行的情况出现。若允许抵

① 胡康生主编：《中华人民共和国物权法释义》，北京，法律出版社 2007 年版，第 448 页。

② 王利明、尹飞、程啸：《中国物权法教程》，北京，人民法院出版社 2007 年版，第 501 页。

③ 黄松有主编：《〈中华人民共和国物权法〉条文理解与适用》，北京，人民法院出版社 2007 年版，第 613 页。

④ 胡康生主编：《中华人民共和国物权法释义》，北京，法律出版社 2007 年版，第 449 页；王利明、尹飞、程啸：《中国物权法教程》，北京，人民法院出版社 2007 年版，第 501 页。

押物被查封、扣押后被担保债权仍可不特定，抵押人和最高额抵押权人就可能恶意串通，在抵押物被查封、扣押后连续制造虚假的债权。由于这些债权连同抵押物被查封、扣押之前产生的债权都可以从抵押物拍卖、变卖所得价款中优先受偿，财产保全的目的就落空了。所以，当抵押物因财产保全而被查封、扣押时，最高额抵押权所担保的债权应当被特定。其次，抵押物因执行程序而被查封、扣押时债权特定的原因在于：查封、扣押的目的是保证对财产的顺利换价，实现债权的清偿。它是一种临时性的措施，是为了进一步拍卖或变卖做准备。而且查封、扣押不仅是强制执行程序的实质性开始，通过将被查封、扣押的财产与被执行人的其他财产分开，而且是公示社会公众不要就查封、扣押之物进行交易，查封、扣押也具有维护交易安全的作用。《执行规定》第39条规定："查封、扣押财产的价值应当与被执行人履行债务的价值相当。"第40条规定："人民法院对被执行人所有的其他人享有抵押权、质押权或留置权的财产，可以采取查封、扣押措施。财产拍卖、变卖后所得价款，应当在抵押权人、质押权人或留置权人优先受偿后，其余额部分用于清偿申请执行人的债权。"于此场合，必须明确最高额抵押权人优先受偿的范围，假如该范围不明确，则执行申请的债权就无法获得清偿。

值得一提的是，相较于《物权法》第206条第4项的规定，本条第4项增加了"抵押权人知道或者应当知道"来限定"抵押财产被查封、扣押"，这值得赞同，理由如下：就《物权法》第206条的文义观察，抵押物被查封、扣押使最高额抵押权所担保的债权确定的时间点，应为抵押财产被实际查封、扣押之时。自此时既有的债权及某些将来发生的债权属于被担保债权的范围，其他将来发生的债权不再属于担保范围。倘若最高额抵押权人没有接到法院关于查封、扣押的裁定，也没有通过其他途径知悉查封、扣押的事实，继续放贷或与债务人成立其他债权，却无担保，则加大了不能实现其债权的风险。最高额抵押权人若知悉抵押物被查封、扣押，不再放贷或与债务人成立其他债权，则会降低风险。这告诉我们，把抵押物被查封、扣押使最高额抵押权所担保的债权确定的时间点，定在最高额抵押权人知悉抵押物被查封、扣押之时，比较合理。中国台湾地区的"民法"及其理论即持这样的立场，并对知悉查封、扣押事实的原因，不予考虑。[①]

（五）债务人、抵押人被宣告破产或者解散

债务人被宣告破产，人民法院受理破产申请时对债务人享有的债权称为破产债权（《企业破产法》第107条第2款）。于此场合，最高额抵押权所担保的债权

---

① 谢在全：《民法物权论》（下册），台北，三民书局有限公司2003年12月修订2版，第142页。

若不确定，依然变动，必然损害其他破产债权人的合法权益。债务人被解散时，依法应当清算，所以最高额抵押权所担保的债权也必须特定。至于抵押人被宣告破产，被宣告破产的抵押人为破产人，其财产称为破产财产（《企业破产法》第107条第2款），最高额抵押权人虽然针对抵押财产享有别除权，但是如果任由债权继续增加，将会损害其他破产债权人的合法权益，因此也必须确定。抵押人被撤销时，最高额抵押权担保的债权必须确定的理由也是一样的。[①]

《物权法》第206条第5项的措辞是"债务人、抵押人被宣告破产或者被撤销"，本条第5项把其中的"被撤销"改为"解散"，这更为全面，值得赞同，因为抵押人解散，要进行清算，最高额抵押权应当实行，担保债权不确定，最高额抵押权就难以实行，所以，各种原因导致的抵押人解散均应确定最高额抵押权所担保的债权。

（六）法律规定债权确定的其他情形

除上述五种债权确定的事由以外，还有法律规定的事由。例如，根据《民法典》第420条的规定，发生当事人约定的实现最高额抵押权的事由时，最高额抵押权人有权在最高额限度内就担保财产优先受偿。而最高额抵押权人行使最高额抵押权的基础就是被担保债权额的确定。所以，出现当事人约定的实现最高额抵押权的事由就意味着被担保债权额的确定。[②] 再如，最高额抵押权存续期间，抵押物被强制拍卖，必须先使最高额抵押权确定。因此，抵押物的强制拍卖亦为被担保债权确定的事由。[③]

三、确定后的效果

关于确定后的效果，《民法典》未作规定，学说论述不多，有必要借鉴境外的立法例及其学说，形成我们的观点。

（一）被担保债权确定

最高额抵押权所担保的原债权确定时已经存在的、并且符合约定的被担保债权范围标准的债权，才属于最高额抵押权担保的债权。就时间点而言，最高额抵押权担保的原债权范围，在确定时发生截断的作用，截断前的债权被最高额抵押权担保，截断后的债权则否。需要注意的是，确定时存在的原债权不以当时已经发生的

---

① 王利明、尹飞、程啸：《中国物权法教程》，北京，人民法院出版社2007年版，第502~503页。
② 胡康生主编：《中华人民共和国物权法释义》，北京，法律出版社2007年版，第451页。
③ 黄松有主编：《〈中华人民共和国物权法〉条文理解与适用》，北京，人民法院出版社2007年版，第615页。

（已经特定和已经发生的债权）为限，当时尚未发生的附条件债权[1]、将来债权或其他发生原因事实已经存在的债权（已经特定、尚未发生），可以包括在内。[2]

确定时存在且已经具有担保资格的债权，其利息、违约金、损害赔偿金等在确定时已经发生的，若与原债权合计没有超过最高额限度，当然属于被担保的债权；在确定后发生的债权，假如没有超过最高额限度，亦为最高额抵押权的效力所及。更有甚者，确定时存在的被担保债权因清偿等原因而消灭，导致最高额未达满额，其他确定时存在的债权于其嗣后发生的利息，也属于被担保债权的范围。之所以如此，是因为利息等债权在最高额抵押权确定时已经存在着发生的原因事实，本质上应属于将来债权的一种。正因确定时存在的债权于其嗣后发生的利息债权仍然属于被担保债权，所以通说仍然坚持最高额抵押权的特性继续存在，尚未完全变成普通债权。[3]

当发生导致最高额抵押权担保的债权被确定的事由，从而使最高额抵押权转变为一般抵押权时，当事人应当持不动产登记证明、最高额抵押权担保的债权已确定的材料等必要材料，申请办理确定最高额抵押权的登记（《不动产登记暂行条例实施细则》第 73 条）。经依法登记的最高额抵押权担保的债权确定，不登记不得对抗善意第三人。

[探讨]

通说认为，最高额抵押权所担保债权的范围，应当包括主债权（原本）及其利息、违约金、损害赔偿金。但应注意，实现抵押权的费用不得算入最高额，而应在抵押物的拍卖、变卖所得价金中扣除。这是保护抵押权人的利益所必需的。因为实现抵押权的费用系基于抵押关系产生的，自应列入抵押权所担保的债权范围之内。但如果将此费用算入最高额，就会增加抵押权所担保的债权额，而一旦该债权额超过最高额，就会损害抵押权人的利益。[4] 这确有道理，值得赞同。

确定时的被担保债权，如其债权总额已经超过了最高额限度，可以列入最高额限度内的债权种类或顺序，按照债权清偿的抵充顺序加以确定。这时，它与普通抵押权的一部抵押权相同。基于抵押权的不可分性，债务人必须在清偿全部被

---

[1] 就笔者个人的观点而言，附停止条件债权仍为真正的债权，只是效力不齐备。至于附解除条件的债权，应为完全债权，是效力齐备的债权。

[2][3] 谢在全：《民法物权论》（下册），台北，三民书局有限公司 2003 年 12 月修订 2 版，第 148～149、149 页。

[4] 李国光、奚晓明、金剑峰、曹士兵：《关于适用〈中华人民共和国担保法〉若干问题的解释理解与适用》，长春，吉林人民出版社 2000 年版，第 308 页；黄松有主编：《〈中华人民共和国物权法〉条文理解与适用》，北京，人民法院出版社 2007 年版，第 608、613 页。

担保债权之后，才能使最高额抵押权消灭。这是因为确定最高额抵押权所担保的并非仅仅是按照抵充顺序列入的债权，而是确定时存在的全部债权，何况此类债权若因清偿原因而消灭时，其后抵充顺序的被担保债权仍然可以填补所剩余的空额，从而成为优先受偿的债权。[1]

（二）法律关系的变化

确定后，当事人不得再实施下列行为：变更被担保债权的范围、变更债务人、变更债权确定期日、行使原债权确定请求权、约定原债权的特别确定事由等。

确定后，最高额抵押权的从属性得以回复，于是，可以适用法律关于普通抵押权的从属性的规定。例如，被担保债权发生让与、代位清偿等，都要适用法律关于抵押权处分上的从属性的规定。

确定后，发生被担保债权额的结算请求权和最高额抵押权的注销请求权。

第四百二十四条

最高额抵押权除适用本节规定外，适用本章第一节的有关规定。

本条主旨

本条是关于最高额抵押权的问题适用一般抵押权规范的规定。

相关条文

《物权法》第207条　最高额抵押权除适用本节规定外，适用本章第一节一般抵押权的规定。

《担保法》第62条　最高额抵押除适用本节规定外，适用本章其他规定。

理解与适用

本条是对《物权法》第207条的承继，表明《民法典》关于最高额抵押权的规定属于特别法，一般抵押权规范属于普通法，在特别法没有规定或规定得不完全的情况下，适用《民法典》关于一般抵押权的规定。例如，最高额抵押权的客体范围、设立、基本的权利义务、实行、终止，都适用《民法典》关于一般抵押权在相应环节的规定。当然，如此适用时务请注意最高额抵押权的特殊性，不得与其特殊性相抵触。

---

① 谢在全：《民法物权论》（下册），台北，三民书局有限公司2003年12月修订2版，第150页。

第十八章

质　权

本章先后规定了动产质权、权利质权，基本上承继了《物权法》关于质权的规定，略有变化：（1）充实了《物权法》关于质押合同的条款细节；（2）放弃了《物权法》禁止流质条款的僵硬模式，改采弹性化地对待和处理流质条款的立场；（3）变《物权法》规定的质权人擅自转质造成质押财产毁损、灭失时向出质人承担赔偿责任，为模糊地称承担赔偿责任，这为出质人以外之人因此遭受的损失也能向质权人请求赔偿扫除了障碍；（4）明确了质权人怠于行使权利造成损害，指的是给出质人造成损害；（5）明确"应收账款"包括"现有的和将有的"；（6）不再像《物权法》那样要求以汇票、支票、本票、债券、存款单、仓单、提单、基金份额、股权、注册商标专用权、专利权、著作权以及其他知识产权、应收账款出质的，应当订立书面合同；（7）有意淡化了不同类型的权利质权由不同的登记机构办理质权登记，减少未来设置统一登记机构的障碍。

第四百二十五条

为担保债务的履行，债务人或者第三人将其动产出质给债权人占有的，债务人不履行到期债务或者发生当事人约定的实现质权的情形，债权人有权就该动产优先受偿。

前款规定的债务人或者第三人为出质人，债权人为质权人，交付的动产为质押财产。

本条主旨

本条是关于动产质权的概念亦即基本内容的规定。

相关条文

《物权法》第 208 条　为担保债务的履行，债务人或者第三人将其动产出质给债权人占有的，债务人不履行到期债务或者发生当事人约定的实现质权的情形，债权人有权就该动产优先受偿。

前款规定的债务人或者第三人为出质人，债权人为质权人，交付的动产为质押财产。

《担保法》第 63 条　本法所称动产质押，是指债务人或者第三人将其动产移交债权人占有，将该动产作为债权的担保。债务人不履行债务时，债权人有权依照本法规定以该动产折价或者以拍卖、变卖该动产的价款优先受偿。

前款规定的债务人或者第三人为出质人，债权人为质权人，移交的动产为质物。

理解与适用

一、本条含义概貌

本条是对《物权法》第 208 条的复制，第 1 款界定了动产质权的概念，也勾勒出动产质权的基本内容；第 2 款界定了出质人、质权人和质押财产。

二、动产质权的概念

按照本条的规定，所谓动产质权，是指为担保债权的实现，债权人占有债务人或第三人的动产，于债务人不履行到期债务或发生当事人约定的实现质权的情形时，有权就该动产的变价使被担保债权优先受偿的担保权利。其法律性质如下。

（一）动产质权以他人所有的动产为标的物

动产质权的标的物为动产，且必须属于债务人或第三人所有，并具有转让性（让与性）（《民法典》第 426 条的反面推论）。质物之所以必须归债务人或第三人所有，是动产质权具有留置效力的要求。质物之所以必须具有让与性，是因为动产质权在实现时需要将质物拍卖、变卖或折价，从而发生所有权人的变化。

（二）动产质权以质权人占有质物为生效要件和存续要件

动产质权以质权人占有债务人或第三人的动产为生效要件，是由动产物权的变动以占有为公示方式和生效要件的立法模式所决定的。动产质权以质权人占有质物为存续要件，是由动产质权以留置效力实现其担保功能的性质决定的。但质物的交付，亦即质物占有的移转，不以现实交付为限，简易交付、指示交付也为法律所认可（《民法典》第226条、第227条），但占有改定不在其中，这是由质权须有留置效力所要求的。

[引申]

在德国，设定质权所要求的交付质物，比动产所有权转让所需要的动产交付还要严格，不承认通过占有改定设定质权。通过基于占有媒介关系的返还请求权让与方式设定质权，占有媒介人必须被通知到（《德国民法典》第1205条第2项）。须注意，采用这种方式设定质权，在质物返还于出质人或所有权人时，质权消灭，即使质权人表达了相反的意思，也无济于事。①

案例分析

甲公司与和乙银行签署贷款协议和质押合同，约定乙银行向甲公司提供贷款2 000万元人民币，甲公司作为借款人，同时也是出质人，将其仓库内的货物出质给乙银行，作为2 000万元贷款的担保。

甲公司、乙银行和丙公司签署了《担保物三方保管合同》，约定丙公司作为保管人，接受乙银行和甲公司的共同委托，代表乙银行占有存放于甲公司仓库中的留置财产，即代表乙银行接受货物，向乙银行签发仓单，并按照乙银行的放货指令放货。

丙公司和甲公司签署了厂房租赁合同，承租了甲公司的仓库，约定租赁的用途是存储甲公司向乙银行出质的质物，但丙公司只支付名义上的租金每年1元人民币。由于仓库本身仍然是在甲公司的控制之下，丙公司只是在名义上租赁，且每个仓库派出一至二名监管员进行监管，为了明确丙公司和甲公司之间的责任，丙公司和甲公司签署了《监管作业协议》。

争议的焦点：乙银行对于甲公司仓库里货物的质权成立了吗？

回答这个问题，需要确定保管人同时是承租人的丙公司对于涉案仓库里货物的占有属于何种类型。众所周知，在租赁合同中，对租赁物为直接占有的，是承租人而非出租人。在保管合同中，对保管物为直接占有的，是保管人而非寄存人。如此，在本案中，丙公司而非出质人甲公司对涉案质物为直接占有。

在本案中，就形成了第三人直接占有质物，按照德国民法关于"通过基于占有媒介关系的返还请求权让与方式设定质权，占有媒介人必须被通知到"的规定及其理论，本案中，占有媒介人丙公司是签订保管合同、租赁合同的缔约人，详

---

① ［德］鲍尔/施蒂尔纳：《德国物权法》（下册），申卫星、王洪亮译，北京，法律出版社2006年版，第543页。

知涉案质权设立的信息，满足了占有媒介人被通知到的要求，因而，乙银行的质权已经设立。

从反面讲，既然动产质权设立所需要的质物交付仅仅排除了占有改定的方式，承认包括现实交付、简易交付、基于占有媒介关系的返还请求权让与在内的交付方式，而涉案质权的设立并非通过占有改定的方式，那么认定涉案质权已经设立，应当是有把握的。

（三）动产质权是就质物的变价使被担保债权优先受偿的权利

《民法典》规定，在债务人不履行到期债务或发生当事人约定的实现质权的情形时，质权人可以与出质人协议以质押财产折价，也可以就拍卖、变卖质押财产所得的价款，使被担保债权优先受偿（第 425 条第 1 款、第 436 条第 2 款）。

（四）动产质权属于担保物权

上述性质表明动产质权为担保物权。

第四百二十六条

法律、行政法规禁止转让的动产不得出质。

本条主旨

本条是关于必须具有转让性（让与性）的动产方可作为质押财产规定。

相关条文

《物权法》第 209 条 法律、行政法规禁止转让的动产不得出质。

法〔2019〕254 号 第 30 条第 2 款 人民法院在审理合同纠纷案件时，要依据《民法总则》第 153 条第 1 款和合同法司法解释（二）第 14 条的规定慎重判断"强制性规定"的性质，特别是要在考量强制性规定所保护的法益类型、违法行为的法律后果以及交易安全保护等因素的基础上认定其性质，并在裁判文书中充分说明理由。下列强制性规定，应当认定为"效力性强制性规定"：强制性规定涉及金融安全、市场秩序、国家宏观政策等公序良俗的；交易标的禁止买卖的，如禁止人体器官、毒品、枪支等买卖；违反特许经营规定的，如场外配资合同；交易方式严重违法的，如违反招投标等竞争性缔约方式订立的合同；交易场所违法的，如在批准的交易场所之外进行期货交易。关于经营范围、交易时间、交易数量等行政管理性质的强制性规定，一般应当认定为"管理性强制性规定"。

理解与适用

本条是对《物权法》第 209 条的复制，明确了法律、行政法规禁止转让的动产不得出质，换个说法，质押财产必须具有转让性（让与性）。

法律、行政法规的禁止性规定，属于强制性规定。尽管关于强制性规定有效力性的和管理性的两大类，而且二者的区分标准见仁见智，但笔者认为至少以下两大类应为效力性的强制性规定：（1）违反禁止性规定的同时（或结果）损害了社会公共利益；（2）法律、法规关于禁止流通物的规定。法〔2019〕254 号第 30条第 2 款规定："人民法院在审理合同纠纷案件时，要依据《民法总则》第 153条第 1 款和合同法司法解释（二）第 14 条的规定慎重判断'强制性规定'的性质，特别是要在考量强制性规定所保护的法益类型、违法行为的法律后果以及交易安全保护等因素的基础上认定其性质，并在裁判文书中充分说明理由。下列强制性规定，应当认定为'效力性强制性规定'：强制性规定涉及金融安全、市场秩序、国家宏观政策等公序良俗的；交易标的禁止买卖的，如禁止人体器官、毒品、枪支等买卖；违反特许经营规定的，如场外配资合同；交易方式严重违法的，如违反招投标等竞争性缔约方式订立的合同；交易场所违法的，如在批准的交易场所之外进行期货交易。关于经营范围、交易时间、交易数量等行政管理性质的强制性规定，一般应当认定为'管理性强制性规定'。"

本条系关于禁止转让的动产不得出质的规定，属于关于禁止流通物的规定，应为效力性的强制性规定。当事人违反该条规定，以法律、法规禁止转让的动产出质，质押合同应当无效。

本条属于不完全法条，尚须结合《民法典》第 153 条第 1 款前段关于"违反法律、行政法规的强制性规定的民事法律行为无效"的规定，来认定以法律、法规禁止转让的动产订立的质押合同无效。也正因为必须结合《民法典》第 153 条第 1 款前段的规定适用法律，所以，本条把法律的位阶限定于法律和行政法规两个位阶，排除了部门规章、地方法规和地方规章，符合体系自洽的要求。当然，如果从实质正义的层面检讨，则可有另外一种结论。

第四百二十七条

设立质权，当事人应当采用书面形式订立质押合同。

质押合同一般包括下列条款：

（一）被担保债权的种类和数额；

（二）债务人履行债务的期限；

（三）质押财产的名称、数量等情况；

（四）担保的范围；

（五）质押财产交付的时间、方式。

本条主旨

本条是关于质权可由书面质押合同设立以及质押合同的一般条款的规定。

相关条文

《物权法》第 210 条　设立质权，当事人应当采取书面形式订立质权合同。

质权合同一般包括下列条款：

（一）被担保债权的种类和数额；

（二）债务人履行债务的期限；

（三）质押财产的名称、数量、质量、状况；

（四）担保的范围；

（五）质押财产交付的时间。

《担保法》第 64 条　出质人和质权人应当以书面形式订立质押合同。

质押合同自质物移交于质权人占有时生效。

第 65 条　质押合同应当包括以下内容：

（一）被担保的主债权种类、数额；

（二）债务人履行债务的期限；

（三）质物的名称、数量、质量、状况；

（四）质押担保的范围；

（五）质物移交的时间；

（六）当事人认为需要约定的其他事项。

质押合同不完全具备前款规定内容的，可以补正。

法释〔2000〕44 号　第 85 条　债务人或者第三人将其金钱以特户、封金、保证金等形式特定化后，移交债权人占有作为债权的担保，债务人不履行债务时，债权人可以以该金钱优先受偿。

第 89 条　质押合同中对质押的财产约定不明，或者约定的出质财产与实际移交的财产不一致的，以实际交付占有的财产为准。

《担保制度司法解释》第 70 条　债务人或者第三人为担保债务的履行，设立专门的保证金账户并由债权人实际控制，或者将其资金存入债权人设立的保证金账户，债权人主张就账户内的款项优先受偿的，人民法院应予支持。当事人以保证金账户内的款项浮动为由，主张实际控制该账户的债权人对账户内的款项不享有优先受偿权的，人民法院不予支持。

在银行账户下设立的保证金分户，参照前款规定处理。

当事人约定的保证金并非为担保债务的履行设立，或者不符合前两款规定的情形，债权人主张就保证金优先受偿的，人民法院不予支持，但是不影响当事人依照法律的规定或者按照当事人的约定主张权利。

理解与适用

本条承继了《物权法》第210条的规定，微调了两处，一是把质权合同的称谓改为质押合同，二是将《物权法》第210条第2款第3项"质押财产的名称、数量、质量、状况"更换成"质押财产的名称、数量等情况"。

基于法律行为而设立动产质权，在理论上不排除依遗嘱设立，但最为常见的是质权人和出质人签订质押合同，故本条专就质押合同的形式和一般条款作出规定。

质押合同在外形上可以是独立于主债权合同的质押合同，也可以是主债权合同中的质押条款。依本条第1款的要求，质押合同应当采取书面形式。

本条第2款示例了质押合同的五个方面的条款，兹简要介绍和讨论如下。

1. 被担保债权的种类和数额

该条款旨在将被担保债权特定化，满足质权特定性的要求。被担保债权的种类是质押合同的主要条款。

2. 债务人履行债务的期限

在当事人未约定另外的质权实行条件的情况下，债务人履行债务的期限是确定质权实行的重要的因素，即债务人于债务履行期限届满时未履行债务，质权实行的条件具备，质权人可以行使质权（《民法典》第425条第1款、第436条第2款）。在这个意义上说，该条款是质押合同的主要条款。

3. 质押财产的名称、数量等情况

该条款旨在将质押财产特定化，满足质权特定性的要求。它是质押合同的主要条款。

《物权法》第210条第2款第3项的表述是"质押财产的名称、数量、质量、状况"，《民法典》第427条第3项改为"质押财产的名称、数量等情况"，更为机动，留有余地。因为质押财产的质量和状况主要是与评估质押财产的价值有关，至于在质押合同的成立要件方面，即使欠缺质押财产的质量、状况的约定，也能锁定质押财产，在这个意义上说，质押财产的名称、数量属于质押合同的主要条款，而质押财产的质量、状况只是质押合同的一般条款。

4. 担保的范围

在质押合同中约定质权担保的范围，更能反映当事人的真意，不过，即使质押合同无此条款，也可以根据《民法典》第389条的规定确定下来。可见，担保的范围应为质押合同的一般条款。

5. 质押财产交付的时间、方式

质押财产的交付时间决定着动产质权的设立及其时间点（《民法典》第429条），也很重要，当事人应予重视。

质押财产交付的方式很可能影响着交易成本，如适合于指示交付的场合却约定现实交付的方式，就增加了费用；甚至左右着出质人违约与否，例如，若认可指示交付，出质人即能满足质押合同的要求，但约定现实交付同时约定的交付期限过短，使出质人无法按时交付质押财产，就构成违约。

［引申］

1. 金钱可否作为质押财产

金钱通过包封等方式特定化时成为"独立物"，可作为质押财产。否则，金钱自交付与质权人时，其所有权也转归质权人，不符合动产质权的性质，因而不得作为质押财产。[①] 对此，《担保制度司法解释》第70条规定："债务人或者第三人为担保债务的履行，设立专门的保证金账户并由债权人实际控制，或者将其资金存入债权人设立的保证金账户，债权人主张就账户内的款项优先受偿的，人民法院应予支持。当事人以保证金账户内的款项浮动为由，主张实际控制该账户的债权人对账户内的款项不享有优先受偿权的，人民法院不予支持"（第1款）。"在银行账户下设立的保证金分户，参照前款规定处理"（第2款）。如何看待该项规则？如果单纯地关注保证金账户内的款项浮动，则会认为款项浮动不符合质物特定这一质权设立的要求，从而不承认保证金账户的质权。但是，如果聚焦于保证金账户这个对象，而暂时忽略保证金账户内的款项浮动，那么，保证金账户是特定的，这符合质物特定这一质权设立的要求。此其一。《民法典》已经承认浮动抵押权，保证金账户内的款项浮动类似于浮动抵押权场合的动产浮动，遵循相似的事物相同处理的公平理念，承认保证金账户可以设立质权，符合逻辑。此

---

① 谢在全：《民法物权论》（下册），台北，三民书局有限公司2003年12月修订2版，第254页；梁慧星、陈华彬：《物权法》（第4版），北京，法律出版社2007年版，第348页；黄松有主编：《〈中华人民共和国物权法〉条文理解与适用》，北京，人民法院出版社2007年版，第620页。

其二。区分质权的设立与质权的实行，只要质权实行时质物特定即可。具体到保证金账户就是质权实行时固定账户内的款项，不再任其浮动，特别是不允许再划转款项，以满足质权实行的要求。此其三。至于保证金账户内的款项浮动，特别是被划转，导致保证金账户质权不足以担保主债权的实现，这属于此种质权设立的风险。对此，债权人是清楚的。债权人明知此种风险仍选择保证金账户质权，法律没有必要再予优惠保护。此其四。

《担保制度司法解释》第 70 条第 3 款关于"当事人约定的保证金并非为担保债务的履行设立，或者不符合前两款规定的情形，债权人主张就保证金优先受偿的，人民法院不予支持，但是不影响当事人依照法律的规定或者按照当事人的约定主张权利"的规定，符合意思自治原则和物权法定主义，因为当事人所约保证金无担保之意，不符合质权设立的本质要求，自然不应承认此类保证金具有质权的属性和效力。

2. 动产的份额（应有部分）可否为质押财产

由于动产质权的设立以质权人占有动产为生效要件，出质人（共有人）应使质权人与该动产的其他共有人共同占有该动产，才会使动产质权设立于该动产的份额（应有部分）之上。①

3. 在个案中，质押合同的条款可能多于上述条款。在这个意义上，《担保法》第 65 条第 1 款关于抵押合同可有"当事人认为需要约定的其他事项"的规定，及第 65 条第 2 款关于"质押合同不完全具备前款规定内容的，可以补正"的规定，符合实际。《物权法》和《民法典》未再复述它们，并不意味着排斥它们，而应这样理解：A. 当事人在质押合同中约定他们认为需要约定的其他事项，乃合同自由的题中应有之义，无须赘言。只要约定不违反法律、行政法规的强制性规定，不违背公序良俗原则，即为有效。B.《担保法》第 65 条第 2 款规定的"质押合同不完全具备前款规定内容的，可以补正"，既赋予了当事人各方事后补充质押条款的权利，符合合同自由原则的要求；又授权裁判人员，在不违反合同自由原则的前提下，可以依据公平正义原则，根据个案案情，填补质押合同的某些条款。

第四百二十八条

质权人在债务履行期限届满前，与出质人约定债务人不履行到期债务时质押

---

① 谢在全：《民法物权论》（下册），台北，三民书局有限公司 2003 年 12 月修订 2 版，第 256 页；梁慧星、陈华彬：《物权法》（第 4 版），北京，法律出版社 2007 年版，第 348 页。

财产归债权人所有的，只能依法就质押财产优先受偿。

本条主旨

本条是关于弹性化地对待和处理流质条款（代物清偿）的规定。

相关条文

《物权法》第211条 质权人在债务履行期届满前，不得与出质人约定债务人不履行到期债务时质押财产归债权人所有。

《担保法》第66条 出质人和质权人在合同中不得约定在债务履行期届满质权人未受清偿时，质物的所有权转移为质权人所有。

理解与适用

本条已经有条件地修正了《物权法》第211条关于禁止流质条款的规定。所谓修正了《物权法》第211条关于禁止流质条款的规定，是因为本条未再重复《物权法》第211条关于"不得与出质人约定债务人不履行到期债务时质押财产归债权人所有"的规定。所谓有条件地修正，是因为本条未删除《物权法》第211条，仅仅是改为"与出质人约定债务人不履行到期债务时质押财产归债权人所有的，只能依法就质押财产优先受偿。"

本条所谓"只能依法就质押财产优先受偿"，可有如下解读：（1）这纯属物权法规范，《民法典》在恪守本分；而《物权法》第211条所谓"质权人在债务履行期届满前，不得与出质人约定债务人不履行到期债务时质押财产归债权人所有"，即流质条款被禁止，实为合同法规范。虽然立法技术允许物权法掺杂有合同法规范，合同法偶有物权法规范，但合适的理念是只有在有必要时才如此安排法律规范之所在，以免增大人们特别是百姓大众"找法"的难度。（2）流质条款的效力问题交由法律行为规则调整，适用《民法典》第143－156条的规定，质权制度仅管自己分内之事，更从容些，效果更佳。（3）"质权人在债务履行期限届满前，与出质人约定债务人不履行到期债务时质押财产归债权人所有"，加上质押财产已被质权人占有，故其为代物清偿，质权人若主张履行该合同，不害及出质人的其他债权人（如出质人无其他债权人，或者即使有其他债权人，但出质人的责任财产足以清偿那些债权，现金流处于正常状态）时，法律自无干预的必要。即使对质押财产的估价偏低，不利于出质人，只要出质人不主张撤销，也应该承认该代物清偿协议/流押条款的效力。该协议适当履行后，质权人取得该质押财产的所有权。（4）在出质人的数个债权人都对出质人请求清偿，没有涉及质押财产、出质人也没有进入破产程序的情况下，质权人可依基于代物清偿协议/流押条款的约定及其适当履行取得质押财产的所有权。（5）在出质人的数个债权人都对出质人请求清偿，已经涉及质押财产，但出质人尚未进入破产程序的场合，质权人无权主张代物清偿协议/流押条款有效，并声称自己已经取得质押财产的所有权，只可援用《民法典》第425条第1款、第436条第2款和第3款的规定，实行质权，就质押财产的变价使担保债权优先获得清偿。（6）在出质人已经进入破产程序的情况下，质权人也无权主张代物清偿协议/流押条款有效，并声称自己已经取得质押财产的所有权，必须适用《企业破产法》的有关规定，包括第109条关于"对破产人的特定财产享有担保权的权利人，对该特定财产享有优先受偿的权利"的规定。

第四百二十九条

质权自出质人交付质押财产时设立。

本条主旨

本条是关于动产质权的设立以交付质押财产为生效要件的规定。

相关条文

《物权法》第212条　质权自出质人交付质押财产时设立。

《担保法》第64条第2款　质押合同自质物移交于质权人占有时生效。

法释〔2000〕44号　第87条　出质人代质权人占有质物的，质押合同不生效；质权人将质物返还于出质人后，以其质权对抗第三人的，人民法院不予支持。

因不可归责于质权人的事由而丧失对质物的占有，质权人可以向不当占有人请求停止侵害、恢复原状、返还质物。

第88条　出质人以间接占有的财产出质的，质押合同自书面通知送达占有人时视为移交。占有人收到出质通知后，仍接受出质人的指示处分出质财产的，该行为无效。

《担保制度司法解释》第55条　债权人、出质人与监管人订立三方协议，出质人以通过一定数量、品种等概括描述能够确定范围的货物为债务的履行提供担保，当事人有证据证明监管人系受债权人的委托监管并实际控制该货物的，人民法院应当认定质权于监管人实际控制货物之日起设立。监管人违反约定向出质人或者其他人放货、因保管不善导致货物毁损灭失，债权人请求监管人承担违约责任的，人民法院依法予以支持。

在前款规定情形下，当事人有证据证明监管人系受出质人委托监管该货物，或者虽然受债权人委托但是未实际履行监管职责，导致货物仍由出质人实际控制的，人民法院应当认定质权未设立。债权人可以基于质押合同的约定请求出质人承担违约责任，但是不得超过质权有效设立时出质人应当承担的责任范围。监管人未履行监管职责，债权人请求监管人承担责任的，人民法院依法予以支持。

理解与适用

本条是对《物权法》第 212 条的复制，确立了基于质押合同设立动产质权以交付质押财产为生效要件的规则。

《担保法》奉行质押合同生效时动产质权设立的思想，将质物移交于质权人占有作为质押合同的生效要件（第 64 条第 2 款）。其缺点十分明显：（1）它不符合物权与债权二分、各自依其自身规律运动的基本原理。物权依其绝对性及强大效力有必要奉行公示原则，尤其在交易领域，这还是交易安全的需要。所以，动产物权以质押财产的交付、占有作为公示方法，其设立以质押财产的交付作为生效要件，具有内在合理性。动产质权设立的原因行为——抵押合同，遵循合同的相对性，无公示的强烈需求，并且时常也无法公示。既然如此，把质押财产的交付作为质押合同的生效要件不符合合同的本质要求，画蛇添足。（2）把质押财产的交付作为质押合同的生效要件，只要质押财产没有交付，质押合同便未生效，甚至无效，出质人交付质押财产的义务便不复存在，"质权人"无权请求出质人交付质押财产，动产质权的设立成为泡影。这显然不利于"质权人"。（3）把质押财产的交付作为质押合同的生效要件，未交付质押财产则质押合同不发生效力甚至无效，"质权人"只可追究出质人的缔约过失责任。如此，违约金责任不复存在，就损害赔偿，多数说认为限于直接损失（成本的支出），不得主张机会利益的损失赔偿。无机会利益的损失赔偿远远低于违约责任中的履行利益（期待利益或曰预期利益）的赔偿。这显然不利于"质权人"。

《物权法》为克服该缺点，规定动产质权自出质人交付质押财产时设立（第212 条），质押财产的交付不再影响质权合同的效力（第 15 条）。《民法典》予以承继（第 215 条、第 429 条）。如此，不但符合法理，实际效果也好。

质押财产的交付，可以是现实交付，也可以是简易交付，还可以是基于占有媒介关系的返还请求权让与。这是法律人的共识，且符合实际。现在的问题是，商家具有超乎寻常的想象力和创造力，实务中出现了多种"交付"方式，哪些方式应当得到法律的确认和保护，哪些方式应被否定，都值得研讨。在这方面，《担保制度司法解释》第 55 条第 1 款前段规定："债权人、出质人与监管人订立三方协议，出质人以通过一定数量、品种等概括描述能够确定范围的货物为债务的履行提供担保，当事人有证据证明监管人系受债权人的委托监管并实际控制该货物的，人民法院应当认定质权于监管人实际控制货物之日起设立。"其中所谓"出质人以通过一定数量、品种等概括描述能够确定范围的货物为债务的履行提供担保"，体现的是质押财产应当具有特定性。所谓"当事人有证据证明监管人系受债权人的委托监管并实际控制该货物"，第一层意思是质押财产已经交付了，第二层意思是此种交付采取的方式为监管人占有质押财产，第三层意思是监管人占有质押财产是受债权人委托的，相当于债权人即质权人占有了质押财产。所谓"监管人实际控制货物之日"，等同于债权人占有质押财产之日，也就是动产质权设立之日。

与此有别，《担保制度司法解释》第 55 条第 2 款前段规定："在前款规定情形下，当事人有证据证明监管人系受出质人委托监管该货物，或者虽然受债权人委托但是未实际履行监管职责，导致货物仍由出质人实际控制的，人民法院应当认定质权未设立。"之所以于此情形认定动产质权未设立，是因为监管人占有该货物系受出质人委托，也就是出质人而非债权人在占有该货物，这不符合动产质权的设立必须是债权人占有质押财产的要件。

第四百三十条

质权人有权收取质押财产的孳息，但是合同另有约定的除外。

前款规定的孳息应当先充抵收取孳息的费用。

本条主旨

本条是关于动产质权的效力及于质押财产的孳息与例外，以及该孳息清偿债权的顺序的规定。

相关条文

《物权法》第 213 条　质权人有权收取质押财产的孳息，但合同另有约定的除外。

前款规定的孳息应当先充抵收取孳息的费用。

《担保法》第 68 条　质权人有权收取质物所生的孳息。质押合同另有约定的，按照约定。

前款孳息应当先充抵收取孳息的费用。

理解与适用

本条是对《物权法》第213条的复制，第1款正文规定动产质权的效力及于质押财产的孳息，但书承认当事人的约定可以排除动产质权的此种效力；第2款明确该孳息应当先充抵收取孳息的费用。

动产质权场合，质权人占有质押财产，由他来收取质押财产的孳息最为方便、最为经济，故本条第1款正文的规定值得赞同。

本条第1款设置但书"但是合同另有约定的除外"，尊重当事人的意思，至少在某些情况下最符合当事人的利益安排。当然，当事人如此约定也可能是出质人处于强势地位，动产质权人不得已而为之。即使如此，法律也无必要主动出击。

孳息本有天然孳息和法定孳息之分，本条第1款正文未将任何一类孳息从动产质权的效力范围中排除，从动产质权的目的及功能方面考虑，宜解释为它们均为动产质权的效力所及，除非当事人有相反的约定。

依照质押财产的性能和使用方法收取孳息，对出质人及其全部债权人都有利，由此决定，因收取孳息而发生的费用属于为了出质人的全部债权人而形成的共益费用，出质人就此负担的债务属于共益债务，按照共益债务优先清偿的规则（《企业破产法》第42条、第43条），质权人有权优先受偿。所以，《民法典》第430条第2款规定，孳息应当先充抵收取孳息的费用。

由于本条第2款规定上述孳息应当先充抵收取孳息的费用，表明质权人不是无偿收取孳息，因而，充抵收取孳息的费用后尚有剩余的，应作为清偿担保债权的财产，依次充抵原债权的利息、原债权。在担保债权及其利息已届清偿期时，即刻清偿；在担保债权及其利息尚未届期时，或提前清偿，或先行提存，待届期时再予清偿。假如清偿担保债权及其利息之后仍有剩余，应返还给出质人。

第四百三十一条

质权人在质权存续期间，未经出质人同意，擅自使用、处分质押财产，造成出质人损害的，应当承担赔偿责任。

本条主旨

本条是关于质权人擅自使用、处分质押财产时应当承担民事责任的规定。

相关条文

《物权法》第214条　质权人在质权存续期间，未经出质人同意，擅自使用、处分质押财产，给出质人造成损害的，应当承担赔偿责任。

法释〔2000〕44号　第93条　质权人在质权存续期间，未经出质人同意，擅自使用、出租、处分质物，因此给出质人造成损失的，由质权人承担赔偿责任。

《担保制度司法解释》第55条第1款后段　监管人违反约定向出质人或者其他人放货……，债权人请求监管人承担违约责任的，人民法院依法予以支持。

理解与适用

本条是对《物权法》第214条的复制，规定质权人擅自使用、处分质押财产时应当承担民事责任。

由动产质权的目的及功能决定，质权人无使用质押财产的权利，而负有妥善保管的义务；在动产质权不具备实行的条件时，质权人也无处分质押财产的权利。质权人在无权利的情况下擅自使用、处分质押财产，既违反质押合同项下的义务（当事人未约定此类义务时依法产生），又符合侵权行为的构成要件，出质人有权请求质权人承担民事责任。

虽然总的说来质权人对于质押财产无使用权，但有些质押财产依其性能需要适当使用才可维持其价值和功用的，则质权人适当使用不属于本条调整的范围，质权人不承担赔偿责任。

由于本条第1款正文使用"擅自""处分"的措辞，排除了质权人于质权实行条件成就时处分质押财产的情形。

质权人擅自使用、处分质押财产，给出质人造成损害的，质权人负有赔偿出质人损失的民事责任。于此场合，违约损害赔偿与侵权损害赔偿竞合，出质人只可选择其中之一而主张，不得双重获利。

在质权人擅自使用、处分质押财产，尚无财产损失的后果时，出质人有权援用《民法典》第236条的规定，请求质权人排除妨害；也有权援用《民法典》第432条第2款的规定，主张提存质押财产，或请求提前清偿债务以便请求质权人返还质押财产。本条行文仅用质权人应当承担赔偿责任，没有涵盖提存、提前清偿等救济措施，不周延。有鉴于此，适用本条的规定时，应当结合《民法典》第236条等条款的规定，全面地解决问题。

在质权人、出质人与监管人订立三方协议，由监管人代质权人占有质押财产的情况下，监管人违反约定向出质人或者其他人放货，即违反该三方协议，监管人成为违约方，质权人作为守约方，按照《担保制度司法解释》第 55 条第 1 款后段的规定，债权人有权请求监管人承担违约责任。

第四百三十二条

质权人负有妥善保管质押财产的义务；因保管不善致使质押财产毁损、灭失的，应当承担赔偿责任。

质权人的行为可能使质押财产毁损、灭失的，出质人可以请求质权人将质押财产提存，或者请求提前清偿债务并返还质押财产。

本条主旨

本条是关于质权人负有妥善保管质押财产的义务及违反时如何救济的规定。

相关条文

《物权法》第 215 条　质权人负有妥善保管质押财产的义务；因保管不善致使质押财产毁损、灭失的，应当承担赔偿责任。

质权人的行为可能使质押财产毁损、灭失的，出质人可以要求质权人将质押财产提存，或者要求提前清偿债务并返还质押财产。

《担保法》第 69 条　质权人负有妥善保管质物的义务。因保管不善致使质物灭失或者毁损的，质权人应当承担民事责任。

质权人不能妥善保管质物可能致使其灭失或者毁损的，出质人可以要求质权人将质物提存，或者要求提前清偿债权而返还质物。

法释〔2000〕44 号　第 92 条　按照担保法第六十九条的规定将质物提存的，质物提存费用由质权人负担；出质人提前清偿债权的，应当扣除未到期部分的利息。

《担保制度司法解释》第 55 条 债权人、出质人与监管人订立三方协议，出质人以通过一定数量、品种等概括描述能够确定范围的货物为债务的履行提供担保，当事人有证据证明监管人系受债权人的委托监管并实际控制该货物的，人民法院应当认定质权于监管人实际控制货物之日起设立。监管人违反约定向出质人或者其他人放货、因保管不善导致货物毁损灭失，债权人请求监管人承担违约责任的，人民法院依法予以支持。

在前款规定情形下，当事人有证据证明监管人系受出质人委托监管该货物，或者虽然受债权人委托但是未实际履行监管职责，导致货物仍由出质人实际控制的，人民法院应当认定质权未设立。债权人可以基于质押合同的约定请求出质人承担违约责任，但是不得超过质权有效设立时出质人应当承担的责任范围。监管人未履行监管职责，债权人请求监管人承担责任的，人民法院依法予以支持。

理解与适用

本条是对《物权法》第215条的复制，第1款前段规定质权人妥善保管质押财产的义务，后段规定质权人违反该项义务致使质押财产毁损、灭失的，应当承担赔偿责任；第2款规定出质人的提存请求权、请求提前清偿伴随质押财产返还的效果。

动产质权以质权人占有质押财产为设立要件，在占有期间，质押财产脱离出质人的控制，而由质权人控制。从维护出质人的合法权益、平衡双方利益、物尽其用、尽可能地保持甚至提高社会效益等角度考量，质权人对于质押财产应当负有妥善保管的义务。此处所谓妥善保管，不是以质权人管理自己财产的注意而为保管，因为一些人管理自己的财产有些马虎、随意，而是以善良管理人的注意这样高标准的程度来保管质押财产。

质权人保管不善致使质押财产毁损、灭失，既构成违反质押合同，又构成侵权行为，无论根据合同法（《民法典》第577条等）还是侵权责任法（《民法典》第1165条），质权人都应承担赔偿责任，只不过出质人只可选择其中之一而请求罢了。所以，本条第1款后段规定质权人的损害赔偿责任，是有根据的。

质权人承担损害赔偿责任毕竟属于消极的事后救济，在质押财产对于出质人特别重要时，此类救济难以使出质人回复到未受侵害时的利益状态，再联系到社会成本的考量，实在有必要赋予出质人更为积极的法律手段，以便保全质押财产。现行法确实给出质人配置了保全质押财产的权利，本条第2款规定："质权人的行为可能使质押财产毁损、灭失的，出质人可以请求质权人将质押财产提存，或者请求提前清偿债务并返还质押财产。"在质押财产由债权人委托的第三人也就是监管人占有的情况下，《担保制度司法解释》第55条第1款后段规定，监管人违反约定向出质人或者其他人放货、因保管不善导致货物毁损灭失，债权人请求监管人承担违约责任的，人民法院依法予以支持。至于监管人受出质人的委托而占有货物，监管人保管不善导致该货物毁损灭失，《担保制度司法解释》第55条第2款中段和后段规定："债权人可以基于质押合同的约定请求出质人承担违约责任，但是不得超过质权有效设立时出质人应当承担的责任范围。监管人未履行监管职责，债权人请求监管人承担责任的，人民法院依法予以支持。"其中所谓"债权人可以基于质押合同的约定请求出质人承担违约责任"，依据的法理是质押合同的相对性，以及出质人违反质押合同关于其交付质押财产的约定，构成违约。但书所谓出质人承担违约责任"不得超过质权有效设立时出质人应当承担的责任范围"，原因在于质押合同与买卖等合同在计算违约责任的范围时具有特殊性——违反质押合同给债权人造成的损失，单纯地、孤立地从质押合同本身考察是难以确定出来的，必须对比有质权担保的主债务与无质权担保的主债务被违反时致债权人损失的角度来确定违反质押合同所造成的损失，两者的差额即为违反质押合同给债权人造成的损失。所谓"监管人未履行监管职责，债权人请求监管人承担责任的，人民法院依法予以支持"，是因为在一般情况下，相对于债权人来说，监管人系出质人的占有辅助人，不是一个独立的当事人。就此说来，债权人无权请求监管人向自己承担责任。但是，也可能存在例外：其一，监管人向债权人承诺以勤勉注意的精神保管货物时，债权人可以监管人违反注意义务为由请求监管人承担赔偿责任；其二，监管人作为一方参与含有质押合同条款的"三方协议"订立，监管人保管不善致使货物毁损灭失是在违反该"三方协议"，构成违约；其三，债权人代出质人之位请求监管人承担因保管不善致使货物毁损灭失的责任；等等。既然如此，《担保制度司法解释》第 55 条第 2 款后段明确"人民法院依法予以支持"，强调"依法"，是慎重的，妥当的。

提存，不影响质权的效力，与质权人亲自占有质押财产而不由出质人占有相差无几，能使质权人的债权实现有可靠的财产保障；在出质人一侧，提存可以使质押财产避开质权人的威胁、危害，在质权实行之前，出质人得以继续拥有质押财产的所有权。看来，提存是于此场合的合适的救济措施。

至于出质人请求提前清偿，在出质人同时为债务人的情况下，提前清偿意味着放弃期限利益，但为使质权人的债权消灭从而终止质权，取回质押财产，使质押财产免遭质权人不当行为之祸，付此代价，似乎也"值得"；在出质人非为债务人的场合，提前清偿消灭自己的物上负担，保全质押财产，由此导致的财产损失，再向债务人追偿，也算是无奈中的较好选择。

第四百三十三条

因不可归责于质权人的事由可能使质押财产毁损或者价值明显减少，足以危害质权人权利的，质权人有权请求出质人提供相应的担保；出质人不提供的，质权人可以拍卖、变卖质押财产，并与出质人通过协议将拍卖、变卖所得的价款提前清偿债务或者提存。

本条主旨

本条是关于质押财产的保护权和变价权的规定。

相关条文

《物权法》第216条　因不能归责于质权人的事由可能使质押财产毁损或者价值明显减少，足以危害质权人权利的，质权人有权要求出质人提供相应的担保；出质人不提供的，质权人可以拍卖、变卖质押财产，并与出质人通过协议将拍卖、变卖所得的价款提前清偿债务或者提存。

《担保法》第70条　质物有损坏或者价值明显减少的可能，足以危害质权人权利的，质权人可以要求出质人提供相应的担保。出质人不提供的，质权人可以拍卖或者变卖质物，并与出质人协议将拍卖或者变卖所得的价款用于提前清偿所担保的债权或者向与出质人约定的第三人提存。

理解与适用

本条是对《物权法》第216条的复制，前段规定质押财产的保护权，后段规定质押财产的变价权。

所谓质押财产的保护权，是指因不能归责于质权人的事由可能使质押财产毁损或价值明显减少，足以危害质权人权利的，质权人有权要求出质人提供相应的担保（《民法典》第433条前段），即享有增加担保权。

所谓质押财产的变价权，又叫预行拍卖质押财产权，按照本条后段的规定，指这样的权利：因不能归责于质权人的事由可能使质押财产毁损或价值明显减少，足以危害质权人权利的，质权人要求出质人提供相应的担保而出质人不提供的，质权人可以拍卖、变卖质押财产，并与出质人通过协议将拍卖、变卖所得的价款提前清偿债务或提存。

分析本条后段的规定，可知质押财产变价权的行使必须具备如下要件：（1）因不能归责于质权人的事由可能使质押财产毁损或价值明显减少，足以危害质权人的权利。如果是由于质权人的事由（如保管不善）导致质押财产毁损或价值明显减少，质权人不仅无权要求出质人提供担保，还得就此损失向出质人承担赔偿责任（《民法典》第432条第1款）。（2）质权人要求出质人提供相应的担保。（3）出质人拒不提供相应的担保。

质权人要求出质人提供相应担保，必须具备如下要件：（1）因不能归责于质权人的事由可能使质押财产毁损或价值明显减少。（2）质押财产毁损或价值明显减少的可能或事实，已经足以危害质权人的权利。

质押财产变价权的行使，或出质人以变价款提前清偿被担保债权，或将变价款代充质押财产，予以提存。所谓代充质押财产，是指质权移存于该项价款之上，而非指以该笔价款直接满足债权。由于出质人提前清偿会牺牲其期限利益，代充质押财产并予提存的，在实务中较为常见。

第四百三十四条

质权人在质权存续期间，未经出质人同意转质，造成质押财产毁损、灭失的，应当承担赔偿责任。

本条主旨

本条是关于转质及其责任的规定。

相关条文

《物权法》第 217 条　质权人在质权存续期间，未经出质人同意转质，造成质押财产毁损、灭失的，应当向出质人承担赔偿责任。

法释〔2000〕44 号　第 94 条　质权人在质权存续期间，为担保自己的债务，经出质人同意，以其所占有的质物为第三人设定质权的，应当在原质权所担保的债权范围之内，超过的部分不具有优先受偿的效力。转质权的效力优于原质权。

质权人在质权存续期间，未经出质人同意，为担保自己的债务，在其所占有的质物上为第三人设定质权的无效。质权人对因转质而发生的损害承担赔偿责任。

理解与适用

一、本条含义概貌

本条是对《物权法》第 217 条的承继，仅仅在损害赔偿请求权人的位置明确了系"出质人"，赋权质权人转质。

所谓转质，是指质权人在质权存续期间，为了担保自己的或他人的债务，将质物移交给第三人，在该质物上设立新质权的行为。例如，甲为了担保欠乙的100 万元债务，而将新奔驰车一辆为乙设立质权。其后，质权人乙为了担保欠丙的 90 万元债务，又以该车为丙设立质权。在这里，就原质权而言，甲为出质人，乙为质权人；就转质来说，乙为转质人，丙为转质权人。

转质有责任转质和承诺转质之分。所谓责任转质，是指质权人于质权存续期间，无须经过出质人的同意，而以自己的责任将质物为第三人设立质权。所谓承诺转质，又称同意转质，是指质权人在征得出质人的同意后，为了担保自己或他人的债务而以质物向第三人设立质权。

对于转质，《民法典》仅于第434条规定了这样的内容："质权人在质权存续期间，未经出质人同意转质，造成质押财产毁损、灭失的，应当承担赔偿责任。"可将之解释为不否定承诺转质。

二、责任转质

关于责任转质的性质，虽有不同意见，但宜采取质押财产再度出质说，即新质权设立说：转质系质权人为了担保自己或第三人的债务，在质押财产上再设立新质权的行为。换句话说，转质是质权人将质押财产所得直接支配的交换价值赋予转质权人于转质权实行的条件成就时优先用于清偿被担保的债权，故转质权人取得的乃质权人所得支配交换价值内的另一优先支配权。[1]

责任转质的构成要件包括：（1）转质必须在质权存续期间设立，转质所担保债权的清偿期间不得超过原质权所担保债权的清偿期间；（2）转质权所担保的债权额必须在质权所担保债权的数额范围内；（3）质权人以自己的责任转质，即质押财产因转质所发生的一切责任，包括不可抗力造成的损失，均由转质人负责；（4）必须具备质权的一般成立要件（生效要件）。[2]

责任转质对于出质人具有如下效力：（1）在转质情况下，出质人欲清偿债务，取回质押财产，应先向转质权人为之，如果清偿转质权所担保的债务尚有余额，应再向质权人清偿。否则，出质人的清偿对转质权人不发生效力。（2）质权所担保债权关系中的债务人即使不是出质人，也是质权关系的一环，在质权人将质押财产转质时，转质权对于该债务人也有效力。因而，该债务人若未经转质权人同意，而向质权人清偿时，也不得以此拒绝转质权人请求他履行债务。不过，在质权人或转质权人未将转质的事实通知给债务人的，不在此限。[3]

---

[1] ［日］我妻荣：《新订担保物权法》，东京，岩波书局1983年版，第149页；［日］松坂佐一：《民法提要·物权法增订第4版》，东京，有斐阁1996年版，第273页；［日］星野英一：《民法概论Ⅱ·物权·担保物权》，东京，良书普及会平成6年，第231页；［日］川井健：《担保物权法》，东京，青林书院1987年版，第239页。转引自谢在全：《民法物权论》（下册），台北，三民书局有限公司2003年12月修订2版，第273页。

[2][3] 谢在全：《民法物权论》（下册），台北，三民书局有限公司2003年12月修订2版，第273～274、275页。

责任转质对于质权人具有如下效力：（1）转质后，转质人（质权人）对于质押财产因不可抗力或通常事变所遭受的损失，也应负责。这是因为质权人未经出质人的同意而以自己的责任转质，应当加重其责任。（2）质权人应受转质的拘束，负有不得消灭其支配质押财产交换价值的义务，所以，不得抛弃其质权，不得免除质权所担保的债权，不得受领债务人对该债权的清偿，不得接受债务人将该债权抵销。原质权所担保的债权额超过转质权所担保的债权额时，就超过范围的差额，亦同。①

责任转质对于转质权人具有如下效力：（1）转质权人对于质押财产取得新质权，享有一般质权人所享有的权利，同时负有一般质权人所负担的义务。（2）在转质权所担保的债权和原质权所担保的债权均已届清偿期，转质权人的债权未获清偿时，转质权人可对质押财产行使变价权。（3）转质权人就质押财产所卖得的价金享有使其债权优先受偿的权利。②

责任转质权因其本身的消灭原因或所担保债权的消灭而消灭，因原质权的消灭而消灭。

三、承诺转质

承诺转质的性质与责任转质的，原则上相同，只是承诺转质系经出质人的同意而成立，所以，质权人所能赋予转质权人的交换价值自然不受原债权人所能支配交换价值的拘束，致使转质权已经脱离原质权而存在了。

承诺转质的构成要件，除与责任转质的第四项构成要件相同以外，可以超过原债权所担保债权的金额和清偿期，或者说不受原质权的拘束。③

承诺转质的法律效力如下：（1）转质权实行的条件专以转质权确定，原质权是否已经具备实行的条件，在所不问。（2）质权人如何实行其质权，原则上按照转质权合同的约定，但通常可理解为质权人已经放弃其实行权。（3）质权人对于质押财产因不可抗力或通常事变所造成的损失，不再承担责任，仅仅承担过错责任。（4）由于转质权已经独立于原质权，原质权人有权受领其债务人的清偿，该债务人也有向原质权人（债权人）清偿的自由。只是该结果不得对抗转质权人，亦即转质权不因此而消灭，仅使质权人负有返还质押财产的义务；出质人为达到返还质押财产的目的，有权以利害关系人的身份，代质权人向转质权人清偿，然后以因此而取得的债权与原质权所担保的债权相互抵销，从而消灭质权和转质权。④

---

①②③④　谢在全：《民法物权论》（下册），台北，三民书局有限公司 2003 年 12 月修订 2 版，第 276、277、278~279、279 页。

第四百三十五条

质权人可以放弃质权。债务人以自己的财产出质，质权人放弃该质权的，其他担保人在质权人丧失优先受偿权益的范围内免除担保责任，但是其他担保人承诺仍然提供担保的除外。

本条主旨

本条是关于质权放弃和其他担保人的担保责任免除或继续承担的规定。

相关条文

《物权法》第218条　质权人可以放弃质权。债务人以自己的财产出质，质权人放弃该质权的，其他担保人在质权人丧失优先受偿权益的范围内免除担保责任，但其他担保人承诺仍然提供担保的除外。

《担保法》第28条　同一债权既有保证又有物的担保的，保证人对物的担保以外的债权承担保证责任。

债权人放弃物的担保的，保证人在债权人放弃权利的范围内免除保证责任。

法释〔2000〕44号　第38条　同一债权既有保证又有第三人提供物的担保的，债权人可以请求保证人或者物的担保人承担担保责任。当事人对保证担保的范围或者物的担保的范围没有约定或者约定不明的，承担了担保责任的担保人，可以向债务人追偿，也可以要求其他担保人清偿其应当分担的份额。

同一债权既有保证又有物的担保的，物的担保合同被确认无效或者被撤销，或者担保物因不可抗力的原因灭失而没有代位物的，保证人仍应当按合同的约定或者法律的规定承担保证责任。

债权人在主合同履行期届满后怠于行使担保物权，致使担保物的价值减少或者毁损、灭失的，视为债权人放弃部分或者全部物的担保。保证人在债权人放弃权利的范围内减轻或者免除保证责任。

理解与适用

一、本条含义概貌

本条是对《物权法》第218条的复制，前段规定赋权质权人放弃质权，后段正文明确债务人同时系出质人的，其他担保人在质权人丧失优先受偿权益的范围内免除担保责任，后段但书贯彻意思自治原则，承认其他担保人关于继续提供担保的承诺。

质权的存续使被担保债权具有优先受偿的效力，这显现出质权对于权利人是一种利益，而非负担。既然是利益，质权人放弃它应被允许。

在债务人同时是出质人的情况下，依据《民法典》第392条的规定，质权人必须首先请求债务人/出质人承担清偿责任，包括就质押财产的变价优先受偿，其他担保人享有顺序利益，只有在债务人/出质人的财产（包括质押财产）不足以清偿担保债权时，其他担保人才有义务实际承担担保责任。因此，假如允许质权人一方面放弃其对债务人/出质人的质权，另一方面又请求其他担保人承担原来态样的担保责任，就牺牲了其他担保人的顺序利益，不适当地优惠了债务人/出质人，这有失权衡。《民法典》没有如此失当地处理问题，而是规定"债务人以自己的财产出质，质权人放弃该质权的，其他担保人在质权人丧失优先受偿权益的范围内免除担保责任"（第435条后段正文），这就较好地平衡了各方的利益关系。

本条后段但书"但是其他担保人承诺仍然提供担保的除外"，是贯彻意思自治原则的体现。在质权人放弃某个或某几个质权的情况下，其他担保人本有顺序利益但被放弃，承诺其仍然提供担保，这是其他担保人在抛弃自己的利益，不涉及社会公共利益，法律没有干涉的必要和理由。所以，该但书也值得肯定。

在债务人和出质人分属不同的主体、当事人之间无特别约定的情况下，按照《民法典》第392条的规定，各个担保人之间无顺序利益，质权人/债权人有权选择任何一个或几个出质人承担担保责任，因此，质权人放弃其对某个或几个出质人的质权，其他的担保人的利益未受损害，不免除其担保责任。

二、质权放弃的具体形态

（一）概念和类型

质权的放弃，又叫质权的抛弃，是指质权人放弃可以优先受偿的担保利益，分为质权的相对放弃和绝对放弃。[①]

（二）质权的绝对放弃

质权的绝对放弃，也就是通常所说的质权的抛弃，是指质权人向出质人为消灭质权的意思，放弃其质权的现象。质权的绝对放弃，在质权人和担保人之间的关系、在各个担保人之间的关系方面，适用本条的规定；在质权人与第三人之间的关系方面，质权人放弃质权不得损害第三人的利益。例如，甲所有的A电脑

---

① 梁慧星、陈华彬：《物权法》（第4版），北京，法律出版社2007年版，第323页。

是乙的质权的标的物，后来又成为丙的抵押权的标的物。甲对乙有抗辩权，可以对抗乙实行质权；对丙无有效的抗辩及抗辩权。在该案型中，乙放弃其质权，会使丙对于A电脑的抵押权处于最优先的地位，也使甲任凭丙实行其抵押权。于此场合，乙不得放弃其质权。

（三）质权的相对放弃

质权的相对放弃，是指质权人为出质人的特定无担保债权人的利益，放弃其优先受偿的利益的现象。例如，在出质人甲的30万元的质押财产上，乙、丙各有10万元、20万元的第一顺位、第二顺位的质权，丁则为甲的无担保债权人（债权额为30万元）。乙为丁的利益而放弃其质权。

质权相对放弃的当事人为质权人和特定的无担保债权人，且该无担保债权人的债务人和出质人必须是同一个人。质权的相对放弃仅在质权放弃人和受放弃利益的特定无担保债权人之间发生相对效力。就优先受偿的范围而言，质权放弃人就质押财产卖得的价金所能获得分配的金额，由放弃人和受放弃利益的债权人，按两者合计的债权额的比例受偿。

第四百三十六条

债务人履行债务或者出质人提前清偿所担保的债权的，质权人应当返还质押财产。

债务人不履行到期债务或者发生当事人约定的实现质权的情形，质权人可以与出质人协议以质押财产折价，也可以就拍卖、变卖质押财产所得的价款优先受偿。

质押财产折价或者变卖的，应当参照市场价格。

本条主旨

本条是关于质权实现及质押财产返还以及质押财产变价的确定基准的规定。

相关条文

《物权法》第219条　债务人履行债务或者出质人提前清偿所担保的债权的，质权人应当返还质押财产。

债务人不履行到期债务或者发生当事人约定的实现质权的情形，质权人可以与出质人协议以质押财产折价，也可以就拍卖、变卖质押财产所得的价款优先受偿。

质押财产折价或者变卖的，应当参照市场价格。

《担保法》第71条　债务履行期届满债务人履行债务的，或者出质人提前清偿所担保的债权的，质权人应当返还质物。

债务履行期届满质权人未受清偿的，可以与出质人协议以质物折价，也可以依法拍卖、变卖质物。

质物折价或者拍卖、变卖后，其价款超过债权数额的部分归出质人所有，不足部分由债务人清偿。

法释〔2000〕44号　第95条第1款　债务履行期届满质权人未受清偿的，质权人可以继续留置质物，并以质物的全部行使权利。出质人清偿所担保的债权后，质权人应当返还质物。

理解与适用

一、本条含义概貌

本条是对《物权法》第219条的复制，第1款规定质权实现时质权人应当返还质押财产，第2款规定质权的实行条件具备时质权实行的三种方式，第3款明确市场价格是质押财产折价或变卖的价格确定基准。

二、动产质权实现时质押财产的返还

债务人履行债务，债权得以实现，担保该债权的动产质权完成使命，应当归于消灭，债权人占有质押财产的法律根据不复存在，变成无权占有，有义务把该质押财产返还给出质人，出质人有权利请求债权人返还质押财产。

出质人为债务人时，提前清偿，牺牲其期限利益，满足债权人/质权人的债权利益，更有利于债权人/质权人，因而被允许。于此场合，担保该债权的动产质权寿终正寝，应当归于消灭，债权人占有质押财产的法律根据不复存在，变成无权占有，有义务把该质押财产返还给出质人，出质人有权利请求债权人返还质押财产。

总之，本条第1款的规定具有充足的理由，值得肯定。

三、动产质权的实行

本条第2款规定了质权实行的条件和方式。所谓动产质权的实行，是指债务人不履行到期债务或发生当事人约定的实现质权的情形，质权人与出质人协议以质押财产折价，也可以将质押财产拍卖或变卖，并就拍卖、变卖质押财产所得的

价款优先受偿的行为。它是变价权和优先受偿权的总称。

依据本条第2款的规定，动产质权的实行，一般需要具备两项要件：一是动产质权有效存在；二是债权于清偿期届满而未受清偿，可以是全部未获清偿，也可以是部分未获清偿；或者当事人约定的实现质权的情形出现。

［辨析］

在中国台湾地区的"民法"上，债权只需已届债权人得请求清偿时而未受清偿者，质权人即可实行质权。[①] 这与中国大陆《民法典》第436条第2款前段、第437条第1款规定的债务人不履行到期债务，在履行期为期日的情况下差别不大；但在履行期为期间的场合则不同。对此举例说明，履行期为2008年1月1日至2008年2月20日，自2008年1月1日开始，债权人即得请求债务人清偿债务，按照中国台湾地区的"民法"，质权人（债权人）即可行使质权，但在2008年2月20日之前，按照中国大陆的现行法的规定，债务人未履行债务尚不构成债务不履行，在合同场合即为不构成违约行为，质权人无权行使质权，质权人若行使，出质人有权抗辩。

根据本条第2款的规定，动产质权实行的方式包括折价、拍卖和变卖三种，与《民法典》第410条关于抵押权实行的方式相同，笔者在释评《民法典》第410条时已经详述，此处不赘。

四、质押财产变价的确定基准

实行动产质权，无论把质押财产折价还是变卖，都有合理作价的需要。作价低了，可能害及其他债权人的债权实现；作价高了，对质权人也不利，不尽符合公平原则。为了解决这个问题，本条第3款明确"质押财产折价或者变卖的，应当参照市场价格"，这是条可取之路，值得赞同。

第四百三十七条

出质人可以请求质权人在债务履行期限届满后及时行使质权；质权人不行使的，出质人可以请求人民法院拍卖、变卖质押财产。

出质人请求质权人及时行使质权，因质权人怠于行使权利造成出质人损害的，由质权人承担赔偿责任。

---

① 谢在全：《民法物权论》（下册），台北，三民书局有限公司2003年12月修订2版，第287~288页。

本条主旨

本条是关于及时行使质权的请求权和诉权、质权人对于怠于行使质权承担责任的规定。

相关条文

《物权法》第220条　出质人可以请求质权人在债务履行期届满后及时行使质权；质权人不行使的，出质人可以请求人民法院拍卖、变卖质押财产。

出质人请求质权人及时行使质权，因质权人怠于行使权利造成损害的，由质权人承担赔偿责任。

法释〔2000〕44号　第95条第2款　债务履行期届满，出质人请求质权人及时行使权利，而质权人怠于行使权利致使质物价格下跌的，由此造成的损失，质权人应当承担赔偿责任。

《担保制度司法解释》第44条　主债权诉讼时效期间届满后，抵押权人主张行使抵押权的，人民法院不予支持；抵押人以主债权诉讼时效期间届满为由，主张不承担担保责任的，人民法院应予支持。主债权诉讼时效期间届满前，债权人仅对债务人提起诉讼，经人民法院判决或者调解后未在民事诉讼法规定的申请执行时效期间内对债务人申请强制执行，其向抵押人主张行使抵押权的，人民法院不予支持。

主债权诉讼时效期间届满后，财产被留置的债务人或者对留置财产享有所有权的第三人请求债权人返还留置财产的，人民法院不予支持；债务人或者第三人请求拍卖、变卖留置财产并以所得价款清偿债务的，人民法院应予支持。

主债权诉讼时效期间届满的法律后果，以登记作为公示方式的权利质权，参照适用第一款的规定；动产质权、以交付权利凭证作为公示方式的权利质权，参照适用第二款的规定。

理解与适用

本条是对《物权法》第220条的复制，第1款规定出质人对于质权人享有及时行使质权的请求权，对于人民法院拥有拍卖、变卖质押财产的诉权；第2款明确质权人怠于行使质权给出质人造成损害的，应当承担赔偿责任。

根据《民法典》第7条规定的诚信原则、第132条规定的禁止权利滥用原则，考虑到出质人的交易安排，质权人于质权实行的条件具备时应当及时行使质权，这应为义务。从对面看，出质人有权请求质权人及时行使质权。

此处所谓及时，不一定是质权实行的条件具备就必须行使，应该综合债务人、债权人/质权人、出质人三方面的关系及情况，才可作出结论。例如，债务人正在积极筹备清偿债务的财产，可以在不太长的期间即可适当清偿债务，在这样的情况下，行使质权反倒增大交易成本，"逼得"出质人向债务人追偿，酿成较为复杂的法律关系。

出质人催告质权人及时行使质权，质权人仍不行使又无理由的，本条第1款给出出质人一项救济通道——可以请求人民法院拍卖、变卖质押财产。这类似于质权人自己实行质权时请求人民法院拍卖质押财产，或由人民法院代质权人变卖质押财产。

本条赋予出质人的救济途径不限于此，第2款赋权出质人请求怠于行使质权的质权人承担损害赔偿责任。所谓怠于行使权利，是指质权人因可归责于自己的原因而不及时行使权利。例如，质权人明知作为质押财产的某电子产品的升级产品即将上市，若在新产品上市后再变卖质押财产所获价款将明显降低，但却基于质押财产的变价款减少也足以使其债权获得清偿的考虑，而没有及时将质押财产变卖。①

出质人行使此项损害赔偿请求权时，需要举证证明质权人怠于行使质权给自己造成了损害。

最后，应当注意《担保制度司法解释》第44条第3款后段的规定：主债权诉讼时效期间届满后，主债务人或对质押财产享有所有权的第三人请求债权人返还质押财产的，人民法院不予支持；主债务人或第三人请求拍卖、变卖质押财产并以所得价款清偿债务的，人民法院应予支持。

第四百三十八条

质押财产折价或者拍卖、变卖后，其价款超过债权数额的部分归出质人所有，不足部分由债务人清偿。

本条主旨

本条是关于质押财产的变价款高于或低于担保债权数额时如何处理的规定。

相关条文

《物权法》第221条　质押财产折价或者拍卖、变卖后，其价款超过债权数

---

① 王利明、尹飞、程啸：《中国物权法教程》，北京，人民法院出版社2007年版，第517~518页。

额的部分归出质人所有，不足部分由债务人清偿。

《担保法》第71条第3款 质物折价或者拍卖、变卖后，其价款超过债权数额的部分归出质人所有，不足部分由债务人清偿。

理解与适用

本条是对《物权法》第221条的复制，确立了质押财产的变价款高于或低于担保债权数额时如何处理的规则。

本条所谓质押财产的变价款超过债权数额的部分归质押人所有，乃自然之理，因为质权不是所有权，质押财产不因质权的设立而归属于质权人，只是使质权人的债权因该质权的设立而具有优先受偿的效力。担保债权受偿了，实现了，质权人的利益得到完全满足，质权便功成身退。假如把质押财产的变价款超过债权数额的部分划归质权人，该质权人就获取了不当得利，这不应被允许。此其一。从另一个侧面讲，质押财产属于出质人的责任财产的组成部分，出质人适当履行物上保证责任之后，剩余的部分仍为其责任财产，当然由其享有。此其二。

质押财产的变价款全部用于清偿担保债权之后，担保债权仍未完全实现的，不得谓该债权已经消灭，而是就未实现部分继续具有请求力、执行力、保有力，即债权人/质权人有权就其债权未实现的部分请求债务人清偿，债务人没有理由抗辩。于此场合，需要说明的至少有两点：一是在债务人和出质人分属不同的主体的情况下，此时债权人/质权人无权请求出质人清偿，只可请求债务人清偿；二是此时的债权仅仅是普通债权，已无质权的担保，无优先受偿的效力。

第四百三十九条

出质人与质权人可以协议设立最高额质权。

最高额质权除适用本节有关规定外，参照适用本编第十七章第二节的有关规定。

本条主旨

本条是关于设立最高额质权及其法律适用的准则的规定。

相关条文

《物权法》第222条 第二百二十二条 出质人与质权人可以协议设立最高额质权。

最高额质权除适用本节有关规定外，参照本法第十六章第二节最高额抵押权的规定。

理解与适用

本条是对《物权法》第222条的承继，第1款允许当事人协议设立最高额质权，第2款明确最高额质权的法律适用的准则，即《民法典》关于动产质权的规定可以适用于最高额质权，可以准用《民法典》关于最高额抵押权的规定。

本条所谓最高额质权适用《民法典》关于动产质权的规定，是指关于质权本质特征所必须具有的规定，最高额质权不得排除之，必须适用之。例如，适用《民法典》第429条关于质权自出质人交付质押财产时设立的规定，出质人未交付质押财产时最高额质权未设立；适用《民法典》第425条第1款关于质权担保的债权具有优先受偿效力的规定，第426条关于禁止流通物不得出质的规定，第432条关于质权人负有妥善保管质押财产的义务的规定，等等。

本条所谓最高额质权准用《民法典》关于最高额抵押权的规定，是指关于"最高额"本质特征所要求的规定，应当准用之，而不可排除之。例如，准用《民法典》第420条关于最高额抵押权担保的债权应是"一定期间内将要连续发生的债权"的规定，第423条关于所担保债权的确定及其事由的规定，等等。

第四百四十条

债务人或者第三人有权处分的下列权利可以出质：

（一）汇票、本票、支票；

（二）债券、存款单；

（三）仓单、提单；

（四）可以转让的基金份额、股权；

（五）可以转让的注册商标专用权、专利权、著作权等知识产权中的财产权；

（六）现有的以及将有的应收账款；

（七）法律、行政法规规定可以出质的其他财产权利。

本条主旨

本条是关于可以出质的权利的范围的规定。

相关条文

《物权法》第223条　债务人或者第三人有权处分的下列权利可以出质：

（一）汇票、支票、本票；

（二）债券、存款单；

（三）仓单、提单；

（四）可以转让的基金份额、股权；

（五）可以转让的注册商标专用权、专利权、著作权等知识产权中的财产权；

（六）应收账款；

（七）法律、行政法规规定可以出质的其他财产权利。

《担保法》第 75 条　下列权利可以质押：

（一）汇票、支票、本票、债券、存款单、仓单、提单；

（二）依法可以转让的股份、股票；

（三）依法可以转让的商标专用权，专利权、著作权中的财产权；

（四）依法可以质押的其他权利。

《担保制度司法解释》第 63 条　债权人与担保人订立担保合同，约定以法律、行政法规尚未规定可以担保的财产权利设立担保，当事人主张合同无效的，人民法院不予支持。当事人未在法定的登记机构依法进行登记，主张该担保具有物权效力的，人民法院不予支持。

理解与适用

一、本条含义概貌

本条承继了《物权法》第 223 条的规定，两部法律在这里的差异仅仅在于《民法典》第 440 条第 6 项在"应收账款"之前增加了"现有的以及将有的"这个定语。

就本条的字面意思观察，结论是其列举可以用于出质的权利种类，释评本条似应逐一介绍和解释作为权利质权客体的每种权利的概念、法律性质和效力，但考虑到这些工作放在以下条款中的相应之处完成更为合适，故对本条的释评还是转换视角，从权利质权的层面释评，包括对权利质权的界定、法律性质、权利本质、权利质权的基本类型诸项内容。

二、权利质权的概念

权利质权，是指以所有权以外的可让与的财产权为标的物而设立的质权。其法律性质如下。

（一）权利质权为质权

质权原本是以有体物为基础发展起来的担保制度，而权利质权却以权利为标的物，加上以权利为客体的物权学说多称之为准物权，于是，权利质权是否为质权，则并非无疑。然而质权制度的本意在于以标的物的交换价值担保债权的实现，并以该价值优先受偿，由此点出发，将质权的标的物严格限制为有体物并无必要，毕竟，能以某种财产性权利的交换价值而使被担保债权得以优先受偿与成为质权的标的物并无实质性的抵触。① 何况动产质权实质上是以动产所有权为标的物，也可以说是以权利为客体。就此看来，称权利质权为质权，应不成问题。

［引申］

就权利质权是否为物权，存在着分歧。按照附停止条件的权利让与主义、并存性权利让与主义，债权质权在性质上为债权。② 在限制性权利让与主义看来，权利质权存在物权性和债权性两种不同的特性。③ 依据设定性权利让与主义，好像有其父必有其子那样，母权是物权，子权也当然是物权；母权是债权，子权也只能是债权。权利质权的性质与出质的权利的性质相一致，出质的权利是物权的，其质权也是物权；出质的权利为债权的，其质权就是债权。④ 采取权利标的主义的学者，对以物权作为标的物的权利质权看作物权这点，很少有异议；但对以债权为标的物的债权质权如何定性却争议较大：有的看作物权，有的认为物权是建立在有体物基础上的权利，权利质权不是以有体物为客体的，所以不得称其为物权，但它在某种程度上具有绝对权的效力，具有物权的效力。⑤ 日本法学家神户寅次郎教授认为，权利质权不是纯粹的物权。物上质权以物为标的，权利质权以权利为标的，二者在形式上是相同的。但权利质权虽以物权为标的，却未必是物权。质权人可以直接干涉作为标的的权利，据此可认为权利质权又非纯粹的债权。另外，权利的绝对性和物权性之间是有区别的。权利质权不是物权，也不是债权，而是一种特别的权利，日本法中在必要的范围内应赋予其物权性；还有的将权利质权视为债权。⑥ 在中国《民法典》上，权利质权被安排在《民法典》"第二编 物权"下辖"第四分编 担保物权"之内，具有绝对性、排他性和优先

---

① ［日］林良平编：《注释民法（8）·物权（3）》，东京，有斐阁1983年版，第327页。
② ［日］冈松参太郎：《权利质权的性质》，载《京都法学协会杂志》第1卷，第7号，第5页。转引自刘银春：《债权质权的理论与实践》，清华大学法学博士学位论文（2005），第13页。
③④ ［日］神户寅次郎：《权利质的性质》，载《法学协会》第28卷，第10号，总第2144页。转引自刘银春：《债权质权的理论与实践》，清华大学法学博士学位论文（2005），第14、14页。
⑤ 刘银春：《债权质权的理论与实践》，清华大学法学博士学位论文（2005），第21页。
⑥ ［日］神户寅次郎：《权利质的性质》，《法学协会》第28卷，第10号，总第2145、2157页。转引自刘银春：《债权质权的理论与实践》，清华大学法学博士学位论文（2005），第21～22页。

性，应为物权。

（二）权利质权的标的物是具有让与性的所有权以外的财产权

与动产质权的标的物为动产不同，权利质权的标的物是权利。这里的权利，限于财产权，人格权和身份权不在其中。这是因为质权支配标的物的交换价值，而人格权和身份权本身无直接的经济价值。此处所谓财产权，必须具有让与性，这是由质权实行时需要变卖或拍卖标的物所决定的。性质上不得让与的债权，禁止扣押的债权，特别法规定不得让与、扣押或供作担保的债权，不得成为权利质权的标的物。依当事人约定不得让与的债权，在现行法上不得作为权利质权的标的物，在境外的某些法律上可以。

出让的建设用地使用权、土地承包经营权、某些土地经营权、探矿权、采矿权，在现行法上可以转让，或有条件地允许转让，可以作为担保物。不过，按照法律关于担保权体系的分工，它们可成为抵押权的标的物，不得作为权利质权的客体。"这样有利于法律体系的合理化，也便于准确适用法律规定。"① 由于这些权利、建筑物作为抵押物而设立的抵押权以登记为生效要件，而基金份额、股权、应收账款、注册商标专用权、专利权、著作权等知识产权作为留置财产而设立的权利质权也以登记为生效要件，使得抵押权和权利质权的界限趋于模糊。

养殖权、捕捞权在现行法上禁止转让，不得成为权利质权的标的物。即使未来的法律允许它们转让，也不得入质，可以抵押。

抵押权、动产质权、留置权在现行法上均为保全性担保物权，不得与其担保的债权相分离，故不得单独成为权利质权的标的物。不过，于其担保的债权出质给他人时，抵押权、动产质权或留置权可随之出质。

按照物权法的权利配置体系，权利的归属权不叫所有权，有体物的归属权才叫所有权。换句话说，所有权的标的物，不是权利，而是有体物。所以，以所有权设立担保，不动产所有权场合成立抵押权，动产场合产生动产质权，不会出现权利质权。"按照以物的归属表示所有权的习惯，当质权针对的是所有权时，人们说质权是针对物的；当质权针对的是其他权利时，则说质权是针对权利的。"②

从社会及经济的发展历史和趋势看，权利类型逐渐增多，如公路、桥梁的收费权等。在实务中，权利质权的标的物可能不限于上述所举，为解决问题提供规则，《担保制度司法解释》特设第63条的规定："债权人与担保人订立担保合同，

---

① 胡开忠：《权利质权制度研究》，北京，中国政法大学出版社2004年版，第148页。
② ［意］彼得罗·彭梵得：《罗马法教科书》，黄风译，北京，中国政法大学出版社1992年版，第345页。

约定以法律、行政法规尚未规定可以担保的财产权利设立担保，当事人主张合同无效的，人民法院不予支持。当事人未在法定的登记机构依法进行登记，主张该担保具有物权效力的，人民法院不予支持。"对此规定，可作如下解读：（1）合同法奉行意思自治原则，而不恪守类型法定原则，当事人双方订立《民法典》及有关单行法所未设置的非典型合同，法律也承认之，除非它们存在法定的无效原因。因而，"债权人与担保人订立担保合同，约定以法律、行政法规尚未规定可以担保的财产权利设立担保，当事人主张合同无效的，人民法院不予支持"。（2）物权法坚守法定主义，法律不承认当事人自由创设的物权类型和内容，由于权利质权的设立以登记或背书或权力凭证的交付为生效要件，在当事人以《民法典》第440条所列举的权利以外的权利设立"质权"时，因其欠缺生效要件而不发生物权的（设立）效力，"当事人未在法定的登记机构依法进行登记，主张该担保具有物权效力的，人民法院不予支持"。

总的说来，基于质权实行时需要将标的物变价的要求，权利作为质权的标的物，必须具有让与性。《民法典》第426条关于"法律、行政法规禁止转让的动产不得出质"的规定，因有第446条关于"权利质权除适用本节规定外，适用本章第一节的有关规定"的指引，可以适用于权利质权的领域。具体来说：（1）法律禁止转让的权利不得出质。例如，《公司法》第142条第5款规定："公司不得接受本公司的股票作为质押权的标的。"再如，《收费公路管理条例》第22条规定："有下列情形之一的，收费公路权益中的收费权不得转让：（一）长度小于1 000米的二车道独立桥梁和隧道；（二）二级公路；（三）收费时间已超过批准收费期限2/3。"因此，此类收费公路的收费权不得设立应收账款质权。（2）基于特定的人身关系而专属于特定人的债权，如基于扶养关系、抚养关系、赡养关系、继承关系产生的给付请求权和劳动报酬、退休金、养老金、抚恤金、安置费、人寿保险、人身伤害赔偿请求权等权利。（3）基于特殊信任关系而产生的债权，如委托合同中委托人对受托人的处理委托事务的请求权，雇佣合同中雇主对雇员的劳务请求权，租赁合同中承租人所享有的债权等。不过，如果经过当事人同意，可以转让，也应允许出质。（4）按照当事人的约定不得转让的权利，在现行法上具有一定的阻止权利转让的效力（《民法典》第545条第1款第2项），因而不得出质；一旦出质，不得对抗善意第三人。值得注意的是，境外的一些法律文件已经允许当事人约定禁止转让的债权发生转让的效力。[1]

---

① 参见《澳门商法典》第872条；《俄罗斯联邦民法典》第828条；《国际保理公约》第6条第1款、第18条；《美国统一商法典》（2001年修订）第9—406（d）条；《联合国国际贸易应收款转让公约》第9条。

本条从正面规定了可以入质的权利：（1）汇票、支票、本票；（2）债券、存款单；（3）仓单、提单；（4）可以转让的基金份额、股权；（5）可以转让的注册商标专用权、专利权、著作权等知识产权中的财产权；（6）现有的以及将有的应收账款；（7）法律、行政法规规定可以出质的其他财产权利（第440条）。

除此而外的权利可否出质呢？《担保制度司法解释》第63条区分物权法上的效果与债法上的效果："债权人与担保人订立担保合同，约定以法律、行政法规尚未规定可以担保的财产权利设立担保，当事人主张合同无效的，人民法院不予支持。当事人未在法定的登记机构依法进行登记，主张该担保具有物权效力的，人民法院不予支持。"[①] 看来，以不属于《民法典》明确列举的财产作为担保物，只有在已经办理完毕担保登记时才发生担保效力，换个角度说，法律奉行了担保登记为担保权的生效要件主义，而非对抗要件主义。

（三）权利质权的设立分别以登记、背书或交付权利凭证为要件

与动产质权的设立以动产的交付为生效要件不同，权利质权的设立，有的以登记为生效要件，有的以背书为生效要件，有的以交付权利凭证为生效要件。

［辨析］

汇票、支票、本票、债券、仓单、提单等有价证券，既是权利凭证，又是权利本身，是权利质权的标的物。而应收账款场合的借据、欠条、公证书等仅仅是债权证书，不是应收账款请求权本身。至于存款单，《民法典》（第440条以下）将之与债券规定于同一项，联系将汇票、支票、本票规定于同一项，将仓单、提单规定于同一项的模式，似乎有将债券和存款单两者等量齐观之意。如此考虑问题，存款单亦为有价证券。不过，《民法典》也同时把存款单与票据、仓单、提单、股权、应收账款等并列规定于同一条（第440条），而应收账款欠条、借据等显然不是有价证券。就此看来，又难下存款单为有价证券的结论。究竟如何定性，需要探讨。学说有认为它只是债权证书的[②]，也有主张其为证券债权的[③]。

---

① 中国政法大学的刘保玉教授、刘家安教授于2021年1月28日在北京市物权法学研究会举办的第三届产权保护法治论坛：《最高人民法院关于适用〈中华人民共和国民法典〉有关担保制度的解释》研讨会上主张，可以作为不动产抵押权的标的物的财产，《民法典》第395条第1款——列举，不得用作抵押权的标的物的财产，《民法典》第399条也——列举；但是，《民法典》仅仅逐一列举了可以出质的权利（第440条），却未明确哪些权利不得出质，这就引发一个问题：《民法典》第440条明示以外的权利中哪些权利还可以出质呢？《担保制度司法解释》第63条即为解答其而设。只不过解得不彻底罢了。

② 谢在全：《民法物权论》（下册），台北，三民书局有限公司2003年12月修订2版，第317页；黄松有主编：《〈中华人民共和国物权法〉条文理解与适用》，北京，人民法院出版社2007年版，第656页；曹士兵：《中国担保诸问题的解决与展望》，北京，中国法制出版社2001年版，第303页。

③ 李国光、奚晓明、金剑峰、曹士兵：《最高人民法院关于适用〈中华人民共和国担保法〉若干问题的解释理解与适用》，长春，吉林人民出版社2000年版，第355页。

[探讨]

在中国台湾地区的"法律"上，普通债权质权设立所需要的交付权利证书，不是作为质权设立的公示方法，因而其交付可以是现实交付，也可以是观念交付，占有改定的交付方式不在禁止之列。① 与此不同，无记名有价证券出质，当事人之间有设立质权的合意，加上有价证券的交付，发生质权设立的效力。但此处的交付不包括占有改定的方式，可以是现实交付、简易交付或让与返还请求权的方式。② 中国大陆的法律采取何种态度，值得研究。

[探讨]

关于以股权、知识产权等权利为客体场合质权的母权问题

权利质权的场合，作为质押财产的权利多种多样，其策源地的情形十分复杂。并非任何一种权利，如债权，都有母权。退一步说，即使质押财产的权利有母权，每种权利的母权也极不统一，难有权利质权同一的母权。与其逐一地考察每种权利的标的物，再锁定每种物的所有权，从而确定权利质权的母权，不如放弃这种思路，另觅坦途。

笔者注意到，日本民法及其理论将无记名债权（如无记名支票、公司债券、商品券、入场券、车票等）视为动产。③ 尽管如此处理重在确定，民法关于动产适用消灭时效、善意取得（即时取得）、公示对抗、遗失物拾得、共有物管理、所持份额的放弃等规定，适用于无记名债权④，尚无承认无记名债权之上存在着所有权之意，但为了社会生活发展的需要，不妨进一步扩张其"视为动产"的功用，升华到无记名债权之上竖立着另类的"所有权"这样的理念。

如此，我们可将作为质押财产的权利视为民法上的"物"，该"物"之上存在着"所有权"，该所有权即为权利质权的母权。

三、权利质权的本质

权利质权的本质如何，在法学上一直是最有争议的问题之一，存在着权利让与主义（Zessionstheorien）和权利标的主义（Theorie des Rechts am Rechte）的对立。

---

① 中国台湾地区"民法"第 946 条第 2 项、第 761 条；中华民国最高法院 1937 年上字第 823 号判决；谢在全：《民法物权论》（下册），台北，三民书局有限公司 2003 年 12 月修订 2 版，第 317 页。

② 中国台湾地区"民法"第 946 条、第 761 条、第 885 条第 2 项；谢在全：《民法物权论》（下册），台北，三民书局有限公司 2003 年 12 月修订 2 版，第 321~322 页。

③④ ［日］四宫和夫：《日本民法总则》，唐晖、钱孟姗译，朱柏松校订，台北，五南图书出版公司 1995 年版，第 136、137 页。

权利让与主义，又称权利让渡主义，认为权利质权实质上是为了担保而为的权利让与，是出质人将出质的权利让与质权人，以担保债权的实现。其要点如下：首先，质权人就入质权利取得的权利并非新的权利，而仅系受让入质或让与的权利。权利的入质即为权利的让与。其次，质权人的权利标的物必然是出质人入质权利的标的物，而非出质的权利本身。再次，既然权利的入质即为权利的让与，则质权人取得与出质人同种的权利。最后，该权利的让与并非一般意义上的纯粹的权利移转，而系以设质目的为限的移转。受让人（质权人）受让权利的边界仅以达到债权担保的必要目的为限，只有在债务人不清偿债务时才可行使该权利。该主义认为不可能成立所谓的债权质权。①

权利让与主义内部又分出很多支派，例如，将债务不履行作为停止条件的设质债权让与说，即附停止条件的权利让与说；以债务履行为解除条件的设质债权让与说，即附解除条件的权利让与说；以担保目的为限的权利内容限制让与说；作为"母权"的权能之一部的"子权"的让与说，即设立的让与说；等等。②

[引申]

各种权利让与主义存在着如下共同的缺点：（1）债权让与和债权质权，原本目的就不同。前者是债权从一个人之手转至他人之手，后者是担保被担保债权实现。（2）因为要用让与的观念来解释出质，或力图排除出质和债权让与所生结果中那些不相容的要素，所以只能容忍二者必出其一的结局，一个是很难令人感到这么做的必要所在，另一个是对出质性质的违反。而前者只能以不成功而告终，后者一定也只能得出不正当的结果。（3）权利让与主义的各种学说，都认为债权质权是与出质人的权利相同的权利，出质债权的，权利质权也是债权。于是产生下述不便：首先，无法解释当一个权利上设立多个质权时，某质权优先于其他质权的根据所在。其次，当出质债权发生债权人（出质人）和债务人混同时，质权就得消灭，而这是不符合事实的。若按照权利标的主义，则质权不消灭，不过是相当于在自己的债权上拥有质权，这在理论上是正当的。③

权利标的主义认为，权利质权是在权利上设立质权，入质的权利仍存在于出质人（主债务人）之手，质权人取得的权利与入质权利不同。其要点如下：首

---

① ［日］冈松参太郎：《权利质权的性质》，载《京都法学协会杂志》第1卷，第7号，第2页。转引自刘银春：《债权质权的理论与实践》，清华大学法学博士学位论文（2005），第15～16页。

② ［日］冈松参太郎：《权利质权的性质》，载《京都法学协会杂志》第1卷，第7号，第5～8页。转引自刘银春：《债权质权的理论与实践》，清华大学法学博士学位论文（2005），第13～17页。

③ ［日］冈松参太郎：《权利质权的性质》，载《京都法学协会杂志》第1卷，第7号，第4～6页。转引自刘银春：《债权质权的理论与实践》，清华大学法学博士学位论文（2005），第16～17页。

先，入质权利作为质权支配的对象与有体物作为质权支配的对象具有同样的意义。当然，所谓同样的意义，是指在担保的目的和支配标的物的交换价值上系为同样的作用，并非说权利作为质权标的物与有体物作为质权标的物完全一致。其次，权利质权的效力及于入质权利所指向的物或义务人，这由权利质权自身的效力和入质权利的"媒介作用"而引起。因此，权利质权的效力及其实现的方法与动产质权的多少存有差异。①

权利标的主义分为新旧两派学说，观点不尽相同。旧派认为，权利质与物上质权具有同样意义，只是在权利上设立质权。新派则主张，以权利入质，就是给与质权人一种权利，质权人依据这一权利，在必要的范围内（这一范围由法律或合同而定），为了达到担保自己债权的目的，可以获得行使其入质权利的权能。因此，所谓的权利质权是直接将入质权利作为标的物，依据质权的效力得以行使作为质权标的物的权利。当作为权利质权标的物的权利为物权时，质权人有取得该物权的物的权利，当作为权利质权标的物的权利为相对性权利特别是债权时，质权人对该入质权利义务人取得权利。②

[引申]

依据权利标的主义，权利质权就是设立在权利上的权利。对此，持批评意见的不在少数。有的认为，权利是一种意思效力（意志力）的体现，不可能承认在一个人的意思效力上又有别人的意思效力存在，因而在既有的权利之上不可以再成立新的权利。有的认为，权利是一种观念性的东西，"权利上的权利"在观念上是不可能的。有的认为，退一步讲，假设"权利上的权利"在观念上是可能的，"权利上的权利"也不是上位权支配下位权的关系，不过是支配下位权的标的罢了，因此下位权不是权利的标的。③ 甚至有更为激进的观点认为，采用权利标的主义的人必须要能证明在某种意思效力之上又能够存在着其他人的意思效力，而实际上能够明确解释这一点的人根本没有。权利一词本身就包含着混合而且抽象的元素，"权利上的权利"就变得更为复杂，它不包含任何实体的元素，只不过是一个苍白的影像而已，没有任何实际意义。④

---

① ［日］冈松参太郎：《权利质权的性质》，载《京都法学协会杂志》第1卷，第7号，第4页。转引自刘银春：《债权质权的理论与实践》，清华大学法学博士学位论文（2005），第18～19页。

② ［日］冈松参太郎：《权利质权的性质》，载《京都法学协会杂志》第1卷，第7号，第2～3页。转引自刘银春：《债权质权的理论与实践》，清华大学法学博士学位论文（2005），第19页。

③ ［日］冈松参太郎：《权利质权的性质》，载《京都法学协会杂志》第1卷，第7号，第6页。转引自刘银春：《债权质权的理论与实践》，清华大学法学博士学位论文（2005），第20页。

④ ［日］神户寅次郎：《权利质的性质》，载《法学协会》第28卷，第10号，总第2134页。转引自刘银春：《债权质权的理论与实践》，清华大学法学博士学位论文（2005），第20页。

赞同权利标的主义的人认为，如果不考虑客观层面的关系，仅仅从主观层面出发，对权利问题的把握也许是有些否定性的认识。但是，如果真的这么仅仅从一个层面考虑，非但权利质权问题无法解释，甚至连最起码的财产性权利应具有让与性这个基本特点也都被否定。所以，上述否定意见并不能解决问题，索性不如把这些抽象性认识的讨论交由法哲学去研究，作为对部门法的研究，我们将注意力更多地放到关注事物的客观表现带给我们的影响。[1] 虽然不能说物作为权利的标的和权利作为权利的标的有同样的意义，但是，因为本来权利标的这个观念就不是固定、一成不变的东西，所以在某种意义上，承认权利是权利的标的，并非不可以。[2] 另外，从实际情况看，以"权利的权利"或"权利以其他权利作为标的"这样的字样出现在法典上的也不少，如《德国民法典》第 876 条、《日本民法典》第 362 条，等等。这说明在现实社会生活中，支持权利标的主义的，还是占据了上风。[3]

权利标的主义能够概括说明各种具体类型的权利质权，而权利让与主义除了某种个别见解之外，应当说只是就债权质权进行研究并作出其结论的。如今，权利标的主义为多数说。

由于《民法典》把权利质权作为担保物权，没有依质权标的物为债权、不动产收益权、股权、知识产权而将权利质权依次定性和定位为债权、不动产收益权、股权、知识产权，表明采取的是权利标的主义。不过，《担保法》第 78 条第 3 款关于"以有限责任公司的股份出质的，适用公司法股份转让的有关规定。质押合同自股份出质记载于股东名册之日起生效"的规定，法释〔2000〕44 号第 103 条第 1 款关于"以股份有限公司的股份出质的，适用《中华人民共和国公司法》有关股份转让的规定"的规定，又采纳了权利让与主义。鉴于权利标的主义优点更多，鉴于《民法典》没有表现出权利让与主义，本释评书赞同权利标的主义。

四、权利质权的类型

在《民法典》上，权利质权包括票据质权、债券质权、存款单质权、基金份额质权、股权质权、知识产权质权、应收账款质权等（第 440 条）。

---

[1] ［日］神户寅次郎：《权利质的性质》，载《法学协会》第 28 卷，第 10 号，总第 2135 页。转引自刘银春：《债权质权的理论与实践》，清华大学法学博士学位论文（2005），第 20 页。

[2] ［日］冈松参太郎：《权利质权的性质》，载《京都法学协会杂志》第 1 卷，第 7 号，第 6 页。转引自刘银春：《债权质权的理论与实践》，清华大学法学博士学位论文（2005），第 20～21 页。

[3] 刘银春：《债权质权的理论与实践》，清华大学法学博士学位论文（2005），第 21 页。

它们按照一定标准可有若干分类。以质权的标的物是否为债权，权利质权可分为债权质权和非债权质权。票据质权、债券质权、存款单质权属于债权质权，应收账款质权除了不动产收益权外亦为债权质权。基金份额质权、股权质权和知识产权质权则为非债权质权。以标的物是否为有价证券所表彰或衍生之物为标准，权利质权可分为有价证券质权和非有价证券质权。票据质权、债券质权、股票质权、仓单质权、提单质权等均为有价证券质权。应收账款质权等为非有价证券质权。

鉴于这些权利质权在设立要件和法律效力方面不尽相同，与其按照债权质权、有价证券质权等传统的叙述方式介绍，仍需在其内部分别讨论每种质权，莫不如一开始即逐一讨论各个权利质权，更加清楚简洁。以下按照《民法典》及有关法律、法规及规章规定的票据质权、债券质权、存款单质权、仓单质权、提单质权、基金份额质权、股权质权、知识产权质权、应收账款质权及法律、行政法规规定可以出质的其他财产权质权的顺序讨论。

第四百四十一条

以汇票、本票、支票、债券、存款单、仓单、提单出质的，质权自权利凭证交付质权人时设立；没有权利凭证的，质权自办理出质登记时设立。法律另有规定的，依照其规定。

本条主旨

本条是关于以汇票、本票、支票、债券、存款单、仓单、提单为客体的权利质权以权利凭证交付或登记时设立的规定。

相关条文

《物权法》第 224 条　以汇票、支票、本票、债券、存款单、仓单、提单出质的，当事人应当订立书面合同。质权自权利凭证交付质权人时设立；没有权利凭证的，质权自有关部门办理出质登记时设立。

《担保法》第 76 条　以汇票、支票、本票、债券、存款单、仓单、提单出质的，应当在合同约定的期限内将权利凭证交付质权人。质押合同自权利凭证交付之日起生效。

法释〔2000〕44 号　第 98 条　以汇票、支票、本票出质，出质人与质权人没有背书记载"质押"字样，以票据出质对抗善意第三人的，人民法院不予支持。

《担保制度司法解释》第 58 条　以汇票出质，当事人以背书记载"质押"字样并在汇票上签章，汇票已经交付质权人的，人民法院应当认定质权自汇票交付质权人时设立。

第 59 条　存货人或者仓单持有人在仓单上以背书记载"质押"字样，并经保管人签章，仓单已经交付质权人的，人民法院应当认定质权自仓单交付质权人时设立。没有权利凭证的仓单，依法可以办理出质登记的，仓单质权自办理出质登记时设立。

出质人既以仓单出质，又以仓储物设立担保，按照公示的先后确定清偿顺序；难以确定先后的，按照债权比例清偿。

保管人为同一货物签发多份仓单，出质人在多份仓单上设立多个质权，按照公示的先后确定清偿顺序；难以确定先后的，按照债权比例受偿。

存在第二款、第三款规定的情形，债权人举证证明其损失系由出质人与保管人的共同行为所致，请求出质人与保管人承担连带赔偿责任的，人民法院应予支持。

第 60 条　在跟单信用证交易中，开证行与开证申请人之间约定以提单作为担保的，人民法院应当依照民法典关于质权的有关规定处理。

在跟单信用证交易中，开证行依据其与开证申请人之间的约定或者跟单信用证的惯例持有提单，开证申请人未按照约定付款赎单，开证行主张对提单项下货物优先受偿的，人民法院应予支持；开证行主张对提单项下货物享有所有权的，人民法院不予支持。

在跟单信用证交易中，开证行依据其与开证申请人之间的约定或者跟单信用证的惯例，通过转让提单或者提单项下货物取得价款，开证申请人请求返还超出债权部分的，人民法院应予支持。

前三款规定不影响合法持有提单的开证行以提单持有人身份主张运输合同项下的权利。

理解与适用

一、本条含义概貌

本条承继了《物权法》第 224 条的规定，但也有变化：一是删除了《物权法》第 224 条关于"当事人应当订立书面合同"的要件；二是增加但书，"法律另有规定的，依照其规定"。所谓法律另有规定，如《票据法》第 35 条第 2 款规定："汇票可以设定质押，质押时应当以背书记载'质押'字样。被背书人依法实现其质权时，可以行使汇票权利。"再如，第 80 条规定："本票的背书、保证、付款行为和追索权的行使，除本章规定外，适用本法第二章有关汇票的规定"（第 1 款）。"本票的出票行为，除本章规定外，适用本法第二十四条关于汇票的规定"（第 2 款）①。

二、票据质权

本条允许以汇票、本票、支票出质，由此可以设立票据质权。

（一）票据质权的概念

票据质权，是指为了担保主债权的实现，作为持票人的债务人或第三人将其票据作为质押财产而设立的质权。

所谓票据，是指发票人依据法律的规定发行的，由自己无条件支付或委托他人无条件支付一定金额的有价证券。② 《票据法》所称票据，是指汇票、本票和支票（第 2 条第 2 款）。其中，汇票是出票人签发的，委托付款人在见票时或在指定日期无条件支付确定的金额给收款人或持票人的票据，分为银行汇票和商业汇票（《票据法》第 19 条）。汇票依其记载收款人的形式分为记名汇票和指示汇票。记名汇票，是指出票人在汇票上明确记载收款人姓名的汇票。指示汇票，是指不仅在汇票上记载收款人的姓名，而且记载"或者指定人"字样的汇票。《票据法》不承认无记名汇票，规定未记载收款人名称的汇票无效（第 22 条第 2 款）。因而，不得以无记名汇票出质。本票是出票人签发的，承诺自己在见票时无条件支付确定的金额给收款人或持票人的票据（《票据法》第 73 条第 1 款）。《票据法》所称本票仅指银行本票（第 73 条第 2 款）。一般的企业、事业单位不能签发本票（《支付结算办法》第 97 条、第 100 条）。本票依其记载收款人的方式分为记名本票、指示本票和无记名本票。《票据法》规定，本票必须记载收款人的名称，否则无效（第 75 条第 1 款第 4 项），表明不承认无记名本票。因而，不得以无记名本票出质。支票是出票人签发的，委托办理支票存款业务的银行或其他金融机构在见票时无条件支付确定的金额给收款人或持票人的票据（《票据法》第 81 条）。支票依其付款人的方式分为记名支票、指示支票和无记名支票。记名支票，是指在支票上记载收款人名称的支票。指示支票，是指在支票上明确表示收款人的名称，还附有"或者其他指定人"等指示性的文句的支票。无记名

---

① 《民法典》第 441 条的但书所谓法律另有规定，系《票据法》第 35 条等规定。这是清华大学法学院副教授龙俊博士提供的意见。特此致谢！

② 谢怀栻：《票据法概论》（增订版），北京，法律出版社 2006 年版，第 16 页；杨建华：《票据法要论》，台北，汉林出版社 1979 年版，第 1 页。

支票，是指支票上未记载收款人的名称，或仅记载"来人"等字样的支票。①

关于票据质权的法律性质，需要指出的至少有如下几点。

1. 票据质权为有价证券质权

票据属于有价证券，票据质权属于有价证券质权。对其首先适用法律关于票据及其质权的特别规定，在欠缺这些特别规定或特别规定不明确的场合，还需要适用法律关于有价证券及其质权的一般规定。

2. 票据质权为债权质权

票据为以请求支付金钱为债权内容的金钱证券，票据上体现的法律关系是一种债权债务关系②，故票据质权也属于债权质权。

3. 票据质权的标的物必须具有让与性

票据本来以流通性著称，具有让与性乃其天性。在这个意义上说，所有种类的票据均可出质。不过，《票据法》第27条规定，出票人在汇票上记载"不得转让"字样的，汇票不得转让。《票据司法解释》第52条进而明确："依照票据法第二十七条的规定，出票人在票据上记载'不得转让'字样，其后手以此票据进行贴现、质押的，通过贴现、质押取得票据的持票人主张票据权利的，人民法院不予支持。"第53条也规定："依照票据法第三十四条和第三十五条的规定，背书人在票据上记载'不得转让'字样，其后手以此票据贴现、质押的，原背书人对后手的被背书人不承担票据责任。"因此，以注明"不得转让"的票据质押的，质押无效，当事人不能取得质权。③

［论争］

在中国投资银行天津分行诉天津市轻工公司对外贸易公司确认记载"不得转让"字样汇票质权效力案中，主审法院判决设立于记载"不得转让"字样的汇票上的质权有效。④有专家学者也主张，记载"不得转让"字样的汇票出质，并非票据权利的转让，有效与否，应区别情况而定。如果票据记载"不得转让"的本

---

① 李国光、奚晓明、金剑峰、曹士兵：《最高人民法院关于适用〈中华人民共和国担保法〉若干问题的解释理解与适用》，长春，吉林人民出版社2000年版，第347~348页。

② 谢怀栻：《票据法概论》（增订版），北京，法律出版社2006年版，第36页。

③ 参考李国光、奚晓明、金剑峰、曹士兵：《最高人民法院关于适用〈中华人民共和国担保法〉若干问题的解释理解与适用》，长春，吉林人民出版社2000年版，第352页；曹士兵：《中国担保诸问题的解决与展望》，北京，中国法制出版社2001年版，第316页；胡开忠：《权利质权制度研究》，北京，中国政法大学出版社2004年版，第164~165页。

④ 资料来源，转引自刘银春：《债权质权的理论与实践》，清华大学法学博士学位论文（2005），第47~48页。

意并非全然否定票据的流通性，只是附有期限等限制的，可认定该质权有效设立。①

4. 票据质押行为具有连带性

票据质押的质权人享有的票据权利，既包括付款请求权，也包括追索权。当质权人作为持票人行使付款请求权遭到拒绝后，可以对票据的出票人及其所有前手行使追索权。票据的出票人、背书人、承兑人、保证人等所有在票据上签章的人对持票人承担连带担保付款的责任。持票人可以不依照签章的顺序而自由选择追索的对象，被追索人对持票人受到拒绝承兑或拒绝付款承担无条件给付票据全部金额的责任。②

[探讨]

票据质押行为是否具有无因性

（1）一种观点主张，票据质押行为具有独立性和无因性。票据质押行为和其他票据行为体现在同一张票据上，但是各个票据行为都各自独立产生效力，不受其他票据行为的影响。票据质押行为的有效性不受前面票据行为的影响，即使前面有的票据行为存在瑕疵或无效，如票据上签章的伪造，也只会导致该行为不具有法律上的效力，并不影响所有票据行为的效力，更不会波及票据质押行为的效力，同时票据质押行为的效力也不影响其他票据行为的效力。一般而言，票据质押行为只要具备了法定要件就生效，无论当事人之间设立票据质权的基础合同的效力怎样，也不论双方对质权的担保范围等有何约定，均不影响票据质押行为的效力。质权人实现质权而向付款人请求付款或向前手追索时，付款人和被追索人不得以票据质押的原因关系或质押的主债务无效而抗辩票据债务的承担。但是，出质人若为付款人或被追索人的，得以票据质押的原因关系或质押的主债务无效而抗辩票据债务的承担。③

笔者认为，必须区分票据质押行为和票据质权两个概念。票据质押行为是设立票据质权的行为，在承认物权行为的立法例及其理论上，是指票据质权的设立，为准物权行为；设立票据质权的约定则为债权行为，该债权行为是票据质权设立的原因行为。在德国民法上，设立票据质权的约定有效与否，均不影响票据质权的设立，就是说德国民法及其理论对票据质权的设立采取无因性原则，也可

---

① 刘银春：《债权质权的理论与实践》，清华大学法学博士学位论文（2005），第53页。

② 李国光、奚晓明、金剑峰、曹士兵：《最高人民法院关于适用〈中华人民共和国担保法〉若干问题的解释理解与适用》，长春，吉林人民出版社2000年版，第347～348页。

③ 熊伟、罗平：《票据质押若干问题研究》，载《法学评论》1999年第6期，第102页以下。

以说票据质押行为具有无因性。

在不承认物权行为的中国《民法典》及其理论上，票据质权的设立为物权变动，但非物权行为，票据质权由票据质押合同加上交付票据设立而成，票据质押合同相当于德国民法理论所谓的债权行为。按照《民法典》及其司法解释，票据质押合同无效或被撤销，票据质权随后要归于消灭，而非不受票据质押合同的效力的影响。在这个层面上，难谓票据质权设立具有无因性。

（2）另一种观点认为，票据质押行为具有文义性。票据质押的意思表示只能以票据上记载的内容为准，无论当事人之间有无其他约定，也无论主债权情况怎样，出质人与质权人之间的权利义务只能依照票据上的文字记载认定，不允许以票据以外的其他方式证明。即使当事人由于疏忽而作了错误记载，仍按照错误记载发生法律上的效力，所以当事人不得以票据没有记载的内容主张权利或抗辩票据权利。[1] 笔者认为，这个结论符合经背书质押票据的情况，但对于未经背书的票据质权则有所不当，因为后一种票据质权要由质押合同及交付的票据来证明，票据质权的若干内容也要由质押合同的条款确定。如此，笼统地主张票据质押行为一律具有文义性，颇有以偏概全之嫌。

（二）票据质权的设立

票据质权的设立，依据《民法典》第441条的规定，需要当事人之间有设立票据质权的意思表示。需要出质人将票据（权利凭证）交付给债权人，或是通过背书的方式；没有权利凭证的，质权自办理出质登记时设立。

[辨析]

票据质押合同是实践合同还是诺成合同

关于票据质押合同为诺成合同还是实践合同（要物合同），存在着分歧。《担保法》采取了实践合同说（第64条第2款），有学者据此解释。[2] 对于质押合同为实践合同，有学者论证其合理性：质押财产的移交是质押合同中最为关键的因素，是质押合同最重要的外在体现，是其他权利义务产生的前提和必要条件，如无质押财产的移交，则该合同的一切权利义务都将成为空谈。从实践来看，多数权利质押合同在本质上均具有实践合同的特征，如债权质权在设立时要交付债权证书，票据在设立时需要将背书设质后的票据交付给债权人。不过，与动产质权相比，权利质押合同的"要物性"已经很弱，因为在债权质押中，出质人移交的债权证书仅是债权的凭证，债权人即使无该证书也可能接受债务人的清偿，这与

---

① 熊伟、罗平：《票据质押若干问题研究》，载《法学评论》1999年第6期，第102页以下。
② 郭明瑞、杨立新：《担保法新论》，长春，吉林人民出版社1996年版，第204页。

动产质押中质权人对亚财产的绝对的物理上的控制力相比要弱得多，甚至我们可以说这种"要物性"往往是象征性的，只是在有价证券质押中，其"要物性"才体现得比较强烈。① 反对说则主张，质押合同在质押财产移转前并非不发生效力，《担保法》第 64 条第 2 款关于"质押合同自质物移交于质权人占有时生效"的规定，显然将质押合同的生效与质权的设立混为一谈了。②

笔者认为，《担保法》上的质押合同的确为实践合同，但《物权法》上的则不然。按照《物权法》第 224 条的文义及规范意旨，以及第 15 条区分物权变动与其原因行为的规定，应当承认质押合同为诺成合同。至于质押财产的交付或票据等权利凭证的交付，属于质权设立（物权变动）的生效要件，不再是质押合同（物权变动的原因行为）的成立要件和生效要件。质押登记亦然。《物权法》将质押合同定性和定位于诺成合同具有如下优点：（1）明确区分了质权设立和引发质权产生的法律事实——质押合同，划清了物权法和债法各自管辖的领域，体系上更为严密，理论上更为清晰，法律效果更为理想。（2）质押一经成立，一般即发生法律约束力，出质人违反诚实信用原则，拒不交付质押财产或票据等权利凭证，债权人可以基于有效的质押合同请求出质人履行交付质押财产或票据等权利凭证的义务，最终使质权设立；反之，若采取质押合同为实践合同说，把交付质押财产或票据等权利凭证作为质押合同的成立要件或生效要件，一旦出质人拒不交付质押财产或票据等权利凭证，或拒不配合办理质押登记，质押合同即未告成立或不具有法律效力，债权人无法依据质押合同请求出质人履行交付质押财产或票据等权利凭证的义务，也就难以使质权设立。将质押登记作为权利质权设立的生效要件，而非质押合同的成立要件和生效要件，其优点也是如此。（3）把质押合同定性和定位在诺成合同，在出质人拒不交付质押财产或票据等权利凭证时，构成违约，而非合同不成立或不生效，有利于债权人（质权人）追究出质人的违约责任。把质押登记作为权利质权设立的生效要件的优点同样如此。反之，而按照实践合同说，在出质人拒不交付质押财产或票据等权利凭证，质押合同不成立或不具有法律效力，债权人无法基于质押合同请求出质人继续履行移交质押财产或交付票据等权利凭证的义务，只好追究出质人的缔约过失责任。而缔约过失责任场合，债权人无法主张违约金条款，赔偿范围不会是履行利益的损失。正因如此，《民法典》承继了《物权法》的规定和精神。

---

① 胡开忠：《权利质权制度研究》，北京，中国政法大学出版社 2004 年版，第 209、211 页。

② 梁慧星主编：《中国物权法草案建议稿：条文、说明、理由与参考立法例》，北京，社会科学文献出版社 2000 年版，第 706~707 页。

还应看到，德国、中国台湾地区的立法及其学说主张质押合同为要物合同，日本有学者如此沿袭，与其区分物权行为和债权行为密切相关，特别是坚持质押合同作为物权行为的学说，把质押合同定性为要物合同，更是顺理成章。当然，在区分质押合同和质权设立的学说中，把质押合同认定为要物合同仍有疑问。在中国现行法上，没有物权行为制度，但承认物权变动，《民法典》把质押财产的交付或票据等权利凭证的交付作为物权变动的生效要件了，质押合同自双方合意成立，一般情况下同时生效。如此，质押合同应为诺成合同无疑。

（三）票据质权设立所需要的票据交付形式

《票据法》既不承认无记名汇票，又不承认空白背书票据，因此，不准许以单纯交付的方式转让汇票，只承认记名汇票，于是，汇票转让在现行法上只能采取背书交付的方式。对于本票，也只承认记名本票，所以，本票亦只能通过背书交付的方式而转让。[①] 由于票据质权的设立相似于票据权利的转让，票据质权设立所需要的票据交付，在汇票质权、本票质权的设立场合目前似应采取背书交付的方式。在这种背景下，《民法典》仍然规定票据质权的设立以权利凭证的交付为生效要件，没有刻意排除单纯的票据交付方式，可理解为给《票据法》修订时放宽到承认不记名汇票和不记名本票预留空间。在这方面，《担保制度司法解释》强调："以汇票出质，当事人以背书记载'质押'字样并在汇票上签章，汇票已经交付质权人的，人民法院应当认定质权自汇票交付质权人时设立"（第58条）。

实务中，票据质权的设立多要背书记载"质押"字样。对于该背书的地位及作用，《票据司法解释》第54条规定："依照票据法第三十五条第二款的规定，以汇票设定质押时，出质人在汇票上只记载了'质押'字样未在票据上签章的，或者出质人未在汇票、粘单上记载'质押'字样而另行签订质押合同、质押条款的，不构成票据质押。"第50条规定："依照票据法第三十四条和第三十五条的规定，背书人在票据上记载'不得转让''委托收款''质押'字样，其后手再背书转让、委托收款或者质押的，原背书人对后手的被背书人不承担票据责任，但不影响出票人、承兑人以及原背书人之前手的票据责任。"所有这些，都符合《民法典》第441条但书的规定。

（四）票据质权的效力

1. 票据质权所担保的债权范围

票据质权的担保范围，包括主债权及利息、违约金、损害赔偿金和实现质权的费用，除非质押合同另有约定（《民法典》第389条）。一般地说，票据质权不

---

① 谢怀栻：《票据法概论》（增订版），北京，法律出版社2006年版，第76页。

存在保管质押财产的问题，也就没有票据质权的效力及于质押财产的保管费用、因质押财产隐蔽瑕疵造成的损害赔偿金的问题，但是，质权人若把入质的票据委托给他人保管，需要支付必要的保管费用，该费用应包含在票据质权担保的范围之内。

2. 质权效力所及的标的物范围

票据质权的效力及于票据权利，不成问题。票据权利的内容就是到期由票据债务人支付票据所记载的金额，不存在类似一般民事债权的利息、股票持有人的新股优先认购权等孳息，所以，无所谓票据质权的效力及于票据孳息可言。

3. 出质人的权利义务

（1）处分权受到限制。票据质权的设立不同于票据权利的转让，出质人的权利主体资格并未被剥夺，对入质的票据权利，出质人依然享有处分权。只不过为了质权人的利益，需要限制此类处分权，表现在如下方面：1）由于票据是完全有价证券，权利随票据，只要质权人持有票据，出质人就不能依法律行为消灭质权。2）票据是文义证券，票据权利的变更只能通过更改票据上的文字来实现，质权人虽然现实地持有票据但却不具备更改权，有更改权的票据债务人却未持有票据，因此，未经质权人的同意，也不可能变更票据权利。3）由于质权人持有票据，未获其同意，票据质权的出质人不可能转让票据权利。而以股权、知识产权供作质押的，则出质人完全具有不经质权人同意而径直处分入质权利的可能性。票据质权的出质人的处分权在实践中是不可能实现的。①

（2）容忍票据质权人兑现票据并就兑现款项提前受偿或提存。这将在释评《民法典》第442条时再论，此处不赘。

（3）担保债权已届清偿期，债务人已经适当清偿了债务，担保债权消灭，质权随之消灭，出质人有请求质权人返还票据的权利。

（4）担保债权已届清偿期，债务人不履行债务，质权人依法行使质权，若票据金额超过了被担保债权的数额，出质人对于多余的票款有返还请求权。

4. 质权人的权利义务

（1）概述

票据权利的内容就是到期由票据债务人支付票据所记载的金额，不存在类似一般民事债权的利息、股票持有人的新股优先认购权等孳息，所以，票据质权人没有收取所谓票据孳息的权利。

（2）票据的留置权

票据质权人占有出质的票据，在主债务人不履行到期债务之前，质权人有权

---

① 于莹、高一寒：《论票据质押的效力》，载《人民法院报》2007年11月18日，第6版。

留置该票据。

（3）转质权

票据质权场合，质权人享有转质权，其理由在于：1）质权设立后，票据从出质人转移至质权人，如果不允许质权人转质，无疑使入质的票据权利无法再流转，必然阻碍效率的实现；2）转质的效果是转质权人取得了较质权人对入质的权利更优先的支配力，实际上等于限制了质权人的权利，对出质人的利益并无大的影响，更何况立法在规定转质权的同时都规定了质权人对质押财产因转质发生损害的赔偿责任，所以，转质并不会损害出质人的利益。承诺转质，因获得了出质人的同意更应该被承认。①

（4）票据质权的保全权

在基于质押合同设立质权的场合，质权人只能通过质押合同以及主债权到期未获清偿的事实证明自己的权利，而非通过背书连续能够在形式上证明自己为票据权利的票据权利人，于是，在票据质权实行的条件尚未具备的情况下，质权人并不当然地有权行使票据权利，也就不可能行使追索权。在出质人的行为足以造成入质权利的价值减少而危及质权人的权益的场合，为保全入质的票据权利，只能请求出质人另行提供担保，或请求出质人行使期前追索权，并将出质人获得的追索金额提存或用以提前清偿。当然，在质权实现的条件具备而票据仍未到期时，质权人因其有权行使票据权利，就可以行使期前追索权。②

（5）物权请求权

在票据被他人无权占有、票据质权受到妨害或有妨害之虞时，票据质权人有权行使物权请求权。

（6）行使票据权利

票据质权人的权利，按照权利让与主义，就是票据权利本身，出质人于设立票据质权时已经把票据权利移转给质权人了；依据权利标的主义，票据质权的设立并未移转票据权利，只是在质权实行时，质权人可以行使票据权利。《票据法》第35条第2款后段规定："被背书人依法实现其质权时，可以行使汇票权利。"由此表明采取的是权利标的主义，票据质权人是以自己的名义为自己的利益而行使票据权利。对此，本释评书予以遵循。

[引申]

票据质权人行使票据权利，究竟是作为出质人的代理人行使，还是类似《民

---

①② 于莹、高一寒：《论票据质押的效力》，载《人民法院报》2007年11月18日，第6版。

法典》第535条以下规定的债权人代位权那样，以自己的名义代位行使出质人的票据权利，法无明文，需要探讨。由于前者需要适用代理的规定，意味着质权人行使票据质权须在不少方面受制于出质人，显然不利于质权人，也不符合实务运作的情况，本书采取代位行使说。

（7）对抗票据债务人抗辩

票据质权人（被背书人）有权对抗票据债务人援用其对背书人（出质人）的抗辩，除非票据质权人（被背书人）在取得票据时存在着有害于背书人的故意。这在票据法理论上称为切断人的抗辩。设质背书的被背书人（票据质权人）是以自己的名义为自己的利益行使票据权利，背书人（出质人）和被背书人（票据质权人）是在票据法上人格与利益分离的两个独立的主体，票据债务人不能像委任取款背书一样以对背书人的抗辩事由来对抗被背书人。如日内瓦《汇票和本票统一法公约》第19条第2款规定："汇票债务人不得以自己与背书人个人之间所存在之抗辩事由，对抗执票人"。其理由在于，设质背书的目的是以票据权利的安全性和信用性作为设质债务的担保，如果允许以对背书人的抗辩对抗被背书人，使其妨碍质权的行使，就破坏了票据作为权利证券的安全性和作为流通证券的信用性，与票据行为的独立性原则不相吻合，票据作为设质标的就失去其特有的意义了。[①]

（五）票据质权的实现

票据质权的实现，以主债务人不履行到期债务致使票据质权人（主债权人）的担保债权未获清偿为条件，或以当事人约定的实现票据质权实现的情形为条件。一般而言，当以上条件成就时，票据质押权人实现质权的方式主要有如下几种。

1. 向付款人请求付款，并以所得款项优先满足自己的债权。当主债务已届清偿期、票据也到期时，票据质权人作为主债权人，即可以依背书的连续性证明自己权利的存在，持票据提示付款人付款。如果该票据已经付款人、第三人承兑或保付，承兑人、保付人则成为票据主债务人，负有绝对保证票据兑付的义务，其余债务人则退居其次而成为第二债务人。若票据主债务人拒绝付款，票据质权人可以直接向法院起诉，要求其履行票据义务，而不必马上行使追索权。如果付

---

① 姜建初：《票据原理与票据法比较》，北京，法律出版社1994年版，第103～104页；王小能：《票据法教程》，北京，北京大学出版社1994年版，第226页；谢怀栻：《票据法概论》（增订版），北京，法律出版社2006年版，第161页；熊伟、罗平：《票据质押若干问题研究》，载《法学评论》1999年第6期，第107页。

款人、承兑人或保付人将票款支付给票据质权人，在票据法上，票据质权关系便已结束。当然，票据质权人只能获得与其主债权相等的金额，其余的则须退还给出质人。[1]

2. 行使票据追索权，并以所得款项优先满足自己的债权。当票据到期未获付款，或在到期日前不获承兑，或有其他法定原因时，票据质权人在进行了行使或保全票据权利的行为后，可以向其前手追索，请求偿还票据金额及其他法定款项。由于票据关系人发行、转让、质押票据所连带的担保责任其实只是对内的一种连带关系，相对于付款人、承兑人来说则只是一种补充担保，所以只有当票据付款请求权不能实现或无法得到满足时，持票人才能行使追索权，使其前手连带承担担保责任。正因为如此，可以认为，追索权是付款请求权的一种补充或保障性权利，为第二次请求权，它有效地起到了保障票据债权安全流通、票据制度规范运行的作用。倘若票据质权人能够通过行使追索权而获得票款，则可优先满足自己的债权，即使是对出质人行使追索权时也是如此。追索的标的是票据所载的全部票款，而不是主债权的数额，因此票据债务人不能以主债权数额小于票面金额予以抗辩。不过在所有的被追索对象中，只有出质人可以依票据原因关系的瑕疵而抗辩质权人的票据追索权。[2]

（六）票据质权的消灭

票据质权所担保的债权消灭、票据权利消灭、质权人将票据返还与出质人、质权人抛弃票据质权等事由出现，票据质权归于消灭。

三、债券质权

（一）债券质权的概念

债券质权，是指以债券为标的物而设立的质权。

债券是指由政府、金融机构或企业为了筹措资金而依照法定程序向社会发行的，约定在一定期限内还本付息的有价证券。它包括政府债券、金融债券和企业债券。政府债券在中国又称国库券，即由政府为筹措资金而向投资者发行的一种债券。金融债券是由金融机构发行的债券。企业债券是由企业发行的债券。[3]

债券，表示着一定的债权，因而，债券质权属于债权质权。债券，为有价证

---

[1]　熊伟、罗平：《票据质押若干问题研究》，载《法学评论》1999 年第 6 期，第 107～108 页。

[2]　王小能：《票据法教程》，北京，北京大学出版社 1994 年版，第 225 页；谢怀栻：《票据法概论》（增订版），北京，法律出版社 2006 年版，第 161 页；熊伟、罗平：《票据质押若干问题研究》，载《法学评论》1999 年第 6 期，第 108 页。

[3]　胡康生主编：《中华人民共和国物权法释义》，北京，法律出版社 2007 年版，第 478 页。

券的一种，所以，债券质权属于有价证券质权。

（二）债券质权的设立

债券质权的设立，依据《民法典》第441条正文的规定，需要出质人将债券（权利凭证）交付给债权人（质权人），债券质权自债券（权利凭证）交付债权人（质权人）时设立。

诸如记账式国库券、在证券交易所上市交易的公司债券等债券，均因实现无纸化而没有权利凭证，它们出质，依据《民法典》第441条正文中段的规定，需要到有关机构进行出质登记，债券质权自该登记机构办理出质登记时设立。由于《民法典》第214条规定物权变动自记载于不动产登记簿时发生效力，债券质权自登记机构将债券质押的信息记载于登记簿时设立。

需要指出，《公司法》规定："公司债券在证券交易所上市交易的，按照证券交易所的交易规则转让"（第159条第2款）。"记名公司债券，由债券持有人以背书方式或者法律、行政法规规定的其他方式转让；转让后由公司将受让人的姓名或者名称及住所记载于公司债券存根簿"（第160条第1款）。"无记名公司债券的转让，由债券持有人将该债券交付给受让人后即发生转让的效力"（第160条第2款）。第160条的规范意旨，在于保护第三人不因公司债券的转让而受不测的损害，以维护交易安全。按照权利标的主义，债券质权的设立虽然与债券转让有所区别，但具有类似性，应当类推适用债券转让的有关规定。在公司债券出质的问题上，《民法典》第441条后段的规定为普通法，《公司法》第160条的规定为特别法，应当优先适用。[①] 其中，记名公司债券质权的设立，不但需要签订质押合同，而且需要出质人在公司债券上记载"质押"字样或履行法律、行政法规规定的其他方式，还要将质权人的姓名或名称记载于公司债券存根簿。

还需说明，将债券出质的事实通知第三债务人，不是债券质权设立的生效要件，而是债券质权拘束债务人的要件，换句话说，若不为设立债券质权的通知，第三债务人可以拒绝质权人关于清偿被担保债权的请求。

（三）债券质权的效力

1. 债券质权所担保的债权范围

关于债券质权所担保的债权范围，质押合同有约定的，依其约定；没有约定的，包括主债权及利息、违约金、损害赔偿金（《民法典》第389条），以及由他人有偿保管债券时产生的必要费用。

---

① 参见黄松有主编：《〈中华人民共和国物权法〉条文理解与适用》，北京，人民法院出版社2007年版，第660～661页。

2. 债券质权的效力所及的标的物范围

债券债权本身及其利息，债券债权遭受侵害所产生的损害赔偿金，应属于债券质权的效力所及的标的物范围。如果债券附有从证券且在出质时交付债权人了，此类从证券亦为债券质权的效力所及。

3. 质权人的权利

（1）债券的留置权

在出质人已将出质债券交付债权人（质权人）、被担保债权尚未获得清偿的情况下，质权人有权留置该债券。

（2）利息的收取权

债券产生的利息，质权人享有利息收取权（《民法典》第446条、第430条）。

（3）转质权

质权人有权准用《民法典》第434条的规定，将债券转质。

（4）入质债券的保全权

出质人的行为造成入质债券的价值明显减少，足以危害质权人权利的，可准用《民法典》第433条的规定，质权人有权要求出质人提供相应担保；出质人不提供的，质权人有权与出质人协议将入质债券提存。

（5）物权请求权

在入质债券被他人无权占有、债券质权受到妨害或有妨害之虞时，债券质权人有权行使物权请求权。

（6）提前受偿或提存权

这将在释评《民法典》第442条时再论，此处不赘。

（7）享有债券的担保利益

入质债券附有质权或保证时，债券债权为主权利，质权、请求保证人承担保证责任的权利等为从权利。根据担保权的效力及于担保物的从权利的原理，债券质权的效力及于这些担保利益。如此，在入质债券的兑现日期届满后，第三债务人拒不付款，债券质权人有权代入质债券债权人之位而行使附带于债券上的担保权，可以直接请求债券债权的保证人予以清偿，或就担保债券债权的质押财产的变价，使其债权优先受偿。

（8）别除权（涤除权）

在债券债权人进入破产程序时，债券质权人可以就已经入质的债券主张行使别除权（涤除权），要求不将该部分财产权利列入破产财产范围。

（9）债券质权的实行权

在主债务人不履行到期债务致使被担保债权未获清偿时，债券质权人有权实行质权，就入质债券为处分：入质债券的兑现日期先于被担保债权的，质权人有权请求债券债权人提前清偿或予以提存，已如上述，此处不赘；债券债权已届兑现期的，质权人有权直接请求第三债务人付款，并就此享有优先于债券债权人和一般第三人受偿的权利。

债券的金额超过被担保债权的部分归出质人所有，不足部分由主债务人清偿（《民法典》第446条、第438条）。

4. 债券质权人的义务

（1）保管义务

债券质权人对其占有的入质债券应尽善良管理人的注意予以保管。

（2）通知义务

债券质权的实现，取决于第三债务人的清偿，因而应当将债券质押的事实通知第三债务人，若未通知，则不具有对抗该第三债务人的效力，该第三债务人仍然可以向债券债权人付款，无须对债券质权人负担任何责任。只有这样，才能较为公正地平衡各方当事人的利益关系。由此导出债券质权人负有将债券质押的事实通知给第三债务人的义务。质权人怠于通知，第三债务人有权向债券债权人付款，除非能够证明该第三债务人为恶意。

需要注意，由于债券质权自债券交付或有关部门办理出质登记时设立，表明质权人将债券出质的事实通知第三债务人不是质权的生效要件，只是质权设立后于质权实行时请求第三债务人付款的条件。从第三债务人的角度观察，在质权人怠于通知时，第三债务人得以此向质权人为有关的抗辩，如在第三债务人已经向债券债权人付款时，其债务消灭，可以对抗质权人关于付款的请求。

债券质权人对第三债务人还负有另一通知义务，即，在主债务人不履行到期债务致使担保债权未获清偿时，债券质权人有义务通知第三债务人向自己付款。

（3）消除对债券债权的限制

在主债务人适当清偿担保债务、质权人放弃债券质权等事由导致质权消灭的情况下，质权人应当消除对债券债权的限制，如及时返还债券或及时办理注销登记等。

（4）赔偿损失

债券质权人对债券债权人承担损害赔偿责任的情况有如下两种：1）在债券质权存续期间，未经出质人同意却转质，给债券债权人（出质人）造成损失的，债券质权人应当赔偿其损失（《民法典》第446条、第434条）。2）债券质权人怠于行使质权，给债券债权人（出质人）造成损失的，应当赔偿其损失（《民法典》第446条、第437条第2款）。

（5）不当得利返还

债券质权的行使，超过了被担保债权的范围，就该超出部分构成不当得利，债券质权人应予返还（《民法典》第985条以下）。

（四）债券质权的消灭

债券质权所担保的债权消灭、债券债权消灭、质权人将债券返还与出质人、质权人抛弃债券质权等事由出现，债券质权归于消灭。

四、存款单质权

（一）概述

存款单，简称为存单，是指存款人在银行等储蓄机构存了一定数额的款项后，由该银行等储蓄机构开具的到期还本付息的债权凭证。[①]

[扩展]

1. 存款单分为记名存单和不记名存单，记名存单可挂失，不记名存单不可以挂失。可以设立质权的存款单主要是指各类定期存款单，因为活期存款可以随时存取，没有必要设立质权。

实践中，使用存单质押的情形主要包括三种：（1）大额可转让定期存单的质押。所谓大额可转让定期存单，是指一种固定面额、固定期限、可以转让的大额存款凭证（《大额可转让定期存单管理办法》第2条）。银行目前对城乡居民个人发行的大额可转让定期存单，其面额包括1万元、2万元、5万元三种；而对企业、事业单位发行的大额可转让定期存单，其面额包括50万元、100万元、500万元三种。大额可转让定期存单采用记名方式发行，采用背书方式转让，转让次数不限，背书应当连续。（2）单位定期存单质押。这里的单位定期存单，是指借款人为办理质押贷款而委托贷款人依据开户证实书向接受存款的金融机构申请开具的人民币定期存款权利凭证（《单位定期存单质押贷款管理规定》第3条第1款）。（3）个人定期储蓄存款存单质押。此种个人定期储蓄存单仅限于中国境内的居民未到期的整存整取、存本取息、华侨人民币、大额可转让定期存单（记名）和外币定期储蓄存款存单（《个人定期储蓄存款存单小额抵押贷款办法》第4条）。[②]

---

① 胡开忠：《权利质权制度研究》，北京，中国政法大学出版社2004年版，第171页；胡康生主编：《中华人民共和国物权法释义》，北京，法律出版社2007年版，第478页。

② 王利明、尹飞、程啸：《中国物权法教程》，北京，人民法院出版社2007年版，第525页。

2. 存折不宜质押，因为活期储蓄可以随时支取，满足存款人的需要。①

存单为债权凭证，反映着一定的还本付息请求权，因而存单质权为债权质权。存单是一种证券，所以存单质权同时为证券质权。

[辨析]

存款单质权不同于实务中存在着的账户质权。所谓账户质权，不得望文生义地将之界定为以账户为标的物而设立的质权，因为账户是一个会计概念，属于经济学范畴，其作用是为企业等提供一个资金往来的载体，便于国家对企业和相关人员进行税收等必要的管理；账户本身不具有交换价值，不属于可以流通的财产性资源，不代表财产性权利。还有，从实际情况看，一个企业的账户数目也并无严格限制，而且申请开立账户亦决非难事，由此使得账户本身不具有价值和交换价值。所谓账户质权，指的是这样的质权：借款人或第三人以未来预期可能获得的收入（一般是较为稳定的收费收入等）作担保，在贷款银行开立唯一的收费等经济往来账户，由贷款银行对该账户进行日常监管，一旦出现债务人不能按期还款的情况，贷款银行有权直接从该收费账户中扣划资金。可见，账户质权，实际上不是真正地用特定账户来担保债权的实现，而是以特定账户中的资金作为质物，担保债权实现的质权。②

在界定了特定账户里的资金数额并为特定债权提供担保的情况下，此类账户质权实际上是以一定数量的资金为标的物的金钱质权。③

在质押合同仅仅规定以某账户质押，并未特定其中的资金，则由于账户资金是流动的，在出质人为企业、个体工商户、农业生产经营者的情况下，可依据《民法典》第396条的规定，以浮动抵押权论处。

在其他情况下，所谓的账户质权可按照债权对待。

（二）存款单质权的设立

本条规定，以存款单出质的，出质人和债权人（质权人）应有其意思表示，存款单质权自出质人将存款单交付债权人（质权人）时设立。

在实务操作中，以存款单出质的，依次进行如下作业：出质人和债权人（质权人）签订质押合同，出质人在存款单上背书，债权人（质权人）进行核押，其

---

① 胡开忠：《权利质权制度研究》，北京，中国政法大学出版社2004年版，第172页。
② 刘银春：《债权质权的理论与实践》，清华大学法学博士学位论文（2005），第126～127页。
③ 参考曹士兵：《中国担保法诸问题的解决与展望》，北京，中国法制出版社2001年版，第312页。

至进行登记。①

所谓存款单核押，是指债权人（质权人）将存款单质押的情况告知开具存款单的储蓄金融机构，并就存款单的真实性向储蓄金融机构咨询，储蓄金融机构对存款单的真实性予以确认，并在存款单上签章或以其他方式签章的行为。其法律意义在于，开具存款单的储蓄金融机构对存款单的真实性进行确认，并且一经确认，无论出质人实际存款的情况如何，均应推定存款单为具有完全权利内容的权利凭证，可以成为合法的质权标的物。存款单出质核押也是在向开具存款单的储蓄金融机构为质权设立的通知，储蓄金融机构被告知存款单出质的事实之后，存款人就成为"虚有权利人"，开具存款单的储蓄金融机构就不得再向存款人支付存款单载明的款项，更不允许挂失该存款单。如果开具存款单的储蓄金融机构核押后又受理挂失并造成存款流失的，应当承担民事责任。②

［探讨］

1. 以虚开的存款单质押，以伪造、变造的虚假存款单质押的效力

所谓伪造、变造的虚假存款单，是指确属储蓄金融机构出具的但无实际存款内容的或与实际存款不符的真实存款单。无实际存款内容的存款单，即空存单。与实际存款内容不符的存款单，即套取的存款单。

对于此类存款单，《存单司法解释》第8条规定，存单持有人以伪造、变造的虚假存单质押的，质押合同无效。接受虚假存单质押的当事人如以该存单质押为由起诉金融机构，要求兑付存款优先受偿的，人民法院应当判决驳回其诉讼请求，并告知其可另案起诉出质人（第1款）。存单持有人以金融机构开具的、未有实际存款或与实际存款不符的存单进行质押，以骗取或占有他人财产的，该质押关系无效。接受存单质押的人起诉的，该存单持有人与开具存单的金融机构为共同被告。利用存单骗取或占用他人财产的存单持有人对侵犯他人财产权承担赔偿责任，开具存单的金融机构因其过错致他人财产权受损，对所造成的损失承担连带赔偿责任。接受存单质押的人在审查存单的真实性上有重大过失的，开具存单的金融机构仅对所造成的损失承担补充赔偿责任。明知存单虚假而接受存单质押的，开具存单的金融机构不承担民事责任（第2款）。以金融机构核押的存单出质的，即便存单系伪造、变造、虚开，质押合同均为有效，金融机构应当依法向质权人兑付存单所记载的款项（第3款）。

---

① 李国光、奚晓明、金剑峰、曹士兵：《最高人民法院关于适用〈中华人民共和国担保法〉若干问题的解释理解与适用》，长春，吉林人民出版社2000年版，第355页。

② 参考曹士兵：《中国担保诸问题的解决与展望》，北京，中国法制出版社2001年版，第307页。

2. 以借用的存款单质押的效力

借用他人的存款单，以该他人的名义出质的，应当视构成要件而后决定适用代理或无权代理或表见代理的规定，来确定质押合同的效力，进而确定质权是否设立。

借用他人的存款单，以自己的名义出质，且存款单的所有权人与出质人（存款单的持有人）的姓名不一致的，出质人出示了对该存款单享有处分权的确凿证明，质押合同不因此而无效；出质人不能出示对该存款单享有处分权的确凿证明，质押合同也不因此而无效。

（三）存款单质权的效力

存款单质权的效力与前述债券质权的效力大体相当，不再赘述。需要指出的是，存款单到期后予以转期，而换发定期存款单的存款债权，仍为存款单质权的效力所及。[①]

（四）存款单质权的实现

主债务人不履行到期债务致使被担保债权未获清偿，或当事人约定的实现存款单质权的条件成就，质权人可行使质权，直接向存款单债务人——开具存款单的储蓄金融机构——请求兑付，使其被担保债权就存款单兑付的款项优先获得清偿。假如该储蓄金融机构拒绝兑付存款单，质权人可向该储蓄金融机构提起给付之诉。[②]《存单司法解释》第6条第3款规定："出资人起诉金融机构的，人民法院应通知用资人作为第三人参加诉讼；出资人起诉用资人的，人民法院应通知金融机构作为第三人参加诉讼；公款私存的，人民法院在查明款项的真实所有人基础上，应通知款项的真实所有人为权利人参加诉讼，与存单记载的个人为共同诉讼人。该个人申请退出诉讼的，人民法院可予准许。"

存款单的金额超过被担保债权的部分归出质人所有，不足部分由债务人清偿（《民法典》第446条、第438条）。

（五）存款单质权的消灭

存款单质权所担保的债权消灭、存款单债权消灭、质权人将存款单返还与出质人、质权人抛弃存款单质权、质权人依其意思丧失对存款单的占有又不能依法请求返还等事由出现，存款单质权归于消灭。

[①] 谢在全：《民法物权论》（下册），台北，三民书局有限公司2003年12月修订2版，第342页。

[②] 曹士兵：《中国担保诸问题的解决与展望》，北京，中国法制出版社2001年版，第311页。

五、仓单质权

（一）仓单质权的概念

所谓仓单质权，是指以仓单为标的物而设立的质权。

仓单，是指仓库的保管人应寄托人（存货人）的请求所填发的证明寄托人（存货人）所寄存物品的一种有价证券。仓单一般记载如下内容：寄托人的姓名及住址，保管场所，寄存物品的种类、名称、数量、质量，仓单填发地及填发时间，保管期限，保管状况，保管费用等。仓单是一种有价证券，要行使仓单上的权利，必须持有仓单。[①]

关于仓单的立法模式主要有两单主义、一单主义和并用主义三种。所谓两单主义，是指保管人同时填发两仓单，一为提取仓单，一为出质仓单。前者用来提取寄存物，可以转让；后者用来出质，可作为债权担保。其理由为，寄托人（存货人）可以先以出质仓单来出质，以便筹措现款，然后以提取仓单待价而沽，所以出质和转让并行不悖。如果只有一单，则出质后无法转让。[②] 法国、比利时和意大利等国的立法例采取此项主义。所谓一单主义，是指保管人仅填发一份仓单，可同时作为转让和出质之用。其理由为，如果采用两单主义，两单分别流通时，则提取仓单持有人常担心出质仓单所担保的债权未获清偿致使仓储物或保管物有被拍卖的危险；而出质仓单持有人也担心两单所载数额不符，难免不安。还有，在两单主义下，虽然先质后卖，但出质后一般都不易再卖，所以实际上两单等同于一单。《德国商法典》采取一单主义（第 424 条）。所谓并用主义，是指根据存货人的选择，请求填发两单或一单。《日本商法典》采取此种模式（第 627条）。[③] 这种制度叠床架屋，徒滋纷扰，并无实益。所以，在实务中采取的是单一主义。[④] 中国法律采取的是一单主义，即保管人应存货人的请求仅填发一仓单，而不须填发两个仓单。该仓单作为提取保管物的凭证，既可以转让也可以出质。[⑤]

关于仓单质权的性质，素有争论。有主张仓单质权为动产质权的，理由在于，仓单为表示所代表的物品的有价证券，占有证券与占有物品有同一效力，故

---

① 黄松有主编：《〈中华人民共和国物权法〉条文理解与适用》，北京，人民法院出版社 2007 年版，第 656 页。

② 郑玉波：《论仓单》，载郑玉波：《民商法问题研究》（第 1 册），台北，1988 年自版，第 321 页。

③ 胡开忠：《权利质权制度研究》，北京，中国政法大学出版社 2004 年版，第 166～167 页。

④ ［日］西原宽一：《商行为法》，东京，有斐阁 1972 年版，第 364 页。

⑤ 崔建远主编：《合同法》，王轶执笔，北京，法律出版社 2007 年第 4 版，第 486 页。

仓单质权为动产质权。[1] 也有认为仓单质权为权利质权的，理由在于，仓单等有价证券所表示的物品仅得依其证券来行使权利，况民法将有价证券出质一概归于权利质权，故仓单质权应为权利质权。[2] 有学者进一步论证道，以仓单出质实际上是以仓单上所附载的对保管人的请求权出质，因为寄托人有权请求保管人履行对货物的保管义务并在合同到期后将货物交付寄托人，所以仓单所代表的权利可视为一种债权。以仓单出质实际上属于证券债权质权。[3]《民法典》把仓单质权放在权利质权中规定（第440条以下），可见采取了权利质权说。

（二）仓单质权的设立

依据本条的规定，以仓单为标的物设立质权时，出质人和质权人应有以仓单出质的意思表示，出质人将仓单（权利凭证）交付质权人，仓单质权设立。《担保制度司法解释》第59条第1款补充道："存货人或者仓单持有人在仓单上以背书记载'质押'字样，并经保管人签章，仓单已经交付质权人的，人民法院应当认定质权自仓单交付质权人时设立。没有权利凭证的仓单，依法可以办理出质登记的，仓单质权自办理出质登记时设立。"

[讨论]

《民法典》规定，仓单是提取仓储物的凭证。存货人或仓单持有人在仓单上背书并经保管人签字或盖章的，可以转让提取仓储物的权利（第910条）。否则，不发生转让的效力。权利质权的设立应当遵循权利让与的规则，所以，以仓单出质的，除当事人之间的出质合意、背书和交付外，还需要以保管人的签字或盖章为必要条件。[4]

笔者认为，从交易安全、有价证券流通的通例等方面考虑，这种意见确有道理，但依据《民法典》及其理论，却难获赞同。其原因在于：（1）权利标的主义而非权利让与主义为今日通说，如此，仓单转让和仓单出质存在着区别，仓单出

---

[1] 中国台湾地区"最高法院"1965年台上字第1057号判决；倪江表：《民法物权论》，台北，正中书局1965年版，第360页；黄右昌：《民法物权诠解》，台北，"商务印书馆"1965年版，第338页；曹杰：《中国民法物权论》，台北，"商务印书馆"1964年版，第258页；施智谋：《海商法专题研究》，台北，三民书局有限公司1992年版，第184页。

[2] 杨仁寿：《最新海商法论》，台北，1999年自版，第401页；中国台湾地区"最高法院"1984年台上字第984号判决；谢在全：《民法物权论》（下册），台北，三民书局有限公司2003年12月修订2版，第326页。

[3] 房绍坤、赵志毅：《论仓单质押》，载《法制与社会发展》2001年第4期；胡开忠：《权利质权制度研究》，北京，中国政法大学出版社2004年版，第168页。

[4] 黄松有主编：《〈中华人民共和国物权法〉条文理解与适用》，北京，人民法院出版社2007年版，第661页。

质并非仓单（权利）的转让。因而，仓单出质并非当然地适用《民法典》第 910 条的规定。（2）《民法典》（第 441 条）为仓单质权设立要件的权威性条文，均未把背书、保管人的签字或盖章作为仓单质权设立的必要条件。上述观点违反了《民法典》的强制性规定。当然，站在立法论的立场，在仓单上记载"质押"字样，作为质权设立的生效要件，较为可取。

不过，应当注意，《民法典》第 441 条的规定没有区分无记名证券、记名证券和指示证券，一律以交付有价证券为质权设立的生效要件，不尽合理。仓单出质，背书为妥；未经背书，不得对抗第三人。[①] 这种意见值得重视。

（三）仓单质权的效力

1. 仓单质权所担保债权的范围

仓单质权所担保债权的范围，当事人之间有约定的，依其约定；无约定的，按照《民法典》第 389 条的规定确定，包括主债权及其利息、违约金、损害赔偿金。如果质权人将仓单委托他人（如委托银行等）保管而需要支出一定费用的，此类必要费用属于仓单质权所担保的债权范围。

2. 仓单质权的效力所及标的物的范围

仓单质权的效力及于出质的仓单，实际上是该仓单所载明的财产权。这是因为仓单与记载其上的财产权利是合为一体，不可分割的。另外，依《民法典》第 913 条的规定，仓储物的保管人对入库仓储物发现有变质或其他损坏，危及其他仓储物的安全和正常保管的，除催告存货人或仓单持有人做出必要的处置外，在紧急情况下，保管人可以做出必要的处置。保管人对仓储物的处置多为将其变价，从而保管仓储物的代位物。由此若该仓单已经出质，则该权利质权仍存在于该代位物上；如果仓储期间届满存货人或仓单持有人没有提取仓储物，则保管人有权将仓储物依法提存，于此情况下，仓单质权的效力仍存在于该提存物上。质言之，如果仓储物有代位物或提存物的，则仓单质权的效力仍及于该代位物或提存物。同时，如果仓储物生有孳息的，则仓单质权的效力也及于该孳息。[②]

3. 仓单质权的效力顺位

《担保制度司法解释》还规定："保管人为同一货物签发多份仓单，出质人在多份仓单上设立多个质权，按照公示的先后确定清偿顺序；难以确定先后的，按

---

① 李国光、奚晓明、金剑峰、曹士兵：《最高人民法院关于适用〈中华人民共和国担保法〉若干问题的解释理解与适用》，长春，吉林人民出版社 2000 年版，第 357 页；房绍坤、赵志毅：《论仓单质押》，载《法制与社会发展》2001 年第 4 期。

② 房绍坤、赵志毅：《论仓单质押》，载《法制与社会发展》2001 年第 4 期。

照债权比例受偿"（第59条第3款）。于此场合，"债权人举证证明其损失系由出质人与保管人的共同行为所致，请求出质人与保管人承担连带赔偿责任的，人民法院应予支持"（第59条第4款）。这符合公示规则和过错责任原则，值得赞同。

但是，《担保制度司法解释》第59条第2款关于"出质人既以仓单出质，又以仓储物设立担保，按照公示的先后确定清偿顺序；难以确定先后的，按照债权比例清偿"的规定，值得商榷。

出质人既以仓单出质，又以仓储物设立担保，按照公示的先后确定清偿顺序；难以确定先后的，《担保制度司法解释》第59条第2款规定，按照债权比例清偿。之所以如此规定，据说是因为仓单运作没有做到仓单与其表征的仓储物一一对应，实务中将某特定的仓储物数次出卖、多重出质常有发生，致使仓单所表征的仓储物归属与真实的仓储物归属不相一致，并不鲜见。为迁就此种现象，不得已地既确认仓单出质的效力，又认可以仓储物出质的效力，于是有"按照公示的先后确定清偿顺序"或"按照债权比例清偿"之论。不宜说此论毫无道理，但其可被攻击之点不少。其一，仓储物由仓单体现时，仓储物无论是作为物权的标的物还是作为债权的标的物，在法律上均由仓单表征。仓储物所有权的移转，不是以仓储物的交付而是以仓单的背书为准。质权的设立，不是以仓储物由债权人占有而是以仓单背书出质给债权人为准。仓单出质并且已经背书之后，若再以仓储物出质，实质上是不具备交付这个生效要件的（也可以说是成立要件，下同），也就是以仓储物出质时未设立动产质权。既然未设立仓储物质权，仅有仓单质权，何谈"按照公示的先后确定清偿顺序"或"按照债权比例清偿"？其二，现行法确立的仓单制度已经向众人公示了：仓储物的流转，包括设立质权，均以仓单为公示方式、以仓单背书为生效要件，而不以仓储物这个动产的交付为生效要件。在这样的背景下和理念中，买受人、潜在的质权人负有注意义务，即有义务审查仓单的情形，有义务协助仓单的背书。买受人未获仓单背书，仅仅是实际占有仓储物，就没有取得仓储物的所有权，因其具有重大过失即非善意，也不会善意取得。同理，债权人未获记载有"质押"字样的背书，质权未设立，因其具有重大过失即非善意，也不会善意取得。其三，实务中的不合法、混乱，应当依法治理、矫正，而不宜一味地迁就。只要裁判机构奉行仓单背书系仓储物所有权移转、质权设立的裁判规则，确认仅有仓储物交付便无所有权移转、质权不设立的规则，就会使理性人摒弃忽略仓单背书的陋习，逐渐走上正轨。

4. 质权人的权利义务

（1）仓单的留置权

仓单出质后，出质人应将仓单交付给质权人占有，实务中多为背书交付。债务人未为全部清偿以前，质权人有留置仓单而拒绝返还之权。

（2）转质权

按照《民法典》第 446 条、第 434 条的规定，质权人在出质人同意等条件下可以转质。

（3）仓单质权的保全权

仓单出质后，因出质人的原因而使仓储物有所损失时，会危及质权人质权的实现。于此情形下，质权人有保全仓单质权的权利（《民法典》第 446 条、第 433 条），有权依照《民法典》第 911 条和第 912 条的规定，向仓储物的保管人请求检验仓储物或提取仓储物的样品，保管人不得拒绝，并且无须征得出质人的同意。质权人在检验仓储物或提取仓储物的样品后，发现仓储物有毁损或灭失之虞而将害及质权的，质权人得与出质人协商由出质人另行提供足额担保，或由质权人提前实现质权，或向第三人提存，以此来保全自己的质权。[①]

（4）仓单质权的物权请求权

仓单被他人无权占有、仓单质权被妨害或有妨害之虞时，仓单质权人有权行使物权请求权。

（5）仓单质权的实行权

在主债务人不履行到期债务致使被担保债权未获清偿，或当事人约定的实行仓单质权的情形出现的情况下，质权人有权实行仓单质权。

（6）损害赔偿请求权

出质人既以仓单出质，又以仓储物设立担保；或者保管人为同一货物签发多份仓单，出质人在多份仓单上设立多个质权，给仓单质权人造成损失的，债权人举证证明该损失系由出质人与保管人的共同行为所致的，有权请求出质人与保管人承担连带赔偿责任（《担保制度司法解释》第 59 条第 4 款）。

（7）妥善保管仓单的义务

仓单出质后，出质人要将仓单交付给质权人占有。由于采取权利标的主义，仓单所载明的财产权并未移转给质权人，继续由出质人享有。如果仓单丢失或被第三人善意取得，就会使出质人受到损害。为了保护出质人的合法权益，质权人负有妥善保管仓单的义务。

（8）返还仓单的义务

在主债务人履行了到期债务使被担保债权获得清偿，或其他原因致使仓单质权消灭的情况下，质权人负有返还仓单的义务。

---

① 房绍坤、赵志毅：《论仓单质押》，载《法制与社会发展》2001 年第 4 期。

5. 出质人的权利义务

出质人对仓储物处分权受有限制。仓单是提取仓储物的权利凭证，取得仓单意味着取得了仓储物的所有权。但仓单一经出质，质权人即占有出质人交付的仓单，此时质权人取得的并不是仓储物的所有权而仅为质权；对于出质人，因其暂时丧失了对仓单的占有，尽管对仓储物依然享有所有权，但若想处分该仓储物，则势必会受到限制。出质人若想对仓储物进行处分，应当向质权人另行提供相应的担保，或经质权人同意而取回仓单，从而实现自己对仓储物的处分权。在前者，表现为仓单质权消灭；在后者，表明质权人对债务人的信用持信任态度而自愿放弃自己债权的担保，法律自无强制的必要。如果此项处分权不受任何限制，则质权人势必陷入无从对质押担保标的物的交换价值进行支配的境地，该项权利质权的担保机能便因此而丧失殆尽。[1]

6. 仓单质权对仓储物的保管人的效力[2]

仓单质权对仓储物的保管人是否发生效力，因现行法上没有明确规定，所以不无疑义。质权对人的效力一般仅限于质押合同的当事人，但在仓单质权似有不同。笔者认为，仓单质权对仓储物的保管人亦发生效力，只是不如其对质权人和出质人那么强而已。仓单质权对保管人的效力主要表现在如下两个方面。

（1）保管人负有见单即交付仓储物的义务

仓单是提取仓储物的凭证，仓单持有人可以凭借所持有的仓单向保管人请求交付仓储物，而保管人负有交付仓储物的义务。因而，在仓单质权中，当质权人的债权到期不能获清偿时，质权人便可以向保管人提示仓单请求提取仓储物，从而实现仓单质押担保。从这个意义上讲，仓单质权的效力及于保管人。

（2）保管人享有救济权

依合同法原理，仓单持有人提前提取仓储物的，保管人不减收仓储费。因此，质权人在实现质权时，尽管仓储期间尚未届满，保管人也不得拒绝交付仓储物。但是，如果出于质权人提前提取仓储物而尚有未支付的仓储费的，保管人得请求质权人支付未支付的仓储费。当然，质权人因此而为的支出应当在仓储物的变价之中扣除，由债务人最后负责。若质权实行时，仓储期间业已届满，保管人亦享有同样的救济权，由质权人先支付逾期仓储费，债务人最后予以补偿。

（四）仓单质权的实行[3]

仓单质权的实行应当依法进行。依据《民法典》第 436 条第 2 款的规定，债务履行期届满质权人未受清偿的，可以与出质人协议以质押财产折价，也可以依

---

[1][2][3]　房绍坤、赵志毅：《论仓单质押》，载《法制与社会发展》2001 年第 4 期。

法拍卖、变卖质押财产；留置财产折价或拍卖、变卖后，其价款超过债权数额的部分归出质人所有，不足部分由债务人清偿。可见，仓单质权的实行方法也包括折价、拍卖、变卖三种方式。

仓单作为提货凭证，一般会有仓储期间记载其上。仓单出质后，仓单质权所担保的债权会有一个清偿期，从而，两个期间的届至会有先后，当然也不排除同时届至的可能性。在仓单质权实行时会因仓单上所记载的提货日期先于、后于或同时与仓单质押担保的债权的清偿期届至而有所不同。因此，在仓单质权场合，质权人实行质权时须区分以下三种情况。

1. 仓单所记载的提货日期先于质押所担保的债权的清偿期届至的，适用《民法典》第 442 条的规定，这将在释评该条时再论，此处不赘。

2. 仓单所记载的提货日期后于质押所担保的债权的清偿期届至的，质权人能否直接向债务人请求给付，有观点认为：以载明兑现或者提货日期的汇票、支票、本票、债券、存款单、仓单、提单出质的，其兑现或者提货日期后于债务履行期的，质权人只能在兑现或者提货日期届满时兑现款项或者提取货物。

[论争]

有学者认为，这种解释对于仓单质权似有不妥。根据《民法典》第 915 条的规定，法律允许存货人或仓单持有人提前提取仓储物，而不减收仓储费。仓单持有人有权提前提取存储物，而保管人不减收仓储费，对于双方当事人均无害处。因此，质权人在仓单所记载的提货日期后于质押所担保的债权的清偿期届至时，质权人提前提取仓储物，于法并无不可，且对保管人也无危害。当然，如前所述，如果由于质权人提前提取仓储物而造成保管人仓储费损失的，保管人享有救济权。[①] 谢在全先生认为，在质权人的担保债权清偿期届至时，不待证券清偿期届至，质权人可依动产质权的实行方法实行其质权。此时对于出质人与依证券而负给付义务的人均属无害，且对质权人及出质人有利，当无不许之理。[②]

与此不同的意见是，仓单所记载的提货日期后于质押所担保的债权的清偿期届至的，如果允许质权人提前取货，一方面，在事实上常常难以做到；另一方面，质权人在质押关系设定时，知道证券上的清偿期后于债务履行期，而仍然同意以此证券设定质押，表明其已自愿承担了在被担保的债权到期后，不能立即行使质权的后果。在此情况下，质权人只能等到证券所记载的清偿期到来后才能行

---

① 房绍坤、赵志毅：《论仓单质押》，载《法制与社会发展》2001 年第 4 期。

② 谢在全：《民法物权论》（下册），台北，三民书局有限公司 2003 年 12 月修订 2 版，第 368～369 页。

使质权。①

3. 仓单所载提货日期与质押所担保的债权的清偿期同时届至的，因为在所担保的债权清偿期届至时，债务人未为债务的清偿，故而，质权人自可依法实现质权。在仓单质权场合，质权人实现质权时，以向仓储物的保管人提示仓单为必要。质权人向保管人提示仓单请求提取仓储物，保管人不得拒绝交付仓储物。质权人可依法处分所提取的仓储物，从而优先清偿其到期债权。②

（五）仓单质权的消灭

仓单质权所担保的债权消灭、仓单所载权利绝对消灭、质权人抛弃仓单质权等事由出现，仓单质权归于消灭。

六、提单质权

所谓提单质权，是指以提单为标的物而设立的质权。

所谓提单，是指用以证明海上货物运输合同和货物已经由承运人接收或者装船，以及承运人保证据以交付货物的单证（《海商法》第71条）。

提单中载明的向记名人交付货物，或按照指示人的指示交付货物，或向提单持有人交付货物的条款，构成承运人据以交付货物的保证。货物由承运人接收或装船后，应托运人的要求，承运人应当签发提单。提单可以由承运人授权的人签发。提单由载货船舶的船长签发的，视为代表承运人签发。《海商法》第79条规定，记名提单不得转让；指示提单经过记名背书或空白背书转让；不记名提单，无须背书，即可转让。因此，能够作为权利质权标的物的提单只能是指示提单和不记名提单两种。③

依据《民法典》第441条的规定，以提单为标的物设立质权时，出质人和质权人应当达成以提单出质的合意，质权自提单（权利凭证）交付之日起设立。

[讨论]

提单出质，同样面临着背书质押的地位及作用问题。鉴于《民法典》未将背书作为提单质权设立的生效要件，不妨采纳未经背书质押的提单质权不得对抗第三人的意见。④

---

① 王利明：《物权法论》，北京，中国政法大学出版社1998年版，第766页。
② 房绍坤、赵志毅：《论仓单质押》，载《法制与社会发展》2001年第4期。
③ 胡康生主编：《中华人民共和国物权法释义》，北京，法律出版社2007年版，第478页；王利明、尹飞、程啸：《中国物权法教程》，北京，人民法院出版社2007年版，第525～526页。
④ 李国光、奚晓明、金剑峰、曹士兵：《最高人民法院关于适用〈中华人民共和国担保法〉若干问题的解释理解与适用》，长春，吉林人民出版社2000年版，第358页。

提单质权的效力与仓单质权的大体相当，不再赘述。

第四百四十二条

汇票、本票、支票、债券、存款单、仓单、提单的兑现日期或者提货日期先于主债权到期的，质权人可以兑现或者提货，并与出质人协议将兑现的价款或者提取的货物提前清偿债务或者提存。

本条主旨

本条是关于以汇票、本票、支票、债券、存款单、仓单、提单为客体的权利质权具有兑现或提货的效力的特别规定。

相关条文

《物权法》第225条 汇票、支票、本票、债券、存款单、仓单、提单的兑现日期或者提货日期先于主债权到期的，质权人可以兑现或者提货，并与出质人协议将兑现的价款或者提取的货物提前清偿债务或者提存。

《担保法》第77条 以载明兑现或者提货日期的汇票、支票、本票、债券、存款单、仓单、提单出质的，汇票、支票、本票、债券、存款单、仓单、提单兑现或者提货日期先于债务履行期的，质权人可以在债务履行期届满前兑现或者提货，并与出质人协议将兑现的价款或者提取的货物用于提前清偿所担保的债权或者向与出质人约定的第三人提存。

法释〔2000〕44号 第102条 以载明兑现或者提货日期的汇票、支票、本票、债券、存款单、仓单、提单出质的，其兑现或者提货日期后于债务履行期的，质权人只能在兑现或者提货日期届满时兑现款项或者提取货物。

理解与适用

一、总说

本条是对《物权法》第225条的复制，赋予以汇票、本票、支票、债券、存款单、仓单、提单为客体的权利质权具有兑现或提货的效力。

二、票据质权具有兑现票据并就兑现款提前受偿或提存的效力

在出质的票据到期日先于被担保债权的清偿期届至，票据质权实行的条件尚

未成就，依一般原理，质权人本应无权请求第三债务人（票据债务人）予以兑现，只有票据权利人（出质人）才有此权利。可是，尽管基于物上代位性，票据质权的效力及于兑现款项，但票据权利人（出质人）兑现后私自消耗掉该款项，票据质权担保的债权就变成没有优先受偿性的普通债权，票据质权人可能因此遭受损失。为了平衡出质人（票据债权人）和票据质权人之间的利益关系，《民法典》设置特别规则，赋权票据质权人将票据兑现，在取得出质人（票据债权人）同意的情况下，使担保债权就兑现款项提前受偿或向与出质人约定的第三人提存（第442条）。

如果担保债权的数额小于票据的金额，则以担保债权额为限受偿，至于票据的一部付款的手续，按照惯例处理。如果担保债权非金钱债权，质权人仍可如此收取给付，待被担保债权因债务不履行转化为金钱债权时，再按照动产质权的实行方法优先受偿。[①]

三、债券质权具有兑现债券并就兑现款提前受偿或提存的效力

在出质债券的兑现日期先于主债务的清偿期限场合，债券债权人届期受偿，会使入质债权消灭，债券质权因其标的物消失而难以存续。为了保护质权人的合法权益，在债券债权人愿意放弃期限利益而提前向质权人为清偿时，应当允许；债券债权人若不愿放弃期限利益，有义务将第三债务人（付款人，债券债权人的债务人，下同）的付款提存于第三人处，质权人有权请求债券债权人为此类提存行为（《民法典》第442条）。

四、存款单质权的效力及于该存款单项下的本息

存款单到期，但存款单质权的实行条件尚未成就，为了平衡存款单债权人、存款单质权人之间的利益关系，本条允许存款单质权人可以领取该存款单项下的本息，并与出质人协议就该本息提前清偿债务或提存。其原理如同上文"二、票据质权具有兑现票据并就兑现款提前受偿或提存的效力"中分析的那样，不再赘言。

五、仓单质权具有提货并就该仓储物的变价提前受偿或提存的效力

仓单所记载的提货日期先于质押所担保的债权的清偿期届至的，依《民法

---

① 谢在全：《民法物权论》（下册），台北，三民书局有限公司2003年12月修订2版，第367、368页。

典》第 442 条的规定，质权人可以在债权清偿期届满前提取仓储物，并与出质人协议将提取的仓储物用于提前清偿所担保的债权，或向与出质人约定的第三人提存，质权的效力仍然及于该提存物上。在此情况下，仓单质权变为动产质权。如果在此种情况下，债务人另行提供了担保，则不发生质权人提取仓储物这一后果，而为质权人返还仓单给出质人，从而使仓单质权消灭。至于质权人返还仓单后出质人是否提取已届期的仓储物，则不属于仓单质权问题。

值得讨论的是，在上述情况下，如果质权人与出质人不能达成协议的，应如何处理？对此，现行法上并无明确的规定。笔者认为，于此情况下，质权人只能将所提取的仓储物予以提存，而不能用于提前清偿所担保的债权。因为若用于提前清偿所担保的债权，则势必会损害债务人所享有的期限利益。尽管法律在制度的设计上多考虑权利人的利益如何能够得到有效的保障和实现，但随着现代债法的发展和完善并由债的平等性决定了法律在保障权利人的利益的同时更应注意保障义务人的利益。在有期限的债的关系中，债务人即享有在债务履行期届至之前拒绝履行未到期债务的权利，这种权利所体现就是一种期限利益。既然不能提前清偿所担保的债权，因而只能向第三人提存。质权人将提取的仓储物提存之后，质权仍存在于该提存物上，这样债权人的债权依然能够得到有效的保障；同时债务人于履行期届满时依法履行了债务后，即可以向提存人请求提取提存物，从而取回属于自己的物品。

六、提单质权具有提货并就该仓储物的变价提前受偿或提存的效力

提单质权具有提货并就该仓储物的变价提前受偿或提存的效力，其机理如同上文"五、仓单质权具有提货并就该仓储物的变价提前受偿或提存的效力"中分析的那样，不再赘言。

第四百四十三条

以基金份额、股权出质的，质权自办理出质登记时设立。

基金份额、股权出质后，不得转让，但是出质人与质权人协商同意的除外。出质人转让基金份额、股权所得的价款，应当向质权人提前清偿债务或者提存。

本条主旨

本条是关于基金份额质权、股权质权的设立要件、法律效力的规定。

相关条文

《物权法》第226条 以基金份额、股权出质的，当事人应当订立书面合同。以基金份额、证券登记结算机构登记的股权出质的，质权自证券登记结算机构办理出质登记时设立；以其他股权出质的，质权自工商行政管理部门办理出质登记时设立。

基金份额、股权出质后，不得转让，但经出质人与质权人协商同意的除外。出质人转让基金份额、股权所得的价款，应当向质权人提前清偿债务或者提存。

《担保法》第78条 以依法可以转让的股票出质的，出质人与质权人应当订立书面合同，并向证券登记机构办理出质登记。质押合同自登记之日起生效。

股票出质后，不得转让，但经出质人与质权人协商同意的可以转让。出质人转让股票所得的价款应当向质权人提前清偿所担保的债权或者向与质权人约定的第三人提存。

以有限责任公司的股份出质的，适用公司法股份转让的有关规定。质押合同自股份出质记载于股东名册之日起生效。

法释〔2000〕44号 第103条 以股份有限公司的股份出质的，适用《中华人民共和国公司法》有关股份转让的规定。

以上市公司的股份出质的，质押合同自股份出质向证券登记机构办理出质登记之日起生效。

以非上市公司的股份出质的，质押合同自股份出质记载于股东名册之日起生效。

第104条 以依法可以转让的股份、股票出质的，质权的效力及于股份、股票的法定孳息。

理解与适用

一、本条含义概貌

本条承继了《物权法》第226条的规定，仅仅删除了《物权法》第226条第1款前段"当事人应当订立书面合同"的短语。

二、股权质权

（一）股权质权的概念

所谓股权质权，是指以股权为标的物而设立的质权。

所谓股权，股东权利的简称，是指股东依其股东身份和地位而享有从公司获取经济利益和参与公司经营管理的权利。在中国，公司包括有限责任公司和股份有限公司。在有限责任公司，股权的标的（物）是出资，其外在形式是出资证明书。在股份有限公司，股权的标的（物）是股份，其外在形式是股票。[①] 出资证明书，是指证明投资人已经依法履行缴付出资义务，成为有限责任公司股东的法律文件。[②] 按照《公司法》的规定，出资证明书应当载明下列事项：（1）公司名称；（2）公司成立日期；（3）公司注册资本；（4）股东的姓名或名称、缴纳的出资额和出资日期；（5）出资证明书的编号和核发日期（第 31 条第 2 款）。出资证明书由公司盖章（第 31 条第 3 款）。这表明出资证明书是记名的。股票是公司签发的证明股东所持股份的凭证（第 125 条第 2 款后段）。公司发行的股票，可以为记名股票，也可以为无记名股票（第 129 条第 1 款）。公司向发起人、法人发行的股票，应当为记名股票，并应当记载该发起人、法人的名称或姓名，不得另立户名或以代表人姓名记名（第 129 条第 2 款）。

［辨析］

有学者认为，股权质权的标的物是股权。在股份有限公司，股权的标的是股份，其外在形式是股票。在有限责任公司，股权的标的是出资，其外在形式是出资证明书。由此可将股权质权区分为股份质权和出资质权两种类型。[③]

股权质押须依法进行。股权出质，首先应当满足《民法典》的要求；其次还应当满足《公司法》的要求。例如，《公司法》第 142 条第 5 款规定："公司不得接受本公司的股票作为质押权的标的。"并且，《公司法》第 141 条关于"发起人持有的本公司股份，自公司成立之日起一年内不得转让。公司公开发行股份前已发行的股份，自公司股票在证券交易所上市交易之日起一年内不得转让。公司董事、监事、高级管理人员应当向公司申报所持有的本公司的股份及其变动情况，在任职期间每年转让的股份不得超过其所持有本公司股份总数的百分之二十五；所持本公司股份自公司股票上市交易之日起一年内不得转让。上述人员离职后半年内，不得转让其所持有的本公司股份。公司章程可以对公司董事、监事、高级管理人员转让其所持有的本公司股份作出其他限制性规定"的规定，适用于股权出质。

需要注意，现行法关于股权能否出质的一些特别规定，例如，《证券公司股

---

①　施天涛：《公司法论》（第 2 版），北京，法律出版社 2006 年版，第 237、271 页。

②　胡康生主编：《中华人民共和国物权法释义》，北京，法律出版社 2007 年版，第 479 页。

③　赵旭东：《公司法学》，北京，高等教育出版社 2003 年版，第 317 页。

票质押贷款管理办法》（2004 年）第 12 条规定，用于质押贷款的股票应业绩优良、流通股本规模适度、流动性较好。贷款人不得接受以下几种股票作为质押财产：（1）上一年度亏损的上市公司股票；（2）前六个月内股票价格的波动幅度（最高价/最低价）超过 200% 的股票；（3）可流通股股份过度集中的股票；（4）证券交易所停牌或除牌的股票；（5）证券交易所特别处理的股票；（6）证券公司持有一家上市公司已发行股份的 5% 以上的，该证券公司不得以该种股票质押，但是，证券公司因包销购入售后剩余股票而持有 5% 以上股份的，不受此限。第 23 条规定，一家商业银行及其分支机构接受的用于质押的一家上市公司股票，不得高于该上市公司全部流通股票的 10%。一家证券公司用于质押的一家上市公司股票，不得高于该上市公司全部流通股票的 10%，并且不得高于该上市公司已发行股份的 5%。被质押的一家上市公司股票不得高于该上市公司全部流通股票的 20%。上述比率由证券登记结算机构负责监控，对超过规定比率的股票，证券登记结算机构不得进行出质登记。

[论争]

1. 公司不得接受本公司的股票作为质押权的标的，是否合理？

《公司法》第 142 条第 5 款关于"公司不得接受本公司的股票作为质押权的标的"的限制，是否合理，对此存在着争论。通说认为，如果公司接受自己本公司的股票作为质权标的，无异于用自己的财产担保自己的债权。有的著作进一步阐述道，当公司的债务人无力清偿到期债务而公司拍卖抵押物又无人应买时，公司自然就成为抵押股票的所有人，从而违背公司不得拥有自身股份的一般原则。[1]

反对说则认为，（1）"公司不得接受本公司股票作为质押权标的"，针对的应是在公司作为债权人而由本公司股东作为出质人的情形。股东的股权属于股东可处分的财产，为何不能出质呢？（2）当债务人不能清偿债务时，公司作为质权人（债权人）有权依法拍卖该出质股份，并从拍卖该股份所获得的价款中优先受偿。这里，公司所获得的拍卖价款是股东股份的价值，又如何能说是公司用自己的财产担保自己的债权呢？（3）在公司拍卖股份无人应买时，"公司自然就成为抵押股票的所有人"说，也难以成立。拍卖而无人应买是不可能的，无人应买只是价格问题，如价格适当怎么会无人应买呢？至于说价格低到不能体现股份质权所担保的债权价值，则另当别论。这是质权人应当承担的风险，因为股权质押本身就具有价值的不确定性，为什么其他质权人能承担这种风险，公司作为质权人就不

---

[1] 赵旭东：《公司法学》，北京，高等教育出版社 2003 年版，第 317 页。

能承担这种风险呢？何况所质押的股权没有价值在很大程度上是由于公司自己经营管理不善造成的。进而言之，即使是因无人应买而由公司取得该股份的所有权，又有何不可呢？应当注意，现代法律允许公司取得自己股份的情形越来越多，为实现股权质权取得自己股份应为法律所允许。①

2. 关于以股份有限公司的股份出质的，适用《公司法》有关股份转让的观点，是否适当？

有观点认为，以股份有限公司的股份出质的，适用《公司法》有关股份转让的规定。这显然采取了权利让与主义，与作为通说的权利标的主义不合，在个案中也可能导致不适当的结果。例如，股权出质也适用《公司法》第141条的规定，公司于2014年2月2日成立，发起人以其持有的本公司股份20万股于2014年5月5日出质，担保履行期为2018年2月2日至6月2日的债权，应予允许，因为在实质上与《公司法》第141条规定的立法目的并不抵触。但由于法释〔2000〕44号第103条第1款规定，股权出质适用《公司法》关于股权转让的规定，而该法第141条明文规定发起人持有的本公司股份，自公司成立之日起1年内不得转让；公司公开发行股份前已发行的股份，自公司股票在证券交易所上市交易之日起1年内不得转让；公司董事、监事、高级管理人员所持本公司股份自公司股票上市交易之日起1年内不得转让，上例的股权质权不得发生法律效力。这显然是不适当的。

(二) 股权质权的设立

本条第1款规定，以股权出质的，自办理出质登记时设立。

应当指出，《公司法》第71条第2款前段规定，有限责任公司的股东向股东以外的人转让股份时，必须经其他股东过半数同意。这意味着有限责任公司的股东将其出资设立质权时，必须事先征得其他股东过半数同意。

在此有必要简要介绍合伙人以其在合伙关系中的财产份额出质的问题。由于合伙人在合伙关系中的财产份额类似于股东在公司中的股份，合伙人以其在合伙关系中的财产份额出质类似于股东以其在公司中的股份出质，准用股份出质的规则避免不了。同时，也要注意，合伙人以其在合伙关系中的财产份额出质的特殊规则。例如，《合伙企业法》第25条规定："合伙人以其在合伙企业中的财产份额出质的，须经其他合伙人一致同意；未经其他合伙人一致同意，其行为无效，由此给善意第三人造成损失的，由行为人依法承担赔偿责任。"

---

① 施天涛：《公司法论》（第2版），北京，法律出版社2006年版，第272页。

（三）股权质权的效力

1. 股权质权所担保的债权范围

股权质权所担保的债权范围，当事人有约定时，依其约定；无约定时，适用《民法典》第 389 条关于主债权及其利息、违约金、损害赔偿金和实现股权质权的费用的规定，予以确定。有学者主张，质权人为了防止出质的股票大幅度缩水而紧急抛售股票来保值所支付的费用，也应列入所担保债权的范围。[①]

2. 股权质权的效力所及标的物的范围

股权质权的效力及于出质股权自身，以及股权出质后产生的法定孳息（《民法典》第 446 条、第 430 条），包括现金红利、股息、红股、转增股等。[②] 如果公司以发行新股的方式分配股利的一部或全部，质权人对新股同样有收取权。[③] 在这方面，《证券公司股票质押贷款管理办法》（2004 年）第 35 条规定："质物在质押期间所产生的孳息（包括送股、分红、派息等）随质物一起质押。质物在质押期间发生配股时，出质人应当购买并随质物一起质押。出质人不购买而出现质物价值缺口的，出质人应当及时补足。"按照意思自治原则，对于股权的法定孳息，质押合同约定不在股权质权的效力范围之内的，依其约定（《民法典》第 446 条、第 430 条第 1 款）。

在公司清算而有剩余财产可分配于股东时，股权质权人有权收取该剩余财产。[④]

出质的股权因公司的合并或创设分立而失去效力，因此配发新股或现金，属于股权的代位物。例如，甲股份有限公司的股票出质后，甲公司和乙公司合并，依合并合同，甲公司终止而乙公司存续，此时甲公司的股票应当失去效力，唯因此可向乙公司请求配发新股或现金。此类新股或现金为股权质权的代位物，应为股权质权的效力所及。至于若为配合股票公开上市，由大面额股票换发为小面额股票，或可转换的公司债券经转换成为股份后的股票，或股票经除权判决宣告无效后换发的新股票等，虽然不是因权利质权消灭所获得的损害赔偿金，但这些新股票和原股票应被视为同一物，该新股票相对于原股票的代位物而言，更应为股

---

① 胡开忠：《权利质权制度研究》，北京，中国政法大学出版社 2004 年版，第 275 页。

② 谢在全：《民法物权论》（下册），台北，三民书局有限公司 2003 年 12 月修订 2 版，第 340 页；中国台湾地区"最高法院"1974 年度第三次民事庭会议决议（二）；王利明、尹飞、程啸：《中国物权法教程》，北京，人民法院出版社 2007 年版，第 531 页。

③ 施天涛：《公司法论》（第 2 版），北京，法律出版社 2006 年版，第 275 页。

④ 柯芳枝：《公司法论》，北京，中国政法大学出版社 2004 年版，第 195 页；施天涛：《公司法论》（第 2 版），北京，法律出版社 2006 年版，第 275 页。

权质权的效力所及。①

3. 质权人的权利义务

（1）股票、出资证明书的留置权

在出质人将出质的股票、出质股权的出资证明书交付给质权人的情况下，只要主债务人不履行到期债务致使被担保债权未获清偿，质权人均有权留置入质的股票、交付的出资证明书。

（2）对股权法定孳息的收取权

股权的法定孳息为股权质权的效力所及，已如上述，质权人自然有权收取，除非质押合同另有约定（《民法典》第446条、第430条）。

（3）转质权

在能否转质的问题上，现行法对各种权利质权一视同仁，股权质权与票据质权、债券质权等在转质方面应被同等对待，此处不赘。

（4）物上代位的权利

股权质权与票据质权、债券质权等在物上代位的方面应当被同样对待，此处不赘。

（5）股权质权的保全权

股权质权与票据质权、债券质权等在保全上有相同的一面，也有特殊之处。例如，《证券公司股票质押贷款管理办法》（2004年）第33条规定："用于质押股票的市值处于本办法第二十七条规定的平仓线以下（含平仓线）的，贷款人有权无条件处分该质押股票，所得的价款直接用于清偿所担保的贷款人债权。"此处所指第27条的内容为："为控制因股票价格波动带来的风险，特设立警戒线和平仓线。警戒线比例（质押股票市值/贷款本金×100％）最低为135％，平仓线比例（质押股票市值/贷款本金×100％）最低为120％。在质押股票市值与贷款本金之比降至警戒线时，贷款人应要求借款人即时补足因证券价格下跌造成的质押价值缺口。在质押股票市值与贷款本金之比降至平仓线时，贷款人应及时出售质押股票，所得款项用于还本付息，余款清退给借款人，不足部分由借款人清偿。"

（6）股权质权的物权请求权

入质的股票被他人无权占有、股权质权被不法妨害或有妨害之虞的，股权质

---

① 中国台湾地区"公司法"第317条之一第1项③④；谢在全：《民法物权论》（下册），台北，三民书局有限公司2003年12月修订2版，第341页；王利明、尹飞、程啸：《中国物权法教程》，北京，人民法院出版社2007年版，第532页。

权人有权行使物权请求权。

(7) 股权质权的实行权

在主债务人不履行到期债务致使被担保债权未获清偿，或当事人约定的实现股权质权的情形出现时，质权人有权行使其质权，就出质股权的价值使被担保债权优先受偿。

按照《民法典》第 446 条、第 438 条的规定，股权质权实行的方法可以是拍卖、变卖出质的股权，也可经出质人和质权人协商将出质股权折价，使被担保债权优先受偿。变价款超过被担保债权的部分归出质人所有，不足部分由债务人清偿。

(8) 保管义务

在出质的股权有股票或出资证明书交付与质权人的情况下，质权人有保管此类股票、出资证明书的义务。在这方面，《证券公司股票质押贷款管理办法》（2004 年）第 19 条规定，贷款人（股权质权人）在发放股票质押贷款前，应在证券交易所开设股票质押贷款业务特别席位，专门保管和处分作为质物的股票。贷款人应在贷款发放后，将股票质押贷款的有关信息及时录入信贷登记咨询系统。

(9) 返还义务

在股权质权消灭后，质权人有义务将保管的股票或出资证明书返还与出质人。

4. 出质人的权利义务

(1) 处分权受到限制

股权出质后，出质人对于股权不得以法律行为使其消灭或变更，除非经过了质权人的同意。例如，这里所谓的消灭，指的是绝对消灭；至于相对消灭，如股权转让，《民法典》没有绝对禁止：股权出质后，不得转让，但经出质人和质权人协商同意的除外（第 443 条第 2 款前段）。

(2) 提前清偿或提存的义务

本条第 2 款后段规定，经协商同意而转让股权的，出质人应当将该转让款向质权人提前清偿或提存。

(3) 继续享有和行使在公司中的表决权

由于采取权利标的主义，股权的出质，并未剥夺出质人的股权，只是基于股权所享有的若干权能受到限制，而另外的权能则未受限制。未受限制的权能中包括表决权。出质人于股权出质后，有权继续出席股东大会，并对股东大会的决议进行表决。[1]

（4）股利的收取权

记名股票的股东仍然享有收取股利的权利，但应将之向质权人提前清偿或提存。无记名股票出质场合，股东已经不能证明自己的股东身份，无从依据股票行使权利，故无权取得股利。[2]

（四）股权质权的消灭

股权质权所担保的债权消灭、股份有限公司或有限责任公司终止导致股权失效、质权人抛弃股权质权等事由出现，股权质权归于消灭。

三、基金份额质权

（一）基金份额质权的概念

所谓基金份额质权，是指以基金份额为标的物而设立的质权。

所谓基金份额，是指向投资者公开发行的，表示持有人按其所持份额对基金财产享有收益分配权、清算后剩余财产取得权和其他相关权利，并承担义务的凭证。[3]这里所称基金，仅指《证券投资基金法》调整的证券投资基金，即通过公开发售基金份额募集证券投资基金，由基金管理人管理，基金托管人托管，为基金份额持有人的利益，以资产组合方式进行证券投资活动的信托契约型基金，包括投资于不同对象的信托契约型基金、采用不同运作方式的信托契约型基金和选择不同投资收益与风险的信托契约型基金等，但不包括私募基金和公司型基金。[4]

[扩展]

依据基金运作方式的不同，证券投资基金可以分为封闭式基金、开放式基金以及采取其他运作方式的基金。封闭式基金即采用封闭式运作方式的基金，是指经核准的基金份额总额在基金合同期限内固定不变，基金份额可以在依法设立的证券交易场所交易，但基金份额持有人不得申请赎回的基金（《证券投资基金法》第5条第2款）。开放式基金即采用开放式运作方式的基金，是指基金份额总额不固定，基金份额可以在基金合同约定的时间和场所申购或者赎回的基金（《证券投资基金法》第5条第3款）。这两种基金的一个重要区别就是，基金份额的

---

① 谢在全：《民法物权论》（下册），台北，三民书局有限公司2003年12月修订2版，第346～347页；施天涛：《公司法论》（第2版），北京，法律出版社2006年版，第275页。

② 谢在全：《民法物权论》（下册），台北，三民书局有限公司2003年12月修订2版，第347页。

③ 胡康生主编：《中华人民共和国物权法释义》，北京，法律出版社2007年版，第478页。

④ 李飞主编：《中华人民共和国证券投资基金法释义》，北京，法律出版社2003年版，第6页。

转让方式不同。封闭式基金的基金份额在基金存续期间内，可以依法在证券交易所上市交易，但基金份额持有人不得申请赎回。而开放性基金的基金份额可以在基金合同约定的时间和场所申购或赎回，但是不能在证券交易所上市交易。至于采用其他运作方式的基金，其基金份额发售、交易、申购、赎回的办法，由国务院另行规定。[①]

（二）基金份额质权的设立

依据本条的规定，以基金份额为标的物设立质权时，自办理完毕基金份额出质登记，基金份额质权设立。

（三）基金份额质权的效力

基金份额质权的效力与股权质权的大体相当，不再赘述。

第四百四十四条

以注册商标专用权、专利权、著作权等知识产权中的财产权出质的，质权自办理出质登记时设立。

知识产权中的财产权出质后，出质人不得转让或者许可他人使用，但是出质人与质权人协商同意的除外。出质人转让或者许可他人使用出质的知识产权中的财产权所得的价款，应当向质权人提前清偿债务或者提存。

本条主旨

本条是关于知识产权质权的设立要件和基本内容的规定。

相关条文

《物权法》第 227 条　以注册商标专用权、专利权、著作权等知识产权中的财产权出质的，当事人应当订立书面合同。质权自有关主管部门办理出质登记时设立。

知识产权中的财产权出质后，出质人不得转让或者许可他人使用，但经出质人与质权人协商同意的除外。出质人转让或者许可他人使用出质的知识产权中的财产权所得的价款，应当向质权人提前清偿债务或者提存。

《担保法》第 79 条　以依法可以转让的商标专用权，专利权、著作权中的财产权出质的，出质人与质权人应当订立书面合同，并向其管理部门办理出质登

---

① 王利明、尹飞、程啸：《中国物权法教程》，北京，人民法院出版社 2007 年版，第 526 页。

记。质押合同自登记之日起生效。

法释〔2000〕44 号　第 105 条　以依法可以转让的商标专用权，专利权、著作权中的财产权出质的，出质人未经质权人同意而转让或者许可他人使用已出质权利的，应当认定为无效。因此给质权人或者第三人造成损失的，由出质人承担民事责任。

理解与适用

一、本条含义概貌

本条承继了《物权法》第 227 条的规定，只是删除了《物权法》第 227 条第 1 款中"当事人应当订立书面合同"的短语及其后的句号。本条第 1 款明确质权的客体是知识产权，质权自办理出质登记时设立；第 2 款前段正文禁止质权的客体转让，但书是双方另有约定的除外；第 2 款后段明确质权客体转让所得价款用于提前清偿债务或提存。

二、知识产权质权的概念

所谓知识产权质权，是指以知识产权为标的物而设立的质权。

所谓知识产权，是指人们对于自己的创造性智力活动成果和经营管理中的标记所依法享有的权利，主要包括注册商标专用权、专利权和著作权等。

所谓注册商标专用权，简称为商标权，是法律赋予商标所有人对其注册商标（包括商品商标、服务商标和集体商标、证明商标）依法享有的独占使用权。商标权是一种纯粹的财产权利，不包含人身权利在内，因此按照《商标法》第 42 条的规定，原则上可以转让；依据《民法典》第 440 条第 5 项的规定，可以出质。

专利权，是指国家专利主管机关依法授予专利申请人或其继受人在一定期限内实施其发明创造的独占性权利，分为发明专利权、实用新型专利权与外观设计专利权。专利权含有人身权和财产权两部分内容。按照《专利法》的规定，其中的人身权指发明人、设计人的署名权（第 16 条），而财产权包括专利许可权、专利转让权等。专利权中的财产权可以转让（第 10 条），也可以出质（《民法典》第 440 条第 5 项）。

著作权，又叫版权，是指文学、艺术和科学作品的创作者对其创作完成的作品依法享有的权利。著作权含有人身权和财产权两部分内容。按照《著作权法》的规定，其中的人身权包括发表权、署名权、修改权、保护作品完整权，而财产权包括复制权、发行权、出租权、展览权、表演权、放映权、广播权、信息网络传播权、摄制权、改编权、翻译权、汇编权，以及应当由著作权人享有的其他权利（第10条第1款）。著作权人可以将财产权全部或部分地转让，并依照约定或本法有关规定获得报酬（《著作权法》第10条第3款），也可以出质（《民法典》第440条第5项）。

三、知识产权质权的设立

知识产权质权的设立，属于创设的继受取得，应有设立合同或单独行为的成立和生效，再有出质登记。

四、知识产权质权的效力

（一）知识产权质权所担保的债权范围

知识产权质权所担保的债权范围，当事人有约定时，依其约定；无约定时，适用《民法典》第389条关于主债权及其利息、违约金、损害赔偿金和实现知识产权质权的费用的规定，予以确定。

（二）知识产权质权的效力所及标的物的范围

知识产权质权的效力及于出质知识产权自身，以及出质的知识产权转让时产生的转让费、许可他人使用时产生的许可费。当然，对于知识产权的前述收益，质押合同有相反约定的，按照意思自治原则，依其约定。

（三）出质人的权利义务

1. 出质人继续使用知识产权

以注册商标专用权、专利权和著作权等知识产权中的财产权设立质权后，质权人实际上是无法控制出质人自己使用知识产权的，从效益的原则出发，法律也没有必要禁止出质人自己使用。

2. 出质人不得转让或者许可他人使用出质的知识产权，除非经过了质权人的同意

如果出质人可以在未经质权人同意的情况下将出质的知识产权转让、（有偿或无偿地）许可他人使用，就会有害于质权人的合法权益。因为一方面转让的对价和许可他人使用的对价都要归属于出质人，另一方面出质人无限制地转让其注册商标专用权、专利权、著作权等知识产权中的财产权，必然导致其价值降低。为了保护知识产权质权人的合法权益，本条第2款规定："知识产权中的财产权出质后，出质人不得转让或者许可他人使用，但是出质人与质权人协商同意的除外。出质人转让或者许可他人使用出质的知识产权中的财产权所得的价款，应当

向质权人提前清偿债务或者提存。"①

（四）质权人的权利义务

1. 转让费、许可费的收取权

从本条第 2 款后段的规定推论，质权人有权收取出质知识产权转让时产生的转让费、许可他人使用时产生的许可费。当然，不是无偿收取，而是用以清偿被担保债权。

2. 转质权

质权人可按照《民法典》第 446 条、第 434 条的规定，将知识产权转质，其法律效果也据其发生。

3. 知识产权质权的保全权

质权人可按照《民法典》第 446 条、第 433 条的规定，保全知识产权质权，其法律效果也据其发生。

4. 知识产权质权的物权请求权

知识产权质权被侵害、妨碍或有侵害、妨碍之虞的，知识产权质权人有权行使物权请求权，包括排除妨害请求权、消除危险请求权。

5. 知识产权质权的实行权

在主债务人不履行到期债务致使被担保债权未获实现，或当事人约定实行质权的情形出现的情况下，质权人有权实行知识产权质权。

按照《民法典》第 446 条、第 438 条的规定，知识产权质权实行的方法可以是拍卖、变卖出质的知识产权，也可经出质人和质权人协商将出质知识产权折价，使被担保债权优先受偿。变价款超过被担保债权的部分归出质人所有，不足部分由债务人清偿。

五、知识产权质权的消灭

知识产权质权因被担保债权消灭、出质的知识产权消灭、质权人抛弃知识产权质权等事由出现而归于消灭。

第四百四十五条

以应收账款出质的，质权自办理出质登记时设立。

应收账款出质后，不得转让，但是经出质人与质权人协商同意的除外。出质

---

① 黄薇主编：《中华人民共和国民法典物权编释义》，北京，法律出版社 2020 年版，第 595 页；王利明、尹飞、程啸：《中国物权法教程》，北京，人民法院出版社 2007 年版，第 533 页。

人转让应收账款所得的价款，应当向质权人提前清偿债务或者提存。

本条主旨

本条是关于应收账款质权的设立要件和基本内容的规定。

相关条文

《物权法》第228条　以应收账款出质的，当事人应当订立书面合同。质权自信贷征信机构办理出质登记时设立。

应收账款出质后，不得转让，但经出质人与质权人协商同意的除外。出质人转让应收账款所得的价款，应当向质权人提前清偿债务或者提存。

法释〔2000〕44号　第97条　以公路桥梁、公路隧道或者公路渡口等不动产收益权出质的，按照担保法第七十五条第（四）项的规定处理。

理解与适用

一、本条含义概貌

本条承继了《物权法》第228条，只是删除了该条第1款中"当事人应当订立书面合同"这个短语及其后的句号。本条第1款确立应收账款质权自办理出质登记时设立，第2款禁止作为质权客体的应收账款转让，但书是双方另有约定的除外；第2款后段明确质权客体转让所得价款用于提前清偿债务或提存。

二、应收账款质权的界定

应收账款质权，简单地说，是以应收账款（请求权）为标的物而设立的质权。所谓应收账款（account receivables，book debt），在境外及国际的法律文件上，指未被证券化的（不以流通中票据或债券为代表的）具有金钱给付内容的现在或未来的债权。但在中国现行法上不限于此类债权，尽管主要指它，还包括公路、桥梁等收费权[①]，以及基础设施和公用事业项目收益权、提供服务或者劳务产生的债权（《担保制度司法解释》第61条第4款）。按照《应收账款质押登记办法》第2条的规定，应收账款是指权利人因提供一定的货物、服务或设施而获

---

① 《全国人大法律委员会关于〈中华人民共和国物权法（草案）〉修改情况的汇报》（2006年12月24日第十届全国人大常委会第二十五次会议），载全国人民代表大会常务委员会法制工作委员会民法室编著：《物权法立法背景与观点全集》，北京，法律出版社2007年版，第73页；胡康生主编：《中华人民共和国物权法释义》，北京，法律出版社2007年版，第481页。

得的要求义务人付款的权利以及依法享有的其他付款请求权，包括现有的和未来的金钱债权，但不包括因票据或其他有价证券而产生的付款请求权（第1款）。它包括下列权利：（1）销售、出租产生的债权，包括销售货物，供应水、电、气、暖，知识产权的许可使用等；（2）提供医疗、教育、旅游等服务或劳务产生的债权；（3）能源、交通运输、水利、环境保护、市政工程等基础设施和公用事业项目收益权；（4）提供贷款或其他信用活动产生的债权；（5）其他以合同为基础的具有金钱给付内容的债权（第2款）。

[辨析]

《民法典》及《应收账款质押登记办法》将公路、桥梁等不动产的收费权（以下简称为不动产收费权）纳入应收账款之中，意味着把它们作为债权看待了。但实际上它们不同于典型债权。（1）典型债权分为一时性债权和继续性债权，前者为债务人一次适当给付即告消灭的债权，后者乃债务人持续地或重复地给付相同内容的债权。不动产收费权非义务人一次付费即告消灭的权利，明显不同于一时性债权。虽然在不动产收费权有整体权利和个别成分之分，以及持续实现这些方面类似于继续性债权，但在义务人等方面却存在着差异。（2）典型债权的当事人均为特定之人，而不动产收费权的义务人不宜用特定来描述，因为不动产收费权实现之前，义务人不特定，只有在某个时间点的个别成分实现之时才特定，其他个别成分尚未实现，整体的不动产收费权继续存在。就是说，其他个别成分的法律关系中，义务人依然不特定，也可以说整体的不动产收费权关系中，义务人不特定。（3）典型债权基于当事人之间的意思表示或法律规定而成立，约束当事人各方。不动产收费权基于合同和行政审批而成立，不但约束合同当事人，而且约束合同当事人以外的将要通过收费站的车辆驾驶员，不符合债的相对性原则。（4）按照物债二分的架构，债权无对世性，对于债务人以外之人无积极的效力，即无原权利性质的请求权。循此原则及原理，如将不动产收费权作为债权，则不动产收费权人就无权请求过往的车辆驾驶员缴纳过路费。但实际上却相反，不动产收费权的目的及功能恰恰在于向过往车辆收费。满足此种目的及功能，对不动产收费权定性和定位，应选择绝对权而非相对权。既然如此，《民法典》及《应收账款质押登记办法》将不动产收费权纳入应收账款之中，有违法理。

有观点认为："收费权指权利人对将来可能产生的收益所享有的请求权，实质上是一种预期债权"[1]。这是自相矛盾的界定，因为权利人基于其不动产权利而享有收益之权，这不符合债权的特质——请求债务人为给付并保有之，倒是物

---

[1]　转引自胡康生主编：《中华人民共和国物权法释义》，北京，法律出版社2007年版，第481页。

权的权能表现——收益权能。此其一。何谓预期债权？望文生义，似为当下尚无债权，将来才会产生的具有极大现实可能性的债权。其实不然，只要政府特许某人（多为投资修建公路、桥梁等设施的公司）就特定公路、桥梁等设施而设置收费站并进而收费，不动产收费权即告产生，该权是现实的，不是预期的。至于不动产收费权人就每辆车收费，这相对于不动产收费权产生之时而言是未来的，且为权利人期待的，那只是不动产收费权的具体地、不断地实现，我们不得将之与不动产收费权本身混为一谈。此其二。假如把不动产收费权人向某特定过往的车辆权利人收费之权叫作预期债权，那么我们不禁发问：这种"债权"产生的法律事实是什么？双方的合意？非也，不少的过往车辆的权利人不同意交费；法律直接规定？同样不是，因为法律赋权不动产收费权人可以收费乃基于某特定不动产及其形成原因的事实，法律强制过往的车辆的权利人交费的理由重在某特定不动产及其利用的事实，而非不动产权利人这个"人"的因素。既然"基于某特定不动产及其形成原因"，"重在某特定不动产及其利用"，那么，这显然接近于不动产物权及其效力，而远离债权及其效力。此其三。

也有人主张："收费权实质是一种变动性比较大的期待权，体现在：一是赖以收费的设施能否建成是未知的；二是该设施建成后，能否收到预期的费用是未知的；三是收费权是特许的，受行政干预过多，有可能被行政机关取消，不稳定。"① 笔者也不赞同这种定性和定位：第一，它有以偏概全之嫌，因为有些不动产收费权是公路、桥梁等不动产设施建成后才取得的；第二，所谓期待权，是当下尚不存在的、于未来具有极大可能取得的权利，不动产收费权大多是既有权，而非期待权；第三，所谓"该设施建成后，能否收到预期的费用是未知的"，这不是期待权构成的要素，既得权场合"能否收到预期的费用"也可能"是未知的"；第四，所谓"收费权是特许的，受行政干预过多，有可能被行政机关取消，不稳定"，这若为反对不动产收费权出质的理由，尚可理解，但若为证立不动产收费权为期待权、债权的根据，则难以成立，因为民事权利的性质和归属不取决于可否被行政机关取消，而受制于自身的质的规定性。在这里，不存在可被行政机关取消的民事权利即为期待权、债权的定律。物权等民事权利均可被行政机关取消，国有建设用地未被开发超过2年的，国有建设用地使用权可被行政主管机关收回。

上文所述，不动产收费权为不动产物权的结论好像呼之欲出，其实不然，理由如下：（1）公路、桥梁等设施的所有权归属于国家，不属于投资并建设公路、

---

① 转引自胡康生主编：《中华人民共和国物权法释义》，北京，法律出版社2007年版，第482页。

桥梁等设施且于日后取得收费权的公司。假如此类公司取得公路、桥梁等设施的不动产物权，也只能是他物权，并且必须是行政主管机关代国家出让之。可是，行政主管机关只有特许收费权之意，毫无出让不动产他物权的意思表示。既无此类意思表示，何来出让的不动产物权？因此，从实质看，不动产收费权不是物权。（2）中国现行法没有规定不动产收费权为物权，依据《民法典》（第116条）所定物权法定主义衡量，不动产收费权绝非物权。

可否解读为行政主管机关将公路、桥梁等设施的不动产所有权中的收益权转让给投资并修建的公司？若果真如此，就只是权能的转让。但在物权法上，收益权这个权能不是一个独立之物，而是"物"的成分，而所谓转让权能是不会发生物权变动的。在合同法理论上，收益权转让合同就因欠缺标的物而未成立，也就不具有法律效力，时常叫作无效。不过，如此解释不符合鼓励交易原则，不是最为理想的选择。如果更换思路，注意到债法不同于物权法的理念及运作，则可有如下结果：（1）合同法高唱合同自由原则，通过转让合同取得公路、桥梁等设施的不动产所有权中的收费权，可为债权。债权可以由债权人自己行使，也可以依法或通过约定与他人分享。（2）此类债权无对抗第三人的效力，如此类收费权人以自己的名义向过往车辆之人收取费用，过往之人有权拒付。（3）至于不动产收费权人因此遭受的损失，可向行政主管机关请求支付违约金或赔偿损失。

十分明显，这样的解读不符合客观现实，因为不动产收费权的效力及于过往的车辆的权利人，拒付过路费给不动产收费权人造成的损失也不由行政主管机关负责赔偿；这样的解读在理论上亦非最佳选择，主要在于债权对外的效力太弱，这使得不动产收费权人处于不利地位。有鉴于此，有必要另觅其他解释路径。

从权利的设立和实质内容观察，不动产收费权系由公路、桥梁等设施的不动产载体与行政特许赋权构成。没有投资并修建公路、桥梁等设施，就不会有不动产收费权。没有行政特许，更不会有不动产收费权的产生。没有行政权的"保驾护航"甚至扩张不动产收费权的"势力范围"，不动产收费权就难有约束过往车辆的权利人的效力。有鉴于此，不妨把不动产收费权划归特许经营权之内，不动产收费权系特许经营权的效力表现。

尽管如此，由于《民法典》及《应收账款质押登记办法》将不动产收费权纳入应收账款之中，本释评书勉为其难地暂时从之，从权利的角度统一命名为应收账款请求权。

汇票、支票、本票、债券、存款单所代表的权利为债权，合法持有人具有在条件成就、期限届至的情况下持这些凭证向凭证上记载的债务人请求支付一定款项的权利。这些债权与普通应收账款债权的区别在于，前者由于有一定的书面凭证作为记载而被表征化和固定化了，而应收账款则无此特征，即使有些具有借款协议或欠条等书面凭证，也仅仅是债权存在的证据，不具备证券化载体的无因性。这些差异在质权制度中也有反映，如普通应收账款质权在实现过程中，质权人仍然会面临较大风险。有鉴于此，应当将有价证券质权和应收账款质权予以区别，如此，宜将应收账款质权界定为一种以未被证券化的或不能以流通中票据或债券为载体的、具有金钱给付内容的普通债权或某些不动产收费权为标的物的质权。①

在应收账款质权关系中，应收账款请求权人为出质人，绝大多数情况下就是主债务人，主债务人的债权人为质权人，向应收账款请求权人负清偿义务的当事人为第三债务人。

三、应收账款质权的法律性质

（一）应收账款质权的标的物是未被证券化的以金钱给付为内容的权利

以未被证券化的、以金钱给付为内容的权利作为权利质权的标的物，是应收账款质权不同于其他权利质权的重要之点。

《物权法》允许应收账款出质，但未表态是否限于现有的，《民法典》第440条第6项明确"现有的以及将有的应收账款"。增加"将有的应收账款"，是否合适呢？

将来之物不得被作为质押财产，原因在于将来之物尚不能被占有，而动产质权的设立以质权人占有质押财产为要件；而在将来的权利具有让与性时，将来的权利就可以被设立为质权。② 近现代法已经承认债权具有让与性，于债权之上设立质权便成为可能。如此说来，"将有的应收账款"作为将来债权的一种，可以出质。

所谓将来债权，又叫未来债权，按照德国著名法学家 V. Tuhr 教授的界定，系欠缺法律要件其中之一的债权。③ 在笔者看来，这种界定适合于附始期的债权、附停止条件的债权以及股东基于出资或股份所可能发生的盈余分配请求权、合伙人的剩余财产分配请求权诸类型，没有问题，但却难涵盖仅有预约却未订立

---

① 杜国辉：《应收账款质押若干法律问题分析》，清华大学法学硕士学位论文（2008），第6页。

② ［德］鲍尔/施蒂尔纳：《德国物权法》（下册），申卫星、王洪亮译，北京，法律出版社2006年版，第737页。

③ ［德］V. Tuhr 语，转引自刘绍猷：《"将来债权"的让与》，载郑玉波主编：《民法债编论文选辑》（中），台北，五南图书出版公司1984年版，第897页。

本约结构中本约项下的债权以及债权人可基于债权人代位权制度而对次义务人主张的将来债权，原因在于，只有纯粹的预约而无本约的场合，本约项下的所谓债权尚不存在，欠缺全部的法律要件；在债权人代位权的场合，可能是债权人对其债务人的债权欠缺法律要件，该债务人对其债务人（次债务人）的债权也欠缺法律要件，而非简单地欠缺法律要件其中之一；甚至于债务人尚无向其承担债务的次债务人。由此可见 V. Tuhr 教授的此种界定不尽周延。有鉴于此，界定将有的应收账款应该避开此种不周延。

此处所谓将来应收账款，是指在应收账款质权设立时尚不存在的应收账款，还是已经存在但其实现尚待时日，应收账款实现还取决于有关条件的成就或始期的届至？假如将目光局限于将来应收账款本身，采取何种学说似乎都无可厚非，除非界定者自己未保持概念的一贯性和体系的严密性。但是，处于应收账款转让、应收账款质权的领域思考这个问题，结论就不大一样。在应收账款业已存在，只是其实现取决于有关条件的成就或始期的届至的情况下，将此种应收账款出质不违背质权的本质，反倒是将已届清偿期或很快届至清偿期的应收账款出质会产生较为复杂的处理规则。就此看来，应收账款质权制度中所谓将有的应收账款仅指质权设立时尚不存在的应收账款，而不应包括已经存在只是其实现取决于有关条件的成就或始期的届至的类型，进而的结论是，附条件的应收账款、附始期的应收账款应该属于既存应收账款。

将来应收账款作为质权的标的物，不但要求应收账款必须具有转让性（让与性），而且要求该应收账款具有特定性。例如，就应收账款发生的原因、债务人、清偿期或转让的金额等均予明确约定时，该应收账款出质应为有效，至于该应收账款转让合同订立时，该应收账款发生的可能性的程度如何，并非当然足以影响合同的效力。原来，即使转让的应收账款于将来并未发生，乃应收账款转让人应负何种责任，也只是原因行为（如应收账款转让合同）不能履行的问题，而非应收账款由转让人移转至受让人之手的"物权变动"①。

此种学说在区分应收账款行为与物权行为的模式下符合逻辑，在未奉行物权行为理论的法制上须加限定，原因行为一律不要求处分权这个因素，会导致极不妥当的后果。例如，甲和乙恶意串通，虚构应收账款，并将其出质，若仍承认质押合同有效，则弊大于利。

应收账款质权所要求的将来应收账款，包括如下类型：其一，已有成立的基础法律关系，但尚未发生的应收账款。属于此类的将来应收账款有：（1）附始期

---

① 谢在全：《民法物权论》（下），台北，新学林出版股份有限公司 2005 年修订 5 版，第 265 页。

的法律行为项下的应收账款[①]；（2）附停止条件的法律行为项下的应收账款[②]；（3）除此而外的、日后仅须有某种情事发生，即可由已经存在的基础法律关系上发生的应收账款。例如，股东基于出资或股份所可能发生的股息红利分配请求权、合伙人的剩余财产分配请求权，均属此类。[③] 再如保证人的求偿权、物上保证人的求偿权、连带债务人的求偿权，以及行使撤销权、解除权、优先购买权、买回权等形成权时所产生的应收账款。[④] 此外，应收账款人对于债务人享有应收账款，债务人与第三人之间存在某种基础关系，将来极大可能发生应收账款。在这种法律结构中，应收账款人基于应收账款人代位权制度而对该第三人可以主张的应收账款，也应允许应收账款人将该将来的应收账款出质。其二，无成立基础的法律关系，尚未发生的应收账款，即所谓"纯粹的将有的应收账款"。此类将有的应收账款又分为两个亚类：（1）虽无法律基础但有事实基础存在，因该事实基础而将来发生的应收账款。（2）无事实基础存在的将有的应收账款。[⑤] 其中的第一种亚类型，如甲发现并占有了乙遗失的一头牛，且一直饲养至乙前来领取之时，甲对乙享有无因管理之债的应收账款或不当得利返还请求权。其中的第二种亚类型，如于将来应该订立承揽合同，该合同产生的应收账款。

值得注意的是，实务中出现了如下类型的虚假应收账款：甲公司将被整体转让，为索要高价而编造多份虚假合同，据此拥有本不存在的应收账款。此类应收账款可为应收账款质权的标的物吗？以虚假应收账款为标的物的质权具有何种法律效力？如果遵循"物权以物为其客体，客体（标的物）既灭失，权利亦因之消

[①] 需要注意，此处所谓附始期的法律行为项下的应收账款不同于附始期的应收账款，因为附始期的法律行为于始期尚未届至时法律行为尚未生效，应收账款也就没有产生，故以此种情形的应收账款出质属于以将来应收账款出质；而附始期的应收账款则是应收账款已经的的确确地存在了，只是始期未至时应收账款人请求债务人予以清偿的，债务人有权抗辩罢了，故以此种应收账款出质不属于以将来应收账款出质。

[②] 需要注意，此处所谓附停止条件的法律行为项下的应收账款不同于附停止条件的应收账款，因为附停止条件的法律行为于停止条件尚未成就时法律行为尚未生效，应收账款也就没有产生；而附停止条件的应收账款则是已经实实在在地存在了，故以此种应收账款出质不属于以将来应收账款出质。

[③] 谢在全：《民法物权论》（下），台北，新学林出版股份有限公司2005年修订5版，第266页。

[④] 刘绍猷：《"将来应收账款"的让与》，载郑玉波主编：《民法债编论文选辑》（中），台北，五南图书出版公司1984年版，第897页、第899页。所引论文未使用"附始期的法律行为项下的应收账款""附停止条件的法律行为项下的应收账款"的表述，而是"附始期的应收账款""附停止条件的应收账款"。但笔者认为，"附始期的应收账款""附停止条件的应收账款"均为既存应收账款，而非将来应收账款，故修正了原文的表述，使用的是"附始期的法律行为项下的应收账款""附停止条件的法律行为项下的应收账款"的术语。

[⑤] 谢在全：《民法物权论》（下），台北，新学林出版股份有限公司2005年修订5版，第266页。

灭"[1]"权利质权标的物之权利消灭时，权利质权自归于消灭，盖皮之不存，毛自无所附也"[2] 的原则，应收账款质权因其原因行为不成立亦即不存在而根本不设立或不复存在。换句话说，虚假应收账款不得出质，法律不承认虚假应收账款质权。这种理念及模式与罗马法、意大利民法、英国法确立的理念和规则如出一辙。与此不同，如果适用《民法典》第597条第1款关于"因出卖人未取得处分权致使标的物所有权不能转移的，买受人可以解除合同并请求出卖人承担违约责任"的规定，那么，应收账款质押合同不因虚假应收账款或曰标的物不存在而不成立、无效，只不过"出卖人因未取得所有权或者处分权致使标的物所有权不能转移，买受人要求出卖人承担违约责任或者要求解除合同并主张损害赔偿的，人民法院应予支持"。如此，应收账款质权似无不复存在的理由。

两相比较，哪种模式更可取呢？从有关信息可知，上个自然段开头所谓甲公司虚造应收账款之事，负面结果实在严重：导致收购方乙公司付出高价却取得了财产状况糟糕的甲公司，酿成重大损失。此其一。甲公司的弄虚作假，乙公司于不知间披露的信息不真，损害了股市的形象。此其二。该种信息不胫而走，波及股市，致使在股市上购买相关股票的股民们损失不小。此其三。管理、决策机关以虚假应收账款及其流转现象作为判断依据之一，形成"决定""规程""措施"，贯彻于实务之中，非"对症下药"，难免出错。此其四。特别是，将此类虚假应收账款、虚假应收账款质权做成证券，发行于社会，可能会酿成美国次贷危机那样的恶果，广大百姓遭殃。此其五。[3] 既然如此，即使承认以此类虚假应收账款出质有效，该所谓质权也无使应收账款优先受偿的效力及功能，只有质权之名而无质权之实。与采取这种理念及模式所致后果不同，践行标的系合同成立要件之一的理念，则虚假应收账款质押合同不成立，不发生法律效力，进而，虚假应收账款质权因标的物不存在而不设立或归于消灭，就避免了至少是减弱了上述负面后果。笔者赞同这种理念及模式，反对《民法典》第597条第1款采纳的买卖合同、权利转让合同不以处分权为必要的学说。

值得讨论的还有，无效的基础行为项下的应收账款可否出质。如果基础行为无效，该行为项下的应收账款归于消灭，以该应收账款作为标的物的应收账款质权失去标的物，如同上述，该质权因无标的物而归于消灭。此其一。需要辨析的

---

① 谢在全：《民法物权论》（下），台北，新学林出版股份有限公司2010年版，第146页。

② 谢在全：《民法物权论》（下），台北，新学林出版股份有限公司2010年版，第323页。

③ 此处"其五"系清华大学法学院副教授龙俊博士于2019年4月27日晚向笔者阐释的。其背景是：2019年4月27日，王洪亮教授于清华大学法学院举办"民法典担保物权法律问题研讨会"，邀请笔者于会上报告《关于应收账款质的思考》。龙俊博士对此有感而发。

是，在基础行为无效的情况下，基于《民法典》第 1578 条的规定产生缔约过失的损害赔偿请求权，如果把该损害赔偿请求权视为基础行为项下的应收账款的变形，类似于质押财产的代位物，那么，承认因基础行为无效导致的应收账款质权不因欠缺标的物而归于消灭，而是使应收账款质权借助于物上代位性继续存在于缔约过失的损害赔偿请求权，这不可以吗？其实，缔约过失的损害赔偿请求权并非基础行为项下的应收账款转化而来的应收账款，前者乃法定权利，后者则大多为意定权利，二者产生的理论基础、法律事实、构成要件和赔偿范围均不相同，按照严格的担保物权的物上代位性衡量，缔约过失的损害赔偿请求权不是基础行为项下的应收账款的代位物。既然如此，还是坚持应收账款质权因基础行为无效从而导致欠缺标的物而归于消灭的原则，最符合法理。笔者赞同此理。此其二。

（二）应收账款质权的设立不以交付权利凭证为要件

应收账款是一种未被证券化的具有金钱内容的请求权，无证券载体，因此，在设立应收账款质权时无须转移权利凭证。当然，根据当事人意思自治原则，质权人可以要求出质人在订立应收账款质押合同时转移合同书或其他凭证，增加其私下转让、处置应收账款的难度，尽可能维护质权的效能。[①]

（三）应收账款质权的实现受制于应收账款义务人的清偿能力

应收账款质权实质上是以一种请求权担保另一种请求权的担保方式，与其他已经证券化的权利质权相比，其实现更加依赖应收账款债务人的信用程度和履行能力，受制因素明显多于票据质权，故其担保功能相对有限，在质权得不到实现时的交易成本更高，商业银行在办理此项业务时面临的风险更大。[②]

[辨析]

1. 应收账款质权与债权转让

尽管有学者将应收账款质权与债权转让相提并论，但二者存在着区别：（1）二者的性质不同。应收账款请求权一经转让，原权利人便彻底退出，受让人以新请求权人的身份收取账款，性质上为一种权利的"买卖"，具有融资的功效却无担保的机能；而以应收账款出质，应收账款请求权人的身份并未发生变化，只是在第三债务人（付款人）到期未付款时，银行才可以就入质的应收账款优先受偿，性质上为一种债的担保。（2）二者的运作方式不同。应收账款请求权转让后，受让人能否向第三债务人收回账款及收回多少，概与原应收账款请求权人无

[①②] 杜国辉：《应收账款质押若干法律问题分析》，清华大学法学硕士学位论文（2008），第 7、8 页。

关；而应收账款质权则不同，即使第三债务人（付款人）到期不付款，质权人也有权请求应收账款请求权人履行，并就所收账款优先受偿。质权人行使质权后，若所收账款大于被担保的债权额，须将余额退还给出质人；相反，如有不足，则质权人有权继续向出质人（应收账款请求权人）请求偿还不足部分。（3）二者的风险不同。应收账款请求权转让后，应由受让人独自承担应收账款未获清偿的风险，亦即受让人对应收账款承担坏账担保的责任；而应收账款的质权人毕竟还保有对应收账款请求权人（出质人）的请求权，风险分散于出质人和第三债务人两方，相对较小。[①]（4）二者的收益不同。根据风险与收益相一致的原则，应收账款的受让人可能获得的利益通常要高于质权人的。前者往往以较低的"贴现率"受让应收账款，若账款最终能够全部回收，其赚取的差价较大；而应收账款质押中的质权人贷款之后可能获得的只是利息收入，而不能得到大于债权本息的偿付。[②]

当然，尽管应收账款转让与应收账款质权在理论架构上可说是泾渭分明，在实践操作中，两者的界限却有模糊的趋势。特别是中国的银行为了降低风险，往往只开展有追索权的应收账款转让业务，即出让人须对第三债务人的清偿能力作出保证，一旦第三债务人无力清偿，银行仍有权向出让人追索。此种方式名为转让，其实质仍为应收账款担保贷款，只不过由第三债务人承担第一还款义务而已。但此种变异方式的出现，并不足以动摇应收账款转让和应收账款质权区分的基础。此外，《国际保理通则》第 12 条第 1 款、《联合国国际贸易应收账款转让公约》第 2 条 a 款，都提到以应收账款提供担保的，可视为应收账款的转让。因此两个公约实际上也是区分转让和质押的，只不过由于质押具有附条件转让的特点，准用转让的规定而已。质押和转让是两种不同的债权利用方式，债权人可以根据自身需要作出相应选择，肯定不能因此抹杀应收账款质押的独立价值。[③]

2. 应收账款质权与保理

应收账款包括许多类型，其中重要的一类存在于保理制度之中。保理制度是一项以应收账款的转让为核心，兼具管理、收款、坏账担保等多种功能的综合性制度。它是为赊销方式出售商品或提供服务的贸易提供销售账务管理、应收账款收取、信用风险担保和资金融通便利中一项或多项服务的综合性金融业务。[④] 在

[①③] 杜国辉：《应收账款质押若干法律问题分析》，清华大学法学硕士学位论文（2008），第 9、9 页。

[②] 刘保玉、孙超：《应收账款质押的法律解读——兼评我国物权法草案的相关规定》，北大法律信息网（www.chinalawinfo.com），2007 年 8 月 10 日最后访问。转引自杜国辉：《应收账款质押若干法律问题分析》，清华大学法学硕士学位论文（2008），第 9 页。

[④] 黄斌：《国际保理——金融创新及法律实务》，北京，法律出版社 2006 年版，第 3 页。

普通法国家里，国际保理业务的融资功能与其操作和债权质权确实比较相近①，确有一定的相似性。尤其是保理业务中经常发生保理商向出口商的融资，容易使人理解为出口商是以应收账款债权作质押而获取了一笔融资。在德国，有追索权保理甚至被认为实际上是债权质押借贷。②《国际保理通则》甚至也允许将应收账款提供担保权纳入保理的范畴（第12条）。但应收账款质权和保理毕竟不同，现以无追索权保理为例，加以说明：（1）在应收账款质权中，虽然债权凭证移交给质权人，但在主债权人处分和实现质权前，出质人还是债权人；而国际保理业务中，保理商和供应商签订保理合同后，不论有无融资，保理商而非出口商即以应收账款债权人的身份向债务人催收款项。（2）在应收账款质权中，首先由第三债务人清偿债务，待第三债务人不能清偿时，质权人方才处分入质的应收账款债权，向第三债务人收取应收账款来清偿主债务的本息；而在国际保理业务中，保理商向供应商支付预付融资款后，是直接以债权人身份向债务人收回应收账款来得到偿付的。只有当应收账款出现商务争议时，才向出口商进行追索。（3）在应收账款质权中，出质人必须向质权人清偿融资本息，出质人对出质应收账款债权变现尚不足以清偿的部分仍负责清偿；而在保理业务中，由于保理商作出了坏账担保，只要未发生商务纠纷及争议，保理商能向债务人收回多少及是否能够收回，概与出口商无关。（4）在应收账款质权中，出质人获得融资后，要纳入其资产负债表的负债科目；而在保理业务中，出口商获得的预付融资款被视为其提前收回的应收账款，在资产负债表中列入其流动资产科目。（5）在应收账款质权中，出质人在清偿款项后，有赎回应收账款的权利；而保理业务中，出口商显然无这一权利，当然，在出现保理商追索（反转让）时出口商又买回了其应收账款债权，但是，这时发起的主体是保理商而非出口商。③

四、应收账款质权的设立

应收账款的设立，属于创设的继受取得，既需要有设立合同或单独行为的成立和生效，又需要出质登记（《民法典》第445条第1款）。

[探讨]

当事人未以书面签订质押合同，合同是否有效？观点不尽相同。有专家学者主张，中国法律只承认和保护以书面形式订立的质押合同，不承认和保护以口

---

① ② ［英］费瑞迪·萨林格：《保理法律与实务》，刘园、叶志壮译，北京，对外经济贸易大学出版社2003年版，第124、11页。

③ 黄斌：《国际保理——金融创新及法律实务》，北京，法律出版社2006年版，第21页。

头、录音等方式订立的质押合同。同时，从保证银行质权清晰明确的角度出发，也应当订立书面的质押合同，并在合同中对应收账款质押的有关要素作详细的约定。① 笔者认为，将《物权法》第 228 条第 1 款关于要式合同的规定视为强制性规定利少弊多，莫不如作为倡导性规定，质押合同虽然未作书面形式，但当事人均予承认，或有证据证明质押合同存在，法律应予承认。《民法典》意识到这些，删除了《物权法》第 228 条第 1 款所要求的"当事人应当订立书面合同"，确有道理。

应收账款质权的实现，取决于第三债务人（应收账款请求权人的债务人）的清偿，因而应当将设质的事实通知第三债务人。由于应收账款质权的设立，类似于应收账款债权的转让，可类推适用《民法典》第 546 条第 1 款关于"债权人转让债权，未通知债务人的，该转让对债务人不发生效力"的规定，应收账款质权设立，应将此情通知债务人。应收账款债权人向债务人为通知，应无疑问；应收账款质权人向债务人为通知的，虽无不可，但应负举证证明其质权确实设立于该应收账款之上，以防有人冒称其为应收账款质权人。如果未将应收账款质权的设立通知给债务人，那么，类推适用《民法典》第 546 条第 1 款关于"未通知债务人的，该转让对债务人不发生效力"的规定，该质权对债务人不发生效力。

何谓该质权对债务人不发生效力？本条第 1 款规定应收账款质权自办理出质登记时设立。这表明质权人将应收账款出质的事实通知第三债务人不是质权的生效要件，只是质权设立后于质权实行时请求第三债务人为清偿的条件。例如，债务人若不知应收账款亦为质权标的物，则于应收账款已届清偿期之时，债务人仍然向出质人清偿的，照旧发生债务消灭的效力，无须对应收账款质权人负担任何责任。质权人只得向出质人主张相应的救济而已。从第三债务人的角度观察，在质权人怠于通知时，第三债务人可以此向质权人为有关的抗辩，如在第三债务人已经向应收账款请求权人为清偿时，其债务消灭，可以对抗质权人关于清偿的请求。只有这样，才能较为公正地平衡各方当事人的利益关系。由此导出应收账款质权人负有将应收账款质押事实通知给第三债务人的义务。质权人怠于通知，第三债务人有权向应收账款请求权人清偿，除非能够证明该第三债务人为恶意。

与此相关，将应收账款质权的设立通知给债务人，在时间点上不苛求于质权设立时为之，在该债务人为清偿之前向其为通知，也足以发生对抗效力。

关于通知的形式，《民法典》未设明文，可参考有关立法例及学说关于"以书面、言词或提示设质之书面，均无不可"的意见，予以把握。

---

① 杜国辉：《应收账款质押若干法律问题分析》，清华大学法学硕士学位论文（2008），第 15 页。

必须指出，在法律明文规定或当事人之间明确约定应收账款债权转让须经债务人同意的情况下，仅仅将应收账款质权设立的事实通知给第三债务人，尚不使得质权设立，只有得到该第三债务人同意，质权始告设立。[①]

五、应收账款质权的顺序

应收账款质权作为物权的一类，依然遵循物权优先效力的规则，即在同一应收账款债权多次设立质权的情况下，应收账款质权的优先效力依质权设立先后确定。如果第三债务人没有收到先顺位质权人的通知，而向已为设质通知的后顺位债权人给付时，则依旧发生债务清偿的效力以及质权实现的效力，至于先顺位质权人的救济则属另外的问题。[②]

六、应收账款质权人的权利

（一）应收账款凭证的留置权

应收账款存在权利凭证的，在主债务人不履行到期债务致使被担保债权未获清偿前，应收账款质权人有权留置此类权利凭证。

（二）孳息的收取权

应收账款产生孳息的，质权人享有孳息收取权（《民法典》第446条、第430条）。但从公平的层面考量，应当区分应收账款债权质实行前后而有所区别。应收账款债权质于其实行前的效力不宜及于孳息，应收账款债权质权自其实行开始效力及于孳息。

[延伸]

债权质权的效力是否及于出质债权的转让对价

出质债权转让时，债权质权的效力是否及于出质债权的转让对价？应当区分类型而有结论。在债权质权尚未进入实行阶段时，出质债权为质权的效力所及；第三债务人提前清偿时，要么出质债权人提前向债权质权人清偿，要么将第三债务人的清偿结果提存，这就足以保障债权质权人的权益了。倘若再将债权质权的效力及于出质债权的转让对价，又承认质权的保全（质押财产价值减少的防止权、质押财产价值减少的恢复原状、增加担保请求权）、质权的物上请求权等制度的话，就使得债权质权掴取了超出被担保债权实现所需要的责任财产，意味着闲置了某些财产，这对债权质权人保护过度；对于出质债权人而言，人为地压缩

---

① 参见谢在全：《民法物权论》（下），台北，新学林出版股份有限公司2010年修订5版，第269页。
② 谢在全：《民法物权论》（下），台北，新学林出版股份有限公司2010年修订5版，第269页。

了其以债权转让对价从事另外交易的空间，从而妨害着出质债权人转让债权的积极性，这不利于社会财富的增加。此其一。对于抵押物所生租金等法定孳息，有些立法例、判例和学说均认为抵押权于其实行前效力不及于之①，出质债权转让的对价（价款）与抵押物的租金具有类似性，按照相似的事务相同处理的公平原则，债权质权于其实行前的效力也不及于出质债权的对价。此其二。但是，债权质权一旦进入实行的状态，出质债权人就不得自主决定转让出质债权，而由质权人决定，而且自此开始，质权的效力及于出质债权的转让对价。不这样，就不足以维护债权质权的价值，有可能使债权质权担保的债权难获清偿，或者代价昂贵。

（三）入质应收账款的保全权

应收账款作为一种普通债权或不动产收益权，绝大多数没有一定的书面凭证可以将其权利固定化和表征化，质权人不占有此类入质债权的凭证，导致该权利随时可能被出质人恶意放弃、减免、向第三人转让、第三债务人主动向出质人提前清偿等情形所冲击，损害质权人的质权。为了保护应收账款质权，一旦有上述情况之一发生，质权人有权要求停止不当行为，或请求人民法院撤销出质人放弃出质应收账款请求权和减免出质应收账款请求权的行为。②

需要注意，只有应收账款质押合同而未办理质押登记，则应收账款质权尚未设立，于是，当出质人为放弃、减免、向第三人转让将出质的应收账款时，质权人无权请求人民法院撤销这些行为，只能要求出质人承担违反质押合同的责任。

（四）应收账款质权的处分权

《民法典》于权利质权一节没有规定质权人的转质权、放弃权，但于第446条规定："权利质权除适用本节规定外，适用本章第一节的有关规定。"由于《民法典》在动产质权一节规定了质权人的转质权（第434条）、放弃权（第435条前段），应收账款质权人应有将应收账款转质、放弃应收账款质权的权利。

（五）提前受偿或提存的权利

在出质应收账款的付款期限先于主债务的清偿期限场合，应收账款请求权人

---

① 《日本民法典》第371条；[日]铃木禄弥：《物权法讲义》（第3版），东京，创文社1985年版，第154页；[日]川井健：《担保物权法》，东京，青林书院1975年版，第54页；[日]槙悌次：《担保物权法》，东京，有斐阁1981年版，第157页；[日]近江幸治：《担保物权法》，祝娅、王卫军、房兆融译，沈国明、李康民审校，北京，法律出版社2000年版，第122~123页；中华民国最高法院1933年度上字第235号；谢在全：《民法物权论》（中），台北，新学林出版股份有限公司2010年修订5版，第362页。

② 杜国辉：《应收账款质押若干法律问题分析》，清华大学法学硕士学位论文（2008），第19~20页。

（出质人）届期受偿，会使出质的应收账款请求权消灭，应收账款质权因其标的物消失而难以存续。为了保护质权人的合法权益，在应收账款请求权人（出质人）愿意放弃期限利益而提前向质权人为清偿时，应当允许；应收账款请求权人（出质人）若不愿放弃期限利益，有义务将第三债务人（付款人）的付款提存于第三人处，质权人有权请求应收账款请求权人（出质人）为此类提存行为（《民法典》第 442 条之准用）。

应收账款出质后，经质权人同意，出质人转让应收账款请求权，所得转让款，应用于向质权人提前清偿债务；应收账款请求权人（出质人）若不愿放弃期限利益，则有义务将第三债务人（付款人）的付款提存于第三人处，质权人有权请求应收账款请求权人（出质人）为此类提存行为（《民法典》第 445 条第 2 款）。

（六）享有应收账款请求权的担保利益

出质应收账款请求权附有抵押权、质权或保证时，应收账款请求权为主权利，抵押权、质权、请求保证人承担保证责任的权利等为从权利。根据担保权的效力及于担保物的从权利的原理，应收账款质权的效力及于这些担保利益。如此，在入质应收账款请求权的清偿期届满后，第三债务人（付款人）拒不付款，应收账款质权人有权代入质应收账款请求权人之位而行使附带于应收账款请求权上的担保权，可以直接请求应收账款请求权的保证人予以清偿，或就担保应收账款请求权的抵押物或质物的变价，使其债权优先受偿。[1]

（七）别除权

在应收账款请求权人（出质人）进入破产程序时，应收账款质权人可以就已经入质的应收账款主张行使别除权，要求不将该部分财产权利列入破产财产范围。[2]

（八）应收账款质权的实行权

在主债务人不履行到期债务致使被担保债权未获清偿时，应收账款质权人有权实行质权，但与抵押权、留置权、动产质权以及知识产权质权的实行方式相比具有特色。

担保物权的实行，重心是将担保物变价，担保权人就该变价使被担保的债权优先受偿。变价的可能性会因担保权的类型不同而有所差异：抵押权、动产质权

---

[1] 李开国：《民法学》（专题讲座），重庆，西南政法大学 1995 年印刷，第 464～466 页；梁慧星、陈华彬：《物权法》（第 4 版），北京，法律出版社 2007 年版，第 361 页；杜国辉：《应收账款质押若干法律问题分析》，清华大学法学硕士学位论文（2008），第 20 页。

[2] 杜国辉：《应收账款质押若干法律问题分析》，清华大学法学硕士学位论文（2008），第 20 页。

和留置权的实行采取拍卖或变卖的形式，被担保债权就该变价优先受偿[1]；知识产权质权的实行是将包含在知识产权中的财产性的权能变价，被担保债权就该变价优先受偿；指向金钱的债权的变价要通过对其收取以及为了债权人的利益而出卖收益进行利用来实现，质押财产的出卖可能不是唯一的变价形式。[2] 具体些说，应收账款质权的实行是就入质的应收账款请求权为处分：应收账款请求权的清偿期先于被担保债权的，出质的债权人无清偿请求之权，质权人也随之欠缺此权，但有权请求应收账款请求权人提前清偿或予以提存，已如上述，此处不赘；在出质的应收账款已被冻结时，无论是出质人还是质权人均无行使清偿请求权的余地，质权人可以自己名义直接要求第三债务人提存，并就提存之物优先受偿，也可以要求出质人提供替代的担保方式；应收账款请求权已届清偿期的，质权人有权以自己名义直接请求第三债务人清偿，并就此享有优先于应收账款请求权人和一般第三人受偿的权利；应收账款请求权的清偿期后于被担保债权的清偿期的，质权人需要等待应收账款请求权的清偿期届至，才可请求第三债务人为清偿，因为第三债务人并不承担期前给付的义务，而应收账款请求权人亦无权对之请求给付，不得因质权的设立而剥夺第三债务人的期限利益，或使质权人有优先于应收账款请求权人的权利，何况质权人于此场合虽然不得实行其质权，但非不得向自己的债务人（应收账款请求权人）请求清偿债务，倘其不为清偿，则须负迟延责任，此亦为质权担保效力之所及，故对质权人自仍有保障。[3]

前述质权人直接请求第三债务人清偿，是指质权人有权以自己的名义请求给付而径直优先受偿，即无须由应收账款请求权人（出质人）出具授权委托书，亦无须在诉讼上为之。质权人的该种直接请求给付之权，名叫收取权，乃以实现应收账款请求权的内容为目的。为达此目的，质权人对第三债务人有权催告、受领代物清偿、申请查封、申请冻结、申报破产财产。第三债务人拒绝给付时，质权

---

① ［德］鲍尔/施蒂尔纳：《德国物权法》（下册），申卫星、王洪亮译，北京，法律出版社 2006 年版，第 739 页；［日］近江幸治：《担保物权法》，祝娅、王卫军、房兆融译，沈国明、李康民校，北京，法律出版社 2000 年版，第 27、28、86、121、133、138 页；谢在全：《民法物权论》（中），台北，新学林出版股份有限公司 2010 年修订 5 版，第 462～463 页；谢在全：《民法物权论》（下），台北，新学林出版股份有限公司 2010 年修订 5 版，第 241～242 页。

② ［德］鲍尔/施蒂尔纳：《德国物权法》（下册），申卫星、王洪亮译，北京，法律出版社 2006 年版，第 734～735 页。

③ 参考谢在全：《民法物权论》（下），台北，新学林出版股份有限公司 2010 年修订 5 版，第 306 页；［日］近江幸治：《担保物权法》，祝娅、王卫军、房兆融译，沈国明、李康民校，北京，法律出版社 2000 年版，第 280～281 页。

人有权诉请给付，并于取得执行名义后，对之申请强制执行。①

在此，值得争辩的是，质权人行使收取权，第三债务人为清偿，是否需要征得应收账款请求权人（出质人）的同意？《民法典》未设明文，中国台湾地区"民法"采取肯定说，于第 907 条规定："为质权标的物之债权，其债务人受质权设定之通知者，如向出质人或质权人一方为清偿时，应得他方之同意。他方不同意时，债务人应提存其为清偿之给付物。"与此不同，德国民法的立场是，于被担保债权的履行期届至，质权人的法律地位得以加强：至此他被赋予收取权，债务人只得向他清偿（《德国民法典》第 1282 条第 1 项第 1 款前段）。随着该收取权又产生了物上代位性（《德国民法典》第 1287 条）：债权人（出质人）取得了在给付物上的所有权，质权人在该给付物上取得了质权（甚或一个担保性抵押权）。他可以通过出卖的方式来变价该质押财产。如果从第三债务人处收取了金钱，那么，质权人的债权被看作债权人（出质人）为清偿（《德国民法典》第 1288 条第 2 项，准用第 1247 条）。②

两相比较，德国民法坚持的模式可取，中国台湾地区"民法"采取的模式存在弊端。其道理在于，物权不同于债权的一个重要表现就是，物权人可径直行使其物权，而无须义务人的协助。债权质作为物权之一种，此种物权性依然如故。如此，被担保债权的履行期届至时，质权人的法律地位因具有实行权而得以加强，质权人无须经由出质人的协助，可以单独向第三债务人收取债权，该债务人也只可向质权人为清偿。不然，质权的物权效力就难被体现，至少被弱化了。③

债权质实行可否采取拍卖或变卖入质债权（债权转让）的方式？德国民法理论持肯定态度④，中国法也是如此，因为《民法典》第 446 条规定"权利质权除适用本节规定外，适用本章第一节的有关规定"，而动产质权一节第 436 条第 2 款规定"债务人不履行到期债务或者发生当事人约定的实现质权的情形，质权人……可以就拍卖、变卖质押财产所得的价款优先受偿。"

此外，《民法典》第 436 条第 2 款前段规定："债务人不履行到期债务或者发生当事人约定的实现质权的情形，质权人可以与出质人协议以质押财产折价"。这也是债权质权实行的形式。

---

① 参考谢在全：《民法物权论》（下），台北，新学林出版股份有限公司 2010 年修订 5 版，第 306～307 页。

②④ ［德］鲍尔/施蒂尔纳：《德国物权法》（下册），申卫星、王洪亮译，北京，法律出版社 2006 年版，第 744～745、734～735 页。

③ 参考谢在全：《民法物权论》（下），台北，新学林出版股份有限公司 2010 年修订 5 版，第 312 页。

[探讨]

出质债权可否被抵销？

对于出质的债权，《民法典》禁止其转让，除非经出质人与质权人协商同意转让（第445条第2款前段），但无可否抵销的明文。《民法典》设置的抵销制度中亦无出质的债权可否抵销的规定。依比较之法，出质的债权被抵销，与将其转让给主动债权的债权人二者具有共通性。据此可以说，出质的债权也不允许抵销。

如此解释，有一定道理："主要是为了保护质权人的权益，防止出质人随意处置应收账款，保证其所担保的债权的实现。出质人只有在取得质权人同意的情况下才能转让应收账款。"[1] 这样的理由用于禁止出质人以出质债权抵销，十分妥帖，因为出质人行使抵销权就使得质权失去标的物，质权设立目的落空，质权人因此处于不利境地。

但能否将这样的逻辑、理由延伸至禁止第三债务人主张抵销出质债权呢？原来，债权出质，影响到第三债务人（相对于出质人与质权人之间的关系而言，便名为第三债务人）的权益，如清偿地点（在质权人与出质人的所在地不同的场合）、清偿方式（质权人拍卖入质的债权）、清偿费用（向质权人直接清偿可能增加费用）等都可能存在差异；特别是阻碍第三债务人向出质人（第三债务人的债权人）主张抵销，至少是增添了抵销的难度。既然如此，在债权质权与第三债务人的抵销权相抵触的问题上，就不可简单地望文生义地、形式逻辑推理地断言：已经公示的物权具有对世效力，可以对抗物权人以外的任何人；债权质权一经登记，就具有绝对性，具有对世效力，可以对抗债权质权人以外的一切人，包括第三债务人。可取的思路及方法是区分情况而有不同的结果，兹分析如下。

1. 日本民法一方面奉行出质人当然地负有不使出质的债权消灭的义务（参照《日本民法典》第481条的规定），对出质债权的索取、相抵、免除等使债权消灭、变更的行为，不能以此对抗质权人；另一方面又变通：涉及出质债权的时效时，为使时效中断，出质人可以进行催告（《日本民法典》第153条）、提起债权存在的确认之诉（大判1930.6.27，民集9卷，619页）。[2] 在中国，类推适用《民法典》第445条第2款前段的规定，应当坚持如下观点：第三债务人向债权人（出质人）主张抵销时，作为质权标的物的债权即归消灭，质权即无所附丽，

---

[1] 胡康生主编：《中华人民共和国物权法释义》，北京，法律出版社2007年版，第490页。

[2] ［日］近江幸治：《担保物权法》，祝娅、王卫军、房兆融译，沈国明、李康民校，北京，法律出版社2000年版，第281页。

从而应归消灭。从保护质权人的利益出发，出质人（债权人）不得以已经出质的债权作为主动债权，主张抵销，这应为当然之理。

2. 第三债务人可否以其对出质人享有的债权来抵销出质债权，从而消灭自己对于出质人所负债务？日本民法理论同样认为，参照《日本民法典》第481条，第三债务人原则上负有不使出质债权消灭、变更的义务。所以，债权质设定后，第三债务人取得对于出质人的债权，不能以之抵销出质债权。另外，在不保留异议的"承诺"的情况下，质权人的一切抗辩权被切断。① 中国台湾地区的"民法"也认为，债权质设定在先，且已通知第三债务人了，第三债务人此后对出质人取得债权的，该第三债务人不得将该债权作为主动债权而为抵销。其道理在于，已经设立的质权，不应因出质人与第三债务人随意成立、形成新债权而受影响，也不应允许这两方采取抵销方法消灭作为质权标的物的债权，进而使质权无所附丽，导致质权的对抗效力甚至对世效力化为乌有。② 诚哉斯言，中国法及理论对此应予承认。

3. 与此有别，如果在债权质设立之前，第三债务人对于出质人就已经享有债权，即出质人与第三债务人互享债权。这些债权作为效力齐备的权利，不但自身存在，而且抗辩及抗辩权、抵销权等形成权也先天地附随其身。只要条件具备，债权人（包括出质人和第三债务人）即可行使抵销权等形成权，主张抗辩权，裁判者可依职权援用法律关于抗辩的规定。第三债务人的这些"天赋权利"何以因出质人将其债权出质就被剥夺呢？假如允许剥夺，就为出质人为损害第三债务人的权益而恶意地出质其债权创造了条件。这是违背公平正义的，不应被允许。所以，应当坚持这样的观点：如于受质权设立的通知之前，第三债务人已经取得了对于出质人的债权，其抵销权就不应因出质人为其债权人设立质权而受妨碍。

4. 不但如此，先于债权质设立，或先于得到债权质设立的通知，第三债务人便对出质人享有债权，在该债权已届清偿期时，第三债务人有权对质权人主张抵销，从而使第三债务人的债权与质权人的债权在相等数额的范围内归于消灭。

七、应收账款质权人的义务

（一）保管义务

应收账款质权人若占有着应收账款合同书或其他凭证，则应尽善良管理人的

---

① ［日］近江幸治：《担保物权法》，祝娅、王卫军、房兆融译，沈国明、李康民校，北京，法律出版社2000年版，第281页。

② 孙森焱：《民法债编总论》（下册），北京，法律出版社2006年版，第912页。

注意，保管好这些文件。

（二）通知义务

从上文叙述可知，将应收账款质权设立的事实通知给第三债务人（应收账款请求权人的债务人），系质权人的义务。此外，应收账款质权人对第三债务人还负有另一通知义务，即，在主债务人不履行到期债务致使担保债权未获清偿时，应收账款质权人有义务通知第三债务人向自己清偿。

（三）消除对应收账款请求权的限制

在主债务人适当清偿担保债务、质权人放弃应收账款质权等事由导致质权消灭的情况下，质权人应当消除对应收账款请求权的限制，如及时办理注销登记等（《应收账款质押登记办法》第17条）。

（四）不擅自转让应收账款请求权

对于出质的应收账款债权，《民法典》禁止其转让，除非经出质人与质权人协商同意转让（第445条第2款前段）。"这主要是为了保护质权人的权益，防止出质人随意处置应收账款，保证其所担保的债权的实现。出质人只有在取得质权人同意的情况下才能转让应收账款。"① 由此决定，应收账款请求权人不得自作主张转让应收账款债权。

（五）赔偿损失

应收账款质权人对应收账款请求权人承担损害赔偿责任的情况有如下两种：（1）在应收账款质权存续期间，未经出质人同意却转质，给应收账款请求权人（出质人）造成损失的，应收账款质权人应当赔偿其损失（《民法典》第446条、第434条）。（2）应收账款质权人怠于行使质权，给应收账款请求权人（出质人）造成损失的，应当赔偿其损失（《民法典》第446条、第437条第2款）。

（六）不当得利返还

应收账款质权的行使，超过了被担保债权的范围，就该超出部分构成不当得利，应收账款质权人应予返还（《民法典》第985条）。

[引申]

应收账款请求权人（出质人）的权利义务

应收账款请求权人（出质人）的权利和义务，一般都对应着应收账款质权人的义务和权利，不再重复。所需要强调的，是如下义务。

1. 应收账款处分权受限制

应收账款出质后，应收账款请求权受到限制，例如，对第三债务人请求清偿

---

① 胡康生主编：《中华人民共和国物权法释义》，北京，法律出版社2007年版，第490页。

的权利、对债务人为破产申请的权利等均不得行使，不得擅自转让、放弃应收账款请求权等。① 但这仍不足以排除应收账款请求权人（出质人）对应收账款质权的侵害。为了保护质权人的合法权益，在签订应收账款质押合同时，应收账款质权人可请求设置如下条款：1）出质人向质权人交付基础合同文本或其他相关材料原件，以期减少出质人侵害质权行为发生的可能性。2）在应收账款请求权人（出质人）擅自以不合理的低价转让应收账款请求权，或放弃应收账款请求权的场合，若受让人或第三债务人为恶意，符合《民法典》第538条第1款规定的条件的，则应收账款质权人（债权人）有权诉请人民法院撤销该转让行为或放弃行为；若符合《民法典》第154条规定的原因的，则该转让行为或放弃行为无效；如为善意，则转让或放弃为附条件行为，仅在质权人返还质押物价值范围内才成就（有效）。为实现该等义务，就有必要规定应收账款出质的，应通知其债务人，且通知一经到达，该等义务便形成。②

2. 保障出质应收账款请求权不发生时效瑕疵

应收账款出质后，应收账款请求权人应当及时向其债务人（第三债务人）主张权利，以中断诉讼时效，确保出质的应收账款请求权受到法律保障。不动产收费权中的绝大多数权利有较浓的行政批准色彩，出质人往往难以左右。因此，其承担的此项责任相对要轻。③

八、第三债务人的权利义务

应收账款质权的设立必须对第三债务人为出质的通知。④ 第三债务人若得到应收账款质权设立的通知，则有义务应债权人关于实行质权的主张而直接向质权人为清偿。第三债务人未得应收账款质权设立的通知的，应收账款质权对于第三债务人不发生效力，第三债务人仍有权向出质人（应收账款请求权人）为清偿，并可以对抗应收账款质权人。于此场合，应收账款质权固因其标的物灭失而归于消灭，但出质人本不得受领第三债务人的清偿，而仍受领致应收账款请求权消灭，具有过错，应就此向应收账款质权人承担损害赔偿责任。再者，第三债务人虽然未获应收账款质权设立的通知，但若通过其他途径而获知质权已经设立的事

---

① 谢在全：《民法物权论》（下册），台北，三民书局有限公司2003年12月修订2版，第346页。

②③ 杜国辉：《应收账款质押若干法律问题分析》，清华大学法学硕士学位论文（2008），第21、21页。

④ ［德］鲍尔/施蒂尔纳：《德国物权法》（下册），申卫星、王洪亮译，北京，法律出版社2006年版，第742页；［日］近江幸治：《担保物权法》，祝娅、王卫军、房兆融译，沈国明、李康民校，北京，法律出版社2000年版，第279页。

实，则径直向质权人为清偿的，质权人有权保有该清偿。

以现有的应收账款出质，第三债务人向质权人确认应收账款的真实性后，无权以应收账款不存在或已经消灭为由对抗质权人实行质权（《担保制度司法解释》第61条第1款）。这意味着在权利义务的层面，就是在应收账款产生的合同关系中，本不存在的"应收账款债权"被法律认可为具有完全效力的债权，置债权人和债务人的真实意思于不顾地拟制了一个应收账款债权——《民法典》创造地、强加于应收账款合同关系中的债权人的应收账款债权，可被简称为法定债权；从应收账款债权质权的效力层面看，就是应收账款债权质权不因应收账款债权于质权设立时在实际上（逻辑上）欠缺标的物而归于不成立/无效，质权人可以基于此种应收账款产生的合同而请求债务人清偿本不存在但法律拟制存在的应收账款债权。之所以如此，是优惠保护无辜的质权人的立法政策使然，而非标的之于质押合同成立的逻辑必然。当然，如果应收账款债权人的质权人于质权设立时明知甚至于重大过失地不知应收账款债权根本不存下，是否仍然享受此等优惠保护，就可能见仁见智。若遵循法律不保护恶意之人的信条，则不应如此优惠质权人。

以现有的应收账款出质，第三债务人未确认应收账款的真实性，质权人于其举证证明办理出质登记时确实存在应收账款时，有权以应收账款债务人为被告，请求就应收账款优先受偿（《担保制度司法解释》第61条第2款前段）。该项规则于质权实行的条件成就时应收账款债权确实存在的场合符合法理和利益衡量，于质权实行的条件成就时应收账款债权已因可归责于应收账款的债务人、债权人的原因不复存在的场合依然符合法理和利益衡量，至于不可归责于应收账款的债权人、债务人的原因，实际上非常罕见，所谓金钱债务没有不能是也。

质权人不能举证证明办理出质登记时应收账款真实存在，仅以已经办理出质登记为由，请求就应收账款优先受偿的，难获支持（《担保制度司法解释》第61条第2款后段）。这是对未尽勤勉注意义务的质权人不予特别保护的体现。

以基础设施和公用事业项目收益权、提供服务或劳务产生的债权以及其他将有的应收账款出质，当事人为应收账款设立特定账户，发生法定或约定的质权实现事由时，质权人有权就该特定账户内的款项使被担保债权优先受偿；特定账户内的款项不足以清偿债务或未设立特定账户，质权人请求折价或拍卖、变卖项目收益权等将有的应收账款，并以所得的价款优先受偿的，人民法院依法予以支持（《担保制度司法解释》第61条第4款）。这是特定账户质权和质权一般原则的题中应有之义。

九、应收账款质权的消灭

在被担保的主债权消灭、应收账款质权实现、质权人放弃登记载明的应收账款之上的全部质权及其他导致所登记质权消灭等事由出现的情况下，应收账款质权消灭。质权人应自该情形产生之日起 10 个工作日内办理注销登记（《应收账款质押登记办法》第 17 条）。

第四百四十六条

权利质权除适用本节规定外，适用本章第一节的有关规定。

本条主旨

本条是关于权利质权的问题适用动产质权规范的规定。

相关条文

《物权法》第 229 条　权利质权除适用本节规定外，适用本章第一节动产质权的规定。

《担保法》第 81 条　权利质押除适用本节规定外，适用本章第一节的规定。

理解与适用

本条是对《物权法》第 229 条的承继，确立一项规则：在《民法典》关于权利质权没有规定或规定得不完全的情况下，适用《民法典》关于动产质权的规定。例如，权利质权具有使担保债权具有优先受偿的效力、转质、实行、终止等，都适用《民法典》关于动产质权在相应环节的规定。当然，如此适用时务请注意权利质权的特殊性，不得与其特殊性相抵触。

第十九章

留置权

本章集中设置了留置权的主要规范，首先界定留置权，明示留置权的基本内容以及留置权成立所需要的部分要件；接着规定留置权成立所需要的其他要件，包括消极要件；明确了不可分性在留置权中受到限制；然后依次规定留置权人妥善保管留置财产的义务，收取留置财产所生孳息之权，留置权实行的条件和三种方式，债务人可以请求留置权人及时行使留置权和人民法院拍卖或变卖的权利；留置权人有权就留置财产的变价使债权优先受偿，该变价少于债权数额的，就该差额由债务人继续负责清偿，高于债权数额的，高出部分归属于留置财产的所有权人；数个担保物权并存于同一项动产之上的场合，留置权的效力顺序排在最先；最后明示留置权的消灭及其事由。

第四百四十七条

债务人不履行到期债务，债权人可以留置已经合法占有的债务人的动产，并有权就该动产优先受偿。

前款规定的债权人为留置权人，占有的动产为留置财产。

本条主旨

本条是关于留置权的概念，亦即构成要件和法律效果的规定。

相关条文

《民法通则》第 89 条第 4 项　按照合同约定一方占有对方的财产，对方不按照合同给付应付款项超过约定期限的，占有人有权留置该财产，依照法律的规定以留置财产折价或者以变卖该财产的价款优先得到偿还。

《物权法》第230条　债务人不履行到期债务，债权人可以留置已经合法占有的债务人的动产，并有权就该动产优先受偿。

前款规定的债权人为留置权人，占有的动产为留置财产。

《担保法》第82条　本法所称留置，是指依照本法第八十四条的规定，债权人按照合同约定占有债务人的动产，债务人不按照合同约定的期限履行债务的，债权人有权依照本法规定留置该财产，以该财产折价或者以拍卖、变卖该财产的价款优先受偿。

《担保制度司法解释》第62条　债务人不履行到期债务，债权人因同一法律关系留置合法占有的第三人的动产，并主张就该留置财产优先受偿的，人民法院应予支持。第三人以该留置财产并非债务人的财产为由请求返还的，人民法院不予支持。

企业之间留置的动产与债权并非同一法律关系，债务人以该债权不属于企业持续经营中发生的债权为由请求债权人返还留置财产的，人民法院应予支持。

企业之间留置的动产与债权并非同一法律关系，债权人留置第三人的财产，第三人请求债权人返还留置财产的，人民法院应予支持。

理解与适用

一、本条含义概貌

本条是对《物权法》第230条的复制，界定了留置权，也是关于留置权的构成要件和法律效果的规定。

二、留置权的概念

所谓留置权，依本条第1款规定，是指债权人合法占有债务人的动产时，债务人不履行到期债务，债权人依法享有留置该动产，并可以该动产折价或以拍卖、变卖该财产的价款使其债权优先受偿的权利。该动产叫作留置物，一般属于债务人所有，但有些场合则属于第三人所有。该债权人为留置权人。留置权的法律性质如下。

（一）置权以他人的动产为标的物

按照本条第1款的规定，留置权的标的物为他人的动产，不动产、权利在现行法上均不得作为留置权的客体。① 该动产属于债务人所有的，成为留置权

---

① 《日本民法典》承认不动产留置权（第295条）。

的标的物，容易理解；属于债务人以外的人所有的，可否成为留置权的客体，则存在争议。① 驾驶他人之车时途中抛锚，请求修理厂修理，待修理完毕后却拒付修理费，应当成立留置权。所以，至少在一定条件下，得承认债务人以外之人的动产可成立留置权。

(二) 留置权为担保物权

在符合法定要件的情况下，留置权人有权留置他人的动产，并在债务人于法定期间仍不履行债务时可将留置财产变价，使其债权优先受偿（《民法典》第447条以下）。可见，留置权符合物权、担保物权的规格，为担保物权。

［扩展］

留置权源于罗马法上的恶意抗辩（exception doi）以及诈欺的拒绝给付权。在罗马法上，债权人如对债务人负有债务，债权人未清偿其债务，却请求债务人履行其债务，构成违反诚实信用原则时，债务人可行使抗辩权，拒绝履行其债务。此种以公平理念为基础的拒绝给付权，仅系一种人的抗辩，乃对人的权利，且系分散规定，而无统一的制度。后世民法在继受的过程中，未尽一致。《法国民法典》最接近罗马法的传统，仅有债务人的各种拒绝给付权的规定（第545、555、570、867、1612、1613、1653、1673、1749、1948、2082、2280条），而未设留置权专章。不过，学说整理出留置权的理论。《德国民法典》也继受了罗马法的恶意抗辩的理论，把留置权规定于债编总则中（第273条、第274条），以基于同一债的关系所生两对立债权之间的拒绝给付权予以构成，属于对人的抗辩权，具有债的品格。《德国商法典》设有商人留置权制度（第369条、第370条、第371条、第372条参照）。《瑞士民法典》进一步将留置权与质权并列（第895条－第898条参照），性质上与动产质权无异，具有留置权能和优先受偿权能。《瑞士债务法》规定同时履行抗辩权（第82条），作为双务合同的效力。留置权的担保物权性质至此遂告完成。《日本民法典》设有留置权专章（第295条以下），并作为一种担保物权，不过只赋予了留置的效力，而未规定优先受偿权。中国台湾地区"民法"把留置权作为担保物权，具有留置的效力和优先受偿权（第928条以下）。②

(三) 留置权依法律的直接规定而成立

与抵押权、质权大多基于当事人的约定而设立不同，留置权于法律直接规定

---

① 谢在全：《民法物权论》（下册），台北，三民书局有限公司2003年12月修订2版，第380页。

② 谢在全：《民法物权论》（下册），台北，三民书局有限公司2003年12月修订2版，第381～382页；［日］近江幸治：《担保物权法》，祝娅、王卫军、房兆融译，沈国明、李康民审校，北京，法律出版社2000年版，第17页。

的要件具备时当然成立。所以，留置权为法定担保物权。

（四）留置权具有从属性

留置权从属于被担保的债权，若不存在被担保债权，就不成立留置权。

（五）留置权具有不可分性，但受有限制

留置权的不可分性，是指留置权担保债权的全部，而非部分；留置权的效力及于留置财产的全部，而非部分。考虑到留置财产的价值远远超过被担保债权时仍固守不可分性，对留置财产的所有权人过于苛刻，在一定条件下缓和留置权的不可分性也有必要，《民法典》特设第 450 条，规定"留置财产为可分物的，留置财产的价值应当相当于债务的金额"。这体现出对不可分性的限制。

（六）留置权在物上代位性方面特殊

留置权是否具有物上代位性，对此存在着分歧。肯定说依逻辑主张，因留置权为担保物权，自具有从属性、不可分性和物上代位性。[1] 否定说则认为，留置权是把物的留置（占有）作为效力的本体，故不得承认它有物上代位性。[2] 在笔者看来，留置财产若完全变形为他种性质之物，如汽车被毁灭，转换成保险金，则留置权因留置物的占有彻底消失而归于消灭，物上代位性无从谈起；不过，留置财产若只是遭受了些许损坏仍为同种之物，变形物产生，如投保的汽车被他人刺破轮胎、捣毁拖斗，保险金产生，留置权并未消灭，同时其效力及于保险金（请求权）上，表现出物上代位性。

（七）留置权不具有追及效力

留置权人对留置财产的占有被侵夺，留置权人只能基于《民法典》第 462 条关于占有保护的规定请求无权占有人返还留置财产，而不得基于留置权请求返还，表明留置权无追及效力。[3]

三、留置权与动产质权的区别

（一）标的物所有权人的范围不尽相同

留置权和动产质权虽然都以动产为标的物，在《民法典》上均可归第三人所有，但动产质权场合对第三人的范围不加限制，而留置权场合的动产则必须是与

---

① 谢在全：《民法物权论》（下册），台北，三民书局有限公司 2003 年 12 月修订 2 版，第 383 页；王利明、尹飞、程啸：《中国物权法教程》，北京，人民法院出版社 2007 年版，第 535 页。

② ［日］近江幸治：《担保物权法》，祝娅、王卫军、房兆融译，沈国明、李康民审校，北京，法律出版社 2000 年版，第 16 页。

③ ［日］近江幸治：《担保物权法》，祝娅、王卫军、房兆融译，沈国明、李康民审校，北京，法律出版社 2000 年版，第 29 页；郑玉波：《民法物权论》，台北，三民书局有限公司 1988 年修订 12 版，第 358～359 页。

债权属于同一法律关系的动产（第448条），因而留置物的所有权人不会是泛泛的任何第三人，只有在个别情况下才会是第三人。

（二）发生的原因、功能不同

留置权因法律的规定而发生，为法定担保物权，其作用仅在确保债权的实现。动产质权原则上通过当事人的意思表示设立，为意定担保物权，其作用既确保债权清偿，又媒介融资。[①]

（三）成立的要件不同

留置权不仅以债务人不履行到期债务为成立要件，而且必须是担保债权与动产属于同一法律关系，除非是企业之间的留置（《民法典》第448条）。动产质权的成立则无此要求。

（四）标的物移转占有的时间不同

留置权成立前，债权人已经占有留置物；动产质权设立前鲜有债权人占有留置财产的现象。

（五）将标的物折价或变价的条件不同

留置权人将留置物折价或变价，必须在债权人留置标的物后的一定期间（如60日）届满之时（《民法典》第453条）。动产质权人将留置财产折价或变价，以债务人不履行到期债务为条件，或发生了当事人约定的实现质权的情形（《民法典》第425条第1款）。

（六）消灭的原因不同

留置权因占有的丧失、债务人另行提供担保而消灭（《民法典》第457条）。动产质权人丧失对留置财产的占有，可基于质权请求无权占有人返还留置财产，质权继续存在（《民法典》第235条），只有待不能请求返还留置财产时质权才归于消灭。出质人提供相应担保不是动产质权消灭的原因（《民法典》第433条）。

四、留置权与同时履行抗辩权的关系

（一）留置权与同时履行抗辩权的联系与区别

留置权和同时履行抗辩权虽然都源于罗马法的拒绝履行制度，均依公平原则而设置，在历史发展上有密切的关联，但两者嗣后各有不同的演进方向，故有如下不同。

1. 法律性质不同

留置权在法国、日本、中国大陆民法以及台湾地区"民法"上是物权，以直

---

① 谢在全：《民法物权论》（下册），台北，三民书局有限公司2003年12月修订2版，第384页。

接支配标的物为内容，对任何人均可主张。同时履行抗辩权乃双务合同的一种效力，为债权性质，以拒绝相对人的给付请求为内容，只能对相对人主张。①

2. 所得拒绝的给付不同

留置权所得拒绝的给付，以与被担保债权属于同一法律关系的动产之交付为限，只有企业之间的留置权无此限制。企业之间留置的动产与债权并非同一法律关系，债权人留置第三人的财产，第三人请求债权人返还留置财产的，人民法院应予支持（《担保制度司法解释》第62条第3款）；同时履行抗辩权所得拒绝的给付，在种类上没有限制。②

3. 所保护的债权不同

留置权所保护的债权，应为与动产属于同一法律关系的债权，至于该债权发生的具体原因，时常不予过问；更有甚者，企业之间的留置权所保护的债权可以不与动产属于同一法律关系。同时履行抗辩权所保护的两个债权，系同一双务合同所生，且相互间原则上立于对价关系。③

4. 有无不可分性不同

留置权为从物权，与其担保的债权具有不可分性，只是有所缓和（《民法典》第450条）。同时履行抗辩权无不可分性。

5. 实行的方式不同

留置权于其实行条件具备时，权利人可以作为的方式留置动产，待一定期间届满时可将留置物变价。同时履行抗辩权只能消极地阻止相对人的给付请求，并无积极实现自己债权的手段。其原因在于，前者为担保物权，后者仅为债务人的单纯的给付拒绝权能，不具有独立的权利地位。④

6. 消灭的原因不同

留置权为担保债权而成立，于债务人另行提供担保时归于消灭。同时履行抗辩权以促使给付的交换履行为目的，所以，不因相对人另行提供担保而消灭。其原因在于，两者虽然都基于公平原则而设置，但各个公平理念所追求的目的各有不同。⑤

---

① ［日］近江幸治：《担保物权法》，祝娅、王卫军、房兆融译，沈国明、李康民审校，北京，法律出版社2000年版，第17页；谢在全：《民法物权论》（下册），台北，三民书局有限公司2003年12月修订2版，第385页；王利明、尹飞、程啸：《中国物权法教程》，北京，人民法院出版社2007年版，第537页；黄薇主编：《中华人民共和国民法典物权编释义》，北京，法律出版社2020年版，第601页。

② 谢在全：《民法物权论》（下册），台北，三民书局有限公司2003年12月修订2版，第385页；黄薇主编：《中华人民共和国民法典物权编释义》，北京，法律出版社2007年版，第601页。

③④⑤ 谢在全：《民法物权论》（下册），台北，三民书局有限公司2003年12月修订2版，第385、386、386页。

（二）留置权与同时履行抗辩权的竞合

留置权与同时履行抗辩权发生竞合的情况时而有之，例如，在买卖合同中，价款尚未支付，买受人请求出卖人移转买卖物的所有权，出卖人拒绝买受人的该项请求，可有同时履行抗辩权和留置权的考虑。于此场合，是认可出卖人得行使任何一项权利，还是仅仅允许行使一项权利，不无疑问。

在日本，多数说为两种权利竞合。① 在竞合说内部，看法不尽一致。有学说认为，两种权利不管何方均可行使。② 也有学者主张，在对价的债务关系以外的情况下认可两种权利竞合。③

非竞合说则认为，一般说来，物权关系，属于二人之间无特殊关系情况下的一般法的问题，若存在合同关系这个特殊关系，应当考虑适用合同法，排除物权法的适用。④ 在理论上，有具备相同机能的两种权利的情况下，应当认为物权被包括在合同权利之中。所以，上述例子中，出卖人只能根据同时履行抗辩权拒绝移转买卖物的所有权。⑤

五、留置权与抵销权的区别

留置权和抵销权都源于罗马法上的恶意的抗辩权，同为维护公平而设置，但有下列区别。

（一）性质不同

留置权以对物的直接支配为内容，属于担保物权。抵销权虽然也间接地担保了债权的实现，但其本身并非担保权，而是为使双方当事人的债务在等额的范围内消灭的形成权。⑥

（二）成立方面的关注点不同

留置权所担保的债权与留置的动产属于同一法律关系，至于留置权人所享有

---

① ［日］近江幸治：《担保物权法》，祝娅、王卫军、房兆融译，沈国明、李康民审校，北京，法律出版社 2000 年版，第 18 页。

② ［日］川井健：《担保物权》，东京，青林书院 1975 年版，第 284 页；［日］高木多喜男：《担保物权法》，东京，有斐阁 1984 年版，第 16 页；东京高判 1949.7.14 高民集 2 卷 2 号，第 124 页。

③ 参见［日］近江幸治：《担保物权法》，祝娅、王卫军、房兆融译，沈国明、李康民审校，北京，法律出版社 2000 年版，第 18 页。

④ ［日］川岛武宜：《民法理解学的诸问题》，第 126 页；［日］铃木禄弥：《物权法讲义》（第 3 版），东京，创文社 1985 年版，第 15 页以下；［日］近江幸治：《民法讲义 II·物权法》，东京，成文堂 1990 年版，第 39 页。

⑤ ［日］近江幸治：《担保物权法》，祝娅、王卫军、房兆融译，沈国明、李康民审校，北京，法律出版社 2000 年版，第 18 页。

⑥ 谢在全：《民法物权论》（下册），台北，三民书局有限公司 2003 年 12 月修订 2 版，第 386 页。

的债权和债务人所享有的债权是否同种类，在所不问。企业之间的留置权连被担保债权与动产属于同一法律关系也不要求。抵销权的着眼点不在这些方面，而是要求二人所负债务在种类方面相同且相互对立。

（三）标的物不同

留置权的标的物限于动产。抵销权的标的物是给付种类相同且相互对立的债务（债权）。①

（四）目的不同

留置权的目的在于担保债权的实现。抵销权虽然间接地起到了担保债权实现的作用，但其主要目的在于避免无益的给付交换。②

（五）效力不同

留置权的效力，一是暂时留置特定的动产，二是待一定期间届满时将该动产折价或变价。抵销权的行使，使债权债务确定地归于消灭。③

（六）实行方式不同

留置权的实行，主要表现为将留置物折价或变价。抵销权的行使，以意思表示向相对人为之即可。④

（七）消灭的原因不同

留置权可因债务人另行提供担保而消灭。抵销权则不因债务人提供担保而消灭。⑤

六、留置权的分类

大陆法系把留置权分为民事留置权和商事留置权。前者适用民法（主要就是民法典）的规定，而后者适用商事法的规定。二者具有如下区别。

（一）主体不同

商事留置权适用于商人之间因双方的商行为所生债的关系，其主体均为商人，而民事留置权无此要求（参见《德国商法典》第 369 条第 1 款前段，《日本商法典》第 521 条）。

（二）成立要件上不同

民事留置权的要件之一是，债权与债权人占有的动产之间具有牵连关系，而商事留置权一般不作此要求。在后者场合，商人之间因营业关系而占有的动产及其因营业关系所产生的债权，无论实际上是否存在牵连关系，只要该动产是债权

---

①②③④⑤　谢在全：《民法物权论》（下册），台北，三民书局有限公司 2003 年 12 月修订 2 版，第 387、386、386、386、386 页。

人因其商行为而占有的,都成立留置权。之所以如此,是因为商人相互间的交易非常频繁且常常维持相当长的一段时间,此间各种债权债务关系不断发生、消灭,如果按照民事留置权的要求,债权人必须精确地且逐一地证明每次交易所发生的债权与其所占有的动产之间存在着个别牵连关系,非常烦琐,有时也特别困难。为了加强商业交易中的信用,确保交易的效率,故而不以动产与债权具有牵连关系为必要。① 两种留置权的差异还表现在,民事留置权可有善意取得,而商事留置权则无(《担保制度司法解释》第62条)。

(三) 效力不同

在一些立法例上,商事留置权的效力强于民事留置权的。例如,在日本法上,民事留置权仅具有留置效力而无优先受偿效力,故而于债务人破产时留置权不具有别除效力,而商事留置权却被视为特别的先取特权(《日本破产法》第93条),具有很强的效力。

中国没有商法典,通说主张民商合一,因此在《物权法》和《民法典》颁布之前,一般意义上的商事留置权并不存在,只有《海商法》上确立了一种独特的商事留置权,即船舶留置权(第25条第2款前段)。《民法典》第448条关于"债权人留置的动产,应当与债权属于同一法律关系,但是企业之间留置的除外"的规定,显然承认了商事留置权。因为按照这一规定,如果是企业与企业之间发生债权债务关系,那么作为债权人的企业占有作为债务人的企业的动产时,无须该动产与债权具有同一关系。这种规定,明显符合上述商事留置权和民事留置权区别的第一项和第二项。② 《担保制度司法解释》第62条进一步明确:"企业之间留置的动产与债权并非同一法律关系,债务人以该债权不属于企业持续经营中发生的债权为由请求债权人返还留置财产的,人民法院应予支持"(第2款)。"企业之间留置的动产与债权并非同一法律关系,债权人留置第三人的财产,第三人请求债权人返还留置财产的,人民法院应予支持"(第3款)。以下所论的留置权,除非特别指出是商事留置权(企业之间的留置权),均为民事留置权。

七、留置权的成立要件

(一) 概述

留置权的取得,有的是基于法律行为,有的是非基于法律行为,包括基于法律的直接规定和基于继承事实。所谓基于法律行为而取得留置权,不是基于当事人签订留置权合同而取得,而是指留置权随着被担保债权的让与而由受让人取

---

① ②　王利明、尹飞、程啸:《中国物权法》,北京,人民法院出版社2007年版,第535、536页。

得。最为常见的留置权取得方式为基于法律的直接规定。

传统民法通常都将法律关于留置权的产生条件划分为积极条件和消极条件。所谓积极条件，是指留置权产生所必须具备的条件。所谓消极条件，是对留置权成立的限制条件，只有这些限制条件不存在时留置权才能成立。

（二）留置权成立的积极要件

1. 债权人合法占有他人的动产

留置权为担保物权，具有从属性，所以留置权人必须为债权人，而留置权的义务人则必须为被担保债权的债务人，与抵押权、质权等可以第三人为担保物的提供人不同。[①]

该债务人的动产为留置物，比较顺理成章。第三人的动产可否为留置物，则有争论。[②] 鉴于动产物权的善意取得制度适用于留置权，被担保债权与第三人所有的动产发生牵连关系的事例并非鲜见，《民法典》第 447 条和第 311 条的适用应予统筹考虑，应当有条件地承认第三人的动产可作为留置物。如前述修理他人汽车而成立的留置权，属于留置权成立于债务人以外的第三人的动产之上的例子。如此，也符合《担保制度司法解释》第 62 条第 1 款关于"债务人不履行到期债务，债权人因同一法律关系留置合法占有的第三人的动产，并主张就该留置财产优先受偿的，人民法院应予支持。第三人以该留置财产并非债务人的财产为由请求返还的，人民法院不予支持"的明确解释。

[以案说法][③]

1. 基本案情及涉案法律关系

乙公司长期为丙公司提供码头集装箱的作业、堆存、保管。截止到 2006 年 8 月 18 日乙公司发出留置通知时，丙公司累计拖欠乙公司各类欠款 485.342 万元人民币，其中仅港口作业费就高达 181.8 万元，因此产生的滞纳金 14.2 万元，总计近 200 万元人民币欠款。

在本案中具有特别重要意义的是，截止到 2009 年 3 月，丙公司拖欠的集装箱的堆存费已达 100 万元人民币。

乙公司多次催要上述欠款，未果，于是在 2006 年 8 月 18 日，向丙公司发出了留置通知，并留置了丙公司在乙公司处作业的集装箱。其中包括集装箱抬头为

[①②] 谢在全：《民法物权论》（下册），台北，三民书局有限公司 2003 年 12 月修订 2 版，第 391、391～392 页。

[③] 该案发生于《物权法》、《担保法》和《合同法》实施期间，《民法典》尚未制定，故该案的法律适用仍以《物权法》的规定为准。

"××××"的100个集装箱。

在乙公司向丙公司发出留置权通知的一个多月之后，甲公司于其"要求交付甲公司集装箱的函"中声称：甲公司与丙公司有租箱协议，丙公司拖欠其租金，因此解除了与丙公司的租箱协议，在获知他们抬头为"××××"的集装箱在乙公司处时，致函乙公司要求放箱。自此，乙公司方知甲公司与丙公司之间存在着集装箱租赁合同关系，租赁物即为涉案的集装箱。

2. 本案的争议焦点

本案的争议焦点是，乙公司对不属于债务人所有的涉案集装箱是否享有留置权。

3. 分析

（1）乙公司对涉案集装箱享有留置权

笔者认为，根据《物权法》第230条（相当于《民法典》第447条）、《担保法》第82条和第84条、《合同法》第380条（相当于《民法典》第903条）等条款、法释〔2000〕44号第108条（相当于《担保制度司法解释》第62条第1款之一部内容）等条款的规定，乙公司对涉案集装箱享有留置权。理由如下。

1）截止到2009年3月，丙公司拖欠乙公司的集装箱的堆存费已达100万元人民币，且早就应当偿付。这符合上述当时法律及其理论所要求的构成留置权的一项要件：双方当事人存在着债的关系，且债权已届清偿期。

2）乙公司至今占有着涉案的集装箱，包括抬头为"××××"的集装箱100个。乙公司对丙公司所享有的100万元人民币的到期债权，系这些集装箱的堆存费。换句话说，该100万元人民币的到期债权与该100个集装箱属于同一法律关系，也可以说具有牵连关系。这符合上述当时法律及其理论所要求的构成留置权的另一项要件：债权与被留置的动产属于同一法律关系，或曰牵连关系。

3）乙公司至今占有着涉案的集装箱，包括抬头为"××××"的集装箱100个。这符合上述当时法律中国现行法所要求的构成留置权的第三项要件：债权人合法占有他人的动产，具体到本案，就是债权人乙公司合法占有着债务人丙公司的集装箱，占有着甲公司租赁给丙公司的100个集装箱。

债权人占有与其债权属于同一法律关系的动产，在留置权的构成要件里处于非常重要的地位，因为《物权法》第23条（相当于《民法典》第224条）规定动产物权的设立和转让自动产交付时发生效力，强调了占有（交付）的公示和公信的法律效力；《物权法》第106条第1款第3项（相当于《民法典》第311条第1款第3项）规定动产物权的善意取得必须由取得人占有动产，贯彻了动产占有的公信力。

按照《合同法》第 380 条（相当于《民法典》第 903 条）等规定，以及法释〔2000〕44 号第 109 条（相当于《担保制度司法解释》第 62 条第 1 款之一部内容）等的规定，债权人只要占有与其债权属于同一法律关系（或曰牵连关系）的动产即可，并不刻意强调占有的动产必须属于债务人所有。就此看来，本案中，乙公司占有着债务人丙公司的集装箱，占有着甲公司租赁给丙公司的 100 个集装箱，应为有权占有，亦为合法占有，符合留置权成立的第三项要件。

诚然，《物权法》第 230 条（相当于《民法典》第 447 条）、《担保法》第 82 条关于留置权构成的规定，在字面表述上采用的是债权人合法占有债务人的动产，而乙公司占有的抬头为"××××"的 100 个集装箱不属于债务人丙公司所有，而是属于甲公司所有。这是否意味着乙公司对抬头为"××××"的 100 个集装箱不享有留置权？答案恰恰相反，乙公司对抬头为"××××"的 100 个集装箱享有留置权。其根据在于《物权法》第 106 条（相当于《民法典》第 311 条）、法释〔2000〕44 号第 108 条（相当于《担保制度司法解释》第 62 条第 1 款之一部内容）规定的善意取得。因其较为复杂，非三言两语所能说清，在下文专门作为一个问题加以阐述。

4）乙公司占有抬头为"××××"的 100 个集装箱，系基于乙公司为丙公司提供码头集装箱作业、堆存、保管的法律关系。属于有权占有，亦为合法占有，而非通过侵权行为而占有，也不与乙公司对丙公司承担的义务相抵触，还不违反公序良俗，当事人之间没有不得留置的约定。这些都符合留置权成立所需要的消极要件。

总之，乙公司对其合法占有的抬头为"××××"的 100 个集装箱完全享有留置权。

（2）留置权的善意取得

在这里，需要讨论的还有，乙公司善意取得涉案集装箱的留置权，有无法律及法理依据。

按照《物权法》第 230 条（相当于《民法典》第 447 条）的规定成立留置权，是留置权取得的常态。除此而外，《物权法》第 106 条（相当于《民法典》第 311 条）等规定以及法释〔2000〕44 号第 108 条（相当于《担保制度司法解释》第 62 条第 1 款之一部内容）等规定，也承认善意取得物权，包括善意取得留置权。

1）乙公司长期为丙公司有偿地提供码头集装箱作业等服务。这符合当时法律及其理论所要求的构成动产物权善意取得的第一项要件：双方当事人之间存在着交易行为。

2）乙公司已经占有了抬头为"××××"的100个集装箱。这符合当时法律及其理论所要求的构成动产善意取得的另一项要件：一方当事人已经占有了对方当事人的动产。

3）乙公司与丙公司有多年的码头作业关系，丙公司在乙公司作业的集装箱从来都是由丙公司支付集装箱码头作业款项，从未涉及任何租箱公司来支付款项的情况。乙公司只知道在其作业的丙公司的集装箱，根本不知道还有任何第三方的集装箱。这些集装箱的箱号抬头由很多不同的字母组成，根本无从辨别该集装箱的所属，按照行业惯例和交易习惯，乙公司也没有义务去辨别这些集装箱的抬头。乙公司是于2006年8月18日向丙公司发出留置权通知的，在2006年11月27日，乙公司通过某海事法院执行庭的通知，才被告知上述"××××"抬头的集装箱属于甲公司。这符合当时法律及其理论所要求的构成动产善意取得的第三项要件：占有动产时为善意。

4）需要说明，由于《物权法》第106条第3款（相当于《民法典》第311条第3款）规定的是，"当事人善意取得其他物权的，参照前两款规定"，而非必须完全对应《物权法》第106条第1款（相当于《民法典》第311条第1款）规定的三项构成要件，可以根据作为善意取得对象的物权的具体情况，有所变通个别要件。例如，质权的善意取得，就不要求"价格合理"这项构成要件。因此，留置权的善意取得，在构成要件方面自然允许有所变通。

总之，按照《物权法》第106条第3款（相当于《民法典》第311条第3款）关于"当事人善意取得其他物权的，参照前两款的规定"的规定，特别是法释〔2000〕44号第108条（相当于《担保制度司法解释》第62条第1款之一部内容）关于"债权人合法占有债务人交付的动产时，不知债务人无处分该动产的权利，债权人可以按照担保法第八十二条的规定行使留置权"的明确规定，可以肯定地得出结论：乙公司对其已经占有的抬头为"××××"的100个集装箱，完全享有留置权。

尚须申明，由于《物权法》第106条（相当于《民法典》第311条）承认了物权的善意取得，表明《物权法》第230条（相当于《民法典》第447条）关于留置权的成立要件需要"合法占有债务人的动产"的要件，并非在任何案件里总是依其字面意思那样限于"归债务人所有的动产"，只要债权人占有与其到期债权属于同一法律关系的动产时不知该动产非属债务人所有，仍可成立留置权。这告诉我们，法释〔2000〕44号第108条（相当于《担保制度司法解释》第62条第1款之一部内容）关于善意取得留置权的明确规定，与《物权法》第106条（相当于《民法典》第311条）和第230条（相当于《民法典》第447条）等规定是一致的。既然如此，按照《物权法》第178条关于"担保法与本法的规定不一致的，适用本法"的规定，乙公司对其已经占有的抬头为"××××"的100个集装箱享有留置权无疑。

（3）关于涉案留置权的行使

在《海商法》等特别法没有关于留置权实行的特别规定的情况下，涉案留置权的行使，应适用《物权法》第236条第1款（相当于《民法典》第453条第1款）关于"留置权人与债务人应当约定留置财产后的债务履行期间；没有约定或者约定不明确的，留置权人应当给债务人两个月以上履行债务的期间，但鲜活易腐等不易保管的动产除外。债务人逾期未履行的，留置权人可以与债务人协议以留置财产折价，也可以就拍卖、变卖留置财产所得的价款优先受偿"的规定。

乙公司于2006年8月18日向丙公司发出了留置通知，并留置了丙公司在乙公司处作业的集装箱，为涉案留置权行使的第一次效力。由于当事人各方未就债务履行问题达成协议，自2006年8月18日的次日起算满两个月，即截至2006年10月19日，丙公司仍未履行其债务，乙公司可以与甲公司、丙公司协议以抬头为"××××"的100个集装箱折价，也可以就拍卖、变卖抬头为"×××
×"的100个集装箱所得的价款优先受偿。由于未果，乙公司有权申请拍卖或变卖抬头为"××××"的100个集装箱，并就所得价款优先受偿。

抵押权、质权等担保物权要求其标的物具有让与性，留置权因其主要作用在于留置标的物，以迫使债务人清偿债务，就留置物变价受偿仅为次要作用，故在留置物的让与性方面要求不太严格。[1]

由于留置权以占有标的物为其成立要件和存续要件，必须是债权人已经占有了他人的动产，才能成立留置权。至于占有的方式，直接占有、间接占有、利用占有辅助人而为占有、与第三人共同占有，均无不可。[2]

2. 债权与该动产属于同一法律关系

这一成立要件将在释评《民法典》第448条时详述，此处不赘。

3. 债权已届清偿期

债权已届清偿期通常为担保物权的实行要件，然而留置权却以之为成立要件，乃因留置权制度系为维护公平而设置，假如允许债权人在债权未届清偿期前可留置他人的动产，属于迫使债务人期前清偿债务，既不符合债的履行期的意

---

[1] 谢在全：《民法物权论》（下册），台北，三民书局有限公司2003年12月修订2版，第393页。

[2] 谢在全：《民法物权论》（下册），台北，三民书局有限公司2003年12月修订2版，第394页；梁慧星、陈华彬：《物权法》（第4版），北京，法律出版社2007年版，第372页。

义，也违反了留置权制度的立法目的。因此，留置权的发生不仅需要债权已经存在，而且必须已届清偿期。①

[辨析]

在境外，所谓债权已届清偿期，在定有期限的债务场合，为其期限届至之时，未定期限的债务场合，则为债务债权人请求之时。债务人是否陷于迟延，在所不问。② 在中国大陆的现行法上，作为抵押权、质权实行要件的债务人不履行到期债务，在定有期限的债务场合，应指该期限届满；在未定期限的债务场合，需要债权人先为催告，债务人于催告所指定的宽限期届满时仍不履行债务的，抵押权人或质权人可行使抵押权或质权。但在留置权场合则有所不同，在定有期限的债务场合应为该期限届至，留置权成立；在未定期限的债务场合，需要债权人先为催告，该催告所指定的宽限期届至，留置权成立。之所以如此，是因为若将留置权成立的时间点定在债务的清偿期届满，则会出现这样的局面：在债务的履行期届至但未届满时，债权人虽有权请求债务人履行债务，但债务人拒绝履行其债务并不构成违约，若此时债务人请求债权人交付动产，债权人无权拒绝；待债权人将动产交付给债务人后，于债务履行期届满时请求债务人清偿却遭到不法拒绝时，债权人缺乏有效的救济手段，而把债权已届清偿期作为留置权成立的要件，则会避免上述现象。

需要注意，债权人如受领迟延，则不得主张留置权，这是公平原则的要求。③ 对此，《民法典》虽然未设明文，应当作此解释。

还有，在债务人无支付能力时，即使债权未届清偿期，债权人也可主张留置权。该留置权叫作紧急留置权。所谓无支付能力，是指债务人的财产状况，包括信用能力，已经无力清偿债务的现象。于此场合，如果仍要求债权人必须于其债权已届清偿期才可主张留置权，则救济滞后，缺乏效率，债权人甚至遭受损害。④ 有鉴于此，法释〔2000〕44 号第 112 条规定："债权人的债权未届清偿期，其交付占

---

① 谢在全：《民法物权论》（下册），台北，三民书局有限公司 2003 年 12 月修订 2 版，第 399 页；梁慧星、陈华彬：《物权法》（第 4 版），北京，法律出版社 2007 年版，第 374～375 页；胡康生主编：《中华人民共和国物权法释义》，北京，法律出版社 2007 年版，第 498 页；[日]近江幸治：《担保物权法》，祝娅、王卫军、房兆融译，沈国明、李康民审校，北京，法律出版社 2000 年版，第 23 页。

② 谢在全：《民法物权论》（下册），台北，三民书局有限公司 2003 年 12 月修订 2 版，第 399～400 页。

③ 谢在全：《民法物权论》（下册），台北，三民书局有限公司 2003 年 12 月修订 2 版，第 400 页；梁慧星、陈华彬：《物权法》（第 4 版），北京，法律出版社 2007 年版，第 375 页。

④ 谢在全：《民法物权论》（下册），台北，三民书局有限公司 2003 年 12 月修订 2 版，第 400 页；王利明、尹飞、程啸：《中国物权法教程》，北京，人民法院出版社 2007 年版，第 540 页；梁慧星、陈华彬：《物权法》（第 4 版），北京，法律出版社 2007 年版，第 375 页。

有标的物的义务已届履行期的，不能行使留置权。但是，债权人能够证明债务人无支付能力的除外。"《民法典》虽然未明文肯定法释〔2000〕44号第112条的规定，但也不宜得出否定该规定的结论，因为紧急留置权确有存在的道理。

（三）留置权成立的消极要件

这一成立要件将在释评《民法典》第449条时详述，此处不赘。

第四百四十八条

债权人留置的动产，应当与债权属于同一法律关系，但是企业之间留置的除外。

本条主旨

本条是关于留置权的成立需要留置的动产与债权属于同一法律关系的规定。

相关条文

《物权法》第231条　债权人留置的动产，应当与债权属于同一法律关系，但企业之间留置的除外。

《担保法》第84条第1款、第2款　因保管合同、运输合同、加工承揽合同发生的债权，债务人不履行债务的，债权人有留置权。

法律规定可以留置的其他合同，适用前款规定。

理解与适用

本条承继了《物权法》第231条的规定，明确了留置权成立的另一个要件：留置的动产与债权属于同一法律关系。

一项优秀的法律制度需要兼顾各方利益，力求衡平，具体到留置权制度，一方面通过留置债务人或有关第三人的动产，迫使债务人清偿其债务，确保债权实现；另一方面也要考虑到债务人或有关第三人生产、生活的秩序化、计划化，再就是债务人或有关第三人的债权人（有时同时为担保权人）的合法权益。假如允许债权人任意留置债务人所有却与债权的发生无直接法律关系的动产，很可能破坏债务人生产或生活的预先安排，带来较为严重的损害，甚至牺牲了债务人或有关第三人的债权人（有时同时为担保权人）的合法权益，从整个社会的层面考虑，缺乏效率，甚至有失公正。有鉴于此，德国民法及其继受者将留置权的成立限定在债权的发生与将被留置的动产有牵连关系的场合。

在中国，《担保法》规定，因保管合同、运输合同、加工承揽合同发生的债权，债务人不履行债务的，债权人有留置权（第 84 条第 1 款）。法律规定可能留置的其他合同，适用前款规定（第 84 条第 2 款）。留置权一律发生在债权人按照合同约定占有债务人的动产场合（第 82 条）。这显然过于狭窄，债权人欲使其债权具有优先受偿的效力，必须在合同中约定其他的担保方式。这对于法律修养不高或经济实力不济的当事人来说，往往没有或不能约定其他担保方式，其结果，不是增加交易成本，就是债权缺乏担保权的加固。《合同法》对此有所补救，但受其目的及功能的限制，仅仅扩张到行纪合同关系，规定行纪人对委托物可有留置权（第 422 条）。法释〔2000〕44 号大踏步前进，规定债权人对动产的占有与其债权的发生有牵连关系，债权人可以留置其所占有的动产（第 109 条），拓宽了留置权制度的适用范围。《物权法》没有使用牵连关系的术语，而是采用了"债权人留置的动产，应当与债权属于同一法律关系"（第 231 条）的表述，较《担保法》规定的适用范围明显扩张了。由于《物权法》第 178 条明确规定"担保法与本法的规定不一致的，适用本法"，可以肯定地说留置权的成立应以《物权法》的规定为准。《民法典》完全承继了《物权法》的规定和精神（第 448条）。

至于同一法律关系和牵连关系是否同义，则见解不一致。有学说认为二者具有相同的意思①，也有专家主张同一法律关系只能是合同关系，不包括不当得利、无因管理、侵权行为等发生的债的关系。② 在笔者看来，牵连关系较同一法律关系在外延方面为宽，两者的关系大体表现为如下情形：（1）牵连关系包括同一法律关系。例如，甲的汽车交由乙修理，乙的修理费或报酬请求权与其应将汽车交还甲的义务，系基于同一法律关系。（2）牵连关系包括同一事实关系，而同一法律关系显然不是同一事实关系。所谓同一事实关系，又叫同一生活关系，是指无法律关系存在，仅有事实关系的现象。例如，同在一处聚餐，分手后，甲、乙二人无意地错骑对方的自行车。于此场合发生的甲对其自行车的返还请求权与对乙的自行车的返还义务，系基于同一事实关系而发生的，应承认有牵连关系。（3）牵连关系包括债权系因该动产本身而产生的两种情形。此类债权大多基于不当得利、无因管理、侵权行为等合同关系以外的关系而产生。其一，对标的物支出费用所产生的费用偿还请求权，与该物之间有牵连关系。例如，甲占有乙的汽

---

① 梁慧星、陈华彬：《物权法》（第 4 版），北京，法律出版社 2007 年版，第 372 页；王利明、尹飞、程啸：《中国物权法教程》，北京，人民法院出版社 2007 年版，第 539 页。

② 李国光、奚晓明、金剑峰、曹士兵：《关于适用〈中华人民共和国担保法〉若干问题的解释理解与适用》，长春，吉林人民出版社 2000 年版，第 383 页。

车，就该车的养护所支出的必要费用享有偿付请求权，该债权与该汽车之间有牵连关系。其二，因标的物所产生的损害赔偿请求权，与该物之间有牵连关系。例如，踢球越过围墙，撞毁了邻居庭院里的花草，成立损害赔偿请求权，邻居对该球有留置权。[①] 在债权基于不当得利、无因管理、侵权行为等关系而产生的情形，有些属于同一法律关系，如管理人因管理动产所产生的必要费用请求权，与该动产应属同一法律关系；有些则不属于同一法律关系，如买受人基于买卖奶牛合同的履行而受领了奶牛，一直喂养到 2006 年 8 月 10 日，支出必要费用 2 000 元人民币。2006 年 8 月 11 日该买卖合同被撤销，买受人以出卖人拒不偿付喂养该奶牛的 2 000 元必要费用为由留置该奶牛。

［探讨］

实际上，债权的发生与占有的动产之间在什么情况下，才算有牵连关系，存在着单一标准说和两项标准说（间接原因说）之争，各说内部也有不同的派别。单一标准说认为，留置权的标的物与债权的发生有无牵连关系，依统一的、单一的标准判定。两项标准说主张，债权与该动产间的牵连关系不以标的物的动产为债权发生的直接原因为限，倘若为债权的间接原因，也可认为有牵连关系。[②]

以上所述的同一法律关系，不适用于企业之间的留置权（《民法典》第 448 条的但书）。所谓企业之间的留置权，属于商事留置权，因营业关系而占有的动产，及其因营业关系所生的债权，无论实际上是否属于同一法律关系，均可成立留置权。这主要是因为企业相互间的交易频繁，如果必须证明每次交易所发生的债权与所占有的标的物属于同一法律关系，不仅烦琐，而且有时困难，从加强商业信用、确保交易便捷和安全的立场出发，在企业之间的留置权领域，适当放宽些要求，具有积极的意义。[③]

第四百四十九条

法律规定或者当事人约定不得留置的动产，不得留置。

---

① 谢在全：《民法物权论》（下册），台北，三民书局有限公司 2003 年 12 月修订 2 版，第 396～398 页；梁慧星、陈华彬：《物权法》（第 4 版），北京，法律出版社 2007 年版，第 373 页；［日］近江幸治：《担保物权法》，祝娅、王卫军、房兆融译，沈国明、李康民审校，北京，法律出版社 2000 年版，第 19 页以下。

② 详见谢在全：《民法物权论》（下册），台北，三民书局有限公司 2003 年 12 月修订 2 版，第 394～399 页；梁慧星、陈华彬：《物权法》（第 4 版），北京，法律出版社 2007 年版，第 372～374 页。

③ 参见谢在全：《民法物权论》（下册），台北，三民书局有限公司 2003 年 12 月修订 2 版，第 398 页。

本条主旨

本条是关于留置权成立的消极要件的规定。

相关条文

《物权法》第 232 条　法律规定或者当事人约定不得留置的动产，不得留置。

《担保法》第 84 条第 3 款　当事人可以在合同中约定不得留置的物。

理解与适用

本条是对《物权法》第 232 条的复制，规定了留置权成立的消极要件。所谓留置权成立的消极要件，就是阻止留置权成立的情形或因素。

所谓法律规定不得留置动产，在现行法上包括以下情形：其一，债权人通过侵权行为而占有动产。由于《民法典》第 447 条只允许债权人"留置已经合法占有的债务人的动产"，通过侵权行为而占有的动产是非法的，自然不属于合法占有，不得留置。其二，动产的留置，与债权人承担的义务相抵触。所谓与债权人承担的义务相抵触，是指债权人如留置其所占有的动产，就与其所负担的义务的本旨相违背。例如，承揽人主张定作人没有按照约定先付三分之一的报酬，而将定作人交付的材料加以留置，拒绝完成工作成果。此种行为本身就与承揽人依据合同负有的完成工作成果的义务相抵触，承揽人应当在按照合同要求完成工作成果之后，如果定作人未按约定支付报酬，则可就已完成的工作成果享有留置权。其三，动产的留置，违反了公序良俗原则。《民法典》规定："民事主体从事民事活动，不得违反法律，不得违背公序良俗"（第 8 条），留置权的成立也应如此。动产的留置，若损害了社会的安全和公共利益，则应当认为此种留置违反了公序良俗。[1] 例如，在四川汶川大地震发生后，承运人因托运人未支付运费而留置运往汶川的抗震救灾的急需物品，就违反了公序良俗原则。

当事人约定不得留置的动产，不得留置。这不仅有《民法典》第 449 条的依据，而且有第 783 条规定："定作人未向承揽人支付报酬或者材料费等价款的，承揽人对完成的工作成果享有留置权或者有权拒绝交付，但是当事人另有约定的除外。"法律之所以允许当事人通过约定加以排除，根本原因在于：法律设立留置权的目的不过是基于公平的观念而保护债权人的利益，并未涉及公共利益或第

---

[1]　王利明、尹飞、程啸：《中国物权法教程》，北京，人民法院出版社 2007 年版，第 541～542 页。

三人的利益，因此当事人的意思自治不应受到限制。①

所谓当事人约定不得留置动产，包括在特定条件下暂时地不得留置动产和终局地不得留置动产。前者的例子，如债务人将汽车交由债权人修理，双方约定汽车修复后必须交给债务人试用 5 日，债权人于修复该车后即以债务人未给付修理费为由留置该车，就违反了《民法典》第 449 条的规定。后者的例证，如甲请乙清除情书上的污痕，约定清除后务必将该情书返还自己。乙于清除后以甲未付报酬为由留置该情书，属于违反了当事人关于不得留置动产的约定，也违反了善良风俗。

第四百五十条

留置财产为可分物的，留置财产的价值应当相当于债务的金额。

本条主旨

本条是关于留置财产为可分物的，其价值应当相当于债务的金额的规定。

相关条文

《物权法》第 233 条　留置财产为可分物的，留置财产的价值应当相当于债务的金额。

《担保法》第 85 条　留置的财产为可分物的，留置物的价值应当相当于债务的金额。

理解与适用

本条是对《物权法》第 233 条的复制，规定留置财产为可分物的，其价值应当相当于债务的金额，在一定程度上限制了留置权的不可分性。

本来，担保物权具有不可分性，即担保物权担保的债权经过分割、部分清偿或消灭，担保物权仍为了担保各部分债权或剩余债权而存在；担保物即使经过分割或一部灭失，各部分或余存的担保物仍为担保全部债权而存在。② 可是，本条却规定"留置财产为可分物的，留置财产的价值应当相当于债务的金额"，这显然是没有遵循担保物的各个部分都为担保整个债权而存在的原则，所以，本条是对不可分性的背离。

---

① 王利明、尹飞、程啸：《中国物权法教程》，北京，人民法院出版社 2007 年版，第 541~542 页。
② 谢在全：《民法物权论》（中册），台北，三民书局有限公司 2003 年 7 月修订 2 版，第 357 页。

本条设置这种限制是必要的，因为留置权在效力顺序方面优先于质权、动产抵押权、超级优先权，只要留置的动产在价值方面足够债权获得清偿，就不必担心债权人的利益得不到实现。既然如此，在留置财产可分、价值远远高于担保债权的情况下，假如仍然严守不可分性，就对留置财产的所有权人过于苛刻，且阻碍着该财产的流通性，有违物尽其用的精神。与此不同，《民法典》第450条规定，留置财产为可分物，留置财产的价值相当于债务的金额的，留置财产的其他部分不再为留置权的效力所及。这较好地平衡了各方的利益关系，值得赞同。

第四百五十一条

留置权人负有妥善保管留置财产的义务；因保管不善致使留置财产毁损、灭失的，应当承担赔偿责任。

本条主旨

本条是关于留置权人妥善保管义务及违反时所成立的责任的规定。

相关条文

《物权法》第234条　留置权人负有妥善保管留置财产的义务；因保管不善致使留置财产毁损、灭失的，应当承担赔偿责任。

《担保法》第86条　留置权人负有妥善保管留置物的义务。因保管不善致使留置物灭失或者毁损的，留置权人应当承担民事责任。

理解与适用

本条是对《物权法》第234条的复制，前段规定留置权人妥善保管的义务，后段规定留置权人违反此项义务致使留置财产毁损、灭失的，应当承担赔偿责任。

留置财产由留置权人占有，脱离开留置财产所有权人的控制，无论是从对留置财产所有权人的权益保护角度，还是在留置财产对于社会利益所起的作用层面，留置权人理应承担妥善保管的义务。

所谓妥善保管，在注意标准的层面，应以善良管理人的注意保管留置财产，而不得以对自己事务的注意标准来管理，以达最佳效果。

所谓妥善保管，其表现之一是，留置权人不得擅自使用、出借、出租、处分留置财产。当然，如果已经取得留置财产所有权人的允许，留置权人使用、出借、出租甚至处分留置财产，则属于妥善保管。再者，如果留置财产只有依其性能和用途使用才会保有甚至提高其价值的，那么，适当使用也是妥善保管，尽管留置财产所有权人未发出此项指示。

留置权人保管不善致使留置财产毁损、灭失的，应当承担赔偿责任（《民法典》第 451 条后段）。

第四百五十二条

留置权人有权收取留置财产的孳息。

前款规定的孳息应当先充抵收取孳息的费用。

本条主旨

本条是关于留置权的效力及于留置财产的孳息的规定。

相关条文

《物权法》第 235 条　　留置权人有权收取留置财产的孳息。

前款规定的孳息应当先充抵收取孳息的费用。

理解与适用

本条是对《物权法》第 235 条的复制，第 1 款规定留置权的效力及于留置财产的孳息；第 2 款明确该孳息应当先充抵收取孳息的费用。

留置权场合，留置权人占有留置财产，由他来收取留置财产的孳息最为方便、最为经济，故本条第 1 款的规定值得赞同。

孳息本有天然孳息和法定孳息之分，本条第 1 款未将任何一类孳息从留置权的效力范围中排除，从留置权的目的及功能方面考虑，宜解释为它们均为留置权的效力所及，除非当事人有相反的约定。

依照留置物的性能和使用方法收取孳息，对留置财产所有权人也有利，可以说本条第 1 款的规定考虑得较为周到。

由于本条第 2 款规定上述孳息应当先充抵收取孳息的费用，表明留置权人不是无偿收取孳息，因而充抵收取孳息的费用后尚有剩余的，应作为清偿被担保债权的财产，依次充抵原债权的利息、原债权。在担保债权及其利息已届清偿期时，即刻清偿；在担保债权及其利息尚未届期时，或提前清偿，或先行提存，待届期时再予清偿。假如清偿被担保债权及其利息之后，仍有剩余，应返还给出质人。

孳息先充抵收取孳息的费用。这是可取的，因为留置权人占有留置物，收取孳息最为方便，最有效益；否则，不仅对债权人不利，对于财产被留置的债务人也没有好处。①

第四百五十三条

留置权人与债务人应当约定留置财产后的债务履行期限；没有约定或者约定不明确的，留置权人应当给债务人六十日以上履行债务的期限，但是鲜活易腐等不易保管的动产除外。债务人逾期未履行的，留置权人可以与债务人协议以留置财产折价，也可以就拍卖、变卖留置财产所得的价款优先受偿。

留置财产折价或者变卖的，应当参照市场价格。

本条主旨

本条是关于留置权的实行及其条件以及担保债权优先受偿效力的规定。

相关条文

《物权法》第236条　留置权人与债务人应当约定留置财产后的债务履行期间；没有约定或者约定不明确的，留置权人应当给债务人两个月以上履行债务的期间，但鲜活易腐等不易保管的动产除外。债务人逾期未履行的，留置权人可以与债务人协议以留置财产折价，也可以就拍卖、变卖留置财产所得的价款优先受偿。

留置财产折价或者变卖的，应当参照市场价格。

《担保法》第87条　债权人与债务人应当在合同中约定，债权人留置财产后，债务人应当在不少于两个月的期限内履行债务。债权人与债务人在合同中未约定的，债权人留置债务人财产后，应当确定两个月以上的期限，通知债务人在该期限内履行债务。

债务人逾期仍不履行的，债权人可以与债务人协议以留置物折价，也可以依法拍卖、变卖留置物。

留置物折价或者拍卖、变卖后，其价款超过债权数额的部分归债务人所有，不足部分由债务人清偿。

---

① 参考王利明、尹飞、程啸：《中国物权法教程》，北京，人民法院出版社2007年版，第543页。

理解与适用

一、本条含义概貌

本条是对《物权法》第236条的复制，第1款前段明确留置权实行的条件，第1款后段规定留置权实行的三种方式，第2款确定市场价格是留置财产折价或变卖的价格确定基准。

二、留置权的实行

（一）概述

与抵押权、质权相比，留置权在效力方面的一个显著特点是，存在着第一次效力和第二次效力。所谓第一次效力，是指留置权人留置与被担保债权属于同一法律关系中的他人动产的效力。该效力以债务人不履行到期债务致使被担保债权未获清偿为发生条件。所谓第二次效力，是指自留置效力发生后的一定期间届满债务人仍不履行其债务致使被担保债权未获清偿时，留置权人可将留置财产折价或变价并使其债权优先受偿的效力。该效力以自留置效力发生后的一定期间届满债务人仍不履行其债务致使被担保债权未获清偿为发生条件。

就担保物权实行的法律意义来讲，留置权发生留置的效力，留置权人拒绝返还与被担保债权属于同一法律关系的他人的动产，可以叫作留置权的实行。不过，人们通常所谓的留置权实行，非指留置他人的动产，而是留置权人将留置财产变价并使被担保债权优先受偿。如此，所谓留置权实行的条件，指的是留置权人将留置财产折价或变价并使其债权优先受偿的条件。本释评书亦在这个意义上讨论留置权的实行及其条件。

（二）留置权实行的条件

留置权实行的条件，在特别法有特别规定时，优先适用其规定；在特别法无特别规定时，适用本条第1款关于"留置权人与债务人应当约定留置财产后的债务履行期间；没有约定或者约定不明确的，留置权人应当给债务人两个月以上履行债务的期间，但是鲜活易腐等不易保管的动产除外。债务人逾期未履行的，留置权人可以与债务人协议以留置财产折价，也可以就拍卖、变卖留置财产所得的价款优先受偿"的规定，加以确定。据此，可得出如下几点结论。

1. 留置权人与债务人已经约定了留置他人动产后的债务人履行其债务的期间的，该期间届满，债务人仍不履行其债务的，留置权人可以与债务人协议以留置财产折价，也可以就拍卖、变卖留置财产所得的价款优先受偿。之所以如此，是因为被债权人留置的动产可能对其所有权人具有特别的用途和意义，应当尽可能地将该动产留在所有权人之手。倘若债务人稍微迟延履行债务债权人就可径直将留置财产折价或变价，带给留置财产的所有权人的损害则较重。如果在保障债权人合法权益的前提下，能够避免这种结果，法律应予努力，给债务人纠正其"错误"提供一个机会。允许债权人和债务人再约定一个债务履行的宽限期，债务人于此期间适当地履行其债务，使债权实现，留置权人就把留置财产返还，各得其所；假如债务人不珍惜这个机会，仍不履行其债务，即不再迁就，赋予留置权人将留置财产折价或变价的权利，使其债权获得清偿。这应当是个较好的方案。①

2. 留置权人和债务人没有约定自留置他人的动产后债务人履行债务的宽限期的，或约定不明确的，便依本条中段的规定，债务人确定地拥有自留置效力发生之日起算 60 日以上的履行其债务的宽限期。其后，留置权人和债务人若就该期间达成了协议，如自留置效力发生之日起算 90 日的宽限期，依其约定；自留置效力发生之日起算短于 60 日的，该约定无效，以 60 日的期间为准。待该期间届满时债务人仍不履行其债务的，债权人可将留置财产折价或变价并使其债权优先受偿。

3. 被留置的动产是鲜活易腐等不易保管之物的，无法保管到留置权人和债务人约定的期间届满，也无法保管到自留置效力发生之日起算 60 日的期间届满，为了避免或减少损耗，留置权人可不受前述约定期间、60 日期间的限制，根据鲜活易腐等不易保管的动产自身的要求，于适当时机将之变价，并使其债权优先受偿。

（三）留置权的实行方法

本条以及其他有关条款规定，留置权的实行方法有留置权人和债务人协议以留置财产折价，或留置权人将留置财产拍卖、变卖，就所得价款使其债权优先受偿。这些方法在释评《民法典》第 410 条时已经介绍过，此处不赘。需要指出的是，协议将留置财产折价的当事人，在留置财产属于债务人以外的第三人所有的情况下，应当是留置权人和该第三人，而不再是留置权人和债务人。

三、留置财产变价的确定基准

实行留置权，无论把留置财产折价还是变卖，都有合理作价的需要。作价低了，可能害及其他债权人的债权实现；作价高了，对留置权人也不利，不尽符合公平原则。为了解决这个问题，本条第 3 款明确"留置财产折价或者变卖的，应

---

① 王利明、尹飞、程啸：《中国物权法教程》，北京，人民法院出版社 2007 年版，第 546 页。

当参照市场价格"，这是条可取之路，值得赞同。

第四百五十四条

债务人可以请求留置权人在债务履行期限届满后行使留置权；留置权人不行使的，债务人可以请求人民法院拍卖、变卖留置财产。

本条主旨

本条是关于及时行使留置权的请求权和诉权的规定。

相关条文

《物权法》第 237 条　债务人可以请求留置权人在债务履行期届满后行使留置权；留置权人不行使的，债务人可以请求人民法院拍卖、变卖留置财产。

理解与适用

本条是对《物权法》第 237 条的承继，前段赋权债务人可以请求留置权人在债务履行期限届满后行使留置权，后段赋权债务人在留置权人仍不行使留置权的，可以请求人民法院拍卖、变卖留置财产。

根据《民法典》第 7 条规定的诚信原则、第 132 条规定的禁止权利滥用原则，考虑到债务人的交易安排，留置权人于留置权实行的条件具备时应当及时行使留置权，这应为义务。从对面看，债务人有权请求留置权人及时行使留置权。

此处所谓及时，不一定是留置权实行的条件具备就必须行使，应该综合债务人和留置权人之间的关系及情况，才可作出结论。例如，债务人正在积极筹备清偿债务的财产，可以在不太长的期间即可适当清偿债务，在这样的情况下，行使留置权反倒增大交易成本。

债务人催告留置权人及时行使留置权，留置权人没有理由仍不行使的，本条给债务人留出一项救济通道——可以请求人民法院拍卖、变卖留置财产。这类似于留置权人自己实行留置权时请求人民法院拍卖留置财产，或由人民法院代留置权人变卖留置财产。

第四百五十五条

留置财产折价或者拍卖、变卖后，其价款超过债权数额的部分归债务人所有，不足部分由债务人清偿。

本条主旨

本条是关于留置财产的变价款高于或低于担保债权数额时如何处理的规定。

相关条文

《物权法》第 238 条　留置财产折价或者拍卖、变卖后，其价款超过债权数额的部分归债务人所有，不足部分由债务人清偿。

《担保法》第 87 条第 3 款　留置物折价或者拍卖、变卖后，其价款超过债权数额的部分归债务人所有，不足部分由债务人清偿。

理解与适用

本条是对《物权法》第 238 条的复制，确立了留置财产的变价款高于或低于担保债权数额时如何处理的规则。

本条所谓留置财产的变价款超过债权数额的部分归债务人所有，乃自然之理，因为留置权不是所有权，留置财产不因留置权的设立而归属于留置权人，只是使留置权人的债权因该留置权的设立而具有优先受偿的效力。担保债权受偿了、实现了，留置权人的利益得到完全满足，留置权便功成身退。假如把留置财产的变价款超过债权数额的部分划归留置权人，该留置权人就获取了不当得利，这不应被允许。此其一。从另一个侧面讲，留置财产属于债务人的责任财产的组成部分，债务人适当履行物上保证责任之后，剩余的部分仍为其责任财产，当然由其享有。此其二。

留置财产的变价款全部用于清偿担保债权之后，担保债权仍未完全实现的，不得谓该债权已经消灭，而是就未实现部分继续具有请求力、执行力、保有力，即留置权人有权就其债权未实现的部分请求债务人清偿，债务人没有理由抗辩。于此场合，需要说明的是，此时的债权仅仅是普通债权，已无留置权的担保，无优先受偿的效力。

第四百五十六条

同一动产上已经设立抵押权或者质权，该动产又被留置的，留置权人优先受偿。

本条主旨

本条是关于并存于同一动产上的数个担保物权中留置权的效力顺序在先。

相关条文

《物权法》第239条　同一动产上已设立抵押权或者质权，该动产又被留置的，留置权人优先受偿。

《海商法》第25条　船舶优先权先于船舶留置权受偿，船舶抵押权后于船舶留置权受偿。

前款所称船舶留置权，是指造船人、修船人在合同另一方未履行合同时，可以留置所占有的船舶，以保证造船费用或者修船费用得以偿还的权利。船舶留置权在造船人、修船人不再占有所造或者所修的船舶时消灭。

法释〔2000〕44号　第79条第2款　同一财产抵押权与留置权并存时，留置权人优先于抵押权人受偿。

理解与适用

本条是对《物权法》第239条的复制，确立了并存于同一动产上的数个担保物权中留置权的效力顺序在先。

本条以及第416条、《海商法》第25条赋予留置权的效力顺序在先，有其道理：（1）留置权是法定担保物权，动产抵押权、超级优先权、质权是约定担保物权，如果允许动产抵押权、超级优先权、质权优先于留置权，就等于鼓励出卖人、定作人、托运人、存货人等以其货物、定作物、托运物、保管物、仓储物等为客体设立动产抵押权、超级优先权、质权，排斥留置权的运用，导致留置权制度的功能减弱乃至丧失，使买受人、承揽人、承运人、保管人、仓储人、行纪人等处于十分不利的境地，会影响他们（它们）从事买卖、承揽、货物运输、保管、仓储、行纪等业务的积极性。有鉴于此，赋予留置权优先的效力，非常合适。至于由此可能给动产抵押权人、超级优先权、质权人带来的不利，是可以化解的：动产抵押权、超级优先权、质权设立时可以约定，在买卖物、抵押物、质物被留置时，出卖人、抵押人或出质人另行提供相应的担保，甚至直接在其他特定物上设立。[①]（2）留置物中一般都凝结了留置权人的劳动价值，或由留置权人提供的材料而成，在一定意义上，可认为留置物有"共有物"（归留置权人和留置物所有权人共有）的意味。在这种背景下，如果赋予动产抵押权、超级优先权、质权优先于留置权的效力，并且就留置物的全部价值优先受偿，就意味着留

[①]　参考崔建远、宋延军：《关于抵押权的探讨》，载《吉林大学社会科学学报》1990年第3期，第74页；崔建远：《抵押权若干问题之我见》，载《法律科学》，1991年第5期，第56页。

置权人代留置物所有权人向抵押权人或超级优先权人或质权人承担了物上责任。这显然是不合理的。而赋予留置权优先于动产抵押权、超级优先权、质权的效力，就不会出现这种局面。①

第四百五十七条

留置权人对留置财产丧失占有或者留置权人接受债务人另行提供担保的，留置权消灭。

本条主旨

本条是关于留置权消灭及其事由的规定。

相关条文

《物权法》第240条　留置权人对留置财产丧失占有或者留置权人接受债务人另行提供担保的，留置权消灭。

《担保法》第88条　留置权因下列原因消灭：

（一）债权消灭的；

（二）债务人另行提供担保并被债权人接受的。

理解与适用

一、本条含义概貌

本条是对《物权法》第240条的复制，规定了留置权的消灭并列举了消灭事由。

二、留置权因留置权人丧失对留置物的占有而消灭

留置权以权利人对留置物的占有为成立要件和存续要件，该占有丧失，留置权归于消灭。故有本条的规定。

不过，本条所谓留置权人丧失对留置物的占有，没有字面所昭示的意思宽泛，应予限缩本条关于留置权人对留置物丧失占有规定的适用范围。详细些说，

---

① 参考崔建远、宋延军：《关于抵押权的探讨》，载《吉林大学社会科学学报》1990年第3期，第74页；崔建远：《抵押权若干问题之我见》，载《法律科学》，1991年第5期，第56页；许明月：《抵押权制度研究》，北京，法律出版社1998年版，第304页。

（1）留置权人有意放弃对留置物的占有的，无权再基于《民法典》第462条关于占有保护的规定请求他人返还留置物，留置权因占有的丧失而归于消灭。（2）留置权人对留置物的占有被侵夺，留置权人只是一时地丧失对留置物的控制力，基于《民法典》第462条关于占有保护的规定请求无权占有人返还留置物，能够重新回复对留置物的占有的，不作为占有丧失对待，留置权不因此消灭。① （3）留置权人将留置物交由保管人等占有媒介人占有，自己变为间接占有，仍属于对留置物的继续占有，留置权不消灭。②

［论争］

在这一点上，存在反对说。在该说看来，留置权人对留置物的占有丧失，留置权当然消灭。纵使留置权人可依占有保护的规定如行使占有返还请求权，重新获得了对留置物的占有，也只是留置权的再生，而非原留置权的存续。留置权无追及效力，占有被侵夺时，只能根据占有保护的规定请求无权占有人返还占有物。试问，假如留置权在占有物能够请求返还时尚不消灭，何以不得基于留置权而请求返还留置物，而只能依占有保护的规定请求返还？③

三、留置权因留置权人接受债务人另行提供担保而消灭

留置权的作用在于确保债权实现，债务人或第三人（留置物的所有权人）若已另行提供了相应的担保，所起作用与留置权的相同，不仅对留置权人没有损害，而且可避免债务人或第三人（留置物的所有权人）因突然不能使用、收益其物所遭受的损失，法律应予允许。何况留置权的发生乃基于法律的直接规定，大多不是债务人或第三人（留置物的所有权人）的本意。④ 《民法典》采纳了这种意见，于第457条规定，留置权人接受债务人另行提供担保的，留置权消灭。

所谓相应的担保，意指所提出的担保与留置物在价值额方面相当。是否相当，首先由留置权人认定，留置权人认为相当的，便以相当论处；若留置权人与提供担保者的意见相左，再按照客观的社会观念加以决定。所谓另行提供了担

---

① 参见谢在全：《民法物权论》（下册），台北，三民书局有限公司2003年12月修订2版，第440～441页；梁慧星、陈华彬：《物权法》（第4版），北京，法律出版社2007年版，第380页。

② 史尚宽：《物权法论》，台北，荣泰印书馆股份有限公司1979年版，第470页；郑玉波：《民法物权论》，台北，三民书局有限公司1988年修订12版，第358页。

③ ［日］近江幸治：《担保物权法》，祝娅、王卫军、房兆融译，沈国明、李康民审校，北京，法律出版社2000年版，第29页；郑玉波：《民法物权论》，台北，三民书局有限公司1988年修订12版，第358～359页；史尚宽：《物权法论》，台北，荣泰印书馆股份有限公司1979年版，第520页。

④ 谢在全：《民法物权论》（下册），台北，三民书局有限公司2003年12月修订2版，第438页；梁慧星、陈华彬：《物权法》（第4版），北京，法律出版社2007年版，第379页。

保，是指已经为担保债权人的债权设立了担保物权，或保证人已经与债权人签订了保证合同。①

四、其他事由

其实，留置权消灭的事由不限于本条列举的两种，债务履行期已经延缓也是一种。

留置权的成立，以债务人不履行到期债务致使被担保债权未获清偿为条件，于是，债权人同意延缓债务的履行期，留置权成立和存续的要件不复存在，留置权已无存在的余地，应归消灭。不过，留置权消灭后，债务人没有请求返还留置物，延缓的债务履行期又届满时，仍未履行债务，债权人可主张成立新的留置权。②

---

① 谢在全：《民法物权论》（下册），台北，三民书局有限公司 2003 年 12 月修订 2 版，第 438～439 页；梁慧星、陈华彬：《物权法》（第 4 版），北京，法律出版社 2007 年版，第 380 页。

② 史尚宽：《物权法论》，台北，荣泰印书馆股份有限公司 1979 年版，第 471 页；谢在全：《民法物权论》（下册），台北，三民书局有限公司 2003 年 12 月修订 2 版，第 441 页。

第五分编　占有

第二十章

占 有

本分编共计五个条文，汇聚占有规则，涵盖有权占有的规则，

所谓占有，是指对于物可以支配并排除他人干涉的法律之力。对此概念，可从以下方面把握。

（一）占有系以物为标的物

本分编章所称之物，包括不动产和动产（《民法典》第459条）。对于不须占有其物而可行使权利的财产权，仅能成为准占有的标的物，不是这里所说的占有，而是准占有。例如，抵押权人对于作为抵押物的建设用地使用权，构成准占有。

占有概念虽然统一适用于不动产和动产，但在不动产和动产场合存在着差异：（1）在占有的成立方面，对动产占有的认定标准通常较对不动产占有的认定标准要严格些，因为不动产不易移动或隐藏。深山的别墅，即使被闲置两年，其占有也不受影响。不过，把照相机遗忘在风景区，经过一段时间，却可被认定为丧失占有，成为遗失物。（2）在占有的效力方面，如占有的权利推定和权利移转，在不动产场合已经由登记制度取而代之。（3）在占有的保护方面，方法有所不同。不动产被侵占后，占有人可以即时排除加害而回复占有。动产被侵夺后，占有人可以就地或者追踪向加害人索回。①

占有，还可以存在于物的成分之上。不论重要成分抑或非重要成分，只要在事实上可以被人直接支配，都可以成为占有的客体。这种对物的部分实施占有，

---

① 王泽鉴：《民法物权·用益物权·占有》（总第2册），北京，中国政法大学出版社2001年版，第162页。

称为部分占有（《德国民法典》第 865 条）。例如，占有宅基地的一角作为停车场，承租三居室的一间，都形成部分占有。至于图书馆等集合物，应就各个物成立占有，而非笼统地"占有"图书馆。[①] 这符合实际，中国法及其理论应予借鉴。

（二）占有系对标的物可以支配并排除他人干涉的法律之力

所谓对标的物可以支配并排除他人干涉的法律之力，表现为人对物有实际上的接触，或者物理上的控制。但不限于此，在社会进步和科学发达的今天，对标的物的支配日趋抽象化，占有已由直接的实力支配逐渐扩大至观念的支配。如果依社会一般观念，足以确定某物已在某人实力或观念支配下的客观事实，就可以认定具有了该人支配该物并排除他人干涉的法律之力，成立占有。可见，有无对标的物可以支配并排除他人干涉的法律之力，不宜一概而论，应当依据个案予以判断，下列规则可供参考。[②]

1. 从空间关系方面考察。所谓空间关系，是指人和物在场合上须有一定的结合关系，足以认定该物处于某人在事实上可以支配并排除他人干涉的势力范围。居住于房屋，耕作于田间，身着西装，固然成立占有；土地承包经营权人把农具放置于承包地，建筑公司将砂石堆放在料场，亦属占有。还有，对房屋的占有，同时意味着对基地的占有。乘客把钱包遗忘在车站，离去后数小时发觉，因车站人潮涌动，按照社会观念，可被认定为丧失占有，钱包成为遗失物。反之，将汽车停放于路旁，赴他市旅游 5 日，仍不失去占有。[③]

2. 从时间关系方面考察。所谓时间关系，是指人和物在时间上须有相当的继续性，足以认定该物处于某人在事实上可以支配并排除他人干涉的势力范围。假如人对物仅仅具有短暂性的控制，则不成立占有。例如，在餐馆使用餐具，在火车上向邻座旅客借阅报纸，在公园坐卧长椅，在图书馆取阅杂志，均不构成占有。还有，旅客就其住宿客房可成立直接占有；反之，亲友被招待在家中客房过夜，对该客房则不成立占有。[④]

3. 从法律和秩序方面考察。人和物虽无时间或空间上的关系，由于占有已由直接的实力支配逐渐扩大至观念的支配，人对于物的支配已无须亲自为之，于

[①] 谢在全：《民法物权论》（下册），台北，三民书局有限公司 2003 年 12 月修订 2 版，第 510 页；王泽鉴：《民法物权·用益物权·占有》（总第 2 册），北京，中国政法大学出版社 2001 年版，第 162 页。

[②④] 谢在全：《民法物权论》（下册），台北，三民书局有限公司 2003 年 12 月修订 2 版，第 510～511、511 页。

[③] 王泽鉴：《民法物权·用益物权·占有》（总第 2 册），北京，中国政法大学出版社 2001 年版，第 155 页；谢在全：《民法物权论》（下册），台北，三民书局有限公司 2003 年 12 月修订 2 版，第 511 页。

是，基于法律和秩序的要求应当成立占有的，应予肯定。停车于路旁，出游数日，时空远隔，仍然成立占有，其源在于一般社会秩序和对他人财产的尊重。[①]

（三）占有虽为事实但有一定的法律效力

占有为事实，但它不同于落叶飘零等单纯的事实，在民法上有一定的效力，如得为侵权行为的客体、不当得利返还中的利益、与本权结合后具有权利的性质。[②]

占有，除人对于物可以直接支配并排除他人干涉（体素）之外，是否尚需以"占有意思"（心素）为要件，存在着主观说、客观说和纯粹客观说的分歧。主观说认为，占有的成立须兼具体素和心素，即人在事实上对物有直接支配并排除他人干涉的法律之力，以及具有占有意思。至于占有意思的含义如何，看法也不相同，有的主张必须是为所有人的意思，有的认为必须有支配的意思，也有的坚持必须是人为自己意思而占有。客观说则认为，占有系人对于物有事实上的直接支配并排除他人干涉的法律之力，无须特别的意思，只要对物有事实上控制的意思即可。并且，此种意思是人对于物在事实上控制的组成部分，而非独立的要素。纯粹客观说主张，占有纯粹是客观地对物在事实上控制，不以占有意思为必要。[③]

占有的意思不必针对个别的特定物，只需要人具有一般占有意思即可。[④] 例如，甲于其门外设置信箱，意在取得邮递员投入其中的信件，他是否实际知晓信件已经投入其中，在所不问。[⑤]

取得占有后，维持占有也需要有占有意思。占有意思体现于人对于物的支配状态，体素为心素的表现。甲睡卧于公园的长椅之时，小鸟落在长椅的靠背上，甲因欠缺占有小鸟的意思，不能取得对该鸟的占有。甲醒后把该鸟捕捉住，并将之放于鸟笼，然后继续酣睡，对该鸟的占有不因此而受影响。[⑥]

占有的意思仅为一种自然的意思，而非法律行为的意思，故占有人有无行为

①　王泽鉴：《民法物权·用益物权·占有》（总第 2 册），北京，中国政法大学出版社 2001 年版，第 155～156 页；谢在全：《民法物权论》（下册），台北，三民书局有限公司 2003 年 12 月修订 2 版，第 513 页。

②　谢在全：《民法物权论》（下册），台北，三民书局有限公司 2003 年 12 月修订 2 版，第 514 页。

③⑥　王泽鉴：《民法物权·用益物权·占有》（总第 2 册），北京，中国政法大学出版社 2001 年版，第 158～159、161 页。

④　Schwab/Prüting, Sachenrecht, S. 22. 转引自王泽鉴：《民法物权·用益物权·占有》（总第 2 册），北京，中国政法大学出版社 2001 年版，第 160 页。

⑤　Wieling, Sachenrecht, I. S. 135. 转引自王泽鉴：《民法物权·用益物权·占有》（总第 2 册），北京，中国政法大学出版社 2001 年版，第 160 页。

能力无关紧要。①

占有的本质，即占有是权利还是事实，素有争论，立法例也不一致。《日本民法典》明定占有为权利，称为占有权（第180条）。《瑞士民法典》则明定占有为对于物的事实上之力（第919条）。中国台湾地区的判例学说基于中国台湾地区"民法"第940条的规定，一向肯定占有为事实，而非权利。② 在德国，虽然有主张占有为权利的，但通说认为占有属于事实。③ 中国《物权法》和《民法典》将占有单列一分编，与所有权、用益物权和担保物权各分编并列，显然未把它作为物权，应为事实。

把占有作为事实更为妥当，因为物权的本质在于排他性和支配性，占有虽有排他性，却无权益归属的支配性。④ 无权占有人有义务把占有物及其孳息返还给真正的权利人（《民法典》第460条前段）。在占有人无权处分占有物，受让人善意取得占有物的所有权场合，占有人应依不当得利制度将取得的利益返还给真正的权利人。单纯的占有虽然可以作为"给付不当得利"的客体，但必须与本权结合才具有权利归属的内容，本权人才有权主张"侵害的不当得利"⑤。

[辨析]

占有作为事实，不同于权利，表现在如下几点。

（1）凡是具有权利能力的人，均为权利主体，却不一定成为占有的主体。（2）物的成分，原则上不得成为权利的标的物，却可以作为占有的客体。（3）权利有主权利和从权利之分，占有则无主占有和从占有之别。（4）权利有禁止转让或继承的情形，占有则无此情形。（5）权利无直接和间接之分，占有却有直接占有和间接占有之别。（6）有些权利可作为担保权的标的物，如应收账款、知识产权、股权等可以设立质权，建设用地使用权可以设立抵押权，但占有不会作为担保权的标的物。（7）权利和权利有时会发生混同，占有和占有则无此现象，因为占有之上不可能再设立占有。（8）即使是独立之物，有的也不得成为权利的标的

---

① 谢在全：《民法物权论》（下册），台北，三民书局有限公司2003年12月修订2版，第513页；王泽鉴：《民法物权·用益物权·占有》（总第2册），北京，中国政法大学出版社2001年版，第161页。

② 郑玉波：《民法物权》，台北，三民书局有限公司1988年版，第367页；王泽鉴：《民法物权·用益物权·占有》（总第2册），北京，中国政法大学出版社2001年版，第169页。

③ Schwab/ Prütting, Sachenrecht, S. 19；Westermann/ Gursky, Sachenrecht S. 76. 转引自王泽鉴：《民法物权·用益物权·占有》（总第2册），北京，中国政法大学出版社2001年版，第169页。

④ Westermann/ Gursky, Sachenrecht, I. S. 80. 转引自王泽鉴：《民法物权·用益物权·占有》（总第2册），北京，中国政法大学出版社2001年版，第170页。

⑤ 王泽鉴：《民法物权·用益物权·占有》（总第2册），北京，中国政法大学出版社2001年版，第170页。

物，却都能成为占有的客体。（9）权利的继受人不得仅就其取得权利后的有利事实而为主张，但占有则不受此类限制。（10）数人共有一物时，一个共有人若遇有其他共有人侵害其权利时，可以对该侵害人主张物权请求权；但数人共同占有一物时，各占有人就其占有物使用的范围，不得互相请求占有的保护。①

占有的主体，即占有人，包括自然人和法人。法人之所以可以作为占有人，是因为法人可以利用其机关控制占有物。

占有作为法律事实，仅仅需要自然的占有意思，不是法律行为，因而占有人不必具有行为能力，即使是无行为能力人或限制行为能力人，只要有事实上的支配能力，也可以成为占有人。不过，占有以自然的占有意思为心素，所以占有人必须对占有物有事实上控制的意识能力。如果占有人没有此种意识能力，就不会为自己原始或创设取得占有。至于占有的移转，因需受法律规定的支配，占有人具有权利能力即可，有无意识能力，在所不问。②

持有是刑法上的概念，与民法上的占有相比，相同点在于，两者均指占有人对于物具有支配并排除他人干涉的法律之力，有重叠之处，如受寄人对于寄存物品既为民法上的占有，亦为刑法上的持有。但两者更有不同点，持有重在占有人对于物的实力支配，具体表现为以下几个方面：（1）占有可依抽象状态而为间接占有，持有却无间接占有。（2）占有人在占有物上行使的权利，推定其适法有此权利，并推定其善意占有（《民法典》第459条的解释③）；持有则无类似的推定。（3）占有可以移转，并且可以观念上的交付进行；持有则否。（4）因盗窃、抢夺、抢劫、欺诈、恐吓而控制他人之物，构成占有，却不成立持有。（5）绝对的违禁物，如海洛因等，可为持有之物，但不得为占有的标的物。④

占有的功能，包括保护占有的功能、表彰本权的功能和取得本权的功能。法律赋予占有的三种功能乃基于一种基本认识，即占有的背后通常存在着某种特定权利，尤其是所有权。保护占有，实际上就是在保护此种权利。⑤

1. 保护占有的功能

保护占有的功能，是指具有对物的事实支配，以实现其维护社会秩序与和平

---

①②　谢在全：《民法物权论》（下册），台北，三民书局有限公司2003年12月修订2版，第515～516、514页。

③　胡康生主编：《中华人民共和国物权法释义》，北京，法律出版社2007年版，第514页。

④　谢在全：《民法物权论》（下册），台北，三民书局有限公司2003年12月修订2版，第515页；王泽鉴：《民法物权·用益物权·占有》（总第2册），北京，中国政法大学出版社2001年版，第166～168页。

⑤　王泽鉴：《民法物权·用益物权·占有》（总第2册），北京，中国政法大学出版社2001年版，第173页。

的社会作用。①《民法典》第 462 条第 1 款规定的物上请求权为其主要的表现。在占有的保护功能，我们看到了一项重要的基本原则，即任何人不能以私力改变占有的现状。②

2. 表彰本权的功能

表彰本权的功能，是指本权通常经由占有才得以实现，占有其物者往往拥有本权。因为外观的状态与实际的情形，一般而言，都八九不离十。基于这种盖然性，占有既具有事实支配标的物的外观，自应具有本权。于是，法律承认占有具有权利推定的效力，使本权的保护趋于简易，以保护静的安全；并且，以占有为动产的公示方法，还进而承认占有的公信力，建立善意取得制度，以保护交易安全。③

3. 取得本权的功能

取得本权的功能，是指在一定条件下，民法将事实支配的占有升格为法律保护的本权，而赋予占有优先取得全部或一部本权的效力的社会作用。占有既有表彰本权的功能，常常与本权相结合，则事实的支配自应被认为是实现本权内容的一种态样，而应赋予其一定的效力。在有些情况下，传统民法将占有全面提升为本权。取得时效、先占、遗失物的取得、埋藏物的发现，为其例证。在另外一些场合，民法把占有提升为取得部分本权，仅仅将占有在一定范围内与本权作相同的处理。善意占有人的孳息收取权、损害赔偿责任的减轻、费用偿还请求权，为其代表。④《民法典》免除了善意占有人的赔偿责任（第 459 条）、赋予了善意占有人的必要费用偿还请求权（第 460 条），表明已经把占有提升为取得部分本权，但尚未规定取得时效、先占，亦未规定遗失物及埋藏物由拾得人或发现人取得。

第四百五十八条

基于合同关系等产生的占有，有关不动产或者动产的使用、收益、违约责任等，按照合同约定；合同没有约定或者约定不明确的，依照有关法律规定。

本条主旨

本条是关于有权占有的规定。

---

① 谢在全：《民法物权论》（下册），台北，三民书局有限公司 2003 年 12 月修订 2 版，第 519 页。

② 王泽鉴：《民法物权・用益物权・占有》（总第 2 册），北京，中国政法大学出版社 2001 年版，第 173 页。

③④ 谢在全：《民法物权论》（下册），台北，三民书局有限公司 2003 年 12 月修订 2 版，第 519、520 页。

相关条文

《物权法》第 241 条 基于合同关系等产生的占有，有关不动产或者动产的使用、收益、违约责任等，按照合同约定；合同没有约定或者约定不明确的，依照有关法律规定。

理解与适用

一、本条含义概貌

本条是对《物权法》第 241 条的复制，确立了有权占有规则。本条带有引致性（管道性）的条款的属性，把占有的根据引向合同的约定、法律直接规定。

二、有权占有

以占有是否具有法律上的原因为标准，占有可分为有权占有和无权占有。这里的法律上的原因，也叫法律上的根据，学说称之为权源或本权。所谓本权，即得为占有的权利，是指基于一定法律上的原因而享有占有的权利。[1] 本权，可以是物权，如建设用地使用权；也可以是债权，如租赁权；还可以是因其他法律关系而产生的权利，如财产代管人对于被宣告失踪人的财产的代管权（《民法典》第 42 条等），监护人对于被监护人的财产的管理权（《民法典》第 34 条等）。

所谓有权占有，也叫正权源占有，是指有法律上的原因的占有。所有权人、建设用地使用权人、动产质权人、留置权人、承租人、借用人对标的物的占有，系分别基于所有权、建设用地使用权、动产质权、留置权、租赁权、借用权，具有占有的权源，均为有权占有。《民法典》第 458 条规定："基于合同关系等产生的占有，有关不动产或者动产的使用、收益、违约责任等，按照合同约定；合同没有约定或者约定不明确的，依照有关法律规定。"其中涉及的占有，属于有权占有。

与有权占有相对的是无权占有，亦称无权源占有，是指无法律上的原因的占有。区分有权占有和无权占有，更能彰显有权占有的价值：（1）受法律保护的程度不同。有权占有因具有权源，受到法律的强力保护，本权人请求其返还占有物时，占有人有权拒绝（《民法典》第 458 条等）。反之，在无权占有场合，占有人不得拒绝本权人请求返还占有物（《民法典》第 314 条及第 314 条、第 460 条

---

[1] 谢在全：《民法物权论》（下册），台北，三民书局有限公司 2003 年 12 月修订 2 版，第 529 页。

等）。（2）有权占有因具有权源，没有区分有瑕疵占有和无瑕疵占有的必要。无权占有因无权源的存在，在有权源之人请求返还占有物的场合，占有人无权拒绝，负有返还的义务；并且，因无权源，有被区分为瑕疵占有和无瑕疵占有而异其法律效果的必要。（3）非因侵权行为而取得占有，乃留置权成立的消极要件之一。如果将此要件扩充解释为也包括无权占有，则无权占有人即无主张留置权的余地。①

第四百五十九条

占有人因使用占有的不动产或者动产，致使该不动产或者动产受到损害的，恶意占有人应当承担赔偿责任。

本条主旨

本条是关于无权占有的场合，恶意占有人承担赔偿责任的规定。

相关条文

《物权法》第242条　占有人因使用占有的不动产或者动产，致使该不动产或者动产受到损害的，恶意占有人应当承担赔偿责任。

理解与适用

本条是对《物权法》第242条的复制，规定无权占有的场合，恶意占有人承担赔偿责任。

本条免除了善意占有人的损害赔偿责任；对于恶意占有人则不然，其致使占有的不动产或者动产受到损害的，应当承担赔偿责任。

本条规定占有人的赔偿责任实际上以过错为成立要件。其理由在于，该条只要求恶意占有人承担损害赔偿责任，对善意占有人不课以赔偿责任，显然是以过错为成立要件的，尽管恶意和过错并非同一层面的范畴，但恶意者必有过错，则为事实。

反对此种观点者的理由之一是，恶意占有，限于占有无法律上的根据，但无权占有之物遭受损害，处于另外的阶段，无权占有人对此损害不见得有过错。例如，无权占有之物因地震而毁损，或因飓风而毁损等，就是无权占有人对于损害

---

① 谢在全：《民法物权论》（下册），台北，三民书局有限公司2003年12月修订2版，第520页；王泽鉴：《民法物权·用益物权·占有》（总第2册），北京，中国政法大学出版社2001年版，第177页。

没有过错。

对此反对意见，笔者回应如下：（1）如果不从全局、全过程仅仅限于某个阶段看问题，这种反对见解可以成立，如上个自然段所举地震、飓风摧毁无权占有之物，无权占有人在这个节点上确无过错可言；但若全局地、整体地看待，无权占有人在占有伊始就返还无权占有之物，即使其后发生了地震、飓风等不可抗力或第三人的行为等通常事变，该不动产、动产被毁，也与该人无关，自然不得认定其有过错；正因为无权占有属于恶意，占有人至少具有重大过失，这种过失一直在延续，延续至不可抗力、通常事变发生，摧毁了无权占有之物，这至少可以说无权占有人的过错和不可抗力或通常事变共同作用，使该物受损害。（2）《民法典》第590条第2款关于"当事人迟延履行后发生不可抗力的，不免除其违约责任"的规定，显现出当事人因其在迟延履行上的过错，而要承受其后发生的不可抗力致使标的物毁损、灭失的后果。如果单就不可抗力使标的物毁损、灭失这一阶段之事考察，迟延履行的当事人确无过错。尽管如此，《民法典》还是责令迟延履行的当事人就标的物的全部损失承担违约责任，而未设置"但迟延履行的当事人举证证明即使不迟延也会产生同样结果的，不负违约责任"的但书。恶意地无权占有期间发生不可抗力、通常事变使占有之物毁损、灭失的，由恶意占有人承担损害赔偿责任，类似于《民法典》第590条第2款规范的情形，按照相似的事物相同处理的公平理念，也应该认为《民法典》第459条规定的赔偿责任采取了过错责任原则。

第四百六十条

不动产或者动产被占有人占有的，权利人可以请求返还原物及其孳息；但是，应当支付善意占有人因维护该不动产或者动产支出的必要费用。

本条主旨

本条是关于无权占有人返还原物及其孳息以及善意占有人获取必要费用的规定。

相关条文

《物权法》第243条　不动产或者动产被占有人占有的，权利人可以请求返还原物及其孳息，但应当支付善意占有人因维护该不动产或者动产支出的必要费用。

理解与适用

一、本条含义概貌

本条是对《物权法》第 243 条的复制，前段规定无权占有人有义务返还原物及其孳息，后段规定善意占有人就因维护该不动产或者动产支出的必要费用有权请求偿付。

二、无权占有之物及其孳息的返还

无权占有，即无法律根据地占有，自然应当把该无权占有之物返还给该物的物权人。

该物所生孳息呢？无权占有人占有他人之物没有正当权源，占有该物所产生的孳息亦无合法根据，按照《民法典》第 985 条的规定，构成不当得利。权利人有权基于不当得利制度请求占有人返还占有物所产生的孳息。无论是从文义，还是从立法目的及立法计划，都看不出本条关于占有人返还孳息的规定，排除了《民法典》第 985 条关于不当得利返还规定的适用。因而，占有物的孳息返还请求权与不当得利返还请求权为竞合关系。

与此不同，由于中国台湾地区"民法"第 952 条关于"善意占有人于推定其为适法所有之权利范围内，得为占有物之使用、收益"的规定，即为善意占有人享有占有物使用收益的法律上原因，不构成不当得利。就是说，该条的规定排除了不当得利返还请求权。但是，由于中国台湾地区"民法"第 958 条规定恶意占有人负有返还占有物所生孳息的义务，占有物的孳息返还请求权与不当得利返还请求权为竞合关系。

占有人，不论善意占有人还是恶意占有人，占有占有物期间所产生的孳息，也应当返还给物权人（《民法典》第 460 条前段）。

此处所谓孳息，包括天然孳息和法定孳息。天然孳息，是指果实、动物的出产物，及其他按照物的用法所收获的出产物。法定孳息，是指利息、租金，及其他因法律关系所取得的收益。

无权占有，有时不构成无因管理，如占有人欠缺管理意思场合即如此；有时成立无因管理。在后者场合，管理人有义务向本人返还于其管理事务过程中所收取的孳息。考察《民法典》第 460 条前段关于占有人返还孳息的文义和规范意旨，可知，在无权占有不构成无因管理时，《民法典》第 460 条前段自然排除了《民法典》第 979 条以下关于无因管理规定的适用；在无权占有符合无因管理的构成要件时，则相反。因而，占有物的孳息返还请求权与管理事务中所收孳息的返还请求权，有时为排斥关系，有时为竞合关系。

[比较与评论]

占有人是否向权利人返还孳息，立法例存在着差别。《瑞士民法典》（第938条第1项）、《日本民法典》（第189条第1项）、《意大利民法典》（第1148条）和中国台湾地区"民法"（第952条）都规定，善意占有人不负返还收益（孳息）的义务。与此不同，中国《物权法》规定，占有人就其占有不论善意、恶意，一律向权利人返还孳息（第243条前段）。之所以如此，是因为考虑到境外立法例关于善意占有人保留孳息的规定，是同必要费用相关的。例如《瑞士民法典》、《日本民法典》和中国台湾地区"民法"都规定，如果保留孳息，则善意占有人不得向权利人请求返还他为维护占有物而支出的必要费用。这同中国《物权法》的规定的确有区别，但两种处理方式的法律后果相差不大。原物和孳息返还给权利人，但为维护占有物而支出的必要费用可以请求权利人返还的法律结果，与孳息保留但必要费用不得求偿的法律后果，区别实际不大。同时，还应注意到，《物权法》第243条前段的规定与《民法通则》关于无因管理而产生的法律结果（第93条）是一致的。何况保留孳息的规定并非各国或地区的通例。《德国民法典》第994条规定，所有权人的偿还义务依关于无因管理的规定确定之。①

上述意见存在着若干疑问。（1）孳息是占有物所产生的利益，必要费用则为占有人维护占有物所支出的费用，两者的数额不一致不在少数。所以称"两种处理方式的法律后果相差不大。原物和孳息返还给权利人，但为维护占有物而支出的必要费用可以请求权利人返还的法律结果，与孳息保留但必要费用不得求偿的法律后果，区别实际不大"，显然武断。（2）占有人之于占有物的行为，与无因管理之间的关系较为复杂：其一，在占有人有为权利人（本人）谋利益的意思（管理意思）时，才构成无因管理。即使如此，必要费用的返还和孳息的返还也是分开的，而非合并的，尽管主张抵销时可能不再相互返还。其二，在占有人欠缺管理意思时，如占有人以所有的意思占有特定之物，或占有人故意悖逆占有物的性能而利用等，不构成无因管理，所以笼统地称《物权法》第243条前段的规定与《民法通则》第93条的规定一致，不符合事实。

《民法典》第460条前段是对《物权法》第243条的承继，故上述辨析也适合于《民法典》第460条前段的解释和适用。

---

① 胡康生主编：《中华人民共和国物权法释义》，北京，法律出版社2007年版，第516页。

三、必要费用的偿付

《民法典》采取了占有人负有返还孳息的义务、善意占有人享有必要费用偿付请求权的模式（第 460 条后段）。

所谓必要费用，是指维护占有物所不可或缺的费用。所谓维护，包括保存、管理和必要的维修或修缮。它分为通常必要费用和特别必要费用。所谓通常必要费用，是指因保存或管理占有物通常所需要的费用，如维护费、修缮费、饲养费、税捐、区分建筑物的管理费、汽车定期保养费等。支出的费用是否必要，以支出时的情事，依据客观标准认定。所谓特别必要费用，或称临时必要费用，如房屋遭地震损坏、汽车被洪水淹没等而支出的重大修缮费用。①

必要费用的偿付请求权，其成立不以权利人的过错为要件，与占有人有无过错也无关系。

按照《民法典》第 460 条后段的规定，善意占有人有权请求权利人偿付维护占有物所支出的必要费用。就该规定作反面推论，恶意占有人无权请求必要费用的偿付。即使考察个案，有的符合不当得利的构成，也不得以此为由，主张不当得利的返还。由此可知，《民法典》第 460 条后段关于必要费用的规定为特别规定，排除了恶意占有人援用《民法典》第 985 条以下关于不当得利的规定，请求占有物的物权人返还必要费用的不当得利。只有如此解释，《民法典》第 460 条后段关于必要费用规定的立法目的才不会落空。与此不同，在善意占有人为维护占有物而支出了必要费用的情况下，遇到占有物的物权人请求善意占有人返还占有物（行使物的返还请求权）或返还不当得利（主张不当得利返还请求权）时，善意占有人有权将必要费用额予以扣除（有时属于抵销）。

第四百六十一条

占有的不动产或者动产毁损、灭失，该不动产或者动产的权利人请求赔偿的，占有人应当将因毁损、灭失取得的保险金、赔偿金或者补偿金等返还给权利人；权利人的损害未得到足够弥补的，恶意占有人还应当赔偿损失。

本条主旨

本条是关于无权占有人返还无权占有之物的代位物以及恶意占有人所负赔偿

---

① 王泽鉴：《民法物权·用益物权·占有》（总第 2 册），北京，中国政法大学出版社 2001 年版，第 328 页。

责任的规定。

相关条文

《物权法》第 244 条　占有的不动产或者动产毁损、灭失，该不动产或者动产的权利人请求赔偿的，占有人应当将因毁损、灭失取得的保险金、赔偿金或者补偿金等返还给权利人；权利人的损害未得到足够弥补的，恶意占有人还应当赔偿损失。

理解与适用

一、本条含义概貌

本条是对《物权法》第 244 条的复制，前段规定了无权占有人返还无权占有之物的代位物，后段规定代位物的返还不足以弥补物权人所受损害的，恶意的无权占有人还应负赔偿责任。

二、无权占有之物毁损、灭失的含义

与本条相当的，是《日本民法典》第 191 条后段、中国台湾地区"民法"第 953 条。这些立法例涉及的毁损、灭失及其含义，学说持有如下见解：所谓毁损，是指占有物部分受损，如地毯被污染，汽车被剐蹭，或占有人不使用占有物或滥用占有物，致使其价值降低。灭失，包括物理上的灭失和法律上的灭失。所谓物理上的灭失，又叫绝对的灭失，是指占有物全部毁灭，如房屋被大火焚毁，影碟被炉火烧化，或占有物因添附而丧失所有权。所谓法律上的灭失，又称相对的灭失，包括一切不能回复的情形。[①]

关于占有人将占有物转让与第三人，第三人因善意而取得所有权的情形；或不知占有物所在，从社会的观点或经济的观点看难以再发现的，是否属于法律上的灭失，境外学说存在着分歧。肯定说认为，（1）从规范意旨观察，既然是自主占有的善意占有人因误信而为占有，对回复请求人应负何种责任没有预期，因而减轻其赔偿责任，以免失之过苛，则在法律上的灭失（相对灭失），同属不能返

---

① 谢在全：《民法物权论》（下册），台北，三民书局有限公司 2003 年 12 月修订 2 版，第 623 页；王泽鉴：《民法物权·用益物权·占有》（总第 2 册），北京，中国政法大学出版社 2001 年版，第 324～325 页；[日] 我妻荣：《日本物权法》，有泉亨修订，李宜芬校订，台北，五南图书出版公司 1999 年版，第 454 页；[日] 田山辉明：《物权法》（增订本），陆庆胜译，齐乃宽、李康民审校，北京，法律出版社 2001 年版，第 135～136 页。

还占有物的情况下，实在没有加重占有人责任的必要。① 所以，物理上的灭失和法律上的灭失，二者在法律价值判断上应作相同的处理。（2）这样解释的实际意义在于，可使回复请求人有权请求无权处分人（无权占有人）返还所得的对价。例如，占有人将占有物转让与第三人，该第三人因善意受让取得该物的所有权时，回复请求人可以请求占有人退还出卖占有物所得的价款；但其赔偿数额不得超过实际受到的损失。如占有物的价值为 1 万元，出售价为 1.5 万元时，回复请求人只能请求 1 万元。在这种无权处分的情况下，也可以成立不当得利，与占有物毁损、灭失的损害赔偿请求权发生竞合。至于善意占有人将占有物赠与善意第三人，未获得利益，自然无须承担赔偿责任。②

在中国大陆，有学说赞同上述观点③，本释评书亦然。

三、无权占有之物的代位物的返还

物权占有之物应该返还给该物的物权人，这是《民法典》第 460 条的规定，符合法理和事理。该物形变为保险金、赔偿金或补偿金时，上述法理和事理不应因此而改变，故无权占有人应负返还此类变形物的义务，可见《民法典》第 461 条前段的规定具有根据，值得赞同。

四、无权占有人对于无权占有之物毁损、灭失承担赔偿责任

与《民法典》第 459 条免除了善意占有人的损害赔偿责任不同，本条规定，无论是恶意占有人还是善意占有人对于无权占有之物的毁损、灭失均须承担损害赔偿责任，只是所负责任的轻重不同：善意占有人承担有限的赔偿责任（或曰定限的赔偿责任），而恶意占有人承担完全的损害赔偿责任。稍微展开来说，善意占有人的赔偿责任，将以因占有物毁损、灭失取得的保险金、赔偿金或补偿金等返还给权利人，采取的是不当得利返还的原则④；而恶意占有人，在将因占有物毁损、灭失取得的保险金、赔偿金或补偿金等返还给权利人后，权利人的损害未得到足够补偿的，还应当再赔偿这部分损害。采取的是侵权损害赔偿原则。

本条规定的占有人的赔偿责任，是否以占有人具有过错为成立要件？需要分析。与本条相当的《日本民法典》第 191 条，以及中国台湾地区"民法"第 953 条，它们都明确规定，占有人就占有物灭失或毁损承担赔偿责任，需要可归责于

---

① 谢在全：《民法物权论》（下册），台北，三民书局有限公司 2003 年 12 月修订 2 版，第 623 页。

②④ 王泽鉴：《民法物权·用益物权·占有》（总第 2 册），北京，中国政法大学出版社 2001 年版，第 324～325、324 页。

③ 胡康生主编：《中华人民共和国物权法释义》，北京，法律出版社 2007 年版，第 517～518 页。

占有人的事由。其学说也如此解释。① 与此不同，中国大陆有学说则认为，善意占有人的责任既然限定在以其所受利益为限，则造成毁损、灭失的原因可以不必追究，无论是否可归责于占有人，只要其对占有物的毁损、灭失受有利益，就应在所受利益的范围内对权利人（回复请求人）承担责任。② 笔者认为，在中国《民法典》尚未完全沿袭德国法"所有权人—占有人关系"规则的背景下，尽管《民法典》第461条后段的规定优先于《民法典》第238条、第1165条和第258条的规定而适用，但总的讲，它规定的损害赔偿责任仍属于侵权损害赔偿责任，并非物权请求权。该损害赔偿责任大多属于一般侵权损害赔偿，需要过错这个主观要件；在国家机关或其工作人员履行职责时致物权以损害、高度危险作业致物权以损害、饲养的动物致物权以损害等场合，属于特殊侵权损害赔偿，无须过错这个主观要件。

对此，换个角度研讨。德国民法及其通说认为，在他主占有人臆想其享有占有权，但实际上超越了臆想的占有权的界限，有过错地使占有物毁损的情况下，应适用侵权行为法的规则。在其占有权来自第三人，该第三人相对于所有权人亦为无权占有的情况下，也是如此。③ 借鉴此说，解释中国《民法典》第461条后段的规定，因该条规定了占有的不动产、动产毁损、灭失场合的损害赔偿，故可认为此种损害赔偿大多属于一般的侵权损害赔偿。此其一。在德国，故意以违背善良风俗的方法侵害他人的规则（《德国民法典》第826条），适用于所有人类型的无权占有人的情况④，即适用侵权损害赔偿规则处理无权占有人毁损占有物的赔偿案件。借鉴此说，解释中国《民法典》第461条后段的规定，可知该条规定的损害赔偿责任在无权占有人故意以违背善良风俗的方法损害占有物场合，属于一般的侵权损害赔偿责任。

分析《民法典》第461条后段的规定，可发现在赔偿责任的客观要件方面，它增加了善意占有人就受害物权而取得保险金、赔偿金或补偿金这个消极要件；

① ［日］我妻荣：《日本物权法》，有泉亨修订，李宜芬校订，台北，五南图书出版公司1999年版，第454页；［日］田山辉明：《物权法》（增订本），陆庆胜译，齐乃宽、李康民审校，北京，法律出版社2001年版，第136页；史尚宽：《物权法论》，台北，荣泰印书馆股份有限公司1979年版，第526页；郑玉波：《民法物权》，台北，三民书局有限公司1988年修订12版，第402页；谢在全：《民法物权论》（下册），台北，三民书局有限公司2003年12月修订2版，第623～624；王泽鉴：《民法物权·用益物权·占有》（总第2册），北京，中国政法大学出版社2001年版，第326页。

② 胡康生主编：《中华人民共和国物权法释义》，北京，法律出版社2007年版，第518页。

③ 王洪亮：《论所有权人与占有人关系——所有物返还请求权及其从请求权》，载王洪亮、张双根、田士永主编：《中德私法研究》（第1卷），北京，北京大学出版社2006年版，第79～80页。

④ 同上文，第80页。

由此决定了，《民法典》第 461 条后段的适用范围较第 459 条的广泛，即善意占有人仍须于其受益的范围内承担损害赔偿责任。

第四百六十二条

占有的不动产或者动产被侵占的，占有人有权请求返还原物；对妨害占有的行为，占有人有权请求排除妨害或者消除危险；因侵占或者妨害造成损害的，占有人有权依法请求损害赔偿。

占有人返还原物的请求权，自侵占发生之日起一年内未行使的，该请求权消灭。

本条主旨

本条是关于占有人的物上请求权及其行使期间的规定。

相关条文

《物权法》第 245 条　占有的不动产或者动产被侵占的，占有人有权请求返还原物；对妨害占有的行为，占有人有权请求排除妨害或者消除危险；因侵占或者妨害造成损害的，占有人有权请求损害赔偿。

占有人返还原物的请求权，自侵占发生之日起一年内未行使的，该请求权消灭。

理解与适用

一、本条含义概貌

本条承继了《物权法》第 245 条，其中第 1 款规定占有人的物上请求权；第 2 款规定占有人的物上请求权的行使期间。

二、占有人的物上请求权

（一）概说

占有人的物上请求权，又叫占有保护请求权，或占有物上请求权，或占有人的请求权，或基于占有而生的请求权，指的是下述权利：占有的不动产或动产被侵占的，占有人请求返还原物的权利，即占有物返还请求权；对妨害占有的行为或状态，占有人请求排除妨害，即占有妨害排除请求权；对占有存在侵害或妨害之虞的，占有人请求消除危险，即消除危险请求权（《民法典》第462条第1款前段和中段）。

[辨析]

占有人的物上请求权与物权人的物权请求权，虽然都属于物上请求权，形式结构也相似，但内容不同：（1）占有人的物上请求权旨在保护占有，以占有人为请求权的主体；而物权人的物权请求权旨在保护物权，以物权人为请求权的主体。（2）占有物返还请求权以占有被侵夺为成立要件，物权人的物权请求权以他人的无权占有为成立要件。（3）占有人返还原物的请求权，自侵占发生之日起1年内未行使的，该请求权消灭（《民法典》第462条第2款）。物权人的物权请求权在时间上的限制，另有规则。总之，二者的目的和效力不同，各自独立，互不相妨，可以发生竞合关系，可以合并行使，也可以先后行使。[①]

有观点认为，"占有保护请求权在性质上虽然也是对世的物上请求权"[②]，但笔者认为必须区分不同的情形而下结论：（1）所有权、用益物权，尤其是以公示为生效要件的用益物权的对世效力，属于典型的、真正的对世效力，不但能够消极地对抗他人的主张，捍卫自己的物权，而且可以积极地行使物权。（2）占有则与之有别，在对世效力方面则打了折扣，难以对抗所有的第三人。例如，A房屋所有权人甲与承租人乙订立A房屋租赁合同Ⅰ，未赋权乙转租，但乙还是与丙订立A房屋租赁合同Ⅱ。此情后被甲知晓，遂以乙严重违约为由将A房屋租赁合同Ⅰ解除。根据《民法典》第718条关于"出租人知道或者应当知道承租人转租，但是在六个月内未提出异议的，视为出租人同意转租"的规定及其反面推论，出租人于其知道或应当知道出租人转租的事实之日起6个月内尚未行使解除权的，次承租人丙对A房屋的占有应为有权占有。不过，该占有不能对抗出租人甲，可以对抗转租人乙。此其一。次承租人丙对A房屋的占有也对抗不了申请对A房屋强制执行的甲的债权人丁的请求。此其二。

（二）占有物返还请求权

占有物返还请求权，又叫回复占有请求权，是指占有人于其占有物被侵占时，可以请求返还其占有物的权利（《民法典》第462条第1款前段）。对此项权利，需要把握以下几点。

---

① 参考王泽鉴：《民法物权·用益物权·占有》（总第2册），北京，中国政法大学出版社2001年版，第353～354页。

② 王洪亮：《论基于占有的物上请求权——实体与程序上的理论继受》，载《清华法学》2007年第3期；吴香香：《〈物权法〉第245条评注》，载《法学家》2016年第4期，第156页。

1. 请求权的主体必须是占有被侵夺前的占有人

占有物返还请求权必须由占有人行使，非占有人，纵使对于占有物有合法权源，也不得行使此项权利。至于是直接占有人还是间接占有人，自主占有人抑或他主占有人，占有是有权占有还是无权占有，恶意占有抑或善意占有，占有是否具有瑕疵，均在所不问。

2. 占有被侵占

占有被侵占，是指违反占有人的意思，以积极的不法行为，将占有物的全部或一部归自己控制，排除占有人的事实支配的现象。侵占人对此有无过错，在所不问。

［引申与扩展］

间接占有是否受到侵占，以直接占有人加以决定。例如，甲将其汽车出租给乙，被丙盗走，丙的行为侵占了甲的间接占有和乙的直接占有。假如乙把该汽车转租、转借或出卖与丙，丙没有侵占甲的占有。

间接占有人侵占直接占有人的占有物，如甲将其货车出租给乙，在租赁期间，甲擅自把该车开回自己家，构成占有物的侵占。

3. 请求权的相对人是现在的占有人

请求权的相对人是侵夺占有之人，是现在的占有人；如果现在没有占有占有物，则不属于此处的相对人。

［引申与扩展］

侵占占有之人，将占有物出租或寄存于他人之处，由直接占有人变为间接占有人时，其作为侵占人的地位，继续存在。因而，占有人仍然有权请求其返还占有物，或请求让与其对直接占有人的返还请求权。

侵占人的概括继承人也是占有物返还请求权的相对人。特定继受人是否为相对人，则见解不同。第一说认为应以恶意的特定继受人为限，善意特定继受人不在其中。① 第二说主张，特定继受人基于动产的善意取得而占有标的物，而占有物系盗窃物或遗失物的，在尚未超过 2 年期间时，既然可以请求回复其物，那么

---

① 郑玉波：《民法物权》，台北，三民书局有限公司 1988 年修订 12 版，第 409 页；史尚宽：《物权法论》，台北，荣泰印书馆股份有限公司 1979 年版，第 535 页；梅仲协：《民法要义》，台北，1963 年自版，第 459 页；倪江表：《民法物权论》，台北，正中书局 1981 年版，第 437 页；黄右昌：《民法物权诠解》，1965 年自版，第 475 页；王泽鉴：《民法物权·用益物权·占有》（总第 2 册），北京，中国政法大学出版社 2001 年版，第 346 页。

原占有人不问其有无本权，均可对之行使占有物返还请求权。① 第三说认为，善意的特定继受人在善意取得动产的情况下，其占有受法律保护，占有人不得对之行使占有物返还请求权。该说顾及了善意取得制度，较为合理。②

4. 请求权的内容为请求返还被侵占的占有物

占有物返还请求权的成立并行使，是无权占有人向占有人返还被侵占之物，故占有物返还请求权的效力或曰内容是请求返还被侵占的占有物。

5. 占有物返还请求权的行使期间

《民法典》第 462 条第 2 款规定，占有人返还原物的请求权，自侵占发生之日起 1 年内未行使的，该请求权消灭。关于该期间的法律性质，有诉讼时效说和除斥期间说的争论。③ 中国学者有赞同后者的，理由在于，诉讼时效可因事由而中断或中止，而且自受害人知道或应当知道侵害时开始起算，如果按照诉讼时效来规定，此项期间可能远比 1 年要长，将使权利处于长期不稳定的状态。并且，通常情况下，占有物返还请求权因除斥期间经过而未行使的，占有人对占有物若享有物权的，可以基于物权主张物的返还请求权。有鉴于此，没有必要对占有物返还请求权的行使赋予更长的期间。④ 笔者更倾向于权利失效期间，因为其对象为请求权，而非形成权。

(三) 占有妨害排除请求权

占有妨害排除请求权，是指占有人于其占有被妨害的情况下，可以请求排除该妨害的权利（《民法典》第 462 条第 1 款中段）。对此项权利，需要把握以下几点。

1. 请求权的主体必须为占有人

请求权的主体必须为占有人。这与占有物返还请求权的情况相同，不再赘言。

2. 必须是占有被妨害

占有被妨害，是指以侵占以外的方法妨害占有人支配其物。于此场合，占有人没有丧失占有，妨害人亦未取得占有，不过是对现实占有状态的妨害。这与占

---

① 刘鸿渐：《物权法论》，第 37 页。转引自谢在全：《民法物权论》（下册），台北，三民书局有限公司 2003 年 12 月修订 2 版，第 652 页。

② 姚瑞光：《民法物权论》，1990 年自版，第 423 页；李肇伟：《民法物权》，台北，1979 年自版，第 566 页；曹杰：《中国民法物权论》，台北，"商务印书馆" 1964 年版，第 351 页；谢在全：《民法物权论》（下册），台北，三民书局有限公司 2003 年 12 月修订 2 版，第 652 页。

③ 参考王泽鉴：《民法物权·用益物权·占有》（总第 2 册），北京，中国政法大学出版社 2001 年版，第 361~362 页。

④ 胡康生主编：《中华人民共和国物权法释义》，北京，法律出版社 2007 年版，第 522 页。

有物被侵占不同，因为占有物被侵占场合，占有人已经丧失，而侵占人已经取得占有。

占有被妨害的情况多发生在不动产的场合，例如，（1）丢弃垃圾、废土于他人的庭院或空地。（2）擅自在邻地架设管线，排放废水。（3）停车不当，阻挡他人使用其停车库或停车位。（4）散发煤气、臭气、烟尘、热气等到邻地，超过了社会生活能够容忍的限度。（5）树木被强风吹倒于他人的门前。

3. 请求权的相对人必须是妨害占有的人

妨害占有的人，是指因其行为妨害占有的状态，即行为妨害人，或者因其意思容许妨害占有状态存在的人，即状态妨害人。行为妨害，如丢弃垃圾于他人的庭院，状态妨害，如树被强风吹倒于邻地，尚未清除。

妨害占有的瑕疵，亦应由概括承继人或特定承继人承担，而为请求的对象。至于占有辅助人，则非属请求权的相对人。

4. 请求的内容

占有妨害排除请求权的内容在于请求排除占有的妨害，即停止妨害行为。

排除占有妨害的费用，应由妨害人负担。受害人以自己的费用排除妨害的，可以基于不当得利或无因管理的规定，请求妨害人偿付该项费用。受害人对于妨害的发生或扩大有过错的，应当减轻妨害人应负担的费用数额。《民法典》没有就排除占有妨害的费用负担设立明文，但可以把该项费用作为"因侵占或者妨害造成损害"的组成部分，占有人可以根据《民法典》第462条第1款后段关于"因侵占或者妨害造成损害的，占有人有权依法请求损害赔偿"的规定，请求侵占或妨害占有之人予以赔偿。

在诉讼上，占有妨害排除请求权应以给付之诉的方式主张。法院的判决应当宣告排除妨害的必要措施。

（四）占有危险消除请求权

占有危险消除请求权，境外学说叫作占有妨害防止请求权，是指占有人于其占有存在着被侵害或妨害的危险的，可以请求防止其侵害或妨害（消除侵害或妨害的危险）的权利（《民法典》第462条第1款中段）。对此项权利，应当注意以下几点。

1. 请求权的主体必须是占有人

请求权的主体必须为占有人。这与占有物返还请求权、占有妨害排除请求权的情况相同，不再赘言。

2. 占有必须存在着被侵害或妨害的危险

占有存在着被侵害或妨害的危险，德国、日本和中国台湾地区等立法例及其学说称作占有存在着被妨害之虞。是否存在着被妨害的危险，并非由占有人的主观意思决定，而是依据社会的一般观念，就占有发生的盖然性，客观地加以判断。只要有发生妨害占有的危险即可，不以一度发生妨害而有再度发生的危险性为必要。过去曾几度发生妨害行为的，倘若没有相反情事，通常可认为将来有妨害占有的危险。

占有存在着被侵害或妨害的危险，常见的情形有：（1）山坡地上的高楼遭地震的破坏而倾斜，有明显的倒塌的危险。（2）挖掘隧道导致地陷，危及邻近大楼。（3）兴建房屋的设计图显示，建筑物将侵占领地。

3. 请求权的相对人必须是造成侵害或妨害占有的危险状态的人

占有危险消除请求权的相对人，必须造成该项危险状态。

4. 请求权的内容为请求防止侵害或妨害占有的危险，消除该项危险状态

消除该项危险状态的费用由造成侵害或妨害占有的危险状态的人负担。占有人以自己的费用消除该项危险的，有权请求造成侵害或妨害占有的危险状态的人偿还。《民法典》没有就该项费用的负担设立明文，但可以把该项费用作为"因侵占或者妨害造成损害"的组成部分，占有人依据《民法典》第462条第1款后段关于"因侵占或者妨害造成损害的，占有人有权依法请求损害赔偿"的规定，请求造成妨害占有的危险状态的人予以偿付。

该项不作为请求权属于实体法上的权利，在诉讼上以给付之诉主张。

图书在版编目（CIP）数据

中国民法典释评.物权编／崔建远著.--2版.--
北京：中国人民大学出版社，2021.9
ISBN 978-7-300-29773-6

Ⅰ.①中… Ⅱ.①崔… Ⅲ.①民法－法典－法律解释
－中国②物权法－法律解释－中国 Ⅳ.①D923.05

中国版本图书馆CIP数据核字（2021）第167550号

中国民法典释评·物权编（第二版）

崔建远　著

Zhongguo Minfadian Shiping • Wuquan Bian

出版发行	中国人民大学出版社	
社　址	北京中关村大街31号	**邮政编码**　100080
电　话	010 - 62511242（总编室）	010 - 62511770（质管部）
	010 - 82501766（邮购部）	010 - 62514148（门市部）
	010 - 62515195（发行公司）	010 - 62515275（盗版举报）
网　址	http://www.crup.com.cn	
经　销	新华书店	
印　刷	涿州市星河印刷有限公司	**版　次**　2020年8月第1版
规　格	170 mm×240 mm　16开本	2021年9月第2版
印　张	77.5　插页6	**印　次**　2021年9月第1次印刷
字　数	1 418 000	**定　价**　410.00元（上下卷）